威科法律译丛

# 美国劳动法：
# 案例、材料和问题

## 第六版

（下）

〔美〕
迈克尔·C.哈珀
萨缪尔·艾斯托伊克  著
琼·弗林

李坤刚　闫冬
吴文芳　钟芳　译

2015年·北京

# 目　　录

## 第八章　劳资斗争的手段：罢工、抵制和纠察 ………………… 719
### 第一节　罢工和雇主的对策 ………………………… 719
#### 1. 经济压力和谈判的义务 ………………………… 719
国家劳动关系委员会诉保险代理人国际工会案 ……………… 719
注释：劳资纠纷在谈判过程中的地位和引起罢工的原因 ………… 719
#### 2. 罢工者和替代工人 ………………………… 720
##### （1）麦凯无线电原则 ………………………… 720
国家劳动关系委员会诉麦凯无线电与电报公司案 ……………… 720
注释：被替代的罢工者的复职权 ………………………… 722
注释和问题 ………………………… 723
注释：罢工调解书 ………………………… 729
注释：提议废止或者修改麦凯无线电案 ………………………… 730
注释和问题 ………………………… 734
注释：不当劳动行为罢工 ………………………… 737
注释和问题 ………………………… 740
注释：遵守纠察线 ………………………… 741
##### （2）影响分析的因素 ………………………… 743
国家劳动关系委员会诉伊利电阻公司案 ………………………… 743
注释和问题 ………………………… 748
国家劳动关系委员会诉大丹拖车公司案 ………………………… 752
注释和问题 ………………………… 755
环球航空公司诉空乘人员独立协会案 ………………………… 757
注释和问题 ………………………… 763
##### （3）麦凯案关于工会的优势地位的影响 ………………………… 764

国家劳动关系委员会诉科廷莫森科技公司案……764
注释和问题……771
3. 封锁……773
美国造船公司诉国家劳动关系委员会案……773
注释：多雇主谈判单位中的封锁……779
注释和问题……781
4. 分包罢工工作……787
陆空快递股份有限公司诉国家劳动关系委员会案……787
注释和问题……791

第二节 劳工组织的集体行为规制……793
1. 宪法对政府规制的限制……793
卡车司机地方695工会诉沃格特公司案……793
注释和问题……796
2. 间接压力……802
(1)直接抵制与间接联合抵制的区别……804
注释：罢工理论与间接压力容许范围之间的关系……806
(2)"同盟"原则……808
国家劳动关系委员会诉商业机器地方459号工会案
（皇家打字机公司案）……808
注释和问题……813
(3)"工地设纠察线"问题……816
太平洋摩尔干船坞水手工会案……816
注释和问题……819
国家劳动关系委员会诉丹佛建筑公司商业理事会案……820
注释和问题……823
电子、广播与机械工人国际工会地方761分会诉国家劳动
关系委员会案(通用电气案)……824
注释和问题……828

(4) 诉诸于间接雇主的客户 …………………………………… 831

　　注释:赛维特-德巴特勒案和第 8 条(b)(4)

　　　　的"宣传"附文 …………………………………………… 831

　　国家劳动关系委员会诉果蔬包装工地方第 760 号工会案

　　　(树果案) ……………………………………………………… 833

　　国家劳动关系委员会诉零售店雇员地方 1001 工会案

　　　(安可产权保险公司案) ……………………………………… 837

　　注释和问题 …………………………………………………………… 840

　　爱德华·J.德巴特勒公司诉佛罗里达海湾海滨建筑贸易委员

　　　会案 …………………………………………………………… 843

　　注释和问题 …………………………………………………………… 846

　　　(5)"烫手货品"条款 …………………………………………… 848

　　国家木制品制造商协会诉国家劳动关系委员会案 ……………… 848

　　注释和问题 …………………………………………………………… 852

　　注释:国家劳动关系委员会诉蒸汽装管工企业协会案的

　　　"控制的权利"原则 ………………………………………… 859

　　注释和问题 …………………………………………………………… 860

　　注释:第 8 条(e)的全行业附加条款 ……………………………… 862

　　注释和问题 …………………………………………………………… 864

　　注释:工会不当劳动行为的解决办法 …………………………… 865

　3. 工作分配纠纷 …………………………………………………… 866

　　国家劳动关系委员会诉粉刷匠地方第 79 号工会案 …………… 867

　　注释和问题 …………………………………………………………… 870

　4. 闲置工人和创造工作机会的实践 …………………………… 873

　　国家劳动关系委员会诉博彩有限公司案 ………………………… 874

　　注释和问题 …………………………………………………………… 876

　5. 工会暴力 ………………………………………………………… 879

第九章　集体谈判协议的执行 ……………………………………… 881

## 第一节　申诉仲裁机制 …… 881

1. 解雇与处罚 …… 882

格里夫兄弟案 …… 882

注释和问题 …… 884

英特-巴克公司案 …… 886

注释和问题 …… 890

西弗韦百货公司案 …… 893

注释和问题 …… 894

2. 资历和工作分配 …… 899

现代木工技术案 …… 899

注释和问题 …… 901

3. 分包 …… 903

阿利斯-查默斯制造公司案 …… 903

注释和问题 …… 907

4. 以往实践的应用 …… 910

理查德·米腾它:《以往的做法和集体谈判协议的实施》 …… 910

注释和问题 …… 912

## 第二节　仲裁庭和法庭 …… 914

1. 仲裁协议的执行 …… 914

纺织工人工会诉亚拉巴马州林肯工厂案 …… 914

注释和问题 …… 916

美国钢铁工人联合会诉美国制造公司案 …… 919

美国钢铁工人联合会诉战士与海湾海运公司案 …… 921

注释和问题 …… 927

注释:程序上的可仲裁性 …… 931

利顿财务印刷诉国家劳动关系委员会案 …… 932

注释和问题 …… 941

2. 对仲裁裁决的司法审查 …… 943

(1)当事人目的的实行 …………………………………………… 943
　　美国钢铁工人联合会诉企业滑行车公司案……………………………… 943
　　注释和问题 ………………………………………………………………… 946
　　　(2)公共政策因素 ………………………………………………… 952
　　东部煤矿联合企业诉矿工联合会地区17分会案 ……………………… 952
　　注释和问题 ………………………………………………………………… 958
　3. 不得罢工义务 ……………………………………………………………… 962
　　注释:卡车司机工会诉卢卡斯面粉公司案 ……………………………… 962
　　波伊斯市场公司诉零售职员地方770工会案 ………………………… 963
　　注释和问题 ………………………………………………………………… 970
　　水牛城冶炼公司诉美国钢铁工人联合会案……………………………… 973
　　注释和问题 ………………………………………………………………… 977
　　注释:政治性抵制和《诺里斯-拉瓜迪亚法》…………………………… 981
　　注释和问题 ………………………………………………………………… 982
　　注释:工会和单个劳动者对违反不得罢工义务的责任 ………………… 983
　第三节　仲裁和国家劳动关系委员会 ………………………………………… 984
　1.《国家劳动关系法》规定的仲裁和不当劳动行为控告 ………………… 984
　　注释:国家劳动关系委员会针对合同性事项引起的争议的权力 …… 984
　　　(1)预先仲裁或者"科利尔"裁决 ………………………………… 988
　　联合技术公司案 …………………………………………………………… 988
　　注释和问题 ………………………………………………………………… 993
　　　(2)仲裁后置或者"斯皮尔伯格"案件的适用 ………………… 996
　　奥林公司案 ………………………………………………………………… 996
　　注释和问题 ………………………………………………………………… 1001
　2. 其他法规定下不同于《国家劳动关系法》的仲裁与请求 ……………… 1005
　　注释:加德纳-丹佛案,吉尔默案与两者间的张力 …………………… 1005
　　注释和问题 ………………………………………………………………… 1008

第十章　商业转让的问题 ……………………………………………………… 1011

### 6 美国劳动法：案例、材料和问题

第一节 承继 ································································ 1011
 1.《国家劳动关系法》规定的义务 ······························ 1011
  国家劳动关系委员会诉伯恩斯国际保安服务公司案 ········ 1011
  注释和问题 ·························································· 1019
  秋河染整公司诉国家劳动关系委员会案 ······················· 1025
  注释和问题 ·························································· 1032
 2. 依据集体谈判协议产生的义务 ································ 1036
  霍华德·强生公司诉宾馆饭店雇员案 ·························· 1036
  注释和问题 ·························································· 1042
第二节 成立工会的企业与不成立工会的企业同时运营 ········ 1049
  南大草原建筑公司诉施工工程师国际工会地方第627号工会案 ··· 1050
  注释和问题 ·························································· 1053
第三节 破产、第11章重组和集体谈判协议 ······················ 1058
  注释：国家劳动关系委员会诉比尔迪斯科案及国会的反应 ··· 1058
  注释和问题 ·························································· 1060

## 第十一章 劳动和反托拉斯法 ······································ 1067
第一节 劳动的反托拉斯豁免的起源 ································ 1067
  爱派克斯针织品公司诉工会领导案 ····························· 1067
  美国诉哈奇森案 ···················································· 1067
  注释和问题 ·························································· 1067
第二节 工会的单方行动和与"劳工组织"的协议："成文法"
   规定的豁免 ···················································· 1068
  H. A. 艺术家及其合伙人公司诉演员衡平工会案 ············ 1069
  注释和问题 ·························································· 1073
第三节 与"非劳工团体"达成的协议："非成文法规定的"
   豁免 ······························································ 1077
  艾伦·布兰德利公司诉国际电气工人兄弟会地方3号工会案 ··· 1077
  注释和问题 ·························································· 1080

美国矿工联合会诉潘宁顿案 ……………………………… 1081
注释和问题 …………………………………………………… 1086
肉类切割工地方第189号工会诉宝石茶公司案 ………… 1088
注释和问题 …………………………………………………… 1094
注释：雇主对劳动力市场限制和谈判策略能否得到法定的豁免 … 1095
布朗诉普罗橄榄球公司案 …………………………………… 1096
注释和问题 …………………………………………………… 1103
康奈尔建筑公司诉水管工地方第100号工会案 ………… 1107
注释和问题 …………………………………………………… 1112

## 第十二章　国家的优先权 ……………………………………… 1116

### 第一节　加尔蒙案优先权 …………………………………… 1118

1. 基本原则 ………………………………………………… 1118
   圣地亚哥建筑业委员会诉加尔蒙案 …………………… 1118
   注释和问题 ……………………………………………… 1120
2. 加尔蒙案的例外 ………………………………………… 1123
   农民、特别行政人员诉木工兄弟联合会25地方分会案 … 1123
   注释和问题 ……………………………………………… 1129
   西尔斯-罗巴克及公司诉圣地亚哥城市区木工理事会案 … 1131
   注释和问题 ……………………………………………… 1139
3. 报复性诉讼的问题 ……………………………………… 1141

### 第二节　机械师工会案优先权 ……………………………… 1144

1. 经济冲突的规制 ………………………………………… 1144
   国际机械师工会76分会诉威斯康星劳资关系委员会案 … 1144
   注释和问题 ……………………………………………… 1149
   建筑施工行业协会诉建筑商和承包商联合会案（波士顿港）…… 1152
   注释和问题 ……………………………………………… 1157
   注释：州"中立"法 ……………………………………… 1160
   贝尔纳普有限公司诉黑尔案 …………………………… 1164

注释和问题 ·················································· 1167
　　注释:对州规制监督者的联合的优先权 ······················ 1169
　　2."最低条件"立法 ·········································· 1170
　　大都会人寿保险有限公司诉马萨诸塞州案 ···················· 1170
　　注释和问题 ·················································· 1174
第三节　第301条规定的优先权 ···································· 1178
　　阿利斯·查默斯公司诉利克案 ···································· 1178
　　注释和问题 ·················································· 1184
　　注释:向工会提起第301条诉讼 ································ 1192

第十三章　有限的主权:雇员和谈判代表人之间的关系 ············ 1194
　第一节　工会的两部分支持者 ···································· 1195
　　注释:"搭便车者"和工会安全 ································ 1195
　　1."工作权"法:依据14条(b)制定了规定的州 ·················· 1197
　　　(1)"工作权"法的效力 ···································· 1197
　　　(2)"工作权"法的正当理由? ······························ 1199
　　《集体行动的逻辑:公共产品和团体理论》曼瑟尔·奥尔森　著 ··· 1199
　　注释和问题 ·················································· 1200
　　2.强制性参与在无第14条(b)规定的州的局限性 ·············· 1204
　　　(1)维持"会员资格"的义务 ································ 1204
　　国家劳动关系委员会诉通用汽车公司案 ······················ 1204
　　注释和问题 ·················································· 1207
　　　(2)会费的使用 ············································ 1210
　　注释:根据《铁路劳动法》,非会员对使用工会会费的反对 ······ 1210
　　美国通信工人协会诉贝克案 ·································· 1213
　　注释和问题 ·················································· 1219
　　注释:适用:贝克案与《铁路劳动法》和公共部门的先例 ········ 1222
　　3.工会制度的约束 ·········································· 1227
　　国家劳动关系委员会诉阿利斯·查默斯制造公司案 ············ 1228

斯科菲尔德诉国家劳动关系委员会案 …………………………… 1232
国家劳动关系委员会诉波音公司案 …………………………… 1233
　注释和问题 …………………………………………………… 1234
北美图案制造工人联盟诉国家劳动关系委员会案 …………… 1238
　注释和问题 …………………………………………………… 1243
美国广播公司诉作家协会案 …………………………………… 1245
　注释和问题 …………………………………………………… 1248
卡车司机工会第357地方分会诉国家劳动关系委员会案 …… 1250
　注释和问题 …………………………………………………… 1254
　注释：工会高级职员的高资历 ……………………………… 1255
　注释和问题 …………………………………………………… 1257

第二节　公平代表义务 ……………………………………………… 1258
　1. 早期的司法发展 …………………………………………… 1258
　斯蒂尔诉路易斯维尔和纳什维尔铁路公司案 ………………… 1258
　　注释和问题 ………………………………………………… 1262
　2. 不公平代表和国家劳动关系委员会 ……………………… 1263
　　注释：国家劳动关系委员会的米兰达燃料案规则 ………… 1263
　　注释和问题 ………………………………………………… 1264
　3. 合同谈判 …………………………………………………… 1265
　航线飞行员协会诉奥尼尔案 …………………………………… 1265
　　注释和问题 ………………………………………………… 1271
　巴顿商标股份有限公司诉国家劳动关系委员会案 …………… 1275
　　注释和问题 ………………………………………………… 1279
　　注释：为了退休者而谈判 …………………………………… 1285
　4. 申诉调解 …………………………………………………… 1287
　维卡诉塞普斯案 ………………………………………………… 1287
　　注释和问题 ………………………………………………… 1295
　　注释：海恩斯诉启航汽车货运有限责任公司案 …………… 1299

注释和问题 ……………………………………………… 1301
    布赖宁格诉金属板工人国际工会第 6 地方分会案 ……… 1305
    注释和问题 ……………………………………………… 1310
  5. 公平代表诉讼的程序方面 ………………………………… 1311
    （1）工会内部救济途径的穷尽 …………………………… 1311
    （2）诉讼时效 ……………………………………………… 1312
    （3）损害赔偿金 …………………………………………… 1312
    （4）损害赔偿金的分摊 …………………………………… 1313

# 第十四章　规制工会治理与行政 …………………………… 1315
  注释：工会对入会资格的控制 ………………………………… 1315
  第一节　言论自由与集会自由 ………………………………… 1316
  1. 工会对普通会员言论的控制 ……………………………… 1317
    索兹翰德勒诉卡普托案 ……………………………………… 1317
    米切尔诉国际机械师协会案 ………………………………… 1321
    注释和问题 ……………………………………………… 1322
    注释：第一章诉讼的程序方面 …………………………… 1325
  2. 工会对工会官员和工作人员的言论控制 ………………… 1327
    芬尼根诉莱乌案 ……………………………………………… 1327
    金属板工人国际工会诉林恩案 ……………………………… 1330
    注释和问题 ……………………………………………… 1335
  第二节　工会裁决中的"正当程序" …………………………… 1338
  1. "其他形式的纪律处分" …………………………………… 1338
    布赖宁格诉金属板工人国际工会第 6 地方分会案 ………… 1338
    注释和问题 ……………………………………………… 1341
  2. "充分的和公平的听证" …………………………………… 1342
    锅炉制造工国际同业工会诉哈德曼案 ……………………… 1342
    注释和问题 ……………………………………………… 1345
  第三节　选举、公民复决投票和参与利益 …………………… 1347

注释:《劳资报告和公开法》第四章的执行方案 …… 1347

1. 候选资格的要求 …… 1349

美国钢铁工人联合会3489地方分会诉尤塞里案 …… 1349

注释和问题 …… 1353

2.《劳资报告和公开法》第一章和第四章之间的重叠 …… 1356

卡尔霍恩诉哈维案 …… 1356

家具和钢琴搬运工协会地方第82号分会诉克罗利案 …… 1361

注释和问题 …… 1364

美国钢铁工人联合会诉桑蒂卢斯基案 …… 1369

注释和问题 …… 1374

注释:复决制度 …… 1375

3. 认可投票 …… 1376

美国邮政工人工会地方第6885号工会总部诉美国邮政工人工会案 …… 1376

注释和问题 …… 1380

第四节　地方工会和国际工会的争议:托管与有关事项 …… 1385

木工兄弟联合会诉布朗案 …… 1386

注释和问题 …… 1388

第五节　财政与受托责任 …… 1390

1. 报告的要求 …… 1391

2. 受托义务 …… 1393

注释和问题 …… 1393

3. 员工福利和养老基金的监管 …… 1396

4. 腐败 …… 1398

注释:《劳资关系法》第302条 …… 1398

注释:1970年《反勒索与受贿组织法》 …… 1400

注释:各州对工会腐败的规制 …… 1403

案例表 ········································································· 1404
参考文献 ······································································· 1507
索引 ············································································ 1585

# 第八章 劳资斗争的手段：
# 罢工、抵制和纠察

## 第一节 罢工和雇主的对策

**1. 经济压力和谈判的义务**

**国家劳动关系委员会诉保险代理人国际工会案**

NLRB v. Insurance Agents' International Union

361 U.S. 477(1960)

[见上文460—465页]

**注释：劳资纠纷在谈判过程中的地位和引起罢工的原因**

最高法院在保险代理人一案的判决中强调了罢工和其他劳资纠纷形式在集体谈判过程中的中心地位。集体谈判作为通过私力来决定雇佣的条款和条件的一种方法，是劳动法（例如《国家劳动关系法》和《铁路劳动法》等法律）的根本性前提。而这种前提的有效性在于，在集体谈判过程中，双方当事人能够清楚地交流他们的优先选择，以及通过自助的方式检验另外一方的谈判能力。对劳动者而言，罢工是基本的经济手段——参加工会的雇员集体拒绝劳动。罢工也可能得到辅助力量的支持，比如受罢工影响而形成的罢工纠察队，或者供应商和消费者可能的活动。对管理人员而言，基本的方式（手段）包括面对罢工时维持企业运转，偶然地封锁——一种先发制人的手段,即拒绝雇员代表在纷争悬而不决时期工作。

工会的谈判能力对罢工的成败有重要作用,依次取决于以下因素:(1)公司的盈利能力和涨价但不丧失市场地位的能力;(2)工会对公司强加生产损失的能力(它会随着预期罢工时公司保持库存的能力和在监督者、管理人员或者替代工人的帮助下维持运营的能力而变化);(3)公司的财务资源承受罢工导致损失的能力;(4)雇员代表的财务资源承受他们罢工期间导致损失的能力。

保险代理人一案的判决也表明了最高法院的立场,使用经济手段一般与诚实信用的谈判原则不一致,所以不能够通过《国家劳动关系法》的第8条(a)(5)和第8条(b)(3)来规范,规范谈判方式的基本法定工具是体现在第8条(a)(3)和第8条(b)(2)中的反歧视原则。在保险代理一案中,一个未受保护的部分罢工并不违反第8条(b)(3)。然而,在法院的提议下,委员会明确了常规的和平罢工不会中止雇主的谈判义务。见国家劳动关系委员会诉拉特-雷克斯制造公司案[NLRB v. Rutter-Rex Mfg. Co.,245 F.2d 594(5th Cir. 1957)]。

保险代理人一案中,法庭否定了委员会的权力,即评价使用一定的经济手段与诚实信用的谈判原则相挂钩,这一做法是正确的吗?注意到谈判方式的正确使用可能包括条款和雇佣条件的变化,这一般需要工会遵循诚实信用原则才能达成。例如,在一场罢工中,工会提出了与原来的最终要约中不同的工人替换条款要求,或者试图分包基础工作单位,雇主能够回应这些要求吗?见下文628—633页。

## 2. 罢工者和替代工人

### (1)麦凯无线电原则

**国家劳动关系委员会诉麦凯无线电与电报公司案**

NLRB v. Mackay Radio & Telegraph Co.

304 U. S. 333(1938)

麦凯公司是一个国际无线通讯公司，在它的旧金山营业处雇佣了大约60名主管、经营者和职员，他们中的大部分都是美国无线报务员联合会地方第3号工会（Local No.3 of the American Radio Telegraphists Association，一个全国性工会）的成员。在纽约，和麦凯的母公司为一份包括水兵和点对点的运营商的协议谈判失败后，全国工会召集了一次地方第3号工会参加的大罢工。为了维持公司的正常运营，麦凯从其他营业处调过来一些雇员代替旧金山营业处的罢工者。这场罢工没有取得成功。麦凯在回应罢工者的质询时声明，他们可以全体回来工作，除了将要提交复职申请的11名罢工者。从那以后，只有5个替代工人愿意留在旧金山，11个罢工者的特殊组织中的6个人与其他人一起回去工作。剩下的在工会活动中表现突出的5个被拒绝复职。委员会认为这个否决违反了第8条（1）和第8条（3）的规定，命令那5个欠薪的罢工者复职。上诉法院否定了委员会的强制执行命令，反过来被最高法院逆转了。法院认为，依据该法的第2条（3），罢工者仍然是雇员，据此支持委员会认定拒绝这5个罢工者的复职是歧视行为。

罗伯特法官……

……为了开展业务而用其他人代替罢工雇员，这不是一个不当劳动行为。虽然第13条规定，法案无论如何都不能被解释为干扰、阻碍或者减少行使罢工的权利，但并不是说未被法律宣称有罪的雇主丧失了通过提供罢工者离开后空缺的位置来保护和继续经营的权利。为了选择继续雇佣罢工者，给他们提供工作岗位，他不一定解雇那些已被雇佣的来代替罢工者的人。被告确信在罢工中接受雇佣的那些人，他们渴望他们的职位是长期的，既不是一项不当劳动行为，也不是填补罢工者空缺的位置。但是原告进一步提出被告所放任行使的不正当的劳动行为是基于歧视，即在罢工雇员复职时将他们排除在外的唯一原因是他们在工会中太积极。正如我们所言，依据法案罢工者可以保持雇员的身份。对他们重返工作的任何歧视都是被第8条所禁止的……

如上文所言,为了给他们提供职位,被告不一定要把已雇佣的人员免职来恢复罢工者的职位。可能会因为技术和能力而拒绝复职,但委员会发现并没有这样做。它可能诉诸于任何一个成员决定的方式,罢工雇员将为此等待,因为5个人在罢工中有长期的职位,但是所做的准备和清单的使用以及被告采取的行动,都是为了歧视那些在工会中积极的人。有证据来支持这些观点。

**注释:被替代的罢工者的复职权**

麦凯无线电一案表明《国家劳动关系法》不禁止雇主在罢工时尝试通过雇佣长期替代工人来维持运转。然而,被替代的罢工者仍然是公司的雇员,最高法院后来的判决表明他们能保留一定的复职优先权。在国家劳动关系委员会诉菲利特伍德轿车一案[NLRB v. Fleetwood Trailer Co.,389 U. S. 375(1967)]中,大约50%的劳动力罢工后,雇主在替代工人的帮助下暂时性地减少生产率以维持运转。当罢工结束后,雇主主张不可能让罢工者复职,因为产量锐减。2个月后,雇主将生产量增加到罢工前的水平。虽然罢工者表明了他们复职的持续愿望,但新雇员已经被雇佣去做罢工者曾胜任的工作。法院支持委员会关于违反第8条(a)(1)和8(a)(3)的调查结果,理由如下:依据法案第2条(3)罢工者仍然是雇员直到他获得合格的和大体上相当的职业。复职的失败使雇员丧失了从事保护性活动的勇气。因此,除非雇主为了卸下显示合法的和大体经营正当的压力,比如,因为更换所有的罢工者或者产品的变化需削减一部分工作使空位缺席,违反第8条(a)(1)和8(a)(3)的判断标准被建立起来:只要显示超过了关于以上判断的意图或反对工会的动机,雇主便违反了法案。

在莱德劳公司案[Laidlaw Corp.,171 N. L. R. B. 1366(1968),enforced,414 F. 2d 99 (7th Cir. 1969)]中,委员会依据菲利特伍德轿车案裁定,"当经济罢工者的职位被长期替代工人替补时,他们可以无条件地申请复职:(1)仍然是雇员;(2)替代工人违反规定时,具有全部复职的权利,除非他们同时获得了合格的和大体相当的职业或者雇主因为合法的和大体经营正当的原因无法使其全部复职。"

**注释和问题**

**1. 麦凯无线电一案是否反映了国会的意图？** 由于在麦凯无线电案之前法院审理了一个因为工会积极活动而拒绝罢工者复职的歧视案件，法院关于雇主可能在长期替代工人的帮助下维持运转的宣告对判决没有作用。见詹姆斯·阿特勒森：《美国劳动法中的价值与假设》(1983)，第21—24页[James B. Atleson, *Values and Assumptions in American Labor Law* 21–24 (1983)]。这个判决反映了国会的意图吗？是集体谈判还是"集体乞讨"？在《反罢工破坏者立法的思考》，载于《密歇根法律评论》第93卷(1994)，第577页[Reflection on Antistrikebreaker Legislation 93 *M, ch. L. Rev.* 577 (1994)]一文中，艾斯托伊克教授认为确实反映了国会的意图。他提到虽然这个问题没有直接写进国家劳动关系委员会的规则，但在法庭上律师承认了这一点。见对国家劳动关系委员会的简要回应，第15—17页[麦凯无线电案（第37-706号）]。雇佣长期罢工者的替代工人的可容许性也反映在第一届国家劳动关系委员会在公共决定第44号（Public Resolution No. 44）建立的先例中："雇主对7(a)的违反引起了罢工，国家劳动关系委员会无任何偏见地让工人重新工作。如果雇主没有违反，罢工者就没有恢复工作的法定求偿权。"欧文·伯恩斯坦，《集体谈判新政策》，第85页。

然而，艾斯托伊克教授补充，在麦凯无线电一案的诉讼中，委员会的特许有《国家劳动关系法》立法史的支持。参议员华格纳1934年的原始议案应当从雇员的法定概念中排除了替代工人。见国会立法报告[S. 2926, 73d. Cong. ,2d Sess. §3(3)(1934)]，第一届国家劳动关系委员会再版，《国家劳动关系法的立法史》(1935)，第1—2页(1985)。来自商业圈和民事权利组织的抵抗导致该条款的废除。见国会立法报告[S. 2926,73d. Cong. , 2d Sess. (1934)]，第一届国家劳动关系委员会再版，《国家劳动关系法的立法史》(1935)，第1070页(1985)。参议员委员会报道（法案的附随版本下次会议时采用）争取保证华格纳同行们修改的法案"不会得出罢工没有损失或者所有的罢工者一定能重返他们的工作,或者雇主不会随意雇佣新的短暂还是长期工人的结论"。见参议院关于教育和劳动的评论,国会立法报告(74th Cong. ,1st Sess,. Memorandum Comparing S. 1958)。在第74届大会第一次会议时,参议员华格纳在1935年2月21日提出了一个创建国家劳动关系委员会的议案,参议员威尔士基于其他目的于1934年5月26日提出了议案,替换第73届大会的抵抗该条款的议案,仍然由参议员华格纳提出[第一届国家劳动关系委员会再版,《国家劳动关系法的立法史》第21页]。最近的案例及其相关历史的叙述,当从政策立场对麦凯案进行批判时,总结道:"麦凯无线电原则不是最小化华格纳原始法案中亲劳工目标的司法努力。实际上,当它被它的制定者——委员会和劳工组织自己理解后就与法律一致了。"盖特曼和科勒:《国家劳动关系委员会诉麦凯无线电与电报公司案的故事:团结的高昂成本》,载于《劳动法的故事》,库珀和费斯克主编,2005年[Getman & Kohler, *The Story of NLRB v. MacKay Radio & Telegraph Co: The High Cost of Solidarity*, in *Labor Law Stories* (Cooper & Fisk eds. ,2005) ,575]。

无论如何,1935年关于国会的理解假如有任何疑问,麦凯无线电关于雇佣长期替代工人的观点编纂进了后来修改的《国家劳动关系法》。1947年议会在《塔夫脱-哈特莱法》增补投票时,通过排除长期的替代罢工者在《国家劳动关系法》中的选举权与投票权确立了这项原则,这是杜鲁门总统提交的后来未成功的否决案中的一个条款。1959年,一个有限的赋予选举权条款出现在第9条(c)(3)中:被替代的罢工者够复职的资格就有一年的投票权,从合法的罢工开始计算。见琼·福利恩:《禁止经济罢工:超过长期替代工人的"工会情绪"》,载于《天普大学法律评论》第61卷(1988),第691、696—697页,讨论条款的历史和麦凯的关系[See Joan Flynn, The Economic Strike Bar: Looking Beyond the "Union Sentiments of Permanent Replacements", 61 *Temp. L. Rev.* 691,696-697(1988)]。

**2.** "**歧视**"**对抗受保护的活动?** 在那些长期替代工人仍然在岗的情况

下,新的人员调整没有发生,业务发展也没有拓宽到需要增添职工的地步。考虑现实情况,被长期替代的罢工者就被解雇了。这是一个与阻止工会有关活动的雇佣条款造成歧视的结果吗？从第四章研究的观点来看,假如采取行动对抗依第7条雇佣的雇员,当采取的行动能促进它的合法利益时,雇主必须违反第8条的规定吗？

576

**3. 麦凯无线电案要求证明暂时的帮助不能维持运转吗？** 尽管雇佣长期替代工人被雇主在罢工期间维持运营的合法利益证明是正当的,雇主需要证明他们不能通过其他手段维持运营吗？见保尔·威勒:《管理工作场所:〈劳动和雇佣法〉的未来》(1990),第267页[Paul C. Weiler, *Governing the Workplace: The Future of Labor and Employment Law* 267(1990)];诺特:《一次罢工就被解雇吗？创造一个高效的长期补缺原则》,载于《哈佛法律评论》第106卷(1993),第669页[Note, One Strike and You're Out? Creating an Efficient Permanent Replacement Doctrine, 106 Harv. L. Rev. 669(1993)]。委员会和法院都不会要求雇主在雇佣长期替代工人之前进行这样的一个陈述。见热店公司案[Hot Shoppes, Inc. ,146 N. L. R. B. 802,805(1964)]。这样的一个趋势需要修改《国家劳动关系法》吗？有没有其他困难？委员会能够提供一个合理的促进罢工时双方充分表达意见的途径吗？以便雇主和雇员都知道长期补缺是否有可能发生,此后是否会将他们表达的谈判内容和反对意见纳入法案？失业数据是决定雇主目前维持运营能力强弱的好的依据吗？我们需要一个增加劳动力的利用程度的方法,使得工人们能够满足坚实的技术与情感的要求？在利用的可能性这个问题上,哪个团体应该承受说服的重担？见艾斯托伊克:《集体谈判还是"集体乞讨"？》,同前,第603—605页(See Estreicher, *Collective Bargaining or "Collective Begging"*?, supra, at 603-605);威廉·R. 卡比特:《关于雇佣长期替代工人有限程序的建议:一件比〈工作场所公平法〉"好得多的事"》,载于《北卡罗来纳法律评论》第72卷(1994),第813页[William R. Corbett, A Proposal for Procedural Limitations on Hiring Permanent Replacements: "A Far, Far Better Thing" Than the Workplace Fairness Act,72 *N. C. L. Rev.* 813(1994)];米歇尔·H. 勒罗伊:《在替代罢工者的公共政策中改变范例:联合,共谋,协力和组成卡特尔联盟》,载于《波士顿学院法律评论》第 34 卷(1993),第 305—306 页[Michael H. Leroy, Changing Paradigms in the Public Policy of Strike Replacements: Combination, Conspiracy, Concert, and Cartelization, 34 *B. C. L. Rev.* 257,305 - 306(1993)];大卫·斯特福尔:《替代罢工者和雇员自由的选择》,载于《劳动法》第 7 卷(1991),第 137、147—148 页[David Westfall, Striker Replacements and Employee Freedom of Choice,7 *Lab. Law.* 137,147 - 148(1991)]。

**4. 忠诚是一方的义务吗?** 麦凯无线电一案可以和解吗?最高法院根据杰斐逊标准案的判决(上文第217页),主张在罢工期间从事于产品蔑视纠察队的雇员被解雇后不受保护,因为他们的行动与他们对公司的忠诚义务不一致。雇主对他们罢工的雇员负有同样的责任吗?这种责任指在罢工结束时不采取与保持他们雇佣关系不一致的行动。阿特勒森,《美国劳动法中的价值与假设》;另见萨缪尔·艾斯托伊克的《〈罢工者和替代工人〉对"限制冲突"概念的发展》,载于《劳动法》第 3 卷(1987),第 897 页[Samuel Estreicher, Strikers and Replacements, 3 *Lab. Law.* 897(1987)]。

**5. "长期"替代工人?** 事实上,雇员通常被"任意"雇佣,在工会中设置的个体雇佣合同的谈判可能违反 J. I. 案(上文第446页),那么在什么意义下替代工人是"长期的"?替代工人一般只在一种意义上"长期"吗?这种意义指雇主保证他们在罢工结束时还能够继续工作,比复职的罢工者有优先权。见巴特囲公司案[O. E. Butterfield, Inc. ,319 N. L. R. B. 1004,1006 (1995)](对这个结果"互相理解"的需要,以及雇主承担证明"长期"的举证责任);见好望角工业公司案[Capehorn Industry, Inc. ,336 N. L. R. B. NO. 29(2001)(same)]。尽管有这些保障,但仍然有两方面的风险:(a)罢工随之将被认定为一个针对不当劳动行为的罢工,在这种情况下,罢工者将可能再夺回他们在罢工之前的地位,见下文第 584 页"不当劳动行为罢工的注释";(b)罢工的调解书可能再次协商替代工人的转移,见下文第 579 页"关于罢工调解书的注释"。关于《国家劳动关系法》是否会通过被返回的罢工者"顶替"长期替代工人而取代法律诉讼,见下文第 943—948 页。

**6. 决定"长期"何时发生**。1 月 1 日,雇主雇佣了一个长期替代工人。但是,在合法的情形下,所有的新雇员在获得职业资格前都要经历两个月的职业训练。2 月 1 日,罢工者无条件的申请复职。雇主是拒绝以前的罢工者复职然后雇佣推定的长期替代工人还是雇主只有等到他们训练期结束才能拒绝罢工者替代长期替代工人?见东方航空公司诉航线飞行员协会案[Eastern Air Lines, Inc. v. Air Line Pilots Ass'n, 920 F. 2d 722 (11th Cir. 1990)];空乘人员独立协会诉环球航空公司案[Independent Fed'n of Flight Attendants v. TWA, 819 F. 2d 839 (8th Cir. 1987)];航线飞行员协会诉国家航空公司案[Air Line Pilots Ass'n v. United Air Lines, 802, F. 2d 886 (7th Cir 1986)]。

**7. 复职权仅限于先前拥有的工作吗?** 召回罢工者的义务不仅包含他们先前的或者大体相当的职位,也包含为复职的合格罢工者提供所有合适的工作吗?见露丝印刷公司案[Rose Printing Co., 304 N. L. R. B. 1076 (1991)](复职义务受限于先前拥有的或者大体相当的工作;雇主可以但不是必须给以前的罢工者提供不相当的但能胜任的职位,但罢工者对此的接受并没有使其享有的随后复职或者获得大体相当职位的法定权利失效);见齐默曼管道暖气公司案[Zimmerman Plumbing and Heating Co., 334 N. L. R. B. 586 (2001)](相同)。一个重要的因素将是雇主是否维护了交叉训练的雇员的前罢工行为。见阿灵顿宾馆公司诉国家劳动关系委员会案[Arlington Hotel Co. v. NLRB, 785 F. 2d 249 (8th Cir 1986)](复职的工作范围对合格的罢工者而言需要雇主有交叉训练的政策)。"复职"在哪一点上符合莱德劳案的要求?当恢复不相当的工作和告诉他们当空缺出现时他们可以返回他们以前的工作时,罢工者是完全复职吗?见国家劳动关系委员会诉美国欧力安砖瓦公司案[NLRB v. American Olean Tile Co. ,826 F. 2d 1496 (6th Cir 1987)],道格拉斯·E. 雷:《一些罢工替代问题忽略的因素》,载于《堪萨斯法律评论》第 41 卷(1992),第 363、384—392 页[Douglas E. Ray, Some Overlooked Aspects of the Strike Replacement Issue,41 *Kan. L. Rev.* 363, 384‐392(1992)]。

**8. 莱德劳案的权利期限。** 一个抱怨承受政府压力的雇主会通知申请了复职但未能复职的罢工者,他将在一年内维持雇佣名单里的雇员的优先权,当有空缺职位时再尝试联系先前的罢工者吗?假如雇主的成本巨大,律师一定要证明歧视的动机违反了第 8 条(a)(3)吗,或者违反第 8 条(a)(1)?当罢工者丧失了基于第 8 条(c)(3)享有的选举权后,复职罢工者仍然有义务吗?下文第 585 页将讨论。见布鲁克斯研究与制造公司案[Brooks Research & Mfg. ,202 N. L. R. B. 634(1973)](反对意见认为时间限制应当写进莱德劳权利,比如,一年的有限支配权替代罢工者的选举权,但说明雇主可能需要名单上的优先雇员指出他们仍然有复职的愿望);见托瑞森-麦格克什公司案[Thoreson-McCosh,Inc,329 N. L. R. B. 630(1999)](莱德劳权利的期限和选举权利仍然是单独的问题)。

**9. 充分披露?** 在一次有组织的运动中,假如雇员参加罢工同时又不解释罢工者复职的莱德劳权利,他们就要被长期替代工人取代。对此雇主需要合法地告诉雇员吗?见鹰康撒尼克公司案[Eagle Comtronics,Inc, ,281 N. L. R. B. 515(1982)](雇主表明与法律一致的就不能认为是强制;除非雇主威胁罢工雇员会被剥夺与莱德劳不一致的权利,否则就不违法);见咖罗威公司案[G. W. Galloway Co. ,281 N. L. R. B. 262(1985)](违法的雇主告诉罢工者"将解雇和替换"重返工作失败的雇员),强制执行依其他理由而被否定[856 F. 2d 275(D. C. Cir. 1988)]。这项包括了莱德劳权利陈述的失败在通用鞋厂案(*General Shoe*)原则下会导致选举无效吗?见上文鹰康撒尼克公司案。

**注释:罢工调解书**

**放弃莱德劳权利?** 作为同意罢工调解的条件,雇主会坚持让工会放弃罢工雇员的莱德劳权利吗?这是一个自由话题吗?有没有限制工会"自愿"放弃?在美国航空公司案[United Aircraft Corp. ,192 N. L. R. B. 382,,388(1971),enforced in part sub],国际机械师工会诉全国航空公司案[International Ass'n of Machinists v. United Aircraft Crop. ,534 F. 2d 422(2d Cir. 1975)],委员会维持了一个协议,这个协议压制罢工解决之后四个半月的复职权:

> 因此,只要协议为经济罢工者的复职固定了期限,不是不合理的缩短,不是意图歧视或者被任何一个组织附随歧视目标的误用,不支持雇主为了破坏其谈判代表的地位,为善意(诚实)的谈判,委员会应该接受……法案的政策……包括以鼓励实践和集体谈判的过程为主要目的的解决劳资纠纷的一种手段。

允许工会为了追求他们的团体目标的实现而放弃雇员代表的个人权利是否走得太远?见马修·芬金:《通过集体谈判协议剥夺莱德劳权利》,载于《工业关系法律杂志》第 3 卷(1979),第 591 页[Matthew W. Finkin, The Truncation of Laidlaw Rights by Collective Agreement,3 *Indus. Rel. L. J.* 591 (1979)]。针对工会为罢工调解书谈判违背公平代理而产生的诉讼在航线飞行员协会诉奥尼尔案[Air Line Pilots Ass'n v. O'Neill,499 U. S. 65(1991)]中得到了发展(见下文第 1024 页)。

**取代替代工作者。** 对于那些没有恢复罢工者工作的条款的所谓调解,工会表示厌恶是典型状态,即便这意味着让"长期"替代工人离开他们的岗位。虽然,依第 8 条(b)(1)(A)和 8(b)(2)的规定,替代工人是法定的不受工会歧视的雇员,也是与工会谈判的谈判单位的成员,但没有诉讼就工会对替代工人福利的忽视提出挑战。常规的做法是,"工会可能寻求合法地在罢工者和长期替代工人之间无歧视地分配有限的工作,比如工龄或者工作类别。"美国钢铁联合工人地方8560工会案[United Steelworkers of Am., Local 8560, Case No. 8-CB-3963(Advice Mem., Assoc. General Counsel Harold J. Datz), 103 L. R. R. M. 1238(Dec. 31. 1979)]。

除了能对工会提出违反公平代表义务诉讼外,替代工人还有什么权利呢?在贝尔纳普公司诉黑尔案[In Belknap, Inc. v. Hale, 463 U. S. 491 (1983)]中(下文第943页),在被驱逐的替代工人对雇主提出的关于违反合同及虚假陈述诉讼中,尽管法院对是否可以预先作出要求履行具体行为(即准予复职)判决没有给出清楚的答案,但是,法院判定,《国家劳动关系法》没有预先禁止损害赔偿诉讼。例如,在贝尔纳普案之后由被驱逐的替代工人提起的诉讼,见:巴尔文诉皮瑞丽阿姆斯壮轮胎公司案[Ballwin v. Pirelli Armstrong Tire Corp., 3 S. W. 3d 1, 160 L. R. R. M. 2541 (Tenn. Ct. App. 1999)]。贝尔纳普案也表明,雇主可按照与工会达成的调解书,做出继续雇佣的承诺,而不牺牲因麦凯案所确立的坚持在罢工结束后保留替代工人的权利。

**注释:提议废止或者修改麦凯无线电案**

麦凯无线电规则成为重要的批判性评论中最受关注的一个。除了在这部分引用的文章,见迈克尔·勒罗伊:《ULP罢工原则中的制度性的标志与暗示的谈判——作为平衡的法律经验证据》,载于《黑斯廷斯法律杂志》第51卷(1999),第172—173页[Michael H. LeRoy, Institutional Signals and Implicit Bargains in the ULP Strike Doctrine: Empirical Evidence of Law as Equilibrium, 51 Hastings L. J. 171, 172-173 n.7 (1999)]。你同意法律赋予罢工者和替代工人的权利应该修改吗?如果修改令人满意,应该采用什么样的形式?下面的选择作为维持现状的替代办法:

a. 加拿大的某些省和加拿大的联邦劳动法典禁止使用长期替代工人。

见皮特·科瑞通,莫莱·古德森以及约瑟夫·特雷西:《加拿大罢工替代者禁令的影响》,载于《劳动法律杂志》第 50 卷(1999),第 173 页 [ Peter Cramton, Morley Gunderson & Joseph Tracy, Impacts of Strike Replacement Bans in Canada, 50 *Lab. L. J.* 173(1999) ];《劳动关系法修订稿》和其他立法机关的法案 [ Act to Amend the Labour Relations Act and Various Other Acts of the Legislature, S. M. 1984 - 85, c. 21 ( Manitoba) ];《加拿大劳资关系法典》(1999 年修订)(联邦法典) [ Canada Labour Code RSC 1985, c. 12, §94( as amended 1999 )( federal code) ];见亚当斯,《加拿大劳资关系法》( Adams, Canadian Labour Law, supra, at 11. 690)。不列颠哥伦比亚和魁北克走得远了一些,然而,也禁止使用临时替代工人和调动从其他地方来到罢工场地的雇员,禁止或者限制雇主用在罢工场地的其他人执行罢工工作(比如管理者,非单位雇员,或者甚至是单位雇员);见不列颠哥伦比亚省,《劳资关系法典》(1993 年制定) [ B. C. , Labour Relations Code, § §6(3)(e), 68(enacted 1993) ];魁北克,《劳动法典》(1978 年制定) [ Que. , Labour Code, § §109. 1 - 109. 4( enacted 1978) ];亚当斯,上文( Adams, supra, at 10. 520, 10. 522)。从 1993—1995 年,安大略省有部法律与魁北克的相似。但是,随着保守党重掌权力,安大略省重返 1993 年前的状态,那些在合法罢工开始后六个月内无条件申请返回工作的雇员,其工作保护受到限制。见安大略省的《劳资关系和雇佣法修订案》,1995 年,第 80 条( See Ontario's Labour Relations and Employment Statute Law Amendments Act, 1995, §80);见布莱恩·郎及乐:《全球化竞争和加拿大劳动法改革:虚幻和现实》,载于《全球化竞争和美国雇佣前景:随着我们走进 21 世纪》(2000),第 621、633—636 页,纽约大学劳动法第 52 届年会论文,萨缪尔·艾斯托伊克编 [ Brian A. Langille, Global Competition and Canadian Labor Law Reform: Rhetoric and Reality, in *Global Competition and the American Employment Landscape: As We Enter the 21st Century* 621, 633 - 636, 2000 Proc. ,52d Ann. N. Y. U. Conf. on Lab. ( Samuel Estreicher ed. ,2000) ]。

b. 1992 年 6 月,参议院在《工作场所公平法》草案 55( Workplace Fairness Act, S.55)中,因落后三票而输给了共和党和商业团体反对派,这将导致在罢工期间继续允许雇佣临时工人,完全禁止使用长期替代工人。美国劳工联合会—产业组织联合会继续努力以确保通过下列国会的条款的法律,见1994年瑟萨尔·夏沃茨《工作场所公平法》(Cesar Chavez Workplace Fairness Act of 1994),但并没能战胜那些受到威胁的阻挠议案通过的人。

c. 在最后紧急关头,参议员帕克伍德和梅茨提,在美国劳工联合会-产业组织联合会的支持下,试图挫败1992年6月参议院阻止议案通过的草案55,出了一个妥协方案。

在这个提议下,拒绝将纠纷提交仲裁或者拒绝接受裁决的雇主将不能雇佣长期替代工人;假如工会罢工不主张仲裁或者不接受裁决,雇主将可以随意雇佣替代工人。见国会报告(138 Cong. Rec. S8056-8089)(1992年6月11日)草案55修正案,2047—2094部分,森·帕克伍德(Sen. Packwood)提交。

d. 一些律师强烈要求雇主在求助于雇佣长期替代工人前展示"商业必需性"。见威廉·古尔德第四,《改革的议程》(强烈要求"至少应该能推测雇佣临时替代工人足够保护雇主的利益",尽管宁愿"全部"废除麦凯原则)。这点在上文第576页注释3里讨论过。

e. 一些律师强烈要求,随着合法的经济罢工开始,中止雇佣长期替代工人六个月。见艾斯托伊克,《集体谈判还是"集体乞讨"?》,同前,第606—607页(强调被省略):

> 当雇主雇佣临时工人难以满足他的数量上以及商业质量的需求,他可能获得一个公开的规定——或者他难以提供将导致管理困难的"商业必需性"的证据——在集体谈判期间仍然需要中止一段时间来释放劳动力市场的压力。我支持安大略湖法律的方法(1993年之前)——罢工者表明他们在罢工的前六个月内的任意时间返回工作的意图就可以复职。

给免除长期替代工人的阶段划定一个清晰的界限是可取的。它鼓励团体继续谈判,虽然罢工已经开始,也维持长期替代工人带来的积极影响。此外,也能避免出错;工人不是打赌般的渴求他们的工作。工人通过罢工表达他们的意愿,检验他们离开后雇主的营业能力。六个月后,任何这种有用的信息都被透露;假如他们误判他们的谈判地位,那么坚持他们需求的工人这样做就会冒着丢失工作的危险。

主张全部撤销麦凯无线电一案的人认为,用中止六个月来允许雇主撵走工会从而使得纠纷延长超过六个月。然而,六个月相对于任何一个公司承受罢工带来的重创来说是一段很长的时间——特别是当这段时间是公司正好维持库存量的时间时。在我的提议下……,劳动委员会在罢工期间将有权避免代表性的问题产生。在这些限制条件下,经济因素而不是纯粹的策略手段可能起支配作用。假如罢工仍然持续,我们在市场上有一个基本的纷争解决条款。在一定情况下禁止雇佣长期替代工人的判决可能会加强工会在特殊纠纷中的地位;然而,它没有改善公司工会代表的经济地位或者双方当事人的关系。

f. 最终,通过使得雇佣罢工替代者的能力成为谈判的强制性内容,麦凯原则应当成为谈判过程的一部分。见莱安纳多·毕尔曼和哈佛尔·格莱:《替代罢工者:法律,经济和谈判过程》,载于《南卡罗来纳州法律评论》第 68 卷(1995),第 363 页[Leonard Bierman & Rafael Gely, Striker Replacements: A Law, Economics, and Negotiations Approach, 68 *S. Cal. L. Rev.* 363 (1995)]。对这种方式的批判以及作者的反应,见威廉·卡比特:《拿走雇主的武器和关于复职的谈判:罢工者替代法关于"法律,经济和谈判过程"的回复》,载于《俄亥俄州法律杂志》第 56 卷(1995),第 1511 页[William R. Corbett, Taking the Employer's Gun and Bargaining About Returning It: A Reply to "A Law, Economics and Negotiations Approach" to Striker Replacement Law, 56 *Ohio St. L. J.* 1511(1995)];毕尔曼与格雷:《"让我们说这是个平局":替代罢工者和麦凯原则》,载于《俄亥俄州法律杂志》第 58 卷(1997),第 1003 页[Bierman & Gely, "Let's Call it a Draw": Striker Replacements and the Mackay Doctrine,58 *Ohio St. L. J.* 1003(1997)]。

**注释和问题**

**1. 撤销麦凯无线电一案会增加罢工的发生率和持续时间吗？** 经济文献期刊中罢工的"联合成本"理论认为当双方的联合成本与其他解决困难的途径的成本高度相关时，团体将会减少罢工。见麦尔文·瑞德和乔治·罗曼：《斗争和合同：〈罢工的案例〉》，载于《政治经济杂志》第 88 卷（1980），第 867 页[Melvin W. Reder & George R. Neumann,Conflict and Contract:The Case of Strikes,88 *J. Pol. Econ.* 867(1980)]；约翰·肯纳：《帕累托最优和经济罢工的持续时间》，载于《劳动法律研究杂志》第 1 卷（1980），第 77 页[John Kennan,Pareto Optimality and the Economics of Strike Duration,1 *J. Lab. Res.* 77(1980)]。这个理论的支持者认为反罢工破坏者的立法通过增加输出损耗使罢工对公司来说成本更高，通过提高劳动者的谈判能力和增加相关工资使工人的成本降低。在"联合成本"理论下，你将期望反罢工破坏者的立法对罢工的发生率和持续时间产生什么影响？

1999 年一个经验主义的研究表明，在魁北克和不列颠哥伦比亚，以及 1993—1995 年的安大略省，关于临时和长期替换的禁令增加了罢工的发生率和持续时间，也增加了工人的工资。见科瑞通，古德森以及特雷西，《加拿大罢工替代者禁令的影响》，同前。加拿大联邦法院关于禁止使用长期替代工人但不禁止临时替代工人的一个研究表明，使用替代工人导致更长时间的罢工。见哈里斯·简和帕布戴尔·星：《在加拿大使用罢工替代者对罢工持续时间的影响》，载于《劳动法杂志》第 50 卷（1999），第 180 页[Harish C. Jain & Parbudyal Singh,The Effects of the Use of Strike Replacements on Strike Duration in Canada,50. *Lab. L. J.* 180(1999)]。作者假定使用替代工人对雇主来说能降低罢工的成本，就会降低他们为了迅速结束纠纷而妥协的愿望。同上，第 182 页。直接的因果关系难以确定，然而，可能的情况是，当他们参与一个长时间的罢工时雇主很有可能雇佣替代工人。同上，第 183 页（承认这种可能性）。

美国的研究表明,雇佣长期替代工人的地方的罢工持续时间要比公司通过其他途径维持运转的地方长。见大卫·卡得与科瑞格·奥尔森:《谈判能力,罢工持续时间和工资:19世纪80年代罢工的一项分析》,普林斯顿大学工业关系工作论文第294号,1992年1月[David Card & Craig A. Olson, Bargaining Power, Strike Duration, and Wage Outcomes: An Analysis of Strikes in the 1980s(Indus. Rel. Section, Princeton Univ., Working Paper No. 294, Jan. 1992)];约翰·施耐尔与锡缇阿·格雷:《雇主的罢工者替代策略和罢工持续时间之间的经验主义关系》,载于《工业与劳动地区评论》第47卷(1994),第189页[John F. Schnell & Cynthia L. Gramm, The Empirical Relation Between Employers' Striker Replacement Strategies and Strike Duration, 47 Indus. & Lab. Rel. Rev. 189(1994)]。然而,就加拿大的研究来说,因为这些研究不能控制团体有关争议性质的所有相关特征,很难说替代工人的使用会延长罢工或者他们参与长时间棘手的纠纷的地方公司会使用替代工人。见施耐尔与格雷,同上,第203页;锡缇阿·格雷:《罢工期间雇主经营的决策:结果和政策倾向性》,专家研讨会第一部分第一项:《经济变化中的雇员权利——替代工人的问题》(经济政策研究所,1991)[Cynthia Gramm, Employers' Decisions to Operate During Strikes: Consequences and Policy Implications, Pt. I, §1 in Seminar: Employee Rights in a Changing Economy-The Issue of Replacement Workers 36(Economic Policy Inst. 1991)]。

**2. 替代工人雇佣率?** 罢工期间短期或长期替代工人的雇佣率的数据缺乏。见迈克尔·勒罗伊:《控制雇主雇佣长期替代工人:〈国家劳动关系法〉与〈铁路劳动法〉1935—1991年罢工的经验分析》,载于《伯克利雇佣与劳动法杂志》第16卷(1995),第169、176—179页[Michael Leroy, Regulating Employer Use of Permanent Replacements: Empirical Analysis of NLRA and RLA Strikes 1935-1991,16 Berk. J. Emp. & Lab. L. 169,176-179(1995)]。少量有效的研究表明实际利用替代工人的可能很少。至于加拿大的法院则允许雇佣临时的替代工人,见郎及乐,《全球化竞争和加拿大劳动法改革》,

584 同前,第636页("相对缺乏有效的数据"表明从1993年至1995年,关于替代工人的安大略禁令生效之前,在"少量主要的罢工"中使用过替代工人,仅仅8%的罢工雇员卷入雇用替代工人的罢工);见郎及乐:《安大略省的〈反破坏罢工法〉有重大作用吗?》,载于《加拿大劳动与雇佣法杂志》第12卷(1999),第461页[Langille, Has Ontario's Anti-Scab Law Made Any Difference?, 12 Can. Lab. & Empl. L. J. 461 (1999)(similar)];简与辛格,上文(替代工人用于18%的罢工中)。在美国方面,见美国总会计办公室报告(U. S. Gen. Accounting Office GAO/HRD 91-2),《劳动管理关系:20世纪70年代和80年代罢工和长期替代工人的使用》[Labor-Management Relations: Strikes and the Use of Permanent Replacements in the 1970s and 1980s 1, 13, 15(1991), 1991总会计办公室报道](1985年和1989年,雇主声称他们将在三分之一的罢工中雇佣长期替代工人,实际上每年在大约17%的罢工中雇用他们,每年总共有4%的罢工者被永久替代)。相对较低的长期替代工人雇佣率就意味着这一领域的法律不重要吗?考虑一下雇主永久取代罢工者将带来的潜在影响——雇主在一次有组织的运动中告诉雇员的权利——关于雇员的利益观和工会化的不利条件。

**3. 罢工太少?** 在19世纪80年代期间,已经过去的十年内,罢工减少了50%。见1991总会计办公室报道,上文,第12页。这个下降至少让一个评论员表明曾经有"经济罢工的衰弱"——"罢工不再是一个为那些劳动力市场没有为他们的复职设置多少障碍的雇员签订协议的可靠的方式。"见马修·芬金:《劳动政策和经济罢工的衰弱》,载于《伊利诺伊州大学法律评论》(1990),第547、549页(Matthew W. Finkin, Labor Policy and the Enervation of the Economic Strike, 1990 U. Ill. L. Rev. 547,549)。在过去的十多年期间,罢工的衰退一直持续。见BLS 2005年主要停工事件(图表一)[BLS, Major Work Stoppage in 2005, USDL06-363(Mar. 2, 2006)(table 1)](1947—2005涉及1000或更多工人的罢工);联邦仲裁与调解局年度报道第58卷第8页(2005)(2001—2005罢工的数据)[58 FMCS Ann. Rep. 8(2005)(statistics for Strikes generally,2001－2005）］。

长期替代工人的雇佣率和罢工活动的降低之间可能的联系尚未明确。1991年总会计办公室的研究表明,大量的雇主代表(45%)和超过75%的工会代表认为在19世纪80年代中后期雇主雇佣长期替代工人的频率要比19世纪70年代中后期高。见1991年总会计办公室报道,上文,第18页。这些数据在早期很难获得。此外,工会和雇主代表不同的估计表明政治偏见可能影响对这个问题的判断。

### 注释:不当劳动行为罢工

上文讨论的麦凯规则仅适用于经济罢工;在不当劳动行为或"ULP"罢工的情况下(由于一个或更多的雇主不当劳动行为拖延了的罢工),雇主、罢工者和替代工人各自的权利都十分不同。罢工因谈判僵局和不当劳动行为引起时,只要罢工部分被不当劳动行为鼓动(激励),就被视作不当劳动行为罢工。见卡车司机地方515工会诉国家劳动关系委员会案(简称瑞西可得化学公司第二案)［Teamsters Local Union No. 515 v. NLRB（Reichold Chemicals,Inc. ）,906 F. 2d 719,723（D. C. Cir. 1990）（Reichold Ⅱ）］(不当劳动行为不是罢工单一原因,甚至也不是主要原因;它只是一个推动因素);美国矿业沙业公司案［RGC（USA）Mineral Sands,Inc. ,332 N. L. R. B. 1633（2001）（same）,enforced,281 F. 3d 442（4th Cir. 2002）］。同样地,在经济罢工期间假如雇主进行不当劳动行为,雇主的行为和罢工的持续之间的因果关系就会促使罢工成为一个不当劳动行为罢工。见索乐玻璃釉公司诉国家劳动关系委员会案［Soule Glass & Glazing Co. v. NLRB,652 F. 2d 1055,1079－1080（1st Cir. 1981）］;拓扑公司诉国家劳动关系委员会案［F. L. Thorpe & Co. v. NLRB,71 F. 3d 282,286－287（8th Cir. 1995）］。在罢工的变更中被替换的罢工者被视作不当劳动行为罢工者。见赫明格讷热三角塔公司案［Hormigonera Del Toa,Inc. ,311 N. L. R. B. 956,957（1993）］;苏诺山谷高尔夫俱乐部案［Sunol Valley Golf Club,310 N. L. R. B. 357,371（1993）,enforced sub nom］;伊维尔地诉国家劳动关系委员会案［Ivaldi v. NLRB,48 F.

3d 444(9th Cir. 1995)]。转换学说更进一步的讨论,见法兰克·斯图尔特:《罢工的转换:不当劳动行为经济》,第一与第二部分分别见《弗吉尼亚法律评论》第 45 卷(1959),第 1332 页,《弗吉尼亚法律评论》第 49 卷(1963),第 1297 页 [ Frank H Stewart, Conversion of Strikes: Economic to Unfair Labor Practice : Ⅰ & Ⅱ, 45 *Va. L. Rev.* 1332(1959);49 *Va. L. Rev.* 1297(1963)]。

认定罢工的"起因"对下面的情形很关键。第一,雇主被要求解除即使表面上像的"长期"替代工人的工作,以便留出职位给提交了无条件的复职申请的不当劳动行为罢工者。见马斯特罗塑料公司案 [ Mastro Plastics Corp. v. NLRB, 350 U. S. 270, 278(1956)];另见皮瑞丽缆线公司诉国家劳动关系委员会案 [ Pirelli Cable Corp. v. NLRB, 141 F. 3d 503, 515 (4th Cir. 1998)]。假如雇主没有这样做(可能误解为只是经济罢工而不是不当劳动行为罢工,见下文第 586 页),罢工者就有权要求雇主从提交无条件复职申请的那天开始支付工资。见一般工业雇员工会地方 42 工会诉国家劳动关系委员会案 [ General Industrial Employees Union, Local 42 v. NLRB, 951 F. 2d 1308, 1311(D. C. Cir. 1991)]。相反,被长期替代的经济罢工者则无权要求复职,没有违反他们的莱德劳权利时他们就无法获得欠付的工资。

第二,不当劳动行为罢工者能够行使选举权而不需考虑罢工的时间跨度,然而,依据第 9 条(c)(3),假如罢工持续超过 12 个月,被长期替代的经济罢工者将会丧失他们的选举权。见托瑞森-麦格克什公司案[Thoreaon-McCosh, Inc., 329 N. L. R. B. 630(1999)],重新肯定了瓦尔拉链公司案[Wahl Clipper Corp., 195 N. L. R. B. 634(1972)]规则。此外,只有长期的——与临时的相反——替代工人有选举的权利。见塔帕沙业与原料公司案[Tampa Sand & Material Co., 137 N. L. R. B. 1549(1962)]。此后,不当劳动行为罢工者的替代工人便没有选举权,而经济罢工者的替代工人可能有选举权,假如他们有"长期的"身份。

第三,与经济罢工不同,抗议不当劳动行为的罢工不需要违反集体谈判协议里禁止罢工的一般条款。在马斯特罗塑料公司案中,法院主张,当雇主试图"通过强制手段驱逐雇员的法定谈判代表,通过威胁解雇的手段要求雇员在一个新的工会里领取会员证"时,一个标准的禁止罢工条款不剥夺雇员罢工的权利(350 U.S. at 285)。马斯特罗塑料公司案被扩展至不太正规的不当劳动行为。见阿兰百货公司案[Arlan's Dep't Store,133 N.L.R.B. 802(1961)]。一些判决解释到,标准条款包含剥夺罢工的权利,违反"取决于对一份合同相互矛盾的解释,其中的一个是有效的"。大悟化学公司诉国家劳动关系委员会案[Dow Chemical Co. v. NLRB,636 F.2d 1352,1360(3d Cir.1980)]。

第四,不当劳动行为罢工的目标不在于"终止或修改"合同中第8条(d)规定的义务。见马斯特罗塑料公司案(*Mastro Plastics*),上文。见迈克尔·哈珀:《工会放弃NLRA项下雇员权利》(第一部分),载于《工业地区法律杂志》第4卷(1982),第335页[Michael C. Harper, Union Waiver of Employee Rights under the NLRA:Part Ⅰ,4 *Indus. Rel. L. J.* 335(1982)]。

最后,一些老的司法判例表明,相对于卷入划出纠察线的不当行为的经济罢工者来说,委员会对卷入相同不当行为的不当劳动行为罢工者有更大的使其复工的权力。见国家劳动关系委员会诉塔耶尔公司案[NLRB v. Thayer Co.,213 F.2d 748(1st Cir 1954)](在不当劳动行为罢工者的情况下,委员会应当认真平衡雇员不当行为对抗雇主不当行为而导致罢工)。然而,从19世纪80年代中期以来,委员会减少了对它们不同之处的区分。见清洁管道模制公司案[Clear Pine Mouldings,Inc.,268 N.L.R.B. 1044(1984),enforced,765 F.2d 148(9th Cir.1985)];阿尔宾·热瑙尔:《注释:卷入与罢工相关不当劳动行为罢工者的复职:清洁管道模制公司案关于塔耶尔原则的批判》,载于《工业关系法律杂志》第8卷(1986),第226页[Albin Renauer, Note, Reinstatement of Unfiar Labor Practice Strikes Who Engage in Strike-Related Misconduct:Repudiation of the Thayer Doctrine by Clear Pine Mouldings,8 *Indus. Rel. L. J.* 226(1986)];但是,在M.P.C.平板公司诉国家劳动关系委员会案[M.P.C.Plating,Inc. v. NLRB,953 F.2d 1018,1022(6th Cir.1992)]中认为塔耶尔原则不是完全没有用的。

## 注释和问题

**1. 查明罢工的原因。** 关于罢工是不当劳动行为罢工还是经济罢工，法院经常与委员会的裁定发生冲突。见加利福尼亚苯烯酸工业公司诉国家劳动关系委员会案[California Acrylic Indus. d/b/a Cal Spas v. NLRB, 150 F.3d 1095(9th Cir. 1998)]；皮瑞丽缆线公司案(Pirelli Cable, 141 F.3d 503)。法院曾相当反对委员会依赖"自我服务"证据和工会领导人(和经验丰富的雇员)的巧言，从而裁定罢工由不当劳动行为推动。在加利福尼亚苯烯酸工业公司案中，第九巡回法院裁定委员会"起作用……采纳一个本身的原则，工会领导与雇员在罢工投票之前，不管何时讨论一个不当劳动行为，导致的罢工是不当劳动行为罢工……不用说，这个判决被人操纵了"(150 F.3d at 1101)。在判定罢工的原因时，委员会和法院应当调查清楚什么因素呢？见上文(查明罢工的时间，工会小册子和纠察标志的内容，雇员于罢工投票日的主张和雇员关于失业保险索赔形式的主张)；另见托普案(F. L. Thorpe)(关于罢工可能"转换"，注意某些不当劳动行为，比如不合法的撤退意味着拖延了罢工)。

法院对委员会关于起初的经济罢工后来转变为不当劳动行为罢工的裁决持相当怀疑的态度，而且经常扭转了那些裁决。见上文托普案[F. L. Thorpe, supra; NLRB v. Harding Glass Co., 80 F 3d 7(1st Cir. 1996)]；索乐玻璃案(Soule Glass, 652 F.2d 1055)。

**2. "次最佳"原则？** 对不当劳动行为罢工者的特殊待遇正当有理吗？这是应对国家劳动关系委员会裁判程序漫长或者应对麦凯原则的"次最佳"途径吗？这是对雇主不诚实谈判的一个威慑吗？见雷：《关于罢工替代工人问题忽略的一些因素》，同前，第365—366、375页(Ray, Some Overlooked Aspects of the Strike Replacement Issue, supra, at 365-366, 375)；另见卡比特：《关于雇佣长期替代工人程序限制的提议》，第849页和注释183(Corbett, A Proposal for Procedural Limitations on Hiding Permanent Replacement, supra, at 849& n. 183)。委员会裁决的不确定程度以及在谈判进程中的运用是否创造了一种风险,即雇员将会坚持罢工,因为经济罢工有可能被当作不当劳动行为罢工对待。有没有方法改善委员会程序以便提供一个早期的罢工"原因"的裁决?见卡比特:《注释,不当劳动行为罢工:对改变的批评和建议》,载于《纽约大学法律评论》第 46 卷(1971),第 988 页[Corrbett, supra; Note, The Unfair Labor Practice Strike; A Critique and a Proposal for Change, 46 N. Y. U. L. Rev. 988(1971)]。

**3. 提议放弃权利去参加不当劳动行为罢工的"谈判能力"?** 在合同期限内,因为一个要求放弃权利去参加不当劳动行为罢工的条款而使谈判出现僵局时,雇主就违反第 8 条(a)(5)吗?见瑞西可得化学公司第二案(Reichold II, 906 F. 2d 719)。有没有一个领域像第 8 条(a)(3)保护的禁止歧视原则一样,工会协商的弃权者不应当被允许或者应当大幅度地受到限制?这个答案是否部分取决于弃权的范围是雇主寻求的吗?(见哈珀,《工会对雇员权利的放弃》)

### 注释:遵守纠察线

罢工的成功常常取决于工会鼓励其他雇员——罢工雇主和其他公司——拒绝跨越纠察线的能力。第 8 条明确表明,即便单独一个雇员拒绝跨越纠察线的决定对"互助和保护"来说也是"一致的"行动。正如法官林德·汉(Learned Hand)在国家劳动关系委员会诉皮特瑞士巧克力公司案[NLRB v. Peter Cailler Kohler Swiss Chocolates Co. , 130 F 2d 503, 505 – 506(2d Cir. 1942)]中观察到的:

> 虽然这个权利受到侵害的工人是他们之中唯一一个对结果有赌注(期待)的人,但工厂里的其他工人因为他受到的委屈而与其联合起来,在他的支持下出去罢工,他们为了"互助和保护"而参加"协同行动"。其他的工人通过他们自己的行为,万一轮到他的权利受到侵害,

他们中的每一个人都能确保得到自己曾支持的那个人的帮助,团结从字面意义上来说就是"互助",这一点没人怀疑。所以很多工人都参加这种"同情罢工",或者间接联合抵制;直接纠纷并非罢工者关注自身,而是同仇敌忾,扩大了数量,单个人的力量急剧增长了。

见理查德·非士尔:《自我,他人以及第七节:〈国家劳动关系法〉下的互助和保护抗议行动》,载于《哥伦比亚法律评论》第 89 卷(1989),第 789 页[ Richard M. Fischil, Self, Other and Section 7: Mutualism and Protected Protest Activities Under the National Labor Relations Act, 89 Colum. L. Rev. 789 (1989)]。

尽管可能是不受保护的协同行动,但他们也拒绝跨越纠察线,其原因很多。第一,纠察本身可能是非法的——例如,间接联合抵制违反第 8 条(b)(4)——在这种情况下拒绝跨越纠察线的雇员便与不法行为联合起来。意图保护雇员间接罢工的合同条款也可能是不合法的。见下文第 687 页注释。当雇员没有足够的信息来判断纠察线的合法性时,对其应当承担实质上的严格责任是否公平表示疑问。

第二,雇员可能通过他们的谈判代表放弃合同第 7 条的任何权利。对一般的反罢工条款是否应该理解为包含放弃参加同情罢工的权利,委员会曾经摇摆不定。见印第安纳坡里斯电力与光能公司案[ Indianapolis Power & Light Co. (Ⅱ) v. NLRB, 898 F. 2d 524, 526 - 527(7th Cir. 1990)](委员会一系列案例的讨论)。委员会目前的裁定认为这样的条款假定为包含同情罢工,除非合同作为一个整体或者外在的证据证明其他内容。见印第安纳坡里斯电力与光能公司案[ Indianapolis Power & Light Co. (Ⅱ), 291 N. L. R. B. 145 (1988)](通过上面引用的判决强制执行)。然而,在印第安纳坡里斯电力与光能公司案中,委员会发现该假定被当事人对条款的范围"求同存异"的事实推翻。因为条款里没有包含同情罢工的意思,没有"清晰和明确无误的"放弃雇员的法定权利。见同上,第 1041 页;另见 898 F. 2d at 528(外在证据存在的情况下,雇主承担举证责任,证明条款里包含同情罢工,从本质上否定了假定);奥克兰儿童医院诉加利福尼亚护士协会案[Children's Hospital of Oakland v. California Nurses Ass'n,283 F. 3d 1188,1194 – 1195(9th Cir. 2002)](认为委员会的假定没有多少实际意义)。有观点认为,雇员参加受保护的同情罢工的权利决不应该放弃,见哈珀,《工会对雇员权利的放弃》,第372—380页。

虽然行动受保护,但麦凯无线电一案表明雇主可能采取一些措施确保继续进行生产和交货。委员会一直认为雇主一般缺乏理由长期替换或者解雇拒绝跨越纠察线的雇员。见西方压力公司案[Western Stress, Inc.,290 N. L. R. B. 678(1988)]。然而,在雇员设置一个"第三人"纠察线时,法院在避免延迟和损失业务方面更重视雇主的利益,同时也很有可能维持长期替代工人且在特定情况下解雇他们。见国家劳动关系委员会诉勃朗宁-菲利斯工业公司案(波斯纳法官)[NLRB v. Browning-Ferris Indus.,700 F. 2d 385(7th Cir. 1983)(Posner,J.)];人力商业服务公司诉国家劳动关系委员会案[Business Servs. by Manpower,Inc. v. NLRB,784 F. 2d 442 (2d Cir. 1986)](弗兰德林法官)[禁止因为拒绝跨越第三人纠察线而解雇雇员的基本原则在这些情况下受到否定:(1)第7条权利是"微弱的",因为纠察线仅仅是罢工宣传,(2)替代工人是不实用的,因为雇主只是为了得到临时的帮助]。

### (2)影响分析的因素

**国家劳动关系委员会诉伊利电阻公司案**

NLRB v. Erie Resistor Corp.
373 U. S. 221(1963)

怀特法官:我们面对的问题是雇主是否承认《国家劳动关系法》第8条(a)中的不当劳动行为……当他用了20年发展了一项对罢工替代工人,以及放弃罢工而回来工作的罢工者的人特别的资历信用时……

伊利电阻公司和国际电子工会的地方 613 工会（Local 613 of the IUE）受到了于 1959 年 3 月 31 日终止的集体谈判协议的约束。1959 年 1 月，双方协商谈判新的条款，但经过多轮谈判之后，他们仍然未能达成协议。临近合同期满，支持合同要求的工会召集了一次全部 478 名雇员参加的罢工。

在激烈的竞争和客户要求交货的持续需求下，公司决定继续生产运营。公司为了将四月份的生产量保持到正常水平的 15% 至 30%，便将办事员、工程师和其他非单位雇员调换到生产岗位工作。然而，5 月 3 日，公司通知工会成员，公司打算开始雇佣替代工人，在被替代之前，罢工者可以保留他们的工作。工厂坐落于被美国劳工部划定为严重失业区之一的地区，实际上，在罢工开始之后，公司早在一两个星期内就收到了雇佣申请。

替代工人被告知他们在罢工结束时不会失业或者被解雇。为了兑现这个承诺，特别是考虑到在 3 月 31 日已经有 450 名雇员下岗，公司通知工会，他们打算使替代工人取得超资历。在公司与工会定期的谈判中，工会明确表示，在他们看来，无论采取什么形式的超资历计划，都会对罢工者造成非法歧视。随着谈判进展到其他问题，超资历迅速成为争论的焦点。5 月 28 日，公司通知工会，他们决定赠给替代工人和返回工作的罢工者额外 20 年①的资历，但这只对将来裁员有效，而不适用于其他受益于多年工作的雇员。次日的工会会议上，罢工者一致决定为抗议所建议的计划而继续罢工。

6 月 10 日，公司第一次正式公开其超资历计划；截至 6 月 14 日，34 名新雇员，47 名从失业岗位召回的雇员和 23 名复职罢工者接受了生产工作。工会在巨大的压力之下提出，假如公司废除超资历计划或者就此问题调停，其将放弃合同中的部分要求，但公司拒绝了。接下来的几周，64 名罢工者返回工作，21 名替代工人找到了工作，共计达到 102 名替代工人和召回工人，87 名复职罢工者。当复职罢工者的数量涨到 125 名时，工会投降了。一个新的关于剩余经济问题的劳动合同于 7 月 17 日实施，签署的附随和解

---

① 3.20 年这个数据来源于一个规划，这个规划的内容基于预期订单和随着罢工而变化的劳动力。3 月 31 日，罢工开始，一个男雇员需要 7 年的资历来避免失业，一个女雇员需要 9 年。

协议表明，公司的替代工人和岗位确保政策应当通过国家劳动关系委员会和联邦法院来解决，而不是继续使其悬而未决。

随着罢工的结束，公司恢复了那些岗位没有被替代的罢工者的工作（除了129人之外其他雇员都返回了他们的工作）。同时，工会收到了173名会员的辞职信。1959年9月，生产单位的劳动力高达442名雇员，但到了1960年5月，劳动力逐渐地下滑至240名。生产萎缩期失业的雇员都是复职罢工者，因为受公司超资历政策的影响，他们的资历不够维持他们的工作。

工会提出一个控诉……提出在罢工期间赠予超资历是不当劳动行为，依据这个计划后续裁掉复职罢工者是非法的。讯问审查官认为这个政策的公布有合法的经济原因，①不是非法的或者歧视的目的，建议驳回工会的诉讼请求。委员会不同意讯问审查官的裁判，大量主观上排斥工会的证据对认定罢工期间超资历的授予是不当劳动行为是有必要的。委员会说，他们一直认为，在特定的情形下，超资历赠予是一个不正当的劳动行为……

上诉法院驳回了委员会认为超资历政策固然有激励作用但仍属非法的理由。

> 我们的观点是，在罢工期间，雇主替换罢工者的固有权利是与实施优惠资历政策相伴随的权利，这将确保替代工人某种形式的任期，是保护和继续雇主经营的唯一的政策……。公司在紧急情况下实施这个政策是否非法我们不做判定。这个问题对委员会的决定来说是事实之一。

最终否定了委员会强制执行的请求并将案件发回重审。

---

① 4. 审查官依据公司的雇佣记录得出判决结论，直到宣布这项超资历的赠予计划，补缺工人项目才起作用。为了说明这个计划对目的不是必需的，律师指出了一系列事实，当罢工结束时公司有300个未处理的求职申请，公司对工会宣称能更换所有的罢工者，在雇佣他们之前公司没有就这个广为人知的政策征求补缺工人的意见，而是在他们接受工作之后才这样做。

我们认为上诉法院会错误的认为，由于缺乏具体的证据证明非法目的的存在，合法的商业目的总是对指控不当劳动行为的抗辩。法院关于该不当劳动行为案件的处理结果表明，证明雇主歧视或干涉工会权利的意图或动机是非常重要的。但是这些主观目的的具体证据不是"违法不可缺少的证据要素"。无线电报务员诉国家劳动关系委员会案[Radio Officers v. Labor Board, 347 U.S. 17, 44]。"一些行为本身就暗含着其主观意图；某些行为自然可预见的结果也可能可以证明结论。"……卡车司机当地工会诉国家劳动关系委员会案(Teamsters Local v. Labor Board, 365 U.S. 667, 675)。

虽然不当劳动行为的必要意图可能通过不同的形式表现，但一种证明方式相较于另外一种方式可能有相当不同的效果，对结果的影响也会有很大不同。当发现有歧视、鼓励或者打击工会会员的主观意图的具体证据时，许多其他无辜的或模糊的行为可能转换成不当劳动行为，引用的案例包括雇员的解雇，工会工作的分包，工厂转移到另外一个城镇。如果做出这样的行为，充分证明了妨碍工会权利或工会会员将被打击这一事实，这样的证据通常足以推翻雇主合法商业目的的诉求。在这些情况下，表面上看起来是合法经营的行为，由于具备侵犯受保护的权利的意图，最终将被控诉。雇主关于合法性的诉求全部被撤销。

当意图具有内在的歧视性或者行为本身具有破坏性时，结果可能是一样的。在这些情况下，雇主会被认为故意追求某种能够预见的结果，并且从他的行为中不可避免地得出这种结论，当他不能解释行为的合法性或者与其表面上显露出来的不同之处，那么就会被判定为不当劳动行为。见上文无线电报务员诉国家劳动关系委员会案。但是，正如常常发生的情况一样，雇主可能抗辩他的行为是合法的商业行为而且其主要目的不是歧视或侵犯工会的权利，而是为了完成法律允许的商业任务。尽管如此，他的行为不言而喻——是对工会成员的歧视和打击，无论何种压倒一切的理由，都会判定雇主不仅可预见且一定是故意的。这在人类历史上并不常见，从法院的部分判决中可以看出，这种情况需要判定行为的复杂动机，认定为是此动机而非彼动机实际上是一项非常复杂的任务，权衡雇员一致行为的利益和雇主在特殊环境下进行商业活动的利益,平衡法律与相应政策,最终雇主的行为被认为意欲追求破坏雇员权利而非保护商业。实际上法院曾有过处理类似案件的先例,在我们看来,委员会没有违反它。

委员会对超资历做了一个详细的评估,根据其颇有经验的见解,这样的一个计划有以下特点:

(1)超资历影响所有罢工者和长期替代工人的任期,而在麦凯案下,实际上仅仅影响被更换的人。说罢工者在罢工结束时面临失业是一回事,但判定除替代工人的威胁外,所有罢工者将以比替代工人和放弃罢工的人更低的资历重返工作又是另外一回事。

(2)相对于反罢工者来说,超资历赠予的实施对参加罢工的人是不利的。

(3)超资历对罢工谈判单位的雇员和新雇员都适用,用对罢工者给予个人利益来引诱他们放弃罢工的方式是有效的。

(4)扩大对罢工谈判单位雇员和新替代工人的超资历带来的影响对罢工来说是一个致命的打击。在一次罢工中,那些资历低的人有机会获得一般只有长期工作的人才能获得的工作保障,相反,老雇员长期积累的资历就被严重削弱了。这个威胁和前景的结合可能会破坏罢工者的共同利益,将整个罢工置于危险境地。这次罢工的历程和随着计划的公布导致的实质上的打击证明了超资历的重大反响。

(5)超资历使得集体谈判的代表将来谈判更加困难。与麦凯案中一旦罢工结束就不再是个问题的罢工补缺者不一样,这里的计划造成工厂里罢工结束后还持续一段时间的分裂。从此以后,雇员被划分为两大阵营:一队继续与工会并肩作战,一队便是那些在罢工结束之前撤退并因此而获得额外资历的人。在再次裁员时,这种背叛会被重新强调,也始终提示了罢工和工会活动的危险存在。

根据这个分析,超资历通过它特殊的条款对罢工者和反罢工者在罢工期间和罢工结束后都进行区别对待,这对罢工和工会活动的破坏作用是毋庸置疑的。被告表示,计划的起源曾是为了保持持续的生产量,它对通过提供超资历来吸引替代工人,同时引诱工会成员放弃罢工是有必要的。但如果这点成立,被告经营目的的实现不一定就依赖于通过给那些不支持罢工的人提供优惠诱因来吸引的替代工人和罢工者。我们认为,委员会有权视此案涉及标志自身意图和被法律禁止的行为,除非通过商业目的的重要性证明侵犯工会权利合法。委员会判定主张商业目的对证明超资历计划没有超越第8条(a)(1)和第8条(a)(3)的范围不够充分,现在我们来重新看一下这个判决。

上诉法院和被告依据麦凯案来否定委员会的结论,但我们尚未被说服……。麦凯案不涉及超资历,不涉及替换与否对所有罢工者的影响,也不涉及对罢工本身强有力的影响。因为相对于危害由长期的替代罢工者引起的一致行为而言,雇主的利益更重要,这并不意味着雇主的利益比除长期替代工人以外的由超资历造成的对其他工人利益的巨大侵犯更重要。

我们无意质问麦凯原则持续的生命力,但是我们不会将该原则扩展到对我们此处情形的适用。做到这点需要我们撤销委员会基于法律和潜在的政策作出的深思熟虑的裁判,就当下的环境来看,更重视由超资历造成的伤害,而不是雇主在罢工期间通过利用吸引替代工人的特殊手段来维持工厂运营的利益。我们从法律和立法历史里找不到表明超资历是防止罢工产生经济影响的必要手段,也没有发现任何与委员会得出的结论不一致的东西……

……因为委员会的裁判是所谓的商业目的不能伤害雇员的权利——我们所支持的裁判——它适当地撇开被告的动机,也不认定行为是否由所谓的商业目的的推动……

哈伦法官的观点,与上文一致,省略。

## 注释和问题

**1. 调解麦凯无线电案?** 委员会对麦凯无线电案的争辩被法院在伊利电阻案中重现,能令人信服吗?对罢工者实施超资历计划的影响与雇佣长期替代工人的影响有很大的不同吗?伊利电阻案中雇主的商业目的比麦凯无线电案要少一些强制性吗?

**2. 伊利电阻案对违反第 8 条(a)(3)要求有故意吗?** 即便雇主主张为了维持运营需要而提供超资历给长期替代工人也违反了第 8 条(a)(3),伊利电阻案这样认为吗?假如雇主能证明这样的一个赠予对实现目标实际上很需要?如果这样,伊利电阻案里面的方法能与第 8 条(a)(3)的主观基础联系起来吗?

**3. 以市场为基础核实谈判需求?** 案件关于罢工的概念是一致的吗?将雇佣替代工人视为一种为核实谈判需求提供市场基础的途径?艾斯托伊克,《罢工者和替代工人》,第 902 页:

> 工人跨越纠察线的意愿和依据雇主的最后报价提供他们的服务告诉我们一些关于工会需求的经济合理性。但是假如有一些异常的诱惑——在伊利电阻案中,20 年的超资历——雇主做的不仅仅是提供市场以核实工会需求;他正在采取不同寻常的手段阻止罢工,根本不考虑罢工结束时他的行为如何。这样的一些策略曲解了集体谈判的过程。

这个基本原理解释了伯林顿家具公司案[Burlington Homes, Inc., 246 N. L. R. B. 1029(1979)]中关于雇主给替代工人比工会更高的工资违反了第 8 条(a)(3)的观点?但是注意在底特律报纸代售处案[Detroit Newspaper Agency, 327 N. L. R. B. 871(1999)]中,第 632 页讨论了一个关于第 8 条(a)(5)的案件,委员会重申关于替代工人条款和条件雇主不需要与工会谈判的规则:

> 当然,……雇主可以以同样的工资水平,在同样的条款和雇佣条件下雇佣替代工人,这在老合同下有效。但是,雇主这样做没有合法的需求。正如雇主不需要为雇佣替代工人提供理由一样,雇主也不需要证

明其在一个给定的水平下雇佣他们。(同上,第 871 页注释 3)

关于违反第 8 条(a)(3)的事实,底特律报纸案批驳了伯林顿家具案吗?虽然底特律报纸案用了很清楚的语言描述在到期的合同下替代工人的工资低于正常工资水平,雇主会依据第 8 条(a)(5)给替代工人比最终给工会的工资水平更高吗?

**4. 一个法律和经济的视角**。提供给替代工人罢工者的资历,是否会投机地废止罢工者在与公司的关系契约中暗含的允诺?为了保护最高法院从法律和经济的视角划定的界限,见迈克尔·瓦奇特和乔治·科恩:《更换罢工工人:法律和经济的方法》,载于《纽约大学 43 届劳动法年会资料》,第 118 页(布鲁斯·斯坦主编,1990 年)[George M. Cohen & Michael L. Wachter, Replacing Striking Workers: The Law and Economics Approach, in Proc., 43rd Ann. N.Y.U. Conf. on Lab. 118 (Bruno Stein ed., 1990)];见艾斯托伊克:《集体谈判还是"集体乞讨"?》,第 600 页和注释 97;塞恩·哈里斯:《科斯的矛盾和低效率的长期罢工替代工人》,载于《华盛顿大学法律季刊》第 80 卷(2002),第 1185 页 [Seth D. Harris, Coase's Paradox and the Inefficiency of Permanent Strike Replacement, 80 Wash. U. L. Q. 1185 (2002)]。罢工者替代工人的额外分析,见上文第 580—584 页。

**5. 被解雇的替代工人的召回权?** 失业随着长期替代工人被雇佣的经济罢工而产生,伊利电阻案意味着替代工人将会第一个被解雇吗?当失业召回开始时,没有复职的罢工者有在低资历的被解雇的替代工人之前,或者在低资历的被解雇的复职罢工者之前召回的权利吗?

在葛丁和里维斯公司案中[Giddings & Lewis, Inc., 255 N.L.R.B. 742 (1981)],雇主制定了一个失业和召回政策,在前罢工者之前召回失业替代工人。委员会发现违法:

[雇主可能不会]通过仅仅声明失业雇员有合理的期望召回而违背了莱德劳案下的义务……。事务总长已经明确否定其正在寻求失业后在相当短的期限内召回未复职罢工者,比如可能因上帝的法令,部分零件或材料紧缺,或者公司相对短时间的损失。我们同意雇主在这样的情况下不会中断目前的劳动力。然而,被告的公开政策更倾向于召回失业的雇员而不是未复职的罢工者,无论其时间的长短或失业的原因……

关于召回权,我们不认为被告需要给予罢工者优先考虑或者将反罢工者和替代工人置于一个次要的位置。当然,被告可以考虑与意志行为不相关的许多因素。而不是将雇员分为确定的等级,基于他们的受保护的行为把未复职罢工者进行分类,提议因为他们曾经参加过罢工而不要单独对他们太优惠。实际上,关于召回权,被告建立了两个不平等的雇员等级,其依据仅仅是他们是否参加了罢工。这样,雇员的特权便建立于不公平的原因,依据固定下来的先例,被告的政策表面上是不合法的。(同上,第744—745页)

然而,第七巡回法院认为委员会的处理与麦凯无线电案是不一致的,否定其强制执行:"雇主试图雇佣替代工人,直到裁员发生前保证他们被雇佣。这种替代工人很难称之为'长期'。"见葛丁和里维斯公司案[Giddings & Lewis, Inc. v. NLRB, 675 F. 2d 926, 930(7th Cir. 1982)]。

在已强制执行的阿奎阿化学公司案[Aqua-Chem, Inc., 288 N. L. R. B. 1108,1109 - 1110(1988),enforced,910 F. 2d 1487(7th Cir. 1990)]中,委员会做出了一个与第七巡回法院接近的决议,认定雇主可以扩大召回权至失业替代工人,假如他们有一个"合理的召回期望",基本的因素包括"雇主以往的商业经验,雇主将来的计划,失业的时间长短,失业的情况,雇员被告知的关于召回的可能性"。

法院的葛丁和里维斯公司案判决和委员会后来在阿奎阿化学公司案中

的退却

曲解了麦凯无线电权利,与确保雇主在特殊情形下获得长期替代工人没有关系?麦凯无线电案仅仅允许雇主在罢工结束时持续保留替代工人——拒绝工会关于替代工人应当被驱逐的提议。然而,麦凯无线电没有认可任何一切手段——可能对吸引替代工人和鼓励他们破坏工会纠察线是必需的。

艾斯托伊克,《罢工者和替代工人》,第902—903页。另见芬金,《经济罢工的衰弱》,第559—562页。

## 国家劳动关系委员会诉大丹拖车公司案

NLRB v. Great Dane Trailers
388 U.S.26(1967)

沃伦大法官:……在欠缺反工会行为的证据下,问题在于雇主是否违反第8条(a)(3)和(1)……当它拒绝给罢工雇员基于终止的集体谈判协议形成的休假福利时,却声明了给予在罢工期间工作一定时间的罢工替代工人、返回罢工者和反罢工者这种福利的意图。

被告公司和工会达成了一份1963年3月31日到期的集体谈判协议。这份合同包含公司给符合一定资历的员工休假福利的义务。实际上,公司同意给在上一年度至少工作了1525个小时的员工休假福利。公司也表示,在"解雇、终止或辞退"的情况下,一年工作日超过60天的雇员有权利分期享有他们的休假福利。福利将于每年距6月1日最近的一个星期五发放。

合同超过最后期限后进行了临时续期,但是1963年4月30日,关于在谈判桌上仍未解决的问题,工会给出了所要求15天的罢工意向通知。于是,1963年5月16日,大约350名公司的雇员开始罢工,一致持续到1963

年10月26日。在罢工期间,公司利用反罢工者、罢工替代工人和一些后来放弃罢工返回工作的原始工人继续运营。1963年7月12日,许多罢工者要求公司付给他们累加的休假福利。公司拒绝了该项请求,基于其关于声明的回答,公司所有的合同义务都因为罢工而终止,因此,公司的雇员一个也没有休假的权利。然而,其后不久,公司声称其将给予休假福利——数量和条件依据过期协议——对于1963年7月1日报到上班的所有雇员。公司否定这些给予是基于合同,并声称他们没有单方面的采纳新"政策"。

……上诉法院主张,虽然罢工雇员和反罢工雇员之间的歧视得到了证明,但是委员会关于公司属不当劳动行为的判定没有充分的理由,因为没有肯定的证据证明非法打击工会成员的行为或者干涉了受保护权利的行使……

这里被诉的不当劳动行为主要基于明确要求委员会证明歧视和导致对工会成员的打击的第8条(a)(3)……。毫无疑问,公司拒绝给予罢工者休假福利是其最简单形式的歧视……。满足过期合同中具体条件的雇员得到了合同中规定数量的累积休假福利,但其他满足条件但参加了罢工的雇员却没有享受到此福利。同样地,毫无疑问,依据法律的内涵,歧视能够打击劳工组织中的成员。打击劳工组织中的成员"包括打击参加一致活动……比如法定罢工"。劳动关系委员会诉伊利电阻公司案[Labor Board v. Erie Resistor Crop.,373 U.S.221,223(1963)]。给予某些雇员累积福利而声称废止对另外一些参加了受保护的一致活动的雇员给予累积福利,这种行为无论对目前还是将来的一致活动都施加了一定的负面影响。

但是,这时候,基于第8条(a)(3)的质询没有停止。法律语言"歧视……打击"的意思是,违法的事实一般取决于歧视行为是否由反工会目的所推动……。上诉法院的判决不是依据给予强制执行,而是依据动机因素,依据我们现在提供的因素……。我们在伊利电阻案中指出,反工会动机的证据可能会确定雇主的行为非法,在其他情况下也可能是合法的。然而,一些行为如此"破坏雇主的利益"以至于可能被禁止而不需要证明潜在的不合适的动机。见劳动关系委员会诉布朗案[Labor Board v. Brown,380 U.

S. 278,287(1965)];美国造船公司诉劳动关系委员会案[American Ship Building Co. v. Labor Board,380 U. S. 300,311(1965)]。也就是,一些行为具有它"不可避免的后果,雇主不仅可以预见而且一定是故意的",这就具有"本身故意的迹象"。见劳动关系委员会诉伊利电阻公司案(Labor Board v. Erie Resistor Crop. ,at 228,231)。假如有问题的行为属于这种"内在破坏性"范畴,雇主便有义务解释、证明或者阐述"他的行为与表面上看起来不同",假如他无法证明,"不当劳动行为的判决就出来了。"同上,见228页。尽管雇主在这种情况下为他的行为提出相反的解释,依据法律和政策,委员会仍然可能从行为本身推断出不正当动机,继而履行其恰当平衡商业目的理由和侵犯雇员权利的职责(同上,见229页)。另外一方面,当"对雇员权利危害的结果是……相对轻微,认定是大体上合法的商业行为,雇主的行为初步认定合法"时,作出了一个确定不正当动机的证明。劳动关系委员会诉布朗案(Labor Board v. Brown,at 289);美国造船公司诉国家劳动关系委员会案(American Ship Building Co. v. Labor Board,at 311－313)。

从对近期判决的回顾中,我们提取了一些重要的原则。第一,如果能够合理判定雇主的歧视行为对雇员重要的权利具有"内在破坏性",不需要任何反工会动机的证据,即便雇主有证据证明其行为动机是基于商业考虑,委员会也可以判定是不当劳动行为。第二,假如歧视雇员权利的不利影响"相对轻微",假如雇主提出证据证明行为是合法的和大体的商业判断,那么,维持判决就需要证明反工会动机。这样,在任何情况下,一旦证明雇主实施了在某种程度上对雇员权利有不利影响的歧视行为,雇主就有义务证明他是受合法任务的推动,因为证明动机对他来说更方便。

将这些原则应用到这个案件,我们不需要认定受到反对的行为对雇员权利可能影响的程度。正如上诉法院正确地指出,公司没有为其歧视行为的合法动机提出证据(363 F. 2d,at 134)。公司几乎没有履行其证明的责任,当上诉法院继续推断公司的动机究竟是什么时,它便曲解了司法审查的功能。由于证明了对雇员权利有不利影响的歧视行为,也没有证据证明其有恰当的动机,那么委员会的裁判就应该受到大量证据的支持,见环宇相机公司诉国家劳动关系委员会案[Universal Camera Corp. v. Labor Board, 340 U. S. 474(1951)],也应该得到维持。

上诉法院的判决被撤销,案件被退回以执行委员会的裁决。

哈伦法官的意见和斯图尔特法官的反对意见被省略。

**注释和问题**

**1. 影响与意图?** 大丹拖车公司案用对雇员利益的严重伤害来区分两种类别的行为。法院的识别为将来案件的判决有切实可行的指导价值吗?包含一个种类和另外一个种类的不同后果是根据第8条(a)(3)或者第8条(a)(1)得来的吗?某些情况下,动机与法院强调的一致吗?通过法律第10条(c)强加给事务总长说服的义务吗?最好法院废除动机作为必须的因素吗?主张合法性的判断取决于对工会或者雇员利益的损害是不是为了保证雇主利益得到补偿?在这种方法下,反工会动机的存在将为非法(不管任何利益的平衡)提供独立的证据,但不是违法必需的因素。委员会在谈判语境中平衡利益的权限应该与其在组织的背景中一致吗?见艾斯托伊克:《罢工者和替代工人》;莱昂纳多·亚诺夫斯基:《在〈国家劳动关系法〉下干涉和歧视的新概念:美国造船公司案与大丹拖车公司案的遗产》,载于《哥伦比亚法律评论》第70卷(1970),第81页[Leonard S. Janofsky, New Concepts in Interference and Discrimination Under the NLRA:The Legacy of American Ship Building and Great Dane Trailers,70 *Colum. L. Rev.* 81(1970)];托马斯·克里斯滕森和安德瑞亚·司娃诺:《委员会关于不当劳动行为的动机和意图》,载于《耶鲁法律评论》第77卷(1968),第1269页[Thomas G. S. Christensen & Andrea Svanoe, Motive and Intent in the Commission of Unfair Labor Practices,77 *Yale L. J.* 1269(1968)]。

**2. 可疑的合同正当性辩护?** 假如大丹拖车公司案中的公司提出证据证明(a)拒绝给予休假福利仅仅基于对到期合同忠实的解释和(b)对合同的解读是合理的至少可以说是正确的,公司就可以免除法院提出的证明责任吗？这样的证据能为其义务提供抗辩的理由吗？因为主张废除休假福利条款而使谈判出现僵局，雇主不管怎样都违反第8条(a)(5)吗？

**3．"惩罚"罢工？** 假定大丹拖车公司案中的雇主对所有的雇员都不实施休假福利，他们还会在1963年7月1日报到上班吗？除了在此变化下谈判的义务，雇主在废除这种类型的累积福利是对雇员参加一致活动的惩罚的理论下，也违反第8条(a)(3)吗？第8条(a)(3)的"歧视"因素在这种情况下会成立吗？也考虑以下情况：

a. 扣除服务信用。根据伊利电阻案和大丹拖车公司案，罢工雇员什么类型的福利可能是雇主法定扣除的？雇主无须给予罢工者没有工作时的工资，可能也并非需要为其罢工的时间提供累积的信用服务，从而影响退休福利。雇主也可以依据决定裁员的目的，优先挑选休假日，或者假期的长短来暂停信用服务以影响罢工者的资历吗？见通用电气公司案[General Elec. Co.，80 N.L.R.B. 510(1948)]；伊利诺伊州贝尔电话公司案[Illinois Bell Tel. Co.，179 N.L.R.B. 681(1969), enforced, 446 F.2d 815(7th Cir. 1971)]；特克萨科公司诉国家劳动关系委员会案[Texaco, Inc. v. NLRB, 700 F.2d 1039(5th Cir. 1983)]，应当确立什么标准？雇主扣除此种信用是对合法受保护活动的"惩罚"？这是对第8条(a)(3)的违反还是对商业考虑的特殊回应？

b. 生产率/经营持续性的需要。公司每年给雇员发放圣诞津贴，基于五要素标准：(1)全公司的总体业绩，(2)全公司的总体生产率，(3)每五个工厂的业绩，(4)每个工厂的生产率，和(5)每个工厂经营的持续性。一个工厂的生产工人和维修工人年度内参加一个57天的经济罢工，导致低于正常的产量和生产率。公司扣除年度内罢工工厂所有单位雇员的圣诞津贴违反第8条(a)(3)吗？见匹兹堡摩尼斯钢铁公司诉国家劳动关系委员会案[Pittsburgh-Des Moines Steel Co. v. NLRB, 284 F.2d 74(9th Cir. 1960)]。

c. 试用规则。雇主能将其他的合法的试用规则应用到经济罢工者身上吗？——例如，要求参与罢工的试用期雇员在罢工复职后重新开始在公司的试用期。见弗里茨女王食品公司案[Freezer Queen Foods, Inc. ,249 N. L. R. B. 330(1980)];堪萨斯城市电力公司诉国家劳动关系委员会案[Kansas City Power & Light Co. v. NLRB,641 F. 2d 553(8th Cir. 1981)]。

**4. 大丹拖车公司案对麦凯无线电原则的阐释?** 大丹拖车公司案需要再审查至少在麦凯无线电案中的推定吗?雇主通过利用替代工人维持运营总是有合法的商业目的?"内在破坏性"构想确实挑战了整个麦凯原则?如果是这样,麦凯原则的持续有效性是对大丹拖车公司案一致性的质疑吗?大丹拖车公司案认为仅对第7条权利"破坏性的"影响就足够违反第8条(a)(3),不用考虑补偿雇主的利益。

**5. 在大丹拖车公司案下长期分包单元工作?** 在国际纸业公司诉国家劳动关系委员会案[International Paper Co. v. NLRB,115 F. 3d 1045(D. C. Cir. 1997)]中(下文第633页注释3将进一步探讨),委员会认为雇主即使没有反工会动机的证据,在合法停工期内长期分包单元工作对雇员权利是"内在性破坏",也违反了第8条(a)(3),华盛顿地区法院巡回法庭否定了委员会的该裁判。否定了委员会在大丹拖车公司案中的信赖,法庭指出最高法院认为内在性破坏行为仅仅在"雇主在谈判单元中依据他们工会活动的程度区别对待雇员"时才成立。同上,第1050页(引自伊利电阻案,大丹拖车案和大都会爱迪生案,上文第252页)。因为雇主的行为不符合此模式,缺乏反工会意图的具体证据,故法庭否定其违法。比较,法院判决引自上文第192页,注释2(类似于拒绝委员会对"内在性破坏"原则的适用,要求就涉及表面中立政策有压榨工会倾向的反工会动机举证)。

### 环球航空公司诉空乘人员独立协会案

Trans World Airlines, Inc. v. Independent Federation of Flight Attendants
489 U. S. 426(1989)

欧康纳法官在法庭上发表了意见。

我们今天决定,雇主在罢工结束时为了恢复罢工雇员的更高资历更换在罢工期间工作的雇员,是否是《铁路劳动法》(44 Stat. 577)在《美国法典》第 45 卷第 151 节修正案的要求。

I

1984 年 3 月,环球航空公司和空乘人员独立协会(IFFA,以下简称工会)依据《铁路劳动法》第 6 条,《美国法典》第 45 卷第 156 条,开始一个新的集体谈判协议,来替换他们先前的将于 1984 年 7 月 31 日到期的合同。现存的集体谈判协议创造了一个复杂的竞争制度,普遍的效果是确保有最多资历的空乘人员有最佳机会获得他们偏好的工作分配、航空班次和出现空缺的运营基地,确保高级空乘人员最少的受地方航空公司的周期性下岗的影响。这样的话,例如,一个职位空缺出现在最为理想的洛杉矶或旧金山的运营基地或个人的定居地,资历最高的空乘人员将有资格获得这样一个缺位。相反地,在洛杉矶基地大规模裁员减少职位时,临时下岗的空乘人员就可以选择取代体系内部同级别但资历最低的空乘人员,或者在体系内部及相同定居地更低级别的资历最低的员工。

环球航空公司和工会就工资和工作条件,但不包括资历竞争体系展开了两年多的谈判,最后仍未达成一致。他们使用了《铁路劳动法》所要求的全部纠纷解决机制,包括依据《美国法典》第 45 卷第 152 条第 3 款规定的直接谈判,第 155 条第 1 款规定的调解,和最后 30 天"冷却"期(出处同上)。1986 年初期,一场罢工看起来即将开始,1986 年 3 月 7 日,工会开始了罢工。

环球航空公司在罢工前和罢工期间通知其空乘人员,它将通过采取一系列措施来维持运营,包括雇佣长期替代工人替代罢工空乘人员,继续雇佣所有不参与罢工的空乘人员,重新雇佣任何放弃罢工和申请无条件返回缺位的罢工者。环球航空公司还通知其空乘人员,任何因为罢工而造成的职位空缺将对所有工作的空乘人员依照资历竞争体系的申请来填补,在罢工结束后这样的工作和定居地作业的分配将继续有效。这样,便得出了罢工的后果,全程参与罢工的高资历人员将不能替代长期替代工人或初级反罢工空乘人员,反而可能会没有任何机会重返工作岗位。环球航空公司关于罢工结束后不会更换工作的空乘人员的承诺,与资历竞争体系相结合便形成了两个激励点:对高级空乘人员来说,为了保留住他们的工作和定居地分配的优先权,他们应当持续或返回工作;对初级空乘人员来说,为了获得曾经由更多罢工的高级空乘人员拥有的工作和场地,他们也应当持续或返回工作。

正如所承诺的,环球航空公司在 72 天的罢工时间内持续经营,利用大约 1280 名没有参加罢工或者在罢工结束前返回工作的空乘人员,佣用和训练了大约 2350 名新的空乘人员,他们中的 1220 名是在罢工的前几天雇佣的。1986 年 5 月 17 日,为了返回工作,工会代表大约 5000 名仍在罢工的空乘人员递交给环球航空公司一份无条件申请。环球航空公司接受了该申请,但拒绝了工会 5 月 27 日要求环球航空公司替换那些自 5 月 17 日起工作的前罢工雇员(中途放弃罢工的雇员)。于是,环球航空公司开始召回 197 名全程参与罢工的高资历人员来填补工作和场地空缺。依据罢工后仲裁协议条款,假如没有罢工发生,随着职位空缺数额的增加和将拥有的工龄,这些罢工者和所有后来的全程参与罢工的高资历人员将重返工作。1988 年 5 月,超过 1100 名全程参与罢工的工作人员用其足额工龄得以复职。

……与此同时,工会也据理力争提出要求,尽管假定是经济罢工,不管是依据前罢工集体谈判协议还是《铁路劳动法》本身,全程参与罢工者都有权利复职。在应航空公司申请做出的部分简要判决书中,地方法院认为,罢工开始后,全程参与罢工的高资历人员没有权利替代中途放弃罢工的低资历人员和 1220 名环球航空公司雇佣的新雇员……

……然而,上诉法院推翻了地方法院关于全程参与罢工的高资历人员不能替代中途放弃罢工的低资历人员……

……今天,我们推翻了上诉法院……并认为,依据《铁路劳动法》,雇主为了使更多的高资历全程参与罢工人员复职,不需要解雇中途放弃罢工的低资历人员。

工会依据伊利电阻公司案[NLRB v. Erie Resistor Corp.,373 U.S. 221 (1963)]来区分《国家劳动关系法》中的中途放弃罢工的低资历人员和新雇员……

然而,非常明确的是,复职的全程参与罢工的高资历人员依据绝对或相对条款都没有丧失相应资历。不像伊利电阻案中的情况,将来环球航空公司的任何强制裁员将允许复职的全程参与罢工的高资历人员替换初级空乘人员,正如没有发生任何罢工一样。同样地,任何理想的职位或工作场所出现空缺,竞争上那些缺位的复职的全程参与罢工的高资历人员将比初级空乘人员拥有优先权,不管那些初级空乘人员是新雇员、中途放弃罢工者,还是全程参与罢工的工作者。同样的道理,定期竞争日程安排时,高级复职的全程参与罢工的高资历人员仍然比他们的初级同事有优先权。简而言之,一旦复职,全程参与罢工的高资历人员就不会受到他们罢工决定的影响。

尽管如此,工会辩解,环球航空公司"罢工结束后长时间"拒绝更换低资历的中途放弃罢工者的行为将在低资历的中途放弃罢工者和复职的全程参与罢工的高资历人员之间造成"裂缝"。这种情况出现是因为,如果那些不看好罢工成果的人不坚持罢工,理想的职位和工作场所通常会被大多数高级的空乘人员占据。例如,罢工之前在洛杉矶工作的全程参与罢工的高资历人员可能被一个低资历的中途放弃罢工者替换。正如在环球航空公司的劳动力中出现的后罢工缺位,允许全程参与罢工的工作人员复职,但他们不可能出现在最理想的工作场所。这样,不见得全程参与罢工的高资历人员将会返回到他们乐意的工作场所工作。工会辩解到,因为环球航空公司不替换低资历的中途放弃罢工者的罢工前承诺,不像对新雇员同样的承诺,雇员间的分裂将在罢工后仍然持续,"在那些参加原始罢工决定的个人之间建立一个竞争机制,从而渐渐破坏工会采取集体行动的能力,该集体行动正好是受《铁路劳动法》保护的。"

我们反对伊利电阻案影响的扩大。《铁路劳动法》和《国家劳动关系法》都保护雇员选择不参与罢工的权利(45 U. S. C. §152 Fourth;29 U. S. C. §157),保护雇员"基于个人利益决定罢工与否……"的权利。实际上,在每一次罢工的情况下,有些雇员不同意工会罢工的决定,他们也不能被要求遵守这个决定。雇主在自助期间采取经济手段会带来不可避免的影响,这些区别化将会被激化,可能造成后罢工愤恨。例如,雇主为了维持经营而雇佣长期替代工人的权利,将不可避免地影响害怕长期失业而返回工作和仍然坚持罢工的雇员之间的分化。在这种情况下,除了"罢工者承受着作为一个团体而放弃罢工的压力",不同意见指出,"竞争"可能导致部分罢工雇员为了避免被长期替代工人替代而返回工作。同样地,雇员意识到,雇主可能决定将工作的雇员调到先前被更多高资历罢工者占据的必要职位,这将把害怕丢失那些职位的雇员和觊觎那些职位的雇员从坚持罢工的雇员中分立出来。相反地,像环球航空公司实施的这样一种政策,引诱个人罢工者返回工作,也"给作为一个组织的罢工者放弃罢工施加了压力",雇佣替代工人有同样的效果。

然而,这些事态没有一个表现出在罢工结束时继续减少复职者工龄的迹象,这是伊利电阻案中我们做出判决的关键。所有表现出来的是,雇主填补了由罢工雇员造成的空缺职位。一些空缺职位将由新雇员填补,其他的多半由更有经验的和拒绝或放弃罢工的雇员填补……。由雇佣的替代工人、拒绝罢工的雇员和放弃罢工的雇员占据的职位不仅仅是填补"空缺的职位"。如上文指出,那些职位在罢工结束时是空缺的,"依据某种中立的原则,比如资历……"来填补。减少空闲职位的预期可能分化雇员,在他们之间形成继续工作或罢工结束前放弃罢工的诱因,这是雇主在自助期利用经济手段产生的对公平的间接影响。

依据工会提出的方法区分中途放弃罢工者和新雇员将对那些为了利益而决定不罢工的人产生不利影响。因为长期替代工人在罢工结束时不会被解雇,工会失败了,一定数量的前罢工雇员将发现他们自己失去了工作。我们不明白,为什么那些选择不赌罢工胜利的雇员应该承受罢工失败的后果。自己不能替代新雇佣的长期替代工人且"在工龄上级别最低"的低资历的中途放弃罢工者,又被更多全程参与罢工的高资历人员替代,正好承受了那些拒绝承担风险又在罢工问题上赌输了的人造成的后果。在一些情况下,雇主和工会可能达成一个返回工作的协议,将替换中途放弃罢工者和新雇员,否则,雇主可能单方面决定允许这些替代工人,我们在《国家劳动关系法》或联邦普通法里面没有找到任何得出这个结果的规定……

驳回。

布伦南法官,和陪审的马歇尔法官持异议……雇主对谈判单位的成员承诺,假如他们跨越了纠察线,在罢工结束时他们就不会被替换,雇主给谈判单位成员一个与对新雇员长期雇用的承诺非常不同的诱因。雇主从外面的劳动力市场雇佣长期替代工人的威胁给作为一个组织的罢工者在他们的职位被替代之前放弃罢工施加了一定的压力。但是,雇主对罢工谈判单位的成员承诺,假如他们放弃罢工(或在开始时拒绝参加),其将在罢工结束时优先于坚持罢工的更高级的工人保留他们的工作,这产生了一个额外的动力:对个体工人也有一个诱因,以其他罢工谈判单位的成员为代价,挽救(或改善)他们自己的职位。我们先前已经注意到,提供"给罢工者个体利益来引诱他们放弃罢工……将会渐渐破坏罢工者的共同利益,置整个罢工的努力于危险境地"。见国家劳动关系委员会诉伊利电阻公司案[NLRB v. Erie Resistor Corp.,373 U.S. 221,230-231(1963)]。这样的一个"分化和征服"策略对"工会行为和集体谈判过程本身是根本性的打击"。

布莱克曼法官……异议……

在他的异议中,布伦南法官没有提出,提供替代工人和中途放弃罢工的长期工作的执行者是否能够被假定为商业必需行为。实际上,他甚至不允许环球航空公司具体的证明其全程参与罢工的高资历人员中途放弃罢工政策对罢工期间的持续运营是必须的。这里,我们的立场不同:我需要执行者证明,基于每个案件的情况,提供替代工人和中途放弃罢工的长期工作的商业必需……

因为上诉法院发现环球航空公司的行为非法,没有考虑到环球航空公司的中途放弃罢工政策在罢工期间对维持运营是否"真的必需",我将使上诉法院的这个判决无效,指导法院重审并重新考虑该问题。由于现在法庭正在彻底驳回上诉申请,我持异议。

**注释和问题**

**1. 反对"扩大"伊利电阻案?** 环球航空公司案的判决与伊利电阻案的判决一致吗?环球航空公司案在罢工的高级雇员和享有高级工作保障的初级雇员之间制造了同样的分裂吗?就因为正如伊利电阻案中法院考虑的,他们不支持罢工。见芬金,《经济罢工的衰弱》,第557—558页。

环球航空公司案中不同的结果强化了罢工的方式吗?选择罢工的雇员知道假如他们在罢工期间返回工作,他们的工作可靠性将比罢工期间新雇佣的雇员要低,会或多或少地影响决定罢工的投票吗?另一方面,返回工作的低资历雇员与其他一起开始参加罢工的雇员同舟共济了吗?雇员被允许中途放弃他们自由选择的集体表达机制吗?这个答案是否取决于雇员有权利选择雇主为集体谈判协议提出的最终要约以及授权罢工?也取决于是否雇员有不遵守工会的纪律不罢工的自由?见北美图案制造工人联盟诉国家劳动关系委员会案,下文第1003页 [Pattern Maker's League of North Am. v. NLRB,473 U. S. 95(1985),infra page 1003](中途放弃罢工者可能通过从工会辞职来逃避规章制度)。

**2. 市场基础检测谈判需求的影响?** 雇佣那些受到良好教育及培训、工作积极的雇员对雇主来说总是困难非常。雇主用内部劳动市场来鼓励雇员接受企业特有的技能,也困难重重。在环球航空公司案中,雇主也面临着联邦航空局要求培训合格证的障碍。环球航空公司给予低资历的中途放弃罢工者雇员比坚持罢工的高级雇员更优越的条件,意味着法院允许像伊利电阻案中使用特别的诱因来歪曲谈判过程吗?见艾斯托伊克,《集体谈判还是"集体乞讨"》。

### (3) 麦凯案关于工会的优势地位的影响

如早先指出,经济罢工没有中止雇主的谈判义务,但是长期替代工人和他们所替代的罢工者都被认为是谈判单位的成员,在委员会的选举中有投票的权利(包括取消工会代表权的选举)。见上文第585页。雇佣替代工人对现任的工会的多数地位和经济罢工期间(和结束后)雇主的谈判义务有什么影响?

### 国家劳动关系委员会诉科廷莫森科技公司案

NLRB v. Curtin Matheson Scientific, Inc.

494 U. S. 775(1990)

马歇尔法官在法庭上发表了意见……

#### I

……随着认证年度的结束,现任工会的持续优势地位是由一种可反驳的假定确定的。基于委员会的长期方法,雇主可能在拒绝谈判之时反驳假定,要么证明(1)工会实际上没有享受多数支持,要么证明(2)在充分客观的基础上,雇主"善意"地怀疑工会的多数支持。见 KKHI 车站案[Station KKHI,284 N. L. R. B. 1339(1987),enf'd,891 F. 2d 230(CA9 1989)]。这个案件呈现出的问题是,委员会在决定雇主对善意怀疑是否已经提出充分客观的证据时,是否必须推定出罢工替代工人反对工会。

委员会曾长期推定,在反罢工情况下,新雇佣的雇员以被其替代的雇员同样的比例支持现任的工会……。委员会评价替代工人的工会情感的标准曾经不是很一致。起初,委员会好像推定替代工人不支持工会。见斯坦纳橡皮公司案[Stoner Rubber Co. ,123 N. L. R. B. 1440,1444(1959)]。

然而,在卡顿超级市场案[Cutten Supermarket, 220 N. L. R. B. 507(1975)]中,委员会改变了标准并表明替代工人(比如新雇员)都被推定为,以被其替代的罢工者同样的比例支持工会。同上,509页……。1980年,委员会重申了该推定,见佩尼克公司案[Pennco,Inc.,250 N. L. R. B. 716, 717-718(1980),enf'd,684 F. 2d. 340(CA6)]。

1987年,一些上诉法院推翻了委员会的标准之后,委员会认为,关于替代工人的工会情感,没有普遍概括能被用来判断一个要么是反对要么是支持工会的推定。见KKHI车站案。一方面,委员会认为,支持工会的推定缺乏经验主义的基础,因为"现任的工会和罢工者有时对长期替代工人表现出了敌意","替代工人意识到工会关注罢工者而不是替代工人的福利"。同上,第1344页。另一方面,委员会发现反工会的推定实际上如上"同样没有依据"。委员会注意到罢工替代工人"可能因为经济原因被强迫去工作,也可能不赞成有问题的罢工,但仍然支持工会代表且主动支持其他工会"。如上。但是,委员会发现,采纳反工会推定作为一种应付问题的策略,将"通过增加替代风险和丧失谈判代表的风险,实际上损害雇员的罢工权,当替代工人与罢工者数量相当时,他们将愿意跨越纠察线"。另见佩尼克公司案(Pennco,Inc.,250 N. L. R. B.,at 717)。相应地,委员会声明,关于替代工人的工会情感,它将不运用任何推定,而是依据个案来决定他们的观点。见KKHI车站案(284 N. L. R. B.,at 1344-1345)。

II

我们现在来看委员会对其KKHI车站案的应用,在这个案件中没有用推定的方法……。1970年,委员会认定卡车司机地方968工会,一般的汽车司机,仓库管理人员和助手(Teamsters Local 968, General Drivers, Warehousemen and Helpers,下文的工会)是被告的产品和维修人员的集体谈判代理人。1979年5月21日,被告和工会最近的谈判协议终止了。被告于5月25日提出了达成新协议的最后邀请,但工会表示拒绝。继而,被告封锁了27名谈判单位的雇员。6月12日,被告重新提出5月25日的邀请,但工会还是拒绝了。之后,工会开始进行经济罢工。记录表明,没有任何与罢工相关的暴力或暴力威胁的证据。

5名雇员迅速跨越了纠察线并报到上班。6月25日,公司仍然受到了罢工的影响，于是，被告雇佣了 29 名长期替代工人来替代 22 名罢工者……。7 月 20 日，……被告撤回了对工会的认可，拒绝进一步的谈判，并表明其怀疑工会在单位里受到了大多数雇员的支持……。从 7 月 20 日起，谈判单位由 19 名罢工者，25 名长期替代工人和 5 名在罢工开始时跨越了纠察线的雇员组成。

7 月 30 日，工会向委员会提出了一个不当劳动行为的控告。经过调查之后，事务总长控诉，认为被告的撤回认可……违反了《国家劳动关系法》的第 8 条(a)(1)和第 8 条(a)(5)。在对控告的抗辩中，被告认为其对工会的多数地位有合理和善良的怀疑……。委员会认为被告对怀疑工会的多数支持缺乏足够的客观理由[287 N. L. R. B. 350(1987)]。

第一，委员会指出，27 个原始雇员中的 5 个越线者没有支持他们与工会断绝关系的推论，因为他们参加罢工的失败也许"表明的是他们的经济担忧而不是缺乏对工会的支持"(287 N. L. R. B. , at 352)。第二，委员会认为，在罢工开始之后，包括工厂总管理员在内的原始罢工单位中的 2 名雇员的辞职并不能表明其对工会的反对，而仅仅是为了自雇主撤回认可之日起，减少谈判单位的范围(来源同上)。第三，委员会不考虑 6 名雇员在罢工期间对被告代表所做的声明。虽然部分声明可能表示了其对工会作为谈判代表的反对，但委员会指出，其他的"看起来非常模糊"。来源同上，第 353 页。委员会认为，"尽管归因于他们，对被告有非常有利的意义，但这仅仅表示，在大约由 50 名雇员组成的谈判单位中，仅有 6 名雇员不希望保持工会作为集体谈判的代表。"来源同上。

最后，考虑到被告对罢工替代工人的雇佣，委员会表示，为了与 KKHI 车站案的方法保持一致，其将"对替代工人的工会情感，不适用任何推定"，但将"采取个案分析方法，要求提供额外的证据证明，在雇主表明善良怀疑这个因素的重要性时，工会缺乏替代工人支持"(287 N. L. R. B. , at 352)。委员会指出，被告关于替代工人对工会态度的唯一证据，是其雇员关系总监和一个替代工人的谈话记录。据记录所言，该替代工人告知，他曾经在工会和非工会场所工作,只要公司对他好,参加工会就没有必要;此外,他还说他不认为工会在这种情况下能代表雇员(来源同上,第351页)。委员会没有认定这个记录是否表明替代工人反对工会,而表示,无论如何,对"推论出替代工人作为一个组织的工会情感",这个记录尚不够充分(287 N. L. R. B.,at 353)。

因此,委员会认定,"证据尚不够推翻工会多数地位的推定。"来源同上。相应地,委员会认定被告撤回认可工会的行为违反了第8条(a)(1)和第8条(a)(5)……并要求被告与工会进行谈判……

上诉法院……拒绝执行委员会的命令,主张被告对工会多数支持的怀疑是合法有理的[859 F. 2d 362(CA51988)]。具体来说,委员会主张不将任何推定运用到评价替代工人的工会情感中,但法院推翻了该主张,并支持替代工人反对工会的推定。

Ⅲ

……在评价委员会否认反工会推定的理由之前,我们将明确,这个推定在实施中与委员会目前的方法有何不同……。在这种方法之下,假如谈判单位中大多数的雇员是替代工人,那么,关于雇员的工会情感,雇主将不需要提供任何客观证据来反驳工会继续多数地位的推定。实际上,替代工人反对工会的推定将推翻继续多数地位的推定。相反,在反对推定的方法之下,委员会"考虑每一个罢工和雇佣替代工人时的特殊情况,同时,保留长期存在的要求,即雇主需要提出一些客观证据来支持其对继续多数地位的怀疑"(859 F. 2d, at 370)(威廉姆斯法官异议)。[①]

从经验主义的角度出发,我们发现委员会反推定的方法是合理的……。

---

[①] 8.……作为法庭之友的美国劳工联合会和美国产业组织联合会,敦促我们驳回善良怀疑标准,并主张,在撤回对工会的认可之前,雇主必须证明,通过委员会指导选举的多数地位对其造成了实际损失。也见弗林,《禁止经济罢工:超过长期替代工人的"工会情感"》,载于《天普大学法律评论》第61卷,第691页。法院也没有专门地考虑善良怀疑标准的合法性……我们在这里拒绝就该问题发表意见,因为双方都假定该标准的合法性,故不需要我们通过判决来处理该问题……

虽然替代工人可能不赞成现任的工会,但委员会根据其处理这些问题的长期经验合理地判定,替代工人在某些情况下可能希望工会代表不顾他们的意愿而跨越纠察线。例如,经济上的考虑可能迫使一个替代工人为一个受罢工影响的雇主工作,尽管他支持工会且想拥有工会代表的利益……。此外,一个替代工人,比如一个反罢工者或罢工越线者,可能反对特殊罢工的目的和策略,且不支持该罢工,但仍然希望工会的代表出现在谈判桌上。

被告坚持,罢工者和替代工人的利益是完全相反的,工会不可避免地支持罢工者。被告辩称,例如,纠察线暴力常常直接来自于对替代工人的雇佣。进一步说,工会常常通过与雇主谈判来解决罢工,这将使罢工者返回工作,从而替换部分或全部替代工人……。被告坚持认为,替代工人意识到了工会对罢工者的忠诚后,就很可能不会支持工会。见雷福德批发公司案[Leveld Wholesale, Inc. ,218 N. L. R. B. 1314,1350(1975)]("替代工人能合理地预见,假如工会取得胜利,罢工者将返回工作,替代工人将失去工作")。在一个与此相关的辩解里,被告坚决认为,委员会在其裁决中主张雇主没有义务就替代工人的雇佣条款与罢工工会进行谈判,而其反推定方法却与此自相矛盾,因为罢工者与替代工人之间"固有的矛盾"使工会无法"在谈判时同时维护罢工者和替代工人的最佳利益"。电力服务公司案[Service Electric Co. ,281 N. L. R. B. 633,641(1986)]。

这些争辩没有说服我们认为委员会的主张是不合理的。工会也不是无可避免地需要取代所有的罢工替代工人……

工会需要取代长期替代工人的范围逻辑上将取决于工会的谈判能力……。工会迫使罢工解决的手段将从一次罢工到另一次罢工而发生重大变化……

即使在罢工期间罢工者和替代工人的利益各不相同,但在罢工后一旦工作权得到了解决,那些利益便可能会统一起来。这样,当罢工进行时,工作看起来相对安全的替代工人可能希望工会继续代表单位,无论工会在罢工期间的谈判立场如何。毫无疑问,在考虑他们是否希望由工会代表时,替代工人能够忽视罢工的存在……。委员会反对采纳反工会推定,这与法律实现"'工业和平'"的"首要政策"是相一致的……

关于工会对替代工人的看法如何,委员会认定的方法限制了雇主不举出任何关于雇员工会情感的证据就驱逐工会的能力,也鼓励通过谈判解决罢工问题。委员会主张反工会推定是合理的,相反,难道能允许雇主仅仅通过雇佣足够数量的替代工人来驱逐工会吗?如果这样的话,这个规则可能鼓励雇主不通过诚信来解决罢工问题,反而用罢工作为驱逐工会的一个手段……。限制雇主利用罢工终止谈判关系的能力,实现促进工业稳定的政策,通过谈判解决问题……

进一步而言,关于反工会推定可能会使雇员对实施其法定的……罢工权……感到消沉的认定,委员会有其合理性。假如雇主仅仅通过雇佣足够数量的替代工人就能驱逐工会,那么雇员在考虑是否罢工时将面临两方面的问题,一是被长期替代工人替代的可能,二是他们将丧失其谈判代表的巨大风险,因此,减少他们通过解决罢工问题获得复职员工的机会。继而,委员会的这个认定也是合理的,采纳反工会推定将会消沉雇员对他们罢工权的实施。①

出于尊重我们协调了委员会的规则,我们因此认为,委员会的方法与法律是相符合的……

首席法官伦奎斯特同意。

在我看来,委员会的"反推定"原则接近了对委员会评价劳资关系现实的极限,但对于法院陈述的原因,我赞同其限制没有超过范围……。看起来,委员会的另一个规则阻止雇主要求其雇员明确表态,除非他首先建立了一个关于多数地位的善良怀疑。见德州石油化工集团案[Texas Petrochemicals Corp.,296 N.L.R.B.1057,1064(1989)](雇主选举的标准与撤回认可的标准一样)。我相当怀疑,委员会是否可能[如其最近的一些裁定显示]

---

① 13.……关于委员会单反面考虑的政策是否将证明其反对采纳被告辩称的推定合法,我们不需要进行认定,因为我们认为委员会的判定实际上是合理的。

坚持认为,善良怀疑的确定仅基于个体雇员的情感,同时,禁止雇主使用那些可能是认定情感唯一有效的方法。但是这个问题现在不在我们考虑的范围之内。

法官布莱克曼,反对。
我同意斯卡利亚法官的意见,即委员会关于这个案件的分析与其对其他案件,比如电力服务公司案[Service Electric Co., 281 N.L.R.B. 633(1986)]和雷福德批发公司案[Leveld Wholesale, Inc., 218 N.L.R.B. 1344(1975)]的裁决是不一致的……。然而,我理解的斯卡利亚法官的反对意见,取决于相信委员会在电力服务公司案和雷福德批发公司案中是正确的,因此其在目前案件中的裁决是相当不合理的。当然,电力服务公司案和雷福德批发公司案中表达的观点和我自己对工业现实的理解是一致的……。但假如专家委员会将决定参加集体谈判的程序不再照这样进行,假如它坚持实施此决定,在此时,我不能说委员会的决定将不合理。为了使委员会在目前案件中的决定无效,不需要证明其决定是基于一个对工业现实难以置信的评价,说明(无须解释)委员会在这个案件中背离了其在先例中确定的原则就足够了……

斯卡利亚法官和陪审法官欧康纳与肯尼迪反对。
……由于替代工人(为了保留他们的工作)的基本利益与罢工工会(为了用其罢工成员取代替代工人)的基本利益几乎始终是相对的,故在我看来,关于工会的多数地位,根据这个记录不可能得出雇主没有一个合理的、善良的怀疑。委员会的认定没有得到实质证据的支持,不能证明……

如委员会在案件中的解释:……"罢工者的利益与替代工人的利益截然相反。"……委员会依据这个现实……如其两个规则的基础:……关于雇佣替代工人的条款和条件,拒绝与现任的工会谈判,基于此不能判定雇主属不当劳动行为……和工会正当代表的义务不需要其为了罢工替代工人的最大利益而谈判……,这样,便允许工会提议"谈判让替代工人走上被解雇之路,为返回的罢工者开辟道路",引自电力服务公司案(Service Electric,281 N. L. R. B. at 641)和雷福德批发公司案(Leveld Wholesale,208 N. L. R. B. at 1350)……

雇主在这里的负担不是要证明其100%的确定谈判单位的大多数不支持工会,仅仅是"合理的怀疑"他们确实如此。在我看来,错误否定其承担义务……

当然,委员会可能选择实施……政策……通过禁止一个合理的推论,正如它可能通过要求一个非理性的推断(法律是何种假定)来这样做。也许,它能够合法地证明其在这里的结论,主张即使合理的推定当谈判单位超过半数的成员是工作权尚未解决的替代工人时,雇主就有对多数地位的善意怀疑,但我们将不允许作出这种推定……。这不是专家委员会在这里应该做的……

尽管国家劳动关系委员会有明确的规则制定的权力……,它已经选择——不像联邦政府的任何其他主要委员会——通过裁决来制定几乎所有的政策。它有权这样做,见国家劳动关系委员会诉贝尔航空公司案(NLRB v. Bell Aerospace Co.,416 U. S. 267,294-295),但它没有权力把政策的制定装扮成审理的裁决,由此来逃避法律和政治对政策制定的限制……

**注释和问题**

**1. 弄清替代工人和越线者的偏好或者促进谈判关系的持续?** 委员会在科廷莫森科技公司案中提出的反推定方法,是一个事实的推定还是法律的推定? 它真的与委员会先前的"替代工人推定"(在任何一个案件中,雇主必须对替代工人的相反意见提供具体的证据)不一样吗? 此两种方法相当地难以分辨,存在争论。见弗林,《隐藏不利的证据》,第405—413页。

你发现被法院接受的委员会的辩称有多大的说服力? 它不能把替代工人的工会情绪普遍化。委员会的反推定方法最好理解为是对不允许经济罢工变成驱逐现任工会的手段的政策之反映吗? 见艾斯托伊克,《罢工者和替代工人》。

**2. "经济罢工禁止"？** 正如第五章讨论的,在其"合同阻止规则"下,表面上有效的集体谈判协议实施的第一个三年,委员会拒绝审理代表性问题。为了改善谈判程序的模式,使罢工成为解决纠纷的一个手段,而不是一个终止关系的理由,它也拒绝在一个积极的罢工活动的中期审理代表性问题吗？见艾斯托伊克,《罢工者和替代工人》,第904—905页;弗林,《禁止经济罢工》。有没有裁决的迹象表明支持这样的一个方法？为什么委员会不采取这个更直接的方法？如果它这样做,在法院——或者议会——面前面临着一些实质性的风险吗？见弗林,《隐藏不利的证据》,第411—412页。

假如委员会将在罢工期间禁止对工会多数地位的挑战,关于这样一个禁止的长短,应该还是必须有时间限制？见艾斯托伊克,上文,第905页:

> 我认为,议会在9(c)(3)部分已经给了我们答案:从罢工开始一年。一年过后,罢工者不再享有投票权,虽然他们仍然是法定雇员,委员会再也不能阻止代表性问题的解决。

**3. 罢工期间撤回认可的禁令？** 考虑一个互斥的方法,要么是反推定规则,要么是"经济罢工禁令":一个将阻止雇主在罢工期间通过撤回认可而不是请求选举来检测工会的代表性权威。见脚注8的法院意见。另一方面,在罢工中期举行选举是一个好的政策吗？考虑上文第388页讨论过的委员会的封锁指控政策,你认为在罢工期间一个取消认可的选举将继续进行的可能性有多大？在这种情况下,工会提出不当劳动行为控告企图阻止选举的动机有多大？你认为工会可能提出什么类型的控告(是为战略目的还是其他的目的)？见琼·弗林,《艾伦顿·麦克案和经济罢工:现在是不好的消息》,载于《劳动法律杂志》第49卷(1998),第1209页[Joan Flynn, Allentown Mack and Economic Strikes: And Now for the Bad News, 49 *Lab. L. J.* 1205, 1209(1998)]。

**4. 在经济罢工环境下,艾伦顿·麦克案和列维兹家具案的影响?** 考虑在科廷莫森科技公司案中委员会对待反对工会证据的态度,比如关于其他雇员的工会情感,六个雇员做出的陈述和一个替代工人的陈述。考虑在艾伦顿·麦克案中,委员会在评价善良怀疑时不顾证据的确定类型,法院对此的驳回,委员会现在能自由到不顾及这些陈述吗?为了忽视斯卡利亚法官在科廷莫森科技公司案中讨论的关于替代工人对罢工工会的态度的可能性吗?对增加雇主基于雇佣大量替代工人而合法撤回认可的机会,艾伦顿·麦克案意义重大吗?见上文弗林,《现在是不好的消息》。

现在回忆一下委员会关于列维兹家具案的裁决,上文第401页,为防止撤回认可,明确地限制善良怀疑,但允许雇主在"合理怀疑"标准下投票。在经济罢工环境下,列维兹案有多大意义?在经济罢工环境下,在指导投票选举时,雇主将会遇到比反罢工环境下更大的困难吗?

## 3. 封锁

### 美国造船公司诉国家劳动关系委员会案

American Ship Building Co. v. NLRB
380 U. S. 300(1965)

斯图尔特法官……。呈现的问题是……雇主为了利用经济压力支持其谈判地位,而在劳动争议中临时解雇或"封锁"其雇员时,依据第8条(a)(1)和第8条(a)(3),雇主是否构成不当劳动行为……

美国造船公司在五大湖(芝加哥,布法罗,托莱多,洛雷恩,俄亥俄州)运营着四个造船厂。该公司主要从事船只修理,是一个业务高度集中于冬季的季节性公司,当五大湖结冰时,航运便无法进行了。频繁的流通数量在航运季节会影响经营,流通的速度对停港的船只数量也至关重要。

617　　自1952年以来,雇主致力于与八个工会的集团谈判……。雇主已经在五个场合与工会签订了合同,每一个合同都在罢工之前签订。由于合同将于8月1日到期,工会打算修改当前的合同,当工会告知公司此意图时,集体谈判历史的特殊篇章和我们所关注的内容将在1961年5月1日之前昭示。

　　……双方经过长期的谈判,没有解决在关键问题上的实质性差异,也没有提出进一步尝试解决它们的具体方案(讯问审查官认定为僵局的情形),双方于8月9日解散。通过谈判,雇主表现出了对工会罢工计划的焦虑,担心工会将在船只进入芝加哥造船厂时召集罢工,担心工会将谈判推迟到冬季以扩大罢工的影响。工会的谈判者坚持表示,他宁愿达成协议,也不愿召集罢工;然而,他承认不能完全支配工人——一个被1961年2月突然出现的靠不住的罢工所证实的事实。因为在先前的谈判中,未经授权的罢工和持续、故意利用罢工造成的危险,使雇主觉得仍然有停工的可能性。

　　鉴于未达成协议,同时缺乏有效的工作,雇主决定解雇一定数量的员工。8月11日,雇员收到一个通知,上面写道:"因为自1961年8月1日以来的劳动争议一直没有得到解决,直到收到下一个通知之前,你处于被解雇的状态。"芝加哥工厂几乎完全关闭,托莱多工厂除了两个员工没被解雇,其他的也全部被解雇了。为了完成主要的工作任务,大批劳动力保留在洛雷恩。随着各种任务的完成,布法罗工厂的雇员也渐渐地被解雇了。在这些解雇完成之后不久,又重新开始了持续两个月的谈判,直到10月27日才签订一个为期两年的合同。雇员在接下来的一天又陆续被召回。

　　工会提出主张后,委员会的事务总长提出一个诉求,控告雇主违反第8条(a)(1)(3)和(5)。讯问审查官认为,虽然自7月19日以来芝加哥工厂就已经没有工作了,但该厂的关闭不是因为缺乏工作。在过去,尽管是淡季,雇主曾持续17年保留其骨干力量来做一些维修工作,仍然准备把这些工作当作可能发生的事。讯问审查官继续认定,雇主对罢工的不安在某种程度上是合理的。虽然工会保证将不会发生罢工,但过去的谈判历史表明618　　工会将不会很好的信守承诺,所以雇主持续的担忧是有道理的。进一步认定,在封锁其雇员时,雇主首要的目的是避免有害的经济影响,假如罢工发生在船停在工厂里时的航运季节或者工厂被占满之后,这将可能严重影响公司及其顾客……

委员会以3∶2的多数反对审查官关于雇主能合理地预期罢工的结论。认为工会的保证足够驱散任何不安,委员会仅能发现一个解雇的潜在目的:希望通过经济压力确保促进纠纷的解决。委员会对审查官关于直到谈判出现僵局才发生解雇的认定没有异议。委员会也没有间接地表明,公司解雇其雇员的决定要么基于工会的敌意,要么基于逃避其法定谈判义务的考虑。委员会认为,雇主"通过削减其在南边的芝加哥工厂的运营,随之解雇其雇员和核心员工,使其无法行使谈判权利,违反了法律第8条(a)(1)的规定,在法律第8条(a)(3)的意义下歧视其雇员"(142 N. L. R. B., at 1364 - 1365)。

委员会和审查官之间的区别在于,对于雇主声称给出其预期罢工的原因这一情况,他们的评价有细微区别。委员会和审查官都认为,在委员会已建立的分析模式下,假如雇主关闭了其工厂,仅仅为了用承担经济压力来打破僵局,以确保达成更多有利的合同条款的目的,便解雇其工人,这将被证明是一个不当劳动行为……

然而,委员会豁免了特定的封锁类别。"因此,封锁是允许的,为了保护……有合理的理由相信即将发生罢工,或会受到罢工的威胁而可能产生的损失。"(来源同上)委员会在其规则里发展了这个区别,并赞同了为防止通过静坐罢工占据工厂而实施的封锁,连接带公司案(Link-Belt Co. ,26 N. L. R. B. 227);为预防通过"自发"罢工致使整体的运营重复分裂,国际鞋业公司案(International Shoe Co. ,93 N. L. R. B. 907);为避免突然停工致使材料耗损,德鲁斯瓶装公司案(Duluth Bottling Assn. ,48 N. L. R. B. 1335);为避免汽车的停止运转导致维修等费用产生,见卡迪拉克公司案(Belts Cadillac Olds,Inc. ,96 N. L. R. B. 268)。在另外一个截然不同的案件中,一个多元雇主的谈判单位,为回应一个对抗其成员之一的逐个击破的罢工而使用封锁手段,委员会制裁了其封锁手段的使用,水牛城日用品供给有限公司案

(Buffalo Linen Supply Co.,109 N. L. R. B. 447,rev'd sub nom)。卡车司机联盟诉国家劳动关系委员会案(Truck Drivers Union v. Labor Board,231 F. 2d 110,rev'd,353 U. S. 87)。

……我们在这里关注的是,当出现僵局之后,仅仅为了将承受经济压力作为支持雇主谈判地位的手段,便临时解雇雇员。这是我们面前的唯一问题,也是所有我们要裁决的。①

……委员会的立场[雇主违反了第8条(a)(1)]引出了一个观点,即封锁行为干涉第7条保护的两个权利:集体谈判权和罢工权。在委员会看来,封锁行为"惩罚"了雇员,使其遵守谈判代表提出的要求,迫使其行使集体谈判权。指出这一点相当重要,此处没有主张雇主采用封锁手段对集体谈判的过程不利。没有证据和事实能说明雇主对其雇员为集体谈判而联合是敌意的,或者封锁是为了惩罚他们这样做。因此,说雇主的目的是破坏或阻止集体谈判的过程是不准确的。可以这样说,雇主企图拒绝其在谈判中提出的要求,也为了确保能修改这些要求。我们不能得出这样的结论,即这个企图在任何情况下与雇员的集体谈判权不一致。

然而,没有迹象表明(要么在一个一般的情况下,要么在这个具体的案件中)封锁将破坏工会有效代表和负责代表的能力。自1952年以来,工会就一直积极地代表雇员,没有任何事情说明其能力被封锁手段削弱了。封锁也不是那些明显破坏集体谈判,以至于委员会不需要询问雇主动机的行为之一。可能是这种情况,例如,假如雇主长期地解雇已参加工会的职工,并用有强烈反工会情绪的雇员替换他们。比较劳动关系委员会诉伊利电阻公司案(Labor Board v. Erie Resistor Corp.,373 U. S. 221)。封锁可能会使雇员不去遵守他们最初在谈判中所坚持的立场,但集体谈判权不包含任何"权利"以坚持某个立场不受经济的不利影响。恰当的分析此问题需要简

---

① 8. 与这个案件中提出的一致观点相反,关于雇佣长期替代工人替换其雇员或采用临时帮助带来的任何影响,我没有给出任何意见。

单的目的,以支持雇主关于赔偿的谈判地位以及区别于敌视集体谈判过程,足以说明封锁非法的东西。见国家劳动关系委员会诉布朗案(Labor Board v. Brown,380 U. S. 278)。

委员会采取了一个互补的观点,封锁干涉了受法律的第7条和13条保护的罢工权,这两个条款允许雇主预先制止可能发生的罢工,使工会处于"没有任何可罢工的"状态……。确实,封锁剥夺了工会控制停工的时间和持续长短,影响到了集体谈判的结果,但法律里没有任何东西隐含着罢工权"用它"唯一决定所有工作停止的时间和持续长短的权利。一般的理解,罢工权是停止工作的权利——仅此而已。毫无疑问,假如罢工权不仅仅是简单的罢工权,而且是唯一决定何时停工的力量,那么工会的谈判力量将会增强,但法律的条款没有弹性,委员会认为,能最好的保持谈判力量恰当平衡的任何方法,都能形成无内容(content-free)的形式。

这样,我们不能认为雇主使用封锁手段仅仅是为了支持一个合法的谈判地位,这无论如何与集体谈判权或罢工权都不一致。相应地,我们认为,委员会在该案中做出的裁决,没有违反第8条(a)(1)……

……这个封锁也不属于出现在第8条(a)(3)类别中的案件,委员会可能删除了其对雇主动机的调查。正如这个案件表明的,封锁手段的使用并没有带来任何必要的暗示——雇主的行为打击或歧视工会成员。封锁的目的和影响仅仅是给工会施加压力,以修改其需求。同样地,一般认为封锁的自然趋势是严重地打击工会成员,同时也没有服务于雇主的利益,似乎不是这样的。

毫无疑问,委员会在处理劳资纠纷问题上有其特殊的权限。在许多领域,其对雇主和雇员之间利益争夺的评价,应当最后影响决定第8条(a)(1)、(3)和(5)的应用。然而,当委员会声称其通过平衡雇主和雇员的利益纠纷来解释国家劳工政策的一般权力时,我们认为,它过于扩张地解释了自己的功能。

……第8条(a)(1)和(3)没有赋予委员会评价谈判过程中相关记录的

经济权力,也没有赋予委员会因为其对当事方谈判力量的评价而否定对一方或另一方措施的权力。劳动关系委员会诉布朗案(Labor Board v. Brown,380 U.S. 278)。实质上,在这个案件中,委员会否定了雇主对谈判封锁的使用,因为它认为使用这种手段将会给雇主"太多权力"。这样做的话,委员会就已经扩张了第8条(a)(1)和(3),远远超过其功能,即保护雇员组织的权利和集体谈判……

在这个案件中,关于委员会依据的这些条款,我们不能找到任何正当的解释来支持其做出的不当劳动行为的裁决。实际上,委员会在这个领域中承担的角色与法律的结构和其所依据的部分根本不一致。对其的遵守归因于,不允许专家法庭使用司法惯例,导致委员会无权的推定,议会恰当作出多数政策决定。相应地,我们认为,当出现谈判僵局后,为了实现用承受经济压力来支持其合法谈判地位的唯一目的,雇主临时关闭工厂和解雇雇员的行为,既没有违反第8条(a)(1)也没有违反第8条(a)(3)。

驳回。

怀特法官,参与了对委员会的驳回,其依据是,造船厂的关闭是由于两方面的原因造成的:谈判僵局导致缺乏修理工作和对罢工的担忧,而不是为了强加经济压力以对抗工会。经过讨论,法院不需要认定封锁谈判的有效性问题,他从法院的基本观点出发,表明了其持异议的立场。

委员会已经平衡了这里的一些利益关系,即封锁作为经济手段的价值与其对受保护的一致行为的影响,包括法律给予特殊对待的罢工权,见劳动关系委员会诉伊利电阻公司案(Labor Board v. Erie Resistor Corp.,373 U.S. 221,234),也已经裁定了雇主取得谈判胜利的利益不比封锁产生的破坏性影响更重要。委员会还裁定,因为雇员的代表提出的要求,雇主剥夺了雇员的生计权利,核心员工在集体谈判中行使了他们的权利,为了迫使其服从雇主的要求,雇主便打击他们诉诸于此项权利的做法。这样做便干涉了罢工权,急剧地降低了这个手段的效力,使工会在这场经济竞赛中失去了对时间的控制。对于封锁不是"对集体谈判有如此明确的破坏性,致使委员会不需要调查雇主动机"的行为这一理由,法院驳回了。……由于雇主真实的动机是用有利的条款处理纠纷,所以不可能实质性地打击工会成员或者干涉一致行为……。

这无疑否定了委员会对雇员权利产生的影响的评价,这个被删减的罢工权的定义,法律没有一处支持,是史无前例的。直到今天,仍然没有认定雇主的真实动机或唯一目的对雇员权利产生的影响。共和国航空公司诉国家劳动关系委员会案(Republic Aviation Corp. v. Labor Board, 324 U. S. 793);无线电报务员联盟诉国家劳动关系委员会案(Radio Officers' Union v. Labor Board,347 U. S. 17);劳动关系委员会诉卡车司机联盟案(Labor Board v. Truck Drivers Union,353 U. S. 87);国家劳动关系委员会诉伊利电阻公司案(Labor Board v. Erie Resistor Corp. ,373 U. S. 221);国家劳动关系委员会诉燃烧与壁炉案(Burnup & Sims, Inc. ,379 U. S. 21)。雇主雇佣替代工人来维持运营的权利的重要性,或者有合理的理由相信雇主解雇雇员是严重犯规,这在伊利电阻案和燃烧与壁炉案中是毫无疑问的,尽管委员会在其裁决中认定,对替代工人给予超资历奖赏和解雇可疑的雇员都是不当劳动行为。当然,这些行为在追求合法的商业目的中被采用过,但尽管如此,"行为能为自己说话……它带来了不可避免的后果,雇主不仅可以预见而且他一定是故意的。"伊利电阻案(Erie Resistor,373 U. S. ,at 228)。我认为,法院的判决看起来确定地认可了一个不确定期间的失业和失业威胁,……因为工会积极地谈判,它自己保护了第7条中规定的行为,几乎没有鼓励与工会的联盟……

法官金伯格和首席法官沃伦的观点与结果一致,故省略。

**注释:多雇主谈判单位中的封锁**

在国家劳动关系委员会诉卡车司机地方449工会案[NLRB v. Truck Drivers Local Union No. 449(Buffalo Linen),353 U. S. 87(1957)]中,一些洗衣公司都属于一个多元雇主联盟,该联盟是为了与工会谈判一个对所有成员公司的所有雇员都有效的复杂协议而成立的。在谈判期间,工会称之为

"逐个击破的罢工",即为了确保与一个公司达成有利的合同而对抗该公司,然后用各个击破的策略轮流对抗其余的公司。然而,为了维持所有联盟成员之间的统一战线,反罢工公司封锁了他们的雇员。委员会主张,回应逐个击破罢工的多元雇主的封锁,应当包括在一个扩大的"防御性的"封锁类别之内,但目前仍受到封锁的限制,预期的罢工会对公司产生不必要的破坏。最高法院支持了委员会的方法,因为在其政策制定的自由裁量权范围之内(同上,96页):

> 虽然法律保护雇员为了满足其需求而罢工的权利,但在雇员和雇主的合法利益发生冲突时否定雇主自助的情况下,这个保护也不是绝对的。例如,在罢工权和间接雇主的利益之间,为了维持多元雇主谈判作为与重要工会在平等基础上谈判的一个手段,避免由不统一的合同条款造成竞争劣势,冲突可能会出现。关键的问题是,如何平衡互相冲突的合法利益。罢工的作用与实现全国劳工政策之间的平衡通常是困难且微弱的责任,议会主要委托给国家劳动关系委员会,并服从于有限的司法审查。

在国家劳动关系委员会诉布朗案[NLRB v. Brown, 380 U.S. 278 (1965)],与美国造船案的判决同一天宣布,合同谈判出现僵局之后,工会对多元雇主谈判单位的成员之一,福特喷气式飞机公司(Food Jet, Inc.)实施了罢工,反罢工的成员单位便实施封锁。尽管罢工,福特喷气式飞机公司利用监督人员和临时替代工人仍继续运营,反罢工的成员单位也这样做。委员会主张,反罢工的成员单位利用临时替代工人与防御性的封锁都违反了第8条(a)(1)款和第8条(a)(3)款。上诉法院拒绝强制执行,最高法院判定(同上,284页):

> 在该案中,我们不认为被告继续经营的方法和对临时替代工人的使用,比封锁本身暗含着更多敌视的动机;我们也不认为他们对雇员的

权利有多大的破坏。更确切地说,令人信服的推理是,这是雇主面对逐个击破的罢工,采取维持多元雇主组织的防御措施的所有部分。由于福特喷气式飞机公司继续合法地经营,当对雇主组织的完整性受到威胁而表示担忧时,雇主的行为才是合理的,除非他们也设法在封锁期间保持开业。因为福特喷气式飞机公司开业而被告的商店歇业,逐个击破的罢工将取得打破雇主联盟的胜利不是不可能的。零售食品行业的竞争非常激烈,重复的资助对该行业而言非常重要。面对丧失福特喷气式飞机公司自助的预期前景,这样看来是合乎逻辑的,被告应该关注,他们成员中的一个或更多可能突然离开组织而与当地工会达成协议,如此一来,便破坏了多元雇主谈判的统一战线……

### 注释和问题

**1. 前僵局封锁。** 假如美国造船案中的封锁发生在谈判出现僵局之前,封锁还是合法的吗?当传统的规则是出现僵局前罢工是合法的时,法律里有没有一些根据,特别是第 8 条(d)款,需要雇主在封锁之前,谈判至出现僵局?如果没有,在这个问题上需要考虑些什么?在达令公司案[Darling & Co., 171 N.L.R.B. 801(1968)],委员会(4:1)规定,在认定封锁是否有非法动机时,缺乏僵局的因素本质上不能证明封锁非法。委员会支持有争议的封锁,因为谈判单位的罢工历史证明了雇主对罢工发生在繁忙季节的担忧。这个裁决在莱恩诉国家劳动关系委员会案[Lane v. NLRB, 418 F.2d 1208(D.C.Cir.1969)]中得到维持,裁决强调工会是"强大的",也得到了长期认可。另见哈特设备公司案[Harter Equipment, Inc., 280 N.L.R.B. 597, 598 n.6(1986)](达令案中重申),已强制执行。施工工程师地方 825 工会诉国家劳动关系委员会案[Operating Engineers Local 825 v. NLRB, 829 F.2d 458(3d Cir.1987)]。根据对非法封锁的赔偿(包括封锁持续期间欠付的工资),有没有必要制定一组清晰的规则来限制封锁?

委员会应该重新审视其规则吗?应当要求诉诸于罢工或封锁之前出现谈判僵局吗?《铁路劳动法》指出,直到国家调解委员会(National Mediation

Board)宣布僵局和提出利益仲裁,当事方才能诉诸于经济自助;甚至这样的一个提议已经做出且被驳回之后,当事方才遭遇额外的"冷却"期。见上文第509—511页。美国造船案之后,委员会有权禁止前僵局罢工或封锁吗?假如有,将制定什么条款来规制封锁预期和即将来临的罢工?

**2. 封锁伴随着雇佣替代工人?**

a. 临时替代工人。布朗案受到多元雇主谈判环境的限制吗?一个单独的雇主与一个单独的工会谈判,可能封锁雇员,然后用临时替代工人继续维持运营吗?这取决于封锁是"防御性的"而不是"攻击性的"吗?应该允许雇主同时采纳攻击性措施(通过封锁支持他们的谈判地位)和防御性措施(通过雇佣临时替代工人维持运营)吗?美国造船案中有没有相关问题?

法院的大丹(Great Dane)测试应该怎样应用到这个问题?(注意,美国造船案在伊利电阻案之后、大丹案之前判决。)雇主在封锁单位雇员后使用临时替代工人,构成"本质毁灭性"还是"相对轻微性"行为?影响第7条规定的权利吗?不管怎样,什么将是雇主合法经营的证据?委员会目前的态度是,在另外的合法封锁期间使用临时替代工人不违反第8条(a)(3),因为缺乏反工会动机的证据。见哈特设备公司案[Harter Equipment,280 N. L. R. B. 597(1986),enforced sub nom]。IUOE地方825工会诉国家劳动关系委员会案[Local 825,IUOE v. NLRB,829 F. 3d 458(3d. Cir. 1987)]。当声明委员会的基本立场时,一些法院看起来把一些条件强加给了这个谈判策略的使用:

625    由于临时雇员的使用,哈特案中施加的压力对雇员的权利也不是毁灭性的。在学院出版社诉国家劳动关系委员案[Inter-Collegiate Press v. NLRB,486 F. 2d 837(8th Cir. 1973)]中,在评价使用临时替代工人对雇员的权利是有本质毁灭性还是相对轻微性影响时,法院指出了三点考虑。第一,法院考虑了临时替代工人的持续时间和确定的终止日期是否通知了工会和雇员,然后认定,临时雇佣的确定持续日期已经通知了工会和雇员。第二,法院指出,返回工作的选择对雇员接受雇主的条款是有利的。第三,雇主已经同意旧合同中的工会保障条款继续有效。

在这个案件中,行政法官考虑了这些因素,然后认定,虽然替代工人的宣传没有表明是临时性的,但实际上,公司的意图是在纠纷终结时,让常规的雇员返回工作。关于第二个因素,行政法官……认定,工会能让其成员返回工作,条件是比原来更少的利润要求。关于工会保障条款,公司已经同意了工会最近提出的只有工会才能撤回的一系列保障条款。这样,公司实际上已经同意了这样的条款。

地方825工会案(Local 825, 829 F. 3d at 462)。但比较锅炉制造工国际同业工会(International Bhd. of Boilermakers)地方88分会诉国家劳动关系委员会案[Local 88 v. NLRB, 858 F. 2d 756(D. C. Cir. 1988)](没有涉及哈特案法院的考虑)。哈特案法院声称,要求雇主继续坚持一个特殊的包含工会保障的谈判条款的可疑权威,作为使用其他合法谈判策略的一个条件吗?

b. **长期替代工人**。假如封锁可能伴随着雇佣临时替代工人,也可能伴随着雇佣长期替代工人吗?这与一次彻底地解雇组织或表达对雇主反对的雇员有不同吗?见国际报纸公司诉国家劳动关系委员会案[International Paper Co. v. NLRB, 115 F. 3d 1045, 1051 & nn. 4-5(D. C. Cir. 1997)](同意搁置该问题)。假设雇主通过冒犯性地封锁其工会代表雇员,然后用长期替代工人替代他们而违反了法律,假使雇主在预期一场即将来临的罢工的最后期限时这样行为,将会怎样?阅读国际报纸公司案中的注释后重新考虑这些问题,下文第633页。假如一些雇员在罢工期间从事暴力活动,会有影响吗?见约翰-曼威勒制造公司诉国家劳动关系委员会案[John-Manville Prods. Corp. v. NLRB, 557 F. 2d 1126(5th Cir. 1977)](雇员的工厂破坏活动证明了雇主的封锁和雇佣长期替代工人是合法的)。

**3. 互助协议。**不同公司的雇主已经达成了"互助协议",需要未遭受罢工的雇主支付给遭受罢工的雇主之前累积的部分增长收入,因为罢工或者支付给遭受罢工的公司的费用来自于由参与的雇主捐赠的"保险基金"。在施工工程师当地12号工会案[Operating Engineers Local 12,187 N. L. R. B. 430(1970)]中,国家劳动关系委员会认为,雇主罢工保险计划并不受谈判强制性的影响,工会坚持取消这样的保险违反第8条(b)(3)。比较航线飞行员协会诉民航管理委员会案[Air Line Pilots Ass'n v. CAB,502 F. 2d 453 (D. C. Cir. 1974)],该案中,法院支持民用航空局对航空公司互助协定的批准,因为与国家允许团体整合经济资源来解决劳动争议的政策相一致。这样的协定也引起了反垄断问题。见加利福尼亚前地区封锁员诉西弗韦公司案[California ex rel. Lockyer v. Safeway,Inc. ,371 F. Supp. 2d 1179(C. D. Cal. 2005)];另见下文第897页注释5。评论见赫伯特·安特伯格和爱德华·康慈拉:《航空公司罢工保险的终止》,载于《工业与劳动地区评论》第34卷(1980),第82页[S. Herbert Unterberger & Edward C. Koziara,The Demise of Airline Strike Insurance,34 *Indus. & Lab. Rel. Rev.* 82(1980)];马文·乐闻勒和哈勒:《航空公司互助协议:对集体谈判的威慑》,载于《劳动法杂志》第28卷(1977),第44页[Marvin J. Levine & L. W. Helly,The Airlines' Mutual Aid Pact:A Deterrent to Collective Bargaining,28 *Lab. L. J.* 44(1977)]。

**4. 影响与意图的比较。**唯一限制谈判方式使用的是反歧视原则,美国造船案渐渐破坏了该原则的理论基础吗?这个原则留下了什么?正如法院所主张的,假如雇主期望造成工会意见不统一,在第8条(a)(3)款下,其代表雇员不构成非法动机吗?大丹拖车公司案提供了一个一致的答案吗?上文第546页,布朗案与博南诺公司案表明了基于第8条(a)(5)和第8条(a)(3)的诚信谈判原则为合法的谈判方式提供了更可取的分析方法吗?见艾斯托伊克,《罢工者和替代工人》。

**5. 部分封锁?** 假设雇主与代表同一个单位的操作工人和维修工人的工会进行谈判。出现僵局之后,雇主只封锁维修工人。雇主违反了第8条(a)(3)和(a)(5)吗?假如工会召集操作工人罢工来回应部分封锁,雇主能通过临时帮助来维持运营以回应罢工吗?用长期替代工人呢?假如雇主暂时地停止一定的休假福利(否则在谈判桌上)推迟对合同纠纷的解决,而不是部分封锁,答案将会一样吗?比较美国管道与铸造公司案[Untied States Pipe and Foundry Co. ,180 N. L. R. B. 325(1969)]。分解工当地155工会诉国家劳动关系委员会案[Local 155, Int'l Molders v. NLRB,442 F. 2d 742(1971)];国家劳动关系委员会诉大秋雇主委员会案[NLRB v. Great Falls Employers' Council, Inc. , 227 F. 2d 772(9th Cir. 1960)]。

上诉法院驳回了布什委员会(Bush Board)为部分封锁提供更大范围的尝试。在巴庭轴承公司案[Bunting Bearings Corp. ,343 N. L. R. B. No. 64(2004)]中,推翻强制执行并发回重审。美国钢铁、报业等工人诉国家劳动关系委员会案[United Steel,Paper,etc. Workers v. NLRB,179 Fed. Appx 61(D. C. Cir. 2006)](未发表),委员会(2∶1)认为,当谈判出现僵局时,雇主有选择地仅仅封锁非试用单位员工的行为是合法的。委员会大多解释,尽管试用期雇员不是工会成员,但所有被封锁的非试用期雇员都是工会成员,当事方的雇主委员会区别对待试用期雇员,使他们服从任意的解雇,并剥夺他们的相关福利,工会也区别对待他们,不让他们进行后封锁罢工的投票。地区法院巡回法庭拒绝强制执行,并发回重审,声明如下:

> 在大丹拖车公司案中,最高法院主张,假如雇主"实施了在某种程度上将给雇员权利带来不利影响的歧视行为",雇主必须"证明他的动机是合法客观的"。我们驳回了委员会多数关于工会没能证明巴庭轴承公司的行为具有歧视性的争论,正如委员会持反对意见的成员所解释的,"没有当局表明工会首先必须比其在这里做的更多:证明工会成

员和被封锁的雇员之间的相互关系。"……封锁"在某种程度上能给雇员权利带来不利影响",这是毫无疑问的。见国际锅炉制造公司案 [Int'l Bhd. Of Boilermakers Local 88, 858 F. 2d 756, 767 (D. C. Cir. 1988)] (主张封锁工会雇员在某种程度上对雇员权利有不利影响)。相应地,巴庭轴承公司有义务提交证据证明封锁的动机是合法客观的。巴庭轴承公司没有尝试这样做。缺乏这样一个尝试,行政法官或委员会就"推测可能是什么推动"巴庭轴承公司,这样做是不合适的。见大丹拖车公司案(Bunting. Great Dane, 388 U. S. at 34 – 35)。

同样的结果,见国际电气工人兄弟会第15地方分会诉中西代际公司案 [Local 15, IBEW v. Midwest Generation, 429 F. 3d 651 (7th Cir. 2005)] [雇主封锁了工会结束罢工后企图返回工作的雇员,没有封锁工会停止罢工前返回的雇员,这违反了第8条(a)(3)款]。

**6. 评论**。为进一步讨论封锁问题,见赫伯特·柏汉特:《封锁:布朗案和美国造船案后,对委员会和法院判决的分析》,载于《康奈尔大学法律评论》第57卷(1972),第211页[Herbert N. Bernhardt, Lockouts: An Analysis of Board and Court Decisions Since Brown and American Ship, 57 *Cornell L. Rev.* 211 (1972)];詹姆斯·贝尔德:《封锁法:最高法院和美国国家劳动关系委员会》,载于《乔治华盛顿法律评论》第38卷(1970),第396页[James R. Beaird, Lockout Law: The Supreme Court and the NLRB, 38 *Geo. Wash. L. Rev.* 396 (1970)];瓦尔特·欧博尔:《封闭工厂和法律:布朗食品公司案和美国造船案的影响》,载于《康奈尔法律季刊》第51卷(1966),第193页;伯纳德·梅尔泽:《封锁案例》,载于《最高法院评论》(1965),第87页[Walter E. Oberer, Lockouts and the Law: The Impact of American Ship Building and Brown Food, 51 *Cornell L. Q.* 193 (1966); Bernard D. Meltzer, 1965 *Sup. Ct. Rev.* 87]。

## 4. 分包罢工工作

**陆空快递股份有限公司诉国家劳动关系委员会案**

Land Air Delivery, Inc. v. NLRB

862 F. 2d 354(D. C. Cir 1988)

希尔伯曼,巡回法院法官……

I

陆空快递股份有限公司是一个空运电机承运商,从事于通宵承运的小包裹递送工作。1973年,委员会批准卡车司机地方41工会作为陆空快递雇佣的"所有卡车司机和仓管员"唯一的谈判代理人。1975年,委员会通过排除为陆空快递运输货物的独立承包商,使谈判单位得到澄清。罢工的时候引发了这场诉讼,陆空快递雇佣了13个谈判单位的卡车司机,并使用另外的独立承包商司机。

单位雇员被《卡车司机全国主要货运协议》(Teamsters' National Master Freight Agreement, NMFA, 以下简称"全国货运协议")所覆盖,协议的有效期间为1982年3月1日至1985年3月31日。陆空快递使用独立承包商的范围是1982年为一个新合同谈判的主要问题。在谈判期间,原告给工会至少提出了三个分包建议,每一个都被工会拒绝了。工会坚持依据全国货运协议第32条提供的有更多限制性的分包条款,这便禁止了谈判单位中的雇员进行分包工作。1982年年底,当事方因为分包条款(和可接受的申诉机构)而最终出现了谈判僵局,工会为强制执行其要求而罢工。3天之后,陆空快递接受了全国货运协议中的分包条款。

1984年11月,工会通知公司,工会已经批准了罢工,依照全国货运协议的条款,抗议公司不遵守确定的申诉诉求,也抗议公司拒绝将已成僵局的申诉带入下一个申诉程序。所有13个单位雇员开始罢工,陆空快递迅速雇佣了替代工人。为了在罢工期间维持堪萨斯城的继续经营,陆空快递利用了从其他工厂调过来的雇员、它的承包商和承包商司机、新雇员和它自己的员工与监督员。1984年11月和12月,公司雇佣了8个新雇员;其中3个将于1984年11月到期,其余5个1985年3月28日到期。这样,到了1985年3月28日,陆空快递终止了所有的替代工人。1985年2月20日至3月1日之间,公司共与12个独立分包商签订了合同。其中5个在罢工之前不是分包商,所有12个分包商在罢工结束后都继续为陆空快递工作。虽然从记录来看准确的时间不清楚,但2月20日和3月1日分包的结合和3月28日替代雇员的终止导致了1985年3月所有谈判单位的退出。

直到1985年4月,罢工差不多持续了5个月,最终导致了罢工者对抗替代工人和公司财产的暴力行为。在罢工的过程中,陆空快递提出了一个不当劳动行为来指控工会源于暴力和强制行为。1985年2月4日,工会加入了一个非正式的和解协议,协议包含一个禁入条款,也发布了一个对雇员和会员的通知,即不准从事强制行为。

1985年4月9日,当工会成员口头申请无条件返回工作时,罢工结束。在那时,陆空快递的总经理通知之前的罢工者,这里没有工作给他们了。4月11日,工会代表通过邮递向陆空快递传达了同样的无条件申请。陆空快递对罢工雇员的复职没有采取任何措施,工会便控告公司,指出由于公司拒绝复职罢工者,故构成了不当劳动行为。委员会的地区主任驳回了指控,认为"罢工的主题是一个经济罢工,仅仅职位空缺时才考虑雇员复职的权利"。因为自4月9日的无条件申请以来,陆空快递不曾雇佣任何新雇员,地区主任认定,公司拒绝复职罢工者不违反法律……

……1986年2月20日,工会提出一个修改的控告[导致一个诉求的发布]辩称违反了第8条(a)(1)、(3)和(5)款,并详细说明:

> 大概在1985年2月1日,陆空快递的高级职员、代理商和代表人将谈判单位的工作分包出去,没有通知工会,也没有与工会谈判。

> 大约1985年4月9日,陆空快递的高级职员、代理商和代表人拒

绝给提出无条件申请返回工作的罢工雇员复职。

行政法官认定,陆空快递不经过谈判便长期分包单位工作的行为已经违反了法律第8条(a)(1)、(3)和(5)。他认定,到1985年3月,原告已经分包出去了所有谈判单位的职位。他命令公司复职9个罢工者,并要求陆空快递给他们补薪(没有要求对罢工雇员中的4个复职,考虑到雇员不当行为的具体情况)……

委员会宣布了行政法官关于这些问题的认定,陆空快递申请法院复审。

## II

原告指出,依据法律,在罢工期间的任何时候,雇主都有权用分包商来长期地替换经济罢工者,而无须与工会商讨这个决定。但是,委员会似乎主张,决不允许雇主(甚至在经济罢工期间)不经过谈判便长期分包。① 我们驳回了原告的主张,认为没必要为了解决这个案件而审核委员会的建议。虽然"商业必需"将证明长期分包单位工作的合理性,但陆空快递没有在这里证明这样的必需。

……陆空快递主张,国家劳动关系委员会诉麦凯无线电案［NLRB v. Mackay Radio,304 U.S.333(1938)］实际上"打败了"纤维板案［Fibreboard Paper Prods. Corp. v. NLRB,379 U.S.203(1964)］,因为用长期雇员替换罢工者和用长期分包商替换他们没有重大的区别。然而,我们至少可以看见理论上的区别,这个区别很有可能会产生实际影响。

一个长期分包合同通过分包的范围来减少谈判单位。分包出去所有谈判单位的工作,就像这个案件中出现的,几乎完全破坏了谈判单位。通过新

---

① 3. 委员会强调,雇主在面对经济罢工时有两种选择:(1)可以雇佣长期替代工人,或者(2)可以临时分包工作。但比较艾列特河滨之旅公司案［Elliott River Tours, Inc. ,246 N. L. R. B. 935 (1979)］(委员会支持分包出去两年,超过了罢工的持续时间,因为作为承担工作的条件,分包商需要较长的时间)。从艾列特公司案来看,当长期替代工人或临时分包商不是可行的选择时,我们也不采取委员会目前的观点来排除在特殊情况下至少长期分包才可行的辩解。

的长期雇员替代罢工者,常常会导致取消对工会的认可,这作为一个现实问题,可能是真的,但雇主通过分包工作而单方面地解散工会和单位里的雇员,自己取消对工会的认可,有法律上的区别。在取消认可之前,雇主必须与罢工工会谈判所有条款和雇佣条件,假如单位的许多工作被长期分包,他的义务将会被减轻。此外,长期替代工人不一定导致谈判单位的消失。罢工工会至少可能会获得一些替代雇员的忠诚,他们与罢工者一起,便能保证工会的大多数地位。因此,我们认为,委员会在它的权力范围内处罢工期间的长期分包问题,这个问题不同于为了实现法律第 8 条(a)(5)的目的而使用长期雇员和替代工人。

不考虑我们的结论,即长期分包相当于使用长期替代工人,是不合法的,我们仍然必须面对这个问题,在该案中,长期分包是否违反《国家劳动关系法》。在夏威夷肉品公司诉国家劳动关系委员会案[Hawaii Meat Company v. NLRB,321 F.2d 397(9th Cir. 1963)]中,第九巡回法庭判决,在经济罢工期间,雇主长期分包工作的单方面决定不违反第 8 条(a)(5)……原告主要依据的是该案的判决。在夏威夷肉品公司案中,雇主在罢工之前决定,万一发生罢工就长期分包其运输作业,并在罢工之前将此计划通知了工会。毫无疑问,雇主分包的目的完全是防御性的——保证其工厂在罢工期间正常运营。同上第 399 页。法院驳回了委员会关于违反第 8 条(a)(5)的裁定,因为在那种紧迫的情况下,要求雇主谈判一个分包决定至僵局,工会将会有对于该决定的实际否决权。如法院注意到的,工会能轻易地推迟僵局的出现,继而阻止雇主在罢工期间继续经营(同上,第 400 页)。我们理解了夏威夷肉品公司案,仅仅支持这一点,即当分包对保持工厂持续运营的经营目的是必需的时,雇主不一定必须和工会就罢工期间长期分包问题进行谈判,此外,雇主做出分包决定的时间也是极其重要的。

虽然在分包商坚持这样一个合同的案件中,委员会允许罢工结束之后的单方面分包,见艾列特河滨之旅公司案[Elliott River Tours,246 N.L.R.B.935(1979)](两年期的分包合同),看起来不像是已经接受了我们对夏威夷肉品公司案狭隘的理解,当需要继续运营时,长期分包可能没有经过第一次谈判。见案例注释3。我们没必要认为委员会不愿意认可夏威夷肉品公司案,然而,我们清楚的是,行政法官非常支持他的认定,决定原告动机的不是商业必需。

该案中有争议的分包问题发生在罢工开始后三个多月,陆空快递在整个期间利用从其他工厂调过来的雇员、罢工前的分包商、新雇员、高级职员和监督员,成功保持了公司的运营。虽然雇主指出工会成员的暴力行为,指出大量的保障支出是做出该决定的商业原因,但直到工会解决了雇主来自于暴力的不当劳动行为控告后,才发生分包行为。因此,由于达成和解协议之后,行政法官没有发现关于暴力的证据,故他关于分包不是为了避免暴力的认定是合理的。(假如行政法官的认定没有得到支持,我们将会有个非常不一样的案件。)尽管原告辩解,是雇员自己要求转换成分包商的,但行政法官认为,作为他们继续服务的条件,雇员不需要具有分包商的身份……

在原告和工会之间关于分包程度多年纠纷的情况下,陆空快递在工会无效的罢工期间分包其所有驾驶工作的决定,几乎很难看见其商业必需的动机。相反,原告通过使用独立分包商,抓住了他认为合法可行的最终解决纠纷的机会。没有理由相信,1985年3月与工会关于该问题的谈判比前几年还不适当。见美国卡亚纳米地公司诉国家劳动关系委员会案[American Cyanamid Co. v. NLRB,592 F. 2d 356,361(7th Cir. 1979)]……

……陆空快递复审的申请被驳回。

### 注释和问题

**1. 关于雇主对罢工对策的谈判义务?** 委员会在陆空快递案中的立场与其关于雇主不需要就雇佣替代工人条款而谈判的立场一致吗?见塞维斯电器公司案[Service Elec. Co. ,281 N. L. R. B. 633(1986)],在科廷莫森科技公司案(Curtin Matheson, supra page 608)中讨论过;底特律报业机构案[Detroit Newspaper Agency,327 N. L. R. B. 871(1999)](上文第595页)。工会会同意使用相关对策来对抗其罢工吗?

当雇主决定使用长期分包商,特别是在罢工之前做出这个决定时(如夏威夷肉品公司案),我们是在雇主对付罢工的领域里(不需要谈判)还是在条款和雇佣条件长期改变的领域里(需要谈判)?假如需要谈判,那么使用分包商来维持运营的需要将可能与此不相关。

**2. 使用"长期"分包商的策略?** 假如在经济罢工期间雇佣长期替代工人是允许的,那么这里区别对待长期分包商的正当理由何在?雇主通过这些分包商维持运营比通过挑选和训练他自己的临时雇员更容易吗?如果雇主将战略性地提出"长期"分包没有超出维持运营的需要,而不是要惩罚罢工者,这样做有没有更大的危险?假定(据推测)提供长期增强了雇主吸引合格替代工人的能力。见上文第576页注释3。提供长期给分包商同样正确吗?大丹拖车公司案的结果应该怎样应用到该案中来?见开普角工业公司案[Capehorn Industry, Inc., 336 N. L. R. B. 364(2001)]。

**3. 封锁期间的长期分包?** 集体谈判期间被封锁的雇员的工作,雇主可能将其长期分包出去吗?在国际纸业公司案[International Paper Co., 319 N. L. R. B. 1253(1995)]中,委员会主张,这样的行为违反了第8条(a)(3)款,因为它对雇员第7条的权利有"本质毁灭性"。然而,地区巡回法院将其撤销了[115 F. 3d 1045(1997)]。在法院看来,只要履行了谈判义务,雇主在封锁期间便可以实施长期分包,正如其在封锁之外所做的一样。法院还认为,封锁期间实施长期分包的影响与雇主"本质毁灭性"的行为没有什么区别。

雇主通过战略性地实施封锁雇员的行为,然后实施一个"长期"分包行为,一旦工会提出要求就能驳回它,法院足够地考虑了雇主的这个能力吗?确实,在国际纸业公司案中,雇主与分包商的合同证明了封锁的结束"将构成终止长期分包合同而无须赔偿的理由"(同上,第1047页)。

## 第二节　劳工组织的集体行为规制

**1. 宪法对政府规制的限制**

### 卡车司机地方 695 工会诉沃格特公司案

Teamster, Local 695 v. Vogt, Inc.
354 U. S. 284（1957）

法兰克福法官……。被告在威斯康星州的奥康诺摩沃（Oconomowoc）拥有并运营着一个采砾场，雇佣了 15 到 20 名雇员。原告企图引诱被告的雇员参加工会,但没有成功,便在被告营业地点的入口打上标语（工作的雇员没有 100% 的加入美国劳工联合会）开始纠察。结果,许多卡车公司的司机拒绝运送货物到被告的工厂,也拒绝从被告的工厂发送出货物,给被告造成了大量的损失。于是被告寻求用强制令来限制纠察。

初级法院并没有因被告提出请求而做出判决：

> 原告设置罢工纠察线的前提是原告为了强迫、驱使或者引诱雇员成为工会成员而强制、威胁或者引诱雇主,或者因雇主拒绝不择手段干涉雇员参加或不参加工会的权利,以损害原告事业为目的。

虽然如此,由于威斯康星州法第 103 节第 535 条禁止在没有劳动争议时进行纠察,请愿者必须被安排在维持被告经商范围内,在任何接近被告经营范围内的地方游行示威,预示着劳动争议发生在被告与雇员或者被告与任何请愿者上,禁止诱使他人降低来往于被告营业处所的货物运输量。

……虽然初级法院拒绝为被告的诉求做出判决,最高法院指出,就事实而论,这种诉求毫无疑问,但是对毫无疑问的事实进行推理,这种过程本身就是给出了判决。细究整个罢工纠察事件的细节,坚持认为"一个人的确可能被误导去相信,在事实情形之下,工会并没想到会胁迫雇主去干涉他的雇员参加或拒绝加入工会的权利"的观点,如此的罢工纠察运动,正如初级法院所称,"是居于非法的目的"。直到威斯康星州法第111节06(2)(b)规定对于雇员个体或者牵扯到其他人的"强制、恐吓、乃至诱导雇主干涉他的雇员享受他们的法定权利"都是不当劳动行为。如果因雇主承担自己的主动权而导致其雇员参加劳动,那么同样也构成了不当劳动行为。因此威斯康星州最高法院肯定并准予了开放禁令……

……随着罢工工人要么出自于游行行为的人群数量,或出自于他们平和的修养,或出自于他们与雇主的自然辩论,要么由于怯弱的个性,或者制定法律时缺乏对事实的辩论,造成法律公布于众时法律条文缺乏术语准确度,因此州法院违背宪法正在通过的关于全面禁止纠察的规定,而广泛的宣布纠察的权利,继续限制罢工而不是制定自由的州法。桑希尔诉阿拉巴马案[Thornhill v. Alabama, (310 U.S. 88, 99.)],随着依据条文处理大量纠察问题,因此州法院广泛吸收了和平的纠察行为,如普遍的演说自由,这种保护导致了第十四次修正案时,并未删减部分法条。

在美国劳工联合会,这些原则在法院审理美国劳工联合会诉斯文案(AFL v. Swing, 312 U.S. 321)中得到适用,他们依据当雇主与雇员之间缺乏有效及时辩论时,建立在州制定普通法律反对纠察的条文的基础上,从而来进行和平的纠察行为,这本身已经违背了宪法的禁令。然而在同一天,当纠察涉及暴力时候,法院又坚持普遍的禁令来反对纠察行为,因为可以毫无疑问的断定,即使在未来,纠察可能完全以一种和平的方式进行,但是过去因为暴力形成的恐惧势力可能会复活。譬如牛奶火车司机工会诉草地沼泽奶制品工会案(Milk Wagon Drivers Union v. Meadowmoor Dairies, 312 U.S. 287, 294)。

很快,法院意识到了广泛的公告,而不是特定的支持,正如桑希尔案所呼吁的"事实的影响并未预知"一般,至少,并未得到充分的理解。因此当一个州制定补充性措施挽救特殊情形或完成一个特定社会政策时,这些事例就会反馈到法院。这些事例表明,纠察行为即使是"和平"的,也并非仅卷入观点的交流中,同样也不能与州的法律脱离关系。自从巡逻队在固定地点巡逻,以及自从巡逻队站成人墙固定的存在,那么就会产生这样或那样的行为,他们就可能毫不顾忌散布在民间的自然意愿,因此有组织建立的纠察队已经超出了自由演说的范围。面包房驾驶司机诉沃尔案(Bakery Drivers v. Wohl,315 U.S.769,776)(观点一致);见木匠工会诉瑞特咖啡案(Carpenters Union v. Ritter's Cafe,315 U.S.722,725-728)……

桑希尔案暗示着对其显著理论的重新评估,最终却被推广到一系列事件中来维护禁令,从而反对和平的纠察行为,甚至同样被推广到劳资纠纷加剧或者纠察队与州制定的规则开放领域中有效政策相反的时期。这种重新考虑来自于吉伯尼诉帝国仓储与冰公司案(Giboney v. Empire Storage & Ice. Co,336U.S.490)。工会企图组织小贩纠察批发商,引诱其抑制对非工会的小贩商品的出售。地方法院发现如此的协议可能构成阴谋从而限制贸易自由,违反反垄断法并参与到纠察行动中去,因此法院全体一致的肯定了这种做法。

> 据说,反对纠察行为与帝国仓储事业范围毗邻的禁令,这是对言论自由违宪性质的冒犯,因为对于这一次劳动争议,纠察者可能试图和平地将真实情况公之于众。只是此处的记载并非不允许以这种公开独立的形式对待罢了。公之于众的先决条件及目标不仅与帝国仓储契约权限相关,同样与其他申诉人及其同盟者的活动相连,从而才能促使帝国仓储禁止向非工会的小贩贩卖冰块。因此所有申诉人的行为,包括单个的或者联盟的,并不严重违反密苏里州的正当法条。在这种情形下,禁令只是轻微违反密苏里州法律,却不是重罪。(同上,第497—498页)

法院认为,"申诉人并不仅仅追求演说的自由权……。他们将其经济力量与他们的同盟者聚在一起,从而促使君主遵守工会,而不是遵守国家的贸易规则。"同上,第503页……

在一个州,我们的决策已经建立在一个宽泛的范围内。不管在刑法还是在民法中,不管是立法机构还是法院宣布的,这些决策在促进某些公共政策上能够从本质上参与旨在阻止某些政策的实施的和平纠察行为……

当然,不研究一次纠察的行为和目的,那么表面看来纠察确实存在,但是没有恰好地约束它的行为。桑希尔案和斯文案表明,在威斯康星州,通过禁止纠察行为来促使政策的制定是合情合理的。这个案例中,在威斯康星州最高法院中对实际情形的陈述提供了一种理性推论的可能,即考虑到纠察的目的。在这里,虽然没有涉及禁令的范围问题,但威斯康星州最高法院必须斟酌他们的陈词,最高法院是会依据纠察的目的是否以雇主强制雇员为正当理由的……

惠特克法官没有参与这次案例的讨论和决策。

法官道格拉斯与首席法官布莱克,对此持异议。

……在这里,没有暴乱、聚众纠察、暴力、互殴、高压政治——除了演说,什么都不存在——正如在第一修正案里,桑希尔案和斯文案体现的原则支持了纠纷的一方……

今天,法院坚持认为不管出自何种理由,州院及立法机构有权自由决定是允许还是镇压任何特定的纠察线。我同意桑希尔案体现的原则,也同意斯文案的结论。回到吉伯尼案来分析——仅当符合国家规定或在禁止的范围之内时,这种表达的形式可以规定或遭到遗弃,它可以是行为过程的必要部分。下面我将驳回判决。

### 注释和问题

**1. 第一修正案下劳工纠察队的地位。** 在沃格特案(*Vogt*)及先驱的结论中,劳工纠察队似乎被看作经济压力的形式,屈服于国家合理的规定,而不是作为交流的形式,从第一修正案的完美规定中得到豁免。在美国国家劳动关系委员会诉零售商店案[NLRB v. Retail Stores, 447 U.S. 607(1980)](下文第670页),法院重申了这种对待劳工纠察队的看法。相反,通过政治组织的纠察队却受到第一修正案的普遍保护。若有的话,那么什么是劳工纠察队正当合理的地位?考虑以下原因:

a. 劳工纠察队对导火索的自然反应,而不是对理念和逻辑的反应。零售商店案中斯蒂文斯法官支持这种观点。但是受保护的言论难道要试图以一种象征的形式与直觉来诉诸于团结一致吗?见廷克诉德斯莫伊那斯独立社团案[Tinker v. Des Moines Indep. Community Sch. Dist, 393 U.S. 503(1969)]中保护戴黑色袖章以示反越战的行为;斯壮伯格诉加利福尼亚案[Stromberg v. California, 283 U.S. 359(1931)]中保护把红色旗帜认为一种符号、象征、徽章,以来显示对政府的反对行为。

b. "因为关乎战争,因此劳工纠察队庇护了言论行为"。比起规定来保证纠察不干涉参加或退出战争,这不是更合法的吗?比如 NAACP 诉克莱伯尼硬件公司案[NAACP v. Claiborne Hardware Co., 458 U.S. 886(1982)]中通过人权组织以及国家对试图威胁或参加暴力的行为施加影响,保护商业中的和平纠察行为。

c. 纠察队可以成为复杂强力组织的压力之一……那些依据普通经济利益、特许费、社会压力、经济处罚以及官僚强权为基础的一系列力量,是颇为支持纠察队的。"建立在既有的地位上,因此劳工纠察可以不必要以一种理性的信念方式来起到直接而重大的经济杠杆作用。"托马斯·爱默生,《自由表达制度》(1970)文中补充强调[Thmoas I. Emerson, *The System of Freedom of Expression* 445(1970)]。这种纠察的正当规则难道仅指向于普通民众,而不是劳动阶层吗?见阿奇博尔德·考克斯:《汉堡法庭中的自由表达》,载于《哈佛法律评论》第94卷(1980),第36—37页[Archibald Cox, Freedom of Expression in the Burger Court, 94 *Harv. L. Rev.* 1, 36 - 37(1980)]。此外,即使以劳工为旨,也只是仅仅对工会做出调整,或者为了尊重各个工会组织的纠察队伍,难道各工会间不需要先前制定证据的协议吗?这难道就是道格拉斯(Douglas)所谓的"正义":"当国家制定或禁止时,……可以促使一种表达行为成为过程的必要部分"?见迈克尔·哈珀:《正在兴起的消费者的抵制权:NAACP 诉克莱伯尼硬件公司案以及对美国劳动法的影响》,载于《耶鲁法律杂志》第 93 卷(1984),第 409 页[Michael C. Harper, The Consumer,s Emerging Right to Boycott:NAACP v. Claiborne Hardware and Its Implications for American Labor Law,93 *Yale L. J.* 409 ,(1984)]。

d. "劳工纠察队可以成为混合体制的一部分,从而他们可以协调一致地行使他们组织以及追求经济目标的权利,进而完全保护自己的劳动组织。"宪法赋予的权利难道在这种方式中可以弃之不顾吗?即使政府敢废除劳动法及建立相关积极的保护措施,难道实际情况就允许政府获得威权并依据这些保护措施作为条件,从而置宪法赋予公民普遍实用的权利于不顾吗?

**2. 加拿大的做法**。2002 年,加拿大最高法院一致认为:凡是使用加拿大宪章处理间接纠察纠纷,以及使用表达自由不充分的条例均被禁止。见百事可乐加拿大饮料有限公司诉零售、批发及百货商店地方 588 工会案[Pepsi-Cola Canada Beverages(West) Ltd. v. Retail, Wholesale and Dept. Store Union, Local 588, 2002 SCC 8, 2002 Can. Sup. Ct. LEXIS 9]。法院采纳了一种"不合法行径"模式允许纠察(不管是直接还是间接)行为的成立,不管其违背法律构成犯罪还是侵权行为。此处,侵权行为不仅包括过失、损害、恐吓威胁、诽谤以及歪曲事实,同样包括诱导式的违背合约造成的侵权行为。虽然他们尊重宪章赋予公民自由表达的权利,以及做好适当限制公民行为的准备,但是最高法院同样表明,地方立法机构及法院可以使用补充性质的"不合法行径"模式来提升地方政策的地位,以处理间接的劳动纠察行为。你们是否同意这种观点?

**3. 生产者与消费者的联合抵制**。在国际码头工人协会诉联盟国际股份有限公司案[International Longshoremen's Ass'n v. Allied Int'l, Inc.,456 U.S. 212(1982)]中,另一个引起纠纷抗议的案例即国际码头工人协会抵制苏

第八章 劳资斗争的手段:罢工、抵制和纠察 799

联侵略阿富汗。沿着东部一直到海湾沿岸,工人们拒绝卸载进出港口的货物,以便阻止物质进入苏联。同盟中的一家美国公司,从俄罗斯进口木制产品,这些产品原由船工装载,在回来途中他们雇佣了一个隶属于国际码头工人协会的公司,名为克拉克(Clark)公司,因此这个工会的联合抵制毁坏了这家美国公司的船载物。美国公司因此申请间接联合抵制来控告下面的第8条(b)(4)款以及对第303条采取了报复行为。最高法院认定国际码头工人协会的间接联合抵制是违法的(法院的判决部分将在注释3充分展开,见794页),同时,法院可消除工会对第一修正案(456 U.S.,at 226)的争论点:

> 我们一贯拒绝在间接纠察(secondary picketing)中由于劳动工会违反第8条(b)(4)造成的损害索赔,在第一修正案中,这种行为是受保护的……。甚至在第一修正案中,很明显地看出法律不是有计划的实施而是强制实施,显然这是考虑不充分的体现。劳动法反映着对经济利益必须持平衡的观点……。虽然工会及其成员可能反对俄罗斯的外交政策,只要这些政策没有侵犯他人的权利,还是有许多方法可以解决的。

相比之下,在前面所举的 NAACP 诉克莱伯尼硬件公司的案例中,法院认定全国有色人种协会(NAACP)联合抵制白人商业的行为,在宪法上是受到保护的,尽管联合抵制受到了全国有色人种协会官员的威胁。比如查尔斯·埃夫斯(Charles Evers):"如果抓到任何进入种族商店的人,我们将会掐断你们该死的脖子。"法院如此解释(458 U.S.,at 928):

> 查尔斯·埃夫斯充满感情的紧张演说并没有超越受保护的演说权利的范围……。他那冗长的演说里充满了激情的恳求,希望黑人公民得到统一,依此可以支持乃至相互尊重,从而实现他们应得的政治经济权利。在这些恳求的过程中,强硬措辞也被使用。如果言语成为暴力

事实，一个实质问题即查尔斯·埃夫斯对非法行为产生的后果脱不了干系。然而在这个案例中……暴力行为发生在演说的几周或数月之后……。演说者必须有其自由，使用自然情感呼吁统一以及在处理共同事业的过程中对其听众起到促进作用。

这两个案例难道没有原则性的区别吗？比如，鉴于全国有色人种协会的联合抵制(尽管法庭的意愿贴上了"政治"标签)部分出于经济因素的驱动，然而国际码头工人协会的联合抵制却有着纯粹的政治客观因素。相比所得的赔偿，对于国际码头工人协会而言，这种争论难道不是提高了他们在宪法权利中的地位了吗？劳伦斯·H.泰布(Laurence H. Tribe)在《宪法的选择》[*Constitutional Choices* 201(1985)]中说道："相比国际码头工人协会案与克莱伯尼硬件公司案可得：政治经济的差别性与法院对第一修正案中对工会权利抱有的敌意态度，这是完全具有可操作性的。"你们同意吗？请看以下的差别：

……与关注消费者的联合抵制相比，我们的社会更应关注商业联合抵制甚至是雇员联合抵制的强制性影响。在某种程度上消费者联合抵制得到保护得益于我们的民主社会，因为每个消费者大致上有着同样的经济投票可能性。当一群消费者追求个人用品及个人服务发挥杠杆作用的力量超越了经济、政治及至社会决议时，其他同样怀着强烈感受的人可能与其大致比例相称。相比之下，作为生产者及资本所有者的个体已经具备超不平等的市场权力，一些资本家就可能扬言要抑制他们的服务及资本，从而越过重要的社会决议来发挥不成比例的杠杆作用，而那些没有特殊经济地位的消费者却无法有效地反对这些威胁，即使他们有激烈的反对情绪。

因此，随着最高法院判决国际码头工人协会在苏联入侵阿富汗后，拒绝装载和卸载来自或运输到苏联的货物一案违法时，这个判决与克莱伯尼硬件公司案例结果完全一致了。那些码头工人，由于他们在经济中扮演独特的角色,因此对美国外交政策有着潜在的影响力,他们也彻底成为我们社会中不成比例的一部分。

哈珀,《正在兴起的消费者的抵制权》,第426—427页,你们同意吗?

**4. 政治性的抗议及对反垄断的揭露。**第一修正案难道没有从反垄断规则中,工会呼吁工会成员及它的支持者,保留来自特定公司而不是其服务的赞助中独立出来吗?这些联合抵制难道不得不获得宪法的保护来获得纯粹的政治目标,或者他们也能受到经济考虑的驱动?比较密苏里州诉国际妇女组织案[Missouri v. National Org. of Women, Inc., 620 F. 2d 1301(8th Cir. 1980)](消除了来自《谢尔曼法》的挑战,鼓励其支持者追究其修正案中涉及的宪法中的平等权利,从而从不认可的州中约定商业规则)。但是比较最高执行官罗纳德·肯尼迪:《政治性的抗议:〈谢尔曼法〉及〈第一修正案〉》,载于《南卡罗来纳法律评论》第55卷(1982),第983页[Ronald E. Kennedy, Political Boycotts: The Sherman Act and the First Amendment, 55 S. Cal. L Rev. 983(1982)](强烈要求制定规则原因的分析,而不是对每一政治性抗议的豁免)。

**5. 宣传。**相比劳工纠察,劳动宣传应该获得更多的《第一修正案》的保护吗?见爱德华·德巴特勒公司诉佛罗里达东海湾海滨第八建筑贸易委员会案[Edward J. DeBartolo Corp. v. Florida East Gulf Coast Bldg. 8 constr. Trades Council, 485 U. S. 568(1988)](下文第675页),见:瓦沙司凯公司诉国家劳动关系委员会案[Warshawsky & Co. v. NLRB, 182 F. 3d 948(DC. CIR. 1999)](下文第679页注释3)。

**6. 静坐以示抗议。**消极的交流技巧就不需要与消费者及旁观者有相关关系吗?比如,大量的旗帜以及通胀数字就应比劳工纠察享受更多的宪法保护吗?这难道不是对葬礼行列的讽刺?见欧沃斯追特诉木工联合工会案[Overstreet v. United Bhd. of Carpenters,409 F.3d 1199,(9th Cir.2005)];肯托吾诉斯特金属工人案[Kentov v. Sheet metal workers,418 F.3d 1259 (11th Cir.2005)](下文第679—680页)。

**7. 住所附近及来自偏远地区直接辩论的纠察行为。**宪法对纠察有限的保护权利是由于那些来自偏远地区起先卷入到争辩中进而发展成为劳动纠纷以至纠察行为造成的吗？比如起先可能来自居所的主人或者雇主的执行长官或者陪伴孩子上学的人？见凯勒诉布朗案[Carey v. Brown,447 U. S.455,470(1980)](伊利诺伊州法令禁止居所相关的纠察行为，但是对于地方上卷入劳资纠纷中而采取的和平纠察行为，在同等保护的条件下，免除纠察的罪行。但是法院也宣称"然而，对于越过一致的非歧视性规则，我们对居所纠察行为将不予理解")。富莱斯百诉舒尔茨案[Frisby v. Schultz, 487 U.S.474(1988)](地方法会禁止关注私人住所附近的纠察行为，虽然严格但并不违反《第一修正案》)。

**8. 诽谤。**在劳动争议中，《第一修正案》会禁止张贴诽谤性海报的纠察行为吗？同时也会禁止工会在雇主居所附近给行人分发诽谤性传单吗？见邮递员老辖区第496号分支诉奥斯汀案[Old Dominion Branch No.496,Letter Carriers v. Austin,418 U.S.264(1974)](上文第221页注释4);林诉植物园保安案[Linn v. Plant Guard Workers,383 U.S.53(1966)](下文第912—917页)。

## 2. 间接压力

虽然在普通法中，间接联合抵制一般是违法的，但是这个概念本身被定义错了。见查尔斯·格力高里、哈勒德·卡茨:《劳动与法律》第39—51、120—157页(1979年第3版)[Charles O. Gregory, Harold A. Katz, *Labor and the law* 39-51,120-157(3d ed.1979)];罗伯特·C.巴纳德、罗伯特·W.

格朗汉姆:《劳动间接联合抵制》,载于《华盛顿法律评论》第 15 卷(1940),第 137 页[Robert C. Barnaed, Robert W. Graham, Labor and the Secondary Boycott,15 *Wash. L. Rev.* 137(1940)]。该词的核心意思,被反映在费利克斯·法兰克福与内森·格林(Felix Frankfurther & Nathan Greene)合著的《劳工禁令》[*The Labor Injunction* 43(1930)]中的标准界定里:"通过给和 A 打交道的人施加某些经济方式或者社会压力来实现影响 A 的效果。"禁止工会间接联合抵制的目的在于,禁止对除了与工会有劳资矛盾的直接雇主外,对与直接雇主有生意往来,但并不能直接解决劳资纠纷的间接雇主故意延长劳工压力,比如罢工、抵制以及纠察。

《塔夫脱-哈特莱法》第 8 条(b)(4)(A)部分虽然没有使用"间接联合抵制"这个词,但是它的立法历史表明,国会已经恢复了工会在《国家劳动关系法》下而不是《谢尔曼法》中提及的对抵制的责任。1941 年最高法院颁布《诺里斯-拉瓜迪亚法》来消减了工会对反托拉斯、反刑事与民事犯罪以及间接联合抵制的责任。见联邦诉哈奇森案[United States v. Hutcheson, supra page 73]。

关于禁止间接联合抵制的问题,法定条款体现在第 8 条(b)(4)(A)-(B),第 8 条(e),《国家劳动关系法》第 10 条(l)、1947 年颁布的《劳资关系法》中。第 8 条(b)(4)(B)部分禁止工会向间接雇主施加压力,敦促间接雇主与直接雇主停止商业往来。第 8 条(e)禁止非法确立合同,第 8 条(b)(4)(A)部分禁止以保护协议安全为目的的罢工,从而违反第 8 条(e)、第 10 条(l),使得委员会有义务获得优先权,控告工会违反第 8 条(b)(4),第 8 条(e)以及第 8 条(b)(7),同时如果"他们认为相信这种控告有理",那么在地方法院,就得需要国家劳动关系委员会地区主任临时减轻禁令的处罚。最终,在违背《国家劳动关系法》关于排除行政能力对不当劳动行为控告中,第 303 条允许因雇主以及工会违反第 8 条(b)(4)条文而遭到损害的其他雇主直接向联邦法庭提起诉讼来挽回他们的损失。

如视为对第 8 条(b)(4)造成妨害,工会必须使用不正当的方法来支持不正当的对象。其中有两类形式遭到禁止:(1)由雇员中任何个体导致的罢工行为造成的压力应禁止[第8条(b)(4)(i)];(2)由任何类似于雇主代表威胁、强制、或限制工会成员而造成的压力应禁止[第8条(b)(4)(ii)]。此外,这些方法必须应用到不正当对象中。在条款A中,原则上禁止的对象促使雇员加入第8条(e)协议或者参加一个工会。在条款B中——标志着间接联合抵制的规定——即禁止对象促使每个人都"停止为其雇主干活"或者"停止与其他人生意上的往来"。在条款C中,即以第8条(b)(7)为基础,如果有其他工会已经注册,已涉及促使雇主了解或与工会达成契约。

同时,条文第8条(b)(4)有三个附加条款。第一,只能依据第8条(b)(4)(B)才可适用,否则就可能造成法律上的直接罢工或者直接纠察。第二和第三附件适用于整个第8条(b)(4)条例。第二个附加条款声称,尊重纠察人墙与其他雇主维持在某种水平上,并不违法;第三个则保护特定公开的非纠察行为。

**(1)直接抵制与间接联合抵制的区别**

霍华德·勒斯尼克:《间接联合抵制的控诉要旨》

载于《哥伦比亚法律评论》第62卷(1962),第1412—1414页

Howard Lesnick, The Gravamen of the Secondary Boycott

62 *Colum. L. Rev.* 1361, 1412 – 1414(1962)

(即使下文并未反映现行法律的各个方面,但是文中却对间接联合抵制条款有着深刻独到的分析。——编者)如果一个公司发现其消费者及供应商因一次罢工而中断营业,那么在正常商业中与其他雇主的商业关系也会中断;试图进入罢工公司的该公司雇员发现公司关门了,参加罢工者也不能从事任何与间接雇主公司相关的任何工作。公司遭受损害的扩大化依赖于他们之间特定的经济关系,而工人却不会感觉到他们将其他公司雇主强迫性地卷入到劳资纠纷中来了。无论怎样,遭受罢工的公司,业务受到影响,从而形成一股压力影响到其他公司。现在,如果遭受罢工的公司仍旧开业,但是间接公司的工人却拒绝复职,对于公司来说,几乎毫无影响。在这

个情形中,公司大门紧闭,另外的公司大门可能时开时关,但实际上他们都是无路可走。尽管考虑到对相关公司的影响,但对于罢工活动仍旧是采取多数保护,因此立法机构建议制定不相干政策来保护间接雇主或者不是直接雇主的利益,避免他们同样遭受来自直接公司受到罢工影响的损害。

然而,只要他的雇主仍旧试图处理遭受罢工的公司,纠察行为就可能导致公司的某个司机厌倦公司并且可能拒绝向其他公司运货。这些压力,不管其强度多大,与那些因为不是直接遭受罢工危险而产生对基本业务的影响有着本质的区别。它企图越过障碍,通过依附运用独立的服务损失而保持中立,这种服务损失就算罢工计划停止业务操作也不会完全受到影响。在这里,我认为第8条(b)(4)应该保护间接雇主。

关于间接场所的纠察还有相似的分析。一旦那个公司因遭受罢工而关门,一个给其他公司加工材料的雇主可能会深刻感受到商业利益带来的损失。如果罢工没有导致直接企业关门,但是持续的纠察可能迫使间接雇员拒绝卸载货物(该货物是由直接公司的非罢工工人交付的),那么对间接公司造成的影响与公司工人罢工造成的影响几乎一样,虽然工人并没有试图去罢工。但是,不管与直接雇员有无关系,如果纠察导致间接雇员全部辞职,或导致第三方雇员拒绝进入间接公司,那么除了直接企业的业务遭受瓦解,压力也同样留给了间接企业。

然而,考虑到这种分析对间接企业活动的实用性,因此问题也变得复杂起来。即使诱因是片面的,那么从什么时候开始,间接企业的雇员被置于间接雇员的位置,从而他们拒绝加工那些来自直接企业的材料?但是很明显,如果一次成功的罢工导致了直接企业的关门,那么同样也就剥夺了间接企业加工那些"赃物"的机会。由于直接企业遭受一次成功的罢工而关门,那些因为这次关门而"无意识"偶然导致的间接企业也蒙受损失,即公司雇员也拒绝工作了。然而这些暗示性的基本原理却无法解释清楚,仅仅只考虑了直接企业雇员的损失带来的影响。因此关键性的问题应该修改为:直接公司因为遭受惨重的雇员罢工而遭到彻底的打击,并且波及到了间接企业,此刻纠察工会会认为罢工对间接企业的影响比直接企业大吗?如果是这样的话,纠察就是次要的,否则纠察就是首要的。

### 注释:罢工理论与间接压力容许范围之间的关系

勒斯尼克教授解释了为什么第8条(b)(4)不能对保持中立的雇主的雇员产生吸引力的原因,即这些雇员为什么因为其他公司遭受罢工而加入纠察人墙拒绝搬运遭受罢工公司的货物。见国家劳动关系委员会诉国际磨坊案[NLRB v. international Rice Milling,341,U.S.665(1951)]。然而,他也正确地指出,当直接企业的工人不在场时,第8条(b)(4)会对间接雇主的经营场所施加压力。因此,当直接雇主因为遭受罢工而完全关门,并波及间接企业时,法律并不总是允许罢工工会试图将间接压力转移给间接雇主。考虑一下韦勒(Weiler)的提议:

大规模的罢工,……包括那些最大的外部损失,我们的社会应该意识到并接纳这种概念,对无辜企业的损害必须得到赔偿以便维持整个国家经济的运转。只有在间接联合抵制的情形下,即在罢工浪潮中,雇主开始作出反应,那么国家劳动关系委员会才能够保护那些表面"无辜"的企业。在这个案例中,不仅法律应该介入而且应该保证间接雇主不能遭受重大打击,这时哪怕间接雇主的雇员拒绝卸载货物(虽然这些货物只占整个商业活动的极小部分)也会对企业造成深远影响。无论第8条(b)(4)部分多么明显有理,它的潜在功能及实用效果是明显向军事力量平衡倾斜,尤其是向那些深陷纠纷的雇主倾斜。如在雇主的兵工厂中,麦凯无线电案就产生了深远的影响:因为首次签订合同时,工会较少并且失业率很高,现在罢工导致这些小规模无技能的工人开始为他们的权利而奋斗。

我提议,目前我们的《反联合抵制法》应有一个变化。这部法律应该具备这样的特点:对于其他工人,罢工工会首要的事情就是需要罢工工会不能给遭受罢工的企业提供服务或者拒绝搬运来自遭受罢工雇主的货物。对于致力于罢工的工人来说,法律这种不干涉的姿态与现在法律对于遭受罢工的雇主努力继续营业所站的立场是颇为相似的。

保罗·C.韦勒:《工作场所管理:劳动与雇佣法律的未来》(1990),第267、271—272页[Paul C. Weiler, Governing the Workplace: The Future of Labor and Employment Law 267,271-272(1990)]。

你能想象这种建议有什么困难吗？它能够运行多久？它会允许一个工会强制零售雇主的雇员拒绝搬运遭受罢工的直接公司的货物吗？这种建议是否区分了直接产品与直接服务之间的差别？比如,工厂的清洁工因罢工而得到替换,那么它是否允许工会试图阻止间接雇员停止对工厂场所的清理？恳求间接雇员停用来自遭受罢工雇主的产品和服务时常瓦解了间接企业的经营,对于间接企业来说,这不是相当于一次彻底成功的罢工吗？

在勒斯尼克与韦勒两人论文的潜在前提中,哪部分是合理的？即一个工会是否应该试图利用间接压力来完成对直接企业直接彻底的罢工？在经济斗争中,它是一个同等的"武器库"概念吗？按照这种逻辑,如果雇主在罢工中仍旧照常开业,那么除了暴力以及物质妨碍外,雇员会想尽一切办法阻止雇主企业继续开工。见韦勒,上文,第271页。韦勒教授不会支持联合抵制的扩大化,即不包括间接企业的商业网络,因为第三方遭受的伤害可能比直接企业遭受的罢工损失更大。如果工会需要扩大其罢工,为什么又采纳限制的意见？可能是因为间接企业的雇员企图继续使用遭受罢工公司的产品。

然而,如果罢工不仅被看作一种检验分化当事人的方法,而且被认为是一种在市场中当事人处于合理地位的途径,那么不管是直接的还是间接的经营场所,是否应该允许其他工人不去替代罢工者？工会不可能停止直接雇主的生产,因为工人代表服务的替代资源是容易获得的,为什么允许工会额外采取与其他劳工组织联盟的方式呢？议会将允许劳工组织在一定限度内改变市场产出,这个观点足够影响议会的这个目的吗？

### (2)"同盟"原则

任何试图区分直接与间接定义的人都不能回避对直接雇主的最初定义。如果纠察发生在另一家企业，这家企业恰好是遭受罢工企业的同盟，那么法定对间接企业纠察的禁止就不能适用。

## 国家劳动关系委员会诉商业机器地方 459 号工会案
## （皇家打字机公司案）

NLRB v. Business Machine, Local 459 (Royal Typewriter Co.)
228 F. 2d 553 (2d Cir. 1955)

伦巴德法官……。现在国家劳动关系委员会试图寻找规则，以规制工会使其停止纠察……

对委员会的判决……揭露了下面毫无疑问的事实。大约在 1954 年 3 月 23 日，工会不能够与皇家打字机公司达成协议，因此爆发一场名为皇家打字机个人服务的罢工。雇员习惯在皇家打字机分公司或者在消费者场所修理打字机，而皇家打字机公司与它的消费者签订了几项义务性的协议。第一，皇家打字机公司保证对每一件新机器都有一年的免费维修期；第二，对于维修定期费用，皇家打字机公司没有在合同中给出保证。最终，皇家打字机公司不得不为租借它公司机器的人进行机器维修或者给他们贷款来购买新的机器替换待维修的机器。当然，此外皇家打字机公司也给没有签约的使用者提供了维修服务。

在罢工中，皇家打字机公司对与其签约的消费者及没有签约的消费者进行了区别对待。比如，皇家打字机公司的人事部门通知那些与其未签约的消费者，让他们在电话簿上找那些独立的维修公司来维修他们的机器。然而，那些与其签约的消费者却被建议从电话簿上找一家独立维修公司去维修他们的机器，然后把他们的维修发票交给皇家打字机公司作为公司与他们签约的赔偿凭证。结果许多与皇家打字机公司签约的消费者都找了其他独立的维修公司，在多数情况下，消费者交给了皇家打字机公司未付款的发票,然后皇家打字机公司直接向那些独立的维修公司付款。这些独立维修公司包括打字机维修公司、销售公司、泰德尔打字机公司……

……工会纠察了几家皇家打字机公司的最大消费者,这些消费者相信那些独立公司能够维修他们的机器,因为与皇家打字机公司签约有理在先。直到1954年6月15日,纽约南方区地方法院颁布了临时性禁令来限制纠察,在这之前,纠察运动一直在持续……

委员会认定,这些公司的纠察行为一般发生在大门口之前。纠察人员堵在这些门口前面,比如公共社会的大门口、遭受纠察的公司大门口、承租建筑公司的门口、运输货物的门口。没有证据表明那些纠察活动为什么选择那些有雇员的大门口……。从4月13号到4月23号,……纠察人员扛着红色的标语(上面写着那些遭受纠察的消费者名字):

皇家商业机器在纽约人寿保险公司<br>正在被地方459号工会修理<br>美国电子、广播、机械工人国际工会-产业组织联合会

在4月23号之后,偶尔还可以见到写有"关注公共社会"的句子被置于大量的标语开头……在日常的商业交易中,这些纠察活动还在持续……

其中一个遭受纠察的消费者,查尔斯·弗里茨(Charles PFizer),确认停止与皇家打字机公司商业往来,工会也因此撤回了他们的纠察。没有证据证明这是否源自于其他压力或者来自弗里茨的员工压力造成了该公司停止与皇家打字机公司往来的事实。

据知,委员会发现皇家打字机公司的消费者纠察队试图强制它的消费者停止与皇家打字机公司商业往来。工会声称,他们之所以如此,是因为他们只是仅仅通过纠察使公司感到困窘,从而发泄自己的委屈,并引起公众的注意。讯问审查官发现纠察包含了对雇员的诱导及鼓励、工会公开声称的目的并不影响雇员没有防卫意识,因此纠察运动并不违法。委员会因此接

受了这项判决。

　　1954年5月,工会同样纠察了四家独立的打印机维修公司,如前面叙述的那样,这四家公司为那些与皇家打字机公司签约的消费者服务。出于尊重维修公司和泰德尔公司,委员会判决这次纠察是违法的。每次和平而又有秩序的纠察运动,都发生在那些雇员以及运货人或者公众经常出入的大门口,标语上大致写着(上面适当地写出了维修公司的名字):

<blockquote>
皇家打字机公司雇员正在罢工<br>
泰德尔打字机公司雇员被视为破坏罢工者<br>
商业机器与办公室设备机器地方第459号工会<br>
电子、广播、机械工人国际工会－产业组织联合会
</blockquote>

　　在纠察前后,……泰德尔以及维修公司一直在为皇家打字机公司服务,并直接从皇家打字机公司获得赔偿。……皇家打字机的许多消费者每次在独立维修公司修理完毕后总能从皇家打字机公司获得直接的赔偿。

　　意外的是,没有证据可以表明不管是消费者还是维修公司的纠察导致了罢工或者促使雇员拒绝工作……。没有雇员停止工作或者拒绝维修皇家打字机的打印机或者是其他机器……

　　……讯问审查官以及委员会判决消费者纠察队以及维修公司纠察队均违反了第8条(b)(4)(A)……。委员会出于尊重维修公司的罢工纠察判决,恐怕不能持续很久。独立维修公司因为与皇家打字机公司联系如此紧密,以至于工会罢工纠察的前提就被第8条(b)(4)(A)禁止了。①

　　在爱巴斯克案(*Ebasco*)中,道德斯诉建筑、机械、化学与技术大城市联盟第231工会案[Douds v. Metropolitan Federation of Architects, Engineers,

---

① a. 参考1947年版本的第8条(b)(4)(A)。根据1959年《兰德勒姆－格里芬法》修正案,这些附带条文已经收入第8条(b)(4)(B)。——编者

Chemists and Technicians, Local 231, D. C. S. D. N. Y. 1948, 75 F. Supp. 672, 676],法官瑞福凯德(Rifkind)对"同盟"给出一个比较合理的初始定义,我们同意他的看法。爱巴斯克是一个从事工程服务的公司,与从事类似服务的布莱杰克(Project)公司有比较近的商业关系。爱巴斯克有时给布莱杰克公司转包自己的工程,监督布莱杰克公司的工人,然后为布莱杰克公司付款,并且增加一点费用和利润。因此当爱巴斯克公司的工人都去罢工的时候,公司把大部分工程都转让给了布莱杰克公司,包括一些已经由爱巴斯克公司雇员开工的工程。当布莱杰克公司拒绝答应工会的请求来停止爱巴斯克公司的工程时,工会就罢工纠察布莱杰克公司,并且诱导一些布莱杰克公司的员工停止工作。依据这些事实,法官瑞福凯德在第8条(b)(4)(A)的解释范围内,判决布莱杰克公司与爱巴斯克公司不存在商业关系,因此判决工会付诸不公平的劳动行为。他试图从立法历史中的《塔夫脱-哈特莱法》以及从试图违背法律的间接联合抵制的历史中找到东西来支持他的判决。他认为布莱杰克公司并不是一个"完全不关心雇主与雇员之间不一致"的公司,正如第8条(b)(4)(A)所保护的那样……

在这里,只有一个证据表明与皇家打字机公司相关的独立维修公司(如维修打印机服务公司,并不是纠察队控诉的名字)是否接纳了皇家打字机公司的请求。除了这件事情,没有证据可以表明皇家打字机公司与其他独立维修公司有直接的安排。然而奇怪的是,独立维修公司的确倾向于反对罢工。正如瑞福凯德法官在爱巴斯克案例中说的那样:"对爱巴斯克雇员的经济影响恰恰来自于爱巴斯克的罢工破坏者,这些破坏者就在它的工厂工作。"参议院塔夫脱说:"这部法律并不打算保护这样的人……因为罢工,他作为直接雇主不能经营自己的企业……"[95 Cong. Rec., (1949) page 8709]。

独立打印机维修公司的罢工纠察并不是像《塔夫脱-哈特莱法》第8条(b)(4)(A)所规定的那样,间接行为是违法的。当一个雇主试图避免罢工带来的经济影响,为保安全而把自己的业务转让给其他公司的时候,显然会引起罢工工会的兴趣——我们假设存在这样的兴趣——来阻止雇主的业务被周转出去。这种兴趣肯定比给雇主消费者带来的压力更加重要,同时那些承包这些业务的公司也遭受到了直接公司的罢工压力。他们在帮助处于危难的直接公司时,可以从承包的业务中获利。因此,同盟的雇主便很容易从纠纷中得到解脱,从而通过拒绝服务来避免纠察。然而当联盟雇主不能决定这些业务是否可以转租的时候,问题就可能升级。讨论这样的雇主是否合法没有必要。罢工、源自皇家打字机公司的发票以及纠察本身都会使独立公司考虑他们部分业务有没有可能是皇家打字机公司转租的。无论在何种情况下,即使为皇家打字机公司维修新机器,他们也能意识到这些机器都是皇家打字机公司做了担保的。但是在每一次交易之前,为消费者进行机器维修时,他们都会询问消费者是否与皇家打字机公司签订了合同,并以此来决定是否拒绝维修。但是这里没有迹象表明他们力图拒绝为皇家打字机公司维修机器。因此,工会纠察他们,试图强制他们拒绝为皇家打字机公司服务。当雇主试图机警地接受那些本应直接雇主的雇员承担的业务时,以及接受直接雇主与消费者签订协议并具有义务完成协议而直接雇主不能完成的业务时,我们可以认定,雇主并不在第 8 条(b)(4)(A)条例的保护之下。不论雇主是否与直接雇主签订任何直接的协议来提供服务,结果肯定跟直接雇主的后果一样……

因此委员会的命令在执行上遭到了各方面的抵制。

汉德法官(意见一致)……。对我来说,在罢工中,当皇家打字机公司雇员企图使他们丧失中立的特权时,似乎两家独立的维修公司目前好像与皇家打字机公司联手了。在纠察开始后,两家独立维修公司肯定知道罢工是针对皇家打字机公司的;确实,工会的代表把这个信息告诉给了他们每一个人。总而言之,虽然遭受纠察,我同意他们有权利为皇家打字机公司的消费者提供服务。当利用罢工来阻止一个企业经营的时候,其他企业接受它的业务,但是没有一个人愿意主动成为直接雇主的牵连者。另外,如果间接雇主(已经被罢工人知道)不仅接受直接雇主的消费者,并且接受付款,付款来自直接公司而非它的消费者,从直接公司承包业务。我没有发现这样做有什么不同,因为直接公司肯定丧失了豁免权。据我所知,第 8 条(b)(4)(A)条例保护那些遭受工业压力的雇主,他们与直接雇主没有共同的遭遇。原理即他们应有自由经营业务的权利,不应遭到来自合理当事人与纠纷中的制裁与处罚。然而,当间接雇主因直接雇主付款而接受业务时,虽然这不是必然推断,但是,如果不是因为罢工,直接雇主则完全可以自己完成业务。我找不到为什么他被强制去证明直接雇主没有自己去完成工作的原因。因此我想,即使工会有意诱导"独立维修公司"的雇员去罢工,那么也是在他们的权限之内。

梅迪娜法官(Justice Medina)与此意见相同,此处省略。

**注释和问题**

**1. 违反第 8 条(b)(4)(B)之要素。** 目前违反第 8 条(b)(4)(B)需要两个要素:(1)运用禁止的手段,纠察队试图诱导员工维持他们服务的目标,(2)支持禁止的行为。在皇家打字机公司的案例中,首要的问题即工会是否纠察独立维修公司。只要同盟关系存在,就意味着这些公司要么不是"其他人",要么是为了第 8 条(b)(4)(B)目的,他们不会停止商业往来。虽然法院宣称"没有证据表明,不管是消费者还是维修公司,他们都没有遭到雇员的罢工或者雇员拒绝工作",同时也宣称"没有雇员停止或拒绝为皇家打字机公司维修打印机或其他机器"。但是对于这起案例中的其他相关法律问题,法院的宣称并不明了。正如法官汉德记录的,工会坦白他们"试图诱导独立维修公司的雇员罢工",因此可以有充足理由证明他们违法,并可以认为这些独立的维修公司并不是同盟公司。

虽然法院宣称委员会出于尊重遭到纠察的维修公司而"判决一次违法行为"是不能持久的,但是出于对消费者纠察的尊重,似乎给代理商以宽容的判决。你明白在第 8 条(b)(4)(B)中,消费者纠察为什么存在问题吗?

**2. 什么原因导致独立维修公司成为了皇家打字机公司的"同盟者"?**
a. 如果皇家打字机公司已经通知他的消费者,这样做是兑现公司的担保,并且在公司与消费者的协议下,担保为消费者的维修提供公平的维修费用,工会怎么会利用特权来诱发罢工,以此来抵制独立维修公司,而为皇家打字机公司的消费者服务呢?皇家打字机公司自愿公开信息与否,对消费者的调查很重要吗?维修者是否意识到了罢工是继续为皇家打字机公司担保的服务或者出于公司利益继续从这些消费者中获得直接的付款?

b. 在皇家打字机公司担保的范围内,假如皇家打字机公司的消费者试图抵制皇家打字机公司付给独立维修公司的款项,那么工会在这些独立维修公司的大门前进行纠察活动,是不是违反了法律呢?

c. 假如皇家打字机公司的产品不在担保范围内,就像福特汽车分公司那样,皇家打字机公司为它的消费者提供维修服务,那么在皇家打字机公司遭到罢工期间,那些为皇家打字机公司的消费者提供维修服务的独立维修公司是否是皇家打字机公司的同盟者呢?

**3. 上诉范围是否可以扩大到同盟的雇员?** 如果 R-2 作为 R-1 的同盟来承担 R-1 遭到罢工期间的业务,那么工会能在与 R-1 纠纷中劝促 R-2 的员工也暂停对 R-2 所有的工作甚至暂停对其他公司的工作吗?或者对于遭到罢工的雇主来说,这是允许的上诉上限吗?在第 8 条(b)(4)条例下,如果 R-2 是"同盟者",这就意味着出于尊重 R-1 就不能停止商业往来吗?或者说 R-2 在这种法规下就不是另外独立的"人"(企业或者公司)吗?这种法规是否可以这样解读:R-2 仅仅只是承担"同盟中"的部分工作而不是剩余的人?见沙步曼当地 501 钢铁工人工会案[Shopmens Local 501, Iron Workers(Oliver Whyte Company), 120 N. L. R. B. 856(1958)]。

**4. "混合企业"联盟。** 考虑一下,一家电冰箱企业的产品及维修工人在遭受罢工,法律很明确的规定,当工会组织罢工,纠察人站成一圈阻挠直接雇主的机器设备生产时,公司办事处、市场以及工程雇员等不能作为工会代表参加罢工活动。见第 8 条(b)(4)的附加条款;以及见注释之遵守纠察线,上文第 587 页。即便没有附加条款,除了直接雇主,工会并没有明确地对"任何人"施加压力。

即使制造企业决定建立独立的团体,实质上包括办事处、市场部以及工程处,并尊重他们,但是结果仍旧一样,因为普通的所有者、一般性控制以及混合型手段,工会仍旧会为了第8条(b)(4)规定的目的,来对待同样的雇主。如果结果恰好相反,那么公司稍微改变一下组织变化就可以降低劳动争议的影响。

但是对"混合企业"应该界定到什么样的程度?仅因为他们拥有共同的主人,因此商业往来并不视为"同盟"来作为间接联合抵制法制定的依据。普通的所有者以及一般性控制应该得到满足吗?见巴赫曼公司诉国家劳动关系委员会案[Bachman Co. v. NLRB,266 F.2d 599(8th Cir 1959)](反对委员会关于普通所有者及一般控制担保试图阻止两家公司混合或成为一家公司的看法)。

5. **母公司和子公司**。参考美国电视与广播演员联合会诉国家劳动关系委员会案[AFTRA v. NLRB,462 F.2d 887(D. C. Cir. 1972)],这里,美国电视与广播演员联合会,在WBAL电视台进行罢工,这家电视台隶属于巴尔的摩(Baltimore)的赫尔斯特(Hearst)公司,同时纠察了巴尔的摩的美国新闻报(News American),这家报纸也隶属于赫尔斯特公司。美国新闻报及WBAL电视台均是独立公司,虽然没有法人地位,但是都是赫尔斯特公司的分支,而赫尔斯特公司是一家总部在纽约的特拉华州的公司。这些子公司有独立的管理方式,各子公司都独立管理自己的企业。每家子公司均有自己的员工以及公司发展目标,但是它们的经费花销必须得到总部在纽约的赫尔斯特公司的允许。赫尔斯特公司并不主张宽泛的劳动合作关系以及维持个人性的政策,虽然在法律之外,同样的公司由这两家子公司代表,但是美国电视与广播演员联合会是否违反了第8条(b)(4)(B)呢?

在WBAL电视台罢工中,将赫尔斯特公司及其子公司看作"中立"的,是否有意义?在子公司的劳动关系中牵连集团公司就可以证明它们是"同盟"的情形吗?见皇家打字机公司诉国家劳动关系委员会案,有必要吗?

不管子公司在日常如何具有自治权,但是在 WBAL 电视台公司谈判过程中,难道赫尔斯特公司没有越过商业地位来向它施加影响吗?见简·西格:《集团企业、子公司、分支公司及间接联合抵制》,载于《佐治亚法律评论》第 19 卷(1975),第 329 页[ Jay S. Siege, Conglomerates, Subsidiaries, Divisions and the Secondary Boycott, 9 *Ga. L. Rev.* 329(1975)];迈克·乐文:《"完全不关心":在〈国家劳动关系法〉第 8 条(b)(4)下对同盟概念的范围及意义的界定》,载于《宾夕法尼亚大学法律评论》第 119 卷(1970),第 283 页[ Michael H. Levin, "Wholly Unconcerned": The Scope and Meaning of the Ally Doctrine Under Section 8(b)(4) of the NLRA, 119 *U. Pa. L. Rev.* 283 (1970)]。

**6. 代表独立承包人的纠察。** 如果工会纠察为了保全来自承包公司司机们的利益,而代表独立承包公司的司机们,那么工会是否违反了第 8 条(b)(4)?违反第 8 条(b)(4)就需要伤害保持"中立"的第三方吗?见芝加哥生产企业工人工会诉国家劳动关系委员会案[ Production Workers Union of Chicago v. NLRB, 793 F. 2d 323(D. C. Cir 1986)],席普曼货运服务公司诉国家劳动关系委员会案[ Chipmen Freight Servs. Inc v. NLRB, 843 F. 2d 1224 (9th Cir. 1988)]。

**(3)"工地设纠察线"问题**

当直接雇主的雇员为间接雇主工作时,禁止对间接企业纠察的发生就是第二个例外了——这就是所谓的"工地设纠察线"的现象。

### 太平洋摩尔干船坞水手工会案

Sailor's Union of the Pacific Moore Dry Dock
92 N. L. R. B. 547(1950)

桑塞克公司(Samsoc),一个隶属于希腊掌控的公司,签订了一项六年的协议,从墨西哥把石膏运往加利福尼亚的凯撒(Kaiser)公司。为了回应工会,在协议下,以前由凯撒公司的子公司使用的一艘美国船,将由桑塞克公司的船替代,该船叫作佛坡(S.S Phopho)。桑塞克公司计划让摩尔干船坞公司执行业务,但是在任务完成之前,必须把佛坡船改装成运石膏的船,同时全体船员必须训练两个星期。在桑塞克公司雇佣了大约占总体船员一半的希腊水手之后,工会请求应当尊重船员的讨价还价的权利,但是这一请求遭到了公司的拒绝。1950年2月24日,通过选举,工会申请诉讼,但是因为涉及了外国船只,诉状被撤销了。同时在1950年2月17日,由于与桑塞克公司交涉遭到拒绝,工会在佛坡船停靠的码头,工人们在船坞的大门口站成一排实行罢工纠察。工会也督促代表摩尔公司雇员的工会,希望与其合作,并说佛坡船"情形正紧张"。2月21日,摩尔公司雇员停止在佛坡船上工作,但并不是说他们在纠察期间不做其他的事情。

第8条(b)(4)(A)部分旨在处理间接联合抵制及间接罢工的问题。这部分法律并不试图通过工会与雇主之间的劳动争议而禁止直接的罢工纠察行为。即使诱导第三方雇员停止给遭受纠察的雇主干活是必要的计划,但是在直接雇主的场所纠察,传统意义上被认为是直接场所的行为。因此,如果桑塞克公司(即佛坡船的所有者)在加利福尼亚有自己的船坞,尽管由于摩尔船坞工人使得佛坡船滞留在船坞,但是由船坞方面的被告组成的罢工纠察毫无疑问已经导致了直接行为,即使被告们可能期望纠察队在说服摩尔船坞工人停止工作比说服在佛坡船上的水手辞职更为有效。因此在目前情形下困难就升级了,难题不是来自那些客观的纠察行为,而是来自佛坡船并不泊在自己的船坞,而是停在了摩尔船坞,尽管纠察只是在摩尔船坞前面。

一般情况下,劳动争议(即罢工纠察)只发生在直接企业的场所,对这些场所的纠察往往也就是罢工纠察的据点……。但是在某些情况下,罢工场所并不局限于固定场所,它们可能是流动的。因此,……委员会坚持认为当卡车司机在劳动争议中罢工的时候,卡车老板在哪里卡车司机就在哪里罢工。同样我们认为……正因为佛坡船是水手们工作的地方,所以对于桑塞克公司和被告来说，船上就是他们罢工的地点。

当罢工地点变得流动起来时，那么罢工地点可能临时性地变成另外雇主的场所。使人感到困惑的是：当罢工纠察唯一的办法就是在间接雇主的场所上进行时，他们阻挡在间接企业的大门口，但是罢工纠察者有这样的权利占据这些地点吗？显然，答案并非容易得出。本质上这是平衡工会权利的一个问题，但是对于并不直接卷入罢工的间接企业来说，罢工纠察抢占他们的场所这一行为，显然侵犯了间接雇主的权利。

当间接雇主试图保护介于工会与直接雇主的纠纷场所时，罢工纠察队的权利以及间接雇主得脱于纠察的权利都不是绝对的。陷入纠纷双方均需要这两种权利……。如果具备下列条件，我们就会相信在间接雇主场所的罢工纠察是主要的：(a)当劳资纠纷发生在间接雇主的场所时，罢工纠察的时间被限制；(b)罢工纠察期间，直接雇主的雇员仍旧在间接雇主场所工作；(c)罢工纠察地点被限制在间接雇主场所附近；(d)罢工纠察队明确表示罢工针对的是直接雇主。目前的情形都符合这些条件。

(a)整个罢工纠察期间，佛坡船一直被滞留在摩尔船坞。

(b)根据与桑塞克公司的协议，摩尔公司同意在佛坡船运货之前的两星期，招收船员，并培训两周。……当罢工纠察在2月17日发生时……90%的前期准备工作已经完成，船员几乎招满，燃料库已经装满，其他货物已经装运在了船上……。船员已经准备启程，他们准备为桑塞克公司(佛坡船的所有者)以及摩尔公司服务……。大量的准备工作已经就绪，包括雇佣船员并培训他们，装载货物，跟以往正常的海上贸易一样，他们就要启航了。因此，我们发现在整个罢工纠察期间，佛坡船正在从事正常的商业贸易活动。

(c)在罢工纠察队准备把队伍聚集在摩尔公司的大门口之前，被告工会已经请求能否把纠察队伍聚集在佛坡船停泊的船坞，但是遭到了拒绝。因此被告工会才把纠察队堵在了公司的大门口，正如当事人保证的那样，他们尽量靠近他们能控制佛坡船的地方。

(d)最终，通过纠察以及其他行为，工会小心谨慎地表示，他们只是针对佛坡船的所有者桑塞克公司。因此纠察队打的标语上面仅仅表示桑塞克公司对他们不公平。是佛坡船船员而不是摩尔公司被认为"情绪激动"。相似的是,船员要求寻求其他工会的合作,而工会却明确表示他们的劳资纠纷仅与佛坡船的所有者有关。最后,摩尔公司的人承认在摩尔公司船坞的形势并没有继续恶化。

……似乎正如反对者所想的那样,工会与船主有劳动纠纷时,在船上水手工作的并保持中立的船坞前面罢工纠察,而遭到罢工的船主却恰好在这家船坞为他的船装货以及检修,我们坚持认为这样是不合法的。我们仅认为,如果允许船主使用自己的船坞,给他的货船雇佣船员并培训他们,给船装载货物为商业贸易做准备时,此刻工会可以在谨慎的权限内代表他的员工宣称其决定,依法在船坞前面罢工纠察,宣扬他们与船主的劳资纠纷……

成员雷诺茨(Reynolds)及穆斯多克(Musdock)对此持反对意见,这里省略。

### 注释和问题

**1. 直接雇员必须作为代表并做相关的工作吗?** 摩尔公司要求直接雇主的雇员作为"流动场所"罢工纠察代表的标准是否合法呢?假如直接雇主的雇员停止工作而间接雇主的雇员继续工作情况会怎么样呢?摩尔公司雇员工作时难道需要桑塞克公司的雇员参加吗?

**2. 必要因素有哪些?** 就对佛坡船罢工纠察而言,摩尔公司已经卷入了"流动地点"的罢工纠察中,这次对直接雇主的罢工地点并不固定,因为这个缘故,间接场所的罢工纠察在所难免。摩尔公司的标准是否暗示了这样的必要条件,即工会不在直接雇主场所罢工时,必须取得"有效"的罢工?在一段时间内,委员会一直这样认为。见华盛顿可口可乐公司案[Washington Coca-Cola, 197 N. L. R. B. 299(1953), enforced sub nom],酒厂司机地方67号工会诉国家劳动关系委员会案[Brewery Drivers, Local 67 v.

NLRB, 220 F. 2d 380(D. C. Cir. 1955)]。然而,地区巡回法院对销售司机地方859工会诉国家劳动关系委员会案[Sales Drivers, Local 859 v. NLRB 229 F. 2d 514, 517(D. C. Cir. 1955)]仍旧持异议。委员会同意,对于罢工纠察队接近直接雇主的经营场所仅是相关要素之一。见电力工人861工会案[Local 861, Electrical Workers(Plauche Elec.), 135 N. L. R. B. 250 (1962)]。对于委员会应该完全忽视这个因素的辩解,见勒斯尼克,《间接联合抵制的控诉要旨》,同前,第1425—1426页。

**3. 严格责任?** 除了那些牵扯直接雇主的工人,如果纠察工会请求间接雇员继续工作,那么那些遵守摩尔公司标准的流动性纠察是否违法,如果间接雇员在罢工期间都拒绝工作的话?比较海员工业工会诉国家劳动关系委员会案[Seafarers Indus, Union v. NLRB. 265 F. 2d 585(D. C. Cir. 1959)]与高级起重机公司诉国家劳动关系委员会案[Superior Derrick Corp. v. NLRB, 273 F. 2d 891(5th Cir1960)]。在固定地方R-1容易遭到纠察会变得重要吗?

## 国家劳动关系委员会诉丹佛建筑公司商业理事会案

NLRB v. Denver Building and Construction Trades Council
341 U. S675(1951)

波顿法官。在第8条(b)(4)(A)解释权限内,此处的关键问题是劳工组织是否导致了不当劳动行为,……他们通过罢工,促使总承包人停止与分包商的合同,从而终止项目建设……。我们认为对这种不当劳动行为,劳工组织应当承担必要的责任。

……杜斯与林尼公司(Doose & Linner)曾是一座商业建筑的承包商……,它曾给分包商承包了电力业务建设……。大约花了2300美元,转包给古尔德与布莱斯勒公司(Gould & Preisner),这是一家20多年的非工会建筑公司。后者在这项工程中,是唯一没有工会的建筑公司。承包商以及其他分包商都是工会的成员,他们与被告丹佛建筑公司的商业理事会都有往来……这些工会的代表之一告诉古尔德公司,他看不出来没有工会的古尔德公司是如何在这个项目中取得进展的。古尔德公司坚持认为他们一定能够完成任务,除非整个工程被耽误。代表的回答是,对于杜斯与林尼公司及古尔德与布莱斯勒公司来说,形势会很困难。

1948年1月8号,理事会通知它的代表们"进行罢工纠察",以显示"工作对他们是不公平的"。为了与理事会的步调保持一致,各个分公司均下达了这个通知。对分工会的成员来说,这个通知自然像命令一样,在没有得到命令以前,他们会停止工作不去上班。理事会的代表以及各个分公司的工会都去参观项目工程,并提醒转包公司,古尔德与布莱斯勒公司雇佣了非工会的雇员,并警告说非工会的雇员不能与参加工会的雇员一起工作。他们进一步建议,如果古尔德与布莱斯勒公司仍旧开工,那么理事会以及它的分工会就会进行罢工纠察,通告它的成员,非工会的雇员仍旧在工作,且导致了这项工作的不公正性。所有的人都坚持了他们的观点。

1月9日,理事会在工程前面进行了罢工纠察,扛着大牌子,上面写着"这项工作对丹佛建筑公司及其商业理事会不公平"。他从理事会拿工资,他的罢工纠察从1月9日持续到了1月22日。在这期间,唯一被通知去上班的只有古尔德与布莱斯勒公司的员工。1月22日,在古尔德与布莱斯勒公司完成项目之前,总承包商通知古尔德与布莱斯勒公司离开项目以便杜斯与林尼公司可以在1月23日继续作业,工会立刻撤销了罢工,从那以后,工会雇员重新上班。古尔德与布莱斯勒抗议这种待遇,但是它的雇员已经拒绝再来做这项工作……

上诉法院驳回了委员会的裁决,因为被告的行为是间接的,并且对于委员会的强制性命令给予了否定。

A. 我们首先必须弄清在这个案例中罢工是否有剥夺公权的行为。

……这里,理事会与古尔德与布莱斯勒公司一直存在着劳动争议,所以才导致后来公司雇佣非工会的员工来建设丹佛的项目。作为被告的劳工组织一直辩称他们与杜斯与林尼公司有直接的劳资纠纷,他们仅仅试图让杜斯与林尼公司全部雇佣工会人员。如果杜斯与林尼公司与古尔德与布莱斯勒公司不存在合同关系,那么在他们实质的辩论中就不会牵扯到抵制的问题。比如,如果古尔德与布莱斯勒公司利用其非工会的员工完成电力项目,那么他们就可能被替代,并卷入到劳资纠纷中去。然而,古尔德与布莱斯勒公司作为分包商却有着十分重要的影响,这些非公会的员工恰是古尔德与布莱斯勒公司的员工。被告唯一能做的,从而达到他们目的的,就是强迫古尔德与布莱斯勒公司的员工放弃他们的工作。反过来,这又只能通过杜斯与林尼公司终止与古尔德与布莱斯勒公司的合同。理事会的罢工,为了达到它的终极目标,必须强迫杜斯与林尼公司终止与古尔德与布莱斯勒公司的合同。在某种程度上,委员会接纳了以下的判决:"这个案例,并非仅是这个案例,应受到尊重……。杜斯与林尼公司试图强迫或请求他们停止与古尔德与布莱斯勒公司合作,在所有事实前面,这似乎是不可能公开的问题。至少比较清楚的是,杜斯与林尼公司最终达到了它的目的。"(补充强调)(82 N. L. R. B. at 1212)

我们接受这个关键的判决……

B. 在第8条(b)(4)(A)解释权限内,我们同样认为在这个案例中,如此的罢工是不当劳动行为。

没有必要发现罢工的客观目标就是承包商终止与分包商之间的合同关系……

我们同意委员会的观点……。即承包商与分包商承建的都是同样的项目,承包商对分包商的业务具有监督责任,同时不应排除每个分包商独立的企业身份,以及不能把别的企业的员工看作自己的员工。在法律层面上,独立承包商之间的关系很好建立,但是却没有明确的语言描述。委员会发现杜斯与林尼公司与古尔德与布莱斯勒公司之间的关系是"业务关系",但是我们却找不出充分的理由来否定这种判断……

上诉法院的判决被撤销了,因为程序与这种观点不一致,案件被发回重审。

杰克逊法官坚持肯定上诉法院的判决。

道格拉斯法官与瑞德法官二者都持异议。在贸易工会的历史上，同样的工作中，工会雇员与非工会雇员是一对矛盾。此次纠纷中，工会并没有因为其反工会的态度而试图摧毁承包商。工会不是请求承包商去做别的工作，而是要求不应该强迫工会工人与非工会的员工做同样的工作……

如果没有分包商的参与，并且总承包商已经雇佣了非工会的员工，那么毫无疑问，罢工纠察就是合法的。分包商的出现一点也没改变现实情形；工会的抗议跟以往一样。每个工会都试图保护那些与其相关的被雇佣的工人。如果这被禁止的话，《塔夫脱-哈特莱法》允许有罢工的权利，通过第13条保证实施，那么依赖于偶然的商业合同，只要与间接联合抵制相关，那么这个商业合同就没什么意义了。我会把第8条(b)(4)与第13条对第8条(b)(4)的解释内容联系起来看待这起案例，看工业中劳资纠纷是如何从一个工作传播到另外工作的。

**注释和问题**

**1. 为什么杜斯与林尼公司被认为是"直接"雇主？** 如果杜斯与林尼公司(总承包商)被认为直接雇主，工会呼吁的仅仅是其雇员，那么在摩尔干船坞案例中，这次罢工纠察就是合法的。为什么法院认为劳资纠纷与分包商有关而不是与总承包商有关？因为承包商选择了分包商去承担业务。

法院认为，如果总承包商当初叫自己的员工去做电力项目，工会就可能强迫公司雇佣工会的员工。因为总承包商把自己的业务转包给没有工会的独立公司了，那么形势就应该发生实质性变化吗？

**2. 混合企业联盟？** 建筑行业不就是关于混合企业的一个经典型案例吗？在这个行业中，相互依赖的企业工人共同完成一项工程。在前面的电冰箱案例(见前文651页注释4)中，即使公司决定调换办事处、市场部、工程部三部门,使它们成为普通的独立分支机构,但是工会还是坚持彻底的罢工,但在像丹佛建筑公司的建筑行业,为什么工会不允许彻底全行业的罢工呢?

**3."工地设纠察线"的立法**。1975年参议院众议院通过了立法(H. R. 5900, 94th Cong, 1st Sess.),关于允许建筑行业的某些规定,即允许那些在建筑行业中共同投资或者有承包关系的承包商,以及建筑行业中的分包商比如整改、油漆、修理中的部分雇主,来控告建筑行业中的罢工行为。但是福特总统依据罢工可能导致建筑行业中的通货膨胀而否定了这项法律。

**4. 非工会分包商的权利?** 丹佛建筑公司应被认为做出一个决定来促使非工会的分包商参加投标并获得那些由总承包商掌控的业务项目吗?试图通过在工会承包商与非工会承包商之间制造竞争的压力,这种规则是否降低了消费者的成本?这些担忧能否适用劳动法关于对间接联合抵制的实用性规定呢?

## 电子、广播与机械工人国际工会地方761分会诉国家劳动关系委员会案(通用电气案)

Local 761, International Union of Electric, Radio & Machine Workers v. NLRB (General Electric), 366 U.S. 667(1961)

法兰克福法官……。通用电气公司在肯塔基州的路易斯维尔城建立了一个工厂,主要生产洗净器、烘干机以及其他日用电子产品。这块占有近千英亩的方形无栅栏工厂,成为当地生产器具的工业园。除了另外五条公路穿过阴沟标出工厂的大门外,一条巨大的污水管也成为入口的标志。

从1954年起,通用电气公司试图限制那些在其工业园的独立公司雇员使用3-A大门(后面详述)。公司之所以这样做,毫无疑问是因为那些经常陷入劳动争议的承包商引来频繁的罢工纠察运动,为避免受牵连,通用电气公司想把自己的员工与外界隔离出来。3-A 大门距离通用电气公司的大门口最近只有 550 英尺,公司大门经常进入员工、供应商以及送货的人。虽然任何人都可以轻松进入这个大门,但是车行道有个保卫室,进去的车辆必须有身份证明。每辆车都标上了不同形状和颜色的标签,以便保安确定车辆是否可以从 3-A 大门进入工厂。从 1958 年 1 月开始,3-A 大门上贴了一块醒目的标示:"3-A 大门仅对承包商员工开放——通用公司请使用另外通道。"虽然在极少情况下,通用电气公司员工被允许经过保卫室,但是这样的行为是违反公司规定的。在论及罢工中,很少有人试图穿过大门的原因的时候,并没找到明确的证据。

在工业园内,独立的承包商被分配了各项的任务。有些建造新大楼,有些安装并维修通风设施、给机器预热,有些重装或者重新排列设备以备制造新的模具,其他的做一些"日常维修工作"。这些服务都承包给外界的雇员,要么因为公司员工缺乏必需的技能或者人手不够,或者出于节约成本因此选择独立的承包商。后面的原因决定了公司中心维修部门采取竞争的方式选取独立公司来承担公司的维修任务。尽管这些过去由维修中心负责的维修任务现在由承包商完成,但是,当考虑到这些工人具有专业技能来降低公司花费的时候,判决并没有公开独立公司有多少雇员来参加了这些维修服务工作。

工会证明了产业工人以及维修工人在交易中的代表大约占了整个工业园中通用电气公司 10500 人中的 7600 多人。1958 年 7 月 27 日,仅因为 24 位员工不满公司,从而导致了工会领导了一次大罢工。罢工纠察队堵塞了所有的大门,包括 3-A 大门,罢工纠察持续到了 8 月 9 日,直到联邦地方法院颁布了禁令。堵在所有大门口的纠察标语写着:"地方 761 工会罢工,通用公司不公平。"由于罢工,几乎所有独立公司的员工都拒绝进入公司场所。

除了 3-A 大门外,在其他任何大门前进行合法的罢工纠察或者和平的纠察,这都没有牵扯到劳资纠纷。唯一的要求即在独立承包商雇员专有的大门前纠察,违反了第8条(b)(4)(A)……

委员会……认为,自从独立承包商的员工被允许使用3-A大门后,纠察中工会的目的就是"使这些中立的雇员参加与公司的罢工纠察中去",但是也因此构成了违反第8条(b)(4)(A)的行为,因为独立承包商的官员允许参加一个协定,即可以拒绝以强迫独立承包商停止与公司合作为目的的工作。

上诉法庭承认执行委员会的命令……

对摩尔公司案中在受罢工雇主场所进行纠察的标准,同样适用于委员会……在果蔬零售职员诉国家劳动关系委员会案[Retail Fruit & Vegetable Clerks(Crystal Palace Market),116 N. L. R. B. 856]。这个普通市场的老板同样经营市场中的店铺,他将这些店铺租给那些独立的零售者。虽然工会被允许纠察所有者的个人区域,但是工会选择纠察整个市场。委员会认为,这个行为违反了第8条(b)(4)(A),工会没有尝试让纠察的影响最小化的途径,像在工地设纠察线的情况一样,雇主利用市场来进行运转。"我们相信……先前的原则应该同样适用于所有的工地设纠察线总罢工,包括纠察首要雇主拥有的生产经营场所的情形。"(116 N. L. R. B.,at 859)……第九巡回法庭特别地支持委员会对所有权审查的否定,并强制执行了其命令(249 F. 2d 591)……

自然地,在否定两个雇主于设纠察线的工地上进行运营的所有权审查中,委员会受法院在国际磨坊案[NLRB v. International Rice Milling Co.,341 U. S. 665(1951)]中观点的指导,在这个案件中,我们指出,在直接雇主的生产经营场所纠察的位置"不一定决定"其合法(341 U. S.,at 671)。间接雇员工作的地方与直接雇主的一般运营场所没有关系,很难感受到纠察整个工地的压力,因为纠察发生在罢工雇主拥有财产所有权的地方。摩尔案测试的目的是限制直接针对雇员的雇主的纠察效果,直接运用于实现对抗的纠纷以实现"双重议会目标,即保护在直接劳资纠纷中对违法雇主施加压力的劳工组织的权利与没有违法的雇主与其他承受与他们自己无关的压力的人的权利"。见国家劳动关系委员会诉丹佛建筑公司商业理事会案

[Labor Board v. Denver Building & Constr. Council, 341 U.S. 675,692 (1951)]。

……这里的问题是,在大门口仅仅使用在罢工雇主的生产经营场所工作的独立分包商雇员进行纠察的行为,委员会为了令其不合法,是否可能运用摩尔干船坞的标准。这个主张将不会禁止工会在所有的大门口使用罢工雇主的雇员、供应商和消费者进行纠察。当然,通过从罢工场地调走他所有的雇员,雇主将不可能禁止工会宣传其原因……。委员会在这个案件中的裁决根据将不会有深远的影响,也不能预测任何未来。

工会声称,假如委员会的裁决得到支持,雇主将自由地为供应商、消费者和替代工人安装隔离门,这将对纠察产生"免疫力"。这个担忧是毫无根据的。问题的关键是,基于那些使用隔离门的人完成工作的类型。委员会运用其基本原理是有意义的,在当前的案件中首先表明,仅仅对独立工人执行任务与罢工雇主正常运营无关的情形——一般的建筑工作。在这样的情形下,纠察活动表明的限制遵守了议会要求委员会强制执行的竞争利益之间的平衡。另一方面,假如隔离门是为一般的运输场地而设计的,在那个地方禁止纠察将明显地侵犯了传统的基本行为,即诉诸于那些帮助雇主完成日常运营工作的中立雇员。1959年修正案……,将词语"一致"从联合抵制条款中删除了,包括一个附加条款"条款(B)里没有包含任何将会解释为非法的东西,任何直接罢工或直接纠察没有非法之处"。……将"一致"从法律中删除可能导致"在工厂纠察违反第8条(b)(4)(A),因为纠察导致雇主雇佣的卡车司机不完成他们平常的服务,即迫使卡车公司不与……进行商业往来……制造商在罢工期间"。附加条款直接否定了这种担忧……(105 Cong. Rec. 16589)……

之前推理的过程将要求维持委员会命令的判决仅仅考虑一个情况,基本这个考虑可能对结果没有影响。委员会和上诉法院得出他们裁决的合法途径没有考虑,假如3-A大门是……由独立分包商的雇员完成一般的维修工作,该维修工作对通用电气的正常运营是有必要的,大门的使用可能是第8条(b)(4)(A)禁止之外的混合产物。简而言之,这种使用一部分罢工雇主的生产经营场所的混合行为将不会禁止罢工雇员的纠察权。但记录表明一些混合使用的范围并不清楚。它可能很好地证明了这些维修工作是如此不真实以至于委员会认为其微不足道。我们在这里不能猜测此问题的量化因素。它需要委员会的裁决。因为问题的裁决一旦出来，案件肯定会由上诉法院对委员会的裁决进行复审。

首席法官和布莱克法官结果一致。

道格拉斯法官的反对意见省略。

**注释和问题**

**1. 复审中的通用电气公司**。基于通用电气公司的复审案，讯问审查官建议撤回起诉，理由是在两个应用部门重新安排和扩大物流输送机械工作是"与通用公司的正常运营有关"，因为物流输送机械对恢复已完成生产的产品是必不可少的。委员会不同意该理由但同意其结论；这不是基于物流输送机械工作，而是基于分包商对沐浴器的安装和各种各样的修理，以及对任务的更改，这些事情总共花费了大约 15,000 美元，委员会强调，这些事情过去都是由通用公司的雇员来完成的。最终得出这些工作"与通用公司的正常运营有关"，相应地，纠察是"直接的"。见电子、广播与机械工人国际工会地方 761 分会诉国家劳动关系委员会案（通用电气）[Local 761, International Union of Elec., Radio & Machine Workers(General Electric), 138 N. L. R. B. 342(1962)]。

**2. "保护门"对合法的直接工地设纠察线总罢工例外**。为什么法院主张拥有工厂的直接雇主能从其分包商的现场工作中隔离工会压力？摩尔干船坞案要求工会避免诉诸于间接雇员，但这个案件涉及了间接工地设纠察线罢工。摩尔干船坞案为什么适用于所有的在直接雇主的生产经营场所进行的纠察？你明白法兰克福法官限制使用保护门背后的基本原理吗？为什么从事于无关工作的雇员——"与雇主正常运营无关的工作"和一种将不需要削减其一般运营的工作——免受工会压力？上文第642页，勒斯尼克教授的间接联合抵制理论能帮助解释通用电气案吗？

**3. 出租人和承租人的关系**。考虑通用电气案中法院对零售果蔬雇员案［Retail Fruit & Vegetable Clerks（Crystal Palace Market），116 N. L. R. B. 856（1956），enforced，249 F. 2d 591（9th Cir. 1957）］的争辩。委员会主张，工会不能纠察整个工作场所，即便其是与市场所有者产生的纠纷。假如所有者没有提供直接证明其观点的证据，案件情况会有所不同吗？建筑物对其商业租户提供了不同的进入渠道的地方，对办公大楼的所有者和从事建筑清洁工作的工会代表雇员之间的纠纷有不同的解释吗？工会能合法地纠察整栋建筑物吗？

**4. 通用电气案与摩尔干船坞案的关系**。假如通用电气案更改摩尔干船坞案（见上文注释2），更改会受制于在直接雇主所有的生产经营场所进行的工地设纠察线总罢工吗？例如，假如通用电气分包商进行一般维修工作的雇员（该维修工作对通用电气公司的正常运营是必不可少的）在罢工，通用电气工作已经指示它自己的工人使用隔离门，罢工工人能合法地纠察该隔离门吗？

在美国钢铁工人联合会诉国家劳动关系委员会案（卡瑞尔公司）［United Steelworkers of Am. v. NLRB（Carrier Corp.），376 U. S. 492（1964）］中，工会与卡瑞尔公司产生纠纷，其纠察因其扩展到一段卡瑞尔及其他运输者使用的铁路也发生争议。这段铁路的刺激突破了公共铁路直接进入了卡瑞尔公司的财产范围。这个大门仅对铁路公司的雇员开放。最高法院与委员会的观点一致，主张工会没有违反第8条（b）（4），因为大门是"一个工作场所……与雇主日复一日的运营有关"。然而，委员会限制了卡瑞尔公司案中的行为，将通用电气案应用于其他纠察直接雇主所有的生产经营场所的案件。

5. 回顾建筑工业中的工地设纠察线总罢工？通用电气案需要对丹佛工会案中的主张进行再审视吗？考虑马克威尔与哈慈公司诉国家劳动关系委员会案[Markwell & Hartz, Inc. v. NLRB, 387 F.2d 79(5th Cir. 1967)]。此案中,总承包商马克威尔与哈慈公司,在工作开始之前,与矿工联合会达成了一致意见并签订了协议[依据第 8 条(f),预雇佣合同在建筑工业中是合法的;见上文第 420 页注释 5]。马克威尔与哈慈公司分包了 20% 的工作,包括让冰凌公司(Binning)打桩,让巴勒斯公司(Barnes)装电。这些分包商的雇员都由建筑贸易委员会代表。在马克威尔与哈慈公司产生纠纷的过程中,该委员会纠察了整个工作场所,尽管马克威尔与哈慈公司已经明确地指出一个大门仅仅对它自己的雇员开放,三个大门仅对分包商开放。冰凌和巴勒斯的雇员遵守了纠察线。该委员会违反了第 8 条(b)(4)(B)吗？马克威尔与哈慈公司案中,第五巡回法院(2-1)维持了委员会认定违法的裁定。

委员会继续主张,不顾那些间接雇员是否在做与直接雇主的雇员所做的工作相关的工作,而在建筑工地上诉诸于间接雇员,这是违法的。即便是在不平常的案件中(比如,与拥有建筑工地的总承包商产生劳动争议),这也是真实的。见木匠地方 470 工会案[Carpenters Local 470(Mueller-Anderson, Inc.), 224 N.L.R.B. 315(1976), enforced, 564 F.2d 1360(9th Cir. 1977)]。这些案件表明一组不同的规则适用于建筑工业纠察(丹佛工会案和摩尔干船坞案)而不适用于制造场地纠察吗？假如是这样,这些特殊待遇的合法理由又是什么？

6. 评论。更深层次的探讨,见诺曼·坎通:《隔离门,相关工作和间接联合抵制》,载于《拉特格斯法律评论》第 27 卷(1974),第 613 页[Norman L. Cantor, Separate Gates, Related Work, and Secondary Boycotts, 27 *Rutgers L. Rev.* 613(1974)],劳伦斯·齐默曼:《间接纠察和保护门:通用电气原理》,载于《弗吉尼亚法律评论》第 47 卷(1961),第 1164 页[Lawrence T. Zimmerman, Secondary Picketing and the Reserved Gate: The General Electric

Doctrine,47 *Va. L. Rev.* 1164(1961)]。

**(4)诉诸于间接雇主的客户**

1959年修正案试图在《塔夫脱-哈特莱法》版本中补充第8条(b)(4)的一些漏洞[后来称作第8条(b)(4)(A)]。第一,阻止工会导致《国家劳动关系法》规定之外的雇员(比如监督员、管理机构和铁路工人)间接停工,议会扩大了禁止工会导致"从事于贸易或影响贸易的行业,受雇于任何人的任何个体"停工的范围。第二,为了实现工会导致单个人停工,删除了词语"一致"。此外,议会对违反除工会导致停工[第8条(b)(4)(i)]之外的间接联合抵制禁令添加了第二层含义:工会"威胁、强迫或限制"雇主的压力,甚至工会代表没有停工时也受到威胁[第8条(b)(4)(ii)]。

**注释:赛维特-德巴特勒案(*Servette-DeBartolo*)和第8条(b)(4)的"宣传"附文**

因为认识到将间接联合抵制的禁令应用于工会,诉诸于不涉及与纠察线相关的停工威胁的一般公众,在宪法上有问题,议会也包含了第8条(b)(4)的"宣传"附文。最高法院对该条款的第一次解释表现在国家劳动关系委员会诉赛维特案[NLRB v. Servette, 377 U. S. 46(1964)]中。赛维特是一个批发商,将特定的产品分配给零售超市。一个工会与赛维特之间有纠纷,要求超市主管停止接受赛维特供应的商品,并警告,假如主管不答应工会的要求,其将在市场上宣传,号召消费者不购买赛维特供应的商品。赛维特辩解道,诉诸于主管构成了引诱主管拒绝完成他们工作的企图,违反了第8条(b)(4)(i),宣传单威胁并强迫的警告违反了第8条(b)(4)(ii)。赛维特也坚持认为诉求不符合"宣传"附文,因为存在问题的产品不是由它"生产"的。

最高法院不支持赛维特的说法。尽管主管是包含在(i)条款中的"个人",但工会没有企图引诱主管停工,而是他们"要求作出一个经营上的决策,委员会认为在他们的权限之内"。基于"宣传"附文的规定,宣传单的警告在(ii)条款下不构成非法手段。不从字面意义上理解该附文,法院认为,达成分配的合法目的需要解释"生产"一词(377 U.S. at 55):

> 该附文是国会保护工会诉诸于公众支持的自由权的自然结果……。假如该附加条款仅仅适用于工会与制造商或加工者之间的劳动争议,它将很难实现其最基本的目的。

666 在爱德华法官审理的德巴特勒公司诉国家劳动关系委员会案[DeBartolo Corp. v. NLRB, 463 U.S. 147(1983)]中,高建公司(H. J. High Construction Co.)是一个总承包商,与威尔逊公司(H. M. Wilson)一起在佛罗里达州坦帕市的购物中心建造一个百货商店,该购物中心属德巴特勒公司所有。该购物商场85%的承租人签署了一个租赁合同,支付最少的租金,加上一定比例的销售收入和公共场所的维修费。地方建筑贸易委员会主张,高建公司支付的工资和福利在标准之下,宣传进入购物中心的所有四个入口,号召消费者不要惠顾该购物商场的任何商店,直到德巴特勒公司承诺所有的建筑将由支付工会工资和福利的承包商完成。宣传单明确地否定了任何引诱停工的意图。没有认定宣传是否构成违反第8条(b)(4)(ii)的"迫使"或"限制",国家劳动关系委员会主张,宣传受到"宣传"附文的保护,因为高建公司是威尔逊商店和德巴特勒公司的"生产者",其他承租人与高建公司是一种"象征性"的关系,因为他们将从高建公司的"生产"中获益[252 N.L.R.B. 702(1980)]。上诉法院支持该主张[662 F. 2d 264(4th Cir. 1981)]。

最高法院一致撤销。但同意高建公司和威尔逊的关系属于"生产商和供应商"的关系,法院(斯蒂文斯法官)认为,宣传超出了附文的范围,因为他们敦促联合抵制威尔逊的共同承租人销售的产品(463 U.S. at 156):

> ……委员会没有发现由高建公司生产的任何产品是由德巴特勒公司或威尔逊的共同承租人供应的。反之,这取决于他们和威尔逊之间

象征性的关系理论,以及德巴特勒公司和威尔逊的共同承租人将从高建公司的工作中获得大量的利益。这种分析方法至少将消除供应的有限影响。它将使调查脱离直接雇主和间接雇主之间的关系,并指向两个间接雇主之间的关系。然后,它将检测出标准下的关系是如此慷慨以至于任何间接雇主都会满意,工会可能希望消费者联合抵制。

法院主张,不认定工会的宣传是否在第 8 条(b)(ii)规定的范围之内(委员会也没有认定的一点),假如这样,它是否受《第一修正案》的保护。之后关于这个诉讼的讨论,见下文第 675—680 页。

**国家劳动关系委员会诉果蔬包装工地方第 760 号工会案(树果案)**

NLRB v. Fruit & Vegetable Packers, Local 760 (Tree Fruits)
377 U. S. 58(1964)

布伦南法官。问题是……当他们限制其间接纠察零售商店,诉诸于商店的消费者不购买对抗罢工被告的公司的产品时,被告工会是否违反第 8 条(b)(4)(ii)(B)。

被告地方 760 工会召集了一次罢工,对抗在华盛顿雅吉瓦的水果批发商和仓库管理人。① 罢工公司销售华盛顿州的苹果给西雅图的喜互惠连锁零售店……。地方 760 工会,受到被告联合委员会的帮助,组成一个消费者团体联合抵制苹果销售来支持罢工。他们纠察那些在消费者团进入西雅图的 46 个喜互惠连锁店之前来回走动的人。纠察——45 个商店中的 2 个,第 46 个商店中的 3 个——举着标语牌,分发宣传单,诉诸于喜互惠的消费者、普通大众,使其拒绝购买华盛顿州的商店里销售的唯一一

---

① 2. 公司有 24 名员工,是树果劳资关系委员会的成员(Tree Fruits Labor Relations Committee,成员的集体谈判代理)。……罢工发生在继续一个集体谈判协议的条款产生纠纷之时。

种水果——苹果。① 在任何商店发生纠察之前,商店主管收到了一封信,通知他纠察仅仅是对消费者不购买华盛顿州苹果的一个诉求,纠察将直接指导"在消费者商店入口前和平地巡逻,远离供应商入口,不干涉您雇员的工作,不干涉商店输送货物"。复制了一个指示给纠察队——明确地声明"你同样被禁止要求消费者不惠顾商店"——附在信上。自从它希望确定喜互惠的雇员没有停工,希望避免对输送货物的任何干涉以来,纠察便在商店营业之后开始,在商店歇业之前结束。纠察期间的任何时候,商店的雇员继续工作,货物的输送也没有受到阻碍。华盛顿州的苹果由喜互惠的雇员和其他雇主的雇员按正常过程处理。消费者和其他人的进出未受到任何干涉。

……委员会主张……消费者在间接设施前纠察是受到禁止的(132 N. L. R. B. 1172, 1177)……。上诉法院……将委员会的命令置之不顾并发回重审。法院撤销了委员会的裁决,认为合法的证明被告行为将"威胁、强迫或限制"喜互惠的证据是肯定证据,证明出现了或可能出现大量经济因素影响喜互惠而导致这样的行为……

委员会对法规的理解——立法史和附加条款中的"除了纠察",揭示了议会视所有在间接工厂纠察消费者的行为为非法的意图——依赖于议会总是认为这样的纠察威胁、强迫或限制间接雇主的事实。因此,我们有义务审

---

① 3. 每一个纠察的标语牌上写道:"致广大消费者:这个商店销售的是非工会华盛顿州的苹果。请不要购买这样的苹果。谢谢。卡车司机地方760工会,雅吉瓦,华盛顿。"
一个典型的宣传单上写道:
不要购买华盛顿州的苹果。
1960年华盛顿州公司的苹果是由非工会公司批发的。
这个非工会组织中,雅吉瓦区域有26个公司,这些公司存在劳资纠纷。这些公司被其雇员指控不正当,雇员和其工会在罢工,故已经被非工会破坏罢工的工人替代,而这些工人是基于低工资标准和工作条件而雇佣的。罢工工会的工人试图保护他们的生活条件和从事于善良集体谈判协议的权利,为了对这些人公平起见,我们要求您:不要购买华盛顿州的苹果。

卡车司机地方760工会<br>雅吉瓦,华盛顿

这不是对任何商店或市场的罢工。

(附:太平洋鲜果生产公司是基于集体谈判协议唯一纠察华盛顿州水果的公司。)

查批准议会做出该决定的立法史。通过联邦劳动关系法规的立法史,议会曾一贯拒绝禁止和平纠察,除非将纠察作为一个实现特殊目的的手段,而该特殊目的被经验证明是不可能的。"在和平纠察的敏感区域,议会曾明确地处理过独立的诽谤(evil),从这样的纠察中已经形成了经验。"劳动关系委员会诉地方司机工会案(Labor Board v. Divers Local Union, 362 U. S. 274,284)。我们已经认识到了议会的这个实践,它意图使和平的纠察非法,除非"在立法史里有清楚的迹象",我们没有归因于议会的这个意图。如上文,关于复审时纠察的特殊目的,议会意图这样做。议会的政策和我们对该政策的遵守,反映了委员会对禁止可能与《第一修正案》发生冲突的和平纠察的担忧。

审查第8条(b)(4)修正案的立法史之后,我们认为,它没有反映议会打算禁止间接工厂的所有和平纠察的要求,也没反映出当和平纠察受到限制时,对说服喜互惠的消费者在喜互惠商店购物时不购买华盛顿州苹果的任何担忧。立法史所表明的是,一项"独立的诽谤"被认为要求禁止在间接工厂和平纠察,说服间接雇主的消费者停止与雇主进行交易,为了强迫他停止处理或给直接雇主增加压力。这个狭隘的观点反映了这样的行为和在间接工厂仅仅针对罢工产品的和平纠察之间的区别。在后来的案件中,自从不要求公众保留其间接雇主的赞助后,工会对公众的诉求受制于与直接雇主之间的纠纷,仅仅抵制直接雇主的货物。此外,工会在间接工厂诉诸于公众,不要与超过直接雇主货物范围的间接雇主进行贸易,它寻求公众的支持,以强迫间接雇主在直接纠纷中与工会合作。也就是说,在这个案件中,消费者进行的纠察不是伴随着对法规的滥用……

接下来,我们遇到另外一个问题,在这个案件中,纠察限制为说服消费者停止购买直接雇主的产品,是否属于消费者间接纠察的范围,该范围是议会在第8条(b)(4)(ii)中明确表示禁止的。我们认为这不在该范围之内,因为没有"威胁、强迫或限制"喜互惠。但将喜互惠超市的苹果销量减少的原因归因于消费者消费需求的减少,可能会导致被告的纠察表面上符合法规的禁止,"一件事情可能符合法律的字面意思,但不符合法律本身,因为不符合法律的精神,也不符合制定者的意图,这是一个常识。"圣三一教堂诉美国联邦案(Holy Trinity Church v. United States, 143 U.S. 457, 359)中,当消费者纠察仅仅是为了说服消费者不购买罢工的产品时,工会的诉求便限于直接纠纷。诉求的场所扩大到包括间接雇主的生产运营场所,但假如诉求获得成功,间接雇主从罢工公司购买的产品会减少,仅仅因为公众已经减少了购买罢工产品。此外,当消费者纠察是为了说服消费者不与间接雇主进行交易时,后来的停止购买罢工产品,不是因为需求减少,而是为了回应对其经营造成损失的压力。在这样的案件中,工会所做的不仅仅是跟随罢工产品;它造成了与间接雇主之间的单独纠纷。

因此,我们不同意上诉法院审理这个案件的意图,为了检验喜互惠是否因"威胁、强迫或限制"遭受或可能遭受经济损失。将不会导致违反第8条(b)(4)(ii)(B),仅仅因为被告的纠察对减少喜互惠对华盛顿州苹果的销量有影响,即便导致或可能导致喜互惠成为可怜的销售者。

上诉法院的判决被取消,案件在置委员会的命令于不顾的指示下进行复审。

道格拉斯没有参与这个案件的审判。

布莱克法官与此意见一致,认为第8条(b)(4)(ii)(B)应当理解为禁止有问题的消费者纠察,但这样解释这部分违反了《第一修正案》。

哈伦法官和斯图尔特法官有不同的意见……

法院指出,间接雇主降低对罢工产品的购买力来减少消费者的消费需求,和雇主因为消费者拒绝购买任何产品而停止购买一个产品,这两者之间的区别,毫无疑问在现实中是非常精确的……。因为纠察的性质可能是一定数量的人将拒绝从被纠察的商店购买产品,要么是由于经济,要么是由于社会信任,或因为他们更愿意去一个不需要跨越纠察线的商店。更重要的是,很难希望公众总是知道或确定一个特定纠察的精确范围。案件中是这样的,对间接雇主的影响可能不是总限于减少其罢工产品的销量。即便这个影响出现,雇主可能不是简单地减少从直接雇主处购买产品,而是转向购买工会支持的生产商的产品,并将其视为更有利可图的方法。

假如一个被纠察的零售商大部分或全部依赖于罢工产品的销售,多数人指出的区别是模棱两可的……。确定喜互惠是一个连锁的销售者,但不能很好地否认法院设定的规则将不切实际,假如其实施证明了间接雇主的总收入和罢工产品的收入之间累积的关系……

哈伦法官进一步指出,关于禁止所有消费者纠察,这样解释法律并不违反《第一修正案》。

## 国家劳动关系委员会诉零售店雇员地方 1001 工会案（安可产权保险公司案）

NLRB v. Retail Store Employees Union, Local 1001 (Safeco Title Insurance Co.)

447 U.S. 607(1980)

随着谈判僵局的出现,工会对安可产权保险公司(Safeco Title Insurance Co.)进行罢工,但是,该公司仍维持运营。除了安可的西雅图办事处,工会还纠察了5个地方产权公司,他们安可保单的销量占其销售额的90%。纠察标语要求消费者取消或不要购买安可保单。最高法院不同意上诉法院的意见,支持委员会认为纠察违法的立场。

鲍威尔法官……。虽然果蔬包装工案表明,对罢工产品的间接纠察和对中立团体的间接纠察是"大相径庭"的,不久法院便发现,产品纠察可能与非法间接联合抵制产生同样的影响。在赫夫曼代表国家劳动关系委员会诉水泥匠地方 337 工会案[Hoffman ex rel. NLRB v. Cement Masons Local 337, 468 F.2d 1187(CA9 1927), cert denied, 411 U.S. 986(1973)],例如,工会与一个纠察房屋的分包的总承包商牵连上了,他已经对房产开发商作出了解释。纠察企图说服潜在购物者不购买承包商的房屋。纠察是非法的,因为购买者"能合理地期望,他们将被要求不与中间开发商进行任何商业交易"。(468 F. 2d, at 1192)①……

水泥工案强调该案中的纠察和……树果案之间关键的区别。树果案中的产品纠察仅仅是组成零售商众多交易中的一种(377 U. S., at 60)……。在该案中,……产权公司仅仅销售直接雇主的产品,完成与其相关的服务。对消费直接产品的间接纠察导致消费者没有现实选择,除了一起抵制产权公司。假如诉求成功,每一个公司"停止购买罢工产品,不是因为消费需求下降,而是为了回应对其经营造成损失的压力"。这样,"工会做的不仅仅是跟随罢工产品;它造成了与间接雇主之间的单独纠纷。"

只要间接纠察只是打击罢工产品的消费,对中间商产生的偶然损失是直接抵制影响的自然后果。……但是工会对该案中产权公司销售的主要产品的间接诉求,是"合理地预测,使消费者根本不惠顾中间商"(226 N. L. R. B., at 757)。对他们公司的损害结果与树果案中法院考虑的损失是大相径庭的。合理的产品纠察,能以造成毁灭或实质性的损失来威胁中间商,不仅仅是符合语言或第8条(b)(4)(ii)(B)的立法意图。因为成功的间接纠察将给产权公司一个选择,该选择在他们的生存和他们与安可的分离之间做出,纠察违反了法律禁止用"强迫或要求他们停止……处理直接产品……或停止与直接雇主交易"的目标强制中间商。第8条(b)(4)(ii)(B);见树果案(Tree Fruits, 377 U. S., at 68)。②

① 7. 所谓的产品兼并案件也涉及了这样的情形,即若企图跟随罢工产品,则无可避免地鼓励对中间商进行非法抵制。见K&K建筑公司诉国家劳动关系委员会案[K&K v. NLRB, 592 F. 2d 1228, 1231 - 1234 (CA31979)];美国面包公司诉国家劳动关系委员会案[American Bread Co. v. NLRB, 411 F. 2d 147, 154 -155 (CA61969)];檀香山印刷37号工会诉国家劳动关系委员会案[Honolulu Typographical Union NO. 37 v. NLRB, 131 U. S. App. D. C. 1, 3 - 4, 401 F. 2d 952, 954 - 955 (1968)];《注解,消费者纠察和单一产品间接雇主》,载于《芝加哥法律评论》第47卷(1979),第131—136页[Note, Consumer Picketing and the Single-Product Secondary Employer, 47 U. Chi. L. Rev. 112, 132 - 136 (1979)](移至文中脚注。——编者)

② 11. 树果案中的纠察和该案中的纠察是行为范围中相对极端的例子,委员会和法院将遇到起诉违反第8条(b)(4)(ii)(B)的诉求。假如间接纠察是针对代表中间商的大部分产品,但其意义小于一个垄断产品的代表,树果案和今天的判决都不需要控制。关键的问题将是,是否通过鼓励消费者拒绝罢工产品,间接诉求可能以造成毁灭或实质性损失来威胁中间商。每个案件中的问题将委托给委员会的专家组解决。

上诉法院指出,运用第 8 条(b)(4)(ii)(B)来纠察……可能违反《第一修正案》。我们不这样认为。虽然法院认识到树果案中,宪法可能不允许"广泛的禁止和平纠察",但法院对议会可能禁止间接纠察毫无疑问,该间接纠察打算"为了强制他停止处理,或给直接雇主施加压力,说服间接雇主的消费者停止与其贸易"(377 U. S. ,at 63)。这样的纠察通过强制中间商参加争论来扩散劳资纠纷。在电力工人诉国家劳动关系委员会案[Electrical Workers v. NLRB, 341 U. S. 694, 705(1951)]中,法院直接主张,禁止"对促进非法目的的纠察"并不违反《第一修正案》。见美国无线电协会诉移动电话协会案[American Radio Assn. v. Mobile S. S. Assn. ,419 U. S. 215,229 - 231(1974)];卡车司机诉沃格特公司案[Teamsters v. Vogt, Inc. , 354 U. S. 284(1957)]。我们没有理由不接受这个固定下来的理解。因为适用于鼓励消费者联合抵制间接公司的纠察,第 8 条(b)(4)(ii)(B)没有强加不允许的限制,因为宪法保护言论自由。

相应地,上诉法院的判决被撤销了,该案发回重审,并指示强制执行国家劳动关系委员会的命令。

布莱克曼和史蒂文斯法官,以各自不同的理由,反对法院马虎地对待《第一修正案》的内容。布莱克曼法官指出,他赞同结果"仅仅因为我情愿主张,违宪的议会打破了工会言论自由和中间雇主、雇员、消费者免于强制参加工业冲突的能力之间的平衡"。斯蒂文斯法官表明,纠察涉及行为和交流的混合;《第一修正案》没有使法律无效,仅仅禁止工会的行为,是要求对一个想法自动反应而不是理性反应的标志。

布伦南法官,参加陪审的怀特和马歇尔法官,持异议,声称"法院的新标准有严重的概念上的瑕疵":第一,抵制直接产品的危害不需要与代表该产品的间接公司的经营比例相关。第二,单一产品零售商总是遭受成功抵制直接产品所带来的损失,即便工会的行为不是集中于他;第 8 条(b)(4)对中间商的禁止"与避免损失的目标舷等交错"。最后,因为法院不严谨的标准,工会将再也不能通过限制其对联合抵制直接产品的诉求来遮盖他们的间接纠察。工会将被强制推测"足够……引发法院不愉快或……委员会"的比率。此外,法院倾向于"毁灭或实质性的损失……令人想知道工会是否将……不得不检查平衡表,来决定他们希望纠察的直接产品对间接公司是否有利可图"。

## 注释和问题

**1. 理解第8条(b)(4)(ii)(B)**。在树果案中,谁更好地理解了法律:布伦南法官?还是持反对意见的哈伦法官?

**2. 避免违宪成本**。在树果案中,避免对成文法牵强附会的理解并且应对由此而产生的与宪法《第一修正案》的问题会更好吗?法院在该案中的妥协推动了安可案中对违宪问题草率的考虑吗?见萨缪尔·艾斯托伊克:《司法无效:基多·卡拉布瑞斯的法定年龄上不寻常的普通法》,载于《纽约大学法律评论》第57卷(1982),第1126、1149页[Samuel Estreicher, Judicial Nullification: Guido Calabresi's Uncommon Common Law for a Statutory Age, 57 N.Y.U.L. Rev. 1126, 1149 n.72(1982)]。

**3. 宪法要求下的草率解雇?** a. 在安可案中,鲍威尔法官驳回工会第一修正案主张的原因是什么?法院引用过这样的案件来处理回应生产商的消费者联合抵制问题吗?规制劳工纠察的争论只拥有消费者诉求吗?调查见上文第636—637页。

b. 规制的基础考虑(1)停工可能导致不顾标语牌上的信息,或(2)消费者将不会理解标语牌上的信息,由于害怕纠察而抵制整个目标商店吗?基于可能产生的相似的影响,法院将允许禁止纠察非劳工组织吗?在为经济目的纠察和为社会或政治目的纠察之间,宪法目的有区别吗?见詹姆斯·格瑞·泊博:《劳工社区联合和抵制:旧劳动法,新工会主义和生存条件》,载于《得克萨斯法律评论》第69卷(1991),第889页[James Grey Pope, Labor-Community Coalitions and Boycotts: The Old Labor Law, the New Unionism, and the Living Constitution, 69 *Tex. L. Rev.* 889(1991)];哈珀,《正在兴起的消费者的抵制权》,第437—448页;西奥多·圣·安东尼:《言论自由或经济手段?——纠察的持续问题》,载于《萨福克大学法律评论》第16卷(1982),第883页[Harper, The Consumer's Emerging Right to Boycott, supra, 437-448; Theodore J. St. Antoine, Free Speech or Economic Weapon? - The Persisting Problem of Picketing, 16 *Suffolk U. L. Rev.* 883(1982)]。在其他判决下,法院已经对那些受个人利益推动的言论和行为的保护程度与那些受利他主义推动的保护程度一样。见国家第一银行诉博乐缇案[First National Bank v. Bellotti, 435 U.S. 765(1978)];东方主席会议诉诺瑞机动货运公司案[Eastern R. R. Presidents Conference v. Noerr Motor Freight, 365 U.S. 127, 138(1961)]。

**4. 中间销售商或综合企业联盟?** 注意,五个产权公司销售额的90%来源于安可保险公司的销售量;安可公司拥有五个公司的大部分股份;安可公司的一个高级管理人员是五个公司的董事。华盛顿特区巡回法院接下来(其部分观点没有被最高法院审查)主张,不管怎样,五个公司都是独立的实体[627 F.2d 1133, 1137-1139(1979)]。安可案中的"罢工产品"纠察,表明了产权公司的影响比来自于安可公司停止生产的影响更大吗?

**5. 动机 vs. 影响。** 安可案忠实于树果案的理论基础吗?违反第8条(b)(4)表明了工会的目的吗?还是表面上中立的公司受到的影响?即便中立公司中占主导的产品是由直接雇主提供的,只要工会避免在间接工厂引诱停工和限制其诉求于罢工产品,工会的目标是从针对直接雇主到针对间接雇主的变化吗?

**6. "兼并产品"案。** 卷入罢工的工会和面包店纠察两个饭馆,催促联合抵制提供给消费者的面包不单独算在每顿饭里。假如工会的标语牌清楚表明,他们正在寻求仅仅联合抵制饭馆"卖"的面包,那么工会违反第8条(b)(4)吗? 安可案中脚注7,法院的意见能解决这个问题吗?

**7. 缺乏直接纠纷时的消费者纠察。**工会,代表纽约大都市区域的装瓶工和分销商雇员,纠察该区域的零售商店,标语牌上写道,"购买当地产品",没有发生停工。工会违反了第8条(b)(4)吗? 即使没有与任何雇主发生明确的直接纠纷。若要引起零售商店和非地方供应商停止营业,一个纠察的目标足够吗? 见软饮料工人地方812工会,卡车司机诉国家劳动关系委员会案[Soft Drink Workers Union Local 812, Teamsters v. NLRB, 657 F.2d 1252(D. C. Cir. 1980)]。安可案与国际联盟案(上文第638页注释3),表明了纠察非法吗? 假如你是工会律师,你会给你的当事人提供什么建议来使该运动中的法律难题最小化?

**8. 评论。**进一步的讨论,见托马斯·科勒:《为自治提供条件:工会、联合,以及我们的〈第一修正案〉和德巴特勒公司案中的问题》,载于《威斯康星法律评论》(1990),第149页[Thomas C. Kohler, Setting the Conditions for Self-Rule: Unions, Associations, Our First Amendment Discourse and the Problem of Debartolo, 1990 Wis. L. Rev. 149];泊博,《劳工社区联合》,同前;哈珀,《正在兴起的消费者的抵制权》,同前;圣安东尼,《言论自由或经济手段?》,同前;李·摩杰斯卡:《树果案中的消费者纠察——一个历史的分析》,载于《辛辛那提大学法律评论》第53卷(1984),第1005页[St. Antoine, Free Speech or Economic Weapon?, supra; Lee Modjeska, The Tree Fruits Consumer Picketing Case-A Retrospective Analysis, 53 U. Cinn. L. Rev. 1005(1984)];劳伦斯·米奇:《消费者纠察:重估雇主概念的中立性》,载于《加利福尼亚法律评论》第65卷(1977),第172页[Lawrence N. Minch, Consumer Picketing: Reassessing the Concept of Employer Neutrality, 65 Cal. L. Rev.172(1977)];托马斯·里维斯:《消费者纠察和法院:树果案的问题》,载于《密歇根法律评论》第49卷(1965),第479页[Thomas P. Lewis,

Consumer Picketing and the Court: The Questionable Yield of Tree Fruits, 49 Minn. L. Rev. 479(1965)]。

## 爱德华·J. 德巴特勒公司诉佛罗里达海湾海滨建筑贸易委员会案

Edward J. Debartolo Corp. v. Florida Gulf Coast Building & Construction Trades Council, 485 U. S. 568(1988)

怀特法官……。发回复审时,委员会主张,工会的宣传是第8条(b)(4)(ii)(B)所禁止的[273 N.L.R.B.1431(1985)]。之前的案件中,"敦促消费者联合抵制的宣传和其他活动构成强迫。"委员会的理由是,"诉诸于公众不惠顾间接雇主,是为了通过使间接雇主丧失业务而造成其经济损失,""这样的诉求构成了'经济报复',因此是强迫的一种形式。"委员会将宣传的目的视为企图"强迫商场承租人停止与德巴特勒公司的商业往来,为了强迫德巴特勒公司和威尔逊不与高建公司进行商业往来。"委员会认为,不需要考虑在《第一修正案》下,对宣传的禁止是否会导致严重的问题,因为"法律的字面意义和适用的判例法只要求"违法的事实。最后,委员会重申了其长期以来的立场,"作为议会的行政机关,我们相信我们执行的法律是符合宪法的。"

第十一巡回法院驳回了委员会的强制执行命令。因为关于第8条(b)(4)能否合宪地禁止不涉及非语言因素(比如巡逻)的和平宣传,尚存严重的疑问,法院将我们的裁决应用于国家劳动关系委员会诉芝加哥天主教主教案[NLRB v. Catholic Bishop of Chicago, 440 U.S. 490(1979)]。案中,为了认定议会的意图是否在于禁止这样的宣传。法院认为,这部分法律用语没有反映这种意图,立法史也表明,通过使用"威胁、强迫或限制"这样的词语,议会关心的是间接纠察和罢工,而不是诉诸于不涉及纠察的消费者……

我们支持上诉法院和被告,这个案件需要援引天主教主教案原则,正如该案中适用的,委员会在对法规的解释中指出了《第一修正案》中关于第8

条(b)(4)有效性的严重问题。这里涉及的宣传真实地揭示了劳动争议的存在,敦促商场中的潜在消费者进行完全合法的行为,也就是,不惠顾在该商场中营业的零售商。宣传是和平的。不涉及纠察或巡逻。表面上看,这是表意行为,不合标准的工资应当被支付工资的商店放弃。工会已经向公众散发了宣传单,包括那些进入每一个商店的城镇上的人,要求实现对反不合标准工资的教育意义,毫无疑问,合法地禁止这样的宣传将造成一个关于《第一修正案》下有效性的实质问题。同样的情况可能发生在该案中,即便宣传单引起了对商场中特殊情况的注意,包括建筑承包商支付的无法接受的低工资。

劳工工会是宣传者,所涉及的劳动争议没有排除这个分析。我们不认为,劳工工会的谈话不是商业言论,从而给予其更少的宪法保护。然而,这里所涉及的宣传(比如为产品的价格做广告或表彰其优点),看起来不是典型的商业言论,因为他们表达了团体工会主义的利益,不足额支付工资对经济的损害,以及普通民众的生活标准。当然,商业言论本身受《第一修正案》的保护。弗吉尼亚药店协会诉弗吉利亚居民消费者协会案[Virginia Pharmacy Bd. v. Virginia Citizens Consumer Council, Inc., 425 U.S. 748, 762(1976)],然而,这些宣传单将被分类,上诉法院正确地认为,委员会的解释将要求认定严重的合宪性问题……

现在转移案件焦点,在第8条(b)(4)(ii)(B)的意义下,宣传是否必须坚持"威胁、强迫或限制任何人"以停止与其他人的商业往来。我们指出,第一,"引诱或鼓励"间接雇主的雇员罢工是受第8条(b)(4)(i)禁止的。但不只是说服,还需要证明违反第8条(b)(4)(ii):该部分要求证明威胁、强迫或限制。我们已经说过,那些用语是"不具体,实际上模糊"的,应当理解为"警示",且不能给一个"概括的范围",国家劳动关系委员会诉卡车司机案[NLRB v. Drivers, 362 U.S. 274, 290(1960)];在适用第8条(b)(1)(A)时,他们没有解释为实现和平纠察。在该案中也没有必要解释这样的文字来实现宣传。关于宣传对商场的消费者有任何强制性的影响,这里没有任何意见。没有暴力、纠察或巡逻,仅仅试图说服消费者不要在商场购物……

……有观点争辩到,国家劳动关系委员会诉零售店雇员案(安可公司)[NLRB v. Retail Store Employees(Safeco), 447 U.S. 607(1980)]的裁决能适用于该案,因为工会寻求对商场所有的承租人进行联合抵制。但是"纠察实质上'不同于其他形式的交谈'"。见巴比特诉农场工人案[Babbitt v. Farm Workers, 442 U.S. 289, 311, n.17(1979)],引用休斯诉高等法院案[Hughes v. Superior Court, 339 U.S. 460, 465(1950)]。安可公司案指出,纠察实际上以毁灭或实质性损失威胁了中间商。如斯蒂文斯法官在安可案中的赞同观点,纠察是一个"行为和交谈的混合",行为因素"经常提供最有说服力的原因来阻止第三人进入商业区"。他指出,包含同样信息的宣传单"比劳动纠察带来的影响要小很多",因为他们"完全取决于对观念的强制说服"……

但是,有观点争辩到,第8条(b)(4)的第二个附加条款表明,如1959年修正案,这部分的目的是禁止非纠察诉求,比如敦促消费者抵制中间雇主的宣传。……通过其表述,附加条款保护非纠察交流,此种交流针对的是商品(该商品是与工会有纠纷的雇主生产的商品)供应商的客户。因为不涉及供应商的宣传和其他消费者诉求不在附加条款规制范围之内,那些诉求肯定被认为是第8条(b)(4)(ii)中的强迫。此外,有人认为附加条款毫无意义,因为假如宣传和诸如此类的交谈不是强迫,并在该部分的范围之内,那么就不需要这个附加条款了。

这种认识将附加条款视为禁止的一个例外,但这个附加条款有不同之处。其表述道,第8条(b)(4)"将不会被解释成"禁止特定的非纠察宣传。这样的用语不需要理解为是一个例外。它可能暗含着,如果没有附加条款,那么附加条款所保护的特殊的非纠察交流可能被视为强迫,即便其他形式的宣传都不是强迫。如果有该附加条款,第8条(b)(4)部分可能就理解为不包含非纠察宣传,包括当零售商的消费者走进商店时诉诸于他们,敦促联合抵制零售商,因为他销售非全员工会工厂生产的产品。

委员会对第8条(b)(4)的理解将造成一个不当劳动行为,因为除了那些条款明确规定的行为外,对公众进行任何形式的宣传,以及敦促消费者联合抵制雇主的行为都会造成不当劳动行为。根据该案的情况,呼吁不要惠顾商场的报纸、收音机和电视将被禁止;对工会来说,他们敦促其成员不要在商场购物的行为将构成不当劳动行为。工会的宣传单也不是简单地敦促不要在百货商店购物,因为它正在利用一个非工会承包商,尽管工会能确保商店的消费者不在这儿购物,因为销售的床垫没有贴工会的标牌。至少很难彻底弄清楚,为什么议会认定,敦促联合抵制非工会产品分包商的诉求比说服其他中间雇主的消费者更值得保护……

### 注释和问题

**1.《第一修正案》强迫德巴特勒公司?** 德巴特勒公司法院认为,第8条(b)(4)宣传的消费者的覆盖范围将引起严重的一个修正案问题,因为这样的宣传"敦促潜在的消费者实施合法行为,即不惠顾商场内的零售商"。这表明《第一修正案》将不允许禁止劳工引起的消费者联合抵制吗?考虑下面对从事于消费者联合抵制的宪法权利的争辩:

参加消费者联合抵制应当被认为是一个受宪法保护的政治行为,通过这种行为,个人可以对其社会施加影响。……仅仅以私人决策为目标的联合抵制应当与其他政治行为(比如,投票选举、捐款和其他合法的社会目的等)有同等的地位……

对惠顾的一致拒绝能提供一种影响社会决策的方法,即使他们不打算影响政府的决策。以联合抵制为目标的决策——谁被雇佣,他们是怎样被雇佣的,在哪里分配资金,程序是什么——对我们的社会和其成员的生活都非常重要。进一步说,消费者在商场通过联合抵制投票而产生的影响与受到资本支持的多少成正比。它没有经过其他利益代表的调解。假如大多数消费者都不加入抵制,影响也不会消失;只是会减少影响而已。最后,对处理的一致拒绝可能被少数人利用,因为我们的政治程序不是很完善,政府的政策对其成员缺乏相称的影响。

……消费者联合抵制的行为像一个游说活动,当一个组织拥有某种观点的比例并不会令人不安时,这种活动很容易组织起来。在经济场合登记信仰的比例与在政治场合登记信仰比例具有相同的合法性。

哈珀,《消费者联合抵制的新兴权利》,第 422—423 页。

**2. 宣传附文(publicity proviso)是多余的吗?** 宣传附文仅仅是对禁止间接诉诸于消费者情形的一个分类吗?或者它规定了一个将被第 8 条(b)(4)禁止的受保护的领域吗?法院已经将宣传附文解释为没有独立的意义了吗?

**3. 纠察与宣传。** 假如没有发生停工,消费者产品纠察(目标仅仅是消费者)与消费者宣传真的有区别吗?反过来说,针对意图或引诱罢工的中间雇员的宣传,应当视为与寻求纠察或导致类似的回应有区别吗?见瓦沙司凯公司诉国家劳动关系委员会案[Warshawsky & Co. v. NLRB, 182 F.3d 948(D.C. Cir. 1999)](区别德巴特勒公司案,基于工会宣传直接引诱或鼓励了间接罢工,因此是非法的;《第一修正案》没有保护针对中间雇员的交谈,仅仅因为他们采取的是宣传形式,而不是纠察)。

**4. 标语。** 多年以来,木匠工会与三个承包公司布拉迪、布瑞斯松和 E&K(Brady, Precision and E&K)在菲尼克斯、洛杉矶和圣地亚哥大都市的建筑项目上一直存在劳动争议,因为三个承包公司使用非工会雇员,且公司内部的标准与地方劳工标准,特别是工资标准不一致。试图通过与他们("零售商")做生意来影响公司的承包行为,使这三个承包公司改变他们的劳动行为,木匠工会寄给零售商信件,希望通过"积极的公开信息运动对抗布拉迪、布瑞斯松和 E&K,包括在零售商经营的地方展示"清晰可见的标语"。信件敦促零售商"不允许布拉迪、布瑞斯松和 E&K 在其项目上完成任何工作,除非直到它们符合地区劳工标准"。当零售商没有回复时,木匠工会决定抗议18个零售商继续与布拉迪、布瑞斯松和E&K进行商业往来的行为。在每一个零售商附近,木匠工会设置了一个4×15英尺高的标语,用红色大字写道:"零售商的耻辱"。在每一面都用稍微小一点的黑色字体写上"劳动争议"。标语上没有出现其他词语或图画。站在公共人行道上,距零售商的入口20或上百英尺的地方,每一个工会成员都举着标语。成员也向路过的行人分发宣传单,向他们解释"劳动争议"的原因。宣传单上明确,他们根本的矛盾是与三个承包公司之间的矛盾,木匠工会认为,零售商通过使用那三个承包公司的服务,会帮助他们破坏地区劳工标准。木匠工会违反了第8条(b)(4)(B)吗?有没有理由将标语与宣传区别对待?见欧沃斯追特诉木工联合工会案[Overstreet v. United Bhd. of Carpenters, 409 F.3d 1199(9th Cir. 2005)];大卫朵夫诉米勒波利斯建筑商业理事会案[Davidoff v. Minneapolis Bldg & Constr. Trades Council, 550 F. 2d 407(8th Cir. 1977)]。标语是一个典型的静止的活动,对你的分析有意义吗?假如工会使用动态的行为,但不封锁进口和入口,没有任何叫喊,没有任何来来回回的移动,结果会不一样吗?见肯托吾诉斯特金属工人案[Kentov v. Sheet Metal Workers As'n, 418 F.3d 1259(11th Cir. 2005)]。

**5. 工会游说**。工会游说打击了国家立法,将会允许路易斯安那州的公共服务委员会调控电力发电合作社的收费标准。为偿还工会的劳动报酬,合作社终止与非工会分包商布朗与瑞特公司(Brown & Root)的合同。工会违反了第8条(b)(4)吗?见布朗与瑞特公司诉路易斯安那美国劳工联合会-产业组织联合会案[Brown & Root, Inc. v. Louisiana State AFL-CIO, 10 F.3d 316(5th Cir. 1994)]。

### (5)"烫手货品"条款

### 国家木制品制造商协会诉国家劳动关系委员会案

National Woodwork Manufacturers v. NLRB 386 U.S. 612(1967)

布伦南法官……。弗洛格(Frouge)公司，位于美国康涅狄格州的布里奇波特，是一家普通的费城房屋工程承包商。弗洛格公司曾经与国际木工协会签订过集体谈判协议，下属国际木工协会的弗洛格公司同意受地方木工协会与承包商们签订的那些涉及自己经营范围的规则和规定的约束。因此，弗洛格公司就受到了协会与一个名为普通建筑承包商协会（股份有限公司）的费城承包商组织之间达成的集体谈判协议中的条款的支配。他们达成的这一协议中有一项称作第十七条的规定这样写道"没有任何一名区域委员会的成员能够操纵……任何制作合适的门优先被供应……。"①弗洛格公司接手的费城工程需要 3600 个大门。通常，这种大门能够用于工程前，假门或者百叶门应当已经榫接好把手，设置好铰链的路径，做成了适合放在门窗侧壁的斜面形状。这些都属于由费城的雇佣木工完成的传统作业项目。然而，为工程准备的预先切割的门和预先组装的门可以从大门制造商那里购买到。尽管，弗洛格公司的合同和说明书中未要求预先由机器制造的门，并且假门和百叶门能够定购，弗洛格公司还是与一家销售预先由机器制造门的宾夕法尼亚州的制造商签订了购买合同，并且这家制造商是国家木制品制造商协会的成员……。当木工雇员到达工作地点后，协会指示雇员不要供应门。于是，弗洛格公司就退回了由到达工作地点的木工雇员已经切割的合适的预先组装的门和起代替作用的假门。

国家木制品制造商协会控告……国际木工协会违反了集体谈判协议中的第十七条规定"不操纵"条款，协会订立了"约定……凭借雇主……同意停止或制止操纵行为……任何雇主的任何产品……"，同时控告协会执行

---

① 2. 十七条规定全文如下："工人不得从事下列工作：橱柜制作，固定装置，木工制品，窗扇，门，整修或其他的精细使用的木工制品，除非相同物品是由协会制作的并且显示木工和美国的细木工联合协会的协会标志。区域委员会的成员不得处理来自为了对接或固定、文字制版而提前切割和装配的工厂的材料，以及说明的硬件，还有优先于在工地完成的已经装配的门或横梁，包括先前装配的底座、椅子、围栏、图画的装饰线条。这些部件中部分加工完成的部件除外。"

[国家劳动关系委员会]决定第一句违反了第 8 条(e)款(149 N. L. R. B. 646,655 – 656)，协会不能寻求对决定实行司法审查。

了第十七条来对抗弗洛格公司,协会以实行强制或要求其他人停止使用……来自其他制造商的产品的方式,违反了第 8 条(b)(4)(B)条款。国家劳动关系委员会驳回了控告(149N. L. R. B. 646)。委员会作出决定,第十七条中的"不操纵"条款是当事人以保护和保存在工作地点的木工生产出的经过裁剪并且合适的单位作业为目的而使用的语言。委员会还作出决定,第十七条规定本身和对抗弗洛格公司的主张都是与第 8 条(e)与 第 8 条 (b)(4)(B)的禁止性规定无关的"基本的"活动……

法院推翻了第七巡回法庭的判决,支持了委员会的立场。

即使在第 8 条(e)的语句含糊不清地包含了第十七条①规定的这种不确定的前提之下,也不能不对议会通过这项法案的目的进行调查……

持强烈反对意见的观点总是成为争论的征兆,通过把雇主而非自身牵扯到辩论中,劳工使用联合抵制的方式进一步实现目标。但是,议会处理这种行为的措施已经阻止了禁止相同的以迫使雇主调整他和他的雇员之间的关系为目的的活动造成的不利后果。议会打算用第 8 条(e)与第 8 条(b)(4)(B)仅仅来禁止过去议会对这类问题实行的审查中出现的"次要"目标。

1959 年的《兰德勒姆—格里芬法案》的修正案被采纳的原因仅仅是用它来弥补第 8 条(b)(4)(A)条款应用时出现的漏洞……

第 8 条(e)这部分的条款只是简单弥补了其他漏洞。木工联合会地方 1976 协会诉劳动关系委员会案(沙门公司案)[ Local 1976, United Brotherhood of Carpenters v. Labor Board(Sand Door), 357 U. S. 93],法院认为,受罢工影响的雇主过去已经同意了与协会签订的合同的内容,即不使用非协会的材料,因此不能成为对抗一项不公平的劳动惯例的抗辩理由。然而,法院强调,对这个合同条款,即第 8 条(b)(4)(A)项下的合同条款的纯粹执

---

① 4. 第 8 条(e)款的法律用语远非明确的。它禁止"停止……处理……任何其他雇主的任何产品"的合同。由于提到的产品和它的提供者,条款可以被解读为不禁止仅仅与产品本身的类型有关的合同,比如工作保护合同,而且禁止产品来自于其他雇主的反对或是产品的提供者的可定义的群体的雇主,比如非协会成员的身份。

行(由于它在卡车司机工会合同中普遍存在,因此通称"烫手货品"条款),或雇主对这个条款的自愿遵守是合法的。第8条(e)部分的创立是用来弥补"烫手货品"条款本身非法性的漏洞的。议会赞同沙门公司案判例,不仅为了创造对抗雇员违背"烫手货品"条款的损害行为的可能性,而且为了创造一个用这些条款对雇主发挥微妙的压力作用使他们参与"自愿的"抵抗的情境。在1958年后半年,在参议院选举委员会研究了七个关于卡车司机工会合同中的"烫手货品"条款的案件之前召开的听证会上,选举委员会发现,在该条款运用过程中产生了一些在卡车司机组织运动中的持中立立场的雇主。

这种弥补漏洞的方法也不能拓宽第8条(b)(4)(A)条款宣告有罪的行为的范围,尽管第8条(e)使用的语言已经很笼统了,它严格地沿袭第8条(b)(4)(A)条款,正如后者和它的接替条款第8条(b)(4)(B)一样,它不能影响雇员作出的对雇主施压使他们保护习惯上由雇员完成的工作的活动,第8条(e)条款不能禁止出于这个目的作出和坚持的协议……

此外,我们在纤维板纸制品公司案[Fibreboard Paper Products Corp. v. NLRB, 379 U.S. 203 (1964)]中做出的决定毫无疑问地认识到了像本案涉及的工作保护条款的合法性。的确,在纤维板一案中出现的情况,关于协议是"职业的术语和情形",我们坚持这个协议是按照第8条(a)(5)条款规定的行为强制缔结的。纤维板一案涉及一个所谓的拒绝,即拒绝达成关于协议单元规定预先由工人完成的合同外包的设备维护工作的协议……。因此,它将与解释第8条(e)条款使当事人可能被命令达成的,并且被成功包含在这个国家的许多主要的集体劳动合同中的条款无效的目的不协调……

在所有相关的情况下,[①]没有对协会的目标是否是保护弗洛格雇员完成的工作,或者协议和抵制是否是战略性地在别处满足协会的目标这些问题进行调查,就不能对第十七条"不操纵"条款和它的执行情况是否涉及第

---

① 38. 作为一般性主张,这些情况包括远离被禁止的商品或服务取代的威胁,协会和可能被抵制的雇主的劳动关系的历史,以及工业的经济特色。见《评论》,载于《密歇根法律评论》第62卷(1964),第1176、1185页。

8条(e)和第8条(b)(4)(B)的问题做出决定。如果后者符合这个案件，那么弗洛格，那些进行抵制运动的工人，将成为中立的旁观者，协议或者抵制运动将……成为次要性的事情了。这里没有必要与被抵制的雇主和大门制造商为这一类行为，发生实质性的争论，只要协议和它主张的战略性目标是为了雇主，或者绝非为了参加抵制运动的工人或一级雇主的雇佣工人，那么达成协议或抵制就成为它的间接目标了。这个案件的试金石在于协议或它的主张是不是指向达成协议的雇主面对自己的雇员。通常这不是能够应用的简单测试方法。但是"无论勾勒比实际细微的轮廓如何困难，法令强行促成了任务"。电力工人761地方分会诉劳动关系委员会案(Local 761, Electrical Workers v. Labor Board, 366 U.S. 667, 674)。

在这些案件中，"不操纵"条款并非是一条不公正的劳动惯例是很明显的。讯问审查官的判决，被委员会接受，判决认为条款的目的是保护到达工作地点的木工完成的工作。判决被大量的证据所支持，因此协会达成的"不操纵"协议不涉及第8条(e)条款。

同样地，协会关于这个条款的主张也不涉及第8条(b)(4)(B)条款。协会拒绝安装预制的大门，无论它们是否钻上标签，甚至拒绝安装在工人到达工作地点之前工人制作的门。这些和其他大量的证据支持了判决，说明协会对弗洛格公司工作地点的管理仅仅与保护工作地点的木工的传统工作有关……

法院意见的附录，包括同时写下的哈伦法官的备忘录，以及斯图尔特法官的反对意见，其他参与人如布莱克法官、道格拉斯法官和克拉克法官的意见被省略。

## 注释和问题

**1. 来自协作雇员的压力。** 在一个类似的案子里，胡斯顿绝缘品承包商协会诉国家劳动关系委员会案 [Houston Insulation Contractor Ass'n v. NLRB, 386 U.S. 664(1967)]，雇主已经购买了预先切割的石棉配件，涉及和地方22分会达成的协议，协议要求在雇主的商店切割材料。协作雇员，来自一个姐妹分会的工人们,拒绝在得克萨斯的另一个场所安装这些预先切割的配件。法院证实,国家劳动关系委员会作出的被控诉的解雇行为符合第8条(b)(4)(B)条款的规定,推测支持协作雇员的行为不是次要性的,尽管支持的雇员的经济利益并不是直接涉及在内;这个意见没有提及雇主经营行为之间的控制关系。比较所有权和"联合"原则的控制,前文第651页注释4。

**2."工会签字"vs."工会标准"条款**。这些案例在"工会签字"条款和"工会标准"条款之间划清了界限,"工会签字"条款正像第十七条的首句规定的那样,由于寻求影响其他雇主的劳动关系,因此被认为有必要树立间接目标;"工会标准"条款目的是保护用以取得签约的雇主的标准,表面上没有必要树立间接目标。国家木制品协会案从根本上加强了这种区别吗?考虑下面陈述的条款:

> 如果雇主没有足够的设备完成它自己的交货任务,他可以与任何收运费的公司缔结合同,收运费的公司的卡车司机可以得到合同中付给交货雇员的同等或更多的报酬和其他利益。

见肉类与公路运输司机诉国家劳动关系委员会案[Meat & Highway Drivers v. NLRB, 335 F.2d 709, 715-717(D.C. Cir. 1964)](涉及一个制造商,他雇佣自己的卡车司机,但偶尔也雇佣其他卡车公司,包括非工会成员的卡车公司来运送自己的货物)。在这样一个应与第8条(e)一致的条款的背景下做决定,回顾木制品协会一案的脚注38。

**3."工作保护"vs."工作合并"**。假设弗洛格的雇员先前未完成制作门的工作,但是协会为了对抗工作量的减少或为了给更多的成员提供工作,争取和保护分配工作给协议单位的条款而进行罢工。那么协会的行为是不是涉及了第8条(b)(4)(A)或第8条(e)条款?在法定的条款或保护"中立者"的政策中,还有必要区分工作保护和工作合并吗?这种区分是基于对工作合并将引起不适当的冲突的恐惧,或基于对限制技术改变上的抵抗行为的渴望吗?特别是在建筑贸易领域?这些考虑因素都属于控制条款的规定吗?

**4. 根据技术重新定义"传统的"工作。** 在工作保护和工作合并之间进行区别,如果有争议的工作被定义为在新技术使用前已经在协议单位完成,而不是当工作在协议单位以外的场所完成作为技术创新的结果,则按照第8条(e)条款达成的协议的合法性可能就显示出来了。涉及的困难可以通过一个产生于海运集装箱的使用量增加的诉讼举例说明,集装箱——就是能承载很多货物,并且能装货或卸货驶离码头,因此使货物运输变得更加节约成本,但抢占了过去一件件处理货物的码头装卸工的工作。这种发展的情况使海运公司和国际码头装卸工协会就"集装箱规定"进行了谈判,基本上规定如果任何人在当地码头不超过以50英里为半径的范围内,使用海运公司的或从海运公司租借的集装箱装货或卸货,除了对货物有利益的货主的雇工,那么这些码头上的工作将被认为是为应当负责的国际码头装卸工协会完成的。协议还对于集装箱违反协议和任何集装箱经过未开发码头的特许使用金规定了"约定违约金"。

国家劳动关系委员会认为第8条(e)条款下的这些规定无效,协会执行条款的行为同样无效,判定非法的工作合并是涉及条款的。见国际码头工人协会(海豚运输股份有限公司)案[International Longshoremen's Ass'n (Dolphin Forwarding, Inc.), 236 N. L. R. B 525(1978), enforcement denied, 613 F. 2d 890(D. C. Cir. 1979)]。最高法院驳斥了委员会关于有争议工作的解释,取消了它的命令,把案子发回委员会。来看国家劳动关系委员会诉国际码头工人协会案[NLRB v. International Longshorement's Ass'n, 447 U. S. 490(1980)]。法院注意到,委员会忽视了有争议的工作是否是与传统上由码头装卸工完成的工作功能相等的工作。相似地,法院强调委员会必须把注意力放在协议单位雇员的工作,而不是放在其他可能做相同或类似工作的雇员的工作上,并且必须决定是否传统工作和留给协议单位的工作之间的"历史性的和功能上的关系"能支持协议的目的是工作保护,而不是满足协会其他方面目的的结论。法院评论说"问题不在于规定是否代表对创新最合理的或最有效率的反应,而在于它们是否是法律允许的为工作保护作出的努力"。

在案子发回和与其他案子合并的判定中,在最高法院的处理意见影响下,一般国家劳动关系委员会维持把集装箱规定作为总体的工作保护的总体目标。虽然如此,但是委员会发现了一个非法的目标,并且在两个方面即他们寻求保留码头装卸工采用新技术完成的多余的工作量的方面认定规定无效。国际码头工人协会(纽约船运协会)案[International Longshoremen's Ass'n(N. Y. Shipping Ass'n), 266 NLRB 230(1983)]。

最高法院,再次审查集装箱规定,主张全部规定都是合法的。布伦南法官的意见是委员会的部分无效的规定,其错误在于假定"排除的工作"绝不是合法工作保护协议的目标。就法官的意见来看,证据表明了保护码头装卸工作的初级目标。国家劳动关系委员会诉国际码头工人协会案[NLRB v. International Longshorement's Ass'n, 473 U. S. 61, 80–82(1985)]。

**5. 重新取得先前完成的工作**。应用国家木制品协会一案的基本原理,应该重新取得被认为"工作保护"或"工作合并"的先前完成的工作吗?来看美国锅炉 Mfrs. 协会诉国家劳动关系委员会案[American Bioler Mfrs. Ass'n v. NLRB, 404 F. 2d 547(8th Cir. 1968)],赞成一个禁止使用预先制作的材料的条款,使协议单位的工作量减少了 60% 到 85%,表明"工作保护"包括"重新取得",至少在商议争议性条款前,工人们没有失去全部工作。再来看零售业职员地方 1288 分会诉国家劳动关系委员会案[Retail Clerks Local 1288 v. NLRB, 390 F. 2d 858, 861(D. C. Cir. 1968)]("公正地要求的"工作可以合法地被重新取得);纽约的报纸和信件投递员 337 协会(纽约邮局)诉国家劳动关系委员会案 [Newspaper and Mail Delivers' Union of New York(New York Post), 337 NLRB. 608(2002)](在协会试图"保留和重新取得"的"公正地要求的"工作与协会试图"获得"的工作之间进行区分)。

**6. "工会签字"条款对商业买卖的限制。** 一个集体谈判协议规定持美国国旗的船只的所有者和经营者,不应当在未优先通知工会和缺乏买者承诺遵守协议所有条款的保护的情况下出卖船只。委员会发现该条款违反了第8条(e)条款并且拒绝遵从执行对抗买者行为的仲裁裁决书。得出结论买者和卖者是在第8条(e)条款规定下"达成交易",委员会评论说持美国国旗的船只的买卖(每年大约200支)是"公平的普遍的"。委员会驳斥了工会关于合法的工作保护的抗辩,认为交易后条款不要求保留现存的船员,只有属于签约人协会的人员更替除外。参看全国海员工会(贸易油轮公司)案[NMU(Commerce Tankers Corp.), 196 NLRB 110(1972), enforced, 486 F.2d 907(2d Cir. 1973)]。贸易油轮案的结果被施工工程师地方701工会案实质性地限缩了[Operating Engrs. Local 701(Tru-Mix Constr. Co), 221 N.L.R.B. 751, 752-753(1975)](支持集体谈判协议中扩展合同至所有交易的买方的条款):"在贸易油轮案中委员会主张海运行业船只的出卖是公平的普遍发生的事情,不'代表新奇的事情,而是发生在交易正常过程中'。这个概念似乎不适用一种情形,正如这里,一个完整的商业实体从一个人转移到另一个人。"对于涉及的反垄断的问题,见贸易油轮公司诉全国海员工会案[Commerce Tankers v. NMU, 553 F.2d 793(2d Cir. 1977)]。

687　**7. 限制对其他公司的投资。** 委员会一贯坚持"双重商店"或"完整性"条款禁止雇主成立或参与成立违反第8条(e)、经营相同工业的非协会成员的子公司。例如可参见,施工工程师地方520工会案(马斯曼建筑)[Operating Engineers Local 520(Massman Construction), 327 N.L.R.B. 1257(1999)];俄亥俄州东北部的木工地区委员会案(阿莱西奥建筑)[Carpenters District Council of Northeast Ohio(Alessio Construction), 310 N.L.R.B. 1023(1993)];金属板工人国际工会地方91工会(公司)案[Sheet Metal

Workers Union Local No. 91(The Schebler Co.), 294 N. L. R. B. 766(1989), enforced in part, 905 F. 2d 417(D. C. Cir. 1990)]。在核心区工业合伙人案[Hearthand Industrial Partners, LLC, 348 N. L. R. B. No. 72(2006)]中,委员会(2:1)主张在炼钢工人协会和核心区之间的协议表面无效,核心区是一家投资公司,管理核心区的未来资产。协议由两部分组成:附函和建筑集体谈判协议关系的主体框架协议("框架")。附函规定,在核心区投资一个"隐蔽的商业实体"(CBE)——定义是在这个实体中,核心区拥有50%所有权的利益或50%的投票权,或者拥有指导管理的权利,此后不少于六个月,协会可以把管理CBE的想法通知核心区,核心区将使CBE执行和协会达成的包括认票(card-check)和中立条款的框架协议。委员会的大多数成员认为,协议没有通过它的条款证明"终止正在进行的交易"的目的:"在表面上,他们不需要核心区在导致CBE成为联合的或割裂和CBE的关系之间作选择。关键的是,那个有缺陷的条款表面上也不要求核心区通过认票和中立条款割裂和未受约束的CBE的关系。"委员会承认认票和中立条款规定的目的是约束仲裁,除了利用他们未明确提出改正将判定违规的仲裁的事实;因此仲裁将命令核心区停止和CBE的交易的假定是没有基础的。

**8. "纠察线"条款**。条款的意图是保护由于拒绝穿越"间接"纠察线受到处罚,可能违反第8条(e)条款的雇工。参看例如,卡车司机地方413工会诉国家劳动关系委员会案[Truck Drivers Local 413 v. NLRB, 334 F. 2d 539(D. C. Cir. 1964)]。条款无效自动地剥夺了雇工对抗由于拒绝穿越纠察线受处罚的法定受保护权了吗?再来看前文第587—589页。

**9. 闲置工人和工作保护**。法律鼓励工会采取这种为确保成员工作安全的次最优手段吗?这种手段通过限制他们的能力以使用经济压力来获得一种新工作机会,但是与在其他地方更有效的保护传统工作的做法背道而驰。再来看闲置工人的情况下制作的材料,在后文第699—704页。

**10. 不满仲裁处理和第 8 条(e)**。委员会规定,如果一位仲裁员把合同解释为第 8 条(e)条款不允许的含义,则表面上有效的合同条款却可能违反第 8 条(e)条款。仲裁员的解释被看作是规定了"协议"是违反第 8 条(e)所必需的。参看纽约邮局案(New York Post, supra note 5,337 N. L. R. B. 608);片状金属制造工人地方 27 工会案(托马斯屋顶)[Sheet Metal Workers Local 27(Thomas Roofing), 321 N. L. R. B. 540(1996)];卡车司机地方 277 工会案[Teamsters Local 277(J&J Farms Cremery Co.), 335 N. L. R. B. 1031(2001)][分包条款被仲裁员解释为不限制单位工作保护,正如对那些与协会签订的合同中的潜在分包合同进行限制的仲裁;协会的意图是执行仲裁的裁决而为此违反第 8 条(e)条款]。委员会也主张,工会基于对将有效转化为第 8 条(e)条款下的非法条款的合同条款的解读,通过提出申诉的行为违反了第 8 条(b)(4)(B)条款。见前文提及的纽约邮局案;电梯制造商案[Elecator Constructors(Long Elecator), 289 N. L. R. B. 1095 (1988), enforced, 902 F. 2d 1297(8th Cir. 1990)]。

**11. 第 8 条(e)的改革?** 考虑下文关于第 8 条(e)的改革的辩论:

扩大合同领域的另一个范围就是重读 1959 年的雇主和工会不能达成"烫手货品"协议的法律判决。成本主要施加于中立的第三人的合同是不应当被强迫执行的。议会特别考虑,卡车司机工会是使用它对承运人的影响来强迫雇佣承运人的公司的工人的联合,除此之外扰乱他们无法控制的为抵抗运动服务的交易。但是,《国家劳动关系法》第 8 条(e)条款禁止的"烫手货品"条款也禁止达成代价被直接负担或最终被合同当事人支付的协议。比如,建筑工业协会不能以工资上的妥协交换与雇主达成的雇主将不在协会的地理管辖范围内成立竞业的非协会子公司。

塞缪尔·艾斯托伊克:《合同的自由和劳动法改革:开创价值附加的工

第八章　劳资斗争的手段：罢工、抵制和纠察　859

会主义的可能性》，载于《纽约大学法律评论》第 71 卷(1996)，第 827 页[Samuel Estreicher, Freedom of Contract and Labor Law Reform: Opening Up the Possibilities for Value-Added Unionism, 71 N. Y. U. L. Rev. 827(1996)]。

**12. 附加的评论。**主要参见：霍华德·勒斯尼克：《工作保护和间接联合抵制：〈国家劳动关系法〉涉及的第 8 条(b)(4)和第 8 条(e)条款》，载于《宾夕法尼亚大学法律评论》第 113 卷(1965)，第 1000 页[Howard Lesnick, Job Security and Secondary Boycotts: The Reach of NLRA §§8(b)(4)and 8(e), 113 U. Pa. L. Rev. 1000(1965)];西奥多·圣安托尼:《间接联合抵制和烫手货品条款：一项关于力量平衡的研究》，载于《底特律法律评论》第 40 卷(1962)，第 189 页;诺特:《关于间接抵制和工作保护的合理方法》，载于《维加斯法律评论》第 57 卷(1971)，第 1280 页[Theodore J. St. Antonie, Secondary Boycotts and Hot Cargo: A Study in the Balance of Power, 40 U. Det. L. J. 189(1962); Note, A Rational Approach to Secondary Boycotts and Work Preservation, 57 Va. L. Rev. 1280(1971)]。

**注释：国家劳动关系委员会诉蒸汽装管工企业协会案的"控制的权利"原则**

在国家劳动关系委员会诉蒸汽装管工企业协会案[NLRB v. Enterprise Ass'n of Steam Pipefitters, 429 U. S. 507(1977)](简称企业案)中，奥斯汀(Austin)为合同的总承包商，为建造一所为老年人提供的房子与胡迪科公司(Hudik)就供暖、通风和空调工作的内容洽谈分包合同。合同特别提出奥斯汀应当购买和安装由斯兰芬公司(Slant/Fin)制造的气温控制部件，并且制造商应当切割和串联部件的内部管道。这些规定违反了胡迪科公司和企业协会(胡迪科公司的雇工所在的协会)之间达成的集体谈判协议的Ⅸ规定，规定要求串联和切割在工作地点完成。当预先串联的部件到货，协会的装管工们拒绝安装它们;协会代表告诉奥斯汀工厂安装内部管道的行为违反了胡迪科公司和协会达成的协议。奥斯汀的申诉最终把争议提交到国家劳动关系委员会。委员会承认协会的拒绝行为基于包括传统上由胡迪科公司雇工完成的工作的有效的工作保护条款。但是,它强调,胡迪科公司没有控制这项工作的分配;相应地,协会施加压力的目的是迫使胡迪科公司停止与奥斯汀的分包合同或迫使奥斯汀改变交易的方式。据委员会说,这种压力是施加于胡迪科公司使它影响其他雇主,因此是次要的并且违反了第8条(b)(4)(B)条款。与上诉意见不一致的法院驳回了委员会的命令,认为用罢工迫使雇主遵守为他们的利益的合法工作保护行为是不与"中立的"冲突的,而是"基本的"。最高法院推翻了该判决(6:3),认为委员会强调的控制权不是"法律适用错误"。法院补充,木工兄弟联合会1976地方分会诉国家劳动委员会案(沙门公司)[Local 1976, United Bhd. of Carpenters v. Labor Board(Sand Door & Plywood Co.), 357 U.S. 93(1958)],已经在《国家劳动关系法》中根本上应用于《兰德勒姆-格里芬法案》,甚至有效的工作保护协议不能规定对第8条(b)(4)条款控诉的抗辩。这里,奥斯汀控制有争议的工作分配的事实,意味着任何对抗胡迪科公司的劳动压力必须包括由于违反第8条(b)(4)(B)条款而停止与奥斯汀交易的目标。

布伦南法官,以及斯图尔特法官和马歇尔法官,基于以下理由反对:国家木制品协会一案,Ⅸ规定(要求在工作地点串联)已经证明是"基本的",因为它是为使胡迪科公司自己的工人受益和不影响其他雇主的个人政策而设计的。因此,协会想实施或执行的条款也是"基本的"。这与国家木制品协会的观点一致,即因为奥斯汀有权控制处于纠纷中的工作,而不是胡迪科,故奥斯汀是工会施压的目标。尽管与奥斯汀签订了合同,胡迪科也不是一个中立者,自从胡迪科与工会就奖金或其他失业补偿金谈判之后,他便知道了其与工会签订合同之间的纠纷。此外,自从条款禁止使用非工会提供者提供的门之后,沙门公司案就受到歧视。相应地,尽管沙门公司案的间接条款合法,但强制执行它是非法的。相反,企业案中条款基本上是合法的,强制执行它也是合法的。

**注释和问题**

**1. 工会的选择?** 假设在企业案中工会让胡迪科公司选择安装螺纹部

件,假设蒸汽管道工人接受了付给这项工作的加班费,基于雇主对这个选择的反对,工会便不允许蒸汽管道工人安装那些部件了。结果会有不同吗?比较木工案[Carpenters, Local 742(J. L. Simmons Co.), 237 N. L. R. B. 564(1978)]。假如工会获得了评价胡迪科损害的仲裁裁决,仲裁或裁决本身违反第8条(b)(4)(B)吗?对建筑公司附加条款的影响见下文第693页注释2。

**2. 纠察总承包商?** 为了达到通过改变设计的规格来为已签约的分包商胡迪科增加工作的目的,工会能纠察总承包商奥斯汀吗?假如规格是由所有者的建筑师规定的,情况会怎样?建筑师能被纠察吗?难道这意味着工会能纠察其雇主的顾客,强迫顾客给雇主带来商机,从而为工会成员扩展工作机会?另一方面,假如工会不能纠察奥斯汀,这个案件中谁是"主要的"雇主?

**3. 为什么"控制权"与此相关?** 考虑道格拉斯·莱斯利的分析,《控制权:关于间接联合抵制和劳动反托拉斯的研究》,载于《哈佛法律评论》第89卷(1976),第904页[Douglas L. Leslie, Right to Control: A Study in Secondary Boycotts and Labor Antitrust, 89 *Harv. L. Rev.* 904(1976)]:

> ……关于控制权的情形,总承包商容忍预制货物的使用不仅仅是工会与分包商辩论成功的必然副产品。用停工的方式来对抗违约的分包商,其目的是为了保卫卡特尔,这将依次迫使总承包商放弃预制货物。而且,对总承包商的强制对工会通过因果链实现其保留工作的最终结局是很有必要的;只要通过集体拒绝提供基本的工地服务来强制总承包商,工会就会取得成功。
>
> 最后,允许工会对他们的直接雇主施加压力而不考虑对外人附加影响的一个原因是为了避免妨碍集体谈判的进程。这个政策的基础是一个暗含的假定,工会和分包商之间的集体谈判对解决保留工作的问

题而言是一个恰当的程序：在科技的提高和工作的安全之间进行恰当的调解。但……这个假定在控制权的情形下是没有道理的。在这个问题上，分包商和工会没有一个对立的利益关系；在控制权情形下的集体谈判不涉及给予和索取当事方代表的全国劳工政策假定的所有相关利益。假如这是真的，很难看出怎样通过允许工会对分包商罢工来促进劳工政策……

你同意吗？莱斯利教授的分析影响了包含在第8条(e)里的作为反对反垄断法的政策吗？见下文第877、887—888和903页。在第8条(b)(4)(B)和第8条(e)条款的语言及背后暗含的议会意图支持将这些条款理解为限制工会对其会员的雇主施加压力吗？

### 注释：第8条(e)的全行业附加条款

服装和建筑行业在结构和历史上均有很大的区别，他们在工会组织中已经出现了障碍。这些因素解释了第8条(e)的禁止豁免适用于这两个行业的不同范围的原因。

**服装行业的附加条款**。服装行业的附加条款很广泛；它包含第8条(b)(4)(B)和第8条(e)中的豁免规定，并规定对通过罢工或其他经济压力强制执行"烫手货品"条款而言，《国家劳动关系法》将不是一个障碍。这个广阔的范围归因于服装行业的结构和工会使用的组织手段。服装制造业企图避免工会化，成为"批发商"，分包生产工作给承包商。承包商之间激烈的竞争与他们支付的低工资有关。面对直接影响承包商的雇员的实际困难，工会迫使批发商和制造商只与组成工会的承包商进行商业活动。立法史表明议会打算继续用服装行业附加条款来允许工会使用那些组织手段。因此，在服装行业里，达成协议不与非工会工厂签订合同是合法的，因为工会减少停工就是为了保护这样的一个协议[假如协议是非法的，将违反第8

条(b)(4)(A)],因为工会减少停工就是为了强迫制造商或批发商停止与非工会承包商进行商业活动[将违反第8条(b)(4)(B)]。

**建筑行业的附加条款**。主要因为在同一个建筑工地上,工会建筑工人在非工会建筑工人旁边工作会产生摩擦,附加条款第8条(e)允许协议"涉及承包或分包工作在建筑工地上进行"。应当记清楚附加条款的许多限制。第一,附加条款不保护协议,除非一个非工会公司在建筑工地上使用其他地方制造的材料。第二,鉴于为获得涉及工地工作的"烫手货品"条款而罢工是合法的,为获得涉及工地外工作的罢工就违反第8条(b)(4)(A),使工会受到第303条下的损害。第三,强制执行合法"烫手货品"条款的罢工违反了第8条(b)(4)(B),因为要求已签约的雇主停止与非工会承包商进行商业往来是其目标之一,尽管后者正在工地执行工作。要求仲裁或诉讼或其他措施不构成禁止手段,在第8条(b)(4)的(ⅰ)(ⅱ)条款下将是合法的。见西北印第安纳建筑贸易委员会案[Northeastern Indiana Bldg. & Constr. Trades Council, 148 N. L. R. B. 854(1964), enforcement denied on other grounds, 352 F. 2d 696(D. C. Cir. 1965)]。

在康奈尔建筑公司诉水管工地方第100号工会案[Connell Constr. Co. v. Plumbers, Local 100, 421 U. S. 616(1975)]中,引用下文第898页,工会企图在得克萨斯州的达拉斯组织铅管业和机械分包商。在康奈尔建筑的总承包商的监督下,工会纠察了一个建筑工地,直到总承包商同意只使用分包商是基于与工会的合同。"烫手货品"协议受到了只能在工地执行机械分包工作条款的限制。然而,法院(按照鲍威尔法官)主张,协议超过了建筑行业附加条款的范围,因为工会不代表康奈尔的雇员,也不代表工地上的其他承包商,此后,议会关于避免工地摩擦的担忧就没有了。担心这样的协议将允许工会不询问受影响的雇员的意愿,就"自上而下"组织整个建筑工地,法院解释附加条款"仅仅扩大至集体谈判关系下的协议……可能也扩大到特殊工地上的整个事件中"。同上第633页。

在沃尔克与罗米罗框架公司诉国家劳动关系委员会案[In Woelke &

Romero Framing, Inc. v. NLRB, 456 U. S. 645(1982)]中,法院回答这个问题,在康奈尔案中留下了余地——假如它们没有受到特殊工地(工会和非工会工人将在对方附近工作)的限制,在集体谈判关系的语境下谈判的"烫手货品"条款是否超过附加条款第8条(e)的庇护。回顾相关的立法史,在沃尔克与罗米罗案中法院不再强调康奈尔案中认定的工地摩擦和自上而下的组织:

附加条款减轻了国家劳动关系委员会诉丹佛建筑公司商业理事会案[NLRB v. Denver Building & Construction Trade Council, 341 U. S. 675(1951)]判决的影响;虽然它没有否定对纠察的禁止,确认了建筑行业工会可能达成禁止将工地工作分包给非工会公司的协议。然而,……附加条款不仅仅设计为回应丹佛建筑公司商业理事会案中所反映的问题。即便是作为对丹佛建筑公司商业理事会案的回应,附加条款也只是部分地关注工地摩擦……。我们相信议会签署了在集体谈判关系语境下达成的分包合同——决定接受这些条款可能包括的任何自上而下的压力。议会认为,建筑工地上的团体利益证明了自上而下的组织的影响是正当的,可能致力于集体谈判目标合法性的保护。(456 U. S. at 662–663)

### 注释和问题

**1. 丹佛建筑公司商业理事会案的影响?** 根据沃尔克与罗米罗案,丹佛建筑公司商业理事会案中的工会可能与总承包商签订禁止使用非工会电力分包商的合同吗? 通过停工而强制执行这样的协议将明显违反第8条(b)(4)(B),但工会能通过减少停工来赢得这样的一个条款吗? 后面的问题在沃尔克与罗米罗案中被明确地驳回(456 U. S. at 665–666 & n. 17)。遵守这样一个条款需要承包雇主断绝先前和非工会承包商存在的关系,这将很重要吗? 参考洛杉矶建筑贸易委员会案[Los Angeles Bldg. & Constr.

Trades Council(Gasket Mfg. Co.), 175 N. L. R. B. 242(1969)]。

**2. 建筑行业附加条款和"控制权"？** 建筑工会和建筑分包商之间的集体谈判协议给安装预制气候控制部件的建筑工作提供加班费,不管分包商是否有决定这些部件使用的"控制权"。合同受到了建筑行业附加条款的庇护吗？

**3. 第8条(e)部分和"双面经营"。** 讨论第8条(e)对工会调整"双面经营"运营的影响,见上文第687—688页和下文第856页注释6。

### 注释：工会不当劳动行为的解决办法

**10(l)部分的禁令。** 控诉称违反了第8条(b)(4)(A)—(C),第8条(e)和第8条(b)(7),地区主任被要求找到"合理的原因来相信这样的控诉是真实的",以解除联邦地区法院直接的临时禁令。这个条款与第10条(j)所谓的为所有其他不当劳动行为规定的酌情初步禁令不同,在第10条(j)中,(1)地区主任可以不经委员会授权而行为,(2)禁令的寻求受到"合理理由"的强制。"当遇到在第10条(l)下申请一个禁令时,地区法院的作用不是认定一个不当劳动行为是否实际上已经发生,仅仅需要认定,是否有一个合理的理由相信违反《国家劳动关系法》的事实已经发生……。此外……,委员会必须证明平等救济是'公正的和正当的'。"肯托吾诉斯特金属工人案,引用都德诉国际码头装卸工协会案[Kentov v. Sheet Metal Workers, supra, 418 F.3d at 1263, quoting Dowd v. International Longshoremen's Ass'n, 975 F.2d 779, 783(11th Cir. 1992)]。

**第303条下的损害行为。** 在《国家劳动关系法》特有的强制执行计划的一个例外中,1947年《劳资关系法》第303条授权"无论谁在商业或财产中由于他人违反第8条(b)(4)而损害"将得在联邦地区法院中得到补偿。这样的诉讼可能由"直接的"和"间接的"雇主所提起,见联合砖土工人诉蒂娜艾瑞瓦公司案[United Brick & Clay Workers v. Deena Areware, Inc., 198 F.2d 637(6th Cir. 1952)], 由于工会非法的行为, 第三方也遭受了直接和可预见的伤害, 见米勒公司诉国际电气工人兄弟会地方349 工会案[W.J. Milner & Co. v. IBEW Local 349, 476 F.2d 8(5th Cir. 1973)](商业损失是由直接雇主的唯一销售代理导致, 尽管销售代理的目标不是工会的间接压力)。

依据第303条规定所提起的私力诉讼所获得的, 既不是惩罚性赔偿, 见卡车司机工会20地方分会诉莫顿案[Local 20, Teamsters v. Morton, 377 U.S. 252(1964)], 也不是一个禁令, 见街道、电器与机动车雇员混合工会诉地歇摩托公司案[Amalgamated Ass'n of Street, Elec., Ry. & Motor Coach Employees v. Dixie Motor Coach Corp., 170 F.2d 902(8th Cir. 1948)]。然而, 在州法律认可对侵权行为进行惩罚性赔偿或强制救济的地方, 联邦法院可能行使其补充管辖权来同意这样的救济, 但一般只应用于出现在工会的间接压迫过程中的暴力行为。律师费不适用于胜诉方。见山峰工业公司诉木工地方112工会案[Summit Valley Indus., Inc. v. Local 112, United Bhd. of Carpenters & Joiners, 456 U.S. 717(1982)]。

第303条规定的诉讼和委员会依据第8条(b)(4)的程序是相互独立的, 可以同时提起。基于第303条所给予的救济不需要等待依据第8条(b)(4)起诉的解决。见国际装卸工与仓库保管员工会诉朱妮亚·塞浦路斯公司案[International Longshoremen's & Warehousemen's Union v. Juneau Spruce Corp., 342 U.S. 237(1952)]。在依据第303条提起的诉讼的最终判决之前, 在委员会对依据第8条(b)(4)所提起的控诉作出裁决时, 多数法院主张, 委员会的裁定将阻止在法院中将同样问题的再次诉讼(将导致一事不再理)。见派拉蒙运输系统诉卡车司机地方150工会案[Paramount Transp. System v. Teamster, Local 150, 436 F.2d 1064(9th Cir. 1971)]。

## 3. 工作分配纠纷

工作分配纠纷多年来引起了很多复杂的问题。在普通法系中, 法院不认可通过合法的罢工和纠察来保护工作分配。见泰勒,《劳动争议与集体谈判》(1940)第131条［1 L. Teller, Labor Disputes & Collective Bargaining §131(1940)］。后来在美国联邦政府诉哈奇森案［United States v. Hutcheson, 312 U. S. 219(1941)］中,同前第73页,阻止用《谢尔曼法》来对抗这样的停工。第二次世界大战结束后,这样的纠纷激增,1947年,议会制定了第8条(b)(4)(D)、第10条(k)、第10条(l)和第303条,试图促进纠纷有序地解决,试图避免引起停工。下面的内容将探讨这些条款各自的影响及相互之间的影响(1959年修改)。

**国家劳动关系委员会诉粉刷匠地方第79号工会案**

NLRB v. Plasterers' Local Union No. 79 404 U. S. 116(1971)

怀特法官。当依据第8条(b)(4)(D)提出控诉……,该条款禁止所谓的管辖权纠纷,委员会必须依据第10条(k)"审理并裁定纠纷,由于非正当劳工行为已经出现,除非……纠纷双方"调解或同意自愿调解纠纷。这里的问题是,一个雇主,其被纠察强制分配工作,是不是一个基于第10条(k)的目的的纠纷当事人。当涉及两个工会,但雇主不同意和解的方法时,委员会一定要驳回依据第10条(k)提起的控诉,或者一定要继续裁定要求雇主提供工作机会的纠纷吗?

得克萨斯州休斯敦市的得克萨斯州瓦砖公司(Texas State Tile & Terrazzo Co.)和马提尼瓦砖公司(Martini Tile & Terrazzo Co.)都是承包商,从事于瓷砖和水磨石的安装业务。两者都和瓷砖安装员地方20号工会签订了集体谈判协议,各自都利用瓷砖安装员工会的成员来铺瓷砖,从事集体谈判协议中明示的工作,比如涂"面层或砂浆面层,准备在适当的时候在地板上、墙上和天花板上贴瓷砖,不管在瓷砖上涂砂浆面层的时候是湿的还是干的"。

当粉刷匠地方第79号工会纠察得克萨斯州公司和马提尼公司的工地,声明将砂浆涂到瓷砖上是粉刷匠工会的工作,而不是瓷砖安装员工会的工作时,该案发生了。无论是得克萨斯州公司还是马提尼公司都没有和粉刷匠签订集体谈判协议,也没有雇佣代表粉刷匠工会的工人。

在对得克萨斯州公司的纠察开始之前,粉刷匠工会将他们的工作纠纷声明提交到了国家联合委员会(National Joint Board for Settlement of Jurisdictional Disputes),要求解决管辖权争议,(联合委员会)是一个由美国劳工联合会-产业组织联合会的建筑贸易部和一定的雇主组织组成的机构。粉刷匠工会和瓷砖安装员工会都受联合委员会裁决的约束,因为他们的国际工会是美国劳工联合会-产业组织联合会建筑贸易部的成员。然而,得克萨斯州公司和马提尼公司都不同意受联合委员会的程序和裁决的约束。联合委员会认为,产生纠纷的工作都包含在1917年8月的合同中,在这两个国际工会之间,合同将工作分配给了粉刷匠工会。当得克萨斯州公司和瓷砖安装员工会拒绝接受联合委员会的裁决,并改变工作分配时,粉刷匠工会开始纠察得克萨斯州公司,为第8条(b)(4)(D)控告形成了基础。粉刷匠工会也纠察了马提尼的雇员和瓷砖安装员工会的成员安装瓷砖的工地,但该纠纷没有提交到联合委员会。

雇佣了得克萨斯州公司的总承包商马提尼和西南建筑公司,提出第8条(b)(4)(D)……控告粉刷匠工会,国家劳动关系委员会的地区主任宣布统一用第10条(k)来审理纠纷。西南建筑、得克萨斯州、马提尼和两个工会都参加了这次审理。委员会的一组人员指出,瓷砖安装员工会承认受联合委员会程序的约束,但认为联合委员会的裁决缺乏控制力,"考虑和平衡所有因素之后",将工作判给了瓷砖安装员工会。① 当粉刷匠工会拒绝表明

---

① 9. 国家劳动关系委员会考虑了团体之间的集体谈判协议、行业习惯、相关技术和运营效率、雇主过去的做法、粉刷匠工会和瓷砖安装员工会之间的合同,因为"模糊性的性质",国家劳动关系委员会拒绝承认控制力,联合委员会裁定并总结道:

"瓷砖安装员至少在完成工作时有和粉刷匠一样的技术,分配他们完成工作的得克萨斯州瓦砖公司和马提尼公司对他们的工作质量和雇佣他们的成本都很满意。此外,当前(instant)对瓷砖安装员有争议的工作分配与瓷砖安装员工会、得克萨斯瓷砖公司和马提尼公司的集体谈判协议之条款相一致,与雇主过去的做法相一致,与行业习惯相一致……"委员会第10条(k)诉讼的裁决记录在国家劳动关系委员会(1967)案卷167中。不正当劳工行为诉讼的裁决记录在国家劳动关系委员会(1968)案卷172中。

其将遵守委员会的裁定,一个基于第8条(b)(4)(D)的控诉指向了他们,他们通过纠察强迫得克萨斯州公司和马提尼公司将有争议的工作分配给他们的行为构成了不当劳动行为。在依据第10条(k)和第8条(b)(4)(D)做出裁决时,粉刷匠工会辩称,虽然雇主没有同意受联合委员会裁决的约束,但第10条(k)禁止了委员会后来的裁决,因为对抗的工会双方同意了自愿和解的方法,委员会驳回了粉刷匠工会的该辩解。

关于粉刷匠工会的复审申请和委员会强制执行的申请,上诉法院的单独法庭将委员会的要求置于一边……。上诉法院判决,当对立的工会已经同意通过约束仲裁解决他们的纠纷时,委员会可能没有做出关于管辖权争议的第10条(k)裁定。委员会和雇主都申请了移审,我们同意该申请。

一个劳工组织通过罢工或威胁、强迫雇主或其他人,强迫雇主分配特定的工作给这个组织的雇员而不给另一个组织的雇员,第8条(b)(4)(D)条款认定其为不当劳动行为,除非雇主正在拒绝遵守委员会的一个代表性的裁定。表面上看,该条款似乎覆盖了任何工会试图挑战雇主工作分配而使用被禁止手段。国家劳动关系委员会诉无线电和广播电视工程师地方1212工会案[NLRB v. Radio & Television Broadcast Engineers Union, Local 1212, 364 U.S. 573, 576(1961)](下文称CBS案)。依据该条款,作为控告和干预当事人,雇主将作为任何程序下的当事人。然而,第8条(b)(4)(D)条款必须依据第10条(k)来理解,两者是互相联系的。CBS案,上文第576页。当提出一个第8条(b)(4)(D)控告时,有合理的原因相信构成了不当劳动行为,且满足第10条(k)条款时,提出的控告才能得到支持。那些条款指导着委员会"审理和裁决"纠纷;委员会需要依据其制定的标准裁决哪一个工会或雇员组织有权获得处于纠纷中的工作,除非纠纷双方解决问题或同意依据一个方法来解决。第8条(b)(4)(D)控告将得到支持还是被驳回取决于第10条(k)程序的结果。委员会允许雇主作为一方当事人全部参加第10条(k)程序。假如雇主更喜欢他已经分配工作的雇员,他对抗其他工会的纠察的权利取决于他使得委员会相信其在第10条(k)诉讼中的能力,基于委员会的雇佣标准,他原先的分配是有效的……

引起纠察的词组"纠纷当事方"必须给出与包含在这里的实际利益一致的常识性意义……。第10条(k)条款没有直接地或隐含地否定雇主的当事人地位,自从1947年开始采用这个条款以来,委员会一直就承认了雇主的当事人地位,当工会而不是雇主同意解决时,其已经拒绝了驳回诉讼。

上诉法院否定了关于第10条(k)条款的解释。法院给出的以下原因没有说服我们。法院解释,因为雇主不受第10条(k)裁决的约束,他应该没有权利坚持参加。而且第10条(k)裁决是独立的,与其他条款无关。对抗工会或雇主的禁止令没有一个是由这样的诉讼造成的;第10条(k)裁决的影响对第8条(b)(4)(D)的审理有冲击,因为对所有现实的目的而言,委员会的裁决决定了谁将在不当劳动行为的诉讼中占优势。假如纠察工会坚持其行为而不顾第10条(k)裁决对他的否定,一个第8条(b)(4)(D)控诉问题和工会将可能被判定为不当劳动行为,然后被命令禁止。另一方面,假如工会在第10条(k)裁决中获胜,但雇主不履行该裁决,那么雇主的第8条(b)(4)(D)案就会消失,他对纠察工会提出的控告也将会被驳回。雇主和雇员对其已经分配的工作都不是法定地受第10条(k)裁决的约束,但两者都将失去他们的第8条(b)(4)(D)保护,该保护可以对抗可能像这里一样停工的纠察。雇主为了遵守委员会的裁决,将承受很大的压力。这是法律的设计。议会没有提供任何方法执行委员会的第10条(k)裁决……

## 注释和问题

**1. 委员会的第10条(k)综合调查。** 委员会对第10条(k)裁决的方法,在机械师案[Machinists, Lodge 1743(J. A. Jones Constr.), 135 N. L. R. B. 1042(1962)]中提出,随着CBS案的裁决,经过与工会领导和雇主广泛地考虑和讨论之后,该方法得到了进一步的发展。随后,委员会保留了其具体问题具体分析的方法,加入了相关"安全"因素,与新技术的引进联系起来,雇员以前是否执行给定功能的问题将被取代。见劳动者地区委员会案[Laborers District Council(Anjo Constr.), 265 N. L. R. B. 186(1982)];费城印刷工会案[Philadelphia Typographical Union, Local 2, 142, N. L. R. B. 36(1963)]。

复审法院支持了委员会的第10条(k)裁决,但仍然批评其缺乏权衡相关因素的标准,批评其没有遵循自己的先例。见国家劳动关系委员会诉卡车司机地方584号工会案[NLRB v. Teamsters Local 584, 535 F. 2d 205, 207-208(2d. Cir. 1976)]。

**2. 听从雇主的分配?** 继 CBS 案的裁决(1961)之后三年内,大约95%的裁决中,委员会都支持雇主对纠纷工作的分配。考虑委员会的第10条(k)标准,这个趋势令人奇怪吗?有利吗?[Supp. Report of the Special "10(k)" Committee, ABA Lab. Rel. Section 437, 438(1964)]

**3. 第10条(k)条款和仲裁。** 第10条(k)和仲裁程序间的相互影响在下文第797页凯勒诉威斯汀豪斯电器公司案[Carey v. Westinghouse Elec. Corp., 375 U. S. 261(1964)]中将讨论。

**4. 第8条(a)(3)和8(b)(2)间的紧张关系。** 委员会通过将纠纷工作裁决给胜利工会的雇员代表,而不是给工会或其成员本身,以此来避免第8条(a)(3)和第8条(b)(2)间的紧张关系。见操作粉刷匠地方179工会案[Operative Plasterers Local 179(Bertolini Bros. Co.), 194 N. L. R. B. 403, 405(1971)]。然而,由于占优势的工会罢工或者威胁,遵守第10条(k)裁决可能导致解雇或无法雇佣失败工会的成员,从而引起第8条(a)(3)和第8条(b)下的问题。然而,委员会已经认定,当所有当事方的行为(包括解雇)都是善意工作分配纠纷的一部分时,第10条(k)和8(b)(4)(D)是唯一的救济。见布拉迪-哈密顿码头工人公司案[Brady-Hamilton Stevedore Co., 198 N. L. R. B. 147(1972), enforced sub nom.]。施工工程师地方701工会案[Operating Engrs. Local 701 v. NLRB, 504 F. 2d 1222(9th Cir. 1974)]。

**5. 第 303 条下的赔偿责任?** 粉刷匠案表明,工会为了强制执行一个第 10 条(k)裁决而纠察,将不违反第 8 条(b)(4)(D)。但依据第 303 条(a),占优势的工会在一个第 10 条(k)诉讼中赢得工作之前,进行罢工或纠察引起的损害应承担什么责任? 或者,实际上,在此之后呢? 比较地方 714 工会诉苏丽凡运输公司案[Local 714 v. Sullivan Transfer, Inc., 650 F. 2d 669 (5th Cir. 1981)]。

**6. 评论。** 见福利斯特·亨利:《〈国家劳动关系法〉下的工作分配纠纷》(1988) [Forrest A. Henry, *Work Assignment Disputes Under the NLRA* (1988)];道格拉斯·莱斯利:《国家劳动关系委员会和法院在解决工会管辖权纠纷中的地位》,载于《哥伦比亚法律评论》第 75 卷(1975),第 1470 页[Douglas L. Leslie, The Role of NLRB and the Court in Resolving Union Jurisdictional Disputes, 75 *Colum. L. Rev.* 1470(1975)];马克·布莱尔:《第 10 条(k)下的工作分配纠纷:在程序之马前戴上实质之车》,载于《得克萨斯法律评论》第 52 卷(1974),第 417 页[Mack A. Player, Work Assignment Disputes Under §10(k): Putting the Substansive Cart Before the Procedural Horse, 52 *Tex. L. Rev.* 417(1974)];詹姆斯·阿勒森:《国家劳动关系委员会和管辖权纠纷:CBS 案的后果》,载于《乔治城法律评论》第 53 卷(1964),第 93 页[James B. Atleson, The NLRB and Jurisdictional Disputes: The Aftermath of CBS, 53 *Geo. L. J.* 93(1964)];盖·法莫和汤普森·保尔:《国家劳动关系委员会在解决管辖权纠纷中的地位》,载于《维加斯法律评论》第 46 卷(1960),第 660 页[Guy Farmer & N. Thompson Powers, The Role of the National Labor Relations Board in Resolving Jurisdictional Disputes, 46 *Va. L. Rev.* 660(1960)];凯斯曼和休斯·哈斯本:《调整工会间纠纷的民间和官方计划》,载于《斯坦福法律评论》第 13 卷(1960),第 5 页[J. Keith Mann & Hugh P. Husband, Jr., Private and Governmental Plans for the Adjustment of Interunion Disputes, 13 *Stan. L. Rev.* 5(1960)]。

第八章　劳资斗争的手段:罢工、抵制和纠察　873

### 4. 闲置工人和创造工作机会的实践

"闲置工人"(Featherbedding)是指诸如创造工作机会规则、超额雇佣职工、生产配额制以及抵制技术改进之类的做法。这样的做法就像对分包和工作分配纠纷的限制一样,反映了雇员对工作安全或增加雇佣的期望,也反映了工会对机构的生存和成长的期望。额外雇工是一个古老的现象,不只是限于工会部分。但劳工组织的力量能使对效率的阻碍得以制度化,并保护他们免受长时间的市场压力。

可以想象,有时候当事人诉诸于工作规则和实践限制,作为谈判"有效"的一个直接手段,也就是说,"离开需求曲线"谈判。进一步的讨论见上文第22页注释5和麦当纳与罗伯特·索露:《工资谈判和雇佣》,载于《美国经济评论》第71卷(1981),第896页[I. M. McDonald & Robert M. Solow, 71 Am. Econ. Rev. 896(1981)]。安德鲁·奥斯瓦尔德:《有效合同建立于劳动力需求曲线之上》,载于《劳动经济评论》第1卷(1993),第85页[Andrew J. Oswald, Efficient Contracts Are on the Labour Demand Curve, 1 Labour Econ. 85(1993)]。然而,对合法体系的传统反映是这样的,额外雇工与公共利益是相对立的,因为它抑制生产率和生活水平的提高。这个评价在普通法系导致许多法院将此类案件判为非法,并禁止为了强迫创造工作机会实践而罢工。见哈瓦山沙滩剧院诉吉勒斯案[Haverhill Strand Theater v. Gillen, 229 Mass. 413, 118 N. E. 671(1918)](工会禁止执行该规则,即在雇主希望单独的音乐家服务的地方,要求最少雇佣5名音乐家);旅行戏剧公司诉韦伯案[Opera on Tour v. Weber, 285 N. Y. 348, 34 N. E. 2d 349(1941)](尽管政府与《诺里斯-拉瓜迪亚法》对立,但该法禁令反对舞台工作人员罢工,该罢工是音乐家们抗议旅行戏剧公司利用录制音乐而不是现场管弦乐队而引起的)。1940年代早期,法院开始支持工会通过停工和其他压力,来确保《谢尔曼法》豁免限制工作规则,通过《诺里斯-拉瓜迪亚法》和《克莱顿法》的第20条来禁止。见美国联邦政府诉美国音乐家协会案[United States v. American Federation of Musicians, 47 F. Supp. 304 (N.D.IⅡ. 1942), affirmed per curiam, 318 U.S. 741(1943)]。

议会在同一时期开始立法禁止工会的滥用行为。1946年的《利亚法》(Lea Act, 47 U.S.C. §506)修改了1934年的《通讯法》，来为引诱播音员雇佣"任何……超过需要的雇员数量……完成实际服务"或者要求代替超过全体雇佣人员报酬的行为提供罚金和监禁。见:美国联邦政府诉裴瑞丽案[United States v. Petrillo, 332 U.S. 1(1947)]。《反敲诈勒索法》规定，剥夺对特定额外实践的法律保护。见下文第704页注释5。在《塔夫脱-哈特莱法》修正案中，议会加入了第8条(b)(6)，禁止工会导致雇主赔偿，"对没有完成的或没有被完成的服务而言，具有勒索的性质。"众议院的法案也将禁止工会引诱"额外雇工实践"——解释为，要求雇主"超过合理的(以雇主需要完成实际服务的数量为标准)雇员数量"的任何人[H.R. Rep. No. 245, 80th Cong., 1st Sess. 25, 50, 61(1947)]。这个条款最终被废除，因为考虑到参议院与会者表达的观点，"法院几乎不可能精确地认定数以百计的公司需要多少雇员。"[93 Cong. Rec. 6601, 6603(June 5. 1947)]主要参见本杰明·亚伦:《政府对限产超雇的限制》，载于《斯坦福法律评论》第5卷(1953)，第680页[Benjamin Aaron, Governmental Restraints on Featherbedding, 5 Stan. L. Rev. 680(1953)]。

## 国家劳动关系委员会诉博彩有限公司案

NLRB v. Gamble Enterprises, Inc.,
　　345 U.S. 117(1953)

伯顿法官:专业音乐家面对着地方雇佣的不足，因此需要给他们提供一个谋生的手段。他们已经面临与军乐队、旅游乐队、外国巡回音乐家、当地业余爱好者组织的竞争，最近，又受到了复制品和广播节目的挑战。为了帮助他们保留地方的雇佣资源，他们形成了地方保护社团。从1896年以来，他们也已经在全国范围内组织和维持了美国音乐协会(American Federation of Musicians),隶属于美国劳工联合会。到了1943年,实际上美国所有的专业表演者和指挥员都加入了该组织,人数超过了20万,比加拿大多1万人。

音乐协会利用其对全国专业人才的控制,帮助个体成员和地方工会。它坚持旅游乐队应该受制于其规则、法律和制度。其条例第18条第4款规定:"没有经过地方工会的同意,旅游乐队的成员在其辖区内不能进行任何演奏,除非一个当地交响乐团也被雇佣。"

……俄亥俄州亚克朗市的皇宫剧院是一个由被告(博彩公司)掌控了12年多的州际剧院……。在拒绝轻舞歌剧之前,直到1940年,被告雇佣了一个由9个工会音乐家组成的地方管弦乐队在剧院进行舞台表演。当一个旅游乐队占据了舞台时,地方管弦乐队从正厅后排出来演奏轻舞歌剧,有时便增加旅游乐队的表演。

自1940年以来,被告一直利用皇宫剧院来放电影,偶尔出现旅游乐队的表演。在1940—1947年,地方音乐家再也不定期地被雇佣了,而是在剧院定期地排练,当需要时利用即可。当一个旅游乐队在那里演出时,被告给地方管弦乐队的报酬总额与对同样雇佣的工会最低工资相当,但他们不偿付音乐的报酬。

《塔夫脱-哈特莱法》,包含第8条(b)(6),……8月22日生效。7月2日至11月12日之间,旅游乐队的7个表演者出现在皇宫剧院舞台上。地方音乐家既没有使用也没有给他们报酬。他们没有演出任务,也不需要支付"临时的"报酬。然而,1947年10月,美国音乐家协会,俄亥俄州亚克朗市的地方24工会,……与被告进行谈判,要求无论旅游乐队何时在舞台上演出,被告均要雇佣地方音乐家乐池。乐池演奏前奏曲,"幕间休息"和"观众退场伴奏"(后者主要是赞助方退场时)。工会要求接受这个提议,作为其同意旅游乐队在地方演出的条件。被告拒绝要约,当知道工会已经拒绝同意后,旅游乐队取消了安排在11月20日的表演。

1949年5月8日,工会提出了新的建议。它寻求担保,让被告雇佣偶然数量的地方管弦乐队(偶然数量与旅游乐队演出的数量有关)。这个建议和同样的建议都被否定了,因为地方管弦乐队既不需要也不期望。相应地,1949年7月,工会又一次拒绝同意被告对旅游乐队演出的期望,这个乐队也没有演出。

因为有一人反对,委员会驳回了指控工会违反第8条(b)(6)的控诉,但被上诉法院撤销了。

我们同意委员会的认定……工会在为其成员寻找实际上的雇佣机会,不仅仅是"临时的"报酬……。工会……一直为与旅游乐队和轻舞歌剧的表演有关的实际雇佣机会而谈判。它已经为管弦乐队能赚到表演工作的报酬建议了各种各样的方法,依据那些条款,它同意美国音乐协会控制的旅游乐队表演……

因为委员会认为工会的提议是对实际服务表演的善意预期,在这个记录上,我们同意工会没有实施第8条(b)(6)禁止的行为。它一直让被告依据所有的情况决定是接受还是拒绝工会的条件。我们不认为也有必要认定这样的条件是否"具有勒索的性质"。我们这里没有处理仅仅"代表"或名义上服务的条件。呈现在我们面前的提议大概都由委员会认定为是有能力的音乐家进行善意和重大表演的条件。没有理由认为假冒身份者能取代第8条(b)(6)下基本内容比任何其他法规下的多。"临时"报酬或与"临时"报酬相当的报酬,都不是服务表演的报酬,但当一个雇主收到能胜任的表演者相关服务的要约时,仍然需要雇主经过公平正义的谈判,来决定这样的要约是否该接受,决定将给多少报酬。

法官杰克逊和克拉克(首席法官文森参加)的反对意见在此省略。

## 注释和问题

**1. 惩罚 vs. 职工守则。** 当地方乐队没有被雇佣时,美国音乐家协会会通过提高对旅游乐队的服务要求,合法地为地方音乐家提供工作吗?假如最高法院在博彩案中对受到挑战的安排进行惩处,两者之中建议的任何一个都会是非法的吗?基于什么样的考虑会驱使工会强迫不需要的雇员而不是确保减少更高的补充率?关于美国音乐家协会政策的讨论,见弗恩·坎催曼:《有组织的音乐家:第一部分》,载于《芝加哥法律评论》第16卷

(1948),第 56 页[Vern Countryman, The Organized Musicians: Pt. I, 16 *U. Chi. L. Rev.* 56(1948)];罗伯特·格曼:《录制音乐家和工会力量:美国音乐家协会的案例研究》,载于《西南法律评论》第 37 卷(1983),第 697 页[Robert A. Gorman, The Recording Musician and Union Power: A Case Study of the American Federation of Musicians, 37 *Sw. L. J.* 697(1983)]。

**2. 要求"仿制的"排版**。美国报业出版协会诉国家劳动关系委员会案[American Newspaper Pub. Ass'n v. NLRB,345 U. S. 100(1953)],伴随博彩公司案而发生的一个案件,法院与委员会意见一致,认为第 8 条(b)(6)没有禁止国际活版印刷者联盟(ITU)进行"仿制的"排版。这个实践开始于 1890 年划线机的引进,允许一张报纸为一个给定的广告排好版后,产生一个模板使其他报纸也能印刷同样的广告。为了避免排字工人丢失工作,ITU 保证在正常的工资水平下,报刊发行者的合同会允许他们的排字工人为一个仿制的复制广告排版,而不考虑使用一个模板。排好版之后,仿制的版型就立即被融化了。仿制工作一般在萧条期完成,花印刷工 2% 至 5% 的时间。美国报业出版协会案的法院认为,第 8 条(b)(6)仅仅禁止根本没有任何表演的"具有勒索性质的"报酬,该条款"让集体谈判决定,包括善意的'人为工作'的任何工作,是否将都属于有偿服务"。同上第 111 页。1947 年,纽约的地方印刷者工会同意领导地方报纸消除"仿制"工作,减少作为"保证一生雇佣"的交换的"额外雇工";这个合同通过了绝大多数成员的认可。

**3. "相关服务"的善意要约?** 海绵行业地方 46 工会案[Lathers Local 46(Expanded Mtal Eng. Co.), 207 N. L. R. B. 631(1973)],是委员会极少认定违反第 8 条(b)(6)的一个案件。曾经由卡车司机代表的一个单位雇员从事制造业,他们与雇主签订了集体谈判协议。尽管雇主声称没有钉板条的工作,也没有板条,但钉板条工人工会依然强迫雇主雇佣一个每星期报酬 400 美元的钉板条工人。正如地方工会代表建议的那样,雇员被分配古怪的工作,有些他没法完成,其他的他认为"有损人格"而拒绝。委员会认定,从博彩公司案来看,工会的要求不是"对能胜任相关服务的表演者的善意要约"。另见卡车司机地方456工会案[Teamsters Local 456(J. R. Stevenson Corp.), 212 N. L. R. B. 968(1974)][每年20,000美元的建筑承包商担任工会代表,检查新来的卡车司机的工会会员证,没有给雇主提供第8条(b)(6)要求的"相关服务"]。

有没有工会坚持让不必要的员工(如音乐组合)工作,而其服务与雇主的企业"不相关"的情形?

**4. 申请**。一个不需要任何音乐的演出在芝加哥剧院一直表演了40周。剧院同意了美国音乐家协会保证的6名音乐家工作46周,只有他们的表演与剧院的要求一致。依据合同,剧院支付了音乐家每周的固定薪金,即便他们没有表演,或者仅仅在演出时露一下面。个体音乐家每周给剧院通一次电话要求表演,但没有被告知不需要他们的服务。工会违反了第8条(b)(6)吗?假如纽约选派将在芝加哥演出的演员后,芝加哥剧院的合同被履行,会影响你的答案吗?

**5.《霍布斯法》(《反敲诈勒索法》)**。《霍布斯法》(The Hobbs Act, 18 U.S.C. 1951),曾经被解释为为受暴力或威胁行为个人"受强迫的、不必要的、多余的、不真实的服务"支付工资的刑事犯罪。见美国联邦政府诉格林案[United States v. Green, 350 U. S. 415(1956)](为给特殊组织的工人在建筑工地上不必要的服务减少报酬,工会用暴力相威胁)。关于管理人员使用不正当手段来确保雇员减少集体谈判的合同利益,《霍布斯法》对此的适用见美国联邦政府诉罗斯案[United States v. Russo, 708 F.2d 209(6th Cir. 1983)]。

关于《国家劳动关系法》的第8条(b)(6)与《霍布斯法》紧张关系的讨论,见诺特:《闲置工人和联邦反敲诈勒索法》,载于《芝加哥法律评论》第26卷(1958),第150页[Note, Featherbedding and the Federal Anti-Racketeering Act, 26 *U. Chi. L. Rev.* 150(1958)]。

## 5. 工会暴力

工会在设立纠察线方面的暴力能形成严重的问题。如针对替代工人所采取的暴力的布朗与莎普制造公司案[Brown & Sharpe Mfg. Co., 299 N. L. R. B. 586(1990)];主要参见阿姆的·提博尔特和托马斯·哈咖德:《工会暴力:法院、立法机关和国家劳动关系委员会的记录和反映》[generally Armand J. Thieblot & Thomas R. Haggard, *Union Violence: The Record and Response by Courts, Legislatures, and the NLRB* (1983)]。然而,联邦法规受到制约。当工会代表使用身体暴力或以暴力相威胁来迫使雇员行使他们的第7条的权利时,工会违反了第8条(b)(1)。见皮瑞·诺维尔公司案[Perry Norvell Co. 80 N. L. R. B. 225(1948)]。在美国信息工人地方1118工会案[Communications Wkrs. of Am., Local 1118, 305 N. L. R. B. 770(1991)]中,在非罢工单位雇员的家门前纠察被认定为是非法强迫。代理法的一般原理决定工会是否对其代理行为负责。见《国家劳动关系法》第2条(13);见码头工人第6工会案[Longshoremen's Local 6(Sunset Line & Twine Co.), 79 N. L. R. B. 1487(1948)]。然而,联邦刑事诉讼一般是不能适用的,因为《霍布斯法》已经被解释为不适用于故意破坏雇主财产的行为,该行为出现在为更高工资而合法罢工过程中。见美国联邦政府诉恩莫案[United States v. Enmons, 410 U. S. 396(1976)];见诺特:《劳工暴力和〈霍布斯法〉:司法的困境》,载于《耶鲁法律评论》第67卷(1957),第325页[Note, Labor Violence and the Hobbs Act: A Judicial Dilemma, 67 *Yale L. J.* 325(1957)]。在施耐德诉全国妇女组织案[Scheidler v. National Org. for Women, 537 U. S. 393(2003)]中,进一步缩小了与工会暴力相关的《霍布斯法》的解释。《霍布斯法》中的"勒索"手段要求"获得"财产;剥夺他人所有的公司资产的排他性财产权利不被视为勒索。

委员会驳回了要求由工会封锁进入工厂的路而导致雇员受害者损失的报酬或赔偿身体或精神损失的请求。如在特洛奎斯塔斯地方901工会案

[Union de Tronquistas Local 901(Lock Joint Pipe & Co.), 202 N. L. R. B. 399(1973)]解释的一样,委员会相信,在情绪高涨而罢工的情况下评估损失相当困难,个人暴力将归咎于工会的错误。委员会认定,例行救济,比如禁止令、藐视法庭强制执行和第10条(j)禁令,基本上足够了。

尽管与《国家劳动关系法》的第8条(b)(1)有一些重合,国家可能规制和禁止出现在劳资纠纷中的暴力及其他对公共秩序的威胁。见美国汽车工人国际工会诉罗塞尔案[International Union, United Automobile Workers v. Russell, 356 U. S. 634(1958)];杨达尔诉雨平公司案[Youngdahl v. Rainfair, Inc., 355 U. S. 656(1954)]。关于联邦法优先于各州法的问题在第十二章将讨论。

# 第九章 集体谈判协议的执行

## 第一节 申诉仲裁机制

在集体谈判协议的执行过程中,出现关于权利、义务和期望的争议是正常的。大多数此类纠纷都是通过非正式途径解决的,但几乎每一个合同都约定,通过正式申诉仲裁制度作为争议解决途径。

大多数集体谈判协议都规定了,单个仲裁员的特别选择。如果当事人不能就仲裁员选择达成一致,某些外部机构,比如联邦仲裁与调解局或者美国仲裁协会(American Arbitration Association),可以被授权指定仲裁员或者是从双方通过交替名义或其他程序选择的人员中推荐一个仲裁庭。还有些协议约定了多数票决出的三方委员会,三方委员会的由双方代表组成,主席由中立方担当。这种安排的类型有时被视为调解或非正式解决机制的组成部分。

有些合同,特别是适用于大企业和多雇主谈判单位的合同,约定了固定的仲裁员或者公正的主席。他们会有一个相对固定期限的任命,而不是只根据当事人的要求而免职。这样的安排避免了由于选任而造成的程序拖沓,培养了有实践经验、善于与人相处以及解决问题的仲裁员,他们经常能够推动有益的调解和咨询。主要参见查尔斯·基林斯沃思和所罗·沃伦:《仲裁系统中的强制性与多样性》,载于《第17届全国仲裁学术年会论文集》第56页(1964) [See generally Charles C. Killingsworth & Saul Wallen, Constraint and Variety in Arbitration Systems, Proc., 17th Ann. Meeting, Nat'l Acad. of Arbs. 56(1964)]。

仲裁程序比司法程序较为不正式,也不是一般法律上的证据规则和程序规则。尽管如此,基于证据规则的异议,例如道听途说的信息,会时常出现。通常仲裁员驳回一项异议,但是会强调他们会"仔细权衡"。仲裁员来自各行各业,他们的能力、价值观和风格都不相同。他们不受先前的判决所限制,甚至是涉及同一个合同的事件。他们的判决很少有公布的,实质上说,这些判决是免于审查法院修正的。

申诉仲裁程序,作为集体谈判协议的一部分,通常被称作是美国劳资关系的一项主要成就。这个程序对于工人的独立和尊严极其重要,对工人反对管理人的专制行为起着实际的保护作用。该程序通常与不许罢工条款相结合,它规定了一个有秩序的抗议行动或者是罢工以及其他形式的破坏。它不仅代替了诉讼,更重要的是,它代替了经济冲突。

关于仲裁的文献很多很广泛。纵观这些著作,比较主要的有埃尔库里与埃尔库里:《怎样进行仲裁工作》,阿伦·麦丽丝·鲁本主编,2003 年第 6 版[ Elkouri & Elkouri, *How Arbitration Works* ( Alan Miles Ruben ed., 6th ed. 2003) ];欧文·法尔瓦哲:《劳动仲裁中的实践和程序》,雷·斯洪霍纷主编,1999 年第 4 版;《仲裁实践》,安阿德·扎克主编,1984 年版[ Owen Fairweather, *Practice and Procedure in Labor Arbitration* ( Ray J. Schoonhoven ed., 4th ed. 1999); *Arbitration in Practice* ( Arnold M. Zack ed., 1984) ]。

## 1. 解雇与处罚

### 格里夫兄弟案

Grief Bros.
42 Lab. Arb. Rep. (BNA) 555 (1964)

多尔蒂(DAUGHERTY)仲裁员:"公司在 1963 年 12 月 13 日是否出现了解雇申诉人 X 的情形?如果没有,什么是适当的赔偿?"

12 月 13 日,年轻人[申诉人]为机器操作员……工会[工会管事]在他自己的公寓里……用金属陀螺覆盖在 Ro-Con 光纤鼓上。12 月 13 日那天他覆盖了好几百个。这项操作包括用木制的槌轻敲光纤结构的顶部,并且用附加的金属夹子将顶部牢固。

那天下午,申诉人的领班,一个小个子,注意到两个光纤顶部由于被过度的敲击而被损坏。申诉人 X 用脚使劲地踢或者挤压,其中一面鼓出现了一些痕迹和损坏。领班没有做深度的现场调查,而是告知 X 他被解雇了,命令他去领班办公室,然后去找当地的工会主席。在小个子办公室里,X 请求申诉,他被告知那些鼓是公司的财产。在争议了一番后,没有达成协商一致,由于小个子对 X 的粗暴行为,使争执进一步恶化,直到工会主席介入调停。最后 X 打卡下班了。

从记录上显示,领班在 12 月 13 日没有提醒 X 不要太用劲敲打光纤顶部,但是 X 应该知道如何正确地完成工作。没有证据显示这个结论是否明确,即 X 不是故意使劲敲打致使那两个光纤顶部被破坏,又或者他就是故意为之。但是他的确是造成了实际损失。

记录上进一步显示,在之前 X 犯过错误以后,高管希望将 X 解雇,但是领班代表 X 的利益调停,说服高管再给他一次机会表现工作能力。

仲裁员从无争议的事实记录上发现,对 X 的记录是不利的,尽管他是一个又勤快又能干、有着相当潜能的雇员。但在好几次事故上,他已经受到了几个口头警告和两次暂时停职的处罚,一次是停职一天,还有一次是停职三天。

仲裁员掌握了如下事实:(1)年轻的 X 其实知道他那时候正处于试用期,在之前所犯的错误上他已经接受了警告和处罚,但没有一个处罚涉及这件事情。可能他没有明确地意识到他损坏了数百面鼓中的两三面,但是他的确是造成了实际损坏,这可能导致他被解雇。尽管如此,他知道他必须关注自己工作的正确程序……(2)公司对认真工作的要求是合理的。(3)小个子领班认为,告诉 X 被解雇的时候他是有证据的,对于 X 的破坏行为,是他亲眼所见。可是通过与 X 的对话,小个子领班并没有深度探究,他的亲眼所见是否正确。小个子宣布的纪律处分决定太过于草率。视觉上的证据可能是正确的,也可能是给予处罚的合理理由;但小个子领班本应该将口头证据核实查证,并且查明 X 的行为是否正当有理。

没有一个适当的预解雇调查。如果该侵犯合法权利的过失被公平的预解雇调查予以确立,那么 X 的解雇可能就会受到支持。理由如下:尽管对于他过错的证明,如上所述可能并不足够严谨成为解雇的正当理由,但如果这次过错成为第一个被预解雇调查,X 的档案就会很差,那么即使是一次证明力非常弱小的过错,都可能成为他被解雇的足够正当的理由。

仲裁员进一步发现:(1)小个子领班的行为,包括对 X 的粗暴行为和迅速解雇,致使仲裁员不可能裁决维持解雇。每一个在产业民主下被控告的雇员都有权利走法律程序,都有权在处罚执行之前听证。仲裁员完全注意到了公司有权要求其员工认真、安全、高效。但是公司和检察官应该明白,法律的存在同时也是保护未受裁判和查证即被处罚的无辜的人。社会期望可能有过错的人在法律保护下能获得自由,这样才能保障自由、无辜的人在专制并且反复无常的行为下获得安全。(2)仲裁员只有两种选择:(a)恢复 X 的工作并支付被雇佣期间的报酬;(b)恢复 X 的工作,但不支付被解雇期间的报酬。(3)在该案中合理的裁决是恢复 X 的工作,但不支付其被解雇期间的报酬。

### 注释和问题

**1. 何谓"正当理由"**。分析仲裁员多尔蒂的摘要,在另外一个裁决中,支持停职或免职的正当理由的因素如下:(1)"雇员为他行为导致的结果受到预先警告";(2)"雇主制定的规则与提高工作效率有着合理的联系,并且该规则具有可执行性";(3)"在决定给予惩罚之前已经做出了努力指控雇员是否有过错";(4)"调查是公平客观的";(5)"掌握了雇员有过错的确凿证据";(6)"规则公平适用,无差别对待";(7)"处罚的程度与雇员的过错和曾经的档案记录是相适应的"。见:企业电线公司案[Enterprise Wire Co., 46 Lab. Arb.(BNA) 359, 362－365(1966)]。在上述因素中,对于格里夫兄弟案,多尔蒂是如何适用的呢?这些因素在任何一个案子中都可以起作用吗?在集体谈判协议中,不需要任何的限制就能适用吗?上述因素有无排除适用？请看下文注释4。

**2. 何谓预先决定的通知和听证？** 不管雇主方有多确凿的证据，在劳动合同中"正当理由"条款都要求对解雇进行预先决定的通知，并且提供面对指控可以争论以获得减轻处罚的机会。这是仲裁员多尔蒂针对格里夫兄弟案的立场吗？在解雇遭受质疑和争执升级的情况下，这项要求赋予了处罚程序的有效性，它的目的是什么？预先决定的听证会如何正式化与普及化呢？对于停职或者其他较轻的处罚，也必须要有听证前置程序吗？什么样的合同约定可以排除预先通知和听证的适用？

**3. 何谓"部分判定"？** 鉴于针对格里夫兄弟案，仲裁员多尔蒂的结论是没有正当理由决定解雇，那么他为什么不能给申诉人一个完整的判决，既恢复其工作，又恢复其被解雇期间的报酬呢？如果仲裁员认为解雇的理由充分，雇主应当按照正当程序得到适当的赔偿，那么作出要求申诉人返还工资而拒绝其复职的裁决岂不更说得通？你认为仲裁员是不是在尝试照顾双方利益而作出部分判决呢？这种策略能提高在以后案件审理中仲裁员的可被接受程度吗？

**4. 何谓公司规章制度的实质性审查？** 假定公司有一项固定的并且无差别适用的规章制度，工会也未曾有过反对。尽管违反了公司的这项规定，但是仲裁员仍然可能降低处罚，因为他发现该规定与公司业务的"认真、安全、高效"的要求没有任何关系。怎样为"正当理由"条款作解释？没有更多的，只是使解雇或者是其他处罚的合理的实质性标准更加具体化。

**5. 何谓"先执行，后申诉"？** 难道雇员有义务服从命令和规章制度直到这些规章制度被认定为无效为止吗？大多数的仲裁员，与多尔蒂一样，都遵循着"先服从再申诉"的原则，这样通常不会导致工作任务的不合法、不合理，或者是威胁到健康和安全。一般的规章制度是劳动合同双方当事人的共同期望吗？会有仲裁员裁决的充分阻止雇主应用不合理规则的事后救济吗？

## 英特-巴克公司案

**Inter-Pack Corp.**
**87 Lab. Arb. Rep. 1232(1986)**

布朗仲裁员：——[现在的问题是：——]
公司有正当理由因为申诉人J某的多次缺勤行为而停职两个星期吗？

### 事实的陈述

申诉人J某在1985年6月3日被雇佣为染色裁剪工。1986年2月7日，星期五，她早上6:30报到上班，但是由于生病，早上8:00就下班离开了。1986年2月10日，星期一，她因为过度缺勤而被停职。

生产部经理于1986年2月10日给了申诉人一封信，内容如下：

请你注意工作规章第3组第1条对旷工处理的相关内容。自1986年2月2日起，你有如下记录：

1986年1月6日处理私事；

1986年2月3日没有报到；

1986年2月7日早上8:05就回家了；

在27天的工作时间内，你已经有3天，也就是11%的时间里出现了各种问题。

逾期不改正这种状况让我别无选择，只能作出对你停职两周的处罚，从1986年2月10日起，至1986年2月23日晚12时结束。你可以从1986年2月24日早上6:30起报到上班。

在同一天，申诉人提出了以下申诉意见：

申诉的性质：停职不合理。对所有雇员的记录，在每年的1月1日都会清空。对其他的雇员，都是先书面警告，然后给予3天的停职，然后才是14天的停职，而不是一开始就是处罚停职14天。

期望得到解决：恢复工作，并且赔偿所有的损失。

雇主就已经公布的工作规章向所有的雇员，包括1985年入职的申诉人在内，作了回应。工作规章规定：

违反以下工作规章将会受到如下方式的处罚：
首次违反——书面警告
二次违反——停职不超过两个星期的处罚
三次违反——解雇

1. 旷工过多。除非有不寻常的或者特殊情况，无故缺勤率达到5%或者更多，包括无故缺勤或有理由缺勤的整体缺勤率达到8%甚至更多。只有在雇员拿出相关证据（例如医生开的假条），才视为有理由的缺勤，并且假条必须马上交给公司，不能迟于后一交班的起始时间。

2. 迟到。如果雇员有不可避免迟到的事由，他必须在交接班之前提前通知公司，说清楚迟到的事由和能赶到上班的大概时间。

3. 擅自离岗。除了休息时间和午饭时间，其他的工作时间内雇员应该是坚守在工作岗位上的，除非管理员批准雇员暂时离开。雇员在交接班的时候，在休息时间和午饭时间结束的时候都是应该在工作岗位上的。浪费时间和在工作岗位之外闲逛都是被禁止的。

申诉人的管理员证实，申诉人在9月份完成试用期后已经进入了交接班。他口头警告过申诉人要增加出勤，否则她会受到书面警告。1985年10月18日，他的确向申诉人发出过下面的警告信：

请你注意工作规章第 3 组第 1 号对旷工的相关处理规定。自 1985 年 9 月 9 日起,你有如下记录:

9 月 9 日没有报到;

10 月 7 日早上 7:00 就回家了;

10 月 8 日电话通知生病;

10 月 9 日电话通知生病;

在 30 天的工作时间内,你已经有 4 天,也就是 13.3% 的时间里出现了各种问题。

逾期不改正这种状况将会导致更严格的处罚。

这份书面训斥不是这次申诉的主题。在之后的 1985 年 11 月 20 日,申诉人提前下班并出庭。12 月 4 日,申诉人因工受伤提前下班,之后的几天里她因病假而缺勤。后又因其祖母的葬礼缺勤 3 天。然后申诉人就收到了停职两个星期直到 1986 年 2 月 23 日的处罚。管理员证实,工会曾为申诉人的停职期限有过抗议。他们证明申诉人 1 月 6 日旷工是因为出庭了。公司回复他们没收到传唤,而且申诉人要出庭这是她自己的私事。

生产经理证实,他已经计算过申诉人从 1986 年 1 月 2 日至 1986 年 2 月 7 日之间,缺勤时间已达 11%。因此申诉人已经违反了公司规章的第一条。他还记录了,到 1986 年 2 月,申诉人仅有 8 个月的工作资历。他认为,作为一个新雇员,应该给予她最长期限的停职处罚,以使之改正缺勤行为。他说,这种方法显然已经起作用了,因为申诉人从这次停职处罚后,她的出勤记录已经呈现良好的状态。

讨 论

雇主对过度缺勤的规则采取的是"无过错"的出勤政策,也就是即使雇员有正当理由缺勤也可能会受到处罚。

雇主可能会考量各种因素来决定在处罚的范围内,哪种处罚方式是最合适的。根据上述工作规章,在第二次违反时就会受到停职不超过两个星期的处罚。通常来说,雇员以前的工作记录、雇员的工作期限、违反的情节轻重以及过错程度等都是决定处罚方式的考量因素。

事实上,另外两个雇员因为两次违反工作规章,由于过度缺勤受到3天的停职处罚,而申诉人却因为同样的原因要受到两个星期的停职处罚,如果不把这三件案子的情节相比较,倒也说明不了什么。这三个雇员都在6个月的期限内受到了处罚,从时间上看是一样的。1985年9月3日,G没有报告而缺勤5天,在30个工作日内缺勤率达到16.6%,而受到停职3天的处罚。1985年10月18日,工会主席没有报告而缺勤3天,在30个工作日内缺勤率达到10.0%,而受到停职3天的处罚。申诉人在1986年2月7日由于缺勤3天,在27个工作日内缺勤率达到了11%,却受到了停职两个星期的处罚。其中,有一天的缺勤是"没有报告的",有一天是因为出庭了,还有一天是因为生病而早退。当他们受到停职处罚时,申诉人有8个月的工作资历,而工会主席有6年的工作资历,G也有2年的工作资历。这三个雇员中的任何一个人,除了1985年和1986年的低出勤率,没有出现过工作上的其他问题。

这三个雇员都有相对良好的工作记录。工会主席在公司是有比较长的服务期限,但这与8个月或者2年的工作资历相比也并无显著的区别。因此,公司所列举的对申诉人不同对待的原因似乎很牵强。

对违反规章的情节的基础比较是有利于申诉人的。她的缺勤其实是可减轻的情节。她在1月出庭期间提前通知了雇主。她在2月的时候也尽量工作了,只是不得不早退。早退也不能和全天缺勤同日而语。雇员即使在可能无法全天工作的时候,也应该是鼓励其尽量来上班。再者,提前已经有安排个人私事,也与毫无计划的临时缺勤不一样,因为像这种缺勤是提前有通知的,也是有利于安排倒班的。最后,一个"没有报告"的缺勤是最令人不安的无故缺席,因为雇员既违反了报告的要求,又没有来上班。纵观上述情况,根据规章第一条的适用,与申诉人有"特殊情况"相比,G和工会主席是有违反加重情节的。那么在这件事情的处罚上,雇主对工作规章的适用就是专制的,是有差别对待的。施布拉格设备公司案[Sprague Devices, Inc., 79 LA 543(Mulhall, 1982)]。

公司在有正当理由的前提下有权对雇员停职,但是执行的原则应该是公平的。[麦克比·汉密尔顿诉热尼有限公司案(McCabe Hamilton & Renny Company, Limited), 78 LA 592 (Tsukiyama, 1982)]。仲裁员在对处罚条款和管理部门的权利条款中的正当理由进行解释说明时,也没有越权和擅自剥夺管理部门的职权。[沃廷顿公司案(Worthington Corp.), 24 LA 1 (McGoldnick, 1955)]。两个星期的停职处罚是允许的,但是在有特殊情形下,这样的处罚就不能太过严重了。[西北出版公司案(North West Publication Inc.), 43 LA 1197 (Sembower, 1964)]。在这个案子中,仲裁员就认为在这种特殊的情形下,两个星期的停职处罚过于严重。

对申诉人的处罚应该是 3 天的停职。她的过度缺勤行为理应受到处罚。3 天的停职处罚在这种特殊情形下已经是很严重了,而且也足够将低资历者区分出来。两个星期的停职处罚已经超过了合理的处罚范围。对于其他从事了更为严重不端行为的员工尚没有见到 3 天停职的先例。但在此类案件中,3 天停职的处罚的确为雇主的协同行动提供了可比较的基础。申诉人应该作为整体。[华盛顿医院中心案(Washington Hospital Center), 75 LA 32 (Rothchild, 1980)]。

### 注释和问题

**1. 公司规章的一致适用**。公司对另外两名雇员过度缺勤的从宽处理给仲裁员布朗的压力是,也许他的决定会导致公司以后坚持更加严厉的处罚?打包裁定会要求雇主拒绝从宽处理的请求吗?在规章适用一致性的情况下,雇员的利益如何保护?这样的裁定对保护雇员免受偏见和管理员个人敌意起到重要作用吗?它们能保证雇员受到公平的处罚吗?

**2. 典型处罚**。10 个雇员违反了集体谈判协议中不许罢工的条款,这 10 个雇员可以全部被解雇。尽管公司的老总需要他们的产品紧急供货,但是也不能完全忽略他们违反集体谈判协议的行为。她建议随意抽取这10个人中的一个人名字,被抽中的这个人被解雇。这样的解雇方式是否违反了正当理由条款呢?

**3. 公司政策执行的改变。**假设有一个雇主曾经从宽执行过缺勤规章,现在单方面宣布以后要从严执行这项规章以降低产品的亏损。那么受制于这项更加严厉的规章之下的雇员们能否提出"正当理由"条款的要求?他们能否提出中途改变政策的做法违反了《国家劳动关系法》第8条(a)(5)?如果雇主出台新政策的原因仅仅是一次简单的政策管理变化,而不是试图避免重大的损失,这有关系吗?

**4. "无过错"的缺勤政策。**"无过错"的缺勤政策导致有理由的缺勤也会受到处罚。如果在特殊的案件中,工会质疑政策的一致适用,会不会导致不一致适用的情况出现呢?请参照顿·斯科特和斯蒂芬·泰勒:《经仲裁的旷工案例分析》,载于《仲裁杂志》,1983年9月,第61页[K. Don Scott & G. Stephen Taylor, An Analysis of Absenteeism Cases Taken to Arbitration: 1975-1981, *Arb. J.*, Sept. 1983, at 61];哈瓦德·布莱克和理查德·米腾它:《有计划的怠工》,载于《第37届全国仲裁学术年会论文集》(1984),第77页[Howard Block & Richard Mittenthal, Absenteeism, in Proc., 37th Ann. Meeting, Nat'l Acad. of Arbs. 77(1984)]。

如果雇员的旷工过多是由于其确认为残疾,那么该雇员可以根据《美国残疾人法》(the Americans with Disabilities Act of 1990, 42 U.S.C. 第12101节及以下)声明,有权因为残疾而"合理调节"。可是,旷工过多可能会被视为未完成工作的基本要求。参照均等就业机会委员会诉黄色货运系统公司案[EEOC v. Yellow Freight Sys. Inc., 253 F.3d 943, 948 (7th Cir. 2001) (collecting cases)]。

**5. 个性化判决?**应当考虑,是否被解雇,而不是一些较小的罚款时,是不是可以批准申诉人的个人情况与之相关联？仲裁员是否有权考虑雇员被解雇的其他相关理由？如果该雇员有着非常良好的社区服务记录或者从事过宗教活动呢？如果该雇员是残疾，或者是已经上了年纪难以重新被雇佣呢？

**6."逐步的"处罚**。英特-巴克公司的规章规定连续违反会受到逐步严厉的处罚的目的是什么呢？这样的制度会对劳资双方都有利吗？这项制度的成本是什么？

a. 仲裁员在对集体谈判协议的正当理由条款进行解释时，是否能够要求雇员受到的处罚应当逐步进行，即使在集体谈判协议和雇主的政策中都没有明确表述这项要求？那么如果一直以来都是雇主在雇员第一次违反规章就解雇他，哪怕他只是违反了很小的规定，例如迟到？工会曾经反对过以前的解雇行为因为没有提前书面警告或口头警告，这有关系吗？工会是否寻求过通过谈判达成一个正式的逐步处罚的制度呢？

b. 逐步加重的处罚制度，如果适用恰当，一般不会将雇员由于违反规章置于"双重危险"的境地。参照戴尔蒙·格的那公司诉联合纸业地方1009工会案[Diamond Gardner Corp. v. United Papermakers, Local 1009, 32 Lab. Arb. Rep. (BNA) 581 (1959) (Smith, Arb.)]（因为第一次的惩戒是规章规范的能够对抗申诉的正当行为，因此可以对申诉人随后的违纪行为附加一个处罚）。可是，雇主在对雇员第二次违纪行为调查的基础上决定，第一次违纪行为应比之前的认定更为严重，那这本身就是处罚更加严厉的根据吗？参照钛金属公司案[Titanium Metals Corp., 121 Lab. Arb. Rep. (BNA) 1441 (2006) (Franckiewicz, Arb.)]（之前由于迟到受到过处罚，导致之后的旷工受到了更为严重的处罚，就是所谓双重危险）。"在申诉仲裁程序中，'双重危险'是指一旦违反规章受到了处罚，并且已经接受该处罚，那么第二次处罚就不能加重。"参照服务机关诉美国联邦政府雇员案[Servs. Admin. v. American Fed'n of Gov't Employees, 75 Lab. Arb. Rep. (BNA) 1158, 1160 (1980) (Lubic, Arb)]。

c. 在定性标准是主观灵活的前提下,逐步加重的处罚原则是否平等适用? 仲裁员应该如何应对业务性雇员和管理性的雇员因工作表现不佳而受到的解雇处罚,而他们事先并没有收到警告如果不改善工作成效就将受到解雇? 参照萨缪尔·艾斯托伊克:《缺勤和不称职:法庭的角色》,载于《纽约大学第 35 届劳动法年会论文集》(1983),第 335 页[Samuel Estreicher, Absenteeism and Incompetence: The Role of the Courts, in Proc., 35th Ann. N. Y. U. Conf. on Lab. 335(Bruno Stein ed., 1983)]。

**西弗韦百货公司案**

Safeway Stores, Inc.

74 Lab. Arb. Rep. (BNA)1293(1980)

道尔(Doyle)仲裁员:——申诉人,H,1979 年 7 月被聘为西弗韦百货公司连锁超市的店员。1980 年 1 月 8 日,公司的行政人员接到通知,"本地的一家报社报道 H 曾经有过犯罪记录,因盗窃而被判处刑罚。"公司调查查明,8 月 19 日 H 曾参与过一起水床店盗窃案,被逮捕的时候,在他身上有一个真空吸尘器,他承认是从店里盗得的。H 对入室盗窃罪的指控认罪,根据内布拉斯加州法律对重罪的第三种分类,于 1979 年 12 月 21 日被判处缓刑 3 年。根据这个信息,公司于 1980 年 1 月 26 日,以"被证明不诚实"的理由将 H 解雇。

合同第 17 条第 2 款约定,"没有正当理由雇主不得解雇任何雇员",第 17 条第 4 款对解雇有明确的约定。该款约定如下:

雇员在解雇之前至少要受到两次明确的书面警告,但是发生被证明不诚实、酒醉、恶劣反抗与伪造就业申请情形时除外(由于伪造就业申请而解雇必须在自雇佣之日起 60 日内完成)。所有书面通知的副本一份给雇员,一份给工会。书面通知自发出之日 6 个月后无效。

工会案件的依据是"被证明不诚实",这是第17条第4款的约定,意思是申诉人的不诚实行为要与其工作有关,例如盗窃公司财产,或者在工作过程中违规处理公司或客户的资金。因为本案中所说的不诚实发生在公司经营场所之外、工作时间之外,而且与申诉人的工作没有关系,所以与第17条第4款所说的"不诚实"不相符。因此,在没有受到两次明确的书面警告的前提下,他不能被解雇。

工会对17条第4款的解释是错误的,不会得到证据支持。证明不诚实,也许是在第17条第4款中确认为应该解雇的最严重的罪行。考虑到零售商店的职业包括处理资金、有机会盗窃公司财产,这一条的约定是非常正确的。故意挪用他人财产证明的是品格特征,大不同于证明两个雇员下班以后的争执,也不同于对某雇员下班以后酒精影响的观察。这些情况即便有的话,也与申诉人的工作没什么关系。那么在合理期待的范围内,将要通过在先的书面警告通知书对处罚生效。可是,对于强盗和盗窃行为来说,要求在合理解雇之前两次书面通知是超出合理理解的。聪明的谈判代表通过表达这样的限制可以轻而易举地阻止他人理解合同的引申含义。也没有习惯和实践证据支持这种限制。在当事人自己选择表达合同意愿的文字下,像这种罪行申诉人要承担被解雇的责任。

### 注释和问题

**1. 工作外的不端行为。** 如果申诉人在一家制造业公司工作,雇主的程序减小了盗窃的巨大风险,那么申诉人的解雇会得到支持吗?假如他对酒吧的斗殴行为认罪会怎么样?酒驾认罪会怎么样?对入店行窃的轻罪指控认罪会怎么样?

仲裁员并不总是支持由于工作之外的犯罪行为而解雇或者其他的处罚行为。有些仲裁员要求"雇主证明有实际损害,或者有确凿的证据证明损失显而易见"。费尔蒙特·肯医院诉医院与健康护理雇员国家工会案[Fairmont Gen. Hosp. v. National Union of Hosp. and Health Care Employees, 91 Lab. Arb. Rep. (BNA) 930 (1988) (Hunter, Arb.)](执业护士对入店行窃的指控认罪,医院因此而对其解雇无正当理由)。参照托马斯公司案[S. B. Thomas, Inc., 106 Lab. Arb. Rep. (BNA) 449 (1995) (Alleyne, Arb)](面包店的店员尽管被证明犯有两项重罪,需要用个人财产支付赔偿金,但是由于其没有操纵公司资金,要求恢复其工作)。卢卡斯诉美国联邦州与城市雇员当地544工会案[Lucas Cty. Comm'r v. American Fed'n of state, Cty. and Mun. Employees, Local No. 544, 91－2 Lab. Arb. Awards (CCH) 8462 (1991) (Imundo, Jr., Arb.)](恢复这位16岁的申诉人在卫生工程师办公室项目检查员的职位,尽管他对向少年传播危险物质的指控供认不讳)。

**2. 歧视?** 公司规章中对有罪的雇员予以解雇的规定,可能违反了《民权法》第7章第2000节及以下的规定。注意到少数群体构成了高比例的犯罪,均等就业委员会(EEOC)已经指出了,如果没有考虑到工作的相关性和员工最近的工作经历,仅将定罪作为解雇的理由,这是一种歧视行为。优先考虑逮捕和定罪作为拒绝聘用的基础,参照芭芭拉·林达曼和保罗·格罗斯曼:《就业歧视法》,第185—190页,1996年第3版[Barbara Lindamann & Paul Grossman, *Employment Discrimination Law* 185－190 (3d ed. 1996)]。

**3. 无罪释放之后的影响?** 一个卡车司机,被控告在一次驾驶中过失杀人后被停职了,随后该刑事指控被宣告无罪。那么该无罪释放是否可以要求恢复其工作并补偿其被停职期间的报酬?是否无论停职行为恰当与否,补薪程序都要强制启动?比较弗洛尔·汉弗特公司案[Fluor Hanford, Inc., 122 Arb. Rep. (BNA) 65 (2006) (Gaba, Arb.)](据称雇员对其妻子施暴,但是该雇员没有被定罪,雇主也没有做独立的指控调查,判定补偿该雇员停职期间的报酬)。乔治太平洋公司案[Georgia-Pacific Corp., 99 Lab. Arb. Rep. (BNA) 361 (1992) (Allen, Arb.)](生产员工受到非法毒品罪的指控,但是从未被定罪,因此被停职11个月。判定补偿该雇员60天的停职报酬)。比较美国食品服务行业案[U.S. Food Service, 114 Lab. Arb. Rep.

(BNA)1675(2000)(Chandler, Arb.)](雇主没有正当理由对雇员进行无期限停职,仅凭报纸上报道他曾经被指控在他儿子的曲棍球实践课上过失杀人。他辩解是正当防卫行为,而且所有的雇员都在请愿书上签名,请求恢复他的工作)。

**4. 举证责任**

a. 谁承担证明责任?尽管有些仲裁员将证明雇主处罚过重的责任转移给了工会,仲裁员仍应该坚持由雇主承担其处罚具有"正当理由"的举证责任。参照罗伯特·葛思科:《申诉仲裁中的举证责任》,载于《马凯特法律评论》第 43 卷(1959),第 135 页[Robert H. Gorske, Burden of Proof in Grievance and all fellow employees signed petition urging his return to work, 43 *Marq. L. Rev.* 135(1959)]。

在非处罚案件中,仲裁开始的时候,仲裁员经常会要求当事人至少承担一部分即将到来的责任(通常来说即证明责任)。本杰明·亚伦教授强烈要求消除非处罚案件中的举证责任问题:"在这类案件中,坚持申诉方承担举证责任显然是荒谬可笑的。不论是有举证责任的一方或是无举证责任的一方,双方都有义务努力合作,尽可能地给仲裁员以指引。"参照亚伦:《仲裁中的一些程序问题》,载于《范德比尔特法律评论》第 10 卷(1957),第 740—742 页[Aaron, Some Procedural Problems in Arbitration, 10 *Vand. L. Rev.* 733, 740–742(1957)]。亚伦教授的方法对所有案件都有实践意义吗?

b. 证明标准是什么?在合同没有明确约定的前提下,仲裁员可以在以下三个标准中选择:证据充分,证据清楚确凿,证据排除合理怀疑。当声称雇员的行为构成了犯罪或者道德沦丧,已经达到了解雇标准而不是一般的更轻的处罚时,他们更倾向于选择一个更为严格的证明标准。参照埃尔库里与埃尔库里,同前,第 949—952 页。为什么这些因素与证明标准有关?合同纠纷中一些实际问题是在证据充分的标准下解决。为什么处罚纠纷要除外?

**5. 非法取得证据的排除？** 美国宪法第四修正案中有对不合理搜集和获取证据的禁令,该禁令并不适用于私人雇主。然而有些仲裁员认为,包含在第四修正案原则中的正当理由的条款,已经考虑到对公司调查实践和规则的挑战了。参照全资源公司案[Omnisourece Corp., 113 Lab. Arb. Rep. (BNA)862(2000)(Loeb, Arb.)];面包、糖果和烟草工人地方111工会诉小麦农场案[Bakery, Confectionery and Tobacco Wkrs., Local 111 v. Wheatland Farms 91–2 Lab. Arb. Awards(CCH) 8469 (1991)(Nelson, Arb.)](发现疑似毒品和酒精测试是管理部门不合理地行使自由裁量权)。大多数法官都承认未经同意获得的证据,然而有些法官会引用第四修正案的标准将在刑事程序中没有被承认的证据排除。参照帝国玻璃公司诉美国火石工人地方503工会案[Imperial Glass Corp. v. American Flint Glass Wkrs., Local 503,61 Lab. Arb. Rep.(BNA)1180(1973)(Gibson, Arb.)]。

讨论的不仅有对非法取得证据排除规则的范围,还有宪法人权法案中其他的保护范围。例如对自首的特别权利,对抗权的范围,应该为仲裁员制定一些标准。参照亨利·爱德华:《劳动仲裁中应考虑的预期程序》,载于《劳动杂志》第25卷(1970),第141页[Harry T. Edwards, Due Process Considerations in Labor Arbitration, 25 Arb. J. 141(1970)];约翰·斯拉德:《被指控雇员在公司纪律调查中的权利》,载于《纽约大学第22届劳动年会论文集》(1970),第219—226页[John Silard, Rights of the Accused Employee in Company Disciplinary Inverstigations, in Proc., 22d Ann. N.Y.U. Conf. on Lab. 217, 219–226(1970)]。

**6. 证据规则？** 仲裁员适用的在审判程序中所用的其他证据规则的范围应该是什么？仲裁的传统优势在于它的相对非正式性和简单性,并且可以没有律师参加。如果仲裁员适用传统的证据规则,那么这些优势可以保持吗？美国仲裁协会的自愿仲裁规则第28条规定"仲裁员应当判断证据提供的关联性和重要性,证据不一定必须要符合法律的规定。"更有甚者,仲裁员经常会考虑传闻和其他证据,而这些证据在法庭中是不会被许可的。参照联合清洁咨询与服务公司诉国际油漆工327工会案[Associated Cleaning Consultants and Servs. v. International Bhd. Of Painters Local 327, 94 Lab. Arb. Rep.(BNA)1246(1990)(Lubow, Arb.)]。然而,有些评论员却在悲叹很多劳动仲裁形式化的增强,是由于,至少一部分情况是因为当事人越来越倾向于在这类程序中依靠律师的作用。参照雷金纳德·阿莱恩:《无需律师的劳动仲裁》,载于《俄亥俄州法律杂志》第50卷(1989),第93页[Reginald Alleyne, Delawyerizing Labor Arbitration, 50 Ohio St. L. J. 93 (1989)]。形式化的增强对保证个别劳动者公平对待是必要的吗?如果因为形式化的增强而导致仲裁对雇主和工会越来越昂贵,那么最终雇员是获益的吗?

**7. 依赖其他仲裁裁决?** 在本案的省略的部分中,仲裁员博伊尔(Boyle)部分信赖于其他仲裁员在对另外的集体谈判协议的解释中的意见。可是,仲裁员在具体问题中不能被其他合同中类似问题的在先判决所束缚,也不能被表面的权威所束缚。遵循先例原则不能在仲裁中严格适用,因为每个仲裁员在每个具体合同中都赋予了独立的权威。此外,只有很小一部分的仲裁裁决是最终发表了的。

在相同当事人、相同合同条款、相同问题的前提下,仲裁员的确是要遵从在先判决。难道要求他们也应该做出像在先判决一样的既判力或者是禁止反悔的判决吗?参照美国汽车、航空航天、美国农业机械工人诉达纳公司案[United Automobile, Aerospace, and Agricultural Implement Workers of America v. Dana Corp., 278 F. 3d 548, 555–557(6th Cir. 2002)](仲裁员不被在先仲裁裁决所束缚,除非集体谈判协议中有约定;仲裁员考虑在先裁决的除外效果);参照格莱斯公司诉橡胶工人案[W. R. Grace & Co. v. Rubber Workers, 461 U. S. 757(1983)]。有关此问题的评述,参考提摩斯·海因茨:《再次申诉:遵循先例,劳动仲裁中的既判力和禁止反悔》,载于《波士顿学院法律评论》第38卷(1997),第275页[Timothy J. Heinsz,

Grieve It Again: Of Stare Deciss, Res Judicata and Collateral Estoppel in Labor Arbitration, 38 *B. C. L. Rev.* 275(1997)]。对仲裁裁决进行司法审查处理,请看下文第 761 页。

**2. 资历和工作分配**

竞争性的资历涉及在一个公司、一个部门或者是一项工作类别服务的期限长短,决定着与裁员、召回、调任、晋升有关的雇员权利。"受益资历"用于计算从雇主那儿获得的附加福利的总数额,例如假期工资或者退休金。产业工会强烈依赖于综合资历的安排,目的是减少工作分配的随意性,保护员工未来的期望。考虑如下决定。

**现代木工技术案**

Modern Woodcrafts
98 Lab. Arb. Rep. 651(BNA)(1992)

**背景和意见**

钱德勒(Chandler)仲裁员:某木制品生产厂商,该公司于 1991 年 10 月发现有必要解雇装配和修剪部门中相当数量的员工。这次裁员针对的是装配部门的雇员,但不包括工长和领班。这次裁员导致了申诉,工会称:

管理部门未按照合同约定,不合理地解雇雇员。如果这样的话,应当如何赔偿?

**有关合同条款和章节**

合同第 8 章:

8.2 裁员和召回被裁员工,应当按照部门工作资历深浅的倒序进行。

第 20 章:

20.1 如果本合同与公司章程中未明确禁止,则雇主享有一切权利。经协商一致,以下是雇主的一些专有权利与责任:

(a)控制和管理业务。

(b)对所有雇员的指导和管理,包括聘任、处罚的正当理由和解雇的正当理由。

(c)维持雇员的效率和纪律。同时也要考虑到每个雇员完成工作要求的能力。

### 工会态度

工会引用资历名单,指出在1991年10月11日的裁员行动中,被解雇员工并非按照严格的资历顺序来进行。其中有个工长的资历比另外一个普通雇员的资历更低,他没被解雇,可是有着更高资历的雇员却被解雇了,即使所有的雇员都是熟练工。而且在合同8.2中约定,要按照资历深浅来裁员,没有其他例外条款。在这个案子中不存在"超资历"的情况。主张管理权条款在本案中不适用,因为8.2的条款放弃了管理权中的裁员权。而且在这一条款或者其他地方中也没有约定在熟练工之间作出担任职位的区分。

### 公司态度

公司依据第20章20.1的管理权条款。

要指出的是,从能力大小方面考虑,管理部门应作出并维持有高能力、能胜任、合作意识强的员工的职位,相对的应该解雇在专业技术领域内技术不够娴熟、合作意识不强、有能力问题的员工。但是避免只停留在规则之内的纪律处分。

### 仲裁员的分析和决议

很显然,8.2是对裁员以及裁员所适用的程序做了限定。这就把管理权对特定领域的控制给分离出来了,除非这样的区分使管理部门在该程序保持特定的选择控制。

本案有一项关于裁员与资历的条款,该条款被分类为"严格资历"条款。该条款为:

> 8.2 裁员和召回被裁员工,应当按照部门工作资历深浅的倒序进行。

在该条款中,没有找到任何因为资历以外的因素而修正,例如因为能力或者产品或者裁员的其他限制。管理部门援引第20章20.1的规定,力图介绍一个资历条款的修正,或者是能力的限制,以声称对条款(a-c)中控制和效率权予以保留。但是,8.2条款"在本合同该部分中,已经明显地限制了其管理权的运作"。公司可能无法在仲裁过程中变更合同,因为这不是利益仲裁,建议或者要求变更合同。因此,这种性质的改变必须要通过直接的谈判来达成。

**仲裁裁决**

鉴于前述,申诉理由获得支持。由于资历原因被裁员的雇员,立即恢复其被裁之前的工作岗位。在裁员的时候,被裁员工享有资历权利,应当赔偿由于裁员而造成的全部损失。他们可能已经接受了收入和失业赔偿金。

**注释和问题**

**1. 不达标的执行者?** 如果公司可以证明那些有资历的雇员是因为工作不达标而解雇,那么可以在这些雇员没有违反合同的情况下将他们解雇吗?如果他们的确是工作不达标,公司为什么在作出裁员决定之前还要继续雇佣他们?

另一方面,雇主也许可以忍受雇员在扩展期间的表现欠佳,但是仍然将表现欠佳的员工作为合同期内裁员的对象。在这个案件中,雇主将能力作为考量谁该被解雇的理由,这样能充分维护合同的权威吗?

**2. 工会的宗旨?** 如果资历条件产生效率低下的风险,从而威胁到工作,最终限制雇主的竞争能力,但是这种限制是有限的,那为什么雇员代表坚持要就这项条件进行谈判呢?资历规则在这件案子中适用,会给现代木制品厂的雇员带来什么利益?

**3. "相对能力"条款。**

a. 公司通过谈判达成的集体谈判协议中有什么不同的约定,可以确保其有权保留能力强的初级领班,而非能力较差的熟练工呢?

b. 如果合同中包括这样的条款,只有当高级工的绩效和初级工一样,可以赋予其选择权,——通常称作"相对能力"而非"严格资历"条款——仲裁员应当如何判断,被解雇的高级工的能力与被保留的初级工是"相对的"一样还是"足够的"一样?仲裁员,典型的没有管理经验,能胜任做这种判断吗?参见草地纸业磨坊案[Mead Paper Chilpaco Mill, 113 Lab. Arb. Rep.(BNA)203(1999)(Sharpe, Arb.)](合理缺勤得分测试的使用证据显示,测试缺乏有效性,是不适当的、专制的、有差别对待的);伍尔夫原子能操作公司案[Wolf Creek Nuclear Operating Corp, 111 Lab. Arb. Rep.(BNA) 801(1999)](公平无差别地接受管理员的工作表现评价)。

**4. "足够能力"条款。** 下述条款会对雇主抛弃严格资历的自由裁量权上产生什么影响?"所有的空缺职位首先应该由最高级雇员填补,该雇员在投标申请中说明其有能力胜任该工作。"该条款是否允许雇主选择资历更低的申请人?因为其在与工作相关的测试中获得相当高的分数,而且超过了资历更高的申请人。参照亚特兰大大都市快速交通管理局案,联邦仲裁与调解局第 03-01565-3 号(2003)[Metropolitan Atlanta Rapid Transit Authority, FMCS No. 03-01565-3(BNA)(2003)(Harris, Arb.)]。

**5. 工作相关的标准?** 假定现代木制品厂的合同在资历条款中包含了

"相关能力"资格。仲裁员不仅裁决当申请这样一个资格时,雇主是否公平地使用工作绩效标准,而且裁决该项标准是否与实际工作绩效有关。仲裁员是否有这样的权利?参照罗林斯环境部门诉国际卡车司机270工会案〔Rollins Environmental Servs. v. International Bhd. Of Teamsters, Local 270, 75 Lab. Arb. Rep.(BNA)665(1980)(Mann, Jr., Arb.)〕。"相关能力"条款的存在是否赋予了工会在合同范围内的权利?即参与标准的选择权和监控工作绩效测试机构变更权。参照爱乐公司诉国际技师1654工会案〔Lovejoy, Inc. v. International Ass'n of Machinists Lodge No. 1654, 74 Lab. Arb. Rep.(BNA)811(1980)(Hermon, Arb.)〕。

**6. 初级工的要求**。假定某初级工,因其信赖"相关能力"条款,于是向工会提出申诉,提出他的资格优于那些雇主指定晋升的高级工。工会必须在仲裁程序之前考虑该雇员案件的价值吗?如果工会确实将该初级工的申诉交至仲裁程序,仲裁员应当如何对待呢?参照大卫·费勒:《集体谈判协议的一般理论》,载于《加利福尼亚法律评论》第61卷(1973),第663、739页〔David E. Feller, A General Theory of the Collective Bargaining Agreement, 61 *Cal. L. Rev.* 663, 739(1973)〕。争论仲裁员对该类要求的拒绝是正确的,因为"资历条款"并未构成雇员之间的工作分配权,但是,在空缺职位的填补方面,管理权是有一定限制的。

## 3. 分包

### 阿利斯-查默斯制造公司案

Allis-Chalmers Manufacturing Co.
39 Lab. Arb. Rep. 1213(BNA)(1962)

史密斯仲裁员:工会抗议将部分工作分包出去。第1802-59-B号申诉涉及分包某些物业管理工作。第1183-262-A号申诉涉及生产工作的两项分包，其中一项是操作机械的生产，属于电源变压器的组成部分；另一个是固定接头的生产，是电器设备的组成部分。

关于第 1802－59－B 号申诉，当事人在听证会上陈述如下：在 1960 年 10 月 29 号和 10 月 30 号，公司召来了外部承包商道斯（Don's）窗户清洁公司，进行公司的物业工作。这项工作通常都是由谈判单位的雇员完成的。就在那时，谈判单位的雇员被裁员。

关于第 1183－262－A 号申诉：操作机械控制的是电源变压器电压的变化。1961 年 8 月，操作机械被重新设计，在 1961 年 11 月或 12 月在公司的店铺中生产了 9 个按此要求的机器。接下来被要求的按此设计生产的包括 33 个机器。外部承包商通过竞标取得了该产品的生产，不包括钢铸件，公司还是和以前一样从其他公司购买这些铸件。但是原来由公司提供的一些工具，交由了克莱默产业。克莱默产业为此项工作报价 175 美元。考虑到铸件和工具的成本，与在公司商店已经生产的每个耗资 490 美元的 9 个机器相比，因此公司为每个机器仅出资 197.90 美元。

第一个问题是，是否就像公司主张的那样，该申诉超出了仲裁的管辖权。公司依据的是合同第 167 段，约定如下：

> 第三方仲裁员的管辖权被定义且被限制在任何仅发生在当事人之间，或者公司与合同所涉及的雇员之间，因对符合本合同的任一条款而产生的争议的审议。且申诉要符合本合同的约定。

该争论没有任何价值，应当被驳回。该段并没有规定，申诉一定要关注并包括一项明确触及申诉事项的条款。实际上，该段只是说，申诉一定要涉及一项争议，该争议是因遵守合同任一条款而发生的。基于在集体谈判协议中被引用的一项或数项条款可导致对雇主管理权限制这一原理，该种表述并没有排除这种限制雇主管理权限主张的审议。不容置疑，在合同义务范围内，为了实现当事人的意图，通常有必要审议没有明确指明但引入了义务的特别条款，是否得到公平且适当的解释。这在劳动合同案件中和其他类型合同案件是一样的。

仲裁员因此推断,当前申诉提出的主张在他的管辖范围内。基本问题是,从确定谈判单位、工资结构说明、资历权利约定以及雇员权利和利益的其他约定的条款中,是否隐含着禁止外包那些通常由谈判单位雇员完成的工作的意思。认为在以上那些特定条款中包括了这种条款的观点还存在争议。

在工会案件范围内可以预测……广义上说,集体谈判协议不管视为整体还是根据引用的特定条款,隐含着一个绝对的禁止外包那些通常由谈判单位雇员完成的工作,这种争论由于缺乏根据而应当停止。

当前的仲裁员,既反对工会的观点,即隐含着禁止外包那些通常由谈判单位雇员完成的工作,同时也反对公司的观点,即公司在这方面有完全的自由。诚信的标准可能被适用,定义的困难就在于可能。经过进一步的思考,他现在准备说,他认为这个标准暗含在工会—管理关系中代表着当事人的协议,考虑到合法权益和预期,即雇员和工会在保护他们和公司谈判的成果。

对于服务业的分包和生产元件的分包,以往的做法也许可以适当的用来考虑作为否定存在的因素,隐含对分包的限制,但不是完全消除了限制。此外,工会试图谈判达成对合同中分包的明确限制没有成功,正如当事人在1959—1961年合同谈判的情况,同样也可能是促进支持主张的事实,即双方确认公司已经在重大问题上有分包行为。然而,对意味着双方同意合同中根本就没有隐含限制的徒劳谈判努力进行解释,这是不切实际的。双方经常试图通过谈判巩固这一立场,即他们可以提起,或者扩大可能有争议存在的权利。因此,仲裁员既没发现以往做法在这里提出的证据,或是在1959—1961年合同谈判的历史中,得出满意的结论,公司在分包问题上有着完全、无阻碍的自由。

可是,真正的困难是试图制定一套具体标准,用于确定雇主在分包问题上是否恶意行事。大体来说,似乎是这样的,当行政决定在对因素合理考虑的基础上取得分包合同时,诚信会被提出,这些因素与产品的效率、经济运行相关，而且考虑到该决定对员工利益和期待的影响。而当决定是武断的（缺乏合理的基础）或者完全没有考虑到对雇员利益和期待的影响，不守信用就会被提出。不尝试任何类似一个完整的"目录"，下列不守信用的事例可能，至少表面上会出现：(1)对集体谈判协议的谈判，包括工作分类，雇主隐瞒工会，打算在不久的将来，经营发生重大改变，将消除这种工作。(2)以分包安排为借口，使假装分包商的雇员成为真正的雇员。(3)混杂着分包商的雇员，以不同工资标准工作，或不同的工作环境，而同样的工作通常是由雇主自己的雇员完成的。(4)对外分包存在着特定目的，逐渐减损或减弱工会的力量，或者剥夺雇主自己的雇员的机会。从另一方面说，仲裁员没有考虑到，私自对外分包工作以降低产品成本，这本身是任意的、不合理的、不守信用的行为。毕竟，基本的管理义务是经营高效盈利的企业，并且从长远来看，使雇员和股东一样谋取利益。

**特别申诉**

1. 守卫工作。这项工作唯一遭到抗议的部分就是地板的清洁。公司的证词大意是这项工作(除了其他工作)是分包给外部承包商的，而完全没有在超时的基础上分配给工会雇员，因为要考虑到以下因素：(1)确保该项工作能在周末完成的必要性；(2)清洁地板时可能发生的不确定因素；(3)做这项工作所需要的人数的不确定性；(4)让工会雇员因为紧急事件而超时加班的困难性；(5)有些工会雇员处理洗涤机器的能力比较差；(6)协调清洁地板与移动和其他操作的必要性；(7)国家法律对女性工作时长的限制；(8)安全因素。另外还有经济方面的因素，例如对超时工作加班费用的支出，显然也是考虑的因素。

工会没有主张说这些因素不是作出分包决定的原因。他们只是声称公司的决定有些站不住脚(例如协调公司雇员的工作与外分包商雇员工作的困难性)。可是，似乎仲裁员把这些本应理性考量的管理因素作为考虑范围，而且没有证据显示公司所有达成的决定既是专制不合理的，又没有考虑到工会雇员利用自己加班机会的自然需求。总的来说，结论是没有不守信用的证据。

2. 对元件生产工作的对外分包。公司证词显示,分包给克莱默公司的主要原因是经济上的原因——即事实是承包商对元件生产的竞价,加之其他需要的成本因素,也将大大低于根据之前的经验由公司自己制造的成本。另外一个考虑是,表面上的事实是,据公司称,计划的时间安排与之前的元件生产没有连接上。

公司的证词大意是,促使公司作出分包决定的主要原因是泛钢冶金公司(Fansteel Metallurgical)完成元件生产的周期更短,换句话说,60天的效率相当于以往的120天。此外,据公司称,公司的成本也由3.37美元降到了2.02美元。

事实上,工会不是在争论这些原因,这些原因不是促成这个问题的分包的理由。

就像在这个守卫工作的案件中,仲裁员作出决定,虽然在这些情况中主要或者部分是因为经济上的原因,但是管理部门考虑的原因表明了分包的决定不是专制不合理的,也不是不守信用的。该条款没有体现深层次的目的,既没有体现工会或者雇员的地位,也没有任何显示,如果有关联的话,类似这样的分包会剥夺雇员在分包工作中的实质权利。

**注释和问题**

**1."恶意"分包?** 仲裁员史密斯对恶意分包的定义是遵循一些基本原则的吗?一方面,他声明为了"降低产品成本对外分包主要工作不是不守信用的行为"。然而另一方面,他又建议如果使名义上分包工作的雇员完全受控于雇主之下,或者把享受不同待遇标准的分包商的雇员和雇主自己的雇员给混到一起,雇主可能会造成"不守信用"。这些情况有什么区别?

**2. 仲裁员的意见范围。** 尽管"不守信用"的标准经常被适用,例如休斯电子动态公司案[Hughes Electron Dynamics, 115 Lab. Arb. Rep. (BNA) 473 (2001) (Richman, Arb.)](正如仲裁员史密斯所承认的,并不是所有的仲裁员都采取这种做法,有些仲裁员对雇主自行分包越来越严格限制)。例如麦德公司诉联合纸业工人1430工会案[Mead Corp. v. United Paperworkers Int's Union local 1430, 75 Lab. Arb. Rep. (BNA) 665, 667 (1980) (Gross, Arb.)]("对外分包工作仅仅是因为让他人做会更节约成本,这构成逃避合同义务的不当借口。在这个意义上,公司是诚信行为还是不守信用的行为已经不重要了,因为最终结果是一样的。")。另外一些仲裁员就更加宽容。例如美国炼糖公司诉美国包装工人1101工会案[American Sugar Refining Co. v. United Packinghouse Wkrs., Local 1101, 37 Lab. Arb. Rep. (BNA) 334 (1961) (Beatty, Arb.)]("当仲裁员发现双方并没有涉及合同对外分包的问题,但是雇主是禁止对外分包的……除非他分包行为是诚实守信的……仲裁员可能就看外部的行为表现,而不是看合同本身。")。安松尼·西尼科莱普:《对老问题的新探讨:对分包的争论》,载于《第32届仲裁学会年会论文》(1979),第125页;所罗·瓦伦:《仲裁员如何处理分包和厂房拆除的问题》,载于《工业与劳动地区评论》第19卷(1966),第265页[Anthony v. Sinicropi, Revisiting an Old Battleground: The Subcontracting Dispute, Proc., 32d Ann. Meeting, Nat'l Acad. of Arbs. 125 (1979); Saul Wallen, How Issues of Subcontracting and Plant Removal Are Handled by Arbitrators, 19 Indus. & Lab. Rel. Rev. 265 (1966)]。

仲裁员在合同中无明文限制的情况下允许分包,该意见范围是否使双方在谈判桌上很难决定如何处理这个问题?对这个问题仲裁员达成一致共识更加可取吗?在双方更希望私下解决的前提下,这种做法会促进集体谈判的达成或强化吗?

3.《国家劳动关系法》中的救济方式? 阿利斯-查默斯工会能在《国家劳动关系法》保护下获得救济吗?如果因为名义上的分包商雇员成为了雇主真正的雇员,使阿利斯-查默斯不符合仲裁员史密斯对分包活动中诚信的标准怎么办?是否违反法定义务取决于雇主对分包工作的决定是否与以往的做法相一致吗?合同中没有对分包的限制是否注定了会产生雇主在中期修改合同强行规定的争论？如果工会有法定的救济原则，在仲裁程序中，至少在初期，仍然需要声明吗？参考事先讨论的西屋电气案，前文532页，以及第556页探讨的中期谈判义务，以及下文796页国家劳动关系委员会对某些合同纠纷案件的处理。

**4. 仲裁员有管辖权吗？** 记录显示，仲裁员史密斯一开始就否决了公司的主张说工会的申诉不在他的管辖范围内。史密斯对主张的否决能否与其对公司案情的裁定相一致？公司可以怎样质疑仲裁员自己对管辖权的定义？请看下文第761页。

**5. 工作的移交。** 仲裁员提出了工会的质疑，雇主把生产车间从纽约转移到了北卡罗来纳，导致了纽约车间的裁员。证据显示，雇主主要是被北卡罗来纳的低劳动力成本所吸引。集体谈判协议中涉及了纽约车间不可干涉移交工作，却约定了识别条款，没有充分理由禁止解雇条款，除非无工作可做否则禁止裁员条款。仲裁员应该如何裁决？雇主处于金融危机的证据是必要的吗？如果纽约车间的技术已经淘汰，或者集体谈判未提及工作移交，但之后很快就发生了工作移交，你的答案会发生变化吗？比较肯顿制造公司诉融合衣物与纺织工人第76号工会案[Cf. Kenton Mfg. Co. v. Amalgamated Clothing and Textile Wkrs. Union, 76 Lab. Arb. Rep.（BNA）817（1981）（Hannan，Arb）]，也考虑密尔沃基弹簧第二案（Milwaukee Spring Ⅱ），前文第563页。

**6. 保留管理权？** 阿利斯-查默斯案的决定至少代表了隐含否定保留管理权原则的一个例子，该原则通常会在仲裁中被雇主提出，也会被一些仲裁员所接受。在此原则下，对管理部门控制雇员和工作环境的管理权限的限制，要明确约定在集体谈判协议中或者遵循其他的法律规定。一些仲裁员并不坚持权利保留学说，反而是发现隐含在集体谈判协议中的，基于一般设想，位于合同效力之下的限制管理权限的含义。他们有时候会根据谈判历史阐明集体谈判协议中有容易产生歧义的条款或大致的条款的含义。也许大部分时候,他们在一贯适用和互相接受以往做法时发现了约束雇主的意图。

**4. 以往实践的应用**

**理查德·米腾它:《以往的做法和集体谈判协议的实施》**

载于《密歇根大学法律评论》第59卷(1962),第1017页
Richard Mittenthal, Past Practice and the Administration of Collective Bargaining Agreements, 59 *Mich. L. Rev.* 1017(1962)

合同怎么约定是一回事,如何执行可能是另外一回事。

在1955年国家科学院仲裁员会议上,本·亚伦(Ben Aaron)激烈地争论道有的时候以实践为准。他在这条合同条款的基础上提出了一个假设。

> 当技术和身体条件都相同时,在以下情形仅适用资历条件:晋升、降级、解雇和调任。

他假设争议发生之前的五年来一直的实践是,在超时工作分配上把资历作为决定性的考虑因素,雇主突然放弃了这个实践,申诉就产生了。他进一步假设,合同授予管理部门对工作力量管理的权利,仅考虑任职资格或者合同中约定的其他限制因素,当事人明确禁止仲裁员添加、删减或者是修改其他合同条款。

对问题常规的分析首先是,合同应根据当事人最初的意图解释。意图最好的证据一般体现在合同本身,也就是说,那些当事人自己用来表达自己意图的语句。如果这些语句没有歧义,而且意思也是明确的,那就没有必要依靠其他帮助,比如说以往的实践。

可是,亚伦说这种问题解决的方法可能太死板了,因为它借用了合同法的一般原则,却没有足够地考虑到集体谈判协议的独特性和当今商业合同解释的相对灵活性。他强调不管集体谈判协议的语句约定的多么明确,也不能把所有当事人的意图都表达出来。假设,在上述假设的案例中,证词显示在超时工作分配谈判中从来没有考虑资历条款——可能是因为当事人出现了意外情况忽略了这一条款,或者是因为他们只在以前所经历过的情况下才会考虑。或者是假设当事人仅仅在其他合同中发现了资历条款,没有讨论就采用了。任何对集体谈判熟悉的人都知道这种事情确实会发生。合同本身通常不是由经过语言训练的人来拟定的。

对于缺少最初意图的问题,亚伦得出结论:长期存在对超时工作分配的实践,资历应该是决定性的因素。

我在亚伦所说的话里发现了很多有价值的地方。有几个报告表明了他的观点也被其他人所分享。可是,真正的问题是,仅在实践的基础上,是否会像对合同明文条款修改问题那样严肃。一些仲裁员举出,只有在有足够确凿证据证明有生效的双方协议修改的时候,实践应该优先。我认为这是很好的理由。当事人在决定时必须使用这样的语句:对于实践"有明证积极接受或认可"。因此,我相信,对修改的判断不是通过实践,而是当事人之间的协议,存在于可能是明确的一贯实践中推断而来的协议。

另外一个问题也存在着。我们接受合同要求实践持续存在的原则,但是我们承认这个原则不可能被允许冻结所有现存的条件。

因此,仲裁员已接受这个含义,但是试图在某些种类的实践中限制该含义。困难在于,如果有的话,确定什么样的界限,区分出哪些可能包含于合同之内的实践,哪些不能。

一些执行实践的决定只涉及"主要"的工作条件,而没有"次要"条件。但是这个测试似乎有几个理由不充分。首先,它是含糊不精确的。对一组雇员来说是主要的条件,也许对其他的雇员就是次要条件。对鼓舞士气来说是主要的条件,对于盈利和工作安全来说可能就是次要条件。

埃尔库里(Elkourrs)也提出了一个类似的测试。他们只执行涉及雇员福利的实践。他们不会禁止在涉及"基本管理功能"的实践中改变。可是，这个测试不会比"主要—次要条件测试"更有说服力。它存在着同样的缺陷。它鼓励仲裁员反思其裁决，从而使其更加理性，而不是仅仅为其裁决去找理由。

如果涉及"工作条件"，而不是"礼物"或"赠物"，那么一些决定执行实践。这种区别只对涉及员工奖金或者是合同外员工福利这一类案件有意义。可是，除了它有限的适用性之外，这个测试的确提出了，这里重要的不是实践的主题，而是在多大程度上实践建立在双方协议基础上。

我认为，一个更好的测试是，不管实践是否被双方协议支持……

尽管对于区别可执行性和不可执行性的实践来说，这似乎是一个健全的方法，但是有人可能会可理解地问什么是双方协议。有必要达成一个明确的协议么？或者说，当事人可以适当地假设已经同意某实践做法继续存在，那么是否能充分显示该实践长期存在？换句话说，在何种程度上可能需要来自当事人行为的"相互性"暗示，或者是仅仅来自于默认的行为？

## 注释和问题

**1. 应用**。米腾它为了确定哪些以往实践应该被包含在合同中，他讨论了大量的测试。对于工会对下列以往实践单方面改变的质疑，这些改变中没有一条是有合同条款明确约定的，那么这些测试如何引导一个仲裁员的决定？

a. 雇主停止给在厂房安装空调系统后处理热材料的员工每小时5分钟的祷告时间。

b. 雇主分配大量挑战性的工作任务给每个雇员，在经过技术变革使得这种重复分配在正常工作日内可以实现。

c. 年终奖金已经给付超过20年了，雇主突然停止给付。

d. 在员工盗窃现象显著增加后，雇主安装了电子监视器。

上述任何一个改变都会受到强制的谈判吗？请参照前文第511—546页。

**2. 在续约谈判时,单方面声明否定以往实践的效力?** 雇主必须做什么以逃避以往实践对其自由裁量权的限制?如果仲裁员裁决该以往实践是可以包含在之前的协议中,被相互接受持续地适用,那么如果雇主声明在续约谈判时,新协议不再遵循该实践,但是在这一主题上没有形成任何新的合同条款,仲裁员是不是也应该发现该实践继续包含在新的协议中?比较图灵顿公司诉金属制造工人地方 1654 工会案[Cf. Torrington Co. v. Metal Prods. Wks. Union Local 1654), 362 F. 2d 677(2d Cir. 1966)]。

**3. 以往的实践可以修改明确的合同条款吗?** 以往的实践应否被视为已有效地修改了一个集体谈判协议明确规定的条款?假设这么一个情况,新的续约合同中明确指出,"资历不得作为分配超时工作的因素",但是雇主在几年前开始在资历的基础上分配超时工作,而且一贯是这么做的,工会也表示同意。那么现在雇主可否单方面地停止资历在分配超时工作中的作用?亚伦教授最可能回答什么?有没有什么理由,集体谈判协议应该就像法规一样对待,修改必须有专门创设的程序,而非不正式的修改?但是也许合同的表现形式同样明确。

另一方面,如果仲裁员主张发现当事人通过以往实践修改合同的权力,我们是否破坏了当事人依靠他们精心制作的书写工具塑造他们自己的合同关系的能力?此外,仲裁员是否愿意作出这样的结果,以阻止雇主在合同外利益条款中的灵活性,为了避免形成一个合同修改的实践?考虑到这方面的要求,雇主发表声明,违反第 8 条(a)(1)可起诉。参照前文 318 页。

**4. 谈判程序的扩展?** 米腾它假设,申诉结果可能导致"理解比劳动合同的实际条款更耐用"。见《密歇根大学法律评论》第 59 卷,第 1029 页(59 Mich. L. Rev. at 1029)。这个假设被大多数仲裁员所分享。就像费勒教授陈述的那样,"申诉程序,尤其在较低的步骤,完全就是谈判程序中的一部分,解决方案有可能是特殊情况的特别反应。"参照费勒,《一般理论》,同前,第744页。

**5. 工会与雇员的权利斗争?** 费勒同时也解释了,大多数集体谈判协议想要给工会,而不是独立的雇员申诉人申诉仲裁的权利。同上,第745页。因此工会可以请求仲裁即使申诉人宁愿放弃他(她)的申诉,而且至少在某些环境下,工会还可以撤销申诉,如果这样更好的话。为什么工会在申诉人失去兴趣后提起申诉?为什么在一些更有价值的申诉中减少程序呢?法律应否限制工会控制申诉人提起申诉的自由裁量权?对于工会公平代表职责的讨论,参照下文1019—1063页。

## 第二节 仲裁庭和法庭

### 1. 仲裁协议的执行

#### 纺织工人工会诉亚拉巴马州林肯工厂案

Textile Workers Union v. Lincoln Mills of Alabama
353 U. S. 448 (1957)

道格拉斯法官:协议约定不允许有罢工或停工,而且申诉要按照指定程序处理。申诉程序最后一个步骤——该步骤可以由任何一方采取——仲裁。

这个争论涉及几个关于工作量和工作任务的申诉。申诉在申诉程序的各个步骤中被处理,最终被雇主所否定。工会请求仲裁,雇主拒绝。于是工会向地方法院提起诉讼,要求强制仲裁。

地方法院推断其有管辖权,并且命令雇主遵守集体谈判协议中的申诉仲裁条款。上诉法院推翻了该判决,其认为,尽管地方法院有受理该诉讼的管辖权,但是法院没有权力根据联邦或州法律来给予救济。

我们调查的出发点是1947年的《劳资关系法》第301条。

从该法案表面看很明显,301(a)条和301(b)条互相补充。301(b)条使工会组织可能作为一个实体代表行业雇员在联邦法院起诉或应诉。换句话说,301(b)条规定的程序救济不是普通法上的救济。301(a)条规定的当然不止这些。显然其在联邦法院可能有管辖权的基础上规定了301(b)条的程序规则。问题是,301(a)条是否超过了管辖权?

国会更加侧重集体谈判,以达成不得罢工的协议结束。

显然纠纷申诉的仲裁协议的交换条件是达成不得罢工协议。从这个角度看,立法不止赋予联邦法院对工会组织的管辖权。它表达了一项联邦政策,联邦法庭应该强制执行这些代表工会组织的协议,而且只有以这种方式才能得到最好的工业和平。

因此,对我们来说已经很明确了,国会采取制裁在争议申诉仲裁协议之后的政策,暗示着拒绝普通法规则,在红十字会诉亚特兰大水果公司案[Red Cross Line v. Atlantic Fruit Co., 264 U. S. 109]中讨论,反对仲裁协议的强制执行,如果我们狭隘地理解301条,只是关注对工会组织的管辖权,可能会削弱法案及其政策。

然而,问题就在于,在依照301(a)起诉时,适用的实体法是什么?我们可以推断出,适用的实体法是联邦法,法庭必须跟从国家劳动法律政策。《劳资关系法》明确提供了一些实体法。其指出了在某些特定的情况下,当事人什么可为什么不可为。其他的问题就在于明确法定授权。有些会缺少明确法定制裁,但是可以通过对立法政策的解读和由政策实行救济措施予以解决。司法创造性的范围将取决于问题的性质。联邦法律规定联邦解释,而不是州法律。但是如果州法律与301条的目的相同,也可以此起诉以寻找规则,最好实行联邦政策。可是,任何州法律的适用将会被吸收为联邦法律,也不会成为私人权利的独立来源。

问题仍然是对争议申诉的强制仲裁管辖权是否被《诺里斯-拉瓜迪亚法》撤销。法案第7章规定了在劳动争议中发布禁令的严格程序要求。曾产生过权力滥用的行为列举在第4条。仲裁的失败不是滥用反对法案目的的一部分。《诺里斯-拉瓜迪亚法》的第8章的确暗示了，国会政策倾向于通过仲裁解决劳动争议，因为其拒绝向任何没有做"合理努力"通过谈判、调解或者"自愿仲裁"来解决劳动争议的人提供救济。虽然从法案条款的字面理解可能会带来争议，见：考克斯：《联邦法庭上的申诉仲裁》，载于《哈佛法律评论》第67卷，第591、602—604页[Cox, Grievance Arbitration in the Federal Courts, 67 *Harv. L. Rev.* 591, 602-604]，但是我们看到在政策中没有理由限制301(a)损害诉讼，导致在仲裁申诉程序中针对该法不合理程序要求的合同特别履行。此外，我们维持弗吉尼亚铁路公司诉联邦系统案(Virginian R. Co. v. System Federation, 300 U.S. 515)和格拉汉姆诉消防员兄弟工会案(Graham v. Brotherhood of Firemen, 338 U.S. 232, 237)，《诺里斯-拉瓜迪亚法》没有剥夺联邦法庭的管辖权，强制遵守《铁路劳动法》的规定。该规定涉及种族歧视。然而，这些决定不是在《铁路劳动法》的独特性的基础上作出的。我们遵循与塞勒斯诉国际石油工人工会案(Syres v. Oil Workers International Union, 350 U.S. 892)同样的方向，由《国家劳动关系法》所实施。有一个禁令是要求在集体谈判协议的适用中反对种族歧视，我们允许这一禁令的规定。国会政策明确支持争议申诉仲裁的执行，没有任何理由主张《诺里斯-拉瓜迪亚法》第7条的要求。

波顿法官和哈伦法官的观点一致，法兰克福法官持反对观点，此处省略。

**注释和问题**

**1. 仲裁的司法执行是明智的劳工政策的承诺？** 法庭对林肯工厂案的判决是对一些州普通法规则的回应，仲裁未执行的承诺是不能强制执行的。法庭对促进集体谈判关系的这类承诺的司法执行是正确的吗？考虑一下前耶鲁大学法学院院长亨利·舒尔曼在《劳动关系中的理由、合同与法律》，载于《哈佛大学法律评论》第68卷(1955)，第999、1024页的意见[Harry Shulman. Reason, Contract, and Law in Labor Relations, 68 *Harv. L. Rev*,

999,1024(1955)]：

> 仲裁是促使集体谈判工作的手段，因此是保持在一个自由的政府下的民营企业。当它运作的相当公平的时候，不需要法律或者合同或者仲裁法的制裁。只有当该制度完全瓦解，法庭对这方面的援助就是调解。但是偶尔作个零星判决，法庭不能恢复双方的持续关系；而且他们在这种情况下的干预可能会严重影响自治制度。当他们的自治制度瓦解了，对于当事人更好的解决劳动争议的方法可能不是留下的常规方法，而是合同约定法院裁决或者仲裁裁决？

你赞同这个观点吗？

**2. 工会起诉和应诉资格**。通过《塔夫脱-哈特莱法》的国会还在301条中要求确保工会享有起诉和应诉权，尽管其在普通法中无主体地位。可是，根据301条得到的对工会的判决只能对工会的财产强制执行；"不能对其个体的成员及财产强制执行"。（前文第55页，丹伯里-制帽匠案）

**3. 仲裁的补偿？** 集体谈判协议中所包含的仲裁条款必须意味着工会同意在任何争议下都不会罢工，而是提交仲裁吗？参考注释：卡车司机诉卢卡斯案，下文第776页。

**4. 301条管辖权的范围**。在林肯工厂案，最高法院已经作出判决如下：

a. 共同管辖权。根据301条的范围，州法院有共同管辖权，但是要求适用联邦法律。见卡车司机174工会诉卢卡斯案[Local 174, Teamsters v. Lucas Flour Co., 369 U.S. 95(1962)]。

b. 个体雇员的起诉。由个体雇员执行集体谈判协议中的个体权利而提起诉讼，301条授予联邦法院管辖权。参考史密斯诉晚报协会案[Smith v. Evening News Association, 371 U.S 195(1962)]。这类诉讼同样适用联邦法律。参照汉弗莱诉摩尔案[Humphrey v. Moore, 375 U.S. 335, 344 (1964)]。可是个体雇员在没有竭尽合同约定的申诉仲裁救济前提下,不能因违反集体谈判协议而起诉雇主。参照共和钢铁公司诉马克多斯案[Republic Steel Corp. v. Maddox, 379 U.S. 650(1965)]。

c. 由工会章程产生的起诉权。工会章程是"劳动者组织之间签订的合同",包含在301(a)里面。因此,由地方工会起诉其国际总工会而引发的诉权,是属于在301条联邦法院的管辖权中的。参照管道和管件行业帮工学徒联合会诉地方334工会案[United Ass'n of Journeymen & Apprentices of Plumber v. Local 334, 452 U.S. 615 (1981)]。工会成员基于违反工会章程起诉工会的诉权也在301条管辖权内,参照共和钢铁公司诉马克多斯案的制裁。参照詹姆斯·方德:《伍德案后的工会宪章的联邦管辖权》,载于《比利亚诺瓦法律评论》第37卷(1992),第443页[James Pfander, Federal Jurisdiction Over Union Constitutions After Wooddell, 37 Vill. L. Rev. 443 (1992)]。

**5. 国家劳动关系法301条的索赔和抗辩。** a. 雇主在集体谈判协议的范围内抗辩,工会被确认为所有雇员在起诉中的唯一代表,合同是违法的,因为在合同谈判时工会缺少多数支持。法院会作出大多数人支持的判决吗?除非国家劳动关系委员会使合同无效,法院会驳回诉讼吗?还是保留管辖权,但是推迟判决,直到国家劳动关系委员会解决上述问题?参考上釉工与玻璃工767工会诉海关汽车玻璃公司案[Glaziers & Glassworkers Local Union 767 v. Custom Auto Glass Distribs., 689 F.2d 1339(9th Cir. 1982)](雇主可能不会主张抗辩;代表性的问题都在董事会的权限内来决定)。

b. 在工会提起的诉讼,雇主的抗辩范围是工会正在寻求被《国家劳动关系法》第8条(a)(3)条和第8条(e)所禁止的强制执行条款。法院应否通过那些抗辩?参考凯撒钢铁公司案[Kaiser Steel Corp. v. Mullins, 455 U.S. 72, 86(1982)][第8(e)条的抗辩被当事人提出,第8(e)条是用来保护而且抗辩不是指向附属事件,而是执行请求作为合同的一部分,法院必须受理该抗辩]。比较波克诉法国装备租赁公司案[Cf. Burke v. French Equip. Rental, 687 F. 2d 307, 311(9th Cir. 1982)]。在审判庭考虑养老金托管人对建筑承包商拖欠款项的诉讼中对第8条(e)抗辩的考虑中发现错误,不涉及努力执行非法自救条款,而且声明"我们在凯撒案中没有发现暗示,法院有意清除全部尊重国家劳动关系委员会的专业知识的司法判例"。

**6. 评论**。在这些案件的讨论中最有趣的是亚历山大·比克和亨利·威灵顿:《立法宗旨和司法程序:林肯工厂案》,载于《哈佛大学法律评论》第71卷(1957),第1页[Alexander M. Bickel & Harry H. Wellington, Legislative Purpose and the Judicial Process: The Lincoln Mills Case, 71 Harv. L. Rev. 1(1957)];纳森·范辛格:《劳动合同的执行——集体谈判的新时代》,载于《弗吉尼亚法律评论》第43卷(1957),第261页[Nathan P. Feinsinger, Enforcement of Labor Agreements-A New Era in Collective Bargaining, 43 Va. L. Rev. 261(1957)]以及查尔斯·格雷戈里:《集体谈判协议的法律》,载于《密歇根大学法律评论》第57卷(1959),第635页[Charles D. Gregory, The Law of the Collective Agreement, 57 Mich. L. Rev. 635 (1959)]。

## 美国钢铁工人联合会诉美国制造公司案

United Steelworkers of America v. American Manufacturing Co.
363 U. S. 564(1960)

法官道格拉斯:本案由原告工会向地方法院起诉,要求对申诉强制仲裁。原告为工会的一员斯巴克斯(Sparks)的代理人,起诉被告斯巴克斯的雇主。雇主答辩称(1)斯巴克斯应该禁止反言,因为对于他永久性局部残疾,几天前其针对公司提出的赔偿要求获得了解决;(2)斯巴克斯的身体不能做这项工作;(3)这种纠纷在集体谈判协议里不属于仲裁事项。

合同约定有不能罢工条款,除非雇主拒绝遵守仲裁裁决。合同约定了一个有仲裁条款的详细申诉程序(作为标准形式),所有当事人之间产生争议适用"本合同约定的意思,解释和适用"。①

合同对有正当理由的停职、解雇的管理权给予保留。② 还包括一个条款,雇主在资历的基础上雇佣和晋升雇员,前提是能力和效率都相同。斯巴克斯因为受伤而离开了工作,同时因为离职带来了利益的补偿。事情得到解决,斯巴克斯的医生表示受伤导致他25%的永久性局部残疾。这是9月9日的事情。两个星期以后,工会提出申诉,提出斯巴克斯有权依照集体谈判协议中的资历条款返回工作。被告拒绝仲裁,导致案件的发生。地方法院认为,在已经接受对于永久性局部残疾的补偿基础上,斯巴克斯不能提出任何资历条款或者雇佣权利,应该接受简易判决。上诉法院维持该判决,但理由不一样。经过质证,上诉法院认为,该申诉是"无聊的,显然是无根据的,根据集体谈判协议不属于仲裁事项"。

只有在集体谈判协议中当事人所选择的解决方法充分发挥的前提下,《劳资关系法》第203条(d)的政策才可以被实行。

一个持有相反意见的国家判决只可能对申诉仲裁产生严重影响。该案是国际技师协会诉卡特勒·汉默公司案(International Assn. of Machinists v. Cutler-Hammer, Inc., 271 App. Div. 917, 67 N. Y. S. 2d 317, aff'd 297 N. Y 519, 74 N. E. 2d 464)。它认为,"如果该合同条款的含义是寻求仲裁是不争的事实,不能有任何仲裁,合同也不能约定任何仲裁条款。"(271 App. Div., at 918, 67 N. Y. S. 2d, at 318)在本案中,下级法院有着和普通合同

---

① 1. 相关仲裁条款如下:
"当事人之间产生任何争议、误解、分歧或不满适用本合同约定的意思、解释和适用,没有调整为本约定的可以提交仲裁委员会作出裁决。"
"仲裁员可以对本合同进行解释,并且对于特定案件可以适用,但是无权增加、减少或者修改本合同条款。"

② 2. "工作的管理,劳动能力的指导,工厂布局和日常工作,包括有权聘请、停职、调任、解雇或者其他针对雇员的有正当理由的处罚,这些理由包括:违反公司规章,效率低下,不服从管理,传染性疾病损害他人,其他理由可能导致降低或损坏机组运行效率,以及因为缺少工作量而临时解雇雇员,这些权利都是被公司所保留的,与合同的约定不冲突。"

法一样的观点。集体谈判协议中提出仲裁主张,但是法院可能不希望受理。在工厂或工业范围内,申诉可能假定法官驳回的比例。然而,合同主张所有的申诉都提交仲裁,不只是那些法庭可能认为是有价值的申诉。在"不能罢工"条款上没有例外,因此也没有可以深入解读的申诉条款,因为这是作为其他条款的交换条件。当当事人同意依照合同将所有的问题都提交仲裁时,法庭的功能是非常有限的。它仅限于确定当事人是否表面上依据合同寻求仲裁提出索赔。行动方是否正确对于仲裁员来说是合同解释的问题。在这些情况下,行动方不应该被剥夺受仲裁员裁决的权利,当这是他的裁决,而且所有那些意味着是谈判得到的。

因此,法院无权判断申诉的价值,考虑到在特定要求下是否公平,或者考虑到在书写工具下是否有特定条款会支持主张。合同主张所有申诉都提交仲裁,不仅是那些法庭认为有价值的申诉。甚至轻浮的索赔处理可能具有治疗价值,不是工厂环境一部分的人可能完全意识不到。

工会主张本案中公司违反了合同的特定条款。公司举出该条款证明其并未违反。因此,在当事人之间就出现了关于集体谈判协议"意思、解释和适用"的争议。仲裁就此启动。

保留。

法兰克福法官和惠特克法官最后意见一致。

法官布莱克,否决了本案的考虑和决定。

布伦兰法官同哈伦法官观点一致,下文 747 页摘录。

## 美国钢铁工人联合会诉战士与海湾海运公司案

United Steelworkers of America v. Warriors & Gulf Navigation Co.
363 U. S. 574(1960)

法官道格拉斯:被告用驳船运输钢和钢产品,而且保持在亚拉巴马州的契卡索终端,在那儿执行维护其驳船和维修工作。在那儿的雇员形成了一个谈判组织,由原告工会达成集体谈判协议。被告在 1956 年至 1958 年间解雇了一些雇员，使谈判组织人员由42人减至23人。这次人员减少是因为被告分包了一部分维修工作给其他公司，而这部分维修工作显然是由那些雇员来完成的。后者使用被告的监察人来安排工作，而且以低价雇佣了一些被被告解雇的雇员。实际上有些雇员还被安排到被告的驳船上工作。对于原告起诉被告的申诉书，大部分雇员都签名了。申诉书如下：

> 我们在此抗议公司的行为，专制不合理地将工作分包给其他公司，这些工作显然可以由本公司雇员来完成。
>
> 事实上，这个做法是不合理、不公正而且是有歧视的，目前有大部分雇员因为1年或半年或更久的不合法的缺少工作量而已经被解雇了。
>
> 面临这些事实，我们控告公司部分封锁行为已经违反了合同约定，如果没有这个不公平的实践，大部分的雇员应该还是正在工作的。

集体谈判协议既包括"不能罢工"条款，也包括"不得封锁"条款。在相关部分中也有对申诉程序的约定如下：

> 任何由法庭建立的程序在适用上与联邦法规冲突的问题，或者是严格管理职能的问题在该条款下不应该被提交仲裁。
>
> 由公司和工会引起的分歧或者是公司雇佣工会成员因该合同条款的意思和适用所引起的分歧，或者以任何形式引起的麻烦，不能因为这种分歧而停职。但是应该尽力通过下列方式立刻解决这类区别：[申诉程序的细节被省略——编者]。

该申诉没有得到解决，被告拒绝仲裁。然后工会提起诉讼要求强制执行仲裁。

区域法院认为被告的请求驳回了申诉。经过质证后，法院认为该申诉是没有价值的，合同没有"赋予仲裁员权利去评论被告对分包工作的商业判断"。进一步法院认为,"对于维修工作的分包,与建筑工程一样,严格管理职能在任何的劳动合同里没有被限制。"上诉法院持不同意见,大多数支持集体谈判协议已经撤销了申诉程序,"严格管理职能的问题"和对外分包工作属于例外。

我们在林肯工厂案(Lincoln Mills, 353 U. S. 448)所知,集体谈判协议中的申诉仲裁条款是可以根据301(a)的规定强制执行的,在这种仲裁执行中可以适用的政策体现在国家劳动法中。同上,第456—457页。目前的联邦政策是可以通过达成集体谈判协议促进产业稳定。同上,第453—454页。达到产业和平的一个主要因素是集体谈判协议中包含着申诉仲裁条款。

因此仲裁案件的执行,被维克诉斯万案(Wilko v. Swan, 346 U. S. 427)阐明,变得与我们的问题无关紧要。一方面由法庭通过建立程序,甚至是特殊的法定保障来调解案件和冲突,另一方面通过非正式仲裁裁决来解决,在这两者之间需要作出选择。在商业案件中,仲裁是诉讼的替代品。这里的仲裁是产业冲突的替代品。因为劳动争议仲裁在功能上完全不同于传统商业仲裁,法庭针对商业仲裁充满敌意的证据在这里无用武之地。因为根据集体谈判协议进行劳动仲裁本身就是集体谈判中的一部分。

集体谈判协议约定了当事人的权利义务。它不仅仅是合同,它对起草人不能完全预见的各种情况有着普遍适用性。参照舒尔曼,《劳动关系中的理由、合同与法律》。集体谈判协议涵括了所有雇佣关系。使之形成了一个新的普通法——特定产业或特定厂房的普通法。正如一位观察者所说:①

> 并不是说集体谈判协议是简单的工会和雇员强行限制管理权的文本,明确限制管理企业的绝对权利,因此雇员的主张肯定得不到支持,

---

① 6. 考克斯:《对劳动仲裁的反应》,载于《哈佛法律评论》第72卷(1959),第1482、1498—1499页[Cox, Reflections Upon Labor Arbitrtion, 72 *Harv. L. Rev.* 1482, 1498-1499(1959)]。

除非他能够指出他主张所依据的特定合同条款。有太多的人,太多的问题,太多不可预见的意外事件构成权利义务唯一来源的合同用语。任何人不能将团体例如工业厂房的管理规则减少15甚至50页。在集体谈判的范围内,集体谈判程序的制度特点和政府属性要求普通法执行并提供合同的上下文。我们应该假定聪明的谈判者承认简单的需求,除非他们用简单的语言约定相反的规则。

集体谈判协议是构建产业自治体系的成就。大部分当事人自愿加入这个合同关系时,从这个意义上说处理彼此之间的关系时没有强制,与处理其他当事人关系截然相反。它并不是真正意义上的劳动合同。选择通常不是发生在接受还是拒绝加入该合同关系,因为这种关系在谈判之前已经存在。选择应该发生在存在这种关系由协商的法律规则来调整,还是让每一个问题在任何时候都受制于完全依赖斗争力量的相对强势而提出的暂时性解决方案。完善的劳动合同试图调整各种复杂的关系,在一个长时期内从最至关重要的关系到最微不足道的关系。由于达成协议的强制和事项涉及的幅度,以及需要一个相当简洁和可读性工具,谈判的成果(书面文件),用舒尔曼的话说就是,"达成了不同的约定:有些约定了客观标准几乎可自行适用;有些约定了或多或少的特定标准,在适用中需要理由和判决;还有的约定留下了一些问题,在今后考虑时表达着希望和真诚。"[舒尔曼,前文,1005页]。差距可以由特定行业和协议所涉及的商店的实践来填补。很多以协议为基础的具体实践,除了形式模糊外,对于谈判代表来说都是未知的。在有大多数商业合同的前提下,当事人也会诉诸法院和仲裁庭,因为他们之间的工作关系破裂,而这种救济方式是不期望的例外。但是在集体谈判协议下的申诉机构是行业自治体系的核心。仲裁是通过为所有可能产生的问题塑造一个私法体系来解决未知情形的手段,并且提供解决方案,通常能满足当事人的不同需求。通过申诉机构对争议的处理实际上是一个媒介,其含义和内容包含在集体谈判协议中。

除了当事人明确排除的事项外,所有当事人没有协商一致的问题都必须纳入申诉仲裁条款的范围。换句话说,申诉程序是维持集体谈判程序的一部分。与罢工不同,它是解决分歧的方式。

劳动仲裁员履行的职能不如法院那么正式,他作出前沿的判决,也许的确与法院的职能无关。

劳动仲裁员所适用的法律依据不仅限于合同明确约定的条款,比如说工业普通法——应用于工业和店铺的实践——同样是集体谈判协议的一部分,尽管没有在合同中明确约定。当事人通常选择劳动仲裁员,是因为当事人对劳动仲裁员所掌握的普通法知识有信心,而且信任仲裁员在作出个人裁决时会有自己的考虑,虽然不是合同明确约定的裁决条件。当事人期望对某个特别申诉的仲裁裁决不仅反映出合同内容,而且在集体谈判协议所允许的范围内,例如这些因素作为生产力影响下的特定结果,其结果是促进商店发展,裁决无论紧张局势将会加剧或是减弱。当事人选择仲裁程序的目的主要是进一步按照集体谈判协议的约定促进不间断生产的共同目标,满足他们的专门需求。能干的仲裁员对于一个申诉不会使用同样的经验,不会基于同样的考虑因素,因为他不会被告知同样的情况。

可是在 301 条里,国会已经分配给法院职责,确定不情愿的当事人是否违反承诺而选择仲裁。因为仲裁是个合同问题,而且如果当事人不同意服从对争议的仲裁,也不能强制要求其服从。然而,坚持国会的政策有利于当事人通过仲裁机构解决纠纷,根据 301 条的司法调查肯定是严格限制这个问题:不情愿的当事人是否确实同意申诉仲裁,又或确实同意赋予仲裁员权利作出裁决。对特别申诉的仲裁命令不应该被否定,除非可以说保证涉及纠纷的仲裁条款的解释不容易受影响。①

我们不认同下级法院所说的分包申诉必须排除在协议中所约定的申诉程序之外。可以肯定,协议条款是"严格管理职能的问题不应该提交仲裁"。但是协议继续约定如果引起了分歧或者如果引起"任何形式的局部

---

① 7.……申请人的主张是,当事人排除法院判决不仅是基于申诉价值的考虑,也有可仲裁性的问题,保留仲裁员对双方裁决的权利,申请人必须承受负担,清楚表明该目的。

麻烦",申诉程序可以适用。

"严格管理职能"可能被认为涉及合同约定特定情形下的管理实践,这是允许存在的。但是如果法庭为了确定可仲裁性,授权确定哪些实践是允许的,哪些是不允许的,那么仲裁条款可能在无意中被忽视了。每一个申诉从某种意义上说都包括了一个主张,即管理部门已经违反了协议的某些条款。

因此,"严格管理职能"必须解释为仅指超过本合同赋予管理部门完全的控制权和无限制的自由裁量权。被告主张对外分包工作属于这个范围。对外分包工作是很多申诉的基础,这种类型的主张对仲裁员来说是必不可少的。特殊的集体谈判协议可能会在申诉程序中排除对外分包。或者是书面担保协议可能明确约定对外分包不属于仲裁事项。在这种情况下,仅因为对外分包而产生的申诉不适用仲裁。可是,在这里,没有类似这样的约定,也没有任何条文显示当事人制定了"严格管理职能"条款包含对外分包的任意或所有形式。① 在没有任何明文规定排除特殊申诉仲裁的前提下,我们认为具有排除此主张适用仲裁的目的的最有力的证据才是关键,尤其就像在这里,排除条款是含糊不清的,而仲裁条款却是非常明确的。因为法院试图推断出这样的目的以理解其价值,当选择利用仲裁员的服务时,即使通过解释仲裁条款的方法,法院也应该持怀疑态度试图说服该目的使之成为劳动合同实质性规定的一部分。

申诉称对外分包违反了集体谈判协议。因此,纠纷属于"本合同约定的意思和适用",当事人一致同意交由仲裁庭裁决。

撤销判决。

法官法兰克福同意该结果。

---

① a. 战士与海湾海运公司案中的管理权条款约定:"公司的管理和对劳动力的控制权利是专属于公司的,包括有正当理由的雇佣、停职和解雇权利,调任权,以及因缺少工作量而解雇雇员的权利,或者有其他正当理由的权利。而且约定该条款将不会用于对任何工会成员歧视的目的。"——编者

法官布莱克,没有参与案件的讨论和决定。

法官布伦南与法官哈伦,同意。

战士与海湾海运公司案中反映出的问题与美国制造公司案没有本质的不同,即公司是否同意仲裁一项特别申诉。可是,与美国制造公司案相比,本案的仲裁承诺中排除了某一领域的适用——"严格管理职能"。因为仲裁承诺不同,法庭调查可能就更广了。本案中,法庭可能要求调查合同的实质性条款以查明当事人是否已经约定了,对外分包应该属于"管理职能"。如果法庭深入探究当事人有否明确同意对外分包是否属于"管理职能"的调查价值,为什么本案下级法院为同一目的评价谈判历史的证据是错误的呢?整齐的逻辑差别没有给出答案。法庭公正推断,适当考虑国家劳动政策和相关劳动仲裁程序的特殊因素,告诫对申诉价值的司法调查应该仅限于搜索明确的条款,基于排外条款引发的申诉,因为"排除条款是含糊不清的,而仲裁条款却是非常明确的"。法庭接下来做的深入探究申诉价值的风险是很明显的。在无确定证据的基础上,法院发现战士与海湾海运公司案在对外分包时没有办法受限于任何隐含诚信和公平交易的条款,有必要认为,战士与海湾海运公司案通过对外分包所有工作来破坏集体谈判协议是完全自由的。

法官惠特克持异议。

**注释和问题**

**1."钢铁工人三部曲案"**。前述两个案件,与下文 761 页的企业滑行车公司案(*Enterprise Wheel Car Corp.*),被称作"钢铁工人三部曲"。以这些判决为研究对象迅速出现了大量的文献,包括本杰明·亚伦:《在联邦法院仲裁:三部曲的后果》,载于《加州大学洛杉矶分校法律评论》第 9 卷(1962),第 360 页;伯纳德 D·梅尔泽:《最高法院,可仲裁性和集体谈判》,载于《芝加哥大学法律评论》第 28 卷(1961),第 464 页;保罗 R·海斯:《最高法院和劳动法》,载于《哥伦比亚法律评论》第 60 卷(1960),第 901 页;专题论文集,《仲裁和法庭》,载于《西北大学法律评论》第 58 卷(1963),第 466 页。

更多近期的评论包括:《钢铁工人三部曲之后的劳动仲裁三十年论文集》,载于《加州肯特分校法律评论》第 66 卷(1990),第 551 页。

**2. 为什么推翻法院判决?** 为什么法院不参与筛选缺少价值的申诉?法院只是简单的关心法庭将会出现错误,拒绝对一些实际上是有价值的申诉的仲裁请求,因为法官存在着偏见,或是缺少仲裁员那种使用"商店普通法"的假设能力? 法院是否应该建议,即使申诉缺少实际价值,也是有理由仲裁的?

**3. 解决纠纷的应用?** 在通过适当的解决方法已经解决问题的基础上,美国制造公司案要求执行协议将主张提交仲裁? 这样一项决议的声明一定要作为价值的部分考虑向仲裁员作出吗? 在美国制造公司案中提出的论证就是斯巴克斯因其永久性局部残疾而提出的赔偿主张获得解决而被要求禁止反言的论点吗? 比较科勒·沃兰德诉政策管理体系公司案[Cf. Cleveland v. Policy Management Systems Corp., 526 U.S. 795(1999)](当根据《美国残疾人法案》提出对残疾歧视的主张时,认为为完全残疾所设置的社会福利保障收入不必禁止反言,甚至"针对接受者的成功竖立强有力的推测")。

**4. 基于当事人意图的默认规则还是社会政策?** 美国制造公司案和战士与海湾海运公司案是否建立了一个背景或是默认规则,法庭应该假设的事项是在劳动协议里缺乏明确的合同条款时有意达到仲裁条款的目的? 如果是这样的话,作出的假设是否反应了大多数案件当事人可能的意图? 有没有用这种方式解读私人协议的其他理由? 通过判决解决劳动纠纷的历史与这个问题有关系吗? 对中期罢工的恐惧可以提交仲裁解决吗? 主要参照迈克尔·哈珀:《限制 301 条的先占权:为钢铁三部曲案三次欢呼,为林格尔案与吕克案仅一次》,载于《芝加哥肯特法律评论》第 66 卷(1990),第 685 页[Michael C. Harper, Limiting Section 301 Preemption: Three Cheers for the Trilogy, Only One for Lingle and Lueck, 66 *Chi.-Kent L. Rev.* 685 (1990)]。

**5. 对外分包推定为有仲裁性?** 在美国制造公司案和战士与海湾海运公司案,如何推定当事人之间的合同?例如,如果美国制造公司案中的协议约定了"无价值"的申诉不能提交仲裁,该如何处理?如果合同条款约定了,法院认为申诉没有价值,则当事人不能要求仲裁,该如何处理?如果合同条款约定了,当事人欲将特殊纠纷提交仲裁,在确定仲裁管辖权时法院不适用任何假设,该如何处理?如果调查显示几乎没有集体谈判协议试图建立仲裁的一般假设,那么与钢铁工人三部曲案明智的判决有关系吗?也许在钢铁工人三部曲案中,对于缺少合同修改条款,还有其他的解释?雇主抵制工会化是否是出于其觉察到,一旦工会认可,仲裁条款也同意,法律也不赞成允许雇主有些案件不提交仲裁的合同条款?

**6. 谁决定是否有可仲裁性?** 注意到战士与海湾海运公司案反映了仲裁员的实际管辖权是由法院决定的,尽管提出的假设是倾向于可仲裁性。进一步注意到在脚注7中,法院明确表明了这仅仅是一种假设,是可以克服的,可以明确表明当事人意图由仲裁员来决定管辖权的问题。这些原则以及战士与海湾海运公司案的基本观点,在AT&T科技公司诉信息工人案[AT&T Technologies v. Communication Wks., 475 U.S. 643(1986)]中都重新得到了肯定。主要参照威廉·古尔德第五:《劳动仲裁判决的司法审查——钢铁工人三部曲的三十年:AT&T案和米斯克案的余波》,载于《圣母大学法律评论》第64卷(1989),第464页[William B. Gould Ⅵ, Judicial Review of Labor Arbitration Awards-Judicial Review of Lab Steelworkers Trilogy: the Aftermath of AT&T and Misco, 64 *Notre Dame L. Rev.* 464 (1989)]。

如果法院在战士与海湾海运公司案的假设下第一次裁定有利于仲裁,那么仲裁员是否依然有权判断争议不属于仲裁事项?例如,在法院对战士与海湾海运公司案判决之后,仲裁员是否禁止作出"分包合同属于严格管理职能,据此申诉不属于可仲裁事项"的裁决?参照信息工人诉太平洋贝尔公司案[Communication Wkrs. v. Pacific N. W. Bell Tel. Co., 337 F. 2d 455, 459-460(9th Cir. 1964)];鲁塞尔·史密斯和达拉斯·琼斯:《新兴的联邦申诉仲裁法律对法官、仲裁员和当事人的影响》,载于《弗吉尼亚法律评论》第52卷(1966),第831、871—873页[Russell A. Smith & Dallas L. Jones, 52 Va. L. Rev. 831, 871-873(1966)]。

仲裁员受到法院对可仲裁性裁决的束缚,是否影响赋予仲裁员判断申诉价值的权力?例如在战士与海湾海运公司案中,仲裁员可以适当地裁决,即使根据可仲裁性的目的对外分包不属于严格管理职能,就案情来说,特定的对外分包不属于违反协议的行为。对于该案中仲裁员的实际裁定,参照美国制造公司案和战士与海湾海运公司案[Warrior & Gulf Navigation Co. and United Steelworkers of Am., 36 Lab. Arb. Rep. (BNA)695(1961)(Holly, Arb.)]。

**7. 附随协议中争议的可仲裁性?** 集体谈判协议的当事人经常就书面附随协议进行谈判,该协议并未规定在当事人正式执行的基本合同文本中,有时候甚至是签订合同之后才予以考虑的。附随协议引发的争议是否属于集体谈判协议的可仲裁条款?比较太平洋内陆船工工会诉杜特拉建筑公司案[Inlandboatmens Union of the Pacific v. Dutra Construction Co., 279 F. 3d 1075(9th Cir. 2002)](如果这类纠纷属于集体谈判协议仲裁条款中的可仲裁事项,那么是可以仲裁的,除非当事人详细说明)与康奈尔大学诉美国汽车飞机农业机械工人联合会案[Cornell Univ. v. UAW Local 2300, 942 F. 2d 138, 140(2d Cir. 1991)](附随协议是附属的主题,关于卫生保健计划的承诺不属于集体谈判协议的部分,因此由附随协议引发的争议不属于集体谈判协议的可仲裁条款)。

如果当事人反对仲裁,主张争议是对附随协议的执行,排除仲裁而不是集体谈判协议的仲裁条款,该如何处理?法院是否应该适用可仲裁性的假设,以致仲裁员可以裁决争议是否属于集体谈判协议的范围?参照航线飞行员协会诉中西快速航空公司案[Air Line Pilots Assn. Int'l v. Midwest Express Airlines, Inc., 279 F.3d 553 (7th Cir. 2002)](对可仲裁性假设的适用)。

**8. 缺少仲裁条款的司法强制执行？** 在战士与海湾海运公司案中,法官道格拉斯称赞仲裁"替代了工业纷争",假设是有利于仲裁的,至少国家工业政策的一部分是避免这种纷争的。如果当事人在集体谈判协议中没有约定仲裁作为合同期限内解决争议的手段,但是保留了起诉权利作为经济武器,此时法院是否应该适用一个假设,假设当事人希望合同直接由法院强制执行而不是仅通过自救措施？参照格罗夫斯诉环螺丝厂案[Groves v. Ring Screw Works, 498 U.S. 168(1990)](当事人也许明确同意诉诸法院采取经济战而不是进行调解、仲裁或者司法调查,但是法规肯定不会同意这样的一种协议)。

**注释:程序上的可仲裁性**

正如上面所解释的,法院一般裁定争议是否属于仲裁事项(即实质的可仲裁性)。可否同样裁定是否满足合同中规定的劳动仲裁程序的先决条件(即程序上的可仲裁性)？在约翰·威利及其子诉利文斯通案[John Wiley & Sons v. Livingston, 376 U.S. 543 (1964)]中,公司争论纠纷不具有可仲裁性,因为工会不满足这些特定的先决条件。法院认为,程序上可仲裁性的问题应该交由仲裁员处理:

> 一旦裁决了,如同我们所做裁决一样,当事人就有义务服从争议的可仲裁事项,产生于争议的程序上的问题,并且承担最后处置应当交由仲裁员的后果。对争议程序和实质因素的分离创造的拖延并不比故意且大多出于善意的机会更为严重,这一点是清楚的。法院负责裁决实质可仲裁性工作时,有一些案件的可仲裁事项并没有出现问题,但是由争议引发的程序性问题却暴露了。对于这些案件,威利案的立场是,程

序性的问题应初步交由仲裁员处理。(同上,第557—558页)

威利案法庭相信部分事实,本案中程序上的争论与工会所欲寻求仲裁的争议的价值性是联系在一起的。工会的申诉主张,公司在被其他公司并购之后,也应该继续执行集体谈判协议中的工作安全条款、资历条款以及特殊福利条款。工会认为,公司拒绝承认在其并购之后没有坚持在申诉程序中的早期步骤,而且在过程中时间限制也没有受到控制,因为公司对协议的全盘否定使其涉嫌违反了"继续执行"的义务。法庭主张,如果没有处理争议的价值性,即对集体谈判协议在并购之后是否还适用进行判断,那么工会对公司程序上争论的抗辩不能被完全解决。

威利案是要求程序上的问题通过仲裁解决吗?比如说申请期限的适用,是完全从争议价值性分离出来的。如果程序问题的解决转变成了一般法律或者公平原则的适用,例如是因为疏忽而导致,而不是对协议条款的解释,该如何处理?在施工工程师地方150工会诉福莱尔制造公司案[Operating Engineers Local 150 v. Flair Builders, 406 U.S. 487(1972)],法院支持,对于雇主主张工会因为疏忽(没有考虑到合同期限)而对禁止仲裁的事项提出仲裁要求,因为工会在雇主第一次涉嫌违规之后三年内不得提出仲裁要求,对该主张的解决应交由仲裁员,而不是法院。这项支持的基本原理是什么?鲍威尔法官在福莱尔案中持异议,问主要观点是否授予了仲裁员"法院一直以来对合同成立是否受欺诈或胁迫的裁定的管辖权"。是否应该是这样的?法庭或仲裁员应该对衡平法上抗辩价值进行判断吗?司法实践中基于不当行为而产生的仲裁,因当事人一方寻求仲裁而产生回避和拖延行为。

## 利顿财务印刷诉国家劳动关系委员会案

Litton's Financial Printing Divison v. NLRB
501 U.S. 190(1991)

法官肯尼迪意见如下：

I

原告利顿在加利福尼亚州圣克拉拉经营了一家支票印刷厂。该厂同时采用了冷活字印刷程序和热活字印刷程序。印刷专业和纸制品第777号工会，隶属于区域理事会第1号（工会），代表雇员与利顿厂达成了一项集体谈判协议，合同有效期到1979年10月3日。该集体谈判协议的第19条是有关仲裁条款范围的约定，具体如下：

> 如当事人对于本合同条款的理解和违约行为的认识均无法达成一致意见，则应该按照以下条款规定的方式，交由仲裁裁决。

这里的方式，主要指的是该合同第21条，关于申诉程序的两个步骤的约定。结论是如果申诉得不到解决，则可以被提交至有约束力的仲裁。

在合同到期前的几日，利顿工厂的一名雇员提出了对现有工会的不信任案。劳动关系委员会在1979年8月17日主持了对该不信任案的投票，结果是现有工会以28票比27票获胜。1980年7月2日，在经过多次合法的投票程序后，劳动关系委员会发布决定确认了工会的地位。在工会地位不确定时期，并没有进行劳资谈判。

利顿决定尝试行使向劳动关系委员会提出其拒绝与工会谈判的权利。劳动关系委员会拒绝了利顿的要求，而且发现其存在有不公平的劳资关系操作行为[256 N.L.R.B. 516(1981)]。与此同时，利顿决定取消冷活字印刷操作程序，并在1980年8月底和9月初，将10名员工裁员，这一数字占该厂原雇员总数的42%。这些被裁员的雇员要么部分工作是冷活字操作，要么完全是干冷活字操作工作的。这10名被裁员的员工中还包括了该厂11个最有资历的员工中的6个。并且工会没有得到任何一个裁员通知。

工会代表每一位被裁的员工提出了相同的申诉，主张利顿违反了合同中有关裁员对象选择的约定，即与"在裁员的情况下，如果禀赋或能力等其他因素是相同的,那么连续服务的长度将作为决定因素"的约定不符。利顿拒绝参加申诉程序和仲裁程序,也拒绝对雇员裁员决定进行谈判,并且提出合同条款的解释权在董事会,合同条款取代了谈判对裁员的影响。其有权在任何情况下拒绝将本争议提交仲裁。

1980 年 11 月 24 日,劳动关系委员会事务总长提出了申诉,声称利顿拒绝申诉程序实际上已经构成了《国家劳动关系法》第 8 条(a)(1)和(5)中所谓的不当劳动行为。1981 年 9 月 4 日,行政法官发现,利顿已经违反了《国家劳动关系法》中拒绝申诉程序的规定。

六年之后,劳动关系委员会在确认了原决定的一部分事实认定,撤销了一部分行政法官的裁决[286 N.L.R.B. 817(1987)]。董事会发现利顿有对裁员进行谈判的义务,如不谈判则违反了《国家劳动关系法》第 8(a)的规定。根据劳动关系委员会先例的公认,在合同期满后对合同申诉程序单方面的放弃违反了《国家劳动关系法》第 8 条(a)(1)和(5)的规定,劳动关系委员会认为利顿已经构成了不适当拒绝裁员申诉程序。劳动关系委员会着手适用其最近对印第安纳与密歇根电子公司案[Indiana & Michigan Electric Co., 284 N.L.R.B. 53(1987)]的决定,包括其对期满后可仲裁性原则的理解,以及在诺乐兄弟公司诉面包工人案[Noled Bros., Inc. v. Bakery Workers, 430 U.S. 243(1977)]的观点。劳动关系委员会认为,利顿大规模地拒绝其在合同期满后申诉仲裁义务也是违反了《国家劳动关系法》第 8 条(a)(1)和(5)的行为:

> 根据合同条款足以推定,合同所强加的仲裁义务适用合同之外的争议或合同到期之后发生的争议。因此,利顿仍然"承担合同潜在的仲裁义务,即使合同已经到期"。[286 N.L.R.B., at 818(引文省略)]

利顿没有要求审查的部分,我们在这里也不涉及。劳动关系委员会的决定,确认了利顿从事了不当劳动行为,并且单方面放弃了申诉程序,大规模拒绝了其在合同期满后的申诉仲裁义务。

针对利顿的不公平行为,为了给与雇员一个合适的救济措施,劳动关系委员会接着对这类特殊裁员申诉的可仲裁性进行了审查。最终以印第安纳与密歇根电子公司案的先例为依据,劳动关系委员会宣布了其决定。在这份决定中委员会认为那些合同到期后发生的争议是不具有可仲裁性的(286 N. L. R. B., at 821)。为了论证利顿案件中的裁员争议是否属于这一类,劳动关系委员会给出了以下理由:

> 引起申诉的行为,如发生在合同到期之后,并且能力、经验等其他因素都相同时,根据资历裁员的权利不是"累积权利或者既得权利"。印第安纳与密歇根电子公司案,前文61页。而且,正如该案所述的那样,也没有任何暗示"当事人设想这类权利即使在合同期满后依旧保留继续执行"。同上(引文省略)。因此,利顿没有申诉仲裁的合同义务。(286 N. L. R. B., at 821 - 822)

尽管劳动关系委员会拒绝给出仲裁的指令,但其命令利顿通过申诉程序的两个步骤实行申诉,与工会就裁员进行谈判,以便提供有限的补薪救济。

劳动关系委员会欲强制执行以上的决定,但工会和利顿都提出了司法审查的请求。上诉法院基本上支持了劳动关系委员会的决定,认定除部分裁员申诉以外,该争议不属于可仲裁的范围。在这个问题上,上诉法院倾向于认为"劳动关系委员会对印第安纳与密歇根电子公司案的决定是对第8条(a)(5)谈判义务的合理抗辩"。然而,法院对劳动关系委员会裁决的决定是错误的,因为在禀赋或能力等其他因素相同的情况下,按资历的次序决定裁员的权利实质上是由合同引起的。

Ⅱ

《国家劳动关系法》第8条(a)(5)和第8条(d)[29 u. s. c. 158(a)(5)

and(d)],要求雇主应当出于诚意地与雇员方开展有关"在工资、工作时长和其他雇佣条款及条件方面"的谈判。劳动关系委员会对这些条款的理解是,如果在谈判中雇主可以随意改变谈判的条款或条件,则谈判将很难继续进行下去。所以劳动关系委员会对此作出了以下的决定,我们对此也已接受。即如果没有经过谈判,雇主就从事了不当劳动行为,可以被认定为影响了现有雇佣条款,是对雇佣条件单方面的改变。参考国家劳动关系委员会诉卡茨案[NLRB v. Katz, 369 U. S. 736(1962)]。在卡茨案中,由于工会新成立,双方当事人尚未达成初步的协议。卡茨案中的学说已经扩张适用于任何情况,例如本案,既有的合同已经到期,新谈判合同尚未达成。参照劳动者健康和福利信托基金诉高级轻质混凝土公司案[Laborers Health and Welfare Trust Fund v. Advanced Lightweight Concrete Co., 484 U. S. 539, 544, n. 6(1988)]。

劳动关系委员会裁定,在卡茨案中,需要谈判的雇佣合同诸项目中强制力最强的是对单方面改变的禁止。对此劳动关系委员会已经确定了一些雇佣条款和条件,可是,这些条款或规定并不是出于一种法律政策的目的而继续有效的。例如,劳动关系委员会的观点是工会的安全和会费检查条款应该排除在单方面改变学说之外,因为只有当集体谈判协议条款明确详细约定时,法律才允许这些职责的存在。参照《美国法典》第29卷第158节(a)(3)(当事人约定的工会安全条件);《美国法典》第29卷第186节(c)(4)(会费检查有效,直到协议终止日期);见印第安纳与密歇根电子公司案。同时,罢工权利是得到法定保护的,排除罢工权利的条款也是排除在单方面改变学说之外的,除非其他争议解决方案可以延长合同的期限。参考美国法典第29卷第158节(d)(4),163节(工会的法定罢工权利);西南钢铁供应公司诉国家劳动关系委员会案[Southwestern Steel & Supply, Inc. v. NLRB, 806 F. 2d 1111, 1114(1986)]。

在希尔顿-戴维斯化学公司案[Hilton-Davis Chemical Co., 185 N. L. R. B 241(1970)],劳动关系委员会裁决仲裁条款排除在禁止单方面改变的范围之外,并由此推出遵守仲裁承诺意味着"自愿放弃国会保留给当事人的最终决定权,仲裁是双方达成的放弃经济权力的结果,否则当事人可以随意修改"(同上,第242页)。劳动关系委员会的另一依据是已经得到我们法院声明承认的基本的联邦劳工政策,即"仲裁是合同事项,如果一方当事人不同意,则不能被要求服从对争议提交仲裁"。见美国钢铁工会联合会诉战士与海湾海运公司案[United Steelworkers of America v. Warrior & Gulf Navigation Co., 363 U.S. 574, 582(1960)]。

我们认为,在希尔顿-戴维斯化学公司案中,劳动关系委员会的决定既合理,又与法案相一致。该裁定建立在强大的法定原则基础上,在《国家劳动关系法》条文以及起草历史中都可以找到,是经过双方同意的,而不是强制仲裁。

对雇佣合同期满后的争议缺少有约束力的解决方法,如果劳动关系委员会认为其实施了单方面改变的,并且违反了《国家劳动关系法》的行为,当事人可以将其归入不当劳动行为。如果,就像工会推动的,当事人赞成合同条款中的劳动仲裁,也要求仲裁解决期满后的争议,当事人会通过合同明确约定。进一步说,集体谈判协议应该在起草时就要设法消除期满合同和正在执行的新合同之间可能存在的缝隙,或者是保持期满合同的效力直至当事人谈判结束。与工会的意见不同,一旦当事人在合同中同意仲裁,我们要求对期满后的纠纷进行强制仲裁,这些选择可能会强化法定政策,但归根到底仲裁不是强制性的。

Ⅳ

针对不单方面影响或改变雇佣条款条件的义务设置的责任,源于对诚信谈判的法定要求,不是在集体谈判协议有效期届满后对雇主可能的限制的唯一来源。一个类似的责任可能由到期协议本身明示或暗示的条款所引起。这不是《国家劳动关系法》中的条文,这是在诺德兄弟公司诉面包房工人案[Nolde Bros., Inc. v. Bakery Workers, 430 U.S. 243(1977)]中控制我们决定的义务的来源。

在诺德兄弟公司诉面包房工人案中,工会根据《劳资关系法》第301条

(29 U.S.C. §185)要求强制仲裁。在该案中,在集体谈判协议终止后的第四天,雇主决定停止经营。雇主满足了雇员提出的工资要求,但是拒绝支付协议里所要求的遣散工资,并拒绝对争议付诸仲裁。工会主张这些工资:

"具有累积权利和既得权利的性质,与员工在合同有效期内享受带薪休假是一样的,但是只在雇佣期间内可获支付。"(诺德兄弟公司诉面包房工人案)

我们同意:

"无论结果如何,对该主张的解决方法取决于合同条款关于遣散费的最终解释。因此,尽管该争议是集体谈判协议到期后引起的,但是合同中明确写明了该争议。"同上引文(原文中重点强调)。

我们认为,"仲裁责任是集体谈判协议的创造物",而且可仲裁性的事项必须由相关协议所确定,而不是由法律所强制(同上,第250—251页)。有了这种理解,我们认为合同下大量的仲裁义务与合同解释不一致时,解释可能在合同到期时消除所有的仲裁义务。对于该说法,我们注意到:

"会阻止后续合同中仲裁规则的进入,即使争议在合同有效期内产生,但是仲裁程序没有在合同终止前启动。同样如果仲裁程序已经开始了,但是没有在合同终止前结束也是一样。"(同上,第251页)

我们发现如果存在一个满足要求、可在合同期满后仲裁的事项,那么除非其具有"明确否定或通过明确含义"。但是这一结论被重要条件所限制,即该仲裁事项应与执行合同而引发的争议有关。仲裁条款的目的是执行合同,不是超越合同。诺德兄弟公司诉面包房工人案没有明确的指出规则,导致合同期满后申诉涉及的雇佣条款和条件依然可以仲裁。扫除该规则实际上可以反驳诺德兄弟公司诉面包房工人案的基本原理。诺德兄弟公司诉面包房工人案的假设限制的是基于合同产生的争议。合同期满后的申诉可以依据的是基于合同产生的,并且涉及的事实和行为是在合同期满之前发生的,或者发生在合同期满之后的行为侵犯了协议确定的累积权利和既得权利,或者是在合同解释的一般原则下,存在于协议其余部分的有效期内的合同权利。

协议确定的累积权利和既得权利,如同一般规则,协议终止后仍然存在。当然,如果集体谈判协议清楚明确地约定了,某些福利在合同期满后仍然存在,像这些存在的福利一样,基于协议产生的争议也将存在,而且成为了合同仲裁条款约定的事项。参照美国钢铁工人联合会诉福特钢铁公司案[United Steelworkers of America v. Fort Pitt Steel Casting, Division of Conval-Penn, Inc., 598 F. 2d 1273(CA3 1979)](协议在合同期满后的劳动争议事项中约定继续提供医疗福利)。

最终,正如我们在诺德兄弟公司诉面包房工人案中所发现的,有关补救措施和争议解决的结构性规定,例如仲裁条款,也许在某些情况下为了强制执行由合同产生并且在合同到期后继续存在的责任而继续存在。诺德兄弟公司诉面包房工人案声明,《劳资关系法》第301条的作用与合同解释的规则相似,也许可以适用于其他商业合同的仲裁条款中。当然我们首先要假设一种合同解释的情形,即当事人没有打算基于协议到期的目的而终止重要争议的解决条款。

工会认为,我们对问题价值的判断有误,即合同期满后的申诉是否在合同有效期内产生的,因为据称合同解释的问题在初审时是提交给仲裁员的。但公司是否受到仲裁约束,以及必须仲裁的问题,是由法院决定的事项,当事人不能被强制"仲裁可仲裁的事项"。AT&T科技公司诉信息工人案(AT&T Technologies, Inc. v. Communication Workers of America, 475 U.S. 643,651)。我们承认当事人之间存在着有效的集体谈判协议,合同还包含了广泛的仲裁条款,"在这个意义上存在着可仲裁性的假设,对特殊申诉的强制仲裁不能被否定,除非说有积极保证仲裁条款不易受到合同解释的影响。"同上，第650页，引用了战士与海湾海运公司案［Id., at 650 quoting Steelworkers v. Warrior & Gulf Navigation, 363 U.S. 564, 582-583(1960)］。但是我们拒绝在期满的集体谈判协议上下文中大规模适用这个假设，因为这么做可能会导致合同仲裁义务没有限制的结果。尽管"疑点应当通过通盘考虑来解决"，AT&T科技公司诉信息工人案（650页），但是我们仍应该确定当事人是否同意仲裁这项争议，而且我们不能避免这项职责因为其要求我们对集体谈判协议的条款进行解释。

在本案中我们对裁员的申诉适用这些原则。这些裁员现象发生在合同期满后一年内。因此可以认为，只要其侵犯了协议中累积权利和既得权利，或者协议期满后继续存在的权利，申诉是可以仲裁的。这不是合法强制的雇佣条款和条件，而是合同条件下继续履行的义务。

合同权利的问题，"在裁员的情况下，如果禀赋或能力等其他因素是相同的，那么连续服务的长度将作为决定因素"，该约定包含了剩余的资历因素。工会认为，资历条款"创造了一种获得优势的形式，随着时间的积累，可以理解为已经工作了的时间延期补偿的特殊形式"。除了条款是否要求所有的裁员都要按照相反的资历来进行的问题，可能支持诺德兄弟公司诉面包房工人案中支付遣散费的类推，被视为延期补偿，这里的裁员条款不能被这样解释，也不能说在协议期限内创设了累积权利和既得权利，或者是在合同期满后继续存在的合同义务。

协议中有关裁员顺序的约定主要是参考"禀赋或能力等其他因素"而确定的。只有在所有的因素都是相同的情况下才要求雇主考虑资历条件。此处，任何仲裁程序都有必要重点考量在协议期满后，禀赋和能力以及其他没有列举的"其他因素"是否相同，作为决定裁员的最后日期，以及利顿关闭冷活字印刷操作的决定。

重点在于类似禀赋或能力等因素并不是保持不变的，而是一直在变化。它们不能被认为是累积权利或既得权利，或被理解为延期补偿的形式。具体的禀赋或能力是既可以提高也可以降低的。而且任何特殊能力的重要性是随着雇主在任何特定时间的经济需求而改变的。禀赋和能力不能作为通用标准来衡量,但是可以衡量一个雇员在某一时间是否符合雇主的经济需求。我们不能推断出部分当事人冻结任何特定的裁员顺序,或者在合同期满后保留合同权利的目的。①

V

基于上述理由,我们完全推翻了上诉法院拒绝强制执行劳动关系委员会命令的判决,并且发回重审。

以下是为裁决。

法官马歇尔,法官布莱克和法官斯卡利亚对该裁决持反对意见。

大多数人认为对合同价值的争议,仲裁应该是首选的解决途径。

正如多数人的让步,也正如劳动关系委员会的坚持,无条件的资历条款可以授予一项资历权利,即"在合同有效期内一些等级的累积或既得的能力"。见联合铬合金产品公司案[United Chrome Products, Inc., 288 N. L. R. B. 1176, 1177(1988)]。事实是,尽管有个别的等级变动,然而在合同的含义下,资历保证可能赋予的是按照资历标准考虑裁员的权利,而不是员工的资历排名或者安全工作权。

我认为,"合格"资历的条款也许采取的是相同的方式。在这种观点下,被解雇的员工还有机会向仲裁员证明,在合同有效期内他不应该被解雇,因为在他被解雇时,禀赋或能力等其他因素是相同的。

法官斯蒂文森持异议观点,还有法官布莱克,法官斯卡利亚等。

**注释和问题**

**1.** "**大规模拒绝**"**原则？** 你应该怎么理解劳动关系委员会在印第安纳

---

① 4. 尽管我们作出争议不是因协议而产生的决定,其必要性,裁决1980年8月雇员缺少为特定裁员顺序赋予的合同权利,如果"像禀赋和能力等其他因素"都是相同的,工会仍然可以要求不按资历相反顺序裁员,为不公平的劳动实践,作为单方面改变雇佣条款和条件的行为。事实上,我们对是否按照顺序裁员不做裁定。

与密歇根案中"大规模拒绝"的标准？利顿案之后，如果雇主在仲裁合同期满后欲申诉，则要判断在利顿案标准下的可仲裁性，其拒绝仲裁申诉是不正确的但却是守诚信的，那么拒绝仲裁行为被视为不可仲裁的，但与违反合同的行为一道构成了一个不当劳动行为吗？参考印第安纳与密歇根案[Indiana & Michigan. , 284 N. L. R. B. at 60 n. 7]；通用化学公司案[General Chem. , 290 N. L. R. B. 76(1988)]；吉佛特希尔公司案[Gifford-Hill & Co. , 285 N. L. R. B. 746(1987)]。

**2. 对于可仲裁性的推定发生了什么？** 为什么利顿案中法院管辖权不能适用于战士与海湾海运公司案对期满后申诉的可仲裁性的假设？是不是在这些案件中没有理由信任仲裁员呢？要关注司法介入对价值的决议？要假设当事人期待有效的仲裁？

**3. 资历主张涉及"累积"权利和"既得"权利？** 你被利顿案中法院对既得权利和累积权利标准的应用说服了吗？又或被马歇尔法官所谓的由工会引起的资历权利已经被授予的观点所说服？参考盖里·敏达：《后冷战时代的仲裁——肯尼迪法官对利顿财务印刷部门诉国家劳动关系委员会案的观点》，载于《斯泰森法律评论》第22卷(1992)，第83页[Gary Minda, Arbitration in the Post-Cold-War Era-Justice Kennedy's View of Post expiration Arbitration in Litton Financial Printing Division v. NLRB, 22 *Stetson L. Rev.* 83 (1992)]。如果利顿案中的条款问题是"严格资历"条款，与722页的现代木工技术案类似，而不是"相同能力"合格资历条款，法院的判决是否会不同？

**4. 其他"累积"权利和"既得"权利？** 除了退休金福利和遣散费，还有没有其他利益可能属于先前合同期限内的累积权利或既得权利呢？假期工资？假日薪酬？病假工资？医疗福利？免受不公正的解雇？免受分包导致的工作损失？每年提升一个新的工资等级？

**5. 利顿案对合同主张价值的暗示？** 利顿案只涉及了对期满后争议可仲裁性的假设，还是裁决也涉及对价值决定的暗示？

a. 假设法庭裁决期满后对假期工资的主张应该提交仲裁，因为主张这类工资的权利是在合同到期前的累积权利和既得权利。仲裁员是否自由作出有利于公司的判决因为在他看来，主张假期工资的权利不属于既得权利？仲裁员是否受到利顿案法庭在裁决"合同权利在合同期满后是否继续存在"的争议时所要求的"合同解释的一般原则"的限制？

b. 利顿案就期满后争议的可仲裁性的教义是否也控制了法庭如何裁决违反合同的行为？例如，如果在利顿案之后工会试图将争议提交至法院而不是提交仲裁，那么公司拒绝根据资历决定裁员顺序是否属于违反合同的行为？法院对该主张有无管辖权？

**6. 利顿案对工会依据《国家劳动关系法》提出主张的暗示？** 在利顿案脚注4的观点中是否意味着即使公司在合同期满后没有合同责任对裁员决定进行仲裁，公司也应当有法定责任继续依据资历决定裁员？在卡茨案中，没有谈判一致是不能单方面作出改变的。

**7. 合同期满后的仲裁？** 怎样的合同条款才能足够排除在合同期满后对任何申诉进行仲裁？

## 2. 对仲裁裁决的司法审查

### (1) 当事人目的的实行

#### 美国钢铁工人联合会诉企业滑行车公司案

United Steelworkers of America v. Enterprise Wheel & Car Corp.

363 U. S. 593(1960)

道格拉斯法官。原告工会与被告在相关期间内有一个集体谈判协议，合同约定了任何关于合同的"含义和适用"的争议都应该提交仲裁，并且仲裁员的裁决"应该是终审的，对当事人是有约束力的"。合同约定如下：

> 由公司或仲裁员作出的决定应该与申诉程序相一致，违反本合同约定，对雇员不合理地停职或解雇，公司应该恢复雇员的工作，并且按照常规报酬补偿雇员在此期间全部的损失。

一组雇员离职以示对某一雇员解雇的抗议。一个工会官员建议他们立即返回工作。被告方的一个官员在他们的请求下给予他们承诺，随后又撤回了承诺。第二天他们被告知不能再继续工作了，"直到这件事情通过某种方式予以解决。"

于是这些雇员提起了申诉，但被告拒绝仲裁。于是原告提起了对合同仲裁条款强制执行的诉讼。地区法院命令执行仲裁。仲裁员发现，尽管这些人的行为是不适当的，但对他们的解雇都是没有正当理由的。在他看来，这种行为最多也就给予他们每人10天的停职处罚。但在他们被解雇之后，仲裁裁决作出之前，集体谈判协议已经到期了。而工会继续作为该厂工人的代表。仲裁员并不认同合同到期后禁止恢复雇员工作的观点。他认为，上面引用的合同条款是强加给雇主的无条件的义务。他作出裁决恢复被解雇员工的工作，支付停职10天期间的报酬，并且安排这些员工接受其他的工作。

被告拒绝服从该裁决。原告请求地区法院强制执行。法院要求被告服从仲裁裁决。上诉法院同意地区法院在集体谈判协议的基础上强制执行仲裁裁决的管辖权，但上诉法院认为，不能强制执行支付工资的要求。上诉法院同时同意该缺陷可以通过要求当事人完成仲裁来弥补。可是，上诉法院继续认为，集体谈判协议到期之后支付报酬的裁决不被能执行。上诉法院还认为，恢复被解雇员工工作的要求同样不能被强制执行，因为集体谈判协议已经到期了。

法院拒绝对仲裁裁决价值的审查是基于集体谈判协议应适用仲裁的正确做法。如果法院对判决价值有最终话语权,那么仲裁解决劳动争议的联邦政策可能就被破坏了。

当仲裁员接受委任,解释和适用集体谈判协议时,他将要作出不正式的裁决以做到对问题的公平解决。当涉及制定补救措施时,这一点尤为正确。在各种各样的情况下需要有灵活性。制定者也许从来没有考虑到可以选择什么样的具体补救措施以符合特殊的意外情况。然而,仲裁员裁决的灵活性是受到集体谈判协议解释和适用限制的;他不能随意地根据自己的标准作出裁决。有时其可以在以往的裁决中寻求到指导,但是只有符合集体谈判协议的实质时,他的裁决才是合理的。当仲裁员的裁决载明了不应履行该义务时,法院也别无选择只能拒绝强制执行仲裁裁决。

本案中仲裁员在裁决中,对于合同期满后支付报酬和恢复工作的决定是含糊不明确的。可能被解读为仲裁员为了形成新的先例的需要,而构筑的观点,这可能意味着他超出了提交仲裁的范围。或者,可能被解读为从合同本身的结构中推导出的结果。也许仲裁员出于确定合同意义的目的,参照了法律。裁决意见中的可能存在的一点点含糊,仲裁员有越权行为的可能,都不是对裁决拒绝强制执行的理由。仲裁员没有义务对法院给出其裁决的理由。对自由裁量的追求可能引导仲裁员自由发挥写出得不到法院支持的意见。这可能不符合裁决理由充分的要求,但在完整的过程中容易产生信心,有助于澄清基本协议。更加值得注意的是,我们没有理由假设该仲裁员会滥用当事人对他的信任,没有在他自己的权限范围内做出裁决。更何况,超出提交仲裁范围的情形并不是显而易见的。上诉法院并不是在发现仲裁员未以合同结构为前提作出裁决的基础上作出的拒绝强制执行恢复工作和支付部分报酬的判决。上诉法院仅仅是不赞同仲裁员对合同结构的理解。

集体谈判协议本来可以约定,如果有任何一个员工被不正当的解雇,救济措施是恢复雇员的工作,并且支付其返回工作前的工资。被告的主要抗辩意见似乎是对集体谈判协议解释法律原则的正确适用,可以确定合同中没有这样的约定,因此仲裁员的裁决并不是在合同基础上作出的。对这个观点的接受,即使在仲裁条款的标准下,也可以要求法院对合同每一条的价值进行审查。法院对价值的充分审查可能使得仲裁员的裁决终局性变得毫无意义,实际上仲裁裁决几乎从来没有终审过。对集体谈判协议解释的问题是交由仲裁员解决的问题。这是仲裁员对谈判的理解,只要仲裁员的裁决与合同结构有关,法院无权推翻仲裁裁决,因为他们对合同的解释与仲裁员不同。

法官法兰克福同意该结果。

法官布莱克没有参与该案的讨论与决定。

法官惠特克的异议观点在此省略。

### 注释和问题

**1. 实行当事人假设的背景?** 在企业滑行车公司案中预想的对仲裁裁决有限的司法审查是一种默认规则,即法院应该假设的是集体谈判协议中缺少明文约定的含义吗?如果是这样的话,根据这个假设,雇主或工会应该怎样去订立合同呢?什么样的理由——不同于当事人可能的意图——是法院给出的对仲裁裁决司法审查的限制?

**2. 促进仲裁裁决的终局性?** 考虑以下作为仲裁裁决狭隘司法审查的论据:

> 如果审查法院鼓励败诉方忽略劳动仲裁裁决的终局性,对和谐的劳资关系的负面影响是非常大的。败诉方可能要花费一年或更长的时间来获得地区法院判决对于仲裁裁决的质疑,而且如果上诉法院随后要求司法审查的话,可能还会额外花费一年的时间。即使司法调解的结果是强制执行仲裁裁决,诉讼本身也破坏了仲裁的服务价值。

查尔斯·B. 克莱沃:《劳动仲裁作为集体谈判程序的延续》,载于《芝加哥肯特法律评论》第66卷(1900),第581页。该文引用伯纳德·都娜:《对劳动仲裁裁决司法审查的范围》,载于《纽约大学第24届劳动法年会论文集》(1972),第177页[Charles B. Craver, Labor Arbitration as a Constinuation of the Collective Bargaining Process, 66 Chi. -Kent L. Rev. 571, 588(1900), quoting Bernard Dunau, Scope of Judicial Review of Labor Arbitration Awards, in Proc., 24th Ann. N. Y. U. Conf. on Lab. 175, 177(1972)]。参考道格拉斯·E.雷:《米斯克案后对双方谈判的保护:劳动仲裁裁决的法院审查》,载于《工业关系杂志》第64卷(1988),第12—13页[See also Douglas E. Ray, Protecting the Parties' Bargain After Misco, Court Review of Labor Arbitration Awards, 64 Ind. L. J. 1, 12–13(1988)]。实证研究发现1985年地区法院审查仲裁裁决过程增加了456天。

**3. 破坏了仲裁终局?** 有一些研究认为,自企业滑行车公司案之后,仲裁裁决的终局性通常都被维持着。少于1%的仲裁裁决被上诉至联邦法院,多数上诉都没有成功。一个从1960年到1991年这三十年期间的研究发现,地区法院强制执行了超过70%的他们审查过的仲裁裁决。巡回法院从1960年到1981年间强制执行记录(假设基于已出版的判决)达到了75%,但是从1982年到1991年下降到了67%。参考迈克·H.勒罗伊和彼得·付伊勒:《钢铁工人三部曲与申诉仲裁上诉:联邦法院如何应对》,载于《工业关系法律杂志》第13卷(1991),第102页[Michael H. LeRoy & Peter Feuille, The Steelworkers Trilogy and Grievance Arbitration Appeals: How the Federal Courts Respond, 13 Ind. Rel. L. J. 78, 102(1991)]。然而,很多对司法判决颠覆仲裁裁决有关注的评论员已经警告了司法对仲裁程序的侵入。参考克莱沃,《劳动仲裁》,前文;提莫森·J.海因茨:《企业滑行车公司案一直环绕》,载于《密苏里法律评论》第52卷(1987),第243页;迈克·H.戈德斯曼:《法院和国家劳动关系委员会如何审查仲裁裁决》,载于《全国第38届仲裁学术会议论文集》(1986),第168页[Timothy J. Heinsz, The Enterprise Wheel Goes Around and Around, 52 Mo. L. Rev. 243(1987); Michael H.

Gottesman, How the Courts and the NLRB View Arbitrators Awards, Proc., 38th Ann. Meeting, Nat'l Acad. of Arbs. 168(1986)]。

**4. 仲裁裁决必须要符合合同的本质？** 法院声明仲裁裁决只有在"符合集体谈判协议的本质"情况下才是合法的，而且警告仲裁员"不能随意作出自己的裁决"。一些判决引用了这些措辞，证明拒绝执行仲裁裁决是正当的，而且这些裁定被发现是建立在法院要求对集体谈判协议进行难以置信的解释的基础上的，进而才认为仲裁员"随意作出了自己的裁决"。例如，第六巡回法庭声明，当出现以下情况时，本院拒绝执行仲裁裁决："(1)裁决与合同明文条款相抵触；(2)裁决强加了不是合同明文约定的额外要求；(3)裁决得不到合同的支持或裁决不是源自于合同；(4)裁决是基于一般公平和平等理念考虑，而不是合同明文条款。"参考密歇根家庭资源公司诉服务员雇员国际517工会案[Michigan Family Resources, Inc. v. Service Employees International Union Local 517M, 438 F. 3d 653, 656 (6th Cir. 2006)]；斯特林瓷器公司诉玻璃工人当地24号工会案[Sterling China Co. v. Glass Workers Local No. 24, 357 F. 3d 546, 556(6th Cir. 2004)]；国家石膏厂水泥部诉美国钢铁工人联合会地方135工会案[Cement Divisions, National Gypsum Co. v. United Steelworkers Of Am., Local 135, 793 F. 2d 759, 766(6th Cir. 1986)]。这个方法是否与企业滑行车公司案相一致？

企业滑行车公司案有权对集体谈判协议的仲裁解释的合理性进行司法审查吗？或者其应该理解为提出最低要求，即仲裁员把自己的角色理解为解释集体谈判协议并根据合同作出判决，而不是作出自己的判决？是否足够让仲裁员以自己的主观意图行事？仲裁员的角色是当事人设计的对集体谈判协议程序进行解读或解释，实质审查则交由法院。对于这个观点，参考西奥多·圣安东尼:《劳动仲裁裁决的司法审查:再看企业滑行车公司案及其影响》，载于《密歇根法律评论》第75卷(1977)，第1137页[Theodore St. Antoine, Judicial Review of Labor Arbitration Awards: A Second Look at Enterprise Wheel and Its Progeny, 75 Mich. L. Rev. 1137(1977)]。对第六巡回法庭方法的评论文章,参考斯蒂芬·L.海福德:《劳动仲裁法与商业仲裁的统一:谁的观点时代已经到来》,载于《贝勒法律评论》第52卷(2000),第821页;大卫·E.费勒:《塔夫脱与哈特莱的表白:对劳动仲裁裁决进行司法审查的怪诞历史》,载于《伯克利雇佣与劳动法》第19卷(1998),第296页。

**5. 判决适用的是外部法律或以外部法律为基础**。企业滑行车公司案合同条款要求仲裁员作出判决至少要符合集体谈判协议的实质,似乎排除了对外部法律的直接适用。可是,仲裁员在一些假设上经常会考虑到外部法律,当事人希望对模糊的合同条款的解释与普通法律相一致。参见罗伯特·G.郝乐特:《仲裁员、国家劳动关系委员会和法院》,载于《全国第20届仲裁学术会议论文集》第67、83、85页[Robert G. Howlett, The Arbitrator, the NLRB, and the Courts, Proc., 20th Ann. Meeting, Nat'l Acad. of Arbs. 67, 83, 85(1967)]。法院应该顺从基于仲裁员对外部法律的理解作出的仲裁解释吗?这种顺从是依赖合同明确包含了外部法律还是依赖合同明确赋予仲裁员适用外部法律的权利呢?参考巴特勒制造公司诉美国钢铁工人联合会案[Butler Mfg. Co. v. United Steelworkers of Am., 336 F. 3d 629(7th Cir. 2003)](合同条款"符合法律的规定"赋予仲裁员在对合同理解上参考家庭医疗假期法案的权利)。参考马丁·H.马林与吉安娜·M.范和夫:《劳动仲裁员的演变角色》,载于《俄亥俄州争议解决杂志》第21卷(2005),第199页[Martin H. Malin & Jeanne M. Vonhof, The Evolving Role of the Labor Arbitrator. 21 *Ohio St. J. on Disp. Resol.* 199(2005)]。法院应该顺从依靠以被法院判决为错误的外部法律而作出的仲裁裁决吗?回答这个问题,法院是否可以强制执行仲裁裁决,该裁决是依靠一个与外部法律有冲突的合同条款而作出的。比较大卫·费勒:《仲裁黄金时代终结的到来》,载于《全国第29届仲裁学术会议论文集》(1976),第111页[Cf. David E. Feller, Proc., 29th Ann. Meeting, Nat'l Acad. of Arbs. 97, 111(1976)]。解释考克斯教授的观点,当雇主对违反合同行为提出抗辩时,仲裁员应该经常考虑外部法律。

**6. 进一步适用。**

a. 对不当行为处罚的仲裁减少。大量对仲裁裁决拒绝强制执行的司法判决,表达了对仲裁员严格审查雇主针对雇员承认的违纪行为处罚的不满,尤其是合同明确允许给予强制处罚的行为。参考波兰之春公司诉美国食品与商业工人国际工会案[Poland Spring Corp. v. United Food and Commercial Workers International Union, 314 F. 3d 29(1st Cir. 2002)];德尔塔国王蒸汽船公司诉地区案[Delta Queen Steamboat Co. v. District 2, 889 F. 2d 599(5th Cir. 1989)];乔治太平洋公司诉美国纸业工人当地27工会案[Georgia Pacific Corp. v. Local 27, United Paperworkers, 864 F. 2d 940 (1st Cir. 1988)]。讨论"公共政策"对恢复曾被雇佣为非法用毒的员工工作的裁决的挑战,参考下文768页,假设某雇员因为伪称自己因受伤而不能工作,却参加业余高尔夫锦标赛而被解雇。进一步假设最后结论是,雇员为了自由参加锦标赛而欺骗了雇主,仲裁员命令雇员恢复工作,不予支付报酬。仲裁员的意见是承认合同约定"任何雇员可以因为正当理由而解雇",并且"立即解雇的正当理由有……不诚信",但是她推论,雇主对其他有类似但不完全一样的不诚信行为的雇员只是给予停职而不是解雇,况且本案中的该雇员有着清白和长期的工作记录。仲裁员进一步维持集体谈判协议的含义,不诚信在适当的情况下可能是导致解雇的理由,但不是所有的情况。企业滑行车公司案支持司法对该裁决的逆转吗?如果仲裁员的裁决认为有正当理由给予处罚但是解雇是过分的,如何处理?如果合同包含了一个条款,即"仲裁员有权确定雇员的行为是否应该受到处罚,但无权审查雇主给予处罚的等级",如何处理?如果条款只约定了"在没有要求给雇员全额补薪的情况下,仲裁员无权要求恢复被解雇员工的工作",该如何处理?

b. 寻找限制仲裁自由裁量权的条款。假设条款约定"仲裁员无权在理解合同结构时参考以往的实践和谈判历史"。是否有这样的争论:对仲裁员解释表面含糊的条款时自由裁量权的限制与相似条款对雇主权利的限制相比允许更大的司法审查呢?参见安合意-布什公司诉卡车司机第744工会案[Anheuser-Busch, Inc. v. Teamsters Local Union No. 744, 280 F. 3d 1133(7th Cir. 2002)]。在以往实践的基础上推翻裁决,但是以往实践与合同明确约定的"书面合同由当事人之间签订的所有全部协议所组成,并且取代了之前签订的所有协议……口头的或书面的,包括本合同条款没有明确保留的所有实践"相反。同样参见宾夕法尼亚电力公司诉国际电气工人兄弟会案[Pennsylvania Power Co. v. IBEW, 276 F. 3d 174(3d Cir. 2001)]。如果有差别,法院在限制仲裁权利时应该怎样对待仲裁员更加含糊的解释呢?就像条款的约定"在任何条件下,仲裁员无权增加、删除或者改变合同的任何条款"。

**7. 持异议的观点**。钢铁工人三部曲案件已经夸奖其支持仲裁工作。可是,存在一些异议观点。尤其是第二巡回法院上诉法庭的保罗·R.海斯法官曾经是一位杰出的仲裁员,反对法院在钢铁工人三部曲案件中对劳动仲裁的描述,以下是其控告:

"一部分仲裁裁决不是在证据或合同或其他合理考虑的基础上作出的",但在某种程度上是为了维护仲裁员的就业价值。

"和解裁决"可能会有"相当广泛的用途",因为仲裁员为维护其可接受性而作出,而且和解裁决不认为举证责任规则在程序中是必不可少的。

一大部分仲裁裁决,"每年成千个案件从字面上"被"没有必备知识、培训、技能、能力和性格"的仲裁员提出。

有些仲裁员拼命拉官司增加费用,不控制,甚至拖延听证会的时间,而且推迟裁决,从而令人沮丧的没有作出快速和廉价的裁决。

为了使自己被工会所接受,仲裁员介绍各项因素,如"普通法"领域时,不考虑其与合同结构没有适当的联系,从而扩大了工会的权力。

《劳动仲裁:持异议的观点》(*Labor Arbitration: A Dissenting View*)第49、

59、61—70、112 页(1966)。

　　海斯法官建议,法院在强制执行仲裁前至少应该认真审查合同和仲裁裁决。可是,海斯更倾向于保留对仲裁程序的司法援助。你对他的批判作何应对? 对海斯论文迅速广泛的批判在哈里·T. 爱德华的著作《仲裁超过诉讼的优势:对一个判决的思考》中出现,载于《全国第35届仲裁学术会议论文集》(1982),第16页,同样参考道拉斯·L. 琼斯与罗素·A. 史密斯:《对仲裁程序管理和劳动的鉴定和批评:报告与评论》,载于《密歇根法律评论》第62卷(1964),第1116—1117页;尤利娅·G. 戈特曼《对仲裁员水平的辩论:海斯法官和他的批判》,载于《工业关系杂志》第44卷(1969),第182页。

　　**8. 发回重审还是判决?** 如果法院确定仲裁员没有在其权利范围内活动,或者忽视了合同结构,按照自己意愿做出了裁决,那么法院应该自己审理该案件还是将案子发给其他仲裁员重新审理呢? 在一个更近的案件中强调,只有当仲裁员试图解释并适用合同时法院才可以自己判决,而且不应该对仲裁裁决的价值进行审查,即使发现有"严重的"错误或者"不合理的"事实。最高法院在上诉法院的撤销判决中引用法官判词时简要地表达了意见,"即使仲裁员的裁决可以适当地被撤销,最先考虑的救济方式应该是把案件发回仲裁程序重审。"参见职业棒球大联盟运动员协会诉加维案[Major League Baseball Players Ass'n v. Garvey, 532 U.S. 504(2001)]。

### (2) 公共政策因素

### 东部煤矿联合企业诉矿工联合会地区17分会案

　　Eastern Associated Coal Corp. v. United Mine Workers, District 17
　　531 U. S. 57(2000)

　　大法官布雷耶传达法庭意见。

劳动仲裁委员会要求雇主恢复一位两次大麻检测呈现阳性的雇工的职位。现在我们面临的问题是,公共政策是否可以成为法院拒绝仲裁裁决生效的影响因素。我们的结论是不可以。

I

原告:东部煤矿联合企业;被告:矿工联合会,双方是关于解雇工人的集体协商协议的主体。原告必须证明他们有正当理由,否则,仲裁员会裁决工人复工。仲裁决定具有终决性。

吉米·史密斯是东部企业的一名陆地工作人员。这项工作要求他驾驶重型卡车。比如在公共高速公路上驾驶汽车。作为一名卡车司机,史密斯遵守运输部门管理。交通运输部门有一项规定,要求对于参加"安全敏感性"任务的工人要接受是否吸食毒品随机检测[49 CFR 382.301, 382.305 (1999)]。

1996年3月,史密斯大麻检测呈阳性,东部企业意图解雇史密斯。工会提交仲裁,仲裁员认为史密斯的毒品检测呈现阳性不是应当被解雇的正当理由。相反,在史密斯接受没有薪金的30日的停职,和参加滥用药物工程,并且在未来五年接受依据东部企业判断的毒品检测或者依据经过批准的药物滥用专业性毒品检测的情况下,仲裁裁决史密斯复工。

在1996年4月至1997年1月期间,史密斯通过了四次随机的毒品检测。但是在1997年7月,史密斯再次大麻检测呈阳性。东部企业再一次要求解雇史密斯。工会再一次寻求仲裁,仲裁再一次做出了史密斯使用大麻不构成解雇的正当理由。并且,这次裁决中史密斯还具备两个减轻情节。第一,十七年来史密斯一直是个优秀的雇工。第二,史密斯做出了最为可信的而且在宣誓说实话的情形下,非常个人化的请求,考虑到这是由于个人家庭问题导致的一次毒品使用中的小过错。

仲裁员裁定史密斯复工,如果史密斯接受如下条件:第一,接受新的停薪停职,这次要比三个月稍长;第二,补偿东部企业和工会支付的仲裁费;第三,继续参加药物滥用工程;第四,继续接受随即毒品检测;第五,和东部企业签一份固定的不定期的辞职条款,当下个五年里如果史密斯再次检测呈阳性,那么条款生效。

东部企业向联邦法院提起诉讼,希望判决仲裁裁定无效。东部企业提出的理由是仲裁裁定违反了公共政策。公共政策反对毒品检测呈阳性的工作人员操作具有危险性的机械。

区法院,虽然认识到强有力的政策要求参加安全敏感性较高任务的工人不得吸食毒品,但认定史密斯附条件的复工没有违反该政策。所以认定仲裁生效。

第四巡回审判上诉法院认定区法院审理的合理性。我们维持第四巡回审判法庭的决定。

## II

东部企业诉称,公共政策因素使得仲裁裁定无效。考虑到这条理由,我们必须假定集体谈判协议本身含有史密斯复工的要求。因为,不管是雇主还是工会均授权仲裁机构解释合同用语,包括诸如正当理由的含义。东部企业没有诉称仲裁员超越合同授权的范围。因此,我们必须认为仲裁裁决关于正当条款的解释与东部企业和工会之间达成了一致。

我们必须认定,在集体谈判协议违反公共政策导致的无效的合法性例外中,合同性复工要求是否无效。在格莱斯公司诉橡胶工人案[W. R. Grace & Co. v. Rubber Workers, 461 U. S. 757, 766(1983)]中法庭已经明确,对于类似的公共政策必须要求该政策是明确的,有确切定义的,并且是重要的。同时,根据联合纸业工人国际工会诉米斯克公司案[United Paperworkers Intl. Union v. Misco, Inc. , 484 U. S. 29, 43(1987)],必须在法律或者合法先例中有明确的引用,而不是仅仅来自处于普遍认知的所谓的公共利益。现在面临的问题是,不是史密斯吸毒本身违反了公共政策,而是要求他复工的协议是否违反了公共政策。更明确地说,对于有明确条件的要求史密斯复工的合同协议是否违反了在确定性法律有明确援引的、确定的、有确切定义的并且重要的公共政策,而不是仅仅来自于所谓的公共利益?

## Ⅲ

东部企业最初通过诉求争辩区法院犯了错误。不是说裁定是否违反了确定性法律中通过援引确认的公共政策,而是裁决是否违反了确定性法律。东部企业认为法院援引的标准太狭窄。我们相信,区法院十分明确设定在格莱斯案和米斯克案中的标准,并且在结果中十分合理地使用了该项标准。

我们原则上同意,法院援用公共政策除外理由的权利不仅仅局限于仲裁裁决违反确定性法律的情形。但是,公共政策除外原则必须有一定使用范围并且必须满足在格莱斯案和米斯克案中确立的原则。而且,就像之前遇到的案例,在某一确定领域,两个政治机构确立了详尽的规范性制度,法院必须通过十分严谨的抗辩才能在该确定领域预告新的公共政策。

东部企业坚持认为公共政策是反对吸食毒品的工人复工的。而工人吸食毒品可以通过规范性制度规定的询问方式辨认。这些制度包括《1991年运输工人检测条例汇编》(*Omnibus Transportation Employee Testing Act of 1991*)和运输部门裁决规则。《检测条例》包含最高效力的规定。规定强调,在操作卡车(确定的安全敏感性领域)群体中,不管是在岗还是不在岗,必须尽最大努力消除非法毒品的使用。条例还规定,不断地检测是遏制非法毒品使用的最有效的途径[第2条(5)]。这就要求运输部门颁布相关针对操作商业机动车工具的人员检测特定控制的物质的规则[49 U.S.C. §31306(b)(1)(A)]。这一条款规定在毒品影响下操作商业性机动车工作的工人停职[49 U.S.C. §31310(b)(1)(A)],而且要求第一次违规承担最少一年的停职;第二次违规要求承担至少十年的停职[§31310(c)(2)]。运输部门规则公布了适用于非法毒品检测呈阳性的工人的制裁。

在东部企业看来,这些条款包含了强烈的公共政策因素。该公共政策反对工作在安全敏感性范围的交通运输工人使用毒品,并且支持为了检测毒品的使用而随机进行的检测。东部企业辩称对于两次在随机检测中都检测出毒品的员工复工的决定削弱了这项公共政策的影响力。因此,法院应当撤销集体谈判协议中关于要求复工的条款。

但是,当考虑到检测条例明确规定检测的矫正目标是复杂的情况时,东部企业的辩解就丧失了他的力量。检测条例规定,恢复功能是检测程序的重要组成[第2条(7)],并且恢复必须对个人是有效的,并且是适合的。而且,交通运输部门必须颁布关于恢复的规则[49 U.S.C. §31306(e)]。

交通运输部门明确规定,对于检测出毒品使用呈阳性的司机,只有在满足如下条件时才可以进入安全敏感性行业:(1)司机经过了物质滥用专家的评估以确定是否需要治疗;(2)物质滥用专家证明司机接受了规定的恢复性计划;(3)司机通过了复工毒品测验;(4)司机在复工的一年里必须接受至少六次的随机毒品检测。无论是检测条例还是交通规范均没有禁止雇主恢复在随机检测中一次或者两次不合格的雇工职位。最高立法和规范性指令仅仅要求在上述先决条件中复工必须符合要求。

进一步说,当颁布这些规则时,交通运输部门决定既不要求雇主提供恢复性治疗或者给检测呈阳性的司机保留工作,因为这些决定交给司机与雇主谈判解决[59 Fed. Reg. 7502(1994)]。这项决定反映了劳动法原则的基础背景。也即对于干涉正当劳工纪律的劳动管理规范一定要谨慎。

我们确信这些确定性法律的规范包含了一些相关政策。正如东部企业指出的,这些政策包括在安全敏感性运输行业对于吸食毒品以及喜欢毒品的员工进行检测的政策。同时还包括一项检验文件关于倾向限制吸食毒品的员工工作的政策。这些相关的立法和规范性的政策应当在劳动法倾向于通过由劳动管理部门协商确定选择的仲裁程序解决纪律性问题原则下解读。

之前的仲裁裁决并没有违反这些政策。仲裁裁决也没有宽恕史密斯的行为并且也没有忽视使用毒品的司机可能带来的公共安全的风险。因此,裁决惩罚史密斯,停薪停职三个月,那样导致了他将近9000美金的损失;要求他承担仲裁费用;要求他继续接受滥用物质检测治疗和随机检测;并且通过合同的形式确定如果再一次没有通过检测则接受解雇的结果。

裁决也没有违反任何确定性法律和规章的规定。裁决和交通运输部门的规章要求是一致的。交通运输部门要求在复工前完成物质滥用治疗。这项要求并没有限制东部企业在史密斯完成规定的治疗计划之前,指定史密斯去非安全敏感性领域工作。裁决也符合检测条例一年到十年驾照搁置要求。因为这些要求仅适用于那些在毒品的作用下操作运输工具的人[49 U.S.C. §31310(b)(c)]。但史密斯并不在此列。裁决也符合检测条例关于恢复工作的要求,因为裁决要求史密斯在复工之前接受滥用物质治疗和检测。

因为他两次没有通过检测,所以构成累犯。但史密斯是累犯的因素,不足以成为东部企业获胜的主要因素。对于他的第二次过错,裁决做出了更为严厉的处罚。更为严厉的处罚中包括90天的停薪停职。这项惩罚满足了对于累犯的惩罚规定。但是对于惩罚两次没有通过毒品检测的司机60天的停职,而不是解雇的规定交通运输部门仅仅提议过但是没有采用[57 Fed. Reg. 59585(1992)]。东部企业认为交通运输部门撤回提案恰恰留下了解雇是对累犯最恰当的惩罚的可能性。但是这条理由也失败了,因为交通运输部门撤回提案并不是基于需要更为严厉的惩罚,而是基于以下规定:只有对违规使用严格控制的物质才给予一定时期的禁止驾驶;完成恢复性要求并且呈阴性检测即可复工[59 Fed. Reg. 7493(1994)]。

对于安全敏感性领域工作人员使用毒品,国会出台了详尽的法令。并且,国会授权运输机构秘书处针对这个问题制定更详尽的规则。不管是国会还是秘书处均没有认为对于两次检测呈阳性的工人给予解雇的法令合理,那么我们推定超越严谨的详尽的国会和交通运输秘书处创设的法案的公共政策在这个领域的适用也是持保留态度。

我们发现对于复工还是解雇是最合适的矫正措施,不同人有不同的理解。但是,不管是雇主还是工会都同意将这个矫正方式的决定交给仲裁员。我们没有在条例、规范或者其他法律或者合法程序中发现仲裁员的仲裁违反了明确的、精确定义的、主要的公共政策。见格莱斯案[Misco, 484 U.S. at 43]与米斯克案[W. R. Grace, 461 U.S. at766]。我们因此认定基层法院正确地拒绝了东部企业关于公共政策的诉讼请求。

大法官斯卡利亚和大法官托马斯,达成如下判决:

我同意法庭的判决。因为我同意当史密斯遵从仲裁裁决,遵从交通运输管理部门的规定时,没有公共政策能够限制史密斯重新回到卡车司机的工作岗位。但是,我不认同法院其中一项论断。法院认为"我们原则上同意,法院援引公共政策除外的权利不仅仅局限于当仲裁裁决违反确定性法律的情形。"没有也不会有案件能够证明这项主张。没有任何一项这样的判决决定,对于一项协议,既没有违反也没有潜在违反一些确定性法律时,法院基于公共政策因素拒绝使之生效,因为法院对通常情况下普通法的立法权极其不负责任。参见艾里公司诉汤姆帕金案[Erie R. Co. v. Tompkins, 304 U. S. 64(1983)]。

正如此类被原告提到的争议,法院发表了就宽松的公共政策敞开大门的权威性意见之后,法院又立即树立了不得进入的大标志。公共政策除外概念范围狭窄,必须满足格莱斯案例中确定的相关原则,该原则要求可以适用的公共政策必须是明确、详尽的定义、主要的,并且通过法律或者合法程序援引而确定,而不是仅仅来自普通的可能的公共利益因素。格莱斯案引用玛氏安林诉美国政府案[W. R. Grace & Co. v. Rubber Workers, 461 U. S. 757, 766 (1983), quoting Muschany v. United States, 324 U. S. 49, 66 (1945)]。按照这个定义,很难想象,仲裁裁决在没有明确的和确定性法律冲突的情况下,如何能够违反公共政策。如果此类仲裁裁决存在,那也是非常之少。因为,此时,混乱性和不确定性远远超出了维护法庭能够处理该仲裁的能力所带来的利益,因此由于法庭原则上的模棱两可的协议也会造成诉讼障碍。

**注释和问题**

**1. 重要的判决。** 仲裁裁决违反了公共政策而法院可能拒绝仲裁效力的情形下,东部企业是法院遇到的第三次试图解释的情形。在格莱斯一案中,基于公共政策必须明确定义而且必须重要,并且能够在法律或者合法程序中通过援引确定,而不仅仅是来自大众的所谓的公共利益,法庭坚持拒绝推翻仲裁裁决(内部引注省略)。四年后,在米斯克案中,法院审查仲裁裁决。仲裁裁决要求给桶匠以赛亚(Isiah)复工而且要补偿停工期间的薪酬。在这个案件中,发现桶匠以赛亚在公司汽车的后座放置了许多大麻雪茄,这些大麻雪茄在烟灰缸里燃烧着。仲裁裁决裁定桶匠复工。因为仲裁认为桶匠违反合同中关于利用公司财产使用或者占有毒品条款的证据不足。但是第五巡回法庭拒绝该仲裁生效。虽然桶匠的工作没有涉及操作危险机械,但是他的复工违反了关于反对在毒品或者酒精的影响下操作危险性机械的公共政策。最高法院撤销了该判决。引用格莱斯案,法庭撤销了判决。因为法院认为基层法院没有试图审查既存的法律和合法程序来确定是否存在精确定义的重要的公共政策。上引文第42页。米斯克案法庭拒绝采纳工会的观点。工会认为,法院可能基于公共政策的考虑撤销仲裁的效力。但是只有当仲裁裁决违反了成文法、规范或者确定性法律中的相关规定,或者可能裁定雇主从事违反上述法律的行为时才能无效。上引文第45页注释12。在东部企业案中,同意最高法院的命令,受理法院似乎准备回答米斯克案中没有解决的关于公共政策的问题。

**2. 要保留机会?** 为什么在东部企业案中,法庭完全拒绝了关于仲裁裁决虽然没有违反明确性法律(也没有要求雇主违反确定性法律)但可能违反更为广义的公共政策的诉求。大法官斯卡利亚关于法庭仅仅制造了诉讼障碍机会的论断是否正确?

**3. 合适的公共政策的辩护?** 在拒绝公共政策抗辩仲裁裁决的诉求下,东部企业一案中法庭是否正确地平衡了单方、双方的共同利益与仲裁裁决对抗公共利益的终决结果。针对合适的公共政策辩护的冲突,比较哈里·爱德华:《关于劳动仲裁的司法审查:在公共政策抗辩和协商义务之间的冲突》,载于《芝加哥肯特法律评论》第64卷(1988),第4页和伯纳德·D.梅尔泽:《劳动仲裁裁决:公共政策抗辩》,载于《工业关系法律杂志》第10卷(1988),第255—256页;同样参考安·C.霍奇斯:《基于公共政策背景的劳动仲裁的司法审查:来自案例法的课程》,载于《俄亥俄州争议解决杂志》第

16卷(2000),第91页。

**4. 应用**。在东部企业一案之后,如何处理以下仲裁裁决? a. 仲裁员发现一名核电站工厂的机械师,为了避开午饭的高峰时间,故意绕行了一个连锁系统。这个系统设计的初衷是为给核工厂的次级防漏加压,从而当来自核电站中心的最主要的防漏装置发生核泄漏时,能够有效地隔离这些泄露。但是,仲裁员一再强调该员工之前清白的历史记录,并且拒绝雇主基于雇工违反了公司安全工作纪律解雇雇工的请求。而且公司安全工作纪律也是为了符合原子能工作委员会颁布的规则。原子能工作委员会谴责了公司的违规行为。因为立法初衷是为了强化公司的责任而不是侧重给予违反安全纪律的职工解雇的惩罚。参见依何华电子电力公司诉当地204工会案[Iowa Elec. Light & Power Co. v. Loacl Union 204, Int'l Bhd. of Elec. Wkrs., 834 F.2d 1424(8th Cir. 1987)]。

b. 一名仲裁员发现一名员工因为连续拒绝支付法庭要求他作为一名监护人而应支付给他的姐妹的孩子的抚养费用而遭到了解雇。仲裁员认为该解雇没有与工作相关的正当理由,因此要求员工复工。雇主认为解雇该员工是基于该员工违反了已经公示了的公共政策和法院判决要求,因此应当得到支持。

c. 根据适用最新规则的原则,一名仲裁员否决了关于一名第一次被发现在毒品的影响下操作危险机械的工人的解雇。公司辩称,这名员工复工会使公司面临应对违反联邦职业安全条例和侵犯国有财产的更大的风险的义务。但是对于该员工的复工是否会增加公司的这些义务不仅仅在于员工由于疏忽工作而增加违法的机会而且在于从公司的角度看,联邦法律认为使该员工复工本身就是疏忽大意的行为。参见乔治电力公司诉国际电力公司工人当地84工会案[Georgia Power Co. v. Int'l Bhd. of Elec. Wkrs. Local 84, 707 F. Supp. 531(N.D. Ga. 1989), affirmed, 896 F.2d 507(11th Cir. 1990)]。

d. 一名仲裁员发现一个雇工经常性地对同事进行性骚扰犯罪(捏或者

抚摸身体部位)。但是,仲裁员却决绝了雇主解雇这名犯罪雇工,而且命令给予有限的停薪停职并且接受恢复的机会。参见克莱斯勒汽车诉国际工会案(Chrysler Motors v. International Union),美国联合工业工人诉西南电子公司案[AlliedIndus. Wkrs. Of Am. v. Southeastern Elec. Coop., 882 F. d 467 (10th Cir. 1989)]。对于在同一工作场所发现犯有主要性骚扰犯罪的员工能否因为先前的仲裁员而免受解雇的后果?参见纽约日报诉长岛印刷工会案[Newsday, Inc. v. Long Island Typographical Union, No. 915, 915 F. 2d 840(2d Cir. 1990)]。法庭可以得出这样的结论吗?结论就是在联邦或者州关于就业歧视或者侵权法规定下,雇主不能解雇这些犯罪的雇员,雇主更容易成为这些法律规定下的侵害行为的受害者。

**5. 外部法律因素?** 如何并且在何种程度上,针对上述四个案例,仲裁员应当依据外部法律?大卫·费勒教授最近认为,仲裁中的外部法律因素严重地损害了仲裁程序所拥有的司法审判效力。他认为:

> 适用外部法律,仲裁程序不再是自助性的司法救济程序而是成为另外一种救济程序。如果允许我做更为恰当的类比,那么应当说,他的裁决不再赋有完全的公正和可信任。因为,相对于外部救济的裁判者,仲裁员更像是要接受高级法院审查的基层法院的法官。而且一旦被采用,由于有外部法律原因,也很少接受审查。

大卫·费勒:《仲裁黄金时代终结的到来》,载于《全国29届仲裁年会论文集》(1976),第112页;同时参见萨缪尔·艾斯托伊克:《没有工会的劳动争议仲裁》,载于《芝加哥-肯特法律评论》第66卷(1990),第757—768页。对于在仲裁中考虑外部法律因素的预期是否会复杂化仲裁程序,并且要求双方如同听证中需要代理人一样在仲裁中也雇佣律师?当工会寻求的仲裁裁决违反了外部法律或者要求雇主违反外部法律时,是否仲裁员也要考虑下雇主的诉求?

## 3. 不得罢工义务

### 注释：卡车司机工会诉卢卡斯面粉公司案

在卡车司机工会174地方分会诉卢卡斯面粉公司案[Teamsters v. Lucas Flour Co., 369 U.S. 95(1962)]，协议中包含一项仲裁条款，约定"在仲裁期间，不得停工停薪"。但是协议并没有特意禁止中期罢工。为了给一名因为工作没有获得肯定而被辞退的工人复工，工会组织了为期八天的罢工，来强迫雇主重新雇佣这名工人。罢工结束后，争议提交了仲裁。仲裁委支持了辞退决定。法庭（大法官斯图尔特）认为罢工违反了潜在的不得罢工的义务，并且支持工人应当承担罢工造成的损失，法庭判决如下：

> 集体谈判协议特意要求双方遇到争议时将争议提交具有终决性和约束力的仲裁。诉讼法庭认为通过罢工解决争议，违反了集体谈判协议中关于争议由专门性终决性的仲裁解决的约定。我们同意这个判决。持其他意见很明显地违反了既定的传统的合同法原则。更进一步说，持有相反的观点将会同传统的基本劳动立法政策相冲突。因为传统劳动立法的政策鼓励通过仲裁程序化解经济领域的冲突。
>
> 以上意见并不意味着已经达成的暗含了不得罢工的协议能够被终决性仲裁裁决所替代。（同上，第105、106页）

布莱克大法官持反对意见：

> 我认为，法院判定合同生效的工作是判断双方协议中同意做的是否有效，而非法院认为合同双方应当怎么做。在任何案件中，我都没能发现任何既定的合同法原则，传统的抑或其他的，允许法院通过增加合同双方都拒绝的条款完全地修改了合同性质，使得新的法庭指定的合同可能更好地符合社会的、经济的利益，或者更适合法律政策，这项法

律政策是法院认为的非常重要的政策,而且他们应当通过立法机构规定出现在合同条款中,并且要经过强制性法律完善。

国家工业关系发展的历史说明了工会罢工权利的重要性,从雇主的角度要尽量避免停工也可以理解。在任何结果性的协议中,在危急关头是否要有不得罢工的条款,谈判双方争论总是很多。因此,很难相信,这个雇主最希望得到的承诺和这个工会最渴望避免的承诺居然成了事实,而这个事实在任何谈判合同的主体的思维里是最不常见的。基于这个传统,在没有证据的前提下,认为工会在毫不知情的情况下,基于传统合同法的效力,潜在地放弃了这项权利或者其他情形对我来说都是虚假的。工会花费了 50 多年的时间才使得将他们有罢工的权利写入联邦立法。我不能理解,任何熟知这段历史的主体可以允许立法性确认的权利可以遭到法庭所认为的毫无力量的暗含条款的暗中破坏。(同上,第 108—109 页)

## 波伊斯市场公司诉零售职员地方 770 工会案

Boys Markets, Inc. v. Retail Clerks Union, Local 770
398 U. S. 235(1970)

法官布伦南:我们再次审查辛克莱精炼公司诉艾金森案[Sinclair Refining Co. v. Atkinson, 370 U. S. 195(162)]意见,此案件中关于违反《诺里斯-拉瓜迪亚法》的条款,限制了联邦区法院作出要求罢工的判决。因为如果判决罢工,则会违反集体谈判协议中签订的不得罢工的义务,虽然这项协议含有第 301 条(A)款下生效的条款。罢工是必要的申诉争议,必须提交至有约束力的仲裁。考虑到本案错误的决定以及本案之后的事件会危害到本案的有效性,我们驳回了本案的决定。

## I

原告和被告在集体协议中明确约定,有关协议解释或者基于申请的民事纠纷必须通过调解或者仲裁程序解决,并且在合同存续期间,不能有中断或者终止工作或者停工,或者一方委派人员监察另一方或者一方有联合抵制行为。当原告的冷冻食物监管员和他的一些不是协议成员的弟兄联合起来开始重新调整原告一家超市的冷冻食物箱中的商品时,纠纷产生了。工会坚持所有装有食品的箱子必须加条纹,而且由工人自行重新进货。原告没有答应工会的要求,工会举行了罢工,并且开始委派专人监督原告的设置机制。于是,原告坚持认为,工会中止了工作并且委派专人纠察违反了合同,因此诉诸于申诉和在合同中指定的仲裁程序。

接下来的几天,鉴于罢工仍在继续,原告在加利福尼亚高等法院提出控告,要求暂时性限制罢工命令,以及初始性和永久性禁令,以及关于合同中仲裁条款的确切履行。州法院颁布了暂时性禁止继续进行罢工限制命令,并且也出具了命令说明为什么不能颁布初始性禁令。在那之后,工会将案件转移至联邦地方法院,并且提出州法院暂时性限制罢工无效的申请。作为回应,原告要求强制性仲裁命令和禁止继续性罢工命令。考虑到集体谈判协议规定,争议要提交仲裁,并且罢工违反了合同规定,联邦区法院要求双方将争议提交仲裁而且同时停止罢工并且停止在原告附近的超市专人纠察。

林肯工厂案(Lincoln Mills)大致认为,本案中适用的法律第301条(a)款是联邦法律,这些法律要求法院的判决必须同劳动立法原则一致(353 U.S., at 456)。更确切地说,工会能够通过仲裁要求雇主有一些明确性的履行行为。我们不同意关于来自《诺里斯-拉瓜迪亚法》的反禁止性禁令限制了这种理念(353 U.S., at 458);对仲裁裁决的无效判定不是基于对条例目的的滥用,并且条例本身也强化了仲裁是值得鼓励的原则,见《诺里斯-拉瓜迪亚法》第8条。接下来在轮胎工人三部曲案(Steelworkers Trilogy)中,我们也强化了仲裁的重要作用。并且对基层法院侵犯仲裁功能的行为做出警示。

但遗留了更为严重的问题。涉及集体谈判协议时，州法院在案件中究竟扮演什么角色呢？在查尔斯多德箱公司诉考特尼一案[Charles Dowd Box Co. v. Courtney, 368 U.S. 502(1962)]中，也遇到了类似问题，我们认为立法机关做出了不明确的表示，即不要影响事先存在的关于州法院做出的集体谈判协议是否违法的司法判决。在多德箱公司案件做出决定后，我们在卡车司机地方174工会诉卢卡斯面粉公司案[Teamsters Local 174 v. Lucas Flour Co., 369 U.S. 95(1962)]中发现，合同中约定了不得罢工，工会违反了该条款，州法院对雇主做出了损害赔偿判决。我们认为，在州法院程序中不应该适用《诺里斯-拉瓜迪亚法》，因为雇主对于救济的诉求仅仅是赔偿金而不是不得罢工的具体行为。

在接下来的辛克莱一案中，我们持艾武科公司诉飞行住宿案[Avco Corp. v. Aero Lodge 735, 390 U.S. 557(1968)]中的观点，第301条(a)款规定，最初州法院受理的诉讼可能被移交给指定的联邦会议讨论。这一规定是基于州法院受理的关于联邦问题移交司法裁决的规定(28 U.S.C. §1441)。按照上述规定，法庭还是遗留了诸多问题。这些问题包括州法院是否受《诺里斯-拉瓜迪亚法》中关于反禁止性禁令规定的约束，同时，联邦法院对于按照第301条(a)款规定移交的案件，是否被要求解除由州法院作出的授权的命令性救济。

考虑到林肯工厂案的背景和后果，在艾武科案件中的决定导致了一个不太符合规则的情景。在我们看来，这个决定引发了对辛克莱案的必须的再考虑。整个影响艾武科案和辛克莱案的有效力的原则不过就是当违反了不得罢工的义务时，寻求的命令性救济的案件，按照第301条(a)款必须剥夺法庭的司法裁判权。理所当然的，工会可以获得移交联邦法庭①的权利，并且这也是明显的具有强有力的鼓励性措施。之所以鼓励他们这么做也是

---

① 11. 第301(a)款诉讼中不需要多样的市民权利的存在，也不需要导致纠纷的最低限度的司法审查。所有第301条(a)的诉讼都转移到追求28 U.S.C. §1441的救济。

为了使他们获得一定的利益。而这个好处是建立在曾经的责难基础上。这个责难就是在辛克莱一案中，联邦法院强加的命令性救济。然而，同意这种行为，同多德箱案中的结论完全不相符。在那个案子中，立法机关在第301条(a)款中赋予的意义在于：联邦法院裁决对州法院先前做出的司法裁判仅仅是个补充，而不是替代。但是讽刺的是，立法机构明确倾向的对与违反集体谈判协议行为提供附加救济的条款已经被雇佣为展现既存的州的救济。对于相反的立法政策，我们不具有将其自由地分离的许可。

另外，在一定程度上，广泛的理论上不同的救济还是存在于州法院之间。但与联邦法院相比，还是严重地违反了在卢卡斯案中详细描述的千篇一律的联邦劳动法律政策……

况且，关于禁止的救济措施，按照法律解释在州法院有效，但按照移交程序规定则无效，在这种既定框架下，赋予移送程序本完全没有的计划的功能。

每一个认为辛克莱-艾武科案都可以通过撤销案件或者将决定提交联邦进行修复的分析的反对理由毫无疑问是正确的。然而，我们同意加利福尼亚高等法院首席法官特雷诺的意见：在确定集体谈判协议争议中，不管立法是否可以剥夺州法院给予禁令救济措施的权利，但在《诺里斯-拉瓜迪亚法》或者第301条中，它没有试图这样做。参见麦卡洛诉洛杉矶市木工委员会案[McCarroll v. Los Angeles County Dist. Council of carpenters, 49 Cal. 2d 45, 63, 315 P. 2d 322, 322(1975)]。

附加的不要通过将辛克莱案件提交联邦来解决既存的困境的理由在于：如果合理救济无效的话，令人震惊的关于具有强制力的仲裁协议的暗示性条款和伴随的不得罢工的义务。正如先前在林肯工厂案中存在的暗示的不得罢工的义务，不管明确与否，都是雇主承诺将争议提交仲裁程序的补偿性条款。如果可以使不得罢工的义务生效的原则和方法被撤销的话，任何雇主可以达成这种包含暗示性条款的协议的积极性都会消失。当然，任何补偿手段，比如损害赔偿，愤怒的雇主还是可以采用的。争议解决后的损害赔偿不能代替立即停止非法罢工的禁令。况且，在劳动争议进行或者结束之后提起损害赔偿,会加重工业冲突并且阻碍雇主和工会达成的解决问题的措施的执行。

在艾武科案件余波的影响下,因为辛克莱案,对于稳定劳动管理关系重要因素的有效的强制性产生了怀疑,对于仲裁协议和附带的不得罢工的义务也产生了怀疑,我们认为辛克莱案没有对联邦劳动法原则做出重要贡献。

Ⅳ

正如辛克莱案中反对的一样,《诺里斯-拉瓜迪亚法》中第 4 条的书面意思应当与后续颁布的第 301 条(a)款相适应……仲裁的目的是……

《诺里斯-拉瓜迪亚法》被认同的环境和现在的环境有很大的区别。在本世纪早期,因为联邦法院试图阻碍组织和壮大工会的发展,所以被认为是管理者的同盟。此时,在工业纠纷中,禁令是控制工人积极运动的强有力的手段。导致的解决措施就是,在没有参考任何详尽的有条理的国家劳动政策下,基于特别的考虑,颁布了大批毫无例外的法令。

但随着工会逐渐成长、发展壮大以致成熟,立法重点开始转向保护新生的工人运动。积极鼓励集体协议的签订,鼓励寻求和平解决工业纠纷的管理技巧。这个转变在没有集中审查旧法案的情况下完成了,旧法案包括,《诺里斯-拉瓜迪亚法》关于反对罢工的禁令条款。这就交给法院协调旧法和新法之间的冲突问题。

因此,我们认为,仲裁程序下制定的合理的救济的无效给希望自发地形成并且构建和平解决劳动争议机制的立法政策带来一定的阻碍。因此,《诺里斯-拉瓜迪亚法》核心的目的没有因为发展重要立法政策而使用的有限的合理救济措施而被牺牲,结果是,《诺里斯-拉瓜迪亚法》没有禁止在当下的案件中使用禁令救济。

Ⅴ

我们所持有的观点……是比较狭隘的。我们没有破坏,《诺里斯-拉瓜迪亚法》的效力。我们仅仅处理那些集体谈判协议中包含既定的申诉程序或者仲裁程序的问题。在每个罢工案件中,不管是否遵守了我们所认为的,当违反了可仲裁的申诉时,禁令救济是合适的手段。在辛克莱案的反对意见中阐释了指导区法院决定是否颁布禁令的原则,我们采用该原则:

> 按照第301条的规定,为反对共同性行为,区法院可能不颁布禁令,除非,按照《诺里斯-拉瓜迪亚法》禁令是合适的。双方均达成了通过合同、遵守合同约定协议,同意争议提交仲裁解决,违反合同约定时,罢工必须停止。区法院只有认为合同确实有该效力时,才可以颁布禁令。雇主当获得不得罢工的禁令后,必须遵守有关仲裁的约定。除此以外,法院也许考虑颁布禁令必须遵守普通的公平原则——是否有违规行为发生或继续,或者得到加强,或者被移送处理;是否会对雇主引起或将会引起不可弥补的伤害;还应考虑,雇主由于禁令被禁止所承受的不利后果是否多于工会承受的不利后果。[370U.S., at 228(原文强调)]

在当前案例中,根据集体谈判协议,将争议提交调解或者仲裁是没有争议的;原告在法院颁布了禁止罢工的禁令后同一时间进入仲裁程序也毫无争议。区法院认为,由于被告违反不得罢工义务的原因,原告遭受了不可弥补的损害并且继续承受不可弥补的损害。既然否定了辛克莱案,所以上诉法院依据辛克莱案的判断也必须被撤销。因此,撤销……直到按照要求达成判决肯定区法院的判断,在此期间保留案件。

省略大法官斯图尔特的意见,大法官马歇尔没有参与案例判决。

布莱克大法官反对:

1932年,国会使《诺里斯-拉瓜迪亚法》第4条生效,用最宽泛和最好理解的语言明确限制联邦法院颁布暂时性或者永久性反对参加劳动争议的禁令。接下来,1947年,国会授予联邦法院司法审查权:审查雇主与工会之间的违反合同的争议。尽管有了《塔夫脱-哈特莱法》的第301条(a)款,清楚地放弃了这个可能引起广泛争议的关于联邦司法审查的要求,但对于颁布禁令问题只字未提。八年前法院考虑两条规定的关系时,认为:在全部的争议和辩论之后,依据条文和历史、法条、法庭决定,国会不希望后续法律以任何形式损害,《诺里斯-拉瓜迪亚法》清楚地规定在劳动争议中限制颁布禁令。参见辛克莱案。

虽然国会被督促撤销辛克莱案中的决定,但是他们坚定地拒绝了这么做。无论是条文规定还是历史发展,两个法案都没有发生变化。事实上什么都没有发生改变,除了法庭成员的改变和一个[斯图尔特]法官观点的改变。我坚持认为辛克莱案的判决正确……

尽管大多数正确,考虑到辛克莱案误解了《诺里斯-拉瓜迪亚法》和《塔夫脱-哈特莱法》,我必须坚定地反对,我坚信,制定和修改那些影响人们实质权利的法律应当主要由国会立法,而不是法院。当涉及的法律的焦点是包含强有力但又对立的政治和经济利益的判决时,更应如此……

修改法律中重要的条文是一项立法工作……法院的撤销对于立法的影响是非常明确的。在辛克莱案中,当立法必须与司法解释不一致时,法庭应当邀请国会修改法律。我们说,在国会独有的控制范围内,必须在现有法律条文下改变条文规定,或者做任何改变,这是一项立法原则。这是法律制定的问题而非法律解释的问题(370 U. S., at 214－215)。在寻找影响立法修改的法案时,国会应当制定法案,国会来行为……。八年后,法庭让国会制定曾经拒绝的修改,在我看来这种做法非常不合适。

法庭唯一可以指出的后续事件是我们在艾武科案中的决定……

在艾武科案中,法官确实尽力将罢工条款是否生效的决定由州法院转移到联邦法院,但按照法庭记录,没有遵守不得罢工条款是不具有强制力的约定。法庭可能裁定损害赔偿;工会可能被强制仲裁。雇主可能自救。法庭可能认为这些技术不如禁令有效。这点是毫无疑问正确的。但是,正是基于禁令救济的严厉性和有效性,以及通过反对禁令调整,恰恰是国会在《诺里斯-拉瓜迪亚法》中限制使用禁令的原因。艾武科案的判决的影响力在于强调联邦法院有限的救济力量。但如果国会对此不满意,正如法庭所记录的,国会可以作为,但法庭不可以……

大法官怀特的反对意见此处省略。

## 注释和问题

**1. 关注的判决**。在波伊斯市场公司案(*Boys Markets*)中,你认为法院对于遵循先例原则有足够的重视吗?在像波伊斯市场公司案中,司法解释相对于宪法性解释遵循先例这个原则应该得到法庭更多的还是较少的重视?如果法庭被授权,在林肯工厂案中已经宣布,根据第301条中已有条款更新普通法与规范集体协议的解释一致,那么对波伊斯市场公司案件会有什么不同?第301条更新条款是否赋予法庭任何法律制定权修改其他联邦劳动法律,例如《诺里斯-拉瓜迪亚法》?你是否同意艾武科案中法院的裁决必将导致对辛克莱案的重审?法庭撤销辛克莱案的最有说服力的依据是什么?波伊斯市场公司案中法院意识到的关于司法修改法律的观念会过时吗?参见詹姆斯·J.布鲁蒂尼:《著名的凯旋:集体谈判保护与法定成熟程序》,载于《北卡罗来纳法律评论》第74卷(1996),第939、1020—1034页[James J. Brudney, A Famous Victory: Collective Bargaining Protections and the Statutory Aging Process, 74 *N. C. L. Rev.* 939, 1020 – 1034(1996)]。那是正确的司法行为吗?

**2. 暗含的不得罢工条款和波伊斯市场公司案中的禁令**。不得罢工的规定来自一项仲裁裁决。这条规定是由法院根据在卢卡斯案裁决中的损害赔偿获得支持推导出来的。这条规定明确地规定,在任何涉及真实解释的不同意见时,必须提交给有约束力的仲裁制度(369 U.S., at 96)。据此,在卢卡斯案和波伊斯市场公司案中,是否意味着即使缺少了明确的禁止罢工的条款,在遇到涉及集体协议中规定仅能由仲裁撤销的争议时,联邦法院可以判定不得罢工?参见盖特威煤炭公司诉联合矿工案[Gateway Coal Co. v. United Mine Workers, 414 U.S. 368(1974)]。那么,根据波伊斯市场公司案,是否所有违反明确不得罢工条款的罢工都无效?比较水牛城冶炼公司案(*Buffalo Forge*),下文第786页。参见下面的注释3。

**3. 有效仲裁条款缺失时,波伊斯市场公司案中禁令的效力?** 集体协议中含有不得罢工条款,但没有提供最终通过仲裁这样中立的第三方解决争议的途径。相反,在宣泄经济压力之前,要求雇主和工会进行一系列关于申诉的磋商。在工会没有进行商议之前,雇主可以获得禁止罢工的禁令吗?或者说,在波伊斯市场公司案中,仅仅在具备支持仲裁终决制度的前提下,禁令才有效吗?参见美国电报电话公司诉通信工人案[American Tel. &Tel. Co. v. Communications Wkrs. of Am., 985 F. 2d 855(6th Cir. 1993)]。

**4. 安全争议**。在盖特威煤炭案件中,煤矿工人通过罢工要求雇主恢复两名领班的工作。这两名领班因为伪造空气流通记录被免职。这些记录对于监控矿井的安全十分重要。法庭认为这个争议应当提交仲裁,因此裁定了禁止罢工的禁令,要求工会提交仲裁,并且,要求被停职停薪的领班等待仲裁结果。通常,假定的可仲裁的范围适用于安全争议领域,根据《劳资关系法》502条,波伊斯市场公司案中的禁令能够在关于一定安全争议的案件中获得豁免。要获得禁令的豁免,需要提供相反的证据证明是在极其危险的工作环境中,这些证据必须是可以辨别的并且能够区别开的、诚实的、正当的、确定的存在。法院的结论:

> 基于案件,我们认为第502条,并没有剥夺区法院确认含有不得罢工条款的合同生效的权利。工会从15号早晨领班做出的减少的空气流通的错误记录推定他们返回工作岗位会导致极其危险的工作环境的产生。可能有人怀疑,这样单个的坚持能否满足第502条的保护。在任何情形下,因法院采取的解决措施是通过了明确的符合条件的罢工禁令,对于停职停薪的两个领班只能等待公正的仲裁裁决。(414 U. S., at 387)

盖特威煤炭案被詹姆斯·B.奥尔森批评。詹姆斯·B.奥尔森:《关于健康和安全的威胁：根据国家劳动关系法案雇员的自救》，载于《明尼苏达法律评论》第 59 卷(1975)，第 647 页[James B. Altson, Threats to Healh and Safety: Employee Self-Help Under the NLRA, 59 *Minn. L. Rev.* 647(1975)]。由《职业安全与卫生法》(OSHA)规范提供的,旨在保护雇员的保护性治疗,因为雇员可以基于重要伤害以及死亡等相关的理由拒绝工作。参见涡流公司诉马歇尔案[Whirlpool Corp. v. Marshall, 455 U.S. 1(1980)]。

**5. 在违反不得罢工条款而面临罢工时雇主仲裁的义务。**在尼德汉包装公司案(Needham Packing Company)，为了保护一名被解雇的工作人员,差不多有220名工会工人停止工作。公司警告工人:是否解雇该工人会按照在集体协议中确定的申诉程序处理,而且罢工的工人如果不能恢复工作则会被终止劳动合同关系。工人没有妥协,公司解雇了他们,并且雇佣了新的工人。工会就原罢工行为引发的新的解雇提出申诉,公司提醒工会两点:首先工会因为拒不履行义务和终止劳动合同而不再拥有上述任何申诉权利;第二,公司将不会承认或者同工会接洽。工会诉至联邦法院要求强制性仲裁。公司辩称:工会忠诚地遵守不得罢工条款是公司履行仲裁程序的前提,并且,由于工会违反了这个条款,所以公司满足了拒绝履行合同的条件。该如何处理？法庭该如何适用《诺里斯-拉瓜迪亚法》第 8 条？参见联合包装厂工人721工会诉尼德汉包装公司案。参见克莱德·W.萨默斯:《集体协议与合同法》，载于《耶鲁法律评论》第 78 卷(1969)，第 542—547 页，大卫·E.费勒:《集体谈判协议一般原理》，载于《加利福尼亚法律评论》第 61 卷(1973)，第 729—799 页。

**6. 符合条件的波伊斯市场公司案中禁令的授予？**联邦区法院拒绝了一次罢工,该罢工是为了保护工人不得被解雇和不得随意改变工作时间。法院在附条件下颁布了罢工禁令,条件是:雇主废除工作的变动或者支付受到不利影响的雇工本应获得的报酬;因为符合条件的争议提交了司法程序,等待司法最终判决。联邦法院应采纳铁路法院慎重地附加的条件吗？参见火车司机兄弟会诉密苏里-堪萨斯-得克萨斯铁路案[Brotherhood of Locomotive Engrs. v. Missouri-Kansas Texas R. R., 363 U. S. 528(1962)]。

## 水牛城冶炼公司诉美国钢铁工人联合会案

Buffalo Forge Co. v. United Steelworkers of America

428 U. S. 397(1976)

法官怀特:问题是,联邦法院是否可以禁止一个令人同情的罢工,等待仲裁裁决。就像因为集体谈判协议中明确了不得罢工的条款,罢工能否被禁止,而这个集体谈判协议是由一方是罢工工会为主体签订的。

Ⅰ

水牛城冶炼公司,在纽约拥有三个独立的工厂和一定数量的工作人员。几年来,三个地方的生产和维修工人全部由钢铁工人协会及地方1874和3732工会来代表他们。钢铁工人协会分别是工会地方分会和雇主之间的集体谈判协议的主体。合同包含明显的不得罢工条款①和申诉、仲裁程序解决关于解释和应用合同的争议。后者是这样规定的:

> 26. 在雇工和雇主之间产生关于合同解释和应用法律的争议时,以及任何工厂里的纠纷,在解决纠纷时,都不得停薪停工,但要有及时有效的方法解决这些问题。27—32条规定了六步申诉程序和仲裁程序。②

---

① 1. 每个协议第14部分b项规定:不得有罢工、缓工或者干预或妨碍工作。任何领导或者工会代表不得授权、引起、协助或者组织任何此种行为。任何雇员不得参与此类活动。工会意识到他们可能违反该条的义务并且将利用自己的影响观察罢工被阻止……

② 2. 六步申诉程序的最后一步基于32条规定:案件中,申诉包含协议条款的含义和适用问题时,并且之前没有满意的调解,可以基于工会或者公司的既定条款将申诉提交仲裁……

在此争议之前,钢铁工人协会和另外两个工会地方分会(不是诉讼的一方)被证明是同样在三个地方的[办公室职员-技术性工人]的代表。1974年11年16日,为了签订集体谈判协议,经过几个月的谈判之后,办公室职员-技术性工人雇员在三个地方建立了罢工纠察线。11月18日,其中一个工厂的生产和维修工人支持办公室职员-技术性工人雇员建立的罢工纠察线。两天后,雇主意识到[生产和维修]雇员计划第二天在三个工厂停工。在致工会的电报中,雇主明确了生产和维修雇员的罢工将违反不得罢工条款并且将任何导致罢工的争议提交仲裁的观点。第二天,在工会的指示下,生产和维修雇工称赞了办公室职员-技术性工人雇员的罢工纠察线,并且在三个工厂都停工了。直到12月16日才恢复工作。而这一天是区法院拒绝了雇主关于主要禁令请求之后的规范性工作日的第一天。

雇主根据第301条(a)款的诉讼……11月26日,雇主诉称中止工作违反了不得罢工条款。在多种主张中,雇主认为罢工是包含在生产和维修工人中的火车司机拒绝服从主管关于拒绝办公室职员-技术性工人雇员罢工纠察线的指示而引起的,并且生产和维修雇员中止工作是否违反了不得罢工条款本身也是可以仲裁的。雇主要求损害赔偿,暂时性限制命令和禁止罢工的首要禁令以及强制性将争议提交合同约定的申诉和仲裁程序命令。工会认为中止工作没有违反不得罢工条款。他们承诺将问题提交仲裁"经过提醒",但反对禁令救济请求。在拒绝暂时性限制命令和发现生产和维修雇员的罢工不是因为拒绝反对[办公室职员-技术性工人]雇员罢工纠察线引起的,区法院认为:按照《诺里斯-拉瓜迪亚法》第4条颁布罢工禁令。因为生产和维修雇员的罢工没有违反仲裁和申诉程序,因此不属于狭隘的根据《诺里斯-拉瓜迪亚法》在波伊斯市场公司案中形成的例外性条款。

根据雇主关于拒绝首要禁令的上诉,双方明确,区法院的事实调查正确。工会授权并且指示生产和维修雇员罢工;并且办公室职员—技术性工人雇员的罢工和罢工纠察线真实合法,虽然生产和维修雇员的罢工结束了,但仍然可以在国际工会的组织下在近期任何时间重新组织。

上诉法院认为……。[我们]维持上诉法院的判决……

## II

工会所称值得同情的罢工是否违反了不得罢工条款,救济是否合适,都应当由合同达成的争议解决程序处理并且最终由仲裁裁决。因此雇主被赋予引用仲裁程序来决定令人同情的罢工的合法性并且获得法院在工会拒绝仲裁时强制仲裁的命令。

更进一步说,关于争议是否可以仲裁以及罢工是否合法,在我们案件中解释过的相关的联邦法案的要求应当允许颁布禁令从而使仲裁决定生效。

本案中问题之所以产生是因为雇主不仅要求强制工会仲裁的命令同时要求必须禁止罢工从而等待仲裁,并且要求按照不得罢工条款罢工能否被允许的仲裁裁决。

波伊斯市场公司案明显不能直接适用于本案件。当然现在不存在异议了,区法院发现,即便是仅仅遵守合同中的仲裁条款,罢工没有违反工会和雇主之间的任何争议……罢工没有蓄意也没有拒绝或者消除仲裁条款的效力,也没有剥夺雇主谈判的效力。因此,合同是否含有不得罢工条款,或者是否含有明确排除了令人同情的罢工条款,那么对于从既存仲裁条款中推测出不得罢工的保证是没有可能性基础的,而仲裁条款也被案件中令人同情的罢工违反了。参见盖特威煤炭公司案。

没有仅仅因为它宣称工会所称的值得同情的罢工违反了合同中明确的不得罢工条款而授予禁令。301条款……给法院设定了使集体谈判协议生效的权力,但保留了合同中仲裁条款效力的认定,按照波伊斯市场公司案中有限的许可,法院从没暗示在不考虑《诺里斯-拉瓜迪亚法》的情况下拒绝有效的或者具有威慑力的合同违法条款。

此处工会罢工,双方产生了关于令人同情的罢工违反了工会不得罢工条款的争议。确切地说,问题应当仲裁……但工会没有拒绝仲裁义务,事实上,它否认的是雇主曾要求仲裁。不管如何,他没有遵守法院裁定的不仅可以命令仲裁并且可以禁止罢工等待仲裁裁决的命令,尽管按照《诺里斯-拉瓜迪亚法》第4条(a)款,明确地限制法院这样做。

在这个案件中如果可以颁布禁令禁止罢工，那么在合适的情境下，法院可以禁止其他任何所称的违反合同的行为从而等待可适用的申诉和仲裁条款用尽，尽管禁令会违反明确的禁止性《诺里斯-拉瓜迪亚法》第4条(a)款。在这个案件中，法院可以允许听证、调查事实，解释合同可适用条款，然后颁布禁令，从而恢复法律的或者等待令人耗尽精力的仲裁程序调整双方的关系。这样将深深破坏《诺里斯-拉瓜迪亚法》第4条(a)款的原则，并且迫使法院潜在地参与大量现存和将来的集体争议案件；而不仅仅是赋予仲裁有效的承诺的目的，而这在波伊斯市场公司案中受到限制，但为了在处理事实上和法律上的问题时首要遵守仲裁的价值目的以及颁布或许被《诺里斯-拉瓜迪亚法》禁止的罢工禁令的目的。

这些双方并没有讨论过。因此，确切地说不能得出正如波伊斯市场公司案中一样的结论：认为有待于仲裁的罢工禁令是根据仲裁执行承诺的核心要素，以及为了执行合同而使私人协议生效的核心要求，不可以得出这种结论。

特别的，正如本案中的协议说明了预先仲裁的解决程序并且规定如果申诉没有满意的结果的话，可以仲裁。在缺少仲裁最终判决时，使用司法禁令，协议中从未规定任何强制性条款。双方同意申诉和仲裁，而不是诉讼。他们没有达成由司法审查事实和法律的协议。他们是预料到在等待仲裁时将求助于诉讼而非私人协商调整附加的双方关系，这样看起来让人怀疑。

反对意见说明，只有在法庭看来，违反条款清楚明确，并且法庭有足够理由确信双方在仲裁之前寻求禁令会获胜，在这样的情况下，才可以颁布禁令。但这也会涉及听证、调查以及对集体谈判协议的司法解释。很难相信，法院会和仲裁一样审查事实和合同，也很难相信，在法庭禁令程序被允许的情况下，仲裁不会受到影响或者不会被司法关于事实和合同的含义的观点抢先一步。关于罢工的禁令，甚至是暂时性禁令，经常会终局性地解决问题，并且在其他环境下，对于法庭中失败的一方考虑到是否仲裁之前先行起诉时，时间和精力都列为不被鼓励的因素。

基于这些考虑因素，我们不能得出如下结论：在这类案件等待仲裁或者其他仲裁性争议等待判决时,法院拥有颁布禁令的权力会使仲裁程序受到不利影响。

我们认同上诉法院的意见,正如波伊斯市场公司案中所确定的,没有必要通过赋予法院颁布雇主要求的禁令的权力来协调《诺里斯-拉瓜迪亚法》和第301条的要求。

上诉法院的判决是确定的。

斯蒂文斯法官和布伦南、马歇尔和鲍威尔法官联合反对……

仲裁程序的效力在于消除协议中所适用的不可预见、未经描述的事实中模棱两可的含义。如果特别情形在合同中描述了并且可以预见和确定,就没有必要经过仲裁解释。那么优先于仲裁,给予这些协议同样合法效果也是合理的。在本案中,令人同情的罢工是否违反不得罢工条款的问题是可仲裁的问题。如果法庭可以在迎合雇主方面做出和仲裁解决方案一样的判决,那么它们可以赋予仲裁裁定效力如同它们可以要求双方提交仲裁一样。并且如果协议明显不存在模棱两可的问题,以至于不存在能够提交仲裁的真实合法的问题,那在等待仲裁的最终裁决时,法庭也可以拥有赋予双方讨论生效的权力……

在本案中,关于不得罢工问题由法院作出的临时性判决,既没有取代也没有限制仲裁的裁决。通过清楚地说明,等待仲裁裁决的禁令没有取代仲裁可能会作出的其他裁决。事实上,是针对等待仲裁的罢工时的无效的损害赔偿引发了雇主要求禁令的诉求。法院并没有取代仲裁合适的功能,但却弥补了仲裁不能完成的任务。

**注释和问题**

**1. 如果禁令没有干涉仲裁裁决?** 在水牛城冶炼公司案中,法庭认为:在该案中下级法院不应该判决等待仲裁时禁止罢工。因为罢工没有违反任何可提交仲裁的争议。并且发布禁令要求法院首先要处理好引起仲裁的问题的事实性和合法性的价值判断。如果后来仲裁裁决认为令人同情的罢工实际上包含在不得罢工条款中,那么法庭采取的理由能适用于颁布禁止工会继续进行同情性罢工的法令吗?对于等待仲裁的禁令,如果工会在开始罢工之前明确地保证了将令人同情的罢工的合法性问题提交仲裁呢?参见诺曼·L.坎特:《超越劳动争议仲裁的罢工》,载于《波士顿学院法律评论》第 23 卷(1982),第 633、636—639 页 [Norman L. Cantor, Strikes over Non-Arbitrable Labor Disputes, 23 B. C. L. Rev. 633, 636 - 639(1982)]。

2. **如果设置罢工纠察队的工会的争议可以仲裁呢?** 在水牛城冶炼案中,工会承诺为地方分会设立罢工纠察队,但这个地方分会由于违反了新合同条款,导致和雇主的争议不可以仲裁。如果组建罢工纠察线的工会所涉及的争议本身可仲裁,那案件会有不同的结果吗?事实上,如果对于承诺组建纠察队的工会和组建罢工纠察队的工会的协议中包含同样的条款,并且所覆盖的是同一个工作种类的雇工呢?参见赛达煤炭诉矿工联合会案 [Cedar Coal v. UMW, 560 F. 2d 1153(4th Cir. 1977)]。

3. **如果面对看似正确的申辩:争议违反了不得罢工条款,那么波伊斯市场公司案件颁布的禁令有效吗?** 对于不得罢工的保证的例外可以适用这条看似正确的理由并且可以做出时,工会可以运用水牛城冶炼公司案的理由声明罢工不应当被禁止。华纳布莱斯岩石公司诉联合钢铁工人区域案 [Waller Bros. Stone Co. v. United Steel-workers Dist. 23, 620 F. 2d 132(6th Cir. 1980)]。法庭拒绝颁布禁令,因为这样做会要求法院而非仲裁机构决定对于集体谈判协议例外的适用性以及包含一定工资利益的不得罢工条件的适用性,华纳案可以区别于水牛城冶炼公司案吗?参见坎特,同前,第 653—659 页。

4. **撤销波伊斯市场公司禁令。** 根据波伊斯市场公司案和水牛城冶炼公司案,法院如何处理工会关于禁止工厂改变工作环境等待仲裁程序的请求,这样涉及考虑这些改变是否会和集体谈判协议一致吗?巡回法庭大致同意如下观点:当符合一般公正合理标准时,当必须阻止双方会造成仲裁程序成为空洞的手段的行为时,禁令是合适的。因为在这种环境下,没有禁令,即使作出仲裁裁决也无法最大限度地恢复原状。参见勒沃兄弟公司诉化学工人地方 217 工会案[Lever Bros. Co. v. Chemical Wkrs. Local 217, 554 F. 2d 115(4th Cir. 1976)];石油化工与自动化工人国际工会诉阿莫科石油公司案[Oil, Chemical and Atomic Workers Intl. Union v. Amoco Oil Co., 885 F. 2d 697, 702(10th Cir. 1989)];昆西独立石油与化学工人公司诉保洁公司案[Independent Oil and Chemical Workers of Quincy, inc, v. Procter & Gamble Mfg., 864 F. 2d 927, 930(1988)]。在此标准下,一些法庭颁布禁令,禁止改变主要的贸易形式,比如销售或者重置操作程序等所谓明显违反了合同的一致性的行为。参见机械师工会地方1266 分会诉全景公司案[Local Lodge No. 1266, Int'l Ass'n of Machinists v. Panoramic Corp., 668 F. 2d 276(7th Cir. 1981)]。如分配销售,如不遵守,将会在合同下提交仲裁。然而,他们没有颁布禁令,仅仅是为了确保雇工在等待仲裁的时候不会遭受损害,此种损害按照仲裁适用的合同性赔偿不能完全补偿。参见铝业工人当地215 工会诉统一铝业公司案[Alunimum Wkrs., Local Union No. 215 v. Consolidated Aluninum Corp., 696 F. 2d 437(6th Cir. 1982)](由解雇产生的"取回、取消抵押品赎取权和对信用条款的伤害"等情形未证明禁令的合法性)。

**5.《诺里斯-拉瓜迪亚法》的要求。** 工会和雇主禁止令的申请,对于普遍适用的《诺里斯-拉瓜迪亚法》的要求和限制,参见联合打包服务纽约公司诉卡车司机 804 工会案[United Parcel Serv. (New York) v. Local 804, Teamsters, 698 F. 2d 100(2d Cir. 1983)];矿工联合会诉勒斯特工程公司案[UAW v. Lester Engr. Co., 718 F. 2d 818(6th Cir. 1983)];阿莫科公司诉美国钢铁工人联合会169 工会案[Armco, Inc. v. United Steelworkers of America, Local 169, 280 F. 3d 669(6th Cir. 2002)];尤娜森·G. 阿勒克洛德:《波伊斯市场公司案判决在联邦法院的运用》,载于《波士顿学院工商业

法律评论》第 16 卷(1975)，第 893 页；诺曼·坎特：《水牛城冶金公司案与禁令禁止雇主违反集体谈判协议》，载于《威斯康星法律评论》(1980)，第 247 页。

**6. 不当劳动行为罢工和不得罢工条款的范围.**

在阿兰百货公司案 [Arlan Dept. Store, 133 N. L. R. B. 802 (1961)] 中，劳动关系委员会认为罢工违反了严重的不当劳动行为——被定义为"集体谈判协议所依赖的基础的致命性损坏活动"——这些活动对于不得罢工条款具有豁免效力，不适用不得罢工条款。在何种情况下，针对任何意图是不当劳动行为的罢工，雇主可以获得波伊斯市场公司案中的禁令？

**7. 波伊斯市场公司案禁令对于特定罢工终止后的效力？** 企业和工会之间的集体协议在合同存续期间包含诸多限制罢工条款，并且对于任何申诉提交有效仲裁。集体谈判协议同时规定，除非有合理理由，雇工不得被解雇或者受处分。合同终止前三周，企业解雇了三个参与集体谈判协议协商的工会成员，引用了明确的旷工条款。工会立即申诉，辩称被解雇工人并不比那些没有解雇的工人差。经过令人筋疲力尽的最后的申诉程序，一个星期后，合同到期了，但没有经过要求的仲裁程序，工会组织了反对解雇的罢工。雇主在联邦法院起诉，要求罢工停止禁令和损害赔偿。法院如何判决？参见戈雅食品公司案 [Goya Foods, Inc., 238 NLRB 1465(1978)]。在合同到期后，可以通过罢工违反不得罢工条款吗？罢工根据集体谈判协议仍然可以仲裁吗？

戈雅食品公司案也按照卢卡斯案同样要求吗？决定能和劳动关系委员会通常做出的放弃某项法定性权利时必须明确并且毫无错误的条件一致吗？按照劳动关系委员会普通的劳动规则，在合同到期后，不得罢工承诺不存在。

### 注释:政治性抵制和《诺里斯-拉瓜迪亚法》

因为苏联干涉阿富汗相关事务,1980年1月4日,卡特总统针对苏联的谷物运输颁布了禁令。1月9日,国际码头工人协会宣布他的工人都不会操作任何来自或者去往苏联政府的货船或装卸任何苏联船只。因此,一个地方工会拒绝将应用于农业化肥的材料过锰酸钾装到三只已经到达终点的船只上,该船由杰克森·巴克轮船公司(以下简称JBT)[Jacksonvill Bulk Terminals, Inc. (JBT)]驾驶。工会和JBT之间的集体谈判协议中包含广泛的不得罢工条款,禁止任何形式的罢工,并且将所有争议通过申述,最终获得仲裁的结果。JBT根据《劳资关系法》第301条起诉,宣称工会违反了不得罢工义务。要求工会强制进行仲裁命令,停止罢工禁令救济等待仲裁,并且要求损害赔偿。第五巡回法院支持了区法院关于仲裁的命令但撤销了禁令救济。它反对区法院的观点,区法院认为政治性动机下的罢工不适用《诺里斯-拉瓜迪亚法》;并且认为禁止罢工等待仲裁的禁令不能授予,因为当下的争议不可仲裁。

在JBT诉国际航运工人协会案[Jacksonvill Bulk Terminals, Inc., v. International Longshoremen's Assn., 457 U.S. 702(1982)]中,最高法院法官马歇尔认为……。法庭首先支持了雇主关于争议的分歧:在该案件中由于政治性刺激而引发的罢工不在《诺里斯-拉瓜迪亚法》第4条的调整范围,法庭注明第4条的调整范围包括任何起因于或者涉及劳动争议的案件以及第13条的规定:广泛性定义"劳动争议"条款,包括"任何相关违反性条款或者违反雇佣条件的争议"。法院重申:这条规定没有排除劳动争议与政治保护的联系。在法定性语言中,对于争议来说,没有任何理由要求条款中规定的每个案件的相关争议必须是劳动争议。法条仅要求案件包含任何劳动争议。因此法庭认定:确定条款是否适用的正确因素应当是雇主和雇工之间的关系是否是争议发生的根源。这个案件中,雇主和代表雇工的工会是争议的双方,他们的争议涉及形成他们关系的劳动合同的解释。因此,雇主和雇工关系是争议的根源。

法院引用了雇主的争议分歧案件中的观点，认为中止工作不在水牛城冶炼公司案件的适用范围，是波伊斯市场公司案禁令的例外。雇主主张，对于政治性争议，包含管理权力的条款和工作环境条款的争议构成罢工，至少其中一项争议按理说可以仲裁。法庭反对，相反他们重申了水牛城冶炼公司案规则：可仲裁争议必须是引起罢工的争议。在本案中构成的争议，不管是看作工会对于苏联军事政策的道德愤慨还是看作对于阿富汗人民的同情，按照集体谈判协议都明确地不可仲裁。

### 注释和问题

**1. 对于《诺里斯-拉瓜迪亚法》的限制。** 如果法庭认为只要存在"雇佣关系"是争议发生的根源，为了反对苏联军事行动的罢工适用《诺里斯-拉瓜迪亚法》，那么任何罢工都可以适用《诺里斯-拉瓜迪亚法》吗？

**2. 对于水牛城冶炼公司解释。** 对于 JBT 案中的理由有助于回答涉及水牛城冶炼公司案件遗留的相关问题吗？见 790 页注释 1。

**3. 次要的抵制。** 在国际航运工人协会诉联合国际公司案［International Longshoremen's Ass'n v. Allied Int'l , Inc. ,456U. S. 212 (1982)］中，法庭认为在 JBT 案中同样的抵制行为恰恰是《国家劳动关系法》禁止的间接抵制的范围。法庭认为：对于抵制不是因为和主要雇主的劳动争议，而是因为一个外国的政治争议的辩解不是正当辩解。

**4. 未经工会允许的突然罢工。** 根据集体谈判协议中广泛性管理权力条款规定的可以行使的单方权力，一个雇主宣布他打算改变一定的工作计划。工会接受了雇主对于集体谈判协议的解释，同时得到了雇主对包含争议的工作规则的让步。但是非常多的谈判中的工会成员通过持续罢工反对工会领导的决定。罢工者宣称反对工会接受工作计划的改变，保护协议中大量可仲裁的情形但并没有不得罢工条款。雇主在联邦法院要求停止罢工禁令。法庭该受理吗？参见完全自动传输公司诉赖斯案［Complete Auto Transit v. Reis, 614 F. 2d 1110, 1114（6th Cir. 1980）, affirmed on other grounds, 451 U. S. 401（1981）（dicta）］。雇主可以采取任何其他措施来打击罢工吗？

### 注释：工会和单个劳动者对违反不得罢工义务的责任

在完全自动传输公司诉赖斯案中，最高法认为《劳资关系法》第301条（b）的第三款"明确违反国会"的判定试图避免单个劳动者在违反保护合同中规定的不得罢工条款时承担损害赔偿的义务。不管工会参与或者授权不合法行为，完全自动传输公司案件的决定是对早期法院在艾金森诉辛克莱公司案［Atkinso v. Sinclair Refining Co., 370 U. S., 238（1962）］中决定的详细阐述，该案中将第301条（b）款解读为试图将单个劳动者从对雇主在罢工期间遭受的经济性重大损失中解救出来。艾金森案件中仅仅决定工会主要领导成员在工会可能对违反不得罢工条款履行责任时获得保护。但是完全自动传输公司案件适用了和未经同意贸然罢工一样的结果：工会不得被判承担责任。

在煤炭燃料公司诉联合矿工案［Carbon Fuel Co. v. United Mine Wkrs., 444 U. S. 212（1979）］中，根据普通法传统，工会可能被认定为承担责任，法庭解读第301条（b）和（e）款限制工会对于违反合同应承担的责任。

法庭认为国会提供第301条（b）：工会必须通过规范代表人的行为受到约束，在第301条（e）必须通过规定普通法中关于代表人的管理，决定是否任何人可以是另一个人的代理。法庭调查认为国际工人协会对于违反不得罢工合同的未经允许的贸然罢工不负责任，并且三个工会地方分会也加入，同时缺乏证据证明：国际工会唆使、支持、正式批准或者鼓励罢工。法庭拒绝了雇主的以下建议：将支持仲裁的国会政策延伸到强加给国际工会一些义务，这些义务包括要求同意仲裁申诉，在违反相关合同时，采取任何合理手段试图控制地方工会。

重审关于三个地方工会的判决,合计722,347.43美元,没有在煤炭燃料公司案中获得诉求。第四法庭支持了区法院正确的裁断,赞同大范围行动理论作为地方分会对大多数突然罢工责任的基础[582, F. 2d, 1346(1978)]。上诉法院解释这个理论基于这样的假设:在没有领导下,大多数人没有统一行动并且起作用的工会必须对他的成员的大多数行为负责。

在最高院关于煤炭燃料案件的决定后,地方分会应当对"大规模行动"下未经授权的罢工引起的损失负责吗?即使他们的领导人员没有教唆、支持、批准或鼓动该行为。如果工会在法庭上证明领导人员用尽所有理由来阻止并且结束突然罢工行为呢?参见统一煤炭公司诉矿工联合会地方2216工会案[Consolidation Coal Co. v. Local 2216, UMW, 779 F. 2d 1274 (7th Cir. 1985)]。如果认为大规模行动理论不是工会独立代表人义务的基础,大规模行动可以提供一些关于工会授权或者批准的证据。参见统一煤炭公司诉矿工联合会地方1261工会案[Consolidation Coal Co. v. UMW, Local 1261, 725 F. 2d 1258(10th Cir. 1984)](收集冲突决定)。

## 第三节 仲裁和国家劳动关系委员会

**1.《国家劳动关系法》规定的仲裁和不当劳动行为控告**

**注释:国家劳动关系委员会针对合同性事项引起的争议的权力**

**背景:** 劳动关系委员会对于违反集体谈判协议的争议没有司法性判断的权力,并且仲裁员没有赋予国家劳动关系法案效力的权力。因此,同时存在的公共和私人劳动管理争议解决机制面临特殊的协调性问题。

正如我们所看到的,适用国家劳动关系委员会经常引起特定集体谈判协议争议。例如,遵守法定性协商程序,雇主单方面改变工作条件是否构成违反第 8 条(a)(5),可能取决于集体谈判协议是否可以解释为保护管理者作出此种改变。对于雇主是否可以在协商后作出改变,以致和工会陷入僵局,可能取决于集体谈判协议是否可以解读为包含依据合同条款不得作出改变的承诺。因此,问题出现了,劳动关系委员会是否将合同性解释争议的解决授权给双方选择的私立性合同解释体系(一般称为仲裁),或者联邦法律要求劳动关系委员会在基于法定性的义务引起这些争议时作出关于集体争议的独立解释。

更多的,劳动关系委员会对于不当劳动行为控告的解决可能要求实际性决定,这个决定类似于仲裁员根据相关集体谈判协议解决类似申诉时作出的裁决。例如,许多根据第 8 条(a)(3)所提出的雇主歧视了参与工会相关联活动的雇员的控告,引出雇主的目的和正当性问题,这些问题在根据集体协议所提起的申诉仲裁程序中同样会考虑。

在这种案件中,可以同时向劳动关系委员会和仲裁员提出补偿的申诉,或者仅允许他们选择一种形式?如果只能选择其一,法律能够命令他们如何选择吗?何种程度的服从下,劳动关系委员会的决定胜过仲裁的决定或者不及仲裁的决定?

**同时存在的管辖权。**最高法院并没有明确回答这些问题。在 1960 年中间有诸多此类案件,但是,最高法院暗示:对于大范围的争议,劳动关系委员会和合同性申诉仲裁都有合法管辖权。

凯里诉威斯汀豪斯案。在凯里诉威斯汀豪斯案[ Carey v. Westinghouse Elec. Corp. , 375 U. S. 261(1964)]中,法院认为雇主应当强制仲裁,由代表生产和维修工人的工会提交申诉,申诉中控告雇主已经向由另一个工会代表的一组生产和维修工人分配了生产和维修工作。在凯里案中,雇主辩称,因为这是关于代表问题的争议,根据第 10 条(k),在国家劳动关系委员会的管辖权范围内,因此不得强制仲裁。法院认为该事项属于劳动关系委员会管辖的范围,不管是经过集体协商才能从事该工作的工作分配争议还是工会只能代表特定雇工的争议。如果是工作分配争议,当其中一个工会为迫使雇主对他所代表的集体协商成员分配工作而推动罢工,劳动关系委员会有权根据第10条(k)管辖权范围解决争议。如果是工会的代表性争议,工会可以寻求劳动关系委员会的权力保护或者定性他的资格,或者生产和维修工会可以基于雇主中期修改行为违反了协商义务进行控诉。但法院认为根据《国家劳动关系法》存在的可能性救济不符合第301条倾向于仲裁的原则:

> 考虑到争议——不管是包含在工作分配中还是代表性问题,我们没有看到对使用仲裁程序的限制。如果是工作分配争议,仲裁可以适时地弥补不足并且避免将罢工提交到劳动关系委员会。如果是代表问题,即使一方工会不是主体时,诉诸于仲裁,也可以获得到全面的、有效的救济。(同上,第272页)

C&C夹板案。三年后,在国家劳动关系委员会诉C&C夹板案[NLRB v. C&C Plywood, 385 U.S.421(1967)]中,法庭认为劳动关系委员会根据第8条(a)(5),对在集体谈判协议有效期间,雇主单方面改变了工资的争议有管辖权。即使对该案的管辖要求劳动关系委员会考虑雇主对于认为合同条款给予了他这样做的权利的抗辩。下级法院认为对于认定被告违反了第8条(a),对该条款劳动关系委员会没有管辖权……因为存在……不当劳动行为没有依据该法案的条例,但是,涉及集体谈判协议条款正确含义的可争辩的诚信争议。最高院认为:

> 在本案中,劳动关系委员会没有解释劳动合同明确雇主给予工会的合同权利的范围。他没有阐明自己关于劳动合同的条款和范围是什么的观点。他所做的仅仅是使法定性权利生效。这些法定性权利是国会认为允许劳动者和管理者处理达成公平的雇佣条款和范围的过程中非常必要的。劳动关系委员会的解释最远也就是有必要确定工会不同意放弃这些法定性保障。因此,基于在不当劳动行为案件中对劳动合

同作出确定的必要性,劳动关系委员会没有超越国会规定的管辖权。(同上,第 428 页)

C&C 夹板案中,法庭注明既然劳动关系委员会认定的集体劳动合同中不含有仲裁条款,劳动关系委员会的关于合同的解释优先于法院的调整而非仲裁的裁决。但法院关于立法史和遵循先例的处理,和对于劳动关系委员会有效性和暂时性管理的合法性考虑,暗示其决定和 C&C 夹板案中合同包含仲裁条款没有区别。

顶点工业公司案。最近的结论同样也被法院在同一天国家劳动关系委员会诉顶点工业公司案[NLRB v. ACME INDUSTRIAL Co., 385 U. S. 432 (1967)]中的决定所支持。在顶点工业公司案中,法院支持劳动关系委员会对特鲁伊特制造公司案(参见前文 490 页)判例的应用,认定雇主拒绝提供劳动关系委员会认为对工会执行集体谈判协议是非常必要的信息的行为违反第 8 条(a)(5)。公司辩解称:既然集体谈判协议包含仲裁条款,该条款要求工会根据合同必须遵守此种争议解决机制,根据第 8 条(a)(5)称:既然集体谈判确定工会合法性权利之前,劳动关系委员会必须等待仲裁对于相关要求信息的裁决。

顶点工业公司案件和 C&C 夹板案件,建议劳动关系委员会在解决不当劳动行为申诉时有权解释集体谈判协议,不需要首先从仲裁或者法院处获得合同解释的请求性申诉。

**国家劳动关系委员会的权力代表的可行性?** 根据集体谈判协议中双方选择的私人争议解决程序,劳动关系委员会是否有自行决断的权力仍然存在问题。这个问题有一段时间不仅在劳动关系委员会内部甚至在劳动关系委员会和联邦上诉法院之间都有过广泛性的争论。最终的解决方案由劳动关系委员会在 1980 年中期确定,并且在以后的案件中都遵守既定的解决规则。

## (1) 预先仲裁或者"科利尔"裁决

### 联合技术公司案

United Technologies Corp.
268 N. L. R. B. 557(1984)

1981年11月6日,工会担起第三步申诉宣称:被告通过他们的领班皮德森(Peterson)恐吓、威胁、骚扰商店管理员威尔逊和雇工夏菲尔德(Sherfield),在第一步申诉中威胁夏菲尔德,如果她将申诉到第二步[①],则会用纪律规范她。工会寻求的救济是:公司立即停止违反合同的行为,皮特森必须适当地受到纪律处罚并且对于他的乱用、滥用权力违反合同的行为重新接受教导。被告拒绝了工会第三步的申诉。1982年1月27日在无损于现有权益的情况下工会撤回诉讼。第二天,被告自行提出申诉,宣称不能接受工会在陈述中指出的关于领班皮特森拒绝在有损现有权益的情况下撤回诉讼,工会拒绝了被告的申诉……按照被告的要求进入第四步磋商程序,工会又拒绝了被告的申诉并且拒绝被告关于仲裁的要求。因此,工会提出诉讼……

司法和行政对仲裁程序的尊重理念和法院支持而非干涉这种争议解决程序的观点已经根深蒂固于美国司法程序中……劳动关系委员会创造了适于仲裁发展的环境。因此,早在1943[②]年,劳动关系委员会表达了对合同性申诉机制的预期赞同的概念的同情……

---

[①] 2. 第一步主体程序中申诉是夏菲尔德和她的领班科特重复地骚扰、威胁、歧视,科特构成对她的攻击行为……等,科特针对夏菲尔德对特定零件的要求的回应是扬言要把装有重约三分之一盎司的包裹扔到她的工具台……。在第一步申诉中,科特向夏菲尔德道歉,当时领班皮特森拒绝了申诉并且敦促大家返回工作。商店管理员斯蒂文·威尔逊和夏菲尔德暗示他们将进入第二步申诉程序。皮特森告诉夏菲尔德公司对她仁至义尽,并且针对她过去扔掉的零件没有通过纪律处罚她。威尔逊认为皮特森的陈述应当认定为威胁。皮特不承认他威胁了夏菲尔德;他说他只是告诉她会有什么可能并且将要发生。

[②] 7. 参见统一飞机公司案[Consolidated Aircraft Corp., 47 N. L. R. B. 694,706(1943),enfd. in pertinent part,141 F. 2d 785(9th Cir,1944)]。

劳动委员会在重新的具有巨大影响力的科利尔绝缘轮胎案[①]( *Collyer Insulated Wire* )的效应下,并且作为尊重双方申诉—仲裁机制,解除了关于因为违反第8条(a)(5)改变工资和工作环境的详细的辩解。

科利尔案件下多数地详细地说明了几条支持延期的因素:

争议产生在一个长的并且待生效的集体协议关系中,没有关于雇主对雇工保护性权利的活动充满敌意的条款;双方的合同为仲裁提供了广泛的理由……仲裁条款明显包含争议……雇主明确坚定了他们希望仲裁解决争议的意愿……并且它明显地适合于通过仲裁解决争议……。在科利尔案中大多数认为:针对双方的争议,指引他们避免将争议提交劳动关系委员会程序替代他们自行互相选择基于合同的争议解决方法……

在国家收音机案( *National Radio* )[②]中,劳动委员会将延期原则适用于包含第8条(a)(3)的申诉案件,在该案中,惩罚性的停息和对相关活动的工会支持者撤销控告……。然而,劳动委员会在通用美国运输案件[ Genera( American Transportation)228 N. L. R. B. 808(1977)]中突然改变了程序……。实际上,通过决定拒绝将宣称违反第8条(a)(1)和(3)及第8条(b)(1)(A)和(2)的案件延期,通用美国运输案多数裁决基本上取消了劳动关系委员会延期政策……。他的理由……是大体上不被支持的。因为假定在良好的合法和实事求是的条件下科利尔工作认真……我们相信他值得获得重新生活。

当雇主和工会已经自愿地选择了以仲裁为终决结果的争议解决机制时,劳动委员会在双方意思自治选择的争议解决机制之前进入到解决争议程序是违反基本原则的。立法鼓励劳动活动和集体协商的程序,由于允许双方忽视彼此的协议并且将向劳动委员会申请作为救济的第一程序而使立法受到严重损害。延期并非与放弃权利有关系。延期不过是对于约束性活动的审慎性做法,只不过是推迟劳动关系委员会程序应用从而

---

① 8. 192N. L. R. B. 837(1971).

② 11. National Radio Co. 198 N. L. R. B. 527(1972).

使双方自行选择的争议解决机制能够继续。只有当仲裁结果与斯皮尔伯格制造公司案(Spielberg)①不相符合时才启动劳动委员会程序。正如最高法在凯勒案[Carey v. Westinghouse Corp., 375 U.S. 261,272(1964)]中引注的：

> 通过仲裁解决争议，能最大限度地避免争议的分离性；这些国会认为对工业和平很重要和能够减弱整个争议的调解手段是值得鼓励的。劳动委员会的优先权利可以在任何时间使用。同时仲裁的程序必须遵守……

我们今天适用的科利尔原则已经被作为规则适用，在前述通用运输公司案中表示异议的前委员佩内洛(Penello)与瓦尔特观察到：

> 劳动委员会并非是不加分析地将案子延期，转移给仲裁，也不是对于决定是否将案子延期并且转移和是否赋予仲裁效力时忽视雇员的法定性权利。所用的标准是基于仲裁程序会以符合斯皮尔伯格案件的尺度解决争议的合理性信念。因此,(1)当工会被期望代表不当劳动行为的劳动者利益起诉但却违背了这些劳动者利益时(2)以及被告的行为继续违反集体协议原则时,不得被拒绝延期。在延期后,被告拒绝进入仲裁程序,劳动关系委员会应当废止延期并且根据价值判决案件。最后,任何仲裁裁决没有符合斯皮尔伯格案的标准的理由,例如违反了法令原则,劳动关系委员会均不得承认该效力②。引注省略。

我们将继续受这些原则指导。

本案及案件的事实使其非常明显地符合延期。争议中心是领班对单个

---

① 18. Spielberg Mfg. Co. 112 N.L.R.B. 1080(1955).
② 19. General American Transportation Corp., supra at 817.

劳动者和商店管理员之间……常规的第一步申诉程序宣称与可能性相反结果相关……雇员决定将申诉进行到下一步。情形被描述成违反第8条(a)(1)的威胁,但是……明显地可以认识到符合协议中广泛申诉—仲裁条款①。况且,被告表达了他将进行仲裁的意愿,甚至是渴望。

在科利尔案和国际收音机案②的规则下,将案件转移给仲裁庭后能够最好地阐释法律的目的和原则。

申诉被驳回,如果司法审查……被保留,是出于有限的目的,基于合适的情形的未来的考虑,这些情形包括:根据申诉应当合理迅速地解决原则,争议未解决……,根据申诉程序或规定交给仲裁之后……,或者申诉或仲裁程序不公平以及不合规则或者达成了违反法令的结果。

齐默曼反对……

前任主席墨菲在他通用运输案中达成的有效力的意见中,解释了必须区分关于预先仲裁延期原则的基本原因。必须区分包含合同双方关于集体协议的不当劳动行为和包含劳动者法定权利争议的不当劳动行为。

> 劳动关系委员会只有在仅仅关于劳动合同双方争议并且根据第8条没有干预到单个劳动者基本权益的情形下,中止其程序采用申诉仲裁程序。关于违反第8条(a)(5)和第8条(b)(3)的劳动争议恰恰符合以上条件,但是对违反第8条(a)(3)、(a)(1)、(b)(1)(A)和(b)(2)条款的起诉明显不符合……。在前类型的争议仅仅是合同主体之间的——工会和用人单位——但后者争议一方是劳动者,另一方是工会或用人单位。在根据第8条(a)(5)和(b)(3)提起的案件中,对于确定性毁坏合同行为,问题核心在于争议的行为按照合同是否允许。

---

① 20. 合同的第四条规定:公司和工会达成共识认为受该集体谈判协议调整的雇员在违反《国家劳动关系法》条款时不应当受到歧视……。很明显,双方考虑类似这种争议应当根据申诉—仲裁机制解决。

② 22. 被告必须,放弃任何集体谈判协议中关于申诉—仲裁即时条款从而使进行中的工会的申诉程序能够和接下来的程序相符合。

这些问题明显适合仲裁条款,作为基本,根据仲裁员意志解决合同争议能够处理不当劳动行为问题。然而,在第8条(a)(1)、(a)(3),(b)(1)(A)和(b)(2)下,尽管仍然包含违反合同争议,但有效的结果是不在于行为是否获得允许,而在于行为是否是非法刺激或是否干涉、限制、威胁了劳动者根据第7条获得的活动的权利……。在这些环境下,仲裁对于合同问题的解决不会合法地处理不当劳动行为。根据第7条仲裁程序也不适合解决劳动者关于歧视性的争议。(228 N. L. R. B., at 810-811)。

现在,六年后,根据通用美国运输案,没有任何司法批评的干预,陪审团推翻了该案并且重回国家收音机案(*National Radio*)。大法官没有任何特别关于通用美国运输案对于私人申诉和仲裁体系有不利影响的证据……

劳动者第7条的权利是受劳动关系委员会保护的公共权利……

我的同僚的推论暗示着单一性集体协商代表有可能在劳动关系委员会前放弃单个劳动者在第7条的干涉下寻求最初损害赔偿的权利①。工会,可能,当然同意放弃一些个人合法性权利②。但是在我看来,工会不可以放弃单个劳动者的权利从而选择一个合法的程序来引起不当劳动行为问题并且进而诉讼。即使他们可以,这种放弃也必须是明确的并且不得有误。因此,大众要求单个劳动者起诉合同形式中的合法性权利……从而不用决定对于诉诸于首要的和单一的劳动关系委员会权利有着明确的和毫无错误的放弃。我的同僚们简单地假设合同性申诉和仲裁程序的存在是放弃的证明。

此处宣布的延期文件不过是审慎的约束,并且斯皮尔伯格案对于那些

---

① 8. 大多数人错误地指出:对于科利尔案件扩大范围的应用既不是放弃也不是消除个人合法权利。然而,至少,个体劳动者选择立法形式的救济权利首先被放弃了。更进一步说,因为科利尔类似案件仅仅遵守斯皮尔伯格案件下有限的观点,个人实现先前法定事项重新考虑的相应权利在劳动关系委员会之前也将被放弃。

② 9. 大都会爱迪生案[Metropolitan Edison Co. v. NLRB, 103 S. Ct. 1467(1983), supra page 252]。

个人权利没有在申诉和仲裁中获得保护的个体是安全网的说法,不过是骄傲自负。仲裁程序不仅仅用于并且也不仅仅适用于保护劳动者合法的或公共权利。首先,工会,在不违反公正代表的义务下,可能不会自动地像工会自身一样支持单个劳动者的仲裁申请,在平衡个体和集体的利益时,为了劳动者在协商中作为集体利益,可能会权衡劳动者个人合法权利。第二,因为仲裁权限仅仅是在"商店里的法律,而不是陆地上的法律",他们可能缺乏解决争议中涉及的合法性问题的权限。第三,即使仲裁员很熟悉法令,对于在集体争议合同中做出和集体意图相符合的决定也是受到限制的。最后,因为仲裁的作用是使双方意图生效而非使法令生效,他可能在适用法令时引用一些违反公共政策的规则,因此剥夺了劳动者受保护的合法性权利。

**注释和问题**

**1. 对科利尔案件的争议**。劳动关系委员会在科利尔案中分裂成了 3 比 2,并且直到联合技术案中一直保持分立的状态。尽管人员方面有变动,对于关于第 8 条(a)(5)和第 8 条(b)(3)的案件,在大多数时间至少有两名成员单独或者一并限制或者拒绝科利尔案件的适用。科利尔案件引用了一个独立的分立的文件。参见威廉·J. 艾萨克森和威廉·C. 资伏夏克:《劳动争议私人仲裁的代理延期》,载于《哥伦比亚法律评论》第 73 卷(1973),第 1383 页;托马斯·G. S. 克里斯藤森:《公共权利的私人判断:〈国家劳动关系法〉执行中的仲裁角色》(1976);乔治·夏慈吉:《国家劳动关系法第 8 条(a)(5)规制下的合同争议解决》,载于《得克萨斯法律评论》第 50 卷(1972),第 225 页;迈克·齐默:《为科利尔案感到高兴:国家劳动关系委员会与仲裁管辖权的理性化》,载于《工业法律杂志》第 48 卷(1973),第 141 页。

**2. "不得歧视"条款的效力**。联合技术案中劳动关系委员会声明按照合同条款引用的第 20 个脚注对于充满怨恨的上级的骚扰应当遵守申诉仲裁程序,脚注20明确禁止违反《国家劳动关系法》的歧视。本案中的仲裁裁决和之前劳动关系委员会尚未延期的案子所决定的问题一样吗？仲裁员在裁决案件时必须适用同样的标准吗？如果合同中没有"不得歧视"条款,劳动关系委员会能够延期然后移送给仲裁吗？

**3. 在劳动关系委员会之前通过延期和放弃权利寻求立法保护。** 科利尔案中将案件延期是否意味着劳动委员会根据处理集体争议代表的协议延期并且移送给仲裁条款就是放弃了最初由劳动委员会程序决定的不当劳动行为争议中单个劳动者的诉讼的权利。[①] 如果对于劳动关系委员会延期并且移送,放弃是必要的基础,那么劳动委员会考虑工会关于仲裁的条款中包含"明确的并且不得误用"的放弃任何引发劳动委员会程序的合法权利的谈判是否合理？

**4. 对于不当劳动行为诉讼不同种类的区别？** 国家劳动关系委员会主席墨菲在通用美国运输案中提供的区分与不同种类不当劳动行为诉讼类型之间的区别对于延期并且移送提供合法标准了吗？第8条(a)(5)和8(b)(3)中保护的权利可由争议代表放弃吗？第8条(a)(3),8(a)(1),8(b)(1)(A)和8(b)(2)保护的权利都是不可放弃的吗？对于劳动关系委员会来说,当雇主引用集体争议作为第8条(a)(5)单方行为起诉的辩护时更希望延期并且移送类似科利尔案的案件,而不是移送第8条(a)(1)或者第8条(a)(3)案件,这样合理吗？

---

[①] 参考迈克·C.哈珀:《工会放弃国家劳动关系法案下的雇员权利:第二部分,仲裁委员会延期的新方法》,载于《劳资关系法律杂志》第4卷(1981),第680页;哈里·爱华德:《劳动仲裁的延期与谈判义务的弃权:一个可能走出国家劳动关系委员会迷惑的方法》,载于《俄亥俄州法律评论》第46卷(1985),第23页[Michale C. Harper, Union Waiver of Employee Rights Under the; Part Ⅱ, A Fresh Approach to Board Deferral to Arbitration, 4 Indus. Rel. L. J. 680 (1981); Harry T. Edwards, Deferral to Arbitration and Waiver of the Duty to Bargain: A Possible Way Out of Everlasting Confusion at the NLRB, 46 Ohio St. L. J. 23 (1985)].

第九章 集体谈判协议的执行 995

**5. 仲裁活动和国家劳动关系委员会延期的范围。** 相对于合同问题,许多仲裁只希望放弃决定呈现不同因素或者要求不同证据的合法性问题的权利。参见西方电力公司诉国际电力工人协会案[Western Mass. Elec. Co. v. International Bhd. of Elec. Wkrs., Local 455, 65 Lab. Arb. Rep.(BAN) 816(1975)(Summers, Arb.)]。在劳动关系委员会延期并且移送之后,在违反了第8条(a)(5)时,即使没有违反协议,仲裁拒绝裁定用人单位对股票购买计划单方适用罚金。如果这是仲裁者预先观点的话,那么国家劳动关系委员会是否重新审视科利尔原则? 换句话说,对于劳动关系委员会原则的回应,仲裁员应当更坚定? 比较通用电话公司诉国际电信工人案[Cf. General Tel. Co. of Pa. v. International Bhd. of Elec. Wkrs., Sys. Council T-1, 71 Lab. Arb. Rep.(BNA)488(1978)(Ipavec, Arb.)](宣称对于解决合同和不当劳动行为问题都通过劳动关系委员会延期并且移送对科利尔追求是强制性的)。

**6. 对于协商的义务的正式概念以及国家劳动关系委员会延期并且移送的范围。** 评价下面的争议:一个雇主他希望在集体协议存续期间,将关于单方改变工作条件的争议提交仲裁,在违反了第8条(a)(5)时除非改变影响到整个集体协商关系本不应提交。相关少量违反合同不应当认为违反了第8条(a)(5)。因此,在特殊的第8条(a)(5)案件中,劳动关系委员会做出延期决定并且移送给仲裁的案件反应了对条款合理性、真实性的解释。这个案件适用于类似密尔沃基弹簧案(前文563页)的案件吗? 那个案件中对第8条(a)(5)的控诉是通过集体协议限制了公司单方面作出改变,即使是和工会谈判陷入僵局,密尔沃基弹簧案件本身能延期并且移送仲裁吗? 参见爱德华,《延期并且移交给仲裁》,同前。

**7. 都波(Dubo)延期并且移送。** 当申诉仲裁程序已经启动,劳动关系委员会将中止不当劳动行为争议控诉,从而所有实践性目的都应该从那个程序中解除。参见都波制造公司案[Dubo Mfg., 142 N.L.R.B. 431

(1963)］。都波案件在多大的范围内适用呢？例如，类似于凯里案件中，当其中任何一个工会和雇主诉诸于仲裁时，雇主要求劳动关系委员会明确工会的代表资格。劳动关系委员会应当按照雇主的要求延期并且移送案件直到仲裁出了结果？考虑到呈现诸多相似问题的不当劳动行为，其中仅仅有一些通过已经开始的仲裁程序解决了。

**8. 劳动关系委员会拒绝延期的效力？** 一个适用第 301 条的法庭在劳动委员会基于同一事实拒绝将不当劳动行为控诉延期时能强制仲裁吗？例如，劳动委员会如何调和起诉的劳动者与仲裁时代表劳动者的工会的利益。参见卡车司机当地 807 工会诉地区进出口卡车公司案［Teamsters Local 807 v. Regional Import & Export Trucking Co. , 944 F. 2d 1037(7th Cir. 1991)］。提交协议到仲裁，注意到仲裁程序可以避免劳动委员会注意到的冲突。如果劳动委员会在拒绝延期之后，按照自己的理解决定不当劳动行为的控诉呢？参见美国食品和商业工人地方 400 工会诉食品仓库公司案［United Food & Commercial Wkrs. Local 400 v. Shoppers Food Warehouse Corp. , 35 F. 3d 958(4th Cir. 1994)］(认为应当执行仲裁条款，因为任何直接和及时的与劳动委员会规则的冲突在仲裁规范前仅仅是推断的)。

**(2) 仲裁后置或者"斯皮尔伯格"案件的适用**

### 奥林公司案

Olin Corp.

268 N. L. R. B. 573(1984)

84 工会是大约 260 名生产和维修劳动者的集体协商的唯一代表。1980—1983 年集体谈判协议 XIV 条款"罢工和闭厂"规定：

集体协议存续期间，不得在工厂组织停工并且地方工会或者国际工会,任何管理员或他们的代表,不得引起或者允许他们的成员引起任何罢工、生产放慢或者(全部或部分)停工或者直接或间接影响工厂的操作。

劳动者斯帕特利克(Spatorico)是工会主席,任期从1976年到1980年12月。12月17日早晨,被告处罚了两名工人,因为他们拒绝执行他们认为更像是设计、建造和修理水磨和风车的工作。当大约43名雇员只因为生病的理由离开了工作,关于请病假的事件接着发生了。被告对于39名参与者给予正式书面的训斥。12月29日的信中,被告告知斯帕特利克基于他整个记录以及尤其他强请病假并且参加且没有阻止这些行为而被辞退。

斯帕特利克的解雇被申诉并且经过了仲裁……。仲裁者发现病假已经发生……斯帕特利克至少单方面引起或者参加了,并且他没有试图努力在事件发生后进行阻止。仲裁认为斯帕特利克的行为违反了在XIV条款下的义务……并且指出"工会领导绝对有确定性不得引起罢工的义务,不得违背该条款,不得参与罢工并且应当在罢工时及时阻止。对应的,仲裁认为斯帕特利克被解雇是合理的。

鉴于不当劳动行为争议涉及根据都波案(Dubo)的仲裁,仲裁者……发现没有证据能证明公司可以基于员工的合法性集体活动解雇发牢骚者。仲裁者重审斯帕特利克案件时认为,斯帕特利克参与并且没能阻止病假,基于他是工会领导,并且合同中不得罢工条款特别地限制工会领导者参与此类活动,因此斯帕特利克被解雇。

仲裁委员会基于以下几个方面的原因拒绝同意:仲裁员没有从特别的角度考虑不当劳动行为;因为仅限于合同解释,所以缺乏决定该问题的权限;以及他没有明确地指明合法权利并且放弃了由于不当劳动行为诉讼引发的问题。

然而,从这一点上讲,法官同意仲裁的结论:斯帕特利克的参与罢工与他应当明显地阻止不被保护的活动的合同义务不符合。法官认为XIV条款……是足够的明确以及不可误解的放弃,至少这种行为,斯帕特利克参加了,因此,斯帕特利克将自己暴露于更重要的最高院允许的义务下,在大都会爱迪生诉国家劳动关系委员会案[Metropolitan Edison Co. v. N. L. R. B., 103 S. Ct. 1467(1983)],并且被告没有违反第8条(a)(3)和(1)……解雇他同时仅仅警示了其他雇员。

我们同意法官认为的怨恨应当得到释放。然而我们,因为听从了遵循斯皮尔伯格案设定标准的仲裁判决,而没有实现该价值。当程序看起来公平而且可控,所有主体同意受约束,并且仲裁裁决没有明显违反法条的目的和原则,劳动关系委员会认为他们服从仲裁裁决。雷森公司案(Raytheon Co.)①中劳动关系委员会,更进一步,决定同意仲裁者已经考虑到的不当劳动行为问题。对于雷森案要求的适用的一致已证明是难以实现的,并且按照布洛帕克案(Propoco)②解释的,适用范围相当扩大。

布洛帕克案件法官形成了一个重审标准,认为只有当劳动关系委员会基于重新的考虑认为仲裁会像劳动关系委员会一样抛弃问题时才能对仲裁裁决适用延期。由法官适用在考虑延期的适用性之前决定价值的方法,并且这样做预示着达成了不得推延的决定。此处法官的决定,正如同种类型的其他诸多过去的决定一样,扰乱了斯皮尔伯格案中宣布的认为仲裁程序是国际劳动政策重要方面的已宣布的意图。

相应的,我们采用了下列标准来利用仲裁裁决是否推延。我们会发现一个仲裁员已经充分考虑了不当劳动行为,如果:(1)合同问题真实和不当劳动行为问题平行并且(2)关于解决不当劳动行为相关的事实都呈现给了仲裁员。基于这个方面,按照斯皮尔伯格案标准,作为一个裁决是否明确违反了法令规定的其中任何一个方面,合同性和法定性重审的不同应当由劳动关系委员会衡量。并且,考虑到对于明显令人反感的标准的深入调查,我们不要求仲裁的标准必须完全和劳动关系委员会程序一致。除非仲裁裁决

---

① 3. 140 N. L. R. B. 883(1963).

② 4. 布洛帕克公司案[Propoco, Inc., 263 N. L. R. B. 136(1982),enf. with unpublished, non-precedential opinion,Case No.83-4058(2th Cir. 1983)]。同时参见美国货运系统案[American Freight System, 264 N. L. R. B. No.18(1982)]。

明显错误①,除非仲裁裁决不受到和法令一致解释的影响,我们才延期。

最后……考虑既定案件意义,寻求劳动关系委员会拒绝延期救济的一方必须证明对于延期的以上标准没有获得满足。对于寻求要求劳动关系委员会忽略仲裁决定的一方必须承担证明仲裁程序或仲裁中存在不足的法定义务。

如果被告声明:从劳动关系委员会到仲裁者都考虑了问题已经发生,那么要求劳动关系委员会忽略仲裁并且将案件转向审查的仲裁程序中存在的不足,这种说服的重担以及证明的义务落在事务总长这边。

我们此处发现仲裁程序满足了斯皮尔伯格案件延期的标准,并且仲裁者充分考虑了不当劳动行为问题。首先……合同性和立法性问题事实上并列。实际上,仲裁员发现,在他之前的实际问题是:(1)是否存在病假;(2)申诉者是否引起、参与或没有试图阻止他们,申诉者是否疏于承担由 XIV 条款赋予他的义务。这些实际问题和那些由劳动关系委员会所做决定时将要考虑的法定性问题同时存在。集体谈判协议是否明确、毫不引人误解地描述了斯帕特利克 1980 年 12 月 17 日从事的行为。

第二,仲裁员们呈现了所有与解决不公平案件的相关事实……。事务总长也没有证明仲裁缺乏做出裁定涉及的任何证据;裁定是通过不得罢工附加的义务做出的……以及关于条款和斯帕特利克行为之间的联系。因此,仲裁面临的证据同决定不当劳动行为诉讼的价值必要的证据相同。

最后,我们转向仲裁裁决是否与法令目的和原则明显相反……。在大都会爱迪生案中,最高院,最近引用了此处包含的真实性问题的价值……。法庭发现工会没有明显并且明确地放弃劳动者官方的第 7 条权利,同时相应地雇主违反了第 8 条(a)(3)和(1)……仅仅通过同普通劳动者一样规范管理者。法院指明,通过要求工会领导人员采用合法性行为结束非法停工,

---

① 7. 国际收获公司案[International Harvester Co. ,138 N. L. R. B. 923, 929(1962), aff'd sub nom. Ramsey v. NLRB, 327 F. 2d 784(7th Cir. 1964),cert. denied,377 U. S. 1003(1964)],引用了在道格拉斯案件中早先成员佩内洛的反对意见[Douglas Aircraft Co, 234 N. L. R. B. 578, 581 (1978),enf. Denied, 609 F. 2d 352(9th Cir. 1979)]。

确保不得罢工条款的完整性,工会和雇主可以合理地选择救济。并且为了使他们的考虑对成员更加有价值,工会可以合法地牺牲对工会领导人员的法定保护从而获得保护目的。法院补充到,工会此种承担这样合同义务的决定,促进劳动关系公平并且明显地弱化了根据协商代表确定的公平范围。此处合同中 XIV 条款,附加的一般不得罢工/不得闭厂义务和此条款相似……

在大都会爱迪生案中,包括这样的描述:任何地方工会或者国际工会,或者任何领导或者任何代表,可以引起或者允许他们的成员引起任何罢工、缓工或者全部或部分停工或对工厂操作程序进行任何直接或间接的干预。确切地说,是否审查这个价值,放弃合法性权利合同语言必须明确的标准和上述语言是否至少和适用于雇工斯帕特利克的一致,可能导致劳动关系委员会做出不同的决定。然而,放弃的问题,同样是合同解释的问题。仲裁对于合同的解释是双方所商议过的……。尤其按照以上引用的不得罢工条款中附加的描述,仲裁此时有合理理由裁决……那条"明确地限制工会领导参与类似斯帕特利克参与的活动"。我们发现仲裁员的合同性解释没有明显违反条款或者大都会爱迪生案件的精神。

成员齐默曼,部分异议……

按照大多数的新标准……仲裁员无须长时间地考虑事实并且在劳动关系委员会延期提交仲裁之前进入到不当劳动行为问题审查。相反,如果(1)合同问题和不当劳动行为问题事实上并列并且(2)与解决该问题相关的事实全部呈现给了仲裁员,劳动关系委员会将假设不当劳动行为问题已经由仲裁充分地考虑,并且将移送给仲裁……

首先,最重要的,在被允许的合法范围内的新标准扩大了劳动关系委员会的移送政策,对于劳动关系委员会引述的所有原因中我依据的大量案例……运用假设来满足公平的延期导致劳动关系委员会的退位,按照第 10 条(a)劳动关系委员会的义务……保护劳动者权利和公共利益。通过组织和挽救不当劳动行为,此处按照法令,结合它的立法历史,或者依据合法解释,基于更倾向于仲裁解决争议的联邦劳动政策的观点,要求或允许劳动关系委员会放弃重要的合法的平等的联邦劳动原则,授权劳动者按照第10条(a)行为……

第二,……重视司法判例的巨大影响力立足于这样的观点,当没有一些公正性证据证明不当劳动行为问题提交给仲裁并且经仲裁考虑……劳动关系委员会没有权利移送。

第三,大多数的新规则包括不公平性要求,寻求劳动委员会拒绝移送的一方……要证明不符合上述移送的标准……。引用假设,并且转移不认同事务总长无罪辩护申辩的负担,导致劳动关系委员会自由决定权的滥用。事实上,一旦仲裁裁决的存在已经由被告引明,大众应当将肯定性辩护转移给事务总长办理初步案件……

第四个主要的批判……涉及新标准与今天在联合技术公司案(见前文799页)宣布仲裁前置移送政策扩大化的关系……。按照那个决定,我的同事们寻求缓和对劳动关系委员会程序扩大的应用的推迟,通过注明这些程序,当仲裁结果与斯皮尔伯格案件标准不一致时,将会被引用。然后,本案中对普遍的政策的违反,说明这种仲裁后置的审查将是缺乏重大理论支持的……

反对者同时认为法律中的变化对证明符合仲裁裁决没有必要,因为仲裁员呈现了并且规范了合法问题……仲裁裁决和大都会爱迪生案一致。

**注释和问题**

1."**明显的错误**"。奥林案中,劳动关系委员会的意思是什么?除非因为明显错误或者明显地违反了政策,当表明仲裁裁决符合斯皮尔伯格标准时,应当获得劳动关系委员会认同。在没有明确证据证明违反政策的情况下,是否意味着劳动关系委员会应当假设仲裁员对案件合理地适用了同样的合法原则,劳动关系委员会也会适用的原则,是否重新考虑了问题?例如,事实上劳动委员会除了奥林案和仲裁员适用了同样明确和毫无错误的在大都会爱迪生案中将会适用或者其他案子中将来也会适用的放弃合法权利进行罢工的标准的结论。只要仲裁员没有太偏离劳动关系委员会的标准,劳动关系委员会会满意吗?奥林案中,劳动关系委员会对仲裁裁决服从性的审查对于避免劳动关系委员会全部重新考虑争议有必要吗?

**2. 遵守仲裁员对救济的选择?** 奥林案件中是否意味着劳动关系委员会应当在事实调查和合同解释中遵守仲裁对救济措施的选择?例如,假如一名仲裁员裁决一名雇员因为卷入保护运动所以被解雇,并且该劳动者应当被拒绝偿付工资,作为她相关的不服从的公正的惩罚。劳动委员会应当遵守仲裁对于弥补措施的平衡措施,还是基于仲裁发现的事实基础及时地要求偿付工资并且恢复原先的职位。比较达尔诉国家劳动关系委员会案[cf. Darr v. NLRB, 801 F. 2d 1404(D. C. Cir. 1986)](遵从仲裁妥协性救济的问题)。

**3. 事实上的平行。** 考虑到奥林案对于典型的第8条(a)(3)起诉的适用,并没有引发任何关于合同条款的解释,但确实呈现了事实上与那些根据合同呈现在仲裁中一样的问题。事务总长在仲裁之前该如何证明相关问题和那些在劳动关系委员会之前事实上不平行的问题,或者那些没有完全呈现给仲裁员和解决不当劳动行为诉讼相关的事实?有足够证据证明仲裁没有说明雇工由于工会活动被解雇的可能性?能够证明工会没有对工会相关的歧视性案件向仲裁员提出申诉?

或者事务总长必须证明那些与在仲裁之前证明与工会相关的歧视有关的事实?这个证明的责任应当落在事务总长相关的平行的事实?正如奥林案举证的,或者一方寻求服从?

**4. 劳动委员会政策的潜在含义?** 如果联合技术案和奥林案,(a)在国家劳动关系委员会面前,涉及如由雇员的保护性活动全部或部分激发的可能受到攻击的解雇,雇主和仲裁员在仲裁中应当采取何种步骤,避免诉讼;

(b)工会该采取何种步骤,或者保护仲裁对托辞性解雇申诉的裁决,或者保留国家劳动关系委员会对申诉解决的救济机会?是否联合技术案和奥林案引发在集体谈判协议存续期间由仲裁员决定涉及第8条(a)(3)和(a)(1)的案件,这样做值得吗?

**5. 独立的违反第8条(a)(5),尽管没有合同性限制?** 同样考虑到仲裁后置程序,类似于科利尔案件,对第8条(a)(5)拒绝协商的考虑。如果一个仲裁裁定:集体协议没有限制雇主单方面改变工作规则或者对协商的集体工作分配,劳动关系委员会应当遵守该裁定吗?因为在此之前的问题都是事实上平行的,或者按照第8条(a)(5)的控诉呈现了一个截然分开的法律性问题?参见科勒混合特别公司案[Kohler Mix Specialties, Inc., 332 N. L. R. B. 630(2000)]和那里讨论的案例。在科勒公司案中,包含了雇主单方面决定将协商集体操作的运输操作分包。劳动关系委员会解释说:"仲裁裁决认为合同没有限制任何雇主的行为并不等同于双方通过合同同意允许该行为的决定。"(同上,第631页)然而,如果仲裁员,基于管理权利条款的表述或者隐含的条款解释合同,没有经过合同明确地限制允许任何管理部门的决定。参见568页注释3。

**6. 斯皮尔伯格案对第8条(a)(3)案件的遵守?** 对在奥林案中的反对,成员齐默曼对于基于仲裁后置的遵守目的以及前置的遵守目的,第8条(a)(3)案件应当和第8条(a)(5)案件处理不同,没有争议。他应该有异议吗?

**7. 斯皮尔伯格案对第8条(a)(4)案件的遵守?** 劳动委员会遵守对于按照第8条(a)(4)条款控诉进行的仲裁裁决。参见菲儿美声协会案[Filmation Assocs., 227 N. L. R. B. 1721(1977)][劳动委员会不会遵守按照第8条(a)(4)控诉或其他此处"有紧密联系"的控诉];参见公平煤气公司诉国家劳动关系委员会案[Equitable Gas Co. v. NLRB, 966 F. 2d 861(4th

Cir. 1992)](证明了菲尔美声规则)。

**8. 遵守联合劳动—管理委员会?** 劳动委员会应该在遵守由联合劳动—管理申诉委员会制定的规定时,相对于第三方仲裁的决定更加犹豫吗?双边委员会在决定中颁布的书面意见是否有影响?参见泰勒诉国家劳动关系委员会案[Taylor v. N.L.R.B, 786 F.2d 1516(11th Cir. 1986)](大致拒绝奥林案件,并且指明"实际事实"是个人权利常被双边的程序忽略)。但是比较驾驶员、仓库管理人和助手总工会89地方分会诉瑞思与公司案[cf. General Drivers, Warehousemen, and Helpers Local Union No. 89 v. Riss and Co., Inc., 372 U.S. 517(1962)](关于双边委员会的决定由第301条决定最终和有约束力认定生效)。参见道格拉斯·雷:《个体权利与国家劳动关系委员会遵守仲裁程序:一项提议》,载于《波士顿学院法律评论》第28卷(1986),第15—16页[Douglas Ray, Individual Rights and NLRB Deferral to the Arbitration Process: A Proposal, 28 *B.C.L. Rev.* 1, 15‑16(1986)]。

**9. 遵守工会管理协议?** 如果可以,什么时候,劳动委员会应当在解决工会和雇主之间的争议时遵守仲裁前置。基于和在奥林案件中宣布的相类似的申诉程序是公平的并且规范的,双方都达到遵守的约定,结果没有明显的错误,并且不公平的活动问题在处理结果中充分的考虑标准,劳动委员会能这样做吗?参见阿尔法贝塔公司案[Alpha Beta Co., 273 N.L.R.B 1546(1985), enforced Sub nom];马洪诉国家劳动关系委员会案[Mahon v. N.L.R.B., 808 F.2d 1342(9th cir. 1987)](采用了这些规则);美国邮政服务案[United States Postal Serv., 300 N.L.R.B. 196(1990)](同样持这种观点,虽然单个劳动者申诉没有达成处理结果);水管工与过滤工当地520工会诉国家劳动关系委员会案[Plumbers and Pipefitters Local 520 v. NLRB, 955 F.2d 744(D.C. Cir. 1992)](证明使用了这些规则)。但是参见罗德韦快递公司诉国家劳动关系委员会案[Roadway Express, Inc. v. NLRB, 647 F.2d 415(4th Cir. 1981)](劳动者的对达到处理结果的失败,对于拒绝服从是有利的)。

在阿尔法贝塔案中,劳动委员会指明通过双方均允许的程序得出的处理结果不会被判定为明显错误。对于没有达成合法性结论的处理结果明显错误的标准如何适用?对于妥协的证据是否证明了遵守的适合性?更何况,劳动委员会如何决定:没有仲裁听证记录的情况下,在达成处理结果时是否考虑了法定性问题,或者可以被考虑?在美国邮政服务案中劳动委员会解释说当合同问题和不当劳动行为问题实际上并列并且双方均认识到了与解决不当劳动行为申诉相关的事实。对于相信劳动委员会至少在大多数案件中能够指望双方提出涉及的相关立法问题有理由吗?如果劳动委员会没有遵从处理结果,这会削弱申诉处理结果吗?并且会阻止仲裁程序吗?

**10. 法庭—命令服从?** 当劳动委员会已经拒绝服从仲裁裁决时,法庭有理由要求劳动委员会服从,或者c&c夹板案和顶点案(Acme)表明服从是劳动委员会分离的问题?参见国家劳动关系委员会诉阿瑟斯机械公司案[NLRB v. Aces Mechanical Corp., 837 F.2d 570 (2d Cir. 1988)][因为劳动委员会拒绝服从遵从先例的仲裁裁决,否定了一项第8条(a)(3)命令的执行]。

## 2. 其他法规定下不同于《国家劳动关系法》的仲裁与请求

### 注释:加德纳-丹佛案,吉尔默案与两者间的张力

1964年《民权法》第7章限制工会和雇主基于种族、肤色、地域、性别或国籍来源的歧视。

第7章要求雇员将任何此类歧视诉诸于联邦均等就业机会委员会(the federal Equal Employment Opportunity Commission, EEOC),但同时赋予他们在联邦均等就业机会委员会有机会处理该问题后,将该行为重新提交联邦

或者州法院寻求完整的救济并且从1991年起对第7章增加了补偿和惩罚性赔偿。

在亚历山大诉加德纳-丹佛公司案[Alexander v. Gardner-denver Co, 415 U.S. 36(1974)]中，跟随他的解雇，亨利·亚历山大（Harry Alexand）首先根据包含不得歧视条款和公平理由条款的集体谈判协议申诉。工会提出仲裁，亚历山大确信他的解雇有种族歧视，但是仲裁员认为解雇基于正当理由。他同样在联邦平等雇佣机会委员会申诉，完成了程序之后，亚历山大根据第7章诉到了联邦法院。联邦法院拒绝了雇主认为基于在先仲裁程序起诉应当被禁止的争辩，指出第7章中的权利不像那些"授予劳动者整体性培育协商程序"的权利和那些"当工会是集体协商代表时，对集体成员为获得经济利益合适地实践或放弃"的权利，第7章中，法院解释为"立足于明显不同的基础；它不关注大众程序，但关注平等就业机会的个人权利"。法院进一步阐明，单个劳动者决定诉诸于仲裁程序并不能认为是对第7章权利的放弃。法庭指明第7章的权利和对抗歧视的任何合同性权利都具有独立的合法性起源并且对申诉的劳动者都是平等有效的。

况且，加德纳-丹佛案的法庭拒绝了与在斯皮尔伯格案中劳动委员会确定的标准相适应的标准，经过法庭听证的第7章案件应当遵守仲裁决定关于合同性歧视申诉的争议的裁决。法庭确定"国会本打算由联邦法院确定执行第7章的最终责任；遵守仲裁裁决将和目标不符"。这个判定建立在法院关于"仲裁程序和司法程序相称"的疑惑的基础上，当在司法事实认定和仲裁事实认定程序没有等量时；仲裁程序记录不完整；普遍证据规则不适用；共同的民事审判的权利和程序，比如发现、强制性程序，交叉询问和经过法庭宣誓的证据被严重限制或无效。

然而，在他意见的最后，加德纳-丹佛案的法庭指明：尽管第7章应当考虑重新申诉，一个相关的仲裁裁决可以作为证据接受，并且当法院认为合适时和法庭判决效力一致。在脚注的结论中，法庭更进一步指明：当仲裁裁决全部考虑了第7章雇工的权利时，法庭可以适当地与其价值相符。当问题仅仅是一项事实时这点尤其正确，特别是双方引用并且由仲裁员基于充足的记录而决定的事实。

在吉尔默诉州际约翰逊公司案［Gilmer v. Interstete/Johson Lane Corp., 500 U.S. 20(1991)］中,在没有工会背景下,法庭认为,雇员在工业安全中应当被要求同意所有由雇佣问题引发的争议应通过有约束力的仲裁解决,并且有效地放弃他们对司法形式的权利,以作为雇佣的条件。

吉尔默案认为原告在联邦法院关于他的解雇违反了雇佣条款中的年龄"歧视",原告的控诉应当解除,并且对雇主授予的强制仲裁是基于他所签订的注册的强制性仲裁条款的应用。

吉尔默案法庭严重依赖《联邦仲裁法》(the Federal Arbitration Act, FAA),该条款认为:在任何海事运输或者合同中证明涉及商业往来的由仲裁解决,由这种合同或者运输引发的争议的书面条款,都将是有效的、不能撤回的并且是可强制执行的,基于这些基础,在法律中存在或者撤销任何合同为公平。［9 U.S.C. §2(enacted 1925, codified 1947)］按照以下的态度,法院区分了加德纳-丹佛案和后续的文件:

> 首先,这些案件没有包含根据仲裁进行的法定性申诉,强制执行合同约定的问题。相反,他们包含了十分不同的问题,该问题是基于合同申诉的仲裁限制了接下来的司法性立法救济。第二,在这些案件中,仲裁源于集体协议的规定,由工会代表的求偿者存在于仲裁程序中。因此一个重要的关注点是存在于集体代表中和个人的法定性权利,这一点在当前的案件中没有适用。最后,这些案件不是依据联邦仲裁条款决定的。联邦仲裁条款反映的是"自由的倾向于仲裁协议的联邦政策"。(500 U.S., at 35)

在怀特诉统一海事服务案［Wright v. Universal Maritime Service, 52 V.S. 70(1998)］中,根据集体协议,法院考虑了吉尔默案对仲裁的意义。在一致同意的意见下,法庭承认了吉尔默案和加德纳-丹佛案之间的紧张冲突关系,但认为没有必要决定在集体谈判下放弃个人的立法性权利是否有效。

引用大都会爱迪生案,法庭认为任何集体性的放弃都必须最低限度的确定和无误。认为合同有问题,当合同中有争议时需仲裁,并且不得明显地与法定性反歧视要求不符(或甚至包含反歧视条款),明显不足以放弃根据美国残疾人法案[ADA]原告在联邦法院的起诉。

最后,在电路城商店案[Circuit City Stores, Inc. v. Adams, 532 U.S. 105(2001)]中,法院在个人雇佣环境下通过求助于(5:4)对吉尔默案件遗留的问题明确了广泛的搜索。联邦仲裁条款第1条排除了雇工是"海员、铁路工人,或者其他任何参加国外或州商业的工人"的情形下,雇佣合同对联邦仲裁条款的适用范围,电路城商店案认为第1条免除的范围仅适用于运输工人,而并非对所有雇佣合同。

### 注释和问题

1. **劳动委员会服从仲裁的相关问题?** 加德纳-丹佛案件中仲裁形式代替司法程序的意见可能引起对真实权利的不被允许的妥协,同时被用于在涉及《国家劳动关系法》权利的案件,工会没有权力放弃时,限制劳动委员会服从仲裁裁决?《劳动关系法》权利的联邦权力的讨论,见前文248—257页。对这个效果的争议,参见迈克尔·C.哈珀:《工会放弃〈国家劳动关系法〉项下雇员权利(第一、二部分)》,载于《劳资关系法律杂志》第4卷(1981),第335、680页[Michael C. Harper, Union Waiver of Employee Rights Under the NLRA: Pts. I & II, 4 Indus. Rel. L. J. 335 & 680(1981)]。

2. **允许工会放弃所有法定性权利,还是法定性选择救济?** 怀特案应当被解释为允许"清晰地和无误地"放弃所有个体法定的雇佣权利,包括那些由反歧视法律保护的吗?注意加德纳-丹佛案中,不仅按照集体谈判协议,同时按照《民权法》第7章,允许雇员挑战解雇或者其他决定,因为雇主要对同一个决定应对多个挑战,他们因此丧失了最终的和有效的仲裁利益。这样是否会增加集体争议成本和避免工会的刺激,因为吉尔默案和电路城商店案允许不设工会时,雇主要求单个劳动者同意将法定诉讼提交给有效仲裁？参见艾斯托伊克：《双赢的劳动法改革》，载于《劳动法》第 10 卷（1994），第 667、675—676 页［Estreicher, Win-win Labor Law Reform, 10 Lab. Law. 667, 675-676(1994)］。以上观点是否会通过解释怀特案件，在集体谈判协议中允许下列条款而加重：(a)制定任何和公共权利一并提出歧视性申诉不得仲裁。(b)同意仲裁，但前提是劳动者同意提交所有由具有挑战性、危害性行为引发的，包括立法性申诉，提交给最终的和有约束力的仲裁和提交给前面提到的司法程序？或者换句话说，法律至少允许受集体谈判协议约束的劳动者决定选择哪一个？

**3. 巡回法院对怀特案件的解释。** 许多巡回法院避免针对怀特案件遗留的问题发表立场，遗留的问题是工会明确无误地放弃代表劳动者在法庭上追求没有《国家劳动关系法》合法申诉权利的行为是否有效。参见罗格斯诉纽约大学案［Rogers v. N. Y. U., 220 F. 3d 73(2d Cir. 2000)］；肯尼迪诉高级印刷厂案［Kennedy v. Superior Printing Co., 215 F. 3d 650, 635-655(6th Cir. 2000)］；昆西诉斯塔来制造公司案［Quint v. A. E. Staley Mfg. Co., 172 F. 3d 1, 8(1st Cir. 1999)］。然而，第四法院，明确指明工会谈到的集体协议通过包含以下条件可以放弃这些合法权利：(1)非歧视或者其他条款准确无误地明确……争议中的法定权利是协议的一部分或者(2)工会同意将所有立法性雇佣歧视申诉提交仲裁的明确的仲裁条款。参见布朗诉 ABF 货运系统公司案［Brown v. ABF Freight Systems, Inc., 183 F. 3d 319, 321(4th Cir. 1999)］(内部引用省略，原文强调)；东部煤矿联合企业诉马赛案［Eastern Associated Coal Corp. v. Massey, 373 F. 3d 530(4th Cir. 2004)］(工会没有弃权)；萨夫利特诉科尼·米尔斯公司案［Safrit v. Cone Mills Corp., 248 F. 3d 306, 308(4th Cir. 2001)］(工会弃权)。满足第四巡回法院确定的可选择标准的第一条是否保证工会打算不仅提供合同性救济，同时放弃法定性司法救济？满足第二条？这些解释性问题具有一定的实际意义，因为基于非《国家劳动关系法》下法定性争议，工会不太会达成明确放弃劳动者权利诉诸于法院的协议。

**4. 对于仲裁法定性争议的协议是法定的谈判事项？** 如果加德纳-丹佛案件解读为继续阻止工会拥有代表劳动者放弃寻求司法救济的权利，怀特案之后，因为非《国家劳动关系法》申诉，工会缺乏包含个体合法权利强制性仲裁调解的协商权力？在没有和代表集体劳动者的工会协商，雇主可以约束雇佣的个体申请诉诸于强制性仲裁？一旦申请人被雇佣到了工会中，是否任何协议可以继续生效？

在航线飞行员国际工会诉西北航空公司案[Air Line Pilots Ass, Int Line Northwest Airlines, Inc., 199 F. 3d 477(D. C. Cir. 1999)]中，被全体法官采纳[211 F. 3d 1312(D. C. Cir. 2000)]，在《铁路劳动法》案件，法庭认为在没有工会的工作地点，加德纳-丹佛案件仍然是好的先例，并且对以上问题做出了肯定回答。进一步讨论参见安·C. 霍金斯：《工会化组织工作场所下的法定请求权仲裁：与工会谈判有必要吗？》，载于《俄亥俄州争议解决杂志》第 16 卷(2001)，第 513 页 [Ann C. Hodges, Arbitration of Statutory Claims in the Unionized Workplace: Is Bargaining with the Union Required? 16 *Ohio St. J. on Disp. Resol.* 513(2001)]。

**5. 仲裁裁决的证据效力？** 回顾加德纳-丹佛案件法庭指出仲裁裁决可以认定为证据并且法庭认定其合适的效力，甚至在一些案件具有非常重要的效力。正如先前提到的，1991 年第 7 章修正案，当原告寻求损害补偿时赋予审判员审判权利。这种权利是否或应当影响加德纳-丹佛案件方面的效力？当案件由陪审团审判时如何适当地认定仲裁裁决的效力等级？当法院基于简易审判时？参见柯林斯诉纽约市交通局案[Collins v. New York City Transit Authority, 305 F. 3d 113, 119(2d Cir. 2002)](对雇主确定适用简易审判，原告因为"严重缺乏歧视倾向证据"攻击了上级被解雇；当由独立审判团根据基于大量证据的听证会做出严重性决定时，依据第 7 章原告只有提供强力证据证明判决事实上错误——例如不是审判之前的新证据——程序的公正性已经被妥协了)。

# 第十章　商业转让的问题

## 第一节　承继

**1.《国家劳动关系法》规定的义务**

**国家劳动关系委员会诉伯恩斯国际保安服务公司案**

NLRB v. Burns International Security Service, Inc.
406 U. S. 272 (1972)

怀特法官:本案的问题是:……伯恩斯公司是否拒绝了与适格单位中代表多数雇员的工会进行谈判;国家劳动关系委员会是否可以命令伯恩斯公司遵守由该工会和卫康和(Wackenhut)公司签订的集体谈判合同的条款,尽管伯恩斯公司对这些条款并未主动认可。要解决这些问题,在很大程度上,要看本案所涉及的事实究竟是怎样的。

I

在伯恩斯公司接手前,卫康和公司已经在洛克希德(Lockheed)工厂提供了5年的保安服务。1967年2月28日,在更换保安公司前的几个月,在卫康和公司和工会双方都同意洛克希德工厂为适格的谈判单位后,在委员会的选举中,卫康和的大多数保安选举工会作为多数雇员的代表,即他们唯一的谈判代表。3月8日,地区主任认证该工会是代表这些雇员的唯一的谈判代表,4月29日,卫康和与工会签订了为期三年的集体合同。

同时,由于卫康和与洛克希德工厂之间的一年保安服务协议将于6月30日到期,洛克希德工厂邀请多家保安公司参加投标,伯恩斯公司和卫康和公司均参加了这次投标。5月15日,在伯恩斯公司参加的初评会上,洛克希德的一名代表通知投标人:卫康和公司的保安已经组织了工会;该工会最近在委员会组织的选举中获胜,并已经获得了认证;并且卫康和与工厂保安联合会[United Plant Guard Workers(UPG)]之间存在着经过谈判的集体合同……,后来,洛克希德工厂接受了伯恩斯公司的投标,5月31日卫康和公司接到通知:从7月1日起由伯恩斯公司承担保安责任;伯恩斯公司同意留用卫康和公司的二十七名保安;伯恩斯公司将从公司的其他地方抽调十五名自己的保安。

6月份期间,在伯恩斯公司雇佣卫康和公司的二十七名保安时,伯恩斯公司给了他们美国保安协会[American Federation of Guards(AFG)]的会员卡。美国保安协会是另外一家工会,这家工会在其他地方与伯恩斯公司已经签订了集体谈判协议。伯恩斯公司告诉这些保安,要想在伯恩斯公司工作,就必须成为美国保安协会的会员,否则他们就领不到制服,伯恩斯公司"不会承认"现行的卫康和公司与工会之间的集体合同。6月29日,伯恩斯公司认可美国保安协会为合法的工会,理由是其已经获得了大多数雇员的支持。然而,在7月12号,工厂保安联合会要求伯恩斯公司承认其为洛克希德工厂的伯恩斯公司雇员的谈判代表,认可其与卫康和公司所签的集体合同。伯恩斯公司拒绝了这些要求,于是,工厂保安联合会提出了不当劳动行为的诉讼,而伯恩斯公司则回应称,工厂保安联合会不是适格的代表,伯恩斯公司没有与其谈判的义务。

委员会……认定:洛克希德工厂是适格的谈判单位,并判决认定伯恩斯公司违法认可并协助了"美国保安协会",违反了第8条(a)(2)和第8条(a)(1)的规定……;伯恩斯公司未认可工厂保安联合会并与之谈判,拒绝遵守承认卫康和公司与工厂保安联合会所签的集体合同,违法了第8条(a)(5)和第8条(a)(1)的规定。

伯恩斯公司未对第8条(a)(2)规定的关于非法协助的认定提出质疑,

但要求对谈判单位资格的决定、进行谈判的命令和遵守以前的集体协议等问题进行复议。上诉法院接受了劳动关系委员会关于谈判单位资格的决定,也认可了其关于非法协助竞争工会和拒绝进行谈判的认定。但是,上诉法院判决,劳动关系委员会命令伯恩斯公司遵守卫康和公司签订的集体合同,超越了其权限。

Ⅱ

我们首先研究了伯恩斯公司所称的与工会谈判的义务……

讯问审查官首先认定,由地区主任指定的单位是适格的谈判单位……

此外,讯问审查官还认定,伯恩斯公司雇佣了卫康和公司以前的大部分雇员,在前不久这些雇员在选举中已经表达了对谈判代表的选择意见。因此,伯恩斯公司被判定有进行谈判的义务……

委员会未加审查就接受了讯问审查官的认定,以及其对谈判义务问题作出的结论,我们认为不进行审查是没有理由的。在几个月前的选举中,该工会被指定为这个单位雇员的谈判代理人,而这些雇员中的大部分人在同一单位中又被伯恩斯公司雇佣。毫无疑问,伯恩斯公司知悉这些所有的相关事实,并了解工会已经过了认证,以及已经有集体合同存在。在这种情况下,委员会得出结论说,在该单位中经过认证的代表全部雇员的工会,仍然可以代表大多数的雇员,伯恩斯公司对这一事实不能合理地提出诚信的质疑,这样结论并不是没有道理的。伯恩斯公司就雇佣条件进行谈判的义务,产生于其对卫康和公司前雇员的雇佣,以及最近的选举和委员会的认证。法院一直以来都判定,在企业的正常运行期间,如果仅仅更换了雇主或所有人,如果在改变雇主和变更管理后,原来的大多数雇员被后来的雇主雇佣,这些变化并不是什么"非同一般的情况",以至于影响委员会的认证效力……

……如果委员会决定,因为伯恩斯公司的运行结构和做法与卫康和公司的不同,洛克希德工厂的谈判单位不再是适格的谈判单位,那么情况就完全不同了。同样,如果伯恩斯没有雇佣那些已经由经过认证的工会作为谈判代理人的雇员,情况就不一样了。① 但是,当谈判的单位保持未变,新雇主雇佣的大多数雇员又是由最近认证的谈判代理人作为代表,在这种情况下,要说委员会命令雇主与负有谈判义务的工会进行谈判,执行第8条(a)(5)和第9条(a)关于明示命令的规定是错误的,就没有什么理由了。

### Ⅲ

然而,伯恩斯公司有谈判的义务,并不是说它一定要遵守它没有同意过的,由工会和卫康和公司经过谈判达成的协议……

第8条(d)的规定……是1947年制订的,因为国会害怕:

> 目前的委员会已经走得太远,在决定雇主是否诚信地进行了谈判的伪装之下,委员会把自己看作裁判者,决定雇主必须作出怎样的让步,应该或不应该作出建议或回应,……除非国会制定出委员会应当遵循的法律指南,否则委员会将对集体协商的条款施加越来越多的控制。
> [H. R. Rep. No. 245, 80th Cong., 1st Sess., 19-20(1947)]

这一立法的历史受到详细地审视,在 H. K. 波特公司诉国家劳动关系委员会案[H. K. Porter Co. v. NLRB, 397, U. S. 99 (1970)]中还被赋予了约束力。在该案件中,法院同意雇主坚决拒绝直接从工资中扣除工会会费,其意图是给集体协议的执行造成困难,同时,法院又判决认为,劳动关系委员会命令雇主同意这一条款是错误的。

这些考虑……说明了委员会为何作出了先前的裁决,直到现在,裁决仍不断地认定,尽管承继雇主要承认工会,并与工会谈判,但是,他们不受前雇主与工会达成的,他们并未同意的或未承担的实质性条款的约束……

---

① 5. 委员会从未判定,《国家劳动关系法》本身要求,服务合同投标成功的雇主或购买了公司资产的雇主,有义务雇佣前雇主的所有雇员,尽管有可能雇主认为其有这一义务。但是,参考化石公司案[Chemrock,151 N. L. R. B. 1074 (1965)]。然而,如果雇主仅仅是因为这些雇员是工会会员,而不愿意雇佣他们,就构成了第8条(a)(3)所规定的不当劳动行为……

然而,委员会现在已经背离了这一观点,辩解说,要求雇主继续履行谈判义务这一政策,也要求承继雇主受前雇主达成的集体协议条款的约束。委员会坚持认为,除非判决,在联邦劳动法上,新雇主应承担起前雇主已经达成的集体协议,否则,劳动关系的稳定性就会受到损害,雇员就会面临着不确定性,在雇佣条件和要求谈判的条款之间就会出现空白。同时,雇员也可能损失以前通过协商而获得的利益。……委员会强调,在约翰·韦利父子公司诉利文斯通案[John Wiley & Sons,Inc. v. Livingston,376 U.S. 543, 550(1964)]中,法院称"集体谈判协议不是一个普通的合同",而是一个在特定的工厂或工业行业中普遍遵守的法律纲领。委员会认为,法院在韦利案中强调的同样要素,即:产业冲突的和平解决、"保护雇员不受劳动关系突然变化的影响"等(同前,第549页),要求……,如果要继续保护洛克希德工厂,就应当像要求卫康和一样,要求伯恩斯公司严格执行集体协议。

我们不认为韦利案在这里……具有约束效力。韦利案是在第301条规定的要求强制仲裁背景下发生的案件,而不是在不当劳动行为的规定下发生的案件。很明确,在这类案件中,法院要受到第8条(d)规定的约束。该案件的判决强调的是,"面对相互竞争的力量,国家劳动政策偏好以劳动仲裁来替代力量的竞争",并且仅判决,同意进行裁决是在国家劳动政策的背景下解释法律,避免了公司合并,而将问题交由仲裁员来决定,进行司法审查,其裁决范围的最终问题是,存续的公司是否要受到合同的其他条款的约束。(同前,第549、551页)

在立法所授予的缔约自由与对劳动争议的和平裁决的解决方式的司法偏好的有限空间之间,韦利案并没有认可委员会可以判决,除非雇主认可以前合同中的实质性条款,否则雇主就违反了不当劳动行为的规定。目前的这个案件未涉及与第301条规定有关的诉讼,也未涉及仲裁的义务,而且,本案的诉求是,无论伯恩斯公司是否同意,并且在伯恩斯公司非常明确地表示其无意承担合同义务的情况下,要求伯恩斯公司受卫康和公司所签合同的约束。韦利案表明,其并没有这种无限度的义务。这一较具局限性的判决所处理的是发生在州法背景下的合并义务,其所体现的总的原则是,在公司合并的情形下继续存续的公司对撤销公司的义务承担问题,参见《纽约证券公司法》第90条(1951年)[N.Y. Stock Corp. Law §90 (1951)];W.弗来彻:《私营公司》(1961年修订版),第15章第7121条[15 W. Fletcher, Private Corporations §7121 (1961 rev. ed.)]。在本案中,无公司合并问题,也无资产的买卖问题,在卫康和公司和伯恩斯公司之间没有任何交易。相反,他们相互竞争,去获取同一工作,每个公司都对洛克希德的服务合同提出了报价。伯恩斯公司没从卫康和公司购买什么,对它的财务上的义务也不负有任何责任。伯恩斯公司只是从卫康和公司雇佣了足够多的雇员,这些雇员要求其按第8条(a)(5)和第9条(a)的规定与工会进行集体谈判,但是,这样的约因,无论是在事实上,还是在法律上,并不足以推定伯恩斯公司已经同意,或者一定要裁决认定其已同意遵守卫康和公司的集体谈判协议。

……委员会未注意H.K.波特公司案的警告。预防工业冲突是联邦劳动立法的重要目标,但国会并未要求雇主和工会的谈判自由要完全服从这一目标……谈判自由的意思是,双方当事人均不需因政府的强迫而作出让步,他们可以自由地拒绝施加在他们头上的、违背他们意愿的合同条款。

……无论是认定工会或者是新雇主要受到以前的集体谈判合同的约束,均可能造成严重的不平衡问题。潜在的雇主之所以愿意接手奄奄一息的、垂死的商业,仅仅是因为其对公司结构、劳动力构成、工作地点、任务分配、监管性质等,可以作出调整。把以前的集体合同条款和条件,强加在这样一个雇主身上,可能使得这样的变化成为不可能的事,会阻止和约束资产的转让。另一方面,可能会向小的或者走下坡路的公司作出让步,这样的雇主不愿意成为大雇主,或者在经济上非常成功的公司。国会在《国家劳动关系法》中表明,其政策是促进双方当事人进行协商,获得双方当事人认为适当的保护,但这种谈判力量的平衡是要在双方的经济实力的基础上达到。如果必须作出的让步不是基于双方的经济力量作出的,就一定会发生纠纷。

委员会的立场也会引起新问题,因为作为承继者的雇主,在集体协商合同中,会被严格按照对待前雇主的同样方式来对待。显然,随之而来的是,前雇主的雇员会被认为是承继者雇员,只能在符合条款的情况下,按照申诉和仲裁的要求,才能被解雇。伯恩斯公司将不能自由地用自己的保安来代替卫康和公司的保安,除非合同允许这样做。如果雇佣关系继续下去,以前合同有关工资的权利、资历的权利,休假的优惠、养老和退休金的福利、雇佣安定条款、工作任务等类似的权利,都要转移给承继者。在有效的集体合同效力期满之日前,如果工会拒绝就合同的修改进行谈判,工会也不构成第8条(a)(5)条规定的不当劳动行为,承继雇主也被认为已经继续了前雇主先前已存在的、依据过去合同对工会的义务。在商业转让时,这些义务并未被解除……。最后,承继者会被要求遵守这一合同,除非工会的大多数代表真诚地怀疑,在这期间合同对另外一个代表的选举产生了阻碍,瑞启路公司案[Rachy-Way, Inc., 183 N. L. R. B. No. 116 (1970)]……

当然,在许多情形下,承继雇主认为这样比较有利:既不承认工会并与之进行谈判,又不遵守以前存在的任何合同,宁可面对不确定性与混乱。此外,在涉及合并、股权转让、重组或资产买卖等多种情况时,委员会很可能认定,事实上,承继者已承担了合同规定的全部义务。请参考油田维护公司案[Oilfield Maintenance Co., 142 N. L. R. B. 1384 (1963)]。然而,在法律上,这样一个义务并不意味着,随之而来的雇主事实上是和前雇主一样,在同一地点与同样的雇员做同样的事情……,我们因此否决委员会关于违反了第8条(a)(5)条的规定构成了不当劳动行为的认定,因为其结论是要求伯恩斯公司遵守卫康和签署的、而伯恩斯公司并未同意的集体谈判协议。

## Ⅳ

因此,遵循委员会的命令,要求伯恩斯公司赋予[卫康和公司的]集体合同条款以溯及效力,补偿所有雇员因被告[伯恩斯公司]拒绝遵守、采用和执行所谓必须遵守的集体合同而产生的6%的损失。

尽管伯恩斯公司在工会要求进行谈判时有义务和工会就工资及其他雇佣条件进行谈判,但这一案例并不像是违反第8条(a)(5)条的,属于雇主非经咨询谈判代表就单方面改变雇员条件的案件。在7月1日之前,伯恩斯公司和集体谈判单位没有关系,也不理解被认定其所改变的雇佣条款和条件,很难理解委员会怎样认为伯恩斯公司不经谈判就单方面改变了以前的雇佣条款和条件……

尽管承继雇主对其所雇佣的前雇主的雇员通常可以自由地决定最初的劳动条件,但也会有这样的情形:在新雇主计划留用单位中的所有雇员时,适当的做法是,要求雇主在确定劳动条件之前,先咨询雇员代表,这一点是明白无疑的。然而,在其他情况下,这一点可能是不清楚的,承继直至雇主雇佣了全部的雇员,其才有义务和工会进行谈判,因为不到那个时候,代表单位大多数雇员的谈判代表是不清楚的……,例如,在本案中伯恩斯公司和工会进行集体谈判的义务,直到其在 6 月末挑选了全部的保安时才产生。委员会这一认定是相当适当的,即伯恩斯公司在 7 月 12 日拒绝了工会要求谈判的主动表示、拒绝进行集体谈判。雇主在 7 月 1 日开始对洛克希德工厂进行保安时,其所支付的工资与卫康和公司协议中规定的工资是不一致的,这一点是事实。但是,没有证据表明,伯恩斯公司在 6 月份,在谈判的义务开始后,向未来的雇员提出的条件,单方面改变了雇佣的条款和条件,这是显而易见的。假如在伯恩斯公司完成了其雇佣行为之后,工会要求进行集体谈判,假如伯恩斯公司真诚地进行了谈判,向工会提出了要约,而工会拒绝了该要约,在 7 月 1 日伯恩斯公司可以提出建议,确定最初的雇佣条款和条件,而不构成不当劳动行为。请参考国家劳动关系委员会诉卡茨案[NLRB v. Katz, 369 U.S. 736, 745 n. 12 (1962)]……。委员会基于伯恩斯公司单方面改变了已存在的雇佣条件,因此构成了不当劳动行为,并要求在这种情形下,给予金钱赔偿,命令要求伯恩斯公司补偿由于拒绝遵守和执行合同而产生的损失,因此不应当得到支持。

维持原判。

伦奎斯特法官,以及伯格大法官、布伦南法官和鲍威尔法官,对部分判决表示不同意,……伦奎斯特法官说,我既不同意委员会的进行谈判的命令,也不同意将工会与卫康和公司的集体合同强加在伯恩斯公司头上。

## 注释和问题

**1. "承继关系"问题的不同方面。** 伯恩斯案在几个方面涉及"承继关系"问题:(1)(新雇主)是否有义务雇佣前雇主的雇员;(2)(新雇主)是否有义务与前(雇主的)雇员谈判代理人进行谈判? (3)(新雇主)是否有义务遵守前雇主的尚未过期的集体协议的条件? 法律是否应为这些问题制定一个统一的标准? 例如:雇主是否应被认定为"承继者";雇主是否应承担所有的这三项义务? 参见:萨缪尔·艾斯托伊克:《劳动法和商业变化中的承继义务:理论和转化视角》,第四章,萨缪尔·艾斯托伊克和丹尼尔·G. 柯林斯编辑,1988 年版[Samuel Estreicher, *Successorship Obligation*, in *Labor Law and Business Change*: Theoretical and Transactional Perspective, ch. 4, (Samuel Estreicher & Daniel G. Collins ed., 1988)]。

**2. 卫康和公司与伯恩斯公司之间有共同利益的关联吗?** 伦奎斯特法官在伯恩斯一案中发表了自己的不同观点,认为就将原来的义务赋予新雇主来看,伯恩斯一案是个较弱的案件,因为伯恩斯公司未购买卫康和公司的资产,或者除了雇佣了一些卫康和公司以前的员工,并做了一些卫康和公司以前的工作以外,伯恩斯公司和卫康和公司之间并无其他关系。大多法官在伯恩斯公司案中所持的观点,是否考虑了伯恩斯公司与卫康和公司之间没有联系? 或者说,考虑了伯恩斯公司与卫康和公司实际上是对同一工作进行竞标?

**3. 资产销售 vs. 证券或合并中的控制利益销售。** 劳动关系委员会和法院的主流观点认为,伯恩斯案件的方法——免除新雇主雇佣前雇员的义务,或者免除承担前雇主的劳资协议条件的义务,可适用于资产销售所引起的资产转让。然而,劳动关系委员会和法院均已认定,在由于公司的股权控制销售而发生所有权变更时,承继公司不仅有与现行的工会进行谈判的义务,而且有遵守现存的集体协议条款的义务。参见:例如,国家劳动关系委员会诉洛克伍德能源矿业公司案[NLRB v. Rockwood Energy and Mineral Corp., 942 F. 2d 169 (3d Cir. 1991)];艾斯马克公司诉国家劳动关系委员会案[Esmark, Inc. v. NLRB, 887 F 2d 739, 751 (7th Cir. 1989)];EPE 公司诉国家劳动关系委员会案[EPE Inc. v. NLRB, 845 F. 2d 483 (4th Cir. 1988)](所有这些案件均要求进行谈判,并遵守已有的协议,至少在企业无实质性变化的情况下是如此)。对于股票销售和资产销售要不同对待,这样做有正当理由吗?请在阅读霍华德·强生公司诉宾馆饭店雇员案[Howard Johnson Co. v. Hotel and Restaurant Employees, 417 U. S. 249 (1974)],参见后文第 840 页,再思考这一问题。

4. **为何承继者无义务继续遵守协议的条件?** 在伯恩斯案中,法院是否可以认定,本书前面第 500 页的卡茨案中确定的原则——谈判没有陷入僵局雇佣条件就不可以改变——适用于接管了适格谈判单位的新雇主,如同其雇员以适当的方式选择了新的谈判代表适用于新雇主一样?假设适用这一原则也要求对前雇主的雇员应继续雇佣,法院含蓄地拒绝适用这一原则的正当理由仍是基于缔约自由的原则吗?正如前面第 479 页法官所引用的H. K. 波特公司案所显示的,即使双方当事人像任何新的集体协商当事方一样,可以自由协商达成新的条款,法院也可以拒绝适用这一原则吗?如果新雇主是一位竞争投标者,正如伯恩斯公司一样,也可以吗?参见:迈克尔·C. 哈珀:《对适合集体谈判的经济关系的界定》,载于《波士顿学院法律评论》第 39 卷(1998),第 329、356—363 页[Michael C. Harper, Defining the Economic Relationship Appropriate for Collective Bargaining, 39 *B. C. L. Rev.* 329, 356-363 (1998)](其提出的观点为,不能通过资产出让或者通过管理合同的让渡,而使得集体谈判关系以及资产所有人和雇员签订富有成效的集体协议无效)。

5. **伯恩斯公司案对雇佣决定的影响。**

a. 为什么无义务雇佣前雇主的雇员?怀特法官认为,新雇主可以自由地雇佣所有的新雇员,尽管它这样做,但不违反第8条(a)(3)条关于歧视的规定。这样的方法是否是适当地保护了前雇员,使他们不至于因以前决定加入工会让工会作他们的代表而失去工作。假如法官作出这样的假设——如果不是出于强烈的商业上的理由而不留用雇员,非歧视性的雇主就会留用以前的雇员,这样是否能在冲突利益之间达到更好的平衡? 在竞争性的投标和在合意的基础上达成的转让中,这样的假设是否同样适当?

b. 非法动机的证明。一旦事务总长证明存在歧视性的动机,委员会就将证明责任转向新雇主,要求他们证明,在考虑是否雇佣前雇员时,未考虑是否避免工会活动的问题。参见:规划建筑服务公司案[Planned Building Services, Inc., 347 N. L. R. B. No. 64(2006)][在有关承继的案件中,事务总长要按莱特线案(Wright Line)的框架下确定的程序进行,参见前面第152页,根据热电组案(FES),参见前面第194页,在未能雇佣某人的时候,不需要证明声称受到歧视的人是合格的以及该职位系公开招聘,就像在解雇的案例一样]。雇主可以任何商业上的理由,自由决定是否雇佣前雇主的半数以下的雇员。但是,委员会认为,如果雇主是为了避免集体谈判义务的原因,违反了第8条(a)(3)条的规定,即使是新雇主也不能考虑是否是工会会员,或者雇员是否会参与工会活动的原因,这一观点已经有司法的支持。参见:例如美国海运公司诉国家劳动关系委员会案[U. S. Marine Corp. v. NLRB, 944 F. 2d 1305, 1316 – 1319 (7th Cir. 1991)](在雇主快接近雇佣一半前雇员的目标时,就拒绝继续雇佣更多的雇员,法院认定这一做法构成了歧视);达瑟尔护理中心案[Dasal Caring Ctrs., 280 N. L. R. B. 60, 69 (1986)],已经执行[815 F. 2d. 711 (8th Cir. 1987)](是否构成歧视,部分标准要看新雇主在调用雇员时,"是否是排除前雇主的雇员构成大多数,以避免适用委员会的承继规则")。伯恩斯案判决认为,是否有协商义务要以雇佣的前雇主雇员的数目来确定,产生了后继雇主雇佣前雇主雇员的动机,委员会所采用的方法是否适当地减轻了雇主的雇佣动机?

**6. 是否应假设继续受雇的雇员是赞成工会的?** 假如法院设想,伯恩斯公司没有义务向卫康和公司提出继续工作的要约,法院是否有理由认定,在伯恩斯公司雇佣了卫康和公司的大部分雇员时,伯恩斯公司没有谈判的义务?新谈判单位的大多数雇员都是来自由工会作为代表的同一谈判单位,这一事实是否清楚地表明了在新单位中大多数员工的代表倾向性?即使忽略大多数老单位的员工转到新单位的可能性,是否可能从老单位雇佣的雇员不相称地投票反对工会代表或者剥夺工会的代表?雇员的流动一般不会影响到这样的假定——在没有新雇主时,留下来继续工作的大多数雇员会继续支持工会,这一点是否有充分的反映?

**7. 在什么情况下新雇主必须和工会进行初步协商?**

a. 审理伯恩斯案的法院还说:"会有这样的情况:新雇主清楚地知道,其计划要雇佣前单位的所有雇员,在这种情况下,在确定并购的条件前,雇主首先应和雇员的谈判代表谈谈。"在新雇主打算雇佣以前的全部雇员时,都要适用这一警告吗?甚至是新雇主明确地向这些雇员说,不会按照以前的雇佣条件雇佣他们,雇主也需要这样做?委员会的裁决认为,新雇主在雇佣以前的雇员之前,只要明确地宣布要适用新的用工条件,就可以不承担任何与工会谈判的义务。参见:马扎里斯地方高中诉国家劳动关系委员会案 [Mazareth Regional High Sch. v. NLRB, 549 F. 2d 837 (2d Cir. 1977)];整理公司案[Spruce Up Corp., 209 N. L. R. B. 194 (1974), enforced without opinion, 529 F. 2d 516 (4th Cir. 1975)]。

b. 另请考虑一下这种情况:在1992年7月1日,新雇主控制经营之前,新雇主先和前雇主的雇员单个接触,告诉他们,希望他们申请留下来工作。新雇主又和代表前雇主雇员的工会讨论过几次,包括在1992年6月22日向工会通报说,其想对前雇主的雇员适用试用期。一直到6月23号,新雇主才谈到要变更以前的雇佣条件,在那天新雇主对前雇主的几个雇员说,想让他们在降低工资的情况下继续工作。新雇主没有先和工会就工资的变化问题进行商讨,违反了第8条(a)(5)的规定了吗?新雇主在6月22号才宣布其要重新雇佣前雇主的雇员,这时就已经失去了单方面确定新工资标准的灵活性了吗？在饮食公司案［Canteen Co., 317 N.L.R.B., 1052 (1995), enforced, 103 F. 3d 1355 (7th Cir. 1997)］中，一个意见有分歧的委员会以3:2的表决，对这一问题作了肯定地回答。大多数委员强调，新雇主在雇佣程序开始前，没有宣布其要适用新雇佣标准的想法，该行为误导了雇员。对于有意想和工会进行试探性商谈，从而避免自己在新的条件方面进行全面谈判的义务，你有何建议？

c. 在就另外一个出版商处购买蒙特利新闻报（Monterey newspaper）进行协商前不久，日报社（Day Press）对其新闻报新雇佣的所有雇员建立了新的薪酬制度。按照这一制度，日报社对所有新雇员按照"工资级别"所做的特定的职业分类支付工资。公司按照雇员的资格和当地的市场条件在级别范围内确定特定的工资率，在完成对蒙特利的收购后，日报社从前蒙特利的雇员中雇佣了大多数为蒙特利新闻报工作的工人，并立即认可了代表蒙特利新闻报工人与前出版社进行集体谈判的工会。然而，日报社执行了其新制度，尽管其按照工会与原出版商之间的集体协议，向留用的蒙特利的现雇员支付工资，但是却为其通过任意性"支付级别"制度雇佣的雇员确定了报酬标准。工会要求，雇主在为新雇员在确立的级别之中选择工资标准之前，向工会咨询。公司声称，其按照伯恩斯公司案，有权确定这样的"最初的工资"，日报社构成了不当劳动行为吗？参见：蒙特利新闻报纸公司案［Monterey Newpapers, In., 334 N.L.R.B. 1019 (2001)］。

**8. 对歧视性雇佣的救济**。如果新雇主在雇佣时没有非法歧视，不仅必须安置曾遭受歧视的雇员，而且在确定最初的雇佣条件之前，还要求与代表前雇主雇员的工会进行协商，参见：例如，恩爱烧烤饭店案［Love's Barbeque Restaurant, No. 62, 245 N.L.R.B. 78 (1979)］；卡尔曼诉国家劳动关系委员会案［Kallman v. NLRB, 640 F.2d 1094 (9th Cir. 1981)］。进一步来说，委员会认定，非法雇佣使得它既不能决定新雇主是否雇佣了足够的前雇主的雇员，以致其被认为是"承继者"。如果其行为合法，新雇主在改变前雇主的雇佣条件之前，有义务和工会进行谈判，参见：盖洛维学校运输公司案

[Galloway School Lines, Inc., 321 N. L. R. B. 1422(1996)]。委员会现在的政策是,要求曾经有歧视行为的雇主在完成谈判前,先满足前雇主的条件,除非承继者能为解决其不当行为引发的不确定性提供一个适当的事实基础。规划建筑服务公司案(Planned Building Service),见前面注释5。要这样做,承继者必须表明,其不会同意前雇主的雇佣条件,并且"进一步确定一个协商雇佣条件的日期,或者是程序的谈判陷入僵局的日期,并实施自己的资金方案",同上。承继者应该有怎样的证据才能满足这种证明责任?仅证明其支付了和前雇主一样的工资就够了吗?同上,注释24(绍姆堡委员建议说这是承继者已经接受了工资条件的最好的证据)。

**9. 比较法的视角。**在商业或部分商业发生变化时,其他主要的工业化国家的劳动法倾向于要求保持工作的继续性,并与在职雇员就工作条件进行协商。欧盟成员国,包括德国和英国,都遵从欧洲经济共同体部长会议制定的指令通过了保护性立法。《"事业转让"指令》("Transfer of Undertakings" Directive)作出了如下规定:"因合法转让或合并而导致的事业、商业或部分商业转让给另一个雇主,……受让方必须继续遵守集体协议中已同意的条款和条件,依据协议,这些条款也同样适用于出让方,直至集体协议期满或终止,或者直至实施或适用另外一个集体协议。"欧盟2001/23/EC指令第1条(1)和第3条[Directive 2001/23/EC, art. 1 (1), art. 3(3), 2001 O.J. (L82) 16],指令进一步规定:"事业、商业或部分商业转让的本身,不构成出让方和受让方解雇雇员的事由。"同上,第4(1)条。此外,该指令还规定:"如果商业单位保持了其自治性,代表人的身份或职能,或受到转让影响的雇员代表的身份或职能也应得到保留。"同上,第6(1)条。该指令已被解释为可以适用于资产转让,包括长期租赁,只要转让的商业依然从事于同样或类似的商业活动。参见:罗杰·布朗潘:《欧盟劳动法》第10版(2006),第597—620页[Roger Blanpain, *European Labor Law*, 597–620, 10th ed. (2006)],另见:安东尼·路·法如:《欧盟政策的司法发展和欧盟成员国之间的对话,法院中的劳动法》(2001),西尔瓦纳·希亚拉主编,第

210—228 页 [Antonio Lo Faro, *Judicial Developments of EC Policy and Intra-Community Dialogues*, in Labor Law in the Courts, 210 – 228 Silvana Sciarra ed., 2001];凯瑟琳·巴纳德:《欧盟劳动法》(2000),第446—488页[Catherine Barnard,EC Employment Law, 446 – 488 (2000)]。

加拿大的一些省也制定了立法,规定在企业被销售或转让时,不仅要保留集体协商关系,而且要保留现行的集体协商协议。例如,《安大略省劳动关系法》第69条规定,如果商业运营没有实质性的变化,新雇主就必须受前雇主的协商义务和集体协商协议的约束,无论其以何种方式获得商业或部分商业。在承继者没有雇佣任何前雇主的雇员的情况下这一规定被适用。参见:例如,加拿大零售批发地方第422号工会诉加拿大雀巢案[Retail Wholesale Canada, Local 422 v. Nestle Canada, 1999 Carswell Ont. 4753];H. G. R. E.地方第75号工会诉阿康莫迪克斯专卖公司案[H. G. R. E., Local 75 v. Accomodex Franchise Management Inc., (1993) O. L. R. B. Rep. 281];加拿大零售雇员地方第1000A号工会诉莫尔食品杂货有限公司案[Canadian Retail Employees Union, Local 1000A v. More Groceteria Ltd., (1980) C. L. L. C. 14, at 1430 (O. L. R. B.)]。

## 秋河染整公司诉国家劳动关系委员会案

Fall River Dyeing & Finishing Corp. v. NLRB
482 U. S. 27 (1987)

布莱克曼法官……

I

几乎是从斯特林维尔(Sterlingwale)一成立,其生产部和维修部的雇员就由"美国劳工联合会—产业组织联合会"(AFL-CIO)的美国纺织工人工会(the United Textile Workers of America)地方第292号(工会)来代表。在转让之前,最近的集体谈判协议是在1978年协商达成的,将于1981年期满。然而,为了应对斯特林维尔所遭遇的财务危机,按照1980年达成的协议,工会已经同意修改1978年的协议,将期限延长一年,直至1982年4月1日,在这期间工人同意不涨工资,并且同意提高劳动生产力。

然而,1982年夏末,斯特林维尔最终歇业。为了债权人的利益,进行了企业转让,主要的债权人是安新(Ansin)的母亲,她是公司的领导,也是斯特林维尔大部分不动产的第一抵押权人。马萨诸塞资本资源公司(Massachusetts Capital Resource Corporation)对斯特林维尔的机器设备拥有担保权益。安新聘请了专业的清算师,通过拍卖来处理公司的剩余资产,主要是公司的存货。

在这个阶段的同时,前斯特林维尔的雇员和领导——赫伯特·切斯(Herbert Chace),以及斯特林维尔前主要客户之一马克米销售公司(Marcamy Sales Corporation)的总裁阿瑟·弗里德曼(Arthur Friedman),组成了本案的申诉人——秋河染整公司(Fall River Dyeing & Finishing)。切斯和弗里德曼组成了申诉人,目的是利用斯特林维尔公司的资产和人力,专门从事委托染印业务。

因此,弗里德曼让马克米公司从马萨诸塞资本资源公司和安新的妈妈那里获得斯特林维尔工厂、不动产和设备,并把这些转给申诉人。申诉人在清算人的拍卖会上获得了斯特林维尔的一些存货。切斯成了申诉人的副总裁,负责生产营运,弗里德曼成了总裁。

1982年9月,申诉人开始用斯特林维尔以前的设备运营,并开始雇佣雇员。它在当地的报纸上刊登了广告,招聘工人和管理人员,切斯亲自与几位有前途的管理人员联系,申诉人雇佣了12名管理人员,其中8人以前是斯特林维尔的管理人员,3人是生产部门的人员,在雇佣这些生产部门的人员时,申诉人考虑了这些管理人员的推荐意见,还有一名雇员以前也受雇于斯特林维尔。申诉人最初的目标是先达到一个全日班,即雇佣55—60名工人的目标。申诉人计划在初步目标达到后,"看一看生意怎么样,如果生意允许,就再扩大至两个班次"。受雇的员工在启动运营阶段最初花了大约

4—6周,在试生产期间,又花了一个月的时间。

在标明为1982年10月19日的一封信中,工会要求申诉人承认其为申诉人雇员的代表人,开始集体谈判。申诉人拒绝了这一要求,并说,在其看来,这一要求"没有合法的基础"。在那个时候,在申诉人的21个雇员中,有18个人是前雇主斯特林维尔的雇员。在这一年的11月份,申诉人在所有的工作岗位均雇佣了员工,开始进行生产,并开始接纳客户的订单。1983年1月,申诉人已经达到了雇佣一个班次工人的初期目标;在最初一个班次的55名工人中(这一数字超过了申诉人最终雇佣人员的一半以上),36名是前雇主斯特林维尔的雇员。申诉人继续扩大员工队伍,到了1983年的4月中旬,人数已经达到了两个班次,这时前雇主斯特林维尔的雇员第一次成了少数,也只是刚刚构成少数(在107名雇员中占52人或53人)。

尽管申诉人全部从事委托染印业务,但雇员们做的是和他们在斯特林维尔公司一样的工作,生产的程序未变,工人们仍在同一栋楼里,在同一台机器上工作,工作分类也是一样的,实际上还是在原来主管的领导之下。申诉人的业务一半以上还是来自斯特林维尔以前的客户,特别是马克米公司。

1982年11月1日工会向委员会提出了不当劳动行为的指控,认为申诉人拒绝谈判违反了第8条(a)(1)和(5)的规定……,行政法官判决认为,就本案的事实来看,申诉人是斯特林维尔的承继者。法官认为,如果申诉人的大多数雇员是斯特林维尔的前雇员,申诉人就因此有义务进行谈判。他说作出这一决定的适当时间不是[1983年的]4月中旬,那个时候申诉人刚刚开始两个班次的工作,而是[1983年的]1月中旬,那个时候申诉人已经达到了雇员"代表补足"的要求。行政法官指出,工会要求进行谈判是激发申诉人的谈判义务所必需的,又指出,工会在1982年10月份的请求,虽然那时条件不够成熟,但具有"继续的性质"。因此,在行政法官看来,申诉人的谈判义务产生于1983年的1月中旬,那时前雇主斯特林维尔的雇员构成多数,因为工会10月份的请求依然有效。雇主拒绝进行谈判,因此构成不当劳动行为,通过简要的裁决和命令,委员会肯定了这一裁决,但有一位成员表示反对。

第一巡回上诉法院执行了这一决定,但投票中也有人持反对意见……

## II

尽管我们在伯恩斯案中的推理是和那个案件的事实相联系,但是我们认为我们的分析能够同样适用,即使是工会和与之谈判的承继者,在雇主的转让之前还没有获得认证……

进一步来说,在界定"在正常运营期内委员会认定的效力"时(406 U. S. at 279),我们提到了在伯恩斯案中,在认证之后关于工会多数人的地位问题的两个假设(同上第279页注释3)。首先,在工会被委员会认定为谈判单位的代表后,工会在认定后的一年内通常有权被确定地假设它处于多数人代表的地位……;其次,这一期限过后,工会有权对其他人获得支持的推定进行反驳……

这种假设背后的原理与承继的情形有特别的关系,因此,在伯恩斯案中,法院提到这些假设是可以理解的。在雇主更替的过程中,工会处于特别脆弱的地位,它和新雇主之间没有正式的关系,也没有和新雇主建立起谈判关系,对新雇主的计划也不了解,也不清楚雇主是否会与它谈判或者在什么时候与它谈判。出于对其成员与新雇主关系之前途的关心,工会必须按照和前雇主达成的集体协议,保护其成员仍然存在的权利。因而,在这段不确定的转让期间,工会需要这一多数人地位的假设,它要有权保护其成员的权利,并和承继者建立起关系。

雇员的地位也支持在承继的情况下适用这种假设。如果雇员发现他们在新企业中实质上和原来的企业是一样的,但是没有了他们选举的谈判代表,他们可能会感到他们所选举的工会受到公司变化这种异常情况的影响,这种感觉对产业和平没有益处。此外,在被原公司解雇,又被新公司雇佣后,雇员最初将会关注于保住他们的新工作,事实上他们会倾向于不去支持以前的工会,特别是,如果他们相信如果支持工会会危及他们在承继的单位工作,或者如果他们倾向于责备是工会造成了他们被解雇,把工会和解雇联系起来。如果没有获得了大多数人支持这一假设,在存在大量的公司各种各样变化的情况下,雇主可以用承继公司这一方法摆脱集体劳动合同,利用雇员对工会犹豫不决的态度来消除工会……

我们现在认定,承继者的谈判义务不仅仅限于本案中所讨论的工会刚刚获得认证的情形,工会可以对多数人地位提出反驳性的假定。尽管发生了雇主的变更,但是多数人的地位是可以继续下去的。新雇主有义务与工会进行谈判,只要新雇主事实上是旧雇主的承继者,且其大部分雇员是受前雇主雇佣的……

Ⅲ

在伯恩斯案中,委员会在确定新雇主是否的确是前雇主的承继者时所采取的方法,得到了我们的批准并被法院所接受(406 U.S.,at 280-281,and n.4)。这一方法实质上主要是事实认定的方法,是基于特定环境下的总体情况所决定的。这一方法要求委员会关注新公司是否已经获得了前雇主的实质性的资产,是否在没有实质性改变的情况下继续经营前雇主的商业运营?金州瓶业公司诉国家劳动关系委员会案[Golden State Bottling Co v. NLRB, 414 U.S. 163, 184(1973)]。因此,关注的重点在于两个雇主之间是否有"实质性的持续性",根据这种方法,委员会审查了这些事实:两个雇主所从事的业务是否实质性地相同;新公司的雇员是否在同样的管理人的管理之下,在同样的工作条件下做着与原来相同的工作;新主体的生产过程是否相同;生产的产品是否相同,其客户是否基本相同。参见:伯恩斯案(406 U.S., at 280, n.4)……

我们认定,委员会关于斯特林维尔和申诉人之间存在"实质的继续性"的决定,申诉人是斯特林维尔的承继者,这在卷宗有实质性的证据支持。申诉人获得了斯特林维尔的大部分不动产、机器设备、存货和原料等。申诉人没有引进新的生产线,特别重要的事实是,从雇员的角度看,他们的工作未变。尽管申诉人放弃了转化染印,而完全经营委托染印,但这一变化并没有改变雇员工作的本质,因为两种染印所涉及的生产程序是相同的,申诉人的工作分类与斯特林维尔的工作分类相同。事实上，卷宗的内容清楚地表明，申诉人获取斯特林维尔的资产的目的，明确就是要使用前雇主的员工。

我们没有认定，在斯特林维尔终止营业和申诉人开业期间有七个月的间隔期，构成了承继性问题上的决定性因素。申诉人认为，这个间隔期，以及申诉人的雇员是通过报纸登广告而招聘的，而不是通过斯特林维尔的雇佣档案查找的，档案也未转交过，这一事实有利于解决其"实质的持续性"的问题。然而，间隔期在"实质的持续性"的判断中，只是因素之一，因此，在存在其他不持续的标记时才具有相关性。相反，如果有其他因素表明两个企业之间存在持续性，间隔期只是正常的开业所需要的期间，"整体情况"将表明，这些情况构成了持续性的情形……

由于上述原因，尽管存在七个月的间隔期，但其他事实表明两个公司之间有"实质的持续性"，这一案件就属于这种情况。进一步来说，在这个案子中，斯特林维尔的终止营业与申请人开业之间，间隔期的长度要少于这个时间。在2月份的解雇之后，斯特林维尔仅保留了骨干的管理人员和雇员，继续将货物运送给客户，并维持工厂运转。进一步来说，直至夏季末期间为债权人的利益进行转让时，安新一直在努力复兴这个公司或者为斯特林维尔公司找买家。工会清楚其所作出的这些努力。因此，从雇员的角度来看，间隔期要大大少于七个月。尽管申诉人通过广告雇佣员工，但它常依赖管理人员的推荐。这些管理人员自己以前也是由斯特林维尔雇佣的，他们登广告的目的，也是去寻找斯特林维尔公司以前的雇员。

因此，我们判定，依据判例法，申诉人是斯特林维尔的承继者，我们因此必须考虑申诉人是否有谈判的义务，以及在什么时间产生这一义务……

申诉人辩解说，委员会的代表补充规则不合理，它损害了许多承继者的雇员的代表权，对承继者施加了太重的负担，承继者可能不清楚是否会产生谈判义务以及什么时候产生的谈判义务……。按照申诉人的说法，如果多数人的地位是在"全部补充"阶段确定，所有雇员在选择谈判代表时均有发言权，如果工会真能得到大多数承继者的雇员的支持，那时候就能够显现出来。① 然而,这一方法仅仅关注于谈判代表是否由雇员中的大多数人来选择的问题。它没有考虑雇员一有可能就需要有代表人这个重要问题。在承继者的雇员中许多人以前是由工会代表的,而他们在同一企业中遭遇雇主更替却没自己的谈判代表时,这一问题就显得特别重要了。如果让新雇主拒绝和这些雇员选择的代表进行谈判,就会瓦解雇员的斗志,阻碍他们的组织行为,使工会会员丧失信心。弗兰克兄弟公司诉国家劳动关系委员会案[Frank Bros. Co. v. NLRB, 321 U.S. 702, 704 (1944)]。因此,一定不能支持申诉人的"全部补充"的建议。

我们也不相信"实质性的代表补充"规则不合理地增加了雇主的责任……

在这种情形下,承继者处于适用这一规则的最佳位置,其标准是清楚明白的。当所有的工作分类都已完成或实质性地完成,当雇主雇佣了它想雇佣的大部分雇员,已经开始正常生产,一般来说,雇主都会几乎可以肯定地知道这一点。

我们因此认定,在发生承继的背景下,委员会的"实质性的代表补充"规则是合理的。此外,将这一规则适用于本案的事实,是有实质性的卷宗证据支持的。上诉法院注意到,到了(1983)元月中旬,申诉人已经在每个工作分类岗位上都雇佣了雇员,至少已经雇佣了50%的其最终要在大多数分类岗位要雇佣的人,它已经雇佣了其最终达到全部补充人员雇佣的超过了一半以上的人。在那个时候,申诉人开始正常生产。尽管申诉人打算扩展至两个班次,并且事实上在4月中旬已达到了这一目标,就商业增长来看,这一扩张明显地带有偶然性。因此,正如委员会认定并由法院确定的,在元月中旬的这个阶段,申诉人达到了"实质性的代表补充"的标准。在那个时候,因为申诉人的雇员的大多数都是前斯特林维尔的雇员,那么,申诉人就有义务与工会谈判。

---

① 12. 在伯恩斯案之后,对于法院的判决,起初人们有些迷茫。人们不清楚的是,是否变成了承继者的大多数雇员是前雇主的雇员,或者承继者是否已雇佣了前雇主的大多数雇员的问题……,均会产生劳动力的继续性问题。[文中可以查到脚注——编者]

我们也认定,在存在承继的情况下,委员会的"持续性要求"规则是合理的。承继者"在实质性的代表补充时"产生的谈判义务,只有在工会提出谈判要求时才能引发。依据"持续性要求"规则,当工会过早地提出要求,而遭到雇主的拒绝,这一要求继续有效,直至雇主达到了"实质性代表补充"的标准。

这一规则对雇主施加的责任是最小的,就工会的地位来看也是讲得通的,特别是考虑到"实质性代表补充"规则时,更是如此。一旦雇主得出结论说其已达到了适当的补充,那么,为了决定其谈判的义务是否被启动,只需要看工会是否提出谈判的要求就可以了……

上诉法院的判决得到了维持。

怀特法官仅参加了第一部分和第三部分的法庭意见。

鲍威尔法官以及前首席法官和欧康纳法官参加了讨论,发表了不同的意见……

在我看来,委员会关于用1月中旬的标准来衡量申诉人雇员构成的决定,不应得到支持。雇佣过程是零星地进行的,在未来扩大雇员数量也是在预想之中,实质性代表补充的标准,可以作为一种有用的方法。但是,……当有可能等一等,并对全部的人员补充进行审查时——正如在本案中的情况——很明显,这样做无论是对雇主还是对雇员,都是更公平的……

**注释和问题**

**1. 继续性的大多数规则**:对可能性偏好还是对政策性判断的事实假设?注意一下法院在秋河案中的讨论,在第二部分讲了在承继情形下适用工会获得了半数以上支持的假设的理由。法院是否认为,获得半数人支持的假定是基于法律的一项政策性假设,它不是必须依据事实上已获得半数以上的人同意才能作出假定的?如果这一假设的确是基于政策,为什么法院不要求提供证据,证明承继者的雇员中的大多数是前雇主的雇员?

（回忆一下在非承继情况下，无论谈判单位的交接达到什么水平，在认证或主动承认后，都假设获得众多雇员的支持。）

**2."实质性的继续"？** 在秋河案中，法院的这个"实质性的继续"标准和伯恩斯案中的要求——涉及前雇主的谈判单位的情况没有实质性变化，有区别吗？如果工作、工作条件、生产过程保持不变，生产线的变化或客户的变化，会影响工会继续作为代表人的适当性吗？在新业务开始之前应有一个相对较长的间隔期吗？如果新雇主的招聘结果是雇佣了前雇主的工人，招募新雇员的方式与这个问题有关联吗？

**3. 是承继者的雇员的大多数还是前雇主雇员的大多数？** 请注意秋河案中脚注12所强调的大多数法官的观点，考虑以下几个假设：首先，"大"零售商通过购买"小"零售商的一家店铺，而进入一个新的城镇，很快将运营规模扩大了三倍；大零售商为了拓展其业务，雇佣了小零售商的所有的雇员，但是又另外雇佣了两倍的新雇员。如果大零售商除了商店的规模以外，在任何其他方面都没有改变这些雇员工作的或者运营的本质，大公司一定要和代表小公司员工的工会举行集体谈判吗？

其次，大零售商决定将位于中城（Middletown）的七家商店之一，售于零售商小里托（Little）。这七家商店组成了一个集体谈判单位，由一个谈判代理人代表。零售商小里托保留了为零售商大贝格（Big）工作的全部雇员，然而并没有改变营业的性质，零售商小里托是否仍有义务与在中城（Middletown）代表了大零售商的另外六家职工的工会进行谈判？

在秋河案之前和之后，委员会和法院均要求承继者的大多数雇员为前雇主工作过，承继者才有义务进行谈判，参见：例如，国家劳动关系委员会诉西蒙·戴巴特鲁集团案［NLRB v. Simon Debartelo Group, 241 F. 3d 207 (2d, Cir. 2001)］；饮食集团诉国家劳动关系委员会案［Canteen Corp. v. NLRB, 103 F. 3d 1355 (7th Cir. 1997)］；萨克斯公司诉国家劳动关系委员会案［Saks & Co. v. NLRB, 634 F. 2d 681 (2d, Cir. 1980)］；志美饮食快线公司诉国家劳动关系委员会案[Zim's Foodliner, Inc. v. NLRB, 495 F. 2d 1131 (7th Cir. 1974)]。为什么这一标准比脚注12提出的替代性标准——前雇主的雇员的大多数已经被承继者雇佣——更有利?

**4. "实质性的与代表的补充"规则。** 法院在秋河案中所提出的"实质性的与代表的补充"规则,适当地平衡了劳动法所追求的相关目标吗? 在新的谈判义务产生时,适用这一规则是否可以适当地通知雇主? 如果新雇主没有间断地继续了原雇主的营业,应该在什么时间作出补充性代表决定呢? 参见:例如,股份公司诉国家劳动关系委员会案[Shares, Inc. v. NLRB, 433 F. 3d 939 (7th Cir. 2006)](同意委员会对控制权转让日期的使用)。

**5. 认可阻碍是否适用于与承继者之间的新的集体谈判关系?** 伊丽莎白家庭护理(Elizabeth Nursing Homes)从马丽家庭护理(Mary Homes)处获得了设备,在雇佣了马丽家庭护理操作这些设备的大多数雇员后,伊丽莎白家庭护理公司同意承认代表马丽家庭护理的雇员进行集体谈判的工会。在三个月的过程中举行了三次集体谈判会议后,伊丽莎白提出请求,要求不予认证该工会。理由是,其有充足的证据证明,一半以上的雇员不再支持该工会。与一个雇主刚刚认可了工会,而该工会以前在这个谈判单位中没有谈判地位一样,承继雇主是否在合理的谈判期限结束后才能提出不认证该工会的要求? 秋河案中法院的规则支持禁止提出这样的请求吗? 不管怎么说,在这个案件中,在承继雇主认可工会之后,是否经过了合理的谈判期限? 比较圣伊丽莎白庄园案[St. Elizabeth Manor, Inc., 329 N. L. R. B. 770 (2002)](新组成的委员会以3:2的投票推翻了认定工会在获得承继雇主的认可后有权要求"合理的谈判时间期限")与MV运输案[MV Transportation, 337 N. L. R. B. 770 (2002)](新成立的委员会以3:1的投票,推翻了圣伊丽莎白庄园案的判决,认定现在工会有权认为其仍继续获得大多数雇员的支持,而提出反驳性的假设)。请考虑达纳公司案的相关性[Dana Corp., 341 N. L. R. B. 1283(2004)](给予重新审查以决定认可阻碍的适用是否对雇员撤销认证的申请不利,这种申请是在雇主与工会达成了授权卡查验协议就认可了工会地位后提出的,而当时工会并没有获得多数雇员的支持)。参见前面第417页进行过的讨论。

**6. 单个雇主的搬迁**。在集体谈判协议期限未满的时候,雇主将工厂搬迁到另一个地方,这时怎样适用伯恩斯案和秋河案?在新的地址营运后,在什么样的情况下雇主有义务继续谈判或者继续遵守谈判协议的条款?

考虑一下这种情况:威斯特伍德(Westwood)将其营业地从旧金山搬迁到海沃德(Hayward),两地相距30英里,威斯特伍德提出,所有愿意搬到海沃德的雇员都可以过去。海沃德的运营以7名旧金山的长期雇员和6名在旧金山新雇的雇员为开端,这6名新雇员知道要去海沃德工作。威斯特伍德是否有义务将期限尚未届满的集体协议适用于海沃德?海沃德要承认在旧金山代表雇员的工会,并与之进行谈判吗?在海沃德营业开始后,新雇的6位员工的权利又是怎样的呢?如果海沃德的雇员扩展至20名之后,结果有什么变化吗?参见:西木进口公司诉国家劳动关系委员会案[Westwood Import Co., v. NLRB, 681 F. 2d 664 (9th Cir. 1982)]。另见:石底商店公司案[Rock Bottom Stores, Inc., 312 N.L.R.B. 400 (1993), enforced, 51 F. 3d 366 (2d Cir. 1995)](如果营业的本质是相同的,如果调过去的雇员构成了实质性的比例——至少达到新营业地的40%——雇主就有义务遵守集体谈判合同)。

**7. 承继者对前雇主的不当劳动行为所承担的责任**。在审理秋河案的法院所引用的金州瓶业公司诉国家劳动关系委员会案[Gold State Bottling Co., Inc. v. NLRB, 414 U.S. 168 (1973)]中,对于在购买时知道卖方没有对不当劳动行为进行补偿的商业资产购买方,法院支持委员会有权签发补发工资和恢复原状的命令。审理金州案的法院解释说,当新雇主获得了前雇主的实质性的资产,不间断地运营,或者没有实质性地改变前雇主的运营方式,那些被留用的雇员会认为自己的工作没有实质性的变化,这一点是可以理解的。从这个意义上说,雇员希望他们从不当劳动行为中得到救济是合法的期待。如果承继雇主没有作出救济,在雇员采取集体行动来强迫要求救济的时候,可能会引起劳动市场的动荡。同样,如果雇员认为,新雇主的劳动政策和前雇主的劳动政策是一样的,当没有采取集体行动,新雇主就会从前雇主的不当劳动行为中获益,继续对工会行动产生阻碍作用。(414 U. S. at 184 - 185)

金州案可以适用于像伯恩斯公司案一样的,与违反不当劳动行为的违法者没有任何合同关系的承继者吗?参见:格雷伯电力公司案[Glebe Elec, Inc, 307 N. L. R. B. 883 (1992)](必须存在一定的合同义务或金钱上的或抵押权上的利益)。金州案可以适用于这一情况吗?不能命令新雇主进行集体谈判,因为它的大部分雇员不是前雇主的雇员。参见:圣玛丽铸造案[St. Mary's Foundry, 284 N. L. R. B. 221 (1987), enforced, 860 F. 2d 679 (6th Cir. 1988)](适用金州案)。

如果在商业转让时,法院还没有针对前雇主作出这样的救济命令,在完全作出判决后,是否要受到因前雇主在商业转让前,承继者所犯的不当劳动行为而产生的救济命令的约束?在商业转让前,如果还没有对前雇主提起诉讼,情况又该如何呢?参见:国家劳动关系委员会诉通用木料储存公司案[NLRB v. General Wood Preserving Co., 905 F. 2d 803(4th Cir. 1990)](不需要提出诉讼;知道前雇主的行为就足够了)。

## 2. 依据集体谈判协议产生的义务

### 霍华德·强生公司诉宾馆饭店雇员案

Howard Johnson Co. v. Hotel and Restaurant Employees
417 U. S. 249(1974)

马歇尔法官:我们再次遇到了界定承继者对前雇主员工的劳动法上的义务的问题。在本案中,申诉人霍华德·强生公司是饭店和汽车旅馆的诚信买主,被申诉人工会是前雇员的谈判代表。工会与前经营者成功地签订了集体协商协议。霍华德·强生在开始经营饭店的生意时,仅从前雇主的雇员中雇佣了很小一部分人。本案所提出的问题是,工会能否依据与前雇主签订的集体谈判协议中的条款,强迫霍华德·强生进行仲裁,依据这些协议来决定对前雇主雇员的义务范围。

在这个买卖问题产生以前,格雷瑟姆公司(Grissoms)依据与申请人签订的特许经营协议……已经在密歇根的贝尔维尔(Belleville)经营了一家霍华德·强生饭店。饭店和汽车旅馆的员工都是由被告"旅馆和饭店雇员和酒吧招待国际工会"(Hotel & Restaurant Employees & Bartenders International Union)所代表。格雷瑟姆公司和工会签订了两个单独的集体谈判协议,协议覆盖了饭店和旅馆的雇员。两个协议都包含有纠纷解决条款,同意最终以仲裁的方式解决争议,并且两个协议都约定,协议对雇主的"承继者、转让人、购买人、承租人或受让人"均具有约束力。

1972年6月16日,格雷瑟姆公司和霍华德·强生公司签订了协议,出售所有的与饭店和汽车旅馆有关的个人资产。格雷瑟姆公司在保留了对不动产的所有权的基础上,将两处都出租给了霍华德·强生公司,霍华德·强生公司除了同意承担饭店和汽车旅馆经营相关的四个合同之外,未同意承担格雷瑟姆公司的任何义务。6月28日霍华德·强生公司给格雷瑟姆公司寄了一封信,在信中通知并确认和澄清:"双方明白并同意买方……将不会认可和承担卖方和劳工组织所签订的劳动协议,"双方进一步同意,"买方不承担卖方因劳动协议产生的任何义务或者责任……"

在与格雷瑟姆公司达成协议后,霍华德·强生公司开始雇佣自己的雇员,它在当地的报纸上刊登了广告,在好多地点包括饭店和汽车旅馆张贴通知。在7月10号,它对未来的雇员进行面试,7月18日首批雇佣了18名雇员,在7月28号利用安阿伯市(Ann Arbor)一家霍华德·强生公司的设施对这些员工进行了培训。在出售之前，格雷瑟姆公司有53名雇员。霍华德·强生公司开始运营时有45名雇员，其中33名在饭店工作，12名在汽车旅馆工作。在饭店工作的人中有9人曾经为格雷瑟姆公司雇佣过，在汽车旅馆中没有一个是前格雷瑟姆公司的雇员，霍华德·强生公司没有雇佣任何的格雷瑟姆公司的前管理人员。

工会在7月21日向州法院提起诉讼，将霍华德·强生公司未雇佣所有的格雷瑟姆公司的雇员看作是一种违反了集体谈判协议的"停工"行为，工会请求法院签发临时禁令，禁止这一"停工"行为，请求法院签发命令，要求霍华德·强生公司和格雷瑟姆公司对依据集体谈判协议对格雷瑟姆的雇员所承担的义务范围进行仲裁……

被告人在此之后将这一诉讼转移到联邦法院，理由是，这是依《劳资关系法》第301条(29 U.S.C. 185)而提起的诉讼。8月7日在地区法院的庭审中，格雷瑟姆公司承认，依据他们签订的集体谈判协议他们应该被强迫进行仲裁，法院应该签发强制仲裁令。8月22日，地区法院……认定，霍华德·强生公司也应当对格雷瑟姆公司前雇员负有的义务范围进行仲裁。然而，法院驳回了工会要求签发要求公司雇佣格雷瑟姆公司以前所有的员工的初步强制令，只是签发了一个延缓仲裁等待上诉的命令。霍华德·强生公司对这一强制性的仲裁的命令提起了上诉，但上诉法院维持了原判决……

两个下级法院在很大程度上都是依据本院在约翰·韦利父子公司诉利文斯通一案[376 U.S. 543(1964)]中作出的判决。在韦利案中存续的公司并购后，雇佣了被并购公司的全部雇员，并继续以实质性相同的形式经营，在并购中消亡的代表被并购公司员工的工会要求依据被并购公司的集体协商协议进行裁决。由于韦利案是法院第一次处理"承继"这个难题，其判决是相当谨慎和有限的：

> 我们认定，与工会签订了集体协议的公司雇主，在并购中主体资格的消失，并不导致协议赋予给员工的所有权利自动终止，在特定的情况

下,例如,在本案中,工会可以要求雇主依据该协议进行裁决(同上,第548页)。

为法庭撰写意见的哈伦法官强调了仲裁在贯彻国家劳动政策中的中心地位,以及要避免产生斗争,要在公司所有权变更中给予员工利益以保护。(同上,549页)……

下级法院认定,在这里韦利案具有约束力,而伯恩斯案没有约束力。其理由为:伯恩斯案所涉及的是国家劳动关系委员会认定雇主受集体协商协议实质性条款约束的命令,然而,在本案中,与韦利案一样,所涉及的是第301条规定的强制仲裁。虽然这一区别事实上是在伯恩斯案中法院所提出的观点,但是,我们不认为伯恩斯案中所确定的基本政策可以被轻易地忽略。在纺织工人工会诉林肯工厂案[Textile Workers Union v. Lincoln Mills, 353 U.S. 448(1957)]中,法院认定,《劳资关系法》第301条授权联邦法院创设有关集体协商协议执行的普通法。但是,林肯工厂案并没有对联邦法院认为什么是理想的规定展开任何自由的探索,没有考虑国会的声明。更确切地说,林肯工厂案清楚地表明,这种联邦普通法必须"依据我国劳动法的政策来创设"(同上,第456页),……很明显,在这里必须考虑伯恩斯案的判决理由。

然而,根据本案的情况,我们认为不必要决定韦利案和伯恩斯案之间是否存在不可调和的冲突。我们认为,即使就其本来的情况来看,韦利案并不能支持下级法院的判决……

……韦利案所涉及的是兼并问题,其结果是最初的雇佣主体完全消失。比较而言,本案所涉及的只是资产买卖,最初的雇主仍然作为一个继续存活的公司主体存在,从将汽车旅馆和饭店出租给霍华德·强生公司中依旧获得实质性的收费。尽管我们再次认可,在分析承继性问题时,一般情况下不必区分并购、联合或资产购买等情形,见:金州瓶业公司诉国家劳动关系委员会案[Golden State Bottling Co. v. NLRB, 414 U.S. 168, 182-183, n.5 (1973)],但是我们认为,在本案中这种区分是有必要的,理由有二:第一,在韦利案中,并购是"依据州法进行的,其所体现总的原则是,在并购的情形下存续公司要承担起消灭公司的义务",伯恩斯案(406 U.S., at 286),这表明,判决韦利应依据其前雇主的集体协商协议进行裁决,这种判决可能是在双方当事人的合理期待之内的。第二,在韦利的并购中,原雇佣主体消灭,这意味着,除非赋予工会一些针对于韦利的救济措施,否则就没有办法使得兼并公司像兼并前一样或者像其在兼并时所承诺的一样,主动承担其应尽的义务。在本案中,比较而言,因为格雷瑟姆公司继续作为一个实体而存在,并且保留了实质性的资产,那么,工会就应该有强制他们履行合同义务的现实救济措施。的确,格雷瑟姆公司已经同意就其对公司的责任范围问题进行仲裁,很可能这一仲裁会讨论格雷瑟姆公司是否违反了集体协商协议中的承继条款问题,以及对违反这一条款应如何进行救济的问题。①

更为重要的是,在韦利案中,存续公司雇佣了撤并公司的所有雇员。依据伯恩斯案,虽然存续公司在经营过程中可能有权作出实质性的变化,但事实却清楚明白地表明,它并未作任何改变。正如仲裁员在韦利案中所做的如下评述:

> 尽管在韦利案中兼并在1961年10月2日就已生效,前雇主中科公司(Interscience)的雇员仍旧是像在公司变化前的工作一样,在同一工作地点、在原来的管理人员的管理下、做同样的工作,生产同样的产品。中科百科公司案[Interscience Encyclopedia, Inc., 55 Lab. Arb.

---

① 3. 很明显,工会没有仔细研究在公司出售之前就存在的另外一个救济问题,这个问题在公司出售前就已经存在,即,要求禁止向霍华德·强生出售公司,其理由为,格雷瑟姆公司这样做违反了集体协商协议中约定的条款。参见:国家海员工会诉商业油轮公司案[National Maritime Union v. Commerce Tankers Corp., 325 F. Supp. 360 (S. D. N. Y. 1971), vacated, 457 F. 2d 1127 (CA2 1972)]。然而,如果缺乏了韦利案(Wiley)所要求的继续性,仅仅在工会与格雷瑟姆公司之间的集体协商协议中有承继的条款,霍华德·强生就既不受协议中的实质性条款的约束,又不受协议中的仲裁条款的约束。因为,依照协议,公司是不承担任何义务的,这一点是十分清楚的。

210，218（1970）]①……

然而,在本案中霍华德·强生公司决定挑选并独立雇佣自己的雇员队伍,以开始餐馆和汽车旅馆的运营②。因此,它从前格雷瑟姆公司的53名雇员中仅雇佣了9人,对格雷瑟姆公司的管理人员一名也没有雇佣。在本案中,工会要求仲裁的主要目的,不是保护霍华德·强生公司雇员的权利,而是主要代表格雷瑟姆公司没有获得雇佣的前雇员要求仲裁。工会的立场是,霍华德·强生公司要受到以前的集体协商协议的约束,除依据"正当理由"条款被解雇的或依据工龄条款应当下岗的雇员以外,应雇佣格雷瑟姆公司的以前的全部雇员。

工会在这里所要求的与本法院在伯恩斯所阐述的原则完全是不一致的……,很明显,根据伯恩斯案,霍华德·强生公司有权不雇佣前格雷瑟姆公司的任何雇员,如果它希望这样做的话。③ 工会依据第301条的规定请求进行强制仲裁,而不是在不当劳动行为的背景下要推翻这一判决,这一请求不应当得到许可。

我们不认为韦利案要求承继雇主在本案所面临的情形下进行仲裁。法院判定,除非在所有权变化前和所有权变化后,企业的经营身份在实质性地

---

① 4. 后来,中科工厂关闭了,前中科的雇员并入了韦利公司之中,仲裁员部分依据劳动关系委员会在伯恩斯案中的裁决认定,只要韦利公司继续像在兼并前一样以和前中科公司同样的方式运营公司,中科公司的集体协商协议就继续有效,但是,将前中科公司的雇员纳入了韦利的运营中,破坏了其身份的继续性,终止了集体协商协议的效力(55 Lab., Arb., at 218-220)。

② 5. 重要的是要强调,本案的情况不是属于承继公司是前雇主的"另一个自我"的情形。在那些情形下,承继公司"仅仅是前雇主的一个伪装下的存续"。南港石油公司诉国家劳动关系委员会案[Southport Petroleum Co. v. NLRB, 315 U.S. 100, 106 (1942)]。那样的案例所涉及的仅仅是雇佣主体在结构或身份上的技术上的变化,经常是为了避免劳动法的效力,并没有实质性地改变所有权或者管理。在这种情况下,法院毫不费力地就可以认定承继者实际上仍是原来的雇主,应承担前雇主所有法律上及合同上的义务。

③ 8.……当然,如果雇主雇佣或保留员工,是根据雇员是否是工会会员,或是否依据《国家劳动关系法》的第8条(a)(3)[29 U.S.C §158(a)(3)]的规定参加了工会活动,雇主就存在歧视,构成了不当劳动行为。因此,新雇主不能仅仅因为工人是工会会员或者为了避免他们加入工会,而拒绝雇佣前雇主的员工……。在本案中,没有什么情况表明霍华德·强生公司在雇佣前雇主格雷瑟姆公司的雇员时,因他们是工会会员、参加工会活动,或者是工会代表,而给予了任何形式的歧视。

继续,否则,就不能强制进行仲裁,要不然,仲裁的义务就会变成"没有集体协议约定而强加上去的、从集体协议和当事人的行为中不能合理认定的东西"(376 U.S., at 551)。我们认为,这种商业企业身份的继续性有必要包括,跨越所有权变更的、雇员身份的实质性的继续……

由于霍华德·强生公司所雇佣的雇员很明显反映出不是格雷瑟姆公司雇员的实质性的继续,对于仲裁也没有明示或默示地表示同意,下级法院强制公司就对其格雷瑟姆公司前雇员的义务进行强制仲裁,这种做法是不正确的。因此应推翻上诉法院的判决。

[此处略去了道格拉斯法官的不同意见。]

## 注释和问题

**1. 区分韦利案的基本原理。** a. 资产的销售与并购的比较。如果霍华德·强生公司通过并购而不是通过资产购买获得了格雷瑟姆公司的财产,法院还会支持仲裁的命令吗?即使霍华德·强生公司仅留用了几个格雷瑟姆公司的雇员,情况会如何呢?在韦利案中适用的关于兼并的成文法不是什么非典型的。尽管在没有明确约定的情况下,资产的购买者不承担卖主的责任,但是,州法的一般规定,所有的并购前的资产和责任(包括执行期未满的合同),在并购后均成为存续公司的资产与责任。参见:例如,《模范商业公司法修订版》(2002)第 11 条 7(a)(3)-(4)[Revised Model Bus. Corp. Act §11.07(a)(3)-(4)];《加利福尼亚州公司法》(2002)第 1107 条(a)[Cal. Corp. Code §1107(a)(West 2002)];《特拉华法典》(2002)第 259 条[Del Code Ann. Tit. 8, §259(a)(2002)];《纽约商业公司法》(2002)第 906 条(b)[N.Y. Bus. Corp. Law §906(b)(Consol. 2002)]。

b. 劳动力的继续性。如果霍华德·强生公司雇佣了格雷瑟姆公司的全部雇员,继续经营餐馆和汽车旅馆,那么法院会命令进行强制仲裁吗?或者依据韦利案,无论雇员和企业是否继续存在,仲裁的义务一般不适用于没有依据集体协商协议承担义务的资产的购买者?参见:例如,美国钢铁公司诉国际卡车司机工会案[Ameristeel Corp. v. Int'l Bhd. of Teamsters, 267 F.

3d 264(3d Cir. 2001);Local 7-517 v. Uno-Ven Co., 170 F.3d 779(7th Cir. 1999)](在这两个案例中,尽管雇员和经营都在继续存在,但法院均未认定存在强制仲裁的义务)。

**2. 股票的购买者**。如果霍华德·强生公司在一个拥有格雷瑟姆公司的经营权的公司里购买了格雷瑟姆公司的所有的股票,情况又会是怎样的呢？依据第301条,如果那些通过购买股票获得经营控制权的人,违反了期限尚未届满的劳动合同,一般认为,他们都是可以作为承继雇主而被起诉。参见:例如,制衣纺织工人联合会诉拉特纳公司案[Amalgamated Clothing and Textile Wkrs. v. Ratner Corp., 602 F.2d 1363 (9th Cir. 1979)](作为控股公司结合重组进行股票转让),新雇主对经营做了很大的改变,这一点无关紧要么？或者集体协议的继续适用性问题总是可以交由仲裁员裁决的吗？见前文第826页注释3。

**3. 强制卖主履行合同的义务**。霍华德·强生公司在集体协议中通过明确的语言允许工会和雇主要求购买公司业务的未来的买主要依据集体协议中的条款雇佣现存的雇员吗？强制没有承担劳动合同义务的资产买主直接承担这样的义务,在一般的合同法中有理论上的基础吗？卖方的劳动协议上的义务针对买方而执行,在没有假设的买主时,这样约定有什么实际意义呢？见后文第847页注释6。

**4. 州法的要求**。审理霍华德·强生公司案的法院,将其与韦利并购案区别开的理由是:"韦利案是在适用州法进行的,其总的原则是,在并购的情形下,存续公司要承担撤并公司的义务……。"法院这样的说法是否意味着州法也可以规制资产购买者的劳动法上的义务？例如,伊利诺伊州法律规定:"如果雇主和劳工组织之间的集体协商包含承继者的条款,这一条款对继续雇主业务的承继者具有约束力,可以强制要求其履行这一义务,直至该协议的终止。"成文法对承继者的定义包括"作为签约雇主,从事或将从事实质性相同业务或提供相同服务并使用相同设备的购买人……"参见：伊利诺伊州法(2002)第820章第10/1(a)和(b)[Ill. Stat. ch. 820, §10/1(a)&(b)(2002)]。另见：明尼苏达州法第338.02条(Minn. Stat. §338.02)。即使在卖方的集体劳动协议中没有提到"承继者"，州法是否可以进一步将集体劳动协议强加到承继雇主身上？例如，特拉华州(Delaware)法律规定：无论是与子公司或者其他机构或个人发生兼并、合并、合资、租赁、出卖、股利交换、抵押、担保、转让或者其他形式的处置(以一种形式或一系列的几种形式进行转让)，集体协商协议均继续有效。《特拉华法典》(2002年)第706条[Del. Code Ann. tit. 19 706 (2002)]。另见：《宾夕法尼亚州宪法》第2587条[15 Pa. Const. Stat. Ann. §2587]；《罗德岛法律汇编》第28-7-19.1条[R. I. Gen. Laws §28-7-19.1]。

这样的法律规定，在买主基本上雇佣了新的雇员时，如本案的霍华德·强生公司一样，是否会必然导致将义务强加在新的雇主身上？霍华德·强生公司案是否反映了依据联邦法来替代或取代上面所引用的州法，以达到政策的平衡？参见：联邦艾迪生公司诉国际电工兄弟会地方第15号工会案[Commonwealth Edison Co. v. Int'l Bhd. of Electrical Workers, Local 15, 961 F. Supp. 1169(N. D. Ill. 1997)](认定伊利诺伊州法优先适用)；钢铁工人诉圣加伯利医院案[Steelworkers v. St. Gabriel's Hosp., 871 F. Supp. 335 (D. Minn. 1994)](认定明尼苏达州法优先适用)；艾琳·西尔弗斯坦：《反对劳动法中的优先适用》，载于《康奈尔法律评论》第24卷(1991)，第1页[Eileen Silverstein, Against Preemption in Labor Law, 24 *Conn. L. Rev.* 1 (1991)]；诺特：《劳动政策和承继人责任的私下的决定：伊利诺伊州的承继规定》，载于《华盛顿大学法律季刊》第67卷(1989)，第575页[Note, Labor Policy and Private Determination of Successor Liability: Illinois' Successor Clause Statute, 67 *Wash. U. L. Q.* 575 (1989)]；一般参见第十二章关于州法优先性的讨论。

**5. 承继者对集体协商协议默示的承担**。当然，霍华德·强生公司可能已经同意，在所有权转让后受格雷瑟姆公司所签订的集体协商协议的约束。当新雇主依据协议在开始的一段时间内雇佣了原雇主的雇员，并依据协议对他们进行补偿和管理时，新雇主就必须受到前雇主协议的约束吗？参见：例如，新英格兰机械公司诉地方第294号工会案 [ New England Mechanical, Inc. v. Laborers Local Union 294, 909 F. 2d 1339 (9th Cir. 1990) ]。

**6. 要求卖主进行救济**。考虑下这样一种可能性（正如审理霍华德·强生公司案的法院在脚注3以及相关的译文所提出的），工会和雇员因卖主未能获得买主关于承担前雇主的集体协商协议的同意，而请求卖主给予救济。这种主张的提出，可能是因这种承诺存在于集体协议的各种条款之中：

  1. 第一种类型涉及样板文件的引用，无论是在合同的序文，或者是在合同的结尾，均对双方当事人及其"承继者或受让人"有约束力。

  2. 第二种类型的条款，可以称之为"逃避"条款，在这样的条款中雇主承诺，不"因清除或逃避协议为目的"而转让其业务。

  3. 第三种是明确的承继条款，在这种条款中雇主明确同意将营业转让给愿意承担劳动合同的买主。

  尽管有一些仲裁人员在承继条款的各种变化的样本中可能认定存在，有义务仅出售给愿意承担劳动合同的买主的承继条款，但是，大多数仲裁员既会判决（1）依据霍华德·强生公司案在我们有了一个法律上可以认可的"承继者"时，或者有一个愿意承担劳动合同的买主时，这样的条款才起作用，又会判决（2）这样的条款没有非常清楚地说明当事人同意雇主推迟作出重要商业决定的特别义务，直至找到愿意承担劳动合同的买主。

  有些仲裁员依据逃避型的条款认定存在责任，尽管对这种条款更好的解释是它所指的是行为，例如，在雇主仍然在完全运营时的工作分包。

已签订了明确条款,不能将商业出售或转让给除了愿意承担劳动合同的买主的那些雇主会面临着严重的责任承担。不断有仲裁裁决表明,仲裁员很可能会禁止出售企业,或者,如果已经出售,仲裁员可能会评估对工资、福利或其他人造成的重大损失。

艾斯托伊克,《劳动法和商业变化中承继者的义务》,同前,第63、68—69页。

对悬而未决的仲裁,法院应该发出"推翻波伊斯市场案(Boys Markets)的"禁止令,见前第791页,阻止可能会违反集体协商协议中的有关承继义务的转让交易吗?参见:例如,国际机械师工会地方1266分会诉全景公司案[Local Lodge No.1266, Int'l Ass'n of Machinists v. Panoramic Corp., 668 F.2d 276 (7th Cir.1981)];美国钢铁工人联合会诉俄亥俄州绿色保龄库珀标准案[United Steelworkers of America v. Cooper-Standard Automotive of Bowling Green, Ohio, 175 L.R.R.M. 3249 (N.D. Ind. 2004)](在这两个案件中,均发出了禁止令)。允许出售继续进行、阻止工会向卖主提出仲裁救济就不能很好地保护卖方雇员的合同权益吗?如果是这样的话,在哪些情况下会是这样的?

**7. 强制性的谈判议题?** 工会是否可以提出承继条款是谈判的强制性议题?法院在伯恩斯案中的推理是否有指导意义?参见:寂星钢铁公司诉国家劳动关系委员会案[Lone Star Steel Co. v. NLRB, 639 F.2d 545 (10th Cir.1980)](认定承继条款是强制性的议题)。

**8. "终止商业运营"条款。** 强迫签约雇主终止与那些将来不愿意与工会签订协议的买主的商业关系的条款,与第8条(e)的规定之间会有冲突吗?请注意在脚注3中,审理霍华德·强生公司案的法院引用了商业油轮公司案[Commerce Tankers Corp., 196 N.L.R.B. 1100 (1972), enforced,

486 F.2d 907 (2d Cir 1973)],该案认定,如果工厂的出售或者工厂的部分出售不发生在签约雇主商业的正常运营过程中,承继关系条款就不违反第8条(e)的规定。

9. "另一个自我"的关系。思考一下霍华德·强生公司案的脚注5。委员会对另一个自我的身份认定,采用了多种因素标准。考虑到两个公司是否有实质相同的管理、商业目标、运营、设备、客户和管理以及所有权,当有效地控制着第一个公司的人又自然控制着第二个公司时,"实质性"的所有权的实际变化有无影响?参见:例如,国家劳动关系委员会诉贝朗检测服务公司案[NLRB v. Omnitest Inspection Servs., Inc., 937 F.2d 112 (3d Cir. 1991)];J.M 田中建筑公司诉国家劳动关系委员会案[J.M Tanaka Constr., Inc. v. NLRB, 675 F.2d. 1029 (9th Cir.1982)](这两个案件均认定,一般的正式的所有权的存在,并不是确定另一个自我关系存在的必要的前提条件)。如果所有权以及控制和运营是相同的,还未建立新的企业以图避免与劳动相关的问题,那么情况又是怎样的呢?比较斯达迪恩公司诉国家劳动关系委员会案[Stardyne Inc. v. NLRB, 41 F.3d 141 (3d Cir.1994)]和艾克尔诉国家劳动关系委员会案[Alkire v. NLRB, 716 F.2d 1014(4th Cir.1983)](雇主要想成为另一个自我一定要能够合理的预见,工作的转让能够避免《国家劳动关系法》所赋予的义务)。

10. 对于效率的考量?允许新雇主不承担约束前雇主的雇员雇佣条款的正当理由,是出于对效率的考量吗?与工会协商的雇佣条件有时可能不是有效率的,见前第7—10页,允许新雇主不经谈判就逃避这样的条款,会鼓励资本的流动。但是,无论新老板有无效率,就应该比现在的老板更容易地逃避雇佣条件吗?法律是否应该创设商业所有权转让的特别理由?参见:哈珀,同前,第827页注释4,第361页,另见:基思·N.西尔顿和马丽亚·奥布赖恩·西尔顿:《承租的适当性和劳动法中的承继原则》,载于《波士顿大学法律评论》第70卷(1990),第821、839—844页[Keith N. Hylton

& Maria O'Brien Hylton, Rent Appropriation and the Labor Law Doctrine of Successorship, 70 *B. U. L. Rev.* 821, 839-844, (1990)〕(注意,将一部分的商业出售给新雇主,可能会导致工人减少奖金,这些奖金曾反映了谈判的有效性,促进了特定公司的培训,并消除了雇员的懈怠)。但是,参见:爱德华·B. 洛克和迈克尔·L. 瓦奇特:《劳动法中的承继:公司法的方法》,载于《密歇根法律评论》第92卷(1993),第203页[Edward B. Rock & Michael L. Wachter, Labor Law Successorship: A Corporate Law Approach, 92 *Mich. L. Rev.* 203 (1993)]（承继的原则和促进效率是一致的)。

从鼓励资源利用效率的角度来看,工会可以合法地与雇主就合同条款进行谈判,而雇主要承诺要求公司资产的任何买主,均需要承担劳动合同的义务,这种做法不够充分吗？要求雇主强制执行这一协议,因此会影响到其从收购中获得的纯利,见前注释6。

**11.《工人调整和再培训通知法》的要求**。《工人调整和再培训通知法》[The Worker Adjustment and Retaining Notification Act (WARN)],见前文第541页注释6,明确要求"雇主部分或所有资产"的卖主,在关闭工厂或大规模的让工人下岗时,在出让合同生效前,至少要给予60天的通知期……,然而,"在出让期生效后期……,买主应当负责通知……"[29 U.S.C. 2101 (b)(1)]。参见:威尔逊诉空热产品公司案[Wilson v. Airtherm Products, Inc., 436 F. 3d 906 (8th Cir. 2006)](卖主在出售了其企业,并在出售企业之日终止了其雇员的雇佣后,不再作为继续性的义务对未履行封闭工厂的通知义务而承担责任,他没有理由能预见到买主会关闭工厂)。在威尔逊案中,买主向卖主保证它会雇佣足够的卖主雇员,就像《工人调整和再培训通知法》所说的避免"大规模下岗"。如果卖方在资产出售前有理由相信,买主会实施"大规模下岗",不雇佣卖方的雇员,那么情况又是怎么样的呢？

## 第二节 成立工会的企业与不成立工会的企业同时运营

《国家劳动关系法》并没有禁止雇主在同一个地理区域内既经营成立了工会的企业,又经营不成立工会的企业。如果在同一雇主经营的两个工厂中,工会仅在一个工厂中成功地组织了工人,而委员会已经认定,这两个工厂合在一起才是一个适格的谈判单位,工会要成为雇员的谈判代表,将不得不在第二个工厂中组织工人。正如我们所看到的,《国家劳动关系法》禁止雇主仅仅因为第一个工厂有工会,就将工作从有工会的工厂转到没有工会的工厂;然而,在满足了谈判义务之后,为了更加有效率地运营,雇主就可以将工作转到未成立工会的工厂,以降低成本。为了避免这样的转移,工会就工作保留条款进行谈判。此外,在第一个工厂成立工会之后,雇主才开始在第二个没有工会的工厂运营,一般来说,除非工会能够证明其在第二个工厂中获得了大部分雇员的支持,否则,工会就不能说其代表了第二个工厂的新雇员。如果工会不能证明这一点,委员会将不得不根据要求利益共同的"占优势地位"的"利益共同"的变化标准,决定第二个工厂的工人是否是"依附于"第一个工厂。

在一些行业中,如建筑类行业,公司在不同的地方一个工程一个工程地签订合同,工作不连续,公司与工会之间的集体协商协议一般来说会覆盖某一特定的地理区域里公司的所有的工程。在这一区域内所有的工人都是这个谈判内容的一部分,工人也是有工会的雇佣部门推荐给这些公司的。依据这样的协议,未成立工会的公司,一定要预见到,哪些地方投标工程要使用工会会员作为劳动力。

然而,至少自20世纪70年代早期开始,有工会的承包商的老板成立了没有工会的公司,在同一地区进行投标。工会试图挑战这一做法,工会将这种做法称为"双面经营"(double reasting),提出在这种情况下未成立工会的公司要受到与组织工会的公司所签的劳动合同约定义务的约束。一般的规则是,只有在两个公司被认为是"同一个老板",或者第二个公司被认定为第一个公司的"另一个自我",才会要求新的建筑公司承担与其竞争的公司所签的劳动合同所约定的义务。

### 南大草原建筑公司诉施工工程师国际工会地方第627号工会案

South Prairie Construction Co. v. Local No. 627, International Union of Operating Engineers

425 U.S. 800 (1976)

该案由上诉法院审理(PER CURIAM)。1972年工会向劳动关系委员会提出起诉称,南大草原建筑公司(South Prairie Construction Co.)(以下简称南大草原公司)和彼特·凯维特父子公司(Peter Kiewit Sons', Inc.)(以下称凯维特公司)……拒绝将工会与凯维特公司所签的集体谈判协议适用于其员工,违反了《国家劳动关系法》第8条(a)(5)和(1)的规定。工会首先声称,由于南大草原公司和凯维特公司都是彼特·凯维特父子公司的全资子公司,都在俄克拉荷马州(Oklahoma)从事交通公路建设,他们因此构成法律所要求的单一"雇主",应适用工会与凯维特公司之间的集体协议。工会认为,鉴于这种情况,南大草原公司有义务认可工会是包括南大草原公司雇员在内的集体谈判单位的代表。委员会不认可行政法官关于工会所提出的第一部分要求,委员会认为南大草原公司和凯维特实际上是不同的雇主,而驳回了其请求。

基于本案的事实,工会首先必须证明凯维特和南大草原公司为同一个"雇主"。如果工会成功地证明了这一点,关于是否违反了第8条(a)(5)条规定的问题,就会变成依据第9条的规定"雇主单位"是否是"适格的"集体谈判单位。

工会提出了上诉,要求重新审查,哥伦比亚特区巡回法院的上诉法院详细审查了卷宗所陈事实,尤其是讨论了凯维特公司、南大草原公司和彼特·

凯维特父子公司作为法律实体的运行情况;彼特·凯维特父子公司开始在俄克拉荷马州使用南大草原公司(没有成立工会的子公司)的决定——在后者在俄克拉荷马州的竞争对手中,凯维特公司一直是该州历史上唯一的成立工会的高速公路建筑公司;南大草原公司于1972年开始在那里被启用后,一直是这两个公司在竞标俄克拉荷马州高速公路的建设。

起诉者声称,其所使用的是本法庭在收音机诉播放服务案[Radios v. Broadcast Service, 380 U. S. 255 (1965)]中适用的标准,上诉法院不赞同委员会的意见,判决认为:根据案件事实,凯维特公司和南大草原公司是同一个"雇主"。① 他推论说,除了"存在对劳动关系上的统一控制",也有事实"证明业务运营也有实质性的关联,并存在着统一管理,这是我们在未经整合的保持一定距离的公司中所不能看到的"[518 F. 2d 1040, 1046, 1047 (1975)]。委员会的认定是相反的,因此,上诉法院认为,"卷宗里的没有证据证明"(518 F. 2d. at 1047)。

然而,在驳回了委员会的这部分裁决后,上述法院继续处理了工会诉请中所提出的第二个请求,这个问题向委员会提出过,但委员会对这个请求没有作出决定。法院判决认为:依据《国家劳动关系法》第9条的规定,就集体谈判目的来看,凯维特公司和南大草原公司的雇员构成了适格的谈判单位。基于这一结论,上诉法院判定,这些公司拒绝"承认地方第627号工会为南大草原公司雇员的谈判代表,或者拒绝将工会与凯维特公司所签订的协议的条款适用于南大草原公司的雇员",构成了不当劳动行为(518 F. 2d, at 1050)。该案被发回给委员会,要求其"对凯维特公司和南大草原公司发出适当的命令并执行"。同上。

申诉人南大草原公司和委员会,在他们的请求中,均对上诉法院驳回委员会关于"雇主"问题的决定提出了质疑。但是,他们的主要观点为:上诉

---

① 3. "在决定关联雇主时,委员会考虑了几个名义上是单独商业实体而实际属于同一雇主的情况,这几个单独的实体组成了综合的企业[N. L. R. B. Twenty-first Ann. Rep. 14 – 15(1956)]。委员会的裁决所建立和精心打造的占有主导地位的标准是:业务的关联性、共同管理、对劳动关系的统一控制以及共同所有权等。"(380 U. S., at 256)

法院一开始就对第9条中的"单位"问题作出决定,而不是将案件发还给委员会,让委员会作出初步决定,侵犯了成文法所确定的由委员会所管辖的范围。尽管我们克制自己不去改变上诉法院关于凯维特公司和南大草原公司是一个"雇主"的判决,参见:劳动关系委员会诉匹兹堡 S. S. 公司案 [NLRB v. Pittsburgh S. S. Co., 340 U. S. 498 (1951)],我们还是同意申诉人的主要观点。

上诉法院显然认为,既然委员会驳回了起诉,它就有必要裁决依据第9条的规定凯维特公司和南大草原公司的雇员不构成适格的谈判单位。但是,尽管委员会的观点涉及这些案件的这个领域,并得出结论认为,"每一个公司的雇员都构成一个独立的集体谈判主体"[206 N. L. R. B. 562, 563, (1973)]。委员会的简要的讨论所依据的背景是,它显然考虑到这是一个要作出决定的问题,即,两个公司是否是独立的雇主。我们认真地阅读了委员会所作出的裁决,我们认为对该裁决正当的解读应该是,该裁决没有以承担为基础处理"单位"的问题,也就是说,在"雇主"问题上,其一开始就采取了错误的立场。

委员会的判例认为,特别是在建筑行业中,两个附属的公司构成了一个雇主,"并不必然导致以这个雇主为谈判单位就是适格的,因为对雇主单位经营范围的确定要素,并不完全是适格单位范围的确定要素"。参见:新墨西哥州中心分会案(Central New Mexico Chapter)和国家电器承包商协会案(National Electrical Contractors Assn., Inc.),另见:B&B 工业公司案[B&B Industries, Inc., 162 N. L. R. B. 832 (1967)]。

上诉法院的理由为,委员会在"单位"问题上的主要案件是前面所讲的新墨西哥州中心分会案,而那个案件是不一样的。因为在那个案件中,两个附属公司从事的是不同类型的承包业务。上诉法院认为,这一事实对于委员会得出那样的结论是至关重要的,就认定适格的谈判单位的目的来看,雇员没有"共同的利益"。我们认为,无论上诉法院的这一理由是否正确,由上诉法院来对这个问题作出初步的决定,都是与"司法审查程序所承担的秩序性的功能所不相容的"。国家劳动关系委员会诉都市国际新闻社公司案[NLRB v. Metropolitan Ins. Co.，380 U. S. 438，444（1965）]。由于适格谈判主体的决定权主要是由委员会来确定,委员会的决定"如果说不能是最终的,也很少有人可以改变的",帕查特发动机公司诉国家劳动关系委员会案[Pachard Motor Co. v. NLRB，330 U. S. 485，491（1947）],我们认为,"当委员会在'雇主'问题上的错误被说的'清楚明白'的时候,上诉法院的功能就该到此为止了。"FPC诉爱达荷电力公司案[FPC. v. Idaho Power Co.，344 U. S. 17，20（1952）]……

### 注释和问题

**1. 单个雇主地位的认定。**正如在南大草原公司案的注释3中所述的,委员会在决定两个公司是否可以被认定为"单个雇主"时,所考虑的因素是：两个公司生意运营的关联性、共同所有和控制的范围、劳动关系的统一控制程度,以及是否有统一的管理。考虑到南大草原公司案的事实,上诉法院推翻委员会所作出的彼特·凯维特父子公司拥有的两个全资子公司不是单个雇主的认定,是否适当？

一般来说,在劳动关系的日常控制是以一个雇主为中心时,或在共同拥有的无工会的公司直接承担了以前有工会公司承担的工作的时候（如通过分包的形式）,委员会就一直认定双轨运行构成单个雇主。参见：斯蒂芬·F. 比福特：《劳动法和双面经营的雇主：对单个雇主和"另一个自我"原则的批判和完善建议》,载于《威斯康星法律评论》（1987）,第67页[Stephon F. Befort, Labor Law and the Double Breasted Employer: A Critique of the Single Employer and Alter Ego Doctrines and a Proposed Reformulation, 1987 Wis. L. Rev. 67]。如果公司的管理在一定的级别上是分开的,认定其存在共同所有的事实,并因此存在潜在的共同管理就不充分。参见：例如,克罗斯特地板和塑料公司案[Crest Floors & Plastics, Inc.，274 N. L. R. B. 1230,1248 （1985）,enforced,785 F. 2d 314（9th Cir. 1986）]。未成立工会的公司仅仅存在潜在地做那些成立了工会的公司的业务的可能性也是不足够的。参见：例如,西部人协会公司案[Wester Union Corp.，224 N. LR. B. 274

(1976), affirmed, 571 F. 2d 665 （D. C. Cir. 1978）］。

**2. 适格谈判单位的要件**。正如在南大草原公司案中所强调的，"单个雇主地位"的认定，并不必然导致将劳动合同扩展适用于两个公司。国家劳动关系委员会也必须按照正常的标准认定两个公司构成一个适格的谈判单位。在哪些案例中委员会应该认定两个建筑公司的雇员属于一个没有适当地组合在一个谈判单位的"单个雇主"？委员会应当适用一个有利于广义雇主的谈判单位的反驳性的假设吗？例如，"单个雇主"两个公司在同一地理区域，用同样的设备，做同样的建筑工程。

**3. "另一个自我"原则在双面经营案例中的适用**。如果委员会认定两个雇主之间存在着足够的统一性，委员会就会认定，第二个公司是第一个公司的"另一个自我"。那么委员会也可能会把成立工会的雇主所达到的集体谈判协议施加到共同所有、共同管理的未成立工会的雇主的身上。参见：克劳福德门业销售公司案［Crawford Door Sales Co., 226 N. L. R. B. 1144 (1976)］；第849页，注释9。尽管认定了另一个自我的身份就足以扩展适用协议，不需要进一步探究被扩展单位是否适当，参见地方第1478号木工工会诉史蒂文斯案［Carpenter's Local Union No. 1478 v. Stevens, 743 F. 2d 1271, 1277 (9th Cir. 1984)］，当委员会不能认定单个单位是否为适当时，委员会也不会认定存在"另一个自我"。在最近的委员会的裁决中，单个雇主和另一个自我的分析的确没有严格的区别。参见：例如，坎尔顿工业公司案［Cannelton Industries, Inc., 339 N. L. R. B. 996 (2003)］。

**4. 针对双面经营的立法建议**。建筑工会以及一些评论者已经就委员会对"双面经营"问题的处理提出批评，认为这是在建筑行业工会入会率下降的主要原因。参见：例如，斯蒂文·C. 艾伦：《1980年代至1990年代之间建筑业集体谈判的发展》，载于《当代私营部门的集体谈判》第411—434页，保拉·B. 沃斯编辑，1994年［Steven C. Allen, Developments in Collective

Bargaining in the Construction Industry in the 1980s and 1990s in *Contemporary Collective Bargaining in the Private Sector* 411, 434, Paula B. Voos ed., 1994]。工会代表经常提出要制定立法，扩大"单个雇主"原则。例如[H. R. 931, 101st Cong., 1st Sess. at 2-3 (1989)]可能对《国家劳动关系法》关于雇主的定义增加了以下语言："任何两个或两个以上主要从事建筑业的实体，如果其中一个实体是集体合同的当事人，如果这些实体在集体合同所覆盖的地理区域从事业务，从事的是该集体合同所述的工作，并且直接或间接地存在实质性的共有关系，有着实质性的共同管理或实质性的控制，那么它们就应该被认定为是单个雇主。"这一提案可能也会修正第8条(d)规定，将[建筑行业中构成单个雇主组成部分的单位]与构成单个雇主的在集体协议覆盖的地理区域内做集体协议所规定的工作的所有的其他单位劳工组织之间的集体协议条款的适用义务，"纳入到谈判义务之中"。国会应当实施这样的措施吗？

为什么经营一家成立了工会的建筑公司的企业家，不能再经营一家新的具有潜在竞争性的公司，雇佣没有集体协商义务的新雇员，这个要求有什么好的理由？在什么时候一个新的企业家在这个市场上有这样的自由？考虑一下在南大草原公司案中彼特·凯维特父子公司在俄克拉荷马州建筑市场上的竞争地位。无论成立第二个企业的目的是否是为了期望用竞争性的未成立工会的公司来投标，以避免按工会的标准支付工资，都不会影响你的答案？无论这个企业家是否使用第一个公司的设备或其他资本来运营第二个公司？

**5. 关于第301条规定的诉讼。**工会除了向委员会提起不当劳动行为的指控，还可以依据第301条的规定，强制新设的未成立工会的公司遵守工会与另外一个其所共有的竞争性的公司达成的集体协议。按照南大草原公司案，哪些问题是由适用第301条的法院适当地作出了判决？哪些问题主要是属于委员会的"管辖范围"？比较布朗诉桑地诺物资公司案[Brown v. Sandino Materials, 250 F. 3d 120 (2d Cir. 2001)]和地方第1846号木工工会诉普拉特法恩沃斯公司案〔Carpenters Local Union No. 1846 v. Pratt-Farnsworth, Inc., 690 F. 2d 489, 513-514 (5th Cir. 1982)〕(法院可以决定谈判单位的适格性)与美国联合航空公司第343号工会诉诺科尔铅工业公司案〔UA Local 343 v. Nor-cal Plumbing, Inc., 48F. 3d 1465 (9th Cir. 1994)〕和卡车司机工会70地方分会诉加利福尼亚集运商案〔Teamsters Local No. 70 v. California Consolidators, 693 F. 2d 81, 82-83 (9th Cir. 1982)〕(谈判单位一定要由委员会的裁决来决定)。只要裁决适当地适用了劳动关系委员会的单一雇主或"另一个自我"原则，法院就应当强制执行裁决，要求两个雇主都要遵守协议的条款？参见：盖特威建构公司诉木工会议董事会案〔Gateway Structures, Inc. v. Carpenters Conference Bd., 779 F. 2d 485 (9th Cir. 1985)〕。

**6. 对双面经营的合同应对。** 第8条(e)的规定可能会阻止工会采取合同的形式限制雇主投资非工会的竞争性公司的能力。例如，思考一下集体协议中的这样一条规定，如果雇主"在协议规定的范围内从事工程，以及使用工资、工时和其他劳务条件低于合同规定的雇员"，工会可要求雇主支付规定的违约赔偿金，并废除集体合同。参见：例如，钢板工人地方第91号工会案〔Sheet Metal Wkrs. Local Union No. 91, 305. N. L. R. B. 1055 (1991)〕〔认定这一条款违反了第8条(e)的规定，因为其有间接目的〕。但是，参见：贝克电力公司诉国际电气工人兄弟会地方第212号工会案〔Becker Elec. Co. v. Electrical Wkrs. (IBEW) Local 212, 927 F. 2d. 895 (6th Cir. 1991)〕(为保留工作而不是获取工作的目的，雇主行使管理和控制并不违反第8条(e)的规定)；油漆工地方第51号协会案〔Painters District Council 51, 321 N. L. R. B. 158 (1996)〕(在贝克案之后)；弗吉尼亚洒水车公司诉洒水车安装者地方第669号工会案〔Virginia Sprinkler Co. v. Sprinkler Fitters Local Union 669, 868 F. 2d. 116(4th Cir. 1989)〕(这一条规定的限制为，将条款加在"单个雇主或联合雇主身上"，并不违反第7条的规定，不得制止谈判或限制委员会在界定适格谈判单位方面的权利)。国会是否应当修正第8条(e)的规定,使工会能更容易地订立合同阻止双面经营?对于第8条(e)规定的讨论,参见前文第680—693页。

**7. 雇主的公开义务**。在谈判期间内,如果工会相信另一个雇主是自己雇主的"另一个自我",工会会在法律上有权获得有关其雇主与另一个雇主的信息吗?参见:例如,布里斯科钢板公司案[Brisco Sheet Metal Inc., 307 N.L.R.B. 361 (1992)];马本能源公司案[Maben Energy Corp., 295 N.L.R.B. 149 (1989)]。参见前文第490—500页。

**8. 建筑行业之外的双面经营问题**。在建筑行业之外,公司不必对工作进行投标,对这些企业中的双面经营问题,法律上应有不同的对待吗?考虑一下这样的一个假设:由于放松管制,货运行业成立了工会的承运人中心卡车公司(Central Trucking)在一些主要的运输线路上,一直在生意上输给其竞争对手美国中部运输公司(Mid-American Freight)。作为应对手段,中心卡车公司的控股公司成立了一个独立的子公司民主快运公司(Democratic Express),这个新公司以低于中心卡车公司集体谈判协议的工资和福利待遇雇佣了新的雇员,民主快运公司提出了较低的报价,从美国中部运输公司和中心卡车公司把生意抢了过来。民主快运也从中心卡车公司购买了一些卡车和其他的设备,并实行了完全独立的管理。中心卡车公司和民主快运公司的控股公司的管理人员说,成立民主快运公司的目的,就是为了在由中心卡车公司和美国中部运输公司分享的市场上,进行更有效的竞争。代表中心卡车公司雇员的工会对民主快运公司和控股公司提出了不当劳动行为诉讼,认为民主快运公司和中心卡车公司应该被认定为单个雇主,应当遵守中心卡车公司与工会所签订的集体协议。劳动关系委员会应当如何作出裁决?这一分析与建筑行业的案例有何不同?

## 第三节 破产、第11章重组和集体谈判协议

雇主可以依据《破产法典》第11章申请破产和重组以逃避集体协议(11. U.S.C. §§1101—1174),第11章允许经济上陷入困境的公司通过申请破产,提交重组方案,说明各类债权人将获得怎样的清偿,从而避免被清算。根据《破产法典》第365条的规定,依据第11章提出申请的当事方"经破产法院同意可以承担或拒绝承担任何可以执行的合同"。由于法院将期限尚未届满的集体谈判协议看作为可以执行的合同,因为这一合同有待双方履行,所以,第11章可以成为逃避集体协议的一种方式。

一般来说,对于经济状况良好的公司,第11章所赋予的请求权,并不是一个有吸引力的选择。见詹姆斯·J. 怀特:《比尔迪斯科案及国会的反应》,载于《威恩法律评论》第30卷(1984),第1169、1186—1189页[James J. White, The Bildisco Case and the Congressional Response, 30 *Wayne L. Rev.* 1169, 1186–1189 (1984)]。然而,随着美国经济在20世纪70年代的突变,包括一些工会组织率较高的行业中放松规制,其他行业产品市场竞争的加剧,处于经济困难之中的公司,越来越多地借助于第11章关于破产和重组的规定。结果,在20世纪70年代后期和80年代早期,有一系列的上诉法院的判决处理了关于破产法院如何对待债务人试图通过第11章的规定来拒绝集体协议的标准问题。这些判决在1984年最高法院的一个判决中达到顶峰,国家劳动关系委员会诉比尔迪斯科案(NLRB v. Bildisco, 465 U.S. 513)。

**注释:国家劳动关系委员会诉比尔迪斯科案及国会的反应**

尽管《国家劳动关系法》第8条(d)对单方终止集体协议作了规定,但是审理比尔迪斯科案的法院全体一致同意,国会的意图将第365条的规定适用于集体谈判协议。法院还同意上诉法院的意见,即"因为集体谈判协

议的特殊性质,对破产法院允许拒绝适用集体谈判协议,应该采取比商业合同中适用的商业标准更加严格的标准。"然而,在没有证明"除非允许拒绝适用,否则重组就会失败的"情况下法院就拒绝适用建议的标准,更确切地说,如果债务人能证明集体谈判协议对资产造成了负担,在经过仔细考虑和平衡后,认为拒绝适用集体协议时更有益,法院才应当允许拒绝适用,尽管这一标准看起来相当有弹性,法院进一步解释说,"由于第11章的政策是允许债务人成功地复兴,""《破产法典》没有授权对于是否公正合理可以自由决定,而是仅仅将公平与重组的成功性联系起来。"然而,法院警告,"在提出起诉要求修改或拒绝集体谈判协议之前,应当说服破产法院,他们就自动修改协议已经作出了合理的努力,不能很快达到令人满意的结果。"法院的态度表面,这种合理的努力不必达到进入了僵局的程度。

比尔迪斯科案还解决了另外一个问题:"在破产法院作出正式的拒绝适用集体谈判协议的裁决之前,劳动关系委员会是否可以认定,在破产程序中占有财产的债务人单方面地拒绝或修改集体协议,构成不当劳动行为。"通过5:4的投票表决,法院给了这个问题一个否定的答案,认定在破产案中提出起诉后,如果集体谈判协议仍在第8条(d)规定的含义内,依然是一个可执行的合同,那么第11章所追求的破产企业的重生的目的就会受到损害。

工会对比尔迪斯科案的判决提出谴责,特别是批评法院,在破产法院同意拒绝适用集体协议之前,就允许单方面变更。部分原因是在单独来自国会的压力下,一致同意修改《破产法典》,以保证破产法院管辖权的合宪性,工会也成功地说服了国会,在修订的《破产法典》中对集体谈判协议问题进行处置。1984年实施的《破产法典》第1113条体现了这一修订。

第1113条修订了法院在比尔迪斯科案中第一部分所争取的一致同意的方式。该条规定确认破产法院可以拒绝集体谈判协议的使用,并争取比尔迪斯科案中所采取的"平衡"标准。然而第1113条规定这一平衡必须"明确地"表明,其倾向于否定使用集体协议并进一步明确必要的条件。在根据第11章提出请求之后,在要求拒绝使用集体谈判协议之前,依据在提出建议时最完善可靠的信息,公司必须"向授权的代表提出建议,建议应该包括那些对雇员利益必要的修改,对允许债务人重组所采取的必要保护措施"。该建议也必须保证,"债权人、债务人和其他所有受到影响的各方受到公平公正的对待"。公司必须规定,"了解这些必要信息的雇员代表要对这些建议作出评估"。此外,在法院对拒绝使用集体谈判协议的请求开庭审理之前,公司必须"在合理的时间与雇员授权代表见面,就达成双方满意的协议修订结果,诚意地交接意见"。拒绝使用的进一步的条件是,工会"没有很好的理由"就拒绝接受公司对集体协议的修正建议。

除此之外,第1113条废除了比尔迪斯科案的第二个判决,即在提起破产请求后,在法院同意拒绝使用集体协议的请求之前,就允许单方面终止集体协议或对集体协议作出修订。依据第1113条的规定,如果没有破产法院的授权,在提出破产请求后,劳动关系委员会认定雇主单方面修改或终止集体谈判协议违反了第8条(a)(5)的规定。见,例如:佳洁士石板印刷案[Creast Litho, 308 N.L.R.B. 108(1992)]。然而,第1113条对破产法院审理和判决拒绝使用集体协议的申请,规定了明确的时间界限。一般来说,对于拒绝使用的案件的审理,必须自申请之日起14天内开庭审理,在开庭审理后,如果法院不能在规定的时间内(一般来说是30天)作出判决,公司或受托人可能改变或终止这个有待判决的合同。进一步来说,"在最后对拒绝使用问题作出判决前,如果对债务人的业务继续有必要,或者为了避免对资产造成无法弥补的损害",在通知和开庭后,法院可以授权公司对集体谈判协议作出临时的改变。

**注释和问题**

**1. 适当的妥协?** 你对破产的这种调和以及国会通过第1113条对劳动法作出的修改是否满意?这一解决方式是否会阻碍对公司有益的(以及对那些可能保住工作的雇员有益的)对财政上遭受困难的企业的新的资本投资?另一方面,是否有理由相信,第1113条仍然能够促使公司向工人支付工资,以补偿他们过去对公司作出的贡献和牺牲？

**2. 其余的问题。**第1113条提出了一些需要解释的难题,包括以下问题：

a. 修订是"必要的"？关于试图重组的公司在请求拒绝使用集体协议之前必须向工会提出建议的问题,对雇员利益和保护的变更对许可重组来说,在什么时候才是"必须的"？比较匹兹堡惠灵钢铁公司诉美国钢铁工人案[Wheeling-Pittsburgh Steel Corp. v. United Steel Workers, 791 F. 2d 1074, 1088－1089 (3d Cir. 1986)]("必要的"意义为对于避免债务人被清算是"实质性的")与卡车司机地方807工会诉凯利运输公司案[Tuck Drivers Local 807 v. Carey Transp., Inc., 816 F. 2d 82, 89－90 (2d Cir. 1987)]("必要的"意思并不是"绝对最小的",必须考虑长期的生存和发展)。一直以来,卡车司机案要更有影响一些。参见:例如,关于米尔高系统公司案[In re Mile Hight Systems, Inc., 899 F. 2d 887, 892－893 (10th Cir. 1990)]。为了满足这个"必要的"标准,是否所有的建议都必须包括"快速恢复"条款,以便在公司的财务状况比预想的恢复得更快时,对牺牲的利益予以补偿？建议合同的期限长短于此问题是否相关？如果在众多的变更建议中有一条对于成功重组不是"必要的",其整个要求拒绝适用的请求都要被否定吗？参见:关于皇家排字室案[In re Royal Composing Room, Inc., 848 F. 2d 345 (2d Cir. 1988)](重点应放在整体建议上)。

b. "公正、公平"地对待？向工会提出的建议,必须保证"受到影响的各方得到公正、公平地对待",这一要求增加了什么内容？这是要求公司按照相同的比例降低所有参加工会的员工的福利吗？是不是以某种可比较的方式使所有债权人的利益均要受到损失？参见:例如,关于加罗发洛精细食品公司案[In re Garofalo's Finer Foods, Inc., 117 Bankr. 363 (Bankr. N. D. Ill. 1990)]。

c. 公开的义务？第113条关于信息公开的条款,是否体现了依据特鲁伊特案(Truitt)的判决发展出来的《国家劳动关系法》的诚信谈判的标准,见前第492页,要求声称无财产能力支付工会所提出要求的雇主公开有关的收据?注意第113条(d)(3)规定,破产法院可能会发布保护令,"阻止……有关影响债务人在其行业中与竞争者地位的信息的公开"。

d."诚信地协商"?第113条要求公司"在合理的时间内"与工会代表"见面,诚信地进行协商",这是否意味着,除非按照《国家劳动关系法》第8(d)的规定,公司要求重组达到《国家劳动关系法》的诚信标准,否则就不允许拒绝达成协议?谈判一定不能陷入僵局吗?或者诚信判决的标准,或者对僵局的定义要在这一背景下加以调整?

e."没有诚信的理由?"工会在什么时候拒绝接受公司的变更建议会构成"没有诚信的理由"拒绝?假设,公司的建议不是"必要的",或者不是"公正的、公平的",或者,公司没有提供必需的信息或不诚信地协商,这时工会就有了"诚信的理由"。但是,如果所有这些要求都得到了满足,法院应否仍然对工会立场进行价值评估,从而来判定,工会拒绝接受建议是否是诚信的或是否是合理的?在联邦的劳动法律中这种质询有没有先例?参见:例如,关于马柯斯韦尔报社公司案[In re Maxwell Newspapers, Inc, 981 F. 2d 85 (2d Cir. 1992)](要求工会同意必要的和公正的建议或者提出适当的替代性建议);关于联合递送系统公司案[In re Allied Delivery Sys. Co., 49 Bankr. 700, 704 (Bankr. N.D. Ohio 1985)](如果建议是必要的、公正的、公平的,就不要求要有诚信的理由)。

f."对衡平的权衡"。破产法院如何来决定,经过对集体谈判协议进行"衡平的权衡其明确地倾向于拒绝"该集体谈判协议?增加了"明确地"这个词是否意思是指,在衡平处于平衡状态时,不能拒绝的不仅仅限于这个协议?破产法院最重要的是否要权衡拒绝适用集体协议对债务人公司的重新复活究竟有多重要?法院在多大程度上要考虑这些因素,如果要考虑的话,如被拒绝适用的集体协议中的不罢工条款被废除后,在多大程度上会发生罢工?对加入工会的员工所造成的绝对的和相对的(对其他债权人)的冲击,或债权人试图摆脱工会的可能性?参见前面的卡车司机案(除了个别因素外,列出罢工的可能性和后果,各方的程序和非诚信)。法院是否也应当考虑,集体谈判协议是否已经被占有破产企业的债权人所违反?参见:美国钢铁工人联合会诉尤米特公司案[United Steelworkers of America v. Unimet Corp. , 842 F. 2d 879 (6th Cir. 1988)];比尔·D. 本辛格:《对集体谈判协议的修正:违反合同会对拒绝造成阻碍吗?》,载于《美国破产研究所法律评论》第13卷(2005),第809页[Bill D. Bensinger, Modification of Collective Bargaining Agreements: Does a Breach Bar Rejecton?, 13 *Am. Bankr. Inst. L. Rev.* 809(2005)]。

g."雇主商业继续所必需"。法院在什么时候应该认定具备"雇主商业继续所必需"这一条件,以在是否拒绝适用集体协议的判决悬而未决时,授权对集体谈判协议实施临时的变更?允许这种临时放开所适用的标准,是否应比拒绝使用集体协议的标准更加严格?这种所许可的临时的变更是否可以比向工会提出的变更建议更大?

**3. 第1113条的规定会有效地约束破产法官吗?** 像第1113条中的这些概括模糊标准,有可能对破产法官的判决产生很大的约束吗?或者,这样的法官更可能地受到对破产法和劳动法潜在的相互冲突的态度的影响呢?参见:怀特,同前,第1197、1198页。是依据专业破产律师的态度吗?

**4. 对违反第1113条的救济。** 破产法院的有限的救济对策——拒绝同意不适用集体协议——是否表明,第1113条的程序性要件在实践中没有意义?破产法院在拒绝适用集体协议对成功地重组看起来是必要的时候,是否仅因债务人公司,例如,没有向工会提供所有的信息,或者没有完全履行协议约定的义务,就可以拒绝使用集体协议?

**5. 拒绝的效力。** 在拒绝适用集体协议的申请被许可后,第1113条并没有直接解决债务人公司的义务问题。但是比尔迪斯科案清楚地表明,同意不适用集体协议,终止了集体谈判协议,这并没有废除债务人和作为雇员代理人的工会打交道的义务。同意不适用集体协议,也并未自动改变协议中所规定的雇佣条件。在谈判没有陷入僵局之前,仅仅是受到不能罢工的约束,但债务人能单方面改变目前的协议吗?或者,债务人是否仍受到卡茨案(Katz)规则的约束(见前文第 500 页),要求在谈判进入僵局时才能作出单方面的变更?将关于索特格里克弗莱威特案[re Salt Creek Freightways, 47 Bankr. 835 (Bankr. D. Wyo. 1985)]和关于美国供应公司案[In re American Provision Co., 44 Bankr. 907, 910 - 911 (Bankr. D. Minn. 1985)]作一下比较。另见:关于霍夫曼兄弟包装公司案[In re Hoffman Bros. Packing Co., Inc, 173 B.R. 177 (9th Cir. 1994)][一定要将第1113条解释为,在破产过程中,(债务人)在对双方的关系作出单方面的变更之前,债务人应与工会进行谈判,要么得到工会的同意,要么要得到法院的同意]。

在大多数情况下,这些问题不是至关重要的,因为在作出单方面的变更之前,雇主确实有义务进行谈判直至陷入僵局。在拒绝适用集体协议前,向工会提出的建议所导致的任何僵局,大概都会给单方面实施改变提供正当的借口。进一步来说,如果破产法院允许,在对拒绝适用集体协议的要求作出判决以前,对雇佣条件作出临时变更,那么,这些临时变更劳动条件,在雇主与工会达成新的协议之前,或者在新的谈判陷入僵局以后,就可能会成为雇主所要求维持的新的劳动条件。参见:关于 D. O. & W 煤业公司案[In re D.O. & W. Coal Co., 93 Bankr. 454 (Bankr. W. D. Va 1988)](在集体协议期满后,临时救济命令继续有效,并成为雇主要求维持的现况的一部分)。一般参见:玛莎·S. 韦斯特:《比尔迪斯科案后的生活:第1113条与诚信谈判的义务》,载于《俄亥俄法学杂志》第 47 卷(1986),第 65、151—159 页[Martha S. West, Life After Bildisco: Section 1113 and the Duty to Bargain in Good Faith, 47 *Ohio St. L. J.* 65, 151 - 159 (1986)]。

**6. 与《诺里斯-拉瓜迪亚法》的关联性。**《诺里斯-拉瓜迪亚法》是否阻止破产法院禁止罢工?其目的是,在对雇主请求拒绝适用集体协议要求作出判决之前,迫使债务人公司遵守其在重组前的请求义务?在拒绝适用集体协议的请求被批准后,如果要求破产法院禁止罢工,是为了影响新的协议吗?参照关于西北航空公司案[In re Northwest Airlines, 349 B. R. 338 (S. D. N. Y. 2006)](在法院对拒绝适用集体协议的要求得到许可后,在穷尽法律规定的解决方式之前,禁止罢工违反了《铁路劳动法》所规定的自救方式)。

**7. 评论**。对这些问题及其他相关问题的评论,参见:唐纳德·B.史密斯和理查德·A.贝尔斯:《劳动和破产法的协调》,载于《密歇根州立大学底特律法学院法律评论》(2001)[Donald B. Smith & Richard A. Bales, Reconciling Labor and Bankruptcy Law, 2001 L. Rev. Mich. St. U. Det. C. L. 1145];韦斯特:《比尔迪斯科案件后的生活》(West, Life After Bildisco),同前;斯蒂芬·克罗珀:《一个错置优先权的案例:关于解决〈破产法典〉第507条和第1113条之间的明显冲突建议》,载于《科罗拉多法律评论》第18卷(1977),第1459页[Steven Kropp, A Case of Misplaced Priorities: A Proposed Solution to Resolve the Apparent Conflict Between Section 507 and 1113 of the Bankruptcy Code, 18 Cardozo L. Rev. 1459(1977)],以及《破产中的集体谈判:关于第1113条的分析框架》,载于《天普法律评论》第66卷(1993),第697页[Collective Bargaining in Bankruptcy: Toward an Analytical Framework for Section 1113), 66 Temp. L. Rev. 697 (1993)];查尔斯·B.科瑞弗:《金融危机对集体谈判关系的影响》,载于《乔治·华盛顿法律评论》第56卷(1988),第465、498—503页[Charles B. Craver, The Impact of Financial Crisis upon Collective Bargaining Relationships, 56 Geo. Wash. L. Rev. 465, 498-503(1988)]。对资方和工会的观点分别作了论述。哈维·R.米勒和黛布拉·A.丹登纳:《破产重组和对集体谈判协议的拒绝适用——压迫劳动合同的一种替代手段》,载于《劳动法和商业的变化:理论的和跨越条款的视角》第十六章,萨缪尔·艾斯托伊克和丹尼尔·G.科林斯编辑,1988年版[Harvey R. Miller & Debra A. Dandenau, Bankruptcy Reorganization and Rejection of Collective Labor Bargaining Agreements——An Alternative to Oppressive Labor Contracts, *Labor Law and Business Change*: *Theoretical and*

*Transactional Perspectives* ch. 16, (Samuel Estreicher & Daniel G. Collins eds., 1988)];迈克尔·E. 亚伯拉罕和巴贝特·赛提:《在雇主破产时保护工会的利益》,同前,第 17 章(Michael E. Abram & Babette Ceccotti, *Protecting Union Interests in Employer Bankruptcy*, in id. ch. 17)。

# 第十一章 劳动和反托拉斯法

## 第一节 劳动的反托拉斯豁免的起源

**爱派克斯针织品公司诉工会领导案**

Apex Hosiery v. Leader

310 U. S. 469（1940）

［参见前文第69—73页］

**美国诉哈奇森案**

United States v. Hutcheson

312 U. S. 219（1941）

［参见前文第73—76页］

注释和问题

**1. 爱派克斯针织案的影响范围？** 在爱派克斯针织案中，豁免的范围是什么？在何种意义上其豁免的范围比哈奇森案所确定的要更广一些？或者是更窄一些？

**2. 哈奇森案的影响范围。** 为什么法兰克福法官在哈奇森案中没有简单地依据爱派克斯针织案的判决？是为了应对来自反托拉斯的挑战而为工会创造一个"安全的港湾"吗？它有没有和非劳工团体相结合？这两种情况有着同样的保障工会不被用来作为帮助雇主垄断某一产品市场工具的目的吗？工会和非劳工团体之间的协议，包括许多集体谈判协议，工会很明确地没有通过这些协议提供帮助？

**3. 哈奇森案得到豁免的基础。** 在哈奇森案中，是依据哪部法律获得的豁免？你信服法兰克福法官的观点吗？即，《诺里斯—拉瓜迪亚法》虽然表面看起来是关于对禁令的限制的，但是也影响了政府作出的刑事起诉。哈奇森案实质上否定了杜普莱斯印刷公司案(*Duplex Printing*)对《克莱顿法》的解释吗？

## 第二节  工会的单方行动和与"劳工组织"的协议："成文法"规定的豁免

哈奇森案清楚地表明，当代表雇员的工会依据《国家劳动法关系法》和《铁路劳动法》的定义单方面采取行动时，工会享有豁免权。在康奈尔建筑公司诉水管工地方第100号工会案[Connell Constr. Co. v. Plumbers, Local 100, 421 U.S. 616, 621-622(1975)]中(见后文第898页)，最高法院使用了"成文法"规定的豁免这一词，来指依据《克莱顿法》第6条和第20条以及《诺里斯—拉瓜迪亚法》所规定的反托拉斯法豁免，"这些成文法宣布工会不是限制贸易的团体和密谋者，对工会的特有活动，包括设立间接纠察线(secondary picketing)和抵制(boycott)的行为，免除反托拉斯法上的责任。"

对劳方的"成文法"规定的豁免，是否也包括工会对既不和工会会员在工作和工资上构成竞争，又不属于劳动市场中介的独立商业的控制行为？法院在下面的这个案例中抓住了这个问题。

## H. A. 艺术家及其合伙人公司诉演员衡平工会案

H. A. Artists & Associates, Inc. v. Actors' Equity Association
451 U. S. 704 (1981)

斯图尔特法官发表了这一法庭的意见。

被告演员衡平工会(Actors' Equity Association)(以下简称衡平工会)是代表美国绝大多数舞台演员的工会。该工会为其所代表的人和戏剧的制作者们签订了集体谈判协议,规定了最低工资及其他雇佣条件。原告是独立的戏剧经纪人,为戏剧制作者们提供男女雇员。第二巡回上诉法院基于劳工豁免于反托拉斯法的成文法规定作出判决:被告对戏剧经纪人的管理制度不承担反托拉斯法的责任。

I

衡平工会是一个全国性的工会,从20世纪初就开始代表舞台演员,目前,代表着约23,000名男女演员。该工会实质上和纽约市百老汇内外的所有戏剧制作商,以及全美国大多数的其他戏剧制作商,签订了集体谈判协议。它与制作商所达成的劳动条件是最低的雇佣条件[称作"标尺"(scale)];每个男女演员可以自由地就工资和其他雇佣条件向雇主争取比集体谈判协议规定的最低标准更有利的条件。

戏剧经纪人是独立的承包商(缔约人),他们为自己的客户就合同进行谈判,寻求雇佣机会。经纪人不参加衡平工会和戏剧制作商之间就集体谈判协议进行的协商。如果经纪人成功地为客户获得了雇佣机会,他依据客户收入的一定的百分比收取佣金。依据纽约的法律,在纽约市运作的经纪人必须在就业部门登记,并受纽约市消费事务局(New York City Department of Consumer Affairs)的管理,纽约的法律规定,戏剧经纪人最多只能从客户的收入中收取10%的佣金……

衡平工会对于戏剧经纪人的基本要求自1982年以来就一直没有变化,

衡平工会的成员由于违反工会的纪律规定,被禁止获得衡平工会的许可证(称为"特许经营权")。在工会的规定中,最重要的一条是,要求拿到许可证的戏剧经纪人不要向那些依据集体谈判协议所确立的最低标准工作的男女演员收取佣金。合同中还包括这样的条款,依据这些条款,男女演员有时候是按集体协议确定的最低工资领取报酬,比如在排练或"合唱"的工作中,例如,更常见的是,这些规定禁止经纪人就合同中的集体协议确定的最低工资标准的部分收取佣金。对于雇主向部分演员支付的出差补助也禁止经纪人收取佣金。此外,佣金限于集体协商确定的最低工资标准的10%以内,且如果经纪人在规定的时间内没有成功地给客户找到工作,经纪人必须允许客户解除代理合同。最后,经纪人要向衡平工会支付特许费……

在经过法官的独任审理后,地方法院裁决,衡平工会所创设并运行的经纪特许制度,完全受到反托拉斯规定的劳工豁免制度的保护,因此,驳回了原告的诉讼请求。在对该部分所作出的结论中,初审法院认为,戏剧经纪人在保障男女演员的就业方面起着关键的作用:

> 作为行业的一般做法,制作商是通过经纪人来为他们的戏剧寻找演员。本案中的证词充分地证明,演员没有经纪人就无法和有经纪人演员同样地与制作商接触,或者没有经纪人的演员,无法像有经纪人的演员一样获得角色被考虑的机会,甚至在主角的面试中,尽管要求制作商面试所有想出演主角的演员,但是也未能排除对经纪人的需求,经纪人可能为他的客户争取到更大的试演机会。
>
> 证词进一步证实,经纪人在该行业中扮演着固有的角色,没有经纪人,演员获得雇佣的机会将大大地减少。

法院也认定"没有证据证明演员的衡平工会与经纪人的组织之间或演员的衡平工会与制片商之间存在密谋或非法的合作",并得出结论:"演员的衡平工会的特许制度是由演员的衡平工会所使用的,其目的是为了保护其成员的工资和劳动条件。"

上诉法院全体一致同意，维持地方法院的判决。

上诉法院适当地认识到，首先要解决的问题是，衡平工会的经纪人特许制度是否涉及衡平工会和"非劳工团体"或非"劳动争议当事人"的合作。法院结论是，初审法院认定有足够证据证明衡平工会在建立和维护特许制度和戏剧制作商之间没有相互合作，没有明显的不当之处。

一个更困难的问题是，衡平工会和那些同意特许的经纪人之间的联合是否属于与"非劳工组织"的联合，这一问题最好要依据音乐家诉卡罗尔案（Musician v. Carroll, 391 U.S. 99）来回答。在该案中，四位管弦乐团的领奏人，都是美国音乐家协会会员。他们依据《谢尔曼法》提出起诉，要求否定工会单方面制定的"俱乐部预约"制度或一次性的聘用演出制度。这些制度其中包括：实行封闭式雇佣企业（closed shop）①；管弦乐队的领奏人要尽量少地雇佣"伴奏人员"或乐器演奏者；确定当地演出规定最低价格；②对管弦乐队外出演出规定了更高的最低价格；仅允许领奏人与在工会登记的经纪人交易。

法院没有改动上诉法院对管弦乐队的领奏者是雇主和独立缔约人的认定，法院得出的结论认为，他们仍然是"劳动团体"，是《诺里斯—拉瓜迪亚法》含义中的"劳动争议的"当事人，因此，他们因工会的合理规定而发生的关系，不是属于"劳动组织"和"非劳工"团体之间的非法的合作。法院同意初审法院的意见，即可适用的标准是，在工会会员和独立缔约者之间是否存在"工作或工资的意见或某些影响工会合法利益的经济关联"。同前，第106页。

法院也支持了对演艺经纪人的限制，这些演艺经纪人和工会会员之间没有工作机会和工资方面的竞争。因此，这些限制要符合上面所引用的

---

① 指工会与资方达成协议，只雇佣某一工会的会员作为职工的企业。——译者注
② 22. 这些规定也包括了伴奏人的最低工资标准、领奏者的费用，领奏者的费用在至少是四个人的管弦乐队中是伴奏者最低工资的两倍，外加8%的社会保险费、失业保险费及其他的支出。此外，如果领奏者没有出面，而是指派一个人代理，有四个或四个以上的人演奏，领奏者需要代理者按照1.5倍伴奏人最低工资的标准支付费用。

"其他经济关键性"的分离标准,因为那些限制至少与工资作为最低价格标准这个主题是密切相连的。同前,第113页[引用卡车司机工会诉奥立弗案(Teamsters v. Oliver, 362 U.S. 605, 606)]。法院注意到,对经纪人采取限制部分原因是因为经纪人以前"收取了适当的费用,并以低于工会确立的最低工资标准……为音乐家安排演出"。

本案中原告所指控的限制和卡罗尔案中得到维持的对经纪人的限制非常类似,管理计划的实质性内容是相同的,只允许会员与同意以下条件的人进行交易:(1)避免利益冲突以尊重受托义务;(2)不收取过度的佣金;(3)不低于工会确定的最低标准为工会会员安排工作。① 正如卡罗尔案一样,衡平工会对经纪人进行管理,是为了应对这些在相关的劳动市场上占据了关键地位的经纪人滥用权利而作出的。经纪人直接处于工会会员与工作岗位之间,处于逃避工会对工资结构进行协商的关键的地位。

合法的戏剧行业有其特有的行业特点,工作是间歇性的,工会会员要通过经纪人才能就业,这虽然不是必须的,但已是行业的惯例,经纪人的费用是按工会会员工资的百分比来计算的。如果不对经纪的费用加以规制,这些特点会导致工会不可能保护其所协商达成的最低工资的统一性。把这些规制措施纳入劳工豁免的范畴,[因为它们]对保证最低工资的支付是必需的……,卡罗尔案(Carroll, 391 U.S, at 112)。他们"体现了……对威胁基本工资结构维持体系的直接的正面的出击"。卡车司机工会诉奥立弗案(Teamsters v. Oliver, 362 U.S. 283, 294)。因此,经纪人必须被认定是"劳工团体",很显然,他们与衡平工会之间的争议是《诺里斯—拉瓜迪亚法》所规定的"劳动争议",即"协商、确定、维持、变更或者致力于安排就业条件的代表人,无论争议人是否与雇主和雇员保持较密切的关系"[29 U.S.C. § 113(c)]。

---

① 25. ……上诉人辩称,戏剧经纪人和那些(其他)无数的仅向工会提供产品或服务的人没有区别,如不动产出租人、食品杂货商、会计、律师等。但是,经纪人和这些人有两个关键的区别:经纪人控制着工作机会;经纪人控制着雇佣条件的协商。因此对男女演员来说,向经纪人支付佣金,不是其可以支配收入的一项随意的支出,而实质上是其为获得工作而不可避免的花销。

经纪人起到了这样一个作用——代表工会会员出售他们的劳动,在大多数的非娱乐性行业中,这完全是工会来做的。从实际效果来看,衡平工会的特许制度在运行的过程中,为其成员寻找雇佣机会,起到了职业介绍所的作用。

最后,衡平工会的规定,很明显地是用来维护工会的合法利益的。在像这类案件中,工会和它所规制的团体之间没有直接的工资和工作岗位的竞争,卡罗尔案判决中关于非劳工团体的想法——是否存在"一定的……影响工会利益的经济上的相互联系性……"(391 U.S, at 106)……,——足以能解决这一问题。

剩下的问题是,衡平工会向申请特许权的经纪人收取费用,是否是豁免规制制度许可的内容。我们已经得出结论,衡平工会收取这些费用的理由是不充分的。卡罗尔案并没有准允工会从经纪人的特许费中提取一部分。衡平工会的意思是,仅仅在大多数概括性的条款中,这些费用在一定程度上与规制的基本目的相关:消除工资竞争,维持工会的最低工资标准,促进公正地获得工作。但是,即使假设这些费用只不过是用来支付这一规制制度的合理费用,这只不过是用另外一种方式说,没有这些费用,工会的规制合理工作就不会有补贴——衡平工会会员可能就必须缴纳会费,以补偿其收入的损失。如果衡平工会没有向经纪人收取这些特许费,就没有理由相信它的合法利益会受到了影响……

(布伦南法官及首席法官和马歇尔法官,参加了讨论,他们部分人表示同意,部分人表示不同意,他们的意见这里忽略。)

**注释和问题**

**1. 如果经纪人不是"劳工团体",情况会怎样?** 为什么有必要认定经纪人是"劳工团体"? 有没有理由怀疑,工会规制经纪人的目的,是为了使经纪人的商业市场卡特尔化,而不是为了控制演员的"劳动市场"? 如果依据哈奇森案,经纪人不是"劳工团体",法院在爱派克斯针织案中使用的方法,是否支持反托拉斯豁免的观点?

**2. 经纪人能进行集体谈判吗？** 法院判决认定戏剧经纪人是"劳动团体"，意思是不是说，这些经纪人自己可以组织工会，并坚持要求进行不受反托拉斯法规制的集体谈判？经纪人是否可以与雇员的工会进行集体谈判？这一谈判是否适用《国家劳动关系法》？如果不适用，又适用什么规则呢？经纪人是否也可以和制片人进行谈判？参照：洛杉矶食品肉类运输驾驶员诉美国案[Los Angles Meat & Provisions Drivers v. United States, 371 U. S. 94(1962)]；哥伦比亚河包装协会诉西尔顿案[Columbia Rivers Packers Ass'n v. Hinton, 315 U. S. 143(1942)]。

**3."劳动组织"可以依据劳动法与那些具有"独立缔约人"地位的组织联合吗？** H. A. 艺术家案是否意味着就劳动法的目的来看商业单位可以是独立缔约人，而且为了实现劳动法的立法目的，劳动组织可以获得反托拉斯法的豁免？在家包办公股份有限公司诉美国国际驾驶员联合会案[Home Box Office, Inc. v. Drivers Guild of Am., Inc., 531 F. Supp. 578 (S. D. N. Y 1982)]中，一家付费电视节目发射台提出起诉，要求禁止电视导演工会执行集体协议，特别是那些与自由职业导演、制片商导演之间的集体协议。依据这些协议除非按照工会与制片公司达成的条件，否则，这些导演可以拒绝工作。原告家包办公股份有限公司和工会经过协商未能达成协议，工会指令其会员不要为家包办公股份有限公司或其他拒绝签署合同的人工作，否则工会将处以罚金。地区法院注意到，从某些方面来看，自由职业导演像是独立缔约人：(a)他们可以接受或拒绝执导某一演出的要约；(b)他们做的每一个节目签一次合同，而不是签一段时间的合同；(c)他们可以从不同的雇主那里接受一个以上的任务；(d)他们有权决定由谁来作他们的助手，以及在演出中如何指挥。然而，从其他方面来看，自由职业导演又像是生产性公司的传统雇员：(a)他们没有资本风险也不分享利润；(b)工作时间和工作地点不是由他们决定；(c)他们对他们所执导的演出中的创造性元素没有"控制权"；(d)他们和作为雇员的导演所起的作用是一样的。地区法

院沙飞亚(Sofaer)法官判定(见第597页),自由职业导演们是一个"劳动群体":

> 自由职业导演是雇员,不是独立缔约人或企业主。然而,即使不考虑这一结论,仅就雇员和自由职业导演之间的功能的相同性和职能的相互重叠所导致的利益的共同性来讲,就自然应当允许他们进行集体谈判。如果这两个群体的最低工资和其他雇佣条件差别较大,获得较高待遇的团体所享受的雇佣条件,可能很大程度上是受到能获得另外一个团体的较低价格的导演服务的影响。在很大程度上雇员和自由职业导演是可以互换的。的确,在这个市场上,雇主的决定是最有权力的决定,雇主决定谁是雇员或谁是自由职业导演。因此,和音乐人与乐队的领队相比,雇员和自由职业导演对工作岗位的竞争更大,所以,在卡罗尔案中,允许这两个团体联合起来进行集体谈判。

**4. "临时的"工作人员。** 如果在这个行业,标准的行业惯例是仅用自由职业导演,而不存在与之竞争的作为雇员的导演团体,家包办公股份有限公司案的结果会有变化吗?如果依据《国家劳动关系法》,自由职业导演不是雇员,那么情况会是什么样?鉴于美国的公司越来越多地使用所谓的"临时的"工人,来从事以前由公司内部员工来做的工作,请考虑这个问题。参见前文第298—307页。另见:《劳资关系未来委员会的事实认定报告》(1994年5月)[Fact-Finding Report of the Comm'n on the Future of Worker Management Relations 22 (May 1994)];凯瑟琳·G.亚伯拉罕和苏珊·K.泰勒:《公司对外部缔约人的适用:理论和证据》,国民经济研究局系列报告第4468号,1993年9月[Katherine G. Abraham & Susan K. Taylor, Firms' Use of outside Contractors:Theory and Evidence, NBER Working Paper Series No. 4468, Sept. 1993]。

**5. 体育运动会对经纪人的规制。** 代表运动员与主要的专业体育运动联合会进行集体谈判的工会,也对代理运动员进行协商协助他们签订个人劳动合同的经纪人进行规制。然而和演员的衡平工会不同,体育运动工会不是通过会员身份控制来规制经纪人,而是肯定他们有排他性的谈判代表资格,并决定谁可以代表谈判单位的会员与俱乐部进行协商。这种规制形式有权获得 H. A. 艺术家案中规定的法定豁免吗? 参见:例如,柯林斯诉国家篮球运动员协会案[Collins v. National Basketball Players Association, 850 F. Supp. 1468 (D. Colo. 1991)]。

**6. 确定价格可以作为允许的产品市场限制措施?** 注意在卡罗尔案中,允许工会为乐队的演出确定价格,法院认为这种做法有正常理由,依据是劳动成本是价格的主要决定因素:

> 产品的价格——这里指交响乐团为俱乐部演出的价格——几乎是指伴奏人和领奏人的全部最低工资。和大多数产业不同,除了8%的就业税和其他支出,在价格上没有其他的成本支出。因此,如果领奏者降低价格,工资也一定不可避免地下降。(391 U. S. at 112)

怀特法官不同意这一观点(第116—117页):

> 工会当然完全有权将伴奏者和副领奏人的最低工资标准强加在这个领奏人头上,他实际上就是雇主。然而,音乐家工会走得过远了。它还要求,对于四个或四个以上音乐家的演出来说,领奏人向客户收取的费用不得少于伴奏者的最低工资乘以音乐家的人数(包括副领奏人),外加支付给领奏人的两倍的伴奏人的最低工资,其中,支付给副领奏人的费用应是四分之一的领奏人的费用,加上伴奏者的费用,即使领奏人自己没有做"劳工团体"的工作。

在 H. A. 艺术家案中,法院不愿意支持工会向经纪人收取特许费,这是否意味着,即使是在工会对"劳工团体"进行规制的背景下,那么对工会会员的工资和工作标准的不必要的保护性限制,也要受到详细的反托拉斯审查?在读完下面的宝石茶案(Jewel Tea)的判决后,再作思考。

# 第三节 与"非劳工团体"达成的协议:"非成文法规定的"豁免

"成文法规定的"豁免已经对其适用范围作出了限制,因为,一般来说,工会要促进其会员的利益,不需要获得非劳工团体的同意。认识到这一事实情况——要对《国家劳动关系法》规定的国会支持集体谈判的政策和国会支持自由竞争所要求的政策进行必要的调和,就应当对工会和雇主之间的协议给予有限的不受反托拉斯处罚的"非法定豁免"。康奈尔建筑公司诉水管工地方第100号工会案[Connell Constr. v. Plumbers, Local 100, 421 U.S. 616, 622 (1975)](见后文第898页)。

## 艾伦·布兰德利公司诉国际电气工人兄弟会地方3号工会案

Allen Bradley Co. v. Local 3, IBEW

325 U.S. 797 (1945)

布莱克法官……[原告是一些位于纽约市外的电器设备制造商,大部分还位于纽约州以外,他们提出本诉讼,称他们被被告和其他人采取的行动排挤出了纽约的市场。]

被告是工会、工会干部和工会会员。该工会是国际电气工人兄弟会地方第3号工会,其辖区范围仅限于纽约市市区。因此,该工会不可能与原告签订集体谈判协议。有些原告与其他的工会的确也签订了集体谈判协议,有的甚至是和国际电气工人兄弟会其他地方工会签订的。

被告工会的有些会员为电器设备的制造商工作,这些制造商生产和原告相类似的产品;被告工会的其他会员受雇于承包商,或从事电器设备的安装工作,而不是在生产部门工作。

工会多年来所一贯追求的目标是:扩大会员队伍,争取更短的工时和更高的工资,扩大会员的就业机会。要达到后一个目标,即为会员创造更多的就业机会——工会认识到,当地的制造商、当地会员的雇主,必须尽最大的可能来拓展产品的销路。因此,工会发动了进攻性的运动,与当地的电器制造商和承包商签订协议,约定他们只雇佣工会会员。工会通过传统的方法,包括罢工、抵制,在纽约市区逐渐地、越来越多地签订了这种雇主只雇佣工会会员的协议。依据这些协议,承包商有义务只从与地方第3号工会签订了仅雇佣工会会员协议的电器制造商处购买设备;制造商自己也有义务在纽约市内仅向雇佣了当地工会会员的承包商销售其产品。随着时间的推移,这种类型的雇员和雇主之内的单个协议扩展至整个产业的各个单位,协议所关注的也不仅仅是雇佣条件,而且包括了价格和市场控制。成立了由所有这三方代表组成的机构,对当地不服从的承包商和制造商进行抵制。工会、承包商和制造商三方之间的结合,从他们自己的角度来看,是非常成功的。纽约市制造商的业务有了惊人的增长,由此,当地工会会员的工作机会也成倍地增加。工资增加了,工时缩短了,纽约电器设备的价格上涨了,当地承包商和制造商的财务上的利润明显增加。这一成功可以由这一关系来描述,一些纽约的制造商在这个受到保护的市场上是以一种价格销售他们的产品,而在纽约以外的市场上是以低得多的价格销售同样的产品。正如巡回上诉法院所述,这是"通过对竞争的扼杀"而达到的,因为这三方结合成"合作伙伴",获得了"完全的垄断,以抵制原告生产的设备"。各种电器设备的州际销售被这种强有力的联合完全地压制了。

非常明显,这种商人的联合违反了《谢尔曼法》的第1条和第2条,除非其行为因工会的参与而得到豁免。因为其试图并确实控制了贸易,垄断了纽约市区电器设备的供应,排除了其他州生产的电气设备的进入,并且也确定控制了价格,对不同地区的未来客户构成了歧视。爱派克斯针织品公司诉工会领导案[Apex Hosiery Co. v. Leader, 310 U. S. 469, 512－513 (1940)]。

因此,在这个案例中我们的问题是一个非常狭窄的问题——工会为了促进其自己作为工资收入者的利益,帮助和教唆商人作出法律禁止的行为,是否违反了《谢尔曼法》?……

……我们认为,国会和《谢尔曼法》是一致的,并不想让工会协助非劳工团体形成商业垄断,控制产品和服务的市场……

人们一直在争论,被告所称的豁免是从工会可以和雇主签订集体谈判协议的权利中引申而来。由于工会可以采取罢工,实施工会对商品的抵制,而不违反《谢尔曼法》,因此人们认为,工会会员可以通过让雇主同意拒绝购买某些商品来平息罢工。在本案中雇主和工会确实订立了集体协商协议,在协议中雇主同意不购买当地那些不用地方第3号工会会员的制造商所生产的商品。我们可以假设这样一个协议可能不会违反《谢尔曼法》,但这个协议并不是独立的,它只是一个更独立的宏大计划中的一个环节,承包商和生产商也加入这个计划中,以垄断纽约市里的所有的生意,阻止来自那个地区的其他的所有商人,并以高于竞争价格向公众要价。确实,如果工会单独行动,工会在争议中的胜利也会增加商品的价值,或者可能会导致他们所有的雇主们单独地拒绝购买不是由地方第3号工会会员生产的电器设备。只要工会单独行为而达成这一结果,它就是工会活动的自然后果,根据《克莱顿法》是要受到《谢尔曼法》规制范围豁免的。爱派克斯针织品公司诉工会领导案,同前,第503页。但是当工会参加了由商人组成的联合,这一联合有竞争力地在自己内部消除竞争,并能排除来自所有其他人的竞争,这就形成了《克莱顿法》和《诺里斯—拉瓜迪亚法》规定的豁免所不能包括的情况……

被告对这种形式的禁止表示反对,特别要求对其进行修正,以禁止那些工会和"非劳工团体的个人、商号或公司的联合的活动……"没有这一限制,他们所发的这样的禁令就直接违背了《克莱顿法》和《诺里斯—拉瓜迪亚法》。地区法院拒绝作出这样的限定是错误的。

因此,撤销上诉法院作出的驳回起诉的判决,案件发回给地区法院按照本意见改判,并对判决和禁令作出说明。

初审法院作出裁决——极力主张工会一直是签订这个富有争议的协议的背后的动力[41 F. Supp. 727,750 (S. D. N. Y. 1941)],在上诉中也未得到否认——墨菲法官发表了不同观点;罗伯特法官只赞成法院的判决结果。

**注释和问题**

**1. 法院的裁定?** 下面哪个陈述最好地描述了法院在艾伦·布兰德利案的裁定?

a. 这种安排是一个假象:雇主以工会为借口,使产品市场卡特尔化。参见:赫伯特·N. 波恩哈特:《艾伦·布兰德利案中的原则:冲突政策之间的协调》,载于《宾夕法尼亚法律评论》第 110 卷(1962),第 1094、1099 页[Herbert N. Brenhardt, Allen Bradley Doctrine: An Accommodation of Conflicting Policies, 110 U. Pa. L. Rev. 1094, 1099(1962)]。

b. 市场限制特点决定着劳方的豁免,当劳方参与了没有劳方的压力商业组织也可能会发明出的市场限制时,劳方就失去了其豁免权。参见:伯纳德·D. 梅尔泽:《工会、集体谈判和反托拉斯法》,载于《芝加哥大学法律评论》第 32 卷(1965),第 659、676 页[Bernard D. Meltzer, Labor Union, Collective Bargaining and the Antitrust Laws, 32 U. Chi. L. Rev. 659, 676(1965)]。

c. 资方的行为控制特点:资方未能抵御工会的活动表明,这是一个违反反托拉斯法的联合体,而不是正常的公平的集体谈判的产物。见拉尔夫·K. 温特:《集体谈判和竞争:将反托拉斯标准适用于工会活动》,载于《耶鲁法律杂志》第 73 卷(1963),第 14、49—50 页[Ralph K. Winter, Collective Bargaining and Competition: The Application of Antitrust Standards to Union Activities, 73 Yale L. J. 14, 49-50(1963)]。

**2. 第 8 条(b)(4)规定的责任?** 在《塔夫脱-哈特莱法》的修正条款禁止来自于工会的从属压力之前,艾伦·布兰德利案就已作出了判决。在国家木制品制造商协会诉国家劳动关系委员会案[National Woodwork Manufacturers Ass'n v. NLRB, 386 U. S. 612, 629－631(1967)]中,参见前面第680页,法院对艾伦·布兰德利案以下列方式进行了区分:

> ……事实是,在艾伦·布兰德利案中,采取抵制行动这种传统的劳工行动的主要形式,不是作为保卫地方第3号工会会员的工作的防卫措施,而是用它作为一柄利剑,主动地为地方第3号工会的会员垄断所有制造业岗位上的工作……。但是,在我们目前审理的案件中,抵制行动不是作为利剑使用的,它只是一种防卫措施,唯一的目的是保住会员的工作。因此,我们没有机会对今天可能出现的这一问题作出裁决——在工人自己的工作没有受到被抵制的产品的威胁时,什么时候工人可以采取抵制行动去对工作进行垄断或者去获得新的工作任务。

**3. 替代性安排?** 假设在多个雇主协议中,工会和承包商协会约定,承包商仅使用贴有地方第3号工会标签的电路原件,并没有发生价格控制或任何形式的市场控制,工会也没有和制造商签订协议,限制与其交易的承包商,这个与承包商之间的协议,如果独立地看,是否应受《谢尔曼法》的管辖?这一协议会违反《国家劳动关系法》第8条(e)的规定吗?这一限制有可能使签字的雇主受益吗?这一问题与反托拉斯豁免相关吗?

**4. "控制权"和反托拉斯责任**。重新考虑一下莱斯利教授对工会在产品或材料的使用上对"缺乏控制权的雇主"力争采取协议方式进行控制所作的分析(前文第690—691页)。他的观点以及艾伦·布兰德利案的判决,是否能说服你,使你相信反托拉斯法应当把这些行为包括在内?

## 美国矿工联合会诉潘宁顿案

United Mine Workers v. Pennington
381 U. S. 657(1965)

怀特法官发表了这份法院意见。这一诉讼是矿工联合会[the United Mine Workers of America（UMW）]的福利和退休基金会的受托管理人员（trustees）提起的,被告是菲利普斯兄弟煤矿公司（Phillips Brothers Coal Company）。原告要求其[声称]依据1950年的全国烟煤工工资协议（按修正本),支付应付的特许使用金5,500美元……,菲利普斯公司提交了答辩,并向矿工联合会提出交叉请求,宣称基金会的受托管理人员、美国矿工联合会和一些大的煤炭经营者密谋限制和垄断州际商业,违反了《谢尔曼法》（修正版）的第一条和第二条,要求对其在1954年2月14日至1958年12月31日期内的实际损失……,补偿100,000美元。

菲利普斯公司的事实陈述的实质内容如下:在1950年经营者和工会之间的工资协议签订以前,在煤炭业,一直存在严重的争议,特别是在工资福利基金,以及工会努力要求控制工会会员的工作时间等方面。然而,自从1950年,这一行业就出现了相对的和平。所有这一切源自于1950年工资协议及其修正本,以及美国矿工联合会和大的经营者之间所达成的谅解。据称,经营者和工会认为,生产过剩问题是煤炭行业的最大问题,他们同意,解决问题的出路在于消除小经营者,由大公司控制市场。更加具体地说,工会放弃对矿工工时的要求,工会同意不反对实质上会导致就业缩减的矿山的迅速的机械化,并同意为机械化提供经济支持,同意所有的经营者,无论其有无能力支付,均应执行1950年工资协议。工会获得的好处是,随着机械化而带来的生产力提高实现工资增加,对于小公司,无论是否已经机械化,也要一样地增加工资。向福利基金支付的使用金也随之增加,工会对基金的使用有实际的控制权。工会和大公司也同意采取其他的步骤来排斥不成立工会的煤矿的市场、生产和销售。因此公司同意,不将产煤地租赁给未成立工会的经营者,并且在1958年同意不向这类公司出售或购买煤炭……

被告提出申请,要求驳回原告诉讼,这一申请被驳回。在经过五个星期的审理之后,陪审团作出裁决,支持了菲利普斯公司,作出了对基金受托管理人和工会不利的裁决。要求工会按照《美国法典》第15卷第15条[15

U.S.C. §15（1958 ed.）]的规定,按90,000美元的三倍支付赔偿金。初审法院将对管理人不利的裁决置于一旁,反而驳回了工会的请求,尽管可以作出裁决或者可以重新审理。上诉法院肯定了这一判决……

我们来首先考虑一下美国矿工联合会的观点——初审法院否决了其申请（作出指导裁决,并在存在裁决的情况下作出判决）是错误的,因为在这个问题上,作出有利于美国矿工联合会的决定,能最终解决这一争议。本案在这一阶段所提出的问题是,在本案所面临的情形下,依据反托拉斯,工会是否可以被免除责任。我们认为,这个问题的答案明显是否定的,驳回工会的申请是正确的……

在本案中,如果美国矿工联合会为了通过维持雇主的收入以保护其工资等级,而向煤矿的经营者提供了一套价格,要求其按照这个价格售煤,如果美国依据反托拉斯法对此提出异议,或这种安排的受损方提出异议,那么,达成这一协议的工会在和雇主就不能成功地为这一协议条款作出辩护。参照:艾伦·布兰德利公司诉工会案[Allen Bradley Co. v. Union, 325 U.S. 797]。……在这样的案例中,对产品市场的限制是直接的和立即的,依据《谢尔曼法》也是被认为是典型的和不合理的,工会所获得的只不过是拿到最高工资的希望。

然而,菲利普斯案的主要内容是工会和大公司密谋,将他们同意的工资标准和特许费标准强加在未成立工会的小公司头上,无论他们是否有能力支付,无论工会是否代表着这些公司的雇员,所为的目的是让这些公司从这个产业消失,为成立了工会的大公司限制生产和抢先占领这个市场。美国矿工联合会竭力主张:因为这一协议有关工资标准,所以应受到反托拉斯法的豁免。

的确,工资问题是这些问题的核心,雇主和工会必须对这些问题进行谈判,法律对于工资协议的思考,不仅要考虑单个雇主与工会之间的协议,而且要考虑工会与多雇主谈判单位之间的协议。劳动委员会诉卡车司机工会案[Labor Board v. Truck Driver Union, 353 U.S. 87, 94-96]。工会从达成的工资标准中获得的利益是直接而具体的,对产品市场所产生的作用清楚地表明,是谈判单位的雇主在工资的基础上消除了竞争所达到的,这不是国会制定《谢尔曼法》所要规制的那种限制。爱派克斯针织品公司诉工会领导案[Apex Hosiery Co. v. Leader,301 U.S. 469, 503 – 504]。……我们认为,工会和多雇主谈判单位签订工资协议,不违反反托拉斯法,这些都是没有问题的,并且,作为其自己的政策,工会可以不与那些谈判中的所有或部分雇主达成协议,而从其他的雇主那里获得同样的工资。

这并不是说,仅仅是因为这些协商涉及必须进行谈判的议题,而无论协议的主题或形式和内容是什么样的……,就要自动解除《谢尔曼法》对工会和雇主经过协商而达成的协议的审查。对工会或雇主以工资的名义给予了什么或得到了什么,还有一定的限制,因为他们必须进行谈判,并不意味着所达成的协议可以置其他法律而不顾。卡车司机工会诉奥利弗案(Teamster Union v. Oliver, 358 U.S. 283, 296)……

我们已经说过,工会可以和多雇主谈判单位达成工资协议,也可以在追求本工会的工资利益时,从其他的雇主那里寻求获得同样的条件。依据反托拉斯法,在任何情形下,也找不到限制这样行为的证据。① 但是,我们认为,在有明确的证据证明,工会和一群雇主达成协议,将一定的工资标准强加在另一个谈判单位的头上时,工会就丧失了反托拉斯法豁免。一群雇主不可以密谋从某一行业中消除竞争对手。如果工会成为这种密谋中的一方,它就要和雇主一起承担责任。即使工会在这一计划中所承担的角色是为了保障将相同的工资、工时和其他的劳动条件,适用于这个行业中的其余的雇主,也同样是如此。

……在劳动政策中,没有什么表明,工会和一个谈判单位中的雇主,可以自由地就其他谈判单位的工资、工时和其他劳动条件进行协商,或者试图

---

① 2. 不与任何雇主团体达成协议,可以实行统一的工资政策并强有力地推行这一政策,即使工会可能怀疑,如果它向一些雇主提出要求,他们可能不能有效地满足要求。工会不必使他们所要求的工资标准要达到该行业中最弱的雇主才能支付得起的程度。工会这样的行动本身,依据《谢尔曼法》,并不足以证明工会和雇主密谋的指控,还必须有其他的关于密谋的直接或间接的证据。当然,在本案中还有其他证据,但我们对这些证据是否足够不发表意见。

在整个行业中解决这些问题。相反,一个单位一个单位地进行谈判,会导致谈判的结果有很大的不同。如果工会能像在单个的谈判中一样,对每一次谈判情况的保留有应对能力,而不受到和雇主以前达成的协议的约束,工会就能较好地完成其对会员所负有的义务……

……很明显,反托拉斯法的政策就是为了反对雇主和工会试图在谈判单位以外规定劳动标准而制定的。例如,很难争辩说,一群雇主可以合法地要求工会将此请求的雇主支付的工资高得多的工资标准加在其他雇主的头上,或者说,由于生产方式的区别,一套合理的工资制度对一群雇主来说可能比另一群雇主代价更高。这套协议的潜在的反竞争性是显而易见的,比本案中所称的其目的和作用是建立边际生产商不能支付的工资水平,以便将他们逐出这一行业的作用,更厉害一点。如果目前这种受到攻击的密谋被豁免,就很难否定对这一公然的歧视计划的豁免。

进一步来说,从反歧视政策的观点来看,所有这样的在一群雇主与这样一个在谈判单位之外寻求建立特定的劳动标准的工会之间所签订的协议,都有一个更基本的缺陷,没有考虑到这一特定的条件中的掠夺性的目的和作用。这些协议的显著特点是,工会放弃了其在谈判中的行动自由。在本协议签订前,工会可能在寻求建立符合自己利益的统一标准,但是在每次谈判中工会要评估罢工或其他形式的集体行动所可能要付出的成本和带来的收益,因此,可能决定应暂时放弃建立统一标准的目标。在这一协议签订后,在每一次谈判中工会的利益就和其所倾向的雇主集团的利益结合起来。这种对经济单位按照自己的选择和意志采取行动的限制,正是与反托拉斯政策相违背的……

道格拉斯法官,以及布莱克法官和克拉克法官都一致表示同意。在我们阅读法院的意见时,法院重新肯定了这个案例[Allen Bradley Co. v. Local No. 3, IBEW, 325 U.S. 797 (1945)]确立的原则。

首先,在重新审判时,应当指示陪审团,如果有行业范围的集体谈判协议,在协议中雇主和工会都同意确立一部分经营者无力支付的工资标准,并且如果签订这一协议的目的是逼迫一些雇主退出此项业务,参加这一协议的雇主和工会均应被认为违反了反托拉斯法。

其次,包含这些特征的产业范围的集体协议是构成违法的初步证据……

[金伯格法官,在哈伦法官和斯图尔特法官的参与下,发表了同意的意见,但是,不赞成以怀特法官提出的意见为依据,其所发表的表示赞同意见的摘录,见后文第886页。]

## 注释和问题

**1. 随后的诉讼程序**。根据潘宁顿案的要求,一审法官在独任审理后,驳回了原告的请求,强调最高法院的意见,要求"为了认定雇主和工会违反《谢尔曼法》,应存在将小煤矿经营者驱逐出这一行业的掠夺性目的"。路易斯诉潘宁顿案[Lewis v. Pennington, 257 F. Supp. 815, 829 (E. D. Tenn. 1966), affirmed, 400 F. 2d 806, 814 (6th Cir. 1968)]。

然而,其他处于类似情形的煤矿公司,在依据《谢尔曼法》针对美国矿工联合会的诉讼中都成功了。参见:田纳西康索煤矿公司诉矿工联合会案[Tennessee Consol. Coal Co. v. UMW, 416 F. 2d 1192 (6th Cir. 1969)](由陪审团审理;赔偿的数额在经原告同意后有所减少,一原告所获得的三倍的数额是140万美元,外加15万美元的律师费,另一原告获得了6.75万美元的赔偿);东南煤矿公司诉康索煤矿公司和矿工联合会案[South-East Coal Co. v. Consol. Coal Co. and UMW, 434 F. 2d 767 (6th. Cir. 1970)](由陪审团审理,公司和美国矿工联合会支付的赔偿金为720万美元,外加33.5万美元的律师费)。

在1968年,当事人废除了潘宁顿案所涉及的1958年保护性工资条款,但这没有明显地影响工会的统一性政策。参见:斯米梯白克煤矿公司诉矿工联合会案[Smitty Baker Coal Co. v. UMW, 620 F. 2d 416 (4th Cir. 1980)]。

**2. 目的 vs. 作用？** 在发回重审后,初审法院明确地解读了潘宁顿案对认定存在"掠夺性目的"的要求了吗？如果工会签订了一个确认工资的协议,预见到会把一些雇主逐出产品市场,其目的只是维持全行业的劳动标准,工会是否应被免除反托拉斯法责任？例如,假设工会和雇主团体对可能并确实清除了那些没有机械化的边际雇主,其工资和在市场上占据了主导地位的公司相比,在整个成本中占据了很大的百分比。这一协议面对反托拉斯法的规定是否是很脆弱？

**3. 工会"放弃了行动的自由"？** 为什么怀特法官强调在潘宁顿案中通过协议"工会放弃了有关谈判政策的行动自由"？工会愿意牺牲其"行动的自由",是否证明工会的目的是协助其"青睐的大雇主"清除来自小雇主的竞争？或者工会是不是只是决定,通过对统一的工资政策表示同意,它就能促进它所代表的员工的福利,而不考虑小公司的经济命运？在阅读完下一个主要的案例后再思考这些问题。

**4. "我" vs. "他们"待遇对等协议。** 工会和雇主(或雇主协会)签订了集体谈判协议,该雇主在某一行业占产品的60%,协议中有下列的"最惠国"或"我也有类似待遇"(me-too)条款:"工会同意,如果工会同意与签约雇主(或雇主们)进行竞争的雇主支付较低的工资或其他比本规定中列出的最优惠的劳动条件,工会将立即通知签约雇主,并将较低工资和更优惠的劳动条件也适用于这些签约雇主。"这样的协议应受到《谢尔曼法》的豁免吗？在多利麦迪逊工业案[Dolly Madison Indus., 182 N.L.R.B. 1037(1970)],国家劳动关系委员会将"我也有类似待遇"条款和潘宁顿案中的"他们也享有类似待遇条款"作了区分,并得出结论说,前一个条款没有"掠夺性目的",不会违反《谢尔曼法》,因此是一个合法的讨论的议题,雇主可以合法地坚持这个要求,直至谈判陷入僵局。参照:牛奶销售商联合会诉牛奶驾驶员地方第753号工会案[Associated Milk Dealers, Inc. v. Milk Drivers, Local 753, 422 F.2d 546 (7th Cir. 1970)]。

签字方的客观目的或者协议可能对第三方造成的伤害,在"我也享有类似待遇"的条款与"他们也享有类似待遇"条款中有什么区别吗?"我也享有类似待遇"的条款不大可能用来作为掠夺性运动的一部分将竞争者逐出市场吗?有了限制性较少的,看起来维护统一的标准,至少也是为了签订方的合同利益,是否就支持这样的认定,即就"他们也享有类似待遇"条款进行协商,就一定是为了支持掠夺性的目的,或者会产生不必要的反竞争的作用?

## 肉类切割工地方第189号工会诉宝石茶公司案

Local 189, Meat Cutter v. Jewel Tea Co.
381 U.S. 676(1965)

怀特法官宣布了法院的判决,并在沃伦首席大法官和布伦南法官的参与下发表了这个庭审意见……。[本案]涉及的是一系列限制的合法性。在多个雇主和多个工会参加的联合协商后,签订了一项集体谈判协议,规定了食品商店的肉食品部的营业时间为:"周一至周六,包括周六,市场的营业时间为上午9点至晚上6点,在上述规定的时间之前或之后,不向顾客提供服务"。

1957年芝加哥900名鲜肉零售商的代表和7名工会代表进行合同谈判。这7名代表是美国劳工联合会—产业组织联合会的北美肉类切割和屠宰业工人联合会(the Amalgamated Meat Cutters and Butchers Workmen of North American)的代表,实际上代表着芝加哥地区的所有屠宰工。这一诉讼产生于这次谈判,是由7名工会代表作为申诉人提起的。在1957年的谈判会议上,雇主代表提出了几个请求,要求工会同意放松现行合同对鲜肉市场的时间限制,即无论是在服务市场还是在自助服务市场上午9点以前和晚上6点之后均不允许销售。工会拒绝了雇主提出的所有建议,他们自己建议保留对市场的时间限制,这一建议在最后一次谈判会议上最终几乎被所有的雇主接受,只有两个雇主拒绝,这两个雇主是国茶公司(National Tea Co.)和宝石茶公司(Jewel Tea Co.)(此后简称"宝石公司")。大芝加哥食品零售商协会(Associated Food Retailers of Greater Chicago)接受了这个条件,这个贸易协会有大约1000个个体独立商人会员,代表着300肉商。然而,宝石公司,代表自己和国茶公司,要求工会的谈判代表在协商中向他们的会员传达反要约,其中包含了周五夜间营业的条款。同时,在协商的过程当中,宝石公司说出了自己的看法,认为对市场营业时间的限制是非法的。在工会谈判代表的建议下,工会会员拒绝了宝石公司的要约,并批准进行罢工。在罢工投票的胁迫下,宝石公司决定签署该行业的其余雇主以前已经签过的合同。

1958年7月宝石公司对工会,……零售商协会以及该协会的财务主管查尔斯·H.布罗曼(Charles H. Bromann)提出诉讼,要求依据《谢尔曼法》第一条和第二条,认定禁止肉市夜间营业的合同条款无效。原告的诉讼要点是,被告和其他人一起密谋,阻止上午9点以前以及晚上6点以后的鲜肉零售。宝石公司关于密谋的部分证据是依据1957年就集体合同进行协商期间的事件——协会接受了对开市时间的限制,以及工会通过罢工威胁向宝石公司施加限制……

原告提出:近年来预先包装好的自助式卖肉服务开始流行,宝石公司的196家肉店中有174家配备了这种自助卖肉的设施。在自助式的市场里,在有人买肉时,是不需要肉贩值班的。禁止夜间卖肉非法地阻碍了宝石公司使用其资产,对社会公众带来了不利的影响,很多人发现白天买肉不方便。因此请求法院发布禁令,让被告给予三倍的赔偿,并支付律师费。

初审法院的法官认定,原告诉状中的事实陈述,足以对抗被告提出的要求驳回起诉的申请中所述的理由,这些理由包括:(a)所谓的限制是在《国家劳动关系法》排除的规制范围之内,因此,不属于法院的管辖范围;(b)这一争议是在反托拉斯法的劳工豁免之内……。然而,经过审判,上诉法院裁决:"卷宗中没有任何证据支持关于密谋的认定"能支持协会和工会对宝石公司施加限制性条款。就工会的行为本身来看,初审法院认定,即使在自助服务市场中消除对营业时间的限制，也会使肉贩工作更长的时间，并要上夜班，或者会导致肉贩的工作由本行业中技术不熟练的人来做。因此，法院得出结论说，工会对市场的时间施加限制来服务于自己关于工作条件的目的，很明显这样的行为是在《谢尔曼法》的劳工豁免之内的。

上诉法院推翻了初审法院驳回了原告对工会和协会的诉讼的判决……

我们……现在推翻上诉法院的判决。

[第Ⅰ部分（反应了本法院全体一致的立场）拒绝接受工会的辩解——本案是在国家劳动关系委员会的"主要的、排他性的管辖权"的范围之内。法院意见为：首先，争议条款属于强制性谈判议题，这一特点使得其不能控制依据《谢尔曼法》提出的起诉；其次，未经依据持续性的谈判，就达成了在《谢尔曼法》上有异议的协议，不应适用委员会的裁决机制。]

Ⅱ

……在开始时，我们觉得最好要强调一下，当这个案件交给我们时，已经被否定了起诉中所说的存在工会和雇主针对宝石公司的密谋。初审法院认定，没有证据支持关于宝石公司密谋的指控，上诉法院也没有推翻这一认定。因此，我们所面临的情况是，工会和一群雇主在签订了市场营业时间协议后，又和单个的雇主宝石公司达成了同样的协议。和宝石公司所达成的协议，并不是工会用与一部分雇主达成协议来反对另一部分雇主的结果。而是工会按照它所认为符合劳工利益的行动的结果。

宝石公司并没有提出，在市场营业时间方面，因为在这个行业消除其他雇主的竞争，所以它受到了损害。宝石公司仅仅是抱怨，工会采取行动逼迫它接受了同样的限制，工会的行动没有听从任何雇主的命令，而是按自己的政策在做事……

我们在潘宁顿案中指出，对工会和雇主协议的豁免，在很大程度上是在《谢尔曼法》的适用范围和劳动法的政策之间进行协调。雇主和工会要求就工资、工时和劳动条件进行协商，在对关于这些主题的协议受反托拉斯豁免的考量中,这一事实占有很大的分量。但是任何一方均不需要对其他问题进行协议。如果任何一方要求就非强制性谈判主题进行讨论,它就构成不当劳动行为。劳动委员会诉伯格-华纳公司案[Labor Board v. Borg-Warner Corp., 356 U. S. 342]。例如,宝石公司不必要就肉价进行谈判或者对工会提出的肉价表示同意,工会也无权合法地提出这些要求。但是,如果工会提出了这样的要求,宝石公司也表示同意了,并且美国政府或受害方依据反托拉斯法对此提出了指控,我们就严重地怀疑,工会或者宝石公司是否能以劳工豁免的理由可以得到豁免,无论是否可能存在违法的问题。

因此,本案的问题是:对市场营业时间的限制,是否像对工资的限制一样,与工资、工时和劳动条件密切相关,而和对价格的限制不一样。工会通过诚信的、公平的谈判追求自己的劳动政策,不是通过请求非劳工团体或者与非劳工团体相结合,而成功地获得了劳动条件,就应受国家劳动政策的保护,因此,也应该得到《谢尔曼法》的豁免。① 我们认为其道理正当这样。

上诉法院将市场营业时间限制归入和产品定价条款一类,将两类都放入《谢尔曼法》的适用范围之内。按照上诉法院的观点,劳工对要工作多少小时有合法的利益,但是对于工作的时间是在白天、夜晚或者是在星期天,劳工没有合法的利益⋯⋯

我们认为,联邦的劳动政策和上诉法院的想法是完全相反的。雇员每天要工作的特定时间和每周要工作的特定时间,是属于雇主和工会必须谈

---

① 5. 最关键的决定要素不是协议的形成——如价格或者工资——而是它对产品市场和工会会员的利益所带来的相关影响。因此,在卡车司机工会诉奥立弗案[Teamsters Union v. Olivor, 362 U. S. 605(1959)]中,我们判决认为,联邦的劳动政策排除了将各州的反托拉斯法适用于雇主和工会之间的协议。因而,在出租出去的卡车由卡车主驾驶的时候,这些既是卡车主又是驾驶员的人,除拿到由工会议定的工资外,还能够拿到不低于最低规定的租金。因为,作为确定租车价格的一种形式,协议旨在"保护集体协议确定的工资等级,以应对由于减少车主开车的工资,而由于租金未覆盖运营成本,所可能出现的损害"(同前,第293—294页)。正如那个协议并非体现着"'对工资议题的遥远的、间接的处理方式'⋯⋯而是对由集体协议所确立的基本工资结构所可能产生威胁的问题,所作出的直接的、正面的处理"(同前,第294页)。联邦鼓励集体谈判的重要政策排除对于州法的使用。另见:运肉驾驶员诉美国案(Meat Drivers v. United States, 371 U. S. 94, 98);牛奶车驾驶员工会地方第753号工会诉湖谷农场制品公司案(Milk Wagon Drivers' Union, Local No. 753 v. Lake Valley Farm Products, In., 311 U. S. 91)。

判的"工资、工时和其他劳动条件的范围的议题",并且,尽管它对竞争所起的作用是明显的,真实的。考虑到这对工会会员的立即和直接的影响,可能比工资协议的影响更大。权衡于所涉及各方的利益,我们认为:《国家劳动关系法》中所表达的意图是,工会和雇主关于工人什么时间工作以及工作多长时间,应该不属于《谢尔曼法》的管辖范围。工会和集体谈判单位中的雇主关于这些议题的协议,以及工会单方面要求这个行业的雇主也签订同样的协议,按照《谢尔曼法》,并不是非法的。

上诉法院的确是像我们分析的那样,是在更广阔的基础上处理这一案件的,它没有单独地处理营业时间条款问题,而是区分了工作时间,并结合了服务或自助服务。这一纠纷只要是和自助服务市场相关……

如果这些是真的:自助服务市场没有卖肉的肉贩就可以经营;在晚上6点以后实际上至少能营业几个小时;肉贩的工作不受到侵害;在正常的工作时间内,肉贩的工作量也不会有实质性的增加,那么,宝石公司的立场就会有相当大的价值。因为那时,对产品市场的明显的限制,将自助店铺排除在晚间的生肉市场之外,就成为了一个独立的问题。不会因参加工会的肉贩在本案中所享有的极其重要的利益而被减轻或被开脱。在这种情况下,工会所施加的限制可能要被降低到这样的程序,即,这不过是工会为保护一群雇主的竞争,而作出的一种努力,这一种行为不能得到《谢尔曼法》的豁免。那么是否是违反了第一条和第二条,要看是否能够证明存在密谋的限制贸易或者试图垄断的要件。

因此,宝石公司和工会之间的争议,实质上只是关于一个很窄的事实问题:夜间没有肉贩就可以营业,并且也不会损害肉贩的利益,这一点是否可信?对这一事实争议,地区法院作出了支持工会的判决。地区法院认定,"在夜间卖肉的店铺中,如果没有肉贩或者其他雇员,实际上是不可能营业的。必须有人整理柜台,把肉装满,并把柜台打扫干净,向客户提供服务。"没有肉贩就可以营业将意味着"肉贩的工作将要由不熟这个行业的其他人来做",并且,"这个涉及为准备夜班工作和第二天早上的打扫,要增加工作量"。上诉法院没有否定这些事实认定……。我们的功能只能限于,重新审查卷宗材料,使我们自己确信,一审法官对于事实的认定没有明显的错误[Fed. R. Civ. P. 52(a)]。[本法院的结论是:事实认定没有明显的错误。]……

金伯格法官、哈伦法官和斯图尔特法官,对这一意见持有异议,但是赞同潘宁顿案中作出撤销原判的裁决,以及法院在宝石茶案中的判决,然而,对判决的理由持有异议……

法院应当认定,为了实现国会的立法意图,依据劳动法的规定,有关强制性判决议题的集体谈判活动不受反托拉斯法的管辖。这一规则直接来自于哈奇森案中的判决,即工会作为一个协会,为了其成员的利益,只要不是协助雇主来密谋完成确定价格或分配市场的目标,而只是间接地为了工会的利益,就不属于反托拉斯法的管辖。认定关于强制性议题的集体谈判受到完全的保护,就能够实现国会这一政策,鼓励自由地进行集体谈判,仅受到劳动法的特定的限制。限制通过反托拉斯法的路径对劳动问题进行司法干涉——要法庭和陪审团来决定"在工业斗争中公共政策的要求是什么"时,依据《谢尔曼法》才有必要进行这样的干涉。杜普莱斯印刷公司诉迪林案[Duplex Co. v. Deering, 254 U.S. 443,485(1921)](不同意布莱迪斯法官的观点)……

道格拉斯法官、布莱克法官和克拉克法官赞同判决,但是对判决理由持不同意见……

……在本案所处的情况下,地区法院说,协议本身就是清楚明白的证据,证明雇主和工会之间存在密谋,想通过工会的罢工威胁,对宝石公司实施市场营业时间的限制,这是想从那些同意自己安排工作时间的商人那里拿走他们自己安排时间的自由,让所有那些像宝石公司一样愿意在9点之前和6点之后卖肉的人都受到威胁要罢工的强制。所有这一切,如果仅仅是商人采取协同行动,就违反了反托拉斯法。参见:时尚协会诉联邦贸易委员会案[Fashion Guild v. Federal Trade Comm'n, 312 U.S. 457, 465]……

## 注释和问题

**1. 许可的产品市场限制？** 你是否信服初审法院依据怀特法官的意见所作出的事实认定，即，直接的产品市场限制——对肉食品部的营业时间的直接限制——是工会达到下列合法的劳动市场目标的唯一的办法：(a)限制非肉贩去做肉贩的工作；(b)避免肉贩为夜市营业做准备和清洗工作而增加工作量。工会能通过协商的工作规则，很方便地对夜班工作、额外的工作和清洗工作要求额外的补偿吗？这一方法是否能预防宝石茶公司在自助式售肉柜台偶尔发生的使用非肉贩人员的情况？如果工会能坚持对偶尔发生的工作机会损失要求经济补偿，这种机会损失对工会还重要吗？如果(a)工会坚持限制；(b)并且工会能对这些限制说明令人信服的理由，宝石茶公司案是否实际上允许多雇主协议中的会员对产品市场竞争采取一定的经过协商的限制？

**2. 保护其他雇主？** 假如初审法院已经认定，工会在一般的食品市场中，想对肉食品部营业时间进行限制，不是为了直接保护其会员，而是为了保护其他的雇主——传统的肉店店铺的营业，那么情况又如何呢？就反托拉斯豁免的目的而言，工会保护那些需要技术工作的商业，无论其的目的是否服务于其工会会员，都可以获得豁免？

**3. 强制的/许可的议题区分是否能界定哪些议题可以得到反托拉斯审查的豁免？** 金伯格法官将所有的强制性谈判议题豁免于反托拉斯法的审查，怀特法官的立场在这一点上有什么区别？

a. 金伯格法官的立场足以解释宝石茶案中的判决结果吗？零售业的营业时间是强制性的谈判议题吗？

b. 考虑一下前文第680页整段引用的国家木制品案中的第17号规则，如果有证据证明，工会所签订的条款是在储藏柜、固定装置和门的制造商的坚持下达成的，工会和制造商还有其他的集体谈判关系，其目的是排除其他竞争对手所生产的低成本、易安装的产品，那么情况又是怎样的？所协商的条款涉及强制性谈判议题——本质是谈判单位工作的履行，这一事实就能阻止反托拉斯法的审查吗？这一情况是否与潘宁顿案的情况一致？和艾伦·布兰德利案一致吗？另见美国诉布瑞姆斯案［United States v. Brims, 272 U.S. 549(1926)］。

**注释：雇主对劳动力市场限制和谈判策略能否得到法定的豁免**

在宝石茶案中，对反托拉斯豁免的认定看起来是基于这样一个认识：劳动法的设计是允许工会为了促进其代表的会员的工资和劳动条件而将劳动市场卡特尔化，将被工会成功地卡特尔化的劳动市场置于反托拉斯法的管辖之下，像把工会的其他策略置于反托拉斯法的审查之下一样，肯定地会对这一目的造成损害。同样的目的可以扩展适用于未成立工会的雇主，包括那些从事多雇主谈判的雇主，为了抑制工资和其他劳动条件，而将劳动力市场卡特尔化吗？

在大多数产业并不经常提出这个问题。因为，一般来说，工会协商的综合性的条件给单个的谈判几乎未留出什么余地。然而，在体育运动行业，雇主是通过限制天才运动员自由和其他雇主协商来达成更好的条件的能力，来避免个体化谈判的。例如，体育运动协会，已经设定了一套规则，限制运动员自由服务于他们自己选择的队（"服役"规则），限制运动员在各队之间跳来跳去（"保留"或者"限制自由经纪"规则）。这些规则限制了运动员通过（或威胁）给向其提供更好条件的球队打球而获得更好的待遇和利益。专业性运动领域的工会对这些限制已经进行了抵制，试图不仅就最低工资标准和像养老金这样的集体利益进行谈判，而且就关于给予单个运动员更大的自由空间来协商竞争性的合同问题进行谈判。

专业运动部门的工会抵抗雇主对劳动力市场施加限制的方法之一，是采取反托拉斯法诉讼，有些法院首先认可雇主对劳动市场施加的，并为工会在集体协商协议中接受的限制，可以适用"非法定的"豁免，至少，如果工会的承诺"是诚信、公正的谈判结果"，就可以得到豁免。参见：例如，麦基诉国家橄榄球协会案［Mackey v. NFL., 543 F. 2d 606, 614（8th Cir. 1976）］。这一认可的原则是依据于法院在 J. I. 制箱案（见前文 446 页）所阐述的工会的排他性的谈判权；如果工会没有权利和雇主之间为集体的利益而为一些单个雇员进行谈判，工会就不能有效地代表雇员。然而在下面的案例中，法院认定了另外的、更广泛的豁免，不仅是对经过一定的谈判后，经工会同意的雇主对劳动市场所做的限制，而且包括在多雇主谈判中，在谈判陷入僵局后，雇主单方所做的限制。

## 布朗诉普罗橄榄球公司案

Brown v. Pro Football, Inc.

518 U. S. 231（1996）

布雷耶法官……。一群职业橄榄球运动员对俱乐部老板提起了这一诉讼。俱乐部老板和运动员工会就工资问题举行谈判，直至谈判陷入了僵局。然后，雇主们自己同意（没有和工会协商）执行他们能出的最好的条件。我们要解决的问题是，联邦劳动法是否保护这样的协议不受反托拉斯法的审查。我们相信这些协议确实不受审查……

I

……在 1987 年，一些橄榄球俱乐部成立的国家橄榄球协会（the National Football League）［以下称国家橄榄球协会（NFL）或者协会（League）］和名为国家橄榄球协会运动员协会（NFL Players Association）的工会所签订的集体合同期满。于是，国家橄榄球协会与运动员协会为签订新的合同而进行谈判。1989 年 3 月，在谈判的过程中，国家橄榄球协会实施了一个名为"G-2"的计划，该计划允许每一个俱乐部成立一个"发展中队"，该队可以由 6 名新队员组成，也可以由 6 名刚打了"一年"的未能成为正式球员的队员组成。发展中队的队员打练习比赛，有时候在正式球员受伤时，也可以作为替补队员。"G-2"计划的决定规定，俱乐部老板向所有的发展中队的队员支付相同的周薪。

在谈判的第二个月,即在4月份,国家橄榄球协会将发展中队的计划,提交给运动员协会(the Players Association)。国家橄榄球协会建议,发展中队的队员每周薪水为1000美元。运动员协会不同意,要求俱乐部老板参照正式队员的工资和福利待遇,支付给发展中队队员相关待遇,并且要求他们应允许每一个中队的队员通过自由协商来确定他们的薪水。

两个月以后,即在6月份,关于发展中队的工资协商陷入僵局。于是国家橄榄球协会单方实施了发展中队计划,每个俱乐部都按照G-2计划的决定确立条件,执行统一的合同,以及提俱乐部所建议的每周1000美元的工资标准。国家橄榄球协会还告诫俱乐部老板,如果俱乐部支付发展中队队员的工资标准高于或者低于每周1000美元,都会遭到处罚,包括丧失选秀的机会。

1990年5月,235名发展中队的运动员,对国家橄榄球协会提起了这一反托拉斯法诉讼。运动员称,他们的雇主同意每周支付1000美元的工资,违反了《谢尔曼法》(15.U.S.C.§1,禁止限制贸易的协议)。联邦地区法院否定了雇主所提出的其享有反托拉斯法豁免的主张,并允许陪审团审理此案。法院随后按照陪审团提出的给予三倍补偿的意见,作出了判定,要求被告支付超过3000万美元的赔偿金。国家橄榄球协会会员提出了上诉。上诉法院以2∶1的投票表决,撤销了原来的判决。大多数法官将劳动法解释为"对通过集体谈判过程所施加的限制竞争措施,放弃了反托拉斯的责任,只要在劳动市场上这一限制是以集体谈判为特点的"。……虽然我们对于豁免的解释没有上诉法院那样宽,但是,我们认为可以适用豁免,我们维持法院关于豁免的结论。

II

……要求雇主和雇员团体一起进行协商,但同时,又禁止他们在自己内部或者彼此之间达成限制竞争协议,而这些限制竞争协议,对于协商程序能起作用或者使得协商能被双方接受,有着潜在的必要性。从逻辑上讲,这虽不是不可能的,但也是比较困难的。

……我们要解决的问题,是决定豁免的范围:在谈判陷入僵局后,数个雇主通过谈判达成协议,决定实施他们最后所提出的、条件最优的、最有诚信的要约,这一协议是否可以得到豁免?从劳动法和劳动政策角度来看,我们认为这种行为,正如本案的做法一样,是不应该受到反对的。基于这种想法,我们的结论是可以适用豁免。

劳动法本身所采用的是直接规制的方式,在很大程度上,这里所争议的是一种行为问题——是在谈判陷入僵局后,强行施加强制性谈判项目的雇佣条件问题。委员会和法院均认为,在谈判陷入僵局后,劳动法允许雇主对以前的劳动条件单方面实施变更,但是新的变更仅限于符合详细规定的条件才可以。例如,新条件必须"合理地包含"在雇主在谈判陷入僵局前所提议的范围之内(一般来说是雇主最后被拒绝的提议),以避免雇主通过施加有些不利的条件,不正当地破坏工会的地位……。集体谈判过程本身必须没有任何不当劳动行为,诸如,雇主没有诚信地进行谈判。(引用在此处被省略)这些规定反映了这样一个事实,谈判的僵局和随之而来的对建议的单方面实施是整个谈判过程整体的一个部分。见博南诺亚麻服务公司案[Bonanno Linen Serv., Inc., 243 N.L.R.B. 1093, 1094(1979)](描述了将谈判陷入僵局作为一个谈判战术来使用),已经执行[630 F.2d 25(CA1 1980)],维持判决[454 U.S. 404 (1982)];科罗拉多尤特电力协会案[Colorado-Ute Elec. Assn., 295 N.L.R.B. 607, 609 (1989)],以其他理由否定了执行[939 F.2d 1392 (CA 10 1991)],同意否定执行[504 U.S. 955 (1992)]。

在这里没有人提出这样的辩论观点:劳动法确实或者应当在这方面区别对待多雇主的谈判。的确,劳动关系委员会和法院的裁决表明,在多雇主谈判的背景下,在谈判陷入僵局后,雇主联合实施其所建议的雇佣条件,这种情况是常见的,……我们继续依据这一假设来谈这个问题。

多雇主谈判制度本身是一种成熟的、重要的、有说服力的集体谈判制度,对劳资双方都是有益处的。见下文,附件(多雇主谈判在主要的集体谈判协议中占40%以上,在建筑行业、运输行业、零售行业、制衣业、地产业,以及专业体育运动业等行业广泛使用);国家劳动关系委员会诉卡车司机案[NLRB v. Truck Drivers, 353 U.S. 87, 95(1957)](水牛城亚麻案)(国会将多雇谈判视为促使"通过强化集体谈判来促进劳资和平的国家政策生效的关键性因素");查尔斯·D.博南诺亚麻服务公司诉国家劳动关系委员会案[Charles D. Bonanno Linen Service, Inc. v. NLRB, 454 U.S. 404, 409, n.3, (1982)](博南诺亚麻案)(多雇主谈判可以节约谈判资源,促进小雇主在其所不能承担的在产业范围内对劳动者利益的提升,抑制雇主以劳动者的利益为代价进行竞争,对劳资双方均有好处)……。问题的要点是,这里所争议的方法在积极谈判的过程中处于重要的地位,而集体谈判制度本身是国家劳资关系制度中的重要组成部分。

在这种情况下,要将这个做法受到反托拉斯法的审查,就是要审理反托拉斯案件的法院来回答有关工资、工时、劳动条件的集体谈判应如何进行等一大堆实际问题——这正是劳动豁免要力图避免的问题。而且这是要将多雇主谈判所能够取得的对与劳工相关的潜在的、有关的作用置于危险之中……

如果适用反托拉斯法,一旦谈判陷入僵局,那么雇主还能做什么?如果所有单方强制实施的条件,类似于他们最后联合所提出的条件,都招致反托拉斯法诉讼,这一诉讼是以相同行为(还有以前的或伴随着强制实施的相关对话)为前提的,好像倾向于表明他们有共同的见解或协议。如果他们中有些雇主或者他们所有的雇主所实施的条件与他们所提出的要约有很大的区别,他们会招致不当劳动行为控告。如果谈判陷入僵局,他们以前所讨论过的,比如说某一特定建议实际的有利之处和不利之处,会招致后来的反托拉斯法诉讼,声称他们对后来某一雇主主要采取某种限制行动已经达成协议。对于谈判陷入僵局后所讨论的旨在重新和工会恢复协商的讨论也是同样的。坚持已经期满的集体谈判协议中的条件也不会消除潜在的、貌似有理的反托拉斯法指控,说他们已经进行了"密谋"或者已经策略性地"同意"这样做,特别是如果维持过去的状况并不符合部分雇主的直接经济利益时,更是如此。所有这一切就是说,在这里如果要允许反托拉斯法的责任会威胁到集体谈判过程的稳定性和确定性,因为反托拉斯法常常禁止或抑制集体谈判过程所要求或需要的各种联合讨论或者联合行动。

……劳动法将维持集体谈判程序的秩序责任赋予了劳动关系委员会,而不是反托拉斯法院。并且劳动法的目标之一,是从反托拉斯法院那里拿走决定权,通过适用反托拉斯法来决定,什么是在社会和经济上都理想化的集体谈判政策的权利……

## Ⅲ

我们也没有看出,受到申诉人所说的劳资双方同意原则限制的豁免权是如何起作用的。我们不能仅就字面的含义来谈原则——即豁免权,仅适用于体现在劳资谈判协议的内容——因为在协议达成之前,或者协议终止以后,谈判过程就可以开始。而且多雇主谈判过程必然在参与谈判的雇主之间,以及雇主和工会之间涉及,有很多的程序上的或实质上的共识。申诉人主张这一豁免权仅仅适用于劳方和资方达成一致理解的情况,也不能挽救他们所称的原则。劳方常常不会(也不应当)同意雇主所坚持的某种共同的谈判立场。同样,劳方也不必对某种策略表示同意,尽管法院同意这些策略是多雇主谈判过程的一部分,例如像全单位停工和使用临时性替代工。参见:国家劳动关系委员会诉布朗案[NLRB v. Brown, 380 U. S. 278, 284 (1965)];水牛城亚麻案[Baffalo Linen, 353 U. S. at 97]。

美国司法部副部长(the Solicitor General)提出这样的观点:在谈判陷入僵局时,豁免权终止。在谈判陷入僵局以后,他说:"依据劳动法的规定,雇主不再有维护现状的义务。""从劳动法来讲,雇主可以自由地和工会协商,在过渡期作出单独的安排。"

然而,在谈判陷入僵局之时,雇主并没有完全的独立行动的自由。一般来说,多雇主谈判单位仍然存在,单个雇主不能从中退出。博南诺亚麻案(Bonanno Linen, 454 U. S. at 410 - 413)。谈判的义务仍然存在,雇主必须准备好恢复集体谈判……

更为重要的是,这一简单的"陷入僵局"的界限,无法解决我们上面所讲的问题。在谈判陷入僵局后,劳动法允许雇主从事一定的联合行动,包括共同关闭工厂和雇佣替代雇员……。的确,从总的情况来看,在谈判陷入僵局时,劳动法经常将雇主的行动限于以下四种选择之中:(1)维持现状;(2)实施他们最后提出的条件;(3)将他们的工人关闭于工厂门外(停业或雇佣替代工人);(4)和工会就独立的过渡协议进行协商。如果双方不能达成过渡性协议,又会发生什么情况呢?其他的替代措施是有限的,很可能雇主会采取协同行动。统一行动——至少是在对这一问题进行讨论时采取统一行动,会招致反托拉斯法指控。这样的指控会让反托拉斯法院来决定与谈判过程紧密相连的这些行为的合法性。

"僵局"通常来说是临时性的,这一实际情况会使得这个问题更严重……。在谈判陷入临时僵局时,雇主们将怎样讨论未来的谈判立场?也考虑一下另一个问题:如果不能预测反托拉斯法院将来怎样划分陷入僵局的界限,会产生怎样的不利后果?得出错误结论,认为谈判还没有达到陷入僵局的程度的雇主,如果他们全部都维持现状,就可能冒着承担反托拉斯法责任的风险;然而,得出错误结论,认为谈判已经陷入僵局的雇主们,就会为他们过早的中止多雇主谈判,而冒着承担不当劳动行为责任的风险。

申诉人又说,无论在其他地方怎样将劳动豁免适用于多雇主谈判,但是专业体育运动领域是"特殊的"。我们明白,比如,就兴趣、所引起的激动,或所受到的关注而言,专业体育运动可能是特殊的。但是,我们不能理解,他们在劳动法对反托拉斯的豁免方面是如何特殊的……

由于这些原因,我们认为,默许的("非法定的")反托拉斯豁免,适用于这里所讨论的雇主的行为。在集体谈判的协商之中,这种行为会发生。一旦集体谈判协商结束,这种行为也会发生。它在集体谈判的合法进行的程序中产生,也与之直接相关。并且,它仅涉及集体谈判关系的双方当事人。

我们认定的目的,不是要将雇主所联合实施的每一项条件,都与反托拉斯法审查隔离开来,因为雇主所达成的协议可能在时间上和环境上离集体谈判过程有相当大的距离,以至于允许反托拉斯法进行干预的规定并不能对这一过程进行有限的干预。参见:例如,布朗诉普罗橄榄球案[Brown v. Pro Football,50 F. 3d 1056,1057(D. C. Cir. 1995)](建议豁免权维持到集体谈判关系解散为止,以工会的认证资格被取消为证);EL 赛利托厂和原木公司案[EL Cerrito Mill & Lumbe Co. , 316 N. L. R. B. 1005,1006 – 1007 (1995)](意思是说,"特别长"的僵局期,并伴随着多雇主谈判单位的"不稳定性"或"失去作用",可能给工会退出集体谈判组织以正当的理由)。在本案中,我们不需要划出这一界限,来确定是否超越了最大的外延界限,以及在哪里超越了这些界限。在没有对委员会的观点进行详细审查,要我们这样做也是不合适的,国会的意图是将许多"本来不可避免的有关多雇主谈判的问题"留给劳动关系委员会来做"专业的判断"。水牛城亚麻案(Buffalo Linen, 353 U. S. at 96)(省略了其中的引用标记)……

  史蒂文斯法官发表了不同意见。
  与基本劳动政策相一致,我赞同法院的意见,即,司法精心设计的劳动豁免权必须也包括一些雇主为应对集体谈判代表所提出的过高的工资要求而采取的一些集体行动措施。使这些行动豁免于反托拉斯法的审查,可以促进对劳方的要求进行集体谈判。对雇主采取的旨在维持多雇主谈判单位整体性的协同行动进行豁免,例如,实施封闭工厂行动以应对"工会采取罢工策略,威胁毁灭雇主以群体为基础的谈判中的利益,也会起到这样的作用"。国家劳动关系委员会诉驾驶员案[NLRB v. Drivers, 353 U. S. 87 (1957)]。
  然而,按照我的观点,在一个自由的市场中,这两个成文立法所体现的政策,以及非成文法豁免的更加狭窄的焦点,都不能为雇主压低可以达到的工资水平的集体行动,豁免于反托拉斯法,而提供正当的理由。这些政策也不够支持这样一个规则,即,允许雇主之间对与劳方没有谈判过的议题,或者劳方要求纳入谈判的议题,缔结不竞争协议。然而,这是在本诉讼中要讨论的关键所在。
  依照反托拉斯法和劳动法政策之间所达成的调和,将设计用来保护雇员的集体行动的豁免制度,用来保护雇主采取联合行动否定雇员在竞争性的市场上单独就薪酬问题与雇主进行谈判的机会,这是最具有讽刺意味的。也许是认识到了这一特别性,法院对本案的三个独特之处作出了评注,这对查明劳动政策是否要求将非法定的劳动豁免扩展适用于这一典型的案件十分关键:

第一,在这个市场上,与法院所引案件涉及的其他劳动法领域不同,运动员的薪酬都是经过个别协商确定的。甚至在集体谈判制度实施之前,就早已实行这种运动员单个协商来确定薪酬的制度。运动员并没有对这一占据主流的制度提出挑战。因为,与其他行业不同,他们希望他们的报酬由自由市场的力量来决定,而不是通过集体谈判的过程来决定。因此,虽然大多数法官声称,不能理解专业体育运动有什么特别之处,但是,在这个行业,是雇主而不是雇员,要对这一市场部分实施非竞争性的统一的工资制度,结束对竞争性的工资的协商。

第二,被告承认,雇主们实施工资限制,强制老板们遵守协会的规则,限制服役于球队的运动员的数量,不要主张已被拖延的谈判程序,或者重新考虑以前的谈判所涉及的问题……

第三,虽然大多数法官认为,"俱乐部老板和运动员工会就工资问题进行了谈判,直至谈判陷入僵局"。但是,几乎没有说清楚到底他们谈了什么?当雇主代表向工会建议说,他们建议向运动员支付由老板决定的统一工资,工会立即毫不含糊地回应说,他们的建议与过去已被接受的,在集体谈判制度以前早已存在的由个别协商来确定工资的"原则"不符。随之而来的所谓的"谈判",只不过是雇主通知工会他们已经决定实施他们的决议,以对某一些运动员实施统一的工资水平的方式来代替由个别协商来确定工资的制度。

**注释和问题**

**1. 反托拉斯法扩展到劳动市场的限制了吗?** 在布朗案中,法院并没有对国家橄榄球协会基于爱派克斯针织案所提出的论点作出反应,即反托拉斯法没有扩展到劳动市场竞争的限制,也没有直接影响到产品市场上的竞争。这是对爱派克斯针织案的恰当的解读吗?允许雇主在集体谈判之外,互相联合起来对工资和其他劳动条件进行规制,有正当的理由吗?雇主通过压低工资而对劳动市场施加限制可能会对消费者带来怎样的伤害?参见:拉多维奇诉国家橄榄球协会案[Radovich v. National Football League, 352 U.S. 445(1957)];安德森诉船主协会案[Anderson v. Shipowners Ass'n, 272 U.S. 359(1926)](在这两个案例中,均判定雇主对劳动市场的限制应受到反托拉斯法的审查)。

**2. 有必要采取多雇主谈判吗?** 在布朗案中,法院的判决将在谈判陷入僵局后,多雇主谈判协会单方所实施的类似条件排除于反托拉斯法的审查之外,这样的判决对于维持多雇主集体谈判是必需的吗?思考一下法院对为什么多雇主协会在谈判陷入僵局后,需要实施类似条件所做的解释。另外,再思考一下,是多雇主谈判需要获得多雇主协会每一个成员的同意,也需要获得工会的同意。如果雇主被迫牺牲了在谈判陷入僵局后单方面实施类似条件的能力,他们还有可能对这样的谈判表示同意吗?

史蒂文斯法官所发表的不同意的意见,是否为区分体育运动业的集体谈判(在这个行业中是雇主想实施非竞争性的工资)和大多数行业的集体谈判(在大多数行业中是雇主要抵制实施非竞争性工资的活动)提供了一个新的路径?认可了这一区别,不对国家橄榄球协会采取布朗案的豁免措施,是否就能使法院对体育运动行业以外的多雇主所采取的必要的谈判策略提供必要的保护?要了解对这一区分所作的进一步的详细论述和对专业体育运动市场豁免权的评论,参见:迈克尔·C.哈珀:《多雇主谈判、反托拉斯法和体育运动队:宽泛豁免的临时选择》,载于《威廉和玛丽法律评论》第38卷(1997),第1663页[Michael C. Harper, Multiple Employment Bargaining, Antitrust Law, and Team Sports: The Contingent Choice of a Broad Exemption, 38 Wm. & Mary L. Rev. 1663 (1997)]。另见:反托拉斯公告(1997年秋季刊)[The Antitrust Bulletin

(Fall 1997)]。

**3. 什么时候适用豁免？** 注意一下布朗案中法院所发表的意见的最后一段。雇主采取一致行为对劳动市场加以限制所享有的豁免权的界限应该是什么？至少，工会主动的取消谈判的资格就是这一豁免权的外在的界限，这一点是明确的吗？这样，特别是那些有能力的运动员，例如像布朗案中的橄榄球运动员可以通过选择，拒绝集体谈判，通过受反托拉斯法保护的、不受限制的劳动力市场，来获取更高的工资报酬？布朗案中的判决和原则是否也为劳动法确定了一个合法性的界限？以便使那些谈判策略，例如，在谈判陷入僵局之前，就单方面对劳动市场实施限制，不属于"谈判过程中的合法程序"的一部分，从而不能得到豁免。

**4. 没有就协议的事项进行集体谈判，情况会怎样？** 按照布朗案，非法定性豁免是否保护多雇主协会之间，在集体谈判之后，对工会本来可以进行谈判的，但却决定不进行谈判的事项所施加的限制？这一问题是由一个大学低年级学生对国家橄榄球协会的一个规定所提起的一个反托拉斯法诉讼中所提出的，这一规定是，任何人在高中毕业后，如果没有至少打满三个赛季，就没有资格参加国家橄榄球协会的年度选拔，因此，也不可能被雇佣为运动员。在科拉瑞特诉国家橄榄球协会案[Clarett v. National Football League, 369 F.3d 124 (2d Cir. 2004)]中，法院认定，即使这一规则没有写入国家橄榄球协会和运动员工会之间的集体谈判协议，非法定性豁免也保护这一规定。法院强调说，工会熟知这一规则，假如这一规则是一个强制性的谈判议题，如果雇主或工会任何一方认为有必要，都可以将其拿到谈判桌上来讨论。法院说，因布朗案的保护范围扩展到对集体谈判过程的保护，不需要特别证明存在什么样的替代性条件，就可以避免反托拉斯法的责任。尽管运动员工会完全不同意这一资格规定，在法院看来，资格的规定是强制性的谈判议题，因为它能对目前国家橄榄球协会的运动员的工资和工作条件有实际的影响，包括对老运动员的工作稳定性也有潜在的影响。法院注意到,这一规定和早已认为是强制性议题的职业介绍所安排制度是不一样的。

**5. 所有其他的法定的多雇主谈判策略均受到反托拉斯法豁免吗?** 布朗案的推理是否可以扩展适用于由多雇主谈判协会成员达成的,旨在集体谈判中加强谈判协会的力量的其他协议?依据劳动法,这是合法的吗?例如,考虑一下杂货连锁店与工会进行多雇主谈判,雇主担心工会在罢工期间可能会瞄准一个店进行客户抵制,如果这些竞争者们以多雇主谈判的形式联合并同意,在罢工期间分享利润,这些竞争者们要受到反托拉斯法的审查吗?在谈判过程结束后,这种利润的分享又持续了几个星期,有没有关系呢?如果此协议还包括了不在多雇主谈判单位中的竞争者呢?参见:加利福尼亚州诉西弗韦公司案[State of California v. Safeway, Inc., 371 F. Supp. 2d 1179 (C.D. Cal. 2005)]。

进行多雇主集体谈判的雇主之间的协议,可能在集体谈判过程之外,给各方造成压力,只要这种压力是旨在影响谈判进程的,是否就可以豁免呢?例如,考虑一下,建筑商多雇主谈判协会之间达成协议,抵制清洁公司向和工会达成协议的独立建筑商提供服务。参见:哲人房地产公司诉伊思清洁服务集团公司案[Sage Realty Corp. v. ISS Cleaning Service Group, Inc., 936 F. Supp. 130 (S.D.N.Y. 1996)]。

**6. 对多雇主谈判之外的协议的寓意是什么?** 布朗案的判决能否扩展,使多雇主谈判单位之外的两个或者两个以上的雇主之间达成的协同行动的协议也获得反托拉斯豁免?要依据劳动法来看这种协同的合法性吗?在潘宁顿案和布朗案之后,两个或者两个以上的单位,如果他们同意对同一雇主或者同一行业中的不同谈判单位采取协调一致的政策,是否就失去了反托拉斯豁免?

## 康奈尔建筑公司诉水管工地方第 100 号工会案

Connell Construction Co. v. Plumbers, Local 100

421 U. S. 616(1975)

鲍威尔法官……。

地方第 100 号工会是达拉斯(Dallas)代表管子工行业和机械贸易行业的工人进行集体谈判的代表。在本诉讼开始时,该工会正作为谈判代表与达拉斯机械承包商协会进行集体谈判。该承包商协会由大约 75 家机械承包商组成。他们的合同中有一个"最惠国待遇"条款,依据这个条约,工会同意,如果工会和任何其他雇主签订了更加优惠的合同,工会就会将合同的待遇给予该协会的所有的会员。

康奈尔建筑公司是达拉斯的总建筑承包商,该公司通过竞争性的投标获得工作,并将所有的管道工作和机械工作分包出去。一直以来康奈尔建筑公司所实行的政策是,通过竞争性的投标来分包这些工作,并且和成立了工会或没有成立工会的分包商均有业务关系。康奈尔建筑公司的雇员是由几个不同的建筑工会作为代表的。地方 100 号工会从来没有代表他们与康奈尔建筑公司谈判过,也没有代表自己谈判过。

1970 年 11 月,地方第 100 号工会要求康奈尔建筑公司同意,只能将机械工作分包给和工会建立合同关系的公司……

康奈尔建筑公司拒绝签订这一协议,地方第 100 号工会于是在康奈尔建筑公司的一个主要建筑工地设置了一个纠察路障。大约有 150 个工人离开工作岗位,建筑工程停止。康奈尔建筑公司向州法院提起诉讼,要求认定工会的行为违反了得克萨斯州的反托拉斯法,并禁止其设置路障的行为。地方第 100 号工会将这一案件转移到联邦法院。后来,在压力之下,康奈尔建筑公司签订了协议。康奈尔建筑公司又修正了其诉讼请求,主张该协议违反了《谢尔曼法》第一条和第二条的规定,因此是无效的。康奈尔建筑公司请求法院宣告该协议无效,并禁止工会以后再要求签订这样的协议。

在该案被递交审判时,地方100号工会已经将同样的协议交给了达拉斯的几个承包商。另外有五个承包商签订了这一协议。并且,对那些抵制不签协议的承包商,工会正准备选择其中的承包商进行设置路障纠察的活动。

地方法院认为,分包协议不受联邦反托拉斯法管辖,因为它有建筑业第8条(e)中的附文的授权……,法院还认定,联邦劳动立法优先于州反托拉斯法……。第五巡回法院维持了原判……。第五巡回法院认定,地方100号工会组织来成立工会的分包商的目的是符合工会的合法利益的,其为此目的所作的努力因而也是应受到反托拉斯法豁免的……,我们撤销其关于不适用联邦反托拉斯法的判决,维护关于联邦法优先于州法的判决……。

在本案中,地方第100号工会对商业市场采用直接限制的办法来支持工会的组织活动。工会和康奈尔建筑公司及其他公司所签订的协议,歧视性的将未成立工会的分包商从这一部分市场中排除出去,即使那些分包商的竞争优势不是以低于工会的工资和劳动条件的标准获得的,而是通过更有效地经营获得的,也要被排除出去。消减有效地竞争,既不是联邦劳动政策的目标,也不是消除工人之间的竞争所要达到的结果。进一步来说,反托拉斯法所要努力保护的正是有效竞争这一积极的价值。

地方第100号工会和协会之间的集体谈判协议,虽然在这一诉讼中未受到指控,但它在决定地方第100号工会与康奈尔建筑公司之间的协议所起的作用上,还是相关的。多雇主协议中的"最惠国待遇"条款承诺,消除协会成员和工会可能组织的其他分包商之间的竞争,通过给予协会成员要求和其他任何竞争者一样享有优惠条件的合同上的权利,保证了工会不会通过协议,将超过协会成员的竞争性有利条件,给予非附属的承包商。因此,协会中的承包商从地方第100号工会的组织扩张中获有利益,而地方第100号工会所使用的方法在总承包商和地方第100号工会之间的分承包合同所覆盖的那部分市场上,也有使他们免于来自外部竞争的作用。在那部分市场上,对于分包的限制会在多雇主协议所包含的所有项目上消除竞争,甚至在与工资、工时和劳动条件不相关的项目上,也会消除竞争。

成功地从总承包商处攫取了协议,也会给地方第100号工会控制机械分包工作提供了机会。工会与总承包商的协议不仅仅是禁止了将工作分包给未成立工会的公司;同时,也禁止将工作分包给任何未与地方第100号工会签订合同的公司。由此,工会完全控制了签订了这些协议的总承包商所能提供的分包工作。这样一种控制会对市场和消费者带来很大的反作用——与工会组织工人以及确定劳动条件标准不相关的作用。例如,如果工会认为,少几个分包商来对工作进行竞争,就能满足其会员的利益,它只需要拒绝与处于边缘地位的公司签订集体谈判协议就可以了。参照:矿工诉潘宁顿案(参见前文第887页)。或者,因为地方第100号工会有非常明确的地理管辖区域,只需要拒绝和"流动的"分包商签订合同,就能把他们排除出去。因此,地方第100号工会可能会给当地的承包商创造一个单独的地理地域,和艾伦·布兰德利案中的封闭市场相类似(见前文第873页)。

卷宗中没有证据证明工会在尽量多的组织分包商之外还有什么目标。工会的这一目标是合法的,即使这种成功的组织运动,最终会使成立工会的雇主减少了来自于未成立工会的雇主的竞争。但不能仅仅因为这一目标合法,工会所使用的方法就豁免于反托拉斯法的处罚。在本案中,地方第100号工会通过和几个分包商签订协议,使得未成立工会的分包商对本来可以通过竞争而获得的工作,失去了竞争的资格。这种对商业市场所采取的直接限制的方法无论是从实际的作用还是从潜在的作用来看,都具有实质性的反竞争的作用,这种作用不是通过消除工资和劳动条件的竞争就能自然获得的。这种做法违反了反托拉斯法的政策,从国会的劳动政策来看,也没有正当性,因此,不能对反托拉斯法主张非法定豁免。

无论在其他背景下这种限制会起怎样的作用,但在本案中,如果这一限制写在合法的集体谈判协议之中,那么这种程度的限制就可能有权获得反托拉斯法豁免,这一点可能是没有异议的。在本案中,地方第100号工会并无兴趣去代表康奈尔公司的雇员,因此,联邦青睐集体谈判的政策,不能为工会针对康奈尔建筑公司强制行动或其发动的将未成立工会的公司排除于分包市场的运动提供庇护。

然而,地方第100号工会辩解说,其与康奈尔建筑公司所达成的这种协议是建筑行业第8条(e)的附属规定所明确许可的,因此,反托拉斯法政策必须服从于《国家劳动关系法》的规定。上诉法院的大部分法官,均不愿意就这一问题作出判决,他们认定,这一问题属于劳动关系委员会的"排他性管辖"的范围(483 F. 2d, at 1174)。然而,本法院认为,联邦法院可以对依据独立的联邦救济制度提出的诉讼中附带的争点所提出的劳动法问题作出判决,包括对反托拉斯问题作出判决。我们的结论是,第8条(e)的规定并不允许这种协议……

如果我们同意地方第100号工会的观点,即建筑行业的附文(proviso)授权允许工会与"陌生"承包商签订分包协议,不限于任何特定的工作地点,我们的判决会给建筑工会一个几乎不受限制的组织性武器。工会可以自由地取得任何总承包商的支持,来给未成立工会的分包商施加压力,只要协议重申它包括要在某地实施的某一工程就可以了。那么,建筑行业的附文对工作地点的限制会仅仅用来禁止与分包商相关的协议,将他们的工作完全留给自己。

没有什么能够表明,国会想在禁止工会"自上而下"的组织方面留出这么一个引人注目的漏洞,我们不愿意像地方100号工会所说的那样宽泛地去解释建筑行业的附文。而我们认为,这一授权仅仅能扩展适用于集体谈判关系背景下所签订的协议,并且,按照国会对这一问题的解释,在国家劳动关系委员会诉丹佛建筑公司商业理事会案[NLRB v. Denver Building & Construction Trades Council, 341 U. S. 675(1951)]中,也可能适用于某一特定工作地点的共同工作关系。

最后,地方第100号工会争辩说,即使分包协议不受建筑业附文的处罚,因此,依据《国家劳动关系法》第8条(e)的规定是非法的,但是,这也不能成为反托拉斯法责任的理由,因为《国家劳动关系法》中的救济是排他性的。这一辩解理由是基于1947年《塔夫脱-哈特莱法》修正案的历史而提出的。国会拒绝了他们的请求:即通过在《克莱顿法》和《诺里斯-拉瓜迪亚法》中,废除反托拉斯法豁免来规制间接行动(secondary activities)①,取而代之的是,国会依据劳动法创设了特殊的救济,依据第8条(b)(4)的规定,确定间接行动是不当劳动行为,并在针对劳动关系委员会提出的在地区法院要求赔偿实际损失的诉讼中,专门规定了一条要求法院颁布初步禁令的规定[Section 10(1),303]……。但是,无论这种立法选择对基于第8条(b)(4)所禁止的间接行动所提出的反托拉斯法诉讼有什么样的意义,它与这个问题——国会的意思是否是排除基于"烫手货品协议"而提出的反托拉斯法诉讼——都是没有关联的,那个问题在1959年就被宣布为非法。1959年的立法历史没有表明,对违反第8条(e)所给予的劳动法上的救济是排他性的,或者也没有表明,国会认为对于像我们这里的案件给予反托拉斯法救济,会和《国家劳动关系法》所制定的救济制度不一致。

我们因此认定,这一协议处于集体谈判关系之外,并不限定于特定的工作现场,然而,该协议要求康奈尔公司仅将工作发包给与地方100号工会签订合同的公司,这可以构成适用联邦反托拉斯法的基础,因为它在商业市场上有潜在的限制市场竞争的作用,这种限制作用不是通过消除在工资和工作条件上的竞争,就能自然获得的……

无论地区法院还是上诉法院,都没有就这一问题作出判决,即:如承受反托拉斯法的审查,那么,地方100号工会与康奈尔公司之间的协议,是否会构成《谢尔曼法》规定的限制行业竞争意义上的协议。法院未对此作出介绍,也未就此作出充分的辩论。因此,我们发回案件,让他们就是否违反《谢尔曼法》的问题进行重新考虑。

道格拉斯法官持不同意见……。在整个诉讼过程中,康奈尔公司仅仅一直在强调,地方100号工会强迫其签订了分包协议。按照这种理由,我很容易就得出结论:工会的行为仅受劳动法的规制。然而,如果诉讼中所说的

---

① Secondary activity 是针对第二方的活动,指工会在罢工时针对第二中立方进行的设立纠察线或抑制等活动,目的是通过施加压力,使其停止与工会的主要争议对手,即雇主的业务关系,该活动为《劳资关系法》所禁止。——译者注

是,地方100号工会与机械分包商密谋,通过和像康奈尔公司这样的总承包商来签订排他性协议,将未成立工会的分包商排挤出市场。反托拉斯法的豁免问题就会有很大的不同……

斯图尔特法官、布伦南法官和马歇尔法官持不同意见,理由如下:对于申诉人来说,唯一的救济方式是《劳资关系法》。1947年,国会拒绝将间接联合抵制(Secondary Boycotts)纳入一般的反托拉斯法救济范畴。1959年国会又拒绝了同样的建议,制定第8条(e)的规定,将第303条扩展适用于旨在迫使雇主签订"非法的'烫手货品协议'①条款",给予损害赔偿救济。另一方面,如果引起争议的分包协议是有效的,依据国家劳动关系委员会和复审法院的裁决,通过劳动纠察来达到这一目的的做法也是有效的。最后,依据《国家劳动关系法》授权而采取的行动本身,不应成为承担反托拉斯法责任的基础。

### 注释和问题

**1. 和宝石茶案一致吗?**

[在康奈尔案中]工会通过促进扩大成立工会的分包商的市场,来保护工资、工时和其他劳动条件,这和宝石公司案中,在工会的雇员回家后就禁止销售工会的产品,几乎是一样的。因此,宝石茶案中确立的规则支持康奈尔案中的行为。

托马斯·J. 坎贝尔:《劳动法和经济》,载于《斯坦福法律评论》第38卷(1986),第1003、1060页[Thomas J Campbell, Labor Law and Economics, 38 Stan. L. Rev. 1003,1060(1986)]。你同意这种说法吗?或者这个案件和宝石茶案有区别吗?

---

① 烫手货品协议(hot cargo agreement),指工会与中立的雇主自愿达成的协议。依照该协议,后者同意通过诸如终止或限制经营、使用销售、运输或其他方式,处理属于其他雇主但被工会视为对劳工不公平或有劳资争议的任何产品等手段,向与其工会有争端的其他雇主施加压力,参见:《兰德勒姆-格里芬法》(Landrum-Griffin Act)。——译者注

**2. 对法院裁决的解释。**最高法院的鲍威尔法官关于为什么地方第100号工会与康奈尔公司和其他总承包商的协议不能享有非成文法的反托拉斯豁免的解释,是否使人信服？考虑下列原则：

a. 产品市场的限制"不会因消除工资和劳动条件的竞争而自然产生"？在康奈尔案中,多数人意见中的这句话是否表明,工会签署的条款更有反竞争性,因为其旨在促进组织化的目标,而不是为了工会所代表的员工的直接的经济利益？从反托拉斯政策的角度来看,这是讲得通的吗？在满足了工会的组织化目标之外,法院是否确定了其他的限制？其他的限制仅仅是潜在的,而没有被证明有实际的反竞争效果,这一点有重要意义吗？另外,也考虑一下本案和工厂诉伍兹案的相似之处(参见前文第46—48页)。

b. 没有集体谈判关系？在康奈尔案中没有集体谈判关系,或者,在沃尔克和罗米罗框架公司诉国家劳动关系委员会案[Woelke & Romero Framing, Inc. v. NLRB, 456 U.S. 645 (1982)](参见前文第692页)中,存在集体谈判关系,是否必然地影响工会签字条款对反竞争的冲击？像在沃尔克和罗米罗案中一样的被第8条(e)的附文(proviso)所阻隔的协议,仍然要受到反托拉斯法的约束吗？

c. 在工会活动违反了《国家劳动关系法》时,就没有联邦劳动政策的利益？《国家劳动关系法》禁止特定的工会活动这一事实,依据反托拉斯法,并不必然地排除另外的制裁。但是工会和雇主所签的协议有违反《国家劳动关系法》的地方,是否就意味着该协议,以及产生该协议的谈判过程,就必然不体现反托拉斯法应该与之调和的联邦劳动政策？在考虑这一问题时,请注意反托拉斯法让双方当事人都可能承担特殊救济(Extraordinary Remedies)[①],

---

[①] 特殊救济,这是与通过诉讼而获得的普通救济相对而言的,其中,最主要的有调卷令(certiorari),上级法院发给下级法院或其他公私团体的执行职务令(Mandamus),上级法院发给下级法院的禁令(prohibition),追究某人凭借任何权力行使职权的令状(quo warranto),人身保护令(habeas corpus)等一系列令状。现在美国联邦法院和大多数州法院中,多数此类令状已被废除。——译者注

包括三倍的赔偿金,而国会的意图可能只是对工会的特定的组织策略作出有限的限制。参见:道格拉斯·L.莱斯利:《劳动反托拉斯的原则》,载于《弗吉尼亚法律评论》第 66 卷(1980),第 1183、1227—1229 页[Douglas L. Leslie, Principles of Labor Antitrust, 66 Va. L. Rev. 1183, 1227 - 1229 (1980)];希欧多尔·圣安东尼:《以劳动法为代价的反托拉斯法》,载于《弗吉尼亚法律评论》第 62 卷(1976),第 603 页[Theodore St. Antoine, Antitrust Law at the Expense of Labor Law, 62 Va. L. Rev. 603 (1976)]。

**3. 对工会纠察行动的禁止令。** 在实际的案例中,康奈尔公司是否能依据反托拉斯法获得禁止令,来禁止工会采取纠察行动迫使康奈尔签订协议? 参见:伯灵顿北方圣塔铁路公司诉卡车司机国际同业工会地方第 174 号工会案[Burlington Northern Santa Fe Railway Co. v. Int'l Bhd. of Teamaters Local 174, 203 F. 3d 703 (9th Cir. 2009) (en banc)]。《诺里斯-拉瓜迪亚法》禁止私人主体提起反托拉斯法诉讼,要求法院颁布禁令,即使对劳资争议中的间接性纠察,也不允许提起这种诉讼。然而,审理伯灵顿北方案的法院确认,《国家劳动关系法》第 10 条(1)的规定命令劳动关系委员会对非法的间接性纠察采取禁止措施。

**4. 本身违法规则(Per Se Rule)或合理原则?** 没有劳动豁免并不必然导致实质性的反托拉斯责任。因为其所考虑的是合理原则而不是本身违法规则,参见:拉里·V.穆科公司诉西南建筑工程协会案[Larry v. Muko, Inc. v. Southwestern Pa. Bldg. & Constr. Trade Council, 670 F. 2d 421 (3d Cir. 1982)]。另见,亚当斯建筑公司诉乔治亚电力公司案[Adams Constr. Co. v. Georgia Power Co., 733 F. 2d 853 (11th Cir. 1984)]。一般参见:密尔顿·罕德兰和威廉·C.兹查克:《集体谈判和反托拉斯法:劳动豁免的毁灭》,载于《哥伦比亚法律评论》第 81 卷(1981),第 459、511 页[Generally see, Milton Handlen & William C. Zifchak, Collective Bargaining and Antitrust Laws: Emasculation of the Labor Exemption, 81 Colum. L. Rev. 459, 511 (1981)];莱斯利,

《劳动反托拉斯的原则》,同前,第 1222—1224 页。

**5. 对劳动市场卡特尔化的大规模的挑战?** 康奈尔案支持反托拉斯法对工会传统的在一个特定的产品市场上保证劳动标准的一致性而采取的措施吗?有些作者从"劳动和经济"的角度赞成这样的措施:

a. 坎贝尔:《劳动法和经济学》(1986 年版)[Campbell, *Labor Law and Economics*],同前,第 1042—1043 页("最惠国待遇"条款——"在一个产业中保障每一个公司的劳动成本的增加,对产品的市场价格会产生影响");同上,第 1049—1050 页(多雇主谈判有助于在竞争者之间达成限制协议,并提供一种阻碍欺诈的机制)。

b. 罗伯特·H. 兰德和小理查德·欧泽布:《降低工会的垄断力:成本和效益》,载于《劳动和经济杂志》第 28 卷(1985),第 297 页[Robbort H. Lande & Richard O. Zerbe, Jr., Reducing Unions' Monopoly Power: Costs and Benefits, 28 *J. L. & Econ.* 297(1985)](获得非法定性豁免权,对工会在特定产业的劳动市场上行使"市场权力"来确定标准,起着至关重要的作用)。

c. 丹尼尔·J. 吉福德:《重新界定反托拉斯的劳动豁免》,载于《明尼苏达法律评论》第 72 卷(1988),第 72 页[Daniel J. Gifford Redefining the Antitrust Labor Exemption, 72 *Minn. L. Rev.* 1379(1988)](在集中性的产业,工会加剧了生产量和就业的限制,除非补偿的增加是以利润分享的形式出现的,否则,就应当否定其反托拉斯豁免权)。

这些方法是否实质上阻碍了在多雇主谈判构架下所能获得的功效?他们是否忽略了工会的意图,即应该给予工会以相当大的自由,努力"把工资问题从竞争方脱离出来"?在现行的法律之下能获得这些方法吗?

# 第十二章　国家的优先权

正如在第二章中所解释过的那样,美国在 1935 年通过《国家劳动关系法》之前,对劳动管理关系和工会活动进行规制,主要是州法的权力范围。然而,《国家劳动关系法》的通过意味着,国会认为在这个领域需要一个统一的联邦标准。但是,除了如该法第 10 条(b)的有关于允许州法禁止全员工会工厂(union shop)①条款等的特别规定外,在《国家劳动关系法》的原文中或者其后的修正案中,国会并没有明确规定,它意图在多大范围内用联邦标准取代州法。

在加纳诉卡车司机工会案[Garner v. Teamsters Union, 346 U. S. 485 (1953)]中,法庭清楚地说明了什么构成了至少很多年以来联邦劳工管理优先权的两个最重要的基础。在加纳案中,卡车司机工会为了吸引一个州际卡车运输公司的员工加入工会,在装货平台以和平的方式设置罢工纠察。宾夕法尼亚州法院认为此举违反了州法,因为工会意图胁迫公司强迫其员工加入工会,因此禁止了这种做法。最高法院撤销了此项禁令,理由为《国家劳动关系法》优先于宾夕法尼亚的州法。杰克逊法官代表合议法庭发表意见,他抓住了双方协议的规定违反了《国家劳动关系法》第 8 条(b)(2)这一点,坚持认为,州法院的判决侵犯了国家劳动关系委员会对该纠纷的"在先管辖权"(primary jurisdiction)②:

> 国会不仅仅是制定实质性法律规则,让胜任的法庭将法律概括性

---

① union shop 是指全员工会工厂,意思是指在这个单位中,所有的员工都要参加工会,否则不会被雇佣。参见:薛波主编:《元照英美法词典》,北京大学出版社 2013 年版,第 1375 页。——译者注

② primary jurisdiction 是指如果法律赋予行政机关裁决或处理某种争议的权利,则在行政机关就该争议履行其法定职责、作出裁决之前,法院不应受理就该争议提起的诉讼。参见:薛波主编:《元照英美法词典》,北京大学出版社 2013 年版,第 1089 页。——译者注

地适用于当事人,而且,它还将这些法律规则的解释和适用,委托给某个特别设立的特定的法庭,并规定了调查、申诉和通知、审理和裁决的程序,包括对悬而未决的行政命令进行司法救济。国会显然认为,为了使它制定的实质性法律规则能够得到统一的适用,避免可能由于各种不同的处理劳动争议的地方程序和态度而产生的多样性和冲突,对特别设计的程序有必要实施集中管理。(346 U.S. at 490)

除了国会为了形成统一的法律而依赖于一个专业而灵敏的机构外,杰克逊法官在加纳案中的意见也为优先权提供了第二个理由。法院解释道,各州对它们自己颁布的法律的适用,可能会扰乱国会在《国家劳动关系法》中所确定的雇员、工会、雇主和普通公众的权利之间的实质性平衡:

> 对特定类型的纠察设置详细的程序性规定,看起来似乎意味着,纠察不受其他方法和方式的限制,因为《国家劳动关系法》的政策,并不是要谴责所有的纠察行为,而只是谴责那些通过其规定的程序被查明的违反了禁止性规定设置罢工纠察的行为。另外,在该法中,它还内含着劳工使用设置罢工纠察这一手段的自由有利于公共利益。一个州侵犯劳工领域中的斗争自由,就是阻碍了联邦的政策,就如同该州宣布,联邦法律所禁止的设置罢工纠察的目的和方式是不受约束的一样。(同上,第499—500页)

以下的材料发展了加纳案中所确认的优先权的两个理由所提出的问题。它们同时也提出了优先权的第三个理由,而且随着更多的州法确立了保护性的劳工标准,它在最近这些年显得越来越突出。在纺织工人工会诉亚拉巴马州林肯工厂案[Textile Workers Union v. Lincoln Mills of Alabama, 353 U.S.448(1957)](见前文第735页),以及卡车司机工会174地方分会诉卢卡斯面粉有限公司案[Local 174, Teamsters v. Lucas Flour Co., 369 U.S.95(1962)](见前文第776页),最高法院认为,《劳资关系法》(LMRA)的

第 301 条授权法院形成一个统一的管理集体谈判合同的执行的联邦普通法体系。第 301 条的法理提出了这样一个问题,即州法可以在多大程度上设置需要对那些合同进行解释或者在某种意义上依赖于这些合同的案由。

# 第一节　加尔蒙案优先权

### 1. 基本原则

**圣地亚哥建筑业委员会诉加尔蒙案**

San Diego Building Trades Council v. Garmon
359 U.S. 236(1959)

法兰克福法官……。被告在高等法院对圣地亚哥县提起了诉讼,要求禁止令和损害赔偿金……。1953 年 3 月,工会企图与被告达成一份协议,即只有那些已经是工会会员的员工或者在 30 天内申请成为会员的员工才能在被告处工作。被告拒绝了,并宣称,他们的员工都无意加入工会,而且,除非某个工会被他们的员工选为集体谈判代理人,否则在任何情况下,他们都不会接受此种安排。工会立即开始在被告的经营场所进行和平的纠察,对顾客和供货商施加压力,以使他们停止与被告的交易……。经过调查,法院命令,禁止工会通过纠察和其他的施压来强迫其签订合同直至其中一个工会被正当地选为集体谈判代表,法院同时还判定工会赔偿损失 1000 美元。

当州法院的诉讼程序启动之时,被告已经开始向国家劳动关系委员会申请代表的程序。可能由于涉及的州际商业贸易额没有达到委员会的货币标准,国家劳动关系委员会的地区办公室主任认为该申请不属于其管辖……

加利福尼亚最高法院支持了初审法院(trial court)的判决。联邦最高法院取消了州法院关于格斯诉犹他州劳工关系局案[Guss v. Utah Labor Relations Bd.,353U.S.1(1957)]权力的禁令,但是保留了赔偿金判决的可行性。发回重审中,州高等法院……撤销了禁令,但是维持了赔偿金判决……

我们……同意签发调卷令(certiorari),来决定加利福尼亚法院是否有权对其不能禁止的工会和平行动判决工会去赔偿损失……

当州要规制的行动非常清楚而肯定地受到《国家劳动关系法》第7条的保护,或者根据第8条,构成不当劳动行为时,对联邦法律应有的注意,要求州的管辖权必须让步。让州自由地规制明显属于联邦规制的中心目标,会造成国会所赋予的权力和州法的要求之间的冲突。不论采取何种模式,允许州控制属于国家规制项目内的行为,会造成国家目标的潜在混乱。

有时,州所规制的特定行为是属于第7条的管辖范围,还是第8条的管辖范围,甚或两者都不是,并不十分清楚。但是法院不是此类事务的主要裁判机关。对于这部法律的执行来说,这些决定权首先应留给国家劳动关系委员会,这是非常重要的。超越了此法院管辖权限的事务,就不能属于州的权力范围之内,而且州的管辖权也必须让位于委员会的专属的主要的管辖权。见,加纳诉卡车司机工会案(Garner v. Teamsters Union,346 U.S. 485),特别是489—491页……

摆在我们面前的正是这样一个案子。加利福尼亚的裁判自始至终都建立在这样一个假设的基础上,即提起起诉的工会的行为构成了不当劳动行为。加利福尼亚法院的这个结论既来自于事实,也来自于他们对于法律的理解。我们不能判断国家劳动关系委员会是否会或者是否应该用同样的方式来决定这些问题。当一种行为是属于《国家劳动关系法》第7条的管辖范围还是第8条的管辖范围并不清楚时,为了避免州妨碍国家政策的危险出现,州法院和联邦法院都必须尊重国家劳动关系委员会的排他性管辖权。

要求州服从于国家委员会的主要管辖权,并不能保证委员会对争议行为地位的裁决。如果委员会裁决,这种行为受第7条的保护,或者被第8条所禁止,那么,这个案件就结束了,州就没有管辖权。当然,这一裁决要受到适当的联邦司法审查。或者,委员会可能裁决某种行为既不受保护也不被禁止,那么,就会产生这种行为是否属于州的管辖的问题。尽管如此,委员会也可能会因为拒绝行使管辖权,或者事务总长拒绝提起控诉,或者采纳了某种其他没有用清晰的法律意义界定行为本质的意向,……而出现未能裁决某个争议行为的情况。委员会未能根据该法确定一个特定行为在法律上的意义,并不意味着就是将管辖权赋予了州。当委员会没有明确地裁决某个行为是否受到保护或禁止时,或者没有将令人信服的先例适用于实质上已无争议的事实时,法院不能裁决此种行为属于州的管辖权范畴……。这主要考虑到,允许州管辖潜在地属于联邦规制范畴的行为,隐含着与国家劳工政策发生冲突的重大危险……

……情况也可能是这样的:在特定情形下,[州法院]判决给予损害赔偿,可能事实上不会与积极主张的联邦权力发生冲突,一个特定的州的禁令可能也同样如此。无论是认可损害赔偿,还是认可禁令,都会造成与联邦政策的冲突,因为它涉及允许两种立法资源同时进行规制的问题。事实上,由于救济是任何综合性规制制度的要素之一,所以,在这里允许州对国家劳动关系委员会保留的管辖范围进行救济,只会增加冲突的危险。

[哈伦法官,克拉克法官,惠特克法官和斯图尔特法官在"很狭窄的基础上"达成一致意见,即可以正当地认为工会的活动是受保护的。他们达成了如下一致意见:都不同意州法院对有争议的或者国家立法所实际禁止的行为作出的损害赔偿判决,并坚持认为,无论是原则还是先例都不支持最高院的观点——州法院对既不受保护又未受禁止的行为无管辖权。]

**注释和问题**

**1. 加尔蒙原则**。最高法院及下级法院仍然继续引用加尔蒙一案作为首要的先例,作为三个基本劳动法优先权原则之一:即,州法和州法院不能规制受《国家劳动关系法》第 7 条保护或被《国家劳动关系法》第 8 条所禁止的行为。州也不能规制可能受《国家劳动关系法》保护或被其禁止的行为(之后会探讨某些例外情况),除非国家劳动关系委员会确定此种行为事实上不受保护和被禁止。

**2. 实际上受保护的活动**。排除州对实际上受第7条保护的行为的管辖权,似乎是加尔蒙原则中争议最少的方面。一旦国会或者国家劳动关系委员会行使其被授予的权力,作出了保护某种行为的肯定裁决,州就不能使用他们的规制权力阻止或约束该种行为。加尔蒙案主张的这一面的基础是加纳案的哪种推理路线呢?

**3. 实际上受禁止的活动**。考虑一下排除州管制被第8条所禁止的行为。如果委员会已经裁决,某种活动为第8条所禁止。那么国家进一步惩罚或救济此种活动的优先权,对于保护国家劳动关系委员会的首要的管辖权是否为必要?如果不是,那么这种国家优先权对于保护体现于联邦劳动法律中的实质性政策评价是否为必要?

请思考一下,例如,法院对威斯康星州工业部诉古尔德有限公司案[Wisconsin Dept. of Industry v. Gould, Inc. 475 U.S. 282(1986)]的判决,在该案中,依据加尔蒙案,确定其优先于威斯康星州的州法,该法规定,禁止州与公司进行交易,如果该公司被国家劳动关系委员会的司法执行命令确认裁决,该公司在5年的时间内,曾在3个不同的案件中违反了《国家劳动关系法》。法院认为:

《国家劳动关系法》不会允许威斯康星州,禁止州内的私人主体与屡次违反劳动法的主体进行交易,这几乎是没有疑问的。正如对罢工纠察进行民事赔偿一样,在加尔蒙案中,法院拒绝同意对州内的私人交易进行禁止,这会在《国家劳动关系法》规定之外增加一个新的救济,从而会侵犯国会的"整体规制计划"……

然而,威斯康星州……认为,尽管如此,被援引来反对古尔德案的法律制度,逃脱了优先权的束缚,因为它行使的是州的执行权力的实践而不是州的立法权的实践。但是,在我们看来这似乎是在人为地制造差别,至少在这个案件中是如此,因为,从表面上看,该禁止性的法规很明显是执行《国家劳动关系法》的一种手段。而州则认为,就如我们认为它肯定会这么说的一样,该法规的重点是阻止违反劳动法的行为和奖励"忠诚于法律的行为"。[475 U.S. at 287(在原文中有强调)]

对于那些扰乱了《国家劳动关系法》的政策评价,即如何惩罚那些被认定违反《国家劳动关系法》的行为,以及如何奖励那些遵守它的命令的行为,这些是否够清楚呢?国会决定对于违反《国家劳动关系法》的行为,仅提供特定的救济,是否反映了一种可能被州提供的额外救济手段所扰乱的政策性平衡呢?因为有一种论点认为,国会提供有限的救济,并不是为了保护违反《国家劳动关系法》的行为免受更重的州法律惩罚,而只是为了确保国家劳动关系委员会的裁决免除陪审团的任何宪政要求,对此,见迈克尔·H. 戈特斯曼:《重新思考劳动法上的优先权:州法对统一的促进》,载于《耶鲁规则杂志》第 7 卷(1990),第 335、407—409 页[Michael H. Gottesman, Rethinking Labor Law Preemption: State Laws Facilitating Unionization, 7 *Yale J. on Reg.* 335, 407-409 (1990)](大体上的意见为,只有在被规制的行为一直属于国会意图保护的"连续统一体"时,即国会意图保护某一点,而禁止这一点以外的行为的形式时,加尔蒙案所确立的优先权,才能适用于《国家劳动关系法》所禁止的,并为州法所规制的行为)。

**4. "可能受保护"和"可能被禁止"的活动。**委员会依据《国家劳动关系法》所要解决的"在先管辖权",是否完全支持加尔蒙案中的法院排除州对法律"可能保护"或"可能禁止"行为的管辖权的决定?考虑一下以下问题:

认为国会想让一个行政机构来决定,何种争议应该由联邦法律来规制,何种争议应该由州权力来规制,这几乎不可能是联邦政府的想法,也与最高法院的传统功能不符。对加尔蒙案原则最严厉的批评在于,在此种情况下的当事人无法援引国家劳动关系委员会的在先管辖权,来确保雇员的行为是否受第7条保护的裁决的作出。国家劳动关系委员会没有获得这种确权裁决的权力。实际上,与雇员的行为是否为第8条(b)所禁止的裁决不能确保一样,雇主同样也不总是能保证委员会能做出一个裁决。他可以提起控诉,但是如果事务总长基于证据不充分或者这个案子不重要,或者其他的原因而拒绝起诉,就没有进一步的救济措施了。

阿奇博尔德·考克斯:《最高法院10月份的劳动判决》,载于《弗吉尼亚法律评论》第44卷(1958),第1057、1065页[Archibald Cox, Kabir Decisions of the Supreme Court at the October Term, 1957, 44 Va. L. Rev. 1057, 1065 (1958)](原文中有强调)。更为深入的探讨,见西尔斯-罗巴克及公司诉圣地亚哥城市区理事会案[Sears, Roebuck & Co. v. San Diego Cty. Dist. Council, 436 U.S. 180 (1978)](见后文第917页)。

## 2. 加尔蒙案的例外

### 农民、特别行政人员诉木工兄弟联合会25地方分会案

Farmer, Special Administrator v. United Brotherhood of Carpenters, Local 25

430 U.S. 290 (1977)

鲍威尔法官……。1965年,希尔(Hill)当选为工会副主席,任期3年。不久以后,希尔与工会的业务代理人厄尔·戴利(Earl Daley)以及其他工会高级官员之间,在很多的工会内部政策上,产生了严重的意见分歧。希尔说,工会开始在向雇主介绍时对他进行歧视,促使他向区理事会和向国际工会对在工会内部运行的职业介绍所提出申诉。希尔声称,由于他的这些申诉,他不仅在职业介绍所介绍就业时继续受到歧视,而且还遭受到了一系列

的人身攻击和骚扰。

1969年4月,申诉人针对洛杉矶县作出的要求工会、区理事会、工会所隶属的国际工会,以及工会的某些高级官员,包括工会的业务代理人戴利予以赔偿的判决,向高等法院提起上诉。希尔在修正他的诉讼请求的第二项时宣称,被告故意做出难以容忍的行为,施以威胁恐吓,使他遭受严重的精神痛苦,并因此给他带来了人身伤害。在其他三项,他宣称,工会由于他在工会的政治活动中持反对意见而在职业介绍时歧视他,工会没有无歧视地对待他而违反了职业介绍所关于工会与订约者协会之间的集体谈判协议的规定,而由于没有遵守集体谈判协议,工会就违反了他与工会成员之间的合同。他要求为他的实际损害赔偿500,000美元,同时要求500,000美元的惩罚性赔偿。

高等法院支持了对歧视和违约诉求的异议,因为它认为联邦法律在这两个问题上相对于州的管辖权有优先权,但是高等法院允许对诉求的第二项继续审理。希尔试图证明,工会对他的行为是"经常性的当众羞辱","不停的言语侮辱",并且拒绝按照职业介绍所制定的规则给他介绍工作。被告则援引职业介绍所按照非歧视性方式运转的证据予以反驳。初审法院指示陪审员道,希尔想要获得损害赔偿,必须在证明被告故意做出的难以容忍的行为已经使他遭受了严重的精神痛苦……的证据上占有优势。

陪审团裁决,工会、区议会和业务代理人戴利支付7,500美元的实际损害赔偿和175,000美元的惩罚性赔偿,而且初审法院据此做出了判决。

加利福尼亚上诉法院撤销了该判决。该法院认为,州法院对该诉讼并无管辖权,因为该诉讼的核心牵涉到可能属于国家劳动关系委员会管辖范围的雇佣关系和行为……

基于支持加尔蒙案所确立的规则[1]的同样考虑,使得法院在一些类似案件中认可了一些例外情况。我们拒绝将优先权原则适用于加尔蒙案所可

---

[1] 5. ……优先权主义的分支最适用于与国家劳动关系委员会的首要管辖权相关的案件[脚注在正文中被重新部署了]。——编者

能调整范围内的活动,如果这些活动仅仅是属于"《劳资关系法》的外围范围,……或者,这些活动触动了深深扎根于地方情感和责任的利益,在没有国会的不可抗拒的法律的指引的情况下,我们不能推断说,国会剥夺了州在这方面的权力"。加尔蒙案(Garmon,359 U.S. at 243–244)。参见林恩诉植物保护工人协会案[Linn v. Plant Guard Workers,383 U.S. 53 (1966)](恶意中伤);汽车工人协会诉拉塞尔案[Automobile Workers v. Russell,356 U.S. 634 (1958)](大量的罢工纠察和暴力威胁);机械师协会诉冈萨雷斯案[Machinists v. Gonzales,356 U.S. (1958)](错误地开除工会会员资格)……

林恩诉植物保护工人协会案能最好地诠释问题的本质,如上所述。平克顿(Pinkerton)国家侦探所的一个名叫林恩(Linn)的助理经理,在联邦法院对一个工会、两个工会职员以及一个平克顿雇员提起了一个不同州籍当事人之间的诉讼,宣称被告散布关于他的中伤性言论违反了州法。如果提起不当劳动行为控诉,委员会可能会认定工会在组织的竞选活动中故意散布错误言论,违反了第8条的规定,或者在竞选活动中有可能会产生非常重大影响的中伤言论,以至于选举被宣布无效。如果形式化地适用加尔蒙案,在诽谤诉讼中可能会使联邦法优先于州法。

但是,一系列因素影响法院打破加尔蒙案的规则。首先,法院指出,这个基本行为——故意散布明知错误的诽谤性材料——不受《国家劳动关系法》(383 U.S., at 61)的保护,因此,不用担心如果允许州的诉因继续进行,会导致州规制了国会意图保护的行为。其次,法院认识到,保护居民免受恶意中伤是"州最重要的利益"之一,并且州的这项利益"深深植根于地方情感和责任"(Id., at 61,62)。再次,法院论证到,州的诉因会妨碍到国家劳工政策有效实施的风险很小。委员会的第8条不当劳动行为诉讼,只会关注言论是否为欺骗性的或者强制性的;而对于言论是否为诽谤性的则与委员会职责的行使无关(Id. at 63)。而且,委员会缺乏为被诽谤者提供损害赔偿或者其他救济措施的权力(同上)。相反,州法的诉讼不关心在劳动背景下言论是否为强制性的或欺骗性的,而且,无论如何,只要言论是诽谤性的,法院就有权给予林恩救济。总之,这些因素证明了优先权例外的正当性。

尽管如此，法院仍然非常小心地将那些例外限制在一定的范围内。为了最小化州诽谤诉讼抑制劳动争议的自由讨论特征或者成为经济强制的一个手段的可能性，法院通过类推的方法，采用了在纽约时报公司诉苏利文案 [ New York Times Co. v. Sullivan, 376 U. S. 254（1964）] 中确切说明的标准，并且坚持认为，只有当州损害赔偿诉讼限于明知的诽谤言论或者过失性的诽谤言论时，在此背景下的州损害赔偿诉讼才可以成为优先权的例外。同时，法院也认为，只有原告能够证明言论已经给他造成损害，包括对其名誉的一般性损害，随之而来的精神痛苦、被孤立、特定项目的金钱损失，或者任何为州侵权行为法所认可的损害形式时，他才可以获得损害赔偿。法院强调审判法官具有确保损害赔偿金不能太过分的责任。

在涉及暴力侵权的案例中，同样的推理也构成了优先权规则适用例外的基础。联邦劳动法律不禁止有关劳动争议中暴力或者暴力威胁的州诉讼，汽车工人协会诉拉塞尔案（Automobile Workers v. Russell, 356 U. S., at 640）（首席法官沃伦反对）；建筑工人协会诉金链花建筑公司案 [ Construction Workers v. Laburnum Constr. Corp., 347 U. S. 656, 666（1954）]。因此，州损害赔偿诉讼不会束缚《国家劳动关系法》保护的权利的行使。另一方面，我们的案件已经一致性地认可了州在"诸如公共安全、公共秩序以及街道和高速公路的使用等传统地方事务"中的具有历史渊源的利益。艾伦·布兰德利地方分会诉威斯康星州劳动关系委员会案 [ Allen-Bradley Local v. Wisconsin Emp. Rel. Bd., 315 U. S. 740, 749（1942）]。并且，正如林恩案保护的中伤性行为，州法院有关暴力损害赔偿或暴力威胁损害赔偿的诉讼都与联邦体系的有效运转相一致：此种诉讼可以在不考虑潜在的劳动争议的事实真相的情况下作出判决……

尽管如林恩案和拉塞尔案这样的涉及州法律原则的案例，仅仅偶然地适用于发生于劳动争议过程中的行为，但是一个州的案由的普遍适用性并不足以使它免除优先权的束缚。"州是否使用广泛且一般性适用的法律而不是特别指向劳资关系治理的法律并不重要。"加尔蒙案（Garmon, 359 U. S., at 244）。相反，这些案例反映了对诸如规制中联邦和地方利益的本质,妨碍联邦规制的潜在性……等因素的一个均衡性探索。

《国家劳动关系法》没有任何条款规定要保护申诉人希尔在第二项起诉理由中起诉的"令人无法容忍的行为"。无论职业介绍所的运作在联邦法律看来是否合法,就工会职员而言,他们的行为如此无法令人容忍以至于"在一个文明社会,任何一个有理性的人都不能忍受"。对于这种行为,也没有任何联邦保护。因此,正如在林恩诉植物保护工人协会案[Linn v. Plant Guard Workers,383 U.S.53 (1966)]和汽车工人协会诉拉塞尔案中一样,如上所述,允许州对此种诉讼行使管辖权,并不会导致州规制联邦保护行为的结果。

另一方面,州在保护它的居民免受如希尔起诉的此种辱骂方面有着实质性的利益。这种利益非常值得认可,因为它关系到对由令人无法容忍的行为所导致的精神痛苦的保护,而不是如在拉塞尔案中对身体伤害的保护、在林恩案中对名誉损害的保护。尽管对于故意施加精神痛苦的侵权行为的认识,还是州法相对近期的发展,参见 W. 普洛塞:《侵权法》(1971 年第 4 版),第 12 节,第 49—50、56 页[W. Prosser, *Law of Torts*, §12, pp. 49-50,56 (4$^{th}$ ed. 1971)],我们决定,允许州对由于暴力或中伤而引起的侵权行为行使管辖权,并不是建立在争议侵权行为的历史的基础之上,而是建立在州在保护其居民的健康和幸福方面的利益的本质的基础上。

可以肯定的是,州所确立的施加精神痛苦的诉由,将会触及联邦所关注的主要领域。希尔的起诉本身突出了这种风险。在那些被初审法院驳回的起诉理由中,希尔称其在职业介绍所推荐工作时受到了歧视,而且他认为这种歧视性介绍既违反了集体谈判协议,也违反了成员合同。这些主张,如果在向国家劳动关系委员会提出时有充分的证据予以证明,将会证明存在不当劳动行为,①高等法院认为,他们属于联邦法律的优先权范畴。甚至在第

---

① 11. 根据《国家劳动关系法》的第 8 条(b)(1)(A)和第 8 条(b)(2),人事厅推荐中的歧视构成了一项不公平劳动实践。参见无线电员工协会诉国家劳动关系委员会案[Radio Officers v. NLRB,347U.S.17(1954)];施工工程师协会 18 地方分会案[Operating Engineers Local 18,205 N.L.R.B.901(1973),enf'd,500 F.2d 48 (CA6 1974)]……

二项诉讼理由中,希尔宣称在"工作派遣程序"和"工作安排"上存在歧视,这些单独来讲,也许如委员会的排他性管辖权一样,属于优先权范畴。在联邦禁止歧视的背景下,州侵权行为诉讼所关注的诽谤性行为的出现,意味着干涉联邦规制体系的潜在性。然而,从联邦体系和州侵权行为法互不连接性来看,潜在的干涉的存在,并不足以抵消州在保护其居民方面的合法的实质性的利益。如果希尔是向委员会提出其指控,对于不当劳动行为程序的关注,会主要放在工会干部在就业推荐时的言论或行为,是否由于其未交工会会费之外的原因,对他进行了歧视和威胁。在委员会对案件的处理中,被告的言论或行为是否也给希尔造成了严重的精神痛苦和肉体伤害并不重要,因为委员会也不会因希尔承受了疼痛、折磨或者医疗费用,而判给希尔损害赔偿金。相反,州法院可以对侵权诉讼作出判决,而不需要去解决潜在的劳动争议的"利益"。依据加利福尼亚州的法律,对于精神损害侵权的赔偿,只要求提供证据证明,被告故意做出令人难以容忍的行为,使得原告遭受了精神痛苦。州法院不需要考虑,更别说解决,工会在就业机会方面是否歧视或者威胁要歧视一个雇员。相反,不需要去考虑在职业介绍所的背景下的工会和其成员的特殊利益的协调,侵权行为诉讼就可以得到解决。

……同时,我们重申,如果存在侵犯联邦规制体系的真实危险时,不允许州法院的管辖权同时存在。工会在涉及就业机会时的歧视,不可能单独构成作为州法院侵权行为诉讼基础的、所谓的潜在的"令人难以容忍的"行为;否则,如果坚持的话,就会破坏优先权原则。此种歧视的威胁也不足以支持州法院享有管辖权。很有可能或者实际上,这种就业歧视的威胁,将给一个工会会员带来巨大的精神痛苦和焦虑。但是,在允许州法院同时享有管辖权之前,有更多的问题需要解决。简单来说,实质性的问题是,州侵权法要么是与就业歧视无关,要么就是特殊的伴随着歧视或者歧视威胁的诽谤行为的一项功能,而不是实际存在的歧视或者歧视威胁的一项功能。

还有两个限制值得强调。我们的裁决部分是建立在这样的基础上:即我们认为,加利福尼亚法律只允许由于遭受"令人无法容忍的"行为所导致的精神痛苦而要求的损害赔偿。如果州的侵权赔偿只是基于粗鲁的语言和强烈的个性冲突(这在劳动背景下是常见的),那么,我们将无法忍受这种不当干涉联邦法律规制的潜在性。我们也一再重复,州初审法院有责任确保在这种案件中,所判决的损害赔偿不太过分。参见林恩诉植物保护工人协会案(Linn v. Plant Guard Workers,383 U.S. at 65-66)……

尽管申诉人在第二项诉讼理由中,提出了对其故意施加精神痛苦,但是从卷宗材料看,对这项请求的审理非常明显地不符合上面所讨论的标准。支持对希尔有利的判决的证据,主要在于歧视性地除了派遣其做最短暂的其最不想做的工作以外拒绝派遣其做其他工作,而不是在于其所宣称的骚扰行为、当众奚落和口头辱骂;并且,对于如何正确区分这两种情况,也没有对陪审团给予清除的指示。陪审团的裁决是基于就业歧视,而不是基于故意造成的精神痛苦的赔偿,由此产生的问题是,这妨碍了高等法院作出恢复原状的判决……

**注释和问题**

**1. "在先管辖权"?** 农民案(Farmer)的意见的脚注5是否意味着,最好将农民案理解为一种保护国家劳动关系委员会的在先管辖权的规则?如果是这样,那么法院为什么强调,州侵权行为诉讼不仅本身与就业歧视无关,而且要求,除了"各种劳动背景下常见情况"以外,"过分的"行为也能成为请求给予"过高的"损害赔偿判决的理由?在先管辖权基本原理是否解释了法院在林恩案(Linn)中采用的纽约时报公司诉苏利文案(New York Times Co. v. Sullivan)故意的标准和有关工会组织活动中的言论的州法诽谤诉讼案件的损害赔偿限度?如果在先管辖权基本原理不能解释这些限度,那么什么能解释呢?

**2. "联邦关注的辅助事务"vs."深深植根于地方情感"。** 农民案是不是对加尔蒙案(Garmon)中所表达的原则的简单适用?这个原则认为,对仅属于联邦劳动法"所辅助关注的"或触及"深深植根于地方情感和责任"的利益的行为进行规制时,州法不应该有优先权。低级法院如何适用这种例外?

他们将如何决定一种利益是否"深深植根于地方情感和责任"？如果是，州是否能规制超出"次要的"联邦关注的活动？

**3. 一般的 vs. 特定的州法？** 请注意，审理农民案的法院指出，"一个州行为的一般性适用不足以使它免除优先权"。法院是否建议，没有必要优先适用为劳动争议特别制定的州法？例如，在农民案中，如果仅适用于工会令人难以容忍的行为，那么侵权行为法应建立在什么基础之上呢？关于优先权分析的这种考虑的进一步阐述，参见后述 925 页注释 4，以及后述 932 页注释 3。

**4. 一个适当的平衡？** 考虑到农民案所要求的"令人难以容忍的"行为，以及决定损害赔偿判决的易受影响的标准，一个初审法院是否能通过指示和对证据的控制，而阻止陪审团不考虑"就业歧视的实际情况"？农民案是否会使得工会受到不满的、试图规避工会人事部门制定的合格制度的工人的无事实根据的指控？同样的，林恩案是否造成了工会或雇主通过无事实根据的诉讼来在组织的行动中获得战术上的优势的危险？事实上，林恩案是不是比农民案难很多的案例呢？因为林恩案允许能同时拖延和恶化劳动争议，以及也会打乱携带武器的劳工与联邦劳动法管理之间的平衡的诉讼。参见林恩案中布莱克法官和福塔斯法官的不同意见(383 U.S. at 67, 69)。

**5. 反歧视请求的优先权？** 乔尔克公共事务公司(Chaulk Services)的都拉米斯(Doulamis)，是一名组织雇员参加工会的组织者，她向事务总长提出控告称，因其参加协同行动，雇主对其进行了报复。在事务总长提出了诉讼之后，她的控告得到了满意的解决。现在，她向马萨诸塞州反对歧视委员会(MCAD)提出控告，称其作为一个工会组织者，由于其性别而受到更为苛刻地对待。乔尔克(Chaulk)公司依据加尔蒙案，向联邦法院申请禁令，禁止马萨诸塞州反歧视委员会对都拉米斯的这一控告进行调查。结果如何呢？参见乔尔克公共事务公司诉马萨诸塞州反歧视委员会案[Chaulk Servs.,

Inc. v. Massachusetts Comm'n Against Discrimination, 70 F. 3d 136 (1st Cir. 1995)]。

**6. 惩罚性赔偿？** 考虑到林恩案以及国际电气工人兄弟会诉福斯特案[IBEW v. Foust, 442 U. S. 42(1979)]的判决对诽谤损害赔偿所施加的限制,禁止对违反公平代表义务的工会施加惩罚性的赔偿,那么,如果不施加惩罚性赔偿审判就不正当的话,法院是否可以对像农民案那样的案件施加惩罚性赔偿？

## 西尔斯-罗巴克及公司诉圣地亚哥城市区木工理事会案

Sears, Roebuck & Co. v. San Diego County District Council of Carpenters
436 U. S. 180(1978)

史蒂文斯法官……。问题……是,[《国家劳动关系法》]是否剥夺了州法院处理由雇主提起的,对纠察行为执行州侵权法的权力,有人提出这样的论点——但并不肯定——联邦法律禁止或者保护这样的行为。

I

1973年10月24日,被告工会的两个商务代表,视察了由申诉人西尔斯(Sears)公司在美国加州的丘拉维斯塔(Chula Vista, Cal.)经营的百货公司,并且确定某些木匠活由并非工会职业介绍所派遣的人完成的。后来,在当天,工会代理人与百货公司经理会面,并且要求西尔斯公司要么安排一个雇佣了派遣木匠的承包商来完成工作,要么书面同意遵守工会主要劳动合同中的有关木匠派遣和使用的条款。西尔斯公司的经理说,他会考虑这个要求,但是他从来没有接受或者拒绝。

两天后,工会在西尔斯公司的不动产上设立了罢工纠察线。百货公司坐落于一块长方形场地的中央,百货公司的大楼为人行通道和一个大型停车场环绕着。一面的混凝土墙将这块长方形场地与住宅区的房产隔离开；另外三面则邻近与公共街道毗连的公共人行道。罢工纠察队或者在与建筑物邻近的私有通道上巡逻，或者在几步远之外的停车场巡逻。他们携带着表明他们为"木匠行业工会"（Carpenters Trade Union）所认可的标志。纠察行动和平而有序。

西尔斯公司的保安经理强烈要求工会将罢工纠察队撤出西尔斯公司的不动产，工会拒绝，并且声明，除非采取法律行动强制性要求这么做，否则罢工纠察队就不会离开。10月29日，西尔斯公司向加利福尼亚高等法院提出了一个经验证的控诉，请求签发排除持续性干扰的禁令；法院签发了禁止工会对西尔斯的不动产实施纠察行动的暂时的抑制性命令。工会立即将罢工纠察队撤到公共人行道上。1973年11月21日，法院在听取了关于工会对西尔斯公司的不动产建立罢工纠察队，是否受州法或联邦法律保护问题的辩论之后，发布了一个初步的禁令。加利福尼亚上诉法院肯定了高等法院的决定……

加利福尼亚最高法院推翻了这个决定。加利福尼亚最高法院断定，设置罢工纠察队受该法的第7条保护是有争议的，因为它意图保障工会成员的工作和使社会知道西尔斯公司降低了该地区普遍的地域标准……。法院论证说，罢工纠察的非法侵入特征，并不会使其失去受有争议性的保护的资格，而仅仅是国家劳动关系委员会在决定是否事实上给予其保护时所考虑的一个因素。法院还认为，罢工纠察是"争议性的"，因为工会从事了第8条(b)(7)(C)项认可的罢工纠察行为……。因为罢工纠察行为既受到第7条的保护又受到第8条的禁止，是有争议的，所以法院认为，根据加尔蒙案，联邦管辖权优先于州的管辖权……

II

工会在被要求撤离之后，仍然对西尔斯公司不动产进行纠察，是违反州法的持续性非法侵入，我们是从这个前提开始的。尽管如此，我们注意到，在州法院的辩论范围非常有限。西尔斯公司没有提出纠察行为自身违反任何州法或联邦法律的主张,它仅仅试图让纠察队撤离它的不动产至公共人行道上,而且,州法院发布的禁令也严格限制在救济请求的范围内。因此,根据州法,纠察的位置是违法的,但是纠察行为本身是不被禁止的。

根据联邦法律,纠察行为的合法性并不明确。两种不同的理论将支持西尔斯公司认为纠察行为为第 8 条所禁止的观点,而第三种理论将支持工会认为纠察行为受第 7 条保护的观点。在任何一种理论看来,工会的目的都将是至关重要的。

如果设置纠察的一个目的在于,迫使西尔斯公司不将木匠活分配给它自己的员工,而是分配给由职业介绍所派遣的工会会员,那么罢工纠察行为可能为第 8 条(b)(4)(D)所禁止。又或者,如果设置纠察队的目的在于,强迫西尔斯公司与工会签订一个雇佣前协议或者会员专属之类的协议,那么纠察行为至少有争议性地受对第 8 条(b)(7)(C)所规定的禁止罢工纠察行为认可的管辖。因此,如果西尔斯公司针对工会提起不当劳动行为控诉,委员会应该只关注工会的罢工纠察行为,是否含有为法律所禁止的目的的问题;罢工纠察场地的问题本应与其无关。

另一方面,工会称,其行为的唯一目的,是保证西尔斯公司遵守地区劳动标准,因此罢工纠察行为受第 7 条保护。码头工人协会诉阿里阿德涅航运有限公司案(Longshoremen v. Ariadne Shipping Co. ,397 U. S. 195)。因此,当西尔斯公司要求纠察队离开它的不动产时,如果工会根据第 8 条(a)(1)提出一个不当劳动行为控诉,那么至少委员会应当认定,西尔斯公司是否有不当劳动行为是有争议的。

因此,我们的第二个前提是,纠察行为是否为联邦法律所禁止或保护,是有争议的。然而,情况并不是这样,即州法院试图规制的主题——纠察行为的场地——为联邦法律所禁止或保护是"清晰的或者可以公正地推断的"……

## Ⅳ

雇主对工会的不满,可以向国家劳动关系委员会提出,而不是向州法院提起诉讼,关于这种意见的最重要的案例是加纳诉卡车司机工会案(Garner v. Teamsters, 346 U. S. 485)。加纳案牵涉了争议性地违反第 8 条(b)(2)的和平的有组织的罢工纠察行为……。宾夕法尼亚州的一个衡平法院认为,设置罢工纠察队违反了宾夕法尼亚州的劳动关系法,因此应该被禁止。州最高法院推翻了该判决,因为工会行为属于国家劳动关系委员会为了阻止不当劳动行为而拥有的管辖权的范畴。

本法院确认,因为国会已经"接管了此种特定的争议……,在语言上几乎与宾夕法尼亚州法律的部分内容相同"(346 U. S. at 488)。因此,州及其法院,在国会接管后,就没有权力"对同样的争议作出裁决,以及扩展其自己的救济形式"(同上,第 489 页)。这个结论并不是建立在这样的推测的基础上——如果申请人请求国家劳动关系委员会解决争议,其将如何解决。同前,正是争议中的行为可能为联邦法律所禁止,并且因此州管辖权被抢占了。下面清楚地解释了赋予其优先权的原因:

> 裁判机关的多样性和裁判程序的差异性,像实体法规则的不同一样,很容易产生相互矛盾或冲突的裁判结果。基于禁止联邦法院干涉此类案件的同样理由,也禁止州法院干涉此类案件……,除非是基于复审或者联邦委员会的申请。这种冲突存在于救济之中……。在对同一个行为给予两个单独的救济的时候,这种冲突是迫在眉睫的。(同上,第 488—489 页)

在将这种推理适用于规制雇员及其工会和雇主的州法时,会产生极大的力量。其可能也适用于某些具有普适性、有时和劳动争议相关的法律。因此,不能用各州的反托拉斯法去禁止集体行动,正如可以提供加以证明的那样,这些集体行动也是受到联邦法律的禁止的。资本服务有限公司诉国家劳动关系委员会案(Capital Service, Inc. v. NLRB, 347 U. S. 501); 韦伯诉安海斯布希有限公司案(Weber v. Anheuser Busch, Inc. , 348 U. S. 468)。在每一个案件中,与此相关的问题是,这两个潜在的互相冲突的成文法,是否

"完全适用于同一行为"[同上,第479页]。

另一方面,该法院已经允许州去执行那些普适性的法律,尽管那些被质疑行为的某些方面可能被证明是受到《国家劳动关系法》第8条禁止的。因此,例如,该法院已经支持州法院的管辖权去触及"涉及深深植根于地方情感和责任的利益的行为,在缺乏国会强制性的指示时,我们不能推断国会已经剥夺了州采取行动的权力"。圣地亚哥建筑业委员会诉加尔蒙案(San Diego Building Trades Council v. Garmon, 359 U.S., at 244)……

因此,关键的问题不在于,州是在执行专门与劳动相关的法律,还是在执行具有普适性的法律,而在于向州法院提起的这个案件是否与加纳案一致或者与农民案不同,是可以向劳动委员会提起的,却没有向劳动委员会提起。因为,只有在前一种情况下,州法院行使管辖权才会涉及劳动委员会对不当劳动行为的管辖权,而这是加尔蒙原则所禁止的一个方面。

在目前的这个案件中,西尔斯公司可能提交给劳动委员会的争议与提交给州法院的争议并不相同。如果西尔斯公司提出了一个控诉,联邦的议题应该是设置罢工纠察队的行为是否可以得到认同的或重新安排工作的目的;对此议题的决定使得相对复杂的事实和法律决定完全与非法侵入是否发生这个简单的问题无关。相反,在州诉讼中,西尔斯公司只质疑了罢工纠察的场地;而设置罢工纠察队是否出于为联邦法律所禁止的目的则与在州诉讼中提出的请求无关。于是,允许州法院对西尔斯公司提出的非法侵入请求进行裁决,不会产生侵犯劳动委员会对执行禁止不当劳动行为的法令的在先管辖权的现实风险。

为什么当工会行为有争议地为联邦法律禁止时,州管辖权的优先权通常是正确的理由不能简单地适用于这种情况;他们因此不足以阻止州行使局限于那个行为的非法侵入方面的管辖权。

V

工会的干扰性罢工纠察行为的争议性受保护的特征是否为州法院对西尔斯公司的非法侵入诉求的管辖权之上的优先权提供了充分的正当性这一

问题包含了稍微不同的几种因素。

除了"在先管辖权"的观念之外,对于州法院和国家劳动关系委员会同时行使联邦法律所禁止行为的管辖权并没有其他的反对理由。但是,对于州法院插手明确为该法律所保护的行为,是有宪法上的反对理由的。因此,劳工有关的活动被保护的时候,比与劳工有关的活动被禁止的时候,我们会在更大程度上考虑联邦最高权力这一因素。然而,好几个因素让我们相信,工会的非法侵入争议性地受到保护这个唯一的事实,不足以剥夺州法院在这个案件中的管辖权。

乍一看来,当分析集中于工会行为的争议性受保护的特征而不是争议性被禁止的特征,在先管辖权的基本原理在这个案件中为优先权提供了更为强有力的支持。因为工会设置罢工纠察队受争议性保护的程度,在提交给州法院的争议和工会可能会提交给国家劳动关系委员会的争议之前就会存在一个可能的重叠。在允许对工会的持续性非法侵入提供任何救济之前,州法院必须决定非法侵入并不实际上受联邦法律的保护,这是一个可能需要调节西尔斯公司的财产权和工会的第 7 条权利的决定。在一个由工会提起的不当劳动行为诉讼中,委员会或许也被要求做同样的调节工作。

尽管调节事务由州法院或者国家劳动关系委员会来决定在理论上都是可行的,但是在这个案件中,事实上并没有双重管辖权的风险。只在权利受到侵害的一方有启动委员会管辖权的合理机会,或者否则他有激起对方这么做的合理的机会的情形下,在先管辖权基本原理才能证明优先权的正当性。在这个案件中,西尔斯公司不能径直取得委员会对工会的非法侵入是否为联邦保护的问题的裁决。只有当工会提起一个不当劳动行为的控诉,宣称西尔斯公司干扰了工会对西尔斯公司不动产进行和平罢工纠察的第 7 条权利,这样的一个委员会决定才能获得。通过要求工会将罢工纠察队从百货公司的不动产撤出,西尔斯公司事实上进行了一个给予工会提起这样一个控诉的机会的行动。但是工会对西尔斯公司要求的回应取消了调节国家劳动关系委员会确定的第 7 条权利和财产权的可能性;工会不是向委员会提出一个控诉,而是通知西尔斯公司说罢工纠察队只有在法律程序强制时才会离开。

当面对工会的固执已见时,西尔斯公司只有三个选择:允许罢工纠察队继续待在它的不动产前;将罢工纠察队强制性地逐出;或者寻求州非法侵入法的保护。由于工会的行为违反了州法,所以西尔斯公司合法地拒绝了第一个选择。由于第二个选择包含着暴力的风险,所以西尔斯公司当然有权——甚至可能是有义务——拒绝它。因此,只有通过向州法院提出诉讼,西尔斯公司才能获得对于工会是否拥有继续待在它的不动产前的联邦权利这一问题的有条理的解答。

在先管辖权基本原理毫无疑问要求,当同样的争议被提交给州法院或者国家劳动关系委员会时,它也必须被提交给委员会。但是,那个基本原理并没有扩展至这样的一些案件,在这些案件中,一个雇主没有任何可接受的方法引起或劝使工会唤起委员会的管辖权。因此,我们确信,当本该将受保护事项提交给委员会的一方没有这么做,而争议的另一方没有任何可接受的方法去这么做时,在先管辖权基本原理不能为优先于对争议性受保护行为的州管辖权提供一个充足的正当理由。

然而,这种结论并不必然否定优先权是正确的可能性。加尔蒙主义所关注的主要问题是由州来插手联邦所保护行为所带来的危险。在某些环境下允许州行使管辖权,可能会导致联邦法律被错误理解的重大危险,以及随之而来的对所受保护行为的否定。在这些情况下,我们或许可以合理地认为,国会会更喜欢这种固有的管辖的缺漏代价,这种缺漏有可能伴随着州管辖权行使的对国家劳工政策的不满而产生。因此,"争议性地受保护"作为在一些给定种类的案件中的优先权的正当理由的可接受性,至少部分是第7条事实上保护争议行为这一论点的有说服力的一种用途。

法院已经阐明,州执行它的禁止暴力、诽谤、故意施加精神痛苦,或者堵塞通往财产的通道的法律的裁判权并不被《国家劳动关系法》优先取得。但是这些违反州法的行为都不包括受保护的行为。相反,有些违反州非法侵入法的行为可能确实受联邦法律第7条的保护。

法院注意到,鉴于如国家劳动关系委员会诉巴布科克威尔科克斯有限公司案［NLRB v. Babcock & Wilcox Co.,351 U.S. 105 (1956)］,当存在毫无疑问的非法侵入的工会行为的例证,对非法侵入的工会行为而言,它是否受保护的问题相当的有争议,根据法律的经验告诉我们,这种情况非常少见,而且非法侵入行为更大可能地不被保护,而不是受保护……

如果在一个特定案件中,存在非法侵入受保护的强有力的理由,那么通过提出一个不当劳动行为控诉,工会可以被期待对雇主的离开要求做出回应;保护问题将通过机构调节工会的第7条权利和雇主在劳动争议环境下的财产权来做出决定。但是,如果寻求保护的理由太没有说服力以至于它事实上不可能普遍适用,那么一个非法侵入的工会最好回避委员会的管辖权,而是争辩它的行为的受保护特征已经剥夺了州法院的管辖权。

只要工会有将保护事项向国家劳动关系委员会提出的一个公平的机会,就可以保持有意义的保护,排除州法院错误的危险。在这个案件中,工会不能援引劳动委员会的管辖权,西尔斯公司也无权援引那种管辖权,在没有诉诸于自救的情况下甚至不能加速它的实施。因为在这种案件中坚持州管辖权并不会导致受保护行为被禁止的巨大的危险,我们不愿意假定国会想让工会行为的受争议性保护的特征来剥夺加利福尼亚法院愿意考虑西尔斯公司非法侵入诉讼的管辖权。①

加利福尼亚最高法院的判决因此被发回重审了,而且该案被发回法院进行进一步的与该意见一致的诉讼程序。

布莱克曼法官的同意包括两点。第一,法院推理的必然结果是:如果,在雇主要求工会离开他的不动产后,工会提出并且迅速地推进一个国家劳动关系委员会控诉,那么,州管辖权被抢占(并且州不得行为)直到事务总长拒绝提起一个诉讼或者委员会驳回申诉并且坚持设置罢工纠察队不受保护。第二,如果州法院在限制工会罢工纠察行为之前提供一个辩论性听证,

---

① 44. 西尔斯案要求工会在它提起非法侵入诉讼之前停止非法侵入这一事实是我们论点的关键。根据加利福尼亚法律,此种要求似乎是开始一个非法侵入诉讼的前提,参见122 Cal. Rptr. 449(1975),为了避免一个有效的优先权请求,它可能会在任何情况下作为联邦法律的要求……

那么州法院经常干涉受保护行为的可能性将减少。

鲍威尔法官单独地发表了其赞同意见,拒绝了布莱克曼法官的必然结论,强调委员会进程缓慢,并且伴随着在非法侵入的情况下产生的暴力危险。布伦南法官,斯图尔特法官和马歇尔法官一起发表的不同意见则被省略。

在发回重审中,加利福尼亚最高法院推翻了允许一个预备性禁令的命令,坚持认为根据加利福尼亚法律,工会对私人财产的罢工纠察是合法的,并且根据州的反禁止法律,它也是不能被强制实施的。西尔斯—罗巴克及公司诉圣地亚哥城市区木工理事会案[Sears, Roebuck & Co. v. San Diego Cty. Dist. Council of Carpenters, 25 Cal. 3d 317, 599 P. 2d 676, 158 Cal. 3d 170 (1979)]。

**注释和问题**

1. "可能受保护的"行为和雇主救济。西尔斯公司是否持有这样的主张,即只有在雇主能够使用《国家劳动关系法》规定的程序来检验这些活动的受保护地位时,才能适用州法对有争议的受保护行为进行规制?阿奇博尔德·考克斯(Archibald Cox)的建议,参见《联邦劳动法优先权的新发展》,载于《俄亥俄州法律杂志》第41卷(1980),第277页[Recent Developments in Federal Labor Law Preemption, 41 *Ohio St. L. J.* 277 (1980)]。或者法院的判决是否能够看作仅限于这些情况,诸如对于侵犯"地域标准"进行纠察,因为在那些情形下,《国家劳动关系法》所保护的申诉相对较弱。在兰奇米尔案(*Lechmere*)之后(见前文第179页),工会侵权性的纠察能否被归为"有争议的受到保护的"行为?

2. 何时行为"可能"受保护?考虑到在国际码头工人协会诉戴维斯案[International Longshoremen's Assn. v. Davis, 476 U. S. 380 (1986)]中关于州法院如何决定活动是否属于国家劳动关系委员会的可能管辖权范围的讨论:

如果"有争议的"一词有什么意义的话，那么它也必然意味着，要求提出优先权的一方证明他的案件是委员会能合法地做出对他有利决定的，即，坚持优先权的一方必须做出一个不会明显与法律的语句相反以及没有被法院或者委员会"权威性地否定"的对法律的解释……。当事人必须提出充足的证据以使法院能发现委员会能合理地支持建立在此解释基础上的请求。（同上，第395页）

在戴维斯案中，工会声称的优先权表现为，某个被雇主声称为主管的雇员事实上是受第7条保护的"雇员"是否是可以论证的。法院得出结论，工会必须提出支持它认为这个雇员的工作不同于另外一个雇员的工作的证据，另外一个雇员即区域经理被认为是一个管理者；或者，另一个选择是，工会必须找出一个令人信服的理由来证明区域经理在他之前的决定中是错误的。工会仅仅声称雇员可被论证为并不是一个管理者是不够的。

**3. 西尔斯案以及加尔蒙案中被禁止的方面**。假设国家劳动关系委员会已经裁决设置罢工纠察队为《国家劳动关系法》所禁止。现在西尔斯公司能基于非法侵入而针对工会提出一个要求金钱赔偿的诉讼吗？法院对加尔蒙案可能被禁止的方面的分析与对事实上被联邦法律禁止的行为的规制有关吗？

**4. 一般性的法律 vs. 特定的州法**？考虑到西尔斯案法院对加利福尼亚非法侵入法的"一般适用性"的相关性的考虑，特别指向受联邦劳动法争议性禁止的行为的州法的权力是否总是被抢占？要是加利福尼亚的非法侵入法律提供了仅仅针对非法侵入性的劳动罢工纠察行为的三倍损害赔偿，那又怎么样呢？

**5. 州的非法解雇法**。为雇员因非法解雇而主张合法权益或者因违反联邦法或州法而规定了诉因的州法,是否可以适用于雇主的报复行为?这是否可能受到第8条的禁止,因为这些规定所指向的雇员是为了互助或保护而采取了可能是协同一致的行为。想想,例如,两个卡车司机由于拒绝违反州高速公路安全法律而被解雇的诉讼。要是州法被适用于保护雇员不因行使第7条权利组织一个工会而被解雇,那又怎么样呢?州法普遍性地保护雇员对任何法律权利的维护,还是特别指出根据《国家劳动关系法》,作为一个不当劳动行为的解雇也违反了州公共政策,这些应该有关系吗?也参见后述954页注释6;962页注释5和965—966页注释10。

**6. 禁止被抢占了优先权的州诉讼**。限制禁止州法院诉讼实施的联邦禁令的《反禁制法》(*The Anti-Injunction Act*,18 U.S.C. § 2283),阻止私方当事人针对州法院所颁布的禁令的实施。参见制衣工人协会诉里奇曼兄弟公司案 [Amalgamated Clothing Wkrs. v. Richman Bros. Co., 348 U.S. 511 (1955)]。尽管如此,法院坚持认为,虽然有《反禁制法》,委员会仍然有权获得联邦法院在此种诉讼中的状态。参见国家劳动关系委员会诉纳什芬奇公司案 [NLRB v. Nash-Finch Co., 404 U.S. 138 (1971)] (禁止能限制和平的罢工纠察行为的州法院诉讼)。

反禁制法很可能不能适用于州行政诉讼程序。要了解联邦节制主义下的禁止此种诉讼程序的决定,参见乔尔克公共事务公司诉马萨诸塞州反歧视委员会案 [Chaulk Servs., Inc. v. Massachusetts Comm'n Against Discrimination, 70 F.3d 1361 (1st Cir. 1995)]。

### 3. 报复性诉讼的问题

委员会采取了这种立场,即报复性诉讼——出于报复为《国家劳动关系法》所保护的活动的目的而提起的诉讼——构成了可能被禁止而且通过规定律师费和其他诉讼代价的方式来进一步救济的不当劳动行为。尽管如此,鉴于《第一修正案》与此有关,最高法院在两个决定中已经援用《国家劳动关系法》来限制委员会试图禁止并且为报复性诉讼提供不当劳动行为的救济的这种案例。BE & K 建筑公司诉国家劳动关系委员会案[BE & K Construction Co. v. NLRB, 536 U. S. 516(2002)];比尔·约翰逊饭店诉国家劳动关系委员会案[Bill Johnson's Restaurants, Inc. v. NLRB, 461 U. S. 731 (1983)]。

在比尔·约翰逊案中,通过强调向法院控告政府的权利受到第一修正案强有力的保护,法院宣布,"提出和执行一个有充分根据的诉讼可能不被作为一个不当劳动行为而被禁止,即使要不是原告为了行使受该法律保护的权利而报复被告的要求,它将不会开始。"(同上,第743页)而且,尽管法院允许"以报复行使了第7条所赋予的权利的雇员为目的,提起毫无根据的诉讼,是一种应当受到禁止的不当劳动行为"(同上,第744页),在有"真正的实质性的事实争议的问题"或者"有真正的关于州法的法律问题"时,委员会必须在州法院有机会对所诉争议作出判决后,才能要求救济(同上,第746页)。法院也得出结论,一个值得称道的诉讼不应被裁决为不当劳动行为,即使它是为了报复的目的才提起的。

在BE & K 建筑公司案中,法院进一步加强了对依据《国家劳动关系法》而在委员会提出的非法的报复性要求进行诉讼保护。法院认为,委员会规定"为了一个报复性的目的而提出的所有有合理的根据但是不成功的诉讼"构成不当劳动行为已经超越了它的权力范围(536 U. S. at 531)。法院部分依赖于专业房地产投资有限公司诉哥伦比亚电影工业有限公司案[Professional Real Estate Investors, Inc. v. Columbia Pictures Industries, Inc., 508 U. S. 49,60-61(1993)],在这个案件中,法院认为,要受到反垄断法的挑战,诉讼必须"不仅客观上没有根据,而且主观上是出于非法的目的"(536 U. S. at 531)。尽管如此,BE & K 建筑公司案中,法院强调,由于委员会对违法行为的测试无论如何都是过度广泛的,没有必要决定同样的标准是否适用于《国家劳动关系法》:

> 我们没有决定委员会是否能宣称任何不成功但是有合理的根据

的,不管结果如何,为了报复为《国家劳动关系法》所保护的行为,要不是出于征收诉讼过程中的费用的动机就不会提起的诉讼,为违法的,因为委员会的标准并没有将它限制在此类诉讼的范围内……(同上,第536—537页)

鉴于BE & K建筑公司案,委员会现在应该如何对待为了回应一个建立在合理基础上,但是不成功的,仅仅为了对工会收费而提起的诉讼的不当劳动行为诉讼?那为了回应一个毫无根据的,由一个有着真实能在他的合法的对受保护行为的挑战中获得成功的幻觉的雇主提起的诉讼呢?

在BE & K建筑公司案和比尔·约翰逊案中,雇主的诉讼都是根据没有被《国家劳动关系法》抢占的联邦法律或者州法律而提起的。如果雇主的诉讼是依据被抢占的州法而提起的,又会怎么样呢?在发现这样一个诉讼是一个不当劳动行为之前,委员会是否在BE & K建筑公司案之后被要求去发现诉讼是客观上无根据的?在比尔·约翰逊案中,法院在一个脚注(461 U. S. at 737 n. 5)中解释道,它不会"处理一个由于联邦法律优先权而被宣称为超越了州法院管辖权范围的诉讼"。如果州法院诉讼程序确实试图规制受争议性保护的行为,法院表示,委员会可以根据国家劳动关系委员会诉纳什芬奇案[NLRB v. Nash-Finch,404 U. S. 138(1971)]的权力而获得对该诉讼程序的禁止权。建立在比尔·约翰逊案语言的基础上,在雷曼广场(I)案[Loehmann's Plaza (I),305 N. L. R. B 663(1991)]中,委员会裁定,在事务总长提起了一个针对一个为了寻求对受保护行为的规制的诉讼的指控之后,根据西尔斯案(Sears)和戴维斯案(Davis),此种诉讼就被当作潜在的对受争议性保护的行为的州规制而被抢占。在委员会看来,在此种案件中,它可能会发现,不管根据州法,此诉讼是否有任何法律意义,诉讼的继续进行本身就是一个不当劳动行为。在雷曼广场(II)案[Loehmann's Plaza (II),316 N. L. R. B 109(1995)]中,委员会发现在州诉讼中受到挑战的工会行为事实上是不受保护的,并且认为,因此诉讼的继续进行并不是一个不当劳动行为。因此,在事务总长的指控提出之后,如果,但是只有如果诉讼试图规制的行为最终被发现确实受保护,那么诉讼的继续进行将是违法的。在 BE & K 建筑公司案之后,委员会有什么理由不应该适用这种理论呢?

# 第二节 机械师工会案优先权

## 1. 经济冲突的规制

### 国际机械师工会 76 分会诉威斯康星劳资关系委员会案

Lodge 76, IAM (Machinists) v. Wisconsin Employment Relations Commission

427 U. S. 132 (1976)

布伦南法官……。申诉人 76 地方分会(工会)与被申诉人,科尔尼和特雷克公司(Kearney and Trecker Corporation)(雇主)之间的集体协商合同被雇主于 1971 年 6 月 19 日根据合同的条款而终止了。此后,围绕着合同的续订和更新的诚意谈判持续了超过一年的时间,最终以签订了一个新的于 1972 年 7 月 23 日生效的合同而结束。在谈判过程中,一个特别争议的事项是,雇主要求用一个新的条款取代已经终止的协议的条款。根据已经终止的合同的条款,在之前的 17 年里,一天的基本工作时间是 7 个半小时,工作日是周一至周五,并且一周的基本工作时间是 37 个半小时;现在,雇主要求新的条款中规定,一天的基本工作时间是 8 小时,一周的基本工作时间是 40 小时,并且相应地,超时工资率应付所依据的条款也要修改。

在旧协议终止之后的几天,雇主就开始单方面对已终止的协议所提供的有些雇佣条件作出修改,例如,废除了工会会费的代扣,废除了工会驻工厂的办公室的规定,并且废除关于工会损失时间的规定……。1972 年 3 月,雇主宣布,从 1972 年 3 月 13 日起,它也将单方面履行它的 40 小时周工作时间和8小时日工作时间的建议。在3月7日召开的会员大会上……，罢工被批准，而且通过了一个联合工会会员拒绝超时工作的决议，超时被定义为任何一天工作时间超过7个半小时，或者任何一周工作时间超过37个半小时。随着罢工表决的作出，雇主表示如果工会能答应取消对超时工作的联合抗议，它愿意"延缓执行"它的工作—周建议。尽管如此，工会拒绝了这个提议，并且表示了它要继续对超时的联合禁止的意向。此后，在新协议于1972年7月23日生效之前，雇主没有将对日工作时间和周工作时间的建议改变付诸实施。尽管除了极少数的雇员之外，其他的雇员在谈判过程中都遵守了工会反对接受超时工作的决议，但是雇主没有惩罚，或者试图惩罚任何拒绝超时工作的雇员。

相反，在谈判继续进行的同时，雇主提出了一个指控……工会的决议违反了《国家劳动关系法》的第8条(b)(3)。基于"没有迹象显示由其会员雇员作出的禁止超时工作的决策违反了该法律"以及因此不是委员会根据国家劳动关系委员会诉保险代理人案[NLRB v. Insurance Agents, 361 U. S. 477(1960)]（上述第460页）可以审理的行为的理由，地区主任驳回了该指控。尽管如此，雇主也向威斯康星雇佣关系委员会提出了一个控告，即根据州法，拒绝超时工作构成了一个不当劳动行为……。委员会……认为，"联合拒绝超时工作不是受《国家劳动关系法》第7条争议性保护或者受《国家劳动关系法》第8条争议性禁止的行为，以及……因此，……委员会声称自己对上述行为的管辖权并没有被抢占"。……委员会于是发布了一个命令，特别提出，工会"立即停止批准、鼓励或者宽恕任何对超时工作任务的联合拒绝……"。威斯康星巡回法院发布了执行委员会命令的判决。威斯康星最高法院维持了巡回法院……。我们推翻了。

I

我们认为首次优先权主要建立在委员会的在先管辖权的基础上。这一优先权分析在加尔蒙案中得到了发展（359 U. S. 236）……。但是，另一种优先权分析在专注于关键性问题的案件中得到了发展，该问题是由于要留给"经济力量的自由发挥来控制",国会是否想让涉及的行为不受规制?国家劳动关系委员会诉纳什芬奇公司案[NLRB v. Nash-Finch Co., 404 U.S. 138, 144(1971)]。不容置疑的是,此种问题在1994年所谓的布里格斯-斯特拉顿案(Briggs-Stratton),汽车工人协会诉威斯康星委员会案[Automobile Workers v. Wisconsin Board, 336 U.S. 245(1949)]中没有解决,此案中法院在作出其判决时严重地依赖于下级法院的判决,即国家劳动法律对于州对争议行为的规制没有得到优先权……

但是,布里格斯-斯特拉顿案认为,对于既不受联邦法律第7条保护也不被联邦法律第8条禁止的和平行为,州的权力不被抢占,这种见解建立在主张"此种行为或者可以为州所控制,或者它完全不受控制"的前提下[同上,第254页],这种见解被该法院随后的判决破坏。因为该法院马上意识到,一个特定的行为可能受到联邦法律的"保护"不只是当它在第7条管辖的范围内时,而且它是一项国会意图"不受政府规制权力限制"的活动,因为它属于允许"保留的经济手段……,有时对这些手段实际运用,是属于《华格纳法》和《塔夫脱-哈特莱法》所认可的制度的重要部分"。是国会意图让它"不受任何政府规制权力的限制"时,也同样如此。国家劳动关系委员会诉保险代理人案[NLRB v. Insurance Agents, 361 U.S. 477(1960)](增加强调)。"立法目的可能……要求某种'既不受保护,也不被禁止'的行为有不受州规制的特权。"汉斯矿业公司诉工程师协会案[Hanns Mining Co. v. Engineers, 382 U.S. 181, 187(1965)]。

II

保险代理人案,如上所述,卷入了一场工会拒绝诚信协商违反了第8条(b)(3)的指控中……。此指控建立在工会在诚信协商过程中产生的行为的基础上……。在谈判过程中,为了公开声明的向雇主施加经济压力以迫使其同意工会的谈判要求,工会通过它的会员指导了具有骚扰性质的联合在职行动,该行动意图妨碍雇主事业的经营……。我们认为,此种手段不能支撑国家劳动关系委员会作出的工会没有按照第8条(b)(3)的要求进行诚信协商的裁决,并且拒绝委员会适用的规则本身,该规则认为,"经济的骚扰性行为"的使用这一项就足够证明对该项的违反。法院假设,"争议中的行为不受该法第7条的保护"(同上,第483页注释6),但是认为,规则本身超出了国家劳动关系委员会的适用权力……。我们进一步注意到,"当涉及就工会而言,宣布特定的经济手段不合法时,国会会规定得相当详尽",并且"这里涉及的活动从来没有被国会明确地宣布为不合法"(同上,第498页)……

法院在早些时候就已经在优先权案件中意识到,国会想留出某些活动不受规制,并且想让它们受到经济力量的自由施展的控制。加纳诉卡车司机工会案(Garner v. Teamsters, 346 U. S. 485)……

……对加纳案和保险代理人案的分析在卡车司机工会20地方分会诉莫顿案[Local 20, Teamsters v. Morton, 377 U. S. 252(1964)]中效果显著……,该案坚持对适用州法对和平的工会间接引发的罢工纠察行为进行损害赔偿行使优先权。尽管莫顿卷入了不被第7条和第8条"保护和禁止"的行为……,我们仍然意识到有研究"国会是否占领了该领域并且排除了州的管制"的必要(同上,第258页)。对莫顿案的分析极为重要的是观察"在选择施加何种经济压力应该被禁止时……国会在'资方和劳动者都想增进他们各自利益的这种无法控制的动力之间保持平衡……'"(同上,第258—259页)……

毫无疑问,如果允许州的裁定被维持,那么此法的进程将会在案件中被立即阻止。在这个案件中雇主之所以援引威斯康星法,是因为无法通过它自己的经济自救手段来战胜工会的策略……

我们的判决认为,国会的意思是,这些活动,无论是雇主的还是雇员的,都不被州,也不被国家劳动关系委员会所规制,因为州和委员会都没有"被赋予仔细挑选劳动者和资方采用的哪种经济手段是违法的灵活性"[1]……。允许州对被联邦法律认为"应该……留给竞争的经济力量自由施展,……

---

[1] 保险代理人案(Insurance Agents, 361 U. S. at 498)。

的此种经济压迫进行规制不仅是为了通过宣布联邦法律没有宣布为违法的事项为违法而填补空白;它否认了一方在经济竞争中采用的国会认为他可以采用的手段"。勒斯尼克:《优先权的再讨论:对加尔蒙案的明显的重申》,载于《哥伦比亚法律评论》第72卷(1972),第469、478页[Lesnick, Preemption Reconsidered: The Apparent Reaffirmation of Garmon, 72 *Colum. L. Rev.* 469, 478(1972)]。相应地,州的此种规制不被允许,因为它"是完成和执行国会的完整目的与目标的障碍"。希尔诉佛罗里达案[Hill v. Florida, 325 U. S. 538, 542(1945)]……

因为布里格斯-斯特拉顿案判决现在已被推翻,并且因为我们进一步认为,如果国会制定综合性的劳工关系联邦法律的目的不会失败,工会拒绝超时工作是构成了必须不受州规制的活动的和平行为,威斯康星最高法院的判决被推翻了。

首席大法官与鲍威尔法官……一起,一致同意……。我写是为了澄清我的看法:尽管如此,法院的裁决不是在劳动争议的背景下,阻止州实施"中立的"州法或者裁决的规定:不是为了改变雇主或者工会的谈判地位的州法,而是可能对相对的谈判力量产生相应的影响。除了国会已经明确做出了不同规定的外,州通常应该可以自由地执行,例如,它们的侵权法或者合同法,以及其他反映了中立的公共政策的法律。* 参见:考克斯:《质疑劳动法优先权》,载于《哈佛法律评论》第85卷(1972),第1337、1355—1356页[Cox,, Labor Law Preemption Revisited, 85 *Harv. L. Rev.* 1337, 1355 – 1356 (1972)]。

斯图尔特法官和伦奎斯特法官,与史蒂文斯法官一起,发表了不同意见……。如果遵守布里格斯-斯特拉顿案的规则将会允许州大大地打乱国会维持的工会与雇主之间的平衡,我将乐意加入到推翻它的队伍之中。但是我不相信,部分罢工活动对于谈判过程是如此重要,以至于州不应该随意确

---

\* 如果州法反映了对雇主、工会或者在诸如雇员自治组织、劳动争议,或者为了实现集体谈判目的的集体协商等领域中的公众的特殊利益的调节,州法不能被视为中立的。

认它违法……

## 注释和问题

**1. 机械师工会案优先权的基础？** 加纳案为劳动法优先权提供了两个基础理论：(1)国家劳动关系委员会的在先管辖权，以及(2)保护联邦法律维持的权利与责任的实质性平衡。机械师工会案优先权建立在其中一个基础理论或者两个基础理论的基础上吗？

**2. 确定国会何时想留出一个不受规制的领域？** 相对于作为机械师工会案基础的莫顿（Morton）裁决而言，在机械师工会案中要寻找国会占据规制"领域"的意图可能更难。在《国家劳动关系法》的1959年修正案中，国会处理了可识别的罢工纠察行为和继发性的压迫，但是并没有注意"不公平罢工行为"。那么，正如机械师工会案看起来所坚持的那样，当优先权在缺乏国会对争议中的活动有明确关注的证据的情况下也存在时，当事人、委员会和法院如何确定国会是否想留出不受规制的领域呢？

a. 机械师工会案是否可以被最好地解释为限于谈判手段的场合？这建立在国会意图为在集体谈判施加压力而留出很大程度上不受规制的行为的假设基础上。如果是这样，这是否意味着州可以规制不属于商定一个原始协议或者商定一个新协议过程的一部分的雇员或者工会的抗议以及雇主的对策性措施——例如，因为不满怨恨而举行的罢工，导致了对无人看管的设备的损害？这种对机械师工会案的限制有意义吗？

b. 除了施加经济压力之外，机械师工会案优先权还适用于其他的环境吗？试想，一部为了扩大工会组织者超出联邦法律根据巴布科克威尔科克斯有限公司案（Babcock）和兰奇米尔案（Lechmere）所要求的接近私人财产途径以外的途径而制定的州法。由于雇主对所要求的额外的途径的拒绝将不会受到《国家劳动关系法》的争议禁止或保护，加尔蒙主义将不会适用。根据机械师工会案，这样的法律会被抢占吗？优先权是建立在最高法院对工会组织者接近私人财产途径的判决是被理解为用州定义的私人财产权还是用某些其他的隐含的法定的公认的雇主利益来平衡第7条的权利的基础上的吗？州法是明确地指向工会组织还是在更大范围上放开所有的律师接近特定形式的私人财产的途径,如大型购物中心,这个重要吗？见蒲亚德购物中心诉罗宾斯案［PruneYard Shopping Ctr. v. Robbins, 447 U. S. 74 (1980)］(支持诸如一个违宪的剥夺财产那样的一般性州法免受挑战);加利福尼亚北部报业组织委员会诉索拉诺协会案［Northern California Newspaper Organizing Comm. v. Solano Assocs. ,239 Cal. Rptr. 227,193 Cal. App. 3d 1644（Cal. App. 1 Dist. 1987）］(支持同样的州法免受《国家劳动关系法》的挑战)。

**3. "中立的"州法**？鲍威尔法官的一致性意见提供了一个限制机械师工会案优先权实现的适当的以及可行的途径吗？对鲍威尔的建议的进一步思考,参见上述916页注释3以及925页注释4。

**4. 需要州的规制吗？** 如果只有"中立"的州法根据机械师工会案总的来说没被抢占,那么,是否能有效地阻止州从刑事非法侵入法中划出"劳动争议"的例外呢？见朗姆·克里克煤炭销售有限公司诉卡伯顿案［Rum Creek Coal Sales, Inc. v. Caperton, 926 F. 2d 353（4th Cir. 1991）］(寻找优先权)。这些是否有意义呢？《国家劳动关系法》的优先权的目的能被理解为要求州对劳工活动的规制吗？参见利维达斯诉布拉德肖案［Lividas v. Bradshaw, 512 U. S. 107(1994)］,讨论在954页注释6。

**5. 进一步适用。** 机械师工会案优先权的范围能延伸到多远呢？

a. 州"反对—破坏罢工者"法。禁止雇佣罢工者的永久性的替代者的州法会被抢占吗？如果它只禁止对永久性替代不当劳动行为罢工者的人的雇佣,会怎么样？当涉及运用"恐吓的力量"阻止劳动争议过程中的和平罢工纠察时,只禁止对替代者的运用吗？参见雇主协会有限公司诉美国钢铁工人联合会案［Employers Ass'n, Inc. v. United Steelworkers of Am. ,803 F.

第十二章 国家的优先权 1151

Supp. 1558（D. Minn. 1992），affirmed，32 F. 3d 1297（8th Cir. 1994）］；也可参见迈克尔·H. 勒罗伊：《罢工者永久性替代的麦克依无线电理论和明尼苏达罢工纠察线和平行动：优先权问题》，载于《明尼苏达法律评论》第77卷（1993），第843页［Michael H. Leroy, The Machay Radio Doctrine of Permanent Striker Replacement and the Minnesota Picket Line Peace Act：Questions of Preemption，77 Minn. L. Rev. 843（1993）］。这里的机械师工会案优先权的范围是依赖于根据《国家劳动关系法》雇主是否有绝对的、无限制的在经济性罢工中运用替代者的权利，而不是依赖于通过替代者来保持运行的更为有限的权利吗？这些替代者被保证在罢工结束时他们不会被解雇。见上述589—597页。如果是后者，州能做到确保罢工替代者的有效性不是因为使用了专业的供应者或者使用了那些"习惯而一再的"充当罢工工人替代者的人而人为增强的吗？或者这些看法仅仅是为国家劳动关系委员会而保留的吗？参见华盛顿诉雷迪劳务有限公司案［Washington v. Labor Ready, Inc. ,103 Wash. App. 775，14 P. 3d 828（2001）］；卡匹奥拉尼妇女儿童医疗中心诉夏威夷案［Kapiolani Medical Center for Women and Children v. Hawaii,82 F. Supp. 2d 1151（D. Haw. 2000）］。

b. 州"接替者"法。州法能要求接替服务合同的订约人雇佣前任的雇员至少某个试用期吗？参见华盛顿服务承包商协会诉哥伦比亚特区案［Washington Serv. Contractors Coalition v. District of Columbia，54 F. 3d 811（D. C. Cir. 1995）］（无优先权）。州法能强制公司承担尊重作为他们购买了财产的对象和他们有实质性运行联系对象的雇主的集体协商合同的义务吗？参见：钢铁工人联合会诉圣加布里埃尔医院案［Steelworkers v. St. Gabriel's Hosp. ,871 F. Supp. 335（D. Minn. 1994）］（优先权）。也可参见下述955页注释9。

c. 州失业救济法。纽约电话公司在联邦地方法院针对纽约失业救济基金的管理者提起了诉讼，请求对公司向基金缴纳的税收的增加的实施发布一个禁止令，因为大量的救济金已经在一次针对该公司的长达七个月的罢工中支付给罢工者。公司主张，救济金支付给罢工者所依据的纽约法律应该被抢占,因为它与"赞成在集体协商的过程中经济力量自由运行的联邦政策"相矛盾。被挑战的纽约法律通常在申请者失业大概一周后就会批准失业救济金的支付。尽管如此,如果失业是因为"罢工、停工,或者其他的产业争端"而引起的,失业救济金的支付需要额外的七周的等待期。根据机械师工会案,纽约法律被抢占了吗?纽约法律不是"中立的"是因为它允许对罢工者的支付吗?如果它禁止此种支付,它就是"中立的"吗?最高法院最终认为该法部分不被抢占,因为正如在1935年《社会保障法》发现的那样,国会有一个允许州"在建立他们所希望的失业救济制度类型方面享有广泛的自由"的看法,而这个在州失业救济金的筹集和管理方面起着作用。参见纽约电话公司诉纽约劳动部案[New York Telephone Co. v. New York Dept. of Labor,440 U.S.519,537(1979)]。

### 建筑施工行业协会诉建筑商和承包商联合会案(波士顿港)

Building & Construction Trades Council v. Associated Builders & Contractors (Boston Harbor)

507 U.S. 218 (1993)

布莱克曼法官……。此诉讼中的争论点是《国家劳动关系法》(49 Stat. 449, as amended, 29 U.S.C. §151 et seq),是否优先于州作为一项建设工程的所有者,对由私方当事人协商签订的不同的合法的雇佣前集体协商合同的执行权力。

I

马萨诸塞州水资源局(MWRA)是一个独立管制机构,它被马萨诸塞州立法机关指控为……东部的……马萨诸塞州,提供供水服务、污物收集,以及处理和清除服务。继由于它不能阻止波士顿港的污染而引起的诉讼之后,在被控违反《联邦水污染控制法》(Federal Water Pollution Control Act)的案件中,马萨诸塞州水资源局被命令将港口的污染物清除干净。清洗工程预计花费61亿美元,在10年的时间里……。马萨诸塞州水资源局对这项工程负主要责任。根据授权法令和联邦的公开招标法,马萨诸塞州水资源局为建设提供资金(州和联邦提供拨款资助),拥有待建污物处理设施的所有权,有权确定所有的招标条件,拥有对合同决定奖励的权利,拥有向承包商付款的权利,以及对该项工程进行普遍监管的权利。

1988年春,马萨诸塞州水资源局选择凯泽(Kaiser)工程师公司作为它的工程管理者。凯泽主要负责管理和监督建设活动。凯泽同时也打算建议马萨诸塞州水资源局发展制立一个劳工关系政策,那将保持在工程持续期间工作地点的和谐、劳工管理和平,以及各方面的稳定。为了达到那个目的,凯泽向马萨诸塞州水资源局提议,允许凯泽与建筑行业委员会及其附属机构(BCTC)商订一个保护工程全程劳工稳定性的合同。马萨诸塞州水资源局接受了凯泽的提议,于是,凯泽开始商订波士顿港污水处理设施工程劳动协议(协议)。此协议包括:承认建筑行业委员会及其附属机构是所有的行业雇员的唯一的谈判机构;使用明确规定的方面来解决一切有关劳动的争端;要求所有的雇员遵守强迫他们在雇佣后的7天内成为工会会员的工会保障条款;主要使用建筑行业委员会及其附属机构的职业介绍所来提供工程的行业劳动力;一个10年不罢工的承诺;以及要求所有的承包商和分包商同意受该合同的约束。1989年5月,马萨诸塞州水资源局的董事会通过和采用了该合同,并且指示,招标说明13.1条要求投标方遵守合同的条件并入他的为工程工作的招标邀请条件中……

1990年3月,一个不是这个诉讼的当事人的订约者协会向国家劳动关系委员会提出了一个控诉,声称该合同违反了《国家劳动关系法》。国家劳动关系委员会事务总长拒绝提起一个诉讼,因为发现(1)根据认可建筑行业中的此种合同的《国家劳动关系法》第8条(f)[29 U.S.C. § 158(f)],此合同是有效的雇佣合同;以及(2)根据对第8条(e)[29 U.S.C. § 158(e)]的建筑工业限制性条款,将为工程工作的限于那些同意遵守合同的合同条款都是合法的……

也是在1990年3月,被告曼彻斯特联合建筑者和订约者公司(ABC),一个代表工会建筑业雇员的组织,针对马萨诸塞州水资源局、凯泽,以及建筑行业委员会及其附属机构提起了这个诉讼,在其他事项中,要求强制实施招标说明13.1……。只有《国家劳动关系法》优先权是这里争论的焦点……

Ⅲ

……我们在这个领域的决定支持对政府作为规制者和政府作为所有者的区分。我们一贯认为,《国家劳动关系法》意图取代州劳动规制,而不是取代所有的合法的影响劳动的州活动。在机械师工会案,例如,我们谈到国会的抢占意图,即"让某些行为不受规制"[427 U. S. at144(增加强调)],并且认为,争议中的劳动——工人们集中决定拒绝超时工作——不"能受到州的规制"[同上,第149页(增加强调)]。在黄金之州运输公司诉洛杉矶案(黄金之州Ⅰ)[Golden State Transit Corp. v. Los Angeles, 475 U. S. 608 (1986)(Golden State Ⅰ)],我们认为洛杉矶不能决定更新对解决劳动争议的计程车特许权的原因在于"机械师工会案的优先权……阻止州和市对国会意图让其不受规制的有关行为的规制"(475U. S. at 614)……我们拒绝批准市行使它的不更新许可证的规制权力来限制黄金之州公司在与他的工会争议中使用合法经济手段的权利(475 U. S. at 615 - 619)。正如申诉人所指出的,如果洛杉矶市从黄金之州公司购买了出租车服务来运送市政雇员,那么出现的就是一个非常不同的案例。在那种情况下,如果罢工导致了市所购买的服务的严重中断,市不必然被抢占通知黄金之州的权力,通知其如在特定的截止日期前,劳动争议不能解决,服务不能重新开始,他将雇佣另外一个公司。

在威斯康星工业部诉古尔德有限公司案[Wisconsin Dept. of Industry v. Gould Inc. ,475 U. S. 282(1986)]中,我们拒绝接受这样的论点,即当州拒绝与在5年内违反《国家劳动关系法》的人做生意时,为了加尔蒙优先权的目的,州是应充当所有者而不是充当规制者。我们注意到这样做,因此在那个案件中,"排斥……清楚地作为一种执行《国家劳动关系法》的方法"(475 U.S. at 287)。我们在那儿说道,"州承认,正如我们认为它必须承认,法令的核心问题是阻止违反劳动法的行为";我们决定"没有其他目的可以可靠地被归咎"(同上)。

……在古尔德案中,争论的行为是州机关试图强制与《国家劳动关系法》保持一致,由于在古尔德案中的法令向州提出了与雇员履行合同义务无关的雇主行为,同时,由于州对此种行为的理由是阻止违反《国家劳动关系法》的行为,我们的结论是:"威斯康星'绝不是起到一个服务的私人购买者的作用',并且因此,为了实现一切实用的目的,威斯康星的阻止计划与规制的效果相同。"(同上,第289页)我们强调,我们"不是说州的购买决定丝毫不受劳动因素的影响"(同上,第291页)。

对规制者和购买者的概念性的区分在私领域里也存在于一个有限的范围内。一个私行为者,可以因为对供应者的劳工政策的担心而不是图利动机而参与对一个供应者的抵制(同上,第290页)。私行为者在此种环境下可能会试图"规制"供应者,并且可能不会担当典型的所有者的角色。一个私行为者可以"规制"的事实当然并不意味着私行为者可以被《国家劳动关系法》"抢占";最高权力条款并不要求对私行为的优先权。因此,私行为者只要愿意就可以"规制",只要他们的行为不违法。当州担当规制者的角色时,它起到的是一个从特征上来说是政府的作用,而不是私的作用,但是抵制仍然是可行的。而且,作为对私行为的规制者,州比私方当事人更有权力。当州作为一个没有任何兴趣制定政策的市场参与者时,这些区别更是微乎其微……

## Ⅳ

允许州自由地参与市场活动不仅整体上与《国家劳动关系法》优先权原则保持了一致,而且,在这些案件中,还促进了立法目的的实现,即使得第8条(e)和(f)中关于建筑工业的例外这段更为生动……

根据第8条(e)和(f),凯泽和建筑行业委员会及其附属机构之间的合同为有效的劳动合同,这是没有争议的。正如上面所提到的,这些条文明确允许在工会和如凯泽这样主要参与建筑行业的雇主之间签订此种协议,适用于该行业的雇员。

当然,在第8条(e)和(f)中规定的建筑业的例外,如对他们提供救济的禁止,并没有被确切地适用于州。这是因为根据《国家劳动关系法》,州被禁止对"雇主"一词定义[29 U.S.C§152(2)],而且因为州,无论如何,在这个案件中不是雇主而是购买者。尽管如此,第8条(e)和(f)款的总的目的仍然是有关确定涉及州和它与这些条款授权所签订的合同的关系时,国会的意图是什么。

很明显,从法令的表面来看,通过制定优先权来批准在建筑业领域某些种类的工程劳动合同,国会想要为那类行业提供确切的条件。这些条件包括,在其他之中,让后雇佣集体协商困难的雇佣的短期性,订约者对可预期成本的要求和熟练劳工的稳定供给,以及这个行业长期存在的雇佣前谈判习惯。参见国会报告[S. Rep. No. 187,86th Cong., 1st Sess.,28,55 - 56 (1959); H. R. Rep. No.741,86th Cong.,1st Sess.,19 - 20(1959)]。

没有理由希望这些建筑业的界定特征依赖于实体购买订约服务的公共的或私人的性质。对于一个私购买者可能由于订约者愿意缔结一个雇佣前协议而选择他的程度而言,一个公实体作为购买者也应被允许这样做。当遇到此种购买者,通常不会缔结此类协议的订约者面临选择,他们可以改变他们的通常运作方式来确保手头的商业机会,或者从那些被观察的需求中不包括一个工程劳动合同的购买者那里寻求商机。在缺乏国会对州在追求纯粹的所有权利益时不可以管理它所有财产的清楚的或含蓄的指示,并且类似的私行为被允许时,法院将不能推定出此种限制。事实上,拒绝给予公的自由开发者那些私的自由开发者可得到的选择权本身就对国会在机械师工会案中所确认的经济力量的自由运用意图进行了限制,这对申诉人的论点产生了某些影响。

V

在手头的这个案件中,马萨诸塞州水资源局根据雇佣一个管理者组织执行一项清理工作的建议而行为,根据曼彻斯特法律,马萨诸塞州水资源局是全部工作的所有者。除了马萨诸塞州水资源局试图确保有效地工程可以尽可能快速而有效地并且以最低的成本完成之外,就没有任何问题了。而且,正如申诉人指出的,在这个诉讼中,被挑战的行为确切地是为了一项特别的工作,即波士顿港清理工作而做。因此,不存在区分在这儿工作的动机和在建筑工程的其他地方运行的、法院认为是合法的动机的基础。参见沃尔克和罗米罗框架公司诉国家劳动关系委员会案[Woelke & Romero Framing Co. v. NLRB, 456 U.S. 645, 662, and n.14(1982)]。

我们现在认为,投标说明13.1不是政府规制,并且它因此不受制于加尔蒙和机械师工会优先权……

**注释和问题**

**1. 可以区分的先例?** 观察一下法院在波士顿港案中如何区分法院之间在黄金之州运输公司诉洛杉矶市案[Golden State Transit Corp. v. City of Los Angeles, 475 U.S. 608(1986)]和威斯康星工业部诉古尔德有限公司案[Wisconsin Dept. of Industry v. Gould Inc., 475 U.S. 282(1986)]中的判决,进一步的探讨见前述第909页注释3。这些案例真的能区分开来吗?法院的分析意味着,只要州或市政当局似乎有道理地声称想要避免扰乱政府资金运转,它就可以拒绝与任何私雇主做生意吗?这种情况在很多劳动争议中都存在,如黄金之州案中的出租车许可证。威斯康星官员能在古尔德案中提出此种似乎正确的要求吗?

**2. 对所有权利益的任何追求对于私实体都是可行的?** 波士顿港案允许州政府或地方政府作为一个"市场参与者"采取任何这样的行动,即如果它是一个私有的市场参与者,它就会采取的行动吗?在《国家劳动关系法》

第8条(e)和(f)中所规定的建筑业的例外对法院的分析有多重要呢?

**3. 动机分析?** 即使港口当局在决定哪个订约者能从事该建设工作和那项工作应根据哪项条款方面有所有者的利益,很可能,城市的政治领导者已经影响着该机构以倾向于他们的工会支持者的利益的方式来行为吗? 如果提出了此种动机的证据,它将改变在波士顿港案中的分析吗?

**4. 总统的行政命令。** 当然,《国家劳动关系法》不限制国会通过其他的立法,这种立法可能改变在《国家劳动关系法》中建立的雇员权利与工会或雇主特权之间的平衡。然而,它可能拥有一种涉及总统行政命令的优先力量。根据采购法,总统拥有发布设定雇佣和使用联邦缔约者条件的行政命令的权力,但是必须尊重在其他联邦法律中设定的限制。两个问题似乎是最重要的:(1)涉及特殊的行政命令时,总统是以规制的身份还是以所有者的身份行为呢? (2)如果总统是以规制的身份行为,那行政命令规制受《国家劳动关系法》争议性保护或禁止的行为,或者《国家劳动关系法》想要让其不受规制的行为吗? 比较商会诉赖克案[Chamber of Commerce v. Reich, 74 F. 3d 1322 (D. C. Cir. 1996)](克林顿总统禁止联邦政府与在合法的罢工行为中雇佣永久性替代者的雇主签订合同,这与机械师工会案优先权不符)与汽车工人工会——劳动就业和培训公司诉查奥案[UAW-Labor Employment and Training Corp. v. Chao, 325 F. 3d 360 (D. C. Cir. 2003)](坚持认为,无论根据加尔蒙案,还是机械师工会案,都不被抢占,小布什总统的行政命令命令道,与联邦政府邮局签订合同的雇主需注意"雇员不能被要求为了保住他们的工作而加入工会或者维持工会会员资格")。

**5. 应用。**

a. 在购买奥克兰论坛报(Oakland Tribune)之后,阿拉米达报纸有限公司(ANI newspapers)终止了该报纸与9个工会的合同,解雇了它的大量雇员,并且将它的印刷业务从奥克兰撤出。作为回应,工会组织了对它的抵制。奥克兰市议会投票表决决定,通过取消13份日报的订阅和撤回广告的方式参与抵制。议会还通过了一个决议,鼓励奥克兰市民参与抵制活动。阿拉米达报纸有限公司寻求了一个针对市议会行为的禁止令,请求联邦劳动法的优先权。结果怎么样呢?在波士顿港案中,私方当事人对抵制的参与近乎规制这一建议能解决该案吗?或者市议会的订阅和广告对报纸只会产生最小的经济影响会有关系吗?参见阿拉米达报纸有限公司诉奥克兰市案[Alameda Newspapers, Inc. v. City of Oakland, 95 F. 3d 1406(9th Cir. 1996)]。

b. 如果私法律援助协会的事务律师威胁会减少在市法院为刑事被告人提供法律服务直至与协会的合同争端得以解决,纽约市的公司讼务律师征求你,关于这事市是否能拒绝更新它与协会的唯一来源的合同的意见时,你会给出什么意见呢?

c. 联邦劳动优先权原则阻止布什总统发布一个禁止任何联邦机构要求联邦资助工程的喊价者或缔约者签订雇佣前工程劳动合同的行政命令,或参加禁止他们签订雇佣前工程劳动合同的行政命令吗?如在波士顿港案中所争议的。参见建筑贸易部诉艾尔巴案[Building and Construction Trades Dept. v. Allbaugh, 295 F. 3d 28(D. C. Cir. 2002)]。

d. 洛杉矶市议会已在考虑通过一个"劳动和平"法规,将约束所有的在市机场的服务承包商以及他们的分包公司。该法规将要求每个承包商与任何通过代表承包商的雇员来表达利益的劳工组织缔结"劳动和平协议"。这个协议必须包括(1)通过一个中立的第三方主持的"抽卡片"的方式来决定雇员对工会代表的选择的程序;(2)对所有的适用该程序的争议通过具有约束力的裁决来加快程序;(3)劳工组织克制经济行为的协议,包括罢工,设置罢工纠察队和抵制,以及承包商的一个相应的协议承诺不参加任何停工,和(4)当,以及如果,劳工组织成为唯一的谈判代表时,适用将仲裁绑定在所有的集体协商合同的谈判来解决争议的程序。此法规能逃脱优先权的挑战吗?

e. 明尼苏达州,德卢斯(Duluth)要求获得5万美元或者更多的市政自主的旅馆和饭店去接受"抽卡片"工会认同的法规会被抢占吗？

**注释：州"中立"法**

一部州法阻止州服务承包商用从州合同中获得的资助来"从事直接与影响雇员关于他们组织或不组织工会，支持或不支持一个现存的工会的决定的活动"，针对这个州法的优先权挑战会成功吗？如果该州法适用于州拨款的使用，会产生同样的结果吗？在纽约州医疗协会诉帕塔基案［Healthcare Ass'n of New York State v. Pataki, 471 F.3d 87, 105 – 106 (2d Cir. 2006)］，撤销了为雇主团体挑战纽约劳动法211 – a (2)款而授予的即决判决，法院认为：

对于211 – a款起到了限制州拨款使用的作用的程度而言，它不被加尔蒙案抢占。就211 – a款限制社团及其成员从州合同和法定的偿还义务中得到的收益的程度而言（在法定的偿还义务中，承包商的劳动花费不能影响支付给州的费用），它试图对社团的经费使用加以限制，而不是对州的经费使用加以限制；因此使得雇主不行使根据第8条（c）所享有的权利，并且，它为了加尔蒙优先权而牺牲了入门条款。就州已经假定了允许补偿承包商的联合运动费用的成本—基础的义务的程度而言，州必须阐明为什么州不能通过指定此种费用是不可补偿的来避免指出此种费用……

就211 – a通过社团使用联邦及州的仅在州得以通过的资金而增加的负担程度而言，它将继续试图规制劳动实践，而不是继续拒绝补助费用。而且，即使211 – a款不适用联邦和地方经费，如果它给社团以及他们的成员增加了巨大的确保综合支出的什么部分受制于州的限制的负担，那么它将增加社团及其成员行使《国家劳动关系法》权利的负担，而且，根据加尔蒙案，它将被抢占。

在商会诉洛克耶案［Chamber of Commerce v. Lockyer, 463 F.3d 1076

(9th Cir. 2006)],法院以全体法官共同审理的方式推翻了之前的一个陪审团关于裁决卡尔政府法案第 16645 条[Cal. Gov't Code §16645(被称为"AB1889")]的优先权的决定,这个规定与纽约的规定类似。"商会"案(Chamber of Commerce)法院首先承认这部法律反映了州的规制权力而不是所有者的权力——第二巡回法院认为这是一个需要更多的事实来说明的问题。建立在对州拒绝资助雇主的赞成或反对联合的言论并不意味着国家劳动关系委员会的规制兴趣的认识的基础上,加尔蒙优先权被拒绝。法院也驳回了机械师工会案优先权,因为州仅仅确保它的资金的中立使用:

> 我们不需要解决机械师工会案是否拓展至抢占一个潜在地影响组织的州诉讼,因为即使它抢占了,AB1889 根据机械师工会主义也不会被抢占。为了在劳动争议中保持中立,加利福尼亚对州拨款和项目经费的使用制定了法律予以限制,但是这样加利福尼亚并没有侵入想要留给经济力量自由活动的行为,没有侵入不受任何政府规制的领域。实际上,难以置信的是,国会打算让此种资金的使用成为一个"由于要保留给由经济力量的自由运行来控制的不受规制的"领域……当州对如何使用它的资金的选择在定义上不受经济力量自由运行的控制时。参见波士顿港案(Boston Harbor,507 U.S. at 225-226)。无论如何,AB1889 对拨款和项目资金使用的限制不会妨碍雇主参与受机械师工会案保护意义上的"自救"的能力。州没有赤裸裸地试图要使用它的花钱的权力来"推荐某种被正确平衡的协商权力的标准"或改变雇主的个人花钱决定。通过限制州资金的使用,加利福尼亚并没有让雇主中立或者雇主和雇员之间的实质性的雇佣条件成为接受州资金的一个条件。根据 AB1889,一个雇主拥有和保留了按它的意愿使用它自己资金的自由;它只是不可以在它的与工会有关的主张方面使用州拨款和项目资金。相反,假设加利福尼亚通过了一部要求中立性作为获得州资金的一项条件的法令的话,那么雇主对它自己资金的使用因此会减少……

加利福尼亚法令并不通过规制雇主的言论来阻碍信息流向雇员。雇主可以自由地表达他们有关联合的看法,并且因此自由地行使《第一修正案》的权利,只要他们不使用州拨款和项目资金去做。例如,即使一个雇主作出一个全部使用接受自州的拨款来资助它的运营的商业决定,如此,法令有效地阻止了雇主在机构选举中为支持者花哪怕一点点收入,此种后果是雇主的自由—市场选择所随之产生的唯一的结果。没有什么能阻止雇主从非州的来源筹措另外的资金并将那些资金用于主张的目的……

**三位法官反对全体法官共同审理作出的判决:**

……法令要求难以承担的、精细的记录保存。法令要求雇主和受资助者事先证明州的资金将不会用于与工会组织有关的言论和活动[§§16645.2(c),16645.7(b)]。而且,雇主和受资助者必须保留具体的标示没有任何资金被用于与劳工关系有关的演讲的记录[§§16645.2(c),16645.7(c)]。如果需要,那些记录必须随时可以提交给司法部长。同上。法令假定,当资金混合在一起时,州资金就会被用于帮助、促进或者妨碍工会组织[§16646(b)]。

执行条款给受到影响的雇主增加了沉重的负担。法令使得雇主和受资助者要承担三倍的损害赔偿金(即,违反法令而花费的州资金的数额,加上相当于2倍于那些资金数额的民事罚款)[§§16645.2(d),16645.7(d)]。加利福尼亚司法部长,或者任何一个私纳税者可以针对一个可疑的违反者提起一个诉讼,要求"禁止令的救济、损害赔偿、民事罚款,以及其他恰当的公平救济"[§16645.8(a)]。法律没有规定赔偿胜诉的原告或者胜诉的纳税者参与人以律师费和诉讼费[§16645.8(d)]。法律没有规定赔偿胜诉的雇主以律师费和诉讼费。通过制造看起来不可能服从的负担,提出艰巨的证明要求以及诉讼的威胁,法令基本上迫使雇主中立。法令有效地阻止了雇主运动对劳工组织活动的阻挠，或者甚至阻止了雇主对一个工会与另一个工会的可取之处发表意见的能力。与工会经常从雇主处寻求的中立协议类似，加利福尼亚法令迫使雇主遵循中立政策，这反过来使得工会组织容易得多……

让人遵从的条款是令人恐惧的。雇主必须保存证明与州资金完全分离的记录，这些记录必须证明所有与工会组织活动有关方面的每一项花费，除了一些支持工会的例外情况外，并且确凿无误地证明此种花费不是来自于州资金[§§16645.2(c),16645.7(c),16646,16647]。法令创造了一个假定，即假定如果没有证明是其他的目的，就假定雇主是为了联合的目的而使用州资金[§16646(b)]。这种假定甚至在一个雇主有足够的自有资金以至于实际上没有使用州资金的情况下也适用。同上。法令的记录要求，即要求雇主时刻跟踪雇员以及跟踪以某种方式与阻止工会组织努力有关的每一项花费，这种要求达到了完全阻止雇主反对工会代表的积极性的目的。

为与法令保持一致，并且继续反对联合或者说出一个工会相对于另一个工会的优点，雇主必须创造并保持两种完全不同的会计制度和工资制度。这非常必要，因为加利福尼亚法令要求雇主监控公共资金和私有资金的使用，并且确保法令关于资金独立使用的命令得到有效实施。而且，法令要求雇主完成几乎不可能的任务，即分配每项与工会组织活动有关的单项雇主花费，包括监管者时间和雇员时间都必须一丝不苟地被记录和跟踪……

……尽管名义上是努力确保州中立性，实际上，通过阻止宣讲雇主的权利和他们参与关于工会一般性价值的讨论的能力，或者向雇员建议哪个工会更优，加利福尼亚法令显著地增加了劳工工会的权力而不是雇主的权力。这么做，法令破坏了国会通过《国家劳动关系法》所要求的劳工工会与雇主之间的微妙平衡……

## 贝尔纳普有限公司诉黑尔案

Belknap, Inc. v. Hale
463 U.S. 491(1983)

在更新协议的不成功协商之后,仓库和维修部门的雇员在2月1日罢工反对贝尔纳普有限公司。公司立即答应对仍留在工作岗位上的雇员涨工资,当天生效;它同时也在当地报纸上登出招聘罢工工人的永久性替代者的广告。大量的应聘者出现了,并且公司雇佣了很多新的工人。每位新工人都签订了一项声明,即他是某个指定岗位的指定贝尔纳普有限公司员工的永久性替代者。工会3月7日认为的雇主2月份单方面做出的涨薪决定违反了《国家劳动关系法》的指控导致了4月份提出的诉讼。紧接着那项指控和诉讼,贝尔纳普有限公司的公开信对雇员重申:"只要你们的行动符合政策,你们将继续成为永久性替代者……在贝尔纳普有限公司这儿有效。"当然同时,"我们继续与工会进行友好会见和协商……。尽管如此,我们已经非常清楚地告知工会,我们无意放弃永久性替代者,而为被替代的罢工者提供工作,除非工会停止罢工。"在7月份举行的不当劳动行为听证会的不久之前,地区主任召集了一个会议,并说该问题的解决将使他同意驳回对双方的指控和诉讼。(工会也提出了一个不当劳动行为指控。)双方最终解决了一个主要的尚未解决的问题——召回罢工者——同意公司将在一周内使至少35名罢工者复职。

为回归的罢工者腾位子而被解雇的替代者在地方法院起诉贝尔纳普有限公司。他们宣称,公司曾陈述它招聘的是永久性的员工,而明知这种陈述是错误的而且原告对它的信赖是有害的。相应地,他们认为贝尔纳普有限公司对他们的解雇是违反合同的。每个原告要求250,000美元的损害赔偿和相同数量的惩罚性赔偿。肯塔基上诉法院推翻了一个针对贝尔纳普有限公司的即决判决,理由是,贝尔纳普有限公司没有任何不当劳动行为,并且,由于原告的诉求只是《国家劳动关系法》的次要关注对象,并且深深植根于地方法律,优先权不具有正当性,联邦最高法院予以了肯定。

怀特法官……。我们没有被国会意图让工会和贝尔纳普有限公司的行为"受到经济力量的自由运行的控制"的观点所说服[引自机械师工会案(*Machinists*)]。一种看法认为,联邦法律一方面坚持永久性雇佣的承诺,如果雇主希望留住替代者而不是返回的罢工者,但是另一方面却阻止对雇主违反这些承诺的损害赔偿诉讼,我们认为这种看法难以接受。更让人弄不懂的是,这样一种意见,即联邦法律保护雇主免于失实陈述的损害赔偿诉讼,这种失实陈述在为了获得永久性替代者时做出,并且根据州法是可控告的。

接受无辜的第三方针对违反合同或失实陈述提出的诉讼将会使得雇主雇佣永久性替代者的权力遭受"负担"——此种论点不亚于认为"这是战争","随你怎么样都行",以及,如果这样,雇主根据联邦法律自由履行的永久性雇佣承诺都基本毫无意义。认为联邦法律意图让雇主和工会自由使用他们的经济武器对抗彼此是一回事,而认为雇主或工会同时也可以随意伤害无辜的第三者都可以不遵守约束那种关系的通常法律规则完全是另外一回事。我们不可能同意那种认为国会意欲创设此种非法制度的不同意见。

只受制于与员工工会的解决方案和指向罢工者复职的委员会不当劳动行为命令的与一个替代者签订的承诺永久性雇佣的合同,不会使替代者成为,在被证明为纯粹经济性罢工行为的过程中或结束后,由于雇主的反对而受制于罢工者的取代的临时雇佣者。

……雇主,尽管他已经在罢工中获胜,只有当他在永久性的基础上雇佣替代者时,可能拒绝复职。如果他已经承诺在此种情形下保留替代者,解雇他们而给他认为更为熟练或有效率的选定罢工者让路,将会违反他与替代者签订的合同。似乎对我们来说,那些合同创造了一个允许胜利的雇主遵守承诺的足够永久性的解决方法。①

---

① 8. 因为在经济罢工中的承诺而拒绝解雇永久性替代者满足了国家劳动关系委员会诉弗里伍德拖车公司案[NLRB v. Fleetwood Trailer Co. ,389 U. S. 375,380(1967)]的要求,即雇主拥有"合法的和实质的正当理由"来拒绝恢复罢工者的职位。永久性雇佣的提出和保证都是有条件的,但如果该条件未发生,并不会使得雇佣不那么永久。所有的雇佣在某种程度上都是有条件的……

如果雇主在与罢工替代者签订合同的过程中小心地保护自己免于此种诉讼,我们感觉到对经济或不当劳动行为罢工的解决的有效性不会产生实质性的影响。如果它依据解决方案或委员会的命令解雇替代者,那么承担责任的风险会降至最小。我们无法理解,相较于在贝尔纳普有限公司案和委员会计划的管理体制下,为什么在此种情况下,雇主会更愿意解决罢工问题,前种体制从法律上来讲,允许它解决罢工问题不需要为不实陈述或违约承担责任。

……机械师工会案不处理对雇主根据联邦法律可以自由雇佣和保有的无辜的替代者的永久性雇佣的庄严承诺。J.I.制箱公司诉国家劳动关系委员会案[J. I. Case Co. v. NLRB,321 U. S. 332(1944)],意味着个人的雇佣合同必须让步于集体协商合同的不同的有效的条款(同上,第336—339页),但是它非常小心谨慎地说,委员会"无权裁决此种合同的有效性或效力,唯有属于它管辖范围事项的效力不在此列"。……那里,修改的禁止令指出,个人合同的中止对"雇员根据此种合同可能获得的任何法律权利主张或雇主在那里的任何防卫毫无成见"(同上,第342页)……

据说,被申诉人替代者是谈判单位内的雇员,工会是申诉人的雇员的谈判代表,并且,替代者因此受到雇主和"他们的"代表协商的解决方案的条款的约束。① 此论点不仅仅是,从联邦法律的角度来看,雇主不能根据与谈判代理签订的合同而被阻止解雇替代者,而且,它也因为与工会签订的合同而解除了由于明知违反合同而应承担的赔偿责任——也就是说,合同不仅不能具体地实施,而且可以被违反,并同时免除赔偿责任。我们不需要处理……具体的履行问题,因为被申诉人仅要求赔偿。至于赔偿问题……这样的论点在 J.I.制箱公司案中被驳回了。

如果联邦法律排除这个诉讼,那么,比建立在机械师工会案基础上的那些更为具体有力的理由必须被鉴定为支持任何这样的结果。贝尔纳普有限

---

① 10. 美国劳工联合会—产业组织联合会(AFL-CIO)不承认这种论点。它提议,替代者只受工会订立的协议的约束,如受到罢工影响的雇主的工人的排他性谈判代表,在罢工结束之后适用雇主的全体员工的雇佣条款和条件。

公司坚持认为，被正确理解和适用的加尔蒙裁决中的基本原理提供了这些理由……

……确实，罢工是否属于一种不当劳动行为的罢工以及替代者的提供是否在这样的争议中被禁止，都是委员会的事情。尽管如此，这些裁决的关键将在于罢工者的权利是否正在被侵犯。两种争论与贝尔纳普有限公司案对替代者的失实陈述根据州法是否为可控告的问题都没有任何共同点……。罢工者不能通过在州法院提出失实陈述的诉讼来获得复职或任何真正的救济。州法院绝不为他们提供一个获得委员会能提供的救济的替代性场所。在西尔斯案（Sears）和农民案（Farmer）中也同样如此。因此，在我们看来，主张失实陈述诉讼将不会妨碍委员会对它管辖权范围内的事项的裁决。而且，委员会和联邦法律对于这样的诉讼很少关注。同时，肯塔基在保护它的公民免受给他们造成严重伤害的失实陈述的伤害方面确实享有实质性的利益……。在这个案件中的州利益明显大于对委员会的职责的任何可能妨碍，这种妨碍可能来自于允许失实陈述诉讼继续进行……

布莱克曼法官单独发表的同意意见，以及布伦南法官，马歇尔法官和鲍威尔法官的不同意见，都被省略。

**注释和问题**

**1. 对权力平衡的影响？** 贝尔纳普有限公司案中的裁定影响了雇主吸引永久性雇佣者的能力吗？法院假定没有注意到雇主可以为替代者提出一个有条件的报价而不会使他们容易受到必然发生的被返回的罢工者取代的伤害，而优先权的发现最终会被"很多"替代者理解为阻止他们履行无条件的永久的承诺。你同意吗？这是委员会或法院应该做出的裁判吗？

**2. 对罢工处理的影响？** 贝尔纳普有限公司案可能使得对一些极端罢工的处理变得复杂吗？因为无条件持续雇佣所招聘员工的雇主将不得不考虑为由"被冲击的"替代者提出的诉讼承担责任的可能性。另一方面，延长的罢工费用会被贝尔纳普有限公司规则对雇主提出他们从来不需要遵守的仅仅为了在与罢工工会的经济斗争中获得优势的纯战略性的出价的阻止所超过吗？在你看来，贝尔纳普有限公司规则或者抢占州合同和失实陈述的规则下，工会以及他们所代表的雇主会变得更好吗？参见塞缪尔·艾斯托伊克：《集体谈判还是"集体乞讨"?：对反罢工破坏者立法的反思》，载于《密歇根法律评论》第93卷（1994），第577页，第603页注释108；关于罢工处理协议的注释，见前文第579页。

**3. 进一步的州规制？**

a. 对工会的侵权诉讼？如果替代者指控工会故意导致对替代者与雇主签订的合同的违反，他们的诉讼会被抢占吗？根据加尔蒙案或机械师工会案，州法能使工会在一次合法的罢工中维持团结的努力可诉吗？

b. 复职救济？法院指出，它不需要决定被解雇的替代者是否能要求州法院命令雇主让他们复职。这样的诉讼能被抢占吗？

**4. 建立在个人合同违反第8条(a)(5)基础上的诉讼。** 贝尔纳普有限公司案是否意味着，雇员可以起诉他们的雇主违反在个人雇佣合同中的其他承诺，即使当这些承诺是在没有集体协商代表参与的情况下做出并因此至少有争议地违反了第8条(a)(5)？或者贝尔纳普有限公司案应该被视为限制在雇主在加入谈判单位和《国家劳动关系法》的排他性谈判制度之前对个人做出的承诺的范围内？注意法院关于在J.I.制箱公司案中前排他性谈判的个人合同的讨论，并且考虑以下情况：

在缺少排他性谈判代表的情况下对被代表的雇员做出承诺确实和应该构成不当劳动行为。工会因此应该能从劳动委员会寻求任何必要和恰当的救济来阻止对他们地位的侵蚀，包括已经作出的承诺的预期的废除。

尽管如此，允许州在委员会认为此种承诺无效之前履行既不会剥夺委员会对之后不当劳动行为控告的裁定权，也不会助长谈判机构的进一步欺骗陷害……。由雇主给与了特别承诺的雇员将没有必要更看重他们的排他性代表,如果代表的地位有拒绝他们所依靠的福利的效果。只有受劳动法8(a)(5)项保护的工会应该能使用它的力量来保护他们的地位;可能违反了该项的雇主不能使用它作为盾牌来对付宣称合同承诺的职工个人。

迈克尔·C.哈珀:《限制第301条的优先权:对三步曲的三种喝彩但对林格尔案和利克案仅有一种》,载于《芝加哥肯特法律评论》第66卷(1990),第685、742—743页[Michael C. Harper, Limiting Section 301 Preemption: Three Cheers for the Trilogy, Only One for Lingle and Lueck, 66 Chi-Kent L. Rev. 685, 742 – 743 (1990)]。但是参见巴比里诉联合技术公司案[Barbieri v. United Technologies Corp., 771 A. 2d 915 (Conn. 2001)];比曼诉雅基马山谷清理有限公司案[Beaman v. Yakima Valley Disposal, Inc., 807 P. 2d 849 (Wash. 1991)]。也可参见关于第301条优先权的讨论,下文956—967页。

**注释:对州规制监督者的联合的优先权**

根据《国家劳动关系法》,监督者联合主义是合法的,但是监督者在联邦法律上没有权利通过他们的雇主组织或者强迫谈判。最高法院裁决了很多案件,在这些案件中确定了州规制工会组织雇员的努力的程度,这些雇员的监管责任可能使得他们置身于《国家劳动关系法》的保护之外。在海洋工程师福利协会诉湖内轮船公司案[Marine Engineers Beneficial Ass'n v. Interlake S. S. Co., 370 U. S. 173 (1962)]中,工会对湖内轮船公司设置了罢工纠察队,导致另一个公司的雇员拒绝从船上卸载货物。罢工纠察行为被州法院所禁止,尽管工会主张它组织雇主的海军监督工程师的努力不能被州所规制,因为它的组织行为是次生性的并且因此可以认为违反了第8条(b)(4)。州法院认为第8条(b)(4)并不适用,因为工会只代表了监督者,从而因此不是一个如在第2条(5)中定义的有法定的"雇员参加"的"劳工组织"。最高法院推翻了该决定,强调在《国家劳动关系法》中对雇员、监管者和劳工组织的定义提出了困难的问题,根据加尔蒙(Garmon)的在先管辖权基本原理,这些问题必须首先由国家劳动关系委员会裁决而不是州法院。

根据机械师工会(Machinists)主义,对监督者联合主义的州规制也可能产生问题。在比斯利诉北卡罗来纳州食品博览会有限公司案[Beasley v. Food Fair of North Carolina, Inc. ,416 U.S.653 (1947)]中,法院认为北卡罗来纳州食品博览会有限公司(North Carolina)不能因为从事管理事务的员工拥有工会会员资格而运用它的"工作的权利"来阻止雇主解雇他们。法院将它的裁决建立在《国家劳动关系法》第14条(a)的基础上,《国家劳动关系法》第14条(a)的通过是作为《塔夫脱-哈特莱修正案》的一部分,这个修正案被看作是国会意图的表达。国会意在,无论出于来自州法还是联邦法律的冲动,雇主不会将监督者视为雇员,并因此削弱雇主坚持他们的从事监督事务的员工应有不可分割的忠诚的能力。

在早些时候的一个案件,汉纳矿业有限公司诉海洋工程师福利协会第2地区分会案[Hanna Mining Co. v. District 2, Marine Engineers Beneficial Ass'n,382 U.S.181 (1965)],法院认为州可以禁止强迫从事监督事务的员工加入工会的罢工纠察行为。法院驳回了工会的主张,即第14条(a)表达了使组织监督者的和平努力免于任何形式的联邦或州规制的意图。

州法能规定监督者有组织工会和坚持要求集体协商的法律权利吗?这违反了在《国家劳动关系法》中的关于雇主拥有阻止监督者联合主义的权利的默示裁决吗?如果州法规定研究生,如那些在纽约大学案(NYU)和布朗大学案(Brown)中的(上述142—143页),拥有组织工会和参加集体协商的权利,那又如何呢?

## 2."最低条件"立法

### 大都会人寿保险有限公司诉马萨诸塞州案
Metropolitan Life Insurance Co. v. Massachusetts

471 U.S.724(1985)

布莱克曼法官……。马萨诸塞州法律第175章第47B（West Supp. 1985），是目前存在于大多数州的典型的强制保险法。该法要求对马萨诸塞州居民提供医院和外科保险的任何普遍性的健康保险政策，或者拥有同样保险的任何福利计划，也提供某种最小的精神健康保护。特别是，第47条B要求，健康保险政策为住精神病院提供60天的保险，为住在普通医院提供相当于为非精神疾病所提供政策的保险，以及某种最小的门诊病人保险……

Ⅱ

……1979年，马萨诸塞州首席检察官向马萨诸塞州高等法院提出了实施第47条B的寻求确认权力和禁止性救济的诉讼。

Ⅳ

……上诉人声称……由于强制保险法要求保险计划购买某种当事人可能不希望购买的保险，这些保险计划的条款通过集体协商而实现，所以这样的法律实际上在强制执行集体协商合同的条款。马萨诸塞州最高法院正确地裁决"由于购买保险的计划除了提供心理健康保健保险之外别无选择，所以第47条B的保险条款有效地控制了保险福利待遇计划的内容"。更确切地说，当面对第47条B时，为健康保险而提供的集体协商合同的当事人被迫做出选择：或者他们必须购买强制保险，决定不提供健康保险，或者决定自我投保，假设他们做出那种决定是处于财务的位置上……

……上诉人的意思并不是说第47条B改变了劳工合同的当事人之间的权力平衡。相反，上诉人主张，国会不仅在该法中建立了劳方和资方之间的谈判权力的平衡，而且国会还试图阻止州建立最低的雇佣标准，否则，劳方和资方会被要求从他们受联邦保护的立场出发来进行协商，并且可能被允许达成一个比州法的强制要求更低的劳工水平。上诉人主张，只有当国会授权它的制定时,此种州规制才被允许。因为根据劳工法律,福利待遇是必须协商的问题,参见化工和碱工人协会诉匹兹堡平面玻璃公司案[Chemical & Alkali Workers v. Pittsburgh Plate Glass Co. ,404 U. S. 157,159,and n. 1 (1971)]。并且因为国会从未授权州制定影响谈判协议条款的健康法规,上诉人强烈要求《国家劳动关系法》抢占任何州对当事人强制实行最低保险条款的尝试。

上诉人设想,国会在《国家劳动关系法》中的最终关注在于让当事人自由地达成关于合同条款的协议。《国家劳动关系法》建立的机制仅仅是允许当事人公平地达成此种协议的一种手段。一部干扰谈判最后结果的法律因此比一部干扰谈判过程的法律更坏……

《国家劳动关系法》主要注重的是为决定雇佣的条款和条件建立公正的过程,并不注重当当事人处于相对平等的地位进行协商时所达成协议的特殊的实质性条款……

此法的终极目标之一是解决"降低了的工资增长速度和工人购买力"问题(29 U. S. C. §151),以及解决因经济衰退和萧条所导致的"工资和福利之间的差距不断扩大的问题"[79 Cong. Rec. 2371(1935)],希望通过建立更多的公平的私人协商程序来完成此目标。

因而,国会正在设法解决的问题与建立雇佣最低限度条款的地方或联邦规制完全无关。谈判权力的不公平和必然产生的下降的工资增长速度,都不会被认为是对雇佣条款到底由公法设定还是由私法设定做出选择的结果。因此,在被设计为恢复谈判权力的公平的联邦规则,与对劳工协议的当事人之间协商的合同条款强制实施最低实质性要求的州或者联邦法律之间,没有不相容性存在,至少只要州法的目的与《国家劳动关系法》的这些一般性目的并不是不相容的。

因此,从来没有争辩成功,其他联邦法强制实施的最低劳动标准不适用于加入了工会的雇主和雇员。参见巴伦坦诉阿肯色州-百斯特货运系统有限公司案[Barrentine v. Arkansas-Best Freight System, Inc. , 450 U. S. 728, 737,739(1981)]。参见亚历山大诉加德纳-丹佛有限公司案[Alexander v.

Gardner-Denver Co.，415 U.S.36，51（1974）]。国会也不认为将加入了工会的雇主和雇员排除在建立了联邦最低雇佣标准的法律之外是适宜的。我们没有理由相信，国会为了这种目的而意图让州最低劳工标准不同于最低联邦标准。

最低州劳工标准同等地影响了加入了工会的和没有加入工会的雇员，并且既不会促进也不会阻碍作为《国家劳动关系法》的对象的集体协商进程。除了对在该法中建立的自我组织权利会产生最为间接的影响之外，他们不会产生任何其他影响……

它将几乎不会增进该法的目的，即允许工会和雇主协商州法迫使雇主单方面建立的雇佣条款。此种法律规则将授权给工会和工会化的雇主免受任何他们所不赞成的州劳工标准的约束。阿利斯·查默斯制造公司诉利克案 [Allis-Chalmers Corp. v. Lueck, 471 U.S. 202, 212（1985）]。它将把赋予《华格纳法》以生命的政策倒转过来，通过阻止工会会员从州的对非工会会员所实施的最低劳工标准的劳动规范中获益，将之理解为对加入工会的工人的惩罚。

只有在联邦劳动法阻碍了联邦法律的实施的时候……，它才是为州法填补空白的……，是补充州法的。裁决说禁止州立法，会消除为国会立法提供基础的州法产生的背景……因此，会人为地创造出一个无法的领域。塔加特诉韦恩内克有限公司案 [Taggart v. Weinacker's, Inc., 397 U.S. 223, 228 (1970)]（一致同意的意见）……

马萨诸塞州的强制保险法是一个被设计为完成联邦精神健康保健政策的保险法规，而且就其本身而论，是有效的和无例外地行使联邦警察权力。它被部分地设计为确保提供给联邦中不那么富有的居民应该需要的足够的精神健康治疗。尽管第47条B，如很多影响雇佣条款的法律一样，潜在地限制了雇员通过要求提供其他事物的方式来选择某事物的权利，它没有限制《国家劳动关系法》保护的自我组织或集体协商的权利，并且不会被该法所抢占……

鲍威尔法官没有参与这些案件的裁决。

## 注释和问题

**1. 机械师工会案的优先权向何处去?** 在大都会人寿保险有限公司案 (*Metropolitan Life*) 中的裁定要求摒弃对会使集体协商的过程免除所有州规制的机械师工会案优先权的广义的解读吗？或者法院仅仅认为，州法可以为所有雇主建立普遍的实质性的授权，包括那些为工会所代表的，只要它不直接规制集体协商的过程呢？

**2. "最低-条件"法和《国家劳动关系法》的目标。** 大都会人寿保险有限公司案是建立在这样的假设基础上吗——州最低限度—条款法促进了《国家劳动关系法》的增强工人购买力的目标的实现？如果显示，雇主仅仅通过减少一些其他的福利而调整配合一项福利的强制性增加，以至于给与雇员的整体福利水平仍然保留在需要说服他们，个人的或集体的，继续工作的水平上，结果是否会不同呢？法院通过承认"第47条 B, 如很多影响雇佣条款的法律一样，潜在地限制了雇员通过要求提供其他事物的方式来选择某事物的权利"，确实认识到最低—条件法可能导致牺牲其他福利吗？

那么法院依据什么认为"它将把赋予《华格纳法》以生命的政策倒转过来，通过阻止工会会员从州的对非工会会员所实施的最低劳工标准的劳动规范中获益，将之理解为对加入工会的工人的惩罚"？法院假设雇主可能从限制他们的"选择权利"的强制实施的最低标准中获利和国会无意限制州决定什么时候可能是这样的权利吗？法院也关心对工会和将工会所代表的雇员排除在最低限度—条款法保护之外的集体协商所产生的可能影响，而无论他们对雇员福利和工会谈判目的的最终影响如何吗？

**3. 卡车司机工会诉奥利弗案仍然切实可行吗?** 在一部分上文未转载的意见中，审理大都会人寿保险有限公司案的法院仅仅间接地提及了国际卡车司机工会24地方分会诉奥利弗案 [Local 24, International Bhd. of Teamsters v. Oliver, 358 U. S. 283 (1959)]，这是早期的一个判决，它似乎认为，州法不能"适用于阻止[集体协商合同]的合同当事人在如联邦法律指示他们协商的问题上履行他们的协议"(同上,第295页)。在尽可能多的健康治疗福利都清楚地属于联邦法律要求强制谈判的问题的范围之内,奥利弗案似乎为保险公司在大都会人寿保险有限公司案中的优先权案件提供了强有力的支持。

奥利弗案回顾了一个俄亥俄州法院的裁决,即认为州反垄断法被一个集体合同所违反,该集体合同规定了"控制最低租金的条款和条件,以及,当摩托车由为承运人提供驾驶服务的所有者租赁给一个承运人时的某种其他租约条款"(358 U.S. at 284-285)。法院发现奥利弗案的规则的这种适用阻止了工资的集体协商,因为"工会证明了这种规定对阻止侵蚀谈判驾驶员的工资程度是必要的"。工会主张,最低租金对于防止承运人以低于真实运营成本的租金从所有者——驾驶员处租赁机动车,从而导致驾驶员的工资,"虽然名义上是协商的工资,实际上却由于他的运营成本超过他所获得的租金而减少了"此种情况的发生是必要的(同上,第289页)。

奥利弗案仍然是好规则吗?此判决可以被援引来抢占,或者禁止使用集体协商建立雇主能自己建立的特殊雇佣条款的州法,或者更普遍性地对雇员能通过集体协商从雇主处获得的福利施以某种限制吗?这是否意味着大都会人寿保险有限公司案和奥利弗案一起建立了一个单向的棘齿:州能为集体协商结果设置一个下限但是不能设置一个上限?参见哈珀,《限制301条优先权》,同前,第720—731页。

**4. 对于劳工成本导致的费率上涨申请的规制回顾?** 西南贝尔公司(Southwestern Bell)与通讯工人协会(Communications Workers)签订了一个新的三年期的包括实质性工资增长的集体合同。接着,西南贝尔公司为弥补增加的成本,包括那些由于新的劳动合同增加的成本,向阿肯色州公共服务委员会申请增加电话费率。委员会将西南贝尔公司所申请的费率向下做了调整,因为它认为新近的协商工资上涨"不合理"。根据奥利弗案和机械师工会案,因为委员会的决定依赖了对适当工资水平的评估,就应该推翻这一决定吗?参见西南贝尔电话公司诉阿肯色州公共服务委员会案[Southwestern Bell Tel. Co. v. Arkansas Pub. Serv. Comm'n, 824 F. 2d 672 (8th Cir. 1987)]。

**5. "有条件的"最低福利法**。在大都会人寿保险有限公司案中,马萨诸塞州法要求雇主提供指定的精神健康保险,只有当他们为他们的雇员提供了普遍的卫生保险时。此种有条件的规制会给工会谈判者带来麻烦吗?即,如果州法只是要求所有雇主都要无条件地提供精神健康保险,这就不会发生吗?参见哈珀案,同前。也可参见下文第 961 页注释 3。

**6. 拒绝确保为加入工会的雇员提供最低保险**。大都会人寿保险有限公司案没有受到对州将拓展到不受集体合同约束的雇员的同样的最低保险扩展至受集体合同约束的雇员的优先权的干扰。一个州,与联邦劳动法一致,能向集体合同包含的雇员拒绝给予任何扩展到了不根据集体合同工作的雇员的最低保险吗?

在利维达斯诉布拉德肖案[Lividas v. Bradshaw, 512 U. S. 107 (1994)]中,最高法院考虑了加利福尼亚对没有迅速地支付承诺的工资的雇主实施惩罚的法律,全体一致地认为,州法具有优先权,在这个案件中加利福尼亚劳动委员拒绝了那些雇佣条件都在集体合同确定了的雇员的请求。法院发现利维达斯案与纳什诉佛罗里达工业委员会案[Nash v. Florida Industrial Comm'n, 389 U. S. 235 (1967)]"没有不同",在该案件中,它坚持被抢占了"一项州政策,即仅仅因为雇员向国家劳动关系委员会提出了一个不当劳动行为的控诉而扣留失业保险金……正如在[纳什案]中,被告州委员会向一个雇员提供的选择:或者继续进行她的不当劳动行为控诉,或者获得失业保险金,委员为利维达斯和其他像她一样的雇员提供了选择:或者实现州法确定的权利……,或者行使加入包含一个仲裁条款的集体协商合同的权利。"尽管利维达斯案法院提醒道,它并不打算表明"《国家劳动关系法》自动打败了考虑到集体协商过程的所有州诉讼或者每一部区分工会所代表的雇员和其他雇员的州法",但是它没有提供可能指导其他案件的限制性规则。

在法特哈利法克斯堡包装有限公司诉科因案[Fort Halifax Packing Co. v. Coyne,482 U.S.1(1987)],法院认为,《国家劳动关系法》没有抢占一部海事法规,该法规要求雇主在工厂倒闭的情况下为没有签订包含有提供离职金的明文合同的雇员支付离职金(按照每雇佣一年支付一个月工资的标准)。利维达斯案与法特哈利法克斯堡包装有限公司案一致吗？缅因州最低离职金保险不适用于"签订了包含有提供离职金的明文合同的",包括任何个人合同的雇员对于优先权的探讨是至关重要的吗？

**7. 非法解雇法和担任工会代表的雇员。** 利维达斯案意味着任何保护雇员免受终止损害的州法必须适用于工会代表的雇员而不考虑规则的正当理由和特定的集体合同的仲裁条款吗？例如,依据《蒙大拿非法解雇法》(*Montana Wrongful Discharge from Employment Act*)为雇员无"正当理由"而被解雇提供了救济,但是,不保护"加入了明文集体协商合同"的雇员。该法规禁止雇员选择与在利维达斯案中由加利福尼亚委员所解释的加利福尼亚非法的工资法同样的方式进行集体协商吗？参见安东尼·赫尔曼：《在利克案和大都会人寿保险有限公司案之后的不正当解雇诉讼：对个人权利和集体力量的侵蚀？》,载于《劳资关系法律杂志》第9卷(1987),第596、647—650页以及注释263[Anthony Herman, Wrongful Discharge Actions After Lueck and Metropolitan Life Insurance: The Erosion of Individual Rights and Collective Strength?,9 *Indus. Rel. L. J.* 596,647-650 & n.263 (1987)]。蒙大拿法规可以被辨认为包含一个关键性的工作环境吗？当雇员选择工会代表时,此工作环境的细节应该由集体协商决定。在利维达斯案之后,此种限制性规范仍然可行吗？参见巴恩斯诉斯通集装箱公司案[Barnes v. Stone Container Corp.,942 F.2d 689(9th Cir. 1991)](当一项集体协议终止而为了达成一项新协议的谈判正在进行中时,根据机械师工会案的《蒙大拿非法解雇法》对工会所代表的雇员的适用被抢占)。

8. 作为最低条件的工会标准？一个地方政府能要求所有的承包商为了支付"当前的工资"（根据公共建设工程的普遍性工会工资而设定的）而寻求提供私人建设工程的建筑许可吗？大概此部法令是一项规制性的而非所有权性质的行为，因此不能免除根据波士顿港（Boston Harbor）主义的优先权。尽管如此，它能根据大都会人寿保险有限公司案作为最低条件的规制而免除吗？它不同于很多管辖区域的公共建设的"当前工资"要求吗？参见商会诉布拉格登案 [Chamber of Commerce v. Bragdon, 64 F. 3d 497, 504 (9th Cir. 1995)]。

9. 作为最低条件的"继任者"保护？2002年11月，纽约市通过了一部法律，为建筑服务行业的雇员提供90天的失业保护，如果他们提供服务的建筑物卖出，或者控制权转让给另一个实体，或者他们受雇的承包商被该项业务的所有者或者管理者以其他的承包商所取代。尽管有这90天的保障，但是雇佣仍然受制于有原因的终止或者新雇主决定使用更少的人手。服务业雇员国际工会的地方第32B-32J号工会为了此法大力地游说，此法很可能有保护工会对该市的大型商业办公建筑和住宅建筑的雇员的代表的作用。此法根据机械师工会案会被抢占吗？或者它是根据大都会人寿保险有限公司案作为最低条件法律的一个实例吗？

# 第三节 第301条规定的优先权

**阿利斯·查默斯公司诉利克案**

Allis-Chalmers Corp. v. Lueck

471 U. S. 202 (1985)

布莱克曼法官：

I

被告罗德里克·S. 利克（Roderick S. Lueck）在 1975 年 2 月开始为上诉人阿利斯·查默斯公司工作。他是汽车工人工会（UAW）248 地方分会的成员。协议通过引用结合了由阿利斯·查默斯全额赞助但是由艾特纳人寿和意外保险公司（Aetna Life & Casualty）运营的独立的议定的集体健康和伤残计划。该计划规定，伤残保险适用于所有雇员的非职业性疾病和伤害，例如，为工会所代表的上诉人。

集体协商合同也为雇员对合同的申诉建立了一套四步骤的申诉程序。如果工会选择将申诉走得那么远，那么这套程序将以终局的和有约束力的仲裁而结束。约束当事人的一个单独的协定为伤残申诉创造了一套特殊的三方申诉程序。协议建立了联合工厂保险委员会，由工会指定的两个代表和雇主指定的两个代表组成。委员会拥有解决所有争议的权力，包括解决"任何可能由集体协商合同引起的与保险有关的争议"……

1981 年 7 月，当被告利克背着一只猪去朋友家准备烤猪时，他遭受了非职业性的背部疼痛。如申请程序所要求的，他告知了阿利斯·查默斯他的疼痛，并且也根据设定的程序，随后向艾特纳提出了伤残申请。在对利克提交的医生的报告进行评估之后，艾特纳批准了他的申请。利克从 1981 年 7 月 20 日起，即他向艾特纳提出申请之日起，开始收到有效的伤残保险金。

尽管如此，据利克所说，阿利斯·查默斯偶尔会命令艾特纳中断对他的支付，或者是毫无理由的，或者是因为他没有按时去看医生，或者因为他出于不相关的理由而要求住院治疗。在每一次停止之后，利克就会质疑这种行为或者提供额外的信息，那么保险金就会恢复支付。而且，据利克所说，阿利斯·查默斯不断地要求他接受不同的医生的诊断，以至于利克认为他被骚扰了。尽管如此，据称，直到利克提出这项诉讼，利克的所有请求最终都得到了满足。

利克从来没有试图为有关阿利斯·查默斯和艾特纳处理他的伤残申请

的方式的争议而提出申诉。相反,1982年1月18日,他向州巡回法院针对他们提起了诉讼……宣称,他们"故意地,傲慢地,和不断地没有"根据商定的伤残计划支付伤残保险金,却缺乏停止支付的合理的理由。这违反了他们的"善意地和公平地对待[利克的]伤残请求"的义务。利克宣称,由于这些恶意行为,他遭受了债务、精神痛苦、身体伤害、痛苦和折磨。他要求补偿性的损害赔偿金和惩罚性的损害赔偿金。

初审法院以即决裁决对交叉动议作出裁定,作出了有利于阿利斯·查默斯和艾特纳的判决。

威斯康星最高法院……推翻了此判决。法院认为,……此诉讼不是由于《劳资关系法》的第301条而引起的,并且因此由于没有用尽在集体协商合同中设立的仲裁程序而遭受解雇。法院推理道,第301条诉讼的起因是违反劳动合同,而这个请求是恶意的侵权索赔……

## II

……国会没有明确地阐明它是否以及在何种程度上打算使《劳资关系法》的第301条优先于州法。在此种案例中,法院支持地方管制,"除非它与联邦法律相冲突,或者将会破坏联邦体制,或者除非法院察觉到整体的环境是国会试图占领所有领域而拒绝州的参与。"马隆诉怀特汽车公司案[Malone v. White Motor Corp.,435 U.S.497,504(1978)]。这里产生的问题是所运用的这种特殊的威斯康星侵权会破坏第301条所建立的联邦劳动合同体制。

## III

……纺织工人工会诉林肯工厂案[Textile Workers v. Lincoln Mills,353 U.S.448(1957)],以及卡车司机工会诉卢卡斯面粉有限公司案[Teamsters v. Lucas Flour Co.,369 U.S.95(1962)],建立了,声称违反了劳动合同条款的一个州法院诉讼必须根据第301条来提起,并且必须参照联邦法律来解决。因此声称是界定合同诉讼中条款的含义或范围的州规则被联邦劳动法律所抢占。

尽管如此,如果给予赋予第301条生命的政策适当的范围,那么第301条的优先效应必须超越声称违反合同的诉讼。这些政策要求,"集体协商合同创造的关系"要由"以国家劳动政策为根据的进化的联邦普通法"的运用来界定。鲍恩诉美国邮政管理局案[Bowen v. United States Postal Service, 459 U. S. 212, 224 - 225 (1983)]。要求劳动合同纠纷应根据联邦法律来解决的解释的一致性和可断定性同时也要求给予合同短语或条款的意义受制于统一的联邦解释。因此,有关劳动合同的当事人同意什么以及违反该合同所要产生什么法律后果的问题,必须根据统一的联邦法律来解决,不管此种问题是产生于违反合同的诉讼的背景下,还是产生于宣称侵权责任的诉讼的背景下。任何其他的结果都会提高形式而忽略本质,并且会使当事人通过将它们的合同诉求重新贴上侵权行为性质的违反合同的诉求的标签而逃避第301条的要求。

如果在采用一个特殊的合同短语或者条款时,允许州法来决定当事人想要的意义,那么在卢卡斯面粉有限公司案中所讨论的所有的罪恶都会重现。在特定的条件下当当事人同意创造一种募集保险金的权利时,他们将不确定他们受什么约束。结果,达成协议将会更难,并且关于合同本质的争论将会不断扩散。将此种诉求排除在"第301条的范围,将会让国会促使完成集体协商合同的履行遵守统一的联邦实体法的政策变得毫无意义"。史密斯诉晚报协会案[Smith v. Evening News Assn., 371 U. S. 195, 200 (1962)]。当然,并不是任何与雇佣有关的争议,或者集体协商合同的某个不相干的条款,都会被第301条或者联邦劳动法的其他规定所抢占。301条从表面上来看,并没有说明任何关于在一个劳动合同中私方当事人可能同意什么的本质的东西……很明显,第301条没有给予集体协商合同的当事人缔结违反州法的合同的能力。将第301条的优先适用效力扩展适用于违约诉讼之外,可能会与国会意图不一致,依据该规定,国会的意图是优先于州在独立于劳动合同之外规定的禁止行为或确立了权利和义务的州法。

因此,不独立于私合同并且结果可以被合同的私方当事人所放弃或改变的州法权利和义务都会被那些合同所抢占。参见马隆诉怀特汽车公司案（Malone v. White Motor Corp. ,435 U. S. ,at 504－505）（《国家劳动关系法》优先权）。那么,我们的分析必须集中于在这里运用的违反善意义务的威斯康星侵权诉讼是否授予了雇主和雇员独立于合同设立的任何权利的不可协商的州法权利;或者,相反,对侵权诉求的评估是否逃不掉地与对劳动合同条款的思考缠绕在一起。如果州侵权法声称界定了合同关系的意义,那部法就被抢占了……

通过一个所提供的例子,威斯康星法院试图表明一个恶意的侵权诉求能与任何合同诉求无关的方式。注意到的是,一个保险公司最终能根据合同按照所要求的进行支付,但是仍然由于"不合理的延迟支付"而造成伤害。在此种情况下,法院推理道,州侵权诉求会被判决而不解决合同解释的问题。法院显然假设当事人通过合同所承担的唯一义务是那些在合同中予以明确列举的,在这种情况下接受非职业性伤害支付的权利。因此,法院推理道,劳动合同要求的善意行为独立于州保险法所要求的善意行为,因为,"劳动合同背景下的善意只是意味着当事人必须遵守劳动合同的特定条款。"

如果这是州侵权诉讼的独立性的全部,那么那种独立不足以避免第301条的抢占性效力。劳动合同没有创设任何默示的权利的假设并不是州法设定的假设。更确切地讲,这是一个联邦合同解释的问题,即根据这个劳动合同是否有支付必须及时的义务,并且,如果是这样,阿利斯·查默斯的行为是否违反了默示的合同条款。

此外,威斯康星法院关于当事人仅仅约定了保险金的支付,并且没有约定支付方式的问题的假设高度可疑。没有理由认为仲裁人所解释的劳动合同不会提供此种救济……。看来,根据威斯康星法律,保险合同的当事人可以自由地协商他们所承担的合同义务如何"合理地"履行。那么,侵权诉求深深地植根于必须被联邦劳动法所评估的当事人的期望之中。

因为所声称的权利不仅仅来自于合同,而且被善意的合同义务所界定,所以这里任何评估责任的尝试不可避免地将需要合同解释。当事人的合同中有关保险金请求的处理方式将必然地与任何请求被以一种延误的方式处理的指控有关。同样,阿利斯·查默斯案是否要求利克接受过多的医生的检查的问题明显地部分取决于当事人对有关要求支撑保险金请求的医疗证据的理解。因此,不管州法可能会选择将侵权界定为"独立"于任何合同问题的事实,这些合同解释的问题都会作为任何侵权责任裁决的基础。国会已经授权联邦法律支配特定的合同条款的含义。既然州侵权法声称赋予这些条款不同环境下以生命,它就被抢占了。

坚持认为国会意图让第301条抢占这种派生的侵权诉求的一个终极原因在于,只有那种结果才能保护仲裁在我们的"工业自治体"中的核心地位。钢铁工人联合会诉战士与海湾海运公司案[Steelworkers v. Warrior & Gulf Navigation Co. ,363 U. S. 574,581(1960)]……可能威斯康星判决最坏的一面在于,它允许在没有首先用尽协商合同建立的申诉程序时,就直接在州法院提起一个诉讼,提起的基本上是一个合同诉讼。保护仲裁的有效性的需要是作为卢卡斯面粉有限公司案中法院主张基础的核心理由之一(369 U. S. ,at 105)。首先,这儿的当事人一致认为一个中立的仲裁者将会负责任地解释他们合同的含义。除非这个诉讼被抢占,否则他们决定谁将解决合同争议的联邦权利将会丧失

既然几乎任何被宣称的故意违反合同的行为都可以被以另一种方式重申为违反善意合同义务的侵权诉求,那么,如果第301条不被理解为能抢占此种诉求,仲裁者在每个案件中的地位就都可以被轻易避开……

我们……认为,当一个州法诉求的解决相当大地取决于对劳动合同当事人所约定的合同条款的分析,那么,那种诉求必须或者被当作第301条诉求来看待,参见艾科公司诉飞行协会735分会案[Avco Corp. v. Aero Lodge 735,390 U. S. 557(1968)],或者由于被联邦劳动合同法所抢占而被驳回。这种控告应该或者因为没有运用集体协商合同建立的申诉程序而被驳回,或者因为被第301条抢占而被驳回。共和国钢铁公司诉马多克斯案[Republic Steel Corp. v. Maddox,379 U. S. 650(1965)]。因此推翻了威斯康星高等法院的判决。

## 注释和问题

**1. 第301条规定的优先权适用于合同变更和合同豁免的情形吗？** 第301条的法理仅建立在对集体合同当事人意图的假设之上，在没有相反的明确协议的情况下，需要适用缺省规则。这是否意味着，特定的集体合同的当事人能就利克案的优先权问题进行明确约定，规定可以依照州法对他们的协议或者个别条款进行解释？

当一方当事人没有在法院上适时地提出第301条优先权抗辩时，它也是可以放弃的吗？参见斯威尼诉维实伟克公司案 [Sweeney v. Westvaco Co., 926 F.2d 29 (1st Cir. 1991)]（优先权也许可以放弃）。在国际码头工人协会诉戴维斯案 [International Longshoremen's Ass'n v. Davis, 476 U.S. 380 (1986)] 中，高等法院认为，加尔蒙优先权抗辩是管辖权性质的，是不能放弃的。戴维斯案与斯威尼案会有区别吗？

**2. 保护集体合同当事人的预期？** 利克案所形成的第301条优先权主要是被设计来保护集体协商合同当事人的实质性预期并且因此来降低协商成本吗？允许针对恶意违约行为提起州侵权诉讼会对雇主由于特定的合同承诺而要面临的潜在责任创造不确定性吗？这会使协商复杂化，以及增加工会保护他们的成员的特定利益的成本吗？比较哈珀：《限制301条优先权》，同前，第715—718页，与劳拉·W.斯坦：《保护工会员工的个人雇佣权利》，载于《伯克利雇佣和劳动法杂志》第17卷（1996），第1、36—41页 [Laura W. Stein, Preserving Unionized Employees' Individual Employment Rights, 17 Berk. J. Emp. & Lab. L. 1, 36–41(1996)]。

**3. 州法对合同承诺补充的不可修改性？** 如果威斯康星侵权法已经规定保险责任的承担强加了不能放弃或改变的某种附加的善意义务，那会怎样？此法在集体协商合同中承担的保险责任的适用会被联邦法律所抢占吗？这是利克案中所提到的超出第301条优先权范围之外的"独立的"州法责任的一个例子吗？如果州法责任仍然依赖于劳动合同中保险承诺的存在，即使它是不可修改的，那么它是"独立的"吗？

尽管如此，如果利克案中的主张不依赖于威斯康星侵权救济受制于合同的修改的事实，那么它与大都会人寿保险有限公司案中的法院判决相一致吗？大都会人寿保险有限公司案中的法院判决也是由布莱克曼法官在与利克案的同一时期以全体一致的方式写就的。尽管第301条优先权的争论在大都会人寿保险有限公司案中没有被考虑，但是在那个案件中，法律支持了对雇主施加额外义务的州法（精神保健保险的规定），因为另一种合同义务的存在（普遍性的保健保险的规定）。参见哈珀：《限制301条优先权》，同前，第728—731页。

**4. 林格尔案和对"相同的事实考量"标准的拒绝。** 在林格尔诉魔厨公司诺奇分部案[ Lingle v. Norge Div. of Magic Chef, Inc. , 486 U. S. 399 (1988)]中，法院认为，集体合同所包含的雇员可以根据州法质疑宣称为了报复提出一个员工的赔偿请求而作出的解雇决定，该集体合同为缺乏正当理由而被解雇的雇员提供了一种合同上的救济。第七巡回法院认为，根据利克案，林格尔案的州法报复解雇索赔请求应该被抢占，因为它能提供"与林格尔案是否基于正当的理由而被解雇的合同决定同样的事实考虑"（486 U. S. at 408）。高等法院对利克先例做出了不同的解读：

> 在"独立的"为了第301条优先权的目的而非常重要的意义上，此案中的州法救济"独立于"集体协商合同：州法索赔请求的解决不要求理解集体协商合同……因为，当存在建立在被谈论的法律主题基础上的国家劳动法优先于州法的例子时，第301条优先权仅仅确保联邦法律是解释集体协商合同的基础，并且不会谈及任何关于州可能提供给员工的实质性权利的事情，当对那些权利的审判不取决于对这些合同的解释时。换句话说，即使一方面纠纷解决依据一个集体协商合同，而且另一方面，州法要求处理完全相同的事实，只要州法索赔请求不需要

解释合同本身就能解决,那么为了第301条优先权的目的,索赔请求就"独立于"合同。(同上,第407—410页)

**5. 保护仲裁程序免受司法干预?** 有些评论者已经提出,林格尔法院对第301条优先权给出了过分狭隘的解读,因为允许州法对可以根据集体合同通过仲裁得到救济的行为进行救济危害了第301条这条法律的中心目的——保护仲裁程序免受司法干预。参见简·拜夫·科恩:《集体权利和个人救济:在林格尔诉魔厨公司诺奇分部案之后对平衡的再平衡》,载于《黑斯廷斯法律杂志》第41卷(1990),第1149、1170—1173页[Jane Byef Korn, Collective Rights and Individual Remedies: Rebalancing the Balance After Lingle v. Norge Div. of Magic Chef, Inc., 41 *Hastings L. J.* 1149, 1170 – 1173 (1990)];瑞贝卡·汉纳·怀特:《州法诉讼的301条优先权:一种分析的模式》,载于《阿拉巴马法律评论》第41卷(1990),第377、386—388页[Rebecca Hanner White, Section 301's Preemption of State Law Claims: A Model for Analysis, 41 *Ala. L. Rev.* 377, 386 – 388 (1990)];雷蒙德·L.惠勒和金斯利·R.布朗:《对州不当解雇行为的联邦优先权》,载于《劳资关系法律杂志》第8卷(1986),第1、30—31页[Raymond L. Wheeler & Kingsley R. Browne, Federal Preemption of State Wrongful Discharge Actions, 8 *Indus. Rel. L. J.* 1, 30 – 31 (1986)]。仲裁程序,或者第301条优先权的形成解释集体合同的统一原则的目标被允许雇员提出独立的法定的而工会缺乏权力妥协的索赔请求以任何方式破坏了吗?如果雇员知道仲裁程序的有效性和他们的工会代表将不会使得州法权利的迫不得已的牺牲成为必要,那么雇员很可能或多或少被工会和工会总是坚持的仲裁程序所吸引吗?考虑到仲裁的相对速度,州的诉讼理由很可能阻止仲裁者对真实的类似的争论的独立解决吗?参见哈珀,同前,第701—711页;斯坦,同前,第41—47页。

但是,考虑到未成立工会的雇主在处理前置仲裁程序方面的能力(这种程序既要求依据成文法仲裁,又要求雇员依据合同提出申诉)——参见吉尔默诉州际约翰逊道路公司案[Gilmer v. Interstate/Johnson Lane Corp.,

500 U. S. 20(1991)]——这一案例是否会使得劳动仲裁程序无力系统解决劳动纠纷,从而会降低集体协议的潜在利益? 如果一个集体合同能与州法院诉讼隔离,雇主会更易于接受集体合同吗? 被工会代表的雇员让他们的独立的外部法律诉求由他们的工会处理并且由劳动仲裁者裁决会比诉诸法院,不管是否有辩护律师,正如在林格尔案中所仔细考虑的,要好吗? 一般参见塞缪尔·艾斯托伊克:《双赢的劳动法改革》,载于《劳工律师》第10卷(1994),第667、675页[Samuel Estreicher, Win-Win Labor Law Reform, 10 Lab. Lawyer. 667,675(1994)]。

**6. 独立与解释合同的需要:依据合同抗辩的问题**。林格尔案法院强调州法诉求是否要求对集体合同的解释提出了建立在集体合同基础上的抗辩主张是否应该足以支撑优先权的问题,即使原告自信的案件不取决于合同的存在。例如,在雇主主张药物测试是由雇员所参与的集体协商合同授权之后,一个雇员应该能针对他的雇主的药物测试提出一个州法侵犯隐私权诉讼。比较克拉克诉纽波特纽斯造船厂和干船坞公司案[Clark v. Newport News Shipbuilding & Dry Dock Co. ,937 F. 2d 934(4th Cir. 1991)];杰克逊诉液态碳公司案[Jackson v. Liquid Carbonic Corp. ,863 F. 2d 111(1st Cir. 1988)](两个案件都发现了优先权,因为隐私权预期的"合理性"取决于集体协商规则),与克莱默诉统一货运公司案[Cramer v. Consolidated Freightways Corp. ,255 F. 3d 683(9th Cir. 2001)](全院庭审[①])(当隐私权是不可协商的,或者当在集体合同中没有明确的弃权时,没有优先权)。参见哈珀,同前,第709—710页(反对否认雇员们的如果他们不被工会代表就可行的诉讼原因,只是因为他们的工会可能会放弃他们提起诉讼的权利而不管

---

① en banc,全院庭审。指由法院全体法官审理和裁决案件的制度,区别于通常由法院部分法官审理案件的制度。美国最高法院和州法院无一例外进行全院庭审,而联邦和州上诉法院虽一般只委派三名法官主持上诉审,但有时也进行全院庭审。此外,在对非常重要的案件进行审理或重审时,当事人也可以申请上诉法院进行全院庭审,但这种请求很少被批准。不过通常只在案件争议很大或合议庭法官对主要法律问题意见不一时,才进行全院庭审。参见:薛波主编:《元照英美法词典》,北京大学出版社2013年版,第470页。——译者注

工会实际上是否会这样做)。

**7. 解释集体协商合同的需要足以支撑第 301 条优先权吗?** 两个另外的高等法院判决也表明州法诉讼原因相对于集体合同存在的独立性可能会使得诉讼免受第 301 条优先权的束缚,不管在判决州法诉求时解释合同的需要。在利维达斯诉布拉德肖案[Lividas v. Bradshaw, 512 U. S. 107 (1994)](上述 954—957 页),法院认为,雇员根据加利福尼亚法律从没有及时支付所承诺的工资的雇主那里接受处罚性支付的权利没有被抢占,即使处罚建立在集体协商合同所确立的工资水平的基础上:

> 决定利维达斯(Lividas)是否享有接受处罚性支付权的主要文本不是食品店合同(Food Store Contract),而是日程表。利维达斯的索赔要求提出的唯一问题,即西弗韦公司(Safeway)"故意不及时支付"解雇金[Cal. Lab. Code Ann. §203(West 1989)],是否是州法问题,完全独立于任何工会和雇主签订的集体协商合同所体现的理解。没有任何迹象表明,在这个案件中,对于利维达斯享有的接受处罚性支付的数量有"争议",并且林格尔案用如此多的话语来解释清楚:当责任被独立的州法所控制时,"依靠"集体协商合同来计算损失的唯一需要也没有理由坚持认为州法诉求会被第 301 条所打败。(同上,第 125—126 页)

在夏威夷航空有限公司诉诺里斯案[Hawaiian Airlines, Inc. v. Norris, 512 U. S. 246 (1994)],法院认为,根据夏威夷的不正当解雇普通法和它的检举者保护法,一个雇员的索赔请求不会被《铁路劳动法》的要求所抢占,即要求,"由申诉引发的或者由集体协商合同的解释和适用所引发的""较小的"争议受该法的强制仲裁机制的管制。法院认为,当州的诉因中"包括独立存在于集体协商合同的权利和义务"时,《铁路劳动法》优先权不合适。法院将它对待《铁路劳动法》的态度描述为"实际上等同于"利克案中所描述的第 301 条优先权标准。

**8. 独立的州法权利的不可修改性？** 在林格尔案中,法院没有解决"一部阻止弃权的州法是否根据联邦法律可以被抢占"(486 U. S. at 410 n.9)。这个问题应该如何解决呢？例如,假如控制工作场所药物测试的州法明确规定,雇员的隐私预期和权利不能被合同所放弃或修改,那么会怎么样？如果一项最低福利的隐含权利没有被抢占,那么它要承认阻止弃权的州法也不被抢占吗？或者对集体协商机构的权力的保护要求允许至少通过"明确的不会误解的"语言来表明的弃权吗？

**9. 移转至联邦法院**。在州法院的诉讼中,就加尔蒙案或者机械师工会案的优先权的抗辩所提出的主张,一般来说,不是将诉讼移转至联邦法院的理由。在劳动法诉讼中,就劳动者所正当提起的起诉而言,只有在案件的中心问题涉及联邦问题时,才可以将案件转移至联邦法院,这一点和在州法院提起的其他类型案件是一样的。一般规则是,一个预期的联邦抗辩并不为联邦法院管辖权或者管辖权的移转提供基础。然而,按照最高法院所称的"从正当的起诉规则中所推论出的完全的优先权",法院已经证明,通过对卡车司机工会地方第174号工会诉卢卡斯面粉公司案的解读,依据第301条所规定的优先权抗辩是转移案件的理由,这意味着任何致力于执行集体协议所创设的义务的起诉,均属于其中心涉及联邦问题。参见阿夫克诉机械师工会案[Avco v. Machinists,390 U. S. 557,558(1968)];参见特许税务委员会诉南加州工人建设假期信托机构案[Franchise Tax Bd. v. Laborers Constr. Vacation Trust for Southern Cal. ,463 U. S. 1,23(1983)]。这种移转的"完全优先权"基础仅限于卡特皮拉有限公司诉威廉斯案[Caterpillar Inc. v. Williams,482 U. S. 386(1987)],在这个案件中,原告是谈判单位之外的监督者,他们主张个人合同诉求,即他们希望他们能回到谈判单位,而不是被解雇。法院注意到,他们依赖于"他们在管理岗位或者周薪岗位时签订的合同书——在这些合同书中集体协商合同不起作用"(同上,第395页注释9)。由于原告的诉求不是建立在集体协商合同的基础上,所以它超出了

"完全优先权"原则的范畴,并且根据上述的一般规则,雇主的第 301 条优先权抗辩的主张并没有建立移转管辖权。

**10. 不正当解雇和相关的诉讼**。什么样的不正当解雇索赔请求足以独立于集体协商合同,从而避开第 301 条优先权呢?考虑以下这些:

a. 对违反州公共政策的解雇的索赔请求?参见马丁诉肖氏超市案[Martin v. Shaw's Supermarkets, Inc., 105 F. 3d 40(1st Cir. 1997)](认定了州成文法的要求和集体协议的规定一致时,工人对报复损害赔偿的请求案的优先权)。

b. 对违反隐含的善意承诺的解雇的索赔请求?参见纽贝里诉太平洋赛车协会案[Newberry v. Pacific Racing Ass'n, 854 F. 2d 1142 (9th Cir. 1988)](发现优先权)。

c. 雇员提出索赔请求,认为他们的雇主在雇佣关系终止时,故意侵犯他们的权利?比较史夫乐特诉国际贸易有限公司案[Shiflett v. I. T. O. Corp., 202 F. 3d 260(4th Cir. 2000)](圆桌决定);麦考密克诉美国电报电话技术公司案[McCormick v. AT&T Technologies, Inc., 934 F. 2d 531 (4th Cir. 1991)](两个案件中都发现了优先权,因为集体合同必须被解释来决定行为是否不正当),与格莱斯诉库恩案[Galvez v. Kuhn, 933 F. 2d 773(9th Cir. 1991)](没有发现优先权,因为在缺乏集体合同解释时诉讼原因将会存在)。

d. 针对雇主曲解涉及雇员的集体协商合同的索赔请求?比较阿德金斯诉通用汽车公司案[Adkins v. General Motors Corp., 946 F. 2d 1201(6th Cir. 1991)](抢占雇主和工会欺骗性地引诱雇员接受不是为了他们的利益的集体合同的诉求),与外伊拉斯诉汽车工人工会 731 地方分会案[Voilas v. Local 731, United Auto Workers, 170 F. 3d 367(3d Cir. 1999)],威尔士诉通用汽车公司案[Wells v. General Motors Corp., 881 F. 2d 166(5th Cir. 1989)](两个案件中都发现,有关雇主欺骗性地引诱对集体商谈的自愿的终止计划的接受的诉求没有被抢占是因为建立在独立于集体合同的合同承诺的基础上)。

e. 建立在书面的或者口头的或者默示的由雇主与雇员个人签订的合同或者承诺的基础上的诉求,在涉及雇员的集体合同期限之前或者期限之内? 比较史密斯诉高露洁—棕榄公司案[Smith v. Colgate Palmolive Co.,943 F.2d 764(7th Cir. 1991)](裁定在被调职到一个新的州后,依据工作保障承诺而提起的欺诈诉讼的请求,具有优先权,因为这种依据的合理性体现了集体合同的意义),与福伊诉普拉特惠特尼集团公司案[Foy v. Pratt & Whitney Group,127 F. 3d 229(2d Cir. 1997)](针对曲解雇主转向其他工厂的机会的承诺的诉讼,没有发现优先权);怀特诉国家钢铁公司案[White v. National Steel Corp.,938 F. 2d 474(4th Cir. 1991)](针对违反承诺从新的管理岗位回归至谈判单位岗位的个人合同的诉讼,没有发现优先权)。

**11. 建立在个人合同基础上的诉讼,无优先权?** 威廉斯(Willams)判决,上述注释9,也可能和至少前面注释中的最后一个问题相关。考虑以下的一些文字:

卡特皮拉(Caterpillar)接下来依靠这个法院在 J. I. 制箱公司诉国家劳动关系委员会案[J. I. Case Co. v. NLRB,321 U. S. 332(1944)]中的决定,主张,当被告回归至集体协商单位时,他们的个人雇佣合同就被集体协商合同所包含或者排除。因此,卡特皮拉主张,被告根据他们的个人合同提出的索赔请求事实上就是根据集体合同的索赔请求,所以被第301条所抢占。

卡特皮拉错了。首先,J. I. 制箱公司案并不代表这样的主张,即所有的个人雇佣合同都被集体协商合同所包含或者排除。事实上,法院在那里这样认为:

> 单个的劳动合同所确立的标准不能低于集体合同,在一些情形下,这些单个的劳动合同是否可以增加一些集体合同所覆盖的内容,我们认为,如果这些构成了不当劳动行为,依据合同适用的法律,这应由劳动委员会通过适当的会议讨论决定。(321 U. S. at 339)

因此,个人雇佣合同并不是不可避免地会被任何随后的涉及雇员个人的集体合同所取代,而且建立在个人雇佣合同基础上的诉求可以根据州法来提出。卡特皮拉的基本错误在于,它没有认识到,被一个集体协商合同所包含的原告被允许独立于集体协商合同主张法律权利,包括州法合同权利,只要其所依赖的合同不是集体协商合同。[482 U. S. at 395 – 396(在原文中有强调)]

### 注释:向工会提起第301条诉讼

高等法院曾经两次提出,如果真的有的话,向工会提起的建立在据称由工会在集体协商合同中承担的义务的基础上的诉讼必须按照第301条诉讼或者违反公平合理的陈述的义务的诉讼来进行。首先,在国际电气工人兄弟会诉赫克勒案[International Bhd. Of Electrical Workers v. Hechler,481 U. S. 851(1987)],法院运用利克案(*Lueck*)来抢占一个向工会提起的建立在佛罗里达侵权行为性质的违反合同法的基础上的据称工会没有履行根据集体合同要承担的保证被代表的雇员的工作场所安全的义务的诉讼。此诉讼依赖于该合同,并且因此是不能独立于联邦法律而进行的,因为在缺乏合同承诺的情况下,佛罗里达州法没有对工会施加任何确保安全的工作环境的监管义务。赫克勒案法院将案件发回下级法院重审,来决定赫克勒案的诉讼是否不得不按照公平合理的陈述的义务的诉讼来进行,接着丧失了短短的6个月的法定时效,或者是否也许按照第三方受益理论,她可能可以向她的工会提起一个第301条诉讼。

同样的,在钢铁工人联合会诉罗森案[United Steelworkers v. Rawson,495 U. S. 362 (1990)]中,法院认为,若干个爱达荷州死难矿工的幸存者向工会提出的据称在一次导致矿工死亡的事故前疏忽了检查矿井的州法诉求被抢占。法院断定,既然工会对矿井检查的参与通过他们与矿井的资方签订的集体合同的规定而变得可能,那么任何与检查有关的义务必须产生于集体合同和依赖于对它的条款的分析。罗森案法院也证实,在赫克勒案中所提出的关于集体合同的可能性被解释为比公平合理的陈述标准所界定的法定义务给工会施加了更多的陈述义务。尽管如此,如果"一个雇员声称,工会亏欠他更多的广泛的义务,他必须能指出在集体协商合同中有用语明确地表明通过雇员个人创设针对工会的可实施的义务的意图"(495 U. S. at 374)。法院在那个案件的合同中没有发现此类用语;索赔者所依赖的条款是"雇主对工会的让步,雇主对矿井安全的排他性权力的有限放弃",而不是工会对雇主的承诺(同上,第 375 页)。

赫克勒案和罗森案在他们之后留下了一些问题。例如,如果爱达荷州的法律已经对工会施加了肯定的义务去积极地为所代表的雇员获得安全的工作场所,工会没有这样做的诉求应该因为打破了根据联邦公平合理的陈述法而建立的代表性平衡而被抢占吗?参见勒里斯诉航线飞行员协会案〔Nellis v. Air Line Pilots Ass'n,805 F. Supp. 355(E. D. Va. 1992)〕(认为,州法不能增加有关工会谈判它已承诺的特定利益的责任的联邦公平合理的陈述的义务);韦尔奇诉通用汽车公司别克汽车分部案〔Welch v. General Motors Corp. ,Buick Motor Div. ,922 F. 2d 287(6th Cir. 1990)〕(抢占适用密歇根残疾歧视法去挑战工会决定的公平性)。雇员应该能执行任何集体合同的要求工会去做能有益于雇员的事情的条款吗?如保证工厂安全。参见赫尔顿诉黑克案〔Helton v. Hake,386 F. Supp. 1027(W. D. Mo. 1974)〕(工作组织者将看到……在接近高压线的区域内不得从事任何工作,除非电源被切断,或者线路绝缘,或者谈判单位成员的安全通过其他方法予以保障)。此种第 301 条诉讼的理论是什么呢?工会在作为雇员的代理人与雇主签订合同时是否也因此对这些原则作出了合同性质的承诺?

# 第十三章　有限的主权：雇员和
　　　　　　谈判代表人之间的关系

如果劳动法只是授权单个雇员指定他们自己选择的代表，与雇主协商其个人的雇佣条款，就没有必要在已经存在的有关代理的普通法规则的基础上，再制定另外的联邦规则了。然而，劳动法已经为谈判代表和被代表的雇员规定了更为复杂的关系。首先，代表不是个人挑选出来的，而是由占一个适当单位内雇员的多数挑选出来的。其次，劳动法不仅阻止雇员个人撤销代理，而且在时间上以及其他方面限制雇员的多数实现撤销代理的能力。联邦劳动法所考虑的这些法定代理的特征，被认为是为了保证对谈判代理人和被代理的雇员之间的关系，以及对工会的内部管理进行某种程度的控制。

在这个领域内有很多法源。第一，根据《国家劳动关系法》第14条(b)授权的州法限制，《国家劳动关系法》第8条(a)(3)和第8条(b)(2)的但书允许此种合同的存在，即要求所有的谈判单位雇员为集体代表的费用买单，同时限制工会坚决要求非会员承担其他附属于事实工会会员身份的义务的能力。第二，第8条(b)(1)和第8条(b)(2)禁止工会限制或者强制雇员行使他们的第7条权利（包括"不采取"协同行动的权利），或者用其他方法歧视有支持（或者反对）工会会员身份目的的雇员。第三，法院误解了《国家劳动关系法》（国家劳动关系委员会后来予以了默认）和《铁路劳动法》包含了排他性谈判代表对被代表的雇员应负的公平合理的陈述的隐含义务，这是法律授予其排他性谈判地位的必然结果。第四，工会章程被解读为创设了某种可以强制执行的权利，在根据1947年《劳资关系法》第301条提起的诉讼中，会员可以援引这种权利来对付工会。第五，国会在1959年《劳资报告和公开法》(29 U.S.C. §§401-531)中，为工会会员建立了联邦"权利清单"，并且提出了工会选举、工会纪律委员会以及工会内部管理的其他方面的基本规则。最后,经常发生的工会腐败问题促使法院适用其他的联邦法律来使工会免受组织性犯罪的影响,特别是1970年《反勒索与受贿组织法》(RICO,18 U.S.C. §§1961－1968)。

# 第一节 工会的两部分支持者

在这个部分,我们讨论由工会拥有的两部分支持者的事实而引起的问题。一方面,工会是私营组织,他们控制会员,并且可望他们对会员负责。另一方面,工会作为排他性的谈判代理,对谈判单位中的所有雇员负责,不管这些雇员是否决定成为工会会员。在基于"仅仅对会员负责"的代表权的体制中,并不存在两部分支持者的问题,因为工会被认为仅仅是他们的会员的代理人,对该工厂的其他工人则不承担任何义务和责任。尽管如此,在美国,工会往往在公司的层面上洽谈综合性的协议,这些协议意图约束谈判单位的所有成员,而不管他们是否是工会会员。工会作为私营组织和法定谈判代理的组合地位所造成的紧张状态就是以下材料的理由。

### 注释:"搭便车者"和工会安全

"工会安全"协议要求工会与雇主之间达成协议,允许将工会会员资格或者雇员对工会提供的某种形式的财政支持作为雇主的首次雇佣和继续雇佣的条件。此种协议的主要形式(不考虑根据《国家劳动关系法》或者州法,他们目前是否合法)包括:

(1)全员工会会员工厂——要求将工会会员资格同时作为首次雇佣和继续雇佣的条件。

(2)工人限期加入工会的工厂——允许雇佣非会员,但是要求雇员在指定的时间内加入工会和保持他们的会员资格,这是继续雇佣的条件。

(3)工会代理制企业——据此,谈判单位的成员不需要加入工会,加入工会不作为最初雇佣或继续雇佣的条件,但是为了保持雇佣关系继续存在,必须缴纳入会费和会费。

(4)工会会员资格保留——据此,不要求雇员加入工会,但是如果他们加入了,或者曾经是会员却没有在窗口期内退出工会,那么他们必须在合同持续期间内保持会员资格以作为继续雇佣的条件。

(5)优先雇佣——工会会员在雇佣时有优先权,但是在工会不能提供所需要的员工时,雇主被允许雇佣非工会人员。此种约定在建筑行业特别普遍,而且有时还会加上工人限期加入工会的商店的条款。

《华格纳法》允许"全员工会会员工厂"协议,并且劳工运动对"工会安全"的要求在二战中有了实质性的进展,因为战时劳动委员会要求,在所有的劳动争议可能会影响到国防的工作场所,都要"维持工会会员的身份"。参见哈里·A.米利斯和艾米莉·克拉克·布朗:《从〈华格纳法〉到〈塔夫脱-哈特莱法〉》(1950)[Harry A. Millis & Emily Clark Brown,*From the Wagner Act to Taft-Hartley* 296‐298(1950)]。尽管如此,全员工会会员工厂协议被1947年《塔夫脱-哈特莱法》的修正案宣布为不合法。《国家劳动关系法》第8条(a)(3)的但书[以及对应的第8条(b)(2)的但书]反而只允许这样的工会安全条款,即要求雇员在雇佣后的30天内获得工会"会员资格"——在通用汽车公司案(*General Motors*)中解释了该要求,下文第977页——这种工会安全条款限制在满足集体代表的财政义务的范围内。

根据第8条(a)(3)的规定,工会可能强加的义务也受到某些限制。第一,根据第8条(a)(3)的但书,工会不能以任何理由否认"会员资格",除了"雇员没有偿付定期的会费和入会费之外,而这是获得和保持会员资格的统一要求"。第二,原来的《塔夫脱-哈特莱法》规定,受到影响的雇员的大多数可以投票批准一个工会安全协议,尽管此规定已经在1951年被废止了,但是,在秘密投票选举中,允许雇员投票废除工会安全协议的规定[即现行的第9条(e)(1)]被保留下来了。第三,根据《国家劳动关系法》第14条(b),州被允许制定"工作权"法,来禁止工会安全协议。自2006年末起,22个州,他们大多位于南部、西部以及中西部的部分地区,制订了"工作权"

法。参见"制订了工作权法的州"(Right to Work States),http:// www. nrw. org/rtws. htm(2006 年 12 月 18 日最后一次访问)。

最初,由于害怕"公司工会",《铁路劳动法》禁止所有形式的工会安全协议。1951 年,《铁路劳动法》进行了修改(第 2 条第 11 款),允许在得到大多数人支持的情况下订立向工会支付估算的费用、定期的会费和入会费的协议。与《塔夫脱-哈特莱法》不同,《铁路劳动法》没有提供雇员解除工会安全协议授权的机制,也不授予州宣布此种协议不合法的权力。

尽管"强制的工会主义"争议不断,工会安全协议在集体协商合同中仍然是司空见惯的事。似乎在允许工会安全协议的州,绝大多数的私营机构集体协商合同中都包括此种协议。参见美国国家事务出版公司(BNA)(1986):《集体协商:谈判和合同》;美国国家事务出版公司(1995):《工会合同的基本模式》[Bureau of National Affairs(BNA), *Collective Bargaining: Negotiations and Contracts*, at 87 – 3(1986); BNA, *Basic Patterns in Union Contracts*(1995)]。

### 1."工作权"法:依据 14 条(b)制定了规定的州

#### (1)"工作权"法的效力

i. 为无效的条款而进行纠察。零售业职员工会第 1625 地方分会诉舍默霍恩案[Retail Clerks Local 1625 v. Schermerhorn,375 U. S. 96(1963)],认为,《国家劳动关系法》第 14 条(b)授权州制定规定禁止"工人限期加入工会的工厂"和"代理费"协议。制定此种"工作权"法的州可以禁止履行和适用此种协议。尽管如此,州可以不禁止为获得此种协议而举行的罢工或者设置纠察队:"设置纠察队,以使雇主违反州'工会—安全'法规来履行雇佣'全部—工会'劳工的协议,专属于联邦的管辖范围……因为州的权力,由第 14 条(b)所确认,只始于事实上的协商和第 14 条(b)所描述的那类协议的履行。如果缺少此种协议,根据加尔蒙案,从事可以说是不当劳动行为的活动则属于国家劳动关系委员会管辖的问题(引自上述第 906 页)。"(375 U. S. at 105)

允许使用经济压力来获得非法的工会安全协议是合情合理的吗？这将会助长违反州法的违法工会安全协议吗？参见约翰·M.库尔曼：《工作权法：弗吉尼亚的经验》，载于《劳动法杂志》第6卷（1955），第453页[John M. Kuhlman, Right-to-Work Laws: The Virginia Experience, 6 *Lab. L. J.* 453 (1955)]；弗雷德里克·迈耶斯：《工作权法的影响：得克萨斯州法研究》，载于《劳资关系评论》第9卷（1955），第77页[Frederic Meyers, Effects of "Right-to-Work" Laws: A Study of the Texas Act, 9 *Indus. & Lab. Rel. Rev.* 77 (1955)]。但是参见杰姆斯·W.库恩：《工作权法：符号还是实质？》，载于《劳资关系评论》第14卷（1961），第587页[James W. Kuhn, Right-to-Work Laws: Symbols or Substance?, 14 *Indus. & Lab. Rel. Rev.* 587 (1961)]。

ii. 使用者费。第14条（b）授权州禁止协议约定"将某一个劳工组织的会员资格作为雇佣的条件"。这种规定在何种程度上授权州禁止协议规定非会员支付使用者费呢？委员会认为，制定了工作权法的州可以禁止工会收取统一的（或者分等级的）处理申诉的费用。参见休斯工具有限公司案[Hughes Tool Co., 104 N.L.R.B. 318 (1953)]；机械师工会第697分会案[Machinists Local 697, 223 N.L.R.B. 832 (1976)]。尽管有州工作权法，工会还能坚持要求，作为保留他们工作的条件，雇员应该支付"代表费"，包括由独立审计所确定的"与实施和维护集体协商合同直接相关的按比例分摊的费用"吗？占主导地位的观点是，制定了工作权法的州可以禁止此种费用，并且，那种条款是谈判的非强制性主题，因此工会不得坚持规定。但是参见管子工协会第141分会诉国家劳动关系委员会案[Pipefitters Local 141 v. NLRB, 675 F.2d 1257, 1262 (D.C. Cir. 1982)][米克瓦法官持不同意见，认为，第14条（b）没有授权州禁止代表费，并且，工会对此种条款的提议是谈判的强制性主题]。

iii. 评论。对"工作权"法的进一步讨论，通常参见托马斯·哈格德：《强制工会主义，国家劳动关系委员会和法院：对工会安全协议的法律分析》(1977)[Thomas Haggard, *Compulsory Unionism*, *The NLRB and the Courts*: *A Legal Analysis of Union Security Agreements*(1977)];弗雷德里克·迈耶斯:《实践中的工作权》(1951)[Frederic Meyers, *Right to Work in Practice* (1951)];诺曼·坎特:《工会代理制企业协议的使用和滥用》,载于《圣母大学法律评论》第59卷(1983),第61页[Norman Cantor, *Uses and Abuses of the Agency Shop*, 59 *Notre Dame L. Rev.* 61(1983)];约瑟夫·R.格罗丁和杜安·B.必森:《州工作权法和联邦劳动政策》,载于《加利福尼亚法律评论》第52卷(1964),第95页[Joseph R. Grodin & Duane B. Beeson, *State Right-to-Work Laws and Federal Labor policy*, 52 *Cal. L. Rev.* 95(1964)]。

**(2)"工作权"法的正当理由？**

"工作权"法是基于什么正当理由？考虑以下来自一个著名的保守的、自由主义的经济学家的批评。

**《集体行动的逻辑:公共产品和团体理论》 曼瑟尔·奥尔森 著**

Mancur Olson, *The Logic of Collective Action*: *Public Goods and the Theory of Groups* 88–97(1971 ed.)

强制性的会员资格对于一个持久的、稳定的劳工运动通常是必不可少的。如果这种结论是正确的话，那么由此带来的必然结果是,通常反对工人限期加入工会的商店的协议的理由就是不合理的。最常见的反对强制的工会主义的理由之一,这一理由甚至被某些专业的经济学家所援用,是基于其与一般的私人事务的类比。本质上,这一理由是,如果一个公司想要顾客继续光顾的话,它必须取悦顾客,既然如此,工会也应该不得不经受与自由雇佣企业同样的考验,在这种情况下,如果工会的表现使潜在的会员满意,那么工会仍会成功。这种"工作权"论点经常出自于那些最坚定地支持自由企业制度的人,这种自由企业制度建立在"利润动机"的基础上。但是如果被认为刺激顾客和商人的同样的利润动机也会刺激工人,"工作权"法的实施将导致商业工会的灭亡。一个理性的员工将不会自愿地为提供集体福利的（大型）工会作贡献，因为仅仅他自己不会显著地增强工会的力量，而且，因为无论他是否支持工会，他都将从工会的任何成就中获益。

因此，从"权利"的角度来论证强制性的工会会员资格，是误导性的和苍白无力的。当然，也存在很多反对工会和工人限期加入工会的全员工会协议的很有智慧的理由。但是他们都不能只基于这种假设，即工人限期加入工会的全员工会协议和其他形式的强制工会主义限制个人自由，除非此种理由涉及用于支持集体服务规定的所有强制。通过税收支持警察机构或者司法系统所侵犯的"权利"并不会比工人限期加入工会的全员工会协议所侵犯的"权利"少。当然，法律和秩序是所有有组织的经济活动所必不可少的：因此警察和司法机构对一个国家来说很可能比工会重要得多。但是，这仅仅限于此论点基于恰当的理由：工会活动的结果证明了社会赋予他们的权力的正当性吗？关于"工作权"法的争论不应该集中于所涉及的"权利"，而应集中于，如果一个国家的工会变得更强或更弱，这个国家是否会变得更好……

拿工会与州政府进行类比，可能看起来会比较奇怪。与黑格尔一样，有些人认为，州政府肯定在所有更重要的方面不同于任何其他类型的组织。但是，通常工会和州都为大集团提供大多数的公共福利或集体福利。相应地，与个人纳税者一样，个人工会会员将不能亲眼看见集体物品的供给，但是，虽然如此，不管他是否试图使得这些物品被供给，只要物品被其他人供给，他都将得到。与个人纳税者一样，工会会员没有动机去牺牲得比他被迫牺牲的更多……

### 注释和问题

**1."抑制的权利"？** 正如本章后面所详尽说明的那样，排他性谈判代表有公平代表的义务，即要求在集体谈判中不歧视、公平地代表，对不愿意参加工会的雇员或者（在不成为会员也有工作权的州）拒绝支付集体代表费用的雇员的利益，建立申诉调解机制。而且，雇员有权获得总收费中没有被用作集体谈判和申诉调解功能的那部分收费。参见美国通信工人协会诉贝克案(后述第 983 页)。同时,根据《国家劳动关系法》第 19 条,可以要求对强制性工会主义有宗教异议的雇员根据自己的选择,以向慈善团体捐款代替缴纳会费。这些保护意味着雇员的消极结社自由——第 7 条的"抑制的权利"对此进行了描述——在没有同时给予那些雇员"搭便车"权利的情况下,被充分证明是正确的吗?一般参见谢尔登·利德:《结社自由:劳动法和政治理论研究》(1992),第 9 章[Sheldon Leader, *Freedom of Association: A Study in Labor Law and Political Theory*, ch. 9(1992)];塞缪尔·艾斯托伊克:《合同的自由和劳动法改革:开创价值附加的工会主义的可能性》,载于《纽约大学法律评论》第 71 卷(1996),第 827 页[Samuel Estreicher, *Freedom of Contract and Labor Law Reform: Opening Up the Possibilities for Value-Added Unionism*, 71 *N. Y. U. L. Rev.* 827(1996)]。

2. "赢得心灵。"已故的康奈尔大学劳资关系学院的乔治·布鲁克斯,曾是果酱厂、亚硫酸盐厂和造纸厂国际劳工同业公会的研究负责人,他认为强制性工会主义没有体现工会和雇员的最大利益。参见乔治·W. 布鲁克斯:《强制性工会主义的优缺点》,载于《纽约大学法律和社会改变评论》第 11 卷(1982—1983),第 29、32—35 页[George W. Brooks, *The Strengths and Weakness of Compulsory Unionism*, 11 *N. Y. U. Rev. of Law and Soc. Change* 29, 32–35(1982–1983)]:

> 一旦工人限期加入工会的全员工会协议为雇主所同意并且写入了集体谈判协议,工会的收入就有了保障,而不需要工会的工作人员和官员作出任何进一步的努力。再加上代扣工会会费,现在无一例外都是这样做的,要完成资金转移就不需要工会的任何努力了。令人厌烦而且浪费时间的收取会费的工作也不存在了。而与此同时,工会工作人员与雇员/会员之间的有益的交流也大大地减少了。钢铁工人甚至不需要将代扣的工会会费交至地方分会,而是直接交至全国总部,然后总

部再将适当的部分返还给地方分会。

而且，在对工会的态度从敌对转变到适应和顺应的过程中，雇主逐渐认识到，为了工作场所的稳定，"应付"工会官员和工作人员很值得。这种转变的产生，一部分是由于雇主断定早期的对抗是不正常的，一部分则由于事实证明大多数工会领导原来也同样渴望"和睦相处"。根据副主席对劳资关系的指引，公司内部出现了一个新的官僚体制。合同的履行倾向于集中在减少对普通会员的态度和要求与工会领导阶层的实质性利益的关注。

在雇主—工会关系上的这种重大变革，可能意味着，已经没有必要再强迫签订工人限期加入工会的全员工会协议，至少在美国的大部分行业是这样。在这些行业，工会因为它稳定劳资关系的能力而被接受和尊重。但是工会官员和工作人员断定，保留工人限期加入工会的全员工会协议非常有利于他们的公共机构利益和个人利益。收入的稳定增加，减轻了说服雇员参加并一直使这些雇员相信工会作用的压力，都是无法抗拒的诱惑……。生活因为有了工人限期加入工会的全员工会协议而变得更简单。麻烦制造者要想制造麻烦变得更难，招聘员工的压力一去不复返，并且增加会费和人头税变得更简单。通常刻意不去考虑不满的意见，特别是对多个工厂部门的不同意见。

这些发展的结果是，工会会员和领导之间的关系，工会早期的真正生活被严重地腐化了。官员和工会代表不再由于入会的理由而费心去教育新的雇员。这些不是雇主的责任。不可避免地，工会代表的地位下降了，并且他在工会中的重要性也减少了。让有能力的人去担任工会代表变得越来越难。工会组织结构的上下之间的沟通渠道变得不那么重要，并且有时候已经枯竭了，除了当双方都在参加谈判，并且存在一场罢工的可能性时。但是，如果雇员们非常沮丧失望，那么，那些拥有离开工会权利的雇员向工会代表日常性地表达满意和不满就不是罢工前的接触所能替代的……

我们因此又回到了原点。强制性工会主义一开始是作为保护工会及其会员免受来自反工会的雇主的侵害的手段。结果却成为了雇主保护工会免受难对付的和挑剔的会员的侵害的手段。工会在工作场所的生命力的削弱就成了无法逃避的结局……

同时也参见乔治·W.布鲁克斯:《稳定与雇员的自由选择》,载于《康奈尔法律评论》第61卷(1976),第344页[George W. Brooks, Stability Versus Employee Free Choice, 61 Cornell L. Rev. 344 (1976)]和《美国劳工运动的活力之源》,载于《康奈尔大学纽约州劳资关系学院劳资关系公报》第41卷(1960)[The Sources of Vitality in the American Labor Movement (ILR Bull. 41, New York State School of Industrial and Labor Relations, Cornell Univ. 1960)]。布鲁克斯教授所发现的问题肯定都是由工会安全条款所导致的吗?工会在制定了不是工会会员也有工作权的法律的德州的经历证实了他的描述吗?

**3. 其他国家的工会安全。**

a. 英国。在1988年之前,英国允许全员工会会员工厂协议。尽管如此,屈于欧盟的压力,议会制定了1988年雇佣法和1990年雇佣法。1988年雇佣法禁止雇主解雇拒绝加入工会的雇员。1990年雇佣法规定,如果合同约定,由于他或她不是工会会员,或者拒绝取得工会会员资格,或者拒绝以向工会支付费用来代替取得会员资格,就可以拒绝雇佣他或她,那么,该合同违法。参见利德:《结社自由》,同前,第131—132页;约翰·T.艾迪生和W.斯坦利·西伯特:《英国的工会安全,对新工党改革的补充》,载于《工会的内部管理和组织的有效性》,第13章(塞缪尔·艾斯托伊克、哈利·C.卡茨和布鲁斯·E.考夫曼主编,2001年)[John T. Addison & W. Stanley Siebert, Union Security in Britain, with an Addendum on New Labour's Reforms, in The Internal Governance and Organizational Effectiveness of Labor Unions, ch. 13 (Samuel Estreicher, Harry C. Katz & Bruce E. Kaufman eds. , 2001)]。

b. 丹麦。丹麦允许全员工会会员工厂协议的法律,被裁定为违反了"消极的结社自由",该自由由《欧洲人权和基本权利保护公约》(European Convention for the Protection of Human Rights and Fundamental Freedoms)的第11条所保障。参见索伦森诉丹麦以及拉斯马森诉丹麦,"欧洲人权法院——斯特拉斯堡"(2006年1月11日)[Sorensen v. Denmark and Rasmussen v. Denmark, European Court of Human Rights—Strasbourg(Jan. 11, 2006)]。

c. 德国。德国基本法第9条第3款被解释为赋予了"消极的结社自由",即禁止全员工会会员工厂协议和工会代理制企业协议。参见曼弗雷德·韦斯:《劳动法》,载于《德国法的概述》,第304—305页(马赛厄斯·雷蒙和乔基姆·泽可主编,2005年)[Manfred Weiss, Labor Law, in *Introduction to German Law*, at 304–305(Mathias Reiman & Joachim Zekoll eds., 2005)]。

d. 加拿大。加拿大通过立法,要求所有的谈判协议都至少要包括工会代理制企业协议。而且,全员工会会员工厂协议和工人限期加入工会的全员工会协议都是合法的。参见达芙妮·戈特利布·塔拉斯和艾伦·伯纳克:《加拿大的工会安全》,载于《工会的内部管理和组织的有效性》,同前,第12章(Daphne Gottlieb Taras & Allen Ponak, Union Security in Canada, in *The Internal Governance and Organizational Effectiveness of Labor Unions*, supra, ch. 12)。

e. 日本。显然,在允许雇员放弃会员资格而去加入另一个组织的同时,日本也允许大多数工会签订工人限期加入工会的全员工会协议。解雇被不恰当地取消工会会员资格的雇员可能会视为违法。参见菅野和夫:《日本劳动法》(1992),第438—441页[Kazuo Sugeno, *Japanese Labor Law* 438–441(1992)]。

## 2. 强制性参与在无第14条(b)规定的州的局限性

### (1) 维持"会员资格"的义务

### 国家劳动关系委员会诉通用汽车公司案

NLRB v. General Motors Corp.

373 U.S. 734（1963）

怀特法官。这里的问题是，当雇主拒绝与注册工会就工会关于采用"工会代理制企业协议"的提议而进行协商时，是否构成不当劳动行为［根据第8条(a)(5)］。更进一步来说，既然雇主不必就关于其实施不当劳动行为的提议进行协商，那么问题是，根据第8条(a)(3)，工会代理制企业协议是否是不当劳动行为……否则就不受该条的但书的禁止性规定的约束。我们已经断定，这类协议并不构成不当劳动行为，并且也不为第8条所禁止。

被上诉人的雇员由汽车工人工会（UAW）代表。这些雇员属于一个单独的、多工厂的、全公司的单位。1958合同……规定了会员资格的保持和工人限期加入工会的全员工会协议。尽管如此，这些规定在印第安纳等州并不适用，印第安纳州法禁止将工会会员资格作为聘用的条件。

1959年6月，印第安纳中级上诉法院认为，工会代理制企业协议并不违反州工作权法。正如在那个裁决中所阐述的那样，……"工会代理制企业协议"适用于这样的合同，即根据合同，作为雇佣的条件，要求所有的雇员向工会支付会费和工会的入会费，但是他们不需要事实上成为工会会员。之后，工会提议，所有印第安纳工厂的合同条款的磋商都应"大体上类似于那些阐述"在印第安纳法院案件中的条款……。被上诉人……答辩称……所提议的协议将违反《国家劳动关系法》，并且被上诉人因此必须"恭敬地拒绝"……对这个提议进行协商。

在对违反第8条(a)(5)的诉求进行复审之后，委员会……评价，工会的提议与国会的政策声明完全一致，即支持工会安全协议以及因此而形成的强制的谈判主题……。它也声明，"毫无疑问，工会代理制企业协议是第7条和第8条(a)(3)所指的工会安全的可允许形式……"相应地，委员会……裁定被上诉人进行协商……

……上诉法院驳回了该裁定，理由是，法律只容忍"将劳工组织的会员资格作为雇佣条件的协议"，此种协议不能违反州工作权法，但是，不允许协议要求，作为雇佣的条件，要向工会支付会费以代替会员资格。它认为，……雇主因此不必就所提议的协议进行协商。我们……现在撤销……。

在立法史上，我们没有发现任何事物……表明，国会的意图是，……第8条(a)(3)的但书只确认工人限期加入工会的商店协议有效，并且同时废除……所有其他州法允许的工会安全协议。委员会的看法是很有道理的，因为，如果国会在《华格纳法》中意图批准全员工会会员工厂协议或者工人限期加入工会的全员工会协议，并且在《塔夫脱-哈特莱法》中批准工人限期加入工会的全员工会协议，那么，它也想要保护没那么要求与工会一致的、没那么有力的、没那么强制的合同的地位。

不管怎样，被上诉人紧扣但书的明确表述，该但书允许雇佣附加"会员资格"条件：既然这里工会的提议不要求事实上的会员资格却只要求入会费和月费，那么它不被但书所允许。

……然而，1947年修正案不仅废除了全员工会会员工厂协议，而且为了工会安全合同的目的，对"会员资格"的含义做了重大的改变。根据第8条(a)(3)的第2条附加条款，可能作为雇佣条件附加的会员资格负担被明确地限制在支付入会费和月费的范围内。对雇佣附加会员资格的条件是允许的，但是会员资格，在它对雇佣权利有重要意义的范围内，可能反过来只能被附加支付报酬和会费的条件。"会员资格"作为雇佣的条件而言，被削减至雇佣的财政核心……

我们因此确信，工会在这里的提议附加了实际等同于工会"会员资格"的雇佣条件，正如在第8条(a)(3)的附加条款中，国会使用"会员资格"那个术语那样。要求支付报酬和会费的提议不强加任何不是由可允许的工人限期加入工会的全员工会协议所强加的负担，并且只强迫履行那些通过解雇的方式可强制实施的会员义务，这种解雇的依据是工人限期加入工会的全员工会协议。在一个签订了工人限期加入工会的全员工会协议的单位，如果雇员拒绝遵守任何工会强加的义务，除了支付报酬和会费的义务之外，并因此其工会会员资格被否认或者终止，那么仍然满足了为了第8条(a)(3)的目的而附加的"会员资格"条件，而且，即使雇员不是一个正式的会员,他也不能因为没有会员资格而被解雇。当然,如果工会选择扩展会员,那么即使雇员将只会满足最低的财政负担要求,并且拒绝以任何其他积极的方式支持或"加入"工会,根据工人限期加入工会的全员工会协议,在工会可能将他登入名册的意义上,雇员可能也不得不成为"会员"。这里提议的工会代理制企业协议排除了工会的那种选择,将会员资格的选择权放在雇员的手里,同时,与工人限期加入工会的全员工会协议一样,仍然要求财政支持。在有些情况下,此种工人限期加入工会的全员工会协议和工会代理制企业协议之间的区别有重要的意义,但是就现在的目的而言,它的形式意义大于实际意义。从根本上来说,就它有任何意义而言,当国会允许为谈判代理人提供财政支持时,它是服务于国会减少强制性工会主义的罪恶的意图,而不是违反这种意图。

**注释和问题**

**1. 正式会员资格的优点和缺点?** 尽管正式工会会员,如同"财政核心"会员一样,可能仅仅因为没有缴纳会费和入会费而被解雇,但与后者不同的是,由于其他的诸如没有履行遵守罢工纠察线的义务或者没有参加工会会议的其他过失,前者还可能会被工会处以罚金或者被工会用其他方法予以处罚。参见后述995—1012页。相反,已经拒绝了正式会员资格的雇员则不受内部工会规则或者处罚的约束。

同时,雇员如果不是工会会员,在参加对他们的利益影响重大的决定时,其权利受到限制。相当重要的事情,如罢工投票和合同批准投票,都由工会章程和法律所控制,如果章程和法律真的扩展这些参与的机会,也仅会扩展至工会会员。委员会通常的立场是,此种投票是工会管理的内部事务,并且,即使是未批准的合同也可以作为第9条诉讼的合同障碍。参见阿巴拉契亚板岩电极公司案[Appalachian Shale Prods. Co., 121 N. L. R. B. 1160 (1958)]。而且,最高法院关于伯格-华纳案(Borg-Warner)的判决(上述第511页),清楚地表明了,雇主不能坚持将雇员的投票权作为合同的条件。一般参见塞缪尔·艾斯托伊克:《解除对工会民主的管制》,载于《劳动研究杂志》第 21 卷(2000),第 247 页;艾伦·海德:《集体协商中的民主》,载于《耶鲁法律杂志》第 93 卷(1984),第 793 页[Alan Hyde, Democracy in Collective Bargaining, 93 *Yale L. J.* 793(1984)];马修·W. 芬金:《集体协议中的多数决规则的局限性》,载于《明尼苏达法律评论》第 64 卷(1980),第 183 页[Mattew W. Finkin, The Limits of Majority Rule in Collective Bargaining, 64 *Minn. L. Rev.* 183(1980)];朱莉亚·彭妮·克拉克:《公平代表义务:一种理论结构》,载于《得克萨斯法律评论》第 51 卷(1973),第 1119 页[Julia Penny Clark, The Duty of Fair Representation: A Theoretical Structure, 51 *Tex. L. Rev.* 1119(1973)]。

尽管联邦法律不要求将所提议的合同提交给雇员或者甚至工会会员(除非是工会规则所要求的),政府可能会在两种情况下将所提议的合同提交给受到影响的雇员。参见《劳资关系法》第 203 条(c)[联邦仲裁与调解局(FMCS)可能会将雇主的最后报价提供给工会雇员作为劝和的手段,尽管当事人不同意任何由联邦仲裁与调解局建议的程序并不违法];也参见上述第 510 页(如果碰到"全国性的紧急罢工",就会要求对雇主的最后报价进行投票表决)。

工会对参与经济决策权利的控制,使谈判单位的雇员产生了成为完全的工会会员以对他们的经济命运拥有发言权的动机。它也增加了工会可能不会起到忠实地代表谈判单位的所有雇员的作用的风险。《国家劳动关系法》应该修改为,不考虑雇员的工会会员资格,给予所有的工会雇员对罢工批准和合同批准进行投票表决的法定权利,关于此种观点,参见艾斯托伊克:《解除对工会民主的管制》,同前;《在竞争产品市场世界的劳动法改革》,载于《芝加哥-肯特法律评论》第 69 卷(1993),第 3、42 页[Labor Law Reform in a World of Competitive Product Markets, 69 *Chi.-Kent L. Rev.* 3,42 (1993)]。

不管怎样,两个可能缓和的原则应该牢记于心。第一,工会的善意谈判义务可能会限制它的能力,即将与一个谈判单位签订的合同作为其他单位所取得的投票结果的条件。参见联合纸业工人国际工会第 620 地方分会案

[United Paperworkers Int'l Union Local 620, 309 N. L. R. B. 44（1992）］［工会的"海选"规则违反了第8条（b）（3）］，在朱莉叶斯·G. 盖特曼和F. 雷·马歇尔：《变革中的劳资关系：以造纸行业为例》，载于《耶鲁法律杂志》第102卷（1993），第1803、1886—1892页［Julius G. Getman & F. Ray Marshall, Industrial Relations in Transition: The Paper Industry Example, 102 Yale L. J. 1803, 1886 – 1892（1993）］中受到批评。第二，工会的公平代表义务，后述第1024—1041页所讨论的，可能包括某些情况下查明雇员利益的义务。参见国际邮递工人协会第6000分部诉国家劳动关系委员会案［Branch 6000, Nat'l Ass'n of Letter Carriers v. NLRB, 595 F. 2d 808, 812 – 813（D. C. Cir. 1979）］（谈判前关于谈判政策的公民投票，由于区别于合同批准投票，必须扩展至非会员）；但是参见国际码头工人协会1575地方分会案（NPR船务公司）［International Longshoreman's Ass'n, Local 1575（Navieras, NPR, Inc.）, 332 N. L. R. B. 1336（2000）］（合同批准是"纯粹的工会内部事务"）。也参见后述第1114—1121页。

**2. "统一要求的"会费？** 对于会员按规定参加工会会议，工会能因此将他通常应付的会费部分地返还给他吗？对于不按规定参加会议的会员，它能课以罚金吗？对于不按规定参加会议却坚持只支付减少的会费或者拒绝支付罚金的成员谋求解雇或强制解雇是合法的吗？比较西部果酱厂工人协会171地方分会（1967）（博伊斯卡斯卡特公司）案［Local 171（1967）, Ass'n of Western Pulp Workers（Boise Cascade Corp.）, 165 N. L. R. B. 971（1967）］（对参加月会的会员，部分地"返还"会费是合法的）与诺里斯产业塞蒙多分部案［Norris Indus., Thermador Div., 190 N. L. R. B. 479（1971）］（雇员因为拒绝支付对未出席者"核定的付款额"而被取消会员资格，对这种雇员拒绝回聘是违法的；博伊斯卡斯卡特案的区别建立在这样的基础上，即会费是"统一的"，仅仅在用工会资金去刺激参与时，返还会费是合法的，而这里所争论的核定付款额并不是"统一的定期会费"的一部分）。这种区别是合理的吗？那么对于非会员而言呢？工会应该能向他们收取与较高层级的、

"没有返还"标准的会费相等同的代理费吗?并且强制解雇坚持支付较低层级的会费的非会员吗?这种较低层级的会费适用于按规定参加会议的工会会员。

**(2)会费的使用**

工会安全条款要求支付会费而没有强加其他工会会员资格义务,它限制了那些不是工会会员的雇员以及反对将所收取的会费用于与他们的信仰不符的目的的雇员的权利吗?《第一修正案》保护这些反对者的要求吗?《国家劳动关系法》和《铁路劳动法》能被解读为保护此种要求而没有触及宪法问题吗?假设宪法或者劳动法保护此种反对,那么工会会费可以用于什么目的,工会使用会费又须遵循什么程序呢?这些问题就是以下材料的主题。

**注释:根据《铁路劳动法》,非会员对使用工会会费的反对**

铁路工人部门诉汉森案。铁路工人部门诉汉森案[Railway Employee's Dept. v. Hanson,351 U.S. 225(1956)],最高法院裁定,由于《铁路劳动法》优先于所有禁止工会安全协议的州法,铁路行业合同中的此种条款的谈判和实施就包括了"政府行为",并且因此受到宪法的限制。汉森案支持《铁路劳动法》第2条第11款授权的表面合宪性。《铁路劳动法》第2条第11款允许要求员工给予工会"财政支持"的工人限期加入工会的全员工会协议。法院没有对强制社团的其他方面以及将所收取的会费用于特定的雇员所反对的政治事业的争论发表看法。

机械师工会诉斯特里特案。这些问题在国际机械师工会诉斯特里特案[International Assn. of Machinists v. Street,367 U.S. 740(1961)]中得以解决,法院[通过布伦南法官]认为,为了避免宪法的软弱,《铁路劳动法》第2条第11款应该被解读为,禁止工会,不顾非会员的反对,将强行收取的工会代理制企业协议的费用用于政治事业。在讨论发回重审可能的救济时,斯特里特案的法院驳回了发布综合的禁令的可能性,这种禁令反对从反对者那里收取所有的费用以及为了有争议的目的使用资金。布伦南法官解释道,补救的对象只限于那些非会员,工会知悉了他们的反对。布伦南法官同时也提供了以下两个建议(同上,第774—775页):

> 一种(可能的)救济措施是发出禁令,禁止将金钱用于任何一个雇员所反对的因政治原因的支出,禁止工会因政治目的而支出费用,这些钱是会员支付的会费的一部分,也是工会整体预算中用于工会为政治活动支出的整体支出的一部分……。第二种补救可能是,给每个雇员以赔偿,赔偿工会不顾他的通知将他的钱用于他已经通知工会他反对的政治事业的部分。

布莱克法官,在斯特里特案中单独发表了不同的意见,可能已经解决了这个宪法问题,并且,在他的观点中,《第一修正案》"剥夺了政府的所有此种权力,即迫使任何人违背他的意愿支付哪怕一分钱以任何方式用于支持他所反对的理论或观点,无论是经济的、科学的、政治的、宗教的或者任何其他的"(同上,第791页)。他坚决主张,恰当的救济是,只要工会继续使用它的资金来支持持异议者所反对的事业,就应该禁止实施工人限期加入工会的商店条款来阻止雇佣。

法兰克福法官提出了不同意见,哈伦法官也附和了该意见。不同意见者坚持主张,《铁路劳动法》所规定的工会安全义务依赖于私人合同而不是政府强制,因此并不需要涉及宪法要求的政府行动。而且,反对者的请求忽视了诸如劳工协会等私营协会的真实本质(同上,第808页和第812页):

> 合法团体的少数派可能有时会看见团体的资金用于宣传他们所反对的理念,这是所有团体中所常见的。这种类比是非常多的。在最广泛的范围内,联邦政府将从个人纳税者那里获得的税收来宣传很多纳税者所反对的理念……

没有什么比限制说话的权利离国会的目的来得更远。它的目的是消除谈判单位中的"搭便车"现象……

**埃利斯诉铁路职员同业公会案。** 最高法院重新审查了埃利斯诉铁路职员同业公会案[Ellis v. Brotherhood of Railway, Airline & S. S. Clerks, 466 U. S. 435(1984)]的这些问题。与斯特里特案可能引发的后果相背离，法院宣布，对不被允许的经费使用，工会的补救无效，这种补救是指，在征收反对者的所有会费一年后，返还一部分。法院推论道，这种补救实际上迫使反对者在返款数量上作出无息借款。更少限制的替代方法，如预先减少会费或者有息代管账户，只给工会增加极小的负担。

法院也声称，在决定《铁路劳动法》允许的行为由强制收取的会费来提供资金时，"检验必须是，在与雇主就劳动管理事务进行协商时，为了履行作为雇员的排他性代表的义务的目的，受到质疑的花费是否有必要或者合理。"法院发现以下活动通过了这项检验。（我们使用的编号是法院用于指代下述活动的编号。）

1. 工会四年一次的全国大会，在这个会议上，选举官员，确定谈判目标，制定总的政策——这些活动被法院描述为，是有效地履行一个谈判代理人的义务所必不可少的。

2. 社会活动。0.7%的开支指定用于工会商业会议和社会活动的茶点，这些会议和活动在形式上对非会员是开放的。法院认为这些开支是"可以得到允许数目较小的开支"，并且发现他们增进了雇员之间更为紧密的联系，改善了工会会议的氛围。

3. 有限的工会出版物。根据工会自己的政策，非自愿的支付不用于涉及"政治事业"的那部分出版物，"政治事业"不同于谈判，社会活动，以及最近提出的和实施的立法。因此，在整个的以"政治的"出版量和整体的出版量所表示的出版费用中，工会对不同政见者打了折扣。更为普遍的是，法院断言："如果工会不能将不同政见者的资金用于特定的活动……那么，将他们的资金用于描述那些活动[是不正当的]。"

不管怎样,法院得出结论,《铁路劳动法》不允许将不同政见者的会费用于资助以下活动:

4. 将谈判单位以外的雇员组织起来。

5. 不涉及谈判单位内部谈判、申诉,或者公平代表责任的诉讼。例如,"除非……与谈判单位直接相关,否则反对的雇员不需要分摊工会挑战航空行业互助协议合法性的费用,[或者]以诉讼寻求一般性地保护航空公司雇员在破产之诉中的权利的费用……"

埃利斯案中,法院驳回了基于《第一修正案》所提出的质疑,认定政府在产业和平中的利益,导致了对工人限期加入工会的全员工会协议的授权,也证明了法院根据法规所支持的花费是正当的。

基于这些理由,鲍威尔法官不同意法院关于工会的四年一次大会的处置:五位著名的政治家加上四位议员在第 25 届大会上做了主要的演讲,总共花费工会 180 万美元。工会不认同这些"政治活动"费用,这与它对出版物花费的处理形成强烈的对比。并不是所有的大会花费都与集体协商有关,集体协商是根据法院的检验所要求的。

## 美国通信工人协会诉贝克案

Communication Workers of America v. Beck
487 U. S. 735(1988)

布伦南法官宣布了法院的裁决。

《国家劳动关系法》第 8 条(a)(3)……允许雇主和排他性谈判代表缔结协议,要求谈判单位的所有雇员支付定期的会费和入会费作为继续雇佣的条件,不管除此之外,雇员们是否愿意成为工会会员。今天,我们必须裁定,这项规定是否也允许工会,不顾缴纳会费的非会员雇员的反对,将这样集聚的资金用于与集体协商、合同执行,以及申诉调解无关的活动,而且,如果这样的话,此种开支是否违反了工会的公平代表义务以及持反对意见的雇员根据《第一修正案》所享有的权利。

I

根据《国家劳动关系法》第9条,美国电话电报公司及很多子公司的大部分雇员选择上诉人,即美国通信工人协会(CWA),作为他们的排他性谈判代表。这样,工会被授权代表谈判单位的所有雇员,与雇主集体协商工资、工作时间,以及其他雇佣条款和条件……但是,由于工会的"法定义务,即服务于所有成员的利益,无敌意及无歧视地对待任何人",这种广泛的授权有所缓和,维卡诉塞普斯案[Vaca v. Sipes, 386 U.S. 171, 177(1967)],这项法定义务不仅适用于集体协商合同的谈判本身,而且扩及之后的合同履行,包括合同所设立的任何申诉程序的执行。为了支付代表费用,美国通信工人协会在集体协商合同中协定了一个工会安全条款,根据该条款,所有被代表的雇员,包括那些不愿意成为工会会员的雇员,必须支付工会"代理费用",与工会会员所支付"定期会费相等"。根据该条款,没有清偿所要求的费用可能成为解雇的理由。

1976年6月,被上诉人,20名选择不成为工会会员的雇员,提出了这个诉讼,质疑美国通信工人协会将他们的代理费用用于除了集体协商、合同执行,以及申诉调解之外的目的(下文称"集体协商"或者"代理"活动)。具体地说,被上诉人声称,工会将他们的会费用于诸如组织其他雇主的雇员,为劳动立法而游说,以及参加社会的、慈善的和政治的事务等活动违反了上诉人的公平代表义务,《国家劳动关系法》第8条(a)(3),《第一修正案》和若干的普通法上的受托人义务。除了宣告式救济之外,被上诉人还寻求禁止令,禁止上诉人收取超过资助集体协商活动所必要的费用,以及寻求对以前收取的超出费用的损害赔偿金。

地方法院得出结论,出于除了谈判单位代表以外的其他目的,工会收取和支出代理费都违反了非会员的结社权和言论自由权,因此禁止他们以后再收……

第四巡回上诉法院的分陪审团同意,根据《第一修正案》,被上诉人提出了有效的诉求,但是,它更喜欢将审判建立在除了宪法外的基础上,并且得出结论,为了与集体协商无关的目的,向非会员收取会费违反了第8条(a)(3)……

在重审时,法院的全体法官参加了重审,撤销了陪审团的意见,并且以6∶4的投票表决结果,再次部分肯定、部分推翻了原判决,并且将案件发回重审以继续进一步的程序……

## Ⅱ

首先,我们简单地讨论使上诉法院产生分歧的管辖权问题。被上诉人通过三个独立的联邦诉讼请求寻求救济:收取超出资助集体协商活动所必要的费用违反了第8条(a)(3);此种征收违反了司法判决所设定的公平代表义务;以及此种征收侵犯了被上诉人根据《第一修正案》所享有的权利。我们认为,非常肯定,下文的法院对后两个请求正确地行使了审判权,但是国家劳动关系委员会对被上诉人的第8条(a)(3)请求拥有最初的管辖权。

不管怎样,法院并没有被阻止来裁定这个请求的法律意义,只要对处置被上诉人关于公平代表义务的质疑而言,此种裁定是必要的……因为上诉人寻求此种理由来为自己辩护,即该法规正是授权了此种协议,所以出现裁定第8条(a)(3)的范围的必要性。在这些情况下,对被上诉人关于公平代表义务的请求所产生的第8条(a)(3)问题,上诉法院拥有管辖权。

## Ⅲ

……就整体而言,第8条(a)(3)允许雇主和工会达成协议,要求将所有雇员成为工会会员作为继续雇佣的条件,但是,"会员资格"可能被要求"削减至它的财政核心"。国家劳动关系委员会诉通用汽车公司案[NLRB v. General Motors Corp., 373 U.S. 734,742(1963)]。那么,这个案件提出的法律问题是,"财政核心"是否包括此种义务,即支持那些与集体协商、合同执行和申诉调解无关的工会活动的义务。我们认为不包括……

在机械师协会诉斯特里特案[Machinists v. Street, 367 U.S. 740 (1961)]中,我们得出结论,"在《铁路劳动法》第2条第11款中"……国会并没有试图"为工会提供一种方法,不顾雇员的反对,迫使他们支持他们所反对的政治事业。"(367 U. S., at 764)……我们认为,尽管第 2 条第 11 款表面上授权从非会员处收取"定期的会费、入会费和核定的付款额……这是在一个工会中获得或保持会员资格的统一的条件",然而这种授权没有"授予工会使用所收取的金钱的无限的权力"(367 U. S., at 768)。我们一度重申,"国会允许工人限期加入工会的全员工会协议的必不可少的正当理由"限制了可以从非会员处适当索要的费用,索要的根据是第 2 条第 11 款,这种正当理由将费用限制在那些"是为了履行排他性谈判代表的义务的目的而必要合理地产生的"费用。埃利斯诉铁路职员同业工会案[Ellis v. Railway Clerks, 466 U. S. 435,447－448(1984)]。考虑到第 8 条(a)(3)的类似目的、结构和语言,我们必须以同样的方式解释那条规定……。只有最有说服力的证据才能说服我们相信,国会试图让……两项规定具有不同的含义。上诉人在这儿并没有提供这样的证据。

……在铁路工人部门诉汉森案[Railway Employee's Dept. v. Hanson, 351 U. S. 225(1956)]中,我们裁定,由于《铁路劳动法》优于所有禁止工会安全协议的州法,那么,铁路行业合同中的此种条款的谈判和实施就包括了"政府行为",并且因此受制于宪法。相应地,斯特里特案中,为了避免严重的宪法问题,我们解释了第 2 条第 11 款,要不然的话,将该款解释为,允许工会将政府强制的收费用于非会员认为值得反对的政治事业,就会产生严重的宪法问题(367 U. S., at 749)。上诉人声称,这里没有潜藏此类宪法问题,因为,《国家劳动关系法》第 14 条(b)明确地保护州的宣布工会安全协议为不合法的权力。因此,上诉人的观点认为,在《国家劳动关系法》的背景下,汉森案中对认定政府行为所必不可少的联邦优先权正在丢失,而且,我们也就不需要尽全力去回避第 8 条(a)(3)的清晰的含义,正如我们对第 2 条第 11 款所做的那样。

我们不需要裁定,对第 8 条(a)(3)所允许的,尽管不是它所强制的权利的行使,是否包括州行为。参见钢铁工人联合会诉桑蒂卢斯基案[Steelworkers v. Sadlowski, 457 U. S. 102,121, n.16(1982)](工会采用内部规则

第十三章 有限的主权：雇员和谈判代表人之间的关系　1217

来管理它的选举的决定不包括州行动）；钢铁工人联合会诉韦伯案［Steelworkers v. Weber, 443 U. S. 193, 200(1979)］（集体协商合同的积极行动计划的协商不包括州行动）。甚至假定它不包括，假定《国家劳动关系法》和《铁路劳动法》因此在这方面不同，那我们也不能认为，在这个案件中任何宪法关注的缺失，会使对几乎相同的第 8 条(a)(3)和第 2 条第 11 款的语言进行不同的解读变得正当。当然，确实，联邦法律应该被理解为合宪，对它的理解，也应该避免产生严重的怀疑，而且，当面对此种怀疑时，法院也将首先决定，以使法律本质上有效的方式来解释法律，是否具有完全的可能性。爱德华·J. 德巴特勒公司诉佛罗里达湾建筑贸易委员会案［Edward J. Debartolo Corp. v. Florida Gulf Coast Building & Construction Trades Council, 485 U. S. 568(1988)］；克罗韦尔诉本森案［Crowell v. Benson, 285 U. S. 22,62(1932)］。但是，法律的解释可能不能迫近"不诚实的借口的核心"。美国诉洛克案［United States v. Locke, 471 U. S. 84,96(1985)］……，而且，在避免产生宪法问题时，法院可能不接受一个"显然与国会的意图相反的"解释。德巴特勒公司案，同前，第 575 页。斯特里特案中，我们得出结论，我们对第 2 条第 11 款的解释"不仅仅'相当可能'，而且完全合理"(367 U. S., at 750)，并且，我们自那之后就一直遵守那个解释。因此，我们拒绝对第 8 条(a)(3)的语言作出不同于第 2 条第 11 款的解释，理由是，我们对后一个条款的解读仅仅是宪法的权宜之计。国会出于同样的目的制定了这两个条款，排除"搭便车"，并且那个目的，与支配我们对第 2 条第 11 款的解读一样，也支配我们对第 8 条(a)(3)的解读，无论根据《国家劳动关系法》所进行的关于工会安全协议的谈判是否具有政府行为的性质。

Ⅳ

我们得出结论，第 8 条(a)(3)，与它的法律同类物，第 2 条第 11 款一样，允许收取的仅仅是那些对"在与雇主就劳动管理事务进行协商时，为了履行作为雇员的排他性代表的义务"是必要的费用和会费。埃利斯案(466 U. S., at 448)。相应地，上诉法院的判决被证实了。

肯尼迪法官没有参与此案件的裁决。

布莱克曼法官,与奥康纳法官,斯卡利亚法官一起,部分赞同,部分反对……

我不能同意法院的对第8条(a)(3)问题的判决……。当一读到第8条(a)(3)的语言,法院就放弃了所有解读该法律的企图,并且转而解释……另一部后来制定的法律……

"我们假设'立法的目的由所使用的词汇的通常的含义所表达'"……术语"dues and fees",正如在附加条款中所使用的,不能指向其他任何事物,除了"自愿的工会会员"所支付的经常的、定期的费用和会费以外……这是劳动关系委员会一贯的观点,"代理机构受议会委托,实施《国家劳动关系法》。"……

法院试图从它对国会意图解读的立法历史中得到支持,这种解读与第8条(a)(3)的清晰的语言相反,这一努力是徒劳的。……立法争论……表明,在精心制作第8条(a)(3)的附加条款时,国会试图"只对强制性工会会员资格的最严重的滥用予以救济……"国家劳动关系委员会诉通用汽车公司案(NLRB v. General Motors Corp.,373 U.S. at 741),引自立法历史。国会认定的和试图纠正的特定的"滥用"有两种:(1)只雇佣工会会员的全员工会会员工厂协议,"剥夺了对它所雇佣的人的任何真实选择的管理权"和给予了工会领导"剥夺雇员工作的手段,并且在有些情况下,给予了他们保障他们行业和职业的生计的方法,为了纯粹反复无常的理由"。国会报告[S. Rep. No. 105, 80th Cong., 1st Sess., 6(1947)]……以及(2)工人限期加入工会的全员工会协议,在那些协议中,通过协定一个工人限期加入工会的商店条款和保持一个"封闭性的"工会,工会试图间接地实现与只雇佣某一工会会员的工厂或商店协议相同的结果,在"封闭性的"工会中,可以自由任意地或者歧视性地否认个人的会员资格,之后就以他不具有会员资格为由将其强制解雇[93 Cong. Rec. 3836-3837,4193, 4885-4886(1947)(参议员塔夫脱的评论);93 Cong. Rec. 4135(参议员埃伦德的评论)]……

国会的解决方法是,禁止只雇佣工会会员的全员工会会员工厂协议,却允许实施工人限期加入工会的全员工会协议,只要工会会员资格对所有的雇员而言,都是"根据同样的条款和条件"可以获得的,并且,要求强制解雇只能因为"没有支付定期的会费和入会费"。国会报告(S. Rep., at 7, 20)。国会的观点是,正如塔夫脱议员所言,"雇员将不得不向工会支付会费的事实似乎……并没那么重要。重要的是这个人将拥有这份工作。"[93 Cong. Rec. 4886(1947)]……毫无疑问,国会铭记于心的是这样一种情况,即非会员雇员将"与工会的其他会员一样,支付同样的会费"。[93 Cong. Rec. 4272(1947)(塔夫脱议员的评论);一致,93 Cong. Rec. 3557(1947)(詹宁斯议员的评论)]……

### 注释和问题

**1. 非会员的《第一修正案》利益?** 正如在贝克案中所提到的,法院之前在汉森案中,上述第981页,曾经认为,根据《铁路劳动法》第2条第11款,《第一修正案》适用于工会安全协议。那么,《国家劳动关系法》背景下的合宪性考虑有价值吗?假设在辩论过程中,必要的"州行为"存在,想想法兰克福法官在斯特里特案中的反对意见,以及曼瑟尔·奥尔森(Mancur Olson)对政府公共物品支出的强制本质的讨论。如果政府可以将持有异议的纳税者的钱用于战争,以及此种反对者不赞同的无数的有争议的社会事业的话,那么它能要求将公共资金用于不为有些纳税人所赞同的工会事务上吗(基于工会对社会和经济制度做出了贡献的观点)?代替将这些资金直接用于工会,政府能决定工会的资金应该来源于强制性的雇员的定期缴款吗?这些雇员是工会在集体协商中所代表的(以及可以认为有利于的)。在要求非会员对可允许的工会支出作出贡献时,存在一个"无代表纳税"的问题吗?这种问题不能通过非会员自由地加入和参加工会决策而得到解答吗?

**2. 对因宗教理由而提出反对者进行协调。**《国家劳动关系法》制定于1974年,并于1980年得到修订(Pub. L. 96-953)。根据该法的第19条,对于因宗教的原因在心理上反对加入工会或者反对向工会提供资金支持的工会雇员,可以选择缴纳与工会会费和入会费相等的慈善费用,如果此种雇员以雇员的名义要求工会使用申诉仲裁程序,应允许工会"向该雇员收取使用此种程序的合理的费用"。

作为调节建立在政治基础上的良心上的反对的方法,第19条的方法相对于埃利斯案中提出的规则而言是更好的吗?既然贝克案中法院解读了《国家劳动关系法》而不是直接解读宪法,那么法院应该被强迫遵循第19条的方法而不是精心制作它自己的调节规则吗?

**3. 为联邦选举活动使用工会资金。**注意,完全地消除由斯特里特案和贝克案以及以后的案件所施加的限制,工会可能将它们的资金用于联邦选举活动。参见1976年《联邦选举活动法》(Federal Election Campaign Act)第321条[起源于《塔夫脱-哈特莱法》的第304条,29 U.S.C. §441(b)]。不管怎样,他们可以与他们的会员沟通有关此种活动的事情,以及组织深入他们的会员的无党派的动员投票活动。该法还允许,"建立、实施和游说对一个独立的基金的捐赠。该基金被一个……劳工组织用于政治目的。"管子工地方562工会诉美利坚合众国案[Pipefitters Local 562 v. United States, 407 U.S. 385(1972)]中,最高法院解读了一部过往的法律,认为,工会官员可以控制和使用独立的基金,只要政治资金与工会资金是分开的。政府则主张,这种基金实际上是工会变相的利己主义,并且它不可能构成"独立的"基金。

**4. 对政府承包商的行政命令。**1992年4月13日,第一位布什总统发布了12800号行政命令,要求大部分政府承包商和分包商根据贝克案的要求张贴通知,告知雇员权利。劳动部紧接着发布了执行12800号行政命令的规则(29 C.F.R. pt. 470)。然而,1993年2月1日,克林顿总统发布了12836号行政命令,撤销了之前的命令[58 Fed. Reg. 7045(1993)]。2001年,第二位布什总统重新发布了他父亲的指令,即13201号行政命令。地方法院认为,《国家劳动关系法》"优先"于该命令,并禁止该命令的执行,但是上诉法院推翻了该判决。参见汽车工人工会——劳动就业和培训公司诉查奥案[UAW-Labor Employment and Training Corp. v. Chao, 325 F. 3d 360(D. C. Cir. 2003)]。

**5. 继贝克案之后可允许的工会安全条款?** 在贝克案和通用汽车公司案之后,工会是否可以合法地商定这样的工会安全条款? 即规定,为了保留他们的工作,工会雇员必须成为,并且保持在开始雇佣之日起30日内是工会的"遵守规章的会员"——在没有用语说明,根据通用汽车公司案,"会员资格"被限制在"财政核心"的义务内,并且,根据贝克案,反对的非会员只需要支付与代表活动密切相关的那部分费用的情况下。前委员会主席威廉·古尔德主张,此种条款应该被认为是表面上无效的,因为他们允许雇主和工会煽动混乱,并且"允许工会从那种混乱中获益",同时他建议委员会采用工会安全条款范本,该范本融合了通用汽车公司案和贝克案对法律语言的改进。参见集团健康有限责任公司案[Group Health, Inc., 325 N. L. R. B. 342, 345(1998)](古尔德主席,附和意见)。然而,在马克斯诉电影演员同业工会有限责任公司案[Marquez v. Screen Actors Guild, Inc., 525 U.S. 33(1998)]中,最高法院全体一致认为,区区协定一个与第8条(a)(3)的用语相同的条款不违反工会的公平代表义务。法院强调,这不是对实施此种条款的裁定,也不是对除此以外,工会是否没有尽到充分通知马克斯(Marquez)有关她的通用汽车公司和贝克权利的义务的裁定。马克斯案并没有包括对劳动关系委员会的裁决的复查,据此,作为一项政策,委员会能选择要求在集体协商合同中更多的公开吗? 参见克罗格有限责任公司案[Kroger, Inc., 327 N. L. R. B. 1237, 1239 n. 5 (1999)];布卢姆诉国家劳动关系委员会案[Bloom v. NLRB, 209 F. 3d 1060(8th Cir. 2000)]。

**6. 评论。** 要了解对贝克案判决的批评观点,参见肯尼斯·G. 杜-施密特:《根据〈国家劳动关系法〉的工会安全协议:规则、章程和贝克案中的法院意见》,载于《哈佛立法杂志》第 27 卷(1990),第 51 页[Kenneth G. Dau-Schmidt, Union Security Agreements Under the National Labor Relations Act: The Statute, The Constitution, and the Court's Opinion in Beck, 27 Harv. J. on Legis. 51(1990)]。

**注释:适用:贝克案与《铁路劳动法》和公共部门的先例**

正如上述注释和问题中所表明的,贝克案提出了许多的问题,包括:(1)工会是否必须告知非会员有反对支付全部会费的权利,并且如果是的话,应该通过何种方式告知;(2)可以向反对的非会员收取哪种费用;以及(3)反对的非会员通过什么方式,在什么场所(或者法院),可以质疑工会关于"应收费的"对"不应收费的"开支的计算。为了解决这些问题,委员会和法院经常求助于判例,这些判例不仅仅是根据《铁路劳动法》,在前述第981—983页讨论的判例,而且求助于判例法,这些判例法解读了《第一修正案》对公共部门的要求,即下列所讨论的数点。

**决定可允许的支出的标准**

a. "相关的"或者"恰当的"与"必然地或合理地引起的"。在埃利斯案(Ellis)和勒纳诉费里斯教职员工协会案[Lehnert v. Ferris Faculty Ass'n, 500 U.S. 507(1991)]中,法院交替地使用了两种稍微有点不同的文字表述:(1)与工会的集体协商功能"有关的"或"恰当的"支出,以及(2)为了履行工会的协商功能而"必然地或合理地引起的"支出。有区别吗?如果有,哪种标准更为可取?在勒纳案中,多数意见进一步认为,因为工会的州和国家的分支机构的可能与集体协商有关的活动,以及"可能最终符合[工会雇员]的利益",即使在某个特殊的年份并不直接对他们有益的活动,可以向反对者收费(500 U.S. at 524)。

b. 加利福尼亚锯刀工厂案标准。贝克案既谈及"与集体协商合同、合同执行和申诉调解有关的活动",也[通过引用埃利斯案]谈及"对履行排他性[谈判]代表的义务确有必要……"的活动。再一次,有区别吗?在加利福尼亚锯刀工厂案[California Saw & Knife Works, 320 N. L. R. B. 224 (1995), enforced sub nom.],机械师工会诉国家劳动关系委员会案[Machinists v. NLRB, 133 F. 3d 1012(7th Cir. 1998)]中,未经论证,委员会就采用了前一种表述作为根据《国家劳动关系法》的标准。

c. 贝克判决的实施:规则制定还是裁决。1992年,委员会启动了一个旨在执行贝克判决的规则制定程序,并且颁布了建议的规则。参见《工会会费规则》[57 Fed. Reg. 43635(1992)]。三年后,它放弃了这项活动,并且决定通过裁决来继续进行。参见前述加利福尼亚锯刀工厂案。

**贝克案和加利福尼亚锯刀工厂案的基本程序**

a. 通知雇员。在加利福尼亚锯刀工厂案中,委员会建立了以下基本规则。根据工会安全条款,在让雇员承担支付会费的义务之前,工会必须告知他们有成为非会员和保持非会员身份的权利,并且告知,非会员有权:(1)对于与工会的作为谈判代理人的义务无关的工会活动,拒绝买单,并且因为此种活动而获得会费的减免;(2)获得充分的信息,以使他们能明智地决定是否反对;以及(3)了解任何提出反对意见的内部工会程序。(320 N. L. R. B. at 233)

b. 反对者的权利。一旦雇员反对为了非代表的目的而支付会费时,工会必须:(1)不向他征收用于此种活动的会费;(2)告知他用于非代表的活动的会费的比例;(3)提供一个关于"收费的"和"不收费的"开支的主要类目的概要;(4)提供已经证实的图表来解释在这些类目中所列明的开支是确实需要的。加利福尼亚锯刀工厂案,同前,第239—241页;也可参见费里斯诉国家劳动关系委员会案[Ferriso v. NLRB, 125 F. 3d 865 (D. C. Cir. 1997)];电视台和电台导演协会(德国电台)案[Television & Radio Artists (KGW Radio), 327 N. L. R. B. 474, 477(1999)](应证明的要求而详细说明)。

c. 质疑程序。最后,工会必须也为反对者提供合理的程序,来质疑工会对收费的和不收费的开支的分配。加利福尼亚锯刀工厂案(California

Saw,320 N. L. R. B. at 242）。如果为解决此种质疑，工会提供了仲裁程序，是否就可以要求在寻求司法救济之前，反对者必须用尽那种程序呢？ 在《铁路劳动法》的语境下，最高法院认为"不是"，至少在雇员从来没有同意仲裁程序的情况下不是。参见航线飞行员协会诉米勒案［Air Line Pilots Ass'n v. Miller, 523 U. S. 866(1998)］。

d. 返还程序。前述第982页曾讨论过，根据《铁路劳动法》，法院宣告工会在埃利斯案中所使用的返还程序无效，在这里再来回想一下。在芝加哥教师协会第一地方工会诉赫德森案［Chicago Teachers Union, Local No. 1 v. Hudson, 475 U. S. 292 (1986)］中，法院全体一致认为这样的程序违宪，即不允许非会员对工会征收的费用提出"先—扣除"反对意见，而是要求提出书面的"后—扣除"的反对意见，这将引发以工会付费的仲裁告终的三步骤程序。如果反对意见在这个程序的任何阶段被确认，那么救济方法将是，立即减少所有非会员的未来扣除数量和对反对者的返还。

注意，在埃利斯案和赫德森案中，法院要求工会提供一个开支前程序，以避免工会为了不同政见者所反对的原因而临时使用他们的资金。法院的这种方法的实际效果是赋予反对者这样的能力吗？ 即其后难以预测的诉讼提起之前，要求工会有条件地代管他们会费中的最大份额。与埃利斯和赫德森的要求相比，加利福尼亚锯刀工厂的要求看起来怎么样呢？ 公平代表义务应该被解读为，在解决雇员的反对意见之前，要求工会代管合理地处于争议中的金额吗？ 参见办公室和专业人员国际工会第29地方分会案（达马隆医院协会）［Office and Professional Employees Int'l Union, Local 29 (Dameron Hosp. Ass'n), 331 N. L. R. B. 48(2000)］（在工会拒绝代管争议中的金额违反它自己的内部政策的问题上，拒绝发表意见）。

**额外的—工会开销**

a. 诉讼和组织开销。在决定谈判单位外的工会组织活动的开支与工会的核心功能无关上，以及决定质疑航空公司互助协定的额外的—工会诉讼或者在破产程序中保护雇员的要求的额外的—工会诉讼的开支与工会的核心功能无关上,埃利斯法院恰当地区分了吗?这些明确地为了意识形态层面的目的的开销与谈判单位雇员的福利无关吗?工会认为,作出这些活动对促进集体协商的目的是必要,质疑工会的这种判断有根据吗?在这些活动对工会雇员的谈判力作出贡献的程度上,反对者的无正当理由的搭便车行为会被允许吗?

考虑到贝克法院对《国家劳动关系法》第8条(a)(3)的解释与埃利斯案对《铁路劳动法》第2条第11款的相同用语的解释相一致,那么,对哪种开销与工会核心功能相关,国家劳动关系委员会必须根据《国家劳动关系法》作出与埃利斯法院根据《铁路劳动法》作出的判断同样的判断吗?在加利福尼亚锯刀工厂案中,委员会认为,私营雇主和工会依据第8条(a)(3)协定的工会安全条款"不需要州的认可",并且,因此,公共部门和《铁路劳动法》以宪法原则为前提的判例不控制《国家劳动关系法》的背景(320 N. L. R. B. at 226)。在推翻了之后,根据埃利斯案,行政法官认为额外的—工会诉讼开支不应收费,委员会又转向这样的规则,即工会可以因为此种诉讼支出而收费,如果他们"可能最终符合工会雇员的利益"。同上,第237页[引自勒纳案(*Lehnert*),同前,500 U. S. 524]。

至于组织开销,在美国食品和商业工人地方951工会案[United Food and Commercial Workers Locals 951, 7 and 1036(Meijer, Inc.), 329 N. L. R. B. 730(1999), enforced in relevant part, 307 F. 3d 760(9th Cir. 2002)](全院庭审),委员会认为(4∶1),"至少非工会组织活动与在与谈判单位雇主相同的竞争市场内的组织活动相关时",对反对的非会员而言,非工会组织活动的开支是应收费的。在梅杰案(*Meijer*)中,委员会严重地依赖于专家的证据,这种证据是,工会能为他们所代表的雇员赢得本质上更高的工资,当在同样的竞争市场上(即,同样的行业和相关的地域范围),其他雇主的雇员也联合起来的时候。

正如在加利福尼亚锯刀工厂案中所宣称的一样,委员会在梅杰案中又宣称它自己不受埃利斯案的约束。该委员会指出,在查明组织活动经费根据《铁路劳动法》不应收取时,审理埃利斯案的法院将很大的精力放在第2

条第11款的历史上,尤其是放在一个主要的铁路工会负责人的国会证词上,该证词认为,所建议的修正案允许的工会安全协议将不会"这样或那样"地影响工会的谈判能力。委员会指出,当制定第2条第11款时,铁路行业已经实质上被组织起来了(75%—80%的铁路雇员已经是工会会员),因此,在它看来,这足够支撑埃利斯法院的结论,即根据《铁路劳动法》,额外的一工会组织活动将为那些已经被组织起来的雇员提供"仅仅是最低的福利"。由于《国家劳动关系法》所涉及的行业几乎都没有被组织起来,委员会认为,埃利斯案根据《铁路劳动法》裁决组织活动开销不应收费的基本原理不适用于《国家劳动关系法》的情况。

为在梅杰案中支持委员会,第九巡回法院全体法官确认委员会对埃利斯案的区分具有说服力。而且,它强调,在没有任何行政机构的专门知识辅助的情况下,埃利斯法院适用了《铁路劳动法》,当劳动委员会已经被国会授权解释和适用《国家劳动关系法》时。在它看来,梅杰案代表了根据雪佛龙案(Chevron)的一种对不明确的法律条款的可允许的解释(前述第107页)。考虑到委员会所依据的"广泛的经济调查和数据",法院裁决,委员会在梅杰案中的结论不仅"合理",而且"完全符合集体协商的经济现实"(307 F. 3d at 769)。

最近,一个委员会专门小组(2:1)认为,在向反对的非会员收取组织同样的竞争市场(乳品和奶酪加工工业)的雇员所发生的费用时,一个卡车司机工会地方分会违反了该法。参见卡车司机工会75地方分会(施雷伯食品公司)案[Teamsters Local 75 (Schreiber Foods), 349 N. L. R. B. No. 14 (Jan. 26, 2007)]。大多数人没有批驳梅杰案,尽管绍姆堡会员会这么做,并且巴蒂斯塔(Battisa)主任对该决定表达了"深深的怀疑"(Id., slip op. at 1, 7 n. 21,8)。相反,大多数人在这样的基础上区别了梅杰案:工会在施雷伯案中的专家只"笼统的"证明了一个行业的联合程度与被代表的雇员的工资水平之间的关系,但是在梅杰案中,工会提供了特定的证据(既通过专家提供,也通过工会官员提供),这些证据是关于在争论中的行业,在同样的大城市范围内的雇员的组织程度对议定的工资水平的影响的。在反对意见中,雷伯曼成员强烈地反对大多数人"对梅杰案的肤浅的解读,即梅杰案要求,在每个案件中,工会应凭经验证实,行业内(争议中)的组织活动导致那个行业的工会工资水平的提高"(Id.,slip op. at 18)。

你同意委员会在梅杰案中应该得到雪佛龙尊重,以及贝克案排除了委员会在解释《国家劳动关系法》的模糊性条款时通常所享有的裁量权吗?施雷伯案削弱了多少梅杰案的影响呢?如果委员会选择更进一步或者完全推翻梅杰案——例如,如果它裁定,甚至在同样的竞争市场中的额外的一工会组织活动开销都从来与工会核心代表功能无关,那么根据雪佛龙案,此种裁定应该或者必须被复审法院所支持吗?

b. 罢工基金。一个统一国家飞行员协会创立了罢工应急费用基金,用来为其他航空公司的谈判单位的飞行员提供罢工补助。《铁路劳动法》要求工会按比例返还反对的非会员属于罢工应急费用基金的那部分代理费用吗?参见克劳福德诉航线飞行员协会案[Crawford v. Air Line Pilots Ass'n, 992 F. 2d 1295 (4th Cir. 1993)](全院庭审)。在克劳福德案中,法院指出,当一个航空公司从飞行员协会那里获得了成本削减的让步时,其他航空公司也试图从他们的飞行员那里获得同样的或相当的让步。因此,为了预先阻止发生在一个航空公司的让步的成功的罢工,就增加了工会抵抗发生在其他航空公司的此种让步的机会。在这些情况下,对于罢工应急费用基金的开支能"最终符合工会雇员的利益",还存有疑惑吗?参见克劳福德案(根据勒纳案,此种费用是明确地应收取的,前述)。根据《国家劳动关系法》,在一个不同的行业里也会产生同样的结果吗?在克劳福德案中,如果飞行员被组织在地方的或区域性的团体中而不是一个单独的全国性的劳工组织中,会有不同吗——根据《铁路劳动法》或者(再一次,假设一个不同的行业)根据《国家劳动关系法》。

## 3. 工会制度的约束

本部分讨论基于《国家劳动关系法》和《铁路劳动法》的限制,针对为迫使被代表的雇员遵守工会政策,工会能做什么。根据工会章程或《劳资报告和公开法》，工会成员可能也有权反对他们的组织，那些问题将在下一章讨论。

## 国家劳动关系委员会诉阿利斯·查默斯制造公司案

NLRB v. Allis-Chalmers Manufacturing Co.
388 U.S. 175(1967)

布伦南法官……。被上诉人阿利斯·查默斯制造公司的威斯康星工厂的雇员的代理人是汽车工人工会地方分会。……为了支持新的合同要求，在两个工厂都进行了合法的经济罢工。依照汽车工人工会章程的要求，至少在每个地方分会都有三分之二的会员通过秘密投票表决通过举行罢工的决议，据称罢工得到了国际工会的许可。每个地方分会都有些会员越过罢工纠察线，并且在罢工期间坚持工作。在罢工结束后，地方分会向这些成员收费……，理由是他们违反了国际章程和地方规则。地方分会审讯委员会对收费行为进行了听证，在听证程序中，被收费的会员都委托律师代理。在听证程序中，没有提出不公平的主张。审讯的结果是，裁定每个被收费的会员的罪过都是"做出了与工会会员身份不相称的行为"，并且被罚款20—100美金。有些被处罚的成员没有支付罚款，并且其中的一个地方分会，在一个在密尔沃基县法院提起的试验性的诉讼中，还赢得了判决——要求其会员本杰明·纳次克(Benjamin Natzke)支付一定数额的罚款。该判决的上诉审正在威斯康星最高法院进行。

阿利斯·查默斯制造公司案提出了一个不当劳动行为的控诉，宣称地方分会违反了第8条(b)(1)(A)的规定。委员会裁决没有违反该规定，并且第七巡回法院的陪审团也同意该裁决。不管怎样，在全体法官出庭复审后，法院，在有三位法官反对的情况下，取消了陪审团的意见，并且认为地方分会的行为违反了第8条(b)(1)(A)。最高法院撤销了该裁决。

如果认为第8条(b)(1)，特别是它的用语"抑制或强制"，是精确地和毫不含糊地包括了这个案件中的工会行为，那么就是高度不切实际的。表

第十三章 有限的主权:雇员和谈判代表人之间的关系 1229

面上,相对于由于公民违反作为公民而要缴纳所得税的义务,法院执行对他们的惩罚,或者,由于不履行自愿承担的合同义务,法院判决合同一方承担损害赔偿金而言,由于会员违反会员义务,法院执行对其课以的罚款,并不是更加"抑制或强制"满足此种义务的行为。但是,即使可以不予考虑用语"抑制或强制"的内在不严密性,也不排除通过求助于立法历史来决定国会使用这些词语的意义……

国家劳动政策建立在这样的假定的基础上,即通过集中一个恰当的单位的雇员的经济力量和通过大多数人所自由选择的劳工组织来行动,他们将拥有最有效的手段来协定工资、时间,和工作环境的改善。该政策因此使得个人雇员定制他自己与雇主的关系的权力不复存在,并且创造了一种为了所有雇员的利益而行为的权力,这种权力属于被选择的代表……

联邦劳工政策必不可少的组成部分是,根据那项政策,为保护被选择的工会免受对其地位的侵蚀,它有权合理地处罚违反规制会员的规则和制度的会员。当会员参加罢工时,那种权力则尤其重要……。因此,工会章程和地方规则中关于罚款和开除顽抗者,包括开出破坏罢工者的规定非常普遍,并且在《塔夫脱-哈特莱修正案》时期就已非常普遍了。

说1947年国会通过第7条修正案和第8条(b)(1)(A)想剥夺工会因为会员破坏罢工而处罚会员的权力,而不管罢工投票表决多么合法,不管惩罚程序和处罚多么公平,就是说国会在《兰德勒姆-格里芬修正案》之前就已经对工会的内部事务进行了更加广泛的控制。这么说也等于认为国会有与对工会会员资格关系的理解相冲突的意图,工会会员资格关系曾经是它努力"塑造一个前后一致的劳工政策"的核心,并且一直是这个法院和州法院的肯定性的基本活动。更重要的是,那就是说,国会通过削弱劳工所拥有的罢工手段的效用,将工会的权力限制在履行他们的排他性法定谈判代表角色所必要的范围内。第8条(b)(1)(A)的附加条款保护工会开除不遵守纪律的会员的权力,这并不是答案。当工会强大,而会员资格因此非常珍贵时,要求开除会员对会员的惩罚比一个合理的罚款对会员的惩罚要严厉得多。当工会弱小,而会员资格因此没那么珍贵时，地位进一步下降的工会可能除了容忍会员的不服从外，没有其他真正的选择。但是，正是此种弱小的工会，他们执行工会决定的权力对于有效地履行它的法定功能最为重要，这种工会决定是为了所有雇员的利益而作出的……

使人信服地支持了这样的解释——并没有不能将第 8 条(b)(1)解释为给予罚款并要求法院执行是第 8 条(b)(1)的附加条款。该条规定，该条不应"损害劳工组织就获得或者保留工会会员资格的制定自己的规则的权利……"霍兰(Holland)议员在争论中提出了该附加条款，而鲍尔(Ball)议员立即表示赞成，声明，以任何方式规制工会的内部事务并不是立法者的意图。至少，可以认为，附加条款保护了工会实施的罚款的权利，这种罚款既包括作为比开除轻的惩罚的罚款，也包括带有明显的或者不明显的开除威胁的罚款。因此，根据附加条款，汽车工人工会章程中规制罚款的规则是有效的，而且罚款本身和因为不缴纳罚款而导致的开除不是不当劳动行为。假设不能将附加条款解读为授权法院强制实施罚金——这是一个不需要我们解决的问题，……将第 8 条(b)(1)的主体部分解释为适用于收缴和强制实施罚金，就是认为国会关注强制实施工会罚款的可允许的方式，以及认为国会对禁止法院强制执行此种罚款的具有狭隘的和不相关联的兴趣。然而，立法史上没有一个字能证实国会有此意图……

与地方分会的集体协商合同包含工会安全条款。此条款并不强制要求正式工会会员资格：只要求雇员"成为和保持为支付会费程度上的……工会会员……"不过，上诉法院将正式会员资格看作"不是个人自愿选择的结果，而是在合同中加入[这个]工会安全条款的结果，根据这个合同，实质少数的雇员可能被迫使取得会员资格"。但是，这里，相关的问题不是会员的正式会员资格的动机是什么，而是，针对越过罢工纠察线的正式会员，《塔夫脱-哈特莱修正案》是否禁止施以惩戒性的措施……。对那些事实上只需要履行支付月费义务的会员，当地方分会已经对其实施了罚款处罚时，那些禁止性规定是否适用是一个我们不需要解决的问题，并且我们对此不发表任何意见……[被撤销]

省略怀特法官的附和意见。

道格拉斯法官,哈伦法官和斯图尔特法官,与布莱克法官一起,持不同意见。

……与法院的意见相反,根据附加条款,我一点也不确定,为保持会员资格,工会享有的制定规则的权利包括通过以下两种方式阻挠会员工作的权利,即因为模糊的"与工会成员不相称的行为"的指控而审讯会员,以及因为会员行使他的第7条拒绝参加罢工的权利而对他处以罚款,尽管罚款只能通过开除会员资格得到实施。说国会不愿意干预工会规定特定的会员资格条件的权力是一回事,这类似于国会对任何其他种类的自愿组织的态度。但是,说国会意图让工会自由地行使类似于法院的权力,用直接的经济制裁去审理和惩罚会员,因为会员行使了他们的工作权……则确实是另外一回事。

即使假设第8条(b)(1)(A)允许工会对会员处以罚款,如果该罚款只能通过开除才能得到执行,法院裁决的基本错误在于,它没有认识到法院强制实施的罚款,如这里的,和通过开除或者没那么激烈的工会内部手段强制实施的罚款,在实践上和理论上的区别。正如法院所认识到的,由于不支付罚款而被开除,可能,特别是在面临一个强大的工会的情况下,比法院征收罚款更为严重。但是,如果会员资格没有什么价值,而罚款数额巨大,那么法院强制执行罚款可能是更有效的惩罚,而且,为什么法院希望为弱小的工会提供这种开除的替代品,这种替代品就类似于刑事法院将没有缴纳罚金的被告投入监狱的权力,正是这个原因……

……工会安全条款……使得,对所有雇员而言,包括这里所涉及的雇员,向工会支付入会费和会费是必要的。但是,第8条(a)(3)和第8条(b)(2)表明,"除了出于强迫支付入会费和会费的目的之外,国会意图阻止出于任何其他目的利用工会安全协议。"无线电职员协会案(Radio Officers' Union,347 U.S.17.,41)。如果工会使用工会安全条款迫使雇员支付会费,将此种雇员归为会员,然后,对那些不愿意参加工会罢工的雇员,又使用此种会员资格作为征收法院—执行型罚款的基础,那么,工会安全条款就被用于了不是"强迫支付入会费和会费"的目的。它被用于强迫雇员参加违反第8条(b)(2)的工会活动……

## 斯科菲尔德诉国家劳动关系委员会案

Scofield v. NLRB
394 U. S. 423(1969)

在斯科菲尔德案中,工会的规定禁止会员领取在正常的支付周期内产量超过工会规定的上限而产生的奖金。工会规定,应将这种额外的产量积累起来只有当雇员没有达到每日上限时才能动用。对要求在正常的支付周期内支付超过上限的款项的会员,工会处以罚款;会员如果不缴纳罚款,就可能因为"与会员身份不相称的行为"而被开除会员资格。雇主曾经与工会谈判,让工会放弃此种上限,但是没有成功。根据双方的工会安全条款,雇员可以以支付"服务费"的形式代替加入工会。最高法院(通过怀特法官)支持委员会对控诉的驳回:

上诉人——被工会处以罚款的会员——的主要观点是,规则阻止了集体协商,集体协商是《国家劳动关系法》以很多方式予以发展的程序。但是,很确定这里这个案件不是。工会从来没有否认上限是可以协商的事物,也从来没有拒绝对它进行协商直到这个记录出现。事实上,工会很多次同意用提高上限,以换得计件工资率的提高,并且,上限通常被用于计算新的计件工资率……。公司再三地寻求订立一个消除计件工作上限的合同,如果达成了一个这样的合同,毫无疑问将被工会规则所违反……它已经签署了承认上限的合同,容忍它,并且配合它的执行,通过尊重雇员提出的将他们超过上限的工作所会获得的收入存起来的请求来配合。对于鼓励集体协商一个对雇主而言更好的协议的法定政策,该协议比雇主能在谈判桌前所达成的协议更好,我们没有发现任何依据……

这留下了可能的争议,由于工会没有成功地谈成一个协议的上限,它就不能将该上限施加于它自己的会员,因为如果这样做,会在会员和那些自由地赚得与合同所允许的一样多的人之间造成歧视。不管怎样,谈判单位的所有会员拥有同样的合同权利。工会作为谈判代理人与雇主进行协商,给予了所有雇员统一的待遇。如果会员被阻止利用他们的为所有雇员谈判的合同权利,那是因为他们选择成为会员和保留会员资格……。遵守[目前的]规则的代价没有在国家劳动关系委员会诉阿利斯·查默斯制造公司案[NLRB v. Allis-Chalmers Mfg. Co., 388 U.S. 175(1967)]中那么高。那儿会员可以因为他在罢工中拒绝到岗而被替换;这儿他只需要限制他的产量和忍受那种行为可能让他承担的任何后果。如果一个会员选择不参加这种共同筹划的活动,并且不能说服其他会员改变这种规则,那么他可以离开工会,并可以获得在工作晋升中的好处和额外工作的额外报酬,同时享受免于竞争的保护,高的计件工资率,以及工会会员通过对工会规则的遵守而获得的工作保障的提升。

根据第8条(b)(2)和第8条(a)(3),对于工会会员和其他雇员而言,保持会员身份的选择产生不同的结果,这不会造成严重的问题……因为,工会并没有劝说雇主歧视会员,而是仅仅禁止会员利用雇主意图授予的好处……

## 国家劳动关系委员会诉波音公司案

NLRB v. Boeing Co.

412 U.S. 67(1973)

双方当事人的包含一个会员资格保留条款的集体合同,于1965年9月15日到期。在关于一份更新的合同的18天的罢工中,1900个罢工单位的143位雇员越过罢工纠察线继续工作。在履行新协议后,工会适时地指控罢工破坏者,违反了工会章程中禁止"接受雇佣……在一个罢工存在的工厂"的规定。依据合适的工会程序,认为每位罢工破坏者违反规则,被罚款450美元,并且在5年内不得担任工会职位。雇员的一个40小时的工作周的基本工资从95美元到145美元不等。工会在州法院提起收缴这些罚款的诉讼。讯问审查官认为罚款过分,支持了公司的第8条(b)(1)(A)指控。但是,委员会驳回了该控诉,得出结论,国会没有授权劳动关系委员会对工会罚款的多少进行规制。

伦奎斯特法官考虑到阿利斯·查默斯制造公司案和斯科菲尔德案的基本原理,委员会的结论,即第8条(b)(1)(A)……对实质性的工会罚款没什么可说的,不管罚款的多少,都是正确的。关于此种罚款的合理或不合理的问题必须在合同规则,自愿组织规则,或者此种其他的可能适用于能裁判此类问题的场所的法律原则的基础上予以裁判。根据我们的观点,在工会或者会员被罚款的诉讼中,州法院将完全自由地对此种问题适用州法……

……在裁决何时工会规章制度没有干预雇员—雇主关系或者在其他方面违反《国家劳动关系法》的政策中,委员会是正当的,国会没有授权它"评价保护法定的工会利益的工会规章制度的公平性"……

首席法官伯格持不同意见,他提到了州法院支持工会的判决的奇特性,并且强调了统一和委员会专业知识的必要性。道格拉斯法官,与布莱克曼法官一起,也有不同意见。他强调,工会对雇员的罚款多于他们在罢工期间所挣的钱,实际上类似于罢工结束后雇主让他们暂时停职而不发工资——如果这种行为是因为工会的鼓动而实施的,那就是显然违法的行为,他指出,委员会对罚款合理性的管辖权,也包括为贫穷的和不懂世故的雇员公开提供辩护律师的义务。

## 注释和问题

**1. "强迫"?** 为什么对在罢工期间返回工作岗位的会员,工会请求法院强制执行对其的罚款,并没有"强迫"雇员行使他们的第7条权利呢?阿利斯·查默斯制造公司案实际上允许工会不顾第8条(b)(1)(A)的原来的规定,而使用制度自主权措施吗?你同意布莱克法官的观点吗?即当工会诉诸于法院时,工会的规章制度就不再是一项私有的组织内部的事务了,而是涉及了法定的保护问题。考虑到工会会员在任何时候都可以向组织提出退出的权利,布莱克法官提出的担心被夸大了吗——这是在斯科菲尔德案中法院所强调的一个因素吗？在阅读北美图案制造工人联盟诉国家劳动关系委员会案(Pattern Makers' League of North America v. NLRB)以后(后述第1003页)，再重新思考这个问题。

对审理阿利斯·查默斯制造公司案的法院而言，使用一个与在共和航空公司案中(前述第167页)，和在大丹拖车公司案中(前述第597页)，使用的手段类似的平衡测试会是更好的吗？如果是这样，如何在工会的团结一致的需要和个人在没有罚款或者丧失工会会员资格的威胁的环境下工作的利益之间保持平衡呢？参见爱德华·P.阿彻：《重拾阿利斯·查默斯制造公司案：当前对工会因雇员跨越纠察线而处以罚金的权利的观点》，载于《印第安纳法律评论》第7卷(1974)，第498页[Edward P. Archer, Allis-Chalmers Recycled: A Current View of a Union's Right to Fine Employees for Crossing a Picket Line, 7 Ind. L. Rev. 498(1974)]。

**2. 工会规章制度和谈判义务。**

a. 工会单方面地采取了一项规则，限制它的会员每周只刷10个房间，而这些会员每周平均能刷完11.5个房间。这个规则的明确的目的在于，减少提高刷漆速度的压力、保护油漆工的健康和工作质量。有约束力的集体协商协议对生产定额没有规定，却明确规定一天工作7小时，一周工作5天。当工会和雇主为工会是否已经违反了协议而争论时，协议期满了。在接下来的导致了一场罢工的谈判中，双方不能就生产定额的条款达成一致，并且新的协议又只规定，一天工作7小时，一周工作5天。在该协议实施之后，工会威胁会员，如果违反它的10个房间的规则，就会被开除。在达到那项定额之后，有些会员就停止了工作，即使他们一周没有做满35小时，并且产量也在之前的11.5的平均数以下。工会的行为构成了不当劳动行为吗？参见：画家地区委员会(梅龙镇绘画和装饰公司)案[Painters Dist. Council (Westgate Painting and Decorating Corp.), 186 N. L. R. B. 964(1970), enforced, 453 F. 2d 783(2d Cir. 1971)]。

b. 在被授权的合法的罢工期间，一位会员坚持工作，工会因此对他处以400美元的罚款,并且为收回罚款,工会提起了诉讼。在新协议的谈判过程中,公司坚持要求,要达成任何协议,都有一项条件,就是取消这些罚款,并接受一项条款,即禁止工会和公司通过处罚、罚款,或者解雇的方式干涉雇员行使他们的第7条权利——包括申诉的权利。该公司违反了第8条(a)(5)吗?参见环球石油产品公司诉国家劳动关系委员会案[Universal Oil Prods. Corp. v. NLRB, 445 F.2d 155(7th Cir. 1971)]。

**3. 关于拒绝参加不受保护的活动的工会规则。** 由于会员违反一项工会规则,工会对他们处以罚款,构成不当劳动行为吗?该规则要求他们参加不受《国家劳动关系法》保护的活动,如违反不罢工条款的罢工活动,或者对于根据合同是强制的超时工作,多次一致地拒绝接受。参见国家劳动关系委员会诉国际书画刻印艺术联合会13-B地方分会案[NLRB v. GAIU Local 13-B, 682 F.2d 304 (2d Cir. 1982)]。如果工会在此种情况下,开除会员而不是对他们处以罚款,那又是什么样呢?

**4. 援引劳动关系委员会处理程序的工会规则。** 在国家劳动关系委员会诉海洋和造船工人工业联合会案[NLRB v. Industrial Union of Marine & Shipbuilding Workers, 391 U.S. 418 (1968)]中,法院维持了委员会的决定,即工会规则要求,会员在向劳动关系委员会提出一个控诉之前,要用尽内部的工会救济,这阻碍了通向委员会的处理程序的无障碍通道,并且工会试图通过罚款或者开除的方式强制执行该规则,违反了第8条(b)(1)。委员会支持了对一位会员的开除决定,因为该会员发现,提起否定代表资格诉讼而被处以罚款是违法的,于是他提出了一个否定代表资格的诉讼。参见铸工协会125地方分会(黑鹰制革有限公司)案[Molders Local 125(Blackhawk Tanning Co.), 178 N.L.R.B. 208 (1969), enforced, 442 F.2d 92(7th Cir. 1971)];大理石修整工协会89地方分会(拜比石材有限公司)案[Marble Finishers Local 89(Bybee Stone Co.), 265 N.L.R.B. 496(1982)]。黑鹰制革有限公司案与海洋和造船工人工业联合会案一致吗?

**5. 工会内部政策纠纷中的工会规则**。注意伦奎斯特法官在波音公司案中代表法院的发言,"在裁决何时工会规章制度没有干预雇员—雇主关系或者在其他方面违反《国家劳动关系法》的政策中,委员会是正当的,国会没有授权它'评价保护法定的工会利益的工会规章制度的公平性'。"这意味着委员会可以自由地决定第 8 条(b)(1)(A)不限制有关内部工会民主或者内部工会程序公平性的行为的工会规则吗? 在办公室和专业人员国际工会第 251 地方分会(桑迪亚国家实验室)案[Office and Professional Employees Int'l Union, Local 251 (Sandia Nat'l Laboratories), 331 N. L. R. B. 1417 (2000)]中,对一些控告地方分会主席处理某些工会资金的会员,工会开除和暂停其工会职务。这种规则没有在任何方面影响被处分的雇员与他们的雇主之间的关系。委员会认为,"在这个案件中,第 8 条(b)(1)(A)没有禁止全部的工会内行为和工会规章……[而是,]第 8 条(b)(1)(A)在工会规章案件中的适当范围是,禁止工会针对工会会员做出影响雇佣关系、损害委员会处理通道,涉及不能接受的工会强制方式的行为,如在组织和罢工背景下的暴力,或者以其他方式损害包含在[《国家劳动关系法》]中的政策。"这是对竞争性利益的适当的解决方法吗?

**6. 评论**。进一步的讨论,参见杜-施密特:《工会安全协议》,同前;哈里·H. 惠灵顿:《工会罚款和工人权利》,载于《耶鲁法律杂志》第 85 卷(1976),第 1022 页[Harry H. Wellington, Union Fines and Workers' Rights, 85 *Yale L. J.* 1022(1976)];查尔斯·B. 科瑞弗:《波音公司案的判决:对联邦制的打击,个人权利和依循先例》,载于《宾夕法尼亚大学法律评论》第 122 卷(1974),第 556 页[Charles B. Craver, The Boeing Decision: A Blow to Federalism, Individual Rights and Stare Decisis, 122 *U. Pa. L. Rev.* 556 (1974)];詹姆斯·B. 阿特勒森:《工会罚款和罢工纠察线:〈国家劳动关系法〉和工会执行纪律的权力》,载于《加利福尼亚大学洛杉矶分校法律评论》第 17 卷(1970),第 681 页[James B. Atleson, Union Fines and Picket

Lines: The NLRA and Union Disciplinary Power, 17 *UCLA L. Rev.* 681 (1970)]。

## 北美图案制造工人联盟诉国家劳动关系委员会案

Pattern Makers' League of North America v. NLRB
473 U.S. 95(1985)

鲍威尔法官。北美图案制造工人联盟(The Pattern Makers' League of North America),美国劳工联合会—产业组织联合会案(AFL-CIO)(协会),一个工会,在它的章程里规定,在罢工正在进行时或者当罢工即将发生时,不允许辞职。对10位违反该规定,在罢工正在进行时辞职并回去工作的会员,该协会处以罚款。[国家劳动关系委员会]认为,实施这些罚款违反了第8条(b)(1)(A)……。我们同意了一个诉讼文件移送命令的申请,以决定,第8条(b)(1)(A)是否可以合理地被委员会理解为,禁止工会对那些提交了辞呈的会员实施罚款,这种辞呈根据工会章程是无效的。

I

该协会是由地方分会组成的全国性的协会。1976年5月,它修改了章程,规定:

> 在罢工或停工期间,或者在罢工或停工即将发生的时间,不会同意任何从分会或者协会辞职或者退出的请求。

该修正案,作为协会规则13,在协会的地方分会批准之后,于1976年10月生效。1977年5月5日,当一份集体协商合同到期时,两个地方分会开始了一场针对几个在伊利诺伊州罗克福德市和威斯康星州伯洛伊特市的制造公司的经济罢工。两个地方分会的43名会员参加了罢工。1977年9月初,在地方分会正式地拒绝了一份合同邀约后,一名罢工的工会会员向贝洛伊特分会提交了辞职书。在接下来的日子里该工会会员返回了工作岗位。在接下来的三个月里,10名更多的工会会员从罗克福德和伯洛伊特辞职,并返回公司工作。1977年12月19日,当双方签订了一个新的集体协商合同时,罢工结束了。地方分会通知10名提交了辞职书的雇员,他们的辞职由于违反了协会规则13而被拒绝。地方分会进一步通知他们,作为工会会员,他们要为返回工作而接受制裁。每个人的罚款大约与他在罢工期间所赚得的相等。

罗克福德-伯洛伊特样板批发商协会(协会)[Rockford-Beloit Pattern Jobbers' Association(the Association)]在集体协商过程中代表雇主。它向委员会提出了针对上诉人,即协会和它的两个分会的控诉,……委员会同意行政法官的意见,第8条(b)(1)(A)禁止工会制裁这10位雇员。北美图案制造工人联盟案[Pattern Makers' League of North America, 265 N. L. R. B. 1332(1982)]。

第七巡回法院执行了委员会的裁决。上诉法院认为,通过限制工会会员辞职的自由,协会规则13"阻扰了劳动法的最重要政策的实施,该政策即雇员可以自由地选择是否参加协同行动"……

我们同意,复查后决定限制工会会员辞职权的合法性。委员会认为,此种限制是无效的,并且不能证实制裁试图从工会辞职的雇员是正当的。由于委员会在劳动关系领域的"特殊能力",它对《国家劳动关系法》的解释被给予了实质性的尊重。国家劳动关系委员会诉万家顿有限责任公司案[NLRB v. Weingarten, Inc., 420 U.S. 251, 266(1975)]。因此,今天裁决的问题只限于委员会对第8条(b)(1)(A)的解释是否合理的问题。国家劳动关系委员会诉市政处理系统公司案[NLRB v. City Disposal Systems, Inc., 465 U.S. 822, 830(1984)]。我们认定就是这样。

II

A

……当工会的雇员会员拒绝支持罢工时(不管规则是否禁止在罢工进

行期间返回工作),他们不参加"一致的活动"。因此,由于这些雇员返回工作而对他们处以罚款"限制了"他们的第 7 条权利的行使。事实上,如果在字面意义上解释"克制"和"禁止或强制",对雇员处以罚款以迫使他们遵守任何工会规则或政策就违反了《国家劳动关系法》。

不管《国家劳动关系法》的用语,在国家劳动关系委员会诉阿利斯·查默斯制造公司案[NLRB v. Allis-Chalmers, 388 U. S. 175(1967)]中,法院认为,第 8 条(b)(1)(A)不禁止劳工组织对现在的会员处以罚款。在国家劳动关系委员会诉纺织工人工会案[NLRB v. Textile Workers, 409 U. S. 213 (1972)],以及机械师及航空工人协会诉国家劳动关系委员会案[Machinists & Aerospce Workers v. NLRB, 412 U. S. 84(1973)](全院庭审),法院裁决,作为推论,工会不能对之前已经合法的辞职的会员处以罚款。不管怎样,纺织工人工会案和机械师及航空工人协会案都没有牵涉如协会规则 13 那样的规定,协会规则 13 对限制会员的辞职权⋯⋯

B

法院在阿利斯·查默斯制造公司案中的推理支持了委员会的结论,即在这个案件中,上诉人违反了第 8 条(b)(1)(A)⋯⋯。法院强调,阿利斯·查默斯制造公司案观点的核心是,"工会规则的内部实施和外部实施⋯⋯"之间的区别。斯科菲尔德诉国家劳动关系委员会案(Scofield v. NLRB, 394 U. S. , at 428)。也可参见国家劳动关系委员会诉波音公司案[NLRB v. Boeing Co. , 412 U. S. 67, 73 (1973)]。

国会意图保护工会对他们自己"内部事务"的控制,这并不意味着国会意图授权工会限制辞职权。传统意义上,工会会员可以自由地辞职和逃脱工会的处罚。1947 年,工会章程规定限制辞职权是不常见的,如果不是不知道的话。因此,允许工会"通过限制辞职来扩大雇员的会员资格义务范围"将会使"内部事务的界定扩大至"超出《塔夫脱-哈特莱法》中国会所设想的边界。机械师国际工会第 1414 地方分会(诺伊费尔德·保时捷—奥迪有限责任公司)案[International Assn. of Machinists, Local 1414 ( Neufeld

Porsche-Audi, Inc.), 270 N. L. R. B. No. 209, p. 11(1984)]……

Ⅲ

第8条(b)(1)(A)只允许工会实施那些"不损害国会植入劳动法的政策……"的规则。斯科菲尔德诉国家劳动关系委员会案[Scofield v. NLRB, 394 U.S., 423,430(1969)]。委员会裁决,工会对辞职权的限制与内含在第8条(a)(3)中的自愿工会主义政策不相符。参见诺伊费尔德·保时捷-奥迪有限责任公司案[Neufeld Porsche-Audi, 270 N. L. R. B. No. 209 (1984)];机械师协会第1327地方分会(达尔马·维克托二世)案[Machinists Local 1327(Dalmo Victor II), 263 N. L. R. B. 984,992(1982)][范德沃特(Van de Water)主席和亨特成员,同意],拒绝执行[725 F. 2d 1212(9th Cir. 1984)]。我们认为,工会对辞职权的限制与自愿工会主义政策的不一致,支撑了委员会关于协会规则13无效的结论。

……第8条(a)(3)所允许的工会安全协议要求雇员支付会费,但是雇员不能因为不遵守他不同意的工会规则或政策而被解雇。

正式工会会员资格因此不能再成为雇佣的条件。如果一位新雇员拒绝正式地加入工会以及遵守工会的规章制度,他不能被解雇。而且,没有雇员能被解雇,如果他开始加入了工会,而随后又辞去了会员资格。我们认为,值得注意的是,第8条(a)(3)保护不满意的会员的雇佣权利,也保护那些从来没有取得正式工会会员资格的职员的权利。通过允许雇员在任何时候辞去会员资格,第8条(a)(3)保护那些与工会意见不一致的雇员。

协会规则13限制了辞去正式工会会员资格的自由。然而,上诉人主张,协会规则13没有违反《国家劳动关系法》所包含的自愿工会主义政策。他们声称,这种规定没有影响职员的雇佣权利,因为犯规的会员不是被解雇,而只是被处以罚款。我们发现这种论证没有说服力,因为工会没有留下"不受侵犯的职员的雇佣权利,当它要求他的全部的薪水作为对返回工作施加的罚款的赔偿时"。惠灵顿:《工会罚款和工人权利》,载于《耶鲁法律杂志》第85卷(1976),第1022、1023页[Wellington, Union Fines and

Workers' Rights）, 85 *Yale L. J.* 1022, 1023（1976）]。国会在 1947 年试图消灭任何要求雇员保持正式工会会员资格的条件。因此，委员会作出的结论，即通过限制雇员的辞职权，协会规则 13 损害了自愿工会主义政策，该结论被证明是正当的。

Ⅳ

……上诉人……主张，第 8 条（b）（1）（A）的附加条款明确地允许工会限制辞职权。附加条款规定，在第 8 条（b）（1）（A）中，任何事物都不能"损害劳工组织制定它自己的关于获得和保持会员资格的规则的权利"。上诉人认为，由于协会规则 13 限制退出工会的权利，那么，在附加条款的含义范围内，它就是一项"有关……保持会员资格的规则"。

委员会和法院都从不将附加条款解释为允许工会制定规则限制辞职权。法院想当然地认为，"有关……保持会员资格的规则"是那些将雇员开除出工会的规定。《塔夫脱—哈特莱法》的立法历史与这种解释相一致……

委员会合理地推论道，协会规则 13"阻止或强制"雇员，参见第 8 条（b）（1）（A），而且与国会的自愿工会主义政策不相符……。委员会对《国家劳动关系法》的解释值得我们尊重。

怀特法官的附和意见在此省略。

布莱克曼法官，与布伦南法官和马歇尔法官一起，发表了不同意见……

为了使罢工决定产生作用，就如同使集体进行协商的决定产生作用一样，在被民主决定撤销之前这些决定都必须被少数派尊重。雇员关于罢工的集体决定不是轻易做出的，并且付出了很大的代价。参见国家劳动关系委员会诉麦凯无线电与电报公司案[NLRB v. Mackay Radio & Tel. Co., 304 U. S. 333,345（1938）]（雇主有权在经济罢工中永久性地更换员工）。在职员采取此种行动之前，理所应当的，他们应该有某种保障，即他们集体地拥有抵制雇主能合法地施加给他们的压力的方式。采用一个自愿的和民主的禁止罢工期间辞职的规则即是此种方式之一。通过在罢工中保证团结一致，就实现了工会的"在成立统一战线……以及不看见它的力量被分散，它的形象被工会内的小团体单独地追求他们所认为的个别利益的行为所诋毁的合法利益"。卡普威尔商场诉西加社团组织案[Emporium Capwell Co. v. Western Addition Community Org. , 420 U.S. 50, 70 (1975)]……

在我们面前的记录中,没有迹象表明,这里工会会员没有意识到他们对他们的工会同仁做出的承诺。如果持不同意见的会员不同意制定协会规则13的决定,或者不同意罢工决定,他们可以自由地试图影响他们同伴的看法。如果他们不同意制定协会规则13,而此规则不顾他们的反对而颁布实施时,他们也可以自由地退出工会。当已经开始罢工,如果他们认为工会官员不再是为了他们的最大利益而行为,他们可以随时试图说服他们的同伴结束罢工,撤换他们的领导,甚至注销他们的工会。参见阿利斯·查默斯制造公司案(Allis-Chalmers, 388 U.S. at 191)。如果不能说服多数派来赞同他们的观点,他们应该不能随意违反对他们的工会同仁的承诺……

史蒂文斯法官的反对意见在此省略。

**注释和问题**

**1. 劳动关系委员会的自由裁量权?** 在北美图案制造工人联盟案之后,委员会可以随意改变主意,并且允许工会对罢工期间辞去会员资格进行合理限制吗?在一份前面没有转载的相同意见中,怀特法官认为,委员会"采取了对第7条和第8条的含糊不清的措辞的合理的解释,这并不被《劳动关系法》的立法历史所否认",但是却进一步认为,"如果委员会赞成工会对《国家劳动关系法》的解释,我将给予它的观点以合适的尊重"(473 U.S. at 117)。那么,在北美图案制造工人联盟案中,多数意见允许委员会自由裁量吗?而委员会自由裁量是怀特法官所显然允许的。

**2. 弃权?** 鉴于成为工会会员的决定通常具有信息不足的特征,以及马克斯(Marquez)决定批准的工会安全条款具有含糊性(前述第990页),那法院不愿意将工会会员资格,与对隐含在第8条(b)(1)(A)中的辞职权的难以预料的、自愿的放弃相等同,就可以理解。但是为什么雇员参与罢工投票表决，特别是当加上他参与早期阶段的罢工，不足以构成放弃在罢工期间的辞职权呢？注意，在北美图案制造工人联盟案中的相反的结果不一定能阻止工会会员在罢工中"改变立场"，但是允许工会拒绝任何违反工会章程或规则的试图对会员资格的放弃，并因此对改变立场者处以罚款或者惩罚。考虑可能的替代措施。允许工会让成员辞职而没有惩罚风险的"最后期限"是什么？在合同谈判开始之前吗？在任何一方宣布进入僵局之前吗？在工会已经试图或者获得罢工正式批准的投票表决之前吗？

**3. 个人权利与集体一致**？北美图案制造工人联盟案不恰当地引进了个人权利观念来集体一致参加与雇主的经济斗争的手段的能力吗？委员会或者法院应该认可对在罢工斗争的过程中的退出权利的限制吗？参见大卫·亚伯拉罕：《劳动法中的个人自主和集体授权：在新经济形势下辞去工会会员资格和破坏罢工》，载于《纽约大学法律评论》第63卷（1988），第1268、1336页［David Abraham, Individual Autonomy and Collective Empowerment in Labor Law: Union Membership Resignations and Strikebreaking in the New Economy, 63 N. Y. U. L. Rev. 1268, 1336(1988)］。

**4. 辞职和付费义务**。一个有效的辞职自动免除了雇员根据集体协商合同的工会安全条款所要承担的任何付费义务吗？考虑国际电气工人兄弟会第2088地方分会（洛克希德空间操作有限公司）案［IBEW, Local No. 2088 (Lockheed Space Operations Co.), 302 N. L. R. B. 322(1991)］：

> 代扣工会会费条款的授权清楚地规定了即使缺乏工会会员资格时的付费义务。在此种授权中，将被要求用明确的用语来确定，即使在雇员辞去了会员资格之后，他或她也要承担付费义务。如果授权包含此种用语，在整个不可撤销的约定的期间，即使雇员表明他或她改变了心意并且想要取消授权，会费也完全可以继续从雇员的工资中扣除并移交给工会。（同上，第329页）

也可参见产品工人联合会第12地方分会(北方雕刻公司)案[Allied Production Workers Union Local 12 (Northern Engraving Corp.), 337 N. L. R. B. 16, 18(2001)](洛克希德案允许雇员在辞职后受到付费义务的拘束,如果存在"明确的和显而易见的用语"的话)。为什么在罢工过程中,支付会费的义务与遵守工会规则的义务被区别对待呢?在法定的用语或目的中,此种不同对待有根据吗?一般参见海蒂·沃恩茨:《评论,贝克案权利和辞职权的放弃:为工会——会员关系注入个性化的承诺》,载于《天主教大学法律评论》第43卷(1993),第159页[Heidi Werntz, Comment, Waiver of Beck Rights and Resignation Rights: Infusing the Union-Member Relationship with Individualized Commitment, 43 Cath. U. L. Rev. 159 (1993)]。

**5. 辞职和真正的"内部"工会规章。** 在机械师工会地方1233分会(通用动力公司)案[Machinists Lodge 1233 (General Dynamics Corp.), 284 N. L. R. B. 1101(1987)]中,委员会认为(2:1),工会对改变立场者处以罚款违反了第8条(b)(1)(A),这些改变立场者在返回工作岗位前就已辞职,但是工会暂停他们的投票权和暂停他们被选举为工会官员的资格五年是合法的。

## 美国广播公司诉作家协会案

American Broadcasting Cos. v. Writers Guild
437 U. S. 411 (1978)

被上诉人,美国作家协会西部分会(协会)[Writers Guild of America, West, Inc. (the Guild)],代表电影院或者电视的电影生产商所雇佣的作者。协会(The Guild)与上诉人,即电影和电视生产商协会以及三个也生产电视电影的主要的电视网络[美国广播公司(ABC),哥伦比亚广播公司(CBS)

和国家广播公司(NBC)]之间有集体协商合同。1973年3月,协会在关于合同更新的针对上诉人的罢工中,实施了罢工纠察,并且,通过向它的会员高度宣传罢工规则,禁止越过罢工纠察线的行为以及类似的行为。由于协会政策禁止会员在谈判完成的6个月内辞职,违反罢工规则的成员有被工会处罚的风险。

有些协会会员——制片人、剪辑员,以及其他人["归化的人"(hyphenates)]——主要承担决策和监管职能,包括申诉调解,但是也做较少的写作工作。这些写作工作明显地被排除在协会的集体协商合同的覆盖范围之外。除了协会之外的工会根据归化的人的主要工作代表他们中的很多人。有些那样的工会,它们与上诉人之间的合同包含"不—罢工"条款,它们要求归化的人返回工作岗位而不顾协会的罢工,正如上诉人所做的那样。很多归化的人确实返回了工作岗位,但是只做了他们的管理工作,包括必要时的申诉调解。

协会在自己举行听证会后,认为归化的人违反了其规定,以暂令停职、开除和实质性罚款的方式对他们予以惩罚。这种罚款有些高达50,000美元。

经过通常的劳动关系委员会的程序后,行政法官得出结论,协会违反了第8条(b)(1)(B)。理由如下:归化的人是"管理者",并且协会的惩罚是他们在罢工中履行他们日常工作中的那部分管理者职能所导致的,这种管理者职能包括调解(或审议)来自不顾罢工而工作的雇员的申诉。协会通过公布被设计来阻止管理者工作的罢工规则,和通过它的纪律惩罚,"在集体谈判代表的选择和申诉调解上,在第8条(b)(1)(B)的意义上,强迫了……雇主。"

一个由三人组成的劳动关系委员会专门小组的大部分成员,采纳了行政法官的主要的调查结果和结论,遵守了佛罗里达电力和照明有限公司诉电子工人工会第641地方分会案(FP&L)[Florida Power & Light Co. v. Electrical Wkrs., Local 641,417 U.S. 790(1974)(FP&L)],该案涉及了曾经从事过单位谈判工作的管理人员,因此,在管理人员仅因日常管理工作(包括申诉调解工作)而受到纪律处分的情况下,不能适用于此种情况。上诉法院以2比1的表决裁定,佛罗里达电力和照明有限公司诉电子工人工会641地方分会案在此种情况下具有约束力,并且否定案件的执行。

怀特法官……

我们不能同意看起来似乎是上诉法院和工会的基本立场,即根据第8条(b)(1)(B),正如该款在FP&L案中所解释的那样,因为管理者—会员在罢工期间工作,不管他在罢工纠察线后可能从事什么工作,工会对他施以惩罚,从来不构成不当行为。FP&L案的裁决明显禁止质疑……此种论点,即根据第8条(b)(1)(B)的意思,不仅设置罢工纠察队或者其他直接针对雇主的行动会强迫或限制雇主,而且减弱雇主对他的集体谈判代表或者申诉调解代表施加的处罚也会强迫或限制雇主。

工会施以惩罚至少部分是由于被控告的归化的人服从了他们的雇主的命令,在罢工期间,他们上班和只履行他们的通常的监管职能,包括调解申诉,以这些方式服从雇主的命令。因此,仅仅由于这些归化的人从事了他们的日常工作,他们不仅面临指控、审问,以及严厉的惩罚的威胁,而且面临现实的指控、审问,以及严厉的惩罚。并且,如果这些还不够,他们会被可能将它们踢出该行业的工会黑名单所威胁。在此种压力下,这些归化的人能坚持工作多久,是任何人,特别是雇主所无法预料的事情。

而且,在罢工结束之后,当作者们都返回工作时,在罢工期间工作了的归化的人仍然面临着指控和审讯或者大额罚款的诉讼和长时间的暂停工作。同时,只要情况需要时,他们被期望履行他们的日常监管义务和调解申诉,这些职能要求他们与工会打交道,而工会正在考虑提起对他们的个人制裁的诉讼。管理者已经感觉到工会的愤怒,这种愤怒不是因为他们做了违反工会规则的普通的工作,而是因为仅仅在罢工期间履行了他们的主要监管义务,并且他们与工会之间在进行持续的争论。对这些管理者来说,委员会的结论,即这些被惩罚的归化的人拥有减弱的能力去有效实施他们的申诉调解义务,以及雇主被剥夺了从他的管理者那里获得的所有服务,并不是站不住脚的……

斯图尔特法官,与布伦南法官、马歇尔法官、史蒂文斯法官一起,发表了不同意见……

第8条(b)(1)(B)的唯一功能在于,保护雇主不受到任何工会对他选择谈判代表或申诉调解代表的自由进行强制。在禁止工会干预雇主选择与工会谈判的代表时,法律条款并没有通过任何方式授权他干预工会与它的管理者——会员之间的关系。法律让权力保持平衡。相比之下,法院的判决,通过完全禁止工会在罢工中争取它的管理者——会员的帮助,在雇主和工会直接冲突最微妙的时刻,做出了有利于雇主的适度的倾斜。

### 注释和问题

**1. 美国广播公司案扩大了第8条(b)(1)(B)的适用范围吗?** 美国广播公司案的大多数人回答了斯图尔特法官的论点吗?斯图尔特法官认为,雇主在选择谈判代表上不能被强迫,因为它既可以自由地要求它的管理者辞去工会会员资格,也可以自由地拒绝雇佣或解雇任何坚持忠于工会的管理者。

**2. 管理者们为什么保留会员资格呢?** 事实上,雇主总是从工会会员的队伍中选择他们的一线管理者。很多潜在的管理者可能不愿意失去累积的有价值的工会保险,如人寿保险和医疗保险,即使管理者的工作表面上会带来更高的收入。很多人也可能想要保留他们所累积的资历,因为担心他们新的管理工作岗位的稳定性。在这些情况下,雇主可能愿意允许管理者保留工会会员资格。

**3. 第8条(b)(1)(B)和非工会雇主。**

a. 对为了雇主而从事与集体协商或申诉调解无关的管理工作的会员处以罚款,工会违反了第8条(b)(1)(B)吗?该雇主与工会没有劳动协议,但是工会试图组织该雇主的雇员。管理者处理雇员的超出集体协商关系的背景之外的申诉构成从事第8条(b)(1)(B)的工作吗?参见,管道和管件行业帮工和学徒联合会第60地方分会案[Local Union 60, United Ass'n of Journeymen & Apprentices of Plumbing and Pipefitting Indus., 941 F. 2d 1326 (5th Cir. 1991)]。

b. 在国家劳动关系委员会诉国际电气工人兄弟会第340地方分会(皇家电力公司)案[NLRB v. International Bhd. Of Elec. Workers, Local 340 (Royal Electric), 481 U.S. 573 (1987)]中,工会,指控两名会员违反了它章程中的"无合同,无工作"的条款,对他们处以罚款。因为他们为没有与工会签订集体合同的雇主做管理者工作。这些雇主以前曾经是一个多雇主协会的会员,工会代表他们的雇员。但是在一场工会针对那个协会的罢工之后,该工会放弃了在该谈判单位的利益。随后,工会提起了代表诉讼,该诉讼涵盖了大部分以前属于多雇主单位的公司的雇员;然而,在任何时候它都没有提起一个包括这两名管理者所属的雇主的诉讼。两名会员——管理者都没有履行申诉调解或集体协商的义务。

法院推翻了劳动关系委员会的决定,裁决,罚款没有违反《国家劳动关系法》,并且认为,只有当管理者——会员负有第8条(b)(1)(B)的义务,而且工会与管理者的雇主之间有或者试图确立集体协商关系时,对一个管理者——会员的惩罚才违反了第8条(b)(1)(B)。法院否定了委员会的"蓄水池"原则,该理论将所有第2条(11)管理者看作第8条(b)(1)(B)"代表",理由是,第2条(11)管理者形成了逻辑上的"蓄水池",雇主很可能从中挑选它的集体谈判和申诉调解代表。法院也同意上诉法院关于工会没有寻求代表有关的雇员的观点。

### 4. 免于雇佣权的歧视

《塔夫脱-哈特莱法》宣布只雇佣某一工会会员的全员工会会员工厂协议为不合法,该规定的基础是这样的核心政策判断,即一个员工的雇佣地位的决定应该独立于是否加入工会或者用其他方法参加协同行动的决定。工人限期加入工会的全员工会协议或工会代理制企业协议允许雇主掌控雇佣决定,并且第8条(a)(3)和第8条(b)(2)都禁止建立在工会会员资格基础上的雇佣、升职和处罚决定的歧视。然而,在工会通过对职业介绍所的管理在雇佣决定中起作用的领域——职业介绍所是诸如建筑、海事、海港行业非常重要的机构,在雇主的劳动力的构成根据特定的工程要求而变换的领域,或者在短期是雇佣的典型特征的领域,困难可能就出现了。

## 卡车司机工会第 357 地方分会诉国家劳动关系委员会案

Local 357, Teamsters v. NLRB
365 U.S. 667(1961)

道格拉斯法官。上诉人工会(与卡车司机国际同业公会和一些其他的附属地方工会一起)完成了一份三年期的……与加利福尼亚卡车公司协会的合同,该协会代表一群加利福尼亚的货运卡车公司。涉及临时雇员的雇佣的合同条款如下:

……在工会提供调度服务的地方,在该行业雇佣临时雇员只能基于资历,当此种资深的雇员可用时。工会将保存一份写有资历地位的有效的名单,并且被请求的雇员将根据召唤而派遣至任何作为这份协议的一方当事人的雇主处。此种雇员的资历等级从最少在该行业服务三个月开始算起,不管此种雇员是否是工会会员。

任何雇主对任何雇员的解雇将是将任何雇员清除出资历地位的理由。在违反资历地位的情况下,没有一个临时雇员会被一个作为这种协议一方当事人的雇主所雇佣,如果此种雇员是可用的,并且如果为此种雇员提供的派遣服务也是可得的。雇主将首先向工会或者由工会指定的派遣机构求助。在雇主被告知此种帮助不可能的场合,或者被召唤的雇员没有在雇主指定的时间按时上班,雇主可以从其他可能的渠道雇佣。(增加了强调)

## 第十三章 有限的主权:雇员和谈判代表人之间的关系 1251

……一位名叫斯莱特(Slater)的工会会员,他习惯在工会的职业介绍所找工作。但是,1955年8月,在没有工会派遣的情况下,他从一个是职业介绍所协议一方的雇主处得到了临时受雇机会。他一直工作到那年11月的某个时候,工会控诉他不是通过职业介绍所的安排而派遣的,因此他被雇主解雇。

斯莱特针对工会和雇主提出了控诉……。委员会裁定,职业—介绍所条款本身就是违法的,而且,雇主由于工会的要求而解雇斯莱特,违反了第8条(a)(1)和第8条(a)(3),工会则违反了第8条(b)(2)和第8条(b)(1)(A)……。委员会裁决,特别提出,公司和工会停止实行职业—介绍所协议;他们共同地和各自地偿还斯莱特所承受的作为他被解雇的后果的任何损失;他们共同地和各自地偿还所有临时雇员的会费和入会费。这些会费和入会费是临时雇员在提出控诉之日的6个月之前开始向工会缴纳的。(121 N.L.R.B.1629)

……上诉法院……驳回了关于要求普遍偿还费用的那部分裁决。在一个分开的投票表决中,它支持委员会关于职业—介绍所协议本身就是违法的裁定……

我们在木工协会第60地方分会诉劳工局案(Carpenters Local 60 v. Labor Board, 365 U.S. 651①)……的裁决对于委员会请求我们直接执行偿还裁定的申请是决定性的……

此案的另一面可追溯至委员会在太平洋山分会案(Mountain Pacific Chapter, 119 N.L.R.B. 883)中的裁定。在1958年提交的那个裁决,偏离了早期的裁定,并且认为……职业—介绍所协议,尽管包含了非歧视条款,本身就是违法的:

---

① 在同一天判决的60地方分会案中,法院裁决,第10条(c)不能证明委员会的偿还裁决的正当性,法院将偿还裁决视为"惩罚性的"。法院指出,得出这样的结论,即所有的临时雇员,很多曾是长期的工会会员,如果工会不违反第8条(b)(2),会拒绝向工会支付会费,是没有根据的。——编者注

这里工作的授予完全只能依靠工会的帮助,并且可以合理地推出,此种协议显示和增强了工会的权力和对雇佣地位的控制……。在这里,雇主将所有的雇佣权放弃了,这种雇佣权给予了工会,并且通过已经建立的职业介绍所预先告诉全世界,工会是专制的魔鬼,并且通过合同保证保持这样。从授予被上诉人工会最终的雇佣权力来看……,就不可避免地会作出鼓励工会会员资格的推论。(同上,第896页)

委员会继续说道,要使职业介绍所协议合法,该协议就必须包含保护性的规定。它的观点表述如下:

不管怎样,我们认为,固有的和违法的对工会会员资格的鼓励应该被取消,这种鼓励来源于工会对雇佣过程不受约束的控制,并且我们将认为一份协议表面上是非歧视性的,只有当这份协议明确地规定:

(1)对推荐工作申请的选择应该建立在非歧视的基础上,并且不应该建立在工会会员资格、地方法规、规则、规章制度、章程性规定,或者任何其他方面或者工会会员资格的义务、政策或必要条件的基础上,或者在任何方面被这些因素所影响。

(2)雇主保留拒绝任何由工会推荐的工作申请的权利。

(3)所有有关雇佣协议的作用的规定,包括我们认为对于独占的雇佣合同的合法性是必不可少的保障的规定,合同的当事人都应该张贴在对雇员和申请者的雇佣通知经常张贴的地方。(同上,第897页)

委员会认识到,成立职业介绍所是为了"消除个人浪费的、费时的和重复地对工作的寻找以及雇主偶然的不经济的寻找"(同上,第896页注释8)。职业介绍所曾经有时是全员工会会员工厂协议的有用的附属物。但是国会可能认为它没必要服务于那个目标,事实上它为劳资双方都服务得很好——特别是在海事领域和建筑行业。对于后者而言,承包商经常不熟悉工作所在地,出于雇佣需要,他要求有一个"中心的来源";并且找工作的人发现,在职业介绍所,"至少有持续雇佣的最低保障"。

国会没有宣布职业介绍所违法,尽管它已经宣布全员工会会员工厂协议违法,除了在第8条(a)(3)的附加条款所规定的限制范围内的全员工会会员工厂协议之外……

在《国家劳动关系法》的任何规定中,没有明确禁止职业介绍所,那些在此基础上加上禁止的,无论是委员会还是法院,都是在从事立法行为。《国家劳动关系法》处理鼓励或者阻碍取得工会会员资格的歧视行为,无论是雇主还是工会造成的歧视。就第8条(a)(3)而言,我们在无线电员工协会诉劳动委员会案(Radio Officers v. Labor Board, 347 U.S. 17, 42-43)中谈到:

> ……这个条文没有宣布所有鼓励或者阻碍取得劳工组织会员资格的行为为违法;只有伴随着歧视的此种行为才被禁止。这个条文也没有宣布雇佣中的歧视本身违法,只有如鼓励或者阻碍取得劳工组织会员资格的歧视才被禁止。

雇佣或者解雇中的"真实目的"或者"实际的动机"构成了测试(同上,第43页)。有些行为本质上就包含了所要求的目的;某种行为的天生可预见的结果能证明该推论的正当性(同上,第45页)。歧视可能有时是委员会所推论出来的,因为"委员会利用在实际调查中的经验是允许的"。无线电员工协会诉劳动委员会案(同上,第49页)。

但是,肯定,歧视不能从该合同的表面推论出来,当该合同明确地规定,将不会由于"临时雇员"有工会会员资格或者没有工会会员资格而对"临时雇员"有任何歧视。在此案中唯一的控诉是由一位工会会员,斯莱特提起的,他试图逃避职业介绍所协议。当雇主和工会对工会会员执行该协议时,我们不能只说雇主和工会实施了《劳动关系法》所指的那种歧视行为。

可能正是职业介绍所的存在鼓励了工会会员资格。我们可以假设它确实产生了这种影响。工会的存在也会产生同样的影响。当工会参加集体谈判并且取得了增加工资和改善工作条件的成绩时,它的威望毫无疑问地提高了,并且,可以假设,更多的工人被吸引到工会来了……。事实上,工会是一个服务机构,只要它的工作做得好,就可能吸引会员。但是,正如我们在前述无线电员工协会诉劳动委员会案中所谈到的,《劳动关系法》所禁止的唯一的鼓励或者阻碍取得劳工组织会员资格是"伴随着歧视的"鼓励或阻碍。

从现有的职业介绍所规定中,没什么事物能推论出来,除了,雇主和工会都同样试图通过工会的职业介绍所来指引"临时雇员",并且,要求绕行的工会会员遵守之外……

现有的工会职业介绍所协议有一项保护性的条款,正如我们提到过的;并且没有证据证明它事实上被违法地使用。我们不能假设,工会在违法的运转,或者这份合同的当事人不愿意遵守它的明确的用语。但是,我们将不得不做那些与委员会相同的假设,即推论工会将作出歧视性的行为是合理的……

法兰克福法官没有参加此案的审理和裁决。

哈伦法官和斯图尔特法官的附和意见,以及克拉克法官的部分反对意见,在此省略。

**注释和问题**

**1. 影响 vs. 动机**。法院认为,委员会对工会管理的职业介绍所的规制性权力仅限于那些表面歧视或者对申请的歧视的体制,法院这样认为的理由是清楚的吗?正如雇主的行为有时要接受是否对第7条权利造成了无正当理由的不利影响的检查一样,就如在共和航空公司案中一样(前述第167页),那么,根据第8条(b)(1)(A),是否能有一种相似的方法来检查职业介绍所是否不必要地鼓励工会会员资格或者用其他方法稳固工会地位了呢?这与第8条(b)(1)(A)的原文相符吗?与在第8条(a)(1)中的雇主类比不同,第8条(b)(1)(A)没有明确地处理缺乏限制或强制的"干涉"。

又或者,有力的抵消,合法的理由为非歧视性的职业介绍所的合法性提供了根据吗?

**2."不歧视"与内部工会规则。**劳动关系委员会认为,工会内部章程禁止工会会员与非工会的雇员共事,并且加入了工会的雇主都知道该内部章程,这种内部章程不违反第8条(b),如果它没有直接诱导雇主在雇佣中进行歧视的话。美国音乐家协会案[American Fed'n of Musicians, 165 N. L. R. B. 798(1976), enforced sub nom]。格拉瑟诉国家劳动关系委员会案[Glasser v. NLRB, 395 F. 2d 401(2d Cir. 1968)]。此种结果实际可行吗?内部章程违反了工会的公平代表义务吗?工会的公平代表义务在后述第1056—1061页讨论。

**3."不歧视"与推荐费。**工会可以合法地拒绝推荐一名符合条件的非工会工人吗?这名工人他拒绝支付推荐费,而推荐费是向那些不支付工会会费的人征收的。参见施工工程师协会案[Operating Engrs., 137 N. L. R. B. 1043(1962)]。

### 注释:工会高级职员的高资历

"高工人代表"是由工会指定的在工作现场处理申诉和其他工会事务的雇员。为了增进一贯性,雇主和工会有时出于各种目的同意关于给予此种代表"高资历"的条款。在牧草奶品合资公司案[Dairylea Coop., Inc., 219 N. L. R. B. 656, 658(1975),enforced sub nom],国家劳动关系委员会诉挤奶工和奶品公司员工第338地方分会案[NLRB v. Milk Drivers & Dairy Employees, Local 338, 531 F. 2d 1162(2d Cir. 1976)]中,委员会认为,尽管为代表提供临时解雇和回聘的高资历的条款是合法的,因为代表使所有雇员受益,但是广泛地授予高资历(为了诸如工资或者增加休假时间的目的)违反了第8条(a)(3):

> 考虑到高资历条款固有的因为有关工会的原因歧视雇员的趋势……我们发现,在表面上没有局限于临时解雇和回聘的高资历条款

推定是违法的,并且反驳那种推定的重担(如,确立正当的理由)落在了坚持他们的合法性的一方的身上。

牧草奶品案只适用于那些通常为雇主所雇佣,本身却并不被认为是工会高级官员的工会代表。在美国电子、广播与机械工人工会第623地方分会(林普可制造有限责任公司)案[United Electrical, Radio & Mach. Wkrs. Of Am., Local 623 (Limpco Mfg., Inc.), 230 N. L. R. B. 406(1977), enforced sub nom],安娜·M. 达米科诉国家劳动关系委员会案[Anna M. D'Amico v. NLRB, 582 F. 2d 820 (3d Cir. 1978)]中,委员会对将牧草奶品案的适用范围扩展至工会官员产生了分歧。林普可制造有限责任公司案中包含了地方分会的记录员,他协助代表记录申诉,但是不承担直接的申诉调解或者在工作现场对合同进行执行的义务。委员会的其中两名成员断定,有关"能起作用的工会高级职员"的临时解雇和回聘的高资历推定是合法的,而墨菲委员则将推定限定在"那些一般而言能产生与促进谈判关系有关的作用的代表和官员的范围内"(230 N. L. R. B. at 408 n. 12)。两位反对者争论道,高资历必须限于"负责工作申诉程序的工会官员,并且因此,他们的存在是这种功能的恰当发挥所要求的"(同上,第409页)。第三巡回法院执行了委员会的裁决,因为,可信的证据证明,所谈及的个人"被正式地赋予了以有意义的方式帮助执行集体协商合同的职责"(582 F. 2d at 825)。

1983年,在古尔顿电音有限责任公司案[Gulton Electro-Voice, Inc., 266 N. L. R. B. 406, enforced sub nom],电子、广播与机械工人国际工会地方900分会诉国家劳动关系委员会案[Local 900, International Union of Electrical, Radio & Mach. Wkrs. v. NLRB, 727 1184 (D. C. Cir. 1984)]中,一个重新组建的委员会认为,高资历必须"限于那些雇员,作为工会的代理人,他们的工作必须是完成他们的与执行集体协商合同直接有关的义务"。古尔顿电音有限责任公司案中的劳动合同将高资历授予地方分会的记录员和财政员,他们在申诉解决中不起任何作用。该机构否定了这样的论点,即因为高资历帮助维持了有效的和高效的谈判关系或者帮助吸引更好的工会代表,所以它获得了正当性。这些目标,如果是合法的,必须由工会使用它自己的手段而不是通过保护性的工作地位来增进。巡回法院执行了委员会的作为该问题的合理解决方案的主张,并且驳回了工会的主张,工会主张,雇员通过批准包含了高资历条款的合同,就已经放弃了第 7 条反对权。与国家劳动关系委员会诉美国联合汽车、航空航天和农机具工人国际工会第 1131 地方分会、1161 地方分会案[NLRB v. Local 1131, Local 1161, Int'l U-nion, United Automobile, Aerospace & Agricultural Implement Wkrs. Of Am., 777 F. 2d 1131 (6th Cir. 1985)]一致。

### 注释和问题

**1. 支付地方分会官员的薪水。**雇主和工会能合法地同意,地方分会的工会官员将"在每个班次都工作,并有权在他们上班的那个班次始终处理工会事务"?对工会官员的直接补偿不同于给予他们高资历吗?也考虑《劳资关系法》的第 302 条。根据第 302 条,像上述那样的协议合法吗?参见卡特皮拉有限责任公司诉汽车工人工会案[Caterpillar, Inc. v. UAW, 107 F. 3d 1052(3d Cir. 1997), cert. dismissed, 523 U.S. 1015 (1998)];也可参见后述第 1133 页。

**2. 区别性地延长休假。**雇主和工会能合法地规定,因工会事务可以延长休假至两年(带有复职权),而将其他的休假限制为只有 6 个月吗?参见 WPIX 有限责任公司诉国家劳动关系委员会案[WPIX, Inc. v. NLRB, 870 F. 2d 858(2d Cir. 1989)](没有发现违法)。

**3. 在调离谈判单位期间保留资历。**克里普城市分会第 516 地方分会 (Clipper City Lodge Local No. 516)和马尼托沃克工程公司之间的集体协商合同规定,从谈判单位调离或者晋升的雇员保留他们积累的资历并且可以调回谈判单位,假如他们"保留在工会的会员资格或者根据工会章程的规定获得退出卡"。根据通用汽车公司案判决(前述第977页),"会员资格"被界定为履行"财政中心"义务,并且工会章程规定,在提交申请和完成到期的财政义务后,"可以"发放退出卡。此协议表面上是合法的吗? 或者它的合法性取决于工会是否保留发放退出卡的选择权呢? 参见国家劳动关系委员会诉马尼托沃克工程公司案[NLRB v. Manitowoc Engineering Co., 909 F. 2d 963(7th Cir. 1990)]。

## 第二节 公平代表义务

### 1. 早期的司法发展

#### 斯蒂尔诉路易斯维尔和纳什维尔铁路公司案

Steele v. Louisville & Nashville R. R.

323 U. S. 192 (1944)

首席法官斯通……。上诉人是黑人,机车司炉工……,他代表他自己以及他的同事,提起诉讼。他的同事跟他一样,也是铁路公司雇佣的黑人司炉工。被上诉人同业工会是一个劳工组织,正如《铁路劳动法》第2条第4款所规定的,是铁路公司雇佣的司炉工的排他性谈判代表……。大部分司炉工……都是白人,并且都是同业公会的会员,但是极少数人是黑人,根据同业公会的章程和老规矩,他们不能取得工会会员资格。因为同业公会的会员占了被上诉人铁路公司雇佣的所有司炉工的大部分,并且因为根据第2条第4款,由于会员占了大多数,他们就拥有了选择的权利,并且他们已经选择同业公会代表该行业,所以,上诉人和其他黑人司炉工……被要求接受同业公会作为他们的代表……

1940年3月28日,同业工会,声称是作为整个司炉工行业的代表,在

第十三章 有限的主权:雇员和谈判代表人之间的关系 1259

没有通知黑人司炉工或者给予他们听证机会的情况下,向被上诉人铁路公司和20个其他的主要在美国西南部运营的铁路公司发送了一个通知。通知宣示了同业公会修改现有的集体协商合同以至于最终将所有黑人司炉工排除该行业的要求。根据惯例,在几个这样被通知的铁路公司,只有白人司炉工可以晋升为工程师,并且该通知建议,只有"可提拔的",如,白人,才应该被雇佣为司炉工或者被分配新的线路或工作,或者在既定的线路或工作中分配固定的空缺职位。

1941年2月18日,铁路公司和作为行业代表的同业公会,达成了一个新的协议,规定,在承运人的每个高级服务区内的每个服务种类,不能有超过50%的黑人司炉工;在此种比例应该达到之前,所有新的线路和所有的空职应该由白人来填补;并且在高级服务区里,如果现在没有黑人在工作,那么该协议就不允许雇佣黑人。该协议保留了同业公会为进一步限制雇佣黑人司炉工而进行磋商的权利……。1941年5月12日,同业工会与被上诉人铁路公司达成了一份补充协议,进一步控制了黑人司炉工的资历权和限制了他们的雇佣。黑人司炉工没有得到与这些协议中的任何一份协议有关的听证的通知或机会,而这些协议在他们被披露之前就已经实施了……

在1941年4月8日之前,上诉人在"客运部"工作,一名白人和五名黑人司炉工被分配到这里工作。很多人都想做这种工作……。在这之前,上诉人的工作表现是令人满意的,而且现在其工作表现也正在令人满意。随着客运所覆盖的里程的减少,客运的所有工作在1941年4月1日被宣告空缺。根据协议,同业公会和铁路公司,认为黑人司炉不合格,并且让四名白人取而代之,这四名白人是同业公会的会员,资历比上诉人浅,也不是更有能力或有价值……。上诉人被剥夺了工作16天,然后被安排在了当地的货运服务站从事更为艰巨的、时间更长的,以及薪酬更少的工作……。后来他被比他资历浅的同业公会成员所取代,并且被安排在开关引擎部门工作,这份工作更为艰巨,薪酬也更少,直到1942年1月3日。在那天,在提交了目前的诉讼中的控诉账单后,他被重新安排了乘客服务工作……

阿拉巴马最高法院……认为……上诉人的申诉没有阐明任何诉

因……。它认为,同业公会根据法律授权而达成1941年2月18日的协议,并且,依据法律,同业公会有权与铁路公司达成协议,来创造以及破坏上诉人和他的同事黑人雇员的资历权……

如果……法律授权给一个行业的雇员的谈判代表或者一个等级的雇员的谈判代表,而没有要求其对它的会员承担任何相称的法定义务,合宪的问题就产生了。因为代表的权力与立法机关的权力类似,对立法机关的立法对象的权利,立法机关要否认、限制、破坏或者歧视,就要受到宪法的限制,而且立法机关还有平等地保护那些权利的确定的宪法义务。如果《铁路劳动法》声称对上诉人和该行业的其他黑人会员施加遵守合同条款的法律义务,而凭借该合同,为了同业公会自己会员的好处和利益,代表已经歧视性地限制了他们的就业,那我们就必须解决上诉人在他的诉状中提出的合宪性问题。

但是,我们认为,国会在制定《铁路劳动法》和授权给工会时,该工会由一个行业的大多数会员选择来代表该行业,在没有要求其承担保护少数人的义务的情况下,并不打算授予该协会以无限的权力,去为了协会会员的利益,牺牲该行业少数人的权利。既然上诉人和该行业的其他黑人成员不是同业公会的会员或者没有资格取得会员资格,那么代表他们行动的权力就不是来源于他们的行为或者同意,而完全是来自于法律的指令……

除非代表行业的工会有义务代表该行业的没有参加工会的雇员,至少在委任工会代表的协议中不歧视没有参加工会的雇员,否则,这些少数雇员就没有办法保护他们的利益。在该行业的大多数雇员选择他们的谈判代表时,一旦某工会被选为代表,它所代表的是行业或阶级,而不仅是大多数雇员。对法律语言的合理解释是,被选举来代表一个行业的组织,要代表的是该行业的所有成员,既代表多数人,也代表少数人,它要为其所代表的人做有利于他们的事,而不是做有害于他们的事。普遍适用的原则是,在代表其他没有参加工会的雇员来行使这种授权时,涉及代表他们的利益而行使权力这一假设,不能认为这种授权可以处分其所处理的所有义务,除非有明示的授权。

我们认为,《铁路劳动法》在一个行业的法定代表身上强加了至少要求一种平等保护该行业成员利益的义务,就如宪法要求立法机关给予它立法针对对象的利益以平等保护一样。国会认为,赋予谈判代表与立法机构所拥有的创造和限制它所代表的那些人的权利的权力相当的权力,是合适的,参见J.I.制箱公司诉劳工局案(J. I. Case Co. v. Labor Board, 321 U.S. 332, 335)。但是它也对代表施加相应的义务。我们认为,法律的用语……,如果按照法律的意图进行解读,表达了国会对一个行业或一个等级的雇员的谈判代表施加义务的目的,即代表有义务为了所有它所服务的人的利益公平地行使赋予它的权力,而不应恶意地歧视他们。

这并不意味着,禁止一个行业的法定代表签订可能对所代表的行业的有些成员造成不利后果的合同。在合同条款中,内容的变化是以合同的适用条件中的合同授权目的的不同性为基础的,正如劳动者服务级别的区别、服务工作类型的区别、工作能力和工作技能的区别一样,都是属于行业谈判代表的范畴一样,该行业的所有成员在他们的利益或价值方面并不是完全相同的……。在不试图指出可允许的限制的情况下……,认为,代表一个行业和签订关于工资、工作时间以及工作条件的合同的法定权力,不包括在该行业的成员中间制造不是建立在此种有关差别基础上的歧视的权力,这对实现现在的目的来说足矣。这里,这种仅仅建立在种族基础上的歧视显然是不相关的和激起怨恨的。国会显然不同意授权谈判代表制造此种歧视……

有歧视行为的代表因此可能被禁止这么做,并且它的会员可能被禁止从此种歧视行为中获利。铁路公司也没有被限制得更多,或者被赋予更多从法律禁止谈判代表签订的合同中获益的权利。在这两个案件中,所维护的权利来自于法律施加于谈判代表的义务,这种权利是它已经采用的法令和政策中所蕴涵的一种联邦权利。联邦法律宣告了同业公会的行为违法……

布莱克法官同意了该结论。墨菲法官的附和意见在此省略。

## 注释和问题

**1. 没有必要的干预？** 在这个国家针对种族歧视的斗争的历史上,尽管斯蒂尔判决是具有里程碑意义的判决,但是回顾起来,斯蒂尔案仍然是一个司法干预的相对简单的案件。注意到,《铁路劳动法》不包含一系列工会不当劳动行为(除了那些源于谈判义务的不当劳动行为外),并且没有规定强制执行法定义务。而且,该协会明显以一种完全不顾及黑人司炉工利益的方式行为,甚至不允许这些黑人司炉工成为该组织的会员。对国会而言,规定此种组织作为黑人司炉工的表面上的排他性谈判代理人,很明显产生了根据法律的平等保护的重大问题。尽管,最高法院在后来的判决中明确表示,即使在此种极端情况不存在的场合,公平代表义务作为任何排他性谈判代表的一项一般性义务也在起作用,但是考虑一下,当存在下列情况时,这种程度的司法干预是否仍然必要:(1)根据《劳资报告和公开法》,政府对工会会员资格条件和内部工会事务的规制,以及(2)根据1964年《民权法》的第7章,禁止雇主和劳工组织的种族歧视和其他激起怨恨的歧视。

**2. 斯蒂尔案解决方案的充分性。** 当考虑到这样的事实时:(1)黑人司炉工被排除在工会会员之外,以及(2)同业公会已经清楚地表明,它代表了认为它将从黑人司炉工的服从中受益的选民,法院对公平代表问题的解决方案足以完成该任务吗?根据《铁路劳动法》,是否有更好的方法能使同业公会失去作为排他性谈判代表的资格,直到它消除种族歧视带来的不良影响为止呢?参见卡尔·E. 克莱尔:《追求工业民主和反对种族主义的斗争:以劳动法和公民权利法案为视角》,载于《组织法律评论》第61卷(1982),第157、189—190页[Karl E. Klare, The Quest for Industrial Democracy and the Struggle Against Racism: Perspectives from Labor Law and Civil Rights Law, 61 *Or. L. Rev.* 157, 189-190(1982)];海德:《集体协商中的民主》,同前,第819页。

**3. 评论**。对斯蒂尔案的背景以及诉讼过程的讨论,参见狄波拉·C. 马拉默德:《斯蒂尔诉路易斯维尔和纳什维尔铁路公司纪事:白色的工会,黑色的工会,以及铁路公司的种族平等斗争》,载于《劳动法纪事55—105》(劳拉·J. 库珀和凯瑟琳·L. 菲斯克编著,2005年)[Deborah C. Malamud, The Story of Steele v. Louisville & Nashville Railroad: White Unions, Black Unions, and the Struggle for Racial Justice on the Rails, in *Labor Law Stories* 55–105 (Laura J. Cooper & Catherine L. Fisk eds., 2005)]。

## 2. 不公平代表和国家劳动关系委员会

### 注释:国家劳动关系委员会的米兰达燃料案规则

在米兰达燃料公司案[Miranda Fuel Co., 140 N.L.R.B. 181(1962)]中,一位工会会员在3天前开始了延长的休假。在收到其他雇员的控诉之后,工会强迫雇主将那位雇员的资历降级至最低——集体合同并没有规定此种行为。委员会的大部分成员断定工会已经违反了第8条(b)(1)(A)和第8条(b)(2),理由如下:根据第9条(a),公平代表义务是代表的排他性的必然结果,并且该条款还写进了第7条。谈判代表违反了那种义务,不管它是否受到雇员的工会行为的影响,都因此侵害了雇员的第7条权利和违反了第8条(b)(1)(A)。而且,谈判代表设法使雇主参与或默许此种违反行为违反了第8条(b)(2),并且,因而发生的专制的雇主行为也衍生性地违反了第8条(a)(1)和第8条(a)(3)。复审法院拒绝执行委员会在国家劳动关系委员会诉米兰达燃料公司案[NLRB v. Miranda Fuel Co., 326 F.2d 172(2d Cir. 1963)]中的裁决。法院的其中一个成员,梅迪娜(Medina)法官,与委员会的持反对意见的成员的意见一致,即"出于与'工会会员资格、忠诚……,或者工会义务的履行',完全无关的理由的歧视不足以支撑关于违反《国家劳动关系法》的第8条(a)(3),(a)(1),(b)(2)和第8

条(b)(1)(A)的裁决"(Id. at 175)。在没有解决工会违反公平代表义务是否构成本质上违反第8条(b)(1)的行为的问题情况下,伦巴德(Lumbard)法官同意了该结论。弗兰德林法官虽然持反对意见,但是也回避了那个问题以及雇主衍生性地违反第8条(a)(1)的行为的问题。不管怎样,他本来会支持委员会基于第8条(b)(2)和8(a)(3)的裁决。他对第8条(a)(3)所规定的禁止"歧视"做了广义的解读——包括任何建立在激起怨恨的或专制的考虑基础上的区别性对待,并且断定,使用工会权力来产生此种对待将构成违反第8条(a)(3)的"鼓励"行为。

**注释和问题**

1. **随后的历史**。尽管在米兰达燃料公司案中执行被拒绝,但是委员会仍然认为,通常,根据第8条(b)(1)(A),对公平代表义务的违反构成不当劳动行为。对那种态度有实际的司法认定,始于橡胶工人协会第12地方分会诉国家劳动关系委员会案[Rubber Workers Local 12 v. NLRB, 368 F. 2d 12 (5th Cir. 1966)]。参见国家劳动关系委员会诉国际电气工人兄弟会第16地方分会案[NLRB v. Int'l Bhd. Of Elec. Workers, Local Union 16, 425 F. 3d 1035, 1040(7th Cir. 2005)]。最高法院在很多判决中都已经认为,《国家劳动关系法》适用于违反义务的行为,但是还没有对确切的问题做出裁决。

2. **根据《国家劳动关系法》的雇主歧视**。假设弗兰德林法官对"歧视"的定义起作用的话,并且假定一位雇主,无论是有组织的还是无组织的,在种族的,或者非种族的但是激起怨恨的基础上进行雇佣歧视,那么雇主就违反了《国家劳动关系法》吗?参见J.凯利·赖特法官在统一包装食品公司和联合工人协会诉国家劳动关系委员会案[United Packinghouse Food & Allied Wkrs. v. NLRB, 416 F. 2d 1126 (D. C. Cir. 1969)]中的想法。

## 3. 合同谈判

### 航线飞行员协会诉奥尼尔案

Air Line Pilots Association v. O'Neill

499 U. S. 65(1991)

史蒂文斯法官宣布了法院的裁决……

### I

这个案件起源于,大陆航空公司(Continental)和代表它的飞行员的协会——航线飞行员协会(ALPA)之间的一次不愉快的冲突。1983年9月24日,大陆航空公司根据《破产法》第11章提出一个重组的申请。在那之后不久,在得到破产法院准许的情况下,大陆航空公司拒绝履行它与航线飞行员协会之间订立的集体协商合同,并且单方面地减少了超过一半的飞行员的薪水和福利。航线飞行员协会以召集了一次持续超过两年的罢工来作出回应。

在大陆航空公司雇佣的大约2000名飞行员中,除了大概200名飞行员之外,其他的飞行员都支持这次罢工。到罢工结束时,大约400名罢工者已经"改变了立场",并且按照再申请的顺序被重新雇佣。通过调整它的运营和雇佣大概1000名替代者,大陆航空公司得以继续经营。到1985年8月,有1600名飞行员工作,只有仅仅1000名罢工者。

罢工非常激烈,不时出现暴力事件和各种各样的诉讼、控告以及反诉。1985年8月,大陆航空公司通知航线飞行员协会,它正在撤销对航线飞行员协会作为它的飞行员的集体协商代理人的认可。航线飞行员协会则以联邦诉讼来回应,声称大陆航空公司拒绝为达成一份新的集体协商合同而继续协商是违法的。1985年9月9日,在棋逢对手的情形下,大陆航空公司宣布了它的"1985—5补充基地空缺投标计划"(85-5bid)——不仅使罢工结束,而且产生了现在摆在我们面前的诉讼的突然的行为。

很多年以来,大陆航空公司一直使用"系统投标"程序来为飞行员分配新职位。投标通常提前很长时间宣布,以留出时间进行必要的培训而同时不影响现在的工作。在公布一组空缺职位后,任何飞行员可以提交申请,详述他或她首选的职位(机长、副机长,或者第二副机长)、飞行范围,以及机型。过去,空缺的职位根据资历来授予,资历从飞行员第一次为大陆航空公司飞行的日期开始计算。"85-5bid"包括多得不同寻常的让人期盼的空缺的职位——441个未来的机长和副机长职位以及未确定数量的第二副机长空缺。飞行员被给予9天时间——截至1985年9月18日——提出他们的申请。

航线飞行员协会害怕,这次投标可能实际上会导致罢工的飞行员在不确定的将来失业,就允许罢工者提交申请。数百名罢工者都这样做了,就如数百名工作的飞行员做的一样。尽管大陆航空公司一开始对两方面的申请都接受了,但是它马上就开始担忧罢工的飞行员表示愿意在将来的一个日期返回工作的真诚。因此,它当庭质疑了罢工者的申请,而且宣布所有的"85-5bid"职位都已经给了工作的飞行员。

在这个关键时刻,航线飞行员协会加紧为了一个完满的解决方案的谈判。航线飞行员协会的谈判委员会与大陆航空公司达成了一个协议,这个协议被破产法院在1985年10月31日当作一项裁决内容。协议规定了罢工的终结,对所有未决诉讼的处置,以及"85-5bid"所包括的职位的重新分配。

协议为罢工的飞行员提供了三种选择。第一种,与大陆航空公司就所有未解决的诉讼请求取得了谅解的飞行员有资格参加分配"85-5bid"职位。第二种,决定不返回工作的飞行员得到每服务一年4000美元的离职金(或者如果他们在罢工之前就被准予休假的,获得每服务一年2000美元的离职金)。第三种,罢工的飞行员保留他们对大陆航空公司的个人要求,并且只有在所有做出第一种选择的飞行员恢复原职后,他们才有资格返回工作。

据大陆航空公司所说,做出第一种选择的飞行员因此有资格获得一些"85-5bid"职位。这些职位之前已经给了工作的飞行员。最开始的100个机长职位被分配给工作的飞行员,接下来的70个机长职位根据资历顺序给予做出第一种选择的返回工作的罢工者。之后,罢工的和没有罢工的飞行员都有资格按照1:1的比例获得机长职位。返回工作的罢工者初始的基地和机型由大陆航空公司分配,但是对工作的飞行员的分配则由他们的申请来决定。在初始分配后,将来在基地和设备上的改变则由资历来决定,而且罢工开始后积极服务的罢工的飞行员因为罢工的时间而获得资历上的累积。

II

在和解几个月之后,被上诉人,作为一群之前参加罢工的飞行员的代表,提出了这个针对航线飞行员协会的诉讼。在提出其他的没有在我们眼前的控诉之外,被上诉人又声称,协会违反了它在谈判和接受和解中的公平代表义务。在全面的研究之后,航线飞行员协会提出了一份即决判决的动议。为了反对那个动议,被上诉人区分了四种它所宣称的对义务的违反,包括主张"航线飞行员协会协商了一份专横地歧视罢工飞行员的协议"。

地区法院同意了该动议……

上诉法院推翻了。它首先驳回了航线飞行员协会关于协会在没有故意的失职时是不可能违反它的公平代表义务的主张。法院认为,义务包括"三个独立的"组成部分:协会违反了义务,如果它的行为是"专横的、歧视的,或者不诚实的"。引自维卡诉塞普斯案(后述第1041页)。

将专横测试运用于这个案件的事实,上诉法院断定,陪审团可以发现航线飞行员协会行为专横,因为陪审团可以发现,和解"让罢工飞行员在很多方面比彻底向大陆航空公司投降情况更坏"。那种结论建立在法院的判决意见的基础上,法院的判决意见认为,证据显示,如果航线飞行员协会只是投降并无条件地表示愿意返回工作,罢工者们就会有资格享有在所有"85-5bid"职位上的完全的优先权……。另外,上诉法院裁决,证据提出了一个真正的实质性事实问题,即在"85-5bid"职位分配上,工作的飞行员所享有的优惠待遇是否构成了对那些选择罢工的飞行员的歧视。

法院认为,被上诉人提出了一个陪审团要考虑的问题,即航线飞行员协会是否违反了它的不得"专横的"行为的义务,并且法院因此将该案发回重审。因为上诉法院撤销了地区法院对关于专横那项内容的即决判决的批准,所以上诉法院没有裁决,对公平代表的诉讼请求的即决判决是否可能被其他事实的存在所妨碍……

## Ⅲ

1027　　航线飞行员协会案的中心论点是,公平代表义务只要求协会做事有诚信,公平对待它的会员,以及以非歧视性的方式对待会员。协会主张,义务并不要求其承担提供适当的代表的职责。地区法院裁决,没有证据显示航线飞行员协会的行为不诚信和歧视。由于它关于义务的有限范围的观点,航线飞行员协会案认为,上诉法院也没有质疑地区法院的裁决,它足以支持即决判决……

航线飞行员协会案表明,协会不需要承担可强制实施的适当代表的义务,因为协会的政治过程已经保护雇员免于受到不恰当代表的侵害。航线飞行员协会案主张,正如第七巡回法院曾经主张的,雇员"不需要……保护以免受不恰当但是不激起怨恨的代表的侵害",因为如果"协会的工作不称职……它的会员可以投票选举新的将工作得更好的官员或者他们可以投票选择另一个协会"。多伯诉罗德韦快递有限责任公司案[Dober v. Roadway Express, Inc., 707 F.2d 292, 295 (CA7 1983)]……

航线飞行员协会案严重地依赖在福特汽车公司诉霍夫曼案[Ford Motor Co. v. Huffman, 345 U.S. 330(1953)]中的用语,按照协会所说,该用语表明,任何对劳资双方和解的实质性条款的复审都是不允许的。尤其,航线飞行员协会案强调了我们在该案中的意见,"广泛的合理性必须被允许,在一位法定的谈判代表为它所代表的协会服务,行使它的自行决定权总是服从于诚实和忠诚的目的时"(Id., at 338)。与航线飞行员协会案不同,我们不将这些用语解读为将对协会行为的复审限制在"诚实和忠诚的目的的范围内",而是承认,协会的行为必须也在"广泛的合理的范围内"。

尽管无可否认,我们的裁决意见在描述协会的公平代表义务的方式上会有一些变化,但是我们已经再三地确定了该义务的三个组成部分,包括对"专横的"行为的禁止……

不管怎样,协会正确地指出了,事实上所有那些案件都能被区分开来,因为他们涉及合同履行或者强制执行而不是合同谈判。航线飞行员协会案主张,反对对合同条款进行实质性复审的政策只能直接适用于谈判领域。尽管这是区分的一种可能根据,但是任何我们的裁决意见都没有表明义务受制于双重的标准。事实上,我们已经再三地指出,维卡诉塞普斯标准适用于"不仅是针对协会的合同履行或者强制执行的行为的质疑,也是对它的谈判活动的质疑"。通信工人协会诉贝克案[Communications Workers v. Beck, 487 U.S. 735, 743(1988)](内部引用省略);也可参见电缆工人协会诉福斯特案[Electrical Workers v. Foust, 442 U.S. 42, 47(1979)];维卡诉塞普斯案(Vaca v. Sipes, 386 U.S., at 177)……

此外,我们怀疑能否清楚地区分合同实施和合同谈判。劳资关系申诉可能导致产生合同修改的和解谈判,而且有些罢工和罢工和解协议可能完全致力于合同解释的问题。参见康利诉吉布森案[Conley v. Gibson, 355 U.S. 41, 46 (1957)]……

因此,我们非常满意,上诉法院正确地推断出,在维卡诉塞普斯案中宣布的三个组成部分的标准适用于协会的谈判职能。不管怎样,我们确信,与国家劳动政策相比,上诉法院对该标准的专横组成部分的进一步改良允许更多的对谈判协议的基本内容的司法审查。

……国会并没有这样打算,在对工会行为的司法审查中,允许法院用它自己的对恰当的协议的看法代替工会达成的协议。而是,国会将法院与工会之间的关系视为和法院与立法机关的关系相似。因此,任何对工会行为的实质性审查必须高度尊重、承认谈判者为了有效地行使他们的谈判职责所需要的广泛自由。参见得-布莱特照明有限责任公司诉密苏里州案[Day-

Brite Lighting, Inc. v. Missouri, 342 U.S. 421, 423(1952)](法院不是"作为一个超立法机关来权衡立法的智慧和决定立法机关所表述的政策是否有悖于公共福利");美国诉卡罗琳产品公司案[United States v. Carolene Products Co., 304 U.S. 144, 154(1938)](当"问题至少是可争辩时",就"由国会来决定")。基于那种理由,只有当谈判的最终结果能被完全地视为严重偏离了"广泛的合理性"时,谈判的最终结果才可能构成违反义务的证据。福特汽车公司诉霍夫曼案(Ford Motor Co. v. Huffman, 345 U.S., at 338),就是完全"不合理的"或者"专横的"……

为了裁决的目的,我们可以假定,上诉法院的结论是正确的,即,如果航线飞行员协会案只是投降和自愿地停止罢工,那么罢工的飞行员就会享有按照资历顺序重新就业的权利。而且,我们可以假设,大陆航空公司会以取消将所有的"85-5bid"职位分配给工作的飞行员的行为来对此种行为作出回应。毕竟,它确实根据和解条款取消了一半的分配决定。因此,我们认为,工会达成了一个糟糕的和解协议——比单方面终止罢工更糟。

然而,该和解协议绝不是不理性的。仅仅因为回顾既往和解协议一直是糟糕的这一理由,但它并不是不理性的。根据和解当时的法律景观来看,航线飞行员协会案决定和解而不是放弃当然不是不合逻辑的。和解当时,大陆航空公司已经通知工会,所有的"85-5bid"职位已经给予了工作的飞行员,并且坚持任何罢工者对任何那些工作都没有申请权……

考虑到大陆航空公司在这场罢工的所有阶段都坚决的抵抗的背景,航线飞行员协会的认识无疑是合理的,即航线飞行员协会认识到,试图自愿地返回工作可能只会产生获得"85-5bid"职位的权利的诉讼。由于此种返回将不会处理任何那些飞行员的个人要求,那些飞行员包括最终作出和解协议第一种选择或第二种选择的飞行员,现实的可能性无疑是,在缺乏彻底和解时,大陆航空公司将不会放弃它的谈判地位。

至少,和解产生了确定的和迅速的分配新工作的机会,并且避免了伴随着大量诉讼的成本和风险。而且,由于几乎三分之一的罢工飞行员选择了一次性支付离职金而不是复职,推测起来和解比投降对大部分的罢工飞行员是更有利的。在劳动争议中,跟在其他种类的诉讼中一样,从长远来看,一次糟糕的和解甚至也可能比一次好的诉讼更为有利。在所有活动中,对关于"85－5bid"空缺的争议的解决符合"广泛的合理性"(345 U.S. at 338),"广泛的合理性"是工会被允许在它的谈判中使用的。

"区别对待"罢工的飞行员和工作的飞行员违反了公平代表义务,这种意见也没有得到支持。如果我们的结论是正确的,即航线飞行员协会接受两组飞行员对"85－5bid"职位要求的和解是合理的,那么某种形式的分配就是不可避免的。关于职位的初始分配的合理的和解不是为公平代表义务所禁止的那种激起怨恨的"歧视"。与在国家劳动关系委员会诉伊利电阻公司案[NLRB v. Erie Resistor Corp., 373 U.S. 221 (1963)]中给予改变主意者和替代的职员以"超资历"不同,这个协议在罢工的飞行员初始的复职后,保留了他们的资历……。这里,该协议仅仅规定了重整返回的罢工者的秩序和机制,而不是永久地改变资历体系……

上诉法院的判决被推翻了,而且该案件被发回重审,根据这个意见进行进一步的诉讼。

**注释和问题**

**1. 一个有意义的标准?** 审理奥尼尔案的法院提供了评价工会履行其公平代表义务的可行的测试手段吗?下级法院如何决定工会的谈判策略或者谈判结果是否符合"广泛的合理性"呢?

"广泛的合理性"标准在识别那些没有考虑其所代表的小团体的利益的工会决定方面,给了下级法院以指导了吗?法院的意思是,在合同中,或者达成和解的场合中,工会的决定只能根据适用于立法决定的高度尊重的"合理的基础"的标准来评价吗——根据该标准,立法在现代从来都不被认为有欠缺?鉴于工会具有双重选民,拿立法机关与工会进行类比恰当吗?在《劳资报告和公开法》通过之后,类比的强度应该取决于工会民主的情况吗(如在下一章中所详细阐述的)?

**2. 法官应该评价工会的能力吗?** 仔细想想奥尼尔案的复杂的事实。在争议已经被解决很长一段时间之后,法官能凭借记录中的冰冷的事实来评价工会的谈判策略的合理性吗?奥尼尔案判决提供了免受激进的法官的侵害的充足保护吗?有些激进的法官可能怀疑集体代表的价值。

**3. 工会为了维持它作为谈判代表的地位而牺牲某些会员的利益违反了公平代表义务吗?** 假设法官确信,航线飞行员协会的领导坚持维持一次失败的罢工,这场罢工以被奥尼尔案诉讼质疑的和解而结束,是由于领导害怕投降会使它非常容易被否定代表资格。法官应该裁定这是对公平代表义务的违反吗?工会能证明,为了维持它的谈判地位以增进长远的其他雇员的利益而牺牲某些雇员的利益,是正当的吗?工会是否牺牲了分立的和可以确认的那群雇员的利益以增加它对大多数雇员的吸引力,这应该有关系吗?

**4. 当工会牺牲一个谈判单位的雇员的利益去服务于另外的单位的雇员的利益时,它违反了它的义务吗?** 工会为了集体利益而平衡有些雇员的利益和其他雇员的利益的自行决定权应该被限制在确定的谈判单位的雇员的范围内吗?或者集体代表应该有平衡跨单位的雇员的利益的自行决定权吗?

a. 仔细想想阿吉纳加诉统一食品和贸易工人协会案[Aguinaga v. UFCW, 993 F. 2d 1463 (10th Cir. 1993)]。那里,约翰·莫雷尔公司(John Morrell & Co.)与统一食品和贸易工人协会(UFCW)有一个以多工厂为基础的主协议,协议禁止公司为了废止总协议的任何条款的目的减少工人,禁止公司与处于一个倒闭的工厂100英里范围内的其他工厂订立提供服务的合同,这种服务之前是由一个计划关闭的工厂提供的。1982年,当总协议期满之日接近时,莫雷尔公司寻求新的表达,以允许个别的工厂与之协商独立于总协议的单独的工资率和福利。统一食品和贸易工人协会拒绝了,并且命令它在罗德奥(Rodeo)工厂的地方分会避免任何与莫雷尔公司的直接

第十三章　有限的主权:雇员和谈判代表人之间的关系　1273

谈判。1982年6月,罗德奥工厂倒闭了,支付了雇员的离职金。1982年9月,在解决了发生在莫雷尔公司的苏福尔斯(Morrell's Sioux Falls)工厂为了保留总协议的罢工后,统一食品和贸易工人协会缔结了两个秘密的单边保证函协议,协议允许莫雷尔公司将罗德奥工厂作为非工会设施重新营业,而且不必支付总协议设定的工资率或者重新雇佣老的罗德奥员工。统一食品和贸易工人协会没有告知前罗德奥工厂员工该单边保证函协议的条款。1983年3月,莫雷尔公司恢复了罗德奥设施,并且为换取工会放弃向劳动关系委员会提出的指控,同意让工会代表它的工人。工会在指控中指出莫雷尔公司单方面改变罗德奥的雇佣条件。如果统一食品和贸易工人协会能证明它之所以如此行为是试图在与莫雷尔公司就其他莫雷尔公司工厂进行谈判时获得优势,那么应该认为它违反了它对前罗德奥员工的公平代表义务吗?统一食品和贸易工人协会至少应该为前罗德奥员工坚持任何有价值的法定的或约定的要求吗?如果工会允许恢复罗德奥设施的协议没有规定保留工会作为谈判代表的地位,结果会是一样吗?如果单边保证函协议是公开的,又会怎么样呢?

b. 仔细想想汽车工人工会和卡特皮拉有限责任公司(Caterpillar),一个挖土机制造商之间的冲突。1991年,工会罢工反对卡特皮拉有限责任公司,因为它拒绝遵守与约翰·迪尔公司(John Deere),卡特皮拉有限责任公司的竞争者之间达成的"样板"合同。卡特皮拉有限责任公司主张,由于它的出口业务,它不能遵守由迪尔公司同意的协议,迪尔公司的业务主要是国内业务。在卡特皮拉有限责任公司开始雇佣永久性的替代者之后,汽车工人工会在1992年4月敦促它的会员返回工作。如果证明了汽车工人工会坚持要求履行与迪尔公司订立的"样板"合同的动机在于维持与三大汽车制造商的模式谈判的不可侵犯性,汽车工人工会所代表的由于罢工失去了工作的雇员有对他们的工会提起诉讼之权吗?三大汽车制造商雇佣了大部分汽车工人工会的会员。如果所有那些可以被证明是汽车工人工会为了保持与迪尔公司和卡特皮拉有限责任公司的其他国内竞争者之间的"样板"合同的完整性而愿意牺牲在卡特皮拉有限责任公司的一些工作,又会怎么样呢？

**5. 中间投票人模式和公平代表义务**。仔细想想布鲁斯·E.考夫曼和豪尔赫·马内斯:《批判性比较研究:工会工资设定的垄断、有效的合同和中间投票人模式》,载于《劳动研究杂志》第 11 卷(1990),第 401、404—405、414 页[ Bruce E. Kaufman & Jorge Martinez, Monopoly, Efficient Contract, and Median Voter Models of Union Wage Determination: A Critical Comparison, 11 J. Lab. Res. 401, 404 - 405, 414(1990)]:

在中间投票人模式中……,假设会员对工资和就业有不同的偏好。这种偏好的不统一来源于这种假设,即裁员以资历为标准,裁员的顺序与资历顺序相反。在这种情况下,裁员的顺序产生了相应的最偏爱的工资要求在全体会员中的分配问题。在一定时期的模式中,每位工会会员都会想要工会提高工资,直到下一个被解雇的就是他或她为止……

……在特定情况下,可以证明,工会的最偏爱的工资将是工会的中间投票人最偏爱的工资……。这些情况是指,在选举是大多数投票决定的情况下,工会的选举过程是完全民主的,在这种选举过程中,秩序井然,个人的偏好所能起到的功能只有个别变量,只能单独达到一定的峰值。考虑到这些假设,工会领导人员所承受的赢得竞选连任工会官员和对获得新合同的批准的政治压力,将会使得他们选择……中间投票人所偏爱的工资作为工会的最理想的工资……

……[中间投票人模式]表明,例如,在大多数情况下,僵硬的工资肯定会进入循环的低迷期,因为那导致的裁员不会威胁到大多数资深的工会会员的工作安全。然而,当裁员确实威胁到大多数会员时,该模式显示,工会将会主动地考虑减薪。

这种分析表明,正常的运行良好的民主程序肯定会导致牺牲那些可以确定的资历较浅的雇员的利益吗？如果这样,证明积极地使用公平代表义务来保护这些雇员是必要的吗？

**6. 工会投票和立法的类比?** 当工会将决策权交给会员投票时,公平代表义务应该要求工会扩大全体选民的范围以包括没有加入工会的谈判单位的雇员吗?想想国家邮递员协会第6000分会诉国家劳动关系委员会案[Branch 6000, National Ass'n of Letter Carriers v. NLRB, 595 F. 2d 808(D. C. Cir. 1979)]。在那个案件中,集体合同允许工会每年决定雇员的意愿,这种意愿是关于休息日是否应该建立在固定的和轮流的基础上的意愿。工会关于那个问题的投票会议排除了非工会单位的雇员,并否认了他们的投票权和听证权。工会违反了它的公平代表义务吗?这种情况区别于合同批准的情况吗?合同批准通常合法地被限制在工会会员的范围内。

## 巴顿商标股份有限公司诉国家劳动关系委员会案

Barton Brands, Ltd. v. NLRB
529 F. 2d 793(7th Cir. 1976)

1969年8月31日,格伦科公司(Glencoe)将它所有的财产都卖给了巴顿公司。当时,格伦科公司只有6名工作中的员工和超过20名被解雇的员工。每个公司的员工都各自组成了一个独立的谈判单位,由工会所代表。

鲍尔法官。……在卖出后不久,巴顿公司和工会开始了有关合并两个工厂的谈判单位的磋商。在巴顿公司和格伦科公司员工分别召开的会议上,保罗·克劳斯(Paul Kraus),巴顿公司的首席运营官……,解释道,巴顿公司的业务正在扩展,并且,在其他的发展中,公司计划在格伦科公司工厂所在地建造新的灌注设施。他告诉员工,如果两个谈判单位合并,员工的资历衔接起来;即,前格伦科公司员工在格伦科公司累积的资历将会给予完全的认可,并且两个单位的员工将被放在一份合并的资历表中。① 他觉得他们的最大的利益将得到满足。巴顿公司和格伦科公司的员工都投票赞成衔接,并且巴顿公司和工会之间的集体协商合同也被修订以反映这项计划。

巴顿公司没有建造新的设施。在购买后的一年内,工程研究表明该场所实行灌注是不可行的。当巴顿公司卖掉了它的加拿大薄雾(Canadian Mist)商标后,巴顿公司在另一个地方建立的计划也取消了,该商标占了它的业务的大约三分之一。在这些事件之后,巴顿公司解雇了一些员工,其他的员工开始担心他们工作的安全性。这些担心的一个表现就是,有些巴顿公司员工对接收前格伦科公司员工表示不满,他们认为,接收这些员工导致了那些员工被解雇,尽管那些被解雇的员工在巴顿公司工作的时间长于那些在格伦科公司的工作时间被认可的员工。

……在1972年6月之前,即巴顿公司集体协商合同期满之前,工会领导调查工会雇员对合同修改所提的建议。其中的一项建议就是提议前格伦科公司的员工应该排在资历表的末端;即,在资历表中,他们应该被放在所有的在巴顿公司购买格伦科公司之前就已被雇佣的巴顿公司员工之后。工会在谈判时向巴顿公司提交了该项建议。尽管巴顿公司开始拒绝了,表示了对它的合法性的一些担心,但是双方最终同意,为了裁员和回聘的目的,前格伦科公司员工的资历将从1969年9月1日起开始计算,即巴顿公司占据格伦科公司场地的那天。为了所有其他的目的,包括工作中的工作选择、休假和其他福利,衔接条款仍然有效。双方在1972年9月22日达成了协议,而且工会会员在10月12日批准了该项协议。

在谈判和批准期间……,平均有223名工作的员工在巴顿公司的工资名单上,其中12名是前格伦科公司员工。排在资历表末端的规定的结果是……,12名前格伦科公司的员工遭到解雇,而如果他们被允许保留他们在格伦科公司的资历的话,这就不会发生。

---

① 5. 衔接计划有利于前格伦科公司员工,因为大大地增加了他们工作的安全性,包括被解雇的员工返回工作,并且也有利于巴顿公司员工,因为为他们提供了调至计划建立的新工厂的机会,他们被告知,如果谈判单位分立的话,他们是不可能获得这项权利的。

应被解雇的前格伦科公司员工的要求,委员会的事务总长针对工会和巴顿公司提出了控告,控告他们分别违反了第8条(b)(2)和(b)(1)(A)以及第8条(a)(3)和(a)(1)……。委员会[推翻了行政法官],裁决工会违反了它的公平代表义务,因为它降低了前格伦科公司员工的资历和解雇前格伦科公司员工,"主要的,如果不是仅仅的,出于增进工会官员肯·塞西尔(Ken Cecil)的政治事业的原因"(213 N. L. R. B. No. 71 at 5)。该机构也裁决巴顿公司要为默许工会违反公平代表义务负责。

委员会作出它的有关工会动机的裁决是基于这样的证据,这些证据表明,塞西尔,23地方分会的副主席,是在此期间卷入的巴顿公司的工会最高级别官员,……向工会的合同谈判委员会提交了资历表末端建议,并且在合同谈判期间和他成功竞选连任他的工会职务活动的1972年11月和12月期间,他宣称对该建议负责。而他成功竞选连任工会职务就在新合同签订之后不久。

……工会辩解道,(1)记录中没有实质性的证据支持委员会的裁决,即工会为了增进塞西尔的政治野心而修改了格伦科公司员工的资历;(2)对资历的改变也不可能违反第8条(b)(2)……因为格伦科公司员工并没有由于工会会员资格或者活动而受到歧视;以及(3)即使根据第8条(b)(2),资历的改变是违法的歧视,工会的善意也是针对指控的辩护理由……

……委员会裁决,塞西尔为了取得大多数巴顿公司员工的好感从而在即将到来的竞选中提高他的候选声望,所以支持将前格伦科公司员工放置在资历表末端,这些得到了证据的证明,但是,委员会的推理,即塞西尔的努力对于作为一个整体的工会是可以控诉的,以及提高塞西尔的候选威望是资历表末端决定的动机,没有为这些证据所证实……。塞西尔的行为不是以工会官员的身份做出的,而是以工会公职的候选人的身份,为了他自己的利益而作出的,而委员会将这种行为归咎于工会。委员会所提及的塞西尔的行为当中,塞西尔唯一以工会官员的身份做出的是向工会谈判委员会提交了资历表末端提议,这是一个没有恶意的无害的行为,在这个行为中,他的身份只是之前已经形成的普通的提议的中转人……

……记录清楚地表明,资历表末端提议产生于普通职员对工作安全的担心,而不是产生于要使塞西尔连任的工会意愿……

这并不一定会结束这个案件。如果我们认为,其他理由可以支撑委员会的裁决,那我们必须发回重审……。证券交易委员会诉彻内里公司案[S. E. C. v. Chenery Corp., 318 U.S. 80(1943)]。在这个案件中,我们认为,存在足够的理由来支持委员会的裁决,并且我们将会描述他们来证明我们发回重审的正当性以及帮助委员会重新审议该案。

记录表明,工会只是出于政治权术的理由而降低前格伦科公司员工的资历。① 当工会可以"为了服务于它所代表的工会的利益……在广泛的合理性的范围内"作出资历决定时,福特汽车公司诉霍夫曼案[Ford Motor. v. Huffman, 345 U.S. 330,338(1950)],此种决定不能仅仅为了更强大的、有更强的政治偏好的群体的利益而忽略少数人群体的利益。允许此种专横的决策违反了工会的公平代表义务……

……证明工会是善意的证据并不是对建立在公平代表义务基础上的指控的抗辩理由,因为根据巡回法院的主张,专横的行为,即使没有证据证明是恶意的,也违反了该义务……

此外,被引用……来证明该论点的那些案件都不同于正在审理的这个案件,该论点即将被收购的企业的员工放置在收购企业的员工的资历表的末端是允许的……。那些案件都包括了资历表末端决定,但这种决定都是在初始收购时做出的,而不是在雇员已经与收购企业的工会衔接之后作出的。在那些案件中,被影响的员工,不同于正在审理的这个案件的员工,没有失去他们认为他们应该享有的福利,也没有因为信任衔接协议而放弃其

---

① 14. 工会和巴顿公司都认为,作为初始的衔接的结果,格伦科公司员工获得了可以被撤销的"横财"。这种主张是没有任何价值的。不仅仅横财的描述太夸张了,因为衔接导致了格伦科公司员工过来为巴顿公司工作而错过了其他的就业机会,而且原来的巴顿公司员工投票赞成衔接是为了他们自己的利益。参见前述注释5。

主张因为巴顿公司不再建一个新的灌注工厂的决定导致没有达到初始衔接协议的先决条件,所以资历表末端规定是正确的,也是没有任何意义的。协议本身不存在任何明显的先决条件,而且在记录中也没有什么可以表明建造一个新工厂是隐含的先决条件。

他就业机会从而遭受损害……

简而言之,由于少数巴顿公司员工确定的资历权被剥夺了……除了基于政治权术的理由之外没有其他明显的原因,所以似乎有足够的理由……支撑委员会的裁决。我们因此发回重审……要求裁决工会是否违反了它的公平代表义务……因为它成功地议定了资历表末端提议。在委员会作出裁决时,它应该考虑到,为了免除责任,工会必须提出一些证明它的行为正当的理由,除了以牺牲少数人为代价来满足多数工会雇员的要求之外……

强制执行被拒绝了,案件被发回重审。

**注释和问题**

**1. 资历基础上的期望的特殊地位?** 由于格伦科公司员工作为准既得利益者的地位,巴顿商标公司案被最好地理解为一个保护格伦科公司员工的资历利益的案件吗?参见哈里·H.惠灵顿:《工会民主和公平代表:联邦体制下的联邦责任》,载于《耶鲁法律杂志》第67卷(1958),第1327、1361页[Harry H. Wellington, Union Democracy and Fair Representation: Federal Responsibility in the Federal System, 67 *Yale L. J.* 1327, 1361(1958)](某种衔接将……要求用来大概估算团体期望)。这些有意义吗?资历基础上的期望在集体协商中可以不用修改吗?考虑以下假设:

a. 代表一个多工厂的谈判单位的工会议定了一份集体协商合同条款,详细说明了在合并或联合情况下的资历表末端的使用。但是,在合同履行期间,其中一个工厂倒闭了,它的员工被其他的工厂接收。工会决定,衔接将会更公平,雇主也同意了。

b. 雇主要求削减安置职工的标准,工会同意了,以雇员瓜分剩下的工作来代替裁员,这样就没有人会被解雇。裁员是按资历的相反顺序。

c. 工会和雇主同意,从朝鲜战争中回来的老兵的服役期应该得到资历的承认,不管他们以前是否为雇主工作过。因此,在接下来的裁员中,在战争期间为工厂工作的员工被解雇,结果却有利于几乎没有为雇主工作过的朝鲜战争中的老兵。参见福特汽车公司诉霍夫曼案[Ford Motor. v. Huffman, 345 U. S. 330(1964)]。

**2. 多数主义者的偏好是工会行为的正当理由吗？** 巴顿商标公司案可以被更好地理解为是一个这样的案件吗？该案件否认仅仅将多数主义者的政治权力作为工会谈判地位的根据的充分性。假设工会，在考虑所有的因素后，包括巴顿公司业务的拓展，格伦科公司业务的缩减，巴顿公司的老员工的期望，以及工业和平的前景，起初就拒绝衔接，而且雇主也同意了。那么，工会没有履行它的公平代表义务吗？一般参见恩卡斯诉卡琳国家啤酒厂案[Ekas v. Carling Nat'l Breweries, 602 F. 2d 664(4th Cir. 1979)]；金诉空间载体有限责任公司案[King v. Space Carriers, Inc., 608 F. 2d 283(8th Cir. 1979)]。

**3. 对实质公正或程序公正的不切实际的要求？** 或者，巴顿商标公司案和之前注释中的问题表明大多数雇员的偏好为任何工会的决策提供了充分的正当理由呢？想想在迈耶·G. 弗里德、丹尼尔·D. 波尔斯比和马修·L. 斯皮策：《工会、公平和集体抉择的难题》，载于《南加州法律评论》第56卷(1983)，第461、487—490页[Mayer G. Freed, Daniel D. Polsby & Matthew L. Spitzer, Unions, Fairness and the Conundrums of Collective Choice, 56 S. Cal. L. Rev. 461, 487-490(1983)]中的评论：

> 所有参照"既得的"或者"积累的"权利来界定[公平代表义务(DFR)]的努力最终都失败了，因为他们都包括了经不住分析的"正当理由"的概念……。芬金教授在《集体协商中的多数决规则的局限性》，载于《明尼苏达法律评论》第64卷，第183页[the Limits of Majority Rule in Collective Bargaining, 64 Minn. L. Rev. 183]中认为，并且我们也同意，当面临资历表末端/衔接问题时，工会首先必须有选择其中任何一种的自由。因此，他认识到，巴顿商标公司案中公平代表义务的提法在缺乏改变的情况下不能持续有效。但是，巴顿商标公司案一开

始并没有讨论工会的决定,并且在芬金教授看来,工会受到关于公平代表义务的诉讼请求的责难是正确的,因为它"剥夺了"已经授予给前格伦科公司员工的资历权。工会一开始决定衔接;显然,它从那时起就受其约束,除非它可以提供一个改变现状的"合法的"理由。

如果巴顿商标公司案阐明了一个无正当理由的"剥夺权利",那么一个有正当理由的决定看起来像什么呢?芬金教授用一个假设的反差很大的案件进行了阐述,在该案件中,工会的决定应该被允许,因为它不是"仅仅"建立在大多数人的有利于自己的意愿的基础上。假设由于"技术的改变",结果一群雇员根据当前起作用的赔偿条款发了横财。芬金教授说,在这些情况下,工资结构不仅在将来要改变,而且这种改变还具有溯及既往的效力。"此种行为将不是剥夺——一种大多数人仅仅为了有利于自己而获得的收入——而是一种对环境的有关变化的适应。"

然而,改变的环境的假设明显不同于巴顿商标公司案的情况是非常不清楚的。在假设中,大多数人这样做,是因为少数雇员得到了比他们开始预期的更大的一份,而大多数人得到了更小的一份。巴顿商标公司案也同样如此。在每个案件中,都存在横财,并且随后就有工会行为来重新分配这种结果。唯一的区别——并且应该不是关键性的——是在假设中,少数雇员被剥夺了确定意义上的横财,而在巴顿商标公司案中,少数人正在为不确定的横财而斗争。芬金教授进一步说,在巴顿商标公司案中,相对于假设中的情况而言,被影响的利益特别重要,因为它是资历,并且在工会更新时,裁员即将发生……。如果资历在经济衰退时期特别重要的话,那么大多数人保护他们自己不被裁员的决定的正当理由对于基本事实的说服力,将原则上看起来等同于,少数人保护同样利益的要求对于基本事实的说服力。

你同意吗?弗里德、波尔斯比和斯皮策对多数主义的完全接受与斯蒂尔案(*Steele*)裁决的基本原理一致吗?

**4. 平等保护和有原则的民主作为公平代表义务的模式?** 想想下面的分析,即在对以后发展有巨大影响的斯蒂尔案裁决中所援引的平等保护模式如何作为一种可选择的事物运用于不合格的多数主义的分析:

……根据我们提议的标准,当工会的决定被攻击为违反它的公平代表义务时,工会必须为其决定主张一个有原则的正当理由。公平代表义务调查的这个客观要素要求,工会所主张的目的接受有原则的民主和同等尊重要求的测试。该客观的测试与平等保护原则在规范和学说上都取得了一致。平等保护原则要求,出于为任何被质疑的决定辩护的目的,政府行为者必须主张一个合法的政府目的。将决定建立在所主张的"非法的"的目的之上——这种目的或者是违法的,或者表面上与平等尊重要求不一致——违反了行政规则,而且工会的决定必须被宣布无效。

为了成功地针对一个公平代表义务诉讼进行辩护,工会必须不能仅仅主张,被质疑的决定将为工会利益的一些合法构想服务。局限于此种要求的标准只会产生极小的影响,因为正当理由可以非常容易地编造出来。复审法院和委员会必须进一步决定,是否工会所主张的原则性的正当理由,而不是对有些雇员的不平等的对待,事实上是工会决定的动机。

……我们从平等保护中所获得的理论上的结构可以通过分析一些工会建议的资历规则实例来予以阐明。工会偏向更高职位("资历")的雇员的一般工会偏好规则,可以认为不尊重资历较浅的雇员的利益。然而,通过仔细的审视,很显然,资历来源于对谈判单位的利益的构想,而这并没有轻视资历较浅的员工的固有的价值。相对于资历较浅的雇员,工会在工作安全和晋升机会上偏好资历较高的雇员可以被证明是正当的,因为资历较高的雇员对他们的公司的贡献更大,他们将他们生命中更大的部分投入到了工作场所中,以及担忧他们减少的工作流动性。此外,随着时间的推移,对资历更高的工人的偏好将倾向于对大多数员工有利。

除了满足表面的合法性的测试之外,工会的正当理由必须是可信的。工会关于传统的资历目标的主张可能是不可信的,例如,当考虑到某些历史的事实的时候。仔细想想这样一个案件,在这个案件中,工会一直没有为资历较高的雇员谋求更优惠的待遇,直到他们提起了一个很有希望的诉讼,才建立了雇佣政策。在该案中,工会必须说服决策者,它突然建立资历体系的意图,不仅仅是对占主导地位的种族的不合法的偏爱的秘密表示。

有些与资历相关的决定并不能如此简单地通过传统的和似乎合理的工会目标来分析。特快汽车货运公司案[Red Ball Motor Freight, 157 N. L. R. B. 1237, enforced, 379 F. 2d 137 (D. C. Cir. 1967)],例如,提供了一个有关内外有别的观点的效用的完美的例子。工会保证,给予所有来自较大的单位的员工高于所有来自较小的单位的员工的资历,不管他们的实际职位如何。该工会赢得了合并的谈判单位的选举。工会领导似乎仅仅被对政治利益的计算所驱使,这种政治利益是支持谈判单位投票人中的多数派利益所带来的。尽管工会可能对来自于较小的单位的雇员并无恶意,但是对工会贬低了他们的利益的司法怀疑是明显恰当的。内外有别的观点有助于解释为什么。来自较大的单位的50名员工从来不与来自较小的单位的30名员工共享一个工作团体。对50名员工而言,这30名员工肯定很容易被视为"其他人"、闯入者,他们的利益不应该给予同等对待。为了平等保护审查的目的,较小的单位的员工不可能是一个可疑的群体,因为他们作为"外来人"的地位将迅速地终止。然而,在公平代表义务的背景下,30名员工外来的出身提供了证据,证明原则性的决策所依赖的社会共鸣从来没有建立。

迈克尔·C.哈珀和艾拉·C.卢浦:《作为平等保护的公平代表》,载于

《哈佛法律评论》第 98 卷(1985),第 1212、1237—1239 页[Michael C. Harper & Ira C. Lupu, Fair Representation as Equal Protection, 98 *Harv. L. Rev.* 1212, 1237 – 1239(1985)]。这种方法使得巴顿商标公司案法院能指引陪审团决定工会是否已经违反了它对格伦科公司"外来者"的义务吗?其他的讨论,参见艾伦·海德:《法官能辨别公平的谈判程序吗?对弗里德、波尔斯比和斯皮策的评论》,载于《南加州法律评论》第 57 卷(1984),第 425 页[Alan Hyde, Can Judges Identify Fair Bargaining Procedures? A Comment on Freed, Polsby & Spitzer, 57 *S. Cal. L. Rev.* 425(1984)];迈耶·G. 弗里德、丹尼尔·D. 波尔斯比、马修·L. 斯皮策:《回应海德,法官能辨别公平的谈判程序吗?》,载于《南加州法律评论》第 57 卷(1984),第 425 页[Mayer G. Freed, Daniel D. Polsby & Matthew L. Spitzer, A Reply to Hyde, Can Judges Identify Fair Bargaining Procedures?, 57 *S. Cal. L. Rev.* 425 (1984)]。

**5.** "**两个等级**"**协议。** 从 19 世纪 80 年代开始,有工会组织的公司在经济压力下通常要订立优惠协议,该协议包括两个等级的工资结构,根据该工资结构,保证,就从事同样的工作而言,给予以后雇佣的雇员比现在的雇员实质上更低的工资。其中一些(虽然不是所有),协议规定,随着时间的推进,新雇佣人员的工资水平将会上调至与现在的雇员的工资水平相等。一般参见詹姆斯·E. 马丁(与托马斯·D. 西德克斯一起):《两个等级补偿结构:他们对工会、雇主和雇员的影响》(1990)[James E. Martin(with Thomas D. Heetderks), *Two-Tier Compensation Structures: Their Impact on Unions, Employers and Employees*(1990)]。此种工资结构违反了工会对新雇员的公平代表义务吗?只有在雇佣后,工会才开始对雇员承担义务吗?

想想仁雷森诉美国航空有限责任公司案[Renneisen v. American Airlines, Inc., 990 F. 2d 918(7th Cir. 1993)]。那里,航线飞行员协会(ALPA)在 1983 年的协议中同意了一份工资结构,该工资结构将工会的会员分为 A 级飞行员和 B 级飞行员。A 级飞行员由在 1983 年 11 月 4 日之前雇佣的美国航空公司飞行员组成,他们将获得固定的工资和福利保障;B 级飞行员是后来雇佣的,他们没有这些保障。协议还进一步规定,A级飞行员的保障将不会重新商谈,除非大多数A级飞行员投票决定这么做。在实际案件中,B级飞行员针对他们的雇主提出了诉讼。但是如果他们起诉航线飞行员协会违反它的公平代表义务,会怎样呢?奥尼尔案会因为该诉讼而要求解雇吗?保证会员团结一致的工会利益和B级飞行员将会随着时间的推进成为谈判单位的多数派的事实——并且因此处于重新协商工资结构的地位——挽救了这个协议吗?对该协议的批评,参见《注释,两个等级歧视和公平代表义务》,载于《哈佛法律评论》第98卷(1985),第631、645页[Note, Two-Tier Discrimination and the Duty of Fair Representation, 98 Harv. L. Rev. 631, 645 (1985)]。

### 注释:为了退休者而谈判

重新考虑匹兹堡平面玻璃公司案的裁判(前述第521页)。尽管工会被允许为退休者的利益而谈判,但是现存的退休者的利益并不是谈判的强制性问题。最高法院也提议(没有主张),工会可以不对退休者承担公平代表义务。参见施耐德移动和仓储公司诉罗宾斯案[Schneider Moving & Storage Co. v. Robbins, 466 U.S. 364, 376 n. 22(1984)]:

> 传统意义上,工会的法定公平代表义务仅仅对它的集体协商单位的成员起作用,并且它与作为工会内所有雇员的排他性代表的法定权力有相同的范围……。即使这里存在公平代表义务,也会同时授予工会广泛的自由决定权,并且对信托受益人只提供有限的保护。一个主要的工会目的是"最大化它的会员的赔偿总额"……。因此,它可能会牺牲赔偿包裹中的某一部分,"如果一种替代性的财力消耗将使得作为整体的谈判单位员工的利益得到增加的话。"

但是参见铁路乘务员同业工会诉霍华德案[Brotherhood of Railroad Trainmen v. Howard, 343 U.S. 768 (1952)],当工会选择为了退休者的利

益而谈判时,它承担公平代表义务吗？参见奈德诉矿工联合会案[Nedd v. UMW, 556 F. 2d 190(3d Cir. 1977)]。

是否存在着这样的重大危险,即工会将会为了增强现有雇员的福利而牺牲退休者的福利呢？危险会因为法院在匹兹堡平面玻璃公司案中的判词,即"根据已建立的合同原则,既得的退休权利在没有获得退休金领取者同意的情况下不能被改变"(404 U.S. at 181 n. 20),而减轻吗？由于退休者通常保留了在工会的投票权和任何的合同批准投票权的事实,这种危险会减轻吗？此种程序应该被要求作为允许工会协商降低退休者之前的福利水平的先决条件吗？一般参见小罗伯特·S.贝茨:《退休者的福利:协商和公平代表义务》,载于《马歇尔法律评论杂志》第21卷(1988),第513页[Robert S. Bates, Jr., Benefits of Retirees: Negotiations and the Duty of Fair Representation, 21 J. Marshall L. Rev. 513(1988)]。

在汽车工人工会诉通用汽车公司案[United Auto Workers v. General Motors Corp. (GM), 2006 U.S. Dist. LEXIS 14891(E.D. Mich. Mar. 31, 2006)],地方法院承认了一个由通用汽车公司退休者组成的和解集团的资格,并且批准了一个要求大大削减退休者卫生保健福利的和解协议。在同一天宣告的另外一个单独的判决中,该法院驳回了一群通用汽车公司退休人员基于他们以前被否决的要求干预的申请而提起的反对意见,理由为通用汽车公司退休人员的权利不受该协议的保护。参见《联邦法院批准要求退休者医疗费的通用汽车公司—汽车工人工会协议》[Federal Court OKs GM-UAW Agreement to Require Retiree Health Care Payments, 2006 Daily Lab. Rep. (BNA) No. 65, at A-7(April 5, 2006)]。为了减轻计划改变对个人的影响,通用汽车公司同意创立一个新的独立的固定的定期缴款自愿雇员福利组织(VEBA),它将向该组织注资10亿美元,在三年中的每一年——2006年、2007年和2011年。参见《汽车工人工会,通用汽车公司协议将推迟工资的增长,增加对退休者医疗的投入》[UAW, GM Agreement Would Defer Wage Increases, Add Retiree Health Contributions, 2005 Daily Lab. Rep. (BNA) No. 203, at A-11(Oct. 21, 2005)]。运用和解集团诉讼手段可以消除对工会谈判减少退休者福利的担忧吗？

也可考虑在1988年制定的《破产法》第1114条中所采取的方法,在第11章终止或者修改影响退休者主张的集体协商合同的程序中,《破产法》要求有代表退休者利益的独立代表。

## 4. 申诉调解

### 维卡诉塞普斯案

Vaca v. Sipes

386 U. S. 171(1967)

怀特法官。1962年2月13日,本杰明·欧文斯(Benjamin Owens)①针对上诉人——国家食品包装厂员工同业公会和它的堪萨斯城第12地方分会(工会)的官员和代表,提起了这个集团诉讼(在密苏里法院)……。一位名叫欧文斯(Owens)的工会会员宣称,他被斯威夫特公司(Swift)的堪萨斯城工厂解雇,这违反了斯威夫特公司和工会之间的集体协商合同,并且工会"专横地、任意地和没有正当的或者合理的理由或动机"地拒绝将他对斯威夫特公司的申诉根据协商合同的申诉程序的第五步来提交仲裁……

1959年中期,欧文斯,作为长期的高血压患者,……从斯威夫特公司的职位上休病假住院了。在长期的休息后……,欧文斯被他的家庭医生证实为适合重新开始他繁重的工作……。尽管如此,斯威夫特公司的医生在审查了他的返回工作的申请后,得出了他的血压太高而不能允许复职的结论。在从另外一位工厂外的医生那里获得再次认可后,欧文斯于1960年1月6日返回工厂……。然而,1月8日,当公司的医生发现了欧文斯复职后,他就因为健康状况不佳而被永久地解雇了。

---

① 在欧文斯死后,塞普斯,他的遗产管理人,取代他作为上诉的上诉人,针对初审法院驳回陪审团在州管辖权已被抢占基础上作出的裁决。——编者注

……欧文斯然后就为实现复职寻求工会的帮助,而且提出了申诉……。1960年11月中旬,申诉走过了申诉程序的第三个步骤并且进入了第四步……。斯威夫特公司坚持它的立场,即欧文斯的健康状况不佳是解雇他的正当理由,拒绝接受大量的建立在充分的全面的医学检查基础上的关于他的血压已经下降而不是正在下降的医学报告。

1961年2月6日,工会让欧文斯去看一个新的由工会付费的医生来"查明是否我们能得到一些更好的医学证明以便我们可以提交仲裁……"这个检查没有支持欧文斯的主张。当工会收到这个报告,它的执行委员会就投票决定不将欧文斯的申诉提交仲裁……。工会的官员建议欧文斯接受斯威夫特公司的去恢复中心的推荐,并且出于那个目的申诉被暂停了。欧文斯拒绝了这个替代性方案,并且要求工会将他的申诉提交仲裁,但是工会拒绝了。欧文斯的合同救济途径被搁置在了第四步,因此他提出了这个诉讼。在1964年6月的审判开始前不久,申诉最终被工会和斯威夫特公司驳回。

……审判法官提醒陪审团,如果斯威夫特公司错误地解雇了欧文斯,并且如果工会"专横地……没有任何正当动机和理由地……拒绝"将欧文斯的申诉提交仲裁……,上诉人将负有责任。陪审团于是恢复了总体上有利于欧文斯的裁决,这一裁决最终得到了密苏里高院的支持……

在认定欧文斯的申诉主张工会违反了它的公平代表的法定义务之后,法院追溯了委员会的米兰达燃料(Miranda Fuel)原则的历史(前述第1023页);指出了橡胶工人联合会12地方分会诉国家劳动关系委员会案[Local 12, United Rubber Workers v. NLRB, 368 F 2d 12(5th Cir. 1966)],确认了该原则,并且表明它"优先于司法对某些公平代表诉讼的认定";并参阅了优先权的例外情况,质疑委员会是否在有关公平代表的事务上比法官更专业。

在上述考虑之外,公平代表义务原则所服务的唯一利益对将优先权规则运用于这类案件产生了深远的影响……。由国会所促成的和由国家劳动关系委员会所实施的集体协商制度必然使得个人雇员的利益从属于一个谈判单位中所有雇员的利益。参见 J. I. 制箱公司诉劳工局案(J. I. Case Co. v. Labor Board, 321 U. S. 332)……如果我们主张,正如上诉人和政府所极力主张的,委员会的米兰达燃料决定排除了法院的这种传统的监管权,那么,受到专横的和歧视性的工会行为侵害的个人雇员就不能再得到公正地审查他的控诉的保障,因为委员会的事务总长拥有不受审查的自由选择权来拒绝建立一个不当劳动行为控诉。即使这种案件很少,也将损害作为公平代表原则的基础的基本目的。在这种案件中,委员会不愿意或不能纠正工会的违反义务的行为。出于这些原因,从这些案件中国家劳动关系委员会迟迟不行使管辖权,我们不能假设,国会,当它在 1947 年制定《国家劳动关系法》第 8 条(b)时,试图剥夺法院约束个人雇员的法定代表者的专横的行为的传统管辖权。

也存在一些很实用的原因排除优先权……公平代表义务诉讼,这些原因产生于公平代表义务和集体协商合同实施之间的错综复杂的关系。由于事实是,在很多情况下,工会是否已经违反了它的公平代表义务的问题将是根据第 301 条控告雇主违反合同的诉讼的关键性问题。为了予以说明,让我们假设一份集体协商合同,该合同规定解雇必须有充分的理由,不包含申诉、仲裁或者其他意图限制诉诸法院的途径的条款。如果一位雇员毫无理由地被解雇,工会或者雇员都可以根据第 301 条起诉雇主。根据该条,法院拥有管辖权……即使被质疑违反合同的雇主的行为也可能是属于国家劳动关系委员会管辖权范围内的不当劳动行为……

当协商合同包含申诉和仲裁条款,这些条款意图为违反合同的控诉提供唯一的救济途径时,在这些情况下,有关优先权的问题,规则是一样的。如果一位雇员毫无理由地被解雇从而违反了此种协议,雇主的行为可能是不当劳动行为,这并不排除工会提出诉讼,反对雇主强迫雇员将申诉提交仲裁,强迫由仲裁员裁决索赔请求的行为,或者申请强制执行仲裁裁决。

然而,如果被错误解雇的雇员自己在申诉程序尚未用尽之前就诉诸法院,雇主也许会在此种合同提供的唯一的救济途径尚未用尽的基础上进行抗辩。由于雇员的索赔建立在违反集体协商合同的基础上,所以他就应受到那个合同的条款的约束,那个合同约束合同权利行使的方式。出于这个原因,案件就这样解决了,即雇员必须至少试图用尽协商合同所设立的唯一的申诉和仲裁程序。共和国钢铁公司诉马多克斯案(Republic Steel Corp. v. Maddox, 379 U.S. 650)。然而,由于这些合同救济办法是由工会和雇主设计和经常由他们控制的,所以,他们也可以证明,对个人申诉者来说,是不满意的或不可行的。接下来的问题就是,决定在什么情况下,个人雇员可以获得对他的违反合同索赔的司法审查,尽管他不能通过合同救济程序寻求救济。

雇员不应该被限制在合同建立的程序内的一种典型情况……发生在当雇主的行为相当于否认那些合同程序时。参见德雷克面包店诉面包店工人协会案(Drake Bakeries v. Bakery Workers, 370 U.S. 254, 260 - 263)……

……另外一种情况产生于雇员可以寻求司法强制执行他的合同权利时,如果,正如这里真实的情景一样,根据合同,工会享有使用申诉程序的更高阶段的唯一权利,并且,如果,正如这里所宣称的,由于工会错误地拒绝继续进行申诉程序,雇员—原告已经被阻止用尽他的合同救济途径。确实,在此种情况下,雇主没有阻止用尽唯一的合同救济途径……。但是雇主已经违反合同做出了错误的解雇行为,如果不是工会违反它对雇员的公平代表义务,雇主违反合同的行为可以通过符合雇员—原告的利益的申诉程序得以纠正。让雇员在此种情况下不能得到救济将……是巨大的不公。我们不能相信,国会……意图授予工会此种不受限制的自由决定权,以剥夺权利受到侵害的雇员对违反合同行为的所有救济途径。我们也不认为,国会意图通过工会错误地执行此种合同的行为,来保护雇主免受他们的违反协商合同所必然产生的结果的损害。

出于这些原因,我们认为,被错误解雇的雇员在面临建立在没有穷尽合同救济途径的基础上的辩护理由时,可以针对他的雇主提起诉讼,如果雇员能证明,工会作为谈判代表在处理雇员的申诉时违反了它的公平代表义务。为了目前的目的,我们可以假设,工会此种违反义务的行为构成了不当劳动行为,正如国家劳动关系委员会和第五巡回法院所主张的那样。然而,雇员针对雇主的诉讼仍然属于第301条诉讼,并且法院的管辖权,被作为他的第301条诉讼的主要组成部分的事实,即雇员发现证明工会构成了不当劳动行为是必要的,破坏得不比,诉讼可能包括雇主自己的一个不当劳动行为这一事实,破坏得多。法院可以自由地决定他的工会代表的行为是否阻止了雇员的诉讼,如果不是,就继续审理该案件。并且,如果,为了推进案件的进行,雇员加入工会作为被告,情况也不会发生实质性的改变。诉讼仍然是第301条诉讼……。而且,如果雇员,正如欧文斯在这里所做的一样,在独立的诉讼中分别起诉雇主和工会,就关于工会违反义务行为的裁决而言,结果应该不会不同。对于允许密苏里法院在针对斯威夫特公司的诉讼中而不是在针对工会自身的诉讼中对工会的行为进行裁决的规则没有什么值得推荐的。

……很明显,在很多第301条违反合同的诉讼中,法院将被迫对是否存在违反公平代表义务的行为发表意见。如果工会违反义务和雇主违反合同被证实,法院必须给予恰当的救济。据推测,至少在有些案件中,工会违反义务将增加或者导致雇员的损害。一个允许法院在已经起诉雇主和工会的违法行为的案件中仅仅塑造涉及雇主的救济途径的规则,可能会有什么意义呢?根据此种规则,或者雇主被法院强迫对工会的错误负责——实际上是对工会以后的违法行为的极为微小的威慑——或者受到损害的雇员将被迫为了弥补单个的损失而奔走于两个法院之间。而且,在很多案件中,委员会将被迫或者救济由于违反合同行为所产生的损失,这是国会没有分配给它的任务,或者让个人雇员不能因为工会的错误获得救济……

上诉人主张……欧文斯没有证实工会在处理欧文斯的申诉时违反了它的公平代表义务。上诉人也主张,密苏里最高法院在拒绝这个观点时,适用了与联邦法律控制性原则不一致的标准,该原则与工会在处理申诉时对个人雇员所承担的义务有关……。我们同意这两个主张……

只有当工会对集体协商单位的成员做出的行为是专横的、歧视性的,或者不诚实的时候,才可能违反法定公平代表义务……

尽管我们接受了这种主张,即工会不可以专横地忽视一个有价值的申诉或者用敷衍的方式处理它,但是我们不同意,个人雇员拥有这样的绝对权利,即将他的申诉提交仲裁而不顾可适用的集体协商合同的规定……。当赋予工会管理申诉体系和使用仲裁的裁量权时,雇主和工会预期,在缺乏仲裁时,每一个雇员都将试图诚实善意地解决申诉。通过这种争端解决程序,不必要的申诉在进入到申诉程序的成本最高的和最耗时的步骤之前就已经结束了。而且,双方都保证,相似的控诉将相同地对待,并且集体协商合同解释中的主要问题部分可以分离开来以及可能被解决……

如果个人雇员可以不顾他的申诉所具有的价值而强迫将他的申诉提交仲裁,那么由合同所提供的争议解决体系会被实质性地破坏,并因此破坏雇主对工会权力的信任……。而且,根据此种规则,明显更多的申诉将会提交仲裁。这将极大地增加申诉体系的成本和使仲裁程序负担过重以至于使其无法成功运转……。如果在缺乏仲裁时,个人雇员的法定代表被给予诚实善意地处理申诉的合同权力,我们也没有发现这会对个人雇员的利益产生实质性的危害……

出于这些相同的原因,密苏里最高法院在这里所适用的规则不能被支持。工会做出了某个申诉缺乏足够的价值来证明将其提交仲裁具有正当性的决定,而法官或者陪审团后来发现这个申诉是有价值的,这时,如果工会的决定因此违反公平代表义务,那么工会在没有仲裁的情况下解决此种申诉的动机就将严重退化。对整个申诉程序所产生的影响的衰退……将肯定是实质性的。由于工会的法定的公平代表义务通过提供给个人雇员针对雇主(在第 301 条诉讼中)和工会的追偿权而保护个人雇员免受专横地滥用争端解决机制的危害,这种对解决申诉权的严格限制既没有必要也不可取……

……我们不能支持陪审团的裁决,因为我们推断,根据联邦法律,证据不能支撑工会违反了它的公平代表义务的裁决……

作为雇员的法定代表来实施申诉和仲裁体系,工会必须本着诚实善意和以非专横的方式根据特定申诉的价值来做出决定。参见汉弗莱诉摩尔案(Humphery v. Moore, 375 U.S. 335, 349 - 350);福特汽车公司诉霍夫曼案

(Ford Motor Co. v. Huffman, 345 U.S. 330, 337-339)。在一个诸如这样的案件中,当欧文斯向工会提供了支持他的主张的医学证据时,如果工会不理睬欧文斯的控诉或以一种敷衍的方式解决该申诉,那么工会可能违反了它的义务……。但是这里,工会对申诉的处理已进行到第四步,试图为证明欧文斯的情况收集充足的证据,试图为欧文斯在工厂寻求强度较弱的工作,并且与雇主一起努力使欧文斯康复。只有当这些努力都证明不成功时,工会才得出结论,仲裁是毫无结果的,而申诉应该被驳回。没有证据显示,任何工会官员个人恶意地对待欧文斯,或者工会在任何时候不是诚实善意地行为。根据争议中的集体协商合同,个人雇员没有绝对的将他的申诉提交仲裁的权利,以及违反公平代表义务的成立不能仅仅根据潜在的申诉是有价值的证据;在得出这两个结论之后,我们必须得出义务在这里并没有被违反的结论……

对工会违反公平代表义务的恰当的救济必须根据特定违反情况的不同而有所不同。在这个案件中,雇员的控告是,工会错误地没有为他提供针对他的雇主的由集体协商合同设立的仲裁救济方法。但是欧文斯所寻求的损害赔偿金主要是基于那些因为雇主的被宣称违反合同的行为而遭受的痛苦和损害。假设在欧文斯被错误解雇的当时,斯威夫特公司针对直接起诉合同违反行为的唯一的抗辩理由是工会没有将其提交仲裁,比较共和国钢铁公司诉马多克斯案(Republic Steel Corp. v. Maddox, 379 U.S. 650)与史密斯诉晚报协会案(Smith v. Evening News Assn., 371 U.S. 195),并且如果工会没有提交仲裁本身违反了工会对雇员的法定义务,那么没有理由使雇主免除他不得不支付的违约损害赔偿金。难题在于塑造一个恰当的救济体系。

上诉人竭力主张,在此种情况下,雇员应该受制于迫使雇主和工会仲裁潜在申诉的裁决。真实情况是,雇员的诉讼建立在雇主的被宣称的合同违反行为加上工会的被宣称的错误地没有为他提供仲裁这种合同救济途径的行为的基础上。出于这个原因,一项强制仲裁的裁决应该被视为其中一种可行的救济方法,如果工会违反义务被证实。但是我们认为没有理由强硬地要求仲裁适用于所有的案件。在有些案件中,例如,雇员的损害至少可以部分地归因于工会违反义务的行为,并且根据协商合同,仲裁员可能无权裁决针对工会的损害赔偿要求。在另一些案件中,可仲裁的事务可以在审理公平代表争议的过程中得以实质性的解决。在此种情况下,法院应该可以自由地决定根据合同的债权,以及给予雇员恰当的损害赔偿金或合理的救济……

于是,控制性的原则就是根据雇主和工会各自的错误所导致的损害而分配责任。① 因此,只能归因于雇主违反合同行为的损害赔偿不应该要求工会承担,但是由于工会拒绝处理申诉的行为而导致的任何增加的损害赔偿,如果有的话,不应该由雇主来承担。在这个案件中,即使工会违反了它的义务,所有的或者几乎所有的欧文斯的损害赔偿金将仍然归因于所宣称的斯威夫特公司的错误解雇行为。基于这些原因,即使这里的工会确实违反了义务,但是,很明显,损害赔偿判决仍然是不恰当的。

被撤销了。

福塔斯法官的意见,与该结果一致,在此省略。首席法官和哈伦法官也与福塔斯法官意见一致。

布莱克法官基于这些理由发表了不同意见:欧文斯,尽管有一个他被错误解雇的司法判决,他仍然被法院置于无法得到救济的状态。在布莱克法官看来,工会放弃仲裁的诚实善意的决定虽然可能适当地使工会免于承担合同责任,但是不应该也使雇主免于承担合同责任。雇员的申诉的价值应该由陪审团或仲裁员来决定,他主张,但是根据法院的裁决,"它从来不被他们之中任何一个所决定。"此反对意见不考虑法院的关注点,即工会对个

---

① 18. 这里,我们不处理这样的情况,即工会肯定地导致了雇主作出所宣称的违反合同的行为。在那种案件中,工会的行为被认为是不当劳动行为,国家劳动关系委员会裁决雇主也构成了不当劳动行为,并且主张,工会和雇主连带地和分别地对某个作为他们共同歧视的对象的雇员的欠薪负责……即使这种方法对类似的第301条和义务违反诉讼适合,在这里它也不能适用。由于工会在斯威夫特公司的被宣称的合同违反行为中没有起任何作用,并且由于斯威夫特公司也没有在工会的被宣称的义务违反行为中起任何作用,所以,为其中一位的错误承担共同责任是不正当的。[正文中重排脚注。——编者注]

人申诉需要拥有广泛的自由决定权:"我只是没有看到工会作为法定代理人的法定角色如何被这些所破坏,即要求工会继续处理所有严重的申诉直至有一个结果,或者在受到损害的雇员已经给予了工会为了他的利益而行为的机会之后,允许受到损害的雇员起诉他的雇主。"(386 U.S. at 209)

**注释和问题**

**1. 集体协商合同创设个人权利吗?** 布莱克法官在维卡案中的反对意见反映了他的观点,雇员根据劳动合同拥有既得权,这种权利在没有得到雇员的同意时不被任何一个签字方所改变。也参见西蒙斯诉联合新闻有限公司案[Simmons v. Union News Co., 382 U.S. 884(1965)](布莱克法官不同意对诉讼文件移送命令的拒绝)。他的观点似乎难以与钢铁工人联合会案(*Steelworkers*,前述第740页),在申诉仲裁作为谈判程序的后续程序方面的观点一致。它也会被维卡案中的多数派所否决吗?20世纪50年代,考克斯教授主张,包含申诉程序的集体协商合同应该被推定为意图为雇主创设本只由工会承担的义务,只要工会履行了它对所代表的雇员的信托义务。阿奇博尔德·考克斯:《依据劳动协议的权利》,载于《哈佛法律评论》第69卷(1956),第601页[Archibald Cox, Rights Under a Labor Agreement, 69 *Harv. L. Rev.* 601(1956)]。考克斯教授的观点为维卡案中的多数派所接受吗?费勒教授,在钢铁工人联合会案诉讼中代表工会,后来主张这种观点,即集体协商合同不创设雇员权利,只创设限制雇主管理工作场所的自主决定权的规则。大卫·费勒:《集体谈判协议的一般理论》,载于《加利福尼亚法律评论》第61卷(1973),第663、774、792、811页[David Feller, A General Theory of the Collective Bargaining Agreement, 61 *Cal. L. Rev.* 663, 774, 792, 811(1973)]。维卡案支持费勒教授的理论吗?也参见伯纳德·都劳:《雇员在集体谈判的申诉部分的参与》,载于《哥伦比亚法律评论》第50卷(1950),第731页[Bernard Dunau, Employee Participation in the Grievance Aspect of Collective Bargaining, 50 *Colum. L. Rev.* 731(1950)]。

**2. 单个雇员根据《铁路劳动法》享有的合同权利。**《铁路劳动法》赋予铁路工人将他自己的申诉提交调解委员会的权利。因此，最高法院裁决，工会处理申诉需要实在的授权，由个人授予或者来自于工会章程或惯例或习惯的授权。参见埃尔金、乔利埃特以及东部铁路公司诉伯利案 [Elgin, Joliet & Eastern Ry. Co. v. Burley, 325 U.S. 711(1945), opinion adhere to, 327 U.S. 661(1946)]。考虑到工会的公平代表义务和《铁路劳动法》1951年修正案认可工会安全协议，那么，应该存在更强烈的司法意愿去裁决工会被授权解决个人的申诉吗？参见匹茨克诉纽约世纪公关公司案 [Pyzynski v. New York Cent. P. R. Co., 421 F. 2d 854(2d Cir. 1970)]，显示，工会可以更为灵活地解决争端被证明具有正当性，部分是因为对个人的"唯一的保护一般依赖于[他的工会的]谈判技巧和力量"。但是参见格拉夫诉埃尔金、乔利埃特以及东部铁路公司案 [Graf v. Elgin, Joliet & Eastern Ry. Co., 697 F. 2d 771, 778-781(7th Cir. 1983)] 表明，单个雇员将他自己的不满诉诸法院的《铁路劳动法》权利是限制铁路工会公平代表义务的一个附加的理由。

**3. 合同履行 vs. 合同订立。**即使个人根据劳动合同没有如劳动合同所写的那样拥有完全的权利执行索赔，工会对建立在合同基础上的预期的让步的自由应该窄于根据奥尼尔案的"广泛的合理性"吗？"广泛的合理性"适用于工会对合同订立阶段的互相冲突的利益的调解。参见克莱德·W. 萨默斯：《根据集体合同的个人雇员的权利：什么是公平代表？》，载于《宾夕法尼亚大学法律评论》第126卷(1977)，第251页 [Clyde W. Summers, The Individual Employee's Rights Under the Collective Agreement: What Constitutes Fair Representation?, 126 U. Pa. L. Rev. 251 (1977)]。对在合同履行过程中工会对合同索赔的妥协的正当理由施加比在合同谈判过程中工会对雇员利益的妥协的正当理由更重的负担，会破坏工会作为集体代表的角色吗？考虑这些来自于哈珀与卢浦，同前，第1260页，1261—1263页的摘录：

合同权利规范的支持者倾向于忽视在谈判单位内的合同履行的分配的重要含义。履行也要求工会作出分配的判断,这与在谈判阶段作出的分配判断同样重要。像所有合同一样,产生于集体劳动协商的雇主和工会之间的分配协议也需要解释和细化。消除用词的歧义,填补合同的空白,以及调整合同条款以适用无法预见的发展的需要对集体劳动合同特别重要,因为他们意在为多种雇佣关系设立综合性的管理法规。

雇主作为反对方的存在将加强该推论的效果,推论认为,合同履行是集体协商的持续的政治斗争的组成部分。合同的任何一方,资方或者工会,可以通过获得另一方的同意,或者通过说服合同仲裁员采用某种特别的解释,合法地修改协议。资方要求变更合同以服务于其整体利益的权力是毋庸置疑的。因此,强有力的和力量对称的集体协商要求,工会拥有类似的权力以继续服务其单位的福利的构想。如果工会一定会增进个人雇员的合同所保证的利益,而以雇员的整体的可能获得的利益的牺牲为代价,那么,集体协商就变得倾斜和不对称了——对雇员的利益而言是死板的,而对资方的利益而言则非常灵活。因此,即使集体合同确实创设了雇员可以用以主张对抗资方的权利,这些权利应该保证在排他性代表的持续性控制之下,因此,将继续从属于谈判代表的继续增进谈判单位的福利的不断的努力之中……

你同意这一说法吗?

**4. 将没有被公平代表的雇员放在一个更好的位置上?** 假设工会没有寻求仲裁违反了它的公平代表义务。维卡案中,法院说服你,个人不应该受制于强制仲裁的裁决了吗?为什么工会的违反行为应该为雇员创设一些《国家劳动关系法》所没有明确规定的东西呢——针对工会的私人索赔救济?为什么没有被公平代表的雇员应该拥有一种被公平代表的雇员所没有的救济方式呢?而且,为什么工会的违反行为应该剥夺由合同规定的雇主所享有的仲裁的救济方法呢？

考虑以下由艾斯托伊克提出的建议，《双赢的劳动法改革》，同前，第674—675页：

> 根据现行法律的规定，被公平代表的雇员只能使用由集体合同所阐述的申诉程序和仲裁救济。然而，控告不公平代表的雇员可以不顾合同的终局规定，直接诉至法院。工会将被要求在陪审团面前为它的申诉处理和仲裁决定辩护，并且如果陪审团不同意它的决定，它可能要支付损害赔偿金。
>
> 法律应该修改，将没有被公平代表的雇员置于与被公平代表的雇员相同的位置：被判决违反公平代表义务应该结果只导致重新仲裁的救济方法的产生，如果工会同意授权仲裁员在雇主和工会之间分配欠薪的责任的话。在那些公平代表义务的违反包括工会和雇员之间的利益的冲突的情况下——而不是仅仅错误地处理了雇员的申诉——雇员应该被允许选择他或她自己的律师……用工会的资金予以赔偿。

你同意这一说法吗？

**5. 合同修改的维卡权利？** 集体合同建立了以仲裁结束的四步申诉程序。它的规定如下：(a) 所有的雇员将受制于工会和雇主之间有关申诉的协议或和解。(b) 如果在本规定确定的时限内，工会没有将申诉进行到申诉程序的下一步或者进行到仲裁阶段，那么将构成工会同意雇主对该申诉的先行处置。(c) 任何一个雇员不拥有对这个协议主张法律诉讼的权利，除了为了应计的费用、休假福利，或者法律规定的年金权利的法律诉讼。(d) 任何申诉对他的申诉处理不公的雇员将拥有诉诸工会设立的公共复审委员会的权利，该委员会由劳动关系专家组成，这些专家与工会或雇主都没有任何其他关系，参见后述第1089页注释3；并且委员会，如果发现工会违反了公平代表义务，将拥有恢复申诉和强制仲裁的权力。公共复审委员会的裁决是终局的和有约束力的。鉴于维卡案,就此种协议意在阻止个人对协议的诉讼而言,它会有效吗?参见克莱顿诉联合汽车工人国际工会案[Clayton v. Int'l Union, United Automobile Wkrs., 451 U.S. 679(1987)],见后述第1061页。

### 注释:海恩斯诉启航汽车货运有限责任公司案

Hines v. Anchor Motor Freight, Inc.

在海恩斯诉启航汽车货运有限责任公司案[Hines v. Anchor Motor Freight, Inc.,424 U.S.554(1976)]中,公司因为8名卡车司机虚报一晚的汽车旅馆费用而解雇了他们。司机们建议调查汽车旅馆,工会没有按照该建议做;而是,工会让司机们放心,声明,他们不应该为了区域联合委员会为他们的申诉举行的听证而聘请他们自己的律师。当公司强有力的凭证证据提交到听证会上时,只遭到了司机们否认的抗辩。在区域委员会支持了解雇决定之后,司机们聘请了律师,并且要求重新举行听证,因为汽车旅馆的主人承认其职员可能对申请者要价过高,篡改了记录,并且侵吞了要价过高的部分。委员会拒绝缺乏新的证据的重新听证。司机然后就起诉了公司和工会,主张违反了合同的"正当理由"规定和违反了工会的公平代表义务。在证言中,汽车旅馆职员承认篡改了记录。然而,地方法院同意了对被告的即决判决,理由是,"仲裁"委员会的裁决对雇员有约束力,并且没有证据表明工会的"不诚实、专横或敷衍了事"。第六巡回法院推翻了对地方分会的即决判决,但是没有推翻对雇主的即决判决。最高法院,承认推翻对工会的即决判决的正确性,但是推翻了对雇主的即决判决。怀特法官,代表法院,扩展了维卡案,宣称,违反公平代表义务,"如果它严重地破坏了仲裁程序的完整,也排除了合同的终局规定的阻挡性"。他继续说道(424 U.S. at 570–572):

……根据[上诉法院的]裁决……,除非雇主被牵扯进工会的违法行为或者以其他方式导致了仲裁程序的错误,针对启航汽车货运有限责任公司案,上诉人将没有任何救济方法,即使他们[证实了]工会的不诚实,针对他们的指控的不正当,以及启航汽车货运有限责任公司毫无理由的解雇行为违反合同。该裁决将显然支配甚至……表明工会捏造了证据并且明知……那是错误的情况;或者即使,不为雇主所知,工会已经贿赂了仲裁员,从而对讨厌的工会会员造成损害。由于这是存在没有用尽救济途径的事实的案件,……我们不能认为,国会意图阻止雇员使用他的第301条救济,国会不阻止的话,如果合同途径被工会的违反忠诚地、善意地和不激起怨恨地或不专横地代表雇员的义务的行为所严重损害,那么,第301条救济是可行的……

上诉人无权再次针对解雇行为起诉,仅仅因为他们提供了新发现的证据……即他们被解雇毫无理由。申诉程序不能被期望是完全没有错误的。终局条款有足够的力量战胜偶尔的错误。但是,暗示即使在工会对雇员的代表是不忠诚的、恶意的或者歧视性的情况下,错误的仲裁裁决也必须维持,就是另外一回事;因为在那种情况下,最为严重的错误和不公正将会增加。然而,合同体系将结束其作为适合的寻求个人损害赔偿的机制的资格,个人的损害是由于雇主不遵守合同而产生的……。在我们看来,在仲裁员已经犯错的情况下,强制执行终局条款依赖于工会已经很好地履行了它的与仲裁程序有关的公平代表雇员的法定义务……

如果上诉人证实了错误的解雇和工会违反义务玷污了联合委员会的决定,那他们有权获得针对雇主和工会的恰当的救济方式。

斯图尔特法官单独地表示同意。史蒂文斯法官没有参与该案件的审理。

伦奎斯特法官,与伯格首席法官一起,发表了反对意见,主张,针对雇主的诚实行为的救济将建立在工会作为顾问是无效的基础上;这将会损害仲裁裁决的终局性;并且,给予针对工会的救济是没有必要的。

第十三章 有限的主权:雇员和谈判代表人之间的关系 1301

**注释和问题**

**1. 海恩斯案是维卡案所要求的吗?** 在维卡案之后,海恩斯案法院能判决,劳动合同的终局条款使得雇主不会被没有被公平代表的雇员起诉吗?

**2. "敷衍的"申诉处理仅仅包括"疏忽"吗?** 一些法院已经主张,维卡案和海恩斯案中对"敷衍的"申诉处理的参考意味着,应该对工会在履行他们的合同执行功能时的疏忽苛以责任。想想,例如,在鲁兹卡诉通用汽车公司案[Ruzicka v. General Motors, 523 F. 2d 306 (6th Cir. 1975)]中的事实。鲁兹卡因为工作时酗酒和口头辱骂他的上司而被解雇。在没有对基本事实提出异议的情况下,鲁兹卡提出了申诉,主张惩罚太严厉了。工会按时提出了仲裁的要求,但是令人费解的是,它忽略了集体合同所要求的对申诉的细节的描述。由于这种疏忽,申诉不能继续进行下面的程序,所以鲁兹卡起诉工会。第六巡回法院认为,"疏忽的和敷衍的处理"鲁兹卡的申诉构成不公平代表。

比较卡马乔诉丽思-卡尔顿水塔公司案[Camacho v. Ritz-Carlton Water Towers, 786 F. 2d 242(7th Cir. 1986)]。在那里,第七巡回法院采纳了这样的观点,疏忽履行公平代表义务的责任将使法院卷入最好由申诉程序处理的纠纷中,并且,产生作为集体的组成部分的雇员可能不愿意承担的费用:

> 使用建立在因果关系或者疏忽基础上的标准也会侵犯雇员的权利,即雇员选择他们愿意为其付费的照料的水平。工会代表……在处理申诉之外经常还承担很多义务。他们不是律师或私家侦探。他们可能了解集体协商合同的细节,但是缺乏诉讼律师的技能。工会只能通过支付很高的费用来获得好的诉讼团队的技能和毅力。这些很高的费用是这些技能的市场价值。工会可能选择依靠兼职的、没有经过训练的、工作过度的申诉者——在很多案件的结果上不可避免地存在区别——而不是购买代表的更高质量。(同上,第244—245页)

尽管该问题没有直接地摆在它面前,最高法院似乎已经在美国诉罗森案[United States v. Rawson, 495 U.S. 362, 372, 373(1990)]中接受了非"仅仅疏忽的"责任主张,在这个案件中,它陈述道:"从总体上来看,法院认为,仅仅疏忽,即使在强制执行集体协商合同时,不意味着对违反公平代表义务的索赔权,并且我们今天赞同那种观点。"也参见比弗斯诉造纸工人联合国际工会第1741分会案[Beavers v. United Paperworkers Int'l Union, Local 1741, 72 F.3d 97, 100(8th Cir. 1995)];韦布诉ABF货运系统有限责任公司案[Webb v. ABF Freight System, Inc., 155 F.3d 1230, 1240(10th Cir. 1998)](两个案件都引用罗森案来证明主张,即措词"敷衍的"不仅仅包括疏忽)。如果疏忽还不够,那么什么将构成"敷衍的"申诉仲裁处理呢?参见同上("敷衍的"意味着工会"做事缺乏关心或担忧,或者给予控诉以仅仅粗略的注意")(内部引用被省略);也参见皮特诉伯灵顿北方铁路公司案[Peters v. Burlington Northern Railroad Co., 931 F.2d 534, 539-540(9th Cir. 1990)](复审案件,推断出,"仅仅疏忽"和"敷衍的"标记反映了连续体的相对两端,试图区分在判断上的失误,如在评估申诉的价值上,与"难以理解的行为",如没有对申诉进行哪怕最低限度的调查)。

哈珀教授和卢浦教授认为,平等保护准则,而不是最低限度的称职的代表准则,可以支持对将无法解释的疏忽作为对工会违反它的通常的申诉程序标准的抗辩理由的拒绝。哈珀与卢浦,同前,第1276页。也参见詹姆斯·D.霍说:《充分代表的合同义务》,载于《芝加哥-肯特法律评论》第63卷(1987),第255页[James D. Holzhauer, The Contractual Duty of Competent Representation, 63 Chi.-Kent L. Rev. 255(1987)]。

**3. 工会内部利益的分化。** 在史密斯诉哈斯曼制冷有限公司案[Smith v. Hussman Refrigerator Co., 619 F.2d 1229(8th Cir.)](全院庭审)中,重新听证被拒绝了,意见被澄清了[633 F.2d 18 (1980)],集体合同规定:"公司认可建立在持续为公司服务的时间基础上的资历原则。资历,做事的技能和能力在公司做出晋升、调动、裁员和回聘的决定时将会被考虑。如果做事的技能和能力实际上相当,资历将起主要作用。"公司公布了四个空缺职位,在面试候选人之后,将工作分配给了四位比一些工会会员资历浅的雇员,这些会员说服工会为了他们的利益而提出申诉。工会没有将仲裁的消息通知给那些成功获得工作的雇员,并且他们也都没有出现在仲裁过程中。仲裁员做出了有利于其中两位申诉人的裁决,结果撤销了对其中两位成功获得工作的雇员的任命。工会违反了它的公平代表义务吗,如果它仅仅因为申诉者具有较高的资历就决定进行申诉的话?没有将仲裁的消息通知给那些成功获得工作的雇员,工会违反了它的公平代表义务吗?即使工会考虑到涉及的所有雇员的价值,并且决定,即便与资历无关,申诉者与那些获得职位的雇员也具有同样的资格,工会也违反了公平代表义务吗?它与这些问题有关吗?这些问题是指资历条款是作为妥协的产物而议定的,即工会寻求获得对资历的最大保护和雇主寻求最大化他的根据价值来任命的裁量权之间的妥协。工会应该被迫承担准司法的角色吗——平衡资历较高的员工和那些成功获得工作的员工之间的利益——当雇主将完全代表相反的利益时?参见费勒:《集体谈判协议的一般理论》,同前。

**4."公正的程序"?** 法院和委员会应该运用公平代表义务理论来要求工会在申诉处理中采用"公正的程序"吗?"公正的程序"而不是"公正的实质性结果"的进路为个人利益和集体利益之间提供了一种更好的和更容易达致的平衡吗?参见李·A. 范德维尔德:《工会公平代表义务的正当程序模式》,载于《明尼苏达法律评论》第 67 卷(1983),第 1079 页[Lea A. VanderVelde, A fair Process Model for the Union's Fair Representation Duty, 67 *Minn. L. Rev.* 1079(1983)];罗斯·E. 凯特:《公平代表的竞争模式:敷衍处理的案例》,载于《波士顿学院法律评论》第 24 卷(1982),第 1 页[Ross E. Cheit, Competing Models of Fair Representation: The Perfunctory Processing Cases, 24 *B. C. L. Rev.* 1(1982)];注释,《公平代表义务:一种理论结构》,载于《得克萨斯法律评论》第 51 卷(1973),第 1119 页[The Duty of Fair

Representation: A Theoretical Structure, 51 *Tex. L. Rev.* 1119（1973）]。或者施加额外的合同的程序要求会妨碍工会获得集体收益的努力吗？不是司法强加的程序要求，那么程序主义者的审查——工会是否遵守了它一贯的程序，工会的程序是否一般也为其他的劳工组织所使用——能用作识别具有不适当的动机的工会决定的方法吗？

**5. 适用。** 在以下情况下，工会应该被认为已经违反了它的公平代表义务吗？

a. 工会代表，在诚实善意地做事，没有咨询工会的律师的情况下，基于"该申诉肯定会输"以及雇主和会员都厌倦了在"不必要的申诉"上花费金钱的理由，没有将解雇申诉提交仲裁。在申诉期间届满后，一位律师断定，赢的机会不会少于40%—60%，并且准备根据维卡诉塞普斯案（Vaca v. Sipes）的权力起诉工会和雇主。如果涉及10天的停工，你的答案会不一样吗？参见库斯诉法拉第案 [ Curth v. Farady, 401 F. Supp. 678 (E. D. Mich. 1975)]。

b. 琼斯（Jones），一位工作了很长时间的雇员，因为酗酒被解雇，而马弗里克（Maverick）则因为斗殴被解雇。马弗里克由于激进的政治主张和难以相处的个性而不被他的同事和上司所喜欢。工会认为这些解雇已成定论，并且它在仲裁中肯定会输。工会和雇主同意琼斯复职，但是对马弗里克的解雇将保留。参见码头工人和仓库管理人协会第13地方分会诉太平洋海事协会案 [Local 13, Longshormen's and Warehousemen's Union v. Pacific Maritime Ass'n, 441 F. 2d 1061, 1068 (9th Cir. 1971)]；哈里森诉联合运输工会案 [Harrison v. United Transp. Union, 530 F. 2d 558 (4th Cir. 1975)]。

c. 一家公司怀疑是雇员的不诚实导致了它其中一个午餐柜台的额外的支出。工会开始拒绝了公司关于全部或部分替代该柜台的工作人员的要求。后来，在工会检查了公司的账簿并且发现雇员普遍的盗窃证据之后，它同意试验性地暂停五位柜台员工的工作。午餐柜台的成本自那之后就下降了，并且，根据之前与工会签订的协议，公司解雇了所有这五名员工。他们控诉解雇违反了集体合同的"正当理由"条款,但是工会拒绝处理他们的任何申诉。参见联合新闻有限公司诉希尔德雷思案[Union News Co. v. Hildreth, 295 F. 2d 658 (6th Cir. 1961)] 西蒙斯诉联合新闻有限公司案[Simmons v. Union News Co. ,382 U. S. 884(1965)]。

**布赖宁格诉金属板工人国际工会第 6 地方分会案**

Breininger v. Sheet Metal Workers' Local Union No. 6
493 U. S. 67(1989)

布伦南法官宣布了法院的裁决。

根据联邦劳动法,这个案件提出了两个问题:第一,国家劳动关系委员会是否对工会会员的控诉拥有排他性管辖权?工会会员控诉,工会职业介绍所推荐工作时歧视他,因此工会既违反了公平代表义务,又违反了1959年《劳资报告和公开法》;第二,根据《劳资报告和公开法》第101条(a)(5)和第609条,由于他与工会的领导存在政治上的对立而被工会宣称将拒绝通过职业介绍所推荐他就业,这是否产生了索赔权……

I

上诉人林恩·L. 布赖宁格(Lynn L. Breininger)一直是被上诉人工会的会员,被上诉人是金属板工人国际工会的第 6 地方分会。根据一份多雇主的集体协商合同,被上诉人运营着一间职业介绍所,通过它,推荐建筑工作给工会的会员和非会员。被上诉人保留有一份失业名单,记载着愿意被推荐工作的人员。当雇主因为需要员工而与被上诉人联系时,他可以通过点名要某人。如果他不这么做,工会将从名单的第一个开始,并且试图按顺序通过电话联系每位登记的工人,直至满足雇主的要求为止。职业介绍所不是金属板工人就业的唯一渠道;他们可以自由地通过其他机制寻找工作,而且雇主并不是只能雇佣那些由工会推荐的人。被上诉人根据特殊协定保留了一份工作推荐清单,特殊协定是一份单独的集体协商合同,该协定适用于岔道建筑、装饰建筑和金属建筑的工作。

上诉人宣称,被上诉人拒绝尊重雇主对他的服务的特殊要求,并且在进行工作推荐时跳过了他。他还主张,被上诉人拒绝进行他的有关这些事情的内部工会申诉……

地方法院认为它缺乏对上诉人诉讼的管辖权,因为"职业介绍所推荐就业中的歧视构成不当劳动行为",对此,国家劳动关系委员会拥有专属管辖权……

上诉法院以简洁的多数意见予以肯定。关于公平代表主张,法院指出,"巡回法院一贯认为……公平代表控诉必须提交委员会裁决",并且"如果雇员不能肯定地指出他的雇主违反了集体协商合同,这也正是在这个案件中上诉人所没有做到的,他不可能获胜。"……关于《劳资报告和公开法》的起诉理由,上诉法院认为,"由于推荐体系的歧视不侵害雇员的会员权利,所以不构成《劳资报告和公开法》含义内的'处分'",并且"职业介绍所推荐就业并不是工会会员资格的作用,因为推荐就业对于非会员与对会员是一样的"……

II

……我们否认这样的看法,即国家劳动关系委员会应该拥有对职业介绍所公平代表控诉的专属管辖权,因为它在过去曾经有管辖职业介绍所案件的经验。作为最初的事务,我们从来没有表明,维卡诉塞普斯案[Vaca v. Sipes, 386 U.S. 171(1967)]裁决包括建立在公平代表控诉所提出的主旨基础上的例外,建立在国家劳动关系委员会在劳动法涉及的特殊领域所拥有的相关专门技能基础上的例外,或者建立在任何其他因素基础上的例外……

我们在维卡案中的推论绝不意味着……一个公平代表诉讼要求伴随着对雇主违反合同的控诉。实际上,最早的公平代表诉讼包括针对工会违反集体协商合同谈判义务的控诉,在这种情况下,没有针对雇主违反合同的诉讼是可能的。参见福特汽车公司诉霍夫曼案[Ford Motor Co. v. Huffman,

345 U. S. 330(1953)];斯蒂尔诉路易斯维尔和纳什维尔铁路公司案[Steele v. Louisville & Nashville R. Co. , 323 U. S. 192(1944)]。

被上诉人主张,维卡案中的重要事物,即针对雇主和工会的诉讼应该在同一个法院审理,适用于职业介绍所的情况,因为由上诉人提起的任何针对雇主的诉讼不是以第301条为前提,而是以一种看法为前提,这种看法是,雇主知道工会行为违反了第8条(b)(1)(A),并且在了解的基础上做出了一个雇佣决定。雇主因而违反了《国家劳动关系法》第8条(a)(3),参见华勒斯公司诉国家劳动关系委员会案[Wallace Corp. v. NLRB, 323 U. S. 248, 255-256(1944)]。并且被认为与工会一起承担共同连带责任,但是只是在提交委员会的控诉中。在职业介绍所的情况下,允许法院审理针对工会的公平代表控诉将造成提交法院和国家劳动关系委员会的程序的分裂的危险。据被上诉人所讲,第301条控诉的缺乏,要求我们应该坚持主张,国家劳动关系委员会对上诉人的公平代表诉讼拥有专属管辖权。

此案中的情况完全不同于维卡案中的情况。在职业介绍所的背景下,委员会可以针对工会提出一个控诉,声称违反第8条(b)(1)(A),并且同时根据第8条(a)(3)提出一个针对雇主的平行诉讼,而一点也不涉及公平代表义务。或者,正如此案中一样,雇员可以提出一个控诉,仅仅针对工会错误地拒绝推荐工作。在维卡案中,宣称工会已经违反了它的公平代表义务是针对雇员的第301条控诉的必要组成部分,反之在这里则是不正确的:针对工会的诉讼不需要伴随着对雇主违反合同的指控,因为不管雇主的责任如何,雇员都仍然保有针对工会的法定控诉权。在联邦法院,雇员提出他的公平代表控诉可能是为了让它与第301条控诉结合起来,但是,这一事实并不意味着,他必须向委员会提交公平代表控诉,为了让它与假定的针对雇主的从未真正提出的不当劳动行为的案件"结合"起来。

……因为联邦法院对公平代表控诉的管辖权是存在的,不管它是否伴随着根据第301条而提起的针对雇主的违反合同控诉,并且因为公平代表控诉是一个独立于任何针对雇主的可能诉讼的诉因,所以,我们拒绝采纳一项这样的规则,即对任何公平代表诉讼的专属管辖权都属于国家劳动关系委员会,公平代表诉讼的针对雇主的假定的伴随的控诉可能会向委员会提出……

被上诉人主张,即使联邦法院的管辖权是正当的,上诉人也因为两个原因而不能主张公平代表控诉。

第一,被上诉人指出,我们将《国家劳动关系法》第8条(a)(3)解释为,仅仅在雇主意图在工会有关的基础上进行歧视时,才禁止雇主在雇佣时的歧视。参见国家劳动关系委员会诉布朗案[NLRB v. Brown, 380 U. S. 278, 286(1965)]。被上诉人主张,对称性要求我们将第8条(b)(2)解释为,只禁止建立在工会有关的标准上的歧视,而不是禁止工会就业推荐体制的任何其他形式的管理不善。被上诉人主张,根据这种标准,它在这个案件中没有任何不当劳动行为。根据被上诉人的看法,《劳资关系法》反映了国会故意决定将第8条(b)(2)的范围限制在这些案例中,即工会仅仅基于工会会员资格或者缺乏会员资格进行歧视的案例。如果公平代表义务被理解为涉及的范围比《国家劳动关系法》的不当劳动行为条款涉及的范围更广,那么这种决定将被否定。

我们不需要决定第8条(b)(1)(A)和第8条(b)(2)的恰当的范围,因为我们否认了这种主张,即公平代表义务应该根据不当劳动行为来定义。被上诉人的主张基于错误的三段论:(a)因为米兰达燃料公司案[Miranda Fuel Co., 140 N. L. R. B. 181 (1962), enf. Denied, 326 F. 2d 172 (CA2 1963)],确认了,违反公平代表义务也是不当劳动行为,以及(b)这个案件中的行为不是不当劳动行为,因此(c)它肯定也不违反公平代表义务。此三段论的错误在于,没有理由将对公平代表义务的违反与不当劳动行为相等同,特别是在努力缩小前者的范畴的情况下。

公平代表义务并不意图反映第8条(b)的轮廓;相反,它独立地产生于《国家劳动关系法》的第9条(a)对工会代表特定谈判单位的所有雇员的排他性权力的授予……

被上诉人的论点假设,根据第8条(b)所规定的不当劳动行为,1947年通过的《劳资关系法》以某种方式限制了工会的公平代表义务。我们从来没有采纳过此种观点,而且我们今天也拒绝这么做。

第二,被上诉人坚持认为,上诉人没有详细阐明他的控诉,因为在职业介绍所的背景下,工会基本上是如雇主那样,将职位要求与可用的人员相匹配。在此种情况下,由于工会不是作为谈判代理人来"代表"雇员,所以被上诉人主张,应该完全解除它的公平代表义务。

我们不能接受这种类比。只有依赖工会作为委员会认可的谈判代表的地位,以及依靠集体协商合同授予它的权力,工会才能获得通过职业介绍所推荐工人就业的能力。与这种权力相伴随的是以非专横的和非歧视的方式来行使这种权力的义务,因为谈判单位的成员已经将代表他们的任务委托给了工会。职业介绍的特殊功能看起来像雇主可能履行的任务的这种论点没有任何意义。关键在于工会在执行合同的规定,而我们一贯认为这要受制于公平代表义务。"工会在集体协商合同的谈判和执行的过程中作为排他性谈判代理人所拥有的毋庸置疑的广泛的权力伴随着同等范围的义务,即公平代表的义务和责任。"……

工会在职业介绍中所承担的,被上诉人认为是"雇主的"角色,绝不会使得公平代表义务不适用。当资方在职业介绍所的环境外行使工作权力时,专横的或歧视性的行为倾向于通过申诉机制引起强烈的回应。然而,在工会的职业介绍所,权力的平衡不复存在。被上诉人认为,在职业介绍所,工会承担了雇主的职责,如果这种主张是正确的话,那么个人雇员将独立对抗单个的实体:联合的工会/雇主。……总而言之,如果工会在职业介绍所通过承担雇主的角色确实拥有了额外的权力,那么它行使那种权力的责任也适度地增加了而不是减少了。这是从斯蒂尔诉路易斯维尔和纳什维尔铁路公司案[Steele v. Louisville & Nashville R. Co., 323 U.S., at 200]以来我们的公平代表案件的一贯逻辑。

我们否决了被上诉人关于上诉人的控诉没有证明公平代表索赔权的主张。

该主张的第三部分在内部工会管理那一章会再次出现,后述第1083页。

## 注释和问题

**1. 不对称的义务**。联邦劳动法并不禁止雇主由于员工对资方的个人敌意而拒绝雇佣他。那么为什么劳动法应该禁止工会的此种歧视呢?

**2. 布赖宁格案主张的范围?** 布赖宁格案意味着,根据公平代表义务,只要工会行使任何一般由雇主所保留的权力,工会就拥有可强制实施的责任吗? 想想,例如,工会被授权监督工作场所的安全性。强加公平代表责任的义务会阻碍工会谋求此种权力来使雇员在健康和安全的环境下工作从而有利于雇员吗? 与有关强加义务于工会对职业介绍所的运转相比,这里的担心有什么不同吗? 那么对于申诉程序呢?

**3. 委员会的规制会更好吗?** 在布赖宁格案中,法院的裁决可以归因于对委员会规制工会职业介绍所的权力的限制,而这种权力在卡车司机工会第357地方分会诉国家劳动关系委员会案(前述第1012页)中得到认可。根据第8条(b)(1)和第8条(b)(2)扩大委员会规制工会对职业介绍所的管理不善的权力,以便使雇员的控诉受益于委员会的专业判断,并且工会和雇主同样能受益于事务总长审查没有说服力的控诉的权力,这样会更好吗?

**4. 在职业介绍所背景下"被加重的"工会责任?** 在奥尼尔案(前述第1024页)中,法院确定,三部分维卡诉塞普斯标准"适用于所有的工会行为"(499 U.S. at 67)(加强强调)。也回想一下在美国诉罗森案(前述第1053页注释2)中,法院认可这种观点,即仅仅疏忽不违反公平代表义务。这些裁决不得不产生这样的结果吗? 即在职业介绍所运营中的仅仅疏忽的行为不违反公平代表义务。在工会运营一个排他性职业介绍所时疏忽大意而没有按照恰当的顺序推荐一位雇员就业的案件的裁定中,委员会认为是这样的。参见蒸汽系统工人协会第342地方分会(康特拉科斯塔电力有限公司)案[Steamfitters Local Union No. 342(Contra Costa Electric, Inc.), 329 N.

L. R. B. 688(1999)],推翻了钢铁工人联合会118地方分会案(加利福尼亚的建设者)[Iron Workers Local 118 (California Erectors), 309 N. L. R. B. 808(1992)]。然而,巡回法院撤销并发回重审,指出,奥尼尔案和罗森案都不是职业介绍所案件,并且提到,法院在布赖宁格案中主张,"如果工会在职业介绍所通过承担雇主的角色确实拥有了额外的权力,那么它行使那种权力的责任也适度地增加了而不是减少了。"雅各比诉国家劳动关系委员会案[Jacoby v. NLRB, 233 F. 3d 611, 616(D. C. Cir. 2000)(quoting 493 U. S. at 89)](原文中有强调)。发回重审的过程中,委员会将法院的裁决作为该案的规则,并且因此认为奥尼尔案和罗森案没有迫使它改变原来的裁决,同时认为,"被加重的公平处理责任"适用于职业介绍所的场合,它还重申了它的早期主张,即仅仅由于疏忽所导致的排他性职业介绍所运营中的非故意的错误不违反公平代表义务。参见案例编号[336 N. L. R. B. 549 (2001),复审的请求被拒绝,325 F. 3d 301, 308-309(D. C. Cir. 2003)]("工会运营职业介绍所,必须用'客观的、一贯的标准',没有歧视,不'造成或试图造成雇主对雇员的歧视'",但是一个无心的管理不善的行为不违反"被加重的责任标准")。

## 5. 公平代表诉讼的程序方面

### (1) 工会内部救济途径的穷尽

正如在维卡诉塞普斯案中所解释的那样,要提出建立在违反集体合同基础上的控诉,雇员必须在提出第301条诉讼前穷尽合同救济途径。根据克莱顿诉联合汽车工人国际工会案[Clayton v. Int'l Union, United Automobile Wkrs., 451 U. S. 679, 685(1981)],他不被要求穷尽他的工会内部救济途径,"当一个内部工会申诉程序不能导致雇员申诉的激活或者给予在他的第301条诉讼中所寻求的完全的救济时……"法院不阻止在其他案件中的穷尽要求:

……毫无疑问,对申诉的雇员应穷尽内部救济途径的要求,可能导致一些因合同而提出的申诉无法获得司法上的最终结论……。然而,我们拒绝贯彻统一的穷尽要求,以免享有有价值的第 301 条规定的索赔权的雇员,被逼着要穷尽这些途径和资源,而将他们的申诉提交给可能不适合处理他们的申诉的潜在的冗长的内部程序之中。

法院拥有决定是否要求穷尽工会内部程序的裁量权。在行使这种裁量权时,至少三个方面的因素应该非常重要:第一,工会官员是否对雇员如此不友善以至于雇员不能期望获得对他的要求的公平的听证;第二,内部工会申诉程序是否不足以激活雇员的申诉或者给予他足够的他根据第 301 条所寻求的救济;第三,内部程序的穷尽是否会不合理地延误雇员获得对它的要求的价值的司法审查机会。如果发现存在任何这些因素,法院完全可以同意雇员不穷尽。(同上,第 689 页)

然而,在这个案件中,在工会的公共复审委员会可以裁决支付欠付的工资时,其无权命令该雇员恢复原职或重新使他获得申诉权(该权力失效是因为其未能满足劳动合同中约定的 15 天内提出申诉的要求)。鲍威尔法官所提出的不同意见认为,对两个被告中任何一个被告的主张都是在内部申诉完成之后才具备条件。

**(2)诉讼时效**

在德尔克斯特罗诉卡车司机工会案[Del Costello v. Teamsters, 462 U. S. 151(1983)]中,法院(通过布伦南法官)认为,《国家劳动关系法》第 10 条(b)中规定的 6 个月的诉讼时效适用于"混合第 301 条"的诉讼,就如在维卡案和海恩斯案那样。

**(3)损害赔偿金**

原告在公平代表诉讼中能获得补偿性的损害赔偿金和要求陪审团审理。参见卡车司机工会 391 地方分会诉特里案[Teamsters Local No. 391 v.

Terry,494 U.S.558（1990）]。然而，他们不可能获得惩罚性损害赔偿金。在国际电力工人同业工会诉福斯特案[International Brotherhood of Electrical Wkrs. v. Foust, 442 U.S.42, 50-52(1979)]，法院裁定,要求工会支付"不可预测的、潜在的实质性"惩罚性损害赔偿金给工会财富和工会决定何种控诉继续进行的自由裁量权所造成的微弱的影响，超过了禁止工会未来的违反行为的威慑性利益。

**（4）损害赔偿金的分摊**

不管福斯特案的可能影响,在鲍恩诉美国邮政管理局案[Bowen v. United States Postal Serv., 459 U.S.212（1983）]中,最高法院（通过鲍威尔法官）认为,在"混合"第301条的诉讼中,雇员成功地起诉了雇主违反集体合同,以及工会违反了它的公平代表义务,这需要在雇主和工会之间分别承担损害赔偿金：

> ……这些在维卡案中被确认的利益……（前述第1041页）提供了损害赔偿金分配原则的标准。最重要的是,雇员的权利……被完全满足了。在决定雇主或工会应该承担的雇员损害赔偿金的程度上,法院认为,雇主不应该受到保护而免除承担它通过错误的工会行为的违反行为的"自然后果"……。然而,法院指出,雇主可能没有做任何事情来阻止穷尽。如果不是工会没有公平地代表雇员,那么,雇主的违反行为"可能可以通过为了雇员—原告的利益的申诉程序而得以纠正"。过错证明了卸除雇员的损害赔偿诉讼的障碍的正当性,同时也要求工会为由于它的违反行为而给雇员增加的损害承担某种责任。其他的主张将使得雇主独自为工会违反义务行为的后果承担责任。（同上,第222页）

怀特法官（与马歇尔法官、布莱克曼法官和伦奎斯特法官一起）表达了部分反对的意见,他们主张雇主应该对它所导致的错误解雇负主要责任,并且它拥有完全的权力在诉讼的任何时候纠正它。在建立在违反公平代表义务基础上的第 8 条(b)案件中,委员会对针对工会的救济的评估也采用了鲍恩-维卡(Bowen-Vaca)标准。参见钢铁工人协会 377 地方分会(阿拉米略桥钢有限公司)案[Iron Workers Local Union 377 (Alamillo Steel Corp.), 326 N. L. R. B. 375(1998)]。

鲍恩案应该与西北航空有限公司诉运输工人协会案[Northwest Airlines, Inc. v. Transport Wkrs., 451 U.S. 77(1981)]进行对比,这个案件认为,由于集体协商的工资差异违反了《平等工资法》(Equal Pay Act),雇主要对女雇员负责,并认为《民权法》第 7 章无权要求工会承担责任,尽管后者对非法的差别性待遇应在很大程度上承担连带责任。然而,可以根据《民权法》第 7 章直接起诉工会,因为工会协助才作出了歧视性的就业决定。参见:古德曼诉鲁肯斯钢铁公司案[Goodman v. Lukens Steel Co., 482 U.S. 656, 669(1987)]。

# 第十四章 规制工会治理与行政

本章讨论工会内部治理问题——工会会员与他或她的劳工组织之间的关系。我们从工会对入会人员的控制开始讨论。

**注释:工会对入会资格的控制**

法院基于这样的观点,即工会作为私营组织,应该被赋予与社交俱乐部和教会同样的自由,因此,法院在历史上拒绝要求工会接受个人成为工会会员。这种自由在有关工会的案件中,受到法定公平代表义务的限制,参见上述第1019页,并且受到很多法律,如1964年《民权法》第7章的第703条(c)的限制,该条款禁止因种族、肤色、宗教、国籍,以及性别而作出的歧视性的关于会员资格的决定。参见金属板工人国际工会地方28工会诉均等就业机会委员会案[Local 28, Sheet Metal Wkrs. v. EEOC, 478 U. S. 421 (1986)]。

工会对会员资格的决定所享有的很大的自由,至少在两个领域造成了困难:第一,尽管有《国家劳动关系法》第8条(b)(2)和第8条(a)(3)所给予的形式上的保护,在工会有效地控制了职业介绍所的管理,能决定谁能受雇的时候,武断地拒绝合格的申请人成为工会会员,可能会导致对就业机会的歧视性分配。参见美国导演协会诉洛杉矶市高等法院案[Directors Guild of Am. v. Superior Court of Los Angeles Cty. , 64 CaL. 2d 42, 409 P. 2d 934 (1966)];一般参见艾尔弗雷德·布鲁霍森:《免于排除出工会活动的法律保护》,载于《俄亥俄州法律杂志》第22卷(1961),第21页[Alfred Blumrosen, Legal Protection Against Exclusion from Union Activities, 22 *Ohio St. L. J.* 21(1961)]。

第二,即使在工会不控制工作机会的情况下,"加入工会的权利也会涉及经济性的投票权利"。克莱德·W. 萨默斯:《加入工会的权利》,载于《哥伦比亚法律评论》第 47 卷(1947),第 33 页[Clyde W. Summers, The Right to Join a Union, 47 *Colum. L. Rev.* 33(1947)]。通常,受工会代表的雇员影响他们的工会代理人的决定的唯一有效的方法,是通过行使他们作为会员的权利,包括对是否批准一项协议,是否罢工,以及谁将在谈判桌上代表工会进行投票表决。这些经济参与的权利通常被限制在那些是劳工组织的会员的范围内。参见上述第 979—980 页和第 1031—1032 页。

在 1959 年《劳资报告和公开法》(LMRDA 或者 Landrum-Griffin Act)中,国会决定对工会的一些内部决定进行规制,但是拒绝创设成为工会会员的资格的联邦权利。麦克莱伦参议员的原始议案[S. 1137,86th Cong., 1st Sess. (1959)]包括了以下的规定:第 101 条(2)(在《劳资报告和公开法》通过的时候被摒弃),是这样规定的:"每个能满足劳工组织所统一规定的合理条件的人,都有资格成为该组织的工会会员,并且可以被接纳为该组织的会员。"

# 第一节　言论自由与集会自由

1959 年《劳资报告和公开法》的立法动机,起因于麦克莱伦参议员的特殊委员会,对工会资金重大滥用、那些诈骗者所造成的影响,以及工会与雇主勾结的披露。对那些问题的审理并不仅仅集中于内部工会民主。尽管麦克莱伦参议员的原始法案包括,工会会员的"权利清单"(如第一章),但是,当该法案从国会的劳工委员会诞生时,则没有包括该章。它被重新合并后以修改了的形式出现在了参众两院的全体与会者面前。对第一章的立法历史的研究,参见詹姆斯・B. 阿特勒森:《工会会员的言论和集会自由权:协会的利益与个人的权利》,载于《明尼苏达法律评论》第 51 卷(1966),第 403、406、409 页[James b. Atleson, A union Member's Right of Free Speech and Assembly: Institutional Interests and Individual Rights, 51 *Minn. L. Rev.* 403, 406, 409(1966)];克莱德・萨默斯:《美国的工会民主立法》,载于《现代法律评论》第 25 卷(1962),第 273 页[Clyde Summers, American Legislation for Union Democracy, 25 Mod. L. Rev. 273(1962)];罗素·A. 史密斯:《1959 年〈劳资报告和公开法〉》,载于《弗吉尼亚法律评论》第 46 卷(1960),第 195 页[Russell A. Smith, The Labor-Management Reporting and Disclosure Act of 1959, 46 Va. L. Rev. 195(1960)];阿奇博尔德·考克斯:《1959 年〈劳动改革法〉下的工会内部事务》,载于《密歇根法律评论》第 58 卷(1960),第 819 页[Archibald Cox, Internal Affairs of Labor Unions Under the Labor Reform Act of 1959, 58 Mich. L. Rev. 819(1960)]。也可参见 J. 拉尔夫·贝尔德和马克·A. 薄来亚:《言论自由与〈兰德勒姆-格里芬法〉》,载于《阿拉巴马法律评论》第 25 卷(1973),第 577 页[J. Ralph Beaird & Mack A. Player, Free Speech and the Landrum-Griffin Act, 25 Ala. L. Rev. 577(1973)]。

### 1. 工会对普通会员言论的控制

**索兹翰德勒诉卡普托案**

Salzhandler v. Caputo

316 F. 2d 445(2d Cir. 1963)

伦巴德首席法官……。美国漆工、装饰工以及裱糊工人同业工会,第 442 号地方分会的一名会员索兹翰德勒(Salzhandler),在工会的纽约第 9 号地方委员会的审理委员会裁决其对地方分会的主席韦伯曼(Webman)犯有盗窃罪没有如实地进行控告后,向地方法院提起了诉讼。……审理委员会认为,索兹翰德勒的"没有证据支持的控诉"违反了工会的章程,工会章程禁止"与会员身份不符的行为……","有害于……同业公会利益的行为","中伤、诋毁……地方分会的同事或者官员"以及"行为……与会员的义务、责任和忠诚不符"。

……在对指控进行讨论的时候,索兹翰德勒的任职是财政秘书,服务期限为 3 年,于 1962 年 6 月 30 日到期。他作为职员,每周的报酬是 35 美元,其中 25 美元是薪水,10 美元是业务费用……

……在审查 1960 年 7 月工会的支票时,索兹翰德勒发现,有两张支票,一张 800 美元,一张 375 美元,被开具来支付两次工会大会的开支,在这两次工会大会上,韦伯曼和马克斯·施耐德(Max Schneider)被选举为工会代表。800 美元的支票是根据韦伯曼的命令在 1959 年 8 月 21 日开具的,由韦伯曼和他的妻子背书。375 美元的支票是在 1960 年 3 月 4 日开具的,并兑换成"现金",同样也由韦伯曼和他的妻子背书。施耐德的背书没有在任何一张支票上出现。施耐德于 1960 年 5 月 31 日去世……

1960 年 11 月,索兹翰德勒向地方分会的会员散发了传单,控诉韦伯曼关于工会资金使用的不正当行为,并称那些工会会员为诸如"小偷、无赖、强盗、卑鄙的工头、懒汉、皮条客、懒汉,以及囚犯"。在传单上还附有四张支票的复印件。……传单也标明韦伯曼是两张 6 美元支票的"卑鄙的盗贼"……

1960 年 12 月 13 日,韦伯曼向纽约第 9 地方委员会提出针对索兹翰德勒的控诉……,主张索兹翰德勒,通过中伤诋毁他(Webman),暗示他没有偿还施耐德大会的开支,并且他将两张 6 美元支票存入迈克尔·施耐德(Michael Schneider)基金,而不是支付给两位遗孀的行为,是"卑鄙的盗贼"的行为,已经违反了工会章程第 267 条的规定。控诉还进一步指出,索兹翰德勒犯有"与会员的义务、责任和忠诚不符的行为",传单所产生的效应是不实地批评一个工会职员犯有盗窃罪。1961 年 2 月 23 日晚上,在 6 个小时里,由五名成员组成的地方委员会的审理委员会对索兹翰德勒进行询问。……索兹翰德勒由一位工会会员作为代理人,这个人不是律师。在询问过程中,韦伯曼提出了传单的问题。索兹翰德勒出示了传单的复印件,审理委员会就传单提出了一些问题。韦伯曼的证据证实了,大会开支是为全体会员所批准的。索兹翰德勒提供了三名证人,这三名证人证明,韦伯曼曾经像传单中所称的那样辱骂会员。

直到 1961 年 4 月 2 日,索兹翰德勒才得到审理委员会裁决通知,以及他被免除职务的消息,这来自于一张打印的明信片,并且被寄给每位会员:"根据审理委员会的裁决……,索兹翰德勒[原文如此]不再担任地方442工会分会的财政秘书。"

此后,4月4日,地方委员会仅仅将它的五页"裁决"中的最后一段寄给了索兹翰德勒,这样写道:

> 我们的裁决是,索兹翰德勒兄弟将在五年内被禁止参加地方442号工会的事务,或者同业公会的任何其他地方分会的事务,或者第9地方委员会的事务……。在这段时间里,将不允许他参加地方442号工会的会议,不对任何事务进行投票表决,在任何其他隶属于地方委员会的地方分会的任何会议上,没有发言权,或者不得担任地方分会或地方委员会的任何职位的候选人。在所有的其他方面,索兹翰德勒兄弟作为同业公会会员的权利和义务将继续存在。

直到1961年6月14日,该诉讼开始之后,索兹翰德勒才收到审理委员会的完整的裁决书的复印件……

惠姆(Wham)法官依据《劳资报告和公开法》第102条,驳回了该控诉,认定审理委员会关于传单是诽谤的结论有充足的证据支撑。然而,他进一步做出独立的调查结论,认定这些表述事实上是诽谤的。法院认定,就法律问题而言,认为"根据《劳资报告和公开法》第一章,授予劳工工会会员的权利……不包括诽谤或中伤工会会员的权利"。我们不同意这个观点。

制定《劳资报告和公开法》……是为了保护工会会员自由地讨论和批评工会的管理,以及工会干部行为的权利。立法历史和大量的在此之前的听证,能十分清楚地证明国会的意图,即阻止工会官员使用他们的执行纪律的权力来压制批评和惩罚那些敢于质疑和抱怨的人。法令是明确和清楚的……。在这里,法院引用了第101条(a)(1)和(2)、第102条和第609条。

审理委员会……是由工会干部组成的,而不是由法官组成。对于这样一个团体而言,对真相或谎言、特权,以及"合理的评论"等这些需要小心处理的问题,它是不熟练的。它的程序尤其不适宜很好地区分批评和诽谤,然而,如果我们采纳被上诉人的主张,那么每一个针对诽谤的指控都将在联邦法院重审——一个国会不可能接受的不切实际的结果,参见国会报告[105 Cong. Rec. 6026(daily ed. April 25,1959)](戈德华特(Goldwater)参议员和克拉克参议员之间的对话)——并且此审理委员会将会是根据第101条(a)(2)的规定,对工会会员保护范围作出最终裁决的机构。

在第101条(a)(2)的附文中,言论自由的普遍性规律有两个明确的例外。一个与"作为基本规则的每位会员对组织所承担的义务"有关。另一个涉及干扰工会的法定和合同的义务……

索兹翰德勒所表达的观点不属于第101条(a)(2)的附文中所规定的任何一个例外。传单没有以任何方式干扰工会的法定和合同的义务,而且工会也从未提出过其有干扰行为。索兹翰德勒针对韦伯曼的控诉也不能被解读为违反了"作为基本规则的每位会员对组织所承担的义务"。恰恰相反,似乎非常清楚的是,允许会员对工会干部处理工会资金的方式和对待会员的方式提出质疑,有利于他们恰当地和忠实地管理工会事务……

工会主张,在增进对待雇主的统一性方面有公共利益的存在。但是国会权衡了这个因素,并决定,保护工会内民主程序的愿望,超过了因工会内更加自由的言论所导致的工会对待雇主的统一性方面所可能造成的弱化……

……这里,索兹翰德勒针对韦伯曼的指控涉及对工会资金的处理;这些关系到管理工会的方式。国会已经肯定了民主地管理工会是出于公共利益的需要,而且为了该目的,讨论应该是自由的和无阻碍的,应该禁止在工会内对意见表达进行的报复。因而,尽管诽谤的言论可能构成民事诉讼的理由……,但是工会不能因为认定……言论是诽谤性的,就让会员受到惩罚……

## 米切尔诉国际机械师协会案

Mitchell v. International Association of Machinists

196 CaL. App. 2d 796, 16 Cal. Rptr. 813(1961)

申诉人的代表是工会,并且申诉人是工会的会员。他们公开举行活动,致力于支持刚提出的要在州宪法修正案中规定禁止全员工会工厂的提议,而工会明确是反对这个提议的。工会因为申诉人"与会员不相称的行为"而开除了他的工会会籍。初审法院,没有发现这对申诉人的工作产生任何有害的影响,因此支持了该开除行为。上诉法院推翻了这一认定。

主审法官佛克斯(FOX)……。先消除两种令人讨厌的错误观念似乎比较恰当。第一,工会是纯粹的自愿组织,就如共和党、民主党、兄弟会,以及教会团体一样。现代劳工工会,无论是结构还是功能,都与其他的自愿性质的社团几乎没有什么相似之处……。"正是这种全能的类比使得法院误入歧途。"威廉斯:《劳工工会成员的政治自由》,载于《得克萨斯法律评论》第32卷,第826、829页(Williams, The Political Liberties of Labor Union Members, 32 Tex. L. Rev. 826, 829)。在很多方面,工会可以与其他的自愿性质的组织区别开来。最重要的,他们的大部分权力来源于使它们成为排他性谈判代理人的管理方式。而且,他们首要的不是社会团体,社会团体要求同质的观点以保持平稳的功能。他们是大型的异质团体,他们的会员可能只在一件事情上达成一致——他们要求改善工作条件和更大的经济利益。工会的权力,当与它的来源一起考虑时,同时也施加给它针对它的全体会员和公众的互惠的义务,而这一般是其他自愿组织所不需承担的……

第二,不能想当然地认为,会员资格的唯一价值只是在于保住工作。即使在被开除后,一名会员可以保住其工作,开除行为仍然使他遭受了损害,对此的担心将毫无疑问会对会员资格造成强迫性的影响。首先,如果他停止他的工作而去寻找另一份工作,那么他的权利将会是什么,这一点并不清楚。……同时,他与罢工基金,可能是养老金基金,以及他曾经捐助过的其他基金有经济上的利害关系。而且,他被否认了参加他的工会"管理"的权利。尽管工会被法律要求公平地代表他,但是他在如何代表的问题上没有发言权……

……我们没有被要求去决定,如果会员因为主张废除《华格纳法》或者取消工会而被开除时,结果将会怎样。在这里只涉及工作权法。工会主张,它可能会合理地考虑此法严重地对它的利益不利……

很显然……,至少在会员的政治活动没有公然地与工会的最大利益相冲突时,不应允许工会使用它的权力限制个人主张他的政治观点……

### 注释和问题

**1. 对内部工会决定进行规制的正当理由?** 当一个私营劳工组织的会员资格决定与它自己的内部规则相一致时,对该决定进行规制的正当理由是什么?审理米切尔案的法院强调工会的经济权力,但是其他的组织(例如专业性的组织和政党)行使了同样的权力,如果该组织没有行使更大的权力,为什么州没有对同样的内部决定进行规制。规制是恰当的是因为工会权力可能主要来自于政府管制,通过排他性原则和对协同行动的保护吗?在实行全员工会会员制的单位里,雇员不可能被开除会员身份或者辞去会员身份,从而逃脱工会权力管制,这一点非常关键吗?对于这些问题的考虑,足以将工会与其他拥有委托代表管理权的私营团体(例如州律师协会)区分开来吗?

**2. 米切尔案的裁决理由?** 法院在米切尔案中的裁决是基于什么法定理由呢?可适用《劳资报告和公开法》第101条(a)(2)的规定吗?为什么《劳资报告和公开法》不能优先于基于州法的其他诉由呢?参见《劳资报告和公开法》第103条。

**3. 制裁的本质:罚款 vs. 开除?** 工会应该因为不利于工会目的的行为,而在开除会员上,比在施加可以司法强制执行的罚款上拥有更大的自由吗?

想想国家劳动关系委员会根据第8条(b)(1)(A)对此进行的区分裁决,在上述1001页的注释2中被引用。

**4. 应用**。鉴于索兹翰德勒案和米切尔案,在适当的通知和听证后,工会能因为下述行为而对工会会员处以罚款或开除工会会员吗?

a. 当工会正在举行罢工或者举行组织工会的运动时,她向一般公众散布关于工会官员财政违法行为的诽谤性言论。

b. 她成为了一个竞争的工会的主席,该工会向国家劳动关系委员会提出了关于她的单位的选举的申请。比较弗格森诉桥梁、建筑和装饰钢铁工人国际协会案[Ferguson v. International Ass'n of Bridge, Structural and Ornamental Ironworkers, 854 F. 2d 1169(9th Cir 1998)]("双重工联主义"活动不受保护),与国际机械师工会702地方分会诉劳德米尔克案[Lodge 702, IAM v. Loudermilk, 444 F. 2d 719(5th Cir. 1971)](工会不能因为此种行为对会员处以罚款,当工会会员资格是强制性时)。

c. 她在工会会议上,以及在其他场合,都极力主张,正在进行的罢工违反了合同,并且试图开展复工运动。她对协议的解释是正确的还是错误的将会是非常重要的吗?

d. 她拥护"共产主义思想",因而违反了工会章程关于禁止会员"拥护……共产主义、法西斯主义、纳粹主义,或者任何其他'极权主义'思想……或者对这些'主义们'或……不利于工会或它已建立的政策或规则的运动予以支持……的规定"。如果被争议的拥护发生在工会职务的竞选活动中,在工会会议中,或者在工作场所时,会有什么不同吗?参见特纳诉国际机械师工会空运1894分会案[Turner v. Air Transport Lodge 1894, IAM, 590 F. 2d 409(2d Cir. 1978)]。

e. 在工会的执行委员会已经投票表决工会应该支持民主党候选人之后,一位工会官员以她个人身份公开地支持竞选总统的共和党候选人。根据州法,解除该工会官员的职务应该违反公共政策吗?开除她的会员资格呢?参见摩根诉电子、广播、机械工人国际工会1150地方分会案[Morgan

v. Local 1150, IUE, 16 L. R. R. M. 720（Super. Ct. Ill. 1945），reversed on other grounds，331 Ill. App. 21，72 n. E. 2d 59（1946）]。根据《劳资报告和公开法》，答案是一样的吗？

**5. 工会必须为反对派的观点提供一个公开的论坛吗？** 根据第 101 条 (a)(2) 的要求，要为反对派的观点提供一个"公开的论坛"，经常登载在职人员的活动的正面报道的工会简报吗？参见史曼诉米勒案 [Shimman v. Miller, 995 F. 2d 651 (6th Cir. 1993)]（是这样主张的）。也可参见后述第 1106 页注释 4。

**6. 民主对工会有效性有益吗？** 考虑本杰明·C. 洁诺：《言论自由和工会纪律：诽谤和不忠诚的"权利"》，载于《纽约大学第 17 届劳动年会论文集》（T. G. S. 克里斯滕森主编，1964 年）[Benjamin C. Signal, Freedom of Speech and Union Discipline: The "Right" of Defamation and Disloyalty, In Proc., 17th N. Y. U. Conf. on Lab. 367, 370, 371 (T. G. S. Christensen ed., 1964)]：

在仔细考虑工会的民主问题时，主要强调它作为政治机构的一面，是过度简化的做法。它仍然主要是一个经济机构，它的有效性依赖于它的潜在的斗争品质……。和工会相对的公司都是由很少的一群人领导的，他们可以迅速地行动，而不受民主的限制。因此，如果工会要能成功地处理紧急和危机的情况，就必须能对他们的会员实施纪律，以便迅速地反应，果断地对抗雇主的策略，关键时候的内部分裂可能使他们无能为力……

……工会不是工人的经济立法机关、警察或者法官。在最有利的情况下，它只是得到公认的制定这些法律的参与者、观察员而不是警察，是倡导者而不是裁判者。而且，它在多大程度上将民主因素引入产业管理，是其经济权力的结果，而不是道德立场的结果。

你同意这些说法吗？

**7. 评论。**对《劳资报告和公开法》规定内部工会民主的一般性评价,参见论文集:《工会治理和民主》,载于《劳动研究杂志》第21卷(第一部分和第二部分,2000)[Symposium, Union Governance and Democracy, 21 *J. Lab. Res.* (Parts I&II, 2000)];《劳工协会的内部治理和组织效益:乔治·布鲁克斯纪念文集》(萨缪尔·艾斯托伊克、哈利·C.卡茨和布鲁斯·E.考夫曼编著,2001年)[*The Internal Governance and Organizational Effectiveness of Labor Unions: Essays in Honor of George Brooks* (Samuel Estreicher Harry C. Katz &Bruce E. Kaufman eds., 2001)]。

### 注释:第一章诉讼的程序方面

**穷尽工会的内部救济。**尽管第一章授权私权诉讼,不需要劳工组织的干事进行任何在前的调查或者其他参与行为,但是第101条(a)(4)要求穷尽"合理的听证程序(但是不超过四个月的失效时间)"。即使穷尽条款没有出现在第102条,第102条确立了起诉违反第101条行为的权利——并且据报道是由劳工委员会提出的法案(H. R. 8342)规定要先穷尽第102条规定的工会内部救济——法院已经认定,"第101条(a)(4)中的宽泛的规定也包括在法院提起的对工会的各类诉讼。"得乔伊诉美国各种艺术家协会案[Detroy v. American Guild of Variety Artists, F.2d 75, 77 (2d Cir. 1961)]。然而,穷尽的义务并不是绝对的。得乔伊案中,在没有通知或听证的情况下,将一位工会会员的姓名放在"国民不公平名单"中,法院认为,这时可以不要穷尽内部程序,因为:(1)为了撤销将某人列入黑名单的行为,必须进行迅速的司法救济;(2)内部救济没有引起会员的注意;以及(3)工会的章程并没有提供一个明确的对不公平名单决定的复审的方式。

工会对没有穷尽内部救济的惩罚被认为是为第101条(a)(4)所禁止的。参见瑞恩诉国际电气工人兄弟会案[Ryan v. International Bhd. Of Electrical Wkrs. , 361 F. 2d 942(7th Cir. 1966)]。参见国家劳动关系委员会诉海洋和造船工人工业联合会案[NLRB v. Industrial Union of Marine & Shipbuilding Wkrs. , 391 U. S. 418, 427－428(1968)](前述第1002页注释4)。

**法定时效**。在里德诉联合运输工会案[Reed v. United Transp. Union, 488 U. S. 319(1989)],法院[通过布伦南法官]认为,根据第一章的"言论自由"控诉受制于州的一般性的和剩余的人身伤害法定时效。在德尔克斯特罗诉卡车司机工会案(前述第1062页),第301条公平代表诉讼借用了国家劳动关系法的法定时效,这被看作是"对法定时效将从州法借用的一般规则的严密限制的例外"。

**损害赔偿和要求由陪审团来审理案件的权利**。第一章授权通过损害赔偿的恢复。当法定救济被寻求时,陪审团审理将被要求。在韦德尔诉国际电气工人兄弟会71地方分会案[Wooddell v. International Bhd. Of Elec. Wkrs. , Local 71, 502 U. S. 93 (1991)],韦德尔主张,由于他的反对行为,在工会职业介绍所推荐工作时,他受到歧视,这违反了根据第一章和工会章程享有的权利。法院认为,他对损失的工资的索赔不应被视为一种合理的救济——赔偿是伴随着恢复他被终止的职务的要求的。由于他主张的是被告歧视性地拒绝给他介绍他从来没有获得的工作,他的主张反而是与对人身伤害的损害赔偿请求类似,并且因此性质上法定的,使他有权获得陪审团的审理。

**律师费**。在霍尔诉科尔案[Hall v. Cole, 412 U. S. 1(1973)]中,法院在一个主张违反第101条(a)(2)的诉讼中认定允许赔偿律师费。在一次会员例会上,被申诉人提出了一个批评工会官员的不民主和缺乏远见的行为的议案。不仅这些议案遭到了否决,而且工会开除了被申诉人的工会会籍,因为他违反了反对针对工会官员的"恶意诽谤"的规定。地方法院命令给被申诉人复职,法院没有认定损害赔偿,但是命令工会支付他5500美元律师费。最高法院布伦南法官,支持了那个裁决,推论说第102条的规定允许裁定支付费用,并且迅速作出裁决没有滥用自由裁量权。法院注意到,被申诉人通过维护他自己的为第101条(a)(2)所保证的言论自由权,已经对工会作为一个机构和它的会员提供了基本的服务。相应地,根据"共同利益理论",对律师费的裁决属于联邦法院的传统的合理的权力范围内。法院否认了这种观点,即在《劳资报告和公开法》第201条(c)和第501条(b)的规定中,对律师费的问题作了明确授权,这与第102条没有关于授权的规定联系起来,表明依据第102条是不能判决律师费转付的意图。

## 2. 工会对工会官员和工作人员的言论控制

### 芬尼根诉莱乌案

  Finnegan v. Leu
  456 U. S. 431(1982)

  首席大法官伯格。摆在面前的问题……是,工会主席在战胜由工会代表支持的候选人而当选为主席后,解除了那些已经被工会任命的工会代表,是否违反了《劳资报告和公开法》。上诉法院认为,该法不保护工会代表免受解除……

  1977年12月,在美国卡车司机、私人司机、仓库保管员和助理国际同业工会的第20号地方分会的主席职位的选举中,被申诉人哈罗德·莱乌(Harold Leu)战胜了奥玛尔·布朗(Omar Brown),该同业工会是代表俄亥俄州西北部14个县领域内的工人的劳工组织。在激烈的竞争活动中,申诉人——那时是20地方分会的工会代表们,公开地支持时任主席的布朗。莱乌在1978年1月任职后,解除了申诉人和该地方分会的其他工会代表们,所有的人都是布朗在1975年当选后所任命的。莱乌解释道,他觉得这些代表都忠于布朗而不是他,并且因此将不能听从和实现他的政策和计划。

  由全体会员投票表决通过和修改的第20号地方分会的规章制度规定,

主席将有权任命、领导和解雇工会代表。……工会代表的义务包括参加集体协商合同的谈判,组织工会会员和处理申诉。另外,工会代表和工会主席,以及其他被推选的官员和工人代表一起是工人议会的成员,工人议会是工会的立法机构。申诉人出身于普通的会员,并且作为工会代表,他们也是20地方分会的会员。免去他们作为工会代表的职务,不会导致申诉人无法继续保留他们的工会会员资格。

申诉人在美国地方法院提起诉讼,宣称他们被终止了他们已被任命的职务,这种做法违反了《劳资报告和公开法》第101条(a)(1)和(2)、第102条和第609条。地方法院同意对被申诉人和第20地方分会进行简易判决,认为该法不保护工会职员不被工会主席解雇,如果该职员作为工会会员的权利不受影响的话。……第六巡回法院予以了肯定……

《劳资报告和公开法》是国会对工会领导普遍滥用权力的担忧的产物……

第101条(a)(1)和(a)(2)……,是申诉人所依赖的条文,保证"每位劳工组织雇员"的平等的投票权、言论和集会权(增加了强调)。另外,该法的第609条规定,工会或者其代表"因其会员行使该法的本规定所授予的权利,而对其罚款、停职、开除,或者给予其他形式的惩罚"为非法(强调)。无论从这些条款的用语,还是从第一章的立法历史,这都是显而易见的,即工会的普通会员——而非工会官员或工作人员本身——是国会试图保护的对象。

申诉人有双重身份,既是工会职员,又是工会会员。作为第20号地方分会的会员,申诉人毫无疑问拥有为了布朗而斗争和支持他的候选人的受保护的权利。这里争论的是,他们是否因此被免于被主席基于自己的喜好而被撤去作为被任命的工会职员的职务。

申诉人坚称,撤去作为工会职员的职务,违反了第609条关于"纪律处分"的规定;并且,当根据雇员行使该法为会员所保证的权利来推测时,终止工会工作,因此是违法的。然而,我们推断,第609条所使用的"纪律处分",仅指影响工会会员作为会员的身份的权利的报复性行为。第609条使用了惩罚"会员"的措词;并且三种纪律制裁被明确地列举——罚款、停职以及开除——都是针对工会会员作为会员而采取的惩罚性措施。相反,免去工会工作,不会对工会会员资格的事务有重大影响,并且只在他们碰巧也是工会职员的范围内影响工会会员。在第609条或者它的立法历史中,我们没有发现任何来支持申诉人主张的东西——国会试图为被任命的工会职员建立一个工作安全或保有机制……

因此,我们认为,免去工会代表工作任命,不属于那些被第609条所明确禁止的工会制裁的范围。

然而,我们的分析十分复杂,因为第102条为建立在宣称违反该法的第一章的针对工会的诉讼提供了独立的权力的事实。第102条这样表述:

> 任何受本章规定的权利保护的人,如果其受到违反本章规定的行为的侵犯,可以违反本章规定为由,在美国的地方法院提出民事诉讼要求予以适当的救济(包括颁发禁令)。

尽管立法者所意欲建立的第102条和第609条之间的关系并不是完全清楚,但是似乎很显然,当事人可以根据第102条提起诉讼——纠正"侵犯"第一章"所保护的权利"——而不必主张其违反了第609条的规定。

然而,问题仍然存在,申诉人受第一章"所保护的权利"因其工会的职务被终止而受到"侵犯"。申诉人作为工会会员,根据第101条(a)(1)和(2)的规定,拥有为布朗而斗争和在工会选举中投票表决的权利,不能阻止他们行使那些权利。相反,要行使这些权利,他们就被迫要"在他们的言论自由权……和他们的工作之间作出选择",申诉人只是声称间接地阻碍了他们的会员权利。参见零售店员工协会第648地方分会诉零售店员工国际工会案[Retail Clerks Union Local 648 v. Retail Clerks International Ass'n, 299 F. Supp. 1012, 1021 (D. D. C. 1969)]。

尽管这不是第609条所规定的"纪律处分",我们不必作出决定说,这种报复性地免去会员的工会中的职务,是否会导致根据第102条所产生的诉由。因为第一章对工会利用解除工会职务作为"有意的和故意的试图……压制工会内的反对意见的组成部分"的权力,无论作出怎样的限制,参见斯科菲尔德诉奔萨案[Schonfeld v. Penza, 477 F.2d 899, 904(CA2 1973)],他也不限制被推选的工会领导选择与他自己意见一致的职员的自由。① 事实上,该法的用语和立法历史都没有表明它甚至意图处理工会内部职务的任命权。② 相反,该法最重要的目标是确保工会将会被民主地管理,并且响应工会会员在公开的、定期的选举活动中所表达的意愿。参见沃茨诉旅馆员工协会案[Wirtz v. Hotel Employees, 391 U.S. 492, 497 (1968)]。与这个目标一致,一位被推选的工会主席挑选他自己的执行者的能力,是确保工会的运营能响应工会选举的授权的不可或缺的组成部分……

布莱克曼法官,与布伦南法官一起表达了赞同的意见,被省略了。

## 金属板工人国际工会诉林恩案

Sheet Metal Workers' International Association v. Lynn

488 U.S. 347(1989)

马歇尔法官宣布了法院的裁决。

在芬尼根诉莱乌案[Finnegan v. Leu, 456 U.S. 431(1982)],我们认为,在战胜由工会代表支持的现任者而当选后,新任的工会主席解除那些由前任工会主席任命的工会代表的职务,不违反《劳资报告和公开法》或其他法律。在这个案件中提出的问题是,对一位被推选的工会代表的解雇,是出于对他在工会会议上反对为工会管理人所寻求的会费增加的言论的报复,是

---

① 11. 我们留下了这样的问题,即在一个提及非政策制定的和非涉密的职员的案件中,是否会得到不同的结果。

② 12. 我们认为,在该法的立法历史中没进行过任何讨论的情况下,国会就禁止了工会内部职务的任命权,这实际上是不可思议的。……如果仔细地考虑过这种结果,毫无疑问,它会受到实质性的抵抗。而且,国会很可能对工会雇主任命和解雇制定政策的工作人员的需要作出一些明确的调整……

否违反了《劳资报告和公开法》……

I

1981年6月,被申诉人爱德华·林恩(Edward Lynn)被选举为该案申诉人——金属板工人国际工会第75分会(简称分会)的一名工会代表,任期3年。工会会员担心工会的财政危机会殃及地方分会,林恩在组织这些会员的过程中发挥了关键的作用。这些会员自称为第75分会金属板俱乐部(简称俱乐部),印发了一些传单,传单上显示,根据劳工部的统计数据,地方分会职员的花费比该地区其他两个金属板地方分会的职员的花费要多得多。俱乐部要求地方分会的人员通过缩减开支而不是增加会费,来解决地方分会的财政问题。大多数地方分会的会员显然同意这个意见,因此他们连续三次否决了增加会费提案。

在第三次投票表决之后,1982年6月,包括林恩在内的地方分会的17名职员,向国际工会的总主席寄了一封信,要求他"立即采取任何行为,……必须包括,但是不限于托管,以使这个地方分会建立在健全的财政基础上"。援引国际工会章程授予他的权力,总主席通过将地方分会托管和授权受托人理查德·霍金斯(Richard Hawkins),"监督和领导"地方分会事务的权力,"包括但是不限于暂停地方分会……官员、业务经理,或者业务代表的职务。"[第3章第2条(c),金属板工人国际工会的章程和习惯,根据密苏里州圣路易斯第35次全体大会的授权予以修正(1978)。]

在霍金斯被任命的一个月内,他决定增加会费,认为这对改善地方分会的财政状况是必要的。霍金斯认识到他缺乏单方面提高会费的权力,就准备了一份提案予以提交,并且得到了地方分会的执行委员会的同意。然后就召开了一次特别的会议,将会费提案提交全体会员投票表决。在会议之前,霍金斯劝告林恩,说他希望得到林恩的支持。林恩回答说,他首先希望得到减少开支的承诺,而霍金斯拒绝提供。林恩因此在这次特别会议上反对会费提案。该提案在一次秘密的投票表决中被会员否决了。五天后,霍金斯通知林恩,他被"无限期地"免除他作为业务代表的职务,就是因为他对增加会费直言不讳的反对。

在穷尽他的内部工会救济之后,林恩根据《劳资报告和公开法》第102条(29 U.S.C. §412)向地方法院提起了诉讼,除其他要求外,特别提出,霍金斯对他的免职,违反了《劳资报告和公开法》第一章第101条(a)(2)关于言论自由的规定[29 U.S.C. §411(a)(2)]。地方法院同意对申诉人的即决判决,认为根据前面的芬尼根诉莱乌案,"工会会员反对工会政策的法定权利,并不为他提供任何免于因为此反对而被解除作为工会代理的职务的保护。"

第九巡回法院的上诉法院推翻了该判决。法院认为,当被解雇的工会职员是选举产生的而不是任命的时,芬尼根案不起作用,因为对前者的解雇"只能妨碍工会的民主管理"。

II

……申诉人主张,就第102条的立法目的而言,林恩依据第一章所享有的权利,并没有受到"侵犯"。因为与其他地方分会的会员一样,林恩没有被禁止参加特别会议、对霍金斯的会费提案发表意见,或者投票表决,并且也因为他仍然是地方分会的会员。根据这种观点,林恩作为选举产生的,而不是被任命的工作人员基本上就不重要了,而且工会职位的失去并不意味着对第一章的违反。

这种主张是没有说服力的。首先,我们承认,在芬尼根案中,工会代表的第一章权利被妨碍了,尽管不是直接的,因为代表被迫在权利和工作之间作出选择(同上,第440和442页)。这个确实如此,即使工会代表事实上没有被阻止行使他们的第一章权利。这里也同样如此。林恩能参加特别会议,对霍金斯的会费提案发表反对意见,以及投票表决。在采取这些行动时,林恩"在行使……为第101条(a)所保护的会员权利"。考虑到林恩被免除职务是他决定在特别会议上表达对霍金斯的会费提案的反对意见的直接结果,并且他被免职很可能使他将来不能再畅所欲言,林恩为行使他的会员权利付出了代价。

当然,这并不是分析的结束。此种对第一章权利的妨碍是否产生了第102条的诉由,必须参照《劳资报告和公开法》的基本目的来决定:"确保工会将会被民主地管理,并且响应工会会员在公开的、定期的选举活动中所表达的意愿。"芬尼根案(Finnegan,456 U.S. at 441)。在芬尼根案中,当新当选的工会主席解雇被打败的现职者任命的工作人员时,增进了此种目标。事实上,芬尼根案主张的根据在于这样一种认识,即如果一位不忠诚的员工可以阻扰他的计划的实现,那么新当选主席的胜利可能会变得毫无意义。当此种与互惠互利相关的解雇对工会代表的言论自由权利产生某种吓人的影响时,我们认为此种担心被维护工会全体选民的民主选择的需要所超过。

对一位选举产生的职员的解雇所产生的结果大大不同。首先,当一位选举产生的职员,例如林恩,被解除了职务,那么就意味着工会会员被否定了他们对代表的选择。事实上,对林恩的免职剥夺了他的领导权,对于此问题的了解,以及在关键时刻对地方分会提出建议的会员资格。因此,他的免职几乎是"确保工会的运营能响应工会选举的授权的不可或缺的组成部分"。同前;也可参见沃茨诉旅馆员工协会案[Wirtz v. Hotel Employees, 391 U.S.492, 497(1968)]。

而且,当选举产生的职员被解雇时,对第一章言论自由权的潜在的巨大影响更为明显。不仅被解雇的职员在行使他自己的言论自由权时可能受到恐吓,而且那些投票支持他的会员也可能受到恐吓。参见霍尔诉科尔案[Hall v. Cole, 412 U.S.1, 8(1973)]。看到林恩在领导击败另一份增加会费的提案的斗争后的五天就被免去他的职务①,地方分会的其他会员很可能推断,如果挑战工会的领导层的话,是极大的危险。这正是国会在通过《劳资报告和公开法》时试图禁止的。……我们因此认为,对林恩的报复性

---

① 6. 没有迹象表明,林恩反对增加会费的言论违反了任何施加于他作为地方分会的被推选的工会代表的义务。

免职产生了根据第 102 条的诉由①……

申诉人接下来主张,即使由于一位被推选的职员行使了他的第一章权利而被解雇通常产生第 102 条的诉由,这里仍然会获得不同的结果,因为林恩是在根据《劳资报告和公开法》的第三章合法实行的托管的过程中被免职的……

我们不同意。首先,在《劳资报告和公开法》的用语或它的立法历史中,没有什么表明国会意图在托管被实行的情况下,第一章权利就靠边站。如果国会仔细考虑过此种结果,那么我们将当然会在《劳资报告和公开法》的文本或它的立法历史中找到关于它的一些讨论。考虑到国会对此保持沉默,受托人根据第三章所享有的权力通常应该以与第一章提供的保护相一致的方式来解读……

是否存在任何这样的情况,即受托人根据第三章所为的行为可以置第一章言论自由权于不顾,这是一个不需要我们解决的问题。第一章的第 101 条(a)(3)[29 U.S.C. §411(a)(3)],保证了地方分会会员对任何增加会费行为的投票表决权,并且,正如申诉人在言词辩论中所承认的,这种至关紧要的第一章权利,不会随着托管的实行而消失。受托人试图通过增加会费来恢复地方分会的财政稳定性,因此必须寻求工会会员的批准。为了确保工会会员对会费提案作出决定的民主权利有意义,交换关于此种措施的优点和缺点的意见的权利必须得到保护。受托人不应该能控制对依法规超出他的控制范围的问题的争论。

在手头这个案件中,林恩有关会费增加提案的表态值得保护。申诉人

---

① 7. 为达致此种结论,我们拒绝承认原告的主张,即为了提出第 102 条控诉,工会职员必须证实,他的免职是在工会内压制反对意见的系统努力的组成部分。尽管在芬尼根案中,我们注意到,如果工会职员被解雇是作为"有目的地和故意地试图……压制工会内的反对意见的组成部分",那么第 102 条控诉可能产生(456 U.S., at 441),引自斯科菲尔德诉奔萨案[Schonfeld v. Penza, 477 F. 2d 899, 904(CA2 1973)],我们不认为这构成产生第 102 条控诉的唯一情况。我们仅仅确定在我们面前没有此种案件,并且关于它的恰当的结论,我们不发表任何意见(456 U.S., at 441)。同样地,我们明确地保留这个问题,即"在一个提及非政策制定的和非涉密的职员的案件中,是否会得到不同的结果"(Id., at 441, n. 11)。

没有指出在国际工会的章程中有任何事物表明林恩的职位的本质因为实行托管而被改变从而使得林恩必须支持霍金斯的主张。因此,在特别会议上,林恩可以自由地表达观点,即解决地方分会财政问题的最佳方案不是增加会费,而是削减开支,他的观点显然得到了大多数地方分会会员的认同。在这些情况下,当霍金斯免去林恩的职务时,他侵犯了林恩的第一章权利。

肯尼迪法官没有参与这个案件的审议及判决。

怀特法官同意该判决。

……摆在我们面前的这起案件中,被申诉人因之被免职的言论,也是以会员身份发表的言论。工会代表的义务在工会章程中予以规定。那些义务主要与集体谈判以及执行集体协商合同有关。他们似乎不包括支持工会主席增加会费的提案;并且,如果他们包括,我不确定被申诉人会如此直言不讳地反对增加会费……

在这个案件中,不同于芬尼根案,被申诉人不是被新上任的、拥有任命他自己的职员的主席所解雇的,而是被受托人所解雇的,而受托人解雇和任命职员的权力,就这里所展示的而言,不会比地方分会的主席基于这样的理由——如不称职或者其他使他们不能完成他们作为职员被期望履行的任务的行为,而解雇的权力更大。被申诉人反对增加会费的言论是一位会员关于会员应该解决的问题的言论,并且,没有任何植根于工会民主中的对抗性利益足以凌驾于那种保护之上。

因此,我怀疑如此的案件解决方案好像是依据该职员是被推选的还是被任命的而定的。相反,它的审查在于,在解除他被分配的任务时,一位职员是作为一位会员还是作为一位职员来讲。如果是前者,他受第一章的保护。如果是后者,问题就成了其他的因素是否剥夺了该职员/会员的第一章的保护。

**注释和问题**

**1. 工会干部该像工会会员一样行使权利吗?** 工会干部职位的性质或者他的或她的免职理由应该控制吗?怀特法官对林恩案表示同意的立场,

比大多数人的对被任命职员和选举职员的区分更为可取吗？如果被任命的工会代表因为在会员大会上反对新任工会主席莱乌关于增加会费的提案而被免职,芬尼根案的结果会不同吗？

　　法院很可能可以设计出可行的区分工会干部的"反抗"和官员以会员身份行使"言论自由权"的标准吗？有关的变量的探讨,见杰姆斯·G.波佩:《工会干部根据〈劳资报告和公开法〉享有的言论自由权》,载于《哈佛民权与公民自由法律评论》第 18 卷(1983),第 525 页[James G. Pope, Free Speech Rights of Union Officials Under the LMRDA, 18 Harv. C. R. -C. L. L. Rev. 525(1983)]。

　　**2. 非政策制定的工会职员**。审理芬尼根案的法院在脚注 11 中留下了这个问题,即工会是否可以解雇被任命的"非政策制定的和非涉密的职员",因为他们的言论。芬尼根案主张应该有例外吗？在弗朗西亚诉国际卡车司机工会案[Franza v. International Bhd. of Teamsters, 869 F. 2d, 41 (2d Cir. 1988)],法院认为,一位对福利计划进行审计的非监管的审计员,声称由于支持现任的工会主席而被报复性解雇,他根据第一章不享有索赔权:

　　　　这里,弗朗西亚作为会员的身份与他受雇于该计划无关,他失去那份工作不是对第一章保护所涵盖的权利的侵犯。因此,考查的不是职员是否处于政策制定的职位上;相反,问题是,工会中的会员身份权利是否被与工会会员的职业身份有关的行动所直接侵犯。(同上,第 48 页)

　　比较埃尔罗德诉伯恩斯案[Elrod v. Burns, 427 U. S. 347(1976)](《第一修正案》禁止对非政策制定的职员的互惠互利的解雇)。

　　如果没有例外,那么,哪种工会干部应该被视为以非政策制定和非涉密的身份服务呢？例如，工会管事（shop steward）①是典型的职员，他们被选出来作为工会代表，负责申诉的最初的处理。此种代表"政策制定的"工会干部根据芬尼根案可以被免职吗？选举产生的工人代表根据林恩案中的基本原理被给予更大的保护吗？参见布雷特诉酒店、汽车旅馆、餐厅、施工地员工协会 879 地方分会案［Brett v. Hotel, Motel, Restaurant, Construction Camp Employees, Local 879, 828 F. 2d 1409, 1414－1415（9th Cir. 1987）］（以这种方式区分芬尼根案）。从对被任命为工人代表的反对者的免职与对被推选的反对者的免职的对比中，工会会员将获得不同的信息吗？参见亚当斯－伦迪诉乘务员协会案［Adams-Lundy v. Flight Attendants, 731 F. 2d 1154（5th Cir. 1984）］。如果不是，那么给予被任命的工人代表较少的保护的正当理由是什么呢？

能接触到机密信息的工会干部可以因为他们的言论被免职吗？即使他们不承担政策制定的角色。参见霍奇诉驾驶员、售货员、仓库管理人、牛奶加工人、罐头食品厂、奶制品厂员工和助手协会 695 地方分会案［Hodge v. Drivers, Salesmen, Warehousemen, Milk Processors, Cannery, Dairy Employees & Helpers' Local Union 695, 707 F. 2d 961（7th Cir. 1983）］（工会秘书）；布鲁尔诉驾驶员、仓库管理人和助手总工会 89 地方分会案［Brewer v. General Drivers, Warehousemen & Helpers Local Union 89, 190 F. Supp. 2d 966（W. D. Ken. 2002）］（会计/办公室主任）。

**3. "有目的地以及故意地试图……压制反对意见"？** 注意到，在芬尼根案中，法院没有决定，第一章对"工会的利用免职作为'有目的地以及故意地……压制反对意见的试图的组成部分'的权力"施加什么样的限制。这意味着，对甚至是政策制定的被任命的职员的免职可能违反第一章？如果分开一个消除工会内的反对意见的更为宽广的体制的话。如果是这样，建

---

① 工会管事，是被选举出来代表某企业或特定部门工会的工会官员，主要职责是收集会费、招收新成员及劳资和解之初步谈判。参见：薛波主编：《元照英美法词典》，北京大学出版社 2013 年版，第 1256 页。——译者注

立此种体制需要表明什么呢？参见卡尔顿诉食品和商业工人国际工会第7地方分会案[Carlton v. Local No. 7 United Food and Commercial Workers International Union, 43 Fed. Appx. 289(10th Cir. 2002)](比由于政治反对和公开批评而解雇要求得更多);哈维诉霍伦佰克案[Harvey v. Hollenback, 113 F. 3d 639, 644(6th Cir. 1997)](原告在证明此种体制时面临艰难的斗争)。

4.《国家劳动关系法》的适用性？工会应其他工会雇员的要求，解除了一位工会管事的职务，因为工会中级别更高的干部认为，该工会管事对公司提出的一些申诉是不正当的;工会应另一位工会雇员的要求，解除了一位工会管事的职务，因其指控工会违反了公平代表义务。工会违反了《国家劳动关系法》吗？参见国家劳动关系委员会诉汽车工人工会212地方分会案[NLRB v. Local 212, UAW, 690 F. 2d 82(6th Cir. 1982)](执行委员会对不当劳动行为的裁决;芬尼根案与《国家劳动关系法》无关)。如果工会由于一位工会管事在国家劳动关系委员会提起针对工会的控诉而解雇他，工会作为雇主可能会因为报复性的行为违反了第8条(a)(1)、(3)和(4)的规定而承担责任。参见国家劳动关系委员会诉航空工业区第91分会案[NLRB v. Aeronautical Industrial Dist. Lodge No. 91, 934 F. 2d 1288 (2d Cir. 1991)]。

## 第二节 工会裁决中的"正当程序"

### 1. "其他形式的纪律处分"

布赖宁格诉金属板工人国际工会第6地方分会案

Breininger v. Sheet Metal Workers' Local Union No. 6[①]

---

① 参见前文第1056—1060页。——编者注

493 U.S.67(1989)

布伦南法官宣布了法院的判决。

Ⅲ

上诉法院驳回了申诉人依据《劳资报告和公开法》提出的主张,因为申诉人没有证明他是属于《劳资报告和公开法》第101条(a)(5)和第609条的意思范围内的"其他形式的纪律处分"。……这些规定使得工会因为任何它的会员行使为《劳资报告和公开法》所保护的权利而对其予以"罚款、停职、开除,或者其他方式的处罚"违法。上诉法院推断,由于"职业介绍所的推荐……可用于非会员,就像可用于会员一样",并且职业介绍所不是金属板工人就业的唯一渠道,申诉人根据他依靠他的工会会员身份所享有的权利没有遭受歧视。我们肯定上诉法院的结论,尽管我们并不接受它的推理。

申诉人以及与美国联系起来的法院之友(amicus curiae)①,主张上诉法院滥用了我们在芬尼根案中的推理,因为国会不可能意图禁止工会因为普通会员对工会领导的政治反对而将普通会员开除出会员专属的机构,但是却允许领导施加同样的制裁,如果职业介绍所也覆盖了一些象征性的非会员。无论哪种方式,如果工会可以通过用丧失推荐工作的机会来威胁会员以强迫他们服从的话,那么该法的目的将几乎不可能实现。根据美国所强烈要求的解读,芬尼根案只主张,《劳资报告和公开法》不保护为工会领导所专享的职位和特权;它并没有缩小适用于"非政策制定的职员,即普通会员职员"的保护。芬尼根案,同前,第443页(布莱克曼法官同意)。

然而,我们不需要决定用语的确切含义和芬尼根案的推理,因为我们发现,通过使用短语"其他形式的纪律处分",国会并不想要包括所有威慑为

---

① 法院之友,对案件中的疑难法律问题陈述意见并善意提醒法院注意某些法律问题的临时法律顾问;协助法庭解决问题的人。

《劳资报告和公开法》所保护的权利的行使的行为,而是意图只表示由工会作为一个集体单位为执行它的规则所授权的惩罚……

我们对法令的理解由它的结构所支撑。首先,明确列举的处分种类——罚款、开除以及停职——表明某种已经确立的惩罚程序而不是由工会职员个人所实施的临时报复。第二,第101条(a)(5)包括程序性的保护——在实施惩罚之前要提供"书面的具体指控",准备抗辩的"合理时间",以及"充分的和公平的听证"——这些保护不适用于非官方的、私下的歧视的例子。这些保护仔细考虑了通过我们在锅炉制造工诉哈德曼案[Boilermakers v. Hardeman, 401 U. S. 233, 236-237(1971)](在工会委员会的审理后开除,随后还有工会内部复审)中所遇到的那种程序而施加惩罚。第101条(a)(5)不禁止全部的工会处罚,而是试图提供"防止不恰当的处罚行为的防护装置"的事实表明,"纪律处分"是指工会可以凭借它自己的权力对它的会员实施的惩罚。职业介绍所不可能被期待在作出每一个不推荐一份工作给一个人的决定前提供听证。

在手头这个案件中,申诉人只是宣称,工会业务经理和业务代表因为他支持其中一个他们的政治对手而没有推荐他就业。他没有宣称工会的行为意味着法令意义范围内的"纪律处分"。根据他的控告,他是两位工会职员个人斗争的受害者。然而,申诉人并没有迁怒于工会作为一个单位的耻辱。他不是被任何审理委员会所惩罚,也不是任何由被申诉人所召集的行动的对象。总之,申诉人没有宣称对第101条(a)(5)和第609条的违反,并且上诉法院正确地根据《劳资报告和公开法》驳回了他的主张。

史蒂文斯法官,与斯凯乐(SCALLA)法官一起,部分同意,部分反对……

法院阐明,歧视性地使用职业介绍所来惩罚申诉人不构成纪律处分,因为他不是"已经确立的惩罚程序"或者由"任何审理委员会"所实施,或者是"任何行动"的结果。但是,正如国会清楚知道的,惩罚既可以正式地实施,也可以非正式地实施,既可以根据正式确立的政策,也可以根据与那些申诉人所宣称的类似的不成文的惯例。该法的用语和结构没有表明任何将它的范围限制在由审理委员会所实施的或者是行动的结果的制裁内的意图。国会规定在惩罚进程中要遵循的详细的程序并不意味着,当惩罚的实施没有通过任何议程时,也不需要遵循任何程序……。通过主张,这里宣称的非正式实施的制裁不为《劳资报告和公开法》所涵盖,法院具有讽刺意味地,在工会会员最需要的时候,剥夺了该法对工会会员的程序保护——当工会或者它的职员行为如此秘密和非正式,以至于会员不能获得任何提前的通知、听证的机会,以及对工会行为的解释。

### 注释和问题

**1. 为什么不存在纪律处分?** 为什么法院认为,工会官员没有推荐布赖宁格就业,不是该法意义范围内的"纪律处分"? 因为职员没有启动某种惩罚程序? 因为工会没有做出不推荐他的正式决定?

以下工会官员的行为落在布赖宁格案所划定的界限的哪一边呢? (a) 因为一项不成文的工会规则禁止在辞职后的12个月内恢复会员身份,所以一位雇员被拒绝重新接纳为工会会员;(b) 由于工会官员没有将一位雇员的所有服务年限记录,他被拒绝给予养老金账户;(c) 一位雇员被工会官员有敌意地控告对同事实施暴力行为。参见沃尔诉建筑和总劳工协会230地方分会案[Wall v. Construction and General Laborers' Union, Local 230, 175 L. R. R. M. 2900(Conn. 2004)]。

**2. "侵犯"vs."纪律处分"。** 布赖宁格案只限制了第101条(a)(5)所实施的程序性保护的范围,还是也限制了第101条(a)所创制的实质性的权利?《劳资报告和公开法》的第102条认可这样的诉讼,即宣称会员的第一章权利被"侵犯"。布赖宁格案既限制了"纪律处分"的意义,也限制了"侵犯"的意义,以至于第102条必须被解读为与第101条(a)(5)有着同样的范围吗? 这样做将允许工会官员因为会员行使他们的第一章权利而进行惩罚,只要制裁不包括正式的工会惩罚。有关布赖宁格案没有这种影响的一般观点,参见吉尔德里诉施工工程师国际工会406地方分会案[Guildry v.

International Union of Operating Engineers, Local 406, 907 F. 2d 1491, 1493 (5th Cir. 1990)]:"即使没有任何违法的惩罚表现出来,对第 101 条(a)(1)的平等权利和第 101 条(a)(2)的言论自由权的侵犯,诉讼当事人也可以根据 102 条成功地寻求赔偿。"

**3. 优先权?** 布赖宁格能根据州法针对工会或它的职员提起诉讼吗?《劳资报告和公开法》的第 103 条保护州法救济免于《劳资报告和公开法》的优先权。然而,对违反公平代表义务的联邦控诉的可行性,阻止任何种类的基于州法的诉讼吗?参见前述,第 967—968 页。法院支持公平代表诉讼却拒绝接受《劳资报告和公开法》诉讼的实际意义何在呢?

## 2. "充分的和公平的听证"

### 锅炉制造工国际同业工会诉哈德曼案

International Brotherhood of Boilermakers v. Hardeman
401 U. S. 233(1971)

布伦南法官……

……被申诉人乔治·哈德曼(George Hardeman)是一名锅炉修理工。他在 1960 年 10 月是申诉人的第 112 地方分会的一名会员。10 月 3 日,他去工会的职业介绍所找赫尔曼·怀斯(Herman Wise),赫尔曼·怀斯是地方分会的业务经理,也是负责推荐工作的职员。哈德曼曾经跟他的一位朋友谈过,他的朋友是一位雇主,曾经答应他会点名要求他做附近的一份工作。他请求怀斯保证他将被推荐去做那份工作。当怀斯拒绝作出明确的承诺时,哈德曼威胁说,如果再过几天没有得到工作,就会对其施以暴力。

10 月 4 日,哈德曼回到职业介绍所,等待推荐工作,但没有等到工作。第二天,按他所说,他"去职业介绍所……并且从职业介绍所上班的时间开始等,直到我们有了麻烦……"。当怀斯从他的办公室出来去当地的一个工作地点时,……哈德曼递给他一份点名要哈德曼的电报的复印件。当怀斯读电报时,哈德曼开始用拳头猛击他的脸。

哈德曼因为此行为被指控为制造纠纷,对地方分会的利益与和谐不利,威胁和使用武力以阻止地方分会的职员恰当地履行他的职务,因而受到审理。审理委员会裁决他"正如指控的那样是有错的",并且地方分会支持了该裁决,投票决定他无期限地被开除。哈德曼提请国际工会复审这个行为,经过复审,没有对裁决或者处罚作出任何改变。五年后,哈德曼提起了这个诉讼,宣称,申诉人在工会惩罚过程中拒绝给予他充分的和公平的听证违反了第101条(a)(5)的规定……

II

……哈德曼被指控违反了从属性的地方分会章程第13章第1条,该条禁止制造纠纷或者对地方分会的利益与和谐不利的试图,并且规定了予以开除惩罚的后果。他也被指控违反了从属性的地方分会章程第12章第1条,该条禁止威胁和使用武力以阻止地方分会的职员恰当地履行他的职务;如果违反,可以"作为犯罪"予以惩罚。对哈德曼两项指控的定罪都为工会内部复审程序所支持。

审判法官指示陪审团道:"被申诉人被免职或除名是正确还是错误,是一个由我来决定的纯粹的法律问题。"他假定工会的纪律听证记录包含了支持违反第13章的足够证据,但没有对此作出判决。而且他认为工会的纪律程序记录中没有任何证据能够支持违反第13章的指控。这一判决似乎是建立在第五巡回法院对锅炉制造工诉布拉斯韦尔案[Boilermakers v. Braswell, 388 F. 2d 193(CA5 1968)]判决基础上的。在那个案件中,第五巡回上诉法院判决:"工会宪章中的惩罚性条款必须被严格地解释,作为严格解释的第13章仅指向'对工会作为一个组织构成威胁或对工会目标有效实现构成威胁'的行为,而不仅仅是个人的争论"(388 F. 2d, at 199)。由于工会仲裁庭仅发回一个概括的裁决,因为该指控被认为是没有任何证据支持的,主审法官认为,哈德曼被剥夺了经由第101条(a)(5)保证的充分和公正的听证。上诉法院确认,只是援引布拉斯韦尔案……

我们既没有在第101条(a)(5)的语言,也没有在第101条(a)(5)立法的历史渊源中发现可以使司法替代工会权威的正当化事由,为决定工会会员违反纪律担保的范围而解释工会的规定……

我们认为,这足以表明第101条(a)(5)不意图授权法院决定工会可能纪律制裁它的成员的过错的范围。① 而且如果工会因为完全没有被书面规则禁止的过错制裁其成员,那么法院去解释书面规则以决定特定行为是否包含或排除在其范围外,无疑是一个没有意义的运用。

当然,第101条(a)(5)(A)要求成员遵守的纪律是"书面具体的指控"。这些指控用参议员麦克莱伦的话说,必须"具体到告知被指控的成员假定他涉嫌所犯的过错"。在这里,工会的指控涉及具体的书面规定,第101条(a)(5)(A)明显赋予联邦法院检查这些规定并决定工会成员是否在进行辩护时被误导或被有偏见地对待。但它完全不保证法院审议工会规则以确定某种特定行为是否可以被惩罚。

被申诉人不提议,且不能辨别任何本案中偏见的可能性。尽管他所获得的指控通知不会出现在记录中,工会听证笔录表明,该通知并没有局限于一种哈德曼被告知违反的书面规定的声明传票,通知似乎已经包含了构成纪律处分行动基础的有关争斗事实的详细说明。第101条(a)(5)不需要更多。

Ⅲ

这里仅有的一个问题是工会纪律处分程序是否有足够的证据支持有过错的处理结论。《劳资报告和公开法》第101条(a)(5)(C)确保了工会会

---

① 11. 州法律在很多情形下可能走得更远。参见萨默斯:《工会纪律规则:法院事实上在做什么》,载于《耶鲁法律杂志》第70卷(1960),第175页[Summers, The Law of Union Discipline: What the Courts Do in Fact, 70 Yale L. J. 175 (1960)]。但是国会通过《劳资报告和公开法》第103条(99 U. S. C. §413)保持了州法的救济方法,国会充分认识到参议员麦克莱伦最初提案的宽泛含义也比很多州法的范围要窄。参见国会会议记录(105 Cong. Rec. 6481 - 6489)。

员的一个"充分和公平"的纪律听证,当事人和下级联邦法院在这种确保需要控方在纪律听证中提供证据以支持其指控上达成了完全的共识。这是司法审查的恰当标准。我们同样认为没有任何证据支持的指控定罪是对正当程序的否定,汤普森诉路易斯维尔案[Thompson v. Louisville, 362 U. S. 199, 206(1960)];……且……第101条(a)(5)(C)可能据说在工会纪律程序中输入了相同的要求。参议员基克尔(Kuchel)首次引入这一条款,在参议院将其作为要求纪律行动有"常规合理宪法性基础"进行描述,国会会议记录(105 Cong. Rec. 6720),任何更低的标准都会使得第101条(a)(5)(A)书面具体指控的要求无效。另一方面,一个更严格的标准会与允许工会管理它们自身事务的明显的国会意图不相一致,且要求法院在什么是最佳纪录的基础上判断证言的可靠性。

在本案中适用这一标准,我们认为指控被充分支持是无疑的。被申诉人被指控未经警告的攻击怀斯并持续地打击他。怀斯在纪律听证中作证,他的证词被另一个发生口角的证人完全证实。即使哈德曼,尽管他声称因此被抓和打,承认打了第一下……。指控被一些证据支持是确定的。

**注释和问题**

**1. 有原则的不干涉?** 在哈德曼一案中描述的有限的司法审查为工会裁决过程的限制提供了充分的证据吗?哈德曼一案在下级法院对工会纪律从事程序审查的意愿的影响,在丽萨·L.利伯维茨:《正当程序和〈劳资报告和公开法〉:一个对工作场所内和工会内的民主权利的分析》,载于《波士顿学院法律评论》第29卷(1987),第21、45页[Risa L. Lieberwitz, Due Process and the LMRDA: An Analysis of Democratic Rights in the Union and the Workplace, 29 *B. C. L. Rev.* 21, 45 (1987)]中,"内置偏见"的缺乏证据被调查。

**2. 一个充分和公平听证的要素?** 第101条(a)(5)规定受到纪律处分的会员必须受到书面的具体指控并给予合理时间准备答辩。对于一个"充分和公平"的听证必需的其他要素是什么？假设会员必须有机会提供证据并反驳指控。会员是否有权接触外界律师，如果工会章程禁止外界代表？参见科尼莉亚诉美国木工兄弟会费城市区分会［Cornelio v. Metropolitan Dist. Council of Philadelphia, United Bhd. Of Carpenters &Joiners of Am. , 243 F. Supp. 126（E. D. Pa. 1965），aff'd per curiam, 358 F. 2d 728（3d Cir. 1966）］。

**3. 公共审查委员会**。一些工会，尤其是汽车工人工会建立了"公共审查委员会"，委员会由外界人士譬如大学教师、仲裁员、神职人员组成，作为涉及工会纪律决定的最终上诉机构。参见沃尔特·E. 欧博尔（汽车工人工会的首位主任）：《对劳工的自愿公正的审查：一些思考》，载于《密歇根法律评论》第 58 卷（1959），第 55 页［Walter E. Oberer（the first director of the UAW Board），Voluntary Impartial Review of Labor: Some Reflections, 58 *Mich. L. Rev.* 55（1959）］；乔治·W. 布鲁克斯：《工会内部纠纷的公正公共审查：在民主的自我约束方面的试验》，载于《俄亥俄州法律杂志》第 22 卷（1961），第 64 页［George W. Brooks, Impartial Public Review of Internal Union Disputes: Experiment in Democratic Self-Discipline, 22 *Ohio St. L. J.* 64（1961）］；大卫·Y. 克莱因：《公共审查委员会：他们在争端解决过程中的位置》，载于《仲裁——1974 年全国第 27 届仲裁学术年会论文集》第 7 章，第 189—235 页（巴巴拉·B. 丹尼斯与杰拉尔德·G. 索默斯主编,1975 年）［David Y. Klein, Public Review Boards: Their Place in the Process of Dispute Resolutions, in Arbitration—1974, Proc. , 27th Ann. Meeting, Nat'l Acad. of Arbs. , ch. 7, at 189 – 235（Barbara b. Dennis & Gerald G. Somers eds. , 1975）］［包括论文：约翰·P. 林恩：《美国教师协会的公共审查委员会》；大卫·E. 费勒：《西部造纸工人协会公共审查委员会》（including articles by John P. Linn, The American Federation of Teachers Public Review Board; David E. Feller, The Association of Western Pulp and Paper Workers Public Review Board）］。

## 第三节　选举、公民复决投票和参与利益

**注释:《劳资报告和公开法》第四章的执行方案**

不像《劳资报告和公开法》第一章和第五章提供的私人诉讼救济,《劳资报告和公开法》第四章的执行方案专属地赋予劳工部长。第401条(c)的规定创造了一个行政执行方案仅有的狭窄例外,允许提出直接诉讼以强迫工会服从竞选宣传资料分发的合理要求。《劳资报告和公开法》的发起者给出的第四章缺乏私人诉讼权利的正当化理由是能最小化对于工会内部事务无根据的司法干预。

按第402条,一个工会会员挑战选举结果必须首先启动工会内部救济,然后才能向部长提出诉愿。部长"应该调查诉愿,如果发现可能的理由使其相信违反此条的情形发生,他应该在诉愿提出60天内"提起一个民事诉讼以撤销选举。第402条(C)指示地区法院在发现违反第四章"可能影响选举结果"的优势证据的情况下撤销选举。

**穷尽与第四章诉讼的范围。** 在霍奇森诉钢铁工人联合会6799地方分会案[Hodgson v. Local 6799, United Steelworkers, 403 U. S. 333(1971)]中,一名竞选地方工会主席不成功的竞选人通过工会内部程序对现任主席为准备竞选材料对工会设施的使用进行质疑,但是他随后向部长提出的诉愿还主张工会规则为候选人资格设置参加一半地区工会会议的条件构成了对第401条(g)额外的违反。部长据此两点提出诉讼,但最高法院主张部长只能对工会内部申诉时提出的违法行为进行诉讼:

> 穷尽原则要求的一个首要目标是保有工会内部机制解决选举纠纷的有效性……。接受部长关于一个工会的成员在诉愿提交部长之前不必反对这些违法的论点,将会不必要地削弱工会的自治。(同上,第

340页）

布伦南和怀特法官的异议认为穷尽原则的要求仅能适用于撤销选举的理由,不能适用于操作一个新选举的条件,必须遵守第四章和工会宪章和章程。他们的立场得到了后来的特尔博维奇诉矿工联合会案[Trbovich v. United Mine Workers, 404 U.S. 528, 537 n.8(1972)]法官的支持。

在沃茨诉国际劳工工会125地方分会案[Wirtz v. Local 125, Laborers Int'l Union, 389 U.S. 477(1968)]中,一名工会会员抗议地方工会通过支付行为不端会员人头费并允许他们在决胜选举中投票违反了第401条(e)。部长被允许起诉普通选举和决胜局选举,尽管工会内部诉愿仅涉及决胜局选举。法院的多数意见认为工会会员的抗议已经给予工会早先的选举和决胜选举具有同样不法污点的合理的通知。

**对部长自由裁量权的限制**。尽管劳工部长在第四章下有相当的裁量权。最高法院在两个裁决中承认一些适格的原则。在上述特尔博维奇诉矿工联合会案中,法院认为,向部长提出申诉的工会会员,引发了部长根据第四章的规定对选举程序有权干预的诉讼。法院强调,国会将第四章启动诉讼的权力授权给部长是为了:(1)过滤出一些轻率的诉求;(2)在一个诉讼中合并所有有价值的请求权挑战一个选举。但是,一旦部长决定提起第四章诉讼,这些过滤和合并目标就已经达到了,没有理由认为,国会意图排除工会会员在诉讼中的参加权。而且这种参加诉讼被限定在提出证据和主张支持部长的撤销选举的诉讼的理由。

在邓洛普诉巴蔻维斯其案[Dunlop v. Bachowski, 421 U.S. 560 (1975)]中,法院承认在部长决定一个违反第四章的行为影响选举结果的可能性和决定任何诉讼胜诉可能性之间存在实质性的偏差。但法院认为部长不起诉的裁量权受法院有限的司法审查权的支配。法院裁决(1)部长必须向申诉人和向法院提供基于第402条(b)拒绝诉讼的理由以及据以做出此决定所依据的基本事实和推论;且(2)拒绝起诉受到《行政程序法》第706条(2)(A)中狭义的"专断与恣意"标准的限制。法院强调司法审查应被限定在审查陈述的理由,而不应扩展到部长有关存在违法以及违法对选举效力的影响的裁决所依据的事实基础。而且,它保留了地区法院命令部长起诉的权威,如果部长的拒绝被视为"专断的"。根据巴蔻维斯其案,发现部长的理由陈述不充分的判决,参见哈灵顿诉查奥案[Harrington v. Chao, 280 F. 3d 50 (lst Cir. 2002)]。一般参见注释,《邓洛普诉巴蔻维斯其案以及根据〈劳资报告和公开法〉第四章的司法审查的局限:行政改革的建议》,载于《耶鲁法律杂志》第 86 卷(1977),第 885 页[Dunlop v. Bachowski and the Limits of Judicial Review Under Title IV of the LMRDA: A Proposal For Administrative Reform, 86 *Yale L. J.* 885 (1977)]。

## 1. 候选资格的要求

### 美国钢铁工人联合会 3489 地方分会诉尤塞里案

Local 3489, United Steelworkers of America v. Usery

429 U. S. 305 (1977)

布伦南法官。劳工部长根据《劳资报告和公开法》第 402 条(b)在印第安纳南部地区的地方法院提起诉讼,目的是使得美国钢铁工人联合会地方第 3489 工会 1970 年的职位选举无效。部长断言对地方有约束力的钢铁工人国际宪章的一个条款限制了候选资格,该条款要求竞选地方工会职位的会员在选举前三年至少要参加一半的地方工会的日常会议(除非被工会活动或工作时间所耽误),违反了第 401 条(e)……。地区法院驳回了起诉,认为没有违反法条。第七巡回上诉法院撤销了判决……

I

在被起诉的这次选举期间,地方第 3489 号工会大约有 660 名声誉良好的工会会员。上诉法院发现这些会员中的 96.5% 没有资格在工会内担任职务,因为他们未能满足参加会议的要求。在 23 名适格成员中,有 9 人是现任的工会官员。劳工部长主张,并且上诉法院也认定,96.5%的地方工会会员未能满足参会的要求,并且该要求产生这样的效果,即要求潜在的有反对意见的候选人要在选举前的 18 个月就计划他们的候选资格,而在那个时候,可能还没有出现让他们反对的理由①,这就证明,这种要求会对地方工会的选举产生反民主的效果。申诉人认为,这一规定是合理的,因为它服务于有效的工会目标,并没有对工会会员强加非常繁重的义务,也未证明这是一种保护地方工会中某个现职人员派系的手段。

## II

1968 年三个案件的判决已经确认了与决定参加会议的要求是否违反了第 401 条(e)相关的因素。沃兹诉宾馆雇员协会案(Wirtz v. Hotel Employees,391 U.S. 492);沃兹诉吹瓶工协会案(Wirtz v. Bottle Blowers Assn.,389 U.S. 463);沃兹诉劳工工会案(Wirtz v. Laborers' Union,389 U.S. 477)。

……第 401 条(e)规定:"每个信誉良好的会员都有资格成为候选人以及在工会中担任职务",并明确地"受到……统一的合理的资格条件的约束"。但"国会显然并不打算授权……'合理的资格条件'……应该有一个宽泛的含义"。《劳资报告和公开法》第四章的基本目标是当"假设投票人在投票时执行共同意志和判断"时,确保在"这个国家的政治选举"中模仿"自由和民主的"工会选举(391 U.S.,at 504)。因此,第四章并不是仅仅设计用来保护一个工会会员在特定选举中的竞选某个职位的权利。"国会着重强调,在确保自由和民主的工会选举中至关重要的公共利益,是超越于提出申诉的工会会员的更狭隘的利益。"沃兹诉吹瓶工协会案,同前,第 475 页;沃兹诉劳工工会案,同前,第 483 页。目标是"通过民主的自治过程,保护一般普通会员完全参与他们所属工会运作的权利,并通过选举程序

---

① 5. 日常会议每月举行一次。因此,为了在三年的期间内参加一半的会议,一位想要竞选工会职务的先前并不活跃的成员,不得不在选举开始前的 18 个月就参加会议。

保证工会领导层对会员的负责"。沃兹诉宾馆雇员协会案,同前,第497页。

依据第401条(e)的规定,一个特定的资格条件是否是"合理的",必须"按照法条要求的工会遵照'自由和民主的'选举操作的规定的一致性来衡量"(391 U.S., at 499)。国会不是只关心工会领导层的腐败。国会选择"自由和民主的"工会选举作为"抑制仁慈或恶意的根深蒂固的领导阶层的滥用权力的可能性"的一项预防措施(同上,第503页)。宾馆雇员协会案清楚地表明,这一阻碍被实质性地消耗可能竞选的现职者的反对者的候选人资格问题所严重损害,并判定对于先前拥有工会职位的特定职位严格的候选人任职资格的限制是无效的。"显然,考虑到第四章的目的,一个候选人的资格限制使得93%的工会会员无资格获得职位,几乎不能被称为'合理的资格条件'。"(同上,第502页)

Ⅲ

……在这里,我们的结论也是,参加会议规则的反民主效果超过了其所主张的利益。像宾馆雇员协会案中的规章一样,一项导致96.5%的成员无法获得工会职位参选资格的要求,几乎无法被视为一个与自由、民主的选举目标相一致的"合理资格条件"……

申诉人认为在宾馆雇员协会案中被判决为违法的规章,完全不同于这里的参加规则。依据宾馆雇员协会案中的规章,没有会员能够通过自己的努力确保获得参选资格,因为其他人控制了选举资格的标准。另一方面,这里一个成员可以通过在三年期间参加18次日常会议,确保自己的候选人资格。换言之,工会将它的规定仅视为任何希望成为候选人的会员必须遵循的程序,而非从候选资格上排除一类会员。

然而即使从这一角度观察,规定还是对工会民主起到了限制性的效应。在缺乏一个持久的"反对派"的工会内,与工会现职领导层的对立,可能是针对出现在不同时期的问题,因此,在工会领导层的变化中,成员利益可能只在选举前很短时间达到高峰。因此,要求会员至少在选举前18个月提前对候选资格作出决定,而那时还不存在促使其作出这样决定的是否要这个参选资格的问题,这一要求损害了整体会员赞成新领导而罢黜现有领导的自由。

我们没有被申诉人的论点所说服,即因为部长没有证明工会现职领导在利用参加会议的规定使他们变得"地位稳固",所以他未能证明其反民主的效应。实际上,领导层变得地位稳固的理由是很难独立出来的。同一批官员年复一年的竞选,可能就是一个反民主的选举规则,阻止对现领导层有效挑战的信号,或者仅表明会员满意他们的管理工作;如果选举是无竞争的,反对部分可能是拒绝投票或者竞争性的利益,可能在选举前就分歧达成了妥协以维系表面的团结。相反地,领导层的更迭可能源于一个开放的政治过程,或者将竞争限定在不对地位稳固的组织提供真正反对意见的候选人处。但是国会没有赋予法院寻找并移除不恰当的地位稳固的工会领导层的责任。相反,国会选择通过规制工会选举程序本身而非选举程序的结果来确保工会民主……

根据第401条(e)的规定,申诉人的另一个论点是合理的,因为规定鼓励参加工会会议,通过将选举限定在对工会事务展现出兴趣并熟悉工会问题的人中间,来确保得到更有资质的官员。但是规定显然不能服务于这些目标。很显然规定对于鼓励参会没有什么作用,会议仍然只能吸引一小部分人。[①] ……

至于确保选举有知识和献身精神的领导,《劳资报告和公开法》的选举条款传递出了国会的决心,实现目标的最佳手段是在一个开放民主的选举中将选择领导层的权利交给会员阶层,不被专断的排除所束缚。通过排除大量会员候选资格并因此限制持异议的候选资格的可能性去追求此一目标,直接走向了制定法基本前提的反面。我们因此得出结论,国会为保障每个工会会员谋求职位的机会,仅受"合理的资格条件"约束,使工会无法建

---

[①] 8. 地方第3489号工会的会议出席率平均是47/660。纪录中的这一总数没有显示出在规则变化之前参会率的显著增长。

立像申诉人的会议参加规则那样严格限制工会政治过程开放性的候选资格条件。

法官鲍威尔以及法官斯图尔特和伦奎斯特的异议被省略。

**注释和问题**

**1. 表面正当性与效果。** 下面的对于候选资格要求的态度与地方第3489号工会一致吗?:"决定其正当性的,不是这个要求表面的合理或不合理,而是其反民主的效果。"布洛克诉船主、大副、引航员国际组织案[Brock v. International Org. of Masters, Mates &Pilots, 842 F. 2d 70, 73 (4th Cir. 1988)](驳回了劳工部长对候选人必须24个月资格完好而不提供"宽大"期限的要求的诉讼)。这个态度是地方第3489号工会要求的吗?

**2. 参加会议。** 在多伊尔诉布洛克案[Doyle v. Brock, 821 F. 2d 778 (D. C. Cir. 1987)]中,一个有分歧的陪审团推翻了劳工部长对于导致候选人过高比例不适格的一项在选前一年至少参加一半月度会议的参会要求拒绝起诉的决定。希尔伯曼法官持异议,并提出地方第3489号工会没有创造一个本质上的规则(同上,第787—789页)。劳工部在多伊尔案后的规定是参会要求必须合理,且"合理性在具体个案中进行测定",包括负担、宽恕条款和影响。参见法规[29 C. F. R. §459.38(a)]。在脚注中,这一规定还提出,"大比例成员"的排除单独即可导致参会要求不合理(同上,注释25)。引用部长的不愿意采取一个固定百分比的检测以确定不合理的参会规则,第一巡回法院在赫尔曼诉马萨诸塞地区斯普林菲尔德地方第497号工会案[Herman v. Springfield, Mass. Area, Local 497, 201 F. 3d 1 (lst Cir. 2000)](根据布丁法官),驳回了代理机构对导致96%的会员丧失资格的要求在选前12个月参加3次会议的规定的诉讼。比较波斯纳法官在赫尔曼诉美国钢铁工人联合会地方第1011号分会案[Herman v. Local 1011, United Steelworkers of America, 207 F. 3d 924,927‐928 (7th Cir. 2000)]中的观点(在两年内参加8次会议的要求施加了一个负担,因为潜在的候选人不仅牺牲了可能稀少的空闲时间……而且他因为任何原因不情愿参加会议而不能竞选工会职位,他必须在选前数月就下决心是否竞选)。

如果仅拿会员实质性的不适格这一点来谴责参会的要求,那么这种要求要容忍很少会员参加会议的情况吗?工会确保其领导保持最低限度的多面性的能力是否因此会受到挫败?另一方面,如果参会的是一个熟悉工会事务的代理人,工会现职人员能否提出他们不应投票给参会记录稀少的候选人?如果虽然会员投票反对现职人员,他们是否不能对工会领导资质和参加会议的无用性表达看法?

**3. 胜任条件**。体力劳动者工会规定候选人竞选地方职位"竞选者应有读写能力和有能力履行职责"。在按此条款候选人不适格的要求下,劳工部长提起了违反第 401 条(e)之诉,因为胜任力要求模糊、主观的特质;条件在部长看来,应该由会员阶层来判断。这一规定违反了第 401 条(e)吗?答案是否取决于规则导致的不适格会员的实质比例?参见多诺万诉国际劳工工会地方第 120 号工会案[Donovan v. Local Union No. 120, Laborers Int'l Union, 683 F. 2d 1095(7th Cir. 1982)]。

**4. 在行业中持续的工作**。工会能够限制在本行业中连续工作 24 个月的成员的参选资格吗?如果有效,工会执委会仍然对赋予缺席者权利持审慎态度会使得规定变得不无疑问吗?参见布洛克诉国际卡车司机工会地方第 630 号分会案[Brock v. Local 630 of the International Bhd. of Teamsters, 662 F. Supp. 118 (C. D. CaL. 1987)]。当因为缺乏工作被临时解雇的会员希望继续缴纳会费维持良好会员资格的情况下,工会能够适用这一规定吗?参见赖克诉卡车司机工会地方第 30 号分会案[Reich v. Teamsters Local 30,6 F. 3d 978 (3d Cir. 1993)]。

**5. 潜在的利益冲突**。工会章程的条款违反第 401 条(e)使得任何成员申请管理职位后两年无参选资格,是否会成功?比较马丁诉国家邮递员协会第419分会案[Martin v. Branch 419, National Ass'n of Letter Carriers, 965 F. 2d 611(6tli Cir. 1992)](否)和麦克劳夫林诉美国邮政工人协会迈阿密地区分会案[McLaughlin v. American Postal Wkrs. Union, Miami Area Local, 680 F Supp. 1519 (S. D. Fla. 1988)](是)。如果限制后来回归非管理性身份的以前曾获得过管理岗位的工会会员,规则是否可以被接受?

**6. "可能影响结果吗?"**《劳资报告和公开法》第402条(c)(2)要求发现任何违反第401条在法院宣布选举结果无效并命令举行新的选举之前"可能影响选举结果的"行为。在沃茨诉宾馆、汽车旅馆和俱乐部员工工会地方第6分会案[Wirtz v. Hotel, Motel & Club Employees Union, Local 6, 391 U. S. 492 (1968)]中,法院考虑了第401条(c)(2)规定的利用百分比对会员参选资格进行限制的影响。地区法院认定选举结果没有受违反第401条规定的行为的"影响",取决于下列因素:(a)挑战者糟糕的竞选表现;(b)缺乏证据证明无竞选资格提名人以前是一个得票率高的人;(c)缺乏反对现任者的实质性的问题和不满;(d)"执政党"因其完全的提名权而享受压倒性优势。上级法院在拒绝接受下级法院的推理时,意思是说在有关第401条(c)(2)规定的破坏选举的案件中,当选举票数的差距实质性地超过有争议选票数量时,一般应该排除选举无效。然而,工会的规定和实践却做了一个大规模的投票排除可以支持这样的裁决,即选举结果"可能被影响"缺乏"针对合理可能性的切实证据"(同上,第507页)。

**7. 合理包容?** 在多诺万诉国际机械师工会航空运输区地方第146号分会案[Donovan v. Air Transport Dist. Lodge l46, IAM, 754 F. 2d 621(5th Cir. 1985)],法院认定:(1)工会要么将那些因工作需要无法参加或无法完全参加提名会议的会员包括在内,要么就要说出不将这些人包括在内的理由;(2)部长不仅有权使受到挑战的选举无效,而且能使其他被程序受到挑战所玷污的选举无效,对于申诉人在其他选举中的投票权可以不予考虑。

**8. 额外的程序要求。**关于工会确保其会员收到合理的及时通知会员名单的义务，参见赖克诉机械师协会区地方第 720 号分会案［Reich v. Machinists Dist. Lodge 720, 11 F. 3d 1496 (9th Cir. 1993)］，并给予及时的投票指示的通知，参见多尔诉地方第 317 号工会案［Dole v. Local Union 317, 711 F. Supp. 577 ( N. D. Ala. 1989)］。

**9. 赞成的行动。**一个白人占绝大多数的工会有大约 5 万名会员，主要由公立学校教师（受《劳资报告和公开法》调整）组成，通过多数票决修改章程，以确保在其"代表大会"（大约 600 人）中有 8% 的席位授予四个主要的少数族裔群体——非裔、亚裔、西班牙裔和印第安人。如果定期的选举程序不能使得这些少数族裔获得代表大会 8% 的席次，修正案指导理事会任命额外的少数族裔成员达到这一目标。修正案还将理事会成员从 50 增加到 54，保留 4 个新增职位给少数族裔并提供给除了通过常规程序赢得席位的人以外的少数族裔会员。

劳工部长控告针对在接下来的选举中这一修正案的适用的禁令，认为它没有体现出第 401 条(e)规定的"施加一致合理的职位要求"，且否定了会员选举他们所选择的候选人的权利。法院应如何判定？如果有证据表明，工会在过去歧视少数族裔会员，或者这一地区的公立学校教师中的少数族裔超过 8% 的比例，是否有实质性意义？比较多诺万诉伊利诺伊教育协会案［Donovan v. Illinois Education Ass'n, 667 F. 2d 638 (7th Cir. 1982)］（推翻下级法院判决并宣布同样的规章无效）和美国钢铁工人联合会诉韦伯案［United Steelworkers v. Weber, 443 U. S. 193 (1979)］。

**2.《劳资报告和公开法》第一章和第四章之间的重叠**

**卡尔霍恩诉哈维案**

**Calhoon v. Harvey**

379 U.S.134（1964）

布莱克法官……。被申诉人是国家海事工程师福利协会第1号区域工会（District No.1, National Marine Engineers' Beneficial Association）的三名会员,他们在联邦地区法院对工会、工会主席和财务主管提出申诉,宣称工会规章和细则的特定条款违反了《国家劳动关系法》,在"国家海事工程师福利协会第1号区域工会选举的过程中,侵犯了他们提名候选人的权利,这是原告以及被告的每一名会员受到《国家劳动关系法》第101条(a)(1)所保障的权利……"。宣称第102条赋予地区法院对争议的管辖权。有人指控,工会章程细则剥夺了除了他自己以外任何其他人作为候选人的会员提名权。全国性章程反过来规定,没有会员有资格作为候选人或竞选全职职位,除非他是全国工会会员满五年并在前述的三年中的任意两年服务180天或以上,与全国工会或分支机构达成集体协商协议……。被申诉人要求工会禁止筹备或操作任何选举,直到它修改了它的选举系统以给予其每个成员一个公平机会提名任何"满足公平和合理资格要求的人担任选举中的任何或全部职位"。

工会提出驳回申诉的主要依据是:(1)法院对这一诉讼标的缺乏管辖权;(2)申诉无法提出一个应给予何种救济的诉讼请求。地区法院因为缺乏"管辖权"驳回了诉讼,认为所谓的工会行为即使是真的,也不表明是对所有工会会员有权投票或提名候选人的平等权利的否定,由第101条(a)(1)的规定所保证……以便给予地区法院在第102条项下对争议的管辖权。法院认为,这些辩解最大程度地显示了对于提名和选举的资格限制的强制,可能因为否认会员提名和选举候选人的合理机会而违反了第四章第401条(e)。地区法院进而认为可能无法适用管辖权去保护第401条(e)的权利,因为第402条(a)……提供了一个救济,被第403条宣布为"排他的",授权成员通过在选举举行后挑战选举而进行权利辩护,而且仅通过(1)优先用尽工会的所有救济手段,(2)通过劳工部长提交申诉,(3)部长在调查申诉中声称的违法行为后,可能在美国地区法院提起诉讼攻击选举的有效性。上诉法院撤销判决,支持"申诉声称的对第101条(a)(1)的违反以及联邦司法管辖权在第102条项下存在"……

I

地区法院依据第102条而拥有的管辖权……完全取决于是否能证明这个申诉违反了第101条(a)(1)所规定的权利,因为我们不同意上诉法院判决认为第102条项下的管辖权可以得到支持,通过全部或部分信赖断言实质上指控对第四章权利的违反。对第101条(a)(1)的分析和理解及申诉的指控因此对问题的决定很关键。被申诉人指控章程和上述宪章性的条款侵犯了他们被第101条(a)(1)所保障的提名候选人的权利。然而这里他们断言的结果是试图囊括他们在联邦法院起诉的权利范围,如果他们拒绝一个平等的机会在第101条(a)(1)项下提名候选人,即如果他们不被允许提名任何他们选择的不管其在工会限制下的资格条件。但第四章而非第一章,设置了候选人和官员任职资格条件的标准,并提供了它们自身独立和不同的为质疑这些标准的行政与司法程序。并且第101条(a)(1)的平等权利语言远超越于它的通常含义,支持其确保成员不仅提名候选人的权利,而且有权提名任何人,不考虑有效的工会规章……

第101条(a)(1)不过是一个命令,规定成员与成员阶层不得被排除其提名与投票权。国会小心地规定,即使对抗歧视的权利"受到合理的工会规章和规定的制约"。提出申诉的工会会员未在任何方面受到歧视,并否认有任何工会赋予其他人的投票或提名的特权或权利。他们确实充分利用了统一规则通过提名他们自身来限制提名。他们成为候选人的请求被拒绝是真实的,但拒绝并非对其提名权利的排斥,因为同样的资格条件是对所有成员平等要求的。工会的宪章和规章设定的任职资格要求是否合理与有效,是一个单独并区别于第101条(a)(1)赋予的在平等基础上的提名权是否被违反的问题。地区法院因此没有管辖权去对这一要求给予救济,除非当上诉法院认为"任职资格条件要求和自我提名限制的联合效应"被认为决定了第101条(a)(1)是否被违反。

## Ⅱ

我们裁定,关于是否违反了《国家劳动关系法》第四章规定的任职资格的问题……与地区法院依据第一章第102条规定的管辖权问题无关……。第四章确立了一个法定的规制工会官员选举的机制,在他们任职期间可以修改条件,要求无记名选举,规制竞选材料的分发,要求给候选人提名一个合理的机会,授权工会确定对候选人"一致强加的合理的任职资格",并试图保证所有成员都允许参与的公平的工会选举。正如已经指出的,第402条……,建立了一个单独的保护第四章规定的权利的方法,通过允许个人会员向劳工部长提出因为违反第四章规定的申诉,去质疑所有选举的有效性……。显然国会决定利用劳工部长的特殊的经验和自由裁量权以尽量服务于公共利益。参见圣地亚哥建筑业委员会诉加尔蒙案(San Diego Building Trades Council v. Garmon, 359 U.S. 236, 242)。国会决定不允许个人通过向联邦法院提告违反第四章来阻碍或延迟工会选举,国会这样做,有一个与此不相关的例外。对劳工部长的自由裁量权的依赖,与国会允许工会在最大限度的范围内解决自身内部争议的一般政策,是协调一致的;一旦失败,在向法院起诉之前,就利用最熟悉工会问题的政府机构通过协助其讨论帮助解决。无须细述冗长的立法历史……,我们对这一结论是满意的,即《国家劳动关系法》本身的结构和语言清楚地表明,这里所涉及的有关工会职位的候选人资格的争议,完全属于第四章的范围……,应由本章规定的行政和司法程序解决。

因此,推翻上诉法院的判决,支持地区法院的判决……

道格拉斯法官支持上诉法院的判决(324 F. 2d 486)。

斯图尔特法官和哈伦法官附议……

法院通过对资格限制这一事实的关注,排除了地区法院对这一申诉的管辖权,因为这些可能违反了《国家劳动关系法》第四章规定的任职资格的限制,与地区法院依据第一章第102条所享有的管辖事项是没有联系的。通过这一推理,法院推翻了地区法院对选举过程中有关参加会议问题的申诉的判决。但是,关于参选资格的条款有时可能会侵犯提名候选人的权利。如果国家海事工程师福利协会发布了一个规定说,只有杰西·卡胡恩(Jesse Cahoon)才有任职的资格,其他所有的会员都没有自我提名成为候选人的权利……

从今以后,工会能因其在工会干部选举方面制定了歧视性的规则而在选举前在联邦法院免遭起诉,即使其严重侵犯了会员的平等提名权、选举权和参与工会内部事务的权利……

尽管如此,法院得出结论说,"国会的一般政策"是避免用司法的方式来解决工会的内部纠纷。法院认为,这一政策的目的是旨在限制个人通过要求颁发禁止令而阻止和延迟选举的权力。这种估计在增加第一章之前可能是正确的,但是它无法解释这一规定对迅速的司法救济的强调。除了第102条授权的禁令救济和第103条、第101条(a)(4)的保留条款修改了在诉诸司法前用尽内部救济的传统要求。即使是第403条也非决定性地排除选前救济。至少,州法院诉讼可在所有选举前提起以"执行宪法和章程"。至于联邦法院,通过劳工部长只在选举后进行的排他的救济的确是可议的。参见萨默斯:《优先权和〈劳动改革法〉——双重权利和救济》,载于《俄亥俄州法律杂志》第22卷(1961),第119、138—139页[Summers, Pre-Emption and the Labor Reform Act—Dual Rights and Remedies, 22 *Ohio St. L. J.* 119, 138-139(1961)]。要是州法院能够在选前期间实施法案所创建的联邦法律,那的确比较奇怪。通过如此狭义地解读第一章,并且通过解释第四章去完全阻止在联邦法院的选前诉讼,法院急剧地减少了对许多权利有意义的保护,而这些权利是国会如此努力所确立的。[①] 通过如此地简化《国家劳动关系法》的复杂条款,法院实际上致使权利受到侵害的工会会员不可能在

---

① 7. 法院对依据第一章和第四章的规定所享有的联邦法院救济的解释是特别狭窄的,因为一旦投票发生后,地区法官的权力就非常有限。根据第402条(c)的规定,只有"违反第401条可能影响选举结果"的情况下,法庭才能搁置选举。对于权利受侵害的会员,这一保护可能完全是不充分的。提名一个候选人的功能并不总是获得职位。工会中的小派别可能非常感兴趣在选举中出现,仅为展现其是工会政治结构的一部分。按照法院的观点,直到这一派别接近多数地位之前,在联邦法院中的司法救济将是缺席的……

最必要时获得听证——当仍然有一个机会使得工会的规则与《国家劳动关系法》的要求相一致时。

我与法院的分歧无法达到对这一特定案件的处置。是否表述涉及提名权利的限制条件或者涉及工会职位候选资格的限制,我认为劳工组织的规章可能将会不合法地起作用,有效地扭曲基本的民主程序,在第一章的含义范围内剥夺会员提名的平等权利。在一些案件中这一界限是含混的,但我认为在这种情况下被申诉人没有在他们的申诉中断言或在他们的宣誓书中展示这一界限是被越过的……

### 家具和钢琴搬运工协会地方第 82 号分会诉克罗利案

Local No. 82, Furniture & Piano Moving Drivers v. Crowley
467 U. S. 526(1984)

在反对派谋求工会职位时,包括克罗利(Crowley)在内的一些会员,被排除在当地工会的会议(为执行委员会提名候选人)之外,因为他们不能出示显示他们支付了会费的电子化的收据。另一个有关职位的争议是反对派林奇(Lynch)被提名。反对派申诉说以前是提名他作财务主管;但现职财务主管,同时也是以前财务主管,公开宣布他自己是唯一被提名担任这一职位的人,并提名林奇作为工会主席的候选人(也要通过投票)。地方工会否决了一些会员的抗议,并通过邮寄的方式发出了选票(传统的投票方法),1980 年 12 月 13 日开始进行计票。12 月 1 日在选票分发之后,原告在联邦地区法院起诉,声称地方工会与其官员通过电子化收据的要求,(i)侵犯了原告的根据第 101 条(a)(1)的规定所享有的"提名候选人[及]参加会员会议……的平等权利",且(ii)侵犯了根据第 101 条(a)(2)的规定所享有的在工会会议中的表达自由的权利。他们也宣称,被告通过排除林奇作为财务主管的被提名人而违反了第 101 条(a)(1)的规定。在地区法院 12 月 12 日暂时限制令下,选票被密封并提交法院。在那时,(如果不是绝大部分)也有许多选票被收回,并将于第二天被工会清点。接下来的听证与协商,法院调用其在第一章之下的管辖权,使选票无效,并选择外界的仲裁者来实施另一个选举。劳工部长介入在上诉中作为辩护方的代表。上诉法院确认第四章禁止赋予下面的救济的论据。最高法院撤销。

布伦南法官……

……这一案件要求……,当实施工会选举时,由我们决定权利受侵害的工会会员是否能获得第一章所规定的救济。

在开始的时候,强调这一点是有用的,即《国家劳动关系法》清楚明白地规定了第一章的救济和第四章的救济之间的关系。首先,包括在第四章第403条中的排他性的规定,明确地禁止在选举完成后单个工会会员挑战选举的有效性。① 其次,在工会选举"实施前",单个工会会员有权获得第一章规定的全部的权利。

即使第403条中的"已经实施"这一清楚明白的表述可以被解释为直到选票被列表统计之后,我们也不愿意对其作出这样的限定性解释。这种方法会忽视司法救济的限制……,包括第一章所规定的允许地区法院给予仅有的"合适"救济……

……在第一章和第四章实施之前在国会对其进行的全部讨论中,国会清楚地表明,其目的是强化劳工部长对工会选举挑战的应对,并让劳工部长监督任何违反法令的新的选举。这强烈地暗示,即使能够适当地起诉和证明违反了第一章的规定,国会也不会考虑让法院通过命令对新的选举进行要求和监督以给予第一章所规定的"适当的"救济。同时,在立法历史中也没有其他东西表明,国会意图在选举期间排除向联邦法院提出的所有的第一章规定的诉求,尤其是在纠正违法不会对正在进行的选举造成重大拖延或破坏时。我们因此得出这样的结论:个别工会会员在工会选举期间是否

---

① 16.……第四章的排他条款可能不会禁止对第一章诉请或其他不直接挑战已经实施的选举的有效性的诉讼的选前救济。参见罗斯诉电力工人协会案[Ross v. Electrical Workers, 513 F. 2d 840(CA9 l975)](普通法侵权诉讼);联合制衣工人协会基层委员会诉联合制衣工人协会案[Amalgamated Clothing Workers Rank and File Committee v. Amalgamated Clothing Workers, 473 f. 2D 1303 (CA3 1973)](第一章诉讼)。

获得一个第一章诉讼可能主要是取决于寻求第一章救济者所要求救济的性质。

……尽管第一章的制定提供了工会会员额外的保护,包括……各种各样的法定保障措施……,但是,在……工会选举期间,没有直接的证据……表明国会相信第一章的执行会或者要求或者允许法院去代替部长运用的专门知识和自己去监督选举。在没有这样的立法历史的情况下,并且考虑到在第四章中所清晰地表达的国会要求劳工部长监督新的选举的偏好,我们不能不得出这样一个结论:国会并没有考虑,在工会选举期间,让法院监督工会选举,从而对第一章的规定给予"适当的"救济。

这并不是说,在一个冗长的工会选举中,依据第一章的规定,法院没有对适当的诉求的管辖权。国会制定的关于第一章规定的重要政策……同样地迫使我们可以得出这样的结论:当选举正在进行时,法院可以依据第一章的规定给予适当的救济。单个的工会会员可以适当地提出起诉,声称第一章的规定被违反,在不造成正在进行的选举实质性地延迟或无效的情况下,并可以容易地获得救济。例如,工会会员可能声称,他们因为反对现任官员竞选连任,而没有收到工会分发的选票。假设这样的工会会员证明违反了第一章的规定,法院可以适当地命令工会,在选举完成前将选票提供给申诉者。在选举中排除法院通过命令给予第一章规定的救济,不仅仅是低效的,而且会破坏国会试图服务的包括在《劳资报告和公开法》的第一章中的目标。事实上,在这种情况下消除所有第一章规定的救济可能排除因为违法而权利受到侵害的工会会员任何可获得的救济。因为对第四章规定得更激进的救济,最终取决于选举可能"会影响选举结果"的证明。

总之,诉讼案件是否声称违反了第一章的规定……,可能在选举期间妥善地得到维护,取决于要求清除声称的法定侵害的救济的适当性。如果所要求的救济是让法院监督进行的新选举失效,那么工会会员必须利用第四章所提供的救济。然而,为了选举期间能够有更少地扰乱选举的救济,地区法院保留了根据第一章的规定采取适当救济的权力。

……这些过程表明,为什么他们与《劳资报告和公开法》所包含的政策是不一致的。例如，法院发出的临时性约束命令和初步禁令，将本来预定于1980年12月举行的工会选举推迟了整整一年。除了产生其他的后果外，这让现任工会官员权力超越了预定的任期截止日。参见第401条(b)(官员至少每三年将被选举一次)。如果第四章规定的程序恰当地被遵行，1980年12月的选举将破假定是有效的，见第402条(a)，且新官员已经取代了现职者。此外，部长监督选举的专业特长完全被忽视了。不仅法院独自决定需要进行新选举，而且还命令建立选举程序，并任命一个外部的仲裁者来监督实施。地区法院的这个举动直接干涉部长对新选举进行监督的排他性的权力，也与《劳资报告和公开法》规定的执行机制的基本目标不符……

史蒂文斯法官的不同意见被省略了。

### 注释和问题

**1. 要求火速去法院吗？** 根据克罗利案，持不同意见的候选人维护其依据第一章规定的权利的能力取决于其是否能及时到达法院以防止选举开始吗？或者克罗利案是否通过排除导致选举中断和推迟的禁令实际上避免这一赛跑？比较，例如，西科曼诉美国通信工人协会地方第13000分会案[Sickman v. Communications Workers of America, Local 13000, 162 L. R. R. M. 2935 (E. D. Pa. 1999)]（准予禁令以放置额外的姓名在选票上，因为这不会破坏选举），和康韦诉国际热霜绝缘工协会案[Conway v. Int'l Ass'n of Heat and Frost Insulators, 169 L. R. R. M. 3160, 2001 WL 1867408 (N. D. Ohio 2001)]（否决禁令放置额外姓名在选票上，因为这不再实用）。这一论点由卡尔霍恩案(*Calhoon*)提出，并部分地在克罗利案里得到回答，参见萨缪尔·艾斯托伊克：《注释，根据〈兰德勒姆-格里芬法〉的选举前救济》，载于《哥伦比亚法律评论》第74卷(1974)，第1105页[Samuel Estreicher, Note, Pre-Election Remedies Under the Landrum-Griffin Act, 74 *Colum. L. Rev.* 1105(1974)]。

**2. 候选资格要求侵犯了第一章规定的言论自由权利吗？** 得里斯科尔（Driscoll）是工会会员，他在穷尽了工会的内部救济后，要求劳工部长根据第402条提起诉讼，指控工会要求的所有担任工会职务的候选人签署非共产党员宣誓书的做法，违反了第401条的规定，并请求将来也不能作此要求。劳工部长拒绝起诉，得里斯科尔对此提起诉讼，除了其他要求外，其尤其声称这违反了《劳资报告和公开法》的第101条（a）（1）、（2）和（5）的规定。联邦地区法院，按照卡尔霍恩诉哈维案，根据第一章的规定没有限制选举资格的管辖权而撤销了案件。得里斯科尔主张不应适用卡尔霍恩案，因为签署宣誓书的要求直接侵犯了第一章规定的言论自由的权利。

在得里斯科尔诉国际施工工程师工会地方第139号工会案［Driscoll v. International Union of Operating Engineers, Local 139, 484 F. Ed 682 (7th Cir. 1973)］中，上诉法院驳回了其意见，认为原告不适用法院准备承认的"卡尔霍恩案宽泛委托"的例外：当免除一个工会官员，并宣称他未来无选举资格，在长期的党派之争的语境中是经过深思熟虑的压制异议的一部分时，第一章所规定的管辖权存在看起来是保护第四章规定的权利的，如在斯科菲尔德诉奔萨案［Schonfeld v. Penza, 477 F.2d 899 (2d Cir. 1973)］（维持针对纪律诉讼的禁令并支持被免职位继任者的选举）。因为最高法院在斯科菲尔德案中所使用的方法，参见金属板工人国际工会诉林恩案（Sheet Metal Workers' International Ass'n v. Lynn）的脚注7，前述第1077页。也可参见前述第1082页注释3。不引用斯科菲尔德案，第二巡回法院的独立陪审团似乎已经驳回了这些"卡尔霍恩案宽泛委托"的有限例外。参见一个更好的工会的会员诉格斯·比沃纳案［Members for a Better Union v. Gus Bevona, 152 F.3d 58 (2d Cir. 1998)］（尽管裁决先前的投票违反宪法修正案第一章的权利并对将来的违反是一个真正的威胁，地区法院缺乏规定二次投票时间、地点、程序的管辖权）。克罗利案是否无论如何都能排除斯科菲尔德案的例外？

**3. 干预投票。** 在一个工会投票选举的计票前，有一个投票箱消失了几小时。在找到投票箱和选票,正要统计票数时,持不同意见的人认为,选举侵犯了其根据第101条(a)(1)的规定所享有的权利,并提起诉讼以制止统计选票。在克罗利案之后,法院有管辖权审理这一案件吗?

**4. 散发竞选材料**。第401条(c)规定,允许善意候选人直接向法院起诉,要求工会在以其名义散发竞选材料时遵守"所有合理的要求",费用由候选人负担。在船主、大副、引航员国际组织诉布朗案[International Org. of Masters, Mates & Pilots v. Brown, 498 U.S. 466 (1991)]中,反对派候选人想早点(在提名截止日期前)拿到工会会员邮寄地址。工会不同意这一要求,因为工会还未举行提名大会和还未指定处理有关邮件要求的机构。法院(通过史蒂文斯法官)支持了让工会交出邮寄名单的命令。全体法官一致认为:(1)原告是"善意的职位候选人",因为他符合任职资格要求,即使他的候选人的身份还没有像工会章程要求的那样,被工会选举委员会的投票后的会议所认证。(2)按照第401条(c)的规定,他的要求是"合理的",因此,甚至能够优先于同样合理的工会关于减少邮寄选举资料期间的规定。第401条(c)的规定建立了一个"直接的标准"。

> 候选人的散发要求合理吗?对工会的争论予以豁免,这一要求本身是不合理的,因为它与工会规定相冲突,我们仅需要再次注意,在这种情况下,工会没有提出任何其他理由暗示被申诉人的要求是不合理的。例如,工会未争辩说,被申诉人的请求引起工会行政上的或经济上的困难或者这一要求歧视其他候选人。我们与下级法院一样裁定,工会没有证明这一请求的不合理性,因此必须准许申诉人的合理的请求。(同上,第477页)

布朗案没有明确处理这一问题,即反对派根据第401条(c)的规定是否有权直接拿到工会会员的名单,尽管法院确实肯定了初步命令,但这一命令与原告所要求的指令工会"将工会会员姓名和地址交付给各方能够接受的邮件服务机构"的请求(同上,第469页)。关于仅要求间接地拿到资料的判决,参见麦克弗雷迪诉服务员国际工会地方第254工会案[McCafferty v. Local 254, Service Employees Int'l Union, 186 F. 3d 52 (1st Cir. 1999)]。

依据霍尔诉科尔案中的"共同利益"原则,候选人依据第401条(c)提起诉讼,能够获得律师费吗?上述第1073页。参见米姆斯诉卡车司机工会地方第728工会案[Mims v. Teamsters Local No. 728, 821 F. 2d 1568 (11th Cir. 1987)]。

**5. 现职者对工会报纸的使用**。在亚布隆斯基诉矿工联合会案[Yablonski v. United Mine Workers, 305 F. Supp. 868 (D. D. C. 1969)],在一位名叫乔克·亚布隆斯基(Jock Yablonski)的"矿工联合会"的执行委员会成员宣布他参加美国矿工联合会主席的竞选后,当时是托尼·博伊尔(Tony Boyle)任主席。美国矿工联合会的报纸由工会定期发送给成员,该报纸给予博伊尔不寻常的有利报道,而甚至没有提到亚布隆斯基的活动。亚布隆斯基在联邦地区法院起诉美国矿工联合会,以其违反《劳资报告和公开法》的第401条(c)和第501条的规定为理由,并请求法院发布暂时命令,指令被告在未来给予亚布隆斯基以平等的待遇,并通过在以后的两期报纸中将一半的版面留给其刊登其所提供的资料,以补偿过去的不平等。法院认定,被告使用报纸作为博伊尔的选举工具,违反了第401条(c)的规定,并认定其已经具备了发布通常的标准的救济命令的条件。不过,法院拒绝了其所请求的救济,因为第401条(c)的规定并未规定这种救济,且这种救济与《第一修正案》冲突。而第401条(g)的规定只有劳工部长在根据第402条规定提起的诉讼中才可强制实施,并且给予原告所要求的特殊的救济,的确可能会违反第401条(g)的规定。然而,法院确实禁止被告歧视性地使用会员名单,特别是禁止使用报纸帮助博伊尔进行竞选。

亚布隆斯基诉讼的过程表明,针对现任者为竞选的目的而滥用职权的选举前的救济是有很大的局限性的。最初的申诉于1969年8月26日提交,地区法院的意见于1969年9月15日宣布;提起上诉的结果是法院将案件发回要求解释,联邦地区法院 11 月 4 日才作出解释,这时离 12 月 9 日的选举还有一个月多一点的时间。见:亚布隆斯基诉美国矿工联合会案[Yablonski v. United Mine Workers, 305 F. Supp. 876 (1969)]。那一选举比通常的时间离美国矿工联合会更近,导致亚布隆斯基近乎 2 比 1 的失败。劳工部长强调现任者利用了报纸,主张该选举无效,获得成功。见霍奇森诉矿工联合会案[Hodgson v. Mine Workers, 344 F. Supp. 17 (D. D. C. 1972)]。

在亚布隆斯基通过工会的内部程序对这次选举提出质疑后,他及其妻子和女儿被谋杀。在 1973 年,博伊尔被指与杀害亚布隆斯基一家的阴谋有关;他后来被判处三个一级谋杀罪。见联邦诉博伊尔案[Commonwealth v. Boyle, 498 Pa. 486, 447 A. 2d 250 (1982)]。部分因为围绕着亚布隆斯基候选资格的事件,阿诺德·米勒(Arnold Miller)领导了会员投票改革。见保罗·F. 克拉克:《矿工的民主斗争:阿诺德·米勒和矿工联合会的改革》(1981)[Paul F. Clark, *The Miners' Fight for Democracy*: *Arnold Miller and the Reform of the United Mine Workers*(1981)]。

在霍奇森诉矿工联合会案[Hodgson v. Mine Workers, 344 F. Supp. at 36]中给予的救济包括如下:

> 美国矿工联合会的报纸从 1972 年 7 月 1 日那一期开始直至被监督的选举进行前的最后一期为止,在每一期中要留有相同的版面给不同的诚信的候选人,刊登有关消息,发表政治观点,并要经过劳工部长审查。候选人可结合他们分配的空间陈述意见。

这一救济符合《第一修正案》吗?参见迈阿密先驱报诉陀尼罗案[Miami Herald Publishing Co. v. Tornillo, 418 U.S. 241 (1974)]。

**6. 劳工部长在投票前的权力。**通过将《劳资报告和公开法》第 601 条扩展适用于违反第四章的规定,将调查权授予了劳工部长,有判决认为,不需要已经提出申诉或有合理的根据,他就可以行使与之相随的发出传票的权力。参见国际管理工程师联合会地方 57 工会诉沃兹案[Local 57, IUOE v. Wirtz, 346 F. 2d 552 (lst Cir. 1965)];劳伦斯·H. 希尔伯曼和乔治·B. 德莱森:《部长和法律:根据〈兰德勒姆-格里芬法〉的投票前调查》,载于《佐治亚法律评论》第 7 卷(1972),第 1 页[Laurence H. Silberman & George B. Dreisen, The Secretary and the Law: Preballoting Investigations Under the Landrum-Griffin Act, 7 *Ga. L. Rev.* 1(1972)];小约瑟夫·L. 劳:《〈劳资报告和公开法〉——执行它还是废除它》,载于《佐治亚法律评论》第 5 卷(1971),第 643 页[Joseph L. Rauh, Jr., LMRDA—Enforce It or Repeal It, 5 *Ga. L. Rev.* 643 (1971)]。

**7. 第五章**。第四章与第五章的重叠部分,见皮特·J. 拉夫伦:《参加工会选举挑战工会经费滥用:根据〈劳资报告和公开法〉第五章的扩大的救济》,载于《哥伦比亚法律与社会问题期刊》第 22 卷(1989),第 181 页[Peter J. Laughran, Contesting Misuse of Union Funds in Union Election Challenges: Expanded Remedies Under Title V of the Labor-Managelnent Reporting and Disclosure Act, 22 *Colum. J. L. &Soc. Probs.* 181 (1989)]。也可参见关于第五章的资料,下文第 1126—1130 页。

**美国钢铁工人联合会诉桑蒂卢斯基案**

United Steelworkers of America v. Sadlowski
457 US. 102(1982)

马歇尔法官发布了法院意见。

在这一案件中,我们遇到了这个问题——1959 年《劳资报告和公开法》的第 101 条(a)(2)[29 U.S.C. §411(a)(2)],是否阻止工会会员制定这样一个规定,禁止拟担任工会职位的候选人接受非会员对竞选的资助⋯⋯

## I

……申诉人为美国钢铁工人联合会[United Steelworkers of American (USWA)]，这是一个拥有 130 万会员的劳动组织，申诉人举行每四年一次的工会主席和其他高级官员选举。这些职位的选举由全体成员复决投票决定。1977 年的选举备受争议，两位候选人竞选主席职位，一位是被申诉人小爱德华·桑蒂卢斯基(Edward Sadlowski, Jr.)，美国钢铁工人联合会最大的地方分会主任；另一位是劳埃德·麦克布莱德(Lloyd McBride)，另一个地区分会的主任。桑蒂卢斯基和麦克布莱德都率领了一些候选人竞选其他高级职位。

麦克布莱德为现任工会领导层支持，并从工会官员和工作人员处得到大笔资金支持。另一方面，桑蒂卢斯基得到了许多工会外部的资金支持。在运动期间，引起激烈辩论的问题是，候选人应否接受工会外部的捐款。麦克布莱德争辩说外界人参与美国钢铁工人联合会选举对工会来说是危险的。

麦克布莱德以一个较大的优势——57% 比 43%，最终击败了桑蒂卢斯基。麦克布莱德团队的其他候选人也获得了类似优势的胜利。

大选结束后，工会会员继续讨论工会外部的局外人参与工会的选举活动是否合适的问题。这一争论最终在 1978 年解决，这一年美国钢铁工人联合会举行了两年一度的大会，大会由美国钢铁工人联合会地方工会会员选举的大约 5000 名代表组成，这个代表大会是美国钢铁工人联合会最高的管理机构。在 1978 年大会上，一些地方工会向大会提交了美国钢铁工人联合会宪章修正案要求进行表决，修正案包括了"局外人规则"，禁止非工会会员为竞选捐款。工会的国际执委会也建议禁止非工会会员的捐献。在这些建议基础上，大会宪章委员会提议大会采纳局外人规则。在大会上经过一场辩论之后，代表以大约 10 比 1 的投票比率，支持将这一规则纳入宪章。

美国钢铁工人联合会宪章的第 27 节第 5 条所规定的局外人规则在相关部分规定：

第 27 节第 1 节第 4 条规定的任何职位的候选人(包括将来的候选人),以及候选人的支持者,均不得直接或间接地向非工会申请资助或者接受他们的资助(个人主动愿意奉献其时间者除外)(《美国钢铁工人联合会宪章》第 27 节第 5 条)。

第 27 节授权国际执委会制定必要的规定以落实该条款。该条还创设了一个竞选捐助管理委员会,由三个"杰出的、公正的"的非工会会员管理和执行该规定(法规编号同上)。委员会可以责令候选人停止和终止违反第 27 节的行为,并可声明某个候选人不合格,其决定是最终的决定,具有约束力。

1979 年 10 月,桑蒂卢斯基和其他几个人在美国哥伦比亚地区地方法院对美国钢铁工人联合会提起诉讼。地方法院准许了原告要求即决判决的申请,联邦上诉法院予以支持,根据是《劳资报告和公开法》的第 101 条(a)(2)关于"言论和集会自由"条款和第 101 条(a)(4)关于"诉权"条款的规定。

Ⅱ

……起初,我们考虑了被申诉人的意见,即这一案件通过引用《第一修正案》就能得到解决。被申诉人宣称,第 101 条(a)(2)所赋予工会会员的权利和《第一修正案》所确立权利是一致的。他们进一步主张,在政治选举的背景下,规则对候选人接受选举资助自由的加以实质性的限制,违反《第一修正案》。因此,一个在工会竞选中实质性地限制捐献的规定,必然违反了第 101 条(a)(2)的规定。我们没有被这一论证所说服。根据立法的历史,我们不认为应该结合整个《第一修改案》对第 101 条(a)(2)的规定进行解读,所以,法规规定的保护范围与宪法提供的保护范围是一致的……。当然,国会的决定包括一个限制条款覆盖"合理的"规则反驳命题……。相比之下,根据第 101 条(a)(2)的规定,工会的规定只要是合理的就是有效的;

他们不需要经过适用于《第一修正案》的严格的审查标准……

决定一个工会的规则依法是否有效,我们首先要考虑的是这一规则是否干涉第101条(a)(2)的第一段所保护的利益。如果它干涉了,然后我们再决定该规则是不是"合理的",且因此受到第101条(a)(2)的但书的保护。

在这里运用这一形式进行分析,我们的结论认为,关于局外人的规则是有效的。尽管这可能会限制有不同意见的工会会员进行竞选的能力,这种竞选的利益也是依法受到保护的,但是,它理性地限制了局外人干扰工会事务,保护了工会的合法权益。

《劳资报告和公开法》所包含的审查政策表明,关于局外人的规则可能对美国国会意欲通过第101条(a)(2)的规定所保护的利益有一定的影响……

在选举活动期间那些导致激烈辩论的利益可能会受局外人规则的影响,如果不允许候选人接受工会以外的人的捐献,他们批评工会政策和有效的挑战工会领导层的能力可能会被削弱。限制获得资金的条件可能会减少议题讨论的数量,降低对每个问题的关注度,影响的人数也会减少……

尽管局外人规则影响了成文法保护的权利,实际上,这种影响或许不是实质的。被申诉人以及联邦上诉法院都表达了这样的意思:在职的人员有很大的优势,因为他们可以在选举活动期间依靠他们的工会工作人员。挑战者仅仅依靠向工会会员募集资金,不能对抗这种力量;一般会员无法提供足够的支持。因此,必须允许他们获得局外人的资助。然而,事实上,普通成员或许可以提供支持。美国钢铁工人联合会是一个成员能够挣取足够的收入以作为竞选捐助的非常大的工会。要求候选人仅仅依靠工会会员的捐助,不会过度限制了他们筹集竞选经费的能力。已经有未遭否认的记录证据,说明挑战者一直能够击败在职者候选人或得到行政支持的候选人,尽管他们没有非工会会员的资金支持。

此外,尽管在职者无疑有优势,参见霍尔诉科尔案(Hall v. Cole, 412 U. S. , at 13, 93 S. Ct. , at 631),被申诉人和联邦上诉法院可能夸大了这些优势。《劳资报告和公开法》第401条(g)[29 U. S. C. §481(g)],以及美国钢铁工人联合会的内部规则,都禁止行政雇员在工会的工作时间从事选举行为或者禁止为竞选目的使用工会资金、设施或设备。行政雇员有他们自己的合同权利去选择是否参加美国钢铁工人联合会的竞选活动,而不受纪律约束或因此受到报复。事实上,美国钢铁工人联合会的竞选中,经常有工会职员对现职人员进行挑战。许多挑战者也成功了……

尽管局外人规则可能包含受第101条(a)(2)所保护的权利,但它服务于该法明确保护的立法目标。工会采用这一规则,因为其希望确保非会员不能不当影响工会事务。美国钢铁工人联合会担心,官员接受非会员竞选捐助,可能对那些个人感恩,出于对这些考虑的影响,他们的决定可能不是为了工会的最佳利益。工会想确保工会领导回应工会会员的要求。通过对《劳资报告和公开法》的政策考量,可看出国会意图保护的是合法的目标。

证据表明,国会想要把局外人的影响降到最低,该法第一章的立法历史有相关的证据。在参议院,麦克莱伦参议员认为,赋予工会会员以权利是必要的,因为一些工会已经受到局外人所"入侵"或"渗透",这些局外人对工会会员没有兴趣,只是想为了他们自己的目的控制工会(2 Leg. Hist. 1097 - 1100)……麦克莱伦参议员特别关注工会的被敲诈者渗透的问题……。然而,他的陈述也表明,一般的愿望是要确保工会会员而不是局外人控制工会的事务。

事实上,包含在第四章规定中的具体条款支持了我们的结论,即局外人规则服务于合法的、受到保护的目的。第401条(g)[29 U.S.C. §481(g)],在选举活动中禁止利用雇主的力量,禁止使用工会经费。这个禁令反映了在工会的选举过程中将雇主的影响降低到最小程度的愿望。

最后,申诉人认为,美国钢铁工人联合会仅可要求工会职位候选人披露竞选资金的来源。但是信息披露规则,就其本身而言,就没有解决这个问题。候选人接受这样的资金仍然是受惠于局外人。信息披露只能确保工会会员在投票时知道这事的可能性,但不根除局外人影响的威胁……

怀特法官,与首席大法官布伦南法官,和布莱克曼法官联合提出异议。

不用说,如果想要竞选活动有效的,并有合理的成功机会,在一个遍布美国和加拿大,会员人数达130万的工会竞选职位,必须有实质性的经费筹集。试图取代现有的工会官员是个大事……。工会内没有永远的反对派,仅有一个由一派构成的系统,这是一个由工会的现职官员及其雇佣的人员所组成的自上而下的系统。"全职的官员集体由高层指定,从而组成了保护他们职位和权力的单一的政治机器。"埃德尔斯坦和华纳:《相对工会民主》(1979),第39页[Edelstein and Warner, *Comparative Union Democracy*, p.39 (1979)]。这个案子所涉及的工会有30个职位需要竞选,工会主席要任命超过1500个办公室人员和外勤人员,工会人员工资和费用支出在1978年超过3700万美元。

因此,在最好的情况下,对挑战者来说也是非常困难的。如果一个人记得国会的目的是给挑战者一个公平的机会,即使在被无道德的用铁腕控制了工会职员的工会里,并且他们还会用合法或非法的手段,就应该明白,将挑战者获得经济支持的来源限制在工会内部,是完全不现实的。

### 注释和问题

**1.《第一修正案》的关联和政府类比?** 如果政府的规定给予工会以利益,法院应当将《第一修正案》的标准实施于钢铁工人吗?

**2. 现职者的优势 vs."局外人"支持?** 因为现职者在工会职位有特有的优势,因此工会必须对外界的影响开放,可以作出这样的辩论意见吗?桑蒂卢斯基案中的多数人的立场或者是持异议者的立场更能够推动钢铁工人选区选民所有成员的能力去影响工会决策吗?

**3. 雇主资助的利益团体。** 国家工作权法律保护及教育基金会(The National Right to Work Legal Defense and Education Foundation)是一个免税的反对"强制工会主义"的非营利组织。该基金会资助了工人为了挑战支付会费的义务或使用这些强制性缴纳的会费进行政治活动而起诉工会的判例案件。许多基金会的捐助者是与工会签订了协议的雇主或者是这些雇主的竞争对手。一些工会向联邦地区法院起诉,声称该基金会(不是作为当事一方)资助由雇员和工会会员对工会提起的诉讼,违反了《劳资报告和公开法》第101条(a)(4)的规定,申请法院作出确认判决,并发布相关的命令。原告是否可以提出这样的诉求?参见汽车工人工会诉国家工作权法律保护及教育基金会案[United Auto Wkrs. v. National Right to Work Legal Defense & Educ. Found. ,781 Kid 928 (D. C. Cir. 1986)][认为第101条(a)(4)并不包括基金会支持雇员个人起诉工会,因为基金会的诉讼程序是独立的,并不在利益相关的雇主控制下]。

### 注释:复决制度

**会员的特别会议**。仲裁委员会否决了原告的申诉,这些原告被开除是因为他们违反了不罢工条款。原告批评该裁决,声称他们新发现了仲裁员存有偏见的证据,但工会主席拒绝支持他们起诉。尽管原告符合工会章程要求的召开特别会议的条件,但地方工会主席拒绝召开特别会议。而且,在接下来的日常会议上,工会主席拒绝许可原告向会员寻求支持他们的要求。原告在联邦地区法院起诉,声称主席的拒绝侵犯了他们依据第101条(a)(2)所享有的权利。工会要求驳回起诉,称他们没有资格在联邦法院提出这样的要求。结果会是怎样的呢?参见亚尼迪诉奔威案[Yanity v. Benware, 376 F. 2d 197 (2d Cir. 1967)]。

假设召开了特别会议,但原告一说到关于仲裁的问题会议就被解散了。这样违反了第101条(a)(1)或(a)(2)的规定了吗?召集会议的权利必须对《劳资报告和公开法》的规定产生效力吗?根据第101条的规定,工会章程的规定能够作为受联邦保护的权利来源之一而不仅是对这些权利的潜在限制吗?如果是这样,如果工会章程没有规定特殊会议,结果又会怎样?第101条(a)的规定至少是要求工会依照工会自己的规定召集会议限制独断专行吗?一般参见注释:《〈劳资报告和公开法〉:法律关于言论和集会自由的规定并不创设根据工会章程召集会议的权利》,载于《哈佛法律评论》第81卷(1967),第488页[LMRDA: Freedom of Speech and Assembly Provision of Act Does Not Establish a Right to Have Meetings Called Pursuant to the Union's Constitution, 81 *Harv. L. Rev.* 488（1967）]（批评亚尼迪案）。

**亲自投票**。在麦金尼斯诉卡车司机工会地方第710号分会案［McGinnis v. Teamsters Local 710, 774 F. 2d 196（7thCir. 1985）］中,法院认为,在芝加哥,修改了的当地的"章程和条例"的地方条例要求其会员亲自投票,违反了第101条(a)(1)的规定。法院注意到,有25%到40%的工会会员生活和工作在离芝加哥100多英里之外,认为工会赋予投票权利必须"在平等的基础上并以有意义的方式拓展"。当地的"貌似中立"的投票政策对住址离芝加哥较远的成员有差别投票的影响,因为他们在芝加哥投票要花不少钱。参见格顿诉阿伦斯案［Gurton v. Arons, 329 F. 2d 371（2d Cir. 1964）］。

### 3. 认可投票

#### 美国邮政工人工会地方第6885号工会总部诉美国邮政工人工会案

American Postal Workers Union, Headquarters Local 6885 v. American Postal Workers Union

665 F. 2d 1096（D. C. Cir. 1981）

1970年《邮政重组法》［The Postal Reorganization Act of 1970（PRA）, 39 U. S. C. §§101–5605］,规定《国家劳动关系法》适用于邮政劳资关系,但仅适用于与1970年《邮政重组法》一致的范围［Id., at §1209(a)］。美国邮政工人工会（APWU）成立于1971年7月,是由四个全国性的工会合并而成的,每个都代表着邮政服务的一个行业。美国邮政工人工会与美国邮政服务（U. S. Postal Service）在1971年举行了集体谈判,达成了一个"全国性的协议";协议没有提交工会会员批准。1972年美国邮政工人工会章程修正,增加了第16条规定,要求未来的协议要得到"协议覆盖的多数工会会员投票批准"。在那段时间里,美国邮政工人工会仅代表国家协议覆盖的雇员。从1973年开始,美国邮政工人工会通过被选举为谈判代表,代表一些"非邮政业"的小企业进行谈判。美国邮政工人工会将第16条解释为仅适用于全国性的单位;因此,为"非邮政业"协商的集体谈判协议并不受制于须经批准的投票的程序。

在1977年,美国邮政工人工会获得认证,代表马里兰州罗克维尔市的邮政服务研发雇员。1978年,美国邮政工人工会和邮政服务随着双方谈判中止后要准备进行事实认定,达成了一个暂时协议。当地的工会(地方6885号工会)及其成员在联邦地区法院提出诉讼,声称美国邮政工人工会不将准备实施的协议向地方工会会员(通过相关的程序)提交批准,(a)违背了对地方工会的保证和违反了章程的第16条;(b)违反了《劳资报告和公开法》第101条(a)(1)的规定;(c)同时违反了公平代表责任和信托义务。初审法院即决判决驳回了针对工会的索赔要求。原告提起上诉,谈判单位的非工会会员介入讨价还价,认为那些原告论点也适用于他们。

米克瓦法官……
……我们认定不需要对美国邮政工人工会宪章的第16条进行解释或者依赖于被申诉人解释的合理性。即使按照该章程的字面意思,被告没有审批权,但根据《劳资报告和公开法》第101条(a)(1)的规定他们确实也有审批权……

这个条款本身没有给予工会会员表决权,但它确实命令,给某些会员的权利应适用于所有会员。第九巡回法院将101条(a)(1)描述为,是保护工会会员"有和其他成员或阶层同样的投票权利"。斯特林诉国际电气工人兄弟会地方第1547号分会案[Stelling v. IBEW, Local 1547, 587 F.2d 1379, 1385(9th Cir. 1978)]……

……美国邮政工人工会实际上有两类会员,只有一类有权批准集体谈判协议。这一分类,除非法令的限制条款范围内的"合理的规则和条例",根据第101条(a)(1)是不许可的,"在工会可以制定程序甚至实质性的条件限制会员投票权的时候,它不可能无限制地或任意地这样做,以创造一个没有平等投票权特种类型的会员。"阿塞维多诉装订工人协会地方第25号分会案[Acevedo v. Bookbinders Local 25, 196 F. Supp. 308, 311(S. D. N. Y. 1961)]……

美国邮政工人工会拒绝由地方工会第6885号分会批准其合同,而同时对于全国性的协议则要进行投票批准,因此,如果没有"合理的"区别,这是与第101条(a)(1)相矛盾的吗? 法院在这个问题上作出了对被申诉人有利的判决时,提出了下列观点:

> 这样一个规定与其说是歧视,不如说是仅仅能使工会能够灵活地处理选择讨价还价的方法……引自拜罗姆诉美国邮政工人工会案[Byrom v. American Postal Workers Union, Civ. No. 78－4268, slip op. at 7 (S. D. N. Y. Oct. 2, 1979)]。

这一基本原理在拜罗姆案中得到了更充分的解释,该案中法院指出,合同批准是一种集体协商方法。另一个一般的协商合同方法——给谈判代表拘束会员的最终权威——可能会或多或少相对于批准方法更有利,这取决于特定形势下的情况。法院在拜罗姆案(该案被下级法院效仿)中推断,国会并没有试图通过第101条(a)(1)的规定限制工会在选择协商方法上的灵活性。

我们不相信这个灵活性的观念上升到了这样"合理的"的正当水平,以至于在行使批准权时可以歧视非邮政单位。案卷中也没有证据解释,让地方第6885号分会对集体协议进行批准,或者对非全国性的合同都要批准,有什么不合适。被申诉人、下级法院或者审理拜罗姆案的法院都没有明确解释,这样的合同与经过批准的全国性的协议之间有何区别。事实上,没有任何迹象表明,保持灵活性的愿望是由申诉人所说的歧视性的动机推动的。

对于工作有约束力的协议,申诉人有一个非常实质性的利益。一旦工会采取行动允许其会员批准或者否决合同,第101条(a)(1)规定给了申诉人同样的权利——在没有合理的理由区别对待的情况下。灵活性这一模糊的、宽泛的概念和对于第16条的用语的形式化的解释,均不能否定要给予申诉人批准约束他们的合同的机会。因此,下级法院在此问题上的即决判决是错误的。我们发回案件要求更加全面地考虑地方的辩解以及工会的抗辩。①

发回重审,在邮政工人工会诉地方第6885号分会案[Local 6885 v. Postal Workers, 113 L. R. R. M. 2433, 1982 WL 2198 (D. D. C. 1982)]中,法院准许了介入者(非工会会员)的要求即决判决的申请,理由如下:对集体合同的批准不是工会的内部事务,而是有着重要外部影响,因为"在谈判会议中最重要课题就是工资(绩效工资增长和基金等级规定)"。法院补充道:

从这一推理中,肯定不会得出这一结论,对于工资或者薪水会产生效果的工会事务,美国邮政工人工会对于外部人也有公平的代表义务,无论这种义务是多么微小。然而,在这里,批准阶段对外部人的工资有直接的影响,必须认为,这是与谈判阶段不可分割地相关联的。因此,在本案中,公平代表义务……也会扩展到批准阶段,如果法院作出了不同的判决,在谈判阶段对于外部人的公平代表义务将会被严重地冲淡;同样,如果地方原告的批准权利得不到保障,而其他地方的工会却有批准权,第101条(a)(1)的力量也会实质性地被损害。因为美国邮政工人工会承认其在批准阶段违反了对地方工会的义务,因此,可以肯定地预见,这一对义务的违反所带来的损害对于非工会会员的雇员也有影响。如果工会未能将合同提交供批准证明了其不顾地方工会的利益,那么,这当然也表同证明其不顾外部人的利益。

---

① 19. ……法庭……没有区分第101条(a)(1)与公平代表请求责任……。至于就地方6885号工会的成员而言,这些请求权在这种情况下似乎是可互换的,他们的救济是重复的。他们可能不同,但是,在他们为介入的单位非工会会员的救济影响下……。如果地区法院认为上诉人已经阐述了一个在第101条(a)(1)下有效的诉求,法院应随后为了介入者的公平代表起诉的责任,决定这一发现的意义。

## 注释和问题

**1. 对于不同会员采取差别待遇的"合理的"基础是什么？** 审理美国邮政工人工会案的法院，依据《劳资报告和公开法》第101条(a)(1)的非歧视性的授权，拒绝以协商的"灵活性"作为一个"合理的"差别待遇的正当理由"反对在非邮政单位行使批准权"。什么可能是工会宪章或条例中的差别性批准条款的"合理的"理由？排除临时工或者散工，因为这些人不会受到批准协议的很大的影响，这样是合理的吗？如果大多数会员作为散工被排除在外也没有关系？参见萨金特诉内陆船工的太平洋协会案［Sergeant v. Inlandboatmen's Union of the Pacific, 346 F. 3d 1196（9th Cir. 2003）］（尽管将近一半的工人被排除在外，而部分因为将志愿性的散工排除在批准投票权之外，而认定是"合理的"排除）。

**2. 非工会会员的权利？** 在美国邮政工人工会案中，地区法院在将案件发回重审时看起来是考虑了不是工会会员的外部人的利益，将判决的落脚点放在了《劳资报告和公开法》和工会宪章所赋予工会会员的国际权利的违反上了。(a)这种做法是合理的吗？(b)假设工会在仅有工会会员参加的会议上，将临时协议提交批准，这样工会会违反公平代表义务吗？如果所提交的协议对工会会员和非成员有不同的影响，情况将会怎样？或者如果工会征求非工会会员的观点，并因此对投票成员提出建议，情况将会怎样？

如果工会会员享有投票的权利，地区法院将案件发回重审时所发表的观点，是支持非工会会员也有参与对协议进行投票的权利吗？如果不是这个意思，一判法院的立场是什么？复习合同谈判和工会公平代表义务的资料，见前文第1024—1041页。

**3. 工会会员有权对批准合同进行投票吗？** 即使工会章程的条款没有授权进行批准投票，我们能从第101条(a)(1)的规定或公平代表义务的规定中引申出这一权利吗？比较西姆诉纽约邮递员协会第6号分会案［Sim

v. New York Mailers' Union Number 6, 166 F. 3d 465 (2d Cir. 1999)]与国际邮递工人协会第6000分会诉国家劳动关系委员会案[Branch 6000, National al Ass'n of Letter Carriers v. NLRB), 595 F. 2d 808 (D. C. Cir. 1979)]。

尽管海德(Hyde)教授承认没有判例法支持,但他从《劳资报告和公开法》所规定的工会会员进行"民主的集体谈判"权利中得出这些价值观,包括:(1)"对未来的谈判要求表达他们意见的机会";(2)会员在公开会议中就工会的协商需求的优先级列表上的内容投票;(3)参与选择谈判代表的会员资格;(4)"在充分地和诚实地披露其条款的长处和弱点之后",对建议解决方法进行会员参与的投票。艾伦·海德:《集体协商民主》,载于《耶鲁法律杂志》第93卷(1984),第793、845—848页[Alan Hyde, Democracy in Collective Bargaining, 93 *Yale L. J.* 793, 845-848(1984)]。他对《劳资报告和公开法》的解读和对于公平代表义务所施加的这些要求是合理的吗?如果不是合理的,立法上如何改变才是合理的呢?如果要进行立法的改变,这样的参与表决的机会应限于工会会员,而不是要某一工会所代表的所有的雇员都参加吗?也可参见后述注释8。

**4. 卡车司机工会一次性的做法。**尽管卡车司机工会近年来已进行了大幅的改革(后述第1135页),考虑一下其以前的做法可能是有用的,这些做法受到保罗·曼·利维:《工会复决批准集体谈判协议的会员权》,载于《霍夫斯特拉劳动法律杂志》第4卷(1987),第225、238—257页[Paul Man Levy, Membership Rights in Union Referenda to Ratify Collective Bargaining Agreements, 4 *Hofstra Lab. L. J.* 225, 238-257(1987)]的批评。保罗·曼·利维是卡车司机为争取民主工会的律师。

a. 一个全国性的卡车司机集体合同通常由一个全国性的主协议和一系列各地区和各种职业类别的补充协议组成,全国性协议由全国协商委员会和全国雇主协会签订。卡车司机宪章规定,会员要对协议投票批准,但工会解释说,这一要求是授权其提交所有的全国性协议及其所有补充协议,给所有受影响的所有会员,作一个向上或向下的一次性的打包投票。这种解释的效果是，会员不仅对支配他们工作条件的补充协议投票，也对支配在其他地区和其他职业分类工作条件的补充协议进行投票。相比之下，美国汽车工人工会允许本地会员分别只对他们自身工作条件产生影响的当地补充协议投票。有任何合法干预的基础吗？参见戴维诉菲茨西蒙斯案［Davey v. Fitzsimmons, 413 F. Supp. 670 (D. D. C. 1976)］。

b. 在1984年，工会与美国联合包裹服务公司（United Parcel Service）就全国性协议的中期修改进行谈判，工会发送邮件选票，要求对拟议的合同（将协议条款期限再延长三年以换取1000美元的一次性奖金支付），在大多数地方工会有机会举行会议并听取反对意见之前，进行快速投票。法院根据《劳资报告和公开法》第一章的规定有权要求对合同条款的投票是"有意义"或"公平"的吗？参见鲍曼诉普雷瑟案［Bauman v. Presser, 117 L. R. R. M. 2393 (D. D. C. 1984), appeal dismissed, 119 L. R. R. M. 2247 (D. C. Cir. 1985)］。与批准投票有关的其他程序缺陷，参见萨科诉卡车司机工会地方第705分会案［Sako v. Teamsters Local 705, 125 L. R. R. M. 2372 (N. D. Ill. 1987)］；茅一洛诉克力帕案［Maoilo v. Klipa, 655 F. Supp. 1139 (W. D. Pa. 1987)］；利文斯通诉钢铁工人联合会案［Livingston v. Iron Wkrs., 647 F. Supp. 723 (W. D. N. C. 1986)］。

c. 在1985年为批准被提议的全国主货运合同的公投中，因合同中包含高级雇员工资增加但削减没有资历地位被称为"临时工"的工资，并使其边缘化的条款，工会决定不发选票给临时雇员。假设工会宪章允许排除临时雇员投票权，但根据《劳资报告和公开法》，在他们作为临时雇员每年工作的天数达到一定的程度时，他们就有权提出索赔请求吗？参见阿尔维诉通用电气公司案［Alvey v. General Elec. Co., 622 F. 2d 1279 (7th Cir. 1980)］；特纳诉登普斯特案［Turner v. Dempster, 569 F. Supp. 683 (N. D. Cal. 1983), affirmed, 743 F. 2d 1301 (9th Cir. 1984)］；阿塞维多诉装订工人协会地方第25号分会案［Acevedo v. Bookbinders Local 25, 196 F. Supp. 308 (S. D. N. Y 1961)］；威廉姆斯诉国际印刷工人协会案［Williams v. Int'l Typographers Union, 423 F. 2d 1295 (10th Cir. 1970)］。

**5. 获得邮件地址名单**。在卡罗瑟斯诉普雷瑟案[Carothers v. Presser, 818 F.2d 926(D.C.Cir.1987)],法院判决认为第101条(a)的规定没有授予会员为传播会员对提交批准的合同的观点而获得邮件地址名单的权利。然而,如果工会单独违法,否定了"平等投票权",例如,利用邮件地址推动会员赞成合同,同时拒绝持不同意见的人利用邮件地址,持不同意见的人可以有权获得邮件地址名单。

1120

**6. 会费增加**。第101条(a)(3)(A)要求对增加工会会费要进行会员秘密投票。国际工会主席依据国际工会宪章使用其权威,能够否决地区工会会员会费削减投票吗?参见摩尔诉国际电力工人工会地方第569分会案[Moore v. Local Union 569 of the International Bhd. of Electrical Wkrs. ,989 F.2d 1534(9th Cir. 1993)]。

**7. 罢免工会官员**。第401条(h)授权"因显示的和在听证会后的原因"免除由秘密投票表决选举产生的地方工会人员,如果劳工部长认为,当地工会宪章和附属条例未规定"适当的程序免除犯了严重的不当行为的当选的官员"(因为部长的规定是为了决定免除程序的适当性,参见法规:29 C.F.R. §§417.1-417.25)。第四章不要求选举或免除国际或全国工会人员的其他程序,它一直认为,即使在国际工会宪章规定了这样一个程序,第四章标准的要求无法得到满足。参见火车司机兄弟会国际改革委员会诉西祠马案[BLE Int'l Reform Comm. v. Sytsma, 802 F.2d 180 (6th Cir. 1986)]。

**8.《劳资报告和公开法》改革**?应当修改联邦法律,给予所有单位的雇员参与工会经济决策的权利吗?例如对协议进行批准投票?思考萨缪尔·艾斯托伊克:《解除对工会民主的管制》,载于《劳动研究杂志》第21卷(2000),第247、255—256页:

现行制度的一个错误是担心获得许可的劳工团体所采取的形式。只要为工人提供在与其有直接关系的经济问题上的低成本的无记名投票,法律应当不关注形式[和]劳动组织的内部结构……

在此建议下,个人、以营利为目的的公司(不管他们是否发行股票)、根据国家法律会员权利有限的非营利性协会、与辅助就业有关的非营利性协会和其他营利性的劳动力市场机构,及自愿遵循《劳资报告和公开法》的传统的非营利成员组织——都能够为担当排他的劳资谈判代理人的权力角逐……

能够直接影响到谈判单位的员工福利的关键性的经济决策的参与权,[将]与劳工组织内的会员身份相脱离……

《国家劳动关系法》和《铁路劳动法》也将修改,规定所有谈判单位的雇员受制于一个独家谈判机构,将拥有法律权利,无论是工会会员或不是,[通过]在随后的关键经济决策进行无记名投票:(1)是否有无记名的集体代表,其应该是,和是否批准会费向该代表建议评估;(2)是否在一定时间内重新授权谈判的机构,如,两年或三年;(3)是否批准或不批准用人单位的最终报价;(4)是否授权罢工;(5)是否批准拟议的合同。

随着在集体代表权上初始投票可能的例外,所有在其他重大经济决策的投票,包括重新授权协商机构,将不需要显示利益,不需要努力组织部分受影响的员工的同事或以专营权的行使为前提出席会议。

这一建议在迈克尔·J. 金伯格:《阻挠工会民主:为什么放松管制将是一个错误》,载于《伯克利劳动法杂志》第 23 卷(2002),第 137 页[Michael J. Goldberg, Derailing Union Democracy: Why Deregulation Would Be a Mistake, 23 Berk. J. Emp. &Lab. L. 137 (2002)]中被批评。

## 第四节 地方工会和国际工会的争议：托管与有关事项

国际工会通过各种手段控制其下属的地方和区域工会。在经济问题上，如雇主是在一个国家的地域范围内，正如我们看到的卡车司机工会和汽车工人工会，国际工会可能会谈判出一个国家协议及地方层面上的协商补充协议。当地方工会进行他们自己的谈判时，国际工会的代表可能在谈判桌上发挥主导作用；在其他情况下，国际工会要求提交所有地方谈判协定供其批准。其他的控制方面包括处置工会的罢工资金和制定管理地方工会工作的管辖规范。

一个国际工会也可以对地方工会行使纪律处分，强制剥夺地方工会的国际工会成员资格，强迫其与其他地区工会合并或对其实施托管。托管是指派出国际工会代表对地方工会的事务和财务进行指挥。国际工会的宪章可能授权暂停民主程序和授权受托人与雇主直接谈判。托管的设计，虽然在许多情况下有必要，但已经被滥用，例如，掠夺地方工会的资金、结好与国际工会友好的官员，或控制地方工会派驻国际大会代表。

《劳资报告和公开法》的第三章试图抑制这些滥用。根据第302条的规定，只有在与工会宪章和条例一致，并且符合规定的目的时，才可以实施工会托管。第303条禁止在大会中或者全国性的职位选举中对受托管工会的选票进行统计，除非地方工会的代表是经过无记名投票当选的。这一条还禁止从受托管的地方工会向国际工会过度转移资金，规定不得超过适用于非托管的地方工会所缴纳的数额。法律规定了报告的要求，并允许任何会员或下属机构，在联邦法院提起诉讼或要求劳动部长执行第302条和303条的规定，进行调查和起诉。

## 木工兄弟联合会诉布朗案

United Brotherhood of Carpenters v. Brown
343 F. 2d 8 72(10th Cir. 1965)

在 1960 年,地区 201 工会申请成立区理事会,该理事会由位于堪萨斯州威奇托周围的地方工会组成。成立这样一个理事会的目的主要是允许在理事会周围区域工作的员工不用支付"服务许可证费"(否则他们将需要支付这笔费用),并为导弹基地地区提供工作人员。这个理事会对地方第 201 号工会的会员有很大好处,因为该工会是该地区最大的地方工会,但其领域只包括三个导弹发射场。在地方 201 号工会的会员以压倒性多数投票赞成成立理事会后,理事会得以成立,条例规定人均 4 美元的税收以及每月每名会员 8 元会费,增加了 2.20 美元。会费增加在当地遇到反对。在 1961 年 7 月和 10 月两次单独举行的秘密投票中,地方工会拒绝增加会费。地方第 201 号工会的会员在 10 月会议上还投票赞成脱离地区理事会。联合兄弟会(United Brotherhood)的主席根据工会宪章赋予他的权力,命令地方第 201 号工会必须隶属于理事会,并增加当地的会费。这一命令遭到了地方工会的拒绝,国际工会的执行委员会在听证会后建议:(1)将地方第 201 号工会"全部划归总部办公室管理";(2)监督部门应更换地方工会的所有干部;(3)必须遵守主席的指示。麦克(Mack)被任命为受托人以采取上述行动,并进行新的集体协议谈判。在州法院的诉讼还在进行时,联邦地区法院认为,托管是无效的,应予撤销,会费增加没有经过无记名投票决定,是违法的。

希尔法官……

当然,基本问题是……,通过联合兄弟会强加给地方第 201 号工会的托管的有效性……。第 302 条规定,"劳动组织只有在与章程和条例规定的一致的组织承担了托管时……",才能对其下属机构的劳工组织进行托管和管理法规是强制性的……,由此取消了国际工会在该规定实施前的任何关于实施托管的固有的权力。除非上级组织的章程和附例为此作出规定,这些组织没有权力对下属机构实施托管……,对任何一个其下属的地方工会实施托管,美国兄弟会的章程和条例没有具体的规定和授权。

然而,有人提出,对于这里所讨论的联合兄弟会的托管权力,可能引申于在宪章和法律的第6条B① 和第6条D② 部分授予的一般性授权,是作为第10条K的规定实施的,这些规定授权综合执行委员会在全国工会"……采取这种对福利是必要和适当的行动……"。申诉人的说法是虽然宪章和法律没有明确授予其权力施加托管,这种权力可能隐含在第6条B、第6条D和第10条K中,且这一隐含的权力是足够的。我们不同意。第302条的立法历史……明确透露国会的意图……,"……应该有一个'对国际工会托管地方工会的权利限制'"且这些限制之一是"……托管必须符合劳工组织的章程和细则"。国会报告(2 U.S. Code Cong. & Adm. News, 86th Cong., 1st Sess., 1959, pp. 2333-2334)。显然,托管不符合劳动组织的宪章和细则,就像在这里,宪章和细则没有规定托管。我们认为法律不仅考虑而且需要,除了模糊性的一般规则外,还要能达到这种效果,即上级组织为了必要和适当的福利有权采取这样的行动。它最起码地需要组织的章程和规章制度规定在什么情况下可以托管地方工会,托管适用于什么事项或程序……

对实施托管的第二个限制是,根据第302条的规定,必须为了以下目的之一才能实施托管:(1)纠正腐败或财务违规行为;(2)为保证集体谈判协议或谈判代表的其他职责的实施;或者(3)恢复民主程序,或者是为了执行劳动组织的合法目标。美国国会认识到,国际工会实施托管是在组织内部维护秩序的一种特别有效的措施,但国会也意识到"……在某些情况下,托管已被用作巩固腐败的工会人员的权力的手段,掠夺和耗散地方工会的资

---

① 10."权利是保留给联合兄弟会通过国际机构来规范和确定与各部门和行业的细分有关的所有事项。"

② 11."权利是保留建立对任何地方工会或附属工会的管辖权,区、国家或省委员会的事务都以这样的方式进行,不利于会员的福利和国际机构的最佳利益。"

源,并阻止工会组织内部竞争性的政治因素的成长"。国会报告(2 U. S. Code Cong. & Adm. News, 86th Cong. , 1st Sess. , 1959, p. 2333)。为保持托管的合法使用,美国国会已经颁布第302条列举在广泛和一般性质上施行托管的目的。然而,为了防止他们的滥用,国会显然限制这些目的,因此为确定某一案件是否符合测试,法令必须按照《国家劳动关系法》的其他各种条款解释。

作为一个整体的《国家劳动关系法》的目的不仅是制止和防止暴徒和流氓的蛮横行为,并且也阻止更轻形式的在信任位置的不良行为,保护工会组织内的民主进程。

……原审法院认定,且证据证实,联合兄弟会对地方第201号工会进行托管,因为该工会不与地区委员会紧密联系也不收取会费。法院还认定,并有证据表明,这不是因为工会内部有分歧而对其施加的托管。其结果是为了促进地区委员会与地方工会的联系和收取工会会员费的目的,而加以托管。在确定这些是否符合第302条规定的正当目的时,我们必须记住,地方工会的多数会员一直投反对票,反对与地区委员会来往,并至少有两次,以无记名投票方式,投票反对提高每月会费的提议。我们还必须记住,《劳资报告和公开法》第101条的立法目的是在这方面向会员提供保护。在这种情况下,我们毫不犹豫地认为,这次所实施的托管不属于第302条中规定的类别。

**注释和问题**

**1. 保留现有的谈判结构或不同意。**将本案与木工兄弟联合会地方第1302号分会诉木工联合公司案[Carpenters Local 1302 v. United Bhd. of Carpenters, 477 F. 2d 612 (2d Cir. 1973)]相比较,国际工会对地方施加托管时强调,地方第1302号工会违背国际工会的指示,向国家劳动关系委员会提出申请,要求对船厂的木工进行单独认证,作为脱离金属贸易委员会(Metal Trades Council)的手段。该委员会由11个地方工会组成,在一个大雇主的基础上,以8000船厂员工为单位,25年以来一直获得排他性的认证。上诉

法院同意,这是一个为了有效目的而实施的托管。海斯法官代表持多数意见的法官撰写了判词:

> 单独进行谈判协商不仅会拖延集体协议的执行,而且这个地方会的退出委员会很可能导致其他地方工会的退出……破坏委员会作为集体谈判代表的地位。这种发展几乎必然导致整个谈判关系的不稳定,11个地方工会争先恐后地彼此超越,并通过罢工来实现他们的目的。正是为了避免这样的结果,才成立了金属贸易[委员会]。
>
> 因此,实行托管目的是防止现有的谈判单位的解体,并保持经过认证的谈判代表的地位。采取国际行动的目的是……在第302条规定的含义范围内实施"合法目标"。(同上,第614、615页)

根据第302条,布朗案(Brown)中国际工会的目的与地方第1302号工会的总工会的目的是可以区别的吗?

**2. 第302条规定的有效目的。** 假设在布朗案中国际工会在实施托管时遵循自己的宪章和法律,并满足了第304条(c)的程序规定。托管因为其目的仍应被视为无效的吗? 在布朗案中,法院是否认为国际工会永远不能强制一个地方工会采纳被其会员拒绝的集体谈判策略? 可以对第302条作出这样的解释吗?

**3. 什么构成"托管"?** 国际工会可能采取各种的步骤限制地方工会的自治或完全摧毁地方工会的自制。是否可以将第三章的规定适用于这些步骤,取决于这些行为是否达到了像《劳资报告和公开法》第3条(h)所定义的"托管"的程度。依据该定义,思考一下在什么情况下下述行为将构成实施了"托管"。

a. 国际工会取消了地方工会进行国际工会所禁止的罢工的许可,并允许新的工会有"被取消"的地方工会的管辖权。参见在帕克斯诉国际电气工人兄弟会案[Parks v. IBEW, 314 F. 2d 886 (4th Cir. 1963)]中记录的长而有趣的事迹并比较地方第2号工会诉国际电话工人协会案[Local 2 v. International Bhd. of Telephone Workers, 261' F. Supp. 433 (D. Mass. 1966)]。

b. 国际工会指令一个地方工会与另一个相当大的地方工会的合并。参见啤酒厂装瓶工人协会地方第1345号工会诉国际卡车司机工会案[Brewery Bottlers Local 1345 v. International Bhd. of Teamsters, 202 F. Supp. 464 (E. D. N. Y 1962)]。也可参见音乐家协会地方第10号分会诉美国音乐家协会案[Musicians Local 10 v. American Fed'n of Musicians, 57 L. R. R. M. 2227 (N. D. Ill. 1964)]，支持实施托管以合并实施种族隔离政策的地方工会，按照合并计划规定，在过渡期间，专门的工会官员应由之前属于较小黑人工会的产业选举产生。参见戴诉烟厂工人工会案[Daye v. Tobacco Wkrs. Union, 234 F. Supp. 815 (D. D. C. 1964)]。

**4. 第一章和第三章之间的关系**。有时是为了遏制地方工会中的反对派的活动而不当地实施托管。法院一般都拒绝认定，根据第三章的规定有私人诉讼权的存在，而是依据第一章和第四章的规定恢复持不同政见的候选人的权利。参见罗斯诉宾馆和饭店员工国际工会案[Ross v. Hotel Employees and Restaurant Employees Int'l Union, 266 F. 3d 236, 257 (3d Cir. 2001)]（必须为了当地工会组织和全体会员寻求第304条规定的救济，必会收获利益）。

## 第五节 财政与受托责任

根据麦克莱伦委员会(the McClellan Committee)的报告，除了在一些工会中存在的突出的腐败外，工会、雇主和劳动关系顾问还存在以下问题：破坏雇员的自决权和通过其组织独立进行集体谈判的权力；向员工"自发地"组成的反工会委员会秘密拨款；用友好工会替换好斗工会；私下签订合同；

以及其他的滥用权力的行为。参见：中期报告，《劳动或管理领域不恰当活动的特殊委员会》（Select Comm. on Improper Activities in the Labor or Management Field, Interim Report），国会报告[S. Rep. No. 1417, 85th Cong., 2d Sess. (1958)]。

《劳资报告和公开法》对异议者和工会选举的保护,通过鼓励曝光不当行为和纪律处分或犯规者的选举失败,可能会间接遏制工会官员的这些权力滥用。法律通过以下相关措施还规定了更直接的对付手段:(1)第五节规定某些财务上的不当行为是联邦刑事犯罪行为(见第501条(C)和第503条),并禁止某些有前科的人获得任职(见第504条);(2)报告和披露规定适用于工会、工会的官员和雇主(见第二章);(3)对工会官员施加一般性的受托义务,在某些情况下,由工会会员在联邦法院要求执行(见第501条);(4)修正《劳资关系法》的第302条;(5)处理工会财务与财产的工会工作人员的强制性的关联(见第502条)。

**1. 报告的要求**

《劳资报告和公开法》第201条(a)和(b)要求"每一个劳工组织"向劳工部长报告一系列信息使工会的活动和财务状况透明化,并制止工会经费的滥用。例如,第201条(a)要求将下列材料归档:记录保存备案的地址、工会干部的姓名和职务、每名人员的费用和会员所需的会费、确定会员的程序、征收会费的评估、参与受益的计划、基金的支出、财务的审计、会议的召集、干部的任免、会员的惩戒、谈判要求和罢工的授权,以及合同的批准。第201条(b)要求每年提交"公开可以准确地反映其财务状况和运行情况"的财务报告。

劳工部长2003年10月9日颁布的新规定,显著增加了对年收入25万美元以上的工会的年度财务报告要求的详细程度。新法规要求,对于个人所写的收据或报销超过5,000美元以上的要写明身份和用途说明。他们还要求每个工会官员和职员都提交一份叙述,说明他们在某项工作花了多少工作时间。工会领导人声称,新的报告义务是不必要的负担,但这些规定在劳工部长的自由裁量权内得到了支持。美国劳工联合会-产业组织联合会诉查奥案[AFL-CIO v. Chao, 409 F. 3d 377(D. C. Cir. 2005)]。

作为披露要求的补充,《劳资报告和公开法》第601条授予劳工部长以调查权。法律的第201条(c)还赋予工会会员为了验证《劳资报告和公开法》第二章要求劳工组织提交的报告,"有正当理由可检查账簿、记录和账户"。普通法中存在类似的权利。参见穆尼诉调酒师协会地方第284号工会案[Mooney v. Local 284, Bartenders Union, 48 Cal. 2d 841, 313 P. 2d 857 (1957)](股东为了"恰当的目的"有权查阅公司账簿,依此类推,工会会员要求查阅会计收支——在工会有几个月不解释运营赤字之后——赋予工会会员在没有用尽内部救济办法之前就有权检查账簿)。关于普通法上的权利的幸存延续,参见《劳资报告和公开法》第603条(a)、第205条和第201条(c)。为了查明第201条(c)规定出现的问题,参见果蔬包装工和仓库管理员地方第760号工会诉莫利案[Fruit and Vegetable Packers and Warehousemen Local 760 v. Morley, 378 F. 2d 738 (9th Cir. 1967)];兰德里诉萨宾独立海员协会案[Landry v. Sabine Independent Seamen's Ass'n, 623 F. 2d 347(5th Cir. 1980)]。工会中持不同意见的人可以通过第201条(c)的规定,寻找对批评和挑战现在任职的工会干部的有用的信息。此外,竞争的工会、改革团体和雇主可通过工会按照第二章第205条(a)的每年提交劳工部长的文件报告,从中要求获得同样有用的信息。

《劳资报告和公开法》第203条(a)(4)和(b)要求雇主和顾问的就与雇员的组织权和谈判权的行使与否相关的,有直接或间接说服雇员的"目标"的活动安排("劝说"活动)提交报告。然而,对于第203条所要求的报告,该法对"提出建议或者同意提出建议"予以豁免。在汽车工人协会诉多尔案[Auto Workers v. Dole, 869 F. 2d 616 (D. C. Cir. 1989)]中,法院同意,劳工部长可以将顾问向雇主提供的用来抵制工会的材料的活动纳入可以得到豁免的"建议"的范畴之内(即使是为管理人员起草了发言的全文),只要是材料是交给雇主使用,雇主可以自由地拒绝或接受这些向他提出的口头或书面的资料。然而,如果材料是通过顾问直接向雇员散布传播,这将是值得报告的活动。

## 2. 受托义务

第501条规定："劳工组织的人员、代理人、工会管事及其他代表与该组织和成员团体之间存在信托关系。"该条还规定，这些代表完全是"为了组织和其成员的利益持有其金钱和财产"，"禁止其与敌对方交易或在与其职务有关的事务中代表敌对方"。适用这一规定的法院，必须从州法院的普通法的信托义务中来创设出联邦的法律。

**注释和问题**

**1. 适用**。考虑一下第501条的规定是否应适用于以下类型的所谓的不当行为：

a. 工会干部通过罢工，公然违反不罢工保证或强制禁止的间接联合抵制，产生对工会的法律责任。

b. 工会干部订立私人合同，并受雇主贿赂。参见斯科菲尔德诉拉佰克案[Schonfeld v. Rarback, 61 L. R. R. M. 2043 (S. D. N. Y 1965)]；也可参见艾克尔斯诉库克案[Echols v. Cook, 56 L. R. R. M. 3030 (N. D. Ga. 1962)]。

c. 工会干部由于大规模管理不善，导致工会建立的养老保险基金的破产。参见胡德诉帮工理发师协会案[Hood v. Journeymen Barbers, 454 F. 2d 1347 (7th Cir. 1972)]。

d. 工会官员对一家地方工会实施托管，目的是取消投票，撤回国际工会的国家计划，依据集体协议雇主需要向这一养老计划缴纳费用，没有证据表明，国际工会的主席或其他工会官员会从撤回这一国家计划中获得个人好处。参见匹格诺蒂诉金属板工人协会地方第3分会案[Pignotti v. Local 3, Sheet Metal Wkrs. ,477 F. 2d825 (8th Cir. 1973)]（主席允许其"个人情感"干涉其职责，违反了其信托义务）。主席对国家计划的无理性的忠实构成了对信托责任的违反，你同意这个说法吗？

**2. 使用工会经费为工会干部辩护支付法律费用。**在指控工会干部欺诈性地使用了工会经费,从而对其提起的刑事或民事诉讼中,工会干部用工会经费支付律师费为自己辩护,这是否违反了第 501 条规定的义务? 参见高速公路卡车司机和助手协会地方第 107 号工会诉科恩案[High-way Truck Drivers & Helpers, Local 107 v. Cohen, 182 F. Supp. 608, affirmed, 284 F. 2d 182(3d Cir. 1960)](裁决违反了第 501 条)。科恩案的判决正确吗?在科恩案中会员按照工会章程和细则的规定通过决议授权工会经费,这样做是否可以?工会不能够使用其资产购买保险以防卫和保障官员在他们的工会权威色彩下的被控个人失职吗?第 501 条规定:"主管部门意图免除任何[工会代表]违反本节义务的责任,而违反公序良俗的,均属无效。"这些问题与这一规定相关吗?州法律普遍规定,公司主管或职员在有关信托的诉讼中获胜,对于其合法权利的支出(包括律师费)给予赔偿,这一规定与之有关吗?参见法规[8 Del. Code 145 (2002)];沃池诉康体商品服务公司案[Waltuch v. Conticommodity Services, Inc., 88 F. 3d 87 (2d Cir. 1996)]。

**3. 辩解 vs. 批准?** 工会为了当选的工会官员对退休金计划进行修订,目的是将覆盖面扩大到某些被任命的工会官员,如主席助理、组织人员、执行秘书、宣传主任和工会报刊的编辑。在地方法院判决退休金计划修订未经工会章程授权之后,又修改了章程以允许这样的养老保险覆盖面,并追溯性确认了该计划下的所有福利。修正章程的目的是开脱先前的违反信托行为,这样是无效的吗?不管工会章程的最初意见是否合理地值得商榷,甚至如果错误也无关吗?参见莫里西诉柯伦案[Morrissey v. Curran, 423 F. 2d 393 (2d Cir. 1970)]。

**4. 工会法律顾问代表工会官员?** 塔克诉肖案[Tucker v. Shaw, 378 F. 2d 304(2d Cir. 1967)]提出了这样的问题——工会常年法律顾问是否可以在根据《劳资报告和公开法》第 501 条(a)和(b)向工会官员提起的诉讼中代理他们。除了其他救济要求外,原告代表工会要求,收回据其所称的为被告个人目的而转移的工会经费。在禁止工会的律师代表工会官员方面,法院指出,在诉讼结果中,工会的利益和工会官员的利益可能是相反的;律师对诉讼中的事实的熟悉"可能在一开始就决定性地对原告不公平";且因为熟悉事实,律师在诉讼中可能是一个证人。也可参见亚布隆斯基诉矿工联合会案[Yablonski v. UMW, 448 F. 2d 1175(D. C. Cir. 1971)];威弗诉矿工联合会案[Weaver v. UMW, 492 F. 2d 580 (D. C. Cir. 1973)]。这一案件的判决正确吗?

什么时候才能聘用独立的顾问代表工会的利益,谁选择这样的顾问?

**5. 政治竞选献金**。《劳资关系法》第 304 条修订了《联邦腐败行为法》(the Federal Corrupt Practices Act)的第 313 条,禁止公司和劳工组织与联邦选举有关的捐助或支出。最高法院已经对这一法令作出了狭义的解释,当其适用于劳动领域时,部分原因是为了避免宪法性问题。参见美国诉美国产业组织联合会案[United States v. CIO, 335 U. S. 106(1948)];管子工地方 562 工会诉美利坚合众国案[Pipefitters Local 562 v. United States, 407 U. S. 385(1972)]。管子工协会案涉及在联邦选举中的支出;这些支出来自由工会官员管理的、在工作地点募捐收集的工会基金。此外,对于用于非政治目的的捐助,工会将之称为"分摊",是依据工作时间计算的。尽管有些捐助人不相信是这样的,就业和工会会员身份都和对基金的捐献无关。最高法院在推翻下级法院所作的认定时判定,合法的政治基金"必须与资助工会分开,即工会的会费和这种分摊的费用必须严格分开"。最高法院还判决,工会人员募集费用的时候,必须清楚明白地说明两点:说明捐献的政治目的,并说明不捐款不会丧失会员资格、不会影响就业或也不会招致机构的报复。鲍威尔法官与首席大法官伯格持异议,非常坚决地认为那个判决"符合有约束力的法律的清楚明白的语言"。对违反第 304 条的认定已不多见。他们包括 W. A. 博伊尔(W. A. Boyle),矿工联合会的前主席。参见美国诉博伊尔案[United States v. Boyle, 482 F. 2d 755

(D. C. Cir. 1973)]。

**6. 评注**。一般参见道格拉斯·L.莱斯利:《联邦法院和工会受托人》,载于《哥伦比亚法律评论》第 76 卷(1976),第 1314 页[Douglas L. Leslie, Federal Courts and Union Fiduciaries, 76 *Colum. L. Rev.* 1314 (1976)];小 R.西奥多·克拉克:《工会官员根据〈劳资报告和公开法〉第 501 条的委托责任》,载于《明尼苏达法律评论》第 52 卷(1967),第 437 页[R. Theodore Clark, Jr. , The Fiduciary Duties of Union Officials Under Section 501 of the LMRDA, 52 *Minn. L. Rev.* 437 (1967)]。

## 3. 员工福利和养老基金的监管

设计《劳资关系法》第 302 条的目的是用于保护集体协商免于贿赂和敲诈,并用以保护共同管理的健康和福利基金免于浪费。对这一节规定的连续性的修订,严格了关于贿赂和勒索的禁令,并扩大了基金许可的目的,雇主可以向基金拨款,工会可以参与管理。

《劳资报告和公开法》第 302 条(c)(5)对工会协商的退休金及福利基金有规定,工会对其保留着一些管理的角色,该规定尤其要求,"雇员和雇主在这类基金的管理中都有同样的代表"[同上,第 302 条(c)(5)(B)]。《塔夫脱-哈特莱法》通过 1958《福利和披露法》(the Welfare and Disclosure Act of 1958)进行了增补,1962 年修订其中包括除其他外对明显滥用的刑事处罚,如贪污、回扣。

其他几个联邦法律也有对健康及福利基金有限的影响。《劳资报告和公开法》第 501 条被作为健康和福利基金工会受托人受托义务的联邦执法的基础。参见胡德诉帮工理发师协会案[Hood v. Journeymen Barbers, 454 F. 2d 1347 (7th Cir. 1972)]。

为了回应一些雇员提出的由于资金不足的计划而造成的养老金损失问题,美国国会对所有的私人雇员退休金和福利计划,无论是通过集体谈判或以其他方式获得的计划,都制定了综合的规定。是否,这一法律,即1974年《雇员退休收入保障法案》[the Employee Retirement Income Security Act of 1974 (ERISA), 29 U.S.C. §§1161 et seq.],对有关投资资金、雇员的资格、信息披露和报告,施加了深远和复杂的标准。

这样的规制计划和《国家劳动关系法》之间的显著的交互关系[1]体现在国家劳动关系委员会诉奥玛仕煤矿公司案[NLRB v. Amax Coal Co., 453 U.S.322(1981)]中,该案依据《劳资报告和公开法》第302条(c)(5)的规定,处理了由雇主选任的信托人的地位问题。法院强调说,尽管该条规定所知的信托人是"雇主的代表",但这些信托人的义务和指定人的代理人的义务是相对立的。因此,法院同意国家劳动关系委员会的意见,宽泛地裁决说,依据《劳资关系法》第8条(b)(1)(B)的规定,这些信托人不是雇主"为集体协商的目的而指定的代表";因此,工会坚持认为资方为了第302条(c)(5)的目的任命或留用特定的受托人,不违反第8条(b)(1)(B)的规定。

史蒂文斯法官对奥玛仕煤矿公司案持不同意见,他反对说法院的意见可以被解读为,依据第302条(c)(5)的规定,允许工会"对资方信托人的选择行使经济否决权"。尽管这些收到任命的人有受信托的义务,但是,他们经常在一些问题上可以行使广泛自由裁量权,诸如对雇主的捐助水平、资格要求和福利标准等问题,对资方的代表和工会的代表可以合法地有所不同,因此,从持不同意见的人的观点看来,法院的做法破坏了第302条(c)(5)(B)所要求的基金管理方面的雇主的平等代表权。

在奥玛仕案中,法院考虑了对第8(b)(1)(B)的适用问题,但是没有考虑对第8条(b)(3)的适用问题。工会用罢工来否决雇主任命的人或推出自己候选人,是否违反了第8条(b)(3)的规定?

---

[1] a. 另请参见沃尔什诉史乐弛案[Walsh v. Schlecht, 429 U.S.401 (1977)],涉及《国家劳动关系法》第8条(e)与第302条(c)(5)的相互关系。——编者注

## 4. 腐败

### 注释:《劳资关系法》第302条

为了处理工会腐败的问题,第302条(a)广泛限制雇主(或其代表)向雇员代表或任何代表或寻求代表其雇员的劳工组织支付金钱。根据第302条(c)的规定,国会划定了一定的第302条(a)项禁止以外的例外情况:

(1)向雇员代表所作的支付是作为该雇主的雇员的服务补偿;

(2)在"没有欺诈或胁迫情况下",依据其所满意的仲裁裁决,为解决纠纷而作出的支付;

(3)"在正常经营过程"中,按商品的市场价格所作出的支付;

(4)雇员按照"书面任务"所支付的工会会费,无论随后发生什么情况,该项费用在超过一年以上或在集体协议持续的期限,是不可撤销的;

(5)向信托基金的支付,这些信托基金是由代表所建立的,是"为了雇员及其家庭或亲属的单独的和排他性的医疗和养老方面的利益",而按照一定的限制性条款而建立的;

(6)支付"这些代表设立的"信托基金,这些基金是受某些限制性条款限制的,为了汇集休假、假期、遣散或类似的福利,或支付学徒计划的成本而建立的;

(7)支付"这些代表设立的"为了员工奖学金、幼儿中心以及房屋援助受到一项限制性条款的"合并的或个别的"信托基金;

(8)支付"这些代表设立的"信托基金,为了雇员及其家庭法律服务的开销,受某些限制性条款限制,包括禁止法律服务款项提出任何针对雇主或劳工组织的诉讼(不同于工人赔偿诉讼);或者

(9)为了1978年《劳动管理合作法》(Labor Management Cooperation Act)第5条(b)所规定的目的,对一个工厂、地区或全行业劳资委员会进行支付。

一个特别有趣的问题涉及根据第302条(c)(1)的规定,雇主允许担任

工会的全职申诉人岗位的雇员带薪旷工的合法性问题。早期第三巡回法院在轨道公司诉联合运输协会联合委员会案[Trailways, Inc. v. Joint Council, Amalgamated Transit Union, 785 F. 2d 1011 (3d Cir. 1986)]中取消了这一安排,又在卡特皮拉有限公司诉美国汽车工人工会案[Caterpillar, Inc. v. UAW, 107 F. 3d 105E (3d Cir. 1997)]中被推翻。第302条(c)(1)免除了雇主向工会付款的一般性的禁止,在第302条(a)规定的通过"付款给其雇员代表……他也是这一雇主的雇员或前雇员,作为补偿或作为这一雇主的雇员的服务……"。卡特皮拉案的法院[尼高(Nygaard)法官]裁定:

> 我们认为,这里所讨论的支付问题,尽管不是过去的工作时间的补偿,但是在"理由上"也是由服务而产生的。我们得出这个结论,是因为这些支付不是产生于与工会之间的"后门交易",而是产生于集体谈判协议本身。卡特皮拉愿意将这种重要的利益放在桌面上,这强烈地意味着,在谈判过程中员工不得不放弃一些要不然他们可能会得到的东西。因此,每一位员工都默示地放弃了目前的工资和福利的一小部分,以换取这样一个承诺,即,如果他或她某一天当选担任工会的专职申诉人的职位,卡特皮拉将继续支付他或她的薪水。(107 F. 3d at 1056)

因为违反第302条(d)规定的刑事处罚。参见美国诉菲利普斯案[United States v. Phillips, 19 F. 3d 1565 (11th Cir. 1994)][钢铁生产商对于未获得的养老金信用的支付可以溯及到谈判代表离开公司成为工会官员的时候,无法通知养老金计划参加者说计划已经修订,可以提供这种支付;第302条(d)(2)中的"故意地"这个词不要求证明恶意,只要被告"明知地和有意地实施这些行为,就构成被控的过错,这种行为不是因为偶然或由于一些错误就能作出的"]。

### 注释:1970年《反勒索与受贿组织法》

在1970年国会通过了《反勒索与受贿组织法》[Racketeer Influenced and Corrupt Organizations Act(RICO),Pub. L. No. 91-452, 84 Stat. 922](将分散的第7、15、18条和第49条进行编总;主要的规定在18 U.S.C. §§1961-1968)。《反勒索与受贿组织法》第1962条设立了包括"个人"与"企业"之间的不恰当关系在内的四个新罪名。这两个术语的定义都比较宽泛。(a)项规定使用"敲诈活动"或通过"非法债务的收账"所得的个人收入进行投资为非法,或者从这一收入中获取利润,为了经营的目的成立或经营企业,影响州际或国外商业,为非法。(b)项宣布个人在这类企业中通过敲诈勒索或收取非法债务取得或维持利益为非法。根据(c)项规定,任何"与企业相关的"人,通过敲诈勒索或收取非法债务的行为参与该经营均属违法。根据(d)项的规定,就违反这些实质性的项目进行秘密谋划也属违法。

对"诈骗活动"中的"活动"是从两个方面进行定义的[18 U.S.C. §1961(1)(A)-(B)]。首先,《反勒索与受贿组织法》这样定义活动:

> 任何涉及谋杀、绑架、赌博、纵火、抢劫、贿赂、勒索、色情、从事麻醉药品或其他毒品交易,依据州的法律可以起诉并可判处一年以上监禁的行为或者威胁。

其次,《反勒索与受贿组织法》包含了联邦法律禁止的违法行为,如行贿、敲诈勒索、诈骗、妨碍司法公正和各种犯罪活动。在劳动关系背景下,这些犯罪行为中最重要的是邮件欺诈(18 U.S.C. §1341)、电信诈骗(§1343)、非法福利基金付款(§1954)、违反《霍布斯法》(Hobbs Act)(§1951)、禁止向劳工组织支付和贷款[根据《劳资关系法》第302条(d),这些是可以公诉的罪行]和从工会基金挪用公款[29 U.S.C. §501(c)]。

第1963条和1964条规定了处罚和救济措施,包括刑事检控和民事诉讼(后者规定了三倍损害赔偿及合理的律师费)。

近年来,联邦政府已利用《反勒索与受贿组织法》的关于民事的规定"重组"了许多工会。政府的第一次胜利发生在美国诉国际卡车司机兄弟会地方第560号工会案[United States v. Local 560, Int'l Bhd. of Teamsters, 581 F. Supp. 279 (D. N. J. 1984), affirmed, 780 F. 2d 267 (3d Cir. 1985)]。在这一案件中,地区法院解除新泽西州卡车司机地方工会的城市工会(Union City, New Jersey, Teamsters local)的领导层的职务并实施了司法托管,判决认定地区工会执行委员会的成员,通过有组织犯罪和使用或威胁使用暴力或担心地方工会的经济民主会带来经济利益上的损害,帮助接管了地方工会。法院判决认为:对受《劳资报告和公开法》第101条(a)(1)和(2)保护的会员权利的侵犯,违反了《霍布斯法》,并因此违反了《反勒索与受贿组织法》第1962条(b)的要求。针对其他工会的相同的救济见美国诉联合石板、瓦片以及合成屋顶工协会地方第39号分会案[United States v. Local 30, United Slate, Tile & Composition Roofers Ass'n, 686 F. Supp. 1139, 1171 (E. D. Pa. 1988) affirmed, 871 F. 2d 401 (3d Cir. 1989)];美国诉博南诺有组织的犯罪家族案[United States v. Bonanno Organized Crime Family, 683 F. Supp. 1411, 1453 – 1454 (E. D. N. Y 1988)](一致判决反对卡车司机工会地方第814号分会)。

也许"民事的《反勒索与受贿组织法》"的努力最值得庆祝的成功是卡车司机国际工会与政府在1989年所达成的和解协议。该和解协议的条款在美国诉国际卡车司机工会案[United States v. International Bhd. of Teamsters, 905 F. 2d 610, 613(2d Cir. 1990)]中有描述。根据该和解协议,政府在1991年12月举行并监督了会员的直接的无记名投票,选举该工会的国际的总主席和国际的总执行委员会——在工会的历史上这是第一次举行的此类选举。赢得这次国际主席选举的是罗恩·卡雷(Ron Carey),他是长岛地区的一个美国联合包裹服务(United Parcel Services)员工工会的领导人,他获得了"为民主工会而斗争的卡车司机"(Teamsters for a Democratic Union)中的持不同意见的人士的支持。参见乔治·卡纳:《让卡车司机工会对于民主来说是安全的》,载于《耶鲁法律杂志》第102卷(1993),第1645

页[George Kannar, Making the Teamsters Safe for Democracy, 102 *Yale L. J.* 1645 (1993)]。卡雷后来被杰姆斯·霍法(James, Hoffa, Jr.)替换。

至于政府使用《反勒索与受贿组织法》规定净化劳工组织所受到的组织劳工的影响的一般性的正面的叙述,参见杰姆斯·B.雅各布斯和艾伦·彼得斯:《工会诈骗:黑手党和工会》,将在《犯罪与正义》期刊第30期发表,2003年版[James B. Jacobs & Ellen Peters, Labor Racketeering: The Mafia and Unions, forthcoming in 30 *Crime & Justice*—(2003)];以及雅各布斯教授与科林·弗里尔、罗伯特·拉迪克:《未绑定的哥潭镇:纽约市如何摆脱有组织犯罪的控制》(1999)[and Professor Jacobs's, *Gotham Unbound: How New York City Was Liberated from the Grip of Organized Crime* (1999) (with Colleen Friel & Robert Radick)];与克里斯托弗·帕那瑞拉和沃辛顿一起:《摧毁黑手党:美国诉科萨·诺斯特拉》(1994)[*Busting the Mob: United States v. Cosa Nostra* (1994) (with Christopher Panarella &. Jay Worthington)];以及与罗纳德·勾斯托克,马丁·马库斯以及托马斯·D.撒切尔二世一起:《在纽约市政建设行业中的腐败和诈骗:纽约州有组织犯罪特遣队的最终报告》(1990)[and *Corruption and Racketeering in the New York City Construction Industry: The Final Report of the New York State Organized Crime Task Force* (1990) (with Ronald Goldstock, Martin Marcus & Thomas D. Thacher II)]。民事《反勒索与受贿组织法》的广泛作用为兰迪·M.马斯基等人所拥护,《私人原告根据〈反勒索与受贿组织法〉使用衡平法上的救济:改革腐败的劳工工会的一种方式》,载于《密歇根大学法律杂志》第24卷(1991),第571页[A broad role for civil RICO is advocated in Randy M. Mastro et al. , Private Plaintiffs' Use of Equitable Remedies Under the RICO Statute: A Means to Reform Corrupted Labor Unions, 24. *U. Mich J. L. Ref.* 571 (1991)]。

至于对政府《反勒索与受贿组织法》诉讼的批评性观点,参见霍华德·S.斯米诺夫和西奥多·M.利伯曼:《联邦劳动法的〈反勒索与受贿组织法〉:关于广泛的优先权的争论》,载于《劳工律师》第8卷(1992),第335页[Howard S. Siminoff & Theodore M. Lieverman, The RICO-ization of Federal

Labor Law: An Argument for Broad Preemption, 8 *Lab. Law.* 335(1992)];维多利亚·T. G. 巴塞蒂:《将〈反勒索与受贿组织法〉清除出各种劳动纠纷的领域》,载于《哥伦比亚法律评论》第92卷(1992),第103页[Victoria T. G. Bassetti, Weeding RICO Out of Garden Variety Labor Disputes, 99 *Colum. L. Rev.* 103(1992)];斯哥特·D. 米勒:《〈反勒索与受贿组织法〉对劳工的非法罢工行为的适用:协调〈反勒索与受贿组织法〉与〈国家劳动关系法〉》,载于《哈姆来公共法律与政策杂志》第11卷(1990),第233页[Scott D. Miller, RICO's Application to Labor's Illegal Strike Conduct: Reconciling RICO with the NLRA, 11 *Hamline J. Pub. L. & Pol'y* 233(1990)]。

**注释:各州对工会腐败的规制**

《劳资报告和公开法》第504条(a)禁止犯有特定罪行的人,在5年内作为工会官员或承担任何与工会责任有关的岗位。在布朗诉宾馆和饭店雇员协会地方第54号工会案[Brown v. Hotel and Restaurant Employees, Local 54, 468 U. S. 491(1984)]中,法院(根据奥康纳大法官的意见)认为,由于明确地放弃了第603条(a)中的优先权,州对工会官员及其任职资格享有一定的自主规制权。布朗案支持了新泽西州要求代表或寻求代表赌场业员工的劳工组织进行年度注册,该案剥夺了工会官员、代理人或"主要雇员"的资格,这些人被宣布犯了判决所列举的一系列罪行或"其他罪行,表明申请人的特许是与本法的政策及赌博业的运营相抵触的"[NJ. Stat. Ann 5:12-86(c)(4)]。审理布朗案的法院强调,关于取消资格的规定"并未表明雇员们表达了他们根据第7条所享有的权利,去挑选某一特定的工会作为他们集体谈判的代表,而是仅仅表明它们行使了附属的选举工会官员的权利"(468 U. S. at 509)。一个单独的否定不遵守劳工组织的去向赌博业的会员收取会费的权利的规定,也被法院发回重审,去决定这一规定是否"会有效地阻碍工会履行其代表会员进行谈判的权利这一法定的职责"(Id., at 513)。

# 案 例 表<sup>*</sup>

## A

ABF 货运系统公司诉国家劳动关系委员会案
ABF Freight System, Inc. v. NLRB, 156

埃克斯尔公司案
Accel, Inc., 214

国家劳动关系委员会诉阿瑟斯机械公司案
Aces Mech. Corp.; NLRB v., 814

阿塞维多诉装订工人协会地方第 25 号工会案
Acevedo v. Bookbinders Local 25, 1119

艾克米公交车公司案
Acme Bus Corp., 157, 158

国家劳动关系委员会诉顶点工业公司案
Acme Indus. Co.; NLRB v., 798

阿戴尔诉美国案
Adair v. United States, 51 – 52, 66

亚当斯建筑公司诉乔治亚电力公司案
Adams Constr. Co. v. Georgia Power Co., 903

亚当斯-伦迪诉乘务员协会案
Adams-Lundy v. Flight Attendants, 1082

阿德菲研究所案
Adelphi Inst., Inc., 239

---

\* 以下页码为原书页码，即本书边码。

阿德金斯诉儿童医院案

Adkins v. Children' Hosp., 52

阿德金斯诉通用汽车公司案

Adkins v. General Motors Corp., 966

国家劳动关系委员会诉阿德金斯传输公司案

Adkins Transfer Co.; NLRB v., 198

安德垂恩戴姆勒-奔驰交通公司案

Adtranz, ABB Daimler-Benz Transportation, N. A., Inc., 177

国家劳动关系委员会诉航空工业区第91分会案

Aeronautical Industrial Dist. Lodge No. 91; NLRB v., 1083

阿荣卡公司诉国家劳动关系委员会案

Aeronca, Inc. v. NLRB, 563

美国劳工联合会诉国家劳动关系委员会案

AFL v. NLRB, 300

美国劳工联合会—产业组织联合会诉查奥案

AFL-CIO v. Chao, 1127

美国电视与广播演员联合会诉国家劳动关系委员会案

AFTRA v. NLRB, 505,651

阿吉纳加诉统一食品和贸易工人协会案

Aguinaga v. UFCW, 1030

航线飞行员协会诉民航管理委员会案

Air Line Pilots Ass'n v. CAB, 626

航线飞行员协会诉中西航空公司案

Air Line Pilots Ass'n v. Midwest Airlines, Inc., 750

航线飞行员协会诉米勒案

Air Line Pilots Ass'n v. Miller, 992

航线飞行员协会诉西北航空公司案

Air Line Pilots Ass'n v. Northwest Airlines Inc., 517,818

航线飞行员协会诉奥尼尔案

Air Line Pilots Association v. O'Neill, 579,1024,1029,1030,1040,1049, 1060,1061

航线飞行员协会诉美国联合航空公司案

Air Line Pilots Ass'n v. United Air Lines, 577

阿拉丁宾馆公司案

Aladdin Hotel Corp., 356

阿拉米达报纸有限公司诉奥克兰市案

Alameda Newspapers, Inc. v. City of Oakland, 393

国家劳动关系委员会诉 A. 拉斯帕纳父子公司案

A. Lasaponara & Sons, Inc.; NLRB v., 221

艾尔伯特公司案

Albertson's, Inc., 174,190,341

亚历山大诉加德纳-丹佛公司案

Alexander v. Gardner-Denver Co., 517,814,817,818

阿尔弗雷德·刘易斯公司诉国家劳动关系委员会案

Alfred M. Lewis, Inc. v. NLRB, 244

艾克尔诉国家劳动关系委员会案

Alkire v. NLRB, 849

阿勒格尼·鲁德鲁姆公司案

Allegheny Ludlum Corp., 362

哈利路亚坐垫公司案

Allelluia Cushion Co., 238

艾伦·布兰德利公司诉国际电气工人兄弟会地方3号工会案

Allen Bradley Co. v. Local 3, IBEW, 873,877,888

艾伦顿·麦克销售与服务公司诉国家劳动关系委员会案

Allentown Mack Sales & Service, Inc. v. NLRB, 102,107,390,399 – 400, 401,402,404

新泽西州联合航空服务公司案

Allied Aviation Serv. Co. of N. J. , 220

联合化学及碱业工人诉匹兹堡平面玻璃公司案

Allied Chem. & Alkali Workers v. Pittsburgh Plate Glass Co. , 521,522,523, 556,1040

联合递送系统公司案

Allied Delivery Sys. Co. , 861

产品工人联合会12地方分会案(北方雕刻公司)

Allied Production Workers Union Local 12 ( Northern Engraving Corp. ) , 1008

联合信号公司案

Allied-Signal, Inc. , 450

阿利斯·查默斯制造公司诉利克案

Allis-Chalmers Corp. v. Lueck , 955,956,961,964,967

阿利斯·查默斯制造公司案

Allis-Chalmers Mfg. Co. , 725,730

国家劳动关系委员会诉阿利斯·查默斯制造公司案

Allis-Chalmers Mfg. Co. ; NLRB v. , 995,1001

阿尔法贝塔公司案

Alpha Beta Co. , 813,814

铝业工人当地第215号工会诉统一铝业公司案

Aluminum Wkrs. , Local Union No. 215 v. Consolidated Aluminum Corp. , 792

阿尔维诉通用电气公司案

Alvey v. General Elec. Co. , 1119

阿尔温制造公司案

Alwin Mfg. Co. , 487

电器与机动车雇员混合工会诉地歇摩托公司案

Amalgamated Ass'n of Street, Elec. , Ry. & Motor Coach Employees v. Dixie Motor Coach Corp., 694

制衣纺织工人联合会诉拉特纳公司案

Amalgamated Clothing and Textile Wkrs. v. Ratner Corp., 846

制衣工人协会诉里奇曼兄弟公司案

Amalgamated Clothing Wkrs. v. Richman Bros. Co., 925

混合食品雇员工会第1590地方工会诉洛根谷广场案

Amalgamated Food Employees Union, Local 1590 v. Logan Valley Plaza, 190

国家劳动关系委员会诉奥玛仕煤矿公司案

Amax Coal Co.; NLRB v., 1131, 1132

美国仲裁总会案

American Arbitration Ass'n, 221

美国锅炉制造商协会诉国家劳动关系委员会案

American Bioler Mfrs. Ass'n v. NLRB, 686

美国广播公司诉作家协会案

American Broad. Cos. v. Writers Guild of Am., 1009, 1011

美国罐头公司案

American Can Co., 297

美国电力公司案

American Elec. Power Co., 544

美国音乐家协会案

American Fed'n of Musicians, 1016

美国音乐家协会诉卡罗尔案

American Fed'n of Musicians v. Carroll, 871, 872

美国诉音乐家协会案

American Fed'n of Musicians; United States v., 700

美国医院协会诉国家劳动关系委员会案

American Hospital Ass'n v. NLRB 499 U.S. 606(1991), 102, 279, 283

国家劳动关系委员会诉美国国家保险公司案

American Nat'l Ins. Co. ; NLRB v. ， 450,446,475 – 476,508

美国新闻有限公司案

American News Co. ,Inc. ， 212

美国报业出版协会诉国家劳动关系委员会案

American Newspaper Publ'g Ass'n v. NLRB， 703

国家劳动关系委员会诉美国欧力安砖瓦公司案

American Olean Tile Co. ; NLRB v. ， 578

美国聚苯乙烯公司案

American Polystyrene Corp. ， 498

美国邮政工人工会地方第 6885 号工会总部诉美国邮政工人工会案

American Postal Workers Union,Headquarters Local 6885 v. American Postal Workers Union， 1114,1117,1118

美国碳酸钾及化学公司案

American Potash & Chem. ， 297

美国供应公司案

American Provision Co. ， 862

美国造船公司诉国家劳动关系委员会案

American Ship Bldg Co. v. NLRB， 616,623 – 624,626,627

美国遮阳篷公司案

American Sunroof Corp. ， 351,387

美国远程通讯公司电力技术分公司案

American Telecomm. Corp. ,Electromech. Div. ， 330

美国松树住宿护理与康复中心案

Americare Pine Lodging Nursing and Rehab. Ctr. ， 450

美国钢铁公司诉国际卡车司机驾驶员工会案

Ameristeel Corp. v. Int'l Bhd. of Teamsters， 846

亚美隆管道产品公司案

Ameron Pipe Prods. ， 498

AMF 卡车与仓库公司案
AMF Trucking & Warehousing, Inc., 497

安德森诉船主协会案
Anderson v. Shipowners Ass'n, 895

奉告大楼公司案
Angelus Block Co., 560

安霍伊泽-博世公司案
Anheuser-Busch, Inc., 544

安霍伊泽-博世公司诉卡车司机地方第 744 号工会案
Anheuser-Busch, Inc. v Teamster Local Union No. 744, 766

安娜·M. 达米科诉国家劳动关系委员会案
Anna M. D'Amico v. NLRB, 1017

国家劳动关系委员会诉超级三明治公司案
NLRB v. A-1 King Size Sandwiches, Inc., 471, 475–476

爱派克斯针织品公司诉工会领导案
Apex Hosiery v. Leader, 63, 69, 76, 77, 865, 870, 895

阿巴拉契亚板岩电极公司案
Appalachian Shale Prods. Co., 385

阿奎阿化学公司案
Aqua-Chem, Inc., 596, 597

爱玛客公司诉国家劳动关系委员会案
Aramark Corp. v. NLRB, 111

阿彻洗衣公司案
Archer Laundry Co., 347

阿兰百货公司案
Arlan's Dep't Store, 257, 586, 792

阿灵顿宾馆公司诉国家劳动关系委员会案
Arlington Hotel Co. v. NLRB, 578

阿莫科公司诉美国钢铁工人联合会169工会案

Armco, Inc. v. United Steelworkers of America, Local 169, 792

阿伦德尔案

Arundel Corp., 507

联合清洁咨询与服务公司诉国际油漆工兄弟会第327号工会案

Associated Cleaning Consultants and Servs. v. International Bhd. of Painters Local 327, 721

牛奶销售商联合会诉牛奶驾驶员地方第753号工会案

Associated Milk Dealers, Inc. v. Milk Drivers, Local 753, 882

联合牛奶制造公司案

Associated Milk Producers, Inc., 352

西部果酱厂工人协会第171地方分会(1967)(博伊斯卡斯卡特公司)案

Association of W. Pulp Workers, Local 171 (1967) (Boise Cascade Corp.), 980

美国电报电话技术公司诉信息工人案

AT&T v. Communication Workers, 475 U.S. 643(1986), 749

美国电报电话技术公司诉信息工人案

AT&T v. Communication Workers, 985 F. 2d 855(6th Cir. 1993), 784

艾金森诉辛克莱公司案

Atkinson v. Sinclair Refining Co., 795

大西洋品牌公司案

Atlantic Brands, Inc., 545

亚特兰大豪华轿车公司案

Atlantic Limousine, Inc., 355

阿特拉斯金属零件公司诉国家劳动关系委员会案

Atlas Metal Parts Co. v. NLRB, 482

奥西罗铁器制品公司诉国家劳动关系委员会案

Auciello Iron Works, Inc. v. NLRB, 387

国家劳动关系委员会诉自动起重机公司案
Auto Crane Co. ; NLRB v. , 562
汽车销售员工会地方第 1095 号工会诉国家劳动关系委员会案
Automobile Salesmen's Union, Local 1095 v. NLRB, 126
汽车塑料技术有限公司案
Automotive Plastic Tech. ,Inc. , 189
阿夫克诉机械师工会案
Avco v. Machinists, 965

## B

国家劳动关系委员会诉巴布科克·威尔科克斯有限公司案
Babcock & Wilcox Co. ; NLRB v. , 178,186,187,189,190,191,312,932
巴赫曼机械公司诉国家劳动关系委员会案
Bachman Mach. Co. v. NLRB, 651
面包、糖果和烟草工人地方 111 工会诉小麦农场案
Bakery, Confectionery and Tobacco Wkrs. , Local 111 v. Wheatland Farms, 720
巴尔文诉皮瑞丽阿姆斯壮轮胎公司案
Ballwin v. Pirelli Armstrong Tire Corp. , 580
国家劳动关系委员会诉巴特斯特医院案
Baptist Hosp. ; NLRB v. , 175
巴比里诉联合技术公司案
Barbieri v. United Tech. Corp. , 948
巴恩斯诉斯通集装箱公司案
Barnes v. Stone Container Corp. , 955
巴特利特-科林斯案
Bartlett-Collins Co. , 288 - 289,478
巴顿商标股份有限公司诉国家劳动关系委员会案

Barton Brands, Ltd. v. NLRB, 1032,1036,1037,1038

见西雅图海员棒球俱乐部案

Baseball Club of Seattle Mariners, 416

巴斯海洋工匠协会诉国家劳动关系委员会案

Bath Marine Draftsmen's Ass'n v. NLRB, 567,569

巴吞鲁日水务有限公司案

Baton Rouge Water Works Co., 244

鲍曼诉普雷瑟案

Bauman v. Presser, 1119

比曼诉雅基马山谷清理有限公司案

Beaman v. Yakima Valley Disposal, Ins., 948

BE&K 建筑公司诉国家劳动关系委员会案

BE&K Constr. Co. v. NLRB, 192 – 193,926,927

比斯利诉北卡罗来纳州食品博览会有限公司案

Beasley v. Food Fair of N. C., Inc., 949

比弗斯诉造纸工人联合国际会地方第 1741 号工会案

Beavers v. United Paperworkers Int'l Union, Local 1747, 1054

贝克电力公司诉国际电气工人兄弟会地方第 212 号工会案

Becker Elec. Co. v. Electrical Workers (IBEW) Local 212, 856

贝尔纳普有限公司诉黑尔案

Belknap, Inc. v. Hale, 580,943,947

国家劳动关系委员会诉贝尔航空公司案

Bell Aerospace Co.; NLRB v., 103,119,123,124,125,127,135,246,419

毕罗店诉国家劳动关系委员会案

Be-Lo Stores v. NLRB, 190,330

基准点工业公司案

Benchmark Indus, Inc., 563

贝斯医院诉国家劳动关系委员会案

Beth Israel Hosp. v. NLRB, 107,175
伯利恒钢铁公司案
Bethlehem Steel Co., 507
伯利恒钢铁公司诉国家劳动关系委员会案
Bethlehem Steel Co. v. NLRB, 361
贝弗利企业-明尼苏达公司案
Beverly Enters,-Minnesota,Inc, 138
贝弗利健康与康复服务中心诉国家劳动关系委员会案
Beverly Health and Rehab. Servs. v. NLRB, 508
国家劳动关系委员会诉比尔迪斯科案
Bildisco.;NLRB v., 857,858,859,862
比尔·约翰逊饭店诉国家劳动关系委员会案
Bill Johnson's Rest.,Inc. v. NLRB, 926,927
比夏普诉国家劳动关系委员会案
Bishop v. NLRB, 388
火车司机兄弟会国际改革委员会诉西祠马案
BLE Int'l Reform Comm. v. Sytsma, 1120
布卢姆诉国家劳动关系委员会案
Bloom v. NLRB, 990
联邦储备系统理事会诉墨克财物公司案
Board of Governors of the Fed. Reserve Sys. v. Mcorp Fin.,Inc., 295
多布斯房屋公司诉国家劳动关系委员会案
Bob Evans Farms,Inc. v. NLRB, 214,215,229
波音公司案
Boeing Co., 288-289
国家劳动关系委员会诉波音公司案
Boeing Co.;NLRB v., 1000,1002
波西米亚公司案

Bohemia, Inc., 496

伯威诉灰狗公司案

Boire v. Greyhound Corp., 305

美国诉博南诺有组织的犯罪家族案

Bonanno Organized Crime Family; United States v., 1134

邦威出纳公司案

Bonwit-Teller, Inc., 311, 317

伯格-华纳公司案

Borg-Warner Controls, 478, 979

波士顿医疗中心案

Boston Med. Ctr. Corp., 141 – 142, 143, 145

伯尔尼诉国家劳动关系委员会案

Bourne v. NLRB, 360

伯恩诉麦森案

Bowen v. Matheson, 48

鲍恩诉美国邮政管理局案

Bowen v. United States Postal Serv., 1062, 1065

联邦诉博伊尔案

Boyle; Commonwealth v., 1108

美国诉博伊尔案

Boyle; United States v., 1130

波伊斯市场诉零售职员地方770工会案

Boys Markets, Inc. v. Retail Clerks Union, Local 770, 69, 777, 783, 784, 791, 794, 848

布拉迪-哈密顿码头工人公司案

Brady-Hamilton Stevedore Co., 669

布赖宁格诉金属板工人国际工会第6地方分会案

Breininger v. Sheet Metal Workers' Local Union No. 6, 1056, 1060, 1061, 1083,

1085

布雷特诉酒店、汽车旅馆、餐厅、施工地员工协会地方第879号工会案

Brett v. Hotel Motel, Rest., Constr. Camp Employees, Local 879, 1082

布里瓦德成就中心案

Brevard Achievement Ctr. Inc, 144

布鲁尔诉驾驶员、仓库管理人和助手总工会89地方分会案

Brewer v. General Drivers, Warehousemen & Helpers Local Union 89, 1082

啤酒制造商地方第6号工会诉国家劳动关系委员会案

Brewers and Malters, Local Union No. 6 v. NLRB, 544

啤酒厂装瓶工人协会地方第1345号工会诉国际卡车司机工会案

Brewery Bottlers, Local 1345 v. International Bhd. of Teamsters, 1125

酒厂司机地方67号工会诉国家劳动关系委员会案

Brewers Drivers, Local 67 v. NLRB, 655

美国诉布瑞姆斯案

Brims; United States v., 888

布里斯科钢板公司案

Brisco Sheet Metal, Inc., 856

布洛克诉船主、大副、引航员国际组织案

Brock v. International Org. of Masters, Mates & Pilots, 1095

布洛克诉国际卡车司机工会地方第630号工会

Brock v. Local 630 of the Int'l Bhd of Teamsters, 1096

布鲁克斯诉国家劳动关系委员会案

Brooks v. NLRB, 381, 384, 385

布鲁克斯研究与制造公司案

Brooks Research & Mfg., 578

兄弟技术公司案

Bro-tech Corp., 312

火车司机兄弟会诉密苏里-堪萨斯-得克萨斯铁路案

Brotherhood of Locomotive Eng'rs v. Missouri-Kansas-Texas R. R. 786

铁路乘务员同业工会诉霍华德案

Brewers of R. R. Trainmen v. Howard, 1040

布朗诉地方第 54 号工会宾馆和饭店雇员案

Brown v. Hotel and Rest. Employees, Local, 54,1135,1136

布朗诉普罗橄榄球公司案

Brown v. Pro Football, Inc., 889,895,896,897,898

布朗诉桑地诺物资公司案

Brown v. Sandino Materials, 855

布朗与瑞特公司诉路易斯安那美国劳工联合会—产业组织联合会案

Brown & Root, Inc. v. Louisiana State AFL-CIO, 680

布朗与莎普制造公司案

Brown & Sharpe Mfg. Co., 705

国家劳动关系委员会诉勃朗宁-菲利斯工业化学服务公司案

Browning-Ferris Indus., NLRB v., 230,231,306,589

布朗大学案

Brown Univ., 142 – 145,949

布吕克纳私人疗养院案

Bruckner Nursing Home, 423,427,428

水牛城冶炼公司诉美国钢铁工人联合会案

Buffalo Forge Co. v. United Steelworkers of Am., 784,786,790,791,792,794

建筑施工行业协会诉建筑商和承包商联合会案(波士顿港)

Building & Constr. Trades Council v. Associated Builders & Contractors (Boston Harbor), 934,938,939,940,955

建筑贸易部诉艾尔巴案

Building and Construction Trades Dept. v. Allbaugh, 940

巴庭轴承公司案

Bunting Bearings Corp., 626

波克诉法国装备租赁公司案
Burke v. French Equip. Rental, 739

伯林顿家具公司案
Burlington Homes, Inc., 595

伯灵顿北方圣塔铁路公司诉卡车司机国际同业公会地方第174号工会案
Burlington N. Santa Fe Ry. Co. v. Int'l Bhd. of Teamsters Local 174, 903

国家劳动关系委员会诉伯恩斯国际保安服务公司案
Burns Int'l Sec. Servs., Inc.; NLRB v., 387, 819, 826, 827, 828, 829, 837, 838, 839, 840, 848

国家劳动关系委员会诉波西公司案
Burnup & Sims, Inc.; NLRB v., 172

国家劳动关系委员会诉商业机器地方459号工会（皇家打字机公司）案
Business Mach., Local 459 (Royal Typewriter Co.); NLRB v., 645, 650-651

人力商业服务公司诉国家劳动关系委员会案
Business Servs. By Manpower, Inc. v. NLRB, 589

巴特勒制造公司诉美国钢铁工人联合会案
Butler Mfg. co. v. United Steelworkers of Am., 765

# C

国家劳动关系委员会诉卡博特碳素有限公司案
Cabot Carbon Co.; NLRB v., 266

卡尔霍恩诉哈维案
Calhoon v. Harvey, 1098, 1105

加利福尼亚州诉西弗韦公司案
California v. Safeway, Inc., 897

加利福尼亚苯烯酸工业公司诉国家劳动关系委员会案
California Acrylic Indus. d/b/a Cal Spa v. NLRB, 586

加利福尼亚锯刀工厂案

California Saw & Knife Works, 991,992,993

国家劳动关系委员会诉卡尔金斯案

Calkins;NLRB v. 186

卡马乔诉丽思-卡尔顿水塔公司案

Camacho v. Ritz-Carlton Water Towers, 1053

凸轮工业公司案

Cam Indus.,Inc., 371,432

加拿大零售雇员地方第1000A号工会诉莫尔食品杂货有限公司案

Canadian Retail Employees Union,Lcal 1000A v. More Groceteria Ltd., 831

国家劳动关系委员会诉C&C夹板案

C & C Plywood;NLRB v., 798,814

坎尔顿工业公司案

Cannelton Indus.,Inc., 854

饮食集团诉国家劳动关系委员会案

Canteen Corp. v. NLRB, 829,838

开普角工业公司案

Capehorn Indus.,Inc., 577,633

炭燃料公司诉联合矿工案

Carbon Fuel Co. v. United Mine Workers, 759,796

凯勒诉布朗案

Carey v. Brown, 640

凯勒诉威斯汀豪斯电器公司案

Carey v. Westinghouse Elec. Corp., 699,797,806

卡尔顿诉食品和商业工人国际工会第7地方分会案

Carlton v. Local No. 7 United Food and Commercial Workers Int'l Union, 1082

卡尔顿国际案

Caron Int'l., 333–334

卡罗瑟斯诉普雷瑟案

Carothers v. Presser, 1119

木工工人协会案

Carpenters Dist. Council, 520

俄亥俄州东北部地区的木工委员会案(阿莱西奥建筑)

Carpenters Dist. Council of N. E. Ohio(Alessio Constr.), 687

木工地方第470号工会案(米勒-安德森公司)

Carpenters Local 470(Mueller-Anderson,Inc.),

木工地方第742号工会案(J. L. 西蒙斯公司)

Carpenters Local 742(J. L. Simmons Co.), 690

木工兄弟联合会地方第1302号工会诉木工联合公司案

Carpenters Local 1302 v. United Bhd. Of Carpenters, 1124,1125

地方第1478号木工工会诉史蒂文斯案

Carpenters Local 1478 v. Stevens, 854

地方第1846号木工工会诉普拉特法恩沃斯公司案

Carpenters Local 1846 v. Pratt-Farnsworth,Inc., 855

卡本特钢材有限公司案

Carpenter Steel Co., 269

卡特诉卡特煤炭有限公司案

Carter v. Carter Coal Co., 83

国家劳动关系委员会诉科斯集团案

Case Corp.;NLRB v., 124

卡特空国际案

Caterair Int'l, 404

卡特皮拉有限公司诉汽车工人工会案

Caterpillar Inc. v. UAW, 1018,1133

卡特皮拉有限公司诉威廉斯案

Caterpillar Inc. v. Williams, 956,966

国家劳动关系委员会诉芝加哥天主教主教案

案例表 1421

Catholic Bishop of Chi.；NLRB v.， 110

考桑卡车运输案

Cauthorne Trucking， 507

国家劳动关系委员会诉卡莫里约燃气轮机股份有限公司管网工具事业部案

Caval Tool Div.，Chromalloy Gas Turbine Corp.；NLRB v.， 239

CBS 公司案,f/k/a 威斯汀豪斯公司案

CBS corp. f/k/a Westinghouse Corp.， 562

C. C. 东公司诉国家劳动关系委员会案

C. C. Eastern,Inc. v. NLRB， 116

赛达煤炭诉矿工联合会案

Cedar Coal v. UMW， 791

赛达-西奈医疗中心案

Cedar-Sinai Med. Ctr.， 141

赛拉尼斯公司案

Celanese Corp.， 401

国家劳动关系委员会诉赛尔农业制造公司案

Cell Agricultural Mfg. Co.；NLRB v.， 357

国家石膏厂水泥部诉美国钢铁工人联合会地方 135 工会案

Cement Div.，Nat'l Gypsum Co. v. United Steelworkers of Am.，Local 135，765

国家劳动关系委员会诉水泥运输公司案

Cement Transp.，Inc.；NLRB v.， 221

中央管理公司案

Central Mgmt. Co.， 498

商会诉布拉格登案

Chamber of Commerce v. Bragdon， 955

商会诉洛克耶案

Chamber of Commerce v. Lockyer， 941

商会诉赖克案

Chamber of Commerce v. Reich, 939

查普林斯基诉新罕布什尔州案

Chaplinsky v. New Hampshire, 347

查尔斯·D.博南诺亚麻制品服务公司诉麦卡锡案

Charles D. Bonanno Linen Serv. ,Inc. v. McCarthy, 552

查尔斯 D.博南诺亚麻制品服务公司诉国家劳动关系委员会案

Charles D. Bonanno Linen Serv. ,Inc. v. NLRB, 506,546,551－554,626

夏洛特竞技场公司诉国家劳动关系委员会案

Charlotte Amphitheater Corp. v. NLRB, 375

乔尔克公共事务公司诉马萨诸塞州反歧视委员会案

Chaulk Servs. , Inc. v. Massachusetts Comm'n Against Discrimination, 917,925

切尔西工业公司案

Chelsea Indus. ,Inc. , 385

美国雪佛龙案诉资源保护委员会案

Chevron U. S. A. Inc. v. Natural Res. Defense Council,Inc. , 107－108,135, 186,191,238,247,994

芝加哥罗海德制造配套有限公司诉国家劳动关系委员会案

Chicago Rawhide Mfg. Co. v. NLRB, 265

芝加哥教师工会第一地方工会诉赫德森案

Chicago Teachers Union,Local No. 1 v. Hudson, 992

芝加哥卡车司机案(信号输送)

Chicago Truck Drivers(Signal Delivery), 290

奥克兰儿童医院诉加州护士协会案

Children's Hosp. of Oakland v. California Nurses Ass'n, 589

席普曼货运服务公司诉国家劳动关系委员会案

Chipman Freight Servs. ,Inc. v. NLRB, 652

克莱斯勒汽车诉国际工会案

Chrysler Motors v. International Union, 692-693,866,873,898,902,903

教会要点零售杂货店案

Church Point Wholesale Grocery, 482

辛辛那提缆索纸业公司案

Cincinnati Cordage & Paper Co., 496

信达照明公司案

Cind-R-Lite Co., 385

信达思公司案

Cintas Corp., 178

美国诉产业组织联合会案

CIO;United States v., 1130

电路城商店诉亚当斯案

Circuit City Stores,Inc. v. Adams, 517

国家劳动关系委员会诉市政处理系统公司案

City Disposal Sys,Inc. ;NLRB v; 231,237,238

CJC 股份公司案

CJC Holdings,Inc., 509

科拉瑞特诉国家橄榄球协会案

Clarett v. National Football League, 8

克拉克诉纽波特纽斯造船厂和干船坞公司案

Clark v. Newport News Shipping & Dry Dock Co., 963

克莱顿诉联合汽车工人国际工会案

Clayton v. International Union,United Auto. Workers. 1051,1061

克里尔松木模具公司案

Clear Pine Mouldings,Inc., 213,586

克利夫兰诉政策管理体系公司案

Cleveland v. Policy Mgmt. Sys. Corp., 748

克利夫兰房地产合伙人案

Cleveland Real Estate Partners, 189,190
可口可乐灌装公司案
Coca Cola Bottling Works, Inc., 221
高露洁-棕榄公司案
Colgate-Palmolilve Co., 544
柯林斯诉国家篮球运动员协会案
Collins v. National Basketball Players Ass'n, 872
柯林斯诉纽约市交通局案
Collins v. New York City Transit Auth., 8
科勒尔绝缘电线公司案
Collyer Insulated Wire, 804,812
科林尼尔港口家庭护理案
Colonial Haven Nursing Home, 361
哥伦比亚河包装协会诉西尔顿案
Columbia Rivers Packers Ass'n v. Hinton, 871
哥伦比亚及南俄亥俄电子公司案
Columbus & S. Ohio Elec. Co., 563
哥伦比亚印刷工人与助手第252号工会案
Columbus Printing Pressmen & Assistants' Union No. 252,519-520
商业油轮诉全国海员工会案
Commerce Tankers v. NMU, 686
商业油轮公司案
Commercial Tankers Corp., 849
联邦诉,见对方当事人名称
Commonwealth v. see the names of the opposing party
联邦艾迪生公司诉国际电工兄弟会地方第15号工会案
Commonwealth Edison Co. v. Int'l Bhd. of Elec. Workers, Local 15, 847
美国通信工人协会诉贝克案

Communication Workers of Am. v. Beck, 983,988,989,990,991,994,1009

美国通信工人诉太平洋西北贝尔电话公司案

Communication Workers of Am. v. Pacific N. W. Bell Tel. Co., 749

美国通信工人诉东南电力公司案

Communication Workers of Am., v. Southeast Elec. Coop., 775

美国通信工人地方 1118 号工会案

Communication Workers of Am, Local 1118 v. NLRB, 245

美国通信工人地方 5008 号工会诉国家劳动关系委员会案

Communication Workers of Am, Local 5008 v. NLRB, 245

完全自动传输公司诉赖斯案

Complete Auto Transit v. Reis, 795

雷森计算机科技公司案

Computer Sciences Raytheon, 110

完全自动传输公司诉赖斯案

Complete Auto Transit v. Reis, 795

雷森计算机科技公司案

Computer Sciences Raytheon, 110

康尼格拉公司诉国家劳动关系委员会案

ConAgra., Inc. v. NLRB, 496,497

康奈尔公司案

Conair Corp., 374

康奈尔建筑公司诉水管工地方第 100 号工会案

Connell Constr. Co. v. Plumbers, Local 100, 692-693,866,873,898,902,903

统一爱迪森公司诉国家劳动关系委员会案

Consolidated Edison Co. v. NLRB, 451

统一煤炭公司诉矿工联合会地方 1261 工会案

Consolidation Coal Co. v. Local 1261, UMW, 796

统一煤炭公司诉矿工联合会地方 2216 工会案

Consolidation Coal Co. v. Local 2216, UMW, 796

大陆公司诉国家劳动关系委员会案
Continental Ins. Co. v. NLRB, 477

劳动力资源承包公司诉国家劳动关系委员会案
Contractor's Labor Pool, Inc. v. NLRB, 192

康韦诉国际热霜绝缘工协会案
Conway v. Int'l Ass'n of Hert and Frost Insulators, 1105

库珀卫生系统案
Cooper Health Sys., 175,176

科佩奇诉堪萨斯案
Coppage v. Kansas, 51-52,66

科尼莉亚诉美国木工兄弟会费城市区分会案
Cornelio v. Metropolitan Dist. Council of Philadelphia, United Bhd. of Carpenters & Joiners of Am., 1089

科罗纳多煤业公司诉矿工联合会案
Coronado Coal Co. v. United Mine Workers, 63-64,77

皇冠休闲鞋公司案
Coronet Casuals, 213

国家劳动关系委员会诉考尔斯出版有限公司案
Cowles Publ'g Co.; NLRB v., 221

克莱默诉统一货运公司案
Cramer v. Consolidated Freightways Corp., 963

克劳福德诉航线飞行员协会案
Crawford v. Air Line Pilots Ass'n, 995

克劳福德门业销售公司案
Crawford Door Sales Co., 854

克罗斯特地板和塑料公司案
Crest Floors & Plastics, Inc., 854

佳洁士石板印刷案

Crest Litho, 859

克洛夫特金属公司案

Croft Metals, Inc., 139

皇冠软木及密封有限公司案

Crown Cork & Seal Co., 269-272,274

皇冠软木密封公司诉国家劳动关系委员会案

Crown Cork & Seal Co. v. NLRB, 329,421

库里奥诉联合鞋业工人第13号联合协会案

Cuneo v. United Shoe Workers, Joint Council No. 13, 439

库斯诉法拉第案

Curth v. Farady, 1055

国家劳动关系委员会诉科廷莫森科技公司案

Curtin Matheson Scientific, Inc.; NLRB v. 108,608,615-616,632

科提斯-怀特公司案

Curtiss-Wright Corp., 495

## D

牧草奶品合作公司案

Dairylea Coop., Inc., 1018

达尔-特克斯光学公司案

Dal-Tex Optical Co., 333

牧草奶品公司案

Dairylea Corp., 384-385,417,418,420

达令公司案

Darling & Co., 623

达尔诉国家劳动关系委员会案

Darr v. NLRB, 812

达瑟尔护理中心案
Dasal Caring Ctrs.， 828
戴维诉菲茨西蒙斯案
Davey v. Fitzsimmons， 1119
大卫朵夫诉明尼阿波利斯建筑商业理事会案
Davidoff v. Minneapolis Bldg. & Constr. Trades Council， 680
戴诉烟厂工人工会案
Daye v. Tobacco Workers Union， 1126
黛比·雷诺兹宾馆案
Debbie Reynolds Hotel, Inc， 374，
戴博斯案
Debs, In re， 54
德尔克斯特罗诉卡车司机工会案
DelCostello v. Teanvsters， 1062
戴·雷伊·时尚案
Del Rey Tortilleria， 350
德尔塔国王蒸汽船公司诉第二区案
Delta Queen Steamboat Co. v. District 2， 766
豪华金属家具公司案
Deluxe Metal Furniture Co.， 386
国家劳动关系委员会诉丹佛建筑公司商业理事会案
Dever Bldg. & Constr. Trades Council; NLRB v.， 656, 658 - 659, 693
底特律爱迪生公司诉国家劳动关系委员会案
Detroit Edison Co. v. NLRB， 492, 495, 499
底特律报纸代售处案
Detroit Newspaper Agency， 595
底特律报纸经销处诉国家劳动关系委员会案
Detroit Newspaper Agency v. NLRB， 295

案例表　1429

底特律印刷工会第 18 号工会诉国家劳动关系委员会案

Detroit Typographical Union No. 18 v. NLRB, 518,519

得乔伊诉美国各种艺术家协会案

Detroy v. American Guild of Variety Artists, 1073

戴尔埃床品公司案

Dial-A-Mattress Operating Corp., 118

戴尔蒙·格的那公司诉联合纸业地方 1009 工会案

Diamond Gardner Corp. v. United Paper-makers, Local 1009, 716

钻石核桃种植者公司诉国家劳动关系委员会案

Diamond Walnut Growers, Inc. v. NLRB, 220,221

美国导演协会诉洛杉矶市高等法院案

Directors Guild of Am. v. Superior Court of Los Angeles County, 1065

D. O. & W 煤业公司案

D. O. & W. Coal Co., In re, 862

多布斯房屋公司诉国家劳动关系委员会案

Dobbs Houses, Inc. v. NLRB, 214,229

史坦顿岛医院案

Doctors Hosp. of Staten Island, 175

多尔诉地第 317 号工会案

Dole v. Local Union 317, 1097

多利麦迪逊工业案

Dolly Madison Indus., 882

州政府诉唐纳森案

Donaldson; State v., 38

多诺万诉航空运输地方第 146 号工会案

Donovan v. Air Transport Dist. Lodge 146, 1097

多诺万诉伊利诺伊教育协会案

Donovan v. Illinois Educ. Ass'n, 1098

多诺万诉国际劳工工会地方第 120 号工会案
Donovan v. Local Union No. 120, Laborers Int'l Union, 1096

多尔西拖车公司诉国家劳动关系委员会案
Dorsey Trailers, Inc. v. NLRB, 197,543

双头鹰大酒店赌场案
Double Eagle Hotel & Casino, 177

道得斯诉国际码头工人协会案
Douds v. International Longshoremen's Ass'n, 555

道格拉斯食品公司诉国家劳动关系委员会案
Douglas Foods Corp. v. NLRB, 374

大悟化学公司案
Dow Chem. Co., 257

大悟化学公司诉国家劳动关系委员会案
Dow Chem. Co. v. NLRB, 586,792

多伊尔诉布洛克案
Doyle v. Brock, 1095

梳妆工业公司案
Dresser Indus., Inc., 429

得里斯科尔诉国际施工工程师工会地方第 139 号工会案
Driscoll v. International Union of Operating Eng'rs, Local 139, 1106

国家劳动关系委员会诉地方司机工会案
Drivers Local No. 639; NLRB v., 433

DTR 工业公司案
DTR Indus., 352

都波制造公司案
Dubo Mfg., 806

迪比克包装公司案
Dubuque Packing Co., 542-544,568

达菲工具与冲压有限公司诉国家劳动关系委员会案
Duffy Tool & Stamping, LLC v. NLRB, 504, 505
邓洛普诉巴蔻维斯其案
Dunlop v. Bachowski, 1091
杜普莱斯印刷有限公司诉迪林案
Duplex Press Co. v. Deering, 57, 63, 77

# E

鹰康撤尼克公司案
Eagle Comtronics, Inc., 578
东芝加哥康兴中心案
East Chicago Rehab. Ctr., 459
东方航空公司诉航线飞行员协会案
Eastern Air Lines, Inc. v. Air Line Pilots Ass'n, 577
东部煤矿联合企业诉马赛案
Eastern Associated Coal Corp. v. Massey, 818
东部煤矿联合企业诉矿工联合会地区17分会案
Eastern Associated Coal Corp. v. United Mine Workers, Dist. 17, 768, 774, 775
东缅因州医疗中心案
Eastern Me. Med. Ctr., 175
东方铁路主席会议诉诺瑞机动货运公司案
Eastern R. R. Presidents Conference v. Noerr Motor Freight, 674
伊斯泰克斯公司诉国家劳动关系委员会案
Eastex, Inc. v. NLRB, 222, 227, 228. 229, 230, 251
艾克尔斯诉库克案
Echols v. Cook, 1128
银瑞艾克消防公司案
Eckert Fire Protection, Inc., 174

埃德·钱德勒·福特公司案

Ed Chandler Ford, Inc., 388

爱德华-巴特制造公司诉国家劳动关系委员会案

Edward G., Budd Mfg. v. NLRB, 82, 147, 148, 151, 166, 257, 258

爱华德·德巴特勒公司诉佛罗里达海湾海滨建筑贸易委员会案

Edward J. DeBartolo Corp. v. Florida Gulf Coast Bldg. Constr. Trades Council, 640, 675, 678-679

爱华德·德巴特勒公司诉国家劳动关系委员会案

Edward J. DeBartolo Corp. v. NLRB, 666

公平就业委员会诉，见对方当事人名称

EEOC v. See name of opposing party

EFCO 公司案

EFCO Corp., 266, 267

E.I. 杜邦公司案

E.I. DuPont de Nemours & Co., 177, 245, 247, 258, 267, 268, 496

恩卡斯诉卡琳国家啤酒厂案

Ekas v. Carling Nat'l Breweries, 1036

艾尔多拉多工具厂案

Eldorado Tool, 329

电力工人 861 工会案

Electrical Workers, Local 861 (Plauche Elec.), 655

电子信息公司案

Electromation, Inc., 258, 265, 266, 267, 269

电梯制造商(长梯)案

Elevator Constructors (Long Elevator), 688

埃尔金、乔利埃特以及东部铁路公司诉伯利案

Elgin, Joliet & Easiem Ry. Co. v. Burlev, 1049

麋鹿木材有限公司案

案例表　1433

Elk Lumber Co., 210,215. 216

艾列特诉排字工人工会第 619 号工会案

Elliot v. Typographical Union No.619, 439

埃利斯诉铁路职员同业公会案

Ellis v. Brotherhood of Ry., Airline & S. S. Clerks, 982,983,991,992, 993,994

埃尔罗德诉伯恩斯案

Elrod v. Burns, 1082

卡普威尔商场诉西加社团组织案

Emporium Capwell Co. v. Western Addition Cmty. Org., 452,457-458,459

恩迪科特互连技术公司诉国家劳动关系委员会案

Endicott Interconnect Tech., Inc. v. NLRB, 220

工程储存用品公司案

Engineered Storage Prods. Co., 306

恩洛药物中心诉国家劳动关系委员会案

Enloe Med. Ctr v. NLRB, 569

海湾州能源公司诉国家劳动关系委员会案

Entergy Gulf Slates, Inc. v. NLRB, 140

国家劳动关系委员会诉蒸汽装管工企业协会案

Enterprise Ass'n of Steam Pipefitters;NLRB v., 689. 690

电线公司案

Enterprise Wire Co., 710

EPE 公司诉国家劳动关系委员会案

EPE Inc. v. NLRB, 826

俄亥俄东北癫痫基金会诉国家劳动关系委员会案

Epilepsy Found. of N. E. Ohio v. NLRB, 103,246,247

公平煤气公司诉国家劳动关系委员会案

Equitable Gas Co. v. NLRB, 813

1434 美国劳动法：案例、材料和问题

国家劳动关系委员会诉伊利电阻公司案
Erie Resistor Corp.；NLRB v.， 166,589,594-596,601,602,607,624
艾斯马克公司诉国家劳动关系委员会案
Esmark,Inc. v. NLRB， 826
女性殿堂公司案
Every Woman's Place,Inc.， 239
尤因诉国家劳动关系委员会案
Ewing v. NLRB， 238
Ex-Cell-O 公司案
Ex-Cell-O Corp.， 484,485,486
Ex-Cell-O 公司诉国家劳动关系委员会案
Ex-Cell-O Corp. v. NLRB， 486
精致内衣公司案
Excelsior Underwear,Inc.， 103-104,313,316,317
国家劳动关系委员会诉零件更换公司案
Exchange Parts Co.；NLRB v.， 348,350,351,352,355,356
伊科赛尔/阿塔姆斯诉国家劳动关系委员会案
Exxel/Atmos v. NLRB， 404

F

法勃莱克公司诉国家劳动关系委员会案
Fabri-Tek,Inc. v. NLRB， 174
菲尔法克斯医院案
Fairfax Hosp.， 324
费尔菲尔德共和日报案
Fairfield Daily Republic， 495
费尔蒙特·肯医院诉医院与健康护理雇员国家工会案
Fairmont Gen. Hosp. v. National Union of Hosp. and Health Care Employees,

718

秋河染整公司诉国家劳动关系委员会案

Fall River Dyeing & Finishing Corp. v. NLRB, 107,108,388,831,837,839

樊斯提尔案

Fansteel case, 212

农民、特别行政人员诉木工兄弟联合会25地方分会案

Farmer, Special Adm'r v. United Bhd. of Carpenters, Local 25, 910,916,917

弗格森诉桥梁、建筑和装饰钢铁工人国际协会案

Ferguson v. International Ass'n of Bridge, Structural and Ornamental Ironworkers, 1071

费里斯诉国家劳动关系委员会案

Ferriso v. NLRB, 992

FES(热电组)案

FES(A Div. of Thermo Power), 194,827

纤维板纸制品公司诉国家劳动关系委员会案

Fibreboard Paper Prods. Corp. v. NLRB, 482-483,485,525,531,543,544,545

菲儿美声协会案

Filmation Assocs., 813

芬尼根诉莱乌案

Finnegan v. Leu, 1074,1081,1082

第一医疗保健公司诉国家劳动关系委员会

First Healthcare Corp. v. NLRB, 189

第一法律帮助服务案

First Legal Support Servs., 374

首线交通安全公司案

Firstline Transp. Sec., Inc., 144-145

国家第一银行诉博乐缇案

First Nat'l Bank v. Bellotti, 674

全国第一维修公司诉国家劳动关系委员会案

First Nat'l Maint. Corp. v. NLRB, 532,538-539,540,541,543,544,545,568

火烈鸟希尔顿-劳克林案

Flamingo Hilton-Laughlin, 174,175

火烈鸟希尔顿-劳克林诉国家劳动关系委员会案

Flamingo Hilton-Laughlin v. NLRB, 375

波士顿珀西林港湾公司案

Fleet Boston Pavilion, 356

弗莱明库斯诉国家劳动关系委员会案

Fleming Cos. v. NLRB, 176

弗莱克斯·普特公司案

Flex Prods, Inc., 312

拓扑公司诉国家劳动关系委员会案

F. L. Thorpe & Co. v. NLRB, 585,587

国家劳动关系委员会诉福陆丹尼尔公司案

Fluor Daniel Inc., NLRB v., 194

弗洛尔·汉弗特公司案

Fluor Hanhard, Inc., 719

福特表演艺术中心案

Ford Ctr. for the Performing Arts, 416,417

福特汽车公司案

Ford Motor Co., 125

福特汽车公司案

Ford Motor Co. (Rouge Complex), 228

福特汽车公司诉霍夫曼案

Ford Motor Co. v. Huffman, 1036

福特汽车公司诉国家劳动关系委员会案

Ford Motor Co. v. NLRB, 520-521

国家劳动关系委员会诉福特汽车公司案

Ford Motor Co. ;NLRB v., 126

费慕科公司案

Formco,Inc., 340

法特哈利法克斯堡包装有限公司诉科因案

Fort Halifax Packing Co. v. Coyne, 955

福伊诉普拉特惠特尼集团公司案

Foy v. Pratt & Whitney Group, 966

特许税务委员会诉南加州工人建设假期信托机构案

Franchise Tax Bd. v. Laborers Constr. Vacation Trust for S. Cal., 965

弗兰克·布里斯克公司诉国家劳动关系委员会案

Frank Briscoe,Inc. v. NLRB, 459

弗朗西亚诉国际卡车司机工会案

Franza v. International Bhd. of Teamsters, 1081

弗里茨女王食品公司案

Freezer Queen Foods,Inc., 601

弗雷斯诺蜜蜂案

Fresno Bee, 509

国家劳动关系委员会诉弗洛因德银行公司案

Freund Baking Co. ;NLRB v., 357

友好冰激凌公司诉国家劳动关系委员会案

Friendly Ice Cream Corp. v. NLRB, 285,289,291

富莱斯百诉舒尔茨案

Frisby v. Schultz, 640

前沿宾馆案

Frontier Hotel, 487

国家劳动关系委员会诉果蔬包装工地方第 760 号工会案（树果）

Fruit and Vegetable Packers, Local 760 (Tree Fruit); NLRB v., 667,673 – 675

果蔬包装工和仓库管理员地方第 760 号工会诉莫利案

Fruit and Vegetable Packers and Warehousemen Local 760 v. Morley, 1127

家具和钢琴搬运工协会地方第 82 号工会诉克罗利案

Furniture & Piano Moving Drivers, Local No. 82 v. Crowley, 1102,1105,1106

美国家具出租公司案

Furniture Rentors of Am., Inc. v. NLRB, 543 – 544

F. W. 伍尔沃斯案

F. W. Woolworth Co., 311

# G

国家劳动关系委员会诉国际书画刻印艺术联合会 13 – B 地方分会案

GAIU Local 13-B; NLRB v., 1002

盖洛维学校运输公司案

Galloway School Lines, Inc., 830

格莱斯诉库恩案

Galvez v. Kuhn, 965

国家劳动关系委员会诉博彩有限公司案

Gamble Enters., Inc.; NLRB v., 701,703 – 704

加纳诉卡车司机工会案

Garner v. Teamsters Union, 905,909,931

加罗发洛精细食品公司案

Garofalo's Finer Foods, Inc., 860

加里霍巴特水公司案

Gary-Hobart Water Corp., 508

盖特威煤炭公司诉联合矿工案

Gateway Coal Co. v. United Mine Workers, 78,784

盖特威建构公司诉木工会议董事会案

Gateway Structures, Inc. v. Carpenters Conference Bd., 856

格费百货公司案

Gayfers Dep't Store, 175

通用美国运输案

General Am. Transp., 805

通用电缆公司案

General Cable Corp., 386

通用化学公司案

General Chem., 759

驾驶员、仓库管理人和助手总工会89地方分会案

General Drivers, Warehousemen, and Helpers Local Union No. 89 v. Riss and Co., 813

通用动力公司案

General Dynamics Corp., 123

通用电气公司案

General Elec. Co., 317,601

通用电气公司诉国家劳动关系委员会案

General Elec. Co. v. NLRB, 478,555

国家劳动关系委员会诉通用电气公司案

General Elec. Co.; NLRB v., 451,478

通用制造公司案

General Fabrications Corp., 374

通用食品公司案

General Foods Corp., 269,270,272

一般工业雇员工会地方第42号工会诉国家劳动关系委员会案

General Indus. Employees Union, Local 42 v. NLRB, 585

加利福尼亚通用编织公司案

General Knit of Calif., 334,343
通用汽车公司案
General Motors Corp., 531
通用汽车公司诉国家劳动关系委员会案
General Motors Corp. v. NLRB, 251
国家劳动关系委员会诉通用汽车公司案
General Motors Corp.; NLRB v., 977,990,1018
统一服务管理公司诉美国政府雇员联盟案
General Servs. Admin. v. American Fed'n of Govt. Employees, 717
通用鞋厂案
General Shoe Corp., 312,316,332,333,334,340,346,355
宾夕法尼亚通用电话公司诉国际电信工人兄弟会案
General Tel. Co. of Pa. v. International Bhd. of Elec. Workers, 805
国家劳动关系委员会诉通用木料储存公司案
General Wood Preserving Co.; NLRB v., 840
乔治·阿拉克良农场公司诉国家劳动关系委员会案
George Arakelian Farms, Inc. v. NLRB, 488
乔治版画有限公司案
George Lithograph Co., 206
乔治亚太平洋公司案
Georgia-Pacific Corp., 719
乔治亚太平洋公司诉美国纸业工人地方27工会案
Georgia-Pacific Corp. v. Local 27, United Paperworkers, 766
乔治亚电力公司诉国际电力公司工人地方84工会案
Georgia Power Co. v. International Bhd. of Elec. Workers Local 84, 775
葛丁和里维斯公司诉国家劳动关系委员会案
Giddings & Lewis, Inc. v. NLRB, 596,597
吉佛特-希尔公司案

Gifford-Hill & Co. , 759

吉尔默诉州际约翰逊公司案

Gilmer v. Interstate / Johnson Lane Corp. , 963

国家劳动关系委员会诉吉赛尔包装公司案

Gissel Packing Co. ; NLRB v. , 324,325,328-330,339,342,362, 370-375,404,407,408,411,433,440

吉他多集团公司案

Gitano Group,Inc. , 300

格拉瑟诉国家劳动关系委员会案

Glasser v. NLTB , 1016

上釉工与玻璃工767工会诉海关汽车玻璃公司案

Glaziers & Glassworkers Local Union 767 v. Custom Auto Glass Distribs. , 739

格雷伯电力公司案

Glebe Elec. ,Inc. , 840

格伦代尔联营有限公司诉国家劳动关系委员会案

Glendale Assocs. Ltd. v. NLRB , 186

全球机器和冲压公司案

Globe Mach. And Stamping Co. , 297

金州瓶业公司诉国家劳动关系委员会案

Golden State Bottling Co. v. NLRB , 839,840

黄金之州运输公司诉洛杉矶案

Golden State Transit Corp. v. City of Los Angeles , 938

国家劳动关系委员会诉高拉博公司案

Golub Corp. ;NLRB v. , 318,323,324,328,330,735

古德曼诉鲁肯斯钢铁公司案

Goodman v. Lukens Steel Co. , 1063

固特异轮胎和橡胶公司案

Goodyear Tire & Rubber Co. , 334

国家劳动关系委员会诉高马克定作制造公司案
Gormac Custom Mfg.,Inc.;NLRB v., 340

葛美食品案
Gourmet Foods,Inc., 374

戈雅食品公司案
Goya Foods,Inc., 792,793

格拉夫诉埃尔金、乔利埃特以及东部铁路公司案
Graf v. Elgin,Joliet & Eastern Ry. Co., 1049

图文传播国际工会地方第508号工会诉国家劳动关系委员会案
Graphic Communications Int'l Union Local 508 v. NLRB, 496

国家劳动关系委员会诉大丹拖车案
Great Dane Trailers;NLRB v., 166,193,597,600-602,624,626,633,1001

国家劳动关系委员会诉大秋雇主委员会案
Great Falls Employers' Council,Inc., 626

美国诉格林案
Green;United States v., 704

格林湖特公司案
Greenhoot,Inc., 301,302,303,305

格林伍德健康中心诉国家劳动关系委员会案
Greenwood Health Ctr. v. NLRB, 356

格里夫兄弟制桶公司案
Grief Bros. Cooperage Corp., 708,710

集团健康有限责任公司案
Group Health,Inc., 990

格罗夫斯诉环螺丝厂案
Groves v. Ring Screw Works, 750

监护产业诉国家劳动关系委员会案
Guardian Indus. v. NLRB, 176

吉尔德里诉施工工程师国际工会406地方分会案

Guildry v. International Union of Operating Eng'rs, Local 406, 1085

古尔顿电音有限责任公司案

Gulton Electro-Voice, Inc., 1017

格顿诉阿伦斯案

Gurton v. Arons, 1114

G. W. 咖罗威公司案

G. W. Galloway Co., 578

## H

H. A. 艺术家及其合伙人公司诉演员衡平工会案

H. A. Artists & Assocs., Inc. v. Actors' Equity Ass'n, 866, 872, 873

哈登家庭食物生产公司诉国家劳动关系委员会案

Haddon House Food Prods, Inc. v. NLRB, 428

黑尔·南尼康复护理中心案

Hale Nani Rehab. And Nursing Ctr., 311

霍尔诉科尔案

Hall v. Cole, 1073, 1107

汉姆瑞制造配套公司案

Hammary Mfg. Corp., 176

哈蒙树诉国家劳动关系委员会案

Hammontree v. NLRB, 805

汉纳矿业有限公司诉海洋工程师福利协会第2地区分会案

Hanna Mining Co. v. District 2, Marine Eng'rs Beneficial Ass'n, 949

汉森案

Hanson, 988

国家劳动关系委员会诉哈丁玻璃公司案

Harding Glass Co.; NLRB v., 587

哈拉斯湖太浩博彩度假村案
Harrah's Lake Tahoe Resort Casino, 230
哈灵顿诉查奥案
Harrington v. Chao, 1091
哈里森诉联合运输工会案
Harrison v. United Transp. Union, 1055
哈特公司案
Harte & Co., 421
哈特设备公司案
Harter Equip.,Inc., 625,624
哈特曼兄弟暖气和空调公司诉国家劳动关系委员会案
Hartman Brothers Heating & Air Conditioning,Inc. v. NLRB, 193
哈维诉霍伦佰克案
Harvey v. Hollenback, 1082
国家劳动关系委员会诉哈瓦石制造公司案
Harvstone Mfg. Co.;NLRB v., 496
哈瓦山沙滩剧院诉吉勒斯案
Haverhill Strand Theater v. Gillen, 700
夏威夷航空有限公司诉诺里斯案
Hawaiian Airlines,Inc. v. Norris, 964
夏威夷肉品公司案
Hawaii Meat, 632
H.B.扎卡里有限公司案
H.B. Zachary Co., 193
国家劳动关系委员会诉美国医保和退休公司案
Health Care & Retirement Corp. of Am.;NLRB v., 127,128,129
国家劳动关系委员会诉赫斯特出版社案
Hearst;NLRB v., 111-112,119

核心区工业合伙人案

Heartland Indus. Partners, LLC， 687

赫尔顿诉黑克案

Helton v. Hake， 968

国家劳动关系委员会诉亨德里克斯县农村电气会员公司案

Hendricks County Rural Elec. Membership Corp. ; NLRB v. ， 125

和库拉斯公司诉国家劳动关系委员会案

Hercules, Inc. v. NLRB， 499

赫尔曼诉美国钢铁工人联合会地方第1011号工会案

Herman v. Local 1011, United Steelworkers of Am. ， 1095

赫尔曼诉马萨诸塞地区斯普林菲尔德地方第497号工会案

Herman v. Springfield Mass. Area, Local 497， 1095

好时巧克力公司案

Hershey Chocolate Corp. ， 265

赫斯收藏酿酒厂诉加利福尼亚农业劳动关系委员会案

Hess Collection Winery v. California Agricultural Labor Relations Bd. ， 488

H. G. R. E. 地方第75号工会诉阿康莫迪克斯专卖公司案

H. G. R. E. , Local 75 v. Accomodex Franchise Mgmt. Inc. ， 831

高速公路卡车司机和助手协会地方第107号工会诉科恩案

Highway Truck Drivers & Helpers, Local 107 v. Cohen， 1128

希尔顿-戴维斯化学公司案

Hilton – Davis Chem. Co. ， 508 – 509

海恩斯诉启航汽车货运有限责任公司案

Hines v. Anchor Motor Freight, Inc. ， 1051, 1053

何瑞森诉肯斯巴丁律师事务所案

Hishon v. King & Spalding， 126

希契曼煤焦化有限公司诉米歇尔案

Hitchman Coal & Coke Co. v. Mitchell， 56, 66, 67

H. K. 波特公司诉国家劳动关系委员会案
H. K. Porter Co. v. NLRB, 479,482-485

建筑工人地方41号工会(卡鲁蒙特建筑协会)案
Hod Carriers Local 41 (Calumet Contractors Ass'n), 441

霍奇诉驾驶员、售货员、仓库管理人、牛奶加工人、罐头食品厂、奶制品厂员工和助手协会695地方分会案
Hodge v. Drivers, Salesmen, Warehousemen, Milk Processors, Cannery, Dairy Employees & Helpers Local Union 695, 1082

霍奇森诉钢铁工人联合会6799地方分会案
Hodgson v. Local 6799 United Steelworkers, 1090

霍奇森诉矿工联合会案
Hodgson v. Mine Workers, 1108

霍夫曼兄弟包装公司案
Hoffman Bros. Packing Co., 862

霍夫曼塑料化合物公司诉国家劳动关系委员会案
Hoffman Plastic Compounds, Inc. v. NLRB, 159,160,161

霍尔登诉哈迪案
Holden v. Hardy, 52

候里灵出版公司案
Holling Press, Inc., 240

好莱坞制陶公司案
Hollywood Ceramics Co., 334,339

合洛·克鲁姆公司诉国家劳动关系委员会案
Holo-Krome Co. v. NLRB, 324

家包办公股份有限公司诉美国国际驾驶员联合会案
Home Box Office, Inc. v. Directors Guild of Am., Inc., 871,872

蜜镇谷物公司诉国家劳动关系委员会案
Honeyville Grain, Inc. v. NLRB, 343,346,347

胡德诉帮工理发师协会案

Hood v. Journeymen Barbers, 1128, 1131

霍普金斯诉普华案

Hopkins v. Price Waterhouse, 126

赫明格讷热三角塔公司案

Hormigonera Del Toa, Inc., 585

候斯特国际公司案

Host Int'l, Inc., 331

旅馆雇员、酒店雇员工会地方第2工会诉万豪集团案

Hotel Employees, Rest. Employees Union, Local 2 v. Marriott Corp., 432

热店公司案

Hot Shoppes, Inc., 576

休斯敦建筑贸易委员会案

Houston Bldg. and Constr. Trades Council, 441

休斯敦绝缘品承包商协会诉国家劳动关系委员会案

Houston Insulation Contractors Ass'n v. NLRB, 683 – 684

霍华德·强生公司诉宾馆饭店雇员案

Howard Johnson Co. v. Hotel and Rest. Employees, 826, 840, 846 – 849

H. S. 护理公司,橡树林护理中心(以该名称经营)案

H. S. Care, Inc. d/b/a Oakwood Care Ctr., 303, 305, 306, 307

哈金斯诉国家劳动关系委员会案

Hudgens v. NLRB, 190

休斯电子动态公司案

Hughes Electron Dynamics, 730

休蒙·德伍诉国家劳动关系委员会案

Human Dev. Ass'n v. NLRB, 412

汉弗莱诉摩尔案

Humphrey v. Moore, 738

联邦诉亨特案
Hunt；Commonwealth v. ， 37，38－39
联邦诉哈奇森案
Hutcheson ； United States v. ， 63，73，76，77，89，641，695，865，866，870
汉庭窗门公司案
Hutting Sash & Door Co. ， 569
水罗公司案
Hydrologics, Inc. ， 563

# I

国际机械师工会76分会诉威斯康星劳资关系委员会案
IAM（ Machinists ），Lodge 76 v. Wisconsin Employment Relations Comm'n，927，931，932，933，934，939，941，947，949，952，954，956，964
国际电气工人兄弟会诉福斯特案
IBEW v. Foust， 917，1027，1062
国际电气工人兄弟会诉赫克勒案
IBEW v. Hechler， 967，968
国际电气工人兄弟会第15地方分会诉中西代际公司案
IBEW, Local 15 v. Midwest Generation， 627
国家劳动关系委员会诉国际电气工人兄弟会第16地方分会案
IBEW, Local 16; NLRB v. ， 1024
国际电气工人兄弟会第113地方分会案
IBEW, Local 113（I. C. G. Elec. , Inc. ）， 439
国家劳动关系委员会诉国际电气工人兄弟会第340地方分会案(皇家电力公司)
IBEW, Local 340；NLRB v. (Royal Electric)， 1011
国家劳动关系委员会诉国际电气工人兄弟会第1229地方分会案(杰斐逊标

准）

IBEW, Local 1229；NLRB v. (Jefferson Standard), 213, 217, 220, 221, 458, 576-577

国际电气工人兄弟会第2088地方分会案（洛克希德空间操作有限公司）

IBEW, Local 2088 (Lockheed Space Operations Co.), 1008

IBM 公司案

IBM Corp., 246, 247

理想电力制造公司案

Ideal Elec. & Mfg. Co., 334

伊利诺伊州贝尔电话公司案

Illinois Bell Tel. Co., 601

伊利诺伊州进步意大利美国出版公司案

Il Progresso Italo Americano Publ'g Co., 110

帝国玻璃公司诉美国火石工人地方503工会案

Imperial Glass Corp. v. American Flint Glass Workers, Local 503, 720

空乘人员独立协会诉环球航空公司案

Independent Fed'n of Flight Attendants v. TWA, 577

昆西独立石油与化学工人公司诉保洁公司案

Independent Oil and Chem. Workers of Quincy, Inc. v. Procter & Gamble Mfg., 791

印第安纳密歇根电器有限公司

Indiana and Mich. Elec. Co., 507

印第安纳坡里斯电力与光能公司诉国家劳动关系委员会案

Indianapolis Power & Light Co. v. NLRB, 588

印度食品杂货直销店案

Indio Grocery Outlet, 176

国家劳动关系委员会诉海洋和造船工人工业联合会案

Industrial Union of Marine & Shipbuilding Workers；NLRB v., 750

国家劳动关系委员会诉保险代理人国际工会案
Insurance Agents' Int'l Union；NLRB v.， 460，465，551，571，571-572

因特博若承包公司案
Interboro Contractors, Inc.， 238

国际桥梁工人协会案
International Ass'n of Bridgeworkers

国际机械师协会案，见机械师
International Ass'n of Machinists. See Machinists

锅炉制造工国际同业工会诉哈德曼案
International Bhd. of Boilermakers v. Hardeman， 1086，1089

锅炉制造工国际同业工会诉国家劳动关系委员会案
International Bhd. of Boilermakers v. NLRB（H. B. Zachary Co.），193

锅炉制造工国际同业工会地方88分会诉国家劳动关系委员会案
International Bhd. of Boilermakers, Local 88 v. NLRB， 625

国际电气工人兄弟会案
International Bhd. of Elec. Workers. See IBEW

国际卡车司机工会案
International Bhd. of Teamsters. See Teamsters

国际化工工人工会理事会诉国家劳动关系委员会案
International Chem. Workers Union Council v. NLRB， 498

国际建筑工诉地方840号工会（布林纳建筑公司）案
International Hod Carriers, Local 840（Blinne Constr.），433，439，440

国际女式服装工人联盟（伯恩哈德-阿尔特曼）诉国家劳动关系委员会案
International Ladies' Garment Workers Union（Bernhard-Altmann Texas Corp.）v. NLRB， 412，416，418，419，422

国际女装工人工会地方57号工会诉国家劳动关系委员会案
International Ladies Garment Workers Union, Local 57 v. NLRB（Garwin Corp.），206

国际码头装卸工协会案

International Longshoremen's Ass'n. See Longshoremen's Ass'n

国际铸工协会地方155工会诉国家劳动关系委员会案

International Molders, Local 155 v. NLRB, 626

船主、大副、引航员国际组织诉布朗案

International Org. of Masters, Mates & Pilots v. Brown, 1106

国际纸业公司诉国家劳动关系委员会案

International Paper Co. v. NLRB, 216, 602, 625, 633

国家劳动关系委员会诉国际磨坊案

International Rice Milling; NLRB v., 643-644

电子、广播与机械工人国际工会(梯地产品公司)诉国家劳动关系委员会案

International Union of Elec., Radio & Mach. Workers (Tiidee Prods., Inc.) v. NLRB, 485, 486

电子、广播与机械工人国际工会地方761分会诉国家劳动关系委员会案(通用电气)

International Union of Elec., Radio & Mach. Workers, Local 761 (General Elec.) v. NLRB, 659, 662-664

电子、广播与机械工人国际工会地方900分会诉国家劳动关系委员会案

International Union of Elec., Radio & Mach. Workers, Local 900 v. NLRB, 1017

操作工程师国际工会地方第4分会(海向建筑公司)案

International Union of Operating Eng'rs, Local 4 (Seaward Constr. Co.), 439

操作工程师国际工会地方150分会诉国家劳动关系委员会案

International Union of Operating Eng'rs, Local 150 v. NLRB, 192

英特-巴克公司案

Inter-Pack Corp., 711, 715

因特斯维特公司案

Intersweet, Inc., 375

依何华电子电力公司诉地方 204 工会案
Iowa Elec. Light & Power Co. v. Local Union 204. Int'l Bhd. of Elec. Workers, 775
国家劳动关系委员会诉钢铁工人地方 103 工会案(希格登合同公司)
Iron Workers Local 103 (Higdon Contracting Co.); NLRB v., 443
钢铁工人联合会 118 地方分会案(加利福尼亚的建设者)
Iron Workers Local 118 (California Erectors), 1061
钢铁工人联合会 377 地方分会案(阿拉米略桥钢有限公司)
Iron Workers Local 377 (Alamillo Steel Corp.), 1063
ITT 工业公司诉国家劳动关系委员会
ITT Indus. v. NLRB, 189
国际管理工程师联合会地方 57 工会诉沃兹案
IUOE, Local 57 v. Wirtz, 1108
国际管理工程师联合会地方 825 工会诉国家劳动关系委员会案
IUOE, Local 825 v. NLRB, 624–625
伊维尔地诉国家劳动关系委员会案
Ivaldi v. NLRB, 585

## J

杰克逊诉液态碳公司案
Jackson v. Liquid Carbonic Corp., 963
杰克逊维尔散装码头公司诉国际码头工人组织案
Jacksonville Bulk Terminals, Inc. v. International Longshoremen's Ass'n, 69, 739, 794
雅各布制造公司案
Jacobs Mfg. Co., 557, 560–561
雅各比诉国家劳动关系委员会案
Jacoby v. NLRB, 1061

国家劳动关系委员会诉牙买加牵引公司案

Jamaica Towing; NLRB v. , 374

J & L 制版公司案

J & L Plate, 291

佩妮公司案

J. C. Penney Co. , 175

简康迪案

Jean Country, 186, 187

杰夫造船厂案

Jeffboat Div. , 302, 303

杰弗里制造公司案

Jeffrey Mfg. Co. , 269

J. I. 制箱公司诉国家劳动关系委员会案

J. I. Case Co. v. NLRB, 446, 449, 450, 499, 577, 889, 948, 966

国家劳动关系委员会诉 J. M. 拉斯应案

J. M. Lassing; NLRB v. , 194, 196, 197, 198, 204, 206, 329

J. M 田中建筑公司诉国家劳动关系委员会案

J. M. Tanaka Constr. , Inc. v. NLRB, 849

约翰·德科勒瓦父子公司案

John Deklewa & Sons, 387, 388

约翰斯-曼威尔销售公司诉国家劳动关系委员会案

Johns – Manville Sales Corp. v. NLRB, 388, 625

翰逊-贝特曼诉国家劳动关系委员会案

Johnson – Bateman Co. , 522

约翰·威利及其子诉利文斯通案

John Wiley & Sons v. Livingston, 750, 751, 845, 846

琼斯诉纪念医院系统公司案

Jones v. Memorial Hosp. Sys. , 190

国家劳动关系委员会诉琼斯和劳克林钢铁公司案
Jones & Laughlin Steel Corp.；NLRB v.，83，85，93，109
乔伊丝绸厂案
Joy Silk Mills, Inc.，372，401
国家劳动关系委员会诉 J. P. 史蒂文斯公司案
J. P. Stevens & Co.；NLRB v.，361
朱莉叶斯公司案
Julius Resnick, Inc.，419
国家劳动关系委员会诉 J. 万家顿公司案
J. Weingarten, Inc.；NLRB v. 240，243，244，245，246，247，247，525

## K

凯撒基金会医院案
Kaiser Found, Hosps.，298
凯撒钢铁公司案
Kaiser Steel Corp.，v. Mullins，739
卡尔曼诉国家劳动关系委员会案
Kallman v.；NLRB v. 829
坎卡斯－易罗奎县雇主协会诉国家劳动关系委员会案
Kankakee–Iroquois County Employers' Ass'n v. NLRB，479
堪萨斯城市电力公司诉国家劳动关系委员会案
Kansas City Power & Light Co.，v. NLRB，601
卡匹奥拉尼妇女儿童医疗中心诉夏威夷案
Kapiolani Med. Ctr. for Women and Children v. Hawaii，933
国家劳动关系委员会诉卡茨案
Katz；NLRB v.，500，503–504，507，508，509，827，862
国家劳动关系委员会诉卡茨熟食店案
Katz's Deli；NLRB v.，428

科尔利诉付克尔案

Kealey v. Faulkner, 56

基勒黄铜柯林斯案

Keeler Brass Co., 271, 272

凯勒东方塑料公司案

Keller Plastics Eastern, 384, 416, 417

肯尼迪诉高级印刷厂案

Kennedy v. Superior Printing Co., 817

肯顿制造公司诉融合衣物与纺织工人案

Kenton Mfg. Co. v. Amalgamated Clothing and Textile Workers, 640, 680, 694

国家劳动关系委员会诉肯塔基河社区看护公司案

Kentucky River Cmty, Care, Inc; NLRB v., 108, 124, 127, 129, 135, 136, 137, 140, 141

金诉空间载体有限责任公司案

King v. Space Carriers, Inc., 1036

科勒混合特别公司案

Kohler Mix Spcecialties, Inc., 812

克劳福德食品公司案

Kraft Food, Inc., 245

克罗格案

Kroger Co., 421, 423, 432, 523, 524, 990

KSL 克莱尔蒙特度假村案

KSL Claremont Resort, Inc., 178

# L

劳动者地区委员会案

Laborers Dist. Council (Anjo Cinstr.), 698

拉科尼亚鞋业公司案

Laconia Shoe Co., 300
拉法叶公园酒店案
Lafayette Park Hotel, 177
莱德劳公司案
Laidlaw Corp., 578, 579, 585
湖泊假日庄园案
Lake Holiday Manor, 487
湖区公交公司案
Lakeland Bus Lines, Inc. v. NLRB, 497, 498
陆空快递股份有限公司诉国家劳动关系委员会案
Land Air Delivery, Inc. v. NLRB, 628, 632-633
阿肯色州地雾公司案
Land O' Frost of Ark., Inc., 312
兰德里诉萨宾独立海员协会案
Landry v. Sabine Indep. Seamen's Ass'n, 1127
莱恩诉国家劳动关系委员会案
Lane v. NLRB, 624
拉里·V.穆科公司诉西南建筑工程协会案
Larry V, Muko, Inc. v. Southwestern Pa. Bldg. & Constr. Trades Council, 903
海绵行业地方46工会案（钢板网工程公司）
Lathers Local 46 (Expanded Metal Eng'g Co.), 703-704
拉特罗布钢铁公司诉洛伊案
Latrobe Steel Co. v. Loewe, 55
兰奇米尔公司诉国家劳动关系委员会案
Lechmere, Inc. v. NLRB, 108, 178, 186-188, 190-192, 307, 311-313, 317, 430, 924, 932
李诉国家劳动关系委员会案
Lee v. NLRB, 251

利达姆诉凯尼案

Leedom v. Kyne, 292, 295, 296, 305, 388

李氏医院案

Lee Hosp., 301-303

李氏原木建筑材料公司诉国家劳动关系委员会案

Lee Lumber & Bldg. Material Corp. v. NLRB, 384, 404, 405, 417

勒纳诉费里斯教职员工协会案

Lehnert v. Ferris Faculty Ass'n, 991, 993, 995

斯坦福大学案

Leland Stanford Junior Univ., 142

国家劳动关系委员会诉里昂那多·B. 赫伯特公司案以及波西米亚公司案

Leonard B. Hebert Jr. & Co.; NLRB v., 496

莱斯利家庭护理公司案

Leslie Homes, Inc., 188

勒沃兄弟公司诉化学工人地方217工会案

Lever Bros. Co. v. Chemical Workers Local 217, 791

太平洋列维兹家具公司案

Levitz Furniture Co. of the Pac., 401, 402, 403, 429, 616

路易斯诉潘宁顿案

Lewis v. Pennington, 881, 882

莱克星顿公司案

Lexington House, 432

菩提原木公司诉国家劳动关系委员会案

Linden Lumber Div., Summer & Co. v. NLRB, 370, 371, 372, 384, 402, 403, 411, 431-432, 433, 440

林格尔诉魔厨公司诺奇分部案

Lingle v. Norge Div. Of Magic Chef, Inc., 962, 963, 964

林恩诉植物保护工人协会案

Linn v. Plant Guard Workers, 641,916,917
国家劳动关系委员会诉狮油公司案
Lion Oil Co.; NLRB v., 504,507,509,752,759,760
立顿系统公司案
Litton Sys., Inc.,311
利维达斯诉布拉德肖案
Lividas v. Bradshaw, 932,954,955,964
利文斯通诉钢铁工人协会案
Livingston v. Iron Workers, 1119
利文斯通衬衣公司案
Livingston Shirt Corp., 311
地方第2号工会诉国际电话工人协会案
Local 2 v. International Bhd. of Tel. Workers, 1125
美国钢铁公司诉国际卡车司机工会案
Local 7-517 v. Uno-Ven Co., 846
地方714工会诉苏丽凡运输公司案
Local 714 v. Sullivan Transfer, Inc., 699
厨房工人工会拉斯维加斯地方执行委员会地方226号工会和酒保工会地方第165号工会案(撒哈拉宾馆和赌场)
Local Joint Exec. Bd. Of Las Vegas, Culinary Workers Union, Local 226 and Bartenders Union, Local 165 (Sahara Hotel and Casino), 524
地方工会。见国家和国际工会的名称
Local unions. See name of national or international union
洛克纳诉纽约案
Lochner v. New York, 48,50-53
雷曼广场案
Loehmann's Plaza, 927
洛伊诉罗勒案(丹伯里制帽匠)

Loewe v. Lawlor（Danbury Hatters），55-56，62，63，77，738

寂星钢铁公司诉国家劳动关系委员会案

Lone Star Steel Co. v. NLRB， 848

码头工人和仓库管理人协会 13 地方分会诉太平洋海事协会案

Longshoremen's and Warehousemen's Union, Local 13 v. Pacific Maritime Ass'n, 1055

码头工人协会案（海豚运输股份有限公司）

Longshoremen's Ass'n（Dolphin Forwarding, Inc.），685

码头工人协会案（纽约船运协会）

Longshoremen's Ass'n（N. Y. Shipping Ass'n），685

码头工人协会诉联盟国际股份有限公司案

Longshoremen's Ass'n v. Allied Int'l, Inc.， 638，639，794

码头工人协会诉戴维斯案

Longshoremen's Ass'n v. Davis， 924，961

国家劳动关系委员会诉码头工人协会

Longshoremen's Ass'n；NLRB v.， 686

码头工人协会 1575 地方分会案（NPR 船务公司）

Longshoremen's Ass'n, Local 1575（Navieras, NPR, Inc,）980

洛杉矶建筑贸易委员会案（盖斯科制造公司）

Los Angeles Bldg. & Constr. Trades Council（Gasker Mfg. Co.），693

洛杉矶食品肉类运输驾驶员诉美国案

Los Angeles Meat & Provisions Drivers v. United States， 871

爱乐公司诉国际技师 1654 工会案

Lovejoy, Inc. v. International Ass'n of Machinists Lodge No. 1654， 725

恩爱烧烤饭店案

Love's Barbeque Rest.， 829

卢卡斯诉美国联邦州与城市雇员地方 544 工会案

Lucas County Commr. v. American Fed'n of State, County and Mun. Employees

1148

Local 544, 719

露西尔·索尔特·贝卡德儿童医院案
Lucile Salter Packard Children's Hosp., 190

明尼苏达州路德会社会服务公司案
Lutheran Social Ser v. of Minn., Inc., 228

纽约拉克思瑞案
Luxuray of N.Y., 311-312

# M

马本能源公司案
Maben Energy Corp., 856

马加比人寿保险公司诉国家劳动关系委员会案
Maccabees Mut. Life Ins. Co. v. NLRB, 124

机械师工会诉国家劳动关系委员会案
Machinists v. NLRB, 991

机械师工会地方1233分会（通用动力公司）案
Machinists Lodge 1233 (General Dynamics Corp.), 1009

机械师工会地方1266分会诉全景公司案
Machinists Lodge 1266 v. Panoramic Corp., 791, 848

机械师工会地方1743分会（J.A.琼斯建筑公司）案
Machinists Lodge 1743 (J.A. Jones Constr.), 698

机械师工会诉斯特里特案
Machinists v. Street, 981, 988, 989

机械师工会诉全国航空公司案
Machinists v. United Aircraft Corp., 579

国家劳动关系委员会诉麦凯无线电与电报公司案
Mackay Radio & Telegragh Co.; NLRB, 579

麦基诉国家橄榄球协会案

Mackey v. NFL., 889

国家劳动关系委员会诉田纳西州的马格纳沃克斯有限公司案
Magnavox Co. of Tennessee; NLRB v., 248,250,251,252,256,257

国家劳动关系委员会诉马格纳沃克斯公司案
Magnavox; NLRB v., 516

马洪诉国家劳动关系委员会案
Mahon v. NLRB, 813

纽约女佣案
Maid in N.Y., 350

邮寄服务公司案
Mailing Servs., Inc., 356

主线承包公司案
Mainline Contracting Corp., 193

国家劳动关系委员会诉大华织造有限公司案
Majestic Weaving Co.; NLRB v., 103,418,422

职业棒球大联盟运动员协会诉加维案
Major League Baseball Players Ass'n v. Garvey, 768

马林克罗化工工人案
Mallinckrodt Chem. Works, 297,298

培训管理集团案
Management Training Corp., 111

国家劳动关系委员会诉马尼托沃克工程公司案
Manitowoc Eng'g Co.; NLRB v., 1018

茅一洛诉克力帕案
Maoilo v. Klipa, 1119

大理石修整工协会89地方分会案(拜比石材有限公司)
Marble Finishers Local 89 (Bybee Stone Co.), 1002

海洋工程师福利协会诉湖内轮船公司案

Marine Eng'rs Beneficial Ass'n v, Interlake S. S. Co., 948
马嘉普宜案
Mar-Jac Poultry, 385
马克威尔与哈慈公司诉国家劳动关系委员会案
Markwell & Hartz, Inc. v. NLRB, 664
马克斯诉电影演员同业工会有限责任公司案
Marquez v. Screen Actors Guild, Inc., 990, 1008
马歇尔汽车轮毂铸造有限公司案
Marshall Car Wheel & Foundry Co., 213, 216
马丁诉国家邮递员协会案
Martin v. Branch 419, Nat'l Ass'n of Letter Carriers, 1096
马丁诉肖氏超市案
Martin v. Shaw's Supermarkets, Inc., 965
纪念马丁·路德之家公司案
Martin Luther Menorial Home, Inc., 177, 178
国家劳动关系委员会诉马斯特案
Master Slack; NLRB v., 158
马斯特罗塑料公司诉国家劳动关系委员会案
Mastro Plastics Corp. v. NLRB, 521, 256, 516–517, 556, 585, 586
材料研究公司案
Materials Research, Inc., 861
M. B. 斯特吉斯公司案
M. B. Sturgis, Inc., 301, 302, 303, 304, 305, 306, 307
麦克弗雷迪诉服务员国际工会地方第254工会案
McCafferty v. Local 254, Serv. Employees Int'l Union, 1107
麦克拉奇报业公司诉国家劳动关系委员会案
McClatchy Newspapers, Inc. v. NLRB, 504, 505, 508, 519
麦克拉奇报业案

McClatchy Newspapers, Publisher of the Modesto Bee, 518

麦克拉奇报业案

McClatchy Newspapers, Publisher of the Sacramento Bee, 518

麦考密克诉美国电报电话技术公司案

McCormick v. AT&T Tech., Inc., 965

麦卡洛克诉皇家国民社会案

McCulloch v. Sociedad Nacional, 110

麦金尼斯诉卡车司机工会地方第 710 号工会案

McGinnis v, Teamsters Local 710,1114

麦格劳-希尔广播公司案

McGraw - Hill Broad. Co. d/b/a KGTV, 140 - 141

麦肯若诉纳什维尔出版社案

McKennon v. Nashville Banner Publ'g Co., 156

麦克肯兹诉国家劳动关系委员会案

McKenzie Eng'g Co. v. NLRB, 388

麦克劳夫林诉美国邮政工人协会,迈阿密地区分会案

McLaughlin v. American Postal Workers Union, Miami Area Local, 1096

麦德公司诉联合纸业工人 1430 工会案

Mead Corp. v. United Paperworkers Int'l Union, Local 1430, 730

美国诉麦德公司案

Mead Corp.; United States v., 107 - 108

草地纸业磨坊案

Mead Paper Chilpaco Mill, 724

肉类与公路运输司机诉国家劳动关系委员会案

Meat & Highway Drivers v. NLRB, 684

肉类切割工地方第 189 号工会诉宝石茶公司案

Meat Cutters, Local 189 v. Jewel Tea Co., 873,882, 887, 888, 902

纽伯格机械承包商协会案

Mechanical Contractors Ass'n of Newburgh, 519
美度照片供应公司诉国家劳动关系委员会案
Medo Photo Supply Corp. v. NLRB, 449
梅捷公司诉国家劳动关系委员会案
Meijer Inc. v. NLRB, 174
一个更好的工会的会员诉格斯·比沃纳案
Members for a Better Union v. Gus Bevona, 1106
金属达因案
Metaldyne, 417
亚特兰大大都市快速交通管理局案
Metropolitan Atlanta Rapid Transit Auth., 725
大都会区议会诉国家劳动关系委员会案
Metropolitan Dist. Council v. NLRB, 188
大都会爱迪生公司诉国家劳动关系委员会案
Metropolitan Edison Co. v. NLRB, 252, 256, 508, 602, 811
大都会歌剧协会案
Metropolitan Opera Ass'n, 298
迈尔斯产业案
Meyers Indus., Inc., 238, 239
米高梅大饭店案
MGM Grand Hotel, Inc., 384, 417
迈阿密先驱报诉陀尼罗案
Miami Herald Publ'g Co. v. Tornillo, 1108
迈克尔油漆公司案
Michael's Painting, Inc., 374
密歇根家庭资源公司诉服务员雇员国际517工会案
Michigan Family Res., Inc. v. Service Employees Int'l Union Local 517M,
　　765

中部国家人寿保险公司案

Midland Nat' I Life Ins. Co., 335,339,340,341,543.347

中西部管道与供应公司与国家劳动关系委员会案

Midwest Piping and Supply Co., 427-429

米尔高系统公司案

Mile High Sys., Inc., 860

国家劳动关系委员会诉挤奶工和奶品公司员工338地方分会案

Milk Drivers & Dairy Employees, Local 338; NLRB v., 1017

伊利诺伊州密尔沃基线圈弹簧有限公司案

Milwaukee Spring Div. of Illinois Coil Spring Co., 563, 567-569, 731, 806

米姆斯诉卡车司机工会地方第728工会案

Mims v. Teamsters Local No. 728, 1107

米兰达燃料公司案

Miranda Fuel Co.; NLRB v., 1023, 1024

米斯瑞德医院医疗中心诉国家劳动关系委员会案

Misericordia Hosp. Med. Ctr. v. NLRB, 220

密西西比电力公司案

Mississippi Power & Light Co., 129,140

密苏里州诉国际妇女组织案

Missouri v. National Org. of Women, Inc., 640

米切尔诉国际机械师协会案

Mitchell v. International Association of Machinists, 1069,1070,1071

M.J.金属制品案

M. J. Metal Prods., 374

现代木工技术案

Modem Woodcrafts; 722

蒙哥轮船公司诉麦加力歌案

Mogul S. S. Co. v. McGregor, 48

莫霍克露酒有限公司案
Mohawk Liqueur Co., 213

莫哈维电力合作公司诉国家劳动关系委员会案
Mojave Electric Coop., Inc. v. NLRB, 230

铸工协会125地方分会案（黑鹰制革有限公司）
Molders Load 125（Blackhawk Tanning Co.）, 1002

蒙特利新闻报纸公司案
Monterey Newspapers, Inc., 829

蒙哥马利·沃德公司案
Montgomery Ward & Co., 371-372,386

蒙哥马利·沃德公司诉国家劳动关系委员会案
Montgomery Ward & Co. v. NLRB, 186

穆尼诉调酒师协会地方第284号工会案
Mooney v. Local 284, Bartenders Union, 1127

摩尔诉国际电力工人工会地方第569工会案
Moore v. Local Union 569 of the Int'l Bhd. of Elec. Workers, 1120

穆尔斯维尔棉花山案
Mooresville Cotton Mills, 451

摩根诉电子、广播、机械工人国际工会1150地方分会案
Morgan v. Local 1150, IUE, 1071

莫里西诉柯伦案
Morrissey v. Curran, 1129

莫西制造诉国家劳动关系委员会案
Mosey Mfg. Co. v. NLRB, 339

山影高尔夫度假村案
Mountain Shadows Golf Resort, 220

国家劳动关系委员会诉沙漠山岛医院案
Mount Desert Island Hosp.; NLRB v., 220

康山市教育委员会诉多伊尔案

Mount Healthy City Sch. Dist. Bd. of Educ. v. Doyle, 155

穆勒诉尔勒冈案

Muller v. Oregon, 52

多媒体 KSDK 公司诉国家劳动关系委员会案

Multimedia KSDK. Inc. v. NLRB, 135

蘑菇运输公司案

Mushroom Transp. Co. v. NLRB, 239

音乐家协会地方第 10 号工会诉美国音乐家协会案

Musicians Local 10 v. American Fed'n of Musicians, 1125

MV 运输案

MV Transp., 839

# N

NAACP 诉克莱伯尼硬件公司案

NAACP v. Claiborne Hardware Co., 637, 638 – 639

那波尔阿拉斯加钻井公司案

Nabors Alaska Drilling, Inc., 187

内波斯拖车公司诉国家劳动关系委员会案

Nabors Trailers, Inc. v. NLRB, 504, 506

纳什诉佛罗里达工业委员会案

Nash v. Florida Indus. Comm'n, 954

国家劳动关系委员会诉纳什芬奇公司案

Nash – Finch Co.; NLRB v., 925, 927

国际邮递工人协会诉国家劳动关系委员会案

National Ass'n of Letter Carriers v. NLRB, 1118

国际邮递工人协会第 6000 分会诉国家劳动关系委员会案

National Ass'n of Letter Carriers, Branch 6000 v. NLRB, 980, 1032

国家劳动关系委员会诉,见对方当事人名称
National Labor Relations Board v. See name of opposing party

国家专业棒球俱乐部协会案
National League of Professional Baseball Clubs, 334

全国半导体集团案
National Semiconductor Corp., 174

国家钢铁和造船公司诉国家劳动关系委员会案
National Steel and Shipbuilding Co. v. NLRB, 361

国家钢铁公司案
National Steel Corp., 544

国家财政部雇员工会诉 FLRA 案
National Treasury Union v. FLRA, 245

国家电子管公司案
National Tube Co., 297

国家木制品制造商协会诉国家劳动关系委员会案
National Woodwork Manufacturers Ass'n v. NLRB, 680, 684, 686, 689, 876, 888

全国互助保险公司诉达顿案
Nationwide Mutual Ins. Co. v. Darden, 119

马扎里斯地方高中诉国家劳动关系委员会案
Nazareth Reg'l High Sch. v. NLRB, 828

奈德诉矿工联合会案
Nedd v. UMW, 1040

勒里斯诉航线飞行员协会案
Nellis v. Air Line Pilots Ass'n, 968

纽贝里诉太平洋赛车协会案
Newberry v. Pacific Racing Ass'n, 965

新英格兰机械公司诉地方第 294 号工会案

New England Mech. , Inc. v Laborers Local Union 294, 847

新英格兰报纸公司案

New England Newspapers, Inc, 499

新泽西贝尔电话公司诉国家劳动关系委员会案

New Jersey Bell Tel. Co. v. NLRB, 500

纽朗伯 LLC（在康涅狄格州所有的）米尔福特案

Newlonbro, LLC (Connecticut's Own) Milford, 361

新大谷宾馆花园案

New Otani Hotel & Garden, 441

国家劳动关系委员会诉纽波特纽斯造船有限公司案

Newport News Shipbuilding Co. ; NLRB v. , 265

纽约日报诉长岛印刷工会案

Newsday, Inc. v. Long Island Typographical Union, 775

纽约的报纸和信件投递员337协会（纽约邮局）诉国家劳动关系委员会案

Newspaper and Mail Deliverers' Union of N. Y. (New York Post), 686,688

报业第十协会案

Newspaper Guild Local 10 v. NLRB, 544

纽约州纽约市 LLC 诉国家劳动关系委员会案

New York, N. Y. , LLC v. NLRB, 189

纽约电话公司诉纽约劳动部案

New York Tel. Co. v. New York Dep't of Labor, 934

纽约大学案

New York Univ. , 142, 143, 949

尼尔森印刷公司案

Nielsen Lithographing Co. , 496, 497

新泽西州的贝尔电话公司案

N. J. Bell Tel Co. , 245

N L 工业案

N L Indus., 560

国家劳动关系委员会诉,见对方当事人名称

NLRB v., see name of opposing party

全国海员工会(贸易油轮公司)案

NMU ( Commerce Tankers Corp. ), 686

诺里斯产业,塞蒙多案

Norris Indus, Thermador Div., 980

西北印第安纳建筑贸易委员会案

Northeastern Ind. Bldg & Council, 692

东北乌尔蒂斯服务集团诉国家劳动关系委员会案

Northeast Utils. Ser v. Corp. v. NLRB, 123 – 124

加利福尼亚北部报业组织委员会诉索拉诺协会案

Northern Cal, Newspaper Org. Comm. v. Solano Assocs., 932

北印第安纳公众服务公司案

Northern Ind. Public Serv., Co., 500

北山办公服务公司案

North Hills Office Servs., Inc., 187

北星钢铁公司案

North Star Steel Co., 546

西北航空有限公司诉运输工人协会案

Northwest Airlines, Inc. v. Transport Workers, 862 1063

纽约诺富特案

Novotel N. Y., 357

NVE建筑公司诉国家劳动关系委员会案

NVE Conauctors, Inc. v. NLRB, 439

# O

国家劳动关系委员会诉奥克斯机器公司案

案例表　　1471

Oakes Muck. Corp. ; NLRB v. ,　229

奥克兰商城有限公司案

Oakland Mall Ltd. ,　187

橡树林医疗保健公司案

Oakwood Healthcare, Inc. ,　137, 138, 139, 140, 141

橡树医院诉国家劳动关系委员会案

Oakwood Hosp. v. NLRB,　186

巴特园公司案

O. E. Butterfield, Inc. ,　577

办公室和专业人员国际工会第29地方分会案

Office and Professional Employees Int'l Union, Local 29 (Dameron Hosp. Ass'n),　992

办公室和专业人员国际工会第251地方分会案（桑迪亚国家实验室）

Office and Professional Employees Int'l Union, Local 251 (Sandia Nat'l Laboratories),　1002

办公室员工工会诉国家劳动关系委员会案

Office Employees, Local 11 v. NLRB,　109

石油化工与自动化工人国际工会诉阿莫科石油公司案

Oil, Chem. and Atomic Workers Int'l Union v. Amoco Oil Go. ,　791

石油化工与自动化工人国际工会诉国家劳动关系委员会案

Oil, Chem. and Atomic Workers Int'l Union v. NLRB,　482, 555

国家邮递员总会奥多明尼昂第496号分公司诉奥斯汀案

Old Dominion Branch No. 496, Nat'l Ass'n Of Letter Carriers v. Austin,　221

奥林公司案

Olin Corp. ,　806, 811, 812, 813

奥林匹亚汽车交易商协会案

Olympia Auto. Dealers Ass'n,　553

奥姆耐资源公司案

Omnisource Corp. , 720

国家劳动关系委员会诉贝朗检测服务公司案

Omnitest Inspection Servs. , Inc. ; NLRB v. , 849

奥尼尔 MKTSs 公司诉美国食品经营工人工会切肉工第 88 地方工会案

O'Neil Mkts. , Inc. v. United Food & Commercial Workers Union Meatcutters Local 88, 186

安大略刀具有限公司诉国家劳动关系委员会案

Ontario Knife Go. v. NLRB, 237

旅行戏剧公司诉韦伯案

Opera on Tour v. Weber, 700

施工工程师协会案

Operating Eng'rs, 1016

施工工程师地方 12 号工会案

Operating Eng'rs Local 12, 626

施工工程师地方 150 工会诉福莱尔制造公司案

Operating Eng'rs Local 150 v. Flair Builders, 751

施工工程师地方 520 工会案(马斯曼建筑)案

Operating Eng'rs Local 520 ( Massman Constr. ), 687

施工工程师地方 701 工会案

Operating Eng'rs Local 701(Tru－Mix Constr. Co. ), 686

施工工程师地方 701 工会案

Operating Eng'rs Local 701 v. NLRB, 699

施工工程师地方 825 工会诉国家劳动关系委员会案

Operating Eng'rs Local 825 v. NLRB, 624

操作粉刷匠地方 179 号工会案(贝尔托利尼公司)

Operative Plasterers Local 179 ( Bertolini Bros. Co. ), 699

乌节园医疗中心案

Orchard Park Health Care Ctr. , Inc. , 228

奥的斯电梯公司案

Otis Elevator Co., 544

国家劳动关系委员会诉奥的斯医院案

Otis Hosp.; NLRB v., 352

昼夜运输公司案

Overnite Trans. CO., 230

昼夜运输公司诉国家劳动关系委员会案

Overnite Trans. CO. v. NLRB, 374, 375

欧沃斯追特诉木工联合工会案

Overstreet v. United Bhd. of Carpenters, 640, 680

欧文斯－布罗克韦塑料制品公司案

Owens – Brockway Plastic Prods., Inc., 545, 546

欧文斯－伊利诺伊公司案

Owens – Illinois, Inc., 356

欧萨克拖车案

Ozark Trailers, 540

## P

帕卡德汽车公司案

Packard Motor Car Co., 124

画家地区委员会案

Painter Dist. Council 51, 856

画家地区委员会案（梅龙镇绘画和装饰公司）

Painters Dist. Council 51(Westgate Painting and Decorating Corp.), 1002

帕尔生物制药公司案

Pall Biomedical Prods. Corp. v. NLRB, 523

派拉蒙运输系统诉卡车司机地方150工会案

Paramount Transp. Sys. v. Teamsters, Local 150, 695

芬妮城帕克护理公司案
Parke Care of Finneytown, Inc., 239
帕克－罗布雪佛兰公司案
Parker－Robb Chevrolet, Inc., 126
帕克斯诉国际电气工人兄弟会案
Parks v. IBEW, 1125
北美图案制造工人联盟诉国家劳动关系委员会案
Pattern Markers' League of N. Am. v. NLRB, 607,1003,1007,1008
帕特森萨金特有限公司案
Patterson Sargent Co., 220
皮尔利斯胶合板案
Peerless Plywood Co., 312
皮尔利斯出版公司案
Peerless Publ'ns, Inc., 544
佩内罗诉仓库575雇员工会案
Penello v. Warehouse Employees Union, Local No. 575, 440
宾夕法尼亚电力公司诉国际电气工人兄弟会案
Pennsylvania Power Co. v. IBEW, 767
宾夕法尼亚电话公司行业工会案
Pennsylvania Tel. Guild, 478
佩妮商贸公司案
Pennypower Shopping News, Inc, 451
国家劳动关系委员会诉彭特电力公司案
Pentre Elec.; NLRB v., 329
百事可乐瓶装公司案
Pepsi－Cola Bottling Co., 361,362
诺顿百事可乐公司案
Pepsi－Cola Bottling Co. of Norton, 174

案例表　1475

百事可乐加拿大饮料有限公司诉零售、批发及百货商店地方588工会案

Pepsi‐Cola Canada Beverages（West）Ltd. v. Retail, Wholesale and Dep't Store Union, Local 588, 638

百事可乐配送公司案

Pepsi‐Cola Distrib. Co., 560

佩里教育者总会诉佩里地方教育工作者联谊会案

Perry Educ. Ass'n v. Perry Local Educators' Ass'n, 252

皮瑞·诺维尔公司案

Perry Norvell Co., 560

皮特瑞士巧克力公司案

Peter Cailer Kohler Swiss Chocolates Co., 588

皮特诉伯灵顿北方铁路公司案

Peters v. Burlington N. R. R. Co., 1054

美国诉裴瑞丽案

Petrillo; United States v., 700

佩顿包装公司案

Peyton Packing, 173

菲尔普斯道奇公司诉国家劳动关系委员会案

Phelps Dodge Corp. v. NLRB, 157, 158

费城制鞋工人案（联邦诉普利斯案）

Philadelphia Cordwainers（Commonwealth v. Pullis）, 35, 39

费城印刷工会案

Philadelphia Typographical Union, Local 2, 698

美国诉菲利普斯案

Phillips; United States v., 1133

匹格诺蒂诉金属板工人协会地方第3号工会案

Pignotti v. Local 3, Sheet Metal Workers, 1128

肯塔基州派克维尔联合卫理公会医院诉国家劳动关系委员会案

Pikeville United Methodist Hosp. of Ky., Inc. v. NLRB, 111

平克森－哈勒建筑服务公司案
Pinkson – Hollar Constr. Servs., Inc., 504

管子工地方520工会诉国家劳动关系委员会案
Pipefitter Local 141 v. NLRB, 973

管子工地方562工会诉美利坚合众国案
Pipefitter Local 562 v. United States, 989, 1130

皮瑞丽缆线公司诉国家劳动关系委员会案
Pirelli Cable Corp. v. NLRB, 585, 586

匹兹堡摩尼斯钢铁公司诉国家劳动关系委员会案
Pittsburinglines Moines Steel Co. v. NLRE, 601

国家劳动关系委员会诉比萨公司的宾夕法尼亚公司案
Pizza Crust Co. of Pa., Inc.; NLRB v., 189

规划建筑服务公司案
Planned Bldg. Servs., Inc., 827, 830

工厂诉伍兹案
Plant v. Woods, 46–48

国家劳动关系委员会诉粉刷匠地方第79号工会案
Plasterers' Local Union No. 79; NLRB v., 695, 698–699

布拉斯埃立特公司案
Plastilite Corp., 230

水管工与管子工地方520工会诉国家劳动关系委员会案
Plumbers and Pipefitters Local 520 v. NLRB, 813

波兰之春公司诉美国食品与商业工人国际工会案
Poland Spring Corp. v. United Food and Commercial Worker Int'l Union, 766

宝丽来案
Polaroid Corp., 266, 267

电力公司诉国家劳动关系委员会案

Power Inc. v. NLRB, 373

砍价公司诉国家劳动关系委员会案
Price Chopper v. NLRB, 190

普华诉霍普金斯案
Price Waterhouse v. Hopkins, 156

普瑞丽诉国家劳动关系委员会案
Prill v. NLRB, 238

芝加哥生产企业工人工会诉国家劳动关系委员会案
Production Workers Union of Chi. v. NLRB, 652

专业房地产投资有限公司诉哥伦比亚电影工业有限公司案
Professional Real Estate Investors, Inc. v. Columbia Pictures Indus., Ins., 926

普罗维登斯阿拉斯加医疗中心诉国家劳动关系委员会案
Providence Alaska Med. Ctr. v. NLRB, 136

普罗维登斯医院案
Providence Hosp., 129,136,137

蒲亚德购物中心诉罗宾斯案
Prune Yard Shopping Ctr. v. Robbins, 190-191,932

科罗拉多公共服务公司诉国家劳动关系委员会案
Public Serv. Co. of Colorado v. NLRB, 140

联邦诉普利斯(费城制鞋工人)案
Pullis; Commonwealth v. (Philadelphia Cordwainers), 35,39

匹茨克诉纽约世纪公关公司案
Pyzynski v. New York Cent. R. R. Co., 1049

# Q

QSI公司案
QSI, Inc., 214

库艾特福雷克斯制造有限公司案
Quietflex Mfg. Co., 215
昆西诉斯塔来制造公司案
Quint v. A. E. Staley Mfg. Co., 817
库特轮胎案
Quirk Tire, 518

# R

暖气片公司诉国家劳动关系委员会案
Radiator Specialty Co. v. NLRB, 520
无线电收音机公司案
Radioear Corp., 562
无线电职员协会案
Radio Officers' Union v. NLRB, 162, 165, 166, 196, 204
拉多维奇诉国家橄榄球协会案
Radovich v. National Football League, 895
铁路工人部门诉汉森案
Railway Employees Dep't v. Hason, 981
亚利桑那兰德尔仓储公司案
Randell Warehouse of Ariz., Inc., 361, 362
R. A. V. 诉圣保罗案
R. A. V. v. St Paul, 347
美国诉罗森案
Rawson; United States v., 1053, 1054, 1061
RCA 加勒比公司与国家劳动关系委员会案
RCA Del Caribe, Inc., 428
国家劳动关系委员会诉 R. C. 罐头公司案
R. C. Can Co.; NLRB v., 459

特快汽车货运公司案

Red Ball Motor Freigt, 1038

里德诉联合运输工会案

Reed v. United Transp. Union, 1073

国家劳动关系委员会诉瑞德与王子制造公司案

Reed & Prince Mfg. Co.; NLRB v., 476

赖克诉机械师区地方第720号工会案

Reich v. Machinists Dist. Lodge 720, 1097

赖克诉卡车司机工会地方第30号工会

Reich v. Teamsters Local 30, 1096

仁雷森诉美国航空有限责任公司案

Renneisen v. American Airlines, Inc., 1039 1152

雷诺·希尔顿度假村案

Reno Hilton Resorts, 176

共和航空公司诉国家劳动关系委员会案

Republic Aviation Corp. v. NLRB, 167, 172, 173, 174, 176, 178, 185, 188, 189, 196, 386, 1001, 1016

共和钢铁公司诉马克多斯案

Republic Steel Corp. v. Maddox, 738

零售业务员案(贝克兄弟公司与格得公司)

Retail Clerks(Barker Bros. Corp. and Gold's, Inc.), 443

零售业职员地方1288分会诉国家劳动关系委员会案

Retail Clerks Local 1288 v. NLRB, 686

果蔬零售职员诉国家劳动关系委员会案

Retail Fruit & Vegetable Clerks (Crystal Palace Market), 663

国家劳动关系委员会诉零售店雇员地方1001工会案(安可产权保险公司案)

Retail Store Employees Union, Local 1001 (*Safeco Title Ins.*); NLRB v.,

670,673-675
国家劳动关系委员会诉零售商店案
Retail Stores; NLRB v., 637
加拿大零售批发地方第422号工会诉加拿大雀巢案
Retail Wholesale Canada, Local 422 v. Nestle Canada, 831
乐特来广博公司案
Retlaw Broad. Co. d/b/a KJEO-TV, 450
美国矿业沙业公司案,以KJEO-TV的名称经营
RGC(USA) Mineral Sands, Inc., 585
里士满时代派遣案
Richmond Times-Dispatch, 496
国家劳动关系委员会诉河城升降梯公司案
River City Elevator Co.; NLRB v., 365
里弗代尔家庭护理案
Riverdale Nursing Home, 301
R. L. 怀特公司案
R. L. White Co., 356
公路洒水车过滤器地方第669号工会诉国家劳动关系委员会案
Road Sprinkler Filters Local Union No. 669 v. NLRB, 373
道路快递公司诉国家劳动关系委员会案
Roadway Express, Inc. v. NLRB, 813
荣德伟包装系统公司案
Roadway Package Sys., Inc., 114,118
国家劳动关系委员会诉洛克威新闻公司案
Rockway News Supply Co.; NLRB v., 213
石底商店公司案
Rock Bottom Stores, Inc., 839
田纳西州岩石公司诉国家劳动关系委员会案

Rock – Tenn Co. v. NLRB, 544

罗克韦尔国际公司案

Rockwell Int'l Corp., 371,432, 560

国家劳动关系委员会诉洛克伍德能源矿业公司案

Rockwood Energy and Mineral Corp.; NLRB v., 826

罗格斯诉纽约大学案

Rogers v. N. Y. U., 817

罗林斯环境部门诉国际卡车司机270工会案

Rollins Envtl. Servs. v. International Bhd. of Teamsters, Local 270, 725

露丝印刷公司案

Rose Printing Co., 578

罗斯诉宾馆和饭店员工国际工会案

Ross v. Hotel Employees and Rest. Employees Int'l Union, 1126

罗斯莫尔住房公司案

Rossmore House, 360,362

皇家排字室案

Royal Composing Room, Inc., 860

皇家打字机公司诉国家劳动关系委员会案

Royal Typewriter Co. v. NLRB, 1024

朗姆·克里克煤炭销售有限公司诉卡伯顿案

Rum Creek Coal Sales, Inc. v. Caperton, 932

罗素干草糖果公司案

Russell Stover Candies, Inc., 352

美国诉罗斯案

Russo; United States v. 704

国家劳动关系委员会诉拉特－雷克斯制造公司案

Rutter-Rex Mfg. Co.; NLRB v., 572

鲁兹卡诉通用汽车公司案

Ruzicka v. General Motors, 1053

瑞恩诉国际电气工人兄弟会案
Ryan v. International Bhd. of Elec. Workers, 1073

莱恩钢铁公司案
Ryan Iron Works, Inc. v. NLRB, 450

# S

神圣心脏医疗中心案
Sacred Heart Med. Ctr., 175

西弗韦商店公司案
Safeway Stores, Inc., 299, 717

萨夫利特诉科尼·米尔斯公司案
Safrit v. Cone Mills Corp., 818

哲人房地产公司诉伊思清洁服务集团公司案
Sage Realty Corp. v. ISS Cleaning Servs. Group, Inc., 897

太平洋摩尔干船坞水手工会案
Sailors' Union of the Pac. And Moore Dry Dock, 652, 655, 658, 663, 664

圣克莱尔医院案
St. Clare's Hosp. & Health Ctr., 141, 143, 145

圣伊丽莎白庄园案
St. Elizabeth Manor, Inc., 839

国家劳动关系委员会诉弗兰西斯保健护理中心案
St. Francis Healthcare Ctr.; NLRB v., 340

圣乔治仓库公司案
St. George Warehouse, Inc., 173

圣约瑟夫新闻发布会案
St. Joseph News-Press, 118

玛格丽特纪念医院案

St. Margaret Memorial Hosp, 283

圣玛丽铸造案

St. Mary's Foundry, 840

萨科诉卡车司机工会地方第705工会案

Sako v. Teamsters Local 705, 1119

萨克斯公司诉国家劳动关系委员会案

Saks & Co. v. NLRB, 838

销售驾驶员地方第859号工会诉国家劳动关系委员会案

Sales Drivers, Local 859 v. NLRB, 655

索尔兹伯里酒店公司案

Salisbury Hotel, Inc., 239

索特格里克弗莱威特案

Salt Creek Freightways, 862

索兹翰德勒诉卡普托案

Salzhandler v. Caputo, 1066, 1071

圣地亚哥建筑业委员会诉加尔蒙案

San Diego Bldg. Trades Council v. Garmon, 906, 909, 910, 925, 939–941, 947, 949, 961, 964, 972

国家劳动关系委员会诉金沙制造公司案

Sands Mfg. Co.; NLRB v., 213

桑达斯基·玛尔有限公司案

Sandusky Mall Co., 190

SAS救护车服务公司案

SAS Ambulance Serv., Inc., 220 SAS

萨维尔制造公司案

Savair Mfg. Co., 353, 355–357, 411

舍希特尔家禽公司诉联邦案

Schechter Poultry Corp. v. United States, 82, 83

**施耐德移动和仓储公司诉罗宾斯案**
Schneider Moving & Storage Co. v. Robbins, 1040

**斯科菲尔德诉奔萨案**
Schonfeld v. Penza, 1106

**斯科菲尔德诉拉佰克案**
Schonfeld v. Rarback, 1128

**斯科菲尔德诉国家劳动关系委员会案**
Scofield v. NLRB, 999, 1001

**海员工业工会诉国家劳动关系委员会案**
Seafarers Indus. Union v. NLRB, 655

**西尔斯-罗巴克及公司案**
Sears, Roebuck & Co., 245, 247

**西尔斯-罗巴克及公司诉圣地亚哥城市区木工理事会案**
Sears, Roebuck & Co. v. San Diego County Dist. Council of Carpenters, 910, 917, 925, 927

**见:我们的道路公司案**
See Our Way, Inc., 174

**萨金特诉内陆船工的太平洋协会案**
Sergeant v. Inlandboatmen's Union of the Pacfic, 1117

**服务航空公司案**
Serv–Air, Inc., 176

**国家劳动关系委员会诉赛维特案**
Servette; NLRB v., 665

**塞维斯电器公司案**
Service Elec. Co., 632

**赛盾公司案**
Seton Co., 361

**苏埃尔制造公司案**

Sewell Mfg. Co., 346, 347

斯埃斯公司诉国家劳动关系委员会案

Shares, Inc. v. NLRB, 838

肖氏超市诉国家劳动关系委员会案

Shaw's Supermarkets, Inc. v. NLRB, 331, 421

乳木果化学品公司案

Shea Chem. Corp., 429

金属板工人国际工会诉林恩案

Sheet Metal Workers Int'l Ass'n v. Lynn, 1077, 1081, 1082, 1106    1153

金属板工人国际工会地方14工会诉奥尔德里奇空调公司案

Sheet Metal Workers Int'l Ass'n Local 14 v. Aldrich Air Conditioning, 519

金属板工人国际工会地方27工会案(托马斯屋顶)

Sheet Metal Workers Int'l Ass'n Local 27 (Thomas Roofing), 688

金属板工人国际工会地方28工会诉均等就业机会委员会案

Sheet Metal Workers Int'l Ass'n Local 28 v. EEOC, 1065

金属板工人国际工会地方59工会案

Sheet Metal Workers Int'l Ass'n Local 59, 519

金属板工人国际工会地方91工会(公司)案

Sheet Metal Workers Int'l Ass'n Local 91 (Schebler Co.), 687, 856

金属板工人国际工会地方162工会案

Sheet Metal Workers Int'l Ass'n Local 162, 520

史夫乐特诉国际贸易有限公司案

Shiflett v. I. T. O. Corp., 965

史曼诉米勒案

Shimman v. Miller, 1072

造船工诉国家劳动关系委员会案

Shipbuilders v. NLRB, 507

太平洋海岸船主协会案

Shipowners' Ass'n of the Pac. Coast, 300
沙步曼地方 501 钢铁工人工会案
Shopmen's Local 501, Iron Workers (Oliver Whyte Co.), 651
购物卡特食品市场公司案
Shopping Kart Food Market, Inc., 334, 339, 343
国家劳动关系委员会诉莱特食品公司案
Shop Rite Foods, Inc.; NLRB v., 458
西科曼诉美国通信工人协会地方第 13000 工会案
Sickman v. Communications Workers of Am., Local 13000, 1105
国家劳动关系委员会诉席伯乐暖气与空调公司案
Siebler Heating & Air Conditioning; NLRB v., 552
塞拉利昂出版公司诉国家劳动关系委员会案
Sierra Publ'g Co. v. NLRB, 220
希尔曼诉主要联盟游戏关系委员会公司案
Silverman v. Major League Player Relations Comm., Inc., 520
国家劳动关系委员会诉银波赌场案
Silver Spur Casino; NLRB v., 269
西姆诉纽约邮递员协会第 6 号分会案
Sim v. New York Mailers' Union Number 6, 1118
西蒙斯诉联合新闻有限公司案
Simmons v. Union News Co., 1048, 1056
西蒙·戴巴特鲁集团案
Simon Debartelo Group; NLRB v., 838
单丝电缆有限公司案
Simplex Wire & Cabale Co., 221
史密斯诉高露洁-棕榄公司案
Smith v. Colgate-Palmolive Co., 966
史密斯诉哈斯曼制冷有限公司案

Smith v. Hussman Refrigerator Co.， 1054

史密斯诉晚报协会案

Smith v. Evening News Ass'n， 738

斯诺父子公司案

Snow & Sons，370

软饮工人地方812工会诉国家劳动关系委员会案

Soft Drink Workers Union Local 812 v. NLRB， 441，674–675

索乐玻璃釉公司诉国家劳动关系委员会案

Soule Glass & Glazing Co. v. NLRB， 585，587

东南煤矿公司诉康索煤矿公司和矿工联合会案

South-East Coal Co. v. Consol. Coal Co. and UMW， 881

南部服务公司诉国家劳动关系委员会案

Southen Servs.， Inc. v. NLRB， 189

南方蒸汽船服务公司案

Southern S. S.， 212

南大草原建筑公司诉施工工程师国际工会地方第627号工会案

South Prairie Constr. Co v. Local No. 627， Union of Operating Eng'rs， 851， 853，854，855

西南贝尔电话公司诉阿肯色州公共服务委员会案

Southwestern Bell Tel. Co. v. Arkansas Pub. Serv. Comm'n， 954

火花块公司案

Sparks Nugget，Inc.， 269，477

司匹绝克公司案

Speedrack，Inc.， 563

斯皮尔伯格案

Speilberg， 806，811

整理公司案

Spruce Up Corp.， 828

斯奎尔配送有限公司诉第 7 地方工会案
Squier Distributing co. v. Local 7, 229

斯坦福的士公司案
Stamford Taxi, Inc., 507

斯达康公司诉国家劳动关系委员会案
Starcon Inc. v. NLRB, 194

斯达迪恩公司诉国家劳动关系委员会案
Stardyne Inc. v. NLRB, 849

星空论坛案
Star Tribune, 522

州政府诉,见对方当事人名称
State v. See name of opposing party

蒸汽系统工人协会第 342 地方分会案(康特拉科斯塔电力有限公司)
Steamfitters Local Union No. 342 (Contra Costa Electric, Inc.), 1061

斯蒂尔诉路易斯维尔和纳什维尔铁路公司案
Steele v. Louisville & Nashville R. R., 1019,1022,1023,1037,1038

美国钢铁工人联合会诉美国制造公司案
Steelworkers v. American Mfg. Co., 740,748

美国钢铁工人联合会诉企业滑行车公司案
Steelworkers v. Enterprise Wheel & Car Corp., 747,761,763,764,765,766

美国钢铁工人联合会诉国家劳动关系委员会案(卡瑞尔公司)
Steelworkers v. NLRB (Carrier Corp.), 663 - 664

国家劳动关系委员会诉美国钢铁工人联合会案(纽通案和阿冯达尔案)
Steelworkers; NLRB v. (*Nutone and Avoundale*), 307,310 - 313,317

美国钢铁工人联合会诉桑蒂卢斯基案
Steelworkers v. Sadlowski, 1109,1113

美国钢铁工人联合会诉圣加伯利医院案
Steelworkers v. St. Gabriel's Hosp., 847,933

美国钢铁工人联合会诉尤米特公司案

Steelworkers v. Unimet Corp. , 861

美国钢铁工人联合会诉美国政府案

Steelworkers v. United States, 510

美国钢铁工人联合会诉战士与海湾海运公司案

Steelworkers v. Warrior & Gulf Navigation Co. , 742,748,749,750,759

美国钢铁工人联合会诉韦伯案

Steelworkers v. Weber, 1098

美国钢铁工人联合会3489地方分会诉尤塞里案

Steelworkers Local 3489 v. Usery, 1091,1095

斯特林瓷器公司诉玻璃工人地方24号工会案

Sterling China Co. v. Glass Workers Local No. 24, 765

斯通快克案

Stoddard-Quirk Mfg. Co. , 174

国家劳动关系委员会诉司提木威斯科特-费策尔有限公司案

Streamway Div. ,Scott & Fetzer Co. ; NLRB v. , 265,266

斯壮伯格诉加利福尼亚案

Stromberg v. California, 637

国家劳动关系委员会诉斯特朗案

Strong;NLRB v. , 554

斯塔科尼斯案

Struksnes Constr. Co. , 361

斯特迪保健电极案

Stur-Dee Health Prods. , 385

沙利文电力公司案

Sullivan Elec. Co. , 371,432

峰谷工业公司诉木工案

Summit Valley Indus. ,Inc. v. United Bhd. of Carpenters and Joiners,Local

112,694

桑尼雅尔医疗诊所案
Sunnyyale Med. Clinic,Inc., 360

苏诺山谷高尔夫俱乐部案
Sunol Valley Golf Club, 585

高级起重机公司诉国家劳动关系委员会案
Superior Derrick Corp. v. NLRB, 655

超值商店案
1154  Super Value Store,Inc., 299

旭谭公司诉国家劳动关系委员会案
Sure-Tan,Inc.,v. NLRB, 159,161

苏拉特诉国家劳动关系委员会案
Surratt v. NLRB,388

斯威尼诉维实伟克公司案
Sweeney v. Westvaco Co., 961

## T

塔伯纳空社区医院与健康中心案
Tabernacle Community. Hosp. & Health Ctr., 237

塔夫脱布劳德公司案
Taft Broad. Co., 505,506

塔帕沙业与原料公司案
Tampa Sand & Material Co., 585

塔瑞科普产业公司案
Taracorp Indus., 245,247

泰勒诉国家劳动关系委员会案
Taylor v. NLRB, 813

美国诉卡车司机工会案

Teamsters; United States v., 1135

卡车司机工会20地方分会诉莫顿案

Teamsters Local 20 v. Morton, 694,931

卡车司机工会24地方分会诉奥利弗案

Teamsters Local 24 v. Oliver, 953,954

卡车司机工会70地方分会诉加利福尼亚集运商案

Teamsters Local 70 v. California Consolidators, 855

卡车司机工会75地方分会案(施雷伯食品公司)

Teamsters Local 75 (Schreiber Foods), 994

卡车司机工会122地方分会案

Teamsters Local 122 (August A. Busch & Co.), 487

卡车司机工会174地方分会诉卢卡斯面粉公司案

Teamsters Local 174 v. Lucas Flour Co., 738,776,784,793,906,965

卡车司机工会200地方分会案(巴赫曼家具公司)

Teamsters Local 200 (Bachman Furniture Co.), 441

卡车司机工会277地方分会案(J & J牛奶农场案)

Teamsters Local 227 (J & J Farms Creamery Co.), 688

卡车司机工会357地方分会诉国家劳动关系委员会案

Teamsters Local 357 v. NLRB, 1012,1060

国家劳动关系委员会诉卡车司机工会378地方分会案

Teamsters Local 378; NLRB v., 553

卡车司机工会391地方分会诉特里案

Teamsters Local 391 v. Terry, 1062

卡车司机工会515地方分会诉国家劳动关系委员会案(瑞西可得化学公司)

Teamsters Local 515 v. NLRB (Reichold Chems.,Inc.), 585,587

美国诉卡车司机工会560地方分会案

Teamsters Local 560; United States v., 1134

国家劳动关系委员会诉卡车司机工会 584 地方分会案
Teamsters Local 584； NLRB v., 698
卡车司机工会 695 地方分会诉沃格特公司案
Teamsters Local 695 v. Vogt, Inc., 633,636-637
卡车司机工会 728 地方分会诉国家劳动关系委员会案
Teamsters Local 728 v. NLRB, 230
卡车司机工会 807 地方分会诉地区进出口卡车公司案
Teamsters Local 807 v. Regional Import & Export Trucking Co., 806
卡车司机国家联合包装服务公司协商委员会诉国家劳动关系委员会案
Teamsters Nat'l United Parcel Serv. Negotiating Committee v. NLRB, 300
技术服务解决公司案
Technology Serv. Solutions, 317
电报传真公司案
Telautograph Corp., 428
特尔德业经济发展公司诉国家劳动关系委员会案
Teledyne Econ. Dev. v. NLRB, 111
望远镜临时家具公司案
Telescope Casual Furniture Co., 505
电视台和电台导演协会案（德国电台）
Television & Radio Artists（KGW Radio），
坦普顿诉迪克西彩印公司案
Tempreton v. Dixie Color Printing Co.,
田纳西康索煤矿公司诉矿工联合会案
Tennessee Consol. Coal Co. v. UMW, 881
特克萨科公司诉国家劳动关系委员会案
Texaco, Inc. v. NLRB, 601
得克萨斯州和 N.O.R 公司诉铁路蒸汽司机兄弟联合会案
Texas & N.O.R. Co. v. Brotherhood of Ry. And S.S Clerks, 79

得克萨斯石油化工产品公司案

Texas Petrochemicals Corp., 372

纺织工人工会诉亚拉巴马州林肯工厂案

Textile Workers Union v. Lincoln Mills of Ala., 735,737,739,784,906

国家劳动关系委员会诉塔耶尔公司案

Thayer Co.; NLRB v., 586

托瑞森-麦格克什公司案

Thoreson-McCosh,Inc., 578,585

TIC 东南亚实业公司诉国家劳动关系委员会案

TIC-The Indus. Co. S. E.,Inc. v. NLRB, 193

计时系统公司案

Timekeeping Sys.,Inc., 239

蒂姆斯科公司诉国家劳动关系委员会案

Timsco,Inc. v. NLRB, 357

廷克诉德斯莫伊那斯独立社团案

Tinker v. Des Moines Indep. Community. Sch. Dist., 637

钛金属公司案

Titanium Metals Corp., 717

TNT 北美物流公司案

TNT Logistics N. Am.,Inc., 221

托莱多刀片公司案

Toledo Blade Co., 450

托莱多印刷第 63 号工会诉国家劳动关系委员会案

Toledo Typographical Union No. 63 v. NLRB, 563

国家劳动关系委员会诉通科联通公司案

Tomco Communications,Inc.;NLRB v., 563

图灵顿公司诉金属制造工人地方 1645 工会案

Torrington Co. v. Metal Prods. Workers Union Local 1645, 543-544,734

城市与乡村电气公司案
Town & Country, 192

交易员公司案
Tradesmen Int'l, Inc., 239

波特贸易公司案
Trading Port, Inc., 373

轨道公司诉联合运输协会联合委员会案
Trailway, Inc. v. Joint Council, Amalgamated Transit Union, 1133

国家劳动关系委员会诉交通管理集团案
Transportation Mgmt. Corp.; NLRB v., 152, 155, 166

环球航空公司诉空乘人员独立协会案
Trans World Airlines, Inc. v. Independent Fed'n of Flight Attendants, 602, 607

特尔博维奇诉联合矿井工人协会案
Trbovich v. United Mine Workers, 1090, 1091

生命之树公司案，以 Gourmet Award Foods N.E. 的名称经营
Tree of Life, Inc. d/b/a Gourmet Award Foods N.E., 307

垂艾德管理企业案
Triad Mgmt. Corp., 214

三国医疗中心案
Tri-Country Med. Ctr., Inc., 188, 189

三位一体路德医院案
Trinity Lutheran Hosp., 386

国家劳动关系委员会诉凯旋治疗中心案
Triumph Curing Ctr.; NLRB v., 552

陶步乐公司诉国家劳动关系委员会案
Trompler, Inc. v. NLRB, 214

卡车司机地方 413 工会诉国家劳动关系委员会案

案例表　1495

Truck Drivers Local 413 v. NLRB， 687

国家劳动关系委员会诉卡车司机地方449工会案(水牛城亚麻供应公司)
Truck Drivers Local 449 (Buffalo Linen Supply Co.); NLRB v.， 300,622

卡车司机地方807工会诉凯利运输公司案
Truck Drivers Local 807 v. Carey Transp.,Inc.， 860,861

国家劳动关系委员会诉特鲁伊特制造公司案
Truitt Mfg. Co.; NLRB v.， 490,495,496,497,498,798

楚服务公司诉国家劳动关系委员会案
TruServ Corp. v. NLRB， 506

图拉丁电子公司案
Tualatin Electric， 192

1155

塔克诉肖案
Tucker v Shaw， 1129

特纳诉国际机械师工会空运1894分会案
Turner v. Air Transport Lodge， 1071

特纳诉登普斯特案
Turner v. Dempster， 1119

## U

美国联合航空公司第343号工会诉诺科尔铅工业公司案
UA Local 343 v. Nor-Cal Plumbing,Inc.， 855

尤阿科公司案
Uarco,Inc.， 352

汽车工人工会诉达纳公司案
UAW v. Dana Corp.， 432

汽车工人工会诉多尔案
UAW v. Dole， 1128

汽车工人工会诉通用汽车公司案

UAW v. General Motors Corp., 1040
汽车工人工会诉勒斯特工程公司案
UAW v. Lester Engr. Co., 792
汽车工人工会诉国家工作权法律保护及教育基金会案
UAW v. National Right to Work Legal Defense & Educ. Found., 1113
汽车工人工会诉国家劳动关系委员会案
UAW v. NLRB, 486,562
汽车工人工会诉拉塞尔案
UAW v. Russell, 705
汽车工人工会第174地方工会诉国家劳动关系委员会案
UAW, Local 174 v. NLRB, 227
国家劳动关系委员会诉汽车工人工会案
UAW, Local 212; NLRB v., 227
汽车工人工会—劳动就业和培训公司诉查奥案
UAW-Labor Employment and Trainning Corp. v. Chao, 939,990
难以置信公司诉国家劳动关系委员会案
Unbelievable, Inc. v. NLRB, 486-487
水牛磨公司工会案
Union-Buffalo Mills Co., 451
特洛奎斯塔斯地方901工会案
Union de Tronquistas Local 901 (Lock Joint Pipe & Co.), 705
联合新闻有限公司诉希尔德雷思案
Union News Co. v. Hildreth, 1056
耶鲁汤尼单位公司案
Union Drop Div., Eaton, Yale & Towne, Inc., 562
全国航空公司案
United Aircraft Corp., 579
管道和管件行业帮工和学徒联合会诉地方334工会案

United Ass'n of Journeymen & Apprentices of Plumbers v. Local 334, 739

管道和管件行业帮工和学徒联合会地方 60 工会案

United Ass'n of Journeymen & Apprentices of Plumbing and Pipefitting Indus., Local Union 60, 1011

美国汽车、航空航天,美国农业机械工人诉达纳公司案

United Auto., Aerospace, and Agricultural Implement Workers of Am. v. Dana Corp., 721

汽车工人工会案

United Auto Worker. See UAW

木工兄弟联合会诉布朗案

United Bhd. of Carpenters v. Brown, 1122, 1125

木工兄弟联合会 1976 地方分会诉国家劳动委员会案(沙门公司)

United Bhd. of Carpenters, Local 1976 v. Labor Bd. (Sand Door & Plywood Co.), 689, 690

联合砖土工人诉蒂娜艾瑞瓦公司案

United Brick and Clay Worker v. Deena Aricraft, Inc., 694

奶农联合会诉国家劳动关系委员会

United Dairy Farmers Coop. Ass'n v. NLRB, 374

美国电子、广播与机械工人工会 623 地方分会案(林普可制造有限责任公司)

United Electrical., Radio & Mech. Workers of Am., Local 623 (Limco Mfg., Inc.), 1017

联合展览服务有限公司案

United Exposition Serv. Co., 126

美国食品和商业工人诉国家劳动关系委员会案

United Food & Commercial Workers v. NLRB (Farm Fresh, Inc.), 186

美国食品和商业工人地方 400 工会诉食品仓库公司案

United Food & Commercial Workers Local 400 v. Shoppers Food Warehouse

Corp., 806

美国食品和商业工人地方751工会诉布朗集团公司案

United Food & Commercial Workers Local 751 v. Brown Group, Inc., 541

美国食品和商业工人地方880工会诉国家劳动关系委员会案

United Food & Commercial Workers Local 880 v. NLRB, 187,188

美国食品和商业工人地方951工会案

United Food & Commercial Workers Locals 951,7 and 1036 (Meijer, Inc.), 993,994

国家劳动关系委员会诉联合保险公司案

United Ins. Co; NLRB v., 113

美国矿工联合会诉潘宁顿案

United Mine Workers v. Pennington, 877,880,888,898

联合矿工(协会)诉红衣焦煤有限公司案

United Mine Workers v. Red Jacket Consol. Coal & Coke Co., 67

统一包装食品公司和联合工人协会诉国家劳动关系委员会案

United Packinghouse Food & Allied Workers v. NLRB, 1024

联合纸业工人国际工会第721地方分会诉李约瑟包装有限公司案

United Packinghouse Workers, Local 721 v. Needham Packing Co., 785

联合纸业工人国际工会诉米斯克公司案

United Paperworkers Int'l Union v. Misco, Inc., 749,774

联合纸业工人国际工会第14地方分会诉国家劳动关系委员会案

United Paperworkers Int'l Union Local 14 v. NLRB, 216–217

联合纸业工人国际工会第620地方分会案

United Paperworkers Int'l Union Local 620, 980

联合包装服务公司案

United Parcel Serv., 300

联合打包服务纽约公司诉卡车司机804工会案

United Parcel Serv. (New York) v. Local 804,Teamsters, 792

美国诉联合石板、瓦片以及合成屋顶工协会地方第 39 号分会案

United Slate, Tile & Composition Roofers Ass'n, Local 30; United States v., 1134

美国管道与铸造公司案

United States Pipe and Foundry Co., 626

美国邮政服务案

United States Postal Serv., 813,814

国家劳动关系委员会诉美国邮政服务公司案

United States Postal Serv,; NLRB v., 569

美国钢铁、报业等工人诉国家劳动关系委员会案

United Steel, Paper, etc. Workers v. NLRB, 627

钢铁工人联合会案

United Steelworkers. See Steelworkers

联合技术公司案

United Tech. Corp., 799,804,805,812

环宇相机公司诉国家劳动关系委员会案

Universal Camera Corp. v. NLRB, 106,107,400

环球石油产品公司诉国家劳动关系委员会案

Universal Oil Prods. Corp. v. NLRB, 1002

大瀑布大学诉国家劳动关系委员会案

University of Great Falls v. NLRB, 110

国家劳动关系委员会诉美国聚苯乙烯公司案

U.S.A. Polymer Corp.; NLRB v., 375

美国食品服务行业案

U.S. Food Serv., 719

美国海运公司诉国家劳动关系委员会案

U.S. Marine Corp. v. NLRB, 827

## V

维卡诉塞普斯案
Vaca v. Sipes, 1041,1048,1050,1051,1052,1053,1055,1060,1061,1063

山谷城市家具公司案
Valley City Furniture Co., 507

华纳斯科诉斯瓦茨案
Vanasco v. Schwartz, 347-348

范德比尔特制造公司诉国家劳动关系委员会案
Vanderbilt Prods.,Inc. v. NLRB, 477

泛·多恩塑料机器公司诉国家劳动关系委员会案
Van Dorn Plastic Mach. Co., 340

V&S 伯格李维诉国家劳动关系委员会案
V & S Progalv v. NLRB, 266

威格拉诉甘特纳案
Vegelahn v. Guntner, 40,45-46

国家劳动关系委员会诉威姆寇公司案
Vemco,Inc.; NLRB v., 324

威宗信息系统案
Verizon Info. Sys., 432

修女护理中心案
Vestal Nursing Ctr., 334

文森特诉趋势西方技术公司案
Vincent v. Trend W. Tdch. Corp., 228

文森特塑料工业公司诉国家劳动关系委员会案
Vincent Indus. Plastics,Inc. v. NLRB 404

弗吉尼亚电力公司诉国家劳动关系委员会案
Virginia Elec. & Power Co. v. NLRB, 175,323

弗吉尼亚洒水车公司诉洒水车安装者地方第 669 号工会案

Virginia Sprinkler Co. v. Sprinkler Fitters Local Union 669, 856

外伊拉斯诉汽车工人工会 731 地方分会案

Voilas v. Local 731, United Auto Workers, 966

# W

韦科公司案

Waco, Inc., 177

瓦尔拉链公司案

Wahl Clipper Corp., 585

服务员地方 500 工会案（山谷旅馆大厦）

Waiters Local 500 (Mission Valley Inn), 441

沃尔诉建筑和总劳工协会 230 地方分会案

Wall v. Construction and Gen. Laborers' Union, Local 230, 1085

华纳布莱斯岩石公司诉联合钢铁工人区域案

Waller Bros. Stone Co. v. United Steelworkers Dist. 23, 791

沃尔玛超市集团案

Wal-Mart Stores, Inc., 174

沃尔什诉史乐弛案

Walsh v. Schlecht, 1131

小沃特·伽肯及协会案

Walter Garcon, Jr. & Assocs., 351

沃池诉康体商品服务公司案

Waltuch v. Conticommodity Servs., Inc., 1129

出口仓库地方 570 工会案（惠特克纸业公司）

Warehouse Employees, Local 570 (Whitaker Paper Co.), 440

沃尔玛食品诉国家劳动关系委员会案

Waremart Foods v. NLRB, 186

瓦沙司凯公司诉国家劳动关系委员会案
Warshawsky & Co. v. NLRB, 640,679
华盛顿诉雷迪劳务有限公司案
Washington v. Labor Ready. Inc. 933
国家劳动关系委员会诉华盛顿铝业公司案
Washington Aluminum Co.; NLRB v., 207,212,213,214,215,228,237,
　　451,458
华盛顿可口可乐公司案
Washington Coca-Cola, 655
华盛顿服务承包商协会诉哥伦比亚特区案
Washington Serv. Contractors Coalition v. District of Columbia, 933
宾夕法尼亚废品自动回收和管理公司案
Waste Automation and Waste Mgmt. of Pa., 234
棕榈滩废物处理公司案
Waste Management of Palm Beach, 176,351
退休成人之家案
Wavecrest Home for Adults, 412
威弗诉矿工联合会案
Weaver v. UMW, 1130
韦布诉 ABF 货运系统有限责任公司案
Webb v. ABF Freight Sys.,Inc., 1054
国家劳动关系委员会诉威客波包装公司案
Webcor Packaging,Inc.; NLRB v., 265－267,329
国家劳动关系委员会诉威尔顿钢铁公司案
Weingarten. See J. Weingarten; NLRB v. Weirton Steel Co., 82
韦尔奇诉通用汽车公司案
Welch v. General Motors Corp.,Buick Motor Div., 968
威尔士诉通用汽车公司案

Wells v. Gnenral Motors Corp., 966

西方电力公司诉国际电力工人协会地方第455号工会案

Western Mass. Elec. Co. v. International Bhd. of Elec. Workers, Local 455, 805

西方压力公司案

Western Stress, Inc., 589

西方联合公司案

Western Union Corp., 854

威斯丁豪斯电子公司案

Westinghouse Elec. Corp., 532,731

西木进口公司诉国家劳动关系委员会案

Westwood Import Co. v. NLRB, 839

匹兹堡惠灵钢铁公司诉美国钢铁工人案

Wheeling-Pittsburgh Steel Corp. v. United Steelworkers, 860

涡流公司诉马歇尔案

Whirlpool Corp. v. Marshall, 785

怀特诉国家钢铁公司案

White v. National Steel Corp., 966

怀特诉国家劳动关系委员会案

White v. NLRB, 477

白橡煤电公司案

White Oak Coal Co., 216

批发、百货工会诉国家劳动关系委员会案

Wholesale and Dep't Store Union v. NLRB, 221

威廉米特工业公司诉国家劳动关系委员会案

Williamette Indus. v. NLRB, 298

威廉姆斯诉国际印刷工人协会案

Williams v. Int'l Typographers Union, 1119

威廉姆斯工业公司案
Williams Enters. ,Inc. ,　404
威尔逊诉空热产品公司案
Wilson v. Airtherm Products,Inc. ,　850
沃茨诉宾馆、汽车旅馆和俱乐部员工工会地方第6分会案
Wirtz v. Hotel,Motel & Club Employees Union,Local 6,　1097
沃茨诉国际劳工工会125地方分会案
Wirtz v. Local 125,Laborers Int'l Union,　1090
威斯康星州工业部诉古尔德有限公司案
Wisconsin Dep't of Industry v. Could Inc. ,　909,938
米勒公司诉国际电气工人兄弟会地方349工会案
W. J. Milner & Co. v. IBEW Local 349,　694
沃尔克和罗米罗框架公司诉国家劳动关系委员会案
Woelke & Romero Framing,Inc. v. NLRB,　692－693,902－903
伍尔夫原子能操作公司案
Wolf Creek Nuclear Operating Corp. ,　724
韦德尔诉国际电气工人兄弟会71地方分会案
Wooddell v. International Bhd. of Elec. Workers,Local 71,　1073
国家劳动关系委员会诉伯格-华纳公司伍斯特分部案
Wooster Div. of Borg-Warner Corp. ; NLRB v. ,　511,515－517,524－525,539
美国诉劳工联合工会案
Workingmen's Amalgamated Council; United States v. ,　54
WPIX有限责任公司诉国家劳动关系委员会案
WPIX,Inc. v. NLRB,　1018
W. R. 格莱斯公司诉橡胶工人案
W. R. Grace & Co. v. Rubber Workers,　721,773,774
莱特线案

Wright Line, 155,156,197,817,818,827

国家劳动关系委员会诉怀曼-戈登公司案

Wyman-Gordon Co.; NLRB v., 103,316

## Y

亚布隆斯基诉矿工联合会案

Yablonski v. United Mine Workers, 1107,1108,1130

耶鲁大学案

Yale Univ., 216

亚尼迪诉奔威案

Yanity v. Benware, 1114

均等就业机会委员会诉黄色货运系统公司案

Yellow Freight Sys. Inc.; EEOC v., 716

国家劳动关系委员会诉叶史瓦大学案

Yeshiva Univ.; NLRB v., 125,127,128

昨日儿童用品公司诉国家劳动关系委员会案

Yesterday's Children,Inc. v. NLRB, 214

日本吉田拉链(美国)公司案

YKK (U.S.A.) Inc., 347

杨达尔诉雨平公司案

Youngdahl v. Rainfair,Inc., 705

国家劳动关系委员会诉基督教女青年会总会案

Young Women's Chrietian Ass'n; NLRB v., 111

## Z

扎迪克公司案

Zartic,Inc., 347

齐默曼管道暖气公司案

Zimmerman Plumbing and Heating Co., 578
志美饮食快线公司诉国家劳动关系委员会案
Zim's Foodliner, Inc. v. NLRB, 838

# 参考文献*

亚伦,《在联邦法院仲裁:三部曲的后果》,载于《加州大学洛杉矶分校法律评论》第 9 卷(1962 年),第 360 页。

Aaron, Arbitration in the Federal Courts: Aftermath of the Trilogy, 9 *UCLA L. Rev.* 360 (1962), 747-748

亚伦,《政府对限产超雇的限制》,载于《斯坦福法律评论》第 5 卷(1953 年),第 680 页。

―――, Governmental Restraints on Featherbedding, 5 *Stan. L. Rev.* 680 (1953), 701

亚伦,《仲裁中的一些程序问题》,载于《范德比尔特法律评论》第 10 卷(1957 年),第 733 页。

―――, Some Procedural Problems in Arbitration, 10 *Vand. L. Rev.* 733 (1957), 720

艾伯蒂尼,《劳动关系委员会的同业分离政策:马林克罗案之后谈判历史因素的重要性》,载于《波士顿学院工商法律评论》第 11 卷(1970 年),第 411 页。

Abodeely, NLRB Craft Severance Polices: Preeminence of the Bargaining History Factor After Mallinckrodt, 11 *B. C. Indus. & Comp. L. Rev.* 411 (1970), 298

亚伯拉罕,《劳动法中的个人自主和集体授权:在新经济形势下辞去工会会员资格和破坏罢工》,载于《纽约大学法律评论》第 63 卷(1988 年),第 1268 页。

Abraham, Individual Autonomy and Collective Empowerment in Labor Law:

---

\* 排列顺序:前为中译文,后为原英文文献。英文最末端数字,为原书页码,即本书边码。

Union Membership Resignations and Strikebreaking in the New Economy, 63 N. Y. U. L. Rev. 1268 (1988),1008

亚伯拉罕和泰勒,《公司对外部缔约人的适用:理论和证据》,国民经济研究局系列报告第4468号,1993年9月。

Abraham & Taylor, Firms' Use of Outside Contractors: Theory and Evidence (NBER Working Paper Series No. 4468. Sept. 1993),872

亚伯拉罕和赛提,《在雇主破产时保护工会的利益》,载于《劳动法和商业的变化:理论的和跨越条款的视角》,艾斯托伊科和克林斯主编,1988年。

Abram & Ceccotti, Protecting Union Interests in Employer Bankruptcy, in Labor Law and Business Change: Theoretical and Transactional Perspective (Estreicher & Collins eds.,1988),863

乔治·亚当斯,《加拿大劳动法》第2版,2002年5月版。

Adams, G., *Canadian Labour Law* (2d ed., updated May 2002),380,580

艾迪生和赫希,《工会对生产率、利润和增长的影响:远景实现了吗?》,载于《劳动经济学杂志》第7卷(1989年),第72页。

Addison & Hirsch, Union Effects on Productivity, Profits and Growth: Has the Long Run Arrived?,7 *J. Lab. Econ.* 72 (1989),22

艾迪生和西伯特,《英国的工会安全,对新工党改革的补充》,载于《工会的内部管理和组织的有效性》第13章,艾斯托伊克、卡茨和考夫曼主编,2001年版。

Addison & Siebert, Union Security in Britain, with an Addendum on New Labour's Reforms, in The Internal Governance and Organizational Effectiveness of Labor Unions (Estreicher, Katz & Kaufman eds.,2001),976

阿尔奇安,《共同决定与可征收的准租金:全国第一维修公司诉国家劳动关系委员会案》,载于《最高法院经济研究》第1卷(1980年),第235页。

Alchian, Decision Sharing and Expropriable Specific Quasi-Rents: A Theory of First National Maintenance v. NLRB,1 Sup. Ct. ECON. Rev. 235 (1982), 545

艾伦,《1980 年代至 1990 年代之间建筑业集体谈判的发展》,载于《现代私营企业的集体协商》,沃思主编,1994 年。

Allen, Developments in Collective Bargaining in the Construction Industry in the 1980s and 1990s, in Contemporary Collective Bargaining in the Private Sector 411 ( Voos ed. ,1994) ,855

阿莱恩,《无需律师的劳动仲裁》,载于《俄亥俄州法律杂志》第 50 卷(1989 年) ,第 93 页。

Alleyne, Delawyerizing Labor Arbitration, 50 *Ohio St. L. J.* 93 (1989) ,721

安布尔等著,《医疗护理行业的工会组织——两年的观察》,载于《劳动关系周刊》英国护理学会特刊,第 7 卷,第 19 期,1993 年 5 月 12 日。

Amber et al. , Health Care Organizing—a Two Year Perspective, BNA Special Supplement to *Labor Relations Week*, vol. 7, no. 19, May 12,1993,283

爱德华·P. 阿彻,《重拾阿利斯·查默斯制造公司案:当前对工会因雇员跨越纠察线而处以罚金的权利的观点》,载于《印第安纳法律评论》第 7 卷(1974 年),第 498 页。

Archer, Alls-Chalmers Recycled: A Current View of a Union's Right to Fine Employees for Crossing a Picket Line,7 *Ind. L. Rev.* 498 (1974) ,1001

瑟曼·阿诺德,《经营的瓶颈》,1940 年版,第 251 页。

Thurman Arnold, *The Bottlenecks of Business* 251 (1940) ,77

瑟曼·阿诺德,《关于健康和安全的威胁:根据国家劳动关系法案雇员的自救》,载于《明尼苏达法律评论》第 59 卷(1975 年),第 647 页。

———, Threats to Health and Safety: Employee Self-Help Under the NLRA, 59 *Minn. L. Rev.* 647 (1975) ,785

阿特勒森,《国家劳动关系委员会和管辖权纠纷:哥伦比亚广播公司案的后果》,载于《乔治城法律评论》第 53 卷(1964 年),第 93 页。

Atleson, The NLRB and Jurisdictional Disputes: The Aftermath of CBS,53 *Geo. L. J.* 93 (1964) ,699

阿特勒森,《工会罚款和罢工纠察线:〈国家劳动关系法〉和工会执行纪律的

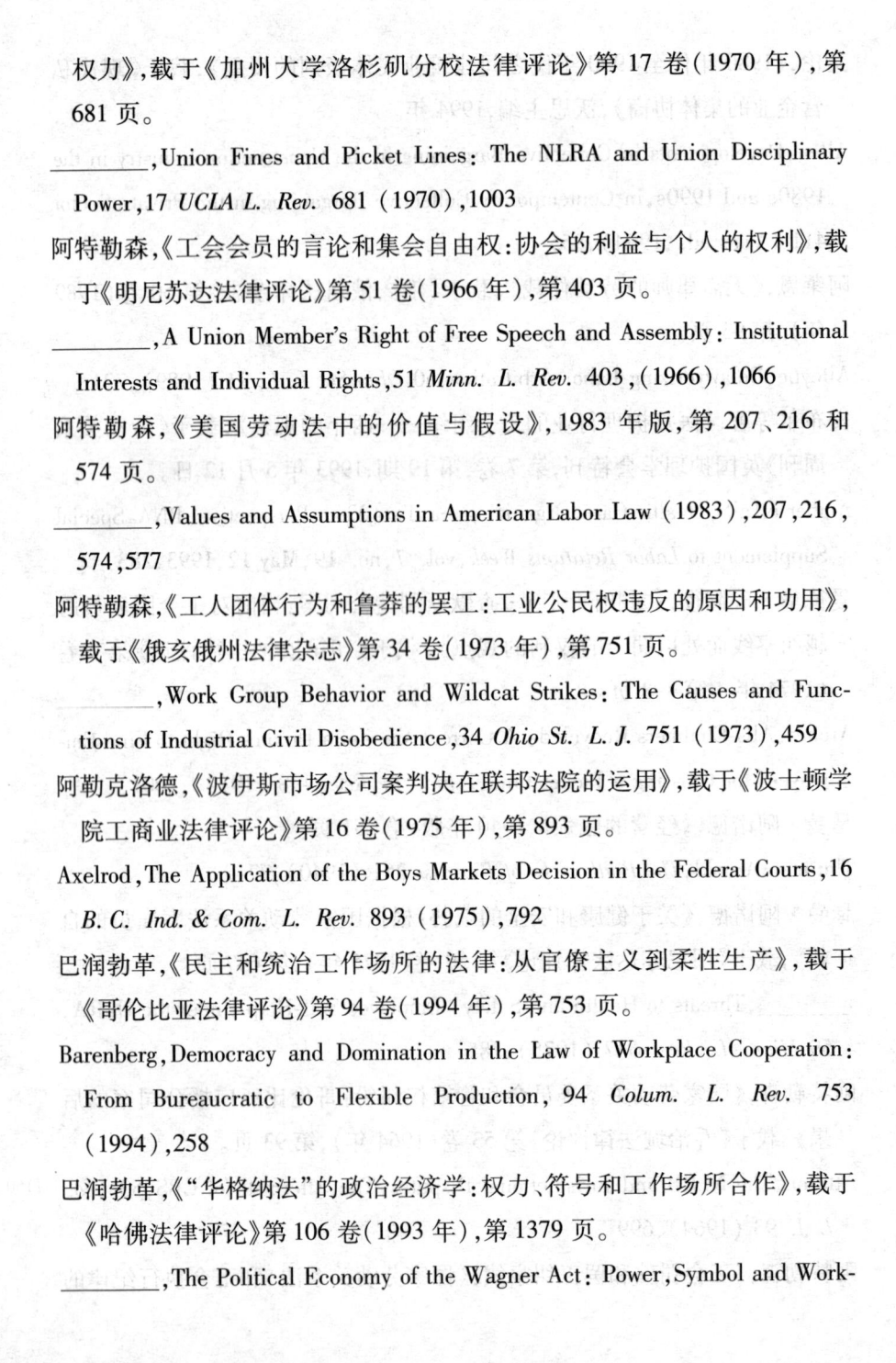

权力》，载于《加州大学洛杉矶分校法律评论》第 17 卷(1970 年)，第 681 页。

_____,Union Fines and Picket Lines: The NLRA and Union Disciplinary Power,17 *UCLA L. Rev.* 681 (1970),1003

阿特勒森，《工会会员的言论和集会自由权：协会的利益与个人的权利》，载于《明尼苏达法律评论》第 51 卷(1966 年)，第 403 页。

_____, A Union Member's Right of Free Speech and Assembly: Institutional Interests and Individual Rights,51 *Minn. L. Rev.* 403,(1966),1066

阿特勒森，《美国劳动法中的价值与假设》，1983 年版，第 207、216 和 574 页。

_____,Values and Assumptions in American Labor Law (1983),207,216, 574,577

阿特勒森，《工人团体行为和鲁莽的罢工：工业公民权违反的原因和功用》，载于《俄亥俄州法律杂志》第 34 卷(1973 年)，第 751 页。

_____,Work Group Behavior and Wildcat Strikes: The Causes and Functions of Industrial Civil Disobedience,34 *Ohio St. L. J.* 751 (1973),459

阿勒克洛德，《波伊斯市场公司案判决在联邦法院的运用》，载于《波士顿学院工商业法律评论》第 16 卷(1975 年)，第 893 页。

Axelrod,The Application of the Boys Markets Decision in the Federal Courts,16 *B. C. Ind. & Com. L. Rev.* 893 (1975),792

巴润勃革，《民主和统治工作场所的法律：从官僚主义到柔性生产》，载于《哥伦比亚法律评论》第 94 卷(1994 年)，第 753 页。

Barenberg,Democracy and Domination in the Law of Workplace Cooperation: From Bureaucratic to Flexible Production, 94 *Colum. L. Rev.* 753 (1994),258

巴润勃革，《"华格纳法"的政治经济学：权力、符号和工作场所合作》，载于《哈佛法律评论》第 106 卷(1993 年)，第 1379 页。

_____,The Political Economy of the Wagner Act: Power,Symbol and Workplace Cooperation,106 *Harv. L. Rev.* 1379 (1993),258

凯瑟琳·巴纳德:《欧盟劳动法》,2000 年版。

Barnard,C.,*EC Employment Law*,(2000),830

巴纳德和格朗汉姆,《劳动与间接联合抵制》,载于《华盛顿法律评论》第 15 卷(1940 年),第 137 页。

Barnard & Graham,Labor and the Secondary Boycott,15 *Wash. L. Rev.* 137 (1940),641

巴郎,《受保护的员工权利理论:最高法院对〈国家劳动关系法〉的解读的修正主义分析》,载于《得克萨斯法律评论》第 59 卷(1981 年),第 421 页。

Barron,A Theory of Protected Employer Rights:A Revisionist Analysis of the Supreme Court's Interpretation of the National Labor Relations Act,59 *Tex. L. Rev.* 421 (1981),166

巴塞蒂,《将〈反勒索与受贿组织法〉清除出各种劳动纠纷的领域》,载于《哥伦比亚法律评论》第 92 卷(1992 年),第 103 页。

Bassetti,Weeding RICO Out of Garden Variety Labor Disputes,92 *Colum. L. Rev.* 103 (1992),1135

贝茨,《退休者的福利:协商和公平代表义务》,载于《马歇尔法律评论杂志》第 21 卷(1988 年),第 513 页。

Bates,Jr.,Benefits of Retirees:Negotiations and the Duty of Fair Representation,21 *J. Marshall L. Rev.* 513 (1988),1040

伯爱得,《封闭工厂法:最高法院和美国国家劳动关系委员会案》,载于《乔治华盛顿法律评论》第 38 卷(1970 年),第 396 页。

Beaird,Lockout Law:The Supreme Court and the NLRB,38 *Geo. Wash. L. Rev.* 396 (1970),627

贝尔德和薄来亚,《言论自由与〈兰德勒姆-格里芬法〉》,载于《阿拉巴马法律评论》第 25 卷(1973 年),第 577 页。

Beaird & Player,Free Speech and the Landrum-Griffin Act,25 *Ala. L. Rev.* 577 (1973),1066

贝克尔,《"比罢工更有效":国家劳动关系法保护新形式的集体中止工作的行为》,载于《芝加哥大学法律评论》第 61 卷(1994 年),第 351 页。

Becker, "Better Than a Strike": Protecting New Forms of Collective Work Stoppages Under the National Labor Relations Act, 61 U. Chi. L. Rev. 351 (1994),216

贝克尔,《工作场所的民主:工会代表选举和联邦劳动法》,载于《明尼苏达法学评论》第 77 卷(1993 年),第 495 页。

————, Democracy in the Workplace: Union Representation Elections and Federal Labor Law, 77 Minn. L. Rev. 495,(1993),313

贝克尔和奥尔森,《工会和企业利润》,载于《劳资关系》第 31 卷(1992 年),第 395 页。

Becker & Olson, Unions and Firm Profits, 31 Indus. Rel. 395 (1992),17

比福特,《劳动法和双面经营的雇主:对单个雇主和另一个自我原则的批判和完善建议》,载于《威斯康星法律评论》(1987 年),第 67 页。

Befort, Labor Law and the Double-Breasted Employer: A Critique of the Single Employer and Alter Ego Doctrines and a Proposed Reformulation, 1987 Wis. L. Rev. 67,854

拜尔曼,《工会、劳动关系质量和公司运转》,载于《工会与经济竞争》,米舍尔和沃斯主编,1992 年版,第 16 页。

Belman, D., Unions, the Quality of Labor Relations, and Firm Performance, in Unions and Economic Competitiveness,(Mishel & Voos eds.,1992) 16,22

贝内特:《美国雇主协会:对典型协会的研究》,1922 年版。

Bennett,C., Employers' Associations in the United States: A Study of Typical Associations 70 (1922),54

本辛格,《对集体谈判协议的修正:违反合同会对拒绝造成阻碍吗?》,载于《美国破产研究所法律评论》第 13 卷(2005 年),第 809 页。

Bensinger, Modification of Collective Bargaining Agreements: Does A Breach Bar Rejection?,13 Am. Bankr. Inst. L. Rev. 809 (2005),861

大卫·本斯曼:《实践团结权:19世纪美国帽子生产者》,1985年版。

Bensman, D., *The Practice of Solidarity: American Hat Finishers in the Nineteenth Century* (1985), 55

爱德华·伯曼:《劳动者与谢尔曼法》,1930年版。

Berman, E., *Labor and the Sherman Act* 11-51 (1930), 56

波恩哈特,《艾伦·布兰德利案中的原则:冲突政策之间的协调》,载于《宾夕法尼亚大学法律评论》第110卷(1962年),第1094页。

Bernhardt, The Allen Bradley Doctrine: An Accommodation of Conflicting Policies, 110 *U. Pa. L. Rev.* 1094 (1962), 876

波恩哈特,《封闭工厂:布朗案和美国造船案后,对委员会和法院判决的分析》,载于《康奈尔法律评论》第57卷(1972年),第211页。

————, Lockouts: An Analysis of Board and Court Decisions Since Brown and American Ship, 57 *Cornell L. Rev.* 211 (1972), 627

大卫·伯恩斯坦,《洛克纳的遗产》,载于《得克萨斯法律评论》第82卷(2003年),第1页。

Bernstein, D., Lochner's Legacy, 82 *Tex. L. Rev.* 1 (2003), 52

欧文·伯恩斯坦,《贫瘠的年代:美国劳工历史》,1960年版。

Bernstein, I., *The Lean Years: A History of the American Worker*, 1920-1933 (1960), 67

欧文·伯恩斯坦,《新政时期的集体谈判政策》,1950年版。

————, *The New Deal Collective Bargaining Policy* (1950), 65, 79, 80, 81, 445, 575

欧文·伯恩斯坦,《动荡的年代:1933年至1941年美国工人运动历史》,1970年版。

————, *Turbulent Years: A History of the American Worker* 1933-1941 (1970), 81, 82, 258, 451

默顿·伯恩斯坦,《劳动关系委员会行政程序法上的立法困境》,载于《耶鲁法律杂志》第79卷(1970年),第571页。

Bernstein, M., The NLRB's Adjudication-Rule Masking Dilemma Under the Administrative Procedure Act, 79 *Yale L. J.* 571 (1970), 103

博儒尔,《在我们进入 21 世纪的全球化竞争和美国的就业背景下,通过对美国劳动法作加拿大式的认证改革使美国劳动法重获活力:是卡片的问题?》,载于《纽约大学第 52 届劳动法研讨会论文集》第 939 页,萨缪尔·艾斯托伊克主编,2000 年。

Berul, Revitalizing American Labor Through Canadian-style Certification Reform: Is it in the Cards?, in Global Competition and the American Employment Landscape As We Enter the 21st Century, Proc. 52d Ann. N. Y. U. Conf. on Lab. 939 (Estreicher ed., 2000), 380

博儒尔,《谈判还是不谈判不应该成为一个问题:通过为判决承担诉讼和谈判成本设置一个自由化的标准来阻止首次谈判情境中违反 8(a)(5) 部分的行为》,载于《劳工律师》第 18 卷(2002 年),第 27 页。

_____, To Bargain or Not to Bargain Should Not Be the Question: Deterring Section 8(a)(5) Violations in First-Time Bargaining Situations Through a Liberalized Standard for the Award of Litigation and Negotiation Costs, 18 *Lab. Law.* 27 (2002), 486, 487

贝瑟尔,《国家劳动关系委员会和解雇主管:帕克·罗布案带来的问题改革》,载于《科罗拉多州立大学法律评论》第 54 卷(1982 年),第 1 页。

Bethel, The NLRB and the Discharge of Supervisors: Parker-Robb Brings Questionable Reform, 54 *U. Colo. L. Rev.* 1 (1982), 126

贝瑟尔,《从不当劳动行为中获利:规制管理代表的一项建议》,载于《西北大学法律评论》第 79 卷(1984 年),第 506 页。

_____, Profiting from Unfair Labor Practices: A Proposal to Regulate Management Representatives, 79 *Nw. U. L. Rev.* 506 (1984), 373

巴瑟尔和梅菲尔,《吉赛尔谈判命令的失败》,载于《霍夫斯特拉劳动法杂志》第 14 卷(1997 年),第 423 页。

Bethel & Melfi, The Failure of Gissel Bargaining Orders, 14 *Hofstra Lab. L. J.*

423（1997），376

比克和威灵顿，《立法宗旨和司法程序：林肯工厂案》，载于《哈佛法律评论》第71卷(1957年)，第1页。

Bickel & Wellington, Legislative Purpose and the Judicial Process: The Lincoln Mills Case, 71 *Harv. L. Rev.* 1（1957），739

比尔曼，《大法官托马斯和兰奇米尔公司诉国家劳动关系委员会：罗伯特·A.戈尔曼教授的回复》，载于《霍夫斯特拉劳动法杂志》第10卷(1992年)，第299页。

Bierman, Justice Thomas and Lechmere, Inc. v. NLRB: A Reply to Professor Robert A. Gorman, 10 *Hofstra Lab. L. J.* 299（1992），188，317

毕尔曼和格莱，《替代罢工者：法律、经济和谈判过程》，载于《南加州法律评论》第68卷(1995年)，第363页。

Bierman & Gely, Striker Replacements: A Law, Economics, and Negotiations Approach, 68 *S. Cal. L. Rev.* 363（1995），582

布莱克和荷西，《马尼托巴的首份立法：值得美国借鉴的模式？》，载于《劳动法杂志》第45卷(1994年)，第33页。

Black & Hosea, First Contract Legislation in Manitoba: A Model for the United States?, 45 *Lab. L. J.* 33（1994），489

布兰奇福劳和布赖森，《工会当下对工资的影响，弗里曼和梅多夫是否也会感到吃惊？》，载于《劳动研究杂志》第25卷(2004年)，第383页。

Blanchflower & Bryson, What Effect Do Unions Have on Wages Now And Would Freeman and Medoff Be Surprised?, 25 *J. Lab. Res.* 383（2004），13

布兰奇福劳和弗里曼：《在美国和其他发达国家的工会主义》，载于《劳动力市场机制和工会的未来角色》第69页，马里奥·F.伯格纳罗和莫里斯·M.克莱纳主编，1992年。

Blanchflower & Freeman, Unionism in the United States and Other Advanced Countries, in Labor Market Institutions and the Future Role of Unions (Bognanno & Kleiner eds., 1992), 20

布兰科-邹凡,《法国管理决定上的工人干预》,载于《图兰法律评论》第 58 卷(1984 年),第 1332 页。

Blanc-Jouvan, Worker Involvement in Management Decisions in France, 58 Tul. L. Rev. 1332 (1984),554

罗杰·布朗潘,《欧盟劳动法》,2006 年第 10 版。

Blanpain, R., *European Labor Law* (10th ed. 2006),830

布莱克和米腾它:《有计划的怠工》,载于《第 37 届全国仲裁学术年会论文集》(1984 年),第 77 页。

Block & Mittenthal, Absenteeism, in Proc. ,37th Ann. Meeting, Natl. Acad. of Arbs. 77 (1984),716

布鲁霍森,《免于排除出工会活动的法律保护》,载于《俄亥俄州法律杂志》第 22 卷(1961 年),第 21 页。

Blumrosen, Legal Protection Against Exclusion from Union Activities, 22 *Ohio St. L. J.* 21 (1961),1065

博克和邓禄普:《劳动与美国社会》,1970 年版。

Bok, D & Dunlop, J., *Labor and the American Community* (1970),28

布兰斯科姆,《劳动者、忠诚度和企业运动》,载于《波士顿大学法律评论》第 73 卷(1993 年),第 291 页。

Branscomb, Labor, Loyalty, and the Corporate Campaign, 73 *B. U. L. Rev.* 291 (1993),222

布罗德,《国家劳动关系委员会转变对用人单位解雇不忠主管的态度》,载于《劳动法杂志》第 34 卷(1983 年),第 13 页。

Brod, The NLRB Changes Its Policy on the Legality of an Employer's Discharge of a Disloyal Supervisor, 34 *Lab. L. J.* 13 (1983),126

布罗迪,《产业化美国的工人们:论 20 世纪的斗争》,1993 年第 2 版。

Brody, D., *Workers in Industrial America: Essay on the Twentieth Century Struggle* (2d ed. 1993),53,54,65,66

布朗冯布兰娜,《雇主在认证选举中和第一次签订合同过程中的行为:劳动法改革的寓意》,载于《践行美国劳动法的诺言》,弗里德曼等主编,1994 年。

Bronfenbrenner, Employer Behavior in Certification Elections and First-Contract Campaigns: Implications for Labor Law Reform, in Restoring the Promise of American Labor Law ( Friedman et al. eds. ,1994) ,285,342,376

布鲁克斯,《工会内部纠纷的公正公共审查:在民主的自我约束方面的试验》,载于《俄亥俄州法律杂志》第 22 卷(1961 年),第 64 页。

Brooks, Impartial Public Review of Internal Union Disputes: Experiment in Democratic Self-Discipline,22 Ohio St. L. J. 64 (1961) ,1089

布鲁克斯,《稳定与雇员的自由选择》,载于《康奈尔法律评论》第 61 卷(1976 年),第 344 页。

————, Stability Versus Employee Free Choice, 61 Cornell L. Rev. 344 (1976) ,290,976

布鲁克斯,《强制性工会主义的优缺点》,载于《纽约大学法律和社会改变评论》第 11 卷(1982—1983 年),第 32 页。

————, The Strengths and Weaknesses of Compulsory Unionism,11 N. Y. U. Rev. of Law and Soc. Change 29 (1982 - 1983) ,975

布朗和梅多夫,《在生产过程中的工会》,载于《政治经济杂志》第 86 卷(1978 年),第 355 页。

Brown & Medoff, Trade Unions in the Production Process,86 J. of Pol. Econ. 355 (1978) ,21

布鲁德尼,《著名的胜利:保护集体谈判和法条老化过程》,载于《北卡罗来纳州法律评论》第 74 卷(1996 年),第 939 页。

Brudney, A Famous Victory: Collective Bargaining Protections and the Statutory Aging Process,74 N. Car. L. Rev. 939 (1996) ,266,374,375,376,784

布鲁德尼,《孤立化和政治化:国家劳动关系委员会的不确定的未来》,载于《比较劳动法与政策杂志》第 26 卷(2005 年),第 221 页。

————, Isolated and Politicized: The NLRB's Uncertain Future, 26 Comp.

Lab. L. &PoL. J. 221 (2005),247

布鲁德尼,《中立性协议和授权卡审核确认:改变中的范式的前景》,载于《爱荷华法律评论》第 90 卷(2005 年),第 819 页。

————, Neutrality Agreements and Card Check Recognition: Prospects for Changing Paradigms,90 Iowa L. Rev. 819 (2005),429

巴德,《汽车工人工会的谈判模型的决定要素和范围》,载于《劳资关系评论》第 45 卷(1992 年),第 523 页。

Budd,The Determinants and Extent of UAW Pattern Bargaining, 45 Indus. & Lab. Rel, Rev. 523 (1992),300

巴德,《非工资性补偿》,载于《劳动研究杂志》第 25 卷(2004 年),第 597 页。

————, Non-Wage Forms of Compensation,25 J. Lab. Res. 597 (2004),28

伯顿:《工会作为政治机构的经济学分析》,载于《工会经济学:新发展方向》,罗莎主编,1984 年版。

Burton, The Economic Analysis of the Trade Union as a Political Institution, in The Economics of Trade Unions: New Directions (Rosa ed. ,1984),25

坎贝尔,《劳动法和经济》,载于《斯坦福法律评论》第 38 卷(1986 年),第 1003 页。

Campbell, Labor Law and Economics,38 Stan. L. Rev. 1003 (1986),902,903

坎特,《水牛城冶炼公司案与禁令禁止雇主违反集体谈判协议》,载于《威斯康星法律评论》(1980 年),第 247 页。

Cantor, Buffalo Forge and Injunctions Against Employer Breaches of Collective Bargaining Agreements,1980 Wis. L. Rev. 247,792

坎特,《继商场案之后异议工人行动》,载于《罗格斯法律评论》第 29 卷(1975 年),第 35 页。

————, Dissident Worker Action, After The Emporium, 29 Rutgers L. Rev. 35 (1975),459

坎特,《隔离门、相关工作和间接联合抵制》,载于《罗格斯法律评论》第 27

卷(1974年),第613页。

————, Separate Gates, Related Work, and Secondary Boycotts, 27 *Rutgers L. Rev.* 613 (1974), 664, 791

坎特,《工会代理制企业协议的使用和滥用》,载于《圣母大学法律评论》第59卷(1983年),第61页。

————, Uses and Abuses of the Agency Shop, 59 *Notre Dame L. Rev.* 61 (1983), 973

卡德,《工资与就业结构的改变:美国、加拿大和法国之间的比较》,载于《加拿大经济学杂志》第32卷(1999年),第843页。

Card, Changes in the Relative Structure of Wages and Employment: A Comparison of the United States, Canada and France, 32 *Can. J. Econ.* 843 (1999), 13

卡德和克鲁格:《传说与测算:最低工资的新经济学》,1995年版。

Card, D. & Krueger, A., *Myth and Measurement: The New Economics of Minimum Wage* (1995), 53

卡得和奥尔森,《谈判能力、罢工持续时间和工资:19世纪80年代罢工的一项分析》,普林斯顿大学工业关系系工作论文第294号,1992年1月。

Card & Olson, Bargaining Power, Strike Duration, and Wage Outcomes: An Analysis of Strikes in the 1980s (Indus, Rel, Section, Princeton Univ., Working Paper No, 294, Jan. 1992), 583

卡尔森,《美国劳动法中独家代表的起源和未来》,载于《迪尤肯法律评论》第30卷(1992年),第779页。

Carlson, The Origin and Future of Exclusive Representation in American Labor Law, 30 *Duq. L. Rev.* 779 (1992), 452

凯斯比尔,《执笔人:访谈"华格纳法"起草的起草人莱昂·凯瑟林》,载于《迈阿密法律评论》第42卷(1987年),第285页

Casebeer, Holder of the Pen: An Interview with Leon Keyserling on Drafting the Wagner Act, 42 *U. Miami L. Rev.* 285 (1987), 87

查理森和露丝,《工人组建工会并展开集体谈判之权利的加拿大视角》,载于《践行美国劳动法的诺言》,弗里德曼等主编,1994 年版。

Chaison & Rose, The Canadian Perspective on Workers' Rights to Form a Union and Bargain Collectively, in Restoring the Promise of American Labor Law (Friedman et al. eds. ,1994) ,489

凯特,《公平代表的竞争模式:敷衍处理的案例》,载于《波士顿学院法律评论》第 24 卷(1982 年),第 1 页。

Cheit, Competing Models of Fair Representation: The Perfunctory Processing Cases, 24 B. C. L. Rev, 1 (1982) ,1055

克里斯藤森,《公共权利的私人判断:〈国家劳动关系法〉执行中的仲裁角色》,载于《美国劳动仲裁的未来》,可丽姬等主编,1976 年版。

Christensen, Private Judges of Public Rights: The Role of Arbitration in the Enforcement of the National Labor Relations Act, in The Future of Labor Arbitration in America (Correge et al. eds. ,1976) ,804

克里斯藤森和斯瓦诺,《不当劳动行为的动机:最高法院和虚构的形式主义》,载于《耶鲁法律杂志》第 77 卷(1976 年),第 1269 页。

Christensen & Svanoe, Motive and Intent in the Commission of Unfair Labor Practices: The Supreme Court and the Fictive Formality, 77 Yale L. J. 1269 (1968) ,166 ,600

克拉克,《公平代表义务:一种理论结构》,载于《得克萨斯法律评论》第 51 卷(1973 年),第 1119 页。

Clark, The Duty of Fair Representation: A Theoretical Structure, 51 Tex. L. Rev. 1119 (1973) ,979

克拉克:《矿工的民主斗争:阿诺德·米勒和矿工联合会的改革》,1981 年版。

————, The Miners' Fight for Democracy: Arnold Miller and the Reform of the United Mine Workers (1981) ,1108

克拉克,《工会官员根据〈劳资报告和公开法〉第 501 条的委托责任》,载于

《明尼苏达法律评论》第 52 卷(1967 年),第 437 页。

Clark, Jr., The Fiduciary Duties of Union Officials Under Section 501 of the LMRDA, 52 *Minn. L. Rev.* 437 (1967), 1130

科恩,《中立性协议:国家劳动关系委员会是否会认同有关它自身的退化的说法?》,载于《劳工律师》第 16 卷(2000 年),第 201 页。

Cohen, C., Neutrality Agreements: Will the NLRB Sanction Its Own Obsolescence?, 16 *Lab. Law.* 201 (2000), 524

科恩、圣徒其和福利特,《阻止自身的过时——国家劳动关系委员会是怎样质询有关中立协议的现行法律的》,载于《圣母大学法律评论》第 20 卷(2006 年),第 521 页。

Cohen, Santucci, Jr. & Fritts, Resisting Its Own Obsolescence—How the National Labor Relations Board is Questioning the Existing Law of Neutrality Agreements, 20 *Notre Dame J. L., Ethics & Pub. Pol'y* 521 (2006), 429

科恩和瓦奇特,《更换罢工工人:法律和经济的方法》,载于《纽约大学第 43 届劳动法年会资料》第 43 卷第 118 页,斯坦主编,1990 年版。

Cohen, G. & Wachter, Replacing Striking Workers: The Law and Economics Approach, in Proc., 43rd Ann. N. Y. U. Conf. on Lab. 118 (Stein ed., 1990), 595

康芒特,《〈华格纳法〉的激进潜力评论:展开集体谈判的义务》,载于《宾夕法尼亚大学法律评论》第 129 卷(1981 年),第 1392 页。

Comment, The Radical Potential of the Wagner Act: The Duty to Bargain Collectively, 129 *U. Pa. L. Rev.* 1392 (1981), 446

康芒特,《这不是你爷爷的工会——是吗?:在网络时代行使第 7 条规定的权利》,载于《迪尤肯法律评论》第 39 卷(2001 年),第 675 页。

Comment, This is Not Your Grandfather's Labor Union—Or Is It?: Exercising Section 7 Rights in the Cyberspace Age, 39 *Duq. L. Rev.* 675 (2001), 177

康芒特,《评论贝克案权利和辞职权利的放弃:为工会—会员关系注入个性化的承诺》,载于《天主教大学法律评论》第 43 卷(1993 年),第 159 页。

Comment, Waiver of Beck Rights and Resignation Rights: Infusing the Union-Member Relationship with Individualized Commitment, 43 Cath. U. L. Rev. 159 (1993), 1009

康诺利、赫希和赫尔希,《工会寻租、可支付资产与公司的市场价值》,载于《经济和统计研究》第68卷(1986年),第567页。

Connolly, Hirsch & Hirschey, Union Rent Seeking, Intangible Capital, and the Market Value of the Firm, 68 Rev. of Econ. & Stat. 567 (1986), 17 – 18

库珀,《授权卡和工会代表选举的结果:对最高法院在吉赛尔案判决中所作假设的实证评估》,载于《西北大学法律评论》第79卷(1984年),第87页。

Cooper, Authorization Cards and Union Representation Election Outcome: An Empirical Assessment of the Assumptions Underlying the Supreme Court's Gissel Decision, 79 Nw. U. L. Rev. 87 (1984), 342, 379

卡比特,《关于雇佣长期替代工人的程序限制的建议:一件比〈工作场所公平法〉"好得多的事"》,载于《北卡罗来纳法律评论》第72卷(1994年),第813页。

Corbett, A Proposal for Procedural Limitations on Hiring Permanent Replacements: "A Far, Far Better Thing" Than the Workplace Fairness Act, 72 N. C. L. Rev. 813 (1994). 576, 587

卡比特,《拿走雇主的武器和关于复职的谈判:罢工者替代法关于"法律、经济和谈判过程"的回复》,载于《俄亥俄州法律杂志》第56卷(1995年),第1511页。

————, Taking the Employer's Gun and Bargaining About Returning It: A Reply to "A Law, Economics, and Negotiations Approach" to Striker Replacement Law, 56 Ohio St. L. J. 1511 (1995), 582

卡比特,《不当劳动行为罢工:对变化的批评和建议》,载于《纽约大学法律评论》第46卷(1971年),第988页。

————, The Unfair Labor Practice Strike: A Critique and a Proposal for

Change, 46 *N. Y. U. L. Rev.* 988 (1971), 587

坎催曼,《组织起来的音乐家:第一部分》,载于《芝加哥大学法律评论》第16卷(1948年),第56页。

Countryman, The Organized Musicians: Pt. I, 16 *U. Chi. L. Rev.* 56 (1948), 703

考克斯,《汉堡法庭中的表达自由》,载于《哈佛法律评论》第94卷(1980年),第1页。

Cox, Freedom of Expression in the Burger Court, 94 *Harv. L. Rev.* 1 (1980), 637

考克斯,《1959年〈劳动改革法〉下的工会内部事务》,载于《密歇根法律评论》第58卷(1960年),第819页。

————, Internal Affairs of Labor Unions Under the Labor Reform Act of 1959, 58 *Mich. L. Rev.* 819 (1960), 1066

考克斯,《最高法院在1957年10月所作的劳动案件判决》,载于《弗吉尼亚法律评论》第44卷(1958年),第1057页。

————, Labor Decisions of the Supreme Court at the October Term, 1957, 44 *Va. L. Rev.* 1057 (1958), 516, 910

考克斯,《联邦劳动法优先权的新发展》,载于《俄亥俄州法律杂志》第41卷(1980年),第277页。

————, Recent Developments in Federal Labor Law Preemption, 41 *Ohio St. L. J.* 277 (1980), 924

考克斯,《依据劳动协议的权利》,载于《哈佛法律评论》第69卷(1956年),第601页。

————, Rights Under A labor Agreement, 69 *Harv. L. Rev.* 601 (1956), 1048

考克斯和邓洛普,《国家劳动关系委员会对集体谈判的规制》,载于《哈佛法律评论》第63卷(1950年),第389页。

Cox & Dunlop, Regulation of Collective Bargaining by the National Labor Relations Board, 63 *Harv. L. Rev.* 389 (1950), 475-476

克雷恩,《通过扩大〈国家劳动关系法〉的覆盖面来加强团结:工人力量的蓝图》,载于《明尼苏达法律评论》第74卷(1990年),第953页。

Crain, Building Solidarity Through Expansion of NLRA Coverage: A Blueprint for Worker Empowerment, 74 *Minn. L. Rev.* 953 (1990), 125

科瑞通、古德森和特雷西,《加拿大禁止罢工替代工人的影响》,载于《劳动法杂志》第50卷(1999年),第173页。

Cramton, Gunderson & Tracy, Impacts of Strike Replacement Bans in Canada, 50 *Lab. L. J.* 173 (1999), 580, 583

科瑞弗,《波音公司案的判决:对联邦制的打击、个人权利和依循先例》,载于《宾夕法尼亚大学法律评论》第122卷(1974年),第556页。

Craver, The Boeing Decision: A Blow to Federalism, Individual Rights and Stare Decisis, 122 *U. Pa. L. Rev.* 556 (1974), 1003

科瑞弗,《金融危机对集体谈判关系的影响》,载于《乔治·华盛顿法律评论》第56卷(1988年),第465页,第498—503页。

————, The Impact of Financial Crises upon Collective Bargaining Relationships, 56 *Geo, Wash. L. Rev.* 465 (1988), 863

科瑞弗,《劳动仲裁作为集体谈判程序的延续》,载于《芝加哥肯特法律评论》第66卷(1990年),第571页。

————, Labor Arbitration as a Continuation of the Collective Bargaining Process, 66 *Chi-Kent L. Rev.* 571 (1990), 764

唐纳德·E.卡伦:《国家紧急状态罢工》,1968年版。

Cullen, D, *National Emergency Strikes* (1968), 510

杜-施密特,《对美国劳动法的谈判的分析》,载于《密歇根法律评论》第91卷(1992年),第419页。

Dau-Schmidt, A Bargaining Analysis of American Labor Law, 91 *Mich. L. Rev.* 419 (1992), 18

杜-施密特,《根据〈国家劳动关系法〉的工会安全协议:规则、章程和贝克案中的法院意见》,载于《哈佛立法杂志》第 27 卷(1990 年),第 51 页。

————, Union Security Agreements Under the National Labor Relation Act: The Statute, The Constitution, and the Court's Opinion in Beck, 27 Harv. J. on Legis. 51 (1990), 990, 1003

达维斯,《罢工时期:保护恐慌时期的劳工与管理层之间的冲突》,载于《乔治城法律杂志》第 93 卷(2005 年),第 1783 页。

Davies, Strike Season: Protecting Labor-Management Conflict in the Age of Terror, 93 Geo. L. J. 1783 (2005), 509, 510, 511

德菲纳,《工会、关联工资和经济效益》,载于《劳动经济学杂志》第 1 卷(1983 年),第 408 页。

DeFina, Unions, Relative Wages and Economic Efficiency, 1 J. Lab. Econ. 408 (1983), 23

德莱尼和施沃,《在政治进程中产生的员工代表》,载于《员工代表:未来的一个方向》第 265 页,布鲁斯·E. 考夫曼和莫里斯·M. 克莱纳主编,1993 年。

Delaney & Schwochau, Employee Representation Through the Political Process, in Employee Representation: Alternatives and Future Directions (Kaufman & Kleiner eds., 1993), 23

德尔森和维恩,《瑞典模式:是否与其他欧洲国家相关?》,载于《英国劳资关系杂志》第 30 卷(1991 年),第 83 页。

Delsen & Veen, The Swedish Model: Relevant for Other European Countries?, 30 Brit. J. Indus. Rel. 83 (1991), 554

德帕和罗亚特,《法国劳动法国际百科全书》,布朗潘主编,1987 年版。

Despax, M & Rojot, J, France, in International Encyclopedia of Labour Law (Blanpain ed., 1987), 554

《法律的发展——工作和边界:对非法劳工的法律保护》(四),载于《哈佛法律评论》第 118 卷(2005 年),第 2224 页。

Developments in the Law-Jobs and Borders: IV. Legal Protections of Illegal

Workers, 118 *Harv. L. Rev.* 2224(2005), 161

多尔硬格和皮奥里,《内部劳动力市场与资源分析》,1971年版。

Deoringer P. & Piore, M., *Internal Labor Markets and Manpower Analysis* (1971), 10

都劳,《雇员在集体谈判的申诉部分的参与》,载于《哥伦比亚法律评论》第50卷(1950年),第731页。

Dunau, Employee Participation in the Grievance Aspect of Collective Bargaining, 50 *Colum. L. Rev.* 731 (1950), 1048

都劳,《对劳动仲裁裁决司法审查的范围》,载于《纽约大学第24届劳动法年会论文集》,1972年,第175页。

————, Scope of Judicial Review of Labor Arbitration Awards, in Proc., 24th Ann. N. Y. U. Conf. on Lab. 175 (1972), 764

都劳,《对第8条(b)(7)当代解释的某些方面的分析》,载于《乔治城法律评论》第52卷(1964年),第220页。

————, Some Aspects of the Current Interpretation of Section 8(b)(7), 52 *Geo. L. J.* 220 (1964), 441, 442

邓肯和斯塔福德,《工会成员享受不一样的工资补偿吗?》,载于《美国经济研究》第70卷(1980年),第355页。

Duncan & Stafford, Do Union Members Receive Compensating Wage Differentials?, 70 *Am. Econ. Rev.* 355(1980), 12

德怀尔,《联邦法下的雇主支付的"工会时间"》,载于《劳动法杂志》第12卷(1961年),第236页。

Dwyer, Employer-Paid "Union Time" Under the Federal Labor Laws, 12 *Lab. L. J.* 236 (1961), 268

埃姆斯,《从工会的角度对工会投票权所作的分享》,载于《斯坦福法律评论》第28卷(1976年),第1181页。

Eames, An Analysis of the Union Voting Study from a Trade-Unionist's Point of View. 28 *Stan. L. Rev.* 1181 (1976), 342

伊顿与克里斯凯,《中立性授权书审核协议下的工会活动》,载于《劳资关系评论》第 55 卷,第 42 页。

Eaton & Kriesky, Union Organizing Under Neutrality Card Check Agreements, 55 Indus. & Lab. ReL. Rev. 42, 429 – 430

爱德华,《仲裁超过诉讼的优势:对一个判决的思考》,载于《全国第 35 届仲裁学术会议论文集》,1982 年,第 16 页。

Edwards, Advantages of Arbitration over Litigation: Reflections of a Judge, Proc. , 35th Ann. Meeting, Natl. Acad. of Arbs. 16 (1982), 767 – 768

爱德华,《劳动仲裁的延期与谈判义务的弃权:一个可能走出国家劳动关系委员会迷惑的方法》,载于《俄亥俄州法律评论》第 46 卷(1985 年),第 23 页。

_____ , Deferral to Arbitration and Waiver of the Duty to Bargain: A Possible Way Out of Everlasting Confusion at the NLRB, 46 Ohio St. L. J. 23 (1985), 569, 805

爱德华,《劳动仲裁中应考虑的预期程序》,载于《劳动仲裁杂志》第 25 卷(1970 年),第 141 页。

_____ , Due Process Considerations in Labor Arbitration, 25 Arb. J. 141 (1970), 720

爱德华,《关于劳动仲裁的司法审查:在公共政策抗辩和协商义务之间的冲突》,载于《芝加哥肯特法律评论》第 64 卷(1988 年),第 4 页。

_____ , Judicial Review of Labor Arbitration Awards: The Clash Between the Public Policy Exception and the Duty to Bargain, 64 Chi. -Kent L. Rev. 3 (1988), 774

埃伦伯格和史密斯,《现代劳动经济学》,1998 年第 3 版。

Ehrenberg, R. & Smith, R. , Modern Labor Economics (3d ed. 1988), 4, 9, 15

埃尔库里·F 与埃尔库里·E:《怎样进行仲裁工作》,阿伦·麦丽丝·鲁本主编,2003 年第 6 版。

Elkouri, F. & Elkouri, E. , How Arbitration Works (Ruben ed. , 6th ed. 2003),

708,720

伊利:《民主与缺乏信任:司法审查理论》,1980 年版。
Ely, J. , *Democracy and Distrust* : *A Theory of Judicial Review* (1980) ,53

爱默生:《自由表达制度》,1970 年版。
Emerson, T. , *The System of Freedom of Expression* (1970) ,637

英格尔,《在针对产品进行打击之后的间接顾客纠察》,载于《弗吉尼亚法律评论》第 52 卷(1966 年),第 189 页。
Engel, Secondary Consumer Picketing Following the Strunk Product, 52 *Va. L. Rev.* 189 (1966) ,675

爱泼斯坦,《规制劳动关系的普通法:对新劳工立法政策批判》,载于《耶鲁法律杂志》第 92 卷(1983 年),第 1357 页。
Epstein, A Common Law for Labor Relations: A Critique of New Deal Labor Legislation ,92 *Yale L. J.* 1357 (1983) ,46

恩斯特,《1908—1914 年之间劳工豁免权》,载于《爱荷华法律评论》第 74 卷(1989 年),第 1151 页。
Ernst, The Labor Exemption, 1908 - 1914, 74 *Iowa L. Rev.* 1151 (1989) ,57

艾斯特伦德,《经济理性与回避工会:对〈国家劳动关系法〉的误读》,载于《得克萨斯法律评论》第 71 卷(1993 年),第 921 页。
Estlund, Economic Rationality and Union Avoidance: Misunderstanding the National Labor Relations Act, 71 *Tex. L. Rev.* 921 (1993) ,198

艾斯特伦德,《兰奇米尔判例之后劳动、财产和主权》,载于《斯坦福法律评论》第 46 卷(1994 年),第 305 页。
———— , Labor, Property, and Sovereignty after Lechmere, 46 *Stan. L. Rev.* 305 (1994) ,191

艾斯特伦德,《美国劳动法的僵化》,载于《哥伦比亚法律评论》第 102 卷(2002 年),第 1527 页。
———— ,The Ossification of American Labor Law, 102 *Colum. L. Rev.* 1527 (2002) ,9

艾斯特伦德,《工人想要什么？〈国家劳动关系法〉规定的员工利益、公共利益和言论自由》,载于《宾夕法尼亚大学法律评论》第 140 卷(1992 年),第 921 页。

————, What Do Workers Want? Employee Interests, Public Interests, and Freedom of Expression Under the National Labor Relations Act, 140 U. Pa. L. Rev. 921 (1992), 299

艾斯托伊克,《有计划的怠工和不称职:法庭的角色》,载于《纽约大学第 35 届劳动法年会论文集》1983 年,第 335 页。

Estreicher, Absenteeism and Incompetence: The Role of the Courts, in Proc., 35th Ann. N. Y. U. Conf. on Lab. 335(Stein ed. ,1983) ,717

艾斯托伊克,《没有工会的劳动争议仲裁》,载于《芝加哥肯特法律评论》第 66 卷(1990 年),第 753 页。

————, Arbitration of Employment Disputes Without Unions, 66 Chi-Kent L. Rev, 753 (1990), 776

艾斯托伊克,《集体谈判还是"集体乞讨"? 对反罢工破坏者立法的反思》,载于《密歇根法律评论》第 93 卷(1994 年),第 577 页。

————, Collective Bargaining or "Collective Begging"?: Reflections on Antistrike-breaker Legislation, 93 Mich. L. Rev. 577 (1994), 574, 576, 581, 595, 607, 947

艾斯托伊克,《解除对工会民主的管制》,载于《劳动研究杂志》第 21 卷(2000 年),第 247 页。

————, Deregulating Union Democracy, 21 J. Lab. Res. 247 (2000), 380, 979, 980, 1120

艾斯托伊克,《工会民主的去管制》,载于《哥伦比亚商法评论》2000 年,第 501 页。

————, Deregulating Union Democracy, 2000 Colum. Bus. L. Rev. 501, 423

艾斯托伊克,《在劳工中去工会化:改变带来的是胜利还是留下?》,载于《劳动关系杂志》第 27 卷(2006 年),第 505 页。

_____, Disunity within the House of Labor: Change to Win or Stay the Course?, 27 *J. of Lab. Res.* 505 (2006), 91, 97

艾斯托伊克,《获得证据之后的原则》,载于《纽约大学法律杂志》,1993年4月29日。

_____, The Doctrine of After-Acquired Evidence, *N. Y. L. J.*, Apr. 29, 1993, 156

艾斯托伊克,《邓洛普报告和劳动法改革的未来》,载于《劳工律师》第12卷 (1996年),第117页。

_____, The Dunlop Report and the Future of Labor Law Reform, 12 *Lab. Law.* 117(1996), 380

艾斯托伊克,《邓洛普报告和劳动法改革的未来》,载于《管制》第18卷第1期(1995年冬季刊);《劳工律师》第28卷(1996年),第117页。

_____, The Dunlop Report and the Future of Labor Law Reform, *Regulation*, vol. 18, no. 1(Winter 1995), 28 *Lab. Law* 117(1996), 489

艾斯托伊克,《员工参与与禁止"公司工会":对〈国家劳动关系法〉第8条(a)(2)款部分废除的案例》,载于《纽约大学法律评论》第69卷(1994年),第101页。

_____, Employee Involvement and the "Company Union" Prohibition: The Case for Partial Repeal of Section 8(a) (2) of the NLRA, 69 *N. Y. U. L. Rev.* 101 (1994), 125, 258, 267, 268, 273

艾斯托伊克,《合同的自由和劳动法改革:开创价值附加的工会主义的可能性》,载于《纽约大学法律评论》第71卷(1996年),第827页。

_____, Freedom of Contract and Labor Law Reform: Opening Up the Possibilities for Value-Added Unionism, 71 *N. Y. U. L. Rev.* 827 (1996), 419, 525, 688, 974

艾斯托伊克,《司法无效:基多·卡拉布瑞斯的法定年龄上不寻常的普通法》,载于《纽约大学法律评论》第57卷(1982年),第1126页。

_____, Judicial Nullification: Guido Calabresi's Uncommon Common Law for a Statutory Age, 57 *N. Y. U. L. Rev.* 1126 (1982), 673

艾斯托伊克,《在竞争产品市场的世界中所进行的劳动法改革》,载于《芝加哥肯特法律评论》第69卷(1993年),第3页。

―――, Labor Law Reform in a World of Competitive Product Markets, 69 *Chi-Kent L. Rev.* 3(1993), 96, 376, 416, 452, 499, 516, 525, 554, 980

艾斯托伊克,《劳动与市场竞争全球化时期的工作场所代表模式》,载于《劳动法:人权和社会公正》第51页,罗杰·布朗潘主编,2001年版。

―――, Models of Workplace Representation for an Era of Global Labor and Product Market Competition, in Labour Law: Human Rights and Social Justice 51 (Blanpain ed., 2001), 95

艾斯托伊克,《注释:根据〈兰德勒姆-格里芬法〉的选举前救济》,载于《哥伦比亚法律评论》第74卷(1974年),第1105页。

―――, Note, Pre-Election Remedies Under the Landrum-Griffin Act, 74 *Colum. L. Rev.* 1105(1974), 1105

艾斯托伊克,《柏拉图式的民主守护者:约翰·哈特伊利在最高法院解读宪法问题所担任的角色》,载于《纽约大学法律评论》第56卷(1981年),第547页。

―――, Platonic Guardians of Democracy: John Hart Ely's Role for the Supreme Court in the Constitution's Open Texture, 56 *N. Y. U. L. Rev.* 547 (1981), 53

艾斯托伊克,《劳动委员会政策摇摆:对规制制定的要求》,载于《行政法评论》第37卷(1985年),第163页。

―――, Policy Oscillation at the Labor Board: A Plea for Rulemaking, 37 *Admin. L. Rev.* 163(1985), 103, 104

艾斯托伊克,《1980—1981年第二巡回法庭和劳动关系委员会:司法审查机构反应的案例研究》,载于《布鲁克法律评论》第48卷(1982年),第1063页。

―――, The Second Circuit and the NLRB 1980-81: A Case Study in Judicial Review of Agency Action,48 *Brook. L. Rev.* 1063(1982),107

艾斯托伊克,《罢工者和替代者》,载于《劳工律师》第 3 卷(1987 年),第 897 页。

————,Strikers and Replacements,3 *Lab. Law.* 897(1987),166,216,577, 597,615,626

艾斯托伊克:《劳动法和商业变化中的承继义务:理论和转化视角》第 4 章,萨缪尔·艾斯托伊克和丹尼尔·G. 柯林斯主编,1988 年版。

————,Successorship Obligations,in Labor Law and Business Change:Theoretical and Transactional Perspectives (Estreicher & Collins eds. ,1988),826

艾斯托伊克,《双赢的劳动法改革》,载于《劳工律师》第 10 卷(1994 年),第 667 页。

————,Win-Win Labor Law Reform,10 *Lab. Law.* 667 (1994),416,817, 963,1050

艾斯托伊克和博迪,《论文评论——国家劳动关系委员会带来的行政延误:一些温和建议》,载于《劳动研究杂志》第 23 卷(2002 年),第 87 页。

Estreicher & Bodie,Review Essay — Administrative Delay at the NLRB:Some Modest Proposals,23 *J. Lab. Res.* 87(2002),101,105

艾斯托伊克和雷维兹,《未被联邦行政机构默认》,载于《耶鲁法律杂志》第 98 卷(1989 年),第 679 页。

Estreicher & Revesz,Nonacquiescence by Federal Administrative Agencies,98 *Yale L. J.* 679(1989),101,487

艾斯托伊克和施瓦布,《劳动和就业法的基础》,2000 年版。

Estreicher, S. & Schwab, S., *Foundations of Labor and Employment Law* (2000),94,554

艾斯托伊克和特耳塞,《一项重建的中西部管道原则:一个有关司法管辖的案件》,载于《劳动法杂志》第 36 卷(1985 年),第 14 页。

Estreicher & Telsey,A Recast Midwest Piping Doctrine:The Case for Judicial Acceptance,36 *Lab. L. J.* 14(1985),427

大卫·尤因,《工作中的正义:在无工会场所解决申诉》,1989 年版。

Ewing, D. , *Justice on the Job*: *Resolving Grievances in the Nonunion Workplace* (1989) ,22

欧文·法尔瓦哲,《劳动仲裁中的实践和程序》,斯洪霍纷主编,1999 年第 4 版。

Fairweather, O. , *Practice and Procedure in Labor Arbitration* (Schoonhoven ed. , 4th ed. 1999) ,708

法伯和克鲁格,《美国工会会员数继续衰落》,载于《雇员代表:未来的方向》,考夫曼和克莱纳主编,1993 年版。

Farber & Krueger, Union Membership in the United States: The Decline Continues, in Employee Representation: Alternatives and Future Directions (Kaufman & Kleiner eds. ,1993) ,95

法伯和韦斯滕,《1973—1998 年西方私营部门工会的衰落》,载于《劳动研究杂志》第 22 卷(2001 年),第 459 页。

Farber & Western, Accounting for the Decline of Unions in the Private Sector, 1973‒1998, 22 *J. Lab. Res.* 459(2001) ,95

法莫和保尔,《国家劳动关系委员会在解决管辖权纠纷中的地位》,载于《弗吉尼亚法律评论》第 46 卷(1960 年),第 660 页。

Farmer & Powers, The Role of the National Labor Relations Board in Resolving Jurisdictional Disputes, 46 *Va. L. Rev.* 660 (1960) ,699

法如,《欧盟政策的司法发展和欧盟成员国之间的对话》,载于《法院中的劳动法》,希亚拉主编,2001 年版。

Faro, Judicial Developments of EC Policy and Intra-Community Dialogues, in Labor Law in the Courts (Sciarra ed. ,2001) ,830

福尔科,《消退的自由主义》,载于《美国经济史》,亨利·大卫主编,1951 年版。

Faulkner, The Decline of Laissez Faire, in The Economic History of the United States (Henry David et al. eds. ,1951) ,53‒54

范辛格,《劳动合同的执行——集体谈判的新时代》,载于《弗吉尼亚法律评论》第 43 卷(1957 年),第 261 页。

Feinsinger, Enforcement of Labor Agreements — A New Era in Collective Bargaining, 43 *Va. L. Rev.* 261 (1957), 739

费勒,《仲裁黄金时代终结的到来》,载于《全国第 29 届仲裁年会论文集》(1976 年),第 112 页。

Feller, The Coming End of Arbitration's Golden Age, Proc., 29th Ann. Meeting, Natl. Acad. of Arbs. (1976), 766, 776

费勒,《集体谈判协议的一般理论》,载于《加利福尼亚法律评论》第 61 卷(1973 年),第 663 页。

————, A General Theory of the Collective Bargaining Agreement, 61 *Cal. L. Rev.* 663 (1973), 725, 735, 785, 1048, 1055

费勒,《塔夫脱与哈特莱的表白:对劳动仲裁裁决进行司法审查的怪诞历史》,载于《伯克利劳动法杂志》第 19 卷(1998 年),第 296 页。

————, Taft and Hartley Vindicated: The Curious History of Review of Labor Arbitration Awards, 19 *Berk. J. Emp. & Lab. L.* 296 (1998), 765

芬金,《劳动法的保护:迈尔斯产业公司案、西尔斯-罗巴克及公司案、机械鸟工程公司案》,载于《爱荷华法律评论》第 71 卷(1985 年),第 155 页。

Finkin, Labor Law by Boz: A Theory of Meyers Industries, Inc, Sears Roebuck and Co., and Bird Engineering, 71 *Iowa L. Rev.* 155(1985), 247

芬金,《劳动政策和经济罢工的衰弱》,载于《伊利诺伊州立大学法律评论》(1990 年),第 547 页。

————, Labor Policy and the Enervation of the Economic Strike, 1990 *U. Ill. L. Rev.* 547, 584, 597, 607

芬金,《集体协会中的多数决规则的局限性》,载于《明尼苏达法律评论》第 64 卷(1980 年),第 183 页。

————, The Limits of Majority Rule in Collective Bargaining, 64 *Minn. L. Rev.* 183, (1980), 979

芬金,《未被采取的道路:有关非多数雇员代表的一些观点》,载于《芝加哥-肯特法律评论》第 69 卷(1993 年),第 195 页。

_____, The Road Not Taken: Some Thoughts on Nonmajority Employee Representation, 69 *Chi. Kent L. Rev.* 195 (1993), 452

芬金,《通过集体谈判协议剥夺莱德劳案的权利》,载于《劳资关系法律杂志》第 3 卷(1979 年),第 591 页。

_____, The Truncation of Laidlaw Rights by Collective Agreement, 3 *Indus. Rel. L. J.* 591 (1979), 579

非士尔,《自我、他人以及第七节:〈国家劳动关系法〉下的互助和保护抗议行动》,载于《哥伦比亚法律评论》第 89 卷(1989 年),第 789 页。

Fischl, Self, Other and Section 7: Mutualism and Protected Protest Activities Under the National Labor Relations Act, 89 *Colum. L. Rev.* 789 (1989), 588

菲斯克,《工会的律师与劳动法》,载于《伯克利劳动法杂志》第 23 卷(2002 年),第 57 页。

Fisk, Union Lawyers and Employment Law, 23 *Berk. J. Emp. &Lab. L.* 57 (2002), 357

弗林,《艾伦顿·麦克案:无意产生的如此结果的法律的幸福例证?》,载于《劳动法杂志》第 49 卷(1998 年),第 983 页。

Flynn, Allentown Mack: A Happy Exemplar of the Law of Unintended Consequences?, 49 *Lab. L. J.* 983 (1998), 380, 401, 404

弗林,《艾伦顿·麦克案和经济罢工:现在是不好的消息》,载于《劳动法杂志》第 49 卷(1998 年),第 1205 页。

_____, Allentown Mack and Economic Strikes: And Now for the Bad News, 49 *Lab. L. J.* 1205 (1998), 616

弗林,《"隐藏不利证据"的成本和收益:劳动关系委员会的政策制定和司法审查的失败》,载于《波士顿大学法律评论》第 75 卷(1995 年),第 387 页。

_____, The Costs and Benefits of "Hiding the Ball": NLRB Policymaking and the Failure of Judicial Review, 75 *B. U. L. Rev.* 387 (1995), 104, 292, 615

1167 弗林,《禁止经济罢工:超过长期替代工人的"工会情绪"》,载于《天普法律评论》第61卷(1998年),第691页。

————, The Economic Strike Bar: Looking Beyond the "Union Sentiments" of Permanent Replacements, 61 *Temp. L. Rev.* 691 (1988), 575-576, 615

弗林,《擅长于什么?:劳动关系委员会的古尔德时代与"独立"机构的不负责任的神话》,载于《行政法研究》第52卷(2000年),第465页。

————, "Expertness for What?": The Gould Years at the NLRB and the Irrepressible Myth of the "Independent" Agency, 52 *Admin. L. Rev.* 465 (2000), 292, 376-377

弗林,《一场静悄悄的劳动委员会革命:1935年至2000年〈国家劳动关系法〉的转型》,载于《俄亥俄州法律杂志》第61卷(2000年),1361页。

————, A Quiet Revolution at the Labor Board: The Transformation of the NLRB, 1935-2000, 61 *Ohio St. L. J.* 1361 (2000), 99

弗林,《国家劳动关系委员会的三重标准:雇主对现行工会的挑战》,载于《威斯康星法律评论》(1991年),第653页。

————, A Triple Standard at the NLRB: Employer Challenges to an Incumbent Union, 1991 *Wis. L. Rev.* 653, pp. 400, 403, 405

威廉·E.福巴斯,《法律与美国劳动运动的成型》,1991年版。

Forbath, W., *Law and the Shaping of the American Labor Movement* (1991), 45, 50

法兰克福和格林,《劳工禁令》,1930年版。

Frankfurter, F. & Greene, N., *The Labor Injunction* (1930), 67, 77, 641

弗里德、波尔斯比和斯皮策,《对海德的回答,法官能辨别公平的谈判程序吗?》,载于《南加州法律评论》第57卷(1984年),第425页。

Freed, Polsby & Spitzer, A Reply to Hyde, Can Judges Identify Fair Bargaining Procedures?, 57 *S. Cal. L. Rev.* 425 (1984), 1039

弗里德、波尔斯比和斯皮策,《工会、公平和集体抉择的难题》,载于《南加州法律评论》第56卷(1983年),第461页。

————, Unions, Fairness and the Conundrums of Collective Choice, 56 S. Cal. L. Rev. 461(1983),1037

理查德·弗里曼,《工会的作用及其附带福利》,载于《劳资关系评论》第34卷(1981年),第489页。

Freeman, R., The Effect of Trade Unions on Fringe Benefits, 34 Indus. & Lab. ReL. Rev. 489 (1981),12

理查德·弗里曼,《美国工会入会率的下降:是好事还是坏事,还是无关紧要?》,载于《工会与经济竞争》,米歇尔和沃斯主编,1992年版。

————, Is Declining Unionization of the U. S. Good, Bad, or Irrelevant?, in Unions and Economic Competitiveness (Mishel & Voos eds.,1992),13,16,18

理查德·弗里曼,《工会做了些什么?》,载于《国民经济研究局工作报告》第11410号,2005年6月,布拉内·斯琴忒斯特2004年编辑。

————, What Do Unions Do?: The 2004 M-Brane Stringtwister Edition, Nat. Bur. Econ. Res., Working Paper No. 11410 (June 2005),18,22,96

弗里曼和可雷诺,《工会是否致使企业破产?》,载于《国民经济研究局工作报告》第4797号,1994年7月。

Freeman. R. & Kleiner, M., Do Unions Make Enterprises Insolvent? (Nat. Bur. Econ. Res., Working Paper No. 4797, July 1994),16

弗里曼和拉齐尔,《对劳动委员会的经济学分析》,载于《劳动委员会:产业关系中的协商、代表与合作》,乔尔·罗杰斯和沃尔夫冈·司缀克提主编,1995年版。

Freeman & Lazear, An Economic Analysis of Works Councils, in Relations (Rogers &Streeck eds. 1995),22

理查德·弗里曼和詹姆斯·L.梅多夫,《工会做什么?》,1984年版。

Freeman, R. & Medoff, J., What Unions Do? (1984),11,13,15,16,21,22,23,96

理查德·弗里曼和乔尔·罗杰斯,《工人想要什么》,1999 年版。
Freeman,R,& Rogers,J.,*What Workers Want*(1999),28,95
理查德·弗里曼和乔尔·罗杰斯,《工人想要什么》,2006 年版。
————,*What Workers Want*(updated ed. 2006),95
福驰、凯切尔和派伊,《重访欠付工资》,载于《波士顿学院法律评论》第 15 卷(1973 年),第 227 页。
Fuchs, Kelleher & Pye, Back Pay Revisited,15 *B. C. L. Rev.* 227(1973),158
格里和比尔曼,《工资、保密规定和〈国家劳动关系法〉》,载于《宾夕法尼亚大学劳动法杂志》第 6 卷(2003 年),第 121 页。
Gely & Bierman,Pay Secrecy/Confidentiality Rules and the NLRA,6 *U. Pa. J. Lab. &Emp. L.* 121(2003),178
戈特曼,《对仲裁员水平的辩论:海斯法官和他的批判》,载于《印第安纳法律杂志》第 44 卷(1969 年),第 182 页。
Getman, The Debate over the Calibre of Arbitrators:Judge Hays and His Critics, 44 *Ind. L. J.* 182(1969),768
戈特曼,《中西部管道原则:一个有关劳动关系委员会理念重新评估之需的例证》,载于《芝加哥大学法律评论》第 31 卷(1964 年),第 292 页。
————,Midwest Piping Doctrine:An Example of the Need for Reappraisal of Labor Board Dogma,31 *U. Chi. L. Rev.* 292(1964),427
戈特曼,《76 号工会案之后保护部分罢工》,载于《斯坦福法律评论》第 29 卷(1977 年),第 205 页。
————,The Protected Status of Partial Strikes After Lodge 76:A Comment, 29 *Stan. L. Rev.* 205(1977),216
戈特曼,《对私营企业组织工会的思考》,载于《芝加哥大学法学评论》第 53 卷(1986 年),第 45 页。
————,Ruminations on Union Organizing in the Private Sector,53 *U. Chi. L. Rev.* 45(1986),340
戈特曼,《〈国家劳动关系法〉第 8 条(a)(3)款和隔离员工的自由选择》,载于《芝加哥大学法律评论》第 32 卷(1965 年),第 735 页。

————, Section 8 (a)(3) of the NLRA and the Effort to Insulate Free Employee Choice, 32 *U. Chi. L. Rev.* 735 (1965), 166, 207

盖特曼、金伯格和赫尔曼,《工会代表选举:法律和现实》,1976 年版。

Getman, J., Goldberg, S. & Herman, J., *Union Representation Elections: Law and Reality* (1976), 341

盖特曼和科勒尔,《国家劳动关系委员会诉麦凯无线电与电报公司案的故事:团结的高昂成本》,载于《劳动法的故事》,库珀和费斯克主编,2005 年版。

Getman & Kohler, The Story of NLRB v. MacKay Radio & Telegraph Co: The High Cost of Solidarity, in Labor Law Stories (Cooper & Fisk eds., 2005), 575

盖特曼和马歇尔,《变革中的劳资关系:以造纸行业为例》,载于《耶鲁法律杂志》第 102 卷(1993 年),第 1803 页。

Getman & Marshall, Industrial Relations in Transition: The Paper Industry Example, 102 *Yale L. J.* 1803 (1993), 980

吉福德,《重新界定反托拉斯的劳动豁免》,载于《明尼苏达法律评论》第 72 卷(1988 年),第 72 页。

Gifford, Redefining the Antitrust Labor Exemption, 72 *Minn. L. Rev.* 1379 (1988), 904

金,《在劳动委员会电子信息公司和杜邦案之后"员工参与计划"的法律地位》,载于《第 46 届纽约大学年度大会论文》,布吕农·斯坦主编,1993 年。

Gold, The Legal Status of "Employee Participation" Programs After the Labor Board's Electromation and du Pont Decision, in Proc., 46th Ann N. Y. U. Conf. on Lab. 21, 24 (Brunon Stein ed., 1993), 258

迈克尔·J. 金伯格,《阻挠工会民主:为什么放松管制将是一个错误》,载于《伯克利劳动法杂志》第 23 卷(2002 年),第 137 页。

Michael J. Goldberg, Derailing Union Democracy: Why Deregulation Would Be a Mistake, 23 *Berk. J. Emp. & Lab. L.* 137 (2002), 1121

金伯格、盖特曼和布雷特,《自由选择与劳动委员会的原则:不同的实证研究方法》,载于《西北大学法学评论》第 79 卷(1984 年),第 721 页。

Goldberg, Getman & Brett, The Relationship Between Free Choice and Labor Board Doctrine: Differing Empirical Approaches, 79 *Nw. U. L. Rev*, 721 (1984), 342

金伯格、盖特曼和布雷特,《工会代表选举:作者们对于批评的回应》,载于《密歇根法学评论》第 79 卷(1981 年),第 564 页。

————, Union Representation Elections: The Authors Respond to the Critics, 79 *Mich. L. Rev*, 564(1981), 342

古德曼,《利益支付建议和相关补偿计划,底特律印刷工会诉国家劳动关系委员会案和麦克拉奇新闻报再讨论》,载于《劳工律师》第 18 卷(2002 年),第 1 页。

Goodman, Merit Pay Proposals and Related Compensation Plans, Detroit Typographical Union v. NLRB and McClatchy Newspapers Revisited, 18 *Lab. Law.* 1 (2002), 519

戈曼,《录制音乐家和工会力量:美国音乐家协会的案例研究》,载于《西南法律评论》第 37 卷(1983),第 697 页。

Gorman, The Recording Musician and Union Power: A Case Study of the American Federation of Musicians, 37 *Sw. L. J.* 697(1983), 703

戈曼,《工会进入私人领地:兰奇米尔诉国家劳动关系委员会案的决定性的评定》,载于《霍夫斯特拉劳动法杂志》第 9 卷(1991 年),第 1 页。

————, Union Access to Private Property: A Critical Assessment of Lechmere, Inc. v. NLRB, 9 *Hofstra Lab. L. J.* 1 (1991), 191

戈尔曼和芬金,《〈国家劳动关系法〉规定的单个"和谐"要求》,载于《宾夕法尼亚大学法律评论》第 130 卷(1981 年),第 286 页。

Gorman & Finkin, The Individual Requirement of "Concert" Under the National

Labor Relations Act,130 *U. Pa. L. Rev.* 286,(1981),77

罗伯特·葛思科,《申诉仲裁中的举证责任》,载于《马凯特法律评论》第43卷(1959年),第135页。

Robert H. Gorske,Burden of Proof in Grievance Arbitration,43 *Marq. L. Rev.* 135(1959),719

戈德斯曼,《法院和国家劳动关系委员会如何审查仲裁裁决》,载于《全国第38届仲裁学术会议论文集》(1986年),第168页。

Gottesman,How the Courts and the NLRB View Arbitrators' Awards,Proc. ,38th Ann. Meeting,Natl. Acad. of Arbs. 168(1986),764

戈特斯曼,《重新思考劳动法上的优先权:州法对统一的促进》,载于《耶鲁规则杂志》第7卷(1990年),第335页。

————,Rethinking Labor Law Preemption:State Laws Facilitating Unionization,7 *Yale J. on Reg.* 335,407－409(1990),910

威廉·古尔德,《改革的议程:雇佣关系和法律的前景》,1993年版。

Gould,W. ,*Agenda for Reform:The Future of Employment Relationships and the Law*(1993),488,489,516,524,581

威廉·古尔德,《劳动仲裁判决的司法审查——钢铁工人三部曲的三十年:美国电报电话案和米斯克案的余波》,载于《圣母大学法律评论》第64卷(1989年),第464页。

————,Judicial Review of Labor Arbitration Awards—Thirty Years of the Steelworkers Trilogy:the Aftermath of AT & T and Misco,64 *Notre Dame L. Rev.* 464(1989),749

威廉·古尔德:《劳动关系的法律、政治和国家劳动关系委员会》,2000年版。

————,*Labored Relations:Law,Politics,and the NLRB* (2000),105－106

格雷,《罢工期间雇主经营的决策:结果和政策倾向性》,专家研讨会第一部分:《经济变化中的雇员权利——替代工人的问题》(经济政策研究所),1991年。

Gramm, Employers' Decisions to Operate During Strikes: Consequences and Policy Implications, Pt. I, in Seminar: Employee Rights in a Changing Economy— The Issue of Replacement Workers 36(Economic Policy Inst. 1991),583

格雷戈里,《集体谈判协议的法律》,载于《密歇根大学法律评论》第57卷(1959年),第635页。

Gregory, The Law of the Collective Agreement, 57 Mich. L. Rev. 635 (1959),739

格雷戈里和卡茨,《劳工与法律》,1979年第3版。

Gregory, C. & Katz, H., Labor and the Law (3d ed. 1979),68,641

格雷内尔,《无人性的关系:品质圈子和美国产业的反工会主义》,1988年版。

Greiner, G., Inhuman Relations: Quality Circles and Anti—Unionism in American Industry (1988),266

格雷沙姆,《仍然是第三人:非雇员的工会组织者在他人的私人商业物业内》,载于《得克萨斯法律评论》第62卷(1983年),第111页。

Gresham, Still as Strangers: Nonemployee Union Organizers on Private Commercial Property, 62 Tex. L. Rev. 111(1983),188

格罗丁和必森,《州工作权法和联邦劳动政策》,载于《加利福尼亚法律评论》第52卷(1964年),第95页。

Grodin & Beeson, State Right-to-Work Laws and Federal Labor policy, 52 Cal. L. Rev. 95(1964),973

詹姆斯·A.格鲁斯,《构建国家劳动关系委员会:1933—1937年间经济、政治与法律研究》,1974年版。

Gross, J., The Making of the National Labor Relations Board: A Study in Economics, Politics and the Law, 1933-1937,(1974),81,82,87,258,445

格罗斯等,《劳动谈判中的善意:标准和救济》,载于《康奈尔法律评论》第53卷(1968年),第1009页。

Gross et al., Good Faith in Labor Negotiations: Tests and Remedies, 53 Cornell

L. Rev. 1009（1968）,477

格鲁尼沃尔德,《劳动关系委员会第一次制订的规则:一个实用主义的权利行使》,载于《杜克法律评论》第 41 卷(1991 年),第 274 页。

Grunewald,The NLRB's First Rulemaking:An Exercise on Pragmatism,41 Duke L. J. 274（1991）,283

哈博和克劳斯科,《注解,劳动关系委员会关于准许工会使用公司财产的命令》,载于《康奈尔法学评论》第 68 卷(1983 年),第 895 页。

Haber & Klosk,Note,NLRB Orders Granting Unions Access to Company Property,68 Cornell L. Rev. 895（1983）,313

高特弗兰德·哈伯拉,《工资政策、雇佣和经济的稳定性及工会的影响》,怀特主编,1951 年版。

Haberler,G. ,Wage Policy,Employment and Economic Stability,in The Impact of the Union( Wright ed. ,1951）,301

托马斯·哈格德,《强制工会主义、国家劳动关系委员会和法院:对工会安全协议的法律分析》,1977 年版。

Haggard,T. ,Compulsory Unionism,The NLRB and the Courts:A Legal Analysis of Union Security Agreements（1977）,973

罕德兰和兹查克,《集体谈判和反托拉斯法:劳动豁免的毁灭》,载于《哥伦比亚法律评论》第 81 卷(1981 年),第 459 页。

Handler & Zifchak,Collective Bargaining and the Antitrust Laws:The Emasculation of the Labor Exemption,81 Colum. L. Rev. 459（1981）,903

迈克尔·C. 哈珀,《限制对委员会认证的决定进行司法审查的案例》,载于《乔治·华盛顿法学评论》第 55 卷(1987 年),第 262 页。

Harper,M. ,The Case for Limiting Judicial Review of Labor Board Certification Decisions,55 ,Geo. Wash. L. Rev. 262（1987）,296

迈克尔·C. 哈珀,《正在兴起的消费者的抵制权:NAACP 诉克莱伯尼硬件公司案以及对美国劳动法的影响》,载于《耶鲁法律杂志》第 93 卷(1984 年),第 409 页。

_____, The Consumer's Emerging Right to Boycott: NAACP v. Claiborne Hardware and Its Implications for American Labor Law, 93 *Yale L. J.* 409 (1984),442,637,639,674,675,678

迈克尔·C. 哈珀,《当代工厂第 8 条(a)(2)款的持续相关性》,载于《密歇根法学评论》第 96 卷(1998 年),第 2322 页。

_____, The Continuing Relevance of Section 8(a)(2) to the Contemporary Workplace,96 *Mich. L. Rev.* 2322(1998),258

迈克尔·C. 哈珀,《给集体谈判定义适当的经济关系》,载于《波士顿法律评论》第 39 卷(1998 年),第 329 页。

_____, Defining the Economic Relationship Appropriate for Collective Bargaining,39 *B. C. L. Rev.* 329(1998),118-119,305,827

迈克尔·C. 哈珀,《一个重振美国劳工运动活力的架构》,载于《印第安纳法律杂志》第 76 卷(2001 年),第 103 页。

_____, A Framework for the Rejuvenation of the American Labor Movement, 76 *Ind. L. J.* 103(2001),489

迈克尔·C. 哈珀,《铺平从伯格-华纳公司案到全国第一维修公司案的道路:强制性谈判的范围》,载于《弗吉尼亚法律评论》第 68 卷(1982 年),第 1447 页。

_____, Leveling the Road from Borg-Warner to First National Maintenance: The Scope of Mandatory Bargaining,68 *Va. L. Rev.* 1447 (1982),539

迈克尔·C. 哈珀,《限制 301 条的优先权:为钢铁三部曲案的三次欢呼,为林格尔案与吕克案仅有一次》,载于《芝加哥肯特法律评论》第 66 卷(1990 年),第 685 页。

_____, Limiting Section 301 Preemption: Three Cheers for the Trilogy, Only One for Lingle and Lueck,66 *Chi. -Kent L. Rev.* 685(1990),748,948,953, 961,963

迈克尔·C. 哈珀,《多雇主谈判、反托拉斯法和体育运动队:宽泛豁免的临时选择》,载于《威廉和玛丽法律评论》第 38 卷(1997 年),第 1663 页。

———,Multiemployer Bargaining, Antitrust Law, and Team Sports: The Contingent Choice of a Broad Exemption, 38 *Wm. & Mary L. Rev.* 1663(1997), 896

迈克尔·C. 哈珀,《集体谈判与雇员监督管理的协调》,载于《宾夕法尼亚法律评论》第137卷(1988年),第1页。

　　———,Reconciling Collective Bargaining with Employee Supervision of Management, 137 *U. Pa. L. Rev.* 1(1988), 269

迈克尔·C. 哈珀,《事关劳动法和经营变化中的企业转型的谈判责任的范围》,载于《理论和交易视角》,萨缪尔·艾斯托伊克和科林斯主编,1988年版。

　　———,The Scope of the Duty to Bargain Concerning Business Transformations, in Labor Law and Business Change: Theoretical and Transactional Perspectives(Samuel Estreicher & Collins eds. ,1988), 514, 544

迈克尔·C. 哈珀,《工会对〈国家劳动关系法〉规定的雇员权利的放弃》(第一、二部分),载于《劳资关系法律杂志》第4卷(1981年),第335页。

　　———,Union Waiver of Employee Rights Under the NLRA: Pts. Ⅰ & Ⅱ, 4 *Indus. Rel. L. J.* 335 & 680(1981), 251, 459, 516, 586 - 589, 804 - 805, 817

哈珀和卢浦,《作为平等保护的公平代表》,载于《哈佛法律评论》第98卷(1985年),第1212页。

Harper & Lupu, Fair Representation as Equal Protection, 98 *Harv. L. Rev.* 1212(1985), 1039, 1049 - 1050

哈里斯,《科斯的矛盾和低效率的长期罢工替代工人》,载于《华盛顿大学法律季刊》第80卷(2002年),第1185页。

Harris, Coase's Paradox and the Inefficiency of Permanent Strike Replacements, 80 *Wash. U. L. Q.* 1185(2002), 595 - 596

哈里斯:《在开放式工会时代雇主的集体行动:1903—1933年美国费城金属制造商协会》,载于《管理权? 雇主与产业关系的历史比较研究》,史蒂文和乔纳森编著,1991年。

Harris, H., Employers' Collective Action in the Open Shop Era: The Metal Manufacturers' Association of Philadelphia, c. 1903 – 1933, in the Power to Manage? Employers and Industrial Relations in a Comparative-Historical perspective (Tolliday & Zeitlin eds. ,1991) ,54

哈特勒,《非立法式劳动法改革以及资格确认前的中立协议:最新的民事权利运动》,载于《伯克利劳动法杂志》第22卷(2000年),第369页。

Hartley, Non-Legislative Labor Law Reform and Pre-Recognition Labor Neutrality Agreements: The Newest Civil Rights Movement, 22 Berk. J. Emp. & Lab. L. 369 (2000) ,429,524

海福德,《劳动仲裁法与商业仲裁的统一:谁的观点时代已经到来》,载于《贝勒法律评论》第52卷(2000年),第781页。

Hayford, Unification of the Law of Labor Arbitration and Commercial Arbitration: An Idea Whose Time Has Come, 52 Baylor L. Rev. 781 (2000) ,765

海斯,《最高法院和劳动法》,载于《哥伦比亚法律评论》第60卷(1960年),第901页。

Hays, The Supreme Court and Labor Law, October Term, 1959, 60 Colum. L. Rev. 901 (1960) ,748

希南,《邓禄普委员会的问题:加拿大的经验》,载于《纽约大学劳动法年会论文集》,斯坦主编,1995年。

Heenan, Issues for the Dunlop Commission: The Canadian Experience, in proc., 47th Ann. N. Y. U. conf. on lab. 351 (Stein ed. ,1995) ,488

海因茨,《企业滑行车公司案一直环绕》,载于《密苏里法律评论》第52卷(1987年),第243页。

Heinsz, The Enterprise Wheel Goes Around and Around, 52 Mo. L. Rev. 243 (1987) ,764

海因茨,《再次申诉:遵循先例,劳动仲裁中的既判力和禁止反悔》,载于《波士顿学院法律评论》第38卷(1997年),第275页。

_____, Grieve It Again: Of Stare Decisis, Res Judicata and Collateral Estoppel in Labor Arbitration,38 *B. C. L. Rev.* 275（1997）,721

亨利,《〈国家劳动关系法〉的工作分配纠纷》,1988 年版。

Henry, F. ,*Work Assignment Disputes Under the NLRA*(1988),699

赫尔曼,《在利克案和大都会人寿保险有限公司案之后的不正当解雇诉讼：对个人权利和集体力量的侵蚀？》,载于《劳资关系法律杂志》第 9 卷（1987 年）,第 596 页。

Herman, Wrongful Discharge Actions After Lueck and Metropolitan Life Insurance: The Erosion of Individual Rights and Collective Strength? ,9 *Indus. Rel. L. J.* 596,(1987),955

西亚特和贝克,《论坛:〈国家劳动关系法〉70 岁了是否应当退休？:对丹林教授的回应》,载于《伯克利雇佣与劳动法杂志》第 26 卷（2005 年）,第 293 页。

Hiatt & Becker, Forum: At 70, Should the National Labor Relations Act be Retired?: A Response to Professor Dannin, 26 *Berkeley J. Emp. & Lab. L.* 293 (2005),419

赫希,《工会和公司的经济表现》,1991 年版。

Hirsch, B. ,*Labor Unions and the Economic Performance of Firms*(1991),17

赫希,《工会为经济运行做了些什么？》,载于《劳动研究杂志》第 25 卷（2004 年）,第 415 页。

————,What Do Unions Do for Economic Performance? ,25 *J. Lab. Res.* 415 (2004),22

赫希和艾迪生,《工会的经济分析:新的方法和证据》,1986 年版。

Hirsch, B. & Addison, J. , *The Economic Analysis of Unions: New Approaches and Evidence*(1986),11,12,16,23

赫希和康诺利,《工会捕捉到垄断利润了吗？》,载于《劳资关系评论》第 41 卷(1987 年),第 118 页。

Hirsch & Connolly, Do Unions Capture Monopoly Profits? ,41 *Indus. & Lab. ReL. Rev.* 118(1987),17

赫希和麦克弗森,《工会会员和财报数据:人口调查数据汇编》,2000年版。

Hirsch & Macpherson, *Union Membership and Earnings Data Book: Compilations from the Current Population Survey*(2000),93,94

赫希和舒马赫,《私人部门工会密度和工资溢价:过去、现在和未来》,载于《劳动关系杂志》第22卷(2001年),第487页。

Hirsch & Schumacher, Private Sector Union Density and Wage Premium: Past, Present, and Future, 22 *J. Lab. Res.* 487(2001),93,94,95

霍奇斯,《工会化组织工作场所下的法定请求权仲裁:与工会谈判有必要吗?》,载于《俄亥俄州争议解决杂志》第16卷(2001年),第513页。

Hodges, Arbitration of Statutory Claims in the Unionized Workplace: Is Bargaining with the Union Required?, 16 *Ohio St. J. on Disp. Resol.* 513(2001),818

霍奇斯,《基于公共政策背景的劳动仲裁的司法审查:来自案例法的课程》,载于《俄亥俄州争议解决杂志》第16卷(2000年),第91页。

————, Judicial Review of Arbitration Awards on Public Policy Grounds: Lessons from the Case Law, 16 *Ohio St. J. on Disp. Resol.* 91(2000),774

霍奇斯,《多权利和补救措施的限制:呼吁重新审视工作场所之法》,载于《霍夫斯特拉劳动法律杂志》第22卷(2005年),第601页。

————, the Limits of Multiple Rights and Remedies: A Call for Revisiting the Law of the Workplace, 22. *Hof. Lab. & Emp. L. J.* 601 (2005),247

霍林沃斯,《法官将适用于码头工人案的在80日"冷静"期内的禁令进行了扩展》,2002年10月18日《共和党劳动日报》第202号。

Hollingsworth, Judge Extends Injunction at Ports During 80-Day "Cooling Off" Period, 2002 Daily Lab. Rep. (BNA) No. 202(Oct. 18,2002),510

霍尔泽,《工会和劳动力市场中白人与少数族裔青年》,载于《劳资关系评论》第35卷(1982年),第392页。

Holzer, Unions and the Labour Market Status of White and Minority Youth, 35 *Indus. & Lab. ReL. Rev.* 392(1982),15

赫伯特·豪文凯普,《1836—1937年企业与美国法》,1991年版。

Hovenkamp, H. , *Enterprise and American Law* 1836 - 1937（1991）,39,56

郝乐特,《仲裁员、国家劳动关系委员会和法院》,载于《全国第 20 届仲裁学术会议论文集》,1967 年版。

Howlett, The Arbitrator, the NLRB, and the Courts, Proc. , 20th Ann. Meeting, Natl. Acad. of Arbs. 67(1967) ,765

海地,《全国第一维修公司案的报道:取消为低工资服务工作人员开展的谈判》,载于《劳动法报道》,库佩与菲斯克主编,2005 年版。

Hyde, The Story of First National Maintenance Corp. v. NLRB: Eliminating Bargaining for Low-Wage Service Workers, in Labor Law Stories(Cooper & Fisk eds. ,2005) ,545

海德,《法官能辨别公平的谈判程序吗? 对弗里德、波尔斯比和斯皮策的评论》,载于《南加州法律评论》第 57 卷(1984 年),第 415 页。

_____, Can Judges Identify Fair Bargaining Procedures?: A Comment on Freed, Polsby & Spitzer, 57 *S. Cal. L. Rev.* 415(1984) ,1039

海德,《集体协商中的民主》,载于《耶鲁法律杂志》第 93 卷(1984 年),第 793 页。

_____, Democracy in Collective Bargaining, 93 *Yale L. J.* 793(1984), 979,1023

海德,《经济性劳动法与政治性劳动关系:自由主义法学的困境》,载于《得克萨斯法律评论》第 60 卷(1981 年),第 1 页。

_____, Economic Labor Law v. Political Labor Relations: Dilemmas for Liberal Legalism, 60 *Tex. L. Rev.* 1(1981) ,228

海德,《雇员团体:一个新生成劳动法机构》,载于《芝加哥肯特法律评论》第 69 卷(1993 年),第 149 页。

_____, Employee Caucus: A Key Institution in the Emerging System of Employment Law, 69 *Chi. -Kent L. Rev.* 149(1993) ,274

海德等,《在斯密那案之后:代表未达到多数的工会的私权利和公权力》,载于《罗格斯法律评论》第 45 卷(1993 年),第 637 页。

Hyde et al., After Smyrna: Rights and Powers of Unions That Represent Less Than a Majority, 45 *Rutgers L. Rev.* 637(1993), 451

希尔顿,《谈判义务的经济理论》,载于《乔治城法律杂志》第 83 卷(1994 年),第 19 页。

Hylton, An Economic Theory of the Duty to Bargain, 83 *Geo. L. J.* 19(1994), 495, 561

基思·N.西尔顿和马丽亚·奥布赖恩·西尔顿,《承租的适当性和劳动法中的承继原则》,载于《波士顿大学法律评论》第 70 卷(1990 年),第 821 页。

Hylton & Hylton, Rent Appropriation and the Labor Law Doctrine of Successorship, 70 *B. U. L. Rev.* 821(1990), 849

《劳工协会的内部治理和组织效益:乔治·布鲁克斯纪念文集》,萨缪尔·艾斯托伊克、哈利·C.卡茨和布鲁斯·E.考夫曼主编,2001 年版。

The Internal Governance and Organizational Effectiveness of Labor Unions: Essays in Honor of George Brooks (Estreicher, Katz & Kaufman eds., 2001), 1072

艾萨克森和资伏夏克,《劳动争议私人仲裁的代理延期》,载于《哥伦比亚法律评论》第 73 卷(1973 年),第 1383 页。

Isaacson & Zifchack, Agency Deferral to Private Arbitration of Employment Disputes, 73 *Colum. L. Rev.* 1383(1973), 804

雅各布斯、弗里尔和拉迪克,《未绑定的哥潭镇:纽约市如何摆脱有组织犯罪的控制》,1999 年版。

Jacobs, J., Friel, C. & Radick, R., *Gotham Unbound: How New York City Was Liberated from the Grip of Organized Crime* (1999), 1135

雅各布斯、帕那瑞拉和沃辛顿,《摧毁黑手党:美国诉科萨·诺斯特拉》,1994 年版。

Jacobs, J., Panarella, C. & Worthington, J., *Busting the Mob: United States v. Cosa Nostra* (1994), 1135

雅各布斯和彼得斯,《工会诈骗:黑手党和工会》,载于《犯罪与正义》第 30 期,2003 年版。

Jacobs, J. & Peters, E., Labor Racketeering: The Mafia and Unions, 30 Crime & Justice—(2003), 1135

雅各布斯等,《在纽约市政建设行业中的腐败和诈骗:纽约州有组织犯罪特遣队的最终报告》,1990 年。

Jacobs, J. et al., Corruption and Racketeering in the New York City Construction Industry: The Final Report of the New York State Organized Crime Task Force (1990), 1135

雅各比:《雇佣的官僚主义:经理、工会与 1900—1945 年间的美国产业转型》,1985 年版。

Jacoby, S., Employing Bureaucracy: Managers, Unions, and the Transformation of Work in American Industry, 1900 – 1945(1985), 65, 80, 81

简和辛格,《在加拿大使用罢工替代者对罢工持续时间的影响》,载于《劳动法杂志》第 50 卷(1999 年),第 180 页。

Jain & Singh, The Effects of the Use of Strike Replacements on Strike Duration in Canada, 50. Lab. L. J. 180(1999), 583, 584

亚诺夫斯基,《在〈国家劳动关系法〉的干涉和歧视的新概念:美国造船公司案与大丹拖车公司案的遗产》,载于《哥伦比亚法律评论》第 70 卷(1970 年),第 81 页。

Janofsky, New Concepts in Interference and Discrimination Under the NLRA: The Legacy of American Ship Building and Great Dane Trailers, 70 Colum. L. Rev. 81(1970), 600

琼斯和史密斯,《对仲裁程序管理和劳动的鉴定和批评:报告与评论》,载于《密歇根法律评论》第 62 卷(1964 年),第 1115 页。

Jones & Smith, Management and Labor Appraisals and Criticisms of the Arbitration Process: A Report with Comments, 62 Mich. L. Rev. 1115, (1964), 768

卡纳,《让卡车司机工会对于民主来说是安全的》,载于《耶鲁法律杂志》第

102 卷(1993 年),第 1645 页。

Kannar, Making the Teamsters Safe for Democracy, 102 *Yale L. J.* 1645(1993), 1135

卡瑞尔,《关于工会与垄断的新证据》,载于《后凯恩斯经济学杂志》第 10 卷 (1988 年),第 414 页。

Karier, New Evidence on the Effect of Unions and Imports on Monopoly Power, 10 *J. of Post Keynesian Economics* 414(1988),16

卡瑞尔,《工会与垄断利润》,载于《经济和统计研究》第 67 卷(1985 年),第 34 页。

————, Unions and Monopoly Profits, 67 *Rev. of Econ. & Stat.* 34 (1985),16

布鲁斯·E. 考夫曼,《劳动力市场竞争性特质的认识演变》,载于《劳动经济与产业关系:市场与机制》,科尔和斯多哈主编,1994 年版。

Kaufman, B., The Evolution of Thought on the Competitive Nature of Labor Markets, in Labor Economics and Industrial Relations: Markets and Institutions (Kerr & Staudohar eds. ,1994),11

布鲁斯·E. 考夫曼和豪尔赫·马内斯-瓦斯奎兹,《批判性比较研究:工会工资设定的垄断、有效的合同和中间投票人模式》,载于《劳动研究杂志》第 11 卷(1990 年),第 401 页。

Kaufman & Martinez-Vasquez, Monopoly, Efficient Contract, and Median Voter Models of Union Wage Determination: A Critical Comparison, 11 *J. Lab. Res.* 401 (1990),10,1031

凯利和哈里森,《工会、技术和劳资合作》,载于《工会与经济竞争》,米舍尔和沃斯主编,1992 年版。

Kelley & Harrison, Unions Technology and Labor-Management Cooperation, in Unions and Economic Competitiveness( Mishel & Voos eds. ,1992) ,22

肯纳,《帕累托最优和经济罢工的持续时间》,载于《劳动法律研究杂志》 (1980 年)第 1 卷,第 77 页。

Kennan, Pareto Optimality and the Economics of Strike Duration, 1 *J. Lab. Res.*

77(1980),582

肯尼迪,《政治性质的联合抵制者:〈谢尔曼法〉及〈第一修正案〉》,载于《南卡罗来纳法律评论》第 55 卷(1982 年),第 983 页。

Kennedy, Political Boycotts: The Sherman Act and the First Amendment, 55 S. Cal. L. Rev. 983(1982),640

科尔和费雪:《多雇主谈判:以旧金山的经验对劳动问题所进行的分析》,1948 年版。

Kerr & Fisher, Multi-Employer Bargaining: The San Francisco Experience in Insights into Labor Issues 25( Lester & Shister eds. ,1948),300

基林斯沃思和沃伦,《仲裁系统中的强制性与多样性》,载于《第 17 届全国仲裁学术年会论文集》,1964 年。

Killingsworth & Wallen, Constraint and Variety in Arbitration Systems, Proc. , 17th Ann. Meeting, Natl. Acad. of Arbs. 56(1964),707

卡尔,《1937—1941 年"华格纳法"的司法去激进化进程和现代法律意识的起源》,载于《明尼苏达法律评论》第 62 卷(1975 年),第 265 页。

Karl, Judicial Deradicalization of the Wagner Act and the Origins of Modern Legal Consciousness,1937–1941,62 Minn. L. Rev. 265(1975),86

卡尔,《追求工业民主和反对种族主义的斗争:以劳动法和公民权利法案为视角》,载于《组织法律评论》第 61 卷(1982 年),第 157 页。

_____, The Quest for Industrial Democracy and the Struggle Against Racism: Perspectives from Labor Law and Civil Rights Law,61 Or. L. Rev. 157 (1982),1022–1023

克莱因,《公共审查委员会:它们在争端解决过程中的位置》,载于《仲裁——1974 年全国第 27 届仲裁学术年会论文集》,丹尼斯和索默斯编辑,1975 年。

Klein, Public Review Boards: Their Place in the Process of Dispute Resolutions, in Arbitration—1974, Proc. ,27th Ann. Meeting, Natl Acad. Of Arbs. ( Dennis & Somers eds. ,1975),1089

寇肯,《法律上的胡说:实证研究和政策评估》,载于《斯坦福法律评论》第
　29 卷(1977 年),第 1115 页。
Kochan, Legal Nonsense, Empirical Examination and Policy Evaluation, 29 *Stan.*
　*L. Rev.* 1115 (1977), 341-342

寇肯等,《美国劳资关系的转变》,1994 年第 2 版。
Kochan, T. et al., *The Transformation of American Industrial Relations* (2d ed.
　1994), 96

科勒,《不存在差别的区分:全国第一维修公司案体现的效果谈判》,载于
　《劳资关系法律杂志》第 5 卷(1983 年),第 402 页。
Kohler, Distinctions Without Differences: Effects Bargaining in Light of First Na-
　tional Maintenance, 5 *Indus. Rel. L. J.* 402(1983), 541

科勒,《员工的参与模式:第 8 条(a)(2)款的不确定性》,载于《波士顿学院
　法律评论》第 27 卷(1986 年),第 499 页。
_____, Models of Worker Participation: The Uncertain Significance of Section
　8(a)(2), 27 *B. C. L. Rev.* 499(1986), 266

科勒,《为自治提供条件:工会、联合以及我们的〈第一修正案〉和德巴特勒
　公司案中的问题》,载于《威斯康星法律评论》(1990 年),第 149 页。
_____, Setting the Conditions for Self-Rule: Unions, Associations, Our First
　Amendment Discourse and the Problem of Debartolo, 1990 *Wis. L. Rev.* 149,
　675

科恩,《集体权利和个人救济:在林格尔诉魔厨公司诺奇分部案之后对平衡
　的再平衡》,载于《黑斯廷斯法律杂志》第 41 卷(1990 年),第 1149 页。
Korn, Collective Rights and Individual Remedies: Rebalancing the Balance After
　Lingle v. Norge Division. of Magic Chef, Inc., 41 *Hastings L. J.* 1149(1990),
　962

克伦,《集体谈判机构与专家:重新审视管理型雇员的例外规定》,载于《纽
　约大学法律评论》第 56 卷(1981 年),第 694 页。
Krent, Collective Authority and Technical Expertise: Reexamining the Managerial

Employee Exclusion,56 *N. Y. U. L. Rev.* 694(1981),125

克罗珀,《一个错置优先权的案例:关于解决〈破产法典〉第507条和第1113条之间的明显冲突建议》,载于《科罗拉多法律评论》第18卷(1977年),第1459页。

Kropp, A Case of Misplaced Priorities: A Proposed Solution to Resolve the Apparent Conflict Between Section 507 and 1113 of the Bankruptcy Code, 18 *Cardozo L. Rev.* 1459(1977),863

克罗珀,《破产中的集体谈判:关于第1113条的分析框架》,载于《天普法律评论》第66卷(1993年),第697页。

————, Collective Bargaining in Bankruptcy: Toward an Analytical Framework for Section 1113,66 *Temp. L. Rev.* 697(1993)

克鲁珀曼和里森,《撤销认证:撤去保护伞》,载于《劳动法杂志》第30卷(1979年),第231页。

Krupman & Rasin, Decertification: Removing the Shroud, 30 *Lab. L. J.* 231 (1979) 389

兰德和欧泽布,《降低工会的垄断力:成本和效益》,载于《劳动和经济杂志》第28卷(1985年),第297页。

Lande & Zerbe, Reducing Unions' Monopoly Power: Costs and Benefits, 28 *J. L. & Econ.* 297 (1985),1904

郎及乐,《全球化竞争和加拿大劳动法改革:虚幻和现实》,载于《全球化竞争和美国就业前景:随着我们走进21世纪》(纽约大学劳动法第52届年会论文),萨缪尔·艾斯托伊克主编,2000年。

Langille, Global Competition and Canadian Labor Law Reform: Rhetoric and Reality, in Global Competition and the American Employment Landscape: As We Enter the 21st Century, Proc. ,52d Ann. N. Y. U. Conf. on Lab. (Samuel Estreicher ed. ,2000),581 583

郎及乐,《安大略省的〈反破坏罢工法〉有重大作用吗?》,载于《加拿大劳动与雇佣法杂志》第12卷(1999年),第461页。

_____, Has Ontario's Anti-Scab Law Made Any Difference?, 12 *Can. Lab. & Empl. L. J.* 461(1999),584

拉夫伦,《参加工会选举挑战工会经费滥用:根据〈劳资报告和公开法〉第五章的扩大的救济》,载于《哥伦比亚法律与社会问题期刊》第 22 卷(1989年),第 181 页。

Laughran, Contesting Misuse of Union Funds in Union Election Challenges: Expanded Remedies Under Title V of the Labor-Management Reporting and Disclosure Act, 22 *Colum. J. L. & Soc. Probs.* 181(1989), 1108 – 1109

艾丽华三世:《高度参与管理:提高工作性能的参与策略》,1986 年版。

Lawler III, *High-Involvement Management: Participation Strategies for Improving Organizational Performance* (1986),267

利德:《结社自由:劳动法和政治理论研究》,1992 年版。

Leader, S., *Freedom of Association: A Study in Labor Law and Political Theory* (1992), 974,976

列夫,《未能给予委员会其应得的权利:在吉赛尔谈判命令案中上诉法院缺乏遵从》,载于《劳工律师》第 18 卷(2002 年),第 1 页。

Leff, Failing to Give the Board Its Due: The Lack of Deference Afforded by the Appllate Courts in Gissel Bargaining Order Cases, 18 *Lab. Law.* 1 (2002), 375,376

雷,《有工会组织的蓝领工人的工作环境比无工会组织的蓝领工人的工作环境更具危险性吗?》,载于《劳动研究杂志》第 3 卷(1982 年),第 349 页。

Leigh, Are Unionized Blue Collar Jobs More Hazardous Than Nonunionized Blue Collar Jobs?, 3 *J. Lab. Res.* 349(1982),12

伦纳德,《工会和就业增长》,载于《劳资关系》第 31 卷(1992 年),第 80 页。

Leonard, Unions and Employment Growth, 31 *Indus. Rel.* 80(1992),16,17

勒罗伊,《在替代罢工者的公共政策中改变范例:联合、共谋、协力和组成卡特尔联盟》,载于《波士顿学院法律评论》第 34 卷(1993 年),第 257 页。

Leroy, Changing Paradigms in the Public Policy of Strike Replacements: Combination, Conspiracy, Concert, and Cartelization, 34 *B. C. L. Rev.* 257 (1993), 576

勒罗伊,《在 ULP 罢工原则中的制度性的标志与暗示的谈判——作为平衡的法律经验证据》,载于《黑斯廷斯法律杂志》第 51 卷,第 171 页。

————, Institutional Signals and Implicit Bargains in the ULP Strike Doctrine: Empirical Evidence of Law as Equilibrium, 51 *Hastings L. J.* 171 (1999), 580

勒罗伊:《罢工者永久性替代的麦克依无线电理论和明尼苏达罢工纠察线和平行动:优先权问题》,载于《明尼苏达法律评论》第 77 卷(1993 年),第 843 页。

————, The Machay Radio Doctrine of Permanent Striker Replacement and the Minnesota Picket Line Peace Act: Questions of Preemption, 77 *Minn. L. Rev.* 843 (1993), 933

勒罗伊,《控制雇主雇佣长期替代工人:〈国家劳动关系法〉与〈铁路劳动法〉1935—1991 年罢工的经验分析》,载于《伯克利劳动法杂志》第 16 卷(1995 年),第 169 页。

————, Regulating Employer Use of Permanent Replacements: Empirical Analysis of NLRA and RLA Strikes 1935－1991, 16 *Berk. J. Emp. & Lab. L.* 169(1995), 583

勒罗伊和付伊勒,《钢铁工人三部曲与申诉仲裁上诉:联邦法院如何应对》,载于《工业关系法律杂志》第 13 卷(1991 年),第 78 页。

LeRoy & Feuille, The Steelworkers Trilogy and Grievance Arbitration Appeals: How the Federal Courts Respond, 13 *Ind. Rel. L. J.* 78(1991), 764

勒罗伊和约翰逊,《致命禁令造成的死亡:〈塔夫脱-哈特莱法〉项下的国家紧急罢工以及行将灭亡的罢工权》,载于《亚利桑那法律评论》第 43 卷(2001 年),第 63 页。

LeRoy & Johnson, Death by Lethal Injunciton: National Emergency Strikes Under the Taft-Hartley Act and the Moribund Rights to Strike, 43 *Ariz. L. Rev.* 63 (2001), 510-511

莱斯利,《联邦法院和工会受托人》,载于《哥伦比亚法律评论》第76卷(1976年),第1314页。

Leslie, Federal Courts and Union Fiduciaries, 76 *Colum. L. Rev.* 1314 (1976), 1130

莱斯利,《劳动谈判单位》,载于《弗吉尼亚法律评论》第70期(1984年),第353页。

_____, Labor Bargaining Units, 70 *Va. L. Rev.* 353(1984), 290

莱斯利,《多雇主谈判规则》,载于《弗吉尼亚法律评论》第75卷(1989年),第241页。

_____, Multiemployer Bargaining Rules, 75 *Va. L. Rev.* 241(1989), 301, 554

莱斯利,《劳动反托拉斯的原则》,载于《弗吉尼亚法律评论》第66卷(1980年),第1183页。

_____, Principles of Labor Antitrust, 66 *Va. L. Rev.* 1183(1980), 903

莱斯利,《控制权:关于间接联合抵制和劳动反托拉斯的研究》,载于《哈佛法律评论》第89卷(1976年),第904页。

_____, Right to Control: A Study in Secondary Boycotts and Labor Antitrust, 89 *Harv. L. Rev.* 904(1976), 690-691

莱斯利,《国家劳动关系委员会和法院在解决工会管辖权纠纷中的地位》,载于《哥伦比亚法律评论》第75卷(1975年),第1470页。

_____, The Role of NLRB and the Court in Resolving Union Jurisdictional Disputes, 75 *Colum. L. Rev.* 1470(1975), 699

霍华德·勒斯尼克,《间接联合抵制的控诉要旨》,载于《哥伦比亚法律评论》第62卷(1962年),第1363页。

Howard Lesnick, The Gravamen of the Secondary Boycott, 62 *Columbia L. Rev*, 1361 (1962), 642

霍华德·勒斯尼克,《工作保护和间接联合抵制:〈国家劳动关系法〉涉及的

第 8 条(b)(4)和第 8 条(e)条款》,载于《宾夕法尼亚大学法律评论》第 113 卷(1965 年),第 1000 页。

_____,Job Security and Secondary Boycotts:The Reach of NLRA §§ 8(b)(4)and 8(e),113 *U. Pa. L. Rev.* 1000(1965),688

乐文,《"完全不关心":在〈国家劳动关系法〉第 8 条(b)(4)下对同盟概念的范围及意义的界定》,载于《宾夕法尼亚大学法律评论》第 119 卷(1970 年),第 283 页。

Levin,"Wholly Unconcerned":The Scope and Meaning of the Ally Doctrine Under Section 8(b)(4)of the NLRA,119 *U. Pa. L. Rev.* 283(1970),652

乐闻勒和哈勒,《航空公司互助协议:对集体谈判的威慑》,载于《劳动法杂志》第 28 卷(1977 年),第 44 页。

Levine & Helly,The Airlines' Mutual Aid Pact:A Deterrent to Collective Bargaining,28 *Lab. L. J.* 44(1977),1997

利维,《工会复决批准集体谈判协议的会员权》,载于《霍夫斯特拉劳动法律杂志》第 4 卷(1987 年),第 225 页。

Levy,Rights in Union Referenda to Ratify Collective Bargaining Agreements,4 *Hofstra Lab. L. J.* 225,(1987),1118

利维,《英联邦法和大法官肖恩》,1957 年版。

Levy,L,*The Law of the Commonwealth and Chief Justice Shaw*,(1957),38

里维斯,《美国工会主义和相关工资水平》,1963 年版。

Lewis,H. G.,*Unionism and Relative Wages in the United States*(1963),12

里维斯,《工会关联工资的影响》,1986 年版。

_____ *Union Relative Wage Effects*:*A Survey*(1986),11

里维斯,《消费者纠察和法院:树果案的问题》,载于《密歇根法律评论》第 49 卷(1965 年),第 479 页。

Lewis,T.,Consumer Picketing and the Court:The Questionable Yield of Tree Fruits,49 *Minn. L. Rev.* 479(1965),675

利伯维茨,《正当程序和〈劳资报告和公开法〉:一个对工作场所内和工会内的民主权利的分析》,载于《波士顿学院法律评论》第 29 卷(1987 年),第 21 页。

Lieberwitz, Due Process and the LMRDA: An Analysis of Democratic Rights in the Union and the Workplace, 29 *B. C. L. Rev.* 21(1987), 1089

林达曼和格罗斯曼:《就业歧视法》,1996 年第 3 版。

Lindemann, B., & Grossman, P., *Employment Discrimination Law* (3d ed. 1996), 719

李普塞特和卡特汉沃斯基,《美国私营部门工会的未来》,载于《劳动研究杂志》第 22 卷(2001 年),第 229 页。

Lipset & Katchanovski, The Future of Private Sector Unions in the U. S., 22 *J. Lab. Res.* 229 (2001), 95

里昂,《工会化对加拿大公司就业增长的影响》,载于《劳资关系评论》第 46 卷(1993 年),第 691 页。

Long, The effect of Unionization on Employment Growth of Canadian Companies, 46 *Indus. & Lab. Rel. Rev.* 691(1993), 17

沃帕特卡,《〈国家劳动关系法〉和〈民权法〉第 7 章对员工抗议私营部门中的就业歧视所提供的保护》,载于《纽约大学法律评论》第 50 卷(1975 年),第 1179 页。

Lopatka, Protection Under the National Labor Relations Act and Title VII of the Civil Rights Act for Employees Who Protest Discrimination in Private Employment, 50 *N. Y. U. L. Rev.* 1179, (1975), 216, 459

林德,《工会获得承认之后从事协同行动:立法史研究》,载于《印第安纳法律杂志》第 50 卷(1975 年),第 720 页。

Lynd, The Right to Engage in Concerted Activity After Union Recognition: A Study of Legislative History, 50 *Ind. L. J.* 720(1975), 216

麦克唐纳德,《加拿大的首份合同仲裁》,载于《产业关系研究学院论文》第 17 号(金士顿王后大学产业关系中心),1988 年。

Macdonald, First Contract Arbitration in Canada, School of Indus. Rel. Research

Essay Series No. 17 (Indus. Rel. Centre, Queen's Univ., Kingston, Ont., 1988),489

马拉默德,《斯蒂尔诉路易斯维尔和纳什维尔铁路公司纪事:白色的工会、黑色的工会以及铁路公司的种族平等斗争》,载于《劳动法纪》,库珀和菲斯克编著,2005 年版。

Malamud, D., The Story of Steele v. Louisville & Nashville Railroad: White Unions, Black Unions, and the Struggle for Racial Justice on the Rails, in Labor Law Stories (Cooper & Fisk eds., 2005),1023

马林和派瑞特,《网络时代〈国家劳动关系法〉:电子厂的工会组织》,载于《堪萨斯大学法律评论》第 49 卷(2000 年),第 1 页。

Malin & Perritt, The National Labor Relations Act in Cyberspace: Union Organizing in Electronic Workplaces,49 *U Kan. L. Rev.* 1 (2000),177

马林和范和夫,《劳动仲裁员的演变角色》,载于《俄亥俄州争议解决杂志》第 21 卷(2005 年),第 199 页。

Malin & Vonhof, The Evolving Role of the Labor Arbitrator. 21 *Ohio St. J. on Disp. Resol.* 199(2005),765

曼海姆,《一千次削减的灭亡:企业活动以及对企业的攻击》,2000 年版。

Manheim, J., *The Death of a Thousand Cuts: Corporate Campaigns and the Attack on the Corporation* (2000),429

曼恩和哈斯本,《调整工会间纠纷的民间和官方计划》,载于《斯坦福法律评论》第 13 卷(1960 年),第 5 页。

Mann & Husband, Jr., Private and Governmental Plans for the Adjustment of Interunion Disputes,13 *Stan. L. Rev.* 5(1960),699

马丁,《雇员的特点与代表选举的结果》,载于《劳资关系评论》第 38 卷 (1985 年),第 365 页。

Martin, Employee Characteristics and Representation Election Outcomes),38 *Indus. & Lab. Rel. Rev* 365,(1985),341

马森,《组织起来的工会与法律》,1925 年版。

Mason, A. , *Organized Labor and the Law*(1925),56

马斯基等,《私人原告根据〈反勒索与受贿组织法〉使用衡平法上的救济:改革腐败的劳工工会的一种方式》,载于《密歇根大学法律杂志》第24卷(1991年),第571页。

Mastro et al. , Private Plaintiffs' Use of Equitable Remedies Under the RICO Statute:A Means to Reform Corrupted Labor Unions,24. *U. Mich J. L. Ref.* 571(1991),1135

麦卡洛克,《〈国家劳动关系法〉第8条(a)(5)项下过去、现在、将来的救济措施》,载于《劳动法杂志》第19卷(1968年),第131页。

McCulloch,Past,Present,Future Remedies Under Section 8(a)(5) of NLRA, 19 *Lab. L. J.* 131(1968),546

麦卡洛克和伯恩斯坦,《国家劳动关系委员会》,1974年版。

McCulloch & Bornstein,T. , *The National Labor Relations Board*(1974),83

麦克唐纳德和索洛,《工资谈判和雇佣》,载于《美国经济评论》(1981年)第71卷,第896页。

McDonald & Solow,Wage Bargaining and Employment,71 *Am. Econ. Rev.* 896 (1981),700

米克,《对"部长援助"的界定:依据〈国家劳动关系法〉撤销对工会的认证》,载于《芝加哥大学法律评论》第66卷(1999年),第999页。

Meeker,Defining "Ministerial Aid":Union Decerfication Under the National Labor Relation Act,66 *U. Chi. L. Rev.* 999(1999),389

梅尔泽,《劳动仲裁裁决:公共政策抗辩》,载于《工业关系法律杂志》第10卷(1988年),第241页。

Meltzer,After the Labor Arbitration Award:The Public Policy Defense,10 *Indus. Rel. L. J.* 241,(1988),774

梅尔泽,《工会、集体谈判和反托拉斯法》,载于《芝加哥大学法律评论》第32卷(1965年),第659页。

————,Labor Union,Collective Bargaining and the Antitrust Laws,32 *U.*

Chi. L. Rev. 659 (1965),876

梅尔泽,《封锁案例》,载于《最高法院评论》(1965年),第87页。

————,The Lock Out Cases,1965 Sup. Ct. Rev. 87,627

梅尔泽,《〈国家劳动关系法〉和种族歧视:越多的救济措施越好?》,载于《芝加哥法律评论》第42卷(1974年),第1页。

————,The National Labor Relations Act and Racial Discrimination: The More Remedies,the Better? 42 U. Chi. L. Rev. 1(1974),459

梅尔泽,《组织活动中的纠察包围和劳动关系委员会:五个一争高下》,载于《芝加哥大学法律评论》第30卷(1962年),第87页。

————,Organizational Picketing and the NLRB: Five on a Seesaw, 30 U. Chi. L. Rev. 78,(1962),440

梅尔泽,《依据〈塔夫脱-哈特莱法〉单个雇主和多个雇主的封闭工厂》,载于《犹他法学评论》第24卷(1956年),第70页。

————,Single-Employer and Multi-Employer Lockouts Under the Taft-Hartley Act,24 U. L. Rev. 70,(1956),301

梅尔泽,《最高法院、可仲裁性和集体谈判》,载于《芝加哥大学法律评论》第28卷(1961年),第464页。

————,The Supreme Court, Arbitrability and Collective Bargining, 28 U. Chi. L. Rev. 464(1961),748

迈耶,《德国的工资谈判》,为ASAP工资决定会议准备的论文,1991年12月。

Meyer, Pay Bargaining in Germany, paper prepared for ASAP Conference on Wage Determination(Dec. 1991),554

迈耶斯,《实践中的工作权》,1951年版。

Meyers, F., Right to Work in Practice(1951),973

米勒,《〈反勒索与受贿组织法〉对劳工的非法罢工行为的适用:协调〈反勒索与受贿组织法〉与〈国家劳动关系法〉》,载于《哈姆来公共法律与政策杂志》第11卷(1990年),第233页。

Miller, RICO's Application to Labor's Illegal Strike Conduct: Reconciling RICO with the NLRA, 11 *Hamline J. Pub. L. & Pol'y* 233 (1990), 1335

米勒,《对国家劳动关系委员会行政评估》,1999 年第 4 版。

Miller, E. , *An Administrative Appraisal of the NLRB* (4th ed. 1999), 101, 105

米勒,《盖特曼、金伯格和赫尔曼的问题》,载于《斯坦福法律评论》第 28 卷(1976 年),第 1163 页。

———, The Getman, Goldberg and Herman Questions, 28 *Stan. L. Rev.* 1163, (1976), 339

米勒和丹登纳,《破产重组和对集体谈判协议的拒绝适用——压迫劳动合同的一种替代手段》,载于《劳动法和商业的变化:理论的和跨越条款的视角》,艾斯托伊克和科林斯编辑,1988 年版。

Miller, H. , & Dandenau, Bankruptcy Reorganization and Rejection of Collective Labor Bargaining Agreements—An Alternative to Oppressive Labor Contracts, Labor Law and Business Change: Thoeretical and Transactional Perspectives (Estreicher & Collins eds. , 1988), 863

米利斯和布朗,《从〈华格纳法〉到〈塔夫脱-哈特莱法〉》,1950 年版。

Millis, H. & Brown, E. , *From the Wagner Act to Taft-Hartley* (1950), 971

明奇,《对顾客纠察:重估雇主的中立性》,载于《加利福尼亚法律评论》第 65 卷(1977 年),第 172 页。

Minch, Consumer Picketing: Reassessing the Concept of Employer Neutrality, 65 *Cal. L. Rev.* 172 (1977), 675

敏达,《后冷战时代的仲裁——肯尼迪法官对利顿财务印刷诉国家劳动关系委员会案的观点》,载于《斯泰森法律评论》第 22 卷(1992 年),第 83 页。

Minda, Arbitration in the Post-Cold-War Era—Justice Kennedy's View of Postexpiration Arbitration in Litton Financial Printing Division v. NLRB, 22 *Stetson L. Rev.* 83 (1992), 760

米切尔,《通货膨胀、失业和〈华格纳法〉:批判性的评估》,载于《斯坦福法律评论》第 38 卷(1986 年),第 1065 页。

Mitchell, Inflation, Unemployment and the Wagner Act: A Critical Reappraisal, 38 *Stan. L. Rev.* 1065, esp. (1986), 87

米腾它,《以往的做法和集体谈判协议的实施》,载于《密歇根大学法律评论》第 59 卷(1962 年),第 1017 页。

Mittenthal, Past Practice and the Administration of Collective Bargaining Agreements 59 *Mich. L. Rev.* 1017(1962), 732, 735

摩杰斯卡,《树果案中的消费者纠察——一个历史的分析》,载于《辛辛那提大学法律评论》第 53 卷(1984 年),第 1005 页。

Modjeska, The Tree Fruits Consumer Picketing Case—A Retrospective Analysis, 53 *U. Cinn. L. Rev.* 1005(1984), 675

摩尔,《利益、制度和积极理论:国家劳动关系委员会的政治》,载于《两项美国政治发展进程的研究》,1987 年。

Moe, T. , Interests, Institutions and Positive Theory: The Politics of the NLRB, in 2 Studies in American Political Development 236, (1987), 92

摩尔和瑞恩,《1967—1977 年工会/非工会工资增长水平的影响》,载于《劳动研究杂志》第 4 卷(1983 年),第 65 页。

Moore & Raisian, The Level and Growth of Union/Nonunion Relative Wage Effects, 1967 – 1977, 4 *J. Lab. Res.* 65 (1983), 12

莫里斯:《工作中的蓝鹰:恢复在美国工作场所的民主权利》,2005 年版。

Morris, C. , *The Blue Eagle at Work: Reclaiming Democratic Rights in the American Workplace* (2005), 451

莫里斯,《用第 10 条(j)项的禁令阻止第 8 条(a)(3)的解雇》,载于《雇佣关系和就业政策杂志》第 4 卷(2000 年),第 75 页。

————, Deterring 8(a)(3) Discharges with 10(j) Injunctions, 4 *Employee Rts. & Employment Pol'y J.* 75, (2000), 376

莫里斯,《国家劳动关系委员会对无工会场所的保护:浅论规定与行动理论》,载于《宾夕法尼亚大学法律评论》第 137 卷(1989 年),第 1673 页。

_____, NLRB Protection in the Nonunion Workplace: A Glimpse at a General Theory of Section 7 Conduct, 137 *U. Pa. L. Rev.* 1673 (1989), 239, 247

莫里斯,《国家劳动关系委员会的复兴——劳动委员会非立法程序改革的机遇与展望》,载于《斯泰森法律评论》第 23 期(1993 年),第 101 页。

_____, Renaissance at the NLRB—Opportunity and Prospect for Non-Legislative Procedural Reform at the Labor Board, 23 *Stetson L. Rev.* 101 (1993), 106

莫里斯,《集体谈判过程中的国家劳动关系委员会和法院的角色:重新审视传统的智慧和非传统的救济方式》,载于《范德比尔特法律评论》第 30 卷(1977 年),第 661 页。

_____, The Role of The NLRB and the Courts in the Collective Bargaining Process: A Fresh Look at Conventional Wisdom and Unconventional Remedies, 30 *Vand. L. Rev.* 661 (1977), 546

莫里斯,《美国产业关系将有一个新的方向吗?——团体方案、索亚替代方案和雇员参与方案的再审视》,载于《劳动法杂志》第 47 卷(1996 年),第 89 页。

_____, Will There Be a New Direction for American Industrial Relations? —A Hard Look at the Team Bill, the Sawyer Substitute Bill, and the Employee Involvement Bill, 47 *Lab. L. J.* 89 (1996), 273

尼尔斯,《联邦诉亨特案》,载于《哥伦比亚法律评论》第 32 卷(1932 年),第 1128 页。

Nelles, Commonwealth v. Hunt, 32 *Colum. L. Rev.* 1128 (1932), 38

纳尔逊和霍华德,《现行协议的有效期间内的谈判义务》,载于《劳动法杂志》第 27 卷(1976 年),第 573 页。

Nelson & Howard, The Duty to Bargain During the Term of an Existing Agreement, 27 *Lab. L. J.* 573 (1976), 563

诺思拉普,《〈铁路劳动法〉——到废除的时候了吗?》,载于《哈佛法律杂志》第 13 卷(1990 年),第 441 页。

Northrup, The Railway Labor Act—Time for Repeal?, 13 *Harv. J. L. & Soc. Poly.* 441(1990), 80, 507

诺思拉普,《"潜入"承包商的员工队伍:在国家劳动关系委员会的帮助下组织建筑工人工会》,载于《劳动研究杂志》第 14 卷(1993 年),第 469 页。

Northrup, "Salting" the Contractors' Labor Force: Construction Unions Organizing with NLRB Assistance, 14 *J. Lab. Res.* 469(1993), 194

诺特,《公平代表义务:一种理论结构》,载于《得克萨斯法律评论》第 51 卷(1973 年),第 1119 页。

Note, The Duty of Fair Representation: A Theoretical Structure, 51 *Tex. L. Rev.* 1119(1973), 1055

诺特,《劳动政策和承继人责任的私下的决定:伊利诺伊州的承继规定》,载于《华盛顿大学法律季刊》第 67 卷(1989 年),第 575 页。

Note, Labor Policy and Private Determination of Successor Liability: Illinois' Successor Clause Statute, 67 *Wash. U. L. Q.* 575 (1989), 847

诺特,《对就业协议条款和就业条件的中期修改》,载于《杜克法律评论》(1972 年),第 813 页。

Note, Mid-term Modification of Terms and Conditions of Employment, 1972 *Duke L. J.* 813, 563

诺特,《私下的有限的言论自由和州宪法》,载于《耶鲁法律杂志》第 90 卷(1980 年),第 165 页。

Note, Private Abridgement of Speech and the State Constitution, 90 *Yale L. J.* 165(1980), 191

诺特,《关于间接抵制和工作保护的理性的方法》,载于《弗吉尼亚法律评论》第 57 卷(1971 年),第 1280 页。

Note, A Rational Approach to Secondary Boycotts and Work Preservation, 57 *Va. L. Rev.* 1280(1971), 688

欧博尔,《封闭工厂和法律:布朗食品公司案和美国造船案的影响》,载于《康奈尔法律季刊》第 51 卷(1966 年),第 193 页。

Oberer, Lockouts and the Law: The Impact of American Ship Building and Brown Food, 51 *Cornell L. Q.* 193(1966), 627

欧博尔,《劳动法中第 8 章(a)(1)和(3)部分的明知的因素:平衡、敌视动机、狗与尾巴》,载于《康奈尔法律季刊》第 52 卷(1967 年),第 491 页。

————, The Scienter Factor in Sections 8(a)(1) and (3) of the Labor Act: Of Balancing, Hostile Motive, Dogs and Tails, 52 *Cornell L. Q.* 491 (1967), 166

欧博尔,《对劳工的自愿公正的审查:一些思考》,载于《密歇根法律评论》第 58 卷(1959 年),第 55 页。

————, Oberer, Voluntary Impartial Review of Labor: Some Reflections, 58 *Mich. L. Rev.* 55(1959), 1089

奥尔森,《集体行动的逻辑:公共产品和团体理论》,1971 年版。

Olson, *The Logic of Collective Action: Public Goods and the Theory of Groups* (1971), 973

奥斯特曼,《工作场所转型常见吗,谁来实施呢?》,载于《劳资关系评论》第 47 卷(1994 年),第 173 页。

Osterman, How Common Is Workplace Transformation and Who Adopts It?, 47 *Indus. & Lab. Rel. Rev.* 173(1994), 22, 267

奥斯瓦尔德,《有效合同建立于劳动力需求曲线之上》,载于《劳动经济评论》第 1 卷(1993 年),第 85 页。

Oswald, Efficient Contracts Are on the Labour Demand Curve, 1 *Labour Econ.* 85 (1993), 700

鲍伦克,《重新评估工会内部的竞争:关于复兴竞争工会主义的建议》,载于《宾夕法尼亚大学劳动法杂志》第 8 卷(2006 年),第 65 页。

Pawlenko, Reevaluating Inter-Union Competition: A Proposal to Resurrect Rival Unionism, 8 *U. Pa. J. Lab. & Emp. L.* 65(2006), 91, 97, 386

派克,《使得国家劳动关系委员会权力萎缩的规则》,载于《耶鲁法律杂志》第 70 卷(1961 年),第 729 页。

Peck, The Atrophied Rule Making Powers of the National Labor Relations Board, 70 *Yale L. J.* 729 (1961), 103

帕尔曼:《劳工运动理论》,1928 年版。

Perlman, *A Theory of the Labor Movement* (1928), 33

方德,《伍德案后的工会宪章的联邦管辖权》,载于《维拉诺瓦法律评论》第 37 卷(1992 年),第 443 页。

Pfander, Federal Jurisdiction Over Union Constitutions After Wooddell, 37 *Vill. L. Rev.* 443 (1992), 739

皮尔斯,《行政法条约》,2002 年第 4 版。

Pierce, R., *Administrative Law Treatise* (4th ed. 2002), 106

皮尔斯、夏皮罗和威尔克,《行政法与程序》,1999 年第 3 版。

Pierce, R., Shapiro, S. & Verkuil, P., *Administrative Law & Process* 362 (3d ed. 1999), 106

布莱尔,《第 10 条(k)规定的工作分配纠纷:在程序之马前加上实质之车》,载于《得克萨斯法律评论》第 52 卷(1974 年),第 417 页。

Player, Work Assignment Disputes Under § 10(k): Putting the Substantive Cart Before the Procedural Horse, 52 *Tex. L. Rev.* 417 (1974), 699

波佩,《工会干部根据〈劳资报告和公开法〉享有的言论自由权》,载于《哈佛民权与公民自由法律评论》第 18 卷(1983 年),第 525 页。

Pope, Free Speech Rights of Union Officials Under the LMRDA, 18 *Harv. C. R. -C. L. L. Rev.* 525 (1983), 1081

拉班,《从〈国家劳动关系法〉涵盖的专业人士中剔除经理人》,载于《哥伦比亚法律评论》第 89 卷(1989 年),第 1775 页。

Rabban, Distinguishing Excluded Managers from Covered Professionals Under the NLRA, 89 *Colum. L. Rev.* 1775 (1989), 124

拉宾-马格林斯,《工人态度的意义:个人主义作为劳动的衰落的一个原因》,载于《霍夫斯特拉劳动与就业杂志》第 16 卷(1998 年),第 133 页。

Rabin-Margalioth, The Significance of Worker Attitudes: Individualism as a

Cause for Labor's Decline,16 *Hofstra lab. & Emp. L. J.* 133（1998）,95

约瑟夫·L.劳,《〈劳资报告和公开法〉——执行它还是废除它》,载于《佐治亚法律评论》第5卷(1971年),第643页。

Rauh,Jr.,LMRDA—Enforce It or Repeal It,5 *Ga. L. Rev.* 643（1971）,1108

雷,《个体权利与国家劳动关系委员会遵守仲裁程序:一项提议》,载于《波士顿学院法律评论》第28卷(1986年),第1页。

Ray,Individual Rights and NLRB Deferral to the Arbitration Process:A Proposal,28 *B. C. L. Rev.* 1（1986）,813

雷,《产业稳定和撤销认证的选举:改革的需求》,载于《亚利桑那州法律评论》(1984年),第257页。

————,Industrial Stability and Decertification Elections:Need for Reform,1984 *Ariz. State L. J.* 257,390

雷,《米斯克案后对双方谈判的保护:劳动仲裁裁决的法院审查》,载于《印第安纳法律杂志》第64卷(1988年),第1页。

————,Protecting the Parties' Bargain After Misco:Court Review of Labor Arbitration Awards,64 *Ind. L. J.* 1（1988）,764

雷,《一些罢工替代问题忽略的因素》,载于《堪萨斯法律评论》第41卷(1992年),第363页。

————,Some Overlooked Aspects of the Strike Replacement Issue,41 *Kan. L. Rev.* 363（1992）,578,587

瑞德和罗曼,《斗争和合同:罢工的案例》,载于《政治经济杂志》第88卷(1980年),第867页。

Reder & Neumann,Conflict and Contract:The Case of Strikes,88 *J. Pol. Econ.* 867（1980）,582

艾伯特·瑞斯,《工会的经济学》,1977年第2版。

Rees,A.,*The Economics of Trade Unions* (2d ed. 1977),23,25.

瑞斯,《工会对资源分配的作用》,载于《劳动和经济杂志》第6卷(1963年),第69页。

_____, The Effects of Unions on Resource Allocation, 6 *J. L. & Econ.* 69 (1963), 23

热瑙尔,《注释,卷入与罢工相关不当劳动行为罢工者的复职:清洁管道模制公司案关于塔耶尔原则的批判》,载于《工业关系法律杂志》第8卷(1986年),第226页。

Renauer, Note, Reinstatement of Unfair Labor Practice Strikes Who Engage in Strike-Related Misconduct: Repudiation of the Thayer Doctrine by Clear Pine Mouldings, 8 *Indus. Rel. L. J.* 226 (1986), 586

洛克和瓦奇特,《劳动法中的承继:公司法的方法》,载于《密歇根法律评论》第92卷(1993年),第203页。

Rock & Wachter, Labor Law Successorship: A Corporate Law Approach, 92 *Mich. L. Rev.* 203 (1993), 849

罗杰斯,《改革美国的劳动关系》,载于《芝加哥肯特法律评论》第69卷(1993年),第97页。

Rogers, Reforming U. S. Labor Relations, 69 *Chi.-Kent L. Rev.* 97 (1993), 554

露丝和查理森,《美国立法改革的模型——加拿大劳动政策》,载于《劳动法杂志》第46卷(1995年),259页。

Rose & Chaison, Canadian Labor Policy as a Model for Legislative Reform in the United States, 46 *Lab. L. J.* 259 (1995), 489

圣安东尼,《以劳动法为代价的反托拉斯法》,载于《弗吉尼亚法律评论》第62卷(1976年),第603页。

St. Antoine, Antitrust Law at the Expense of Labor Law, 62 *Va. L. Rev.* 603 (1976), 903

圣安东尼,《言论自由或经济手段?——纠察的持续问题》,载于《萨福克大学法律评论》第16卷(1982年),第883页。

_____, Free Speech or Economic Weapon? —The Persisiting Problem of Picketing, 16 *Suffolk U. L. Rev.* 883 (1982), 674

圣安东尼,《劳动仲裁裁决的司法审查:再看企业滑行车公司案及其影响》,

载于《密歇根法律评论》第 75 卷(1977 年),第 1137 页。

————,Judicial Review of Labor Arbitration Awards:A Second Look at Enterprise Wheel and Its Progeny,75 *Mich. L. Rev.* 1137 (1977),765

圣安东尼,《间接联合抵制和烫手货品条款:一项关于力量平衡的研究》,载于《底特律法律评论》第 40 卷(1962),第 189 页。

————,Secondary Boycotts and Hot Cargo:A Study in the Balance of Power, 40 *U. Det. L. J.* 189 (1962),688

夏慈吉,《〈国家劳动关系法〉第 8 条(a)(5)规制下的合同争议解决》,载于《得克萨斯法律评论》第 50 卷(1972 年),第 225 页。

Schatzki,NLRB Resolution of Contract Disputes Under §8(a)(5),50 *Tex. L. Rev.* 225(1972),804

施耐尔和格雷,《雇主的罢工者替代策略和罢工持续时间之间的经验主义关系》,载于《劳资关系评论》第 47 卷(1994 年),第 189 页。

Schnell & Gramm,The Empirical Relation Between Employers' Striker Replacement Strategies and Strike Duraiton, 47 *Indus. & Lab. Rel. Rev.* 189 (1994),583

施瓦布,《集体谈判和科斯定理》,载于《康奈尔法律评论》第 72 卷(1987 年),第 245 页。

Schwab,Collective Bargaining and the Coase Theorem,72 *Cornell L. Rev.* 245 (1987),545,561

斯科特和泰勒,《经仲裁的旷工案例分析:1975—1981 年》,载于《仲裁杂志》,1981 年 9 月。

Scott & Taylor,An Analysis of Absenteeism Cases Taken to Arbitration:1975 – 1981,*Arb. J.* ,*Sept.* 1983,716

塞克斯汀,《加拿大的首份合同仲裁》,载于《劳动法杂志》第 38 卷(1987 年),第 508 页。

Sexton,First Contract Arbitration in Canada,38 *Lab. L. J.* 508 (1987),489

夏皮罗,《规则制定的选择和行政法政策发展中的裁判》,载于《哈佛法律评论》第 78 卷(1965 年),第 921、942 页。

Shapiro, The Choice of Rule Making or Adjudication in the Development of Administrative Law Policy, 78 *Harv. L. Rev.* 921, 942 (1965), 103

舍伍德和特那,《雇员隐私权以及工会获得信息的权利》,载于《劳动法教育与研究中心专著系列》第 39 辑第 12 页,俄勒冈大学,1993 年。

Sherwood & Turner, Employee Privacy Rights and a Union's Right to Information, 12 Lab. Educ. & Research Ctr. Monograph Series 39 (Univ. of Oregon 1993), 500

舒尔曼,《劳动关系中的理由、合同与法律》,载于《哈佛法律评论》第 68 卷(1955 年),第 999 页。

Shulman, Reason, Contract, and Law in Labor Relations, 68 *Harv. L. Rev*, 999 (1955), 738

西格,《集团企业、子公司、分支公司及间接联合抵制》,载于《佐治亚法律评论》第 9 卷(1975 年),第 329 页。

Siegel, Conglomerates, Subsidiaries, Divisions and the Seconary Boycott, 9 *Ga. L. Rev.* 329 (1975), 652

洁诺:《言论自由和工会纪律:诽谤和不忠诚的"权利"》,载于《纽约大学第 17 届劳动年会论文集》,克里斯滕森主编,1964 年。

Signal, Freedom of Speech and Union Discipline: The "Right" of Defamation and Disloyalty, In Proc., 17th N. Y. U. Conf. on Lab. 367 (Christensen ed., 1964), 1072

斯拉德,《被指控雇员在公司纪律调查中的权利》,载于《纽约大学第 22 届劳动年会论文集》,1970 年。

Silard, Rights of the Accused Employee in Company Disciplinary Investigations, in Proc., 22d Ann. N. Y. U. Conf. on Lab. 217 (1970), 720

希尔伯曼和德莱森,《部长和法律:根据〈兰德勒姆-格里芬法〉的投票前调查》,载于《佐治亚法律评论》第 7 卷(1972 年),第 1 页。

Silberman & Dreisen, The Secretary and the Law: Preballoting Investigations Under the Landrum-Griffin Act, 7 *Ga. L. Rev.* 1(1972), 1108

西尔斯,《安大略省的首份合同仲裁:成功还是失败?》,载于《1986—1990 年金士顿王后大学硕士论文》,1991 年 8 月。

Sills, First Contract Arbitration in Ontario: Success or Failure? 1986 – 1990 Master Thesis, Queen's Univ., Kingston, Ont., Aug. (1991), 489

西尔弗斯坦,《反对劳动法中的优先适用》,载于《康奈尔法律评论》第 24 卷(1991 年),第 1 页。

Silverstein, Against Preemption in Labor Law, 24 *Conn. L. Rev.* 1 (1991). 847

西尔弗斯坦,《集体行动、物权和法律改革》,载于《霍夫斯特拉劳动法律杂志》第 11 卷(1993 年),第 97 页。

————, Collective Action, Property Rights and Law Reform, 11 *Hofstra Lab. L. J.* 97 (1993), 46

斯米诺夫和利伯曼,《联邦劳动法的〈反勒索与受贿组织法〉:关于广泛的优先权的争论》,载于《劳工律师》第 8 卷(1992 年),第 335 页。

Siminoff & Lieverman, The RICO-ization of Federal Labor Law: An Argument for Broad Preemption, 8 *Lab. Law.* 335 (1992), 1135

西尼科莱普,《对老问题的新探讨:对分包的争论》,载于《第 32 届仲裁学会年会论文》,1979 年。

Sinicropi, Revisiting an Old Battleground: The Subcontracting Dispute, Proc., 32d Ann. Meeting, Natl. Acad. of Arbs. 125 (1979), 730

史密斯,《1959 年的〈劳资报告和公开法〉》,载于《弗吉尼亚法律评论》第 46 卷(1960 年),第 195 页。

Smith, The Labor-Management Reporting and Disclosure Act of 1959, 46 *Va. L. Rev.* 195(1960), 1066

史密斯和贝尔斯,《劳动和破产法的协调》,载于《密歇根州立大学底特律法学院法律评论》(2001 年)。

Smith & Bales, Reconciling Labor and Bankruptcy Law, 2001 *L. Rev. Mich. St. U. Det. C. L.* 1145, 863

史密斯和琼斯,《正在兴起的联邦法申诉仲裁对法官、仲裁员和各当事方的冲击》,载于《弗吉尼亚法律评论》第 52 卷(1966 年),第 831 页。

Smith & Jones, The Impact of the Emerging Federal Law of Grievance Arbitration on Judges, Arbitrators, and Parities, 52 Va L. Rev. 831 (1966), 749

《美国劳工运动的活力之源》,载于《康奈尔大学纽约州劳资关系学院劳资关系公报》第 41 卷(1960 年)。

The Sources of Vitality in the American Labor Movement (ILR Bull. 41, New York State School of Industrial and Labor Relations, Cornell Univ., 1960), 976

斯坦,《保护工会员工的个人雇佣权利》,载于《伯克利劳动法杂志》第 17 卷(1996 年),第 1 页。

Stein, Preserving Unionized Employees' Individual Employment Rights, 17 Berk. J. Emp. & Lab. L. 1(1996), 961, 963

斯坦梅茨,《德国企业对维持与工人之间和平关系的制度的不满》,载于《华尔街杂志》1995 年 10 月 17 日。

Steinmetz, German Firms Sour on System That Keeps Peace with Workers, Wall St. J., Oct. 17, 1995, 554

斯特恩,《商业条款和国家经济(1933—1946 年)》,载于《哈佛法律评论》第 59 卷(1946 年),第 645 页。

Stern, The Commerce Clause and the National Economy, 1933 – 1946, 59 Harv. L. Rev. 645 (1946), 109

斯图尔特,《罢工的转化:不当劳动行为经济学:一、二部分》,载于《弗吉尼亚法律评论》第 45 卷(1959 年)1322 页,第 49 卷(1963 年)1297 页。

Stewart, Conversion of Strikes: Economic to Unfair Labor Practice: Ⅰ & Ⅱ, 45 Va. L. Rev. 1322 (1959); 49 Va. L. Rev. 1297 (1963), 585

斯特朗,《实质性的法律正当程序:有意义与无意义两分法》,1986 年版。

Strong, F., Substantive Due Process of Law: A Dichotomy of Sense and Nonsense (1986), 52

萨伯伦,《劳动委员会的保守的能量:为集体谈判单位制定规则的案件》,载于《劳动法杂志》第 32 卷(1981 年),第 105 页。

Subrin, Conserving Energy at the Labor Board: the Case for Making Rules on Collective Bargaining Units, 32 *Lab. L. J.* 105 (1981), 290

萨伯伦,《国家劳动关系委员会的阻碍指控政策:聪明还是愚蠢?》,载于《劳动法杂志》第 39 卷(1988 年),第 651 页。

————, The NLRB's Blocking Charge Policy: Wisdom or Folly? 39 *Lab. L. J.* 651 (1988), 388 - 389

菅野和夫,《日本劳动法》,1992 年版。

Sugeno, K, *Japanese Labor Law* (1992), 977

萨默斯,《美国的工会民主立法》,载于《现代法律评论》第 25 卷(1962 年),第 273 页。

Summers, C., American Legislation for Union Democracy, 25 *Mod. L., Rev.* 273 (1962), 1066

萨默斯,《集体协议与合同法》,载于《耶鲁法律杂志》第 78 卷(1969 年),第 525 页。

————, Collective Agreements and the Law of Contracts, 78 *Yale L. J.* 525 (1969), 785

萨默斯,《雇员的声音和雇主的选择:第 8 节(a)(2)款所构成的例外》,载于《芝加哥肯特法律评论》第 69 卷(1993 年),第 129 页;

————, Employee Voice and Employer Choice: A Structured Exception to Section 8(a)(2), 69 *Chi. - Kent L. Rev.* 129 (1993), 274

萨默斯,《根据集体合同的个人雇员的权利:什么是公平代表?》,载于《宾夕法尼亚大学法律评论》第 126 卷(1977 年),第 251 页。

————, The Individual Employee's Rights Under the Collective Agreement: What Constitutes Fair Representation?, 126 *U. Pa. L. Rev.* 251 (1977), 1049

萨默斯,《最高法院的劳动法:1964 年期间》,载于《耶鲁法律杂志》第 75 卷(1965 年),第 59 页。

_____, Labor Law in the Supreme Court: 1964 Term, 75 *Yale L. J.* 59 (1965), 207

萨默斯,《加入工会的权利》,载于《哥伦比亚法律评论》第 47 卷(1947 年),第 33 页。

_____, The Right to Join a Union, 47 *Colum. L. Rev.* 33 (1947), 1065

萨默斯,《未获得多数的工会——一个黑洞?》,载于《芝加哥肯特法律评论》第 66 卷(1990 年),第 531 页。

_____, Union Without Majority—A Black Hole?, 66 *Chi. - Kent L. Rev.* 531 (1990), 451-452

劳伦斯·萨默斯,《简明强制利益经济学》,1989 年版。

Summers, L., *Some Simple Economics of Mandated Benefits*, 79 Paper & Proceeding of the AEA 177 (1989), 29

桑斯坦,《洛克纳案》,载于《得克萨斯法律评论》第 82 卷(2003 年),第 65 页。

Sunstein, C., Lochnering, 82 *Tex. L., Rev.* 65 (2003), 52

桑斯坦,《洛克纳案的遗产》,载于《哥伦比亚法律评论》第 87 卷(1987 年),第 873 页。

_____, Lochner's Legacy, 87 *Colum. L. Rev.* 873 (1987), 52

桑斯坦:《局部宪法》,1993 年版。

_____, *The Partial Constitution* (1993), 53

《专题论文集:仲裁和法庭》,载于《西北大学法律评论》第 58 卷(1963 年),第 466 页。

Symposium, Arbitration and the Courts, 58 *Nw. U. L. Rev.* 466 (1963), 748

《专题论文集:工会治理和民主》,载于《劳动研究杂志》第 21 卷(2000 年,第一部分和第二部分)。

Symposium, Union Governance and Democracy, 21 *J. Lab. Res.* (Parts Ⅰ & Ⅱ, 2000), 1072

塔夫脱,《冈珀斯时期的美国劳工联合会》,1957 年版。

Taft, P., *The AFL in the Time of Gompers* (1957), 64

塔拉斯和伯纳克,《加拿大的工会安全》,载于《工会的内部管理和组织的有效性》,艾斯托伊克、卡茨和考夫曼编辑,2001 年。

Taras & Ponak, Union Security in Canada, in The Internal Governance and Organizational Effectiveness of Labor Unions (Estreicher, Katz & Kaufman eds., 2001), 976

提博尔特和哈咖德,《工会暴力:法院、立法机关和国家劳动关系委员会的记录与反应》,1983 年版。

Thieblot, A. & Haggard, T., Union Violence: The Record and Response by Courts, Legislatures, and the NLRB (1983), 705

汤马,《劳资纠纷》,载于《新法律杂志》2005 年 10 月,第 1474 页。

Toman, Industrial Dispute, *New L. J.* 1474, (Oct. 2005), 517

汤姆林斯:《国家与工会:1880—1960 年劳动关系、法律和工人组织运动》,1985 年版。

Tomlins, C., The State and the Unions: Labor Relations, Law and the Organized Labor Movement 1880 – 1960, (1985), 38

特罗伊:《劳动关系方面以及市场经济下工业冲突处理中的纠纷解决》,哈纳米和布朗潘主编,1989 年第 2 版。

Treu, Conflict Resolution in Industrial Relations, in Industrial Conflict Resolution in Market Economics (Hanami & Blanpaon eds., 2d ed. 1989), 554

特里布:《宪法的选择》,1985 年版。

Tribe, L., *Constitutional Choices* (1985), 639

特洛伊,《市场的力量与工会的衰退:对保罗·维勒的回应》,载于《芝加哥大学法律评论》第 29 卷(1992 年),第 681 页。

Troy, L., Market Forces and Union Decline: A Response to Paul Weiler, 29 *U. Chi. L. Rev.* 681 (1992), 95

特洛伊,《美国和加拿大产业关系:趋同性还是趋异性?》,载于《产业关系》第 39 卷(2000 年),第 695 页。

————,U. S. and Canadian Industrial Relations：Convergent or Divergent?, 39 *Ind. Rel.* 695（2000）,95

特洛伊和谢福林,《工会的原始资料：会员、结构、财务和目录》,1985 年第 1 版。

Troy,L. & Sheflin,N. Union Sourcebook：Membership,Structure,Finance,Directory（1st ed. 1985）,93

特斯德尔,《国家劳动关系委员会应对积压案件：在决策过程中的延误和克林顿委员会的回应所持续存在的问题》,载于《劳工律师》第 16 卷（2000 年）,第 1 页。

Truesdale,Battling Case Backlogs at the NLRB：The Continuing Problem of Delays in Decision Making and the Clinton Board's Response, 16 *Lab. Law.* 1（2000）,105

特纳,《国家劳动关系委员会意识形态选择》,载于《宾夕法尼亚大学劳动与就业法杂志》第 8 卷（2006 年）,第 707 页。

Turner,Ideological Voting on the National Labor Relations Board,8 *U. Pa. J. of Lab. & Emp. Comp. Law* 707（2006）,247

厄尔曼,《人力资源经理为什么要支付高工资?》,载于《英国产业关系杂志》第 30 卷（1992 年）,第 177、205 页。

Ulman,Why Should Human Resource Managers Pay High Wages?,30 *Brit. J. Indus. Rel.* 177,205（1992）,85

安特伯格和康慈拉,《航空公司罢工保险的终止》,载于《劳资关系评论》第 34 卷（1980 年）,第 82 页。

Unterberger & Koziara,The Demise of Airline Strike Insurance,34 *Indus. & Lab. Rel. Rev.* 82（1980）,626

宛布尔格和莫斯科维特,《采矿业的潜入者：将带薪工会组织者送入企业带来的法律和政治影响》,载于《霍夫斯特拉劳动法律杂志》第 16 卷（1998 年）1998 年,第 1 页。

Van Bourg & Moscowitz,Salting the Mines：The Legal and Political Implications of Placing Paid Union Organizers in the Employer's Work Place, 16 *Hofstra Lab. & Emp. L. J.* 1,(1998),194

范德维尔德,《工会公平代表义务的正当程序模式》,载于《明尼苏达法律评论》第 67 卷(1983 年),第 1079 页。

VanderVelde, A fair Process Model for the Union's Fair Representation Duty, 67 *Minn. L. Rev.* 1079 (1983),1055

菲特尔,《对"多雇主谈判规则的评论":寻找正确的问题》,载于《弗吉尼亚法律评论》第 75 卷(1989 年),第 285 页。

Vetter, Commentary on "Multiemployer Bargaining Rules": Searching for the Right Questions, 75 *Va. L. Rev.* 285 (1989), 301,554

沃斯,《1953—1977 年工会变化的趋势》,载于《劳资关系评论》第 38 卷(1984 年),第 52 页。

Voos, Trends in Union Organizing Expenditures, 1953 – 1977, 38 *Indus. & Lab. Rel. Rev.* 52 (1984),15

沃斯,《工会组织:成本与产出》,载于《劳资关系评论》第 36 卷(1983 年),第 576 页。

————, Union Organizing: Costs and Benefits, 36 *Indus. & Lab. Rel. Rev.* 576 (1983),25

瓦奇特和科恩,《集体谈判的法律和经济分析:有关业务转包、部分关闭以及企业搬迁问题的概述和应用》,载于《宾夕法尼亚法律评论》第 136 卷(1988 年),第 1349 页。

Wachter & Cohen, The Law and Economics of Collective Bargaining: An Introduction and Application to Problems of Subcontracting, Partial Closure and Relocation, 136 *U. Pa. L. Rev.* 1349 (1988),545,561

瓦伦,《仲裁员如何处理分包和厂房拆除的问题》,载于《劳资关系评论》第 19 卷(1966 年),第 265 页。

Wallen,, How Issues of Subcontracting and Plant Removal Are Handled by Arbitrators,19 *Indus. & Lab. Rel. Rev.* 265 (1966),730

瓦尔顿和麦克西,《劳动谈判的行为理论:社会互动系统的分析》,1991年版。

Walton, R. & McKersie, R., A Behavioral Theory of Labor Negotiations: An Analysis of Social Interaction Systems 129 (1991),498

韦尔,《执行〈职业安全与卫生法〉:工会的角色》,载于《劳资关系》第30卷(1991年冬季第1期),第22页。

Weil, Enforcing OSHA: The Role of Labor Unions, 30 *Indus. Rel.* 22 (No. 1, Winter 1991),28

维勒:《管制工作场所:劳动法的将来》,1990年版。

Weiler, P., *Governing the Workplace: The Future of Labor and Employment Law* (1990),21,26,96,576,644-645

维勒,《恪守承诺:依据〈国家劳动关系法〉保障工人自我组织的权利》,载于《哈佛法律评论》第96卷(1983年),第1769页。

————, Promises to Keep: Securing Workers' Rights to Self-Organization Under the NLRA, 96 *Harv. L. Rev.* 1769 (1983),95-96,158,342,376,377

维勒,《达成一种新的平衡:合同自由和工会代表的前景》,载于《哈佛法律评论》第98卷(1984年),第351页。

————, Striking a New Balance: Freedom of Contract and the Prospects for Union Representation, 98 *Harv. L. Rev.* 351 (1984),488

韦斯:《劳动法》,载于《德国法的概述》,马赛厄斯·雷蒙和乔基姆·泽可主编,2005年版。

Weiss, M., Labor Law, in Introduction to German Law, (Reiman & Joachim Zekoll eds.,2005),976

韦斯等,《德意志联邦劳动纠纷解决》,载于《市场经济下的工业冲突处理》,哈纳米和布朗潘主编,1989年第2版。

Weiss et al., The Settlement of Labour Disputes in the Federal Republic of Germany, in Industrial Conflict Resolution in Market Economics (Hanami & Blanpaon eds.,2d ed. 1989),554

惠灵顿,《工会民主和公平代表:联邦体制下的联邦责任》,载于《耶鲁法律杂志》第 67 卷(1958 年),第 1327 页。

Wellington, Union Democracy and Fair Representation: Federal Responsibility in a Federal System, 67 *Yale L. J.* 1327, (1958), 1036

惠灵顿,《工会罚款和工人权利》,载于《耶鲁法律杂志》第 85 卷(1976 年),第 1022 页。

————, Union Fines and Workers' Rights, 85 *Yale L. J.* 1022 (1976), 1036

韦斯特,《不当解雇的复职案》,载于《伊利诺伊大学法律评论》(1988 年),第 1 页。

West, The Case Against Reinstatement in Wrongful Discharge, 1988 *U. Ill. L. Rev.* 1, 158

韦斯特,《比尔迪斯科案后的生活:第 1113 条与诚信谈判的义务》,载于《俄亥俄法学杂志》第 47 卷(1986 年),第 65 页。

————, Life After Bildisco: Section 1113 and the Duty to Bargain in Good Faith, 47 *Ohio St. L. J.* 65 (1986), 862, 863

斯特福尔,《替代罢工者和雇员自由的选择》,载于《劳工律师》第 7 卷(1991 年),第 137 页。

Westfall, Striker Replacements and Employee Freedom of Choice, 7 *Lab. Law.* 137 (1991), 576

惠勒和布朗,《对州不当解雇行为的联邦优先权》,载于《劳资关系法律杂志》第 8 卷(1986 年),第 1 页。

Wheeler & Browne, Federal Preemption of State Wrongful Discharge Actions, 8 *Indus. Rel. L. J.* 1 (1986), 962

怀特,《比尔迪斯科案及国会的反应》,载于《威恩法律评论》第 30 卷(1984 年),第 1169 页。

White, The Bildisco Case and the Congressional Response, 30 *Wayne L. Rev.* 1169 (1984), 857, 861

怀特,《现代歧视理论与〈国家劳动关系法〉》,载于《威廉和玛丽法律评论》

第 39 卷(1997 年),第 99 页。

————,Modern Discrimination Theory and the National Labor Relations Act,39 *Wm. & Mary L. Rev.* 99 (1997),148,166

怀特,《州法诉讼的 301 条优先权:一种分析的模式》,载于《阿拉巴马法律评论》第 41 卷(1990 年),第 377 页。

White, Section 301's Preemption of State Law Claims: A Model for Analysis, 41 *Ala. L. Rev.* 377, (1990),962

怀特,《遵循雪佛龙规则先例的"例外"》,载于《佛罗里达法律评论》第 44 卷(1992 年),第 723 页

————,The Stare Decisis "Exception" to the Chevron Deference Rule, 44 *Fla. L. Rev.* 723 (1992),191

怀特,《依据〈国家劳动关系法〉成文法和宪法对使用受到保护言论作为非法动机的限制》,载于《俄亥俄州法律杂志》第 53 卷(1992 年),第 1 页。

————,The Statutory and Constitutional Limits of Using Protected Speech as Evidence of Unlawful Motive Under the National Labor Relations Act, 53 *Ohio St. L. J.* 1. (1992),325

威玛,《国家劳动关系委员会的规则制定:政治现实和程序公正》,载于《耶鲁法律杂志》第 89 卷(1980 年),第 982 页。

Willmore, NLRB Rulemaking: Political Reality versus Procedural Fairness, 89 *Yale L. J.* 982 (1980),105

温特,《集体谈判和竞争:将反托拉斯标准适用于工会活动》,载于《耶鲁法律杂志》第 73 卷(1963 年),第 14 页。

Winter, Collective Bargaining and Competition: The Application of Antitrust Standards to Union Activities, 73 *Yale L. J.* 14 (1963),876

温特,《对机构决定的司法审查:劳动委员会和法院》,载于《最高法院评论》(1968 年),第 53 页。

————, Judicial Review of Agency Decisions: The Labor Board and the Court, 1968 *S. Ct. Rev.* 53,247

沃夫,《铁路工人委员会》,1927年版。
Wolf, H. , *The Railroad Labor Board* (1927) ,78

余珥,《古尔德对共和党关于其建议的采取单个单位谈判规则指控的应对》,载于《劳动共和日报》第74期,1996年4月17日。
Yuill, Gould Responds to Republican Charges on Proposed NLRB Single Facility Rule,1996 Daily, Lab. Rep. (BNA) No. 74 (April 17,1996) ,291-292

齐默,《为科利尔案感到高兴:国家劳动关系委员会与仲裁管辖权的理性化》,载于《印第安纳法律杂志》第48卷(1973年),第141页。
Zimmer, Wired for Collyer: Rationalizing NLRB and Arbitration Jurisdiction, 48 *Ind. L. J.* 141 (1973) ,804

齐默曼,《间接纠察和保护门:通用电气原理》,载于《弗吉尼亚法律评论》第47卷(1961年),第1164页。
Zimmerman, Secondary Picketing and the Reserved Gate: The General Electric Doctrine, 47 *Va. L. Rev.* 1164 (1961) ,664

#  索引[*]

## A

**Aaron, Benjamin**, 720
亚伦, 本杰明

**Absenteeism**, 716
有计划的怠工

**Access rights**, *See* **Employer property; Speech Accretion**, 299–300, 306–307
进入权, 见: 雇主财产; 言论增加

**Addison, John T.**, 22
约翰·T. 艾迪生

**ADEA（Age Discrimination in Employment Act）**, 815
《就业年龄歧视法》

**Administrative Procedure Act（APA）**, 102, 316
《行政程序法》

**AFL**, *See* **American Federation of Labor**
劳联, 见: 美国劳工联合会

**After-acquired evidence**, 156
后获得的证据

**After-acquired facility doctrine**, 421–423, 524
嗣后取得工厂理论

**Age Discrimination in Employment Act（ADEA）**, 815
《就业年龄歧视法》

**Agency**
机构

  **bargaining agent, authority and duties**
  谈判代理人, 职权与职责

  *See* **Duty of fair representation**
  见: 公平代表职责

---

[*] 以下页码为原书页码, 即本书边码。

**Exclusive representation**
排他性代表
  **employee or independent contractor**, 118 – 119
  雇员或独立缔约人
  **union organizers who are paid by union and by employer**, 191
  由工会和雇主支付报酬的工会组织者
  **vicarious responsibility for sexual harassment of coworker**, 775
  对工人同事进行性骚扰产生的雇主替代责任
**Agency shop.** *See* **Union security**
工会代理制企业。见：工会安全
**Agricultural workers.** *See* **Jurisdiction of the NLRB**
农业工人。见：劳动关系委员会的管辖权
**Airlines.** *See* **Railway Labor Act（RLA）**
航线。见：《铁路劳动法》
**Aliens, undocumented**, 159 – 161
外国人，非法的
**Ally doctrine**, 645 – 652. *See also* **Secondary pressures**
同盟原则，另见：间接压力
**"Alter ego" relationships**, 849, 854
"另一个自我"关系
**Alternative forms of in-plant Representation**, 28
工厂内代表的替代形式
**American Anti-Boycott Association**, 55
美国反联合抵制协会
**American Arbitration Association**, 707, 721
美国仲裁协会
**American Federation of Labor（AFL）**, 28, 33 – 34, 64, 65, 81, 85, 88
美国劳工联合会（劳联）
**American Federation of Labor and Congress of Industrial Organizations（AFL-CIO）**
美国劳工联合会—产业组织联合会（劳联—产联）
  **disaffiliation from**, 96
    从……分离
**merger and historical roles**
并购及历史地位
**Antitrust laws.** *See also* **Clayton Act**；**Norris-LaGuardia Act**
反托拉斯法，另见：《克莱顿法》；《诺里斯—拉瓜迪亚法》

**applications to labor unions**,53－56,865－904
适用于劳动工会
**boycotts and**,640
联合抵制
**hot cargo agreements**,63,901－902
烫手货品协议
**labor abuses as a focus of**,77
以劳动滥用为焦点
**labor exemption in general**,56－64,69－78
一般来说劳工豁免
  **nonstatutory**,873－904
  非法定
  **origins of**,865－866
  ……的起源
  **rule of reason and**,903
  合理原则
  **statutory**,866－873,888－889
  法定的
**mandatory bargaining and**,887－888
强制性谈判
**market restraints**,887－889,895－896,902
市场限制
**most-favored-nation clauses**,881,898－899
最惠国条款
**multiemployer bargaining and**,876,896－897
多雇主谈判及
**mutual aid pacts**,626
互助协议
**picketing**,635
纠察
**predatory intent**,881－882
掠夺性目的
**price setting**,872－873
定价
**state antitrust law**,953
州反托拉斯法

**APA.** *See* **Administrative Procedure Act**
《行政程序法》。见:《行政程序法》
**Appropriate bargaining unit.** *See* **bargaining unit**
适格谈判单位。见:谈判单位
**Arbitration.** *See also* **Collective bargaining**
仲裁。另见:集体谈判
**Agreement; Duty of fair representation; Grievance;**
协议;公正代表的义务;申诉
   **Jurisdiction of the NLRB**
   国家劳动关系委员会的管辖
   **Absenteeism**,716
   有计划的怠工
   **Agreement to arbitrate**,735 - 761
   仲裁协议
   **Caluses seeking to restrict arbitral discretion**,766 - 767
   旨在限制任意仲裁的条款
   **As mandatory subject of bargaining**,818
   作为强制性谈判议题
**Arbitrability**,747 - 761
可仲裁性
   **expiration of contract**,759 - 761
   合同终止
   **presumption of**,750,759 - 760
   ……的假定
   **procedural**,750 - 751
   程序性的
   **side agreements**,749 - 750
   附件
   **"Steelworkers Trilogy"**,740 - 750,761 - 768
   "钢铁工人三部曲"
   **Substantive**,749
   实质性的
   **awards**
   奖励
   **"draw its essence" from the contract**,764 - 765
   从合同中"抽取其要义"

**enforcement denied as against public policy**,773-776
由于违反公序良俗而否定其执行
**evidentiary weight of**,818
证据权衡
**finality of**,763-764
……的最后
**judicial review, nature and scope**,761-796
司法审查,本质和范围
**NLRB deferral to**,799-814
国家劳动关系委员会延期到
**Referring to or based on external law**,765,776
指或依据外部法律
**bargaining history, use of**,731
谈判历史,使用
 **deferral policy**,799-814
 延期政策
 **post-arbitral (Spielberg) deferral**,806-814
 仲裁后(斯皮尔伯格案)延期
 **pre-arbitral (Collyer) deferral**,799-806
 仲裁前(科勒尔案)延期
 **discharge and discipline burden of proof**,719-720
 解雇和纪律处分案的证明责任
 **just cause**,710
 正当理由
 **off-the-job misconduct**,718-720
 工作时间之外的不当行为
 **standards of proof**,720
 证明标准
**evidence**,720-721
证据
**exhaustion of**,992,1050-1051
穷尽
**external law and**,765,776
外部法律
**interest arbitration**,448-490,519-520
利益仲裁

**judicial encroachment on**, 962 – 963
司法干预
**jurisdiction**, 731
司法管辖权
**management functions clause and**, 475 – 476
管理职能条款
**mandatory under arbitration clause**
依据仲裁条款是强制性的
    **injunction despite absence of binding clause**, 784
    尽管没有约束条款而发布禁令
    **survival of contract expiration**, 508
    合同期满后仍有效力
**mediation as alternative**, 707
将调解作为替代方式
**NLRB's deferral doctrine**, 799 – 814
国家劳动关系委员会的迟延原则
    **"no discrimination" clause**, 804
    "不准歧视"条款
    **no-strike clauses and**, 776 – 796. *See also* **No-strike clauses**
    不准罢工条款。　另见：不准罢工条款
**past practice**, 732 – 735
过去的做法
**post-expiration grievance**, 759 – 761
期满后的申诉
**precedent and**, 721, 783 – 784
先例及
**Procedure**
程序
    **burden of proof**, 719 – 720
    证明责任
**rules of evidence**, 720 – 721
证据规则
**progressive discipline**, 716 – 717, 775
逐步的纪律处分
**public policy considerations**, 768 – 776
对公共政策的考虑

索 引 1591

**quid pro quo for**,738
一事对一事的
"**relative ability**" **clauses**,724-725
"相对能力"条款
**selection of arbitrators**,707
挑选仲裁员
**seniority grievances**,721-725,760
资历申诉
**subcontracting grievances**,725-731
分包申诉
**systems of arbitration**,707-708
仲裁制度
"**wholesale repudiation**" **doctrine**,759
"大规模拒绝"原则
**Work-assignment disputes**,695-699,797
工作分配争议
"**Area standards**" **picketing**,441-442
为抗议"地区标准"而进行的纠察
**Arnold,Thurman**,77
瑟曼·阿诺德
**Assistance to unions.** *See* **Unfair labor practices**
帮助工会。见:不当劳动行为
**Attorney's fees**
律师费
  **for denfense of union officers**,1129
  为工会干部辩护
  **for union candidate suits**,1107
  为工会代表诉讼
  **for union membership disputes**,1073-1074
  为工会会员诉讼
**Authorization cards**,379-380,408-412
授权卡
  **dual purpose of**,411
  双重目的
  **initiation fee waiver and**,355-356
  免除入会费

**Joy Silk doctrine**, 366, 401
乔伊丝绸案的原则
 **Neutrality agreements and**, 429-432, 523-525
 中立协议
**Picketing to obtain**, 442
为获得……而进行纠察
 **revocation period**, 412
 撤回期间
 **signing for more than one union**, 411-412
 签字赞成一个以上的工会
**Back pay.** See also **Remedial orders**
欠付工资。另见：救济令
**calculation of**, 157-158
计算
 **commencement date for**, 372-373
 生效日期
"**effcets**" **bargaining**, 546
"效果"谈判
**Bad faith bargaining, remedies for**, 479-490
不诚实谈判，救济

## B

"**Ballot**" **clause as permissive subject of Bargaining** 515, 517
"投票"条款作为许可的谈判议题
**Bankruptcy and status of collective agreements** 857-863
破产和集体协议状况, 857-863
**Bannering**, 679-680
[口语]以通栏大字标题发表(消息等)
**Bargaining agent, authority and duties.** See **Duty of fair representation**
谈判代理人，权力和职责。见：公平代表的义务
 **Exclusive representation**
 排他性代表
**Bargaining orders**, 362-380. See also **Authorization cards**; **Remedial Orders**
谈判命令。另见：授权卡，救济令
 **changed circumstances and**, 375
 改变了的环境及

**Gissel bargaining orders**,325-332,362-377,407
吉赛尔案的谈判命令
**Bargaining subjects.** *See* **Collective bargaining**
谈判议题。见：集体谈判
**Bargaining units**,276-307. *See also* **Certification of bargaining representative; Representation elections**
谈判单位。另见：谈判代表认证；代表选举
　**accretion**,299-300,306-307
　增加
　**appropriate bargaining unit**,854
　适格谈判单位
　**Board discretion when making determination**,288-289
　委员会在做决定时的任意处置权
　**coalition or coordinated bargaining**,555-556
　联合或协调谈判
　**community of interest standard**,290,306
　利益共同体标准
　**contingent workers**,298-299
　临时工
　**craft, departmental, or industrial units**,297-299
　同业、部门或产业单位
　**employee interests as factor**,289
　雇员利益要素
　**employer interests as factor**,289
　雇主利益要素
　**geographical proximity as factor**,289
　地理临近要素,289
　**Globe elections**, 297
　全球选举
　**health care institutions** 277-285
　医疗保健机构
　**joint employer**,305-306
　联合雇主
　**judicial review of unit determinations**,292-307
　对谈判单位决定的司法审查
　**"merged unit" doctrine**,290

**1594** 美国劳动法：案例、材料和问题

"并购单位"规则
**multiemployer units assessment of**, 300 – 305
多雇主谈判单位评估, 300 – 305
**lockouts**
封闭工厂
**withdrawal from, and related rights**, 546 – 556
撤回, 及相关权利, 546 – 556
**RC petitions**, 284
认证请求
**single or multilocation units**, 99
一地或多地的单位
**size of unit and union win rates**, 284
单位的规模和工会的获胜率
**transfer out of and return to**, 1018
转出和回归
**Bar to elections**, 381 – 389
对选举的阻碍
**Baseball players and free agency**, 520
棒球运动员和免费的机构
**Benefits.** *See* **employee benefits**
利益。见：雇主利益
**Blanchflower, David G.**, 20
大卫·G. 布兰奇福劳
**Blocking charge rule**, 388 – 389
阻碍控告规则
**Board of directors, union representation on**, 544
董事会, 工会代表
**Boulware, Lemuel R.**, 478
莱缪尔·R. 布尔韦尔
**"Boulwarism,"** 478 – 479
布尔韦尔主义
**Boycotts.** *See* **Antitrust laws; Secondary pressures**
抵制, 见：反托拉斯法；间接压力
**Breach of contract by union**, 213
工会违反合同
**Bribes**

索 引

贿赂
    **employers attempt to influence voting**,350 – 351
      雇主企图影响投票
**Brooks,George**,975 – 976
  乔治・布鲁克斯
**Brudney,James J.**,375
  詹姆斯・布鲁德尼
**Burden of proof**
  证明责任
    **arbitration**,719 – 720
      仲裁
    **discriminatory policies**,194
      歧视政策
    **unfair labor practice proceedings**,577
      不当劳动行为程序
**Canada**
  加拿大
    **recognition without elections**,377 – 380
      不经过选举而获得认可
    **secondary picketing**,638
      间接纠察
    **strike ballot votes**,517
      对罢工进行投票
    **strike replacement workers**,580 – 581,583 – 584
      罢工替代工人
    **successor employers**,831
      承继雇主
**Captive-audience speeches**,311 – 313,317
  对受到强制的听众作演讲
**Card-check and neutrality agreements.** *See* **Authorization cards**
  授权卡检查和中立协议。见:授权卡
**Cease and desist orders**,404 – 405
  禁止令
**Certification of bargaining representatives.**
  谈判代表认证,
    *See also* **Bargaining units**;**National**;**Labor Relations Board（NLRB）**;**Unfair labor**

practices（ULPs）authorization cards as alternative to, 379 – 380

另见：谈判单位；国家；劳动关系委员会（NLRB）；不得劳动行为（ULPs）；作为替代……的授权卡

**bars to elections**, 381 – 389

对选举的阻碍

   **unexpired contract**, 390

   未终止的合同

**certification year vs. election year**, 384

认证年与选举年

**decertification.** *See* **Decertification**

撤销认证。见：撤销认证

**elections.** *See* **Representation elections**

选举。见：代表选举

**judicial review of**, 295 – 300

司法审查

**one-year rule**, 385

一年规则

**refusal to bargain after**, 385

拒绝在其后谈判

**Cesar Chavez Workplace Fairness Act of** 1994（proposed）, 581

1994年瑟萨尔·夏沃茨《工作场所公平法》(建议稿)

**Change to Win Coalition**, 96 – 97

变中求胜联合会

**Check-off of union dues**

对工会的会费进行查验

**challenge procedure**, 992

挑战程序

**extra-unit expenditures**, 993 – 994

额外的单位开支

**Check-off of union dues**（continued）

对工会的会费进行查验（继续）

   **objectors' rights**, 992

   异议人的权利

   **political use of dues**, 25, 981 – 990

   将会费作政治用途

   **rebate procedure**, 992

返还程序

**resignation and obligation to pay**, 1008 - 1009

辞职和支付的义务

**RLA restrictions on**, 981 - 983

《铁路劳动法》对……的限制

**use of dues, generally**, 981, 990 - 995

对会费的使用, 一般来说

**vote on increases**, 1120

对增加会费投票

**Civil RICO**, 1134 - 1135

民事的《反勒索与受贿组织法》

**Civil Rights Act of** 1964, **Title VII**, 26

1964 年《民权法》, 第七章

**arbitration remedy and**, 814 - 818

仲裁救济及

**bargaining over**, 517

对……进行谈判

**convicted employees**, 719

被定罪的雇员

**NLRA exclusivity principle and**, 459

《国家劳动关系法》的排他性原则及

**preemption of state discrimination claims**, 917

州反歧视请求的优先权

**same-decision defense and**, 155 - 156

同一决定抗辩

**Clayton Act**

《克莱顿法》

**enactment**, 57

实施

**labor exemption**, 56 - 64, 866 - 873

劳工豁免

**restrictive construction**, 57 - 62

限制性解释

**Closed shop**, 38 - 39, 63 - 64, 970 - 971

只雇佣某一工会会员的工厂或商店

*See also* **Union security**

另见：工会安全
**Closing of business.** *See* **Plant closing**
停业。见：工厂关闭
   **Shutdowns**
   暂时封闭工厂
**Coalition and coordinated bargaining**,555－556
联合和协同谈判
**Coalition bargaining.** *See* **Collective bargaining**
联合谈判。见：集体谈判
**Code of ethics**,as bargaining subject,544
道德标准，作为谈判议题
**Collateral estoppel**,721
间接再诉禁止
**Collective bargaining**
集体谈判
   *See also* **Bargaining units**；**Collective bargaining agreements**
   另见：谈判单位；集体谈判协议
   **antitrust immunity**,888－889
   反托拉斯豁免
     **state laws**,953
     州法
   **authorization cards.** *See* **Authorization cards**
   授权卡。见：授权卡
   "**Boulwarism**"，478－479
   "布尔韦尔主义"
   **coalition or coordinated bargaining**,555－556
   联合或协同谈判
   "**concessionary**" **bargaining**,476,539,542－544,1039－1040
   "让步的"谈判
**contracting out**,525－531
合同外包
   *See also* **Entrepreneurial discretion cost internalization and**,29
   另见：企业任意处置权成本内化及
**disclosure obligations**,490－500
披露义务
**duty to bargain**

谈判义务
- **alternatives to**, 524–525
  替代
- **duration of**
  期间
- **expired contract**, 508
  失效的合同
- **good faith doubt of union majority**,
  对工会大多数代表地位的诚信的怀疑
- **effect of**, 400–401
  效果
- **economic pressure and**, 221–222, 571–572
  经济压力及
- **Entrepreneurial decisions**, 206, 525–546
  企业家的决定
- **harassing tactics by union**, 460
  工会的骚扰战略
- "**hard**" vs. "**surface**" **bargaining**, 466–479
  "艰苦的"与"表面的"谈判
- **impasse**, 500–510
  僵局
- **information, duty to furnish**, 490–500
  信息，提供的义务
- **insistence on position**, 495, 503
  坚持岗位
- **midterm bargaining over modifications**, 556–569
  对于修改合同的中期谈判
- **NLRB deferral and**, 805–806
  国家劳动关系委员会迟延
- **notice and waiting periods**, 504, 509, 545
  通知和等待期间
- **per se violations**, 498
  本身违法
- **remedies for breach of duty**, 479–490, 545–546
  对违反义务的救济
  *See also* **Remedial orders**

另见:救济命令
    **scope of mandatory bargaining**,511-546. *See also* **Mandatory subjects of bargaining**
    强制性谈判的范围。另见:强制性谈判议题
    **successor employers and**,545,840-850
        承继雇主及
    **unilateral action**,562-563,734
        单方行动
    **waiver of bargaining duty**,562
        放弃谈判义务
    **willingness to compromise**,476-477
        希望达成和解
**economic effects**,7-8,10-11
经济效果
    **income distribution**,2,11-18
        收入分配
    **productivity and resource allocations**,18-23
        生产力和资源的分配
    **wage effects**,11-18
        工资效果
    **"effects" bargaining**,540-541,546
"效果"谈判
**exclusive representation**,446-460
排他性代表
**failure to bargain in good faith**,197-198
未能诚信地谈判
**financial records disclosure**,496-497
财务记录的披露
**first-time bargaining relationships**,483-488
首次谈判关系
**"good faith" bargaining**,460-511
"诚信的"谈判
    **economic forces vs.**,465
        经济力量与
    **illegal subjects**,516
        非法议题
    **less attractive proposals**,505-506

不那么有吸引力的建议

**mandatory subjects**, 511-546. *See also* **Mandatory subjects of bargaining**
强制性议题。另见:强制性谈判议题

**multiemployer and multiunion bargaining**,546-556,876,896-897
多雇主和多工会谈判

**nonmajority**,451-452
非大多数

**predictability of bargaining**,477
谈判的可预测性

**presumptive relevancy doctrine** 495-496
假定的关联性原则

**recording sessions of bargaining**,478
谈判的会议记录

**refusals to bargain**,503
拒绝谈判

**remedies for**,479-490,545-546
对……救济

**strikes and.** *See* **Strikes**
罢工及 见:罢工

**surface bargaining**,466-479
表面谈判

**trust issues in**,498-499
在……中的信任问题

**Collective bargaining agreements**
集体谈判协议

*See also* **Arbitration;Damages;Grievances;No-strike clauses**
另见:仲裁;损害赔偿;申诉;不罢工条款

**actions to enforce;individual employees**,1050-1051
实施行动;单个雇员

**no-strike obligations**,256-257
不罢工义务

**bar to representation proceedings**,416-418
阻碍代表程序

**defined**,7
界定

**fair representation.** *See* **Duty of fair representation**

公平代表。见:公平代表义务
 **individual rights under**,1008,1048-1049
 依据……的单个劳动者的权利
 **past practice and**,532,732-735
 过去的做法及
 **reserved rights theory**,731
 保留权利理论
 **side agreements**,749-750
 附随协议
 **successor employers' obligations**,840-850
 承继雇主的义务
 **two-tier**,1039-1040
 双重的
 **union-security arrangements**,970-972
 工会安全协议
 **zipper clause**,561-562,563,568
 拉链条款
**Collective goods, production of**,21
集体货物,……的产品
**Collyer deferral**,799-806
科勒尔案中的延期
**Commerce clause**,83
商务条款
 **jurisdiction of the NLRB**,108-110
 国家劳动关系委员会的管辖权
**Committees of employees and management**
雇员和管理委员会
 See Labor-management committees
 见:劳资委员会
**Common law development of unions**,31-34
工会的普通法发展
**Common law doctrines**
普通法原则
 **conspiracy**,35-40
 共谋
 **strikes and**,40-44

罢工及

**Common situs problems, secondary picketing**, 652-664

共同位置问题,间接纠察

**Company unions**, 257-274, 971.

公司工会

*See also* **Domination and support of unions**

另见:对工会的控制和支持

**Compensation.** *See* **Wages**

补偿。见:工资

**Competitive industries and wage**

竞争性产业和工资

**premiums**, 17

奖金

**Concentrated industries and profit effect of unions**, 16

集中的产业和工会的利润效果

**Concerted activities**, 147-274

协同行动

*See also* **Picketing; Protected activities; Secondary pressures; strikes; Unfair labor practices**

另见:纠察;受到保护的行动;间接压力;罢工;不当劳动行为

**Employee activities**

雇员行动

    **breach of contract**, 213

    违约

    **Corporate campaigns**, 221-222

    公司选举

    **Damage to property**, 213

    对财产的损害

    **Disloyal and indefensible**   213, 220-221

    不忠诚的和站不住脚的

    **Distribution of literature**   173-178, 227-229

    分发文字材料

    **Economic strikes.** *See* **strikes**

    经济罢工,见罢工

    **e-mail solicitations**, 176-177

    电邮恳求

individual employee action, 231-248
单个雇员行动
influencing choice of supervisors, 229-230
影响管理人的选择
Interboro doctrine, 232-238
因特博若案的原则
isolated spontaneous protests, 215
孤立的自发抗议
lobbying for legislation, 230, 680
立法游说
misconduct while striking, 586
罢工时的不当行为
"partial" strikes, 215-216, 501
"部分"罢工
political campaigns, 227-229
政治运动
product disparagement during labor disputes, 219-221
在劳动争议期间对产品的贬损
purpose or object test, 222-230
目的或客体标准
reasonableness of, 214-215
……的合理性
refusal to cross "stranger" picket lines, 230
拒绝跨过"第三人"纠察线
striking over unfair labor practice 256-257
对不当劳动行为进行罢工
unlawful activity, 212
违法的行为
unorganized workers, 215
未参加工会的工人
violent activity, 212-213
暴力行动
whistleblowing, 228-229
揭发行为
picket line observance
遵守纠察线

**plant seizures**,213
　　工厂查封
　　**product disparagement**,219－221
　　对产品的贬损
　　**representation at investigatory interview**,240－248
　　在调查面谈中的代表
　　**slowdowns**,216
　　怠工
　　**spontaneous protest**,214,215
　　自发性抗议
　　**sympathy strikes**,588,786－791
　　同情罢工
　　**unfair labor practice strikes**,256－257,586
　　不当劳动行为罢工
　　**violence**,212－213,705
　　暴力
　　**wearing insignia**,174－175
　　佩戴徽章
　　**wildcat strikes**,458－459
　　野猫罢工
**response by employers**
雇主的反应
　　**condonation of misconduct**,216－217
　　对不当行为的宽恕
　　**discrimination**. *See* **Discrimination**,by employer
　　歧视,见:受雇主歧视
　　**lockouts**. *See* **Lockouts**
　　封闭工厂,见封闭工厂
**concerted activities（continued）**
协同行动(继续)
　　**photographing or videotaping**,361
　　拍照或录像
　　**plant closings,relocations**,205－206
　　关闭工厂,搬迁
　　**replacement of strikers**,572－579
　　罢工者的替代

**Concessionary bargaining**, 476, 539, 542-544, 1039-1040
作出让步的谈判
**Conciliation and mediation**
安抚与调解
  **grievance arbitration and**, 707
  对申诉的仲裁
  **impasse procedure**, 509
  僵局程序
**Concurrent jurisdiction**, 738, 797-799
共同管辖权
**Confidential employees**, 125
"秘密"员工
**confidential information and bargaining**, 499-500
保密信息和谈判
**Conflict of interest**, 124. *See also* **Certification of bargaining representatives**
利益冲突。另见：谈判代表的认证
**congress of Industrial Organizations（CIO）**, 85-86, 88. *See also* **American Federation of Labor and Congress of Industrial Organizations（AFL-CIO）**
产业组织联盟（产业组织联合会）。另见：美国劳工联合会和产业组织联盟（美国劳工联合会-产业组织联合会）
**Conspiracy**, 35-40. *See also* **Antitrust laws constitutional limits**, 633-641. *See also* **First Amendment**
密谋。另见：反托拉斯法，宪法限制；另见：《第一修正案》
**construction industry**
建筑行业
  **"common situs" picketing**, 659, 664
  "共同位置"纠察
  **"double-breasted" employers**, 854-855
  "双面经营"的雇主
  **hiring practices**, 971, 1012
  雇佣实践
  **"hot cargo" provisions**, 690, 692-693. *See also* **Hot cargo agreements**
  "烫手货品"条款。另见：烫手货品协议
  **prehire agreements**, 387-388, 420-421, 443
  雇佣前的协议（预雇佣协议）
  **"salting" in**, 193-194

"渗透"

**consumer boycotts.** *See* **Picketing;Secondary pressures**
消费者抵制。见:纠察;间接联合抵制

**contingent workforce**,872
临时工

**contract bar rule**,385–388,390,615
合同阻止规则

**contracting out.** *See* **Arbitration;Collective bargaining**
外包。见:仲裁;集体谈判

**Cooling-off period**,91,509,569
冷静期(冷却期)

**Cooper,Laura**,342
劳拉·库珀

**Costs,increase due to unionization**,197
成本,由于成立工会而上升

**Cost-shifting**,29
成本转移

**"Countervailing power"of unions**,25
工会的"力量均等"

**Cox,Archibald**,1048
阿奇博尔德·考克斯

**Criminal acts**
犯罪行为

**convictions of employees,as cause for discipline/discharge**,718–719
对雇员的定罪,由于纪律/解雇的原因

**later acquittal**,719
后来被宣判无罪

**corruption**,1132–1136
腐败

**under Hobbs Act**,704
依据《霍布斯法》

**under RICO**,1133–1135
依据《反勒索与受贿组织法》

**Damages.** *See also* **Back pay;No-strike clauses;Remedial orders;Unfair labor practices**
赔偿。另见:欠薪;不罢工条款;救济命令;不当劳动行为

 **breach of duty of fair representation**,1062

违反公正代表的义务
and wrongful discharge, apportionment principle, 1062-1063
错误解雇,分配原则
breach of no-strike clause
不罢工条款
liability of individual employees, 795-796
单个雇员责任
union liability for, 795-796
工会对……负责任
picketing or strike, 699
纠察和罢工
recovery from union, 1073
从工会获得赔偿
secondary boycotts, LMRA, 694-695
间接联合抵制,《劳资关系法》
violence from strike, 552
由于罢工而引起的暴力

Dau-Schmidt, Kenneth, 18-20
肯尼斯·杜-施密特

Davis-Bacon Act of 1931, 67, 76
1931年《戴维斯-培根法》

Decertification, 389-405. See also Certification of bargaining representatives
取消认证。另见:谈判代表认证
employee petitions, 389-401
雇员请愿
employer petitions, standards for, 401-404
雇员请愿,……的标准
employer withdrawals of recognition,
雇主撤销认可
standards for, 402-404
……的标准

Decline in private sector unionization, 93-96
私有行业加入工会的比例下降

Defamation. See Libel and slander
诽谤。见:诋毁和中伤

Demand-for-labor curve, 5-6, 23

索 引　1609

劳工需求曲线图
**Democracy and impact of unions**, 23 - 25
民主和工会的影响
**Diminishing marginal returns**, 5
边际收益递减
**Direct-dealing prohibition**, 449 - 450
直接交易禁止
**Disabled workers, employee status of**, 144
残疾工人,雇员的地位
**Discharge and discipline**, 708 - 721
解雇和惩戒
　*See also* **Arbitration; Discrimination by employer; Wrongful discharge law**
　另见:仲裁;雇主歧视;过错解雇法
　**after-acquired evidence**, 156
　事后获得的证据
　**anticipated discipline**, 156
　预期的惩戒
　**burden of proof**, 719 - 720
　证明责任
　**interviews and Weingarten rights**, 240 - 248
　面谈和万家顿案所确立的权利
　**progressive discipline**, 716 - 717, 775
　逐步的纪律处分
　**reinstatement.** *See* **Reinstatement**
　复职。见:复职
　**union discipline**, 995 - 1018
　工会惩戒
**Disclosure obligations**, 490 - 500
披露义务
　**confidential information**, 499 - 500
　保密信息
　**financial records disclosure**, 496 - 497
　财务记录披露
　**strikers' rights**, 578 - 579
　罢工者的权利
　**of unions**, 1126 - 1128

工会的……
**Discrimination by employer**, 147-162.
雇主歧视
　　*See also* Concerted activities; Duty of fair representation; Labor unions
　　另见：协同行动；公正代表的义务，劳工工会
　　**balancing employee interests and business justifications**, 185, 581
　　雇员利益及生意正当性的平衡
　　　**burden of proof**, 194
　　　证明责任
　　　**"but for" causation as element**, 155
　　　"若非"原因作为要素
　　　**complete defense vs. limitation on recovery**, 155-156
　　　完全的防御与补偿的限制
　　　**constitutional vs. statutory violations**, 155
　　　合宪与违法
　　　**derivative violations**, 151, 166
　　　派生的违法
　　　**discouraging union membership**, 151, 165-166
　　　不鼓励工人参加工会
　　　**Dual motive**, 151
　　　双重动机
　　　**employment rights and**, 1012-1018
　　　雇佣权利
　　　**encouraging union membership**, 151, 165-166
　　　鼓励工人参加工会
　　　**hiring replacements**　576
　　　雇佣替代人员
　　　**inferring from impact**, 166
　　　从影响推断
　　　**inherently destructive impact**, 193, 601-602, 624
　　　固有的破坏性作用
　　　**lockouts.** *See* Lockouts
　　　封闭工厂。见：封闭工厂
　　　**motive, intent, and purpose**, 165-172, 567
　　　动机，意图和目的
　　　**plant closing, relocations**, 205-206

关厂歇业，迁厂
**racial and sexual**
种族的和性别的
**collective agreements and**, 459
集体协议
**duty of fair representation and**, 1024
公正代表的义务
**federal prohibitions and remedies, in general**, 459, 814
联邦的禁止和救济，一般
**hiring halls and**, 1012 – 1018
职业介绍所
**statements in representation elections**, 343 – 348
在代表选举中所做的陈述
**remedial problems**, 157 – 159
救济问题
**reprisal for protected activity**, 147 – 161
对受到保护的行动所采取的报复
**"runaway shops,"** 206
（为逃避本地工会的要求而外迁的）逃亡工厂
**solicitation and distribution restrictions**, 173 – 178
招揽与分发限制
**unfair labor practices.** *See* **Unfair labor practices（ULPs）**
不当劳动行为 见：不当劳动行为
**union members in good standing treatment of**, 162 – 178
声誉良好的工会会员的待遇
**Disloyalty**, 213, 220 – 221, 576 – 577
不忠诚
**Disparagement during labor dispute**, 219 – 221
在劳资争议中的诋毁
**Displacement effect**, 15, 23
取代作用
**Distribution of literature**, 173 – 178, 186. *See also* **Employer property**
发放文字材料。另见：雇主财产
**Domination and support of unions**, 257 – 274
工会的主导和支持
  **"dealing with" vs. communication devices**, 266 – 267

"处理"与通讯设备
**delegated managerial authority**,269–272
经授权的资方代表
**employee committees**,258–274
雇员委员会
**"employee free choice,"** 265–266,373
雇员的选择自由
**neutrality requirement**,423–432
中立的要求
**Midwest Piping doctrine**,427–428
中西部管道案的原则
**Recognition of minority union**,373
对少数工会的承认
**Remedies under section** 8(a)(2),269
依据第8条(a)(2)所给予的救济
**TEAM Act proposal**,272–274
《雇员与管理人员合作法》的建议
**union representation in firm management**,269
在公司管理层中的工会代表
**Double-breasting**,693,854–857
双面经营的
**Drug testing**,245,768–773
毒品测试
  **bargaining over**,522
  对……进行谈判
**Dual motive cases**,151
双重动机案
**Due process considerations**,53
正当程序考虑
  **union discipline**,1083–1089
  工会惩戒
**Dues.** *See* **Check-off of union dues**
应付款。见：工会应付款的查验
**Dunlop Commission**,119
邓洛普委员会
**Duty of fair representation**,1019–1063

公正代表的义务
    **breach of**, 967-968
    对……的违反
    **sacrificing interests of some members**, 1030-1031
    牺牲一些成员的利益
    **strike settlement negotiation**, 579
    解决罢工的协商
    **as unfair labor practice**, 1024
    作为不当劳动行为的实践
    **development of concept**, 1019-1023
    概念的发展
    **equal protection and**, 1038-1039
    平等保护
    **federal preemption and**, 1042-1043
    联邦优先权
    **grievance administration and arbitration**, 1053-1061
    申诉的管理和仲裁
    **individual enforcement of contracts**
    单个合同的执行
    **apportionment of damages** 1062-1063
    损害赔偿的分配
    **damages**, 1062
    损害赔偿
    **exhaustion of contract procedures** 1048-1056
    穷尽合同程序
    **exhaustion of internal union procedures**, 1002, 1061-1062
    穷尽工会的内部程序
    **statute of limitations**, 1062
    限制法
    **intraunion division of interest**, 1054-1055
    工会内部的利益分割
    **median voter model and**, 1031-1032
    中间投票人模式
    **member referendum**, 1032
    会员公投
    **negotiation and modification of contracts**, 1024-1041, 1051

合同的协商和修改
**procedural aspects of**, 1061 – 1063
……的程序方面
**racial and sexual discrimination**, 1022, 1024
种族和性别歧视
**requirements of**, 974
……的要求
**under RLA**, 1019 – 1023, 1049
依据《铁路劳动法》
**seniority, and**, 1036
资历
**standards for**, 1036 – 1037
……的标准
**NLRB enforcement**, 1023 – 1024
国家劳动关系委员会执行
**Duty to bargain**
谈判的义务
*See* **Collective bargaining**
见：集体谈判
**Economic effect of labor unions**
劳动工会的经济作用
**demand and supply of labor**, 7 – 11
对劳动的需求和供应
**growth of economy**, 23
经济增长
**productivity**, 18 – 23
生产力
**profit levels**, 16
利润水平
**wage levels**, 11 – 13
工资水平
**Economic pressure during bargaining**, 221 – 222, 571 – 572
在谈判期间的经济压力
**Economic realities test for independent contractor status**, 119
对独立承包商地位作出判断的经济限制标准
**Economic shifts and decline of labor unions**, 95

经济转移和劳动工会的下降

**Educational institutions**

教育机构

  **graduate teaching assistants**,142－144

  研究生教学助理

**"Effects" bargaining**,540－541,546

"效果"谈判

**Efficiency, as a goal of labor law**,2－3

功效,作为劳动法的目标

**Ehrenberg, Ronald G.**,4－8,23

罗纳德·埃伦伯格

**Elections of union officers**

工会干部的选举

  *See* **Labor unions**

  见:劳动工会

  **of union representation**

  工会代表的选举

  *See* **Certification of bargaining representatives**; **Representation elections**

  见:谈判代表的认证;代表选举

**E-mail distribution and no-solicitation/no-distribution rules**,176－177

通过电邮分发及不招揽、不分发规则

**Embezzlement**,1130－1132,1134

侵占

**Employee benefits in nonunion firms**,22

在未成立工会公司的雇员利益

  **promises of benefit in representation elections**,348－357

  在代表选举中承诺利益

  **retiree benefits, as subject of bargaining**,521－522,1040－1041

  退休人员利益,作为谈判的议题

**Employee Retirement Income Security Act（ERISA）**. *See* **Pension and welfare funds**

《雇员退休收入保障法》。见:退休和福利基金

**Employees.** *See also* **Collective bargaining agreements**; **Concerted activities**

雇员。另见:集体谈判协议;协同行动

  **Jurisdiction of the NLRB**

  国家劳动关系委员会的管辖权

  **Supervisors**

主管
  "confidential" employees, 125
  "获得信任的"雇员
  contingent employees, 298-299
  临时工
  defined under NLRA, 111
  《国家劳动关系法》所界定的
  independent contractors distinguished, 111-119
  独立缔约人区分
  mentally disabled employees, 144
  大脑不正常的雇员
  nonemployee status, import of, 145
  非雇员地位,输入
  policymaking role, effect of, 124-125
  政策制定者,……的作用
  professional employees, 127-129
  专业雇员
  students as, 141-145
  作为……的学生
  supervisory employees. See Supervisors
  管理型雇员。见:主管
  "touch" employees, 124-125
  "操作"工人

Employer domination and support of unions. See Domination and support of unions
雇主的主导地位及工会的支持。见:主导及工会的支持
Employer property. See also Remedial orders; Speech; Unfair labor practices (ULPs)
雇主财产。另见:救济命令;言论;不当劳动行为
  access to by unions, 178-207
  工会的进入
  captive audiences, 312-313, 317
  受制听众
  constitutional protections and, 190-191
  宪法保护
  distribution of literature, 168, 172-178, 665-666
  散发文字材料
  Excelsior rule, 313-317

索 引 1617

精致内衣案所确立的规则
**shopping centers**,179 - 191
购物中心
**employee communications with nonemployee organizers**,187
雇员和非雇员组织者的交流
**First Amendment interests**,190 - 191 640
《第一修正案》所确立的利益
**Interest in entrepreneurial discretion**,194 - 207
在企业的任意处置权中的利益
**interest in excluding outsiders**,178 - 194
在排除局外人方面的利益
**interest in maintaining production and discipline**,178
在维持生产和纪律方面的利益
**no-solicitation rules**,173 - 178
不得招揽规则
**department, retail stores**,175
部门,零售店
**health care institutions**,175 - 176
医疗卫生机构
**off-duty employees**,188 - 189
下了班的雇员
**presumptions and**,173,179
预测及
**solicitation, distribution distinguished**,174
招揽、分发区别
**working time, nonworking time**,173 - 174
工作时间,非工作时间
**organizational vs. nonorganizational activities**,189 - 190
组织与非组织活动
**reasonable access**,187
合理进入
**representation elections held at work site**,313
在工作场所举行的代表选举
**state law**,178,185 - 186
州法
**bannering**,679 - 680

## 1618 美国劳动法：案例、材料和问题

标语
**trespass and preemption**, 917–925, 932
非法侵入和优先权
**wearing insignia**, 174–175
佩戴徽章

**Employers.** *See also* **jurisdiction of the NLRB; Unfair labor practices**
雇主。另见：劳动关系委员会的管辖权；不当劳动行为
 **defined under NLRA**, 109, 111
 依据《国家劳动关系法》的界定
 **"direct dealing" and employer communications**, 450–451
 直接交易和雇主通讯
 **domination of unions.** *See* **Domination and support of unions**
 工会主导。见：主导和工会的支持
 **"double-breasted" employers**, 693, 854–857
 "双面经营"雇主
 **Entrepreneurial discretion**, 194–207. *See Also* **Entrepreneurial discretion**
 企业的任意处置权，另见：企业的任意处置权
 **joint employers**, 305–306
 联合雇主
 **single-employer status**, 850–857
 单一雇主身份
 **successor employers**, 399, 819–850
 承继雇主
 **union as, under NLRB jurisdiction**, 109
 工会作为……，依据国家劳动关系委员会的管辖权

**Employment at will doctrine**
任意原则下的雇佣
 **wrongful discharge suits and preemption**, 925, 965–966
 过错解雇诉讼和优先权

**Entertainment industry bargaining and**, 449
娱乐行业的谈判
 **make-work practices**, 700–703
 为不让工人空闲而安排的不必要的工作的做法
 **television news directors and producers**
 电视新闻导演和制片人
 **and supervisory status**, 140–141

索引 1619

管理地位
    **theatrical agents as "labor group,"** 870 – 871
    作为"劳工团体"的剧场经纪人
**Entitlements.** *See* **Minimum entitlements**
权利。见最小的权利
**Entrepreneurial discretion**, 194 – 207, 230, 525 – 546
企业的任意处置权
    **remedies for refusal to bargain over**, 545 – 546
    对拒绝就……进行谈判而进行的救济
**Epstein, Richard A.**, 46
理查德·A. 爱泼斯坦
**Equal Access to Justice Act**, 487
《司法平等法案》
**Equilibrium wage**, 4 – 8, 11
平衡工资
**Europe**
欧洲
    **multiemployer bargaining in**, 554
    多雇主谈判
    **successor employers**, 830
    承继雇主
    **union security**, 976
    工会安全
**Evidence**
证据
    **after-acquired evidence**, 156
    后来获得的证据
    **anti-union animus**, 196 – 197, 204
    敌视工会的态度
    **arbitration**, 720 – 721
    仲裁
    **bad-faith bargaining**, 498
    不诚信的谈判
    **improperly obtained evidence**, 720
    不当获得的证据
    **protected speech in unfair labor practice proceedings**, 324

在不当劳动行为程序中受到保护的言论
**substantial evidence test**,106 - 107
实质性证据标准
**Excelsior rule**,313 - 317,1119 - 1120
精致内衣案所确立的规则
**Exclusive representation**,446 - 460. *See also* **Collective bargaining**; **Duty of fair presentation**
排他性代表。另见：集体谈判；公正代表的义务
  **employees and bargaining with employers**,458 - 459
  雇员及与雇主谈判
    **employer disciplinary interviews**,240 - 248
    雇主对雇员的惩戒约谈
    **racial protests**,459
    种族抗议
    **wildcat strikes**,458 - 459
    野猫罢工
  **majority status**,412 - 423
  多数人代表地位
    **economic strikes and**,608 - 612
    经济罢工
    **pre-majority recognition**,419 - 420
    在大多数人获得认证之前
    **recognition conditioned on subsequent majority**,418 - 419
    依据后来的多数人的条件来认证
    **minority unions**,416,451 - 452
    少数人工会
    **rationale for**,458 - 459
    基本原理
**Executive orders, presidential**,939,989 - 990
执行令，首长的
**Exhaustion of internal union procedures.** *See* **Labor unions**
用尽工会内部程序，见劳动工会
**Expedited elections**,439
快速选举
**Factor substitution**,6
因素替代

**Fair Labor Standards Act of** 1938（**FLSA**），26，72，76
1938年《公平劳动标准法》
**Fair representation.** *See* **Duty of fair representation**
公平代表，见：公平代表义务
**Featherbedding**，77，687，699－704
闲置工人
**Federal Arbitration Act（FAA）**，816
《联邦仲裁条款》
**Federal Corrupt Practices Act**，1130
《联邦腐败行为法》
**Federal Mediation and Conciliation Service（FMCS）**，90－91，92，509，510，707
联邦仲裁与调解局
**Federal preemption**，905－968．*See also* **Jurisdiction of the NLRB**
联邦优先权。另见：劳动关系委员会的管辖权
 **collective bargaining and**，956－968
 集体谈判
 **discipline of union members**，1085－1086
 工会会员的惩戒
 **enforcement of duty of fair representation**，1042－1043
 公平代表义务的执行
 **executive orders，presidential**，939
 实施命令
 **Garmon doctrine**，906－927
  加尔蒙案原则
 **exceptions to**，910－925
 对……例外
 **injunction against state proceedings** 925－926
 针对州的程序所发布的禁令
 "**labor peace**" **agreements**，940
 "劳工和平"协议
 "**minimum terms**" **legislation**，949－956
 "最低条件"立法
 **ordinances and government-funded operations**，938－940
 条例和以政府资金运转
 "**outrageous**" **conduct**，910－916
 "离谱的"行为

peaceful picketing, 906 - 907, 925, 929 - 931, 933
和平纠察
primary jurisdiction, NLRB, 905 - 906, 916
主要的管辖区,国家劳动关系委员会
prohibited activities, 909 - 910
禁止行为
protected activities, 909
受到保护的行为
arguably protected, 910, 924 - 925
有争议的保护
punitive damages and, 917
惩罚性赔偿
rationale for, 905 - 906, 931 - 932
……的原则
removal to federal court, 964 - 965
移送到联邦法院
retaliatory lawsuits and, 926 - 927, 962
报复性诉讼
section 301 preemption, 956 - 968
对301条的优先适用
state laws
州法
  neutrality laws, 940 - 943
  中立法
  nonmodifiability of state rights, 964
  州权利的不可更改性

Federal preemption (continued)
联邦的优先适用
  successor employers, 933 - 934
  承继雇主
  trespass, 917 - 925, 932
  非法侵入
  unemployment compensation, 933 - 934, 954 - 955
  失业补偿
  strike replacements, claims, 933
  罢工替代,请求

**supervisors and unions**,948-949

主管和工会

**torts**

侵权

  **defamation**,912-914,916,917,922

  诽谤

  **intentional infliction of emotional distress**,922

  故意造成精神上的痛苦

  **misrepresentation**,943-947,966

  虚假陈述

  **trespass**,925

  非法侵入

    **wrongful and retaliatory**,**discharges**,925,965-966

    过错的和报复性的,解雇

**Federation of Organized Trades and Labor Unions**,33

美国行业组织和劳动工会联盟(美国劳工联合会的前身)

**Feller**,**David**,1048

大卫·费勒

**Fiduciary duty of labor unions**,1128-1130

劳动工会的信托义务

**Financial records disclosure**,496-497

财务记录披露

**Finkin**,**Matthew W.**,452

马修·W.芬金

**First Amendment.** *See also* **Picketing**

《第一修正案》。另见:纠察

  **Secondary pressures; Speech**

  间接压力;言论

  **appeals to customers of secondary employers**,664-680

  向间接雇主的客户提出要求

  **compulsory unionism and political activity**,981-990

  义务性工会主义和政治活动

  **consumer boycotts**,636-641

  消费者抵制

  **consumer picketing or leafletting**,190-191

  消费者纠察或散发传单

inflammatory campaign speech,346,347-348
煽动性的成立工会的演讲
NLRA section 8(c) and,311-312,321,323-324
《国家劳动关系法》第8条(c)
private property and. See Employer property
私有财产 见：雇主财产
publicity picketing,442-443,665-666,679
宣传纠察
FMCS. See Federal Mediation and Conciliation Service
见：联邦仲裁与调解局
Forbath,William,50-51
威廉·福巴斯
Formco doctrine,340
费慕科案确定的原则
Fourth Amendment,720
《第四修正案》
Frankfurter,Felix,76-77
费利克斯·法兰克福
Freedom of contract,38-39,67
缔约自由
Freeman,Richard B.,20,21
理查德·B.弗里曼
Garment industry and hot cargo agreements,691-692
制衣行业和烫手货品协议
General Electric and "Boulwarism," 478-479
通用电器和布尔韦尔主义
Getman,Julius G.,341-343
朱莉叶斯·G.盖特曼
Gissel bargaining orders,325-332,362-377,407
吉赛尔谈判命令
Globe elections,297
环球选举
Gompers,Samuel,33-34,51,57,64
塞缪尔·冈珀斯
Good faith bargaining. See Collective Bargaining
诚信谈判。见：集体谈判

**Gould, William**, 489, 524
威廉·古尔德
**Graduate teaching assistants**, 142-143
研究生教学助理
    **policy grounds for exclusion from NLRA**, 144-145
    排除《国家劳动关系法》适用的政策理由
    **stipends, treatment of**, 143-144
    薪俸,……对待
**Great Depression**, 80, 85. See also **New Deal legislation**
大萧条。另见:新政立法
**Grievance procedures**, 707-735. See also **Arbitration**
申诉程序。另见:仲裁
    **exhaustion requirement**, 1041-1061
    穷尽的要求
    **in nonunion firms**, 22
    在未成立工会的公司里
    **post-expiration grievances**, 759-761
    期满后的申诉
**Grievances**
申诉
    **"obey now, grieve later,"** 238, 711
    "现在执行,以后申诉"
    **solicitation of, during representation election**, 352-355
    劝说,在代表选举期间
**Handbills**, 640, 665-666, 675-680. See also **Employer property**
传达。另见:雇主财产
**Hays, Paul R.**, 767
保罗·R.海斯
**Health and welfare plans.** See **Pension and welfare funds**
健康和福利计划。见:养老和福利基金
**Health care industry**, 92
医疗卫生行业
    **charge nurses' role**, 137-139
    指控护士的角色
    **contract bar rule**, 386
    合同阻止规则

**mediation provisions**, 509
调解规定
**medical interns and residents**, 141-149
医学院实习生和住院医师
**NLRB jurisdiction over**, 92
国家劳动关系委员会对……的管辖
**no-solicitation rules**, 175-176
不准劝说的规则
**notice and waiting periods**, 509
通知和等待期间
**strikes**, 509
罢工
**unit determinations**, 277-285
单位的决定

# Hiring decisions
雇佣决定
  **freedom from discrimination in**, 1012-1018
  不受歧视的自由
  **personal animus**, 1060
  个人的敌意
  **preferential hiring**, 971
  优先雇佣
  strikers seeking reinstatement, 578. *See also* **Reinstatement as subject of bargaining**, 522
  要求恢复原状的罢工者。另见：将恢复原状作为谈判议题

**Hiring halls**, 522, 1012, 1060-1061
职业介绍所
**Hirsch, Barry T.**, 22
巴里·T. 赫希
**Hobbs Act**, 700, 704-705, 1134
《霍布斯法》
**Holmes, Oliver Wendell**, 46, 53
霍尔姆斯，奥利弗·温德尔
"**Hot cargo**" **agreements**, 680-695. *See also* **Secondary pressures**
"烫手货品"协议。另见：间接压力
  **antitrust laws and**, 63, 901-902

索 引 1627

　　反托拉斯法
　　**construction industry proviso**,690,692-693
　　　建筑业的附带条款
　　**"double-breasting" and**,693
　　　"双面"及
　　**garment industry proviso**,691-692
　　　制衣业附带条款
　　**"integrity" clause barring forming nonunion subsidiary**,687
　　　阻碍形成工会附属机构的"整体"条款
　　**maritime containerization, rules for**,685-686
　　　海洋集装箱运输,……规则
　　**picket line clauses**,682
　　　纠察线条款
　　**recapture of work formerly done**,686
　　　将以前做过的工作夺回来
　　**"right-to-control" test**,689-691
　　　"有权控制"标准
　　**section 8(e), purpose of**,682
　　　第8条(e),……的目的
　　**traditional work in light of technology**,684-686
　　　按照技术分类的传统型工作
　　**union-signatoy and union-standards clauses**,684,686
　　　工会签字和工会标准条款
　　**work preservation and**,684,687
　　　工作保留及
**Illegal subjects of bargaining**,516
非法的谈判议题
**Immigration Reform and Control Act of** 1986 (IRCA),159-161
1986年《移民改革和管制法》
**Impasse**
僵局
　　**in bargaining**,500-510,569
　　　在谈判中
　　**determination of**,506-507
　　　……的决定
　　**legal consequences of**,506

……的法律后果
 lockouts and,623－624
 封闭工厂及
 merit pay implemented following,518
 在……之后实施的利益给付
 multiemployer unit,withdrawal at,546－556
 多雇主单位
 piecemeal,505
 逐个的
 procedures,504,509－511,569
 程序
 unilateral employer action and,562－563
 单个雇主行动
**Implicit contracts**,enforcement of,20－21
隐性合约,对……的执行
**Implied covenant of good faith**,965
默示的诚信契约
**Income**
收入
 effect of unions on distribution of,11－13
 分发……对工会的影响
**Indemnity bonds as subject of bargaining**,520
将补偿保障作为谈判议题
**Independent contractors.** *See also* **Subcontracting**
独立缔约人。另见:分包
 "labor group" combining with,871－872
 与……混合的"劳工团体"
 picketing on behalf of,652
 以……名义实施纠察
**Individual suits by employees**,738,947,966－967
由雇员个人提起的诉讼
**Individual vs. concerted activity**,231－248
个人与协同行动
 employer's knowledge of concerted nature of individual protest,239－240
 雇主关于单个抗议的共同本质的理解
 noncontractual workplace rights,238

非合同性的工作场所权利

 "**obey now,grieve later,**" 238,711

 "先遵守,后异议"

 **prelude to or logical outgrowth of group action**,239

 集体行动的序幕或逻辑结果

 **self-interested actions not for mutual aid or protection**,240

 为自己的利益而不是为了双方的协助或保护采取的行动

 **statutory right vs. contractual right**,237

 成文法权利与合同权利

**Industrial democracy. See also Collective bargaining; Labor unions**

工业民主。另见:集体谈判;劳工工会

 **rationale for union movement**,3

 工会运动的基本原理

 "**voice**" **role of unions**,18,21

 工会角色的"声音"

**Industrial Workers of the World（IWW）**,34

世界产业工人会

**Informational picketing**,443

罢工纠察宣传活动

**Injunctions. See also Clayton Act**

禁令。另见:《克莱顿法》

 **Norris-LaGuardia Act; No-strike clauses**

 《诺里斯-拉瓜迪亚法》;不罢工条款

 **abuses,historically considered**,66 - 68

 滥用,从历史的角度考虑

 **Boys Markets**,777 - 786

 波伊斯市场案

 **reverse**,791 - 792,848

 推翻

 **characteristics of**,44 - 47

 ……的特点

 **common law doctrines**,40 - 44

 普通法原则

 **federal preemption of state proceedings**,925 - 926

 联邦对于州程序法的优先权

 **judicial policymaking**,48 - 50

司法政策制定
**national emergency injunction against strikes**,510-511
国家对罢工的紧急禁令
**secret ballot on employer's final offer**
对雇主的最后要约进行匿名投票
　**as condition for discharging**,517
　作为解雇的条件
　**NLRB**,**mandatory**,694
　国家劳动关系委员会,强制性的
　**NLRB orders enforced by**,100
　由……实施的国家劳动关系委员会的命令
　**no-strike clause enforcement.** *see* **No-strike clauses**
　不罢工条款的执行。见:不罢工条款
**Integrated-enterprise allies.** *See* **Secondary pressures**
企业联盟。见:间接压力
**"Integrity" clause barring forming**
阻碍形成的"整体"条款
　**nonunion subsidiary**,687
　未成立工会的子公司
**Interest arbitration**,488-490,519-520
利益仲裁
**Interference with section 7 rights**
对第 7 条权利的干涉
　**Gissel bargaining orders as remedy for**,325-332,362-377,407
　发布吉赛尔谈判命令作为……的救济
**Internal labor markets**,9-10
内部劳动市场
**International unions**,32
国际工会
**Interrogation**
询问
　**"totality of circumstances,"** 360
　"整体情况"
　**Weingarten rights**,240-248
　万家顿案确立的权利
**Investigatory interviews and Weingarten rights**,240-248

索引　1631

调查性面谈和万家顿案所确立的权利

**Joint employer's employees and bargaining units**, 305–306

联合雇主的雇员和谈判单位

**Judicial review**

司法审查

 **arbitration awards**, 761–796

 裁决所给予的赔偿

 **remands**, 768

 发回重审

 **representation proceedings**, 292–307

 代表程序

 **unfair labor practice proceedings**

 不当劳动行为程序

 **administrative expertise**, 107–108

 行政专家的意见

 **delay and**, 101

 推迟

 **findings of fact**, 106–107

 对于事实的认定

 **forum shopping**, 101

 挑选法院

 **issues of "law" and "policy,"** 107–108

 "法律"和"政策"的问题

**Jurisdictional disputes**. *See* Work-assignment disputes

管辖权异议。见：工作分配争议

**Jurisdiction of arbitrator**, 731

仲裁员的管辖权

**Jurisdiction of the NLRB**, 108–145. *See also* Employees; Employers

劳动关系委员会的管辖权。另见：雇员；雇主

 **commerce power**, 108–110

 商业权利

 **confidential employees**, 125

 保密雇员

 **deference to**, 155, 227

 顺从

 **grievance-arbitration, deferral policies**, 799–814

申诉仲裁,迟延政策
**Independent contractors**,111 - 119
独立契约人
"**jurisdictional yardsticks**," 109
司法尺度
**managerial employees**,119 - 141
管理层雇员
**overseas employees of U. S. companies**,110
美国公司的海外雇员
**primary jurisdiction.** *See* **Federal preemption**
主要的司法管辖区。见:联邦优先权
**professional employees**,127 - 135
专业雇员
**religious organizations**,110
宗教组织
**self-limitation**,108 - 110
自我限制
**statutory exclusions**,110 - 145
法定的例外
**supervisors**,198 - 135
主管

**Jury trial for union membership disputes**,1073
由陪审团对工会会员身份争议进行审判

"**Kaldor-Hicks**" **efficiency**,2 - 3
"卡尔多-希克斯"效率

**Katz obligation**,507,509
卡茨义务

**Knights of Labor**,32 - 33
劳工骑士

"**Laboratory conditions**," 312,333 - 334,346,355
"实验室条件"

**Labor Department**,U. S.
美国劳动部
　**creation of**,57
　创设

**Labor disputes**

索 引 1633

劳动争议
 See National Labor Relations Act (NLRA); Norris-LaGuardia Act; Strikes; Unfair labor practices (ULPs)
 见:《国家劳动关系法》;《诺里斯-拉瓜迪亚法》;罢工;不当劳动行为
Labor-management committees, 258 - 274
劳资委员会
 deference to, 813
 顺从
 productivity committees, 519
 生产委员会
 right of employee to refuse to participate, 268
 雇员拒绝参与的权利
 TEAM Act proposal, 272 - 274
 《雇员与管理人员合作法》的建议
 union leaders' involvement in firm management, 269
 公司管理中的工会领导参与
Labor Management Relations Act of 1947 (LMRA), passim
1947 年《劳资关系法》
Labor-Management Reporting and Disclosure Act of 1959 (LMRDA)
1959 年《劳资报告和公开法》
 background and general scope, 91 - 92, 1066
 背景和一般范围
 due process issues, 1083 - 1089
 正当程序问题
 elections, referenda, and participatory interests, 1089 - 1121
 选举,普通投票,供人分享的利益
 organizational and recognitional picketing, 433
 组织和认可的纠察
 overlap of Titles I and IV, 1098 - 1121
 第一章和第四章的交叉
 reform proposals, 1120 - 1121
 改革建议
 reporting and disclosure requirements, 1126 - 1128
 报告和公开的要求
 speech and assembly, 1066 - 1083
 演讲和集会

trusteeships, 1121 - 1126
  托管
**Labor markets**
劳动市场
  **internal labor markets**, 9 - 10
  内部劳动市场
  **neoclassical view of**, 3 - 11
  新古典主义的观点
**Labor monopoly. See Antitrust laws**
劳工垄断。见：反托拉斯法
  **Monopolies**
  垄断
**Labor organizations. See Labor unions**
劳工组织。见：工会
**Labor Reform Act of** 1977 (**proposed**), 92 - 93, 376, 488
1977年《劳动改革法》（建议稿）
**Labor unions. See also Union security**
劳工工会。另见：工会安全
  **admission to**, 971, 1065 - 1086
  准许进入
  **bargaining by. See Collective bargaining**
  由……谈判。见：集体谈判
  **breach of contract by**, 213
  违约
  **constitutions**
  构成
  **as "contracts,"** 962, 1049
  作为"合同"
  **enforceable rights under**, 969
  依据……可以得到强制执行的权利
  **retroactive amendment of**, 1129
  有溯及力的修订
  **corruption in**, 1132 - 1136
  ……腐败
  **state regulation of**, 1135 - 1136
  州对……的规制

**damages.** *See* **Damages**
赔偿金。见:赔偿金
**decline in private sector unionization**,93–96
私营部门入会率的下降
**Democracy in**,1072–1083
……民主
**discipline of members**,995–1018
对会员的纪律约束
**bargaining duties and**,1001–1002
谈判义务
**"discipline" under LMRDA**,1070–1072
依据《劳资报告和公开法》进行纪律处分
**due process**,1083–1089
正当程序
**exhaustion of internal remedies**,1002,1041–1061,1072–1073
穷尽内部救济手段
**federal preemption and state authority**,1085–1086
联邦优先权及州当局
**fines, court enforcement of**,1001–1002
罚金,法院的强制执行
**NLRA limitations on**,1071
《国家劳动关系法》对……的限制
**internal political disputes**,1002–1003
内部的政治争议
**procedural fairness**,1085
程序公正
**public review boards**,1089
公共审查委员会
**refusal to engage in unprotected activity**,1002
拒绝参加不受保护的活动
**resignation rights**,1007–1009
辞职权
**strike defectors**,1009
罢工的叛变者
**supervisors**,1011
主管

**dissent, stifling of**, 1124 - 1125
不同意,令人窒息
**duty of fair representation.** *See* **Duty of fair representation**
公平代表义务。见:公平代表义务
**economic effects of**, 11 - 18
经济效果
**elections of officers**
官员的选举
 **affirmative action**, 1097 - 1098
 同意的活动
 **ballot tampering**, 1106
 篡改投票
 **distribution of campaign literature**, 1106 - 1107
 散发组织工会的文字材料
 **eligibility for office**, 1091 - 1098
 任职资格
 **nomination rights**, 1096, 1098 - 1102
 任命权
 **overlap of LMRDA Titles I and IV**, 1098 - 1121
 《劳资报告和公开法》第1章和第4章的重叠
 **post-election relief and remedies**, 1103
 选举之后的救济
 **pre-election remedies**, 1105
 选举前的救济
 **Secretary of Labor, authority**, 1090 - 1091, 1108
 劳动部长,权威
 **use of union funds**, 1113
 工会资金的使用
 **use of union journals**, 1107 - 1108
 使用工会的杂志
 **voting in person**, 1114
 亲自投票
**exhaustion of internal appeal procedures**, 1002, 1041 - 1061, 1072 - 1073
内部申诉程序的穷尽
 **fees**, 972 - 973
 费用

**fiduciary obligations**,1128 – 1130
信任义务
**fiscal responsibilities**,1126 – 1136
预算责任
**historical development of**,31 – 34,53 – 54
……的历史发展
**voluntarism strategy**,50 – 51
以自愿为基础的策略
**internal rules and nondiscrimination**,1016
内部规则和非歧视
**judicial response to labor disputes**,34 – 44
对劳动争议的司法应对
**leave of absence for union business**,1018,1133
因工会事务而请假
**lobbying by**,230,680
……的游说
**local-international disputes**,1121 – 1126
地方—国际争议
 **Membership**
 成员
  **admission to**,971,1065 – 1086
  准许进入
  **compulsory.** *See* **Union security**
  义务的。见：工会安全
  **discrimination among members**,1117
  成员间的歧视
  **reasonable accommodation**,1097
  合理的和解
  **resignation during strike**,1007 – 1008
  在罢工期间辞职
  **special meetings of**,1114
  ……的特别会议
  **supervisors as members**,1011
  主管作为会员
 **members' rights**
 成员的权利

free speech, 1066–1074
言论自由
**intraunion political activity**, 1070–1071
工会内部的政治活动
**meetings**, 1102–1108, 1114
会议
**procedural fairness**, 1083–1089
程序公正
**officers and agents**
官员和代理人
**counsel representing**, 1129–1130
协商代表
**defense of, payment of legal fees**, 1129
为……辩护,法律费用的支付
**fiduciary duties**, 1126–1136
信托义务
**removal of**, 1106, 1120
移除
**right to be free of special penalties**, 256
免受特别处罚的权利
**salaries of**, 1018
……的薪水
**speech restrictions on**, 1074–1083
对……的言论限制
**superseniority of**, 1017–1018
超资历的
**pension funds.** *See* **Pension and welfare**
养老基金。见:养老金和福利
**Funds**
基金
**picketing.** *See* **Picketing**
纠察。见:纠察
**political expenditures, regulation of** 981–990, 1130
政治开支,……的规则
**public sector unionization**, 94, 990–995
在公共部门组织工会

ratification votes, 1114 – 1121
认可投票
referenda, regulation of, 1114
普通投票,……的规则
reporting and disclosure, 1126 – 1128
报告和公开
speech rights. See First Amendment
发表言论的权利。见:《第一修正案》
Speech
言论
suits by and against unions, 738, 1106 – 1107
由工会提出的反对工会的诉讼
supply curve and, 7 – 8, 13
供应曲线
trusteeships, 1121 – 1126
信托
unfair labor practices of. See Unfair labor practices (ULPs)
……的不当劳动行为。见:不当劳动行为
violent activity by, 212 – 213
……的暴力行为
Laidlaw rights of strikers, 574, 578 – 579
罢工者的"莱德劳"权利
Landrum-Griffin Act
《兰德勒姆-格里芬法》
See Labor-Management Reporting and Disclosure Act of 1959 (LMRDA)
见:1959 年《劳资报告和公开法》
Lea Act of 1946, 700
1946 年《利亚法》
Leaves of absence for union business, 1018, 1133
因工会事务请假
Lesnick, Howard, 642 – 643
霍华德·勒斯尼克
Lewis, John L., 85, 89
约翰·L. 里维斯
Libel and slander
诋毁和诽谤

federal preemption and state authority, 912 - 914, 916, 917
联邦优先权及州当局
intraunion affairs, 1072
工会内部事务
protected activities and, 640 - 641
受到保护的行动
Locals and relationship to national/international unions, 32, 1121 - 1126
地方及其与全国或国际工会的关系
Lockouts, 616 - 627. See also Discrimination, by employer; Impasse defensive, 622
封闭工厂。另见：雇主的歧视；僵局防卫
    multiemployer bargaining units, 622 - 628
    多雇主谈判单位, 622 - 628
    mutual aid pacts and, 625 - 626
    互助方案
    partial, 626 - 627
    部分的
    pre-impasse, 623 - 624
    在谈判陷入僵局之前
    replacements and, 623, 624 - 625
    替代劳动者
    subcontracting during, 633
    在……期间分包
Maintenance of membership. See Union Security
会员身份的维持。见：工会安全
Major league baseball, 520
职业棒球大联盟
"Make-work" agreements, 23, 699 - 704
"创造工作"的协议
"Management rights" clauses
"管理权"条款
    arbitration of reserved rights, 731
    保留权仲裁
    bargaining subjects, 475 - 476
    谈判议题
    midterm bargaining and, 568
    中期谈判

**survival of contract expiration**, 508
　合同到期后的存续
**Managers**, 119 - 141
经理
　**delegated managerial authority**, 269 - 272
　经委派的管理人员
　**employee activity to influence choice of**, 229 - 230
　通过雇员的行动来影响……的选择
　**professionals as**, 128
　像……的专业人士
　**reduction of managerial "slack,"** 20
　降低管理方面的"松懈"
　**union leaders as**, 269
　工会领导作为……
**Mandatory subjects of bargaining**, 511 - 546
强制性谈判议题
　**agreements to arbitrate**, 818
　仲裁协议
　**antitrust considerations**, 887 - 888
　反托拉斯考虑
　**Borg-Warner approach**, 516, 517
　伯格-华纳案的方法
　**alternatives to**, 524 - 525
　作为……的替代
　**card-check and neutrality provisions**,
　授权卡检查和中立条款
　**status**, 523 - 525
　地位
　**contracting out**, 525 - 531, 543 - 544
　外包
　**"effects" bargaining**, 540 - 541, 546
　效果谈判
　**management functions clause**, 475 - 476, 568
　管理功能条款
　　**merit pay**, 517 - 519
　　绩效工资

**permissive subjects contrasted**, 511 - 525
授权性议题
**plant or business closings, relocations**, 532 - 545
工厂或商业单位的关闭、搬迁
**retired employees**, 521 - 522, 1040 - 1041
退休员工
**strike replacement workers**, 582
罢工替代工人
**successorship clauses**, 848
承继条款
**work relocations**, 542 - 544, 563 - 569
工作地点的搬迁
**"zipper clause," effect on**, 561 - 562, 563, 568
"拉链条款",……的作用,

**Maritime containerization, rules for**, 685 - 686
海运集装箱化,……的规则

**Market-clearing wage**, 4 - 8, 11
市场净工资

**Market restraints.** *See* **Antitrust laws**
市场限制。见:反托拉斯法

**Maximization**, 9, 10 - 11
最大化

**McClellan Committee and enactment of LMRDA**, 91, 1066, 1126
麦克莱伦委员会和《劳资报告和公开法》的实施

**Mediation.** *See* **Conciliation and mediation**
调解。见:协调和调解

**Medical profession.** *See* **Health care industry**
医疗行业。见:健康保健业

**Medoff, James L.**, 21
詹姆斯·L.梅多夫

**Members-only agreements**, 451 - 452
仅对会员有效的协议

**"Merged unit" doctrine**, 290
"兼并单位"原则

**Merit pay as subject of bargaining**, 517 - 518, 517 - 519
将绩效工资作为谈判主题

索引 1643

**Midterm bargaining**,556－569
中期谈判
**Midwest Piping and certification issues**,427－429
中西部管道案与认证问题
**Minimum entitlements**
最低权利
    **preemption by federal labor law**,949－956
    联邦劳动法规定的优先权
    **regulation of labor markets and**,25－29
    对劳动市场的规制
**Minimum-terms laws**,28
最低条件法
**Misconduct of employees**
雇员的不当行为
    **arbitral reduction of penalty for**,766
    对……所裁决的罚金减少
    **off-the-job misconduct as cause for discipline/discharge**,718－720
    以工作场所之外的原因作为违纪/解雇的理由
    **response by employer as condonation of misconduct**,216－217
    雇主对不当行为的宽恕所作出的反应
    **while striking**,586
    在罢工时
**Misrepresentations**,330,334－343,943－947,966
虚假陈述
**Monopolies**,8－9,10,16－17. *See also* **Antitrust laws**
垄断。另见：反托拉斯法
**Monopsonists**,8－9
独家垄断买方
**Most-favored-nation clauses**,881,898－899
最惠国待遇条款
**Multiemployer bargaining.** *See* **Bargaining Units**; **Collective bargaining**
多雇主谈判。见：谈判单位；集体谈判
**Multiemployer Pension Plan Amendments Act of** 1980,553
1980年《多雇主退休金计划修正案》
**Mutual aid pacts and lockouts**,625－626
互助协议和封闭工厂

1195

National emergency injunction against Strikes, 510 - 511
针对罢工所采取的国家紧急命令
  secret ballot on employer's final offer as condition for discharging, 517
    对雇主最后提出的解雇条件进行秘密投票
National Industrial Recovery Act of 1993 (NIRA)
1993 年《国家产业复兴法》
  enactment and invalidation of, 80 - 82
    实施和失效
  rights recognized in, 76
    在……中承认的权利
National Labor Relations Act of 1935 (NLRA), passim
1935 年《国家劳动关系法》, 到处
National Labor Relations Board (NLRB), 99 - 145. See also Jurisdiction of the NLRB
国家劳动关系委员会。另见：国家劳动关系委员会的司法管辖权
  delays, 101, 105 - 106
    延缓
  delegation of authority by, 799
    经……授权
  establishment of, 83
    成立……
  functions of, 100
    ……功能
  General Counsel, 100
    事务总长
  hearings before representation proceedings, 101 - 102
    在代表程序前进行的听证
  unfair labor practice proceedings, 100 - 102
    不当劳动行为程序
  judicial review. See Judicial review
    司法审查。见：司法审查
  organization of, 99 - 100
    ……组织
  Procedures
    程序
  representation proceedings, 101 - 102

代表程序
　　**unfair labor practice proceedings**, 100-101
　　不当劳动行为程序
　　**regional offices**, 101
　　地区办公室
　　**remedies.** *See* **Back pay**; **Reinstatement**
　　救济。见：补发报酬；恢复原状
　　**Remedial orders**
　　救济命令
　　**review of determinations of**, 106-108
　　对……决定的复审
　　**rulemaking and adjudication**, 102-105, 283
制定规则和做出判决
　　　　**substantial evidence test**, 106-107
　　　　实质证据标准
**National Labor Union**, 32
国家劳动工会
**National Mediation Board**（NMB）, 79, 284, 510
国家调解委员会
**National Railroad Adjustment Board**（NRAB）, 79, 80
（美）国家铁道调整委员会
**National Right to Work Legal Defense and Education Foundation**, 1113
国家工作权法律保护及教育基金会
**National Typographical Union**, 32
全国印刷工会
**National War Labor Board**（NWLB）, 89
国家战争劳动委员会
**Neoclassical view of labor markets**, 3-11
新古典主义学派对劳动市场的观点
**Neutrality agreements**, 429-432, 442
中立的协议
　　　　**as subject of bargaining**, 523-525
　　　　作为谈判主题
**Neutrality laws**, 940-943
中立法
**Neutrality of employers**, 423-432

雇主的中立
New Deal legislation,76,80-84,88-89
新政立法
Newspaper industry
新闻报纸业
 Government-funded operations and federal preemption,939
  国家投资的运作和联邦的优先权
 interest arbitration,519
  利益裁决
 make-work practices,703
  创造工作的做法
NMB. See National Mediation Board
 国家调解委员会。见：国家调解委员会
Noble Order of the Knights of Labor,32-33
 劳工骑士之尊令
No-distribution and no-solicitation rules,173-178. See also Employer property; Unfair labor practices（ULPs）
 不准散发资料和不准劝说他人的规则。另见：雇主财产；不当劳动行为
 Nonunion firms practices in,22
  在……不成立工会公司的做法
simultaneous operation of union and nonunion enterprises 850-857
同时存在有工会的企业和没有工会的企业
 Weingarten rights,245-246,247-248
  万家顿案确立的权利
Norris-LaGuardia Act. See also Antitrust laws; Injunctions; No-strike clauses abuses leading to,66-69
《诺里斯-拉瓜迪亚法》。另见：反托拉斯法；禁令；对不准罢工条款的滥用导致
 accommodation to other laws,69
  与其他法律相适应
 bankrupt employers and,862-863
  破产雇主
 collective agreements and,792
  集体协议
 modern applications of,69
  对……的当代适用
 political boycotts and,793-794

政治抗议

**No-solicitation and no-distribution rules**, 173 – 178. *See also* **Employer property**; **Unfair Labor practices (ULPs)**

不准劝说他人和不准发放资料的规则。另见：雇主财产；不当劳动行为

**No-strike clauses.** *See also* **Damages**

不准罢工条款。另见：赔偿金

    **arbitration and**, 784, 785

    仲裁

    **breach of**

    对……的违反

    **union and individual liability for**, 795 – 796

    工会和个人责任

    **as unprotected conduct**, 213, 256 – 257

    不受保护的行为

    **contract expiration and**, 508

    合同期满

    **duty to bargain over**, 476, 507

    对……进行谈判的义务

    **enforcement of arbitration**, 776 – 796

    对裁决的执行

    **damage actions against strikers**, 795 – 796

    对罢工者所进行的破坏行为

    **by injunction**, 777 – 796

    通过禁令

    **impasse and**, 508

    僵局

    **national emergency and safety**, 510 – 511

    国家紧急和安全

    **picket line observance and**, 586

    对纠察线的遵守

    **sympathy strikes and**, 588 – 589

    同情罢工

    **ULP strikes and**, 586

    不当劳动行为罢工

**No-strike clauses (continued)**

不准罢工条款（继续）

wildcat strikes
野猫罢工
 injunctions against,794-795
 对……发布禁令
 union obligations,795-796
 工会的义务
**Notice requirements dues under union security clauses**,991-992
依据工会安全条款所产生的通知要求
 **impasse**,504,509,569
 僵局
 **shutdowns**,541,545,850
 关闭
 **strikes**,509
 罢工
**"Obey now,grieve later,"** 238,711
"先执行,后申诉"
**Occupational Safety and Health Act of** 1970（**OSHA**）,26-27
1970年《职业安全与卫生法》
**Olson,Mancur**,973-974,988
曼瑟尔·奥尔森
**Organizational activity.** *See* **Discrimination by employer**; **Protected activities**
组织活动。见:来自雇主的歧视;受到保护的行为
**Organizational and recognitional picketing**,432-443. *See also* **Picketing**
组织的得到认可的设置纠察的行为。另见:纠察
**"Pareto" criterion of efficiency**,2-3
"帕累托"的效率标准
**Partial strikes.** *See* **Concerted activities**; **Strikes**
部分罢工。见:协同行动;罢工
**Past practices**,532,732-735
过去的做法
**Pension and welfare funds**
养老福利基金
 **federal regulation,in general**,1130-1132
 联邦的规制,总体而言
 **Multiemployer Pension Plan Amendments Act of** 1980,553
 1980年《多雇主退休金计划修正案》

**retroactive amendment of union**
工会具有追诉效力的修订
**constitution to cover**,1129
覆盖……的宪章
**Permissive subjects of bargaining**,511-525
许可的谈判议题
**Photographing of concerted activity**,361
对协同行动进行摄影
**Picketing. See also Concerted activities**；
设置纠察。另见：协同行动
 **Secondary pressures; Speech**
 间接压力；言论
 **Strikes**
 罢工
 **arbitrability of underlying dispute**,791
 潜在争议的可裁决性
 **"area standards" picketing**,441-442
 "地方标准"纠察
 **common situs**,652-664
 共同位置
 **constitutional protection of**,441-442,633-641
 对……的宪法保护
 **consumer picketing**,664-680
 消费者所进行的纠察行为
 **economic strikes and. See Strikes**
 经济罢工。见：罢工
 **handbilling distinguished**,679
 与传单的区分
 **informational picketing**,443
 信息纠察
 **injunction against**,903
 对……的禁令
 **lessor-lessee relationships**,663
 出租人—承租人关系
 **organizational and recognitional**,432-443
 组织的和认可的

## 1650 美国劳动法：案例、材料和问题

    **as economic pressure**, 440–441
    经济压力
    **expedited elections and**, 439
    加快的选举
    **informational purpose and**, 443
    宣传的目的
    **prehire agreements and**, 443
    雇佣前的协议
    **supporting demand not requiring recognition**, 441
    不要求得到认可的支持的要求
**publicity picketing**, 442–443, 665–666, 679
纠察宣传
**refusal to cross picket lines**, 230, 587–589, 687
拒绝越过纠察线
**"reserve" gates**, 659–665
"保留的"门
**at residential sites**, 640
在居住地
**sites remote from primary dispute**, 640
离主要争议比较远的地方
**stationary protests**, 640
驻扎抗议
**trespass and**, 186, 917–925, 932
侵占
**unfair labor practice protest**, 440, 441
不当劳动行为抗议
**violent picketing**, 705
暴力纠察行为
**Plant closings**
封闭工厂
    **coercion of employees**, 205–206
    对雇员进行强制
    **cost increase due to unionization as reason for**, 197
    由于组织工会的原因导致成本增加
    **legislation on "notice,"** 541
    对"通知"的立法

**partial closings**
部分关闭
   **bargaining subject**,532–545
   谈判议题
   **cost-benefit analysis**,538–539
   成本效益分析
   **threat of**,**in election campaign**,205
   ……的威胁,在选举的过程中
**Political boycotts**,640,793–794
政治性的抗议
**Political campaigns**,**workplace distribution of literature**,227–229
政治活动,在工作场所分发文字材料
**Political expenditures and campaign contributions**,25,981–990,1130
政治支出和对工会成立活动提供经费
**Political impact of unions**,23–25
对工会的政治打击
**Polling of employees**,357–362,400
雇员投票
**Polsby**,**Daniel D.**,1037
丹尼尔·D.波尔斯比
**Post-expiration grievances**,759–761
期满后的申诉
**Post-expiration strikes**,792–793
期满后的罢工
**Power plant dispatchers and supervisory status**,140
电厂派遣者和管理的地位
**Predictions vs. threats**,323
预测与威胁
**Preemption of state authority. See Federal preemption**
州政府的优先权。见:联邦优先权
**Preferential hiring**,971,1012. *See also* **Hiring halls**
优先雇佣。另见:职业介绍所
**Presidential executive orders**,939,989–990
总统的执行命令
**Presumptive relevancy doctrine**,495–496
假定的关联原则

**Prevailing wages**, 67, 76, 955
现行的工资
**Primary jurisdiction.** *See* **Jurisdiction of the NLRB**
主要的司法管辖区。见：劳动关系委员会的司法管辖
**Product disparagement during labor disputes**, 219 – 221
在劳动争议期间对产品的贬损
**Productivity, effect of unions on**, 18 – 23
生产力，工会的作用
**Professional employees and NLRA coverage**, 127
专业型雇员和《国家劳动关系法》的覆盖范围
    definition in section 2(12), 143
    在第2条(12)中的定义
    as managers, 127 – 128
    作为经理
    as supervisors, 128 – 135
    作为主管
**Profits and unionization**, 1 – 186
利润和成立工会组织
**Progressive discipline**, 716 – 717, 775
逐步的纪律处分
**Promises of benefit**, 348 – 357
对于利润的承诺
**Promotions, coverage under NLRA and Title VII**, 126 – 127
提升，依据《国家劳动关系法》和(美国《民权法》)第七章的覆盖范围
**Protected activities.** *See also* **Concerted Activities; Strikes content or tone of employee communications and**, 177 – 178
受到保护的行为。另见：协同行动；罢工内容或者雇员通讯交流的语调
    criteria for protection, 207 – 248
    保护标准
    federal preemption, 909, 910
    联邦优先权
    means test, 207 – 222
    途径评价
    rights waivable by unions, 250 – 252. *See also* **Waiver**
    可以由工会放弃的权利。另见：放弃
**Public Contracts Act**, 72

《公共合同法》

**Publicity picketing**, 442-443, 665-666, 679

在公众场所举行的纠察

**Public Law Boards**, 80

公法委员会

**Public policy considerations**

对公共政策的考量

    **arbitration**, 768-776

    裁决

    **wrongful discharge**, 965

    错误解雇

**Public review boards for union disciplinary decisions**, 1089

对工会的纪律处分决定进行审查的公共委员会

**Public sector unionization**, 94

在公共部门组织工会

    **dues, permissible use of**, 990-995

    会费,允许使用

**Punitive damages**, 917

惩罚性赔偿

**Racial discrimination.** *See also* **Civil Rights Act of** 1964, **Title VII**

种族歧视。另见:1964年《民权法》第七章

    **concurrent protections under NLRA and Title VII**, 459

    依据《国家劳动关系法》和《民权法》第七章同时都进行保护的

    **duty of fair representation**, 1022, 1024

    公平代表义务

**Racketeer Influenced and Corrupt Organizations Act of** 1970 (**RICO**), 1133-1135

1970年《反勒索与受贿组织法》

**Railway Labor Act** (**RLA**). *See also* **National Mediation Board** (**NMB**); **National Railroad Adjustment Board duty of fair representation and**, 1019-1023, 1049

《铁路劳动法》。另见:国家调解委员会;国家铁路调整委员会公平代表义务

    **in general**, 78-80

    总体而言

    **historical antecedents**, 78

    历史的先例

    **mediation under**, 510

    依据……调解

**union dues, use of**, 981 – 983, 995
  工会会费,使用
  **union security provisions**, 971 – 972
  工会安全条款
**Ratification votes**, 1114 – 1121
  认可投票
**Real wage rate**, 5
  实际工资率
**Recall of laid-off replacements**, 596 – 597
  重新召回下岗替代人员
**Recognitional picketing**, 432 – 443. *See also* **Picketing**
  得到认可的纠察。另见:纠察
**Recognition bar doctrine**, 384 – 385
  限制认可的原则
  **successor employers and**, 838 – 839
  承继雇主
    **voluntary recognition bar**, 416 – 418
    主动认可的限制
**Recognition of union**
  对于工会的认可
  **after-acquired facility doctrine**, 421 – 423, 524
  嗣后取得工厂理论
  **Canadian model**, 377 – 380
  加拿大模式
  **employer neutrality**, 423 – 432, 442
  雇主的中立性
  **Gissel bargaining orders**, 325 – 332, 362 – 377, 407
  吉赛尔谈判命令
  **one-year rule**, 385
  一年的规则
  **withdrawal of**, 401 – 405
  撤回……
    **without election**
    不经选举
    **via authorization cards**, 408 – 412
    通过授权卡

via bargaining order,362-380
　　　通过谈判命令
**Recording bargaining sessions**,478
　　对谈判会议进行记录
**Redistribution**,as goal of labor law,2,52
　　重新分发,劳动法的目标
**Rees,Albert**,23-24,25
　　艾伯特·瑞斯
**Referral fees**,1016
　　介绍费
**Reinstatement.** *See also* **Remedial orders**
恢复原状。另见:救济命令
　　**arbitration and**,710
　　　仲裁
　　**judicial enforcement of award**,766
　　　对于救济的司法执行
　　**discharge for cause and**,766
　　　由于……而解雇
remedy under NLRA.151-152,157,158
依据《国家劳动关系法》进行救济
　　**strike replacements**,573-574
　　　替代罢工工人的人
　　**Strikers**
　　　罢工者
　　**to previously held substantially**
　　　以前被认为是实质性的
　　**equivalent job**,577-578
　　　同等的工作
　　"**Relative ability**" **clauses**,724-725
　　　"相关能力"条款
　　**Religion**
　　　宗教
　　**jurisdiction of the NLRB over religious organizations**,110
　　　国家劳动关系委员会对宗教组织的司法管辖权
　　**union dues,religious objection to**,989
　　　工会会费,对……的宗教反对

索　引　1655

**Relocation of business or operations**
重新选择商业或者企业运行的地点
  arbitration, 731
  仲裁
  as bargaining subject, 542 – 544, 563 – 569
  作为谈判的议题
  successor employers, 839
  承继雇主
**Remedial orders.** *See also* **Collective bargaining; Damages; Unfair labor practices（ULPs）**
救济命令。另见：集体谈判；赔偿金；不当劳动行为
  access to company property, 313, 486
  进入公司的地盘
  back pay. *See* Back pay
  支付拖欠的工资。见：支付拖欠的工资
  domination and support of unions, 269
  工会的主导和支持
  injunctions. *See* Injunctions
  禁令。见：禁令
  injunctive enforcement, 100
  命令的执行
  make-whole relief, 157 – 158, 484 – 486, 488
  整体救济
  refusals to bargain, 479 – 490
  拒绝谈判
**Remedial orders（continued）**
救济命令（继续）
  extraordinary remedies for, 483 – 490
  对……进行非同一般的救济
  status quo remedy, 482 – 483
  对现状进行补救
  subcontracting decisions, 545 – 546
  分包决定
  reinstatement. *See* Reinstatement
  恢复原状。见：恢复原状
  runaway shops, 206

外逃工厂

**subcontracting**, 730 – 731

分包

**Title VII remedies vs. NLRA remedies**, 158

《民权法》第七章的救济与《国家劳动关系法》的救济

**Weingarten violations**, 245

违反万家顿案的规则

**withdrawal of recognition, cease and desist order as remedy**, 404 – 405

撤回认证, 以禁止令作为救济的方式

**Removal to federal court**, 964 – 965

移送到联邦法院

**Replacements.** *See* **Lockouts**

替代。见：封闭工厂

**Reinstatement; Strikes**

恢复原状；罢工

**Reporting and disclosure by unions**, 1126 – 1128

由工会报告和公开

**Representation, alternative forms of**, 28

代表, 替代的形式

**Representation elections**

代表选举

*See also* **Bargaining units; Certification of bargaining representatives**

另见：谈判单位；谈判代表的认证

**bars to**, 381 – 389

阻止

**blocking charge policy**, 388 – 389

阻止指控政策

**certification year vs. election year**, 384

认证年度与选举年度

**conduct of, in general**; 101 – 102, 275 – 276, 317 – 362

……的行为, 总体来看

**decertification elections**, 389 – 405

取消认证的选举

**expedited elections**, 439

快速选举

**grounds for setting aside**, 312, 333, 340 – 341

1658 美国劳动法：案例、材料和问题

取消的理由
**integrity of**,339
……的整体
"**laboratory conditions**,"312,333-334,346,355
"实验条件"
**litigation financed by union to influence**,356-357
由工会资助的诉讼来施加影响
**misrepresentations**,330,334-343
虚假陈述
**promises of benefit**,348-357
对利益的承诺
**voluntary recognition bar**,416-418
主动认可的限制
**voting eligibility,strikers and replacements**,585
投票资格,罢工者和替代劳动者
**Reserved-rights doctrine**,731
保留权利原则
**Reserve fund**,9,10
保留基金
"**Reservoir doctrine**,"1012
"蓄水池原则"
**Res judicata**,721
既判案件
**Retaliatory lawsuits**,926-927
报复诉讼
**Retiree benefits,as subject of bargaining**,521-522,1040-1041
退休福利,作为谈判主题
**RICO（Racketeer Influenced and Corrupt Organizations Act of** 1970）,1133-1135
1970年《反勒索与受贿组织法》
"**Right to work**" **laws**,971,972-977
"工作权"法律
 **justification for**,973-975
 ……的正当理由
**Rival unions**,427-428
竞争工会
**RLA.** *See* **Railway Labor Act**

《铁路劳动法》。见:《铁路劳动法》
**Roosevelt, Franklin D.** *See* **New Deal Legislation**
富兰克林·D. 罗斯福。见:新政立法
**Rubber industry**, 85
橡胶产业
**Rulemaking**, 102 – 105
规则制定
 **Advantages and drawbacks of**, 104 – 105
 优势和劣势
 **health care units**, 283
 保健单位
 **use by Board**, 283
 委员会使用的
"**Runaway shops**," 206
"外逃工厂"
**Safety-related issues**
与安全相关的问题
 **arbitrability**, 784 – 785
 可仲裁性
 **protests over unsafe conditions**, 238
 对不安全的工作条件进行抗议
**Sale of business**, 531. *See also* **Successor employers**
生意的出让。另见:承继雇主
"**Salts**," **use of**, 191 – 194, 609
"渗透",使用
**Same-decision defense and Title VII**
同一裁判抗辩与第七章
 **actions**, 155 – 156
 行动
**Scale effect**, 6
规模效应
**Secondary pressures**, 641 – 695. *See also* **Concerted activities**; **Picketing**
间接压力。另见:协同行动;纠察
**Strikes**
罢工
 **ally doctrine**, 645 – 652

团结原则
**corporate parents and subsidiaries**, 651–652
母公司和子公司
**integrated enterprise ally**, 651, 658–659, 674
整体企业联合
**ambulatory picketing**, 655
流动纠察
**antitrust laws and.** *See* Antitrust laws; Hot cargo agreements
反托拉斯法。见：反托拉斯法；烫手货品协议
**common situs**, 652–664
共同位置
**construction industry**, 688, 690
建筑行业
**consumer appeals**, 664–680
消费者上诉
**hot cargo clauses.** *See* Hot cargo agreements
烫手货品条款。见：烫手货品协议
**Landrum-Griffin amendments**, 682, 689
《兰德勒姆-格里芬法修正案》
**Moore Dry Dock criteria**, 652–655
摩尔干船坞案的标准
**picket line observance and**, 638
遵守纠察线
**"political" boycotts**, 640, 793–794
"政治"抗议
**"primary-secondary" distinction**, 638, 641–645
"主次"的区别
**prohibition against secondary boycotts**, 641
对间接抵制的禁止
**publicity proviso**, 442–443, 665–666, 679
宣传附文
**secondary consumer boycotts**, 55–56, 638
间接消费者抵制
**Section 7 rights**, 178–207. *See also* Protected activities
第7条规定的权利。另见：受保护的活动
**Section 301 preemption**, 956–968

第 301 条规定的优先权

**Seniority**

资历

 **Arbitration and**,721-725,760

 仲裁和

 **duty of fair representation and**,1036

 公平代表的义务

  "**relative ability**" **clauses**,724-725

  "相关能力"条款

  **for strike replacements**,579,607

  替代罢工劳动者

  **superseniority**

  超资历

   **for strike replacements**,589-607

   替代罢工劳动者

   **for union officials**,1017-1018

   工会干部

**Settlement agreements**

解决协议

 **deference to**,813-814

 顺从

 **strikes and**,579-580

 罢工

**Sherman Act**. *See* **Antitrust laws**

《谢尔曼法》。见：反托拉斯法

**Shopping centers,distribution of literature at**,179-191

购物中心，在……分发文字材料

**Shutdowns**,197,204-205. *See also* **Plant closings**

关闭。另见：封闭工厂

 **notice requirements**,541,545,850

 通知要求

**Single-employer status**,850-857

单一雇主身份

**Slowdowns**

怠工

 **effect on bargaining duty**,507

对谈判义务的作用
**unprotected**,216
不受保护

**Smith**,**Robert S.**,4-8,23
罗伯特·S.史密斯

**Socialism**,34
社会主义

**Social legislation**,**effect of**,20
社会立法,……的作用

**Solicitation restrictions**,173-178.
限制恳求

*See also* **Employer property**;**Unfair labor practices**(ULPs)
另见:雇主的财产;不当劳动行为

"**Special interest**" **legislation**,25
"特殊利益"立法

**Speech.** *See also* **Employer property**;**First Amendment**;**Representation elections**
言论。另见:雇主财产;《第一修正案》;代表选举

"**bargaining- from-scratch**" **statements**,330-331
"从零开始讨价还价"的声明

**captive audiences**,311-313,317
受制听众

**constitutional protection.** *See* **First Amendment**
宪法保护。见:《第一修正案》

**economic dependence of employees**,326
雇员的经济依赖

**equal access to employees**,307-317
同等的接触雇员的机会

"**futility**" **themes**,330-331
"无价值"的主题

**Gissel test for employer speech**,328-330
对雇主言论进行检验的吉赛尔标准

**inflammatory statements**,346,347-348
煽动性言论

**interrogation of employees**,357-362
对雇员的讯问

"**laboratory conditions**,"312,333-334,346,355

"实验条件"
    **misrepresentations**,330,334-343
    虚假陈述
    **Peerless Plywood rule**,312
    皮尔利斯胶合板案的规则
    **predictions and threats distinguished**,323
    预测与威胁的区分
    **promises of benefit**,348-357
    对利益的承诺
    **racial and religious appeals**,343-348
    种族的和宗教的上诉
    **surveillance**,361-362
    监视
    **threats of reprisal**,318-331,339
    报复的威胁
    "**totality of circumstances**" **test**,360
    "整体情况"标准
    **unfair labor practices and election**
    不当劳动行为和选举
    **objections distinguished**,331-332
    反对
    **union control of member speech**,1066-1074
    工会对成员言论的控制
    **union officers and agents**,1074-1083
    工会干部和代理人
**Spielberg deference**,806-814
对斯皮尔伯格案的遵从
**Spitzer,Matthew L.**,1037
马修·L.斯皮策
**sports industry and bargaining**,449,520 872,889-895
体育运动产业和谈判
**Stare decisis and arbitration**,721,783-784
遵从先例和裁决
**State laws.** *See also* **Federal preemption**
州法。另见:联邦优先权
    "**anti-scab**" **laws**,933

"反破坏罢工"法
area-standards picketing,442
地方标准纠察
neutrality laws,940-943
中立法
property access by unions,178,185-186
工会对财产的利用
right to work laws,971,972-977
工作权法
successor employers,846-847,933-934
承继雇主
union corruption,1135-1136
工会腐败
Steel industry,64-65,86
钢铁产业
"Steelworkers Trilogy," 740-750,761-768
"钢铁工人三部曲"
Strict liability and secondary picketing,655
严格责任和间接纠察
Strikes,571-633
罢工
See also Concerted activities; No-strike clauses; Picketing; Unfair labor practices (ULPs)
另见:协同行动;不罢工条款;纠察;不当劳动行为
common law and;40-44
普通法
determining cause of,585,586-587
……的决定性原因
duty to bargain during,632
在……期间的谈判义务
economic,464,477,571-572,608-612,615-616
经济
employer strike insurance policies,625-626
雇主罢工保险政策
impact analysis,role of,589-607
影响分析,……的角色

**law and economics perspective**,595-596
法律和经济角度
**Mackay Radio doctrine**,572-589
麦凯无线电案的原则
**Great Dane's implications for**,601-602
大丹拖车案的含义
**impact analysis, role of**,594
影响分析,……的角色
**proposals to repeal or modify**,580-584
废除或修订的建议
**union majority status and**,608-612
工会的大多数人代表地位
**midterm**,563
中期
**misconduct while striking**,586
罢工期间的不当行为
**national emergency precluding**,510-511
国家紧急状况排除
**notice and waiting periods**,509
通知和等待期

**Strikes**（continued）
罢工(继续)

    **number of**,584
    ……的成员
    **partial strikes**,215-216,501
    部分罢工
    **penalty for**,601
    ……的处罚
    **union officers**,256
    工会干部
    **political motivation of**,229
    ……的政治动机
    **post-expiration strikes**,792-793
    期满后的罢工
    **probationary rules**,601
    试用期规定

**productivity/work continuity requirements**, 601
继续生产/工作的要求
**replacement workers**, 572–589
替代工人
  **business necessity and**, 581
  生意的需要
  **disclosure by employer of**
  由雇主公布
  **reinstatement rights**, 578–579
  恢复原状的权利
  **displacement of**, 579–580
  ……的取代
  **incidence of hiring**, 583–584
  雇佣的发生率
  **liability of employers to bumped replacements**, 947
  雇主对被冲击的替代者的义务
  **loyalty issues**, 576–577
  忠诚问题
  **mandatory subject of bargaining**, 582
  谈判中的法律规定的议题
  **market-based check on bargaining demands**, 594
  应集体谈判而做的以市场为基础的检查
  **moratorium on hiring**, 581–582
  雇佣中止
  **permanency of**, 577
  ……的永久性
  **recall of laid-off replacements**, 596–597
  召回已经解雇的替代工人
  **reinstatement of original workers.** *See* **Reinstatement**
  原始工人复职。见：复职
  **state "anti-scab" laws**, 933
  州"反破坏罢工者"法
  **voting rights**, 585
  投票权
**seniority issues**, 589–607
资历问题

**settlement agreements**,579-580

解决协议

**"sit-down" strikes**,85-86

"静坐"罢工

**subcontracting of struck work**,628-633

将遭受罢工抵制的工作分包

**superseniority**,589-607

(非根据年龄或服务年限计算的)超资历

**unfair labor practice strikes**,477,584-587

不当劳动行为罢工

**union strike funds**,695-696,994-995

工会罢工基金

**violence and**,54,65,552

违反

**wildcat strikes**,794-795. *See also* **No-strike clauses**

野猫罢工。另见:不罢工条款

**withdrawal of recognition during**,615-616

在……期间撤销承认

**withholding service credit for**,601

扣除服务信用

**Subcontracting**,525-531,543-544,602

外包

**arbitration of grievances**,725-731

对于申诉的裁决

**bad faith standard**,730

恶意标准

**nonunion subcontractors' rights**,659

非工会分包商的权利

**remedies for refusal to bargain over**,545-546

对拒绝谈判的救济

**struck work**,628-633

遭受到了罢工的工作

**Subjects of mandatory bargaining.** *See* **Mandatory subjects of bargaining**

法律规定的强制谈判议题。见:谈判的强制性议题

**Subsidiaries**

子公司

integrity clause barring forming nonunion subsidiary, 687
阻止成立没有工会的子公司的完整条款
**Substantive due process**, 53
实质性正当程序
**Successor employers**, 819–850
承继雇主
  **"alter ego" relationships**, 849
  "另一个自我"关系
  **"cease doing business" clauses** 848–849
  "停止经营"条款
  **certification issues**, 399
  认证问题
  **comparison with other countries**, 830–831
  与其他国家相比
  **consultation with union**, 828–829
  向工会咨询
  **duty to bargain**, 545
  谈判的义务
  **duty to remedy predecessor's ULPs**, 839–840
  对前雇主的不当劳动行为进行救济的义务
  **duty under collective bargaining agreement**, 840–850
  依据集体谈判协议产生的义务
  **efficiency considerations**, 849–850
  效率的考量
  **employee protections**, 955–956
  雇员保护
  **majority of predecessor's employees**, 838
  前雇主雇员中的大多数人
  **privity issues**, 826
  共同利益问题
  **remedy against seller**, 847–848
  向卖方要求的救济
  **right to hire work force**, 827–830
  雇佣劳动力的权利
  **sale of assets vs. sale of controlling**
  资产出售与销售控制

**interest in stock or merger**, 826, 845 – 846
在股权转让或者在并购中的利益
**state law requirements**, 846 – 847, 933 – 934
州法的要求
"**substantial and representative complement**" **rule**, 838
"实质性的与代表性的补充"规则
**substantial continuity**, 837 – 838, 846
实质性继续
**successorship clauses**, 848 – 849
承继条款

**Superseniority.** *See* **Seniority**
(非根据年龄或服务年限计算的)超资历。见:资历

**Supervisors**
主管

 **charge nurses' role**, 137 – 139
 主管护士的角色

 **employee activity to influence choice of**, 229 – 230
 雇员影响选择的活动

 **exclusion from NLRA protection**, 125 – 126, 136 – 141
 排除在《国家劳动关系法》的保护之外

 **exercise of independent judgment**, 136 – 137
 独立审判的行使

 **impact of NLRA, employer action against**, 125 – 126
 《国家劳动关系法》的冲击,雇主对抗……的行为

 **power plant dispatchers**, 140
 电厂劳动派遣者

 **professionals as**, 128 – 135
 专业人士

 **state regulation of**, 948 – 949
 州关于……的规定

 **television news directors and producers**, 140 – 141
 电视新闻导演和制片人

 **union membership of**, 1011
 工会会员

"**Surface**" **bargaining**, 466 – 479
"表面的"谈判

**Surveillance**, 361 - 362
监视
   **as bargaining subject**, 544
   作为谈判议题
**Sympathy strikes**, 588 - 589, 786 - 791
同情罢工
**Taft-Hartly.** *See* **Labor Management Relations Act of** 1947（**LMRA**）
《塔夫脱-哈特莱法》。见：1947年《劳资关系法》
**Teaching assistants**, 142 - 143, 144 - 145
助教
**Teamsters and past ratification abuses**, 1118 - 1119
卡车司机和过去对批准的滥用
**Teamwork for Employees and Managers Act of** 1996（**TEAM Act**）（**proposed**），272 - 274
1996年《雇员与管理人员合作法》（建议稿）
**Television news directors and producers**
电视新闻导演和制片人
   **supervisory status**, 140 - 141
   监督地位
**Temporary restraining orders**（**TROs**），45，
临时限制命令
   **See also Injunctions**
   另见：命令
**Third parties**
第三方
   **in-plant vending machine prices of, as subject of bargaining**, 520 - 521
   厂内售货机的价格，作为谈判议题
**Threat effect of unionization**, 15
工会的威胁作用
**Threat of reprisal**, 205, 318 - 331, 339
报复威胁
**Title VII discrimination.** *See* **Civil Rights Act of** 1964, **Title VII**
第七章歧视。见：1964年《民权法》第七章
**Torts.** *See* **Federal preemption**
侵权。见：联邦优先权
**Transfer of operations.** *See* **Relocation of business or operations**

经营转换。见：企业运营地的搬迁

**Transportation Act of** 1920, 78

1920 年《交通法》

**Trespass and picketing**, 186, 917 – 925, 932

侵占和纠察

**Troy, Leo**, 95

莱昂·特洛伊

**Trusteeships**, 1121 – 1126

托管

**Trust issues in bargaining**, 498 – 499

谈判中的信赖问题

**ULPs.** *See* **Unfair labor practices**

不当劳动行为。见：不当劳动行为

**Underenforcement of government regulation**, 28

政府规定没有得到执行

**Undocumented aliens**, 159 – 161

非法入境的外国人

**Unemployment compensation**, . 933 – 934, 954 – 955

失业补偿

**Unfair labor practices（ULPs）.** *See also* **Concerted activities**

不当劳动行为。另见：协同行动

 **employers**

 雇主

 **access remedies**, 313

 获得救济

 **assistance to, and domination of**

 协助，主宰

**unions**, 257 – 274

工会

 *See also* **Domination and support of unions**

 另见：工会的主导和支持

 **discrimination.** *See* **Discrimination, by employer**

 歧视。见：雇主的歧视

 **free speech.** *See* **Speech**

 言论自由。见：言论

 **Gissel bargaining orders**, 325 – 332, 362 – 377, 407

吉赛尔谈判命令
**insignia restrictions.** *See* **Employer**
禁止佩戴徽章。见：雇主
**property**
财产
**photographing employees**,361
给雇员拍照片
**plant closings,relocation of unit worth.** *See* **Collective bargaining；Plant closings**
关闭工厂，单位搬迁。见：集体协商；关闭工厂
**polling employees**,357－362,400
投票雇员
**promises and grants of benefit**,348－357
承诺和利益给予
**recognition of minority union**,373
对于少数工会的承认
**refusal to bargain.** *See* **Collective bargaining**
拒绝谈判。见：集体谈判
**successor employer's liability for predecessor's ULPs**,839－840
承继雇主对前任雇主的不当劳动行为的责任
**surveillance**,361
监视
**threats**,318－331
威胁
**unilateral action.** *See* **Collective bargaining**
单方行动。见：集体协商
"**hallmark violations,**" 374
典型的违法行为
**labor unions.** *See also* **Duty of fair representation；Hiring halls；Secondary pressures；Union security；Work-assignment disputes**
劳动工会。另见：公平代表的义务；职业介绍所；间接压力；工会安全；工作分配争议
**breach of duty of fair representation**,1030－1031
公平代表义务的违反
**refusal to bargain.** *See* **Collective bargaining**
拒绝谈判。见：集体协商（集体谈判）
**restraint and coercion**,969,974－975
限制和强制

**threats and violence**, 705
威胁和暴力
**NLRB authority to resolve**, 796-814
劳动关系委员会的解决权力
 **distinctions among types of ULPs**, 805
 不当劳动行为类型之间的区别
 **effect of Board refusal to defer**, 806
 委员会拒绝推迟的作用
 **overlap with contractual enforce**
 合同执行之间的交叉
 *See* **Collective bargaining agreements**
 见:集体谈判协议
 **picketing to protest**, 440
 纠察抗议
 **remedies for**, 694-695
 对……救济
 **strikes to protest**, 477, 584-587, 792
 罢工抗议……

**Unilateral action by employer.** *See* **Collective bargaining by union**, 866-873
雇主的单方行动。见:工会的集体谈判
**Union buttons or insignia**, 174-175
工会纽扣或徽章
**Unions.** *See* **Labor unions**
工会。见:劳动工会
**Union security.** *See also* **Hiring halls**
工会安全。另见:职业介绍所
 **agency shop**, 970, 977-980
 中介机构
 **comparison with other countries**, 976-977
 和其他国家相比
**Union security** (continued)
工会安全(继续)
 **federal regulation and state authority**, 969-970
 联邦规范和州机关
 **NLRA section** 14(b), 972-973
 《国家劳动关系法》第14条(b)

forms of agreements, 970-972
协商的形式
permissible clauses following Beck, 990
继贝克案之后可允许的条款
free riders and, 970-972
搭便车者
obligation to maintain "membership," 977-980
维持会员身份的义务
political expenditures and dissenters' rights, 981-990
政治支出和持不同政见者的权利
prehire agreements, 387-388, 420-421, 443
雇佣前的协议
public employees, 990-995
公有部门的雇员
religious objectors, 989
宗教反对者
"right to work" laws, 971, 972-977
"工作权"的法
Union shock effect, 18-19, 20
工会震撼效应
Union shop, 970-972
全员工会工厂
Unit determinations. See Bargaining units
单位的确定。见：谈判单位
United Kingdom
联合王国
  strike ballot votes, 517
  罢工投票
  successor employers, 830
  承继雇主
union security, 976
工会的安全
United Mine Workers (UMW), 34, 56, 63, 85, 89
矿工联合会
Units of output per unit of labor, 5
每个劳动单位的产出单位

**Unorganized workers, concerted activity by**, 215

未组织为工会的劳动者，……的协同行动

**U. S. Commission on Industrial Relations**, 57

美国产业关系委员会

**User fees**, 972–973

使用者的费用

**Vicarious liability**, 775

雇主替代责任

**Videotaping by employers**, 361–362

雇主的录像

**Violence**, 212–213, 704, 705. *See also* **Strikes; Unfair labor practice（ULPs）**

暴力。另见：罢工；不当劳动行为

**Wage differential**, 11–13

工资差别

    **in competitive industries**, 17

    在竞争产业

    **price increases and**, 16–17

    提价

    **sources of**, 13–16

    ……的来源

**Wages.** *See also* **Fair Labor Standards Act of 1938（FLSA）**

工资。另见：1938年《公平劳动标准法》

    **freeze as bargaining subject**, 542–543

    作为谈判议题冻结

    **merit pay**, 517–519

    利益的支付

    **prevailing wages**, 67, 76, 955

    当前的工资

    **productivity/work continuity**

    生产/工作的继续

    **requirements for bonuses**, 601

    对于奖金的要求

**Wagner Act.** *See* **National Labor Relations Act（NLRA）**

《华格纳法》。见：《国家劳动关系法》

**Waiver by employees, of right to resign from union**, 1007–1008

雇员放弃，退出工会的权利

section 301 preemption, 960 – 961
第 301 条规定的优先权
union of employee rights, 248 – 257
雇员权利的工会
bargaining duty, 562
谈判义务
bargaining subjects, 516 – 517, 560 – 561
谈判议题
Laidlaw rights, 574, 578 – 579
莱德劳案的权利
non-NLRA statutory rights, 817
不是《国家劳动关系法》的法定权利
strikes generally, 256 – 257, 516, 587
一般罢工
sympathy strikes, 588
同情罢工

**Walsh-Healy Act of** 1936, 76
1936 年《沃尔什-希利法》
**WARN Act.** *See* **Worker Adjustment and Retraining Notification Act of** 1988
《工人调整和再培训通知法》。见 1988 年《工人调整和再培训通知法》
**Weiler, Paul C.**, 26 – 27, 28, 377 – 379, 644 – 645
保罗·C. 韦勒
**Weingarten rights**, 240 – 248
万家顿案确立的权利
**Welfare capitalism**, 85
福利资本
**Whistleblowing**, 228 – 229
内部员工揭发
**Wildcat strikes**, 458 – 459, 794 – 795. *See also* **No-strike clauses**
野猫罢工。另见:不罢工条款
**Withdrawal of recognition**, 401 – 405
撤销认证
**Work-assignment disputes.** *See also* **Unfair labor practices (ULPs)**
工作分配纠纷。另见:不当劳动行为
　NLRB resolution of, 695 – 699
　国家劳动关系委员会的解决

**Worker Adjustment and Retraining Notification Act of** 1988（WARN Act）,27,541,850
《工人调整和再培训通知法》
**Working time,solicitation during**,173-178
工作时间,在……期间劝说
**Workplace Fairness Act**（proposed）,581
工作场所公平法(建议稿)
**Workplace solicitation.** *See* **Employer property**
工作场所劝说。见:雇主财产
**Works council legislation in Europe**,21-22
欧洲的工厂委员会立法
**World War Ⅱ and labor movement**,88-89
第二次世界大战和劳工运动
**Wrongful discharge law**,925,965-966
非法解雇法
**Yellow-dog contracts**,52,66
黄犬契约
"**Zipper clauses**,"561-562,563,568
"拉链条款"

图书在版编目(CIP) 数据

美国劳动法：案例、材料和问题 / (美)哈珀等著；李坤刚等译. —北京：商务印书馆，2015
（威科法律译丛）
ISBN 978-7-100-11873-6

Ⅰ.①美… Ⅱ.①哈…②李… Ⅲ.①劳动法—研究—美国 Ⅳ.①D971.225

中国版本图书馆 CIP 数据核字(2015)第 309370 号

所有权利保留。
未经许可，不得以任何方式使用。

威科法律译丛

**美国劳动法：**
**案例、材料和问题**

迈克尔·C. 哈珀
〔美〕萨缪尔·艾斯托伊克 著
琼·弗林

李坤刚 闫冬 吴文芳 钟芳 译

商 务 印 书 馆 出 版
（北京王府井大街36号 邮政编码 100710）
商 务 印 书 馆 发 行
北 京 冠 中 印 刷 厂 印刷
ISBN 978-7-100-11873-6

2015年12月第1版　　开本 787×960　1/16
2015年12月北京第1次印刷　印张 107¼
定价：232.00 元